Klausnitzer · Blaue Blume unterm Hakenkreuz

Ralf Klausnitzer

Blaue Blume unterm Hakenkreuz

Die Rezeption der deutschen literarischen Romantik im Dritten Reich

Ferdinand Schöningh
Paderborn · München · Wien · Zürich

Gedruckt mit Unterstützung des Förderungs- und Beihilfefonds Wissenschaft der VG Wort.

Titelabbildung: Carl Blechen, Klosterruine Oybin, 1823.

Die Deutsche Bibliothek – CIP-Einheitsaufnahme

Klausnitzer, Ralf:
Blaue Blume unterm Hakenkreuz: die Rezeption der deutschen
literarischen Romantik im Dritten Reich / Ralf Klausnitzer. –
Paderborn; München; Wien; Zürich: Schöningh, 1999
    Zugl.: Berlin, Humboldt-Univ., Diss., 1998
    ISBN 3-506-74452-6

Einbandgestaltung: Anna Braungart

Gedruckt auf umweltfreundlichem, chlorfrei gebleichtem
und alterungsbeständigem Papier ∞ ISO 9706

© 1999 Ferdinand Schöningh, Paderborn
(Verlag Ferdinand Schöningh GmbH, Jühenplatz 1, D-33098 Paderborn)

Alle Rechte vorbehalten. Dieses Werk sowie einzelne Teile desselben sind urheberrechtlich geschützt. Jede Verwertung in anderen als den gesetzlich zugelassenen Fällen ist ohne vorherige schriftliche Zustimmung des Verlages nicht zulässig.

Printed in Germany. Herstellung: Ferdinand Schöningh, Paderborn

ISBN 3-506-74452-6

Inhaltsverzeichnis

Einleitung 9

Teil 1:
Die literaturwissenschaftliche Romantikforschung 17

1 Literaturwissenschaftliche Romantikforschung 1900 - 1933 31
1.1 Varianten der Geistesgeschichte und ihre Romantikkonzepte 38
1.1.1 Romantikkonzepte der Problem- und Ideengeschichte 40
1.1.2 Formanalytisch-stilkundliche Romantikforschungen 50
1.1.3 Geistesgeschichtliche Generationentheorie und Romantikforschung ... 54
1.2 Romantik als „Krönung des ostdeutschen Siedelwerkes":
 Das Romantikkonzept der stammeskundlichen Literaturbetrachtung ... 58
1.2.1 Die Romantik in der *Literaturgeschichte der deutschen Stämme
 und Landschaften* 60
1.2.2 Die Reaktion der Disziplin auf das stammeskundliche Romantikbild ... 66
1.3 Ansätze sozialhistorischer und soziologischer Romantikforschung 71

**2 Zwischen Selbstgleichschaltung, Beharrung, Innovation:
 Die Neuere deutsche Literaturwissenschaft im Dritten Reich** 81
2.1 Das Jahr 1933: Hoffnungen und Strategien 83
2.2 Das Scheitern der Hoffnungen; neuer Methodenstreit 93
2.3 Die Disziplin im „Kriegseinsatz" 99

**3 „Umwertung der deutschen Romantik"?
 Wandel und Kontinuität in der Romantikforschung nach 1933** 107
3.1 Die Ausgrenzung jüdischer Germanisten 108
3.2 Die Debatte um die „Umwertung der deutschen Romantik" 115
3.3 Veränderungen in Gegenstandskonstitution und Thematisierungsweisen 128
3.3.1 Das „Volkstumserlebnis der Romantik" als Forschungsgegenstand 128
3.3.2 Die Thematisierung philosophisch-weltanschaulicher Gehalte 135
3.4 Zwischen Integration und Differenzierung: Epochen- und
 Periodisierungsdiskussionen 141

**4 Zwischen ideologischer Zurichtung und Bewahrung von
 Wissenschaftlichkeit** 149
4.1 Die Integration der Romantik in den Traditionskanon des
 Dritten Reiches 155
4.2 Refugien zur Bewahrung von Wissenschaftlichkeit 167

5 Jenseits der universitären Forschung: Die „biozentrische Lebenswissenschaft" des Klages-Kreises und die Romantik 171

5.1 Die Romantik im Visier der „biozentrischen Lebenswissenschaft" 173
5.2 „Biozentrische Lebenswissenschaft", Universitätsgermanistik und die „romantische Seelenkunde" 189

6 Methodenspektrum der literaturwissenschaftlichen Romantikforschung 203

6.1 Geistesgeschichtliche Romantikforschung 208
6.1.1 Epochendarstellungen, ideen- und problemgeschichtliche Forschungen 213
6.1.2 Innovatorische Versuche im Schoße der Geistesgeschichte 223
6.2 Stammesethnographische Romantikforschung 231
6.2.1 Die Rezeption des stammeskundlichen Konzepts nach 1933 235
6.2.2 „Durchbruch der nordischen Gestalt": Modifikationen in Nadlers Romantikdeutung 240
6.3 Ansätze rassenkundlicher Romantikforschungen 251
6.3.1 Versuche zur Bestimmung der „rassischen Kräfte im deutschen Schrifttum" 252
6.3.2 Romantikforschungen im Bann des Antisemitismus 260
6.3.3 Die genealogische Erforschung von Romantikern 268
6.4 Formanalytische und stiltypologische Romantikforschungen – Impulse für die ‚Werkimmanente Interpretation'? 275

7 Die Romantik in Forschung und Lehre am Germanischen Seminar der Berliner Friedrich-Wilhelms-Universität 289

7.1 Lehrveranstaltungen zur Romantik............................. 291
7.2 Am Seminar vertretene Romantikkonzepte 295
7.2.1 Das „synthetische" Romantikkonzept Julius Petersens 296
7.2.2 Das „organbiologische" Romantikbild Franz Kochs 302
7.2.3 Friedrich-Wilhelm Wentzlaff-Eggeberts Romantikkonzept 309
7.2.4 Rassenbiologische Theoreme und synthetisches Konzept: Die Romantikvorlesungen von Hans Pyritz 313
7.3 Dissertationen zur Romantik zwischen 1933 und 1945 329
7.3.1 Promotionsarbeiten aus Petersens und Wentzlaff-Eggeberts Schülerkreis . 335
7.3.2 Dissertationen von Koch-Schülern 341

Literaturwissenschaftliche Romantikforschung im nationalsozialistischen Deutschland: Fazit 351

Inhaltsverzeichnis

Teil 2:
Romantische Theoreme in weltanschaulich-ideologischen und wissenschaftstheoretischen Diskursen 357

1   Romantische Theoreme in der nationalsozialistischen „Ausdrucksideologie" 367
1.1   Romantische Volkstums-Spekulationen und ihre Rezeption 371

2   Die Metapher des „Organischen" in weltanschaulich-ideologischen und wissenschaftstheoretischen Diskursen 381
2.1   Das „Organische" in kanonischen Texten des Nationalsozialismus 383
2.2   „Organische Staatsauffassung" vs. „Universalismus" und „Absolutismus": Differenzen innerhalb des „Legitimationsdiskurses" .. 388
2.3   Zwischen Kritik und Affirmation: Romantische Organologien in der philosophischen Diskussion 399
2.4   Anläufe zu einer „deutschen Naturanschauung": Metaphoriken des „Organischen" in den Naturwissenschaften 411
2.4.1 *Gestalt und Urbild*: Morphologische Wissenschaftskonzepte und die Rehabilitierung der Naturphilosophie der Goethezeit 420
2.4.2 „Wiedergeburt der Morphologie" und „Deutsche Staatsbiologie": Extrapolationen des „Organischen" in der Biologie 442

3   Welche Romantikinterpretation gilt? Weltanschauungskämpfe im Zeichen der Romantik 461
3.1   „Artverbundene" vs. „Stählerne Romantik": Auseinandersetzungen um Modernitätskonzepte 462
3.2   Klages-Jünger im Kampf um die „biozentrische Lebenswissenschaft" .. 473

     Romantische Theoreme in weltanschaulich-ideologischen und wissenschaftstheoretischen Diskursen: Fazit 485

Teil 3:
Die Präsenz der Romantik in der kulturellen Öffentlichkeit 491

1   Die Vermittlung der Romantik im schulischen Deutschunterricht .. 497
1.1   Der Deutschunterricht im Spannungsfeld politischer Lenkungsansprüche 499
1.2   Randständige Existenz: Die Romantik im neugeregelten Deutschunterricht 503

2	**Die Editionspraxis romantischer Texte**	519
2.1	Historisch-kritische, Studien- und Gesamtausgaben	519
2.2	Die Romantik-Reihe des Editionsprojektes *Deutsche Literatur in Entwicklungsreihen*	530
2.3	Populäre Editionen: Anthologien, Auswahlausgaben, Memoiren	541
3	**Muster der publizistischen und performativen Präsentation der Romantik**	547
3.1	Die Rhetorik der Romantikdarstellungen im Feuilleton	549
3.2	Gesellschaften, Preise, Gedenktafeln: Performative Aktivitäten zur Präsentation der Romantik	557
3.3	Anpassung oder Verweigerung? Die Romantikerbiographien von zeitgenössischen Schriftstellern	569
3.3.1	Die Romantikerbiographien der Buchreihe *Die Dichter der Deutschen*	571
3.3.2	Zwischen Heimat und Exil: Die A.W. Schlegel-Biographie Bernard von Brentanos	580
4	**Der „deutscheste der deutschen Dichter" im Dritten Reich: Eichendorff-Pflege zwischen „Grenzlandskampf" und „Reichsangelegenheit"**	585
4.1	Erbepflege in der Provinz: Die *Deutsche Eichendorff-Stiftung* bis 1941	587
4.2	Eichendorff-Pflege als „Reichsangelegenheit": Die Übernahme der *Eichendorff-Stiftung* durch das RMfVP	598
4.3	„In gegenwartsverbundenem Geiste": Eichendorff auf der Bühne und im Radio	608

Die öffentliche Vermittlung der Romantik im Dritten Reich: Fazit 615

Schlußbemerkung 619

Bibliographischer Anhang

Bibliographie zur Romantikrezeption 1933-1945 621
    Editionen 621
    Bibliographien, Literatur- und Forschungsberichte 626
    Monographische Gesamtdarstellungen 627
    Gesamtdarstellungen in Periodika und Sammelwerken 631
    Beiträge zu Einzelvertretern 635

Wissenschafts- und zeitgeschichtliche Quellen 669

Wissenschaftsgeschichtliche Darstellungen, Sekundärliteratur 689

Unveröffentlichte Quellen 705

Abkürzungsverzeichnis 709

Einleitung

Als 1994/95 die Ausstellung *Der Geist der Romantik in der deutschen Kunst* in Edingburgh, London und München zahlreiche Besucher anzog, erregten nicht nur die in staunenswerter Vielfalt präsentierten Impulse der romantischen Malerei für die nachfolgende Kunstentwicklung das Interesse der Zuschauer und der Medien. Bereits während des Aufenthalts der Exposition in London war eine heftige Kontroverse um die Frage entbrannt, ob die Einbeziehung von Bildern aus der Zeit des Nationalsozialismus legitim sei. Warfen einige Kritiker den Initiatoren und Gestaltern der Ausstellung vor, solche Machwerke überhaupt zu zeigen und damit eine Traditionslinie zwischen Caspar David Friedrich und Philipp Otto Runge einerseits und der dunkelsten Etappe der deutschen Kunstgeschichte andererseits herzustellen, behaupteten andere Teilnehmer der Diskussion eine unbezweifelbare Existenz dieser Verbindung und monierten die ihrer Meinung nach unzureichenden Hinweise darauf.[1] *As if Hitler never existed*, überschrieb Andrew Graham-Dixon seine Rezension für den Londoner *Independent* und erklärte die romantische Kunst zur künstlerischen Antizipation der zwischen 1933 und 1945 „in der Praxis" vollzogenen „Reinigung der Welt";[2] die These von einem verhängnivollen Konnex zwischen Romantik und Nationalsozialismus prägte die Besprechungen in britischen und deutschen Zeitungen und Zeitschriften.[3] Unter dem Titel *Eine verdrängte Wahrheit* bündelte der Schriftsteller Rolf Schneider in der *Berliner Zeitung* die Vorwürfe an die Adresse der deutschen Romantiker. Mit der „wunderlichen Zusammenstellung von Kersting, Ziegler und Beuys" und dem davon hervorgerufenen „Rumoren" in den Feuilletons trete zu tage, was in Ost- und Westdeutschland aus unterschiedlichen Gründen vergessen bzw. verdrängt worden sei: Daß die deutsche Romantik sich von den romantischen Bewegungen im übrigen Europa

---

[1] Vgl. Christoph Vitali, Hubertus Gaßner: Einführung in die Ausstellung in München. In: Christoph Vitali (Hrsg.): Ernste Spiele. Der Geist der Romantik in der deutschen Kunst 1790-1990. Katalog der Ausstellung im Haus der Kunst München 1995, S. 8-11, hier S. 10. – Zur Zitierweise: Eine vollständige bibliographische Angabe erfolgt bei der ersten Nennung eines Titels; bei Wiederaufnahme wird mit Kurztitel zitiert.

[2] Andrew Graham-Dixon: As if Hitler never existed: The Deutsche Romantik. In: The Independent vom 24. September 1994.

[3] Vgl. u.a. Bryan Appleyard: Portrait of a Nazi? The German Romantics exhibition reopens. In: The Independent vom 28. September 1994; Michael Clarke: Identity Parade. In: Times Educational Supplement vom 7. Oktober 1994; William Packer: The Romantic Spirit revisited. In: Financial Times vom 1. November 1994; Annette Lettau: Balanceakt zwischen Kunst und Wirklichkeit. ‚Der Geist der Romantik in der deutschen Kunst' – eine Ausstellung im Haus der Kunst. In: Süddeutsche Zeitung vom 7. Februar 1995; Petra Kipphoff: Nachts, wenn es licht wird. In: Die Zeit vom 10. Februar 1995; Eduard Beaucamp: Deutsches Stigma. Wie national ist die Romantik? Zur Schau im Haus der Kunst. In: Frankfurter Allgemeine Zeitung vom 16. Februar 1995.

durch die „Fehlleitung oder auch durch die völlige Abwesenheit von emanzipatorischem Potential" unterschieden habe; daß die Romantik in Deutschland „den Antisemitismus wieder hoffähig gemacht" hätte und daß der Antikapitalismus E.T.A. Hoffmanns „eher bei Lagarde als bei Lassalle ein Echo fand".[4] Konsequent postulierte Schneider denn auch eine Kontinuitätslinie zwischen romantischer Literaturepoche und nationalsozialistischem Ideengut: „Die Romantik in Deutschland huldigte der blauen Blume und dem Tod: mit problematischen Folgen, denn es lassen sich Traditionslinien ausziehen von der elitären Innerlichkeit Novalis' und Friedrich Schlegels bis hin zu jener intellektuellen Stimmung, die beispielsweise den Wagner-Schwiegersohn Chamberlain und den Gundolf-Schüler Goebbels erzeugte."[5]

Dieser – auch im Umgang mit den geschichtlichen Fakten nicht sonderlich exakten – Kolportage eines Traditionszusammenhangs zwischen Romantik und Nationalsozialismus möchte die vorliegende Untersuchung sich nicht anschließen. Sie verfolgt vielmehr das Ziel, die Rezeption der romantischen Literaturepoche in der Zeit der nationalsozialistischen Diktatur in ihrer Komplexität und Widersprüchlichkeit zu rekonstruieren; auf eine retrospektive Ableitung des nationalsozialistischen Ideenkonglomerats aus geistesgeschichtlichen Wurzeln nach der Formel *post hoc, ergo propter hoc* – das Vorhergehende ist zureichender Grund für das Folgende – wird zugunsten einer materialgesättigten Analyse der historisch belegten Aneignungs- und Vermittlungsformen verzichtet. Ausgangspunkt für die Aufklärung dieses brisanten, detailliert noch weitgehend unerforschten Kapitels deutscher Wissenschafts- und Kulturgeschichte ist die Einsicht in den komplexen Charakter von Rezeptionsprozessen, die als Produktion, Aneignung und Tradierung von *Wissen* und *Wertungen* in unterschiedlichen Teilsystemen einer funktional ausdifferenzierten Gesellschaft ablaufen und dabei je spezifischen Codierungen folgen: Erzeugt das Wissenschaftssystem nach eigenen Regeln eine ‚gesichertes' (wissenschaftliches) *Wissen* von Texten und Autoren, das entsprechend disziplinärer Konditionierungen in rekursiven Operationen aufgenommen, diskutiert, modifiziert oder verworfen wird, erarbeiten weltanschaulich-ideologische Diskurse im Anschluß an überlieferte Begrifflichkeiten und Theoreme diskursiv-argumentative bzw. rhetorisch-propagandistische Strategien zur kollektiven Selbstrepräsentation gesellschaftlicher Gruppen und nehmen zur Legitimation eigener Positionen autoritativ ausgezeichnete Quellen in Anspruch. Segmente der kulturellen Öffentlichkeit tradieren in ihrer Vermittlung der vom Wissenschaftssystem bereitgestellten Ordnungs- und Erklärungsmodelle und der von weltanschaulichen Diskursen artikulierten Wertvorstellungen sowohl *Deutungsmuster* als auch *Ethikangebote*, die ihrerseits auf Wissens- und Weltanschauungsproduktion zurückwirken.

Der vorliegende Versuch einer Rekonstruktion der Romantikrezeption in der Zeit des Nationalsozialismus will der Komplexität dieses Aneignungs- und Tradierungsprozesses gerecht werden, indem er die Aufnahme, Diskussion

---
4 Rolf Schneider: Eine verdrängte Wahrheit. In: Berliner Zeitung vom 24. März 1995, S. 4.
5 Ebenda.

und Vermittlung der romantischen Literaturepoche in der Trias von (I) literaturwissenschaftlicher Forschung, (II) weltanschaulich-ideologischer Instrumentalisierung und (III) Repräsentation im schulischen Deutschunterricht und kultureller Öffentlichkeit unter den Bedingungen der Diktatur darzustellen unternimmt. Er ordnet sich damit in seit längerem beobachtbare Bemühungen der Fach- und Zeitgeschichtsschreibung ein, sowohl die Wissenschaftslandschaft als auch weltanschaulich-ideologische Diskursformationen und Aspekte der kulturellen Öffentlichkeit in der Zeit zwischen 1933 und 1945 in ihrer komplexen, z.T. auch widersprüchlichen Verfassung zu beschreiben. In Anlage und Gliederung folgt er den bereits benannten Parametern des Rezeptionsprozesses: Teil I stellt die literaturwissenschaftliche Erforschung der romantischen Literaturepoche durch die universitär institutionalisierte Germanistik und außeruniversitär wirkende Germanisten vor. Teil II beleuchtet die Aufnahme romantischer Theoreme und Termini in weltanschaulich-ideologische und wissenschaftstheoretische Diskurse und eruiert Konfliktfelder, die sich an differierenden Instrumentalisierungen der Romantik entzündeten. Teil III thematisiert die Vermittlung des romantischen Erbes im schulischen Deutschunterricht und in der kulturellen Öffentlichkeit.

Im Zentrum des ersten Teils der Untersuchung stehen die Erforschung und die Darstellung der Romantik durch die universitäre Literaturwissenschaft als Leistungen des Systems, das ein gesichertes (wissenschaftliches) *Wissen* über die romantische Literaturepoche produziert und tradiert. Den Schwerpunkt bilden dabei die kognitiven Prozesse innerhalb des Wissenschaftssystems unter den spezifischen Bedingungen der politischen Diktatur: Gestützt auf eine breite materiale Basis und unpublizierte Quellen sollen konzeptuelle und methodische Zugänge unter besonderer Berücksichtigung von Kontinuität und Veränderung in Deutungsmustern, Kanonfragen, Periodisierungsprinzipien nachgezeichnet und analysiert werden. Im Kontext der Auseinandersetzungen um interpretative Distinktionen und Forschungsprogramme ist zu rekonstruieren, *wie* über Texte der deutschen literarischen Romantik zwischen 1933 und 1945 gesprochen und geschrieben wurde, *wie* Erklärungen und Theorien ausdifferenziert wurden und miteinander konkurrierten, um so Theoriebildung und Wissenschaftsentwicklung als eigensinnige und zugleich auf Veränderungen in der politischen und kuturellen Umwelt reagierende Prozesse beschreiben zu können. Entsprechend der von der jüngeren Fachhistoriographie angemahnten „Mehrfachperspektivierung" strebt die vorliegende Untersuchung mehr als einen theorieimmanenten Rekonstruktionsversuch von Konzepten und Methoden an. Auch wenn sie sich primär auf das von universitären und außeruniversitär wirkenden Germanisten produzierte *Wissen*, also auf Texte und die in ihnen spezifisch artikulierten Geltungsansprüche konzentriert und *Organisation* und *Leistung* der Disziplin vorrangig in Hinblick auf die konzeptionelle und methodische Entwicklung der Romantikforschung thematisiert, stehen ebenso Mechanismen der Internalisierung von Forderungen der politischen Umwelt in wissenschaftsinterne Imperative sowie Formen der Vermittlung von Erkenntnissen an die Öffentlichkeit zur Diskussion. Vorgestellt werden auch außerhalb der disziplinären Gemeinschaft wirkende, z.T. organisatorisch verbundene Zirkel und Einzelbemühungen um die romantische Literaturepoche. Die Rekonstruktion der literaturwissenschaftlichen Romantikrezeption beschränkt sich also nicht auf die Geschichte des an Universitäten und Hochschulen institutionalisierten Faches, sondern bezieht auch die rege Publizistik außeruniversitärer Forscher wie Richard Benz und die Mitglieder des Ludwig-Klages-Kreises ein. Eine Fallstudie zur Romantikrezeption am Germanischen Seminar der Berliner Friedrich-Wilhelms-Universität wird an weitgehend unveröffentlichtem Material aus dem Berliner Universitätsarchiv und dem Deutschen Literaturarchiv Marbach die konzeptionell und methodisch heterogenen Deutungs- und Erklärungsmuster in Forschung und Lehre untersuchen. Die hier in Person der Ordinarien Julius Petersen, Franz Koch, Friedrich-Wilhelm Wentzlaff-Eggebert und Hans Pyritz aufeinandertreffenden Konzepte und Methoden, die sich in Vorlesungen und Seminaren sowie Dissertationen zur Romantik prononciert niederschlagen, sollen differenziert beschrieben und in die Entwicklung der Forschungslandschaft eingeordnet werden.

Neben der literaturwissenschaftlichen Romantikforschung lassen sich innerhalb des Untersuchungszeitraumes weitere Diskurse beobachten, die romantische Termini und Theoreme thematisierten bzw. in Rekurs auf romantisches Gedankengut operierten. Diese Diskurse – verstanden als sprachliche Realisierungen und Objektivierungen bestimmter institutioneller Praxen – stehen im Zentrum des zweiten Teils der Untersuchung, der sich der Romantikrezeption in weltanschaulich-ideologischen sowie wissenschaftstheoretischen Grundlagendebatten widmet. Ohne das reichhaltige Angebot an Ideologiedefinitionen zu diskutieren bzw. sich in der Auseinandersetzung um die Ablösung des Ideologiebegriffs durch die geräumigere Kategorie des Diskurses zu verlieren, soll die Ideologieproduktion als Praxis der Legitimationsbeschaffung zur Durchsetzung partikulärer Interessen beschrieben und die Rolle romantischer Begriffe und Denkfiguren in den divergierenden Bemühungen verschiedener ideologieproduzierender und -verwaltender Institutionen des Dritten Reichs bestimmt werden. Dazu gilt es, Instanzen der Ideologieproduktion in ihren Stellungnahmen zum Ideengut der Romantik abzugrenzen und die rhetorischen Strategien herauszupräparieren, mit denen die Aneignung und Ablehnung des romantischen Erbes zur symbolischen Reproduktion von Herrschaftsverhältnissen vollzogen wurde. Die Kollisionen und Konflikte, die sich an der Interpretation des romantischen Erbes zwischen rivalisierenden Ideologie-Instituten des polykratischen „Führer-Staates" entzündeten, werden am Beispiel divergierender Stellungnahmen Rosenbergs und Goebbels sowie der Auseinandersetzungen zwischen dem *Amt Rosenberg* und dem Klages-Kreis analysiert.

Einen zweiten Schwerpunkt bilden die Bemühungen um die „organische" bzw. „gestalthafte" Ausrichtung von Wissenschaftskonzepten: Unter Rekurs auf wissenschaftsgeschichtliche Konstruktionen, die in der deutschen Romantik die Blüte einer national eigenständigen Wissenschaftstradition erkannten, kulminierten zwischen 1933 und 1945 die Anstrengungen unterschiedlicher Fraktionen, dem Mathematisierungs- und Formalisierungspro-

Einleitung

zeß der modernen Wissenschaftsentwicklung „ganzheitliche", „qualitative" bzw. „gestalthaft schauende" Forschungs- und Deutungsprinzipien entgegenzusetzen. Zu klären wird sein, welche Rolle die Romantik in diesen Konzepten spielte, mit welchen Modifikationen und Änderungen romantische Organologien rezipiert und integriert wurden und welchen Einfluß die keineswegs homogenen „morphologischen" Wissenschaftsprogramme gewannen.

Der abschließende dritte Teil der Arbeit gibt einen Überblick über die Muster und Formen der Vermittlung der deutschen literarischen Romantik in der kulturellen Öffentlichkeit. In diesem Rahmen sollen Zusammenhänge zwischen Entwicklungen innerhalb des Wissenschaftssystems, ideologischen Diskursen und der publizistisch und performativ vermittelten Erbeaneignung und -vereinnahmung aufgeklärt werden. Dazu sind die performativen Strategien und rhetorischen Muster der Behandlung der Romantik im schulischen Deutschunterricht, der Repräsentation von Romantikern in Zeitungen, Zeitschriften und während inszenierter Gedenkfeiern zu ermitteln sowie die editorischen Praktiken bei der Bereitstellung romantischer Texte für das Wissenschaftssystem und die Öffentlichkeit zu klassifizieren. Als Fallbeispiel für die mediale Repräsentation des romantischen Erbes in der Öffentlichkeit des nationalsozialistischen Deutschland werden die intensiven Bemühungen um Joseph von Eichendorff erläutert, um exemplarisch die Wirkungen und Gegenwirkungen kulturpolitischer Lenkungsansprüche zu illustrieren.

Die in den einzelnen Teilen der Arbeit behandelten Gegenstandsbereiche bestimmen das methodische Vorgehen. Wie erwähnt, nutze ich zur Rekonstruktion der literaturwissenschaftlichen Romantikforschung die seit Mitte der 1980er Jahre in fachhistoriographischen Reflexionen vorgeschlagene „Mehrfachperspektivierung", die in der Konzentration auf den Zusammenhang von „Wissen, Organisation, Leistung" (Jürgen Fohrmann) eine differenzierte Aufklärung über Formierungs- und Entwicklungsprozesse des Wissenschaftssystems gestattet. Leitende Ausgangshypothese ist die von Wilhem Voßkamp mehrfach formulierte „Kontinuitätsthese", nach der die wichtigsten methodischen Richtungen innerhalb des Faches seit der „geistesgeschichtlichen Wende" um 1900 ausgeprägt und unter spezifischen Modifikationen über die Zäsur des Jahres 1933 hinaus weiterverfolgt wurden.[6] In Applikation dieser These gilt es zunächst, sich der wichtigsten vor 1933 von der disziplinären Forschung verfolgten methodischen Zugänge zu versichern, um im Anschluß daran Veränderungen und Konstanten der Forschungslandschaft im nationalsozialistischen Deutschland beschreiben und interpretieren zu können. Zur Beantwortung der Fragen nach der Internalisierung wissenschaftsexterner Faktoren in forschungsinterne Imperative greife ich zum einen auf die Wissenschaftstheorie Niklas Luhmanns, zum anderen auf das von Pierre

---

[6] Wilhelm Voßkamp: Kontinuität und Diskontinuität. Zur deutschen Literaturwissenschaft im Dritten Rreich. In: Peter Lundgreen (Hrsg.): Wissenschaft im Dritten Reich. Frankfurt/M. 1985, S. 140-162.

Bourdieu entwickelte Modell des *kulturellen Feldes* zurück, das sich auch in Anwendung auf die Geschichtsschreibung der Literaturwissenschaft als fruchtbar erwiesen hat.[7] Das symbolische Produktionsfeld Wissenschaft, ausgestattet mit je eigenen Konzepten, Methoden, Erkenntnisinteressen und Traditionen, funktioniert nach diesem Modell strukturell wie ein Markt, auf dem jeder Diskurs als eine spezifisch konventionalisierte Redeweise das Produkt einer Transaktion zwischen Ausdrucksinteressen und strukturellen Zwängen des Feldes darstellt.[8] Stets, unter den Bedingungen einer Diktatur jedoch in spezifisch verstärkter Weise, referiert der literaturwissenschaftliche Diskurs nicht nur auf Entwicklungen des Wissenschaftssystems, sondern auch auf den politischen Raum, von dem das Feld über Ressourcenzuteilung abhängig ist. Die für die literaturwissenschaftliche Romantikforschung nach 1933 beobachtbaren Veränderungen erschließen sich dann in einer „Doppellektüre" der Texte, die neben der Referenz auf politische zugleich auch fachspezifische Dispositionen und den von Niklas Luhmann herausgestellten Eigensinn des Wissenschaftssystems ernst nimmt: Die Verschiebungen auf der Ebene von Gegenstandskonstitution, Kanonbildung, Wertung sind als Reaktionen auf die „Irritationen" durch die politische Umwelt und zugleich als Fortsetzung rekursiver Operationen des Wissenschaftssystems zu interpretieren.

Die im zweiten Teil der Dissertation unternommene Rekonstruktion der Integration romantischer Theoreme in ideologische und weltanschauliche Diskurse in der Zeit des Nationalsozialismus folgt dem von Kurt Lenk entwickelten kategorialen Apparat und analysiert das eklektische Ideenkonglomerat des geistigen Nationalsozialismus als „Ausdrucksideologie",[9] die durch Vernetzung disparater und emotional aufgeladener *Konzeptschlagworte* geprägt wurde. Dabei konzentriere ich mich auf zwei im Zeitalter der Romantik geprägte bzw. spezifisch aktualisierte Termini, die sowohl in den von offiziösen Ideologie-Instituten bestimmten Debatten als auch im wissenschaftstheoretischen Diskurs eine bedeutende Rolle spielten: Zum einen auf den Begriff des *Volkstums*, der mit seinen Derivaten *völkisch, volkhaft* und *Volksgemeinschaft* innerhalb des Legitimationsdiskurses nach 1933 eine Schlüsselrolle spielte; zum anderen auf die schillernde Metapher des *Organischen*, die nach folgenschweren Bedeutungserweiterungen in der klassisch-romantischen Kulturepoche bereits von den antimodernen Diskursen der Jahrhundertwende gegen die Differenzierungsleistungen der Moderne mobilisiert worden war und in gesellschaftlichen wie in wissenschaftstheoretischen Entwürfen zwischen 1933 und 1945 zu einem Zentralbegriff avancierte. Fokussiert werden die spezifischen Modifikationen, die für die Integration von Begrifflichkeiten und Theoremen der deutschen Romantik in den unter-

---

[7] So bei Julian Schütt: Germanistik und Politik. Schweizer Literaturwissenschaft in der Zeit des Nationalsozialismus. Zürich 1996 (= Diss. Zürich).
[8] Vgl. Pierre Bourdieu: Die politische Ontologie Martin Heideggers. Frankfurt/M. 1988, S. 91.
[9] Kurt Lenk: Volk und Staat. Strukturwandel politischer Ideologien im 19. und 20. Jahrhundert. Stuttgart 1971, S. 35.

schiedlichen Diskursen kennzeichnend wurden, um deutlich zu machen, daß die Aneignung romantischen Ideengutes bei weitem problematischer war, als Behauptungen von einer direkten Anschlußfähigkeit des Nationalsozialismus an die Romantik suggerieren.

Untersuchen Teil 1 und Teil 2 vorrangig Textsysteme im Spannungsfeld von Wissenschaftssystem und ideologieverwaltenden (politischen) Institutionen, stellt der abschließende dritte Teil den Bezug zu kultureller Öffentlichkeit und Schule her. Auch diese Ebene der Rezeption, auf der die Vermittlung des kulturellen Erbes an das öffentliche, nicht durch bestimmte Exklusionen spezialisierte Publikum vor sich ging, war außerordentlich vielgestaltig, gehörten doch zu ihm Literatur und Feuilleton, Radio und Film, Verlagswesen und Buchhandel, Vortragsinstitute und Förderungseinrichtungen, literarische und pädagogische Vereinigungen sowie Bildungsinstanzen. Da nicht alle erwähnten Instanzen der kulturellen Öffentlichkeit mit ihren Beiträgen zur Erbeaneignung dargestellt werden können, konzentriert sich dieser Teil auf die Vermittlung der Romantik im schulischen Deutschunterricht, im Verlagswesen und in publizistischen und performativen Würdigungen. Methodisch leitend für die Rekonstruktion dieses komplexen Ausschnitts aus dem kulturellen Leben zwischen 1933 und 1945 ist die von Uwe K. Ketelsen formulierte Forderung nach einer nicht-instrumentalistischen Interpretation der nationalsozialistischen Kulturpolitik.[10] Entsprechend den von Ketelsen vorgetragenen Überlegungen zu einer sozial-funktionalen Rekonstruktion kulturpolitischer Entwicklungen und unter besonderer Berücksichtigung divergierender Interessen und daraus resultierender Konflikte möchte ich Muster und Widersprüche der kulturell-öffentlichen Aneignung des romantischen Erbes aufzeigen. Von besonderer Bedeutung ist dabei der von Jürgen Habermas entwickelte Begriff der „vermachteten Öffentlichkeit",[11] der es erlaubt, die spezifischen Formen kulturellen Lebens unter den Bedingungen politischer „Gleichschaltung" zu erfassen und für eine Interpretation der Erbeaneignung im Zugriff unterschiedlicher Instanzen nutzbar zu machen.

***

Die vorliegende Untersuchung wurde im Januar 1998 abgeschlossen und von der Philosophischen Fakultät II der Humboldt-Universität zu Berlin im Wintersemester 1998/99 als Dissertation angenommen; die Überarbeitung zur Drucklegung berücksichtigte die seitdem erschienene Literatur so weit wie möglich. Aus Gründen der Übersichtlichkeit gelegentlich vorgenommene Trennungen chronologisch oder sachlich zusammengehöriger Aspekte sowie

---
[10] Uwe K. Ketelsen: Kulturpolitik des III. Reiches und Ansätze zu ihrer Interpretation. In: Text&Kontext 8 (1980), S. 217-242, wieder in: Ders.: Literatur und Drittes Reich. 2., durchges. Aufl. Vierow 1994, S. 286-304.
[11] Jürgen Habermas: Strukturwandel der Öffentlichkeit. Untersuchungen zu einer Kategorie der bürgerlichen Gesellschaft. Mit einem Vorwort zur Neuauflage 1990. Frankfurt/M. 1990, S. 28.

die zu Anfang jedes Kapitels gegebenen Auskünfte über Darstellungsziel und Untersuchungsschritte mögen ebenso wie die zahlreichen Zwischenbilanzen zu Überschneidungen führen und in ihrer Summierung etwas pedantisch wirken; da sie jedoch die Kohärenz erhöhen und als Orientierungshilfe für den Leser dienen sollen, hoffe ich auf ihre nachsichtige Akzeptanz.

Ohne vielfältige Hilfe und Unterstützung wäre die Arbeit in dieser Form nicht möglich geworden. In erster Linie habe ich Dorit Müller für unerschöpfliche Geduld und Kraft – nicht nur beim Lesen und Korrigieren – zu danken. Den von mir in Anspruch genommenen Bibliothekaren und Archivaren danke ich für Freundlichkeit und Hilfsbereitschaft, im besonderen und stellvertretend für viele andere gilt mein Dank Frau Heidrun Fink vom Deutschen Literaturarchiv Marbach. Für Hinweise und wertvolle Ratschläge bedanke ich mich bei Dr. Petra Boden, Dr. Holger Dainat, Prof. Dr. Jürgen Gidion, Dr. Franz Heiduk, Doz. Dr. Wolfgang Höppner, Dr. Sebastian Meissl, Dr. Jochen Meyer, Prof. Dr. Rainer Rosenberg, Prof. Dr. Erhard Schütz. Meinem wissenschaftlichen Betreuer, Prof. Dr. Lutz Danneberg, verdanke ich steten Zuspruch und unablässige Unterstützung, notwendige Gutachten und wegweisende Orientierung.

Der Konrad-Adenauer-Stiftung schulde ich Dank für ein Promotionsstipendium, das mir eine uneingeschränkte und konzentrierte Arbeit ermöglichte; dem Förderungs- und Beihilfefond Wissenschaft der VG Wort sei für den Zuschuß zur Drucklegung gedankt.

Teil 1

Die literaturwissenschaftliche
Romantikforschung

Einleitung

„Mitten in dem Element aber des Wunderbaren und Künftigen erkennen wir, von vielfältiger Betrachtung deutscher Geistes- und Kunstgeschichte herkommend, mit einer Art von Glück und ehrfürchtiger Rührung d i e Z ü g e e i n e s l ä n g s t V e r t r a u t e n, eines nicht zum erstenmal Begegnenden: wir, die wir miteinander den großen Selbstbefreiungsprozeß des deutschen achtzehnten Jahrhunderts betrachtet und noch weiterhin zu betrachten haben – einen Prozeß der Selbstbewußtmachung, Selbstreinigung, Selbststeigerung, *gipfelnd in der deutschesten Geisterbewegung seit der Reformation, der deutschen Romantik –* , wir erkennen in dem großen Befreiungsaufstand der deutschen Nation gegen innere und äußere Fremdherrschaft, dessen Zeuge und Mitverpflichtete wir sind, die Merkmale jener wiederholten sinnbildwirklichen Teutoburger-Wald-Schlacht unsrer Geschichte, die uns so oft beschäftigte in unsern Betrachtungen. Wir erkennen gerade jetzt, von der Geschichte unsers großen achtzehnten Jahrhunderts herkommend, die wohlvertrauten Zeichen jenes mächtigen Aufstands wieder, der, aus dem innersten Wesen unseres Volkes kommend, gesetzmäßig wiederkehrt g e g e n d i e M ä c h t e f r e m d e r Ü b e r w ä l t i g u n g u n d f r e m d e r V e r f ü h r u n g, oft gerade in dem Augenblick, wo schon fast keine Hoffnung mehr zu sein scheint, mit dem ganzen Schauer eines immer wiederkehrenden, immer verwandelten ‚1813'. Wir erkennen vor allem die Züge des Aufstands, die gerade das achtzehnte Jahrhundert, im ganzen gesehen, darstellt: des Aufstands gegen lebensfeindliche ratio, zerstörerische Aufklärung, volksfremde politische Dogmatik, gegen jede Art ‚Ideen von 1789', gegen alle widergermanischen Tendenzen und Überfremdungen. [...] Es sind im Grunde die Ideen noch immer, und abermals von 1789, ihre Vorläufer und Nachfolgeideologien, gegen die sich, abermals, auch heute die Tiefenkräfte der deutschen Nation erhoben haben, wie damals in Hamann, in Herder, in Goethe, *in der Romantik.*"[1]

Mit solch hymnischen Tönen eröffnete Ernst Bertram, Ordinarius für deutsche Literatur an der Universität Köln, am 3. Mai 1933 seine Vorlesungen des Sommersemesters. Die Ausführungen, am 4. Juni 1933 unter dem Titel *Deutscher Aufbruch* in der Pfingstausgabe der *Kölnischen Zeitung* abgedruckt, variierten Topoi eines Romantikverständnisses, die lange vor der politischen Zäsur der „Machtergreifung" virulent waren und für die nachfolgende Forschung wie für die ideologische und kulturpolitische Instrumentalisierung romantischen Dichtens und Denkens konstitutiv wurden: Die emphatische Würdigung romantischer Aufklärungsfeindschaft und die raunende Beschwörung ihres „völkischen" Bewußtseins, die hymnische Verherrlichung

---

[1] Ernst Bertram: Deutscher Aufbruch. Eine Rede vor studentischer Jugend. [Eröffnungsrede der Herder-Vorlesung im Sommersemester 1933 an der Kölner Universität, gehalten am 3. Mai 1933] In: Kölnische Zeitung vom 4. Juni 1933; auszugsweise wieder in: Bernhard Zeller (Hrsg.): Klassiker in finsteren Zeiten. Eine Ausstellung des Deutschen Literaturarchivs im Schiller-Nationalmuseum. Marbach 1983. Bd. 1, S. 243-246. Sperrungen im Original, kursive Hervorhebungen von mir, R.K.

antiwestlicher Einstellungen wie die Betonung eines historisch verbürgten Einspruchs gegen die Moderne, der den „widergermanischen ‚Ideen von 1789'" eine Alternative aus den „Tiefenkräften der deutschen Nation" heraus entgegengesetzt habe.

Doch auch wenn diese Klischees einen großen Teil der im nationalsozialistischen Deutschland publizierten Texte über die deutsche Romantik prägen, war die literaturwissenschaftliche Romantikforschung bei weitem komplexer, vielschichtiger und spannungsreicher, als das rhetorische Pathos des oben angeführten Zitats nahelegt. Die facettenreiche und z.T. widersprüchliche Erforschung, Darstellung und Vermittlung der romantischen Literaturepoche zwischen 1933 und 1945, Gegenstand des ersten Teils der hier vorgelegten Untersuchung, stellt ein Forschungsfeld dar, das weitreichende Fragen nach Verfassung der Wissenschaftslandschaft, der Entwicklung von Konzepten und Methoden und den Bewegungsbedingungen von Wissenschaft in der Zeit des Nationalsozialismus aufwirft und zu klären hilft.

Der Versuch, die Rezeption einer literarhistorischen Epoche unter den Bedingungen einer spezifischen Wissenschaftskonstellation zu rekonstruieren, schließt an die seit Anfang der 1980er Jahre intensivierten Bemühungen an, die Geschichte der deutschen Literaturwissenschaft in ihren komplexen Wechselbeziehungen mit ausdifferenzierten „Umwelten" zu beschreiben.[2] Methodische Zugriffsmöglichkeiten auf die Fachgeschichte ergeben sich aus der Bestimmtheit von Wissenschaft als (a) sozialem System, das institutionell und personell gegliedert und abhängig von gesellschaftlicher Akzeptanz und (zumeist politisch geregelter) Ressourcenzuteilung ist; (b) kognitivem System, das nach universalistischen Kriterien ausgerichtet ist und sich an der regulativen Idee „Wahrheit" orientiert und (c) kulturellem System im Kanon ausdifferenzierter, um kulturelle Integration durch Herstellung homogener Weltbilder bemühter Disziplinen. Für eine umfassende Fachgeschichtsschreibung ist es dementsprechend unabdingbar, die universitäre Germanistik in ihrer Entwicklung seit dem ausgehenden 18. Jahrhundert „zugleich als *Sozialsystem* (im Sinne der institutionengeschichtlichen Entwicklung), als *Textsystem* (im Sinne von Interpretationsgeschichte und Konzeptbildung) und als Teil des *kulturellen* und *Erziehungssystems* (d.h. im Zusammenhang von Öffentlichkeit, Universität und Schule)" zu beschreiben.[3]

Die in bereits vorliegenden Untersuchungen zur Fachentwicklung im 19. und 20. Jahrhundert durch die „Vernetzung"[4] der Untersuchungsebenen *Wis-*

---

[2] Vgl. Wilhelm Voßkamp: Für eine systematische Erforschung der Geschichte der deutschen Literaturwissenschaft. In: J. Fohrmann, W. Voßkamp (Hrsg.): Von der gelehrten zur disziplinären Gesellschaft DVjs 61 (1987) Sonderheft, S. 1-6, hier S. 1. Einen Überblick über die seitdem vorgelegten Forschungsbeiträge bieten u.a. Markus Gärtner, Mareike Werner: Bibliographie zur Fachgeschichtsschreibung 1990-1994. Berlin 1995; Wolfgang Höppner: Mehrfachperspektivierung versus Ideologiekritik. Ein Diskussionsbeitrag zur Methodik der Wissenschaftsgeschichtsschreibung. In: ZfG 5 (1995), S. 624-633.

[3] Wilhelm Voßkamp: Für eine systematische Erforschung der Geschichte der deutschen Literaturwissenschaft, S. 2, Hervorhebungen im Original.

[4] Jürgen Fohrmann, Wilhelm Voßkamp (Hrsg.): Wissenschaftsgeschichte der Germanistik im 19. Jahrhundert. Stuttgart, Weimar 1994. Einleitung der Herausgeber, S. 12.

sen, *Organisation* und *Leistung* demonstrierte „Mehrfachperspektivierung" sowie das von der Systemtheorie inspirierte Programm, „fachgeschichtliche Orientierung an der politischen Semantik durch offenere System-Umwelt-Relationen auszutauschen" und damit ein „variableres Modell als in ideologiegeschichtlichen Betrachtungsweisen"[5] zur Rekonstruktion der Disziplingeschichte zu schaffen, gewähren eine auch für folgende Untersuchung relevante Sichtweise, die bisherigen ideologiekritischen Vor-Urteilen die Komplexität der Wissenschaftsentwicklung im Nationalsozialismus gegenüberstellt. Unter Berücksichtigung des Risikos, bestimmte Aspekte, Fragen, Themenstellungen auszugrenzen, sollen vorrangig die *kognitiven* Parameter der literaturwissenschaftlichen Romantikforschung beobachtet und die Veränderungen wie auch die Kontinuitäten in Gegenstandskonstitution, Thematisierungsweisen und Periodisierungsprinzipien im Kontext politischer und kultureller Entwicklungen beschrieben werden. Dabei konzentriert sich das Interesse vor allem auf die komplexen Wechselbeziehungen zwischen Wissenschaftssystem und politischer Umwelt: Mit welchen konzeptionellen und methodischen Überlegungen reagierte das Fach auf die Veränderungen nach der nationalsozialistischen Machtergreifung und auf die „Gleichschaltung" des wissenschaftlichen und kulturellen Lebens? Welche disziplininternen Determinanten und individuellen Dispositionen begünstigten die 1933 zu beobachtende „Selbstgleichschaltung" des Faches? Wie schlug sich die „Völkisierung" von Deutungsmustern und Wertungsperspektiven in Thematisierungs- und Evaluierungspraktiken der universitären Romantikforschung nieder? Welche Programme und Methoden der Literaturgeschichtsschreibung gewannen an Dominanz, welche Erklärungsmuster traten in die Bedeutungslosigkeit zurück?

Diese Fragen thematisieren Veränderungen auf der kognitiven Ebene der Forschungslandschaft, die ihrerseits auf Änderungen der politischen Umwelt und des Wissenschaftssystems reagierten. Sie lassen sich in drei Fragen zusammenfassen, die für die geplante Rekonstruktion eine Zentralstellung einnehmen:

- Wie vollzog sich die Internalisierung wissenschaftsexterner Faktoren (Maßgaben der politischen Umwelt, kulturpolitische Direktiven, Forderungen des Bildungssystems etc.) in wissenschaftsinterne Imperative?
- Wie setzte die Neugermanistik nach der politischen Zäsur des Jahres 1933 ihren seit der „geistesgeschichtlichen Wende" virulenten Pluralismus von Konzepten und Methoden fort?
- Wie veränderte sich die Wissenschaftslandschaft in der Zeit der nationalsozialistischen Herrschaft?

Die Frage nach den Mechanismen der Internalisierung externer Faktoren, die nicht mit der Frage nach direkten staatlichen Eingriffen in die Forschungslandschaft verwechselt werden darf, betrifft das Verhältnis von Wissenschaftssystem und politischer Umwelt. Zu ihrer Beantwortung scheint eine

---

[5] Ebenda, S. 12.

Detailuntersuchung wie die Rekonstruktion der Rezeptionsgeschichte der Romantik unter den Bedingungen der nationalsozialistischen Herrschaft gut geeignet. Auch zur Klärung der zweiten die Untersuchung programmatisch leitenden Frage stellt die facettenreiche literaturwissenschaftliche Romantikforschung zwischen 1933 und 1945 reichhaltiges Material bereit. Die Frage, die an die von Wilhelm Voßkamp formulierte „Kontinuitätsthese" anschließt, betrifft die Beziehung von Kontinuität und Diskontinuität in der Geschichte der Neueren deutschen Literaturwissenschaft nach der politischen Zäsur des Jahres 1933. Die Anerkennung von Voßkamps Feststellung, die seit der Jahrhundertwende in der deutschen Literaturwissenschaft ausdifferenzierten konzeptionellen und methodischen Programme bestimmten unter spezifischen Modifikationen auch die kognitive Entwicklung der Disziplin im Dritten Reich,[6] als Arbeitshypothese erlaubt es, die Romantikforschung in ihrer Einheit von kontinuierlichem Rekurs auf bereits vorliegende Theorien, Argumentations- und Deutungsmuster und diskontinuierlichen Brüchen zu untersuchen. Auch wenn im Detail berechtigter Einspruch gegen die „starke" Kontinuitätsthese Voßkamps und dessen Gliederung der Germanistik während des Nationalsozialismus vorgebracht wurde[7] und mit ihr die Gefahr verbunden scheint, bestimmte Tendenzen der Fachgeschichte teleologisch als zwangsläufig in nationalistischer Ideologisierung endende Traditionslinien zu beschreiben,[8] gilt es, trotz stets einzukalkulierender politischer Konformität der am Diskurs Beteiligten die nicht zu unterschätzende Vielfalt und Heterogenität von Konzepten und Methoden im Blick zu behalten. Dazu bietet eine rezeptionsgeschichtliche Untersuchung die wohl beste Überprüfungsmöglichkeit. Die Beantwortung der Frage nach Kontinuität und Diskontinuität wissenschaftlicher Entwicklungen bedarf der vorgängigen Klärung und Festlegung der in Betracht zu ziehenden Vergleichsmerkmale. Bereits im Vorfeld der Untersuchung müssen die untersuchungsrelevanten Merkmale für die Konfrontation zweier Wissenschaftszustände ausgezeich-

---

[6] Wilhelm Voßkamp: Kontinuität und Diskontinuität, S. 143f. und 152.
[7] So bei Hartmut Gaul-Ferenschild: National-völkisch-konservative Germanistik. Kritische Wissenschaftgeschichte in personengeschichtlicher Darstellung. Bonn 1993, S. 231, der gegen die „starke" Kontinuitätsthese Voßkamps den Fortbestand divergierender „Methodenschulen" bestreitet und Voßkamp vorwirft, „divergierende Tendenzen innerhalb der damaligen Literaturwissenschaft zuungunsten beherrschender inhaltlich-ideologischer Gemeinsamkeiten überzubewerten." – Dagegen moniert Birgitta Almgren in ihrer Untersuchung zur Geschichte der Germanisch-Romanischen Monatsschrift in der NS-Zeit Voßkamps Gliederung der literaturwissenschaftlichen Methoden als „zu grobmaschig"; die „Skala der Einstellungen und Methoden der damaligen Philologen, die in der GRM schrieben", sei „breiter gefächert" und werde „durch zeitgenössische Analysen besser erfaßt"; Birgitta Almgren: Germanistik und Nationalsozialismus: Affirmation, Konflikt und Protest. Traditionsfelder und zeitgebundene Wertung in Sprach- und Literaturwissenschaft am Beispiel der Germanisch-Romanischen Monatsschrift 1929-1943. Uppsala 1997 (= Acta Universitatis Upsaliensis; Studia Germanistica Upsaliensa 36), S. 275.
[8] Siehe Hartmut Gaul-Ferenschild: National-völkisch-konservative Germanistik, S. 98; mit der Forderung nach Offenlegung diskontinuierlicher Momente auch W. Höppner: Mehrfachperspektivierung versus Ideologiekritik, S. 629.

net werden, um komplexe Veränderungen in ihren Kontexten beurteilen zu können.⁹

Die dritte Leitfrage lenkt den Blick auf die Wissenschaftskonstellation in der Zeit des Nationalsozialismus. Zu klären ist, ob sich unter den Bedingungen einer politischen Diktatur eine monoparadigmatische Wissenschaftskonstellation ausbildete oder die polyparadigmatische Verfaßtheit des Faches, für die die Vielzahl konkurrierender Romantikdeutungen seit der geistesgeschichtlichen Wende einen Indikator darstellt, bewahrt wurde. Als Parameter einer monoparadigmatischen Wissenschaftskonstellation gelten hierbei spezifische rhetorische bzw. argumentative Muster, die es gestatten, methodischen oder konzeptionellen Dissens im Rahmen einer geltenden Grundauffassung zu halten.¹⁰ Ein für monoparadigmatische Wissenschaftskonstellationen verbindlich geltendes Paradigma läßt sich weitgehend nicht inhaltlich definieren; es stellt vielmehr Handlungsanweisungen im Umgang mit bestimmten Wissenschaftssituationen und Thematisierungsweisen bereit. Zum ersten bietet es eine Terminologie, die der wertenden Kennzeichnung von Zugehörigkeit bzw. Entfernung vom geltenden Paradigma dient; zum zweiten offeriert es Autoritäten in Gestalt kanonisierter Texte, die theoretische Konzepte legitimieren können. Eine Besonderheit der Wissenschaftskonstellation zwischen 1933 und 1945 bestand nun darin, daß in fachinternen Reflexionen immer wieder theorieexterne (historische, politische u.a.) Faktoren zu Begründungsinstanzen wissenschaftlicher Programmentwürfe erhoben wurden. Ohne der späteren Darstellung vorzugreifen, sei hier bereits darauf hingewiesen, daß sich vor allem die Entwürfe einer „völkischen" und „nationalsozialistischen Literaturwissenschaft" zur autoritativen Sicherung ihrer reduktionistischen Programmatik auf außertheoretische Instanzen beriefen, in deren Dienst das Fach die bislang polyparadigmatische zugunsten einer monoparadigmatischen Verfassung aufgeben sollte. Wie tragfähig die Versuche eines *bewußten* Übergangs von einer polyparadigmatischen zur angestrebten monoparadigmatischen Wissenschaftskonstellation waren und welche Strategien dazu in der Romantikforschung unternommen wurden, steht hier zur Debatte.

Damit sind Gegenstand und leitende Fragestellungen umrissen; Aufbau und Fortgang der Arbeit ergeben sich aus den für die Beantwortung der Leitfragen notwendigen Schritten. Zur Klärung der Mechanismen der Internalisierung wissenschaftsexterner Faktoren in theorieinterne Imperative sind die konzeptionellen Verschiebungen innerhalb der Romantikforschung nach 1933 zu rekonstruieren; detailliert werden dazu die 1933 auf die Tagesord-

---

⁹ Vgl. Lutz Danneberg, Jörg Schönert: Belehrt und verführt durch Wissenschaftsgeschichte. In: Petra Boden, Holger Dainat (Hrsg.): Atta Troll tanzt noch. Selbstbesichtigungen der literaturwissenschaftlichen Germanistik im 20. Jahrhundert. Berlin 1997, S. 13-57, hier S. 21.
¹⁰ Nachfolgende Bestimmungen monoparadigmatischer und polyparadigmatischer Wissenschaftskonstellationen folgen methodisch und terminologisch den theoretischen Ausführungen bei Lutz Danneberg, Wilhelm Schernus, Jörg Schönert: Die Rezeption der Rezeptionsästhetik in der DDR. Internationalität von Wissenschaft unter den Bedingungen des sozialistischen Systems. In: Amsterdamer Beiträge zur neueren Germanistik 38/39 (1995), 643-702.

nung gesetzte „Umwertung der Romantik" und die sich daran anschließende Debatte sowie Veränderungen auf der Gegenstandsebene und Versuche zur Kanonerweiterung beleuchtet. Daran anschließend ist die von der Disziplin geleistete Funktionalisierung romantischen Dichtens und Denkens zur kulturellen Legitimationsbeschaffung in ihren rhetorischen Strategien zu analysieren. Die von Wilhelm Voßkamp für die Neuere deutsche Literaturwissenschaft behauptete Fortführung einer Pluralität von Ansätzen und Konzepten über die politische Zäsur des Jahres 1933 hinaus soll an den divergierenden Romantikdeutungen des weiterhin existierenden Methodenspektrums überprüft und präzisiert werden, ehe eine Fallstudie zur Behandlung der Romantik am Berliner Germanischen Seminar die bis dahin gemachten Beobachtungen zur Entwicklung der Forschungslandschaft durch mikrologische Recherchen zu Lehrveranstaltungen und Promotionsschriften ergänzt. – Unerläßlich ist es jedoch, in einem ersten Zugriff auf die florierende Romantikforschung seit der sog. „geistesgeschichtlichen Wende" nach 1900 einzugehen, die laut Paul Böckmanns 1933 getroffener Feststellung in ihrer „verwirrenden Fülle der Auffassungen und der methodischen Verhaltungsweisen ... zugleich die Problematik der Literaturwissenschaft selbst zu enthüllen scheint."[11] Um die Entwicklung der Romantikrezeption nach 1933 unter den Aspekten von Kontinuität und Wandel angemessen beschreiben zu können, gilt es, sich der vielfältigen Ansätze in Darstellung und Deutung der romantischen Literaturepoche vor 1933 zu vergewissern, in deren Gefolge die Romantik zu einem favorisierten Gegenstandsbereich der postpositivistischen Universitätsgermanistik aufgestiegen war. Die zwangsläufig holzschnittartige Übersicht über die methodisch und konzeptionell differierenden Romantikdeutungen seit der „geistesgeschichtlichen Wende" folgt Julius Petersens 1926 vorgelegtem Aufriß der modernen Romantikforschung;[12] sie stellt die Grundlagen für die darauffolgende Rekonstruktion der in der Romantikforschung zwischen 1933 und 1945 virulenten Forschungsprogramme, Theorien und Methoden unter kontinuitätstheoretischer Perspektive bereit.

Notwendig sind Einschränkungen im Vorfeld der Untersuchung. Die erste Einschränkung betrifft die darzustellende Komplexität der Wissenschaftsentwicklung. Vorliegende Arbeit konzentriert sich primär auf die *kognitiven* Entwicklungen innerhalb des disziplinär organisierten Systems universitär institutionalisierter Wissensproduktion; den sozialen Dimensionen der Literaturwissenschaft, ihrer institutionellen Gliederung wie ihrer gesellschaftlichen Beziehungen gilt Aufmerksamkeit stets unter Berücksichtigung der Internalisierung externer in theorieinterne Faktoren und im Hinblick auf (politisch diktierte) Selektionen wissenschaftlicher Arbeitsweisen. Hinzuweisen ist in diesem Zusammenhang auf die Vielzahl bereits existierender allgemeiner und Spezialuntersuchungen zu den institutionellen und personellen

---

[11] Paul Böckmann: Ein Jahrzehnt Romantikforschung. In: ZfdB 9 (1933), S. 47-53, hier S. 47.
[12] Julius Petersen: Die Wesensbestimmung der deutschen Romantik. Eine Einführung in die moderne Literaturwissenschaft. Leipzig 1926.

Veränderungen innerhalb der Hochschul- und Wissenschaftslandschaft[13] wie auch innerhalb der Neueren deutschen Literaturwissenschaft zwischen 1933 und 1945.[14] Biographische Erläuterungen zu den an der Romantikforschung

---

[13] U.a. Die deutsche Universität im Dritten Reich. Eine Vorlesungsreihe der Universität München. München 1966; Karl Dietrich Erdmann: Wissenschaft im Dritten Reich. Kiel 1967; Uwe-Dietrich Adam: Hochschule und Nationalsozialismus. Die Universität Tübingen im Dritten Reich. Tübingen 1977; Hans Ebert: Die Technische Hochschule Berlin und der Nationalsozialismus: Politische „Gleichschaltung" und rassistische „Säuberungen". In: Reinhard Rürup (Hrsg.): Wissenschaft und Gesellschaft. Beiträge zur Geschichte der Technischen Universität Berlin 1879-1979. Bd. 1. Berlin 1979, S. 455-468; Geoffrey J. Giles: Die Idee der politischen Universität. Hochschulreform nach der Machtergreifung. In: Manfred Heinemann (Hrsg.): Erziehung und Schulung im Dritten Reich. Teil 2: Hochschule, Erwachsenenbildung. Stuttgart 1980. S. 50-60; Ahron F. Kleinberger: Gab es eine nationalsozialistische Hochschulpolitik? In: Ebenda, S. 9-30; Steffen Harbordt (Hrsg.): Wissenschaft und Nationalsozialismus. Zur Stellung von Staatsrechtslehre, Staatsphilosophie, Psychologie, Naturwissenschaft und der Universität zum Nationalsozialismus. Berlin 1983; Jörg Tröger (Hrsg.): Hochschule und Wissenschaft im Dritten Reich. Frankfurt/New York 1984; Heinrich Becker u.a.(Hrsg.): Die Universität Göttingen unter dem Nationalsozialismus. Das verdrängte Kapitel ihrer 250jährigen Geschichte. München 1987; Klaus Schwabe: Deutsche Hochschullehrer und Hitlers Krieg. In: Martin Broszat/Klaus Schwabe (Hrsg.): Die deutschen Eliten und der Weg in den Zweiten Weltkrieg. München 1989, S. 291-333; Eckart Krause, Ludwig Huber, Holger Fischer (Hrsg.): Hochschulalltag im „Dritten Reich". Die Hamburger Universität 1933-1945. Berlin 1991; Helmut Heiber: Universität unterm Hakenkreuz. Teil 1: Der Professor im Dritten Reich: Bilder aus der akademischen Provinz. München, London, New York, Paris 1991, Teil 2: Die Kapitulation der Hohen Schulen. Das Jahr 1933 und seine Themen. Bd. 1 1992, Bd. 2 1994; Helmut Cuing u.a.: Wissenschaftsgeschichte seit 1900. 75 Jahre Universität Frankfurt. Frankfurt/Main 1992; Peter Chroust: Giessener Universität und Faschismus. Studenten und Hochschullehrer 1918-1945. 2 Bde. Münster, New York 1994.

[14] Vgl. für Berlin: Werner Richter: Berliner Germanistik vor und nach dem hundertjährigen Jubiläum der Friedrich-Wilhelms-Universität. In: Hans Leussink, Eduard Neumann, Georg Kotowoski (Hrsg.): Studium Berolinense. Aufsätze und Beiträge zu Problemen der Wissenschaft und zur Geschichte der Friedrich-Wilhelms-Universität zu Berlin. Berlin 1960, S. 490-506; 100 Jahre Germanisches Seminar. Berlin 1987; Gesine Bey (Hrsg.): Berliner Universität und deutsche Literaturgeschichte. Studien im Dreiländereck von Wissenschaft, Literatur und Publizistik. Frankfurt/M., Berlin, Bern, New York, Paris, Wien 1998 (= Berliner Beiträge zur Wissenschaftsgeschichte 1); für Freiburg: Hans Peter Hermann: Germanistik – auch in Freiburg eine „Deutsche Wissenschaft"? In: Eckhard John u.a. (Hrsg.): Die Freiburger Universität in der Zeit des Nationalsozialismus. Freiburg Würzburg 1991, S. 115-149; für Gießen: Hans Ramge, Conrad Wiedemann (Hrsg.): Germanistik in Gießen 1925-1945. Beiheft zur Ausstellung. Gießen 1982; für Göttingen: Ulrich Hunger: Germanistik zwischen Geistesgeschichte und „völkischer Wissenschaft": Das Seminar für Deutsche Philologie im Dritten Reich. In: Heinrich Becker u.a. (Hrsg.): Die Universität Göttingen unter dem Nationalsozialismus. Das verdrängte Kapitel ihrer 250jährigen Geschichte. München 1987, S. 272-297; ders.: Die Göttinger Germanistik von 1933 bis 1945: Instituition, Wissenschaft, Gelehrte im Dritten Reich. In: Karl Stackmann u.a.: Drei Kapitel aus der Geschichte der Göttinger Germanistik. Göttingen 1991, S. 47-69; für Halle: Manfred Lemmer: Die hallische Universitätsgermanistik. In: Wissenschaftliche Zs. der Martin-Luther-Universität Halle-Wittenberg. Gesellschafts- und sprachwissenschaftliche Reihe 8 (1958/59), S. 613-622; für Hamburg: Wolfgang Bachofer: Deutsche und niederdeutsche Philologie. Das germanistische Seminar zwischen 1933 und 1945. In: Eckart Krause u.a. (Hrsg.): Hochschulalltag im Dritten Reich. Die Hamburger Universität 1933-1945. Berlin u.a. 1991, Bd. 2, S. 641-703; Wolfgang Beck, Johannes Krogoll: Literaturwissenschaft im Dritten Reich. Das Literaturwissenschaftliche Seminar zwischen 1933 und 1945. In: Ebenda, Bd. 2, S. 705-735; für Heidelberg: Karin Buselmeier: Von deutscher Art. Heidelberger Germanistik bis 1945. In: K. Buselmeier, D. Harth, C. Jansen (Hrsg.):

zwischen 1933 und 1945 beteiligten Wissenschaftlern begrenzen sich auf die für die Themenstellung relevanten Aspekte, zumal personengeschichtliche Darstellungen auch an der Romantikrezeption partizipierender Germanisten bereits vorliegen.[15]

Im zur Verifizierung der „Kontinuitätsthese" unabdingbaren Abriß der literaturwissenschaftlichen Romantikrezeption vor 1933 beschränkt sich die Darstellung bewußt auf die Romantikforschung innerhalb der universitären Literaturwissenschaft. Beiträge später wichtiger Außenseiter des akademischen Diskurses müssen unberücksichtigt bleiben, so etwa das Novalis-Kapitel aus Georg Lukács' Frühschrift *Die Seele und die Formen*, Walter Benjamins Dissertation *Die Kunstkritik in der Romantik* und Arbeiten diverser marxistischer Literatur- und Kulturhistoriker. Die detaillierte Rekonstruktion der literaturwissenschaftlichen Romantikrezeption zwischen 1933 und 1945 nimmt mit der durch Ludwig Klages begründeten „biozentrischen Lebenswissenschaft" und der vom Klageskreis unternommenen Romantikforschungen sowie den regen publizistischen Bemühungen von Richard Benz dagegen auch außeruniversitäre Entwicklungen in den Blick.

Die zweite Einschränkung betrifft den Umfang der zum Rezeptionsgegenstand zu rechnenden Vertreter des literarischen Feldes, das als Romantik

---

Auch eine Geschichte der Universität Heidelberg. Heidelberg, Mannheim 1985, S. 51-78; für Jena: Dietrich Germann: Geschichte der Germanistik an der Friedrich-Schiller-Universität. Jena Diss. Masch. 1954; für Leipzig: Marion Marquadt: Zur Geschichte des Germanischen Instituts an der Leipziger Universität von seiner Gründung 1873 bis 1945. In: ZfG 9 (1988), S. 681-687; für München: Magdalena Bonk: Deutsche Philologie in München. Zur Geschichte des Fachs und seiner Vertreteran der Ludwig-Maximilians-Universität vom Anfang des 19. Jahrhunderts bis zum Ende des Zweiten Weltkriegs. Berlin 1995 (= Ludovico Maximilianae 16 = Diss. München 1993); für Wien: Sebastian Meissl: Wiener Ostmark-Germanistik. In: Gernot Heiß u.a. (Hrsg.): Willfährige Wissenschaft. Die Universität Wien 1938-1945. Wien 1989, S. 133-154.

[15] Zu Julius Petersen vgl. Petra Boden: Julius Petersen. Ein Beitrag zur Geschichte der Berliner Germanistik. Diss. Berlin (DDR) 1983; dies.: Zur Entwicklung der literaturwissenschaftlichen Konzeption Julius Petersens. In: ZfG 9 (1988), S. 572-586; dies.: Julius Petersen: Ein Wissenschaftsmanager auf dem Philologenthron. In: Euphorion 88 (1994), S. 82-102; dies., Bernhard Fischer: Der Germanist Julius Petersen (1878-1941). Bibliographie, systematisches Nachlaßverzeichnis und Dokumentation. Marbach/Neckar 1994; zu Ernst Bertram u.a. Franz Schonauer: Ernst Bertams Mythologisierung der Literatur. In: Neue deutsche Hefte5 (1958/59), S. 724-727; Hajo Jappe: Ernst Bertram. Gelehrter, Lehrer, Dichter. Bonn 1969; Viktor Schmitz: Ernst Bertram. Zwischen Stefan George und Thomas Mann. In: Duitse Kroniek 37 (1987), S. 53-70; Karl Otto Conrady: Völkisch-nationale Germanistik in Köln. Eine unfestliche Erinnerung. Schernfeld 1990; zu Max Kommerell u.a. Helmut Strebel: Max Kommerell. 1902-1944. Professor für deutsche Literatur. In: Ingeborg Schnack (Hrsg.): Marburger Gelehrte in der ersten Hälfte des 20. Jahrhunderts. Marburg 1977, S. 275-287; Dorothea Hölscher-Lohmeyer: Max Kommerell, der Lehrer. In: Jahrbuch der Deutschen Schillergesellschaft 29 (1985), S. 558-571; Max Kommerell 1902-1944. Bearbeitet von Joachim W. Storck. Marbach 1985 (= Marbacher Magazin 34); Blanche Kommerell (Hrsg.): Max Kommerell – Spurensuche. Mit einem Beitrag von Gert Mattenklott. Gießen 1993; zu Josef Nadler Sebastian Meissl: Der „Fall Nadler" 1945-50. In: ders. u.a. (Hrsg.): Verdrängte Schuld, verfehlte Sühne. Entnazifizierung in Österreich. Symposion des Instituts für Wissenschaft und Kunst, Wien, März 1985. München 1986, S. 281-301; zu Oskar Walzel u.a. Peter Salm: Drei Richtungen der Literaturwissenschaft. Scherer-Walzel-Steiger. Tübingen 1970.

erforscht und dargestellt wurde. Der der Untersuchung zugrundeliegende Romantikbegriff bezieht sich auf die in der Literaturgeschichtsschreibung als Jenaer, Berliner und Heidelberger Romantiker bezeichneten Autoren und blendet die Rezeption der zwischen Klassik und Romantik stehenden Jean Paul, Friedrich Hölderlin und Heinrich von Kleist aus.[16] Der Ausschluß der oben Genannten erklärt sich nicht allein aus dem arbeitsökonomischen Grund, die sehr umfangreichen Rezeptionszeugnisse beispielsweise der „Hölderlinidolatrie"[17] in der Zeit des Nationalsozialismus auszusparen. Entscheidendes Motiv ist vielmehr, daß bereits die disziplinäre Romantikforschung in den 1920er Jahren zur Ausgliederung Jean Pauls, Hölderlins und Kleists aus dem literarischen Feld der Romantik tendierte und sich deren eigenständige Betrachtung in den 1930er Jahren vollständig durchsetzte.[18]

Die anschließende Untersuchung der literaturwissenschaftlichen Romantikforschung im Dritten Reich betritt zwar kein unerschlossenes Neuland, doch noch immer unbefestigtes Terrain. Bislang stellt die Rezeptionsgeschichte der Romantik ein Desiderat der Forschung dar,[19] auch wenn seit En-

---

[16] Deren Rezeption im Dritten Reich widmeten sich bereits einschlägige Untersuchungen, u.a. Werner Volke: Hölderlin-Forschung. In: Klassiker in finsteren Zeiten. Bd. 1, S. 319-344, ders.: Hölderlins 100. Todestag 1943. In: Ebenda. Bd. 2, S. 76-134; Claudia Albert: Hölderlin. In: Dies. (Hrsg.): Deutsche Klassiker im Nationalsozialismus. Schiller, Kleist, Hölderlin. Stuttgart 1994, S. 189-248; Rolf Busch: Imperialistische und faschistische Kleist-Rezeption 1890-1945. Frankfurt/M. 1974; Rudolf Loch: Heinrich von Kleist – Grundzüge der Rezeption. In: Arbeiten mit der Romantik heute. Leipzig 1978, S. 121-125; Hans-Joachim Kreutzer: ,... der erste nationalsozialistische Dichter der Vergangenheit ...'. Georg Minde-Pouets Krisenbericht von 1936. In: Kleist-Jahrbuch 1992, S. 187-192; Marcus Gärtner, Mechthild Kirsch, Marike Werner, Martin Vöhringer: Kleist. In: Claudia Albert (Hrsg.): Deutsche Klassiker im Nationalsozialismus, S. 77-188; Hanne Knickmann: Der Jean-Paul-Forscher Eduard Behrend (1883-1973). Ein Beitrag zur Geschichte der Germanistik in der ersten Hälfte des 20. Jahrhunderts. Teil 1 in: Jahrbuch der Jean-Paul-Gesellschaft 29 (1994), S. 7-92; Teil 2 in: Jahrbuch der Jean-Paul-Gesellschaft 30 (1995), S. 7-104.
[17] Henning Bothe: ,Ein Zeichen sind wir, deutungslos'. Die Rezeption Hölderlins von ihren Anfängen bis zu Stefan George. Stuttgart 1992, S. 275.
[18] Vgl. u.a. J. Petersen: Die Wesensbestimmung der deutschen Romantik, S. 98; Hermann August Korff: Das Dichtertum Heinrich von Kleists. In: ZfDk 47 (1933), S. 423-439. – Die *Jahresberichte über wissenschaftliche Neuerscheinungen auf dem Gebiet der Neueren Deutschen Literatur* wie auch die meisten Bibliographien und Schrifttumsberichte rubrizierten Jean Paul, Kleist und Hölderlin zwar innerhalb der romantischen Literaturepoche, doch wurden sie als eigenständige, weder in der Klassik noch in der Romantik aufgehende Erscheinungen behandelt. Exemplarisch für den klassifikatorischen Hiatus war Band 3 von Hermann August Korffs *Geist der Goethezeit* (Frühromantik), in dem Hölderlin als „Klassik der Romantik" analysiert wurde, was zum Widerspruch von Fachkollegen führte. Zur Schwierigkeit der Einordnung Kleists vgl. Paul Kluckhohn: Einführung. In: Zacharias Werner: Dramen. Bearbeitet von Paul Kluckhohn. Leipzig 1937 (= DLE, Reihe (17) Romantik Bd. 20), S. 53. Obwohl die Dramen Kleists ursprünglich für die Dramenreihe der Romantikreihe vorgesehen waren, wurden sie aus dieser ausgeschlossen: „Das mag zugleich auf Kleists ganz einsame Höhenstellung hinweisen."
[19] Klage über das Defizit an Forschungen zur Rezeptionsgeschichte der Romantik führten schon Hermann Kurzke: Romantik und Konservativismus. Das ,politische' Werk des Friedrich von Hardenberg (Novalis) im Horizont seiner Wirkungsgeschichte. München 1983, S. 10; Silvio

de der 1970er Jahre unterschiedliche Ansätze zur Aufarbeitung der Wirkungsgeschichte dieser facettenreichen Literatur- und Kulturepoche zu verzeichnen sind.[20] Besondere Erwähnung verdient in diesem Zusammenhang die 1996 an der Freien Universität Berlin verteidigte Dissertation Markus Gärtners, die es unternahm, Kontinuität und Wandel in der neueren deutschen Literaturwissenschaft nach 1945 auf der Ebene von Deutungsmustern und Mentalitäten zu rekonstruieren und in der Untersuchung der Rezeptionsgeschichte von Expressionismus und Romantik in der westdeutschen Nachkriegsgermanistik auch auf die Romantikforschung im Dritten Reich einging.[21] Gärtners Studie zur Entwicklung der Neugermanistik nach der historischen Zäsur des Jahres 1945 zielte auf tieferliegende und längerfristig wirksame Strukturen der literaturwissenschaftlichen Praxis, in dem sie kollektiv wirksame Selektions- und Ordnungsprinzipien disziplinären Wissens thematisierte und dabei die in „Deutungsmustern" kondensierten kognitiven und affektiven Dispositionen aufzudecken suchte.[22]

Diesem vielversprechenden, auf die Binnenstrukturen der Wissenschaftentwicklung gerichteten Ansatz sieht sich die vorliegende Untersuchung ebenfalls verpflichtet – wenn auch zur Beschreibung des Wissenschaftssystems und der Forschungslandschaft ein anderer Rahmen gewählt wird. In Anlehnung an Niklas Luhmanns systemtheoretische Beschreibung des Wissenschaftssystems wird Literaturwissenschaft als Teilsystem einer funktional differenzierten Gesellschaft begriffen, das in rekursiven Operationen ein spezifisches (wissenschaftliches) *Wissen* über literarische Prozesse und Entwicklungen produziert. *Konzepte* und *Methoden* als die diskursiven Konstituenten eines wissenschaftlich erzeugten Wissens bilden die für diese Untersuchung relevanten „Einheiten"; deren Entwicklungen sollen im historischen Rahmen rekonstruiert werden.[23] Obwohl der Einfluß kollektiver und

---

Vietta: Frühromantik und Aufklärung. In: S. Vietta (Hrsg.): Die literarische Frühromantik. Göttingen 1983, S. 7-84, hier S. 9.

[20] U.a. Richard Brinkmann: Romantik als Herausforderung. Zu ihrer wissenschaftsgeschichtlichen Rezeption. In: R. Brinkmann (Hrsg.): Romantik in Deutschland. Ein interdisziplinäres Symposion. Stuttgart 1978, S. 7-38; Klaus Peter (Hrsg.): Romantikforschung seit 1945. Königstein (Ts.) 1980; Karl-Heinz Bohrer: Die Kritik der Romantik. Der Verdacht der Philosophie gegen die literarische Moderne. Frankfurt/M. 1989; Claudia Monti: Anmerkungen zur Wissenschaftsgeschichte der Romantikkritik. In: Hendrik Birus (Hrsg.): Germanistik und Komparatistik. DFG-Symposion 1993. Stuttgart Weimar 1995, S. 54-71.

[21] Marcus Gärtner: Kontinuität und Wandel in der neueren deutschen Literaturwissenschaft nach 1945. Bielefeld 1997.

[22] Zur Definition von „Deutungsmustern" als einer Einheit für die Rekonstruktion langfristiger Entwicklungsprozesse in der Wissenschaft ebenda, S. 14-17; zu möglichen anderen „Einheiten" von Wissenschaftsgeschichtsschreibung vgl. Christoph König: Wissen, Werte, Institutionen. In: Jahrbuch der Deutschen Schillergesellschaft 38 (1994), S. 379-403, hier S. 386-402.

[23] Unter *Konzepten* (Theorien) und *Methoden* seien in Anlehnung an Niklas Luhmann asymmetrische bzw. symmetrische Konditionierungen der wissenschaftlichen Kommunikation verstanden. Eine *Theorie* als konsistenter Zusammenhang begrifflich formulierter Aussagen bildet die Form, in der Erklärungen kommuniziert und reformuliert werden. Während *Theorien* komplexe Beschreibungen liefern und im Aufbau abstrahierter Zusammenenhänge wissenschaftliche

langfristig wirkender Deutungsmuster nicht zu unterschätzen und in der Darstellung der literaturwissenschaftlichen Romantikforschung zwischen 1933 und 1945 stets mitzureflektieren ist, richtet sich die Aufmerksamkeit weniger auf die „Grauzone des menschlichen Geistes, wo kognitive und affektive Dispositionen aufeinandertreffen",[24] als vielmehr auf die in Texten fixierten diskursive Einheiten, um so Einsichten in übergreifende Strukturen der Formulierung, Diskussion, Akzeptanz und Ablehnung von Wissensansprüchen zu gewinnen.

Der Ausgang von einem systemtheoretischen Wissenschaftsbegriff zieht Konsequenzen für die Beobachtungs- und Beschreibungsebene nach sich, vor allem für das zentrale Problem des Verhältnisses von Wissenschaftssystem und politischer Umwelt. Leitend für die nachfolgende Untersuchung wird Luhmanns These, wonach die Eigensinnigkeit des Wissenschaftssystems unter den Bedingungen politischer Repression zwar beeinträchtigt, doch nicht aufgehoben werden kann, wenn Wissenschaft als Wissenschaft weiterbestehen und nicht in Ideologie aufgehen soll. Obwohl das Wissenschaftssystem über Ressourcenzuteilung stets auf Entscheidungen der Politik angewiesen und schon deshalb nicht unabhängig von seiner politischen und kulturellen Umwelt zu existieren vermag, bleibt es in seinen spezifischen Operationen und Codierungen selbst unter Bedingungen einer politischen Diktatur ein autopoietisches und rekursives Ganzes, das die Voraussetzungen zur Fortsetzung seiner Operationen aus sich selbst heraus produziert – sofern bestimmte Normierungen von Geltungsansprüchen und ihrer Einlösung nicht vollständig aufgegeben werden und sich die Rede von Wissenschaft damit als gänzlich obsolet erweist. In einer funktional ausdifferenzierten Gesellschaft, so ließe sich verkürzt formulieren, können sich Wissenschaft und Politik nicht wechselseitig lenken, sondern nur „irritieren"; jeder Eingriff in die Programmierung des Wissenschaftssystems führte unweigerlich zum Ende seiner an Wahrheitsfragen orientierten und spezifisch organisierten Operationsweise als Wissenschaft. Die Anerkennung des Eigensinns von Wissenschaft und ihrer konstitutiven Differenz zu den Imperativen ihrer eigengesetzlichen „Umwelten" ermöglicht es, Wissenschaftsentwicklung komplexer als durch ein reduktionistisches Input/Output-Modell zu beschreiben und verhindert, Veränderungen in der Forschungslandschaft *ausschließlich* auf die Internalisierung externer Faktoren zu reduzieren. Damit rücken die innerhalb des Wissenschaftssystems ablaufenden Prozesse von Konzeptbildung und Methodendiskussion in den Mittelpunkt.

Kommunikation ermöglichen und selektiv steuern, lassen sich *Methoden* als Programme bezeichnen, die, der spezifisch binären Codierung des Wissenschaftssystem folgend, über die Unterscheidung von wahr und unwahr entscheiden. Eine Methode gibt entweder als fixiertes Programm die Abfolge von Schritten vor oder aber stellt (flexible) Strategien bereit, die je nach den Resultaten früherer Schritte zu modifizieren sind.

[24] So Marcus Gärtner über „Deutungsmuster" und „Mentalität", in ders: Kontinuität und Wandel, S. 15.

Welche konkreten Formen diese Bestimmungen in der literaturwissenschaftlichen Praxis annahmen; wie Theorien und Methoden differenziert, bearbeitet, kommuniziert und weitergegeben wurden, soll nun detailliert aufgeklärt werden. In einem ersten Schritt sind dazu die Ausgangspunkte der Romantikrezeption im Jahre 1933 – die von der vorangegangenen Forschung seit der sogenannten „geistesgeschichtlichen Wende" entwickelten Konzepte und Methoden – zu umreißen.

1 Literaturwissenschaftliche Romantikforschung 1900-1933

„Seit nun schon geraumer Zeit ist die Erforschung und Beurteilung der deutschen Romantik in ein neues Stadium eingetreten",[1] resümierte Paul Böckmann 1933 in einem Literaturbericht und traf sich in seinem Befund, die Romantikforschung sei „zu einem der lebendigsten Bereiche der neueren Literaturwissenschaft geworden",[2] mit Julius Petersens 1926 gemachter Feststellung, daß „die heutige Literaturgeschichte beinahe mit Romantikforschung gleichgesetzt werden kann".[3]

Nach erbitterter Ablehnung der frühromantischen Subjektivität durch Hegel, dem Spott Heines und dem antiromantischen Manifest der Junghegelianer Ruge und Echtermeyer, nach einem Schattendasein in den liberalen Literaturgeschichten des 19. Jahrhunderts und ihrer neuromantischen Wiederentdeckung erfuhr die Romantik seit Beginn des 20. Jahrhunderts verstärkte Aufmerksamkeit. Geprägt von einer emphatischen Aneignung im Zeichen des „Lebens" erlebte ihre literaturwissenschaftliche Erforschung im Anschluß an die „geistesgeschichtliche Wende" einen solchen Aufschwung, daß Julius Petersen 1926 eine paradigmatische Wendung des literarhistorischen Interesses vom Fixstern der Klassik zur flimmernden Erscheinung der Romantik konstatieren konnte.[4]

Die intensivierten Bemühungen um die Romantik seitens der Universitätsgermanistik stellten jedoch mehr als nur eine Schwerpunktverlagerung des fachlichen Interesses dar. Sie waren gleichermaßen Ausdruck und Reaktion einer tiefgehenden Krise im kulturellen Selbstverständnis eines Bildungsbürgertums, das auf die sozioökonomischen Verwerfungen infolge eines rasanten Modernisierungsprozesses und die Erschütterungen scheinbar festgefügter Weltbilder mit divergierenden Umbruchs- und Aufbruchsszenarien reagierte.[5] Die durch Schriftsteller und Künstler seit den 1890er Jahren wiederentdeckten Bestände der romantischen Kulturepoche prägten in unterschiedlicher, gleichwohl intensiver Weise den nach 1900 beobachtbaren Wandel im Kunst- und Wissenschaftssystem. Der literarische Protest gegen

---
[1] Paul Böckmann: Ein Jahrzehnt Romantikforschung. In: ZfdB 9 (1933), S. 47-53, hier S. 47.
[2] Ebenda, S. 47.
[3] Julius Petersen: Die Wesensbestimmung der deutschen Romantik, S. 2.
[4] Vgl. ebenda, S. 2.
[5] Dazu Rüdiger vom Bruch, Friedrich Wilhelm Graf, Gangolf Hübinger (Hrsg.): Kultur und Kulturwissenschaft um 1900. Krise der Moderne und Glaube an die Wissenschaft. München 1989; Georg Bollenbeck: Bildung und Kultur. Glanz und Elend eines deutschen Deutungsmusters. Frankfurt/M. 1996, zu den sozialgeschichtlichen Umständen der „Modernisierungskrise" hier S. 225-288; Christoph König, Eberhard Lämmert (Hrsg.): Konkurrenten in der Fakultät. Kultur, Wissen und Universität um 1900. Frankfurt/Main 1999.

den Naturalismus, in ästhetizistische Hermetik und mystifizierende Feier des ‚Lebens' mündend, berief sich ebenso auf die Romantik wie die gegen Fortschrittsglauben und Rationalismus opponierende Jugendbewegung.[6] In den Kulturwissenschaften vollzog sich die Ablösung eines als ‚positivistisch' disqualifizierten, auf mikrologische Detailforschung und kausalgenetische Erklärung rekurrierenden Methodenideals durch jene von Ernst Troeltsch und anderen zeitgenössischen Beobachtern beschriebene „Revolution in der Wissenschaft"[7], die mit der Überwindung von „Historismus", „Relativismus" und fachwissenschaftlichem „Spezialistentum" sowie im Bruch mit „Intellektualismus" und „Mechanismus" das Erbe der Romantik anzutreten hoffte.[8] Die im Kunst- und Literatursystem mit der Neuromantik einsetzende

---

[6] Zur geistig-kulturellen Situation um 1900 liegen seit einiger Zeit diverse Arbeiten vor, die je unterschiedliche Aspekte der Krisendiagnosen und Therapievorschläge beleuchten. Zu Entstehung und Verbreitung der irisierenden „Lebens-Ideologie" vgl. Martin Lindner: Leben in der Krise. Zeitromane der Neuen Sachlichkeit und die intellektuelle Mentalität der klassischen Moderne. Stuttgart, Weimar 1994, insbesondere Teil 1 (Lebensideologie) und Teil 2 (Zur Entstehung und Entwicklung der Lebensideologie im historischen Kontext), S. 5-144. Zu Lebensreform- und Jugendbewegung, die ihr Sprachrohr vor allem im Jenaer Diederichs-Verlag fand, siehe Erich Viehöfer: Hoffnung auf die ‚eine' Jugend. Eugen Diederichs und die deutsche Jugendbewegung. In: Jahrbuch des Archivs der deutschen Jugendbewegung 15 (1984), S. 261-286; ders.: Der Verleger als Organisator. Eugen Diederichs und die bürgerlichen Reformbewegungen der Jahrhundertwende. Frankfurt/M. 1988; Gangolf Hübinger (Hrsg.): Versammlungsort moderner Geister. Der Eugen Diederichs Verlag – Aufbruch ins Jahrhundert der Extreme. München 1996. Zum Ästhetizismus siehe Annette Simonis: Literarischer Ästhetizismus: Theorie der arabesken und hermetischen Kommunikation der Moderne. Habilitationsschrift Köln 1998; eine Literatur- und Wissenschaftsgeschichte verschränkende Darstellung der Problemlage liegt jetzt vor in der materialgesättigten Untersuchung von Rainer Kolk: Literarische Gruppenbildung. Am Beispiel des George-Kreises 1890-1945. Tübingen 1998 (= Communicatio 17).

[7] Ernst Troeltsch: Die Revolution in der Wissenschaft. Eine Besprechung von Erich von Kahlers Schrift gegen Max Weber: ‚Der Beruf der Wissenschaft' und die Gegenschrift von Arthur Salz: ‚Für die Wissenschaft gegen die Gebildeten unter ihren Verächtern'. In: Jahrbuch für Gesetzgebung, Verwaltung und Volkswirtschaft im Deutschen Reich (Schmollers Jahrbuch) 45 (1921), S. 65-94; wieder in E. Troeltsch: Gesammelte Schriften. Bd. 4: Aufsätze zur Geistesgeschichte und Religionssoziologie. Tübingen 1925, S. 653-677, die nachfolgend aufgeführten Schlagworte hier S. 654-656. Vgl. dazu Klaus Lichtblau: Kulturkrise und Soziologie um die Jahrhundertwende. Zur Genealogie der Kultursoziologie in Deutschland. Frankfurt/M. 1996, S. 420-458.

[8] Die wissenschaftsrevolutionären Hoffnungen, von Troeltsch als „Neuromantik wie einst in Sturm und Drang" bezeichnet, wurden durch ihn in direkte Parallele zur historischen Romantik gebracht, vgl. Ernst Troeltsch: Die Revolution in der Wissenschaft, S. 676f.: „Es ist wie damals, als Novalis von Edmund Burke meinte, er habe ein höchst revolutionäres Buch gegen die Revolution geschrieben. Auch diese Bücher alle sind im Grunde ‚revolutionäre Bücher gegen die Revolution'. Es ist neue Romantik und hängt mit der alten trotz tiefer Unterschiede eng und tatsächlich zusammen. [...] Wie die alte Romantik ein Moment in der großen Weltreaktion gegen die Ideologien und praktischen Umwälzungen der französischen Revolution war, so ist die neue ein solches in der todsicher bevorstehenden Weltreaktion gegen die heutige Aufklärungsrevolution und ihre sozialistisch-rationalistischen Dogmen. [...] Sie wird keine bleibende Restauration herbeiführen, sondern den ehernen Felsen der ökonomisch-sozialen Verhältnisse stehen lassen müssen. Aber sie wird die herrschenden Ideologien und Lebensgefühle doch tief verändern, und vieles, was heute als offizielle Weisheit gilt, wird uns in Bälde sehr schal und öde anmuten."

Umkehr „zu Seele und Mystik, zu Symbol und Metaphysik, zu Intuition und Kosmologie, zu Geheimnis und Mythos, zu Geist und Überpersonalität"⁹ wie auch die zeitgenössische Wissenschafts- und Bildungskritik, die ab 1910 an unterschiedlichen Projekten einer „geistigen Revolution" laborierte,[10] beförderten eine Renaissance der Romantik, die trotz einer 1938 konstatierten „Absage an die Romantik in der Zeit nach dem Weltkriege" bis zur politischen Zäsur des Jahres 1933 und darüber hinaus anhielt.[11]

Zugleich repräsentierten die unterschiedlichen Konzepte und Methoden der Romantikforschung eine Binnendifferenzierung innerhalb der Neueren deutschen Literaturwissenschaft, die in der zwischen 1890 und 1913/14 begonnenen Lösung von philologischer Mikrologie und exakter Quellen- und Textkritik ihren Ausgang genommen hatte.[12] Mit der Ablösung des ‚Positivismus' in Literaturwissenschaft und Literaturgeschichtsschreibung, als deren Repräsentanten Wilhelm Scherer und Erich Schmidt erst gerühmt und nach 1913 für die „Krise der Literaturwissenschaft" verantwortlich gemacht wurden,[13] begann eine folgenschwere Dissoziation des Methoden- und Wer-

---

[9] Werner Marholz: Deutsche Literatur der Gegenwart. Probleme – Ergebnisse – Gestalten. Durchgesehen und erweitert von Max Wieser. Berlin 1930, S. 92.

[10] Erich von Kahler hatte in seiner Schrift *Der Beruf der Wissenschaft* (Berlin 1920, S. 5 und 8) den Beginn der „geistigen Revolution" auf die Zeit um 1910 datiert und stimmte in dieser Diagnose mit Ernst Robert Curtius überein, der Ende der 1920er Jahre auch die Ergebnislosigkeit der Krisen- und Revolutionsrhetorik konstatieren mußte; siehe E. R. Curtius: Krisis der Universität ? In: E. R. Curtius: Deutscher Geist in Gefahr. Stuttgart 1932, S. 51-78, hier S. 51 und 53. – Dazu Gerhard Lauer: Rückblick auf die Revolution. Dokumente zu Erich Kahlers Ausrufung der „neuen" Wissenschaft von 1920. In: Mitteilungen des Marbacher Arbeitskreises für die Geschichte der Germanistik H. 6/7 (1994), S. 50-54.

[11] Alexander von Klugen, der in seiner Göttinger Dissertation die „Absage an die Romantik in der Zeit nach dem Weltkriege" nachzeichnete, benannte Ricarda Huchs *Blütezeit der Romantik* von 1899 als den Ausgangspunkt einer umfassenden Renaissance der historischen Romantik nach der Jahrhundertwende; die „Erfahrung der Lebens- und Todeswirklichkeit im Weltkriege sowie in den darauffolgenden Jahren" seien die Ursache einer von der „führenden Jugend" ausgehenden Wendung gegen „jegliche Romantik"; A. von Klugen: Die Absage an die Romantik in der Zeit nach dem Weltkriege. Zur Geschichte des deutschen Menschen. Berlin 1938 (= Neue Forschung 33), S. 1. Als Hauptvertreter der antiromantischen Polemik nach 1918 behandelte von Klugen Existenzphilosophie und dialektische Theologie, die an Kierkegaards und Nietzsches Romantikkritik anknüpften.

[12] Vgl. Holger Dainat: Von der Neueren deutschen Literaturgeschichte zur Literaturwissenschaft. Die Fachentwicklung von 1890 bis 1913/14. In: J. Fohrman, W. Voßkamp (Hrsg.): Wissenschaftsgeschichte der Germanistik im 19. Jahrhundert, S. 494-537; Rainer Kolk: Literarische Gruppenbildung, S. 313-337.

[13] Symptomatisch die Nekrologe auf Erich Schmidt von Josef Nadler (Erich Schmidt. Ein Rückblick und Ausblick. In: Hochland 11.1 (1913/14), S. 313-322) und Franz Schultz (Erich Schmidt. In: Archiv für das Studium der neueren Sprachen und Literaturen 131 (1913), S. 272-284) sowie die nach 1913 einsetzenden Schuldzuweisungen u.a. von Friedrich Alafberg (Der Bankrott der Literarhistorie. In: März 7 (1913), S. 152-158) oder Julius Bab (Der Germanistenkrach. In: Die Schaubühne 9 (1913), S. 631-635). – Zu den strategischen Funktionen des in den Gedenkschriften auf Wilhelm Scherer artikulierten Positivismusvorwurfs vgl. Jürgen Sternsdorff: Wissenschaftskonstitution und Reichsgründung: die Entwicklung der Germanistik bei Wilhelm Scherer. Eine Biographie nach unveröffentlichten Quellen. Frankfurt/M. u.a. 19979 (= Europäische Hochschulschriften, Reihe 1, Bd. 329), S. 20; Holger Dainat: Deutsche Literaturwissenschaft zwischen den Weltkriegen. In: ZfG N.F. 1 (1991), S. 600-608.

tekanons des Faches, die sich in zunehmend divergierenden Forschungen zur romantischen Literaturepoche exemplarisch niederschlug; seit 1913/14 konstatierten fachinterne Diagnosen eine „Krisis in der Literaturwissenschaft".[14] Symptome dieser „Krise" waren für zeitgenössische Akteure die Richtungskämpfe verschiedener Theorien und Methoden und das Defizit eines einheitlichen methodologischen Fundaments.[15] Mit den Auseinandersetzungen um die Neubesetzung des Lehrstuhls Erich Schmidts am Berliner Germanischen Seminar sowie angesichts der 1926/27 zu klärenden Muncker-Nachfolge geriet die komplizierte Lage des Faches auch in den Blickpunkt des öffentlichen Interesses.[16]

Die konzeptionelle und methodische Binnendifferenzierung des Faches seit der Jahrhundertwende, die sich an konkurrierenden Romantikdeutungen zwischen 1900 und 1933 exemplarisch ablesen läßt, ist für meine rezeptionsgeschichtliche Untersuchung aus mehreren Gründen relevant. Zum einen kann die als „Krise" und „Zerfall" beschriebene methodische Zersplitterung des Faches als ein Antriebsmoment der später detailliert nachzuzeichnenden „Selbstgleichschaltung" der Neueren deutschen Literaturwissenschaft im Jahre 1933 begriffen werden, in deren Rahmen sich auch Parameter der Romantikforschung veränderten. Die z.T. bis in die 1930er Jahre fortgeschriebene postpositivistische Krisendiagnostik, in der die Verwerfungen der modernen Industriegesellschaft zu einer tiefgehenden Kultur- und Sinnkrise sublimiert wurden, präfigurierte die unmittelbar nach der Machtergreifung vorgelegten Ortsbestimmungen und Neuentwürfe einer Disziplin, die sich insbesondere in ihrer deutschkundlichen Spielart seit Beginn des 20. Jahrhunderts als Sachwalter „deutschen Geistes" und „deutscher Kultur" verstan-

---

[14] So Ezard Nidden: Krisis in der Literaturwissenschaft. In: Der Kunstwart 26 (1912/13), S. 169-172; vgl. auch ders.: Krisis, Krach, Bankrott der Literaturgeschichte. Ebenda, S. 184-191; Julius Bab: Der Germanistenkrach. In: Die Schaubühne 9 (1913), S. 631-635; Antibarbarus: Germanistennöte. In: Die Neue Rundschau 25 (1914), S. 295-298. – Die Krisendiagnostik setzte sich in den 1920er Jahren fort, so bei Philologus: Vom Geist und Ungeist der Philologenschaft. In: Die Tat 14 (1922/23), S. 225-228; Wilhelm Meridies: Zur Geschichte der deutschen Literaturwissenschaft. In: Orplid 3 (1926/27), S. 91-96; Rudolf Unger: Moderne Strömungen in der deutschen Literaturwissenschaft. In: Die Literatur 26 (1923/24), S. 65-73; Harry Maync: Die Entwicklung der deutschen Literaturwissenschaft. Bern 1927.

[15] Vgl. Oskar Benda: Der gegenwärtige Stand der Literaturwissenschaft. Eine erste Einführung in ihre Problemlage. Wien Leipzig 1928, der eine „um 1910 offenkundig gewordene Götterdämmerung des literaturwissenschaftlichen Positivismus" (S. 7) feststellte und als Resultat der antipositivistischen Reformbemühungen des Faches 12 konkurrierende Methoden konstatierte. Dagegen machte Josef Dünninger (Geschichte der deutschen Philologie. In: Wolfgang Stammler (Hrsg.): Deutsche Philologie im Aufriß. Berlin 1952, Bd.1, Sp. 79-214, hier Sp. 201) nicht das Versagen der philologisch-positivistischen Germanistik, sondern „die hemmungslosen Neuerer" verantwortlich, die „für die Geisteswissenschaften ... eine Krisis heraufbeschworen" hätten.

[16] Vgl. dazu die auf gründlichen archivalischen Recherchen beruhenden Fallstudien von Ernst Osterkamp: „Verschmelzung von kritischer und dichterischer Sphäre". Das Engagement deutscher Dichter im Konflikt um die Muncker-Nachfolge 1926/27 und seine wissenschaftsgeschichtliche Bedeutung. In: Jahrbuch der Deutschen Schiller-Gesellschaft 33 (1989), S. 348-369; Wolfgang Höppner: Eine Institution wehrt sich. Das Berliner Germanische Seminar und die deutsche Geistesgeschichte. In: C. König, E. Lämmert (Hrsg.): Literaturwissenschaft und Geistesgeschichte 1910-1925. Frankfurt / M. 1993, S. 362-380.

den hatte und dieses Selbstverständnis nun mit spezifischen Modifikationen forcierte. Hatte in den Bemühungen der jüngeren Germanistengeneration um „Geist" und „Leben" nach 1910 der ‚Positivismus' der Scherer-Schule die zu bekämpfende Vaterfigur eingenommen, dem akademisches Spezialistentum und Lebensferne vorgeworfen wurden, überboten programmatische Entwürfe von 1933 diese Affekte, indem sie sich gegen methodische Zersplitterung und Werterelativismus der jüngsten Fachentwicklung wandten.[17] Zum anderen prägte die diversifizierte Romantikforschung seit der „geistesgeschichtlichen Wende" die auch nach der politischen Zäsur des Jahres 1933 unter spezifischen Modifikationen weiterbestehende Forschungslandschaft; eine nach Kontinuitäten und Veränderungen fragende Untersuchung hat diese Konstellationen zum Ausgangspunkt ihrer Recherchen zu machen.

Aus verständlichen Gründen läßt sich die seit der Wende zum 20.Jahrhundert zu beobachtende „Wiederentdeckung" der Romantik an dieser Stelle nur knapp skizzieren. Von der Literaturgeschichtsschreibung der Scherer-Schule vor allem als Gegenpart der paradigmatischen Klassik beschrieben,[18] erkannten die gegen die bisherige philologische Einrichtung des Faches opponierenden Programme in der romantischen Bewegung einen Gegenstandsbereich, der sowohl forschungspraktische Innovationspotentiale als auch gesellschaftliche Resonanzräume zu erschliessen versprach. Der öffentliche Erfolg der Romantik-Bücher Ricarda Huchs und die breite Wirksamkeit der Aufsatzsammlung *Das Erlebnis und die Dichtung*, die Wilhelm Dilthey 1905 auf Drängen von Schülern aus vier früher erschienenen Texten zur deutschen Literatur zwischen 1750 und 1800 zusammengestellt hatte, belegte das im Fach wie in der Öffentlichkeit virulente Bedürfnis nach weltanschaulicher Deutung und ganzheitlich geschlossener Darstellung der literarischen Überlieferung. Die von Dilthey bereits zwischen 1860 und 1870 vorgenommene, doch erst nach 1900 ins öffentliche Bewußtsein getretene Neubewertung der Romantik manifestierte sich in einer Vielzahl von zwischen 1900 und 1910 entstandenen, an neuromantische Emphatik bzw. an Diltheys geisteswissenschaftlichen Prinzipien anschließenden Werken zu Geschichte und Vorgeschichte der romantischen Literaturepoche.[19] Noch bevor 1911 die

---

[17] Dazu Kapitel 2: Zwischen Selbstgleichschaltung, Beharrung und Innovation. Die Neuere deutsche Literaturwissenschaft im Dritten Reich.

[18] Nicht zu unterschätzen sind jedoch die Verdienste insbesondere Jakob Minors um die Edition romantischer Texte; zu den Romantikforschungen der Scherer-Schule vgl. Siegbert Elkuß: Zur Beurteilung der Romantik und zur Kritik ihrer Erforschung. Hrsg. von Franz Schultz. München und Berlin 1918, S. 24ff.

[19] U.a. Oscar Ewald: Romantik und Gegenwart. Bd. 1: Die Probleme der Romantik als Grundfragen der Gegenwart. Berlin 1904; Karl Joël: Nietzsche und die Romantik. Jena 1905; ders.: Der Ursprung der Naturphilosophie aus dem Geist der Mystik. Jena 1906; Marie Joachimi: Weltanschauung der Romantik. Jena, Leipzig 1905; Ferdinand Josef Schneider: Die Freimaurerei und ihr Einfluss auf die geistige Kultur in Deutschand am Ende des 18.Jahrhunderts. Prolegomena zu einer Geschichte der Romantik. Prag 1909; Waldemar Ohlshausen: Friedrich von Hardenbergs (Novalis) Beziehungen zur Naturwissenschaft seiner Zeit Leipzig 1905; Heinrich Simon, Der magische Idealismus. Studien zur Philosophie des Novalis. Heidelberg 1906; Richard Benz: Märchendichtung der Romantiker. Gotha 1908; Oskar Walzel: Deutsche Romantik. Leipzig 1908.

Gründungsurkunden einer methodisch differenzierten Literaturgeschichtsschreibung erschienen, war 1908 mit Rudolf Ungers theoretischen Überlegungen zur drängenden Neuorientierung des Faches eine erste Stellungnahme der jüngeren Wissenschaftlergeneration vorausgegangen, die dezidert die romantische Literatur und Philosophie als Schwerpunkt einer philosophisch begründeten Literaturforschung benannte.[20] Ungers 1911 vorgelegtes zweibändiges Werk *Hamann und die Aufklärung*, Friedrich Gundolfs im selben Jahr publizierte Habilitationsschrift *Shakespeare und der deutsche Geist* und die zwischen 1912 und 1918 in erster Auflage erschienene *Literaturgeschichte der deutschen Stämme und Landschaften* Josef Nadlers signalisierten, wie weit der interne Differenzierungsprozeß des Faches vorangeschritten war: Auf Grundlage eines umfangreichen, philologisch erschlossenen Wissens und befruchtet durch Anregungen aus Philosophie, Psychologie und der Kulturgeschichtsschreibung Karl Lamprechts entstanden ‚synthetische' Übersichtsdarstellungen, die die bislang dominierenden Formen mikrologischer Quellen- und Textkritik zugunsten umfassender philosophisch-ästhetischer bzw. historischer Perspektivierungen verabschiedeten.

Die nach 1910 publizierten Monographien sowie Nadlers stammesethnographische Literaturgeschichte bildeten nicht nur die Ausgangspunkte der sich im Anschluß entfaltenden methodischen Richtungen und Schulen, deren Pluralismus die in den 1920er Jahren vielbeschworene Dauerkrise des Faches hervorrief. In ihnen – und ergänzt durch Herman Nohls 1912 publizierten Aufsatz *Die idealistischen Systeme und die Deutsche Bewegung* – traten konzeptionelle und methodische Determinanten auf den Plan, die die nachfolgende universitäre Romantikforschung bis 1933 und darüber hinaus bestimmen sollten. Um die kognitiven Ausgangsbedingungen der literaturwissenschaftlichen Romantikrezeption im Dritten Reich klären und die These von einem fortwirkenden Methodenpluralismus rezeptionsgeschichtlich überprüfen zu können, gilt es, sich der seit der Jahrhundertwende virulenten Ansätze der Romantikforschung zu vergewissern. Gesicherte Informationen über die im Zuge der „geistesgeschichtlichen Wende" ausgebildeten Thematisierungsweisen und Beschreibungsverfahren ermöglichen es, Brüche und Kontinuitäten nach 1933 deutlich zu machen. Aus diesem Grund ist die folgende Übersichtsdarstellung der wichtigsten konzeptionellen und methodischen Ansätze der Romantikforschung zwischen 1900 und 1933 gerechtfertigt. Auch wenn die divergierenden Richtungen der postpositivistischen Romantikforschung nicht die gesamte Binnendifferenzierung der Neueren deutschen Literaturwissenschaft repräsentieren, sammelten sich in diesem Forschungsfeld doch wesentliche und für die Verfassung des Faches gewichtige Parameter wie in einem Brennglas.[21] Trotz notwendiger Einschränkun-

---

[20] Rudolf Unger: Philosophische Probleme in der neueren Literaturwissenschaft. München 1908, wieder in R. Unger: Aufsätze zur Prinzipienlehre der Literaturgeschichte. Gesammelte Studien. Bd. 1. Berlin 1929, S. 1-32, zur Romantik hier S. 4f.

[21] Nicht ohne Grund beabsichtigte Julius Petersen mit seinem Buch *Die Wesensbestimmung der deutschen Romantik* „zu den methodologischen Auseinandersetzungen der geisteswissenschaftlichen Krisis, durch die das Gebiet der Literaturgeschichte besonders in Mitleidenschaft

gen und Ausblendungen vermag ein Querschnitt durch die wichtigsten, nach 1933 weiterverfolgten bzw. abgebrochenen Romantikdeutungen das Material bereitzustellen, das für eine kontinuitätstheoretische Rekonstruktion der Romantikrezeption im Dritten Reich unabdingbar ist.

Der folgende Querschnitt durch die wichtigsten Richtungen der Romantikforschung beginnt mit den Programmen der Geistesgeschichte, die in Aufnahme von lebensphilosophischen Ideen und Diltheys Konzept einer „verstehenden Geisteswissenschaft" die Rückführung und Deutung literarischer Werke auf Konditionen eines allgemeinen, epochen-, national- oder generationsspezifisch gedachten „Geistes" praktizierten. Von besonderem Interesse ist in diesem Zusammenhang das in Diltheys Baseler Antrittsvorlesung von 1867 in nuce enthaltene Konzept einer kontinuierlichen kultur- und literarhistorischen Entwicklung zwischen 1770 und 1800, das, von seinem Schüler Herman Nohl modifiziert und 1911 auf den Begriff „Deutsche Bewegung" gebracht, schon vor 1933 zu einem Zentraltopos der Forschung avancierte. Als „Goethezeit" oder „Deutsche Bewegung" suggerierte diese Konstruktion eine kontinuierliche und in Opposition zur westeuropäischen Aufklärung verlaufende Entwicklung des deutschen Geistes, an die unterschiedliche Bemühungen einer kulturellen Traditionssuche in der Zeit des Nationalsozialismus anknüpfen konnten. Ansätze zu formanalytisch-stilkundlichen Romantikforschungen, die sich auf Impulse aus der Kunstwissenschaft beriefen, doch im begrifflichen Rahmen geistesgeschichtlicher Syntheseversuche verblieben, werden ebenso umrissen wie die konzeptionellen und methodischen Grundlagen der „geistesgeschichtlichen Generationentheorie", die bereits in den 1920er Jahren entscheidende Anstöße für die Separation der romantischen Bewegung gab.

In einem zweiten Abschnitt wird die an August Sauers Rektoratsrede *Literaturgeschichte und Volkskunde* von 1907 anschließende stammeskundliche Literaturgeschichte Josef Nadlers und ihre stammesethnographische Deutung der Romantik darzustellen sein, die in den 1920er Jahren heftiger kollegialer Kritik verfiel. Nach kursorischer Explikation von Prämissen und Folgerungen dieses Konzepts und einer kurzen Darstellung seiner disziplinären Rezeption vor 1933 vermag die spätere Rekonstruktion der stammeskundlichen Romantikdeutung zwischen 1933 und 1945 dann festzustellen, welchen Modifikationen Nadlers ethnographisches Erklärungsmodell unterlag und es ob es sich nach seiner Ablehnung in den 1920er Jahren unter gewandelten politischen Umständen fachintern durchzusetzen vermochte.

Auch wenn die zaghaften Anfänge einer sozialgeschichtlich oder soziologisch orientierten Romantikforschung sich nicht gegen den dominierenden Diskurs der Geistesgeschichte behaupten konnten und nach 1933 abbrachen,

---

gezogen wird, Stellung zu nehmen", Einleitung, S. VII. Einen Aufriß des disziplinären Methodenpluralismus am Beispiel der Romantikforschung hatte Petersen schon 1924 vorgenommen und zwischen „ethnologischen", „ideengeschichtlichen" und „ästhetischen" Ansätzen unterschieden, vgl. Literaturwissenschaft und Deutschkunde. Ansprache bei der Festsitzung der Gesellschaft für deutsche Bildung in der alten Aula der Universität Berlin am 30. September 1924. In: ZfDk 38 (1924), S. 403-415.

repräsentierten sie einen nicht zu unterschätzenden Teil des Methodenspektrums der literaturwissenschaftlichen Romantikrezeption und sollen an dieser Stelle ebenfalls erläutert werden. Die Behandlung sozialhistorischer bzw. „literarsoziologischer" Zugänge zur Romantik erklärt sich nicht allein aus dem Streben, die methodisch-konzeptionelle Differenzierung der Forschung möglichst vollständig abzubilden. Das vergebliche Engagement verschiedener sozialgeschichtlicher Ansätze in der deutschen Literaturwissenschaft und die Marginalisierung dieser Bemühungen nach 1933 zeigen auch, welche Forschungsprogramme im Wissenschaftssystem eine Chance hatten und wie die Disziplin auf innovative Angebote und außerdisziplinäre Anregungen reagierte.

1.1 Varianten der Geistesgeschichte und ihre Romantikkonzepte

1905 stellte Wilhelm Dilthey auf Drängen seiner Schüler vier teilweise weit früher entstandene Aufsätze zusammen und veröffentlichte sie unter dem Titel *Das Erlebnis und die Dichtung*.[22] Als literaturgeschichtliche Applikation der von ihm mitbegründeten „verstehenden Geisteswissenschaft" markierte diese Aufsatzsammlung für zeitgenössische Beobachter einen der Anfänge der späteren „Geistesgeschichte",[23] die als ein Integrationsprogramm der historischen Wissenschaften die Entwicklung der Neugermanistik in der ersten Hälfte des 20. Jahrhunderts wesentlich mitbestimmen sollte.[24] Gegen das ‚positivistische' Prinzip eines kausalgenetischen „Erklärens" demonstrierten Diltheys Texte das hermeneutische „Verstehen" von Leben und Werk am

---

[22] Wilhelm Dilthey: Das Erlebnis und die Dichtung. Lessing-Goethe-Novalis-Hölderlin. Leipzig 1906.

[23] Vgl. Oskar Benda: Der gegenwärtige Stand der Literaturwissenschaft. Eine erste Einführung in ihre Problemlage. Wien Leipzig 1928, S. 7, der das Ende des literaturwissenschaftlichen Positivismus mit zwei 1904 bzw 1905 veröffentlichten Werken verband: mit Karl Voßlers *Positivismus und Idealismus in der Sprachwissenschaft* und Wilhelm Diltheys *Das Erlebnis und die Dichtung*. Ähnlich auch Josef Dünninger: Geschichte der deutschen Philologie. In: Wolfgang Stammler (Hrsg.): Deutsche Philologie im Aufriß. 2. überarb. Aufl. Berlin 1958, Sp. 200. – In Rekonstruktion der geistesgeschichtlichen Berufungsrhetorik auf Diltheys Aufsatzsammlung wurde jüngst die Problematik dieses Traditionsbezug deutlich, vgl. Tom Kindt, Hans-Harald Müller: Konstruierte Ahnen. Forschungsprogramme und ihre „Vorläufer". Dargestellt am Beispiel des Verhältnisses der geistesgeschichtlichen Literaturwissenschaft zu Wilhelm Dilthey. Erscheint in: Jörg Schönert (Hrsg.): Literaturwissenschaft und Wissenschaft. Stuttgart, Weimar 1999.

[24] Dazu instruktiv Rainer Rosenberg: Zehn Kapitel zur Geschichte der Germanistik. Literaturgeschichtsschreibung. Berlin (DDR) 1981, S. 139-202.

Beispiel von vier Repräsentanten der deutschen Literaturgeschichte, denen paradigmatische Bedeutung für den Gang der neueren deutschen Literatur zugeschrieben wurde. Sowohl in der Konzeption als auch in der Darstellungsform bot Diltheys Aufriß der klassisch-romantischen Literaturepoche eine Vielzahl von Anschlußmöglichkeiten. Die nachfolgende „Problem"- und „Ideengeschichte" konnte sich auf seine philosophische und philosophiegeschichtliche Erhellung literarischer Werke ebenso berufen wie auf die eindrucksvolle Revision der in der liberalen Literaturgeschichtsschreibung des 19. Jahrhunderts praktizierten Trennung von Klassik und Romantik. Von Diltheys Überlegungen zur heuristischen Zusammenfassung der um 1770 geborenen Dichter und Wissenschaftler zur Generationsgemeinschaft der Romantiker profitierte ebenfalls die sog. „geistesgeschichtliche Generationentheorie", die auch auf dem Feld der Romantikforschung Früchte tragen sollte.

Ohne an dieser Stelle auf die theoretischen Fundamente der Geistesgeschichte eingehen und die Differenzierungen innerhalb dieses vielfältigen Methodenspektrums detailliert nachzeichnen zu können,[25] sollen die Romantikkonzepte der an Dilthey anschließenden Varianten der „geistesgeschichtlichen Literaturwissenschaft" in ihren Prämissen und Folgerungen vorgestellt werden. In einem ersten Zugriff sind Konzept und Methodik der sog. „Problem-" und „Ideengeschichte" zu umreißen, deren herausragende Vertreter Rudolf Unger, Hermann August Korff und Paul Kluckhohn sich auf dem Gebiet der Romantikforschung profilierten und deren Wirken über das Jahr 1933, für Korff und Kluckhohn über das Jahr 1945 hinausging. Der daran anschließende Abschnitt skizziert formanalytische und stiltypologische Forschungsprogramme, die vor allem durch Oskar Walzel und Fritz Strich verfolgt wurden. Trotz ihres Anspruchs, das von Heinrich Wölfflin entwickelte Programm einer empirischen Kunstwissenschaft auf die Literaturwissenschaft anzuwenden, erwiesen sich diese Erklärungsversuche, die in der Romantikdeutung Fritz Strichs ihre wohl ambitionierteste Realisierung erfuhren, als Derivat der Geistesgeschichte und gehören aus diesem Grunde in den hier abzuhandelnden Zusammenhang. Abschließend sind Bemühungen um eine „geistesgeschichtliche Generationentheorie" zu erläutern, die die romantische Bewegung typologisch aus „Anlage" und „Bildungserlebnissen" ihrer personalen Träger zu erklären suchte. Die in diesem Rahmen geführten Debatten um die Einheit der Romantik, durch Alfred Baeumlers Einleitung in die Bachofen-Auswahl Manfred Schroeters von 1926 prononciert zur Debatte gestellt, gewannen für die nach 1933 katalysierte „Umwertung der Romantik" an Bedeutung und sollen an dieser Stelle ebenfalls erläutert werden.

---

[25] Vgl. hierzu Ulrich Hermann: Materialien und Bemerkungen über die Konzeption und die Kategorien der „Geistesgeschichte" bei Wilhelm Dilthey. In: C. König, E. Lämmert (Hrsg.): Literaturwissenschaft und Geistesgeschichte, S. 46-57; Hinrich C. Seeba: Zum Geist- und Struktur-Begriff in der Literaturwissenschaft der zwanziger Jahre. Ein Beitrag zur Dilthey-Rezeption. Ebenda, S. 240-254; Karol Sauerland: Paradigmenwechsel unter dem Zeichen der Philosophie. Ebenda, S. 255-264.

1.1.1 Romantikkonzepte der Problem- und Ideengeschichte

1911, drei Jahre nach seinen theoretischen Überlegungen zu einer philosophischen Fundierung der Neueren deutschen Literaturwissenschaft veröffentlichte Rudolf Unger sein für die geistesgeschichtliche Literaturwissenschaft weichenstellendes Werk *Hamann und die Aufklärung*.[26] Zeitgleich mit diesem zweibändigen Werk wurden Friedrich Gundolfs Habilitationsschrift *Shakespeare und der deutsche Geist* sowie ein Aufsatz veröffentlicht, der in seinem Titel die Begriffskombination führte, die später zu einem Fixpunkt geistesgeschichtlicher Romantikdeutungen arrivieren sollte: Herman Nohls *Logos*-Beitrag *Die Deutsche Bewegung und die idealistischen Systeme*.[27] Zu den Gründungsurkunden einer neuen, geistesgeschichtlich fundierten Literaturgeschichtsschreibung gehörte auch die zweibändige Habilitationsschrift des erst siebenundzwanzigjährigen Fritz Strich *Die Mythologie in der deutschen Literatur von Klopstock bis Wagner*, die bereits 1910 erschienen war.[28] Mit diesen Titeln – zu denen Nadlers *Literaturgeschichte der deutschen Stämme und Landschaften*, deren erster Band 1912 publiziert wurde, zu rechnen ist – präsentierten sich bereits vor dem Tode Erich Schmidts am 30. April 1913 und der nachfolgenden Debatte um den Zustand der Disziplin innovative Vorschläge für eine Neuordnung der Literaturgeschichtsschreibung. Die literarhistorischen Abrisse Ungers, Gundolfs, Strichs und Nadlers dokumentierten, daß die Epoche positivistisch-mikrologischer Detailforschung zu Ende ging. In ihnen verdichteten sich die intensiven Bemühungen um Deutung und Darstellung geistig-kultureller Prozesse im Zeichen von „Geist" und „Leben" zu großangelegten ‚synthetischen' Entwicklungsgeschichten, in denen die Neubeschreibung und -wertung der romantischen Literaturepoche eine zentrale Stelle einnahm.

Auch wenn die Frontstellung gegen den ‚Positivismus' und ‚Philologismus' der Scherer-Schule die aufgeführten Werke einte, bildete die von ihnen mitbegründete „Geistesgeschichte" keineswegs eine homogene Richtung der Literaturforschung. Innerhalb des Integrationsprogramms Geistesgeschichte existierte vielmehr – und darauf hat besonders Rainer Rosenberg in seinen grundlegenden Arbeiten zur Methodengeschichte der Germanistik hingewiesen – ein „breites Spektrum unterschiedlicher literaturwissenschaftlicher Positionen".[29] *Konzeptionelle* Übereinstimmung bestand in der von Dilthey

---

26 Rudolf Unger: Hamann und die Aufklärung. Studien zur Vorgeschichte des romantischen Geistes im 18.Jahrhundert. 2 Bde. Jena 1911.
27 Herman Nohl: Die deutsche Bewegung und die idealistischen Systeme. In: Logos IV (1911), S. 356-364; wieder in H. Nohl: Die deutsche Bewegung. Vorlesungen und Aufsätze zur deutschen Geistesgeschichte 1770-1830. Hrsg. von Otto Friedrich Bollnow und Frithjof Rodi. Göttingen 1970, S. 78-86.
28 Fritz Strich: Die Mythologie in der deutschen Literatur von Klopstock bis Wagner. 2 Bde. Halle 1910.
29 Rainer Rosenberg: Literaturwissenschaftliche Germanistik. Zur Geschichte ihrer Probleme und Begriffe. Berlin 1989, S. 32. Schon in seinem historischen Abriß der Literaturgeschichtsschreibung hatte Rosenberg die Differenzen zwischen den Vertretern der Geistesgeschichte herausgestellt und vor der „Subsumierung der gesamten Wissenschaftsentwicklung unter den

Varianten der Geistesgeschichte und ihre Romantikkonzepte

übernommenen Überzeugung, einen in literarischen Werken inhärenten, transpersonal und zumeist epochenspezifisch bestimmten „Geist" in kulturhistorischen Zusammenhängen aufzufinden und darzustellen – ob im Ausgang von Grundformen der Welterfahrung („Erlebnissen"), von Bewußtseineinstellungen („Typen der Weltanschauung") oder altersgemeinschaftlichen „Generationserfahrungen".[30] Den Abstand zu mikrologischer Quellenerschließung und philologischer Textkritik markierten vor allem die neuen Arbeitsfelder: Im Zentrum der Bemühungen standen nicht länger die Edition, die als „Prüfstein des Philologen"[31] gegolten hatte, und die Biographie, deren Lückenlosigkeit durch Detailforschung und Induktion zu sichern war,[32] sondern die ‚synthetische' Rekonstruktion basaler Beziehungen und Strukturen des literatur- und kulturgeschichtlichen Prozesses – ohne dazu direkte intertextuelle Einflüsse zwischen Einzelzeugnissen nachweisen zu müssen. Auffindung und Deutung eines in der Überlieferung objektivierten „Geistes" eröffneten unterschiedliche Anschlußmöglichkeiten, die methodisch gleichwohl dem Prinzip der „typologischen Generalisierung" verpflichtet blieben: Rudolf Unger, Paul Kluckhohn und Walther Rehm verfolgten in der Gestaltung von Tod, Liebe, Glauben und anderer Erlebnisformen die poetisch-philosophische Bewältigung „elementarer Probleme des Menschenlebens"[33]; die von Hermann August Korff repräsentierte „Ideengeschichte" beschrieb den historischen Wandel von Weltanschauungen in ihrer dichterischen Gestaltung; die von Germanisten aus dem George-Kreis wie Friedrich Gundolf, Max Kommerell oder Rudolf Fahrner praktizierte „Kräfte"- oder „Heroengeschichte" erhob große Individuen zu geschichtsbildenden „Gestalten". Die von Oskar Walzel und Fritz Strich angewandte „Stiltypologie" leitete formale Gestaltungsprinzipien aus seelischen Abbreviaturen ab; die von Julius Petersen in Vermittlung von geistesgeschichtlichen Konstrukten und Scherers

---

Begriff der Geistesgeschichte" gewarnt, vgl. ders.: Zehn Kapitel zur Geschichte der Germanistik, S. 182: „Die Arbeiten der um 1910 auftretenden Wissenschaftlergeneration, die die sogenannte geistesgeschichtliche Wende vollzieht, weichen schon im Ansatz erheblich stärker voneinander ab als die ihrer positivistischen Vorgänger." – Vgl. auch Max Wehrli: Was ist/war Geistesgeschichte? In: C. König, E. Lämmert (Hrsg.): Literaturwissenschaft und Geistesgeschichte, S. 23-37, hier S. 29ff.; deutlicher noch Rainer Kolk: Reflexionsformel und Ethikangebot. Zum Beitrag von Max Wehrli. Ebenda, S. 38-45, hier S. 39; umfassend auch ders.: Literarische Gruppenbildung, S. 325ff.

[30] Vgl. Klaus Weimar: Art. Geistesgeschichte. In: Klaus Weimar (Hrsg.): Reallexikon der deutschen Literaturwissenschaft. Berlin, New York 1997. Bd. 1, S. 678-681, hier S. 680f.

[31] Gustav Roethe: Gedächtnisrede auf Erich Schmidt. In: Sitzungsberichte der Königlich Preußischen Akademie der Wissenschaften 1913. S. 617-624, hier S. 623.

[32] Dazu instruktiv Hans-Martin Kruckis: Biographie als wissenschaftliche Darstellungsform im 19. Jahrhundert. In: Jürgen Fohrmann, Wilhelm Voßkamp (Hrsg.): Wissenschaftsgeschichte der Germanistik im 19. Jahrhundert, S. 550-575; prägnant auch Holger Dainat: Art. Biographie 2. In: Klaus Weimar (Hrsg.): Reallexikon der deutschen Literaturwissenschaft. Bd. 1, S. 236-238.

[33] Rudolf Unger: Literaturgeschichte als Problemgeschichte. Zur Frage geisteshistorischer Synthese, mit besonderer Beziehung auf Wilhelm Dilthey. Berlin 1924 (= Schriften der Königsberger Gelehrten Gesellschaft. Geisteswissenschaftliche Klasse I), wieder in R. Unger: Aufsätze zur Prinzipienlehre der Literaturgeschichte. Gesammelte Studien. Bd. I, S. 137-170, hier S. 155.

Modell vom „Ererbten, Erlebten und Erlernten" geschaffene ‚Generationentheorie' rekurrierte auf altersgemeinschaftliche Anlagen und Bildungserlebnisse. Alle diese Richtungen des geistesgeschichtlichen Methodenspektrums erhoben die Einzeldaten des literaturgeschichtlichen Prozesses zu Typologien, die in bewußter Opposition zur „mikrologischen Nichtigkeitskrämerei"[34] einer verselbständigten Detailforschung umfassende Perspektivierungen und Sinnangebote erzeugen sollten. Damit waren nicht nur erweiterte Forschungsfelder, sondern auch Orientierungskompetenzen für eine zunehmend unübersichtliche Welt gewonnen.[35] In dieser Verbindung von wissenschaftlicher Innovation und weltanschaulicher Kompetenz, Rainer Kolk hat nachdrücklich darauf hingewiesen, gründete die Überzeugungskraft des heterogenen Spektrums Geistesgeschichte: Die Integration diversifizierter Wissensbestände in ganzheitlichen ‚Synthesen' setzte nicht nur dem Relativismus einer sich selbst genügenden Philologie Normen und Wertungen entgegen, sondern stellte zugleich auf drängende Fragen der Orientierungssuche bildungsidealistische „Ethikangebote" bereit.[36]

Die Weigerung von Germanisten des George-Kreises, die Methodik ihres Verfahrens operationalisierbar zu machen,[37] wurde von den „Philologen" innerhalb des Faches scharf kritisiert.[38] Dagegen bemühten sich exponierte Wortführer anderer geistesgeschichtlicher Forschungsprogramme um theoretisch begründete und methodisch vermittelbare Instrumentarien. Unter Anleihen aus der Philosophie, der Psychologie, der Kunst- und Geschichtswissenschaften, aber auch in bewußter Näherung an philologische Standards versuchten sie, die neue geisteswissenschaftliche Ausrichtung der Disziplin rational zu fundieren. Insbesondere der Erfolg Rudolf Ungers hing nicht zuletzt von dessen Bereitschaft ab, philologische Genauigkeit und philosophische Interpretation zu verbinden, nachdem seine Programmschrift von 1908 „fast als eine Art Mißtrauensvotum gegen die philologische Methode in unserer Wissenschaft"[39] verstanden worden war. Nach seiner Habilitations-

---

[34] Rudolf Unger: Philosophische Probleme der neueren Literaturwissenschaft, S. 8.
[35] So betonte Rudolf Unger 1911 den religiösen Irrationalismus Hamanns in seiner Bedeutung für das „heutige Bildungsleben", das durch „Intellektualismus" und „antichristlichen, ja antireligiösen Naturalismus" bedroht sei, und bot sein Werk als Beitrag „zur religiösen Erneuerung" des „ganzen Menschen" an, Rudolf Unger: Hamann und die Aufklärung, Bd. 1, S. 582f.
[36] Vgl. R. Kolk: Reflexionsformel und Ethikangebot, S. 41f., ders.: Literarische Gruppenbildung, S. 323-337.
[37] Bündig formuliert durch Friedrich Gundolf: Shakespeare und der deutsche Geist. Berlin 1911, S. VIII: „Deshalb ist auch Methode nicht erlernbar und übertragbar, sofern es sich darum handelt, darzustellen, nicht zu sammeln. Methode ist Erlebnisart, und keine Geschichte hat Wert die nicht erlebt ist...".
[38] Vgl. Rainer Kolk: Reflexionsformel und Ethikangebot, S. 42f.; ders.: Literarische Gruppenbildung, S. 384ff. – Unter „Philologie" und „Philologen" sind hier und im folgenden nicht die Wissenschaftsdisziplin und ihre Vertreter zu verstehen, sondern jene vor allem an der Textkritik Karl Lachmanns oder Jacob Grimms geschulte Generation von germanistischen Literaturwissenschaftlern, die mit ihren Verfahren in Opposition zum Methodenspektrum der Geistesgeschichte stand; hierzu R. Kolk: Literarische Gruppenbildung, S. 313-318 u.ö.
[39] Rudolf Unger: Hamann und die Aufklärung. Studien zur Vorgeschichte des romantischen Geistes im 18. Jahrhundert. Bd. 1 (Text). Jena 1911, S. 18.

schrift *Hamanns Sprachtheorie im Zusammenhang seines Denkens*, die eine „Grundlegung zur Würdigung der geistesgeschichtlichen Stellung des Magus im Norden" zu geben suchte,[40] konzentrierte sich sein Werk *Hamann und die Aufklärung* auf die „Vorgeschichte des romantischen Geistes im 18. Jahrhundert", wobei als methodisches Prinzip „namentlich die harmonische Verschmelzung philologisch-historischer Gründlichkeit und Strenge mit selbständiger sachlicher Durchdringung der philosophischen und religiösen Probleme vom Standpunkt einer festbegründeten und gedanklich durchgebildeten Weltansicht"[41] hervorgehoben wurde. Für seine „Vorgeschichte des romantischen Geistes" verzichtete Unger bewußt auf die bislang herrschende philologisch-mikrologische Methode: Nicht unbekannte oder unveröffentlichte Quellen sollten erschlossen, sondern das zugängliche Material in neuer Perspektive dargestellt werden.[42] Dieses Prinzip korrespondierte nicht nur der von Gundolf in seinem *Shakespeare*-Buch erhobenen Forderung nach neuen Erzählformen der (bekannten) Geschichte;[43] vielmehr überbot sie diese noch in der Gewißheit, „auf dem Wege dieser behutsam die in der Gedankenwelt des jungen Hamann zusammenlaufenden Fäden und Zusammenhänge der neuzeitlichen, englischen, französischen und vor allem natürlich der deutschen Geistesgeschichte entwirrenden und im einzelnen verfolgenden historischen Rück- und Überschau ein durch die folgenden Detailuntersuchungen zwar mannigfach vertieftes und fester begründetes, allenthalben aber neu bestätigtes Resultat, das, auch meinem früheren Hamannbuche gegenüber original, die innere Struktur und verborgene Einheitlichkeit dieses wundersamen Geistes soweit erschließt, als solches denn der wissenschaftlichen Forschung überhaupt vergönnt sein mag."[44] Der im Einleitungskapitel „Grundrichtungen des deutschen Geisteslebens im Zeitalter der Reformation und der Aufklärung" explizierte „Einblick in das Innere der deutschen Geistesentwicklung des 18. Jahrhunderts"[45] – von Unger selbst als eigentlicher „Mittelpunkt und Kern der gesamten Darstellung, das Rückgrat der in diesem Buche niedergelegten Forschungen"[46] und von Klaus Weimar als „paradigmatischer Text der ganzen geistesgeschichtlichen Richtung"[47] bezeichnet

---

[40] Rudolf Unger: Hamanns Sprachtheorie im Zusammenhang seines Denkens. Eine Grundlegung zur Würdigung der geistesgeschichtlichen Stellung des Magus in Norden. München 1905.
[41] Rudolf Unger: Hamann und die Aufklärung. Bd. 1, S. 18.
[42] Vgl. ebenda, S. 11.
[43] Friedrich Gundolf: Shakespeare und der deutsche Geist, S. VIIf.: „Darstellung, nicht bloß Erkenntnis liegt uns ob; weniger die Zufuhr von neuem Stoff als die Gestaltung und geistige Durchdringung des alten."
[44] Rudolf Unger: Hamann und die Aufklärung. Bd. 1, S. 11.
[45] Ebenda, S. 11.
[46] Ebenda, S. 11.
[47] Klaus Weimar: Das Muster geistesgeschichtlicher Darstellung. Rudolf Ungers Einleitung zu „Hamann und die Aufklärung". In: C. König, E. Lämmert (Hrsg.): Literaturwissenschaft und Geistesgeschichte, S. 92-105, S. 92f. Vgl. auch Paul Kluckhohn: Artikel Geistesgeschichte. In: W. Kohlschmidt, W. Mohr (Hrsg.): Reallexikon der deutschen Literaturgeschichte. ²Berlin 1958, Bd. 1, S. 537-540, hier S. 538, der Ungers *Hamann*-Buch als „wohl beste und tiefste Darstellung des deutschen Geisteslebens der vorklassischen Zeit" würdigte.

– substantialisierte die Denkströmungen der in der Mitte des 18. Jahrhundert kulminierenden nachmittelalterlichen Geistesgeschichte zu „Grundmächten"[48] bzw. „verborgenen, widerspruchsvollen Unterströmungen"[49] des neuzeitlichen „Geistes". In der von Unger teleologisch und mit reichhaltigem organologischen und vitalistischen Vokabular erzählten „Offenbarungsgeschichte" (Weimar) figurierte Hamann als Repräsentant eines überzeitlich wirksamen Irrationalismus, der ihn einerseits mit Traditionen der Mystik, andererseits mit der Romantik verbunden habe. In der Persönlichkeit des „Magus in Norden" offenbare sich der zeitlose *Typus* des Romantikers, den vor ihm Platon, Plotin, Julian, Augustin und Rousseau, nach ihm Schopenhauer, Kierkegaard und Nietzsche verkörpert hätten.[50] Die enthistorisierende Substantialisierung der individuellen und literarhistorischen Entwicklung zu einem zeitenthobenen „Typus" begründete Unger mit der Notwendigkeit eines Schnitts zwischen historisch-konkreter Gestalt und ‚typologischem' Begriff: „Von dem historischen ist ein psychologischer, von dem Schulbegriff der Romantik ein Weltbegriff des Romantischen zu scheiden."[51] So konnten Hamann und die Romantik in einer übergreifenden Geschichte des Irrationalismus verortet werden, deren Erforschung Ungers besondere Aufmerksamkeit galt.[52] In späteren Arbeiten führte er nicht nur die 1911 vorgelegte „geisteshistorische" und „typenpsychologische" Klassifizierung Hamanns und die angedeutete Unterscheidung zwischen der „Gefühlsromantik" des Sturm und Drang und der „Phantasieromantik" der ‚eigentlichen' romantischen Bewegung weiter. Als einer der führenden Theoretiker der geistesgeschichtlichen Literaturbetrachtung beständig um Systematisierung und Weiterentwicklung von Konzept und Methode bemüht, entwickelte Unger eine „problemgeschichtliche" Literaturbetrachtung, die sich im Unterschied zu subjektiv-psychologischen Ansätzen als eine ‚objektive' Rekonstruktion „elementarer Probleme des Menschenlebens" begriff.[53] Die dieses Programm realisierenden

---

[48] Rudolf Unger: Hamann und die Aufklärung. Bd. 1, S. 23.
[49] Ebenda, S. 22.
[50] Vgl. ebenda, S. 579.
[51] Ebenda, S. 579.
[52] Vgl. ebenda, S. 580: Hamann „kann genau insoweit als Vorläufer der Romantik (im Sinne der geschichtlich bestimmten deutschen Romantik) gelten, als diese irrationalistischer Art ist oder doch irrationalistische Elemente in sich birgt. Und er muß anderseits selbst als romantische Natur angesehen werden in jenem weiteren, oben näher bezeichneten Sinne: als Vertreter eines ausgeprägt romantischen Geistestypus." – Die positivistische Literaturwissenschaft reagierte auf diese Einordnung Hamanns in die Vorgeschichte der Romantik skeptisch, vgl. etwa Jakob Minor: Rezension Unger, Hamann und die Aufklärung. In: Neue Freie Presse vom 3. 9. 1911.
[53] Zu diesen „elementaren Problemen des Menschenlebens", als „Kerngehalt alles Dichtens" erklärt, zählten für Unger Schicksal, Religion, Natur, Liebe, Tod, Familie, Staat; vgl. R. Unger: Literaturgeschichte als Problemgeschichte, hier nach dem Wiederabdruck in R. Unger: Gesammelte Studien. Bd. I, S. 155. – Diese Liste wurde von Paul Böckmann aufgenommen und ergänzt, vgl. Paul Böckmann: Von den Aufgaben einer geisteswissenschaftlichen Literaturbetrachtung. In: DVjs 9 (1931), S. 448-471, hier S. 458f. Auch Clemens Lugowski übernahm Ungers „Gehaltsanalyse" und versuchte sie durch die Frage nach der Individualität der personalen Träger dieser Probleme in eine „Formanalyse" zu überführen, vgl. Clemens Lugowski: Die Form der Individualität im Roman. [1932] Frankfurt/M. 1976, hier S. 3ff. Selbst

Arbeiten Ungers zur Romantik machten Schule, so die Sammlung von Aufsätzen, die das Problem der Todesauffassung von Herder bis zur Romantik verfolgten.[54] Auch die 1930 vorgelegte Studie *Zur seelengeschichtlichen Genesis der Romantik* untersuchte problemgeschichtlich die Entwicklung des Todesgedankens bis zur Romantik und konstatierte die „Einheitlichkeit der eigentlich romantischen Lebensempfindung" in einer „Todesimmanenz im Leben" und gleichzeitiger „mystische[r] Todesüberwindung".[55] Charakteristisch für Ungers problemgeschichtliche Erklärungen der Romantik war die Einbettung des literarhistorischen Prozesses in einen umfassenden geistig-kulturellen Kontext, in dessen Rahmen vor allem die Umbildung überlieferter christlich-religiöser Anschauungen im Prozeß der Säkularisierung wie in der romantischen Rückgewinnung des Christentums thematisiert und an der dichterischen Gestaltung eines „Lebensproblems" erläutert wurden. In der Kombination von (kontextuell erweiterter) Problemgeschichte und Überlieferungsforschung entstand zwar ein vielfältiges Bild, das vor allem bislang unterbelichtete Verbindungslinien zwischen Literatur und Philosophie aufdeckte, in der basalen Zuordnung der Romantik zu einem antiaufklärerischen Irrationalismus jedoch diskontinuierliche und widersprechende Momente ausblenden mußte. Der teleologischen Deutung der Romantik als Höhepunkt einer umfassenden irrationalistischen Bewegung fehlten, wie bereits zeitgenössische Kritiker monierten, präzise Markierungen zur genaueren Bestimmung besonderer historischer Eigenarten und spezifischer Züge ihrer Vertreter.[56]

Von Ungers Untersuchungen befruchtet, erschienen in den 1920er Jahren eine Reihe von Arbeiten jüngerer Literaturwissenschaftler, die zu Standardwerken der Romantikforschung aufstiegen und ihren Verfassern zu lange fortwirkender Reputation verhalfen. Paul Kluckhohn legte 1922 nach umfänglichen Vorarbeiten eine breit angelegte Ideengeschichte der Liebes- und Freundschaftsvorstellungen im 18. Jahrhundert und in der Romantik vor.[57] Unter dem Titel *Persönlichkeit und Gemeinschaft* entfalteten weitere *Studien*

Max Kommerell, der in seinen Texten ein unmittelbares, nicht durch Interventionen anderer Interpreten beeinträchtigtes Verhältnis zur Überlieferung inszenierte, knüpfte in seinem Buch über Jean Paul von 1933 an das begriffliche Inventar der von Rudolf Unger begründeten „Problemgeschichte" an, dazu Ralf Simon: Die Reflexion der Weltliteratur in der Nationalliteratur. Überlegungen zu Max Kommerell. In: Hendrik Birus (Hrsg.): Germanistik und Komparatistik. DFG-Symposion 1993. Stuttgart, Weimar 1995, S. 72-91, hier S. 75.
54 Rudolf Unger: Herder, Novalis und Kleist. Studien über die Entwicklung des Todesproblems in Denken und Dichten vom Sturm und Drang zur Romantik. Frankfurt/M. 1922 (= Deutsche Forschungen 9).
55 Rudolf Unger: Zur seelengeschichtlichen Genesis der Romantik. Karl Philipp Moritz als Vorläufer von Jean Paul und Hölderlin. Berlin 1930 (= Nachrichten von der Gesellschaft der Wissenschaften zu Göttingen, Philologisch-Historische Klasse IV, 4); hier zitiert nach dem Wiederabdruck in: R. Unger: Zur Dichtungs- und Geistesgeschichte der Goethezeit. Gesammelte Studien. Berlin 1944, S. 144-180, S. 180.
56 Julius Petersen: Die Wesensbestimmung der deutschen Romantik, S. 47; ähnlich Paul Böckmann: Ein Jahrzehnt Romantikforschung, S. 48f.
57 Paul Kluckhohn: Die Auffassung der Liebe in der Literatur des 18. Jahrhunderts und in der Romantik. Halle/S. 1922, ²1931.

zur Staatsauffassung der deutschen Romantik das Verhältnis von Individuum und Gesellschaft, um zu zeigen, daß „von Anfang an in der romantischen Bewegung höchste Wertung der Persönlichkeit und Tendenz zur Gemeinschaft eng miteinander verbunden (sind)".[58] Die bereits im Buch zur Liebesauffassung der deutschen Romantik gewonnene Einsicht in die romantische Synthesierung von Polaritäten übertrug diese Arbeit auf das Gesellschafts- und Staatsdenken der Romantik. – Einen herausragenden Beitrag zur problemgeschichtlichen Literaturforschung leistete auch Walther Rehm, der 1928 seine umfangreiche Habilitationsschrift zur Entwicklung des Todesgedankens in der deutschen Dichtung zwischen Mittelalter und Romantik vorlegte.[59] In der Romantik sah Rehm den Höhepunkt einer religiösen Todesbejahung, die sich in einem für alle Romantiker verbindlichen Streben nach „Einswerden mit dem Göttlichen", nach „Aufgehen im Unbewußten, im All, nach der Gottnähe und der Naturnähe" entäußert habe.[60] Hätten sich bereits in der Klassik Tod und Humanitätsgedanke gepaart, so wäre es die „geistesgeschichtliche Aufgabe der Romantik" gewesen, „den klassischen Humanitätsgedanken mit dem pantheistischen Allgefühl innerlich zu verbinden und zu durchdringen."[61] Damit war ein Gedanke formuliert, der konzeptionell auch Hermann August Korffs ideengeschichtlichen Epochenabriß *Geist der Goethezeit* leitete: Die Romantik stellte – bei klarer Trennung – nicht mehr den Gegenpol und Antipoden der Weimarer Klassik, sondern Steigerung und christlich-religiöse Erfüllung ihres Humanitätsideals dar.[62]

Die ideengeschichtliche Behandlung der klassisch-romantischen Literaturepoche, wie sie paradigmatisch Hermann August Korffs vierbändiges Opus *Geist der Goethezeit* entwickelte, verwirklichte ebenso wie die problemgeschichtliche Variante der Geistesgeschichte eine „Betrachtungsweise, die, auf den ideellen Oberbau der Kultursynthese gerichtet, das einzelne Geistesgebiet

---

[58] Paul Kluckhohn: Persönlichkeit und Gemeinschaft. Studien zur Staatsauffassung der deutschen Romantik. Halle/S. 1925 (= DVjs Buchreihe 5), S. 2.

[59] Walther Rehm: Der Todesgedanke in der deutschen Dichtung vom Mittelalter bis zur Romantik. Halle/S. 1928 (= DVjs-Buchreihe 14).

[60] Ebenda, S. 368. Auch Rehm sah die Romantik wesentlich durch den Drang zur Synthese bestimmt, der sich in ähnlichen Todesvorstellungen ausdrücke, vgl. S. 444: „Mag auch das Erlebnis der einen großen Endmacht verschiedene Formen annehmen, im Wesen sind sich diese Formen alle verwandt und im Gesamtbild der Bewegung, die wie keine andere das Zusammen, die Gemeinschaft und Einheit erstrebt, müssen die einzelnen Spiegelungen und Brechungen zurücktreten hinter dem Gesamterlebnis, das dann das eigentlich Romantische wesensmäßig enthält und offenbart."

[61] Ebenda, S. 369.

[62] In Unterscheidung von ,christlichen' und ,dionysischen' Romantikern verfolgte Rehm die Todesspekulationen Novalis', Friedrich Schlegels und Schleiermachers, um anschließend das „dionysisch-magische Todesempfinden" Achim von Arnims, Zacharias Werners und Clemens Brentanos darzustellen und eine stufenweise Entfaltung des „romantischen Todesproblems" zu konstatieren: „zunächst bei Novalis und Schlegel in der Liebestodidee geformt, mit dem Unterton des Lustvollen", wandele sie sich „in die religiöse Idee ..., in der sich zwar das lustbetonte Element erhielt, aber doch hinter der frommen Begeisterung für den Heldentod im Dienste Gottes zurücktrat und gleichsam vergeistigt wurde" (S. 416). Zur konträren Stellung von Klassik und Romantik S. 371, 451.

erfaßt als Auswirkung des einheitlichen Gesamtgeistes der jeweiligen – zeitlich, national, geographisch oder sonstwie bestimmten – Kultur und daher in seinen unlösbaren Zusammenhängen mit den anderen geistigen Kulturgebieten."[63] Während die „Problemgeschichte" das Verhältnis von Dichtung zu metaphysischen Problemen des Menschenlebens herauszupräparieren suchte, konzentrierte sich die „Ideengeschichte" auf eine Zusammen- und Überschau der in literarisch-kulturellen Bewegungen manifestierten „Bewußtseinsstellungen", die aus dem inneren Zusammenhang der neuzeitlichen Geisteskultur abgeleitet wurden. Die geschichtsphilosophische Konstruktion *eines* fundamentalen Entwicklungszusammenhanges von der Renaissance bis zur Romantik bildete denn auch den konzeptionellen Ausgangspunkt von Korffs „Versuch einer ideellen Entwicklung der klassisch-romantischen Literaturgeschichte", den er in den Einleitungen der Einzelbände und in der Vortragsreihe *Humanismus und Romantik* erläuterte.[64] Demnach habe nach Wiedergeburt des antiken Humanitätsideals und reformatorischer Erneuerung des Christentums die westeuropäische Aufklärung die christliche Vorstellungswelt äußerlich zerstört, was die sich im Sturm und Drang formierende Gegenbewegung einer subjektivistischen Befreiung der gefesselten Individualität hervorrief. Die Unabschließbarkeit individueller Selbstverwirklichung führte, so Korff weiter, zu einem „Lebensproblem", das erst die Weimarer Klassik zu lösen vermochte: In künstlerischer Formgebung habe diese einen ästhetischen Zustand hervorgebracht, der im Werk den Kampf zwischen „Sehnsucht" und „Begrenzung" spiegele und symbolisch vereine. Das wiedergewonnene klassische Humanitätsideal aber habe ein „metaphysisches Bedürfnis" nicht befriedigen können. Die Romantik, letzte Entwicklungsphase eines „deutschen Humanismus", sprenge mit einem „Kultus des Übersinnlichen" die klassische Form und schaffe eine neue Metaphysik; zugleich aber vollendeten sich in ihr die alten humanistisch-idealistischen Grundideen. Diese bereits 1924 fixierte Deutung, die in der Romantik die „Rückkehr zu einer metaphysischen Lebensauffassung" erkannte und sie als Einspruch gegen westeuropäische Aufklärung und Säkularisierung im Kontext der „Goethezeit" verortete, wurde in den zwischen 1923 und 1953 publizierten vier Bänden von Korffs Hauptwerk *Geist der Goethezeit* in beeindruckender Weise entfaltet.[65] Ohne bereits hier auf das Romantikkonzept einzugehen, das der 1940 veröffentlichte dritte Band explizierte und dessen Prinzipien und Resultate im Rahmen der detaillierten Rekonstruktion geistesgeschichtlicher Romantikforschungen zwischen 1933 und 1945 vorgestellt werden, sei kurz auf Korffs triadische Konstruktion der klassisch-romantischen Literaturepoche verwiesen, das diverse Anschlußmöglichkeiten bereitstellte. Dem Irrationalismus des Sturm und Drang

---

[63] Rudolf Unger: Literaturgeschichte und Geistesgeschichte. In: DVjs 4 (1926), S. 177-192, hier S. 180.
[64] Vgl. Hermann August Korff: Humanismus und Romantik. Die Lebensauffassung der Neuzeit und ihre Entwicklung im Zeitalter Goethes. Fünf Vorträge über Literaturgeschichte. Leipzig 1924.
[65] Hermann August Korff: Geist der Goethezeit. Versuch einer ideellen Entwicklung der klassisch-romantischen Literaturgeschichte. Bd. 1: Sturm und Drang. Leipzig 1923, Bd. 2: Klassik. Leipzig 1930, Bd. 3: Frühromantik. Leipzig 1940, Bd. 4: Hochromantik. Leipzig 1953.

folgte nach Korff die klassische Synthese von Rationalismus und Irrationalismus, die wiederum vom reinen Irrationalismus der Romantik abgelöst werde. Julius Petersen erweiterte dieses Schema in seinem synthetischen Romantikkonzept um die Epoche der Aufklärung als dem Bildungserlebnis der frühromantischen Generation und konstruierte ein System, nach dem die Aufklärung als reiner Rationalismus begonnen habe, dem der Sturm und Drang als irrationalistische Antithese gefolgt sei. Die Synthese aus Rationalismus und Irrationalismus sei in der Klassik entstanden, während aus dem Erlebnis von Aufklärung und Klassik sich die Romantik als Auflehnung gegen deren Rationalismus formierte.[66]

Die meisten der bisher umrissenen problem- und ideengeschichtlichen Romantikforschungen visibilisierten ihre Prämissen und Präsuppositionen nur unzureichend. Voraussetzung der praktizierten Fixierung des literarhistorischen Prozesses auf ein geistiges Prinzip und die dadurch ermöglichten Einordnungen in einen übergreifenden Emanationsprozeß waren radikale Ausblendungen. Unterbelichtet blieben in allen Fällen divergierende Erscheinungen. Die Re-Interpretation durch Integration in größere Zusammenhänge endete zumeist in der Feststellung einer Fundamentalopposition von rationalistischer (westeuropäischer) Aufklärung und irrationalistischer „Deutscher Bewegung", die als folgenschwere Umdeutung des von Dilthey in seiner Baseler Antrittsrede entwickelten Konzepts einer einheitlichen Literaturentwicklung zwischen 1770 und 1800 nachhaltige Wirkung für die Romantikforschung zeitigen sollte.[67] Der Gesamtdeutung entgegenstehende Einzelbefunde schwanden unter unifizierenden Begrifflichkeiten und hinterließen geschichtsphilosophische Schemata, die ihre Abkunft aus dem Denken Hegels oder Nietzsches nur schwer verbargen.[68]

Eine eigentümliche Variante der Geistesgeschichte entstand in der von Literaturwissenschaftlern des George-Kreises gepflegten „Kräftegeschichte", deren Repräsentanten Friedrich Gundolf, Max Kommerell und Rudolf Fahrner sich der Romantik mit den kulturpädagogisch geprägten Wertmaßstäben ihres ‚Meisters' näherten.[69] Gundolf, der in seiner Habilitationsschrift *Sha-*

---

[66] Julius Petersen: Die Wesensbestimmung der deutschen Romantik, S. 150f.

[67] Hatte Dilthey die Entwicklung der deutschen Literatur zwischen Lessing und Hölderlin als einen untrennbaren Zusammenhang beschrieben, kam es bereits bei Herman Nohl zu schwerwiegenden konzeptionellen Veränderungen: Sturm und Drang, Klassik und Romantik wurden von der Aufklärung abgetrennt und zu einer einheitlichen und spezifisch deutschen Gegenbewegung gegen einen angeblich westeuropäischen Rationalismus zusammengefaßt. Ausführlicher dazu Kapitel 6. 1: Geistesgeschichtliche Romantikforschung 1933-1945.

[68] Dieser Problematik waren sich die Forscher durchaus bewußt, so Hermann August Korff: Humanismus und Romantik, S. 139, der angesichts des Ergebnisses, „im Rahmen der europäischen Geistesgeschichte einen Kursus der Menschlichkeit vollendet (zu haben), dessen Ende nach kreisförmigem Verlauf wiederum an seinen Ausgangspunkt zurückzukehren scheint" rhetorisch fragte: „Ist die Geschichte nur, wie es bei diesem Anblicke scheinen könnte, die ewige Wiederkehr des Gleichen?"

[69] Zu den wissenschaftlichen Prinzipien der Germanisten des George-Kreises vgl. Maximilian Nutz: Werte und Wertungen im George-Kreis. Bonn 1976; Gerhard Zöfel: Die Wirkung des Dichters. Mythologie und Hermeneutik in der Literaturwissenschaft um Stefan George. Frankfurt/M. 1987; jetzt umfassend Rainer Kolk: Literarische Gruppenbildung, S. 184-216, 312-354, 362-416.

kespeare und der deutsche Geist* von 1911 das Terrain für eine „kräftegeschichtliche" Betrachtung der deutschen Literatur abgesteckt und für seine „Gestalt"-Biographie Goethes die harsche Kritik der „Philologen" geerntet hatte,[70] erklärte – ähnlich wie später Fritz Strich – Klassik und Romantik zu „zwei Lebenskräften", deren „Ringen" einen überzeitlichen Dualismus anthropologischer Prinzipien abbilde.[71] Hätte das „klassisch-plastische Prinzip" in der Dichtung Goethes seinen adäquaten Ausdruck gefunden, habe die Romantik sich nicht „bis zu eigenen Formen" verdichten können, sei „Tendenz" geblieben.[72] Spezifisch für die Romantik sei ihr „neues Weltgefühl"; allen Romantikern eigne „maßlose Bewegtheit und Sehnsucht nach Bewegung."[73] Mit der Trennung der „ursprünglichen Geister, .. in denen das primäre Erlebnis stattfand" – für Gundolf Friedrich Schlegel und Novalis – von „produktiv verwertenden, .. welche die neue Bewegung und das neue Wissen umsetzten in literarische Leistungen unter Benutzung der überlieferten Kunstmittel"[74] – Ludwig Tieck und A.W. Schlegel – nahm Gundolf einen Topos der Forschung auf, der auch in seinen 1930 und 1931 publizierten *Romantiker*-Aufsätzen fortwirkte.[75] Vor der als Maßstab herangezogenen dichterischen Leistung Goethes fielen die Leistungen der Romantik deutlich ab: Ihre größte Leistung bestände in Übersetzungen; Kritik und Charakteristik wären ihr zweites herausragendes Produkt gewesen. Max Kommerells große Monographie *Der Dichter als Führer in der deutschen Klassik* verschärfte diese Qualifikationen weiter: In seiner metaphorndurchwirkten Darstellung galten die Brüder Schlegel gegenüber den Weimarer Schöpfern eines „gestalthaften

---

[70] Typisch dafür Gustav Roethe: Wege der deutschen Philologie. Rede zum Antritt des Rektorats der Friedrich-Wilhelms-Universität zu Berlin am 15.Oktober 1923. In: G. Roethe: Deutsche Reden. Hrsg. von Julius Petersen, Leipzig 1927; S. 439-455, hier S. 453. – Die Rhetorik der Versuche, Gundolfs „Gestalt"-Biographien als „Wissenschaftskunst" aus dem Diskurs der Neugermanistik auszuschließen, beleuchtet Ernst Osterkamp: Friedrich Gundolf zwischen Kunst und Wissenschaft. Zur Problematik eines Wissenschaftlers aus dem George-Kreis. In: C. König, E. Lämmert (Hrsg.): Literaturwissenschaft und Geistesgeschichte, S. 177-198; die bereits mit Jacob Minors scharfer Kritik an Gundolfs Edition von Romantiker-Briefen 1907 einsetzenden disziplinären Abwehrbemühungen rekonstruiert Rainer Kolk: Literarische Gruppenbildung, S. 384-406.

[71] Friedrich Gundolf: Shakespeare und der deutsche Geist, S. 323: „Vielleicht ist der Kampf zwischen Klassik und Romantik selbst nur innerhalb unserer Literatur eine historisch und literarisch bedingte Form jenes uralten Weltkampfes zwischen männlichem und weiblichem Lebensprinzip, zeugendem und gebärendem, plastischem und musikalischem, Tag und Nacht, Traum und Rausch, Gestalt und Bewegung, Zentripetalität und Zentrifugalität, Apollo und Dionysos, oder wie die Scheidungen je nach dem Standpunkte der Betrachter heißen. Es handelt sich hier nicht um zwei Parteien, sondern um zwei Triebe des Menschen, die sich aus ihrer gesamt-menschlichen Wurzel zu zwei literarhistorischen Richtungen entwickeln, vertreten und modifiziert durch Individuen. Diese unsterbliche Zweiheit kam als sichtbarer Gegensatz im Kampf zwischen Klassik und Romantik zu bewußtem Ausdruck erst in der deutschen Literatur."

[72] Ebenda, S. 323.
[73] Ebenda, S. 324f.
[74] Ebenda, S. 325.
[75] Friedrich Gundolf: Romantiker. 2 Bde. Berlin 1930. – Zu Gundolfs Romantikbild siehe Peter Küpper: Gundolf und die Romantik. In: Euphorion 75 (1981), S. 194-203.

Menschenbildes" als „Mächte der Auflösung"[76]; der Jenaer Frühromantiker-Kreis wurde als „Verstandesschule"[77] und „geistvolles Gezwerg"[78] diskriminiert.[79] Noch in Rudolf Fahrners 1933 publiziertem Radiovortrag über die Romantik und in dessen Buch über Ernst Moritz Arndt von 1937 sollten diese Wertungsprinzipien wiederkehren; dazu an späterer Stelle.

1.1.2 Formanalytisch-stilkundliche Romantikforschungen

„Nirgends tritt der Wandel, der sich innerhalb der modernen Literaturwissenschaft vollzogen hat, so sichtbar zutage als in der Problemstellung der Stilkunde",[80] stellte Julius Petersen 1926 angesichts der seit der Jahrhundertwende verfolgten formanalytischen und stiltypologischen Forschungsansätze fest. In seine Würdigung schloß er die literaturtheoretischen Neubestimmungen des Stilbegriffs ein, die um 1900 in den Arbeiten Theodor A. Meyers, Frank Elsters und anderer Germanisten unternommen wurden,[81] bezog sich jedoch vor allem auf die Unternehmen der Literarhistoriker Oskar Walzel und Fritz Strich, die seit Mitte der 1920er Jahre Reputation auch über die Grenzen Deutschlands hinaus genossen.

Vorbild der formanalytischen und stiltypologischen Bemühungen von Literaturwissenschaftlern und Literarhistorikern waren die Stilbegriffe einer vor allem durch Heinrich Wölfflin geprägten empirischen Kunstwissenschaft, der gegenüber sich die Literaturwissenschaft aufgrund ihrer Ausrichtung an der

---

[76] Max Kommerell: Der Dichter als Führer in der deutschen Klassik. Klopstock-Herder-Goethe-Schiller-Jean Paul-Hölderlin. Berlin 1928 (= Werke der Wissenschaft aus dem Kreis der Blätter für die Kunst), S. 300; die Schilderung der Konfrontation der Schlegels und Schillers ebenda, S. 269-278.

[77] Ebenda, S. 257.

[78] Ebenda, S. 358. – Ausgenommen wurde allein Caroline Schlegel-Schelling: „Sie die allein Gestalt und auch ein wenig mehr Mann war als alle: Karoline, vertrat allein vor dem bisweilen des geistvollen Gezwerges überdrüssigen Meister das höhere menschliche Ausmaß, wie sie allein die vorlaute Schar, deren Halt und Mitte sie bildete, zur Ehrfurcht vor Goethe verpflichtete."

[79] Kommerells Modellierungen des Gegenstandes nach den Wertmaßstäben Georges wurde verzeichnet durch die präzise Kritik von Paul Böckmann: Rezension, Der Dichter als Führer in der deutschen Klassik. In: Anzeiger für deutsches Altertum und deutsche Literatur 48 (1929), S. 189-195; die hinter der dezidierten Abwertung der Romantik stehenden Motive benannte Walter Benjamin: Wider ein Meisterwerk. Zu Max Kommerell, „Der Dichter als Führer in der deutschen Klassik". In: Die Literarische Welt 6 (1930), Nr. 33/34 vom 15.8. 1930, S. 0-11, hier zitiert nach dem Wiederabdruck in: W.B.: Gesammelte Schriften. Hrsg. von Rolf Tiedemann und Hermann Schweppenhäuser. Bd. 3. Frankfurt/M. 1972, S. 252-259, S. 253f.: „Die Romantik steht im Ursprung der Erneuerung deutscher Lyrik, die George vollzog. [...] Sie in den Hintergrund zu rücken, ist, strategisch gesehen, kein müßiges, noch weniger aber ein unverdächtiges Unternehmen. [...] Es verleugnet mit den Ursprüngen der eigenen Haltung die Kräfte, die aus ihrer Mitte sie überwachsen. [...] Jede dialektische Betrachtung der Georgeschen Dichtung wird die Romantik ins Zentrum stellen, jede heroisierende, orthodoxe kann nichts Klügeres tun, als sie so nichtig wie möglich zeigen."

[80] Julius Petersen: Die Wesensbestimmung der deutschen Romantik. S. 63.

[81] Theodor A. Meyer: Das Stilgesetz der Poesie. Leipzig 1901; Ernst Elster: Prinzipien der Literaturwissenschaft. Bd.2: Stilistik. Halle/S. 1911; Richard M. Meyer: Deutsche Stilistik. Handbuch des deutschen Unterrichts III. München 1913; Emil Utitz: Was ist Stil? Stuttgart 1911.

philosophischen Ästhetik des deutschen Idealismus im Rückstand sah.[82] Ihr hoher Abstraktionsgrad und die ordnende Zusammenfassung des Typischen im Begriff des „Stils" machten die Nachbardisziplin für die Literaturwissenschaft attraktiv.[83] Die nach neuer methodischer Orientierung suchende deutsche Literaturwissenschaft rezipierte die von Heinrich Wölfflin entwickelten kunstgeschichtlichen Stilbegriffe und seine beschreibende Methode jedoch selektiv, z.T. nur metaphorisch. Neben terminologischen Anleihen bediente man sich vor allem der in Wölfflins Erstlingswerk *Renaissance und Barock* von 1885 entwickelten Polaritätskonstruktionen, die die formale Ebene kunstgeschichtlicher Beschreibungen überschritten und sich auf geistige und weltanschauliche Grundtendenzen bezogen. Die hieraus übernommenen, für eine spätere formanalytische Literaturforschung entscheidenden Begriffsbildungen waren antithetischer Natur: „Spannung", „Unendlichkeit", „Formlosigkeit" bildeten den Gegenpol zu „Erlösung", „Vollkommenheit", „Vollendung". Auch wenn Wölfflin die Einseitigkeiten seines Jugendwerkes in den 1915 veröffentlichten *Kunstgeschichtlichen Grundbegriffen* revidierte,[84] war

---

[82] Dazu Oskar Walzel: Wechselseitige Erhellung der Künste. Ein Beitrag zur Würdigung kunstgeschichtlicher Begriffe. Philosophische Vorträge, veröffentlicht von der Kantgesellschaft, XV, Berlin 1917; ders.: Das Wortkunstwerk. Mittel seiner Erforschung. Leipzig 1926, S. IX , mit dem Eingeständnis, daß ihm durch Wölfflins *Kunstgeschichtliche Grundbegriffe* der „mächtige Vorsprung" deutlich wurde, den „auf der Suche nach den wesentlichen künstlerischen Merkmalen eines Kunstwerks die neuere Erforschung der bildenden Kunst" vor der Literaturwissenschaft erzielt habe.

[83] Dazu Jost Hermand: Kunstwissenschaft und Literaturwissenschaft. Methodische Wechselbeziehungen seit 1900. Stuttgart 1962; Gerhard Kluge: Stilgeschichte als Geistesgeschichte. Die Rezeption der Wölfflinschen Grundbegriffe in der deutschen Literaturwissenschaft. In: Neophilologus 61 (1977), S. 575-586; Meinhold Lurz: Heinrich Wölfflin. Biographie einer Kunsttheorie. Worms 1981; Rainer Rosenberg: Zehn Kapitel zur Geschichte der Germanistik, S. 202-225; ders.: „Wechselseitige Erhellung der Künste"? Zu Oskar Walzels stiltypologischem Ansatz der Literaturwissenschaft. In: Hans Ulrich Gumbrecht, K. Ludwig Pfeiffer (Hrsg.): Stil. Geschichten und Funktionen eines kulturwissenschaftliche Diskurselements. Frankfurt/M. 1986, S. 269-280; Hans-Harald Müller: Die Übertragung des Barockbegriffs von der Kunstwissenschaft auf die Literaturwissenschaft und ihre Konsequenzen bei Fritz Strich und Oskar Walzel. In: Klaus Garber (Hrsg.): Europäische Barockrezeption. Vorträge und Referate gehalten anläßlich des 6. Jahrestreffens des Internationalen Arbeitskreises für Barockliteratur in der Herzog-August Bibliothek Wolfenbüttel vom 22.-25. August 1988. Wiesbaden 1991 (= Wolfenbütteler Arbeiten zur Barockforschung 20). Teil 1, S. 95-112.

[84] Die *Kunstgeschichtlichen Grundbegriffe* (Das Problem der Stilentwicklung in der neueren Kunst. München 1915), deren Grundthesen Wölfflin bereits 1912 vor der Preußischen Akademie der Wissenschaften vorgetragen hatte, verzichteten auf weltanschauliche Konstruktionen und entwickelten am Wandel der bildenden Kunst des 16./17. Jahrhunderts fünf Begriffspaare, die eine empirische Kunsttypologie fundieren sollten. Unter Beschränkung auf die Formen der Darstellung und Anschauung erklärte Wölfflin den Stilentwicklung von der Renaissance zum Barock als Bewegung vom Linearen zum Malerischen, vom Flächenhaften zum Tiefenhaften, von der geschlossenen zur offenen Form, von der Vielheit zur Einheit, von der absoluten zur relativen Klarheit der abgebildeten Gegenstände.

der Grundstein für eine Formanalyse als Daseinsdeutung bereits gelegt: Stilbegriffe avancierten zu Abbreviaturen für Geisteshaltung und Seelenverfassung ganzer Zeitalter und gerannen, empirische Untersuchungen vernachlässigend, zu psychologischen Strukturtypen.[85]

Dabei ging Oskar Walzel in ersten Versuchen, stiltypologische Begriffe für die Literaturwissenschaft fruchtbar zu machen, noch recht vorsichtig vor. Im 1915 erschienenen Aufsatz *Die Formkunst von Hardenbergs Heinrich von Ofterdingen*, der das Verhältnis des Hardenbergschen Werkes zu Goethes *Wilhelm Meister* behandelte, hatte Walzel die Extrapolation der kunstgeschichtlichen Stilbegriffe auf einen Vergleich literarischer Texte noch ausgeschlossen.[86] 1916 unternahm er in Anwendung von Wölfflins Gegensatzpaar „tektonisch-atektonisch" eine Analyse von Shakespeares Dramenkomposition.[87] Doch noch 1919 konnte er seine Bedenken gegen die Erfassung romantischer Formen durch Wölfflins Kategorie des ‚Barock' nicht überwinden und polemisierte trotz Anerkennung kunstgeschichtlicher Formbestimmungen gegen deren schematische Übernahme durch die Literaturwissenschaft.[88] Eine solche hatte schon 1918 Theodor Spoerri geprobt und drei den kunstgeschichtlichen Grundbegriffen Wölfflins nachgebildete Begriffspaare zur Bestimmung des romantischen Stils aufgestellt: Die beiden ersten Begriffspaare – Linear/Malerisch, Flächenhaft/Tiefenhaft – faßte er zur Polarität „Begrenzung/Auflösung" zusammen; die beiden letzten Paare – Vielheit/Einheit, absolute Klarheit/relative Klarheit erhob er zum Gegensatz „Gliederung/Verschmelzung"; das dritte Paar geschlossene Form/offene Form wurde zum Verhältnis „Bindung/Lösung".[89] Die Änderung der Reihenfolge sollte wohl über die Identität der ersten und dritten Polarität hinwegtäuschen – denn tatsächlich ließen sich die von Spoerri konstruierten Gegensatzpaare „Begrenzung-Auflösung", „Gliederung-Verschmelzung", „Bindung-Lösung" problemlos auf einen einfachen Gegensatz zurückführen, was Fritz Strichs erstmals 1922 veröffentlichtes Werk *Deutsche Klassik und Romantik oder Vollendung und Unendlichkeit* vollzog. Von Paul Böckmann als „erste Verwirklichung eines ausgeprägten Stilsehens innerhalb der Literaturwissenschaft"[90] begrüßt und von Julius Petersen als „weitaus bedeutend-

---

[85] Von Bedeutung für die Extrapolation formal-stilistischer Distinktionen zu psychologisch-anthropologischen Konstanten wurde auch Wilhelm Worringers Gegenüberstellung von ‚klassisch-antikem' und ‚germanisch-gotischem' Kunststil, die er 1907 in der Schrift *Abstraktion und Einfühlung* niedergelegt hatte.

[86] Oskar Walzel: Die Formkunst von Hardenbergs Heinrich von Ofterdingen. GRM 7 (1915-1919), S. 403-444, 465-479, auszugsweise wieder in: Gerhard Schulz (Hrsg.): Novalis. Beiträge zu Werk und Persönlichkeit Friedrich von Hardenbergs. Darmstadt 1970 (= Wege der Forschung CCXLVIII), S. 36-95.

[87] Oskar Walzel: Shakespeares dramatische Baukunst. In: Jahrbuch der Shakespeare-Gesellschaft 52 (1916), S. 3-35.

[88] Oskar Walzel: Die künstlerische Form der deutschen Romantik. In: Neophilologus 4 (1919), S.115-139.

[89] Theophil Spoerri: Vom Wesen des Romantischen. In: Wissen und Leben XII (1918), S. 762-786.

[90] So Paul Böckmann in: Ein Jahrzehnt Romantikforschung. In: ZfdB 9 (1933), S. 49.

ster Versuch, Wölfflinsche Gesichtspunkte auf die Literaturwissenschaft zu übertragen"[91] gewürdigt, verharrte Strichs Werk trotz seines Anspruches, literaturwissenschaftlicher Nachvollzug der formalästhetischen Methode Wölfflins zu sein,[92] in geistesgeschichtlichen Polaritätskonstruktionen und überbot diese noch. Bereits in seiner – die intensive Barockforschung der 1920er Jahre nachhaltig befruchtenden – Untersuchung zum lyrischen Stil des 17. Jahrhunderts von 1915 hatte Strich in Anwendung von Wölfflins kunstgeschichtlicher Terminologie die unendliche Bewegung, die Vergrößerungstendenz, das unerlöste Ringen, den jähen Wechsel und den unaufhörlichen Widerspruch als Wesen barocker Lyrik charakterisiert und auf deren Stilverwandschaft mit Klopstock, Sturm und Drang und Romantik hingewiesen.[93] Sein 1922 vorgelegter „Vergleich" von Klassik und Romantik ersetzte die von Wölfflin gewonnenen formalen Distinktionen durch die Behauptung einer „Urpolarität" des menschlichen Geistes, der im Streben nach Ewigkeit zwischen den Zielen „Vollendung" und „Unendlichkeit" dual gespalten sei.[94] Stil als „Eigentümlichkeit des Ausdrucks einer Zeit, Nation oder Persönlichkeit" sei nicht durch Aufhellung „wesenloser und zufälliger Probleme" zu erforschen und darzustellen, sondern allein in der Näherung an die „einheitliche und eigentümliche Erscheinungsform der ewig menschlichen Substanz in Zeit und Raum."[95] Die Rückführung stilistischer Gegensätze auf eine Urpolarität des menschlichen Geistes wurde hier zum Axiom, zu dessen Illustration der dichotomische Gegensatz von Klassik und Romantik um 1800 allein das Belegmaterial bereitstellte. Die antithetische Gegenüberstellung klassischer und romantischer Formgestaltung steigerte Strich in anthropologische Dimensionen, indem er die Polarität „Vollendung"-„Unendlichkeit" aus dem Antagonismus zweier Charaktertypen – „klassischer" vs. „romantischer Mensch" – ableitete. Deduzierende Methodik und apodiktischer Anspruch, Nivellierung von Differenzen und Anthropologisierung literarischer Prozesse mündeten in die Hypostasierung der Romantik zu einem zeitlosen Symbol menschlichen Unendlichkeitsstrebens; ihre formanalytische Bestimmung verblieb beim Diktum „romantischer Formlosigkeit".[96]

---

[91] Julius Petersen: Die Wesensbestimmung der deutschen Romantik, S. 84.
[92] Vgl. Fritz Strich: Deutsche Klassik und Romantik oder Vollendung und Unendlichkeit. Ein Vergleich. 2., verm. Aufl. München 1924, hier S. 225 die explizite Berufung auf Wölfflins *Kunstgeschichtliche Grundbegriffe*. Dazu instruktiv: Heinrich Dilly: Heinrich Wölfflin und Fritz Strich. In: C. König, E. Lämmert (Hrsg.): Literaturwissenschaft und Geistesgeschichte, S. 265-286, insbesondere S. 277ff.
[93] Fritz Strich: Der lyrische Stil des 17.Jahrhunderts. In: Abhandlungen zur deutschen Literaturgeschichte. Franz Muncker zum 60. Geburtstag dargebracht von Eduard Behrend u.a. München 1916, S. 21-53.
[94] Vgl. Fritz Strich: Deutsche Klassik und Romantik oder Vollendung und Unendlichkeit, S. 2.
[95] Ebenda, S. 3.
[96] 1928 erschien die 3. veränderte und wesentlich vermehrte Auflage von Fritz Strichs *Deutsche Klassik und Romantik* (München 1928), die das vielbesprochene Werk um das Kapitel *Europa und die Klassik* ergänzte. In der Erweiterung des Gesichtskreises über die deutsche Literaturgeschichte hinaus hatte Strich feststellen müssen, daß die von ihm behauptete polare Entgegensetzung von Klassik und Romantik vom europäischen Standpunkt nicht existierte. Auch die klassische deutsche Literatur habe in Europa „ganz als Romantik" gegolten; Deutschland

Die zeitgenössische disziplinäre Kritik an Strichs Werk monierte zwar mehrfach die z.T. unzulässigen Konstruktionen und den deduzierenden Gestus, formulierte jedoch noch keine Alternativen.[97] Sich der formalen Gestaltung von Texten widmende Zugänge setzten in der disziplinären Romantikforschung erst Mitte der 1930er Jahre ein. In der Gegenbewegung gegen den philosophierenden Historismus und die überbordenden Synthesen der Geistesgeschichte begann eine Wendung von einer normativen zu einer deskriptiven Poetik, die auch die Anfänge der später wirkungsmächtigen „werkimmanenten Interpretation" befruchtete. Bis dahin dominierten Ansätze, die empirisch-beschreibende Termini nur willkürlich und metaphorisierend der Kunstgeschichte entlehnten. Welche wissenschaftsexternen Faktoren und fachinternen Veränderungen zur Entstehung neuer, textbezogener Beschreibungsverfahren in der zweiten Hälfte der 1930er Jahre führten, wird später zu zeigen sein.

1.1.3 Geistesgeschichtliche Generationentheorie und Romantikforschung

Das Streben der geistesgeschichtlich arbeitenden Neueren deutschen Literaturwissenschaft nach Typologisierung und Periodisierung des deutschen Schrifttums fand seit Mitte der 1920er Jahre im Begriff der „Generation" ein Instrumentarium, das sich aufgrund seiner Bewährung in einer „exakten" Wissenschaft wie der Soziologie für genauere literarhistorische Gliederungen anbot.[98] Die Anregungen, die die literaturwissenschaftliche Roman-

---

sei für den europäischen Geist des 19. Jahrhunderts „das klassische Land der Romantik" gewesen. Nach einem kurzen Abriß der Wirkung dieser „Klassik-Romantik" auf Frankreich, England und Italien bestimmte Strich das 19. Jahrhundert als Zeit der größten Geltung der deutschen Literatur und konstatierte für die Gegenwart einen weitgehenden Bedeutungsverlust des deutschen Geistes: Da nun nicht mehr das „Chaos", sondern die „Ordnung" gesucht werde, habe eine Gegenbewegung gegen die formsprengende Tendenz der deutschen Romantik eingesetzt; die klassische „Gestalt" als Ausdruck eines fordernden Idealismus und der Selbstbegrenzung aber sei das Resultat einer Übernahme fremder Kulturformen und darum kein eigenständiger Beitrag Deutschlands an Europa.

[97] Kritik aus den Reihen der „Philologen" kam von Gustav Roethe: Wege der deutschen Philologie, S. 451f.; eine fundierte Kritik lieferte Theodor A. Meyer: Form und Formlosigkeit. Betrachtungen aus Anlaß von Fr. Strichs ‚Deutsche Klassik und Romantik oder Vollendung und Unendlichkeit'. In: DVjs 3 (1925), S. 193-272. Vgl. auch die Besprechungen von Rudolf Unger: Von Sturm und Drang zur Romantik. Eine Problem- und Literaturschau. In: In: DVjs 2 (1924), S. 616-645, hier S. 617-620; Walter Brecht: Rezension. In: Anzeiger für deutsches Altertum und deutsche Litteratur 44 (1925), S. 40-48; Julius Petersen: Die Wesensbestimmung der deutschen Romantik, S. 99.

[98] Eine soziologische Begründung des Generationenbegriffs hatte Karl Mannheim (Das Problem der Generationen. In: Kölner Vierteljahrshefte für Soziologie 7 (1928), S. 157-185, 309-330) gegeben; bereits vorher hatte der Kunsthistoriker Wilhelm Pinder seine für die Geisteswissenschaften wichtige Studie *Das Problem der Generation in der Kunstgeschichte Europas* (Berlin 1926, ²1928) veröffentlicht. Beiträge der Neueren deutschen Literaturwissenschaft kamen von Richard Alewyn: Das Problem der Generationen in der Geschichte. In: ZfdB 5 (1929), S. 519-527; Julius Petersen: Die literarischen Generationen. In: Emil Ermatinger (Hrsg.): Philosophie

tikforschung aus der Soziologie und den Resultaten der Jugend- und Entwicklungspsychologie empfing, fielen auf fruchtbaren Boden. Bereits Dilthey hatte im Begriff der „Generation" eine Möglichkeit erkannt, anhand des überkommenen geistigen Besitzstandes, gemeinsamer Bildungserlebnisse und kollektiv erfahrener gesellschaftspolitischer Umstände die „intellektuelle Kultur einer Epoche" zu ermitteln.[99] Rudolf Hayms *Romantische Schule* von 1870 gliederte die Darstellung der vielfältigen romantischen Bewegungen, Kunstformen und Theorieansätze generationsspezifisch, während Ricarda Huch die Romantik als eine einheitliche Bewegung ohne die Trennung in zwei Generationen beschrieb.[100]

Das seit der „geistesgeschichtlichen Wende" vieldiskutierte Problem einer generationstypologischen Periodisierung und Gliederung der Romantik entsprang den Dilemmata synthetischer Darstellungen, die es unternehmen, die komplexe und widerspruchsreiche Geschichte der romantischen Bewegung als kohärenten Entwicklungszusammenhang zu beschreiben. Dazu traten definitorische und konzeptionelle Schwierigkeiten bei der Bildung eines Epochenbegriffs angesichts der Vielschichtigkeit der zu klassifizierenden literarisch-geistigen Bewegung – was sogar zu Überlegungen führte, auf den Terminus „Romantik" gänzlich zu verzichten.[101] In diese Problemlage stießen die Bemühungen zur Fassung eines „geistesgeschichtlichen Generationsbegriffs", der im Unterschied zu einem familiengeschichtlichen Generationsbegriff die Ausbildung eines geistig und pychologisch determinierten „Typus" erfassen sollte. Den Gegenstand einer solchen „Generationstypenforschung" (Petersen) bildete die aus autobiographischen und fiktionalen Texten gewonnene Individualität des Autors als Repräsentant einer Altersgemeinschaft, deren Zusammengehörigkeit aus den Faktoren „Anlage" und

---

der Literaturwissenschaft. Berlin 1930, S. 130-187; K. Hoppe: Das Problem der Generation in der Literaturwissenschaft. In: ZfDk 45 (1930), S. 726-748; Eduard Wechßler: Die Generation als Jugendreihe und ihr Kampf um die Denkform. Leipzig 1930; Walther Linden: Das Problem der Generationen in der Geistesgeschichte. In: Zeitwende 8 (1932), S. 434-445. – Zum Aufblühen der generationstheoretischen Forschung vgl. Wilfried Barner: Zwischen Gravitation und Opposition. Philologie in der Epoche der Geistesgeschichte. In: C. König, E. Lämmert (Hrsg.): Literaturwissenschaft und Geistesgeschichte, S. 201-231, hier S. 217-220.

[99] Vgl. Wilhelm Dilthey: Das Erlebnis und die Dichtung. Leipzig 1988, S. 224.

[100] Noch vor den generationstypologischen Romantikkonzeptionen der Geistesgeschichte hatte Friedrich Kummers *Deutsche Literaturgeschichte des 19. Jahrhunderts dargestellt nach Generationen* (Dresden 1909) die Glieder der romantischen Altersgemeinschaft in entwicklungsgeschichtlicher Stufenfolge abgehandelt. Als „Vorläufer" erschienen in dieser positivistischen Arbeit Hölderlin und Jean Paul, als „Pfadfinder" Wackenroder, die Brüder Schlegel, Novalis, Brentano und Arnim. Kleist war das „Genie", Tieck, Hoffmann, Eichendorff, Uhland, Rückert, Grillparzer „führende Talente". Als „selbständige Talente ohne führende Bedeutung" figurierten Werner, Kerner, Müller, Hebel; als „abhängige Talente" Schwab, Mayer, Hauff, Schulze, Raimund. „Nachahmer und Ausläufer" waren von Schenk, Raupach, Fouqué; Zedlitz und Schefer stellten „Dichter des Übergangs" dar.

[101] So Franz Schultz: Romantik und romantisch als literarhistorische Terminologien und Begriffsbildungen. In: DVjs 2 (1924), S. 349-366; ders.: Art. „Romantik". In: Paul Merker, Wolfgang Stammler (Hrsg.): Reallexikon der deutschen Literaturgeschichte. Berlin 1925. Bd. III, S. 107-122.

„Bildung" abgeleitet wurde. Die Übereinstimmung von kollektiv geteilten Erfahrungen, gemeinsamer Weltanschauung und vergleichbaren literarischen Formen ermögliche es, eine Gruppe von Dichtern und Denkern zur „Generation" zusammenzufassen, die als Gliederungsprinzip die Geistes- und Kulturgeschichte strukturieren und periodisieren könne. Die literaturwissenschaftliche Romantikforschung bediente sich dazu der Resultate von Kinder- und Jugendpsychologie, die in die geistesgeschichtliche Generationentheorie integriert werden konnten.[102] In Anlehnung an deren Vorarbeiten definierte man romantische „Anlage" als Konglomerat von träumerischer Sehnsucht, Gemeinschaftsbedürfnis, Wandertrieb und Märchenphantasie. Als einheitstiftende „Bildungserlebnisse" führte die Generationstheorie die seit der Jahrhundertwende detailliert bearbeiteten Prägungen wie antiaufklärerischer Irrationalismus, Kantische und Fichtesche Philosophie, Freimaurertum und Französische Revolution heran. Ergebnis solcher Typologisierungen war der Gewinn eines Generationsbegriffs, der es gestattete, die geistig-psychische Konstitution der als Altersgemeinschaft verstandenen romantischen Bewegung zu repräsentieren.

Zum entscheidenden Problem dieser typologischen Bestimmungen wurde die Frage nach der inneren Einheit und geistigen Konsistenz der romantischen Bewegung. Seit der Differenzierung zwischen „früher" und „späterer Romantik" alternierten Erklärungs- und Deutungsansätze zwischen dem Interpretationsmodell einer konsistenten, in sich geschlossenen Epoche und der Einteilung unterschiedlicher, durch mehr oder weniger starke Gegensätze voneinander getrennter Perioden. Das von Julius Petersen entworfene Generationenmodell gestand zwar eine Differenz der durch verschiedene Bildungsbedingungen unterschiedlich geformten Einzelphasen zu, bestritt jedoch die Möglichkeit, „von einer andersgearteten, neuen geistesgeschichtlichen Generation (zu) sprechen..., da man ihren Anfang kaum bestimmen könnte".[103] Die Romantik sei als *eine* geistesgeschichtliche Epoche unteilbar und ende mit dem Auftreten der „jungdeutschen Generation", die aus rational-wirklichkeitsverhafteter Anlage und Opposition gegen den romantischen Zeitgeist erwachsen sei.[104] Petersens Beharren auf der Position, die Romantik sei als Leistung einer Generation nicht in untereinander inkompatible Bewegungen auflösbar, richtete sich primär gegen die vieldiskutierte und für die nachfolgende Romantikrezeption folgenschwere Trennung zwischen Jenaer und Heidelberger Romantik, die Alfred Baeumler 1926 in der Einleitung zu Manfred Schroeters Ausgabe von Bachofens *Der Mythus von Orient und Okzident* vorgenommen hatte.[105] In seiner Einführung in das Werk des

---

[102] U.a. Eduard Spranger: Psychologie des Jugendalters. Leipzig 1925; Erich Jaensch: Über den Aufbau der Wahrnehmungswelt und ihre Struktur im Jugendalter. Leipzig 1923.
[103] Julius Petersen: Die Wesensbestimmung der deutschen Romantik, S. 154.
[104] Vgl. ebenda, S. 155; deutlicher noch S. 163.
[105] Alfred Baeumler: Bachofen der Mythologe der Romantik. Einleitung zu: Der Mythos von Orient und Occident. Eine Metaphysik der alten Welt. Aus den Werken von Johann Jakob Bachofen. Hrsg. von Manfred Schroeter. München 1926, S. XXIII-CCXCIV.

spätromantischen Mythologen hatte Baeumler die „literarische Romantik von Jena" und die „religiöse Romantik von Heidelberg" als faktisch unvereinbare Geistesbewegungen voneinander geschieden: Die Jenaer Frühromantik sei als Erbe des 18. Jahrhunderts „ein Ende", „Auflösung" und „Euthanesie des Rokoko";[106] mit der dem 19. Jahrhundert zugehörigen Heidelberger Romantik beginne ein neuer Geist – „erdgebunden", „dunkel", „tief".[107] Die „neue Seele" der Heidelberger Romantik hätte sich in Ehrfurcht vor der Erde, dem Blut, dem Geschlecht, den mütterlich gebundenen Kräften der Natur und dem Tod ausgeprägt; davon getragen, wären Görres, Achim von Arnim, die Brüder Grimm, Eichendorff, Uhland und Ranke zu Schöpfern der deutschen Philologie und Historiographie sowie zu Belebern der Altertumswissenschaften und Mythologie geworden, als die sie jedoch stets im Schatten der Brüder Schlegel verblieben wären.[108]

Leider kann an dieser Stelle nicht näher auf die umfängliche und noch heute anregende *Bachofen-Einleitung* eingegangen werden, deren Rezeptionsgeschichte weit mehr als die inzwischen durch Manfred Dierks, Hermann Kurzke und Hubert Brunträger aufgeklärten Fehlleistungen des Baeumler-Kritikers Thomas Mann umfaßt.[109] Hinzuweisen ist auf die Konsequenzen von Baeumlers Differenzierungen für die Entwicklung der Forschung, die insbesondere unter veränderten politischen Rahmenbedingungen nach 1933 wichtig wurden. Die von der Disziplin in den 1920er Jahren skeptisch beurteilte bzw. zurückgewiesene Separation der romantischen Bewegung in gegensätzliche Phasen, zu der neben Baeumlers Anlauf auch die stammesethnographisch begründete Trennung von „neudeutscher Romantik" und „altdeutscher Restauration" in Nadlers *Literaturgeschichte der deutschen Stämme und Landschaften* gehörte, sollten in der 1933 auf die Tagesordnung

---

[106] Vgl. ebenda, S. CLXIX, auch CLXVIII.
[107] Ebenda, S. CLXXI: „Eine neue Seele redet, eine erdgebundene, ringende, eine, die der Wirklichkeit verhaftet ist, die erkannt hat, daß im Leben die Arbeit und der Tod mit gesetzt sind. Es ist, als ob die schützende Hülle der humanistischen Begriffskultur mit einemmal zerrissen wäre und der Mensch unmittelbar mit der Mutter Erde in Berührung gekommen sei. Die Kräfte strömen wieder aus dunkler Tiefe, der Mensch fühlt sich wieder dem Geheimnis des Lebens verbunden; an Stelle des Klanges wohlgeformter Perioden vernimmt das Ohr jetzt Rauschen des Blutes."
[108] Vgl. ebenda, S. CLXVII: „So ergibt sich die paradoxe Tatsache, daß die eigentlichen Romantiker, die wahrhaften Neuerer, bis auf den heutigen Tag im Schatten der Jenenser Romantiker und der beiden berühmten ‚politischen Romantiker' Schlegel und Müller geblieben sind. Der Grund dafür ist wohl darin zu suchen, daß die Geistesgeschichte bisher noch zu wenig gewohnt war, auch wissenschaftliche Leistungen auf ihre geistige Einstellung zu bewerten."
[109] Thomas Mann hatte Baeumlers Bachofen-Einleitung im Tagebuch *Pariser Rechenschaft* von 1926 „revolutionären Obskurantismus" attestiert; zu den von Mann nie ausgeräumten, auf einer mißverstandenen Lektüre basierenden Vorwürfen, die durch Baeumlers späteres politisches Engagement nachträglich gerechtfertigt schienen, vgl. Manfred Dierks: Studien zu Mythos und Psychologie bei Thomas Mann. An seinem Nachlaß orientierte Untersuchungen zum ‚Tod in Venedig', zum ‚Zauberberg' und zur ‚Josephs'-Tetralogie. Bern, München 1972 (= Thomas Mann Studien 2), S. 147f., 174ff.; detailliert Marianne Baeumler, Hubert Brunträger, Hermann Kurzke (Hrsg.): Thomas Mann und Alfred Baeumler. Eine Dokumentation. Würzburg 1989; Hubert Brunträger: Der Ironiker und der Ideologe. Die Beziehungen zwischen Thomas Mann und Alfred Baeumler. Würzburg 1993 (= Studien zur Literatur- und Kulturgeschichte 4).

gesetzten Diskussion um die „Umwertung der Romantik" eine entscheidende Rolle spielen. Zugleich bereitete Baeumler mit seiner Thematisierung mythologischer und philosophischer Gehalte den Boden für deren verstärkte Erforschung unter „autochthonen" Vorzeichen, die nicht zuletzt durch Alfred Rosenbergs emphatische Affirmation der „großen deutschen Romantik" und dessen explizitem Bezug auf Baeumlers Bachofen-Einleitung im *Mythus des 20. Jahrhunderts* politisch konform schien.

1937 erschien der Romantikabschnitt der umfangreichen Bachofen-Einleitung des inzwischen zum Professor für Politische Pädagogik an der Berliner Universität und Rosenberg-Mitarbeiter avancierten Philosophen in einem Band gesammelter Studien, der bis 1943 drei Auflagen erfuhr.[110] Doch auch wenn die Publikation der *Bachofen*-Einleitung jetzt ungeteilt begrüßt wurde,[111] blieben innerhalb der *scientific community* Zweifel an Baeumlers radikaler Separation der romantischen Bewegung bestehen – die später zu rekonstruierende Debatte um die 1933 postulierte „Umwertung der Romantik" war deren sichtbarer Ausdruck.

1.2 Romantik als „Krönung des ostdeutschen Siedelwerkes": Das Romantikkonzept der stammeskundlichen Literaturbetrachtung

„Zwischen 1750 und 1800 verdichtete sich der zwiespältige völkische Aufbau, das geistige Doppelgewebe der deutschen Seele zu schweren Krisen. Zwei Fremdlinge der Geburt, der geschichtlichen Wiege, des Gedankenwuchses waren zu einem Paar verkoppelt und vom Schicksal bestimmt, in einem Körper zusammenzuwachsen. Die lange Entwicklung durch Natur und Körper hin klärt sich ins Geistesgesetzmäßige ab und erhöht sich in zwei gegensätzliche Gipfelpunkte, in zwei eigengemäße, einander widerstreitende Denkformen. Und diese beiden Seelenlagen, die klassische und die romantische, vielleicht eher geistige Rückstände als Ergebnisse des gewaltigen zwieschlächtigen Ablaufes, werden von unten her durch eben diesen Ablauf geschichtlich durchleuchtet. Wenn die klassische Denkform des Mutterlandes mit ‚Von der Idee aus' bezeichnet wurde, die romantische des Siedelraumes als ‚Zur Idee hin', so sind einmal die beiden deutschen Doppelvorgänge begrifflich auf den einfachsten Nenner gebracht und dann ist zugleich der Zwiespalt in der deutschen Krise um 1800 auf haarscharfe Spitzen eingestellt."[112]

---

[110] Alfred Baeumler: Von Winckelmann zu Bachofen. <Jenenser und Heidelberger Romantik.> <1926>. In: A. Baeumler: Studien zur deutschen Geistesgeschichte. Berlin 1937, S. 99-219.

[111] Vgl. u.a. Karlheinz Rüdiger: Hellas und Germanien. Über Alfred Baeumlers „Studien zur deutschen Geistesgeschichte". In: Bücherkunde 5 (1938), S. 25-28; Walther Rehm: Rezension Alfred Baeumler, Studien zur deutschen Geistesgeschichte. In: Historische Zeitschrift 159 (1939), S. 163f.

[112] Josef Nadler: Literaturgeschichte der deutschen Stämme und Landschaften. ²Regensburg 1924. III. Bd.: Der deutsche Geist., S. 1.

So leitete Josef Nadler die zweite Auflage des dritten Bandes seiner *Literaturgeschichte der deutschen Stämme und Landschaften* ein, der unter dem Titel „Der deutsche Geist" das Schrifttum der Umbruchszeit 1740 - 1813 darstellte und die in der Vorstudie *Die Berliner Romantik*[113] entwickelte stammeskundliche Romantikdeutung in die voluminöse Literarhistorie integrierte.[114] Nadlers vierbändige Literaturgeschichte, die zwischen 1912/18 und 1933 dreimal,[115] 1939/41 in berüchtigter vierter Auflage erschien, gilt als das repräsentative Werk einer stammesethnographischen Literaturgeschichtsschreibung. Sie fixierte mit den zentralen Signifikanten „Stamm" und „Landschaft" und der Reduktion literarhistorischer Prozesse auf das „Organon der völkischen Verbände und der geschlossenen Vorgänge"[116] eine Form der Literaturbetrachtung, deren scheinbare Konjunktur nach 1933 der Fachgeschichtsschreibung lange als Indiz für die restlose Anpassung an Imperative der politischen Umwelt galt.[117] Bevor in der späteren Rekonstruktion der literaturwissenschaftlichen Romantikrezeption im Dritten Reich die Modifikationen und veränderten Wirkungen von Nadlers Romantikkonzeption zwischen 1933 und 1945 untersucht werden, richtet sich das Augenmerk vorerst auf die Genese der stammestheoretischen Romantikdeutung, die wie die geistesgeschichtlichen Synthetisierungsbemühungen den postpositivistischen Orientierungsbemühungen des Faches entsprang. Ohne die methodischen

---

[113] Josef Nadler: Die Berliner Romantik 1800-1814. Ein Beitrag zur gemeinvölkischen Frage: Renaissance, Romantik, Restauration. Berlin 1920.

[114] In der ersten Auflage 1918 fehlten im dritten Band der *Literaturgeschichte* noch die der Romantik gewidmeten Schlußkapitel. Diese Kapitel wurden gesondert als *III. Band. 2.Hälfte. Hochblüte bis 1814* (Regensburg 1928) veröffentlicht, nachdem die programmatische Vorstudie *Die Berliner Romantik* die neue Romantik-Deutung ausgeführt hatte. Zu Entstehungsgeschichte der *Literaturgeschichte* und den Schwierigkeiten mit dem Romantikteil vgl. Josef Nadler: Kleines Nachspiel. Wien 1954, S. 61.

[115] Josef Nadler: Literaturgeschichte der deutschen Stämme und Landschaften. I. Bd. Die Altstämme. Regensburg 1912 (Vorwort unterzeichnet mit 1911), II. Bd. Die Neustämme von 1300, die Altstämme 1600 - 1780. Regensburg 1913, III. Bd. Hochblüte der Altstämme bis 1805 und der Neustämme bis 1800. Regensburg 1918, IV. Bd. Der deutsche Staat. 1814 - 1914. 1. u. 2. Aufl. Regensburg 1928. Die 2. Aufl. erschien überarbeitet und mit revidierten Titeln: I.Bd. Die altdeutschen Stämme. 800 - 1740. Regensburg 1923, II. Bd. Sachsen und das Neusiedelland. 800 - 1786. Regensburg 1923, III. Bd. Der deutsche Geist. 1740 - 1813. Regensburg 1924; die 3. Auflage brachte die vier Bände unter unveränderten Titeln, Regensburg 1929 - 1932.

[116] Josef Nadler: Literaturgeschichte der deutschen Stämme und Landschaften, III.Bd. ²Regensburg 1924, S. 282.

[117] So schon bei Kurt Rossmann: Über nationalistische Literaturgeschichte. In: Die Wandlung 1 (1945/46) H. 8, S. 871ff.; prononciert in der ideologiekritischen Abrechnung von Franz Greß: Germanistik und Politik. Kritische Beiträge zur Geschichte einer nationalen Wissenschaft. Stuttgart-Bad Cannstatt 1971, zum „Zentralmotiv Romantik" bei Nadler hier S. 146-149. Noch Wilhelm Voßkamp (Kontinuität und Diskontinuität: Zur deutschen Literaturwissenschaft im Dritten Reich, S. 149) bezeichnet die völkisch-stammeskundliche Ausrichtung der universitären Germanistik als die „unter bewußtseinsgeschichtlichen und politisch-ideologischen Aspekten wichtigste Richtung der deutschen Literaturwissenschaft im Dritten Reich" und erklärt die vierte Auflage von Nadlers Literaturgeschichte zum „Höhepunkt der Selbstindienstnahme" des Faches in der Zeit der nationalsozialistischen Herrschaft.

Grundlagen Nadlers zu explizieren,[118] sind Prämissen und Folgerungen seiner Romantikkonzeption vorzustellen, die – nach heftiger Ablehnung durch das Fach in den 1920er Jahren – 1933 als „weitreichendste These"[119] der Forschungen zur Romantik gewertet wurde. Die auf den ersten Blick vielleicht erstaunliche Ausführlichkeit, mit der Nadlers Romantikkonzept referiert wird, erklärt sich aus zwei für die spätere Rekonstruktion der Romantikforschung zwischen 1933 und 1945 relevanten Gründen. Zum einen kehrten in der vierten Auflage der zwischen 1938 und 1941 erschienenen *Literaturgeschichte des deutschen Volkes* die Romantik-Passagen bei geringfügigen Umstellungen in textlich fast identischer Gestalt wieder; selbst die Würdigung der Berliner jüdischen Salons blieb unverändert erhalten. Zum anderen stellte Nadlers stammesethnographisches Romantikkonzept wesentliche Argumente bereit, die in der nach 1933 diskutierten „Umwertung der Romantik" weiterwirkten. Die abschließend zusammengetragenen Einwände von Fachkollegen sollen verdeutlichen, mit welchen Argumenten Nadlers stammestheoretischen Erklärungsansatz *vor* 1933 zurückgewiesen wurde, um aus dieser Perspektive die Veränderungen in der disziplinären Meinungsbildung *nach* Machtergreifung und verbaler „Völkisierung" des Faches beschreiben zu können. Hinweise auf Anschlußmöglichkeiten, die Nadlers Romantikdeutung bot und die bereits in den 1920er Jahren genutzt wurden, vervollständigen die Übersicht.

1.2.1 Die Romantik in der *Literaturgeschichte der deutschen Stämme und Landschaften*

Was August Sauer in seiner Rektoratsrede von 1907 noch vorsichtig als ein Programm für eine kulturgeschichtlich erweiterte Literaturwissenschaft entworfen hatte,[120] verwirklichte sein Schüler Josef Nadler auf beeindruckende

---

[118] Dazu Josef Nadler: Die Wissenschaftslehre der Literaturgeschichte. In: Euphorion 21 (1914), S. 3-63; ders.: Die literarhistorischen Erkenntnismittel des Stammesproblems. In: Verhandlungen des Siebenten deutschen Soziologentages. Tübingen 1931 (= Schriften der Deutschen Gesellschaft für Soziologie. VII. Band), S. 242-257. – Zu Nadlers Wissenschaftskonzept und Methodik vgl. Sebastian Meissl: Zur Wiener Neugermanistik der dreißiger Jahre: Stamm, Volk, Rasse, Reich. Über Josef Nadlers literaturwissenschaftliche Position. In: Klaus Amann und Albert Berger (Hrsg.): Österreichische Literatur der dreissiger Jahre. Ideologische Verhältnisse. Institutionelle Voraussetzungen. Fallstudien. Wien Kön 1985, S. 130-146.

[119] Paul Böckmann: Ein Jahrzehnt Romantikforschung, S. 48.

[120] Vgl. August Sauer: Literaturgeschichte und Volkskunde. Rektoratsrede gehalten in der Aula der K.K. Deutschen Karl-Ferdinands-Universität in Prag am 18. November 1907. Prag 1907, S. 21, mit dem Aufruf, den „Versuch zu machen, einen Abriss der deutschen Literaturgeschichte in der Weise zu liefern, dass dabei von den volkstümlichen Grundlagen nach stammheitlicher und landschaftlicher Gliederung ausgegangen werde, dass die Landschaften und

Das Romantikkonzept der stammeskundlichen Literaturbetrachtung 61

und heftigen Widerspruch auslösende Weise mit der vierbändigen, zwischen 1912 und 1918 erstmals erschienenen *Literaturgeschichte der deutschen Stämme und Landschaften*. Seiner 1914 vorgelegten theoretischen Begründung einer stammeskundlichen Literaturwissenschaft entsprechend, die die Aufhebung ästhetisch selektierender Prinzipien zum Programm erhob, zeichnete sich Nadlers Opus durch eine ungeheure Gegenstanderweiterung aus. Hatte sich Literaturgeschichtsschreibung bislang auf poetische Texte kanonisierten Charakters konzentriert, versuchte Nadler die gesamte literarische Überlieferung darzustellen.[121] Strukturierendes Ordnungsprinzip der Datenflut wurde die auf einem substantialisierten Stammesbegriff basierende Gliederung der deutschen Real- und Kulturgeschichte in drei große historische „Vorgänge": Die Entwicklung der germanischen „Altstämme" (Alemannen, Franken, Thüringer, Bayern), die aufgrund eines kontinuierlichen Zusammenhanges mit römisch-katholischem und romanischem Geist zu Erben der klassisch-antiken Überlieferung wurden; die Entwicklung der „Neustämme" (Meißner, Sachsen, Schlesier, Brandenburger, Altpreußen), die nach der Ostexpansion um 1050 durch Vermischung mit den slawischen Völkern östlich der Elbe-Saale-Linie im ostdeutschen Siedlungsgebiet entstanden und die Romantik hervorbrachten sowie die „Sonderentwicklung" im bayerisch-österreichischen Süden und Südosten, die in direkter Aufnahme antiker Kultur durch Einschmelzung aller Künste das „Barock" ausgeprägt hätte.
Innerhalb der betont komplizierten historischen „Vorgänge" kamen Weimarer Klassik und Romantik besondere Rollen zu, stellten sie doch Höhe- und Endpunkt der bislang separat ablaufenden west- und ostdeutschen „Vorgänge" dar: Die Weimarer Klassik, verkörpert im Alemannen Schiller und im Franken Goethe, schloß nach Nadler als letzte Renaissance des römisch-antiken Erbes die eigenständige Entwicklung der „Altstämme" ab; die Romantik vollende als „Krönung des ostdeutschen Siedelwerkes" eine kulturelle Erneuerungsbewegung, in der sich das „Siedelvolk" die Kultur der „Altstämme" angeeignet habe, um „nach Verdeutschung der Erde und des Blutes" nun auch geistig und seelisch „deutsch" zu werden.[122] Klassik und Romantik als

---

Stämme in ihrer Eigenart und Wechselwirkung darin mehr als bisher zur Geltung kommen und dass bei jedem Dichter, jeder Dichtergruppe und jedem Dichtwerke festgestellt werde, wie tief sie im deutschen Volkstume wurzeln oder wie weit sie sich etwa davon entfernen. Der Literaturgeschichte von oben träte eine literaturgeschichtliche Betrachtung von unten, von den volkstümlichen Elementen aus mit besonderer Berücksichtigung der Dialektpoesie zur Seite."

[121] Gleichberechtigt neben poetischen Werken standen literarische Zeugnisse aller Wissenschaften, die bisher wenig beachtete lateinische und katholische Literatur, Mundart- und Heimatdichtung, Zeitungen und Journale, die Entwicklung der Künste, besonders der Malerei, der Musik und des Theaters, politische Manifeste, Äußerungen von Organisationen und Bünden sowie das auslandsdeutsche Schrifttum von den Balten bis zu den Amerikadeutschen. Entsprechend umfassend war das personelle Ensemble des Werkes; das Personenregister im vierten Band führte über 3000 Namen auf.

[122] Josef Nadler: Literaturgeschichte der deutschen Stämme und Landschaften. Bd. III. Regensburg 1918, S. 9: „Romantik ist die Krönung des ostdeutschen Siedelwerkes – die Verdeutschung der Seele nach der Verdeutschung des Blutes und der Erde." – Die Wendung wurde von der ersten bis zur vierten Auflage beibehalten.

„Doppelgipfel der deutschen Kultur" stellten dann den „gemeinsamen Gedankenbesitz" bereit, der nach dem Untergang des alten Reiches und den antinapoleonischen Befreiungskriegen die endgültige Verschmelzung der Volkshälften zum modernen deutschen Staat ermöglicht habe.

Basis für diese metahistorische Deutung der deutschen Literaturgeschichte war die von Nadler praktizierte Differenzierung zwischen einer der Stammesherkunft korrespondierenden geistigen Tradition und dem aus je spezifischer Landschaftserfahrung erwachsenden Naturverhältnis, die für „Alt"- und „Neustämme" grundverschieden seien:

Einheiten in stammhafter Gliederung	Westliche „Altstämme" des „römisch-deutschen Mutterlandes" (Alemannen, Franken, Thüringer, Bayern)	„Siedelvolk" jenseits der Elbe-Saale-Linie (Meißner, Sachsen, Schlesier, Brandenburger, Altpreußen)
Kulturelle Herkunft, geistige Tradition	Römisch-antike Kultur, römisch-katholische Kirche	Traditionslos; reformiert; in „freiem Ichverhältnis zu Gott"
Die aus der Tradion erwachsende Denkform	„Von der Idee aus": aus vorbegründeter Anschauung das Seiende in Begriffe auflösend; die Mannigfaltigkeit nach „Idee" gliedernd	„Zur Idee hin": Auflösung des Gegenständlichen in ein Ideal; Suche nach neuem Mythos in „Urerlebnis", „Urbild des Weltdaseins"
Umgebende Landschaft, „geschichtlicher Raum"	Ganzes, gerundete Einheit, umschlossener Blick, natürlich begrenztes Dasein	„Kulturleere", die zu besiedeln war; weite, unendliche Flächen; unermeßlich; vereinzelnd
Aus umgebender Landschaft resultierendes Naturverhältnis	Unmittelbar, eng, vertraut; naturgetreue Schilderungen als „wesenhaftes Vermögen"	mittelbar, auf das Einzelne statt auf das Ganze gerichtet; Natur künstlerisch verändernd

Seien die „Altstämme" in die reiche Kultur römisch-antiker Traditionen eingebettet gewesen und dachten traditionsgemäß „von der Idee aus", hätten sich die nach Osten ziehenden Siedler in einer „Kulturleere" verdünnt, in der sie in einem „freien Ichverhältnis zu Gott" Kultur und Tradition aus sich selbst heraus hervorzubringen hatten.[123] Die weitgedehnte, flache Landschaft des Ostens konnte, so Nadler, „nur auf Wegen zur Idee hin bezwungen und erobert werden".[124] Hatte der enge, bergende, dem Einzelnen Grenzen setzende Raum des Westens Maß und Beschränkung im Dichten und Denken

---

[123] J. Nadler: Literaturgeschichte der deutschen Stämme und Landschaften. Bd. III. ²1924, S. 3.
[124] Ebenda, S. 4.

hervorgebracht und so „Vollendung" als Wesensmerkmal des Klassizismus ermöglicht, führte die unermeßliche Weite des Ostens notwendigerweise zu Erweiterung, subjektiver Entgrenzung, „Unendlichkeit".[125] Klassik und Romantik erschienen so durch Stamm, Landschaft und kulturelle Überlieferung determiniert, wobei die zuweilen an geistesgeschichtliche Polaritätskonstruktionen erinnernden Begriffe nicht darüber hinwegtäuschten, daß ethnographische Faktoren die primäre Rolle spielten.

In die landschaftlich, nach Regionen des „ostdeutschen Siedellandes" gegliederte Darstellung der Romantik bezog Nadler nicht nur genuin literarische Zeugnisse ein, sondern suchte sowohl ihre Entwicklungsbedingungen als auch ihre unterschiedlichen Ausprägungen in ihrer geschichtlichen Totalität zu erfassen. Leitend wurde die Eruierung stammesgeschichtlich angelegter bzw. in „untergründigen Bildungsschichten" verfolgter Tendenzen, die laut Nadler in einen tiefgehenden sittlichen und religiösen Wandel mündeten und, durch „völkisches Gut aus dem Mutterlande" fundamentiert, zu einer den einzelnen wie das Volk im ganzen umformenden „Erneuerung" in allen geistigen und kulturellen Bezirken führten. Von den Konstellationen nach dem preußischen Thronwechsel 1786 ausgehend, rekonstruierte er Vorgeschichte und Durchbruch der zwischen 1790 und 1820 kulminierenden „persönlichen und völkischen Wiedergeburt", die ihrerseits den Abschluß einer seit dem 13. bzw. 16. Jahrhundert anhaltenden Entwicklung bilde.[126]

Ohne näher auf die episch breite und immenses Tatsachenmaterial verarbeitende Darstellung Nadlers einzugehen, sollen die Konsequenzen dieser stammeshistorisch strukturierten und „völkische Bildungsvorgänge" in den Mittelpunkt stellenden Romantikkonzeption exemplarisch an zwei entscheidenden Umwertungen poetischer Leistungen verdeutlicht werden. Sie werfen zugleich ein bezeichnendes Licht auf die Intentionen und Präferenzen des Literarhistorikers Nadlers, der trotz seines Diktums, das Wertproblem durch bewußte Verabschiedung ästhetischer Selektionsprinzipien „erledigt" zu haben, literarische Zeugnisse entsprechend seiner (unausgesprochenen) Präsuppositionen klassifizierte. Nicht zufällig gewann in Nadlers Panorama der „neudeutschen Romantik" der Königsberger Dramatiker Zacharias Werner paradigmatische Bedeutung: „In Zacharias Werner ist der bildungsgeschichtliche Verlauf der Romantik so genau enthalten, als ihn ein einzelner überhaupt durchmachen kann".[127] Warum gerade der Autor mystischer Dramen und spätere Konvertit für Nadler zum Exempel romantischer Metamorphosen wurde, läßt sich unschwer aus der ausführlich nachgezeichneten Biographie Werners ablesen, die Nadlers Deutung vom „zweifachen Sinn der ostdeutschen Ro-

---

[125] Ebenda, S. 4f.
[126] Vgl. ebenda S. 194: „So war die romantische Bewegung wie die deutsche Renaissance kein Anfang, sondern nur die neue Höhe eines laufenden Vorganges, der völkisch seit rund 1200, geistig seit etwa 1500 einsetzte."
[127] Ebenda, S. 227.

mantik" – einer „persönlichen und einer völkischen Wiedergeburt" – klar zu bestätigen schien. Herkunft, geistige Umwelt und persönlichen Bildungsgang Werners verbuchte Nadler als Beweis dafür, daß die Romantik als „ostdeutsche Bewegung", die nach innerer Wiedergeburt und Einlebung in die Vergangenheit des „Mutterlandes" strebte, im Schoß der katholischen Kirche enden mußte.[128] Auch in Werners Dramen fand Nadler die wesentlichen Bestimmungen des „ostdeutschen Vorganges" ausgesprochen. In ihrer Hinwendung zur katholischen Mutterkirche gestalteten sie die typische Umkehr zur Konfession der „Altstämme" und den völkischen Umbruchsprozeß im Vielvölkergemisch des Ostens. – Die Neubewertung der bislang als theoretische Führer der Jenaer Frühromantik geltenden Brüder Friedrich und August Wilhelm Schlegel verdeutlichte ebenfalls, von welchen Selektions- und Evaluationsprinzipien sich Nadler leiten ließ. Mit deutlicher Reserviertheit behandelte er sie als Produkte der „humanistischen Bildung ihrer Heimatlandschaft Meißen", zu der sie aufgrund genealogischer Abkunft gehörten.[129] Da die vorgängig herausgestellten Wesensmerkmale des „ostdeutschen Vorganges" sich offenkundig nicht zur Erfassung ihrer theoretischen Leistungen eigneten, würdigte Nadler allein die Übersetzungsleistungen August Wilhelm Schlegels, „die seit Ende des Jahrhunderts Shakespeare zu einem Deutschen macht"[130] und dessen Rezensententätigkeit. Die poetologischen Reflexionen Friedrich Schlegels enthielten dagegen keinen Gedanken, „der sich in die ostpreußische, schlesische, Brandenburger Reihe einfügen ließe. All das war für die ostdeutsche Bewegung, wie sie längst im vollen Zuge war, entbehrlich."[131] Indem Nadler Friedrich Schlegels berühmte Forderung nach einer „progressiven Universalpoesie" – das Postulat einer modernen, Gattungsgrenzen überschreitenden Literatur – in eine Reihe mit den doktrinären Poetiken Opitz', Gottscheds und Lessings stellte, offenbarte er die eigene ablehnende Haltung gegenüber ästhetischen Innovationen. Die sich hier artikulierende literarische Moderne gehörte für ihn nicht zur Romantik.[132]

---

[128] Ähnlich auch Josef Nadler: Die Berliner Romantik, S. 59, mit der Deutung der Konversion als Konsequenz der romantischen Einlebung in den Katholizismus des Mutterlandes: „Als Priester und Prediger schloß Werner einen Vorgang, der für die ganze ostdeutsche Bewegung typisch, bei ihm lediglich aufs folgerichtigste sich auswirkte."

[129] Josef Nadler: Literaturgeschichte der deutschen Stämme und Landschaften. III.Bd. ²1924, S. 237. Seine Ablehnung bisheriger Interpretationen der Romantik als einer „Schule" unterm Direktorium der Schlegel-Brüder, die seit Heines *Romantischer Schule* die Literaturgeschichten beherrscht hätten, hatte Nadler bereits 1920 vorgetragen, vgl. Josef Nadler: Die Berliner Romantik, S. VII.

[130] Josef Nadler: Literaturgeschichte der deutschen Stämme und Landschaften. III.Bd. ²1924, S. 238.

[131] Ebenda, S. 250.

[132] Vgl. ebenda, S. 252: „Die Dresdner Reihe war von Anbeginn klassizistisch gerichtet. Weder der Gedanke einer persönlichen, noch einer völkischen Wiedergeburt war ihr eigen. Sie hat mit dem ostdeutschen Vorgang zunächst nichts zu schaffen. Erst von Berlin und vom Osten her wird sie in den großen Zusammenhang gedreht. Friedrich Schlegel gehört in die Reihe der lehrhaften ostdeutschen Kunstschulmeister. Er hat die ostdeutsche Bewegung nicht bewirkt, er ist von ihr bewirkt worden. Er versuchte lehrmäßig und rein schönheitlich zusammenzufassen, was längst im Gange war."

Den entscheidenden Schritt seiner Romantikdeutung vollzog Nadler entsprechend seiner stammeshistorischen Optik. Von der Voraussetzung ausgehend, Literaturgeschichte als organischen Ausdruck völkisch-stammestümlicher Entwicklung zu schreiben, zerriß er die romantische Bewegung in zwei Vorgänge, die seiner Deutung zufolge „zufällig gleichzeitige, aber wesensverschiedene und entgegengesetzte Bildungsvorgänge"[133] waren – in „Altdeutsche Restauration" und „Neudeutsche Romantik".[134] Diese Trennung gründete auf den ethnographischen Voraussetzungen von Nadlers Literaturgeschichte. Die Annahme konstanter stammes- und familiengeschichtlicher Dispositionen und landschaftlicher Prägungen, vor allem aber die bewußt eingenommene „geopolitische Optik" wertete Differenzen zwischen einzelnen Zügen der romantischen Bewegungen zu fundamentalen Unterschieden auf – mit weitreichenden Folgen für die Behandlung und Einordnung der von „ostdeutschen" Romantikern auf „westdeutschem" Boden vollbrachten poetischen und literarischen Leistungen. E.T.A. Hoffmanns in Bamberg entstandene Werke, Arnims Mitarbeit am *Wunderhorn*, Eichendorffs Heidelberger Anfänge mußten in ihrer ästhetischen Dimension ausgeblendet werden; sie galten als erwähnenswert nur insofern, als daß in ihnen „der alte literarische Bestand des Mutterlandes" ins ostdeutsche Bewußtsein gerückt worden sei.[135] Grundsätzlich entfalteten Nadlers Ausführungen zu „neudeutscher Hochromantik" und „altdeutscher Restauration" die bereits entwickelte Bestimmung von „persönlicher und völkischer Wiedergeburt" weiter. Geistig-kulturelle Bewegungen und literarische Werke galten als direkter Ausdruck politisch-historischer Vorgänge; Veränderungen in den sozialen Trägergruppen – die „ständische Verschiebung vom Stadtbürger zum Landjunker" – bildeten die entscheidende Ursache für die Wendung „vom Geist zur Tat", zu Staat und Gesellschaft. Mit den Beiträgen märkischer Junker sei der ursprünglich menschlich-sittliche, dann poetische Renaissancegedanke der frühen Romantik zu einer „großen einheitlichen völkisch-staatlichen Bewegung"[136] erweitert worden und Berlin zum Ausgangspunkt eines gegen die „Ideen von 1789" gerichteten ‚deutschen Sonderweges' aufgestiegen.[137] Die so vollzogene Bewertung der Romantik

---

[133] Ebenda, S. 283.
[134] „Altdeutsche Restauration" war für Nadler die „Erneuerung" des westdeutschen Mutterlandes gegen romanische „Überfremdung". Diese „Erneuerung aus sich selbst und seinen durchgelebten, geschichtlich gewordenen Bildungsmassen" sei Resultat der geschichtlichen Entwicklung der im Rheintal verwurzelten „Altstämme" und richte sich gegen die im Weimarer Klassizismus kulminierte „römisch-deutsche Lebensgemeinschaft", die „überwuchernde Antike" wie gegen die in Napoleon drohende „romanische Renaissance"; ebenda, S. 280ff.
[135] Ebenda, S. 422
[136] Ebenda, S. 505
[137] Vgl. ebenda, S. 505: „Paris und Berlin. Dort war das Gegebene verneint und zerstört worden; Freiheit und Gleichheit hatten die Welt in ihre Atome aufgelöst, Fülle, aber keine Einheit; der halbe Erdteil wurde in gleiche und gleichfreie Einzelwesen zersplittert und mit dem Menschenschlag der Revolution überschwemmt. [...] Berlin. Hier wurde das Gegebene bejaht und erneuert; die Unendlichkeit des Sonderwesens wurde in ansteigend höheren Organismen zu einer Gesamtheit geordnet, Fülle und Einheit; ganz Europa sollte zu solchem Gefüge neu erbaut, und im christlichen Europäer sollte der Träger des erneuerten Lebens erzogen werden."

unter den Gesichtspunkten geschichtlicher Bedeutung und „völkischer" Wirksamkeit nahm bereits wesentliche Topoi vorweg, die in den nach 1933 ventilierten Romantikkonzepten wiederkehren sollten.

1.2.2 Die Reaktion der Disziplin auf das stammeskundliche Romantikbild

Auf Nadlers voluminöses Opus reagierte die Disziplin zunächst mit harschen Einwänden und scharfer Kritik. Schon bald nach Erscheinen der ersten Auflage der *Literaturgeschichte der deutschen Stämme und Landschaften* setzten Angriffe gegen die stammeskundliche Gliederung der deutschen Literaturgeschichte und vor allem gegen Nadlers Romantikdeutung ein. Der 1919 veröffentlichte Vorwurf des Romantikspezialisten Josef Körner, Nadler sei nicht einmal klar, daß die Literaturgeschichte eine Kunstwissenschaft repräsentiere,[138] geriet so heftig, daß Nadler sich noch in seinen Lebenserinnerungen 1954 daran erinnerte.[139] Hermann August Korff glossierte die genealogischen Reduktionen 1920 mit der Bemerkung, Blut sei bei Nadler „dicker wie Geist";[140] Rudolf Unger erkannte im landschaftlich-stammeskundlichen Aufriß der Literaturgeschichte durch Nadler eine Vermengung von „volkhafter Romantik und soziologischem Positivismus".[141] Harry Maync sah in Nadler einen „Kulturhistoriker im weitesten Ausmaß", der zwar geistesgeschichtlich und geschichtsphilosophisch eingestellt sei, geistige Prozesse aber primär biologisch ableite.[142] Paul Merker reihte Nadler in seinen programmatischen

---

[138] Josef Körner: Metahistorik des deutschen Schrifttums. In: Deutsche Rundschau 180 (1919) S. 466-468. Vgl. auch dessen umfangreiche methodologische Auseinandersetzung mit Nadler in seinem bislang unaufgearbeiteten Nachlaß, der in der Universitäts- und Landesbibliothek Bonn aufbewahrt wird. Körners schärfster methodischer Einwand richtete sich gegen die Übertragung naturwissenschaftlicher Schemata auf historische und kulturelle Phänomene: „Was Rickert erlaubt, hat Nadler ausgeführt: er hat die Objekte der Geschichte mit naturwissenschaftlichen Methoden behandelt. Aber empfiehlt sich das? Zu wirklichen Gesetzesbegriffen vorzudringen, ist, je höherer Ordnung das Historische ist, desto unmöglicher...". Josef Körner: Bibliographie zu Geschichte und Problematik der Literaturwissenschaft. ULB Bonn, Nachlaß Josef Körner S 2913/1 b, unnumeriert. In Nadlers Methodik sah Körner den Positivismus Scherers, der „eifrig bestrebt (war), die evolutionistische Naturwissenschaft für die L[iteratur]g[eschichte] auszumünzen" und Karl Lamprechts Kulturgeschichtsschreibung verbunden, freilich biologistisch überboten: „Aber während Lamprecht, ein Kind seiner Zeit, mit Hilfe der Psychologie historische Gesetze aufstellt, greift Nadler gar zur Physiologie."

[139] Vgl. Josef Nadler: Kleines Nachspiel, S. 48.

[140] Hermann August Korff: Literaturgeschichte der deutschen Stämme und Landschaften. In: ZfDk 34 (1920), S. 401-408, hier S. 403.

[141] Rudolf Unger: Die Vorbereitung der Romantik in der ostpreußischen Literatur des 18. Jahrhunderts. In: Mitteilungen der Schlesischen Gesellschaft für Volkskunde 26 (1925), S. 60-88, wieder in R. Unger: Aufsätze zur Prinzipienlehre der Literaturgeschichte, S. 171-195, hier S. 176.

[142] Harry Maync: Die Entwicklung der deutschen Literaturwissenschaft. Rektoratsrede gehalten am 13. November 1926, dem 92. Stiftungsfeste der Universität Bern. Bern 1927, S. 17.

Überlegungen zu einer sozialhistorischen Literaturforschung in die Gruppe soziologischer Darstellungen ein. Nadlers Grundlage sei eine Milieutheorie, bei der ein Konglomerat aus politisch-sozialen Zuständen, Stammesmerkmalen und klimatisch-physischen Verhältnissen ein „Milieu" bilde, das bestimmend für das geistige Leben sei; in Nachfolge Taines gehe er zugleich von der Einwirkung der rassischen Erbmasse auf das geistige und künstlerische Leben aus.[143] – In die Diskussion mischten sich jedoch auch Stimmen, die die stammesgeschichtliche Literaturbetrachtung vor dem konzertant vorgetragenen Positivismusvorwurf zu retten suchten. So verteidigte der Schweizer Rafael Häne Nadlers Werk trotz der Rückführungen auf „Bluterbe" und „landschaftliche Bedingnisse" als Geistesgeschichte und bezeichnete es als „eine Art geistiger Stammesphysiognomik".[144] Werner Marholz ordnete in seinem Abriß der modernen Literaturwissenschaft die landschaftlich-stammestheoretischen Konzeptionen Sauers und Nadlers einer Entwicklungslinie zu, die auf Zurückdrängung individualisierender Methoden ziele. Auslöser dieser „kollektivistischen Auffassungen" und ihrer Einbindung des Individuums in ideelle und kulturelle Totalitäten war laut Marholz der Einfluß der Neuromantik. Auch Nadlers stammeskundliche Literaturgeschichte sei ein Produkt dieser Renaissance romantischen Geistes und Nadler eigentlich „romantischer Geschichtsphilosoph, das bedeutet, er ist grundsätzlich von der Realität geistiger Wesenheiten, wie Volk, Stamm, Landschaft, nicht als Naturgegebenheiten, sondern als geistiger, dynamisch wirkender Einheiten überzeugt."[145]

Die Vorwürfe gegen Nadlers stammeskundliche Literaturgeschichte und sein Romantikbild bündelte Julius Petersen. Er monierte prinzipiell die „Vereinfachung" der vielfältigen „stammhaften Züge" und ihrer aus „Rassenmischung" hervorgegangenen, „ganz widersprechenden Typen" auf „einfache Formeln", aus denen Nadler in oft willkürlichem Wechsel zwischen Genealogie, Landschaftserlebnis und Tradition „unerbittliche" Kausalitäten konstruierte.[146] Zwar akzeptierte der Berliner Germanist das „zahlenmäßige Übergewicht des Ostens", zeigte jedoch zugleich, in welche Antinomien sich eine ethnographische Fixierung geistiger Typen verstricken mußte.[147] Die von Nadler als „ostdeutsche Bewegung" postulierte Romantik sei weder in Ursprung, noch in Verlauf stammesethnographisch zu erklären. Ihr eigne vielmehr gesamteuropäischer Charakter, seit ihre ersten Regungen als

---

[143] Paul Merker: Neue Aufgaben der deutschen Literaturgeschichte. Leipzig und Berlin 1921, S. 37. Vgl auch ders.: Individualistische oder soziologische Literaturgeschichtsforschung. In: ZfdB 1 (1925), S. 15-27, zu Nadler hier S. 25.
[144] Rafael Häne: Neue Wege in der deutschen Literaturwissenschaft. In: Schweizerische Rundschau 26 (1926), S. 526-533, 580-591.
[145] Werner Marholz: Literargeschichte und Literarwissenschaft. Berlin 1923 (= Lebendige Wissenschaft. Strömungen und Probleme der Gegenwart 1), S. 137.
[146] Julius Petersen: Die Wesensbestimmung der deutschen Romantik, S. 20. Zu kritisieren sei auch die Umdeutung des „Stammhaften" von einer „Disposition" zu einer „ursprünglichen Triebkraft", ebenda, S. 21.
[147] Vgl. ebenda, S. 18f.

"Rechtfertigung des Wunderbaren und Verteidigung der Phantasie gegen die Starrheit der vernunftgemäßen Nachahmungslehre"[148] in der zweiten Hälfte des 18. Jahrhunderts von England auf den Kontinent übergegriffen hätten.[149]

Als Durchbruch zu „kollektivistischen", „überindividuellen Einstellungen" würdigte jedoch bereits Mitte der 1920er Jahre und noch einmal 1930 der Österreicher Franz Koch die Leistungen der stammeskundlichen Literaturgeschichtsschreibung.[150] In Beiträgen für die *Preußischen Jahrbücher* und die *Deutsche Vierteljahrsschrift für Literaturwissenschaft und Geistesgeschichte* suchte er Nadlers stammeskundliche Literarhistorie mit der „biologischen Metaphysik" Erwin Guido Kolbenheyers zu synthetisieren. Kochs Würdigung von Nadlers Literaturgeschichte und sein Versuch, dessen Konstrukte in einer „organbiologischen Literaturbetrachtung" zu überbieten, signalisierten, welche Anschlußmöglichkeiten Nadlers „kollektivistische" Literaturbetrachtung bot. Da Kochs „organbiologische Literaturbetrachtung" innerhalb des Exkurses zur Romantikrezeption am Berliner Germanischen Seminar detailliert entfaltet wird, ist an dieser Stelle nur sein Rettungsversuch von Nadlers Romantikkonzept zu erwähnen. Den vielstimmigen Widerspruch gegen Nadlers gewagte Thesen versuchte Koch mit einem terminologischen Änderungsvorschlag zu entkräften – ohne freilich den konzeptionellen Kern der stammesethnographischen Konstruktionen zu berühren.[151]

Nadlers stammeskundliche Romantikdeutung erfuhr noch vor Kochs Würdigung eine Bestätigung, als Georg Stefansky seine Dissertation *Das Wesen der deutschen Romantik* veröffentlichte.[152] Auch Stefansky – wie Nadler ein Schüler August Sauers – suchte das Programm des gemeinsamen Lehrers zu realisieren, Literaturgeschichte im Kontext gesellschaftlicher, sozialer, kultur- und wissenschaftsgeschichtlicher Zusammenhänge als „Unterabteilung der Kulturgeschichte"[153] zu schreiben und unternahm es, geistesgeschichtliche Ansätze mit stammesgeschichtlich-landschaftlichen Gliederungsprinzipien zu synthetisieren. Dazu verband er die Suche nach geistesgeschichtlichen Makrostrukturen mit der Zielstellung, „meßbare ursächliche Kräfte ... hinter den geschichtlichen Ereignissen"[154] aufzudecken. Diese „ursächlichen Kräfte" re-

---

[148] Ebenda, S. 24.
[149] Vgl. ebenda, S. 28.
[150] Franz Koch: Zur Begründung stammeskundlicher Literaturgeschichte. In: Preußische Jahrbücher 206 (1926) Berlin 1926, S. 141-158, hier S. 142; ders.: Stammeskundliche Literaturgeschichte. In: DVjs 7 (1930), S. 143-197.
[151] Vgl. Franz Koch: Stammeskundliche Literaturgeschichte, S. 172. – Als Bestätigung der Nadlerschen Romantik-Deutung führte Koch die Rückdatierung der romantischen Anfänge „immer weiter nach rückwärts" durch die neuere Forschung an. Die von Nadler erklärte Unmöglichkeit, Klassizismus und Romantik „rein gedanklich" voneinander abzugrenzen, da beiden der gemeinsame „Gedankenbesitz von den Vorsokratikern bis zu Plotin" eigne, kehre als Grundgedanke in Hermann August Korffs *Geist der Goethezeit* wieder – und attestiere nicht zuletzt die Richtigkeit seiner eigenen Arbeiten.
[152] Georg Stefansky: Das Wesen der deutschen Romantik. Kritische Studien zu ihrer Geschichte. Stuttgart 1923.
[153] August Sauer: Literaturgeschichte und Volkskunde, S. 1.
[154] Georg Stefansky: Das Wesen der deutschen Romantik, S. 7

duzierte Stefansky jedoch nicht wie Nadler auf Blutskräfte und Landschaftscharaktere. Vielmehr strebte er nach einer Ergänzung der stammestheoretischen Literaturgeschichte durch detaillierte geschichtliche und sozialpsychologische Hintergrundinformationen und prägte zur Erklärung des literarhistorischen Prozesses den Begriff der „eigengemäßen Denkform".[155] Dennoch gliederte seine Untersuchung die Romantik ebenfalls stammesethnographisch und territorial und richtete sich explizit auf „die nördlichen und östlichen Landschaften ..., da diese gerade um 1800 als das Gebiet der sogenannten Neustämme ihre kulturelle Hochblüte erleben."[156] Ohne es eigens zu reflektieren, schloß sich Stefansky der Nadlerschen Spaltung der deutschen Kulturgeschichte in separate Entwicklungen von Alt- und Neustämmen an. Auch für ihn stellte die Klassik die literarische Blüte der „Altstämme" des „Mutterlandes" dar, während die Romantik als eine „durch die ostdeutsche Renaissance entfaltete völkische Erneuerung" auf ostelbischem Gebiet galt.[157] Die klassische Denkform sei als Erbe antiker Traditionen nicht in der Lage gewesen, sich den nationalen Ereignisse um 1800 zu öffnen; demgegenüber wäre die „eingeborene Denkform des jüngeren Geschlechts" durch das Fehlen klassisch-antiker Traditionen zu Bildung und künstlerischer Gestaltung des Nationalgedankens prädestiniert. Auch für Stefansky bestanden zwischen früher und späterer Phase der romantischen Bewegung tiefgehende Differenzen. Sei die Frühromantik noch durch einen „humanistischen Universalismus" beschränkt,[158] habe die national gesinnte Hochromantik politische Projekte entwickelt, die weit über die „ideal-ästhetisch oder gar utopisch" gearteten Projekte der Frühromantik hinausgingen.[159] Hätten die Dichter und Denker der Frühromantik nach der Abkehr von der bislang vorbildlichen Antike einen „Gehalt in sich selbst" noch nicht gefunden, habe die spätere Romantik, in Übernahme Nadlerscher Terminologie als „Restauration" bezeichnet, in der Rückwendung auf die eigene nationale Vergangenheit und deren kulturelle Schätze ihr geistiges Zentrum gewonnen. Ihre „volkstümlich-nationale" Gesinnung wurde jedoch „erst über jenen begrifflichen Bildungsweg möglich .., den die ostdeutsche Renaissance gebahnt hat."[160]

---

[155] Vgl. ebenda, S. 100f.: „Im gleichen Sinne, wie gewisse physische Merkmale sich durch Geschlechter hindurchleiten und die sonst wandelbare körperliche Entwicklung eingrenzen, so ist mit den Generationen wechselnd die allgemeine Richtung erkennbar, die sich mit dem geistigen Ahnengut der schöpferischen Persönlichkeit vererbt. In sie fügen sich unlösbar die ideellen Inhalte ein, wo immer sie sich zur Erscheinung umprägen. Das System der Landschaft, wie es Nadler umfassend entwickelt hat, setzt sich damit folgestreng fort im Theorem der eigengemäßen Denkform, die Stamm und Geschlechterreihe bestimmt."
[156] Ebenda, S. 27. – Vgl. auch S. 101 die Deutung von Klassik und Romantik als „Ergebnis wirkender Formkräfte, die aus den unerklärten Trieben des Bodens und seiner Siedelgruppe an den geistigen Bestand ihrer Zeit heranwachsen und ihm die eigentümliche Gestalt und Farbe mitteilen" sowie S. 189: „Die romantische Denkform ist in ihrer historischen Auswirkung landschaftlich bestimmt durch die Renaissance im ostelbischen Deutschland, zeitlich erscheint sie früh in den Theoremen der Gefühlsromantiker."
[157] Ebenda, S. 52f.
[158] Ebenda, S. 59f.
[159] Ebenda, S. 62.
[160] Ebenda, S. 62.

Auf Stefanskys Bemühung einer Vermittlung von Geistesgeschichte und Stammestheorie zur Erklärung der Romantik reagierte Hermann August Korff, mit einem derartigen Verriß,[161] daß August Sauer selbst zur Feder griff, um seinen Schüler zu verteidigen.[162] Auch wenn die verletzenden Bemerkungen Korffs von diesem auf Drängen des vermittelnden Julius Petersen zurückgenommen wurden,[163] belegen sie doch die ausgesprochene Skepsis, die etablierte Repräsentanten der Geistesgeschichte einer Synthetisierung ihrer Forschungsrichtung mit stammesethnographischen Prämissen entgegenbrachten.[164] Gleichzeitig offenbarte die Debatte um Stefanskys Dissertation, die August Sauer mit einer kurzen *Feststellung* im *Euphorion* für beendet erklärte,[165] die Verschärfung der disziplininternen Fraktionierung, in die nicht nur theoretische Faktoren hineinspielten. Das von Sauer in seiner Rektoratsrede 1907 formulierte Forschungsprogramm, das den „deutschen Nationalcharakter" als zentrales Erkenntnisziel formulierte, hatte die forcierte wissenschaftliche Konzentration auf die eigene (deutsche) Kultur auch aus ihrer kulturpolitischen Funktion in den Auseinandersetzungen zwischen Tschechen und Deutschen in Prag abgeleitet.[166] Sein Konzept, nationale und kulturelle Identität primär ethnographisch-landschaftlich zu fundamentieren, suchte noch im disziplinären Diskurs alle nicht in nationale Rahmen passenden Bestrebungen auszuschließen. Nicht zuletzt deshalb waren ihm die Arbeiten des Romantikforschers Josef Körners – dessen Habilitationsschrift *Romantiker und Klassiker* er 1925 zurückwies und im *Euphorion* scharf kritisierte[167] – ein besonderer Dorn im

---

[161] Hermann August Korff: Georg Stefansky, Das Wesen der deutschen Romantik. In: Literaturblatt für Germanische und Romanische Philologie 44 (1924), Sp. 22-26. Korff monierte neben Stefanskys Konstruktionen vor allem den Versuch, mit dem Begriff der „Denkform" eine Brücke zwischen Geistesgeschichte und Literaturethnographie zu schlagen und schloß mit dem Satz: „Im Interesse einer gedeihlichen Entwicklung liegt es deshalb, daß vor den großen Bauplätzen der Literaturwissenschaft Schilder mit der Aufschrift angebracht werden: Unbefugten ist das Betreten verboten."

[162] August Sauer: Verwahrung. In: Euphorion 25 (1924), S. 302f. – Sauer wies Korffs Rezension als „anmaßend und frech" und „einer sachlichen Erwiderung nicht würdig" zurück.

[163] Hermann August Korff: Erklärung. In: Literaturblatt für Germanische und Romanische Philologie 44 (1924), Sp. 373-376. Zu den Hintergründen dieses Konflikts, bei dem Julius Petersen als Vermittler auftrat, siehe Wolfgang Adam: Einhundert Jahre EUPHORION. In: Euphorion 88 (1994), S. 1-72, hier S. 30-32 sowie Petra Boden: Julius Petersen: Ein Wissenschaftsmanager auf dem Philologenthron. In: Ebenda, S. 82-102, hier S. 87-96.

[164] Vgl. Karl Viëtor: Georg Stefansky, Das Wesen der deutschen Romantik. In: Deutsche Literaturzeitung 46 (1925), Sp. 807-816; Paul Böckmann: Ein Jahrzehnt Romantikforschung, S. 48, der monierte, daß Stefanskys kulturgeschichtlicher Ansatz dazu führe, „daß die Grenzen der Phänomene verschwimmen und kein fester Zugriff mehr möglich ist. Wenn derart die Literatur nur als ‚Gradmesser' der ‚Kultur im allgemeinen' genommen wird, gibt die Literaturwissenschaft ihren eigentlichen Gegenstand: Sprache und Dichtung auf, ohne ein wirkliches ‚Wesen' dafür einzutauschen."

[165] August Sauer: Feststellung. In: Euphorion 25 (1924), S. 713.

[166] Zu Sauers Engagement im deutsch-tschechischen Nationalitätenkampf und seinem Aufruf „Deutsche Studenten – nach Prag!" vgl. Franz Greß: Germanistik und Politik, S. 133-137.

[167] August Sauer: Romantiker und Klassiker. Die Brüder Schlegel in ihren Beziehungen zu Schiller und Goethe, von Josef Körner, Berlin 1924. In: Euphorion 26 (1925), S. 142-151.

Auge.¹⁶⁸ Korffs Attacke gegen Stefansky wie auch sein von zahlreichen anderen Fachvertretern geteiltes Engagement für Körner speiste sich demgegenüber aus einem über nationale Grenzen und Ressentiments hinausgehenden Wissenschafts- und Kulturverständnis und dem Widerstand gegen ethnozentrisch fundierte Synthetisierungsbestrebungen. – Daß antisemitische Ressentiments bereits 1926 auch den Sauer-Schüler Stefansky trafen,¹⁶⁹ bevor dieser im Jahre 1933 aufgrund des „Arierparagraphen" seine Dozentur in Münster verlor und die Leitung des *Euphorion* abgeben mußte, verweist dagegen auf Kontinuitäten, die später zu beleuchten sind.

1.3 Ansätze sozialhistorischer und soziologischer Romantikforschung

Der Aufschwung der Sozialwissenschaften seit Beginn des 20. Jahrhunderts beeinflußte die nach methodischer Orientierung suchende deutsche Literaturwissenschaft in weit geringerem Maß als Entwicklungen in der Philosophie und in der Kunstwissenschaft. Dennoch beobachtbare „literarsoziologische" Ansätze, inspiriert vor allem durch Karl Lamprechts universale Geschichtsschreibung und katalysiert durch die Einsicht von Fachvertretern, daß nun „soziale Probleme im Vordergrund des Interesses stehen und neben der unbestreitbaren Bedeutung der Einzelpersönlichkeit in Weltanschauung und Praxis das Eigenleben der Masse zu einem nicht zu übersehenden Faktor geworden ist",¹⁷⁰ zeitigten auch für die disziplinäre Romantikforschung Folgen, denen an dieser Stelle nachgegangen werden soll. Neben keimhaften Versuchen, soziologische und sozialhistorische Erklärungsansätze in die literatur-

---

¹⁶⁸ Rüdiger Wilkening hatte in seinem Artikel Josef Körner in der *Neuen Deutschen Biographie* (Bd. 12. Berlin 1980, S. 386f.) noch behauptet, daß Sauer Körners Habilitationsgesuch ablehnte, „[d]a er fürchten mußte, sich zwei jüdische Privatdozenten politisch nicht leisten zu können." Angesichts des bei Petra Boden (Julius Petersen: Ein Wissenschaftsmanager auf dem Philologenthron, S. 91) veröffentlichten Briefauszugs kann davon wohl nicht die Rede sein: Sauer bat Petersen am 3. Februar 1925, beim Gutachten für Körners Habilitationsgesuch „den nationalen Gesichtspunkt in den Vordergrund zu stellen", da es sich bei Körner um ein „übelbeleumdetes anationales Individuum" handele. Auf Sauers Verriß reagierten F. Brüggemann, E. Castle, P. Kluckhohn, H. A. Korff, A. Leitzmann, P. Merker, L. Spitzer, C. Viëtor, O. Walzel und G. Witkowski dann mit einer „Erklärung" zugunsten Körners, die in der *Literaturblatt für Germanische und Romanische Philologie* (46 (1925), S. 407) erschien; Körner selbst veröffentlichte eine detaillierte „Abwehr" der ungerechtfertigten Vorwürfe (GRM 14 (1926), S. 304-308).

¹⁶⁹ Konrad Burdach hatte 1926 den Vorschlag unterbreitet, den von Richard M. Meyer gestifteten Scherer-Preis zur Förderung junger Wissenschaftler an Georg Stefansky zu verleihen. Seine Ablehnung begründete Gustav Roethe damit, daß Stefansky kein Philologe und „Prager Jude" sei, vgl. Wolfgang Höppner: Eine Institution wehrt sich, S. 378.

¹⁷⁰ Paul Merker: Neue Aufgaben der deutschen Literaturgeschichte, S. 52.

wissenschaftliche Behandlung der Romantik einzubringen, kam es durch Carl Schmitt und Karl Mannheim zu unterschiedlichen Thematisierungen politischer und sozialgeschichtlicher Aspekte der romantischen Bewegung, die in ihrer Bedeutung für die Forschungslandschaft gleichfalls zu berücksichtigen sind.

Auslöser verschiedener, im weiten Sinne sozialhistorischer Ansätze in der postpositivistischen deutschen Literaturwissenschaft, die unter Bezeichnungen wie „sozialliterarische Methode" (Merker), „psychogenetische Literaturwissenschaft" (Brüggemann), „Geschmacksgeschichte" (Schücking) oder „soziologische Literaturgeschichtsforschung" (Kleinberg) firmierten, wurde Karl Lamprechts Kulturgeschichtsschreibung, die das geistige Leben aus wirtschaftlichen und sozialen Verhältnissen zu erklären suchte. Nach Erhebung der Geschichtsschreibung zu einer exakten Wissenschaft strebend, begriff Lamprecht Geschichte nicht als Folge von Ereignissen, sondern als gesetzmäßigen Ablauf materialer Entwicklungsstufen in Wirtschaft und Gesellschaft, zu denen parallel der geistig-kulturelle Fortschritt verlaufe. Der Ansatz, mit Kategorien der von Wilhelm Wundt entwickelten „Sozialpsychologie" die Wechselwirkung von materiellen und geistigen Faktoren erkenn- und darstellbar zu machen, befruchtete die Geistes- und Literaturwissenschaften vor allem aufgrund der dadurch eröffneten Möglichkeit, ihre Grundlagen kulturhistorisch zu erweitern.[171] Nachdem Erich Rothacker bereits 1912 Lamprechts Verdienste gewürdigt und Anschlußmöglichkeiten der Geisteswissenschaften aufgezeigt hatte,[172] stellte Paul Merker 1921 in seiner Programmschrift *Neue Aufgaben der deutschen Literaturgeschichte* die Erkenntnismöglichkeiten eines kulturgeschichtlichen Herangehens vor. In Abgrenzung von Diltheys Konzept der Literaturgeschichte, das „vor allem nach der Ideenseite orientiert" sei, betonte er die „Verwandschaft" der von ihm entworfenen „sozialliterarischen Richtung" mit Lamprechts Geschichtsauffassung und benannte als Spezifik der neuen Methode das Primat des „Allgemein-Zeitgeschichtlichen".[173] Zur Erfassung des komplex-vielschichtigen „Zeitstils" sollten neben natürlichen und sozialen Bindungen des Autors weitere „Entstehungsursachen" wie Publikumswirkung, poetische Theorie und der Einfluß ausländischer Dichtungen untersucht werden. Die von Lamprecht vorgeführten Wirkungszusammenhänge

---

[171] Vgl. Oskar Benda: Der gegenwärtige Stand der deutschen Literaturwissenschaft, S. 20-25; Siegmund von Lempicki: Artikel ‚Literaturwissenschaft' in: Paul Merker, Wolfgang Stammler (Hrsg.): Reallexikon der deutschen Literaturgeschichte. Bd. II, S. 280-290, hier S. 289f.; Rudolf Unger: Moderne Strömungen in der deutschen Literaturwissenschaft. In: Die Literatur 26 (1923/24), S. 65-73, hier S. 66; Werner Marholz: Literargeschichte und Literarwissenschaft, S. 80-85.

[172] Erich Rothacker: Über die Möglichkeit und den Ertrag einer genetischen Geschichtsschreibung im Sinne Karl Lamprechts. Leipzig 1912 (= Beiträge zur Kultur- und Universalgeschichte 20).

[173] Paul Merker: Neue Aufgaben der deutschen Literaturgeschichte, S. 52. Vgl. ebenda, S. 49: „An Stelle des Einzelwerkes und der Einzelpersönlichkeit, die sonst im Vordergrund des Interesses steht und den Ausgangspunkt, vielfach aber zugleich auch den Endpunkt der Betrachtung bildet, liegt hier der Schwerpunkt auf der societas litterarum, auf der allgemeinen geistigen und literarischen Struktur einer Epoche."

geschichtlicher und geistiger Prozesse müßten auch in die Literaturgeschichtsschreibung eingehen.[174] Für die Literatur als „Teilgebiet im geistigen Gesamthaushalt der Nation" hätten deshalb „wie für alle anderen Bereiche des Kulturlebens dieselben sozialpsychologischen Grundlagen" zu gelten. Nur davon ausgehend könne man „höhere kulturpsychologische Gesetzmäßigkeiten" ergründen und zu einer überzeugenden Periodisierung vordringen.[175] Doch während Merker Lamprechts Konzept einer stufenweisen Abfolge einzelner Kulturzeitalter ablehnte, erkannte es Fritz Brüggemann, der 1926 ebenfalls die Notwendigkeit einer kulturgeschichtlichen Literaturwissenschaft im Geiste Karl Lamprechts formulierte,[176] als mögliches Modell für den Verlauf der Literaturgeschichte an. Gegen geistesgeschichtliche Beschränkungen betonte Brüggemann den Doppelcharakter einer „geistig-ideellen" und „wirtschaftlich-materiellen" Kultur und versuchte, die geistesgeschichtliche Literaturbetrachtung durch eine seelengeschichtlich-„psychogenetische" Literaturgeschichte zu ergänzen.[177] Diesen „psychogenetischen" Ansatz, untersetzt von Lamprechts Kulturzeitalterthese, demonstrierte Brüggemann in Arbeiten zur deutschen Literaturgeschichte. Bereits seine unter dem Titel *Die Ironie als entwicklungsgeschichtliches Moment* 1909 erschienene Dissertation erklärte die seelischen Probleme des Tieckschen *William Lovell* als Ausläufer einer „psychisch-organischen" Entwicklung, die von Goethes *Werther* und Jacobis *Woldemar* ausgegangen sei und in fortschreitender Differenzierung der Psyche zur immer stärkeren Zerklüftung des Seelenlebens geführt habe.[178] Die explizit Karl Lamprecht verpflichtete Studie *Der Kampf um die bürgerliche Welt- und Lebensanschauung in der deutschen Literatur des 18. Jahrhunderts* beschrieb den bürgerlichen Geist der Aufklärungszeit als erster Periode eines subjektivistischen Seelenlebens.[179] Brüggemann deutete hier sozialhistorisch das Bürgertum als soziale Trägerschicht der antibürgerlich-subjektivistischen

---

[174] Vgl. ebenda, S. 52.
[175] Ebenda, S. 64. – In einem späteren Beitrag (Individualistische und soziologische Literaturgeschichtsforschung. In: ZfdB 1 (1925), S. 15-27, hier S. 27) plädierte Merker für die Verbindung von „literarischer Kunstgeschichte", die „durch ästhetische und psychologische Analyse der überragenden künstlerischen Persönlichkeiten und Werke in das Geheimnis dichterischen Kunstschaffens einzudringen und die dort verborgenen Kunst- und Ewigkeitswerte bloßzulegen sucht", mit einer „kulturpsychologisch bedingten Geistes- und Bildungsgeschichte", die sich „auf die Breiten und Tiefen des literarischen Lebens (richtet), um dort mit sozialliterarischer Einstellung die typischen Erscheinungsformen und den literarischen Gesamtstil eines Zeitalters zu erfassen".
[176] Fritz Brüggemann: Literaturgeschichte als Wissenschaft auf dem Grunde kulturgeschichtlicher Erkenntnisse im Sinne Karl Lamprechts. In: ZfdB 2 (1926), S. 469-479.
[177] Vgl. Fritz Brüggemann: Psychogenetische Literaturwissenschaft. In: ZfDk 39 (1925), S. 755 - 763.
[178] Fritz Brüggemann: Die Ironie als entwicklungsgeschichtliches Moment. Ein Beitrag zur Vorgeschichte der deutschen Romantik. Jena 1909 (= Diss. Leipzig u. d. T. Die Ironie in Tiecks William Lovell und seinen Vorläufern).
[179] Fritz Brüggemann: Der Kampf um die bürgerliche Welt- und Lebensanschauung in der deutschen Literatur des 18. Jahrhunderts. In: DVjs 3 (1925), S. 94-127. Vgl. S. 94 das Credo seiner „psychogenetischen" Literaturbetrachtung: „Tatsachen des literarischen Lebens können nur in ihrem vollen kulturgeschichtlichen Zusammenhang richtig erfaßt und begriffen werden. Unter Kulturgeschichte sei hier mit Karl Lamprecht die Entwicklungsgeschichte des Seelenlebens des Volksganzen verstanden." – Josef Körner monierte an diesem Programm die

Bewegungen von Sturm und Drang und früher Romantik. Von 1928 bis 1935 als außerordentlicher Professor in Kiel wirkend, gab Brüggemann im Rahmen des Reclam-Projekts *Deutsche Literatur in Entwicklungsreihen* die Reihe „Aufklärung" heraus und betreute ebenfalls die Buchreihe *Literatur und Seele. Beiträge zur psychogenetischen Literaturwissenschaft.* Innerhalb dieser Reihe erschien 1931 auch die für eine „psychogenetisch"-sozialhistorische Romantikforschung relevante Dissertation Fritz Lübbes, die an Brüggemanns *Ironie*-Buch und das darin aufgeworfene Problem romantischen Individualitätsbewußtseins anknüpfte.[180] Die Promotionsarbeit des Brüggemann-Schülers verfolgte unter dem Titel *Die Wendung vom Individualismus zur sozialen Gemeinschaft im romantischen Roman* den Übergang von einem ungebundenen „hochsubjektivistischen" Individualismus zu einer neuen „Gemeinschaftshaltung" nationalstaatlichen und völkischen Gepräges.

Neben den an der kulturgeschichtlichen Methode Karl Lamprechts orientierten Varianten sozialhistorischer Literaturbetrachtung formierte sich in der von Levin L. Schücking begründeten „Soziologie der literarischen Geschmacksbildung" ein Forschungsprogramm, das eine Publikumssoziologie unter besonderer Berücksichtigung von Produktions- und Distributionsbedingungen anbot.[181] Dem in kultur- und literarhistorischen Arbeiten Franz Mehrings und anderer marxistischer Theoretiker entwickelten Programm einer materialistischen Literatursoziologie gelang es dagegen nicht, den Zirkel der universitären Germanistik zu beeinflussen.[182] Gering blieb ihr Einfluß auf die rege Romantikrezeption der 1910er und 1920er Jahre. Während in der DDR das marxistische Basis-Überbau-Modell seit den fünfziger Jahren zum kanonisierten Deutungsmuster aufstieg, entsann man sich in der Bundesrepublik erst nach 1968 und dem Ende werkimmanenter Abstinenz auf sozialgeschichtliche Verfahren, die nun zu einflußreichen Forschungsprogrammen avancieren sollten.

Die hier nur kurz umrissenen Ansätze zu sozialhistorisch-kulturgeschichtlichen Romantikerklärungen stellten keine Alternative zum dominierenden

---

Vernachlässigung der genuin ästhetischen Dimension von Literatur: „Was Brüggemann will, ist Geistes- und Kulturgeschichte, aber nicht L[iteratur]w[issenschaft], die nach ihrem strengen Begriff in erster Linie Stilgeschichte sein muss. Allerdings Geschichte des Gehalts und der Gestalt!", Josef Körner: Bibliographie zu Geschichte und Problematik der Literaturwissenschaft. ULB Bonn, Nachlaß Josef Körner S 2913/1 b, unnummeriert.

[180] Fritz Lübbe: Die Wendung vom Individualismus zur sozialen Gemeinschaft im romantischen Roman (von Brentano zu Eichendorff und Arnim). Berlin 1931 (= Literatur und Seele II = Diss. Kiel 1930). – Ebenfalls an das von Brüggemann 1909 aufgeworfene Problem der romantischen Individualität knüpft an Gerhard Thrum: Der Typ des Zerrissenen. Ein Vergleich mit dem romantischen Problematiker. Leipzig 1931 (= Von deutscher Poeterey 10), der die Subjektivitätskonzepte von der Romantik bis zum Jungen Deutschland verfolgte.

[181] Vgl. Levin L. Schücking: Literaturgeschichte und Geschmacksgeschichte. In: GRM 5 (1913), S. 561-577; ders.: Die Soziologie der literarischen Geschmacksbildung. München 1923.

[182] Entwickelt u.a. durch Franz Mehring: Die Lessinglegende. Erstmals als Aufsatzreihe in der *Neuen Zeit* Januar-Juni 1892, als Buch Stuttgart 1893; Samuel Lublinski: Der Ausgang der Moderne. Ein Buch der Opposition. Dresden 1909; Alfred Kleinberg: Soziologische Literaturgeschichtsforschung. In: Die Gesellschaft 2 (1925), S. 574f.; ders.: Die deutsche Dichtung in ihren sozialen, zeit- und geistesgeschichtlichen Bedingungen. Berlin 1927.

Methodenspektrum der Geistesgeschichte dar. Die Gründe dafür liegen in den von Wilhelm Voßkamp aufgezeigten methodischen und konzeptionellen Defiziten wie auch in der institutionellen Schwäche der sich gerade als Universitätsfach etablierenden Soziologie.[183] Die erst seit Ende des Ersten Weltkriegs über eigene Lehrstühle verfügende Disziplin vermochte es nicht, plausible Erklärungsmodelle für eine soziologisch fundierte Literaturgeschichtsschreibung bereitzustellen. Literatursoziologischen Ansätzen fehlte eine fundierte Erklärung des Zusammenhangs materieller und geistiger Faktoren im realen und im literarischen Geschichtsprozeß; materialistische Modelle waren für die geisteswissenschaftliche Neugermanistik prinzipiell inakzeptabel. Während die rege Barockforschung der 1920er und 1930er Jahre soziale Determinanten des literarischen Prozesses in ihre Untersuchungen zumindest ansatzweise einbezog, beharrte die Behandlung der Romantik zum überwiegenden Teil auf der Autonomie geistiger Entwicklungen und ihrer ausschließlich geistesgeschichtlichen Deutbarkeit.

Anstöße für eine Thematisierung sozialer und sozialgeschichtlicher Determinanten im literarhistorischen Prozeß erwuchsen dagegen von Forschungen, die außerhalb der Germanistik angesiedelt waren und die romantische Kultur in ihren gesellschaftlichen und politischen Funktionen untersuchten: So von dem 1919 veröffentlichten Buch *Politische Romantik* Carl Schmitts, das – wenn es denn wahrgenommen wurde – für Aufruhr unter den Teilnehmern des literaturwissenschaftlichen Diskurses sorgte.[184] Orientiert an den französischen Soziologen Taine und Seillière,[185] hatte Schmitt die Romantik als eine Bewegung der wurzellosen bürgerlichen Intelligenz definiert und die ästhetisch motivierte Auflösung ontologischer Fundamente als Paradigma der Moderne beschrieben.[186] Die mit Descartes begonnene „Erschütterung

---

[183] Vgl. Wilhelm Voßkamp: Literatursoziologie: eine Alternative zur Geistesgeschichte? „Sozialliterarische Methoden" in den ersten Jahrzehnten des 20.Jahrhunderts. In: Christoph König, Eberhard Lämmert (Hrsg.): Literaturwissenschaft und Geistesgeschichte, S. 291-303, hier S. 299f.

[184] Carl Schmitt: Politische Romantik. München 1919, 2. Aufl. 1925. – Julius Petersen markierte die Ablehnung der sozialgeschichtlichen Prämissen und Folgerungen des von ihm als „antiromantisch" bezeichneten Buches von Schmitt nach deren kurzer Schilderung mit dem Satz: „Der Abschluß ist indessen ebenso so schief angesehen wie der Anfang." J. Petersen: Die Wesensbestimmung der deutschen Romantik, S. 125. Zugleich aber akzeptierte er, daß Schmitt die „geistesgeschichtliche Situation" der Opposition von Klassik und Romantik „ganz richtig erkannt und gewürdigt" habe (ebenda, S. 152) und zitierte aus der *Politischen Romantik* ausführlich den Abschnitt über die Lage der romantischen Generation – zur Bestätigung seiner eigenen generationstypologischen Konzeption.

[185] Zu Seillière und dessen Haltung zur Romantik vgl. jetzt die mit umfangreichen bibliographischen Angaben aufwartende Darstellung von Piet Tommissen: Der antiromantische Kreuzzug des Barons Seillière. In: Günther Mascke, Heinz Theo Homann (Hrsg.): Vierzehnte Etappe. Bonn 1999, S. 59-77.

[186] Dazu Karl-Heinz Bohrer: Die Kritik der Romantik, S. 285ff.; Hermann Kurzke: Romantik und Konservativismus, S. 40-44. – Die auf die Gegenwart und ihren Traditions- und Sinnverlust zielende kulturkritische Destruktion der Romantik verriet ihre Intention im Vorwort zur 2. Auflage, in dem Schmitt die aktuellen Dissoziationen von Kultur und moderner Kunst als Resultat der Romantik herausstellte.

des alten ontologischen Denkens"[187] gipfele in der romantischen Wendung zum schrankenlosen Subjektivismus. Dem Solipsismus des romantischen Bewußtseins korrespondiere eine spezifische Produktivität: Ihr rein „ästhetisches" Schaffen, das keine Beziehung zu wirklichen Kausalitäten mehr habe, sei dem bloßen Anlaß („occasio"), der „Stimmung" ausgeliefert, die als „unberechenbarer Effekt" und als „Zufall" auftrete. Darum sei Romantik „subjektivierter Occasionalismus."[188] Mit der Ästhetisierung der Welt würden alle geistigen Beziehungen privatisiert; religiöse, moralische, politische und wissenschaftliche Begriffe unmöglich und traditionale Übereinkünfte überhaupt gefährdet. – Hatte Schmitt in der sozialen Entwurzelung eine Determinante romantischen Denkens und damit zugleich die conditio sine qua non des modernen Intellektuellen erkannt und abgelehnt, bestimmte der Wissenssoziologe Karl Mannheim diese Ungebundenheit als Positivum und Grundbedingung moderner Reflexionskultur.[189] Die durch Schmitt und Mannheim angestellten sozialhistorischen und soziologischen Überlegungen wurden trotz ihres Niveaus für die literaturwissenschaftliche Romantikforschung nur marginal fruchtbar. In der fortwährenden Diskussion um die romantischen Konversionen aber auch in der späteren Thematisierung der romantischen Wendung zu geistig-kulturellen „Bindungen" spielten die von Schmitt und Mannheim vorgebrachten Thesen nur eine untergeordnete Rolle.[190]

Schon jetzt kann darauf hingewiesen werden, daß die keimhaften sozialhistorischen Ansätze die kognitiven Umorientierungen des Faches nach der politischen Zäsur des Jahres 1933 nicht überleben sollten. Obwohl unmittelbar nach 1933 programmatische Äußerungen eine soziologische Ausrichtung des Faches forderten, schwanden sozialgeschichtliche oder sozialpsychologische Fragestellungen fast gänzlich aus dem Spektrum der Forschung. Soziologische oder sozialhistorische Bemühungen scheiterten trotz der postulierten „Völkisierung" der Disziplin an einem Volksbegriff, der nur selten auf empirische Parameter zurückging bzw. deskriptive Verfahren einbezog. Der Rückgang auf einen mythisierten Begriff des Volkes, der nicht mehr auf eine Sprach- oder Kulturgemeinschaft, sondern auf eine vorsprachliche „Einheit des Blutes" rekurrierte, schloß soziologische und sozialwissenschaftliche Forschungen zum literarischen Leben und Produktionsprozeß weitgehend aus.

---

[187] Carl Schmitt: Politische Romantik. S. 78.
[188] Ebenda, S. 32.
[189] Vgl. Karl Mannheim: Das konservative Denken. Soziologische Beiträge des politisch-historischen Denkens in Deutschland. In: Archiv für Sozialwissenschaft und Sozialpolitik. Tübingen 1927, Bd. 57, I. und II. Heft, zur Romantik hier S. 115f.
[190] Vgl. Kurt Wais: Volksgeist und Zeitgeist in der vergleichenden Literaturgeschichte (am Beispiel der Romantik). In: GRM 22 (1934), S. 291-307, hier S. 302.

Die hier umrissenen Parameter der Romantikforschung zwischen dem Beginn des 20. Jahrhunderts und dem Jahr der nationalsozialistischen Machtergreifung lassen erkennen, welche heterogenen Züge die Neuere deutsche Literaturwissenschaft wie die von ihr produzierten Konzepte zur Beschreibung und Erklärung der romantischen Literaturepoche aufwiesen. Charakteristisch für die überwiegende Zahl der Beiträge zur Romantikforschung war dabei die Partizipation an jenen folgenschweren Veränderungen in den Arbeits- und Darstellungsformen, die sich als Folge der antipositivistischen Wende innerhalb des Wissenschaftssystems und insbesondere in den Kulturwissenschaften seit dem ersten Jahrzehnt des 20. Jahrhunderts abgezeichnet hatten. Vorangetrieben von Differenzierungsprozessen innerhalb der auch institutionell expandierenden Neugermanistik agierte und reagierte die Erforschung der romantischen Literaturepoche im Kontext einer „Wissenschaftskrise" (Siegfried Kracauer),[191] deren Anfänge in die Zeit der Jahrhundertwende zurückreichten und die im Zuge von Kriegsniederlage, Revolution und verheerender wirtschaftlicher Lage nach 1919 unterschiedliche, in ihrer Radikalität jedoch übereinstimmende Diagnosen und Therapievorschläge auf den Plan rief und als deren zentrales Moment die Abkehr von einer „analytischen" historisch-philologischen Forschung zugunsten ganzheitlicher und sinnstiftender „Synthesen" benannt werden kann.[192] Die romantische Kulturepoche, schon für die divergierenden antinaturalistischen Strömungen zum Ende des 19. Jahrhunderts attraktiv, avancierte seit spätestens 1910 zu einem präferierten Gegenstandsbereich der Literaturforschung – zum einen, da sich die als Opponenten der philologischen Einrichtung des Faches begreifenden Neugermanisten mit der Besetzung eines neuen, im Literatur- und Kunstsystem mit verstärktem Interesse beobachteten Gegenstandes Innovationspotentiale erhofften; zum anderen weil das neue Selbstverständnis als Geisteswissenschaft in der Romantik ein noch unerschöpftes Feld zur Bearbeitung jener Begriffe und Konzepte fand, die das eigene Programm fundierten: Der Begriff des „Geistes", durch Klassik und Romantik zur spezifischen Pro-

---

[191] Siegfried Kracauer: Die Wissenschaftskrisis. Zu den grundsätzlichen Schriften Max Webers und Ernst Troeltschs. In: Frankfurter Zeitung vom 8. März 1923 und 22. März 1923. Wieder in: S. Kracauer: Schriften. Hrsg. von Inka Mülder-Bach. Bd. 5. 1: Aufsätze 1915-1926. Frankfurt/M. 1990, S. 212-222.

[192] Nicht zu unterschätzen ist dabei die Heterogenität der Entwürfe einer „neuen Wissenschaft": Mit völkisch-gemeinschaftsutopischer Rhetorik agierte etwa Ernst Krieck: Die Revolution der Wissenschaft. Ein Kapitel über Volkserziehung. Jena 1920; ders.: Die Revolution von innen. In: Die Tat. Monatsschrift für die Zukunft der deutschen Kultur 12 (1920), S. 668-674; ders.: Vom Sinn der Wissenschaft. In: Der neue Merkur 5 (1921), S. 510-514; für die von Wissenschaftlern des George-Kreises projektierte *nuovo szienca* argumentierte Erich von Kahler mit seiner schon erwähnten, gegen Max Weber gerichteten Schrift *Der Beruf der Wissenschaft*. Eine kritische Revision der „Krisen"- und „Revolutions"-Rhetorik kam dagegen von Arthur Salz: Für die Wissenschaft gegen die Gebildeten unter ihren Verächtern. Berlin 1921. – Einen umfassenden Aufriß der seit 1900 tobenden Auseinandersetzungen zwischen „alter" und „neuer Wissenschaft" liefert Gerhard Lauer: Die verspätete Revolution. Erich von Kahler. Wissenschaftsgeschichte zwischen konservativer Revolution und Exil. Berlin, New York 1995 (= Philosophie und Wissenschaft. Transdisziplinäre Studien 6), hier insbesondere S. 218-262, 486-616.

grammierung autonomer Literatur und Kunst verwendet, war, wie Gerhard Lauer treffend feststellt, gerade aufgrund seiner Vagheit als „Kampfvokabel" und „Schibboleth der revolutionären Wende gegen das 19. Jahrhundert" einsetzbar.[193] In seiner Polyvalenz eröffnete er für die typologische Generalisierung des literarhistorischen Prozesses und seine Deutung unterschiedliche Anschlußmöglichkeiten; das konzeptionell und methodisch divergierende Spektrum der Geistesgeschichte legt davon Zeugnis ab. Mit der Prämierung des Irrationalen in Kunst und Literatur, als Reaktion auf neuzeitliche Rationalisierungsprozesse bereits vor der Romantik entstanden, avancierte ein zunehmend mythisierter und mystifizierter Lebens-Begriff zum Konvergenzpunkt der Referentialisierungen, die die literaturgeschichtlichen Darstellungen der romantischen Kulturepoche in der ersten Hälfte des 20. Jahrhunderts bestimmen sollten. Ob mit der Leitdifferenz Rationalismus vs. Irrationalismus, der Opposition von „Vollendung" und „Unendlichkeit" oder in Nadlers enthnographischer Literaturgeschichte, in der Stämme und Landschaften in Gestalt von Dichtern und Schriftstellern den Kampf um Dominanz und „Lebensraum" austrugen – verbal referierte man auf „Geist", „Stil", „Blut" und meinte „Leben".

Die Erhebung des „Lebens" zum zentralen Signifikanten literarhistorischer Bemühungen führte jedoch nicht nur zur Absage an ein von den Naturwissenschaften vertretenes Wissenschaftsideal, sondern auch zu einer markanten Änderung der bisher gepflegten Praxis von Forschung und Darstellung. Gegen die „Andacht zum Kleinen" und die „Kärrnerarbeit" „positivistischer" Provinienz habe sich die die „neue Wissenschaft", so Erich von Kahler 1920, nicht länger auf die Untersuchung des jeweiligen Stoffes zu konzentrieren, sondern auf seine ganzheitliche Darstellung, die „Wesensschau" und Sinngebung für die Gegenwart ermöglichen solle. Die Erhebung des „Lebendigen" zum „regierenden Gesichtspunkt" der wissenschaftlichen Praxis restituiere jene „organische Übereinstimmung" zwischen Erkenntnissubjekt und „Leben", die mit mikrologischer Detailforschung und dem Bemühen nach möglichst lückenloser Biographik verloren gegangen sei.[194] Kennzeichnend – nicht nur für die literaturwissenschaftliche Rezeption der Romantik, aber für sie doch in besonderem Maße – war denn auch die Dominanz der Gestaltung

---

[193] Vgl. Gerhard Lauer: Die verspätete Revolution, S. 499, wo es über den „genuin vage[n]" Begriff ‚Geist' hieß: „Er mußte es sein, um als Ganzheitsvokabel alle Erscheinungen der Geschichte zu einer Totalität zusammenzufassen, die sich aber in ihrer Komplexität dem Zugriff definitiver und simplifizierender Beschreibungen einer kulturkritischen Avantgarde schon längst entzogen hatte."

[194] Erich von Kahler: Der Beruf der Wissenschaft, S. 92; ebenda auch die Forderung, das Leben solle „von *vornherein* als eine substantielle Einheit geschaut und gegeben sein: weder also zerlegt in verschiedene, aus Verallgemeinerungen ähnlicher Gebilde abgezogene Relationen wie Sprache, Recht, Religion, Sitte, Künste usw. oder anatomische, physiologische, biologische Phänomene, noch aufgelöst in ein Geflimmer von tausend kleinen Spezial-‚motiven', ‚Einflüssen', Kausalrelationen; sondern als Einheit innen des lückenlos geschlossenen lebendigen Organismus, Einheit außen der allseits lückenlos umschließenden lebendigen Bedingung, lückenlos schließende lebendige Einheit selbst zwischen innerer und äußerer Einheit."

von Sinnzusammenhängen gegenüber historisch konkreten Recherchen, die Produktion ästhetisch kohärenter und performativ harmonisierter „Wesens"-Bestimmungen gegenüber der Eruierung und Bereitstellung neuen Materials sowie ein immer stärker fühlbarer Verzicht auf die Mühen editorischer Akribie; die später detailliert zu behandelnden Defizite der Editionsphilologie in der Zeit zwischen 1933 und 1945 hatten hier ihren Ursprung. Enthistorisierung und Mythisierung des literaturgeschichtlichen Prozesses im Zeichen des „Lebens" trugen im Verbund mit einer durch die gesellschaftliche Entwicklung in den 1920er Jahren katalysierten Polarisierung des kulturkonservativen Milieus zu der auch nach 1933 fortwirkenden Präferenz für antiindividualistische, antiintellektualistische und antiaufklärerische Deutungsmuster in der Behandlung der Romantik bei.

Dennoch ist trotz dieses Befundes den von Richard Brinkmann und Klaus Peter in ihren wissenschaftsgeschichtlichen Überblicksdarstellungen zur Romantikrezeption vorgetragenen Behauptungen einer „mühelosen Konvertierbarkeit"[195] der Forschung in die Diktion des Nationalsozialismus mit Vorsicht zu begegnen; zumal die in den 1910er und 1920er Jahren verfolgten Bemühungen von Editoren wie Josef Körner oder Wilhelm Schellberg, aber auch Paul Kluckhohn und Richard Samuel die fortdauernde Existenz einer sich politischen Ansprüchen weitgehend enthaltenden Philologie belegen. Nicht zu leugnen aber ist, daß Dispositionen für die Bearbeitung der romantischen Literaturepoche unter nationalsozialistischen Vorzeichen und deren Integration in den eklektischen Ideenhaushalt des Nationalsozialismus von der Germanistik der 1910er und 1920er Jahre mitgeschaffen wurden; daß der Rezeptionsprozeß der Romantik unter den Bedingungen der braunen Diktatur sich allerdings als komplexer und widersprüchlicher erwies, als bisherige Erklärungen nahelegen, soll im folgenden rekonstruiert werden.

---

[195] Vgl. Richard Brinkmann: Romantik als Herausforderung, S. 21. Für Klaus Peter (Romantikforschung seit 1945, S. 1) bildeten die Romantikforscher der 1920er und 1930er Jahre die „wissenschaftliche Avantgarde" der das Dritte Reich geistig mitvorbereitenden Kräfte; in ähnlich personalisierender Weise argumentiert auch Jost Hermand: Geschichte der Germanistik. Reinbek 1994, S. 83ff., der den Germanisten der 1920er Jahre eine national-konservative, chauvinistisch-reaktionäre Gesinnung attestiert, die als „präfaschistisch" bruchlos in die „Ideologie des Dritten Reiches" übergehe.

2 Zwischen Selbstgleichschaltung, Beharrung, Innovation: Die Neuere deutsche Literaturwissenschaft im Dritten Reich

Die folgenden Ausführungen versuchen nicht, die problematische Geschichte der Neueren deutschen Literaturwissenschaft in den Jahren der nationalsozialistischen Diktatur zu beschreiben, die als ein komplexer Bestandteil der Fachhistorie nur im Zusammenhang von institutioneller Organisation, kognitiver Entwicklung und Leistungsbeziehung im Kontext politischer und kultureller Weichenstellungen vor und während der NS-Zeit darstellbar wäre. Sie streben vielmehr an, einen Rahmen für die nachfolgende Rekonstruktion der literaturwissenschaftlichen Romantikforschung zwischen 1933 und 1945 zu schaffen. Der Konzentration auf die kognitive Ebene der Fachentwicklung entsprechend, sollen Zäsuren beleuchtet werden, die zu einer Selbstreflexion des Faches und zu Revisionen wissenschaftstheoretischer Grundlagen zwangen, um so Voraussetzungen und Kontexte der disziplinären Rezeption der Romantik erfassen und auszeichnen zu können.

Zu analysieren sind Selbstbeschreibungen des Faches unter Fragestellungen, die vor allem die Strategien des Wissenschaftssystems zur Bewältigung politischer und kultureller „Irritationen" thematisieren: Mit welcher Rhetorik reagierte die Universitätsgermanistik auf die nationalsozialistische Machtergreifung? Welche Entwürfe entstanden in Reaktion auf die Veränderungen der politischen Umwelt und wie verhielten sie sich gegenüber bisherigen Forschungsprogrammen? Welche Entwicklungsschübe, Brüche, Verschiebungen und methodischen Umorientierungen erlebte die germanistische Literaturwissenschaft in der Zeit der nationalsozialistischen Herrschaft? Wie schlugen sich ideologische Imperative in den Leistungen der Disziplin nieder; wie veränderten sich Arbeitsweisen und Forschungsfelder nach Kriegsbeginn?

Methodisch leitend für die Beantwortung dieser Fragen wird die von neueren fachgeschichtlichen Forschungen mehrfach behauptete These von einer kontinuierlichen und (relativ) eigensinnigen Entwicklung der disziplinären Praxis in der Zeit der nationalsozialistischen Diktatur.[1] Bereits vorliegenden

---

[1] Seit der von Wilhelm Voßkamp formulierten „Kontinuitätsthese" dokumentieren vor allem die zahlreichen Studien Holger Dainats sowie die durch Petra Boden und Rainer Rosenberg vorgelegten Beiträge zur Fachgeschichte die Komplexität einer Entwicklung, die allein im Kontext vorausgegangener Bewegungen und im Zusammenhang eines ausdifferenzierten Wissenschaftssystems rekonstruierbar ist. Bestätigung und Präzisierung erfuhr die These einer kontinuierlich operierenden Neugermanistik in der NS-Zeit und ihrer diffizilen Autonomie ebenfalls durch die bereits erwähnte Dissertation Marcus Gärtners über *Kontinuität und Wandel in der neueren deutschen Literaturwissenschaft nach 1945* (Bielefeld 1997) wie durch die in Uppsala verteidigte Promotionsschrift von Birgitta Almgren: Germanistik und National-

Beobachtungen folgend, soll die zwischen 1933 und 1945 unter spezifischen Bedingungen operierende Neuere deutsche Literaturwissenschaft als Teil eines politisch zwar „irritierten", doch nicht gänzlich „gleichgeschalteten" und in toto „gelenkten" Wissenschaftssystems beschrieben werden. Notwendige Einschränkungen ergeben sich aus der gewählten Zielstellung. Der fragmentarische Überblick beabsichtigt nicht mehr, als eine Folie zu liefern, vor der die literaturwissenschaftliche Romantikforschung besser verständlich wird. Er bezieht sich primär auf die kognitive Ebene des Wissenschaftssystems, d.h. auf ihre Konstitution als ein ausdifferenziertes Kommunikationssystem, in dem Geltungsansprüche erhoben, kritisiert, angenommen oder zurückgewiesen werden. Der instutionellen und personellen Organisation des Faches, das von dem für die Geisteswissenschaften verheerenden Umbau des Wissenschaftssystems nach 1933 besonders betroffen war, wird demgegenüber nur begrenzte Aufmerksamkeit zuteil. Die mehrfach zur ideologiekritischen Inkriminierung des Faches und seiner Vertreter herangezogenen „Bekennerschreiben" sollen im zeithistorischen wie im disziplingeschichtlichen Zusammenhang betrachtet werden, um jenseits moralisierender Schuldzuweisungen nach den Präsuppositionen und Folgerungen der programmatischen Entwürfe zu fragen, die trotz verbaler Zustimmung zu den neuen Machthabern die eigene Disziplin nicht in Ideologie aufgehen lassen wollten. Von besonderem Interesse sind dabei die rhetorischen Muster, die es gestatteten, Loyalität gegenüber dem politischen System und Bewahrung disziplinärer Autonomie zu verbinden.

---

sozialismus: Affirmation, Konflikt und Protest. Traditionsfelder und zeitgebundene Wertung in Sprach- und Literaturwissenschaft am Beispiel der Germanisch-Romanischen Monatsschrift 1929-1943. Uppsala 1997 (= Acta Universitatis Upsaliensis; Studia Germanistica Upsaliensa 36). Auch Rainer Kolk betont in seiner Literatur- und Wissenschaftsgeschichte verschränkenden Untersuchung über den George-Kreis, daß sich in der Germanistik nach 1933 zwar „Diskontinuitäten in institutionellen Abläufen" erkennen ließen, insgesamt aber „starke Kontinuitäten in der fachlichen Entwicklung" herrschten; R. Kolk: Literarische Gruppenbildung, S. 512. Alle diese Untersuchungen dementieren die von Peter Sturm in seiner Wiener Dissertation unternommene Reduktion der komplexen Historie auf eine ex post konstruierte „nationalsozialistische Literaturgeschichte", die mit Hilfe fragmentierter Zitate die „politische Dienstlichkeit auf der Ebene der wissenschaftlichen Praxis" zu erweisen sucht; Peter Sturm: Literaturwissenschaft im Dritten Reich. Germanistische Wissenschaftsformation und politisches System. Wien 1995, Zitat S. 13. Eine methodologische Auseinandersetzung mit Sturm erweist sich angesichts seiner Konzentration auf „politische Abstrakta" in der Terminologie der Germanistik und einer davon geleiteten Darstellung des „Eindringens der Themenkreise ,Rassenreinheit', ,Lebensraum' und ,Opferwille' in die Gedankenwelt der Germanistik" (ebenda) als überflüssig; wer vorrangig in Titeln, Vorworten und Schlußteilen nach Zeugnissen politischer Anbiederung fahndet, um die „verzweifelten Verzerrungen" des „Gesicht[s] der Germanistik" moralisch zu beurteilen, wird ohne Zweifel fündig, kann jedoch weder Ursachen für Veränderungen in Forschungsschwerpunkten, -stilen und –methoden noch subtilere Formen des Zusammenwirkens von Wissenschaftssystem und Umwelt ermitteln.

2.1 Das Jahr 1933: Hoffnungen und Strategien

„Eine entscheidende Umwälzung hat sich in Deutschland vollzogen; sie hat das gesamte deutsche Leben ergriffen und strahlt heute bereits weit über die Grenzen des Reiches hinaus. Vor dieser gewaltigen Geschichtsbewegung versagt jedes nur äußerliche Bekenntnis, wird jedes Konjunkturstreben zur Lächerlichkeit. Denn diese Bewegung ist von innen her gekommen und empfängt aus den unerschöpflichen Tiefen ewigen Deutschtums ihre siegesgewisse Kraft: sie ist ein neuer Durchbruch deutschen organischen Geistes, die endgültige Überwindung jener von westeuropäischem und jüdischem Geiste getragenen liberal-rationalistischen Aufklärung des 19. Jahrhunderts. Eine Epoche, die liberale Aufklärungszeit von 1830 - 1933 ist zu Ende; ein neues Zeitalter ist angebrochen." ²

Mit diesen Worten eröffnete Walther Linden, Redakteur der *Zeitschrift für Deutschkunde*, das 6. Heft des Periodikums für das Jahr 1933. Mit der emphatischen Verkündigung eines „neuen Zeitalters" und der sich anschließenden Projektion eines neuen Wissenschaftsideals stand er dabei nicht allein.³ Der emphatische Zuspruch von Schulmännern und Philologen zum nationalsozialistischen Regime, in Sonderheften der *Zeitschrift für Deutschkunde* und der *Zeitschrift für deutsche Bildung* artikuliert,⁴ entsprang einerseits dem unter den „deutschen Mandarinen" weitverbreiteten Überdruß an der Weimarer

---

2   Walther Linden: Deutschkunde als politische Lebenswissenschaft – Das Kerngebiet der Bildung! In: ZfDk 47 (1933), S. 337-341, hier S. 337.
3   Vgl. das Sonderheft der *Zeitschrift für Deutsche Bildung* mit den Stellungnahmen der Herausgeber Ulrich Peters (Deutsche Bildung gestern und heute. In: ZfdB 9 (1933), S. 337-341); Karl Viëtor (Die Wissenschaft vom deutschen Menschen in dieser Zeit. Ebenda, S. 342-348) und Wilhelm Poethen (Deutschunterricht und Nationalsozialismus. Ebenda, S. 349-352). Die *Zeitschrift für Deutschkunde* publizierte ebenfalls Ergebenheitsadressen der Herausgeber Hermann August Korff (Die Forderung des Tages. In: ZfDk 47 (1933), S. 341-345) und Walther Linden (Deutschkunde als politische Lebenswissenschaft – Das Kerngebiet der Bildung! Ebenda, S. 337-341).
4   Die rasche Publikationen von Bekennerschreiben in der ZfDk und der ZfDB gegenüber den 1933 scheinbar unberührten Fachorganen DVjs und *Euphorion* erklärt sich aus unterschiedlichen Verlagspraktiken. Während die Organe der Deutschkunde-Bewegung alle 2 Monate erschienen und relativ rasch auf neue Manuskripte reagieren konnten, waren Publikationstermine in der DVjs und im *Euphorion* weit vorausgeplant. Die Angleichung an eine veränderte politische Umwelt erfolgte für den *Euphorion* bekanntlich 1934, als Herausgeber und Titel der Zeitschrift wechselten; siehe dazu Wolfgang Adam: Einhundert Jahre EUPHORION. S. 38f.; ders.: *Dichtung und Volkstum* und erneuerter *Euphorion*. Überlegungen zur Namensänderung und Programmatik einer germanistischen Fachzeitschrift. In: W. Barner, C. König (Hrsg.): Zeitenwechsel, S. 60-75. Daß für die DVjs ein Sonderheft mit aktuellen Beiträgen zur Machtergreifung geplant war, für das Erich Rothacker u.a. einen „ideologischen Aufsatz" über den Nationalsozialismus aus der Feder Alfred Baeumlers vorschlug, zeigen Holger Dainat, Rainer Kolk: Das Forum der Geistesgeschichte. Die ‚Deutsche Vierteljahrsschrift für Literaturwissenschaft und Geistesgeschichte' (1933-1944). In: Robert Harsch-Niemeyer: Beiträge zur Methodengeschichte der neueren Philologien. Zum 125jährigen Bestehen des Max Niemeyer Verlages. Tübingen 1995, S. 111-134, hier S. 130. Zu den Hintergründen der Ergebenheitsadressen des Jahres 1933 vgl. auch Ulrich Herrmann: Die Herausgeber müssen sich äußern. Die ‚Staatsumwälzung' im Frühjahr 1933 und die Stellungnahme von Eduard Spranger, Wilhelm Flitner und Hans Freyer in der Zeitschrift ‚Die Erziehung'. Mit einer Dokumentation. In: Ulrich Herrmann, Jürgen Oelkers: Pädagogik und Nationalsozialismus. Weinheim, Basel 1988, S. 281-325.

Republik, die es nicht geschafft hatte, sich Loyalität und Engagement der überwiegend konservativen Akademiker zu sichern.[5] Aus der Unzufriedenheit mit einem durch wirtschaftliche Krise, Parteienkämpfe und außenpolitische Belastungen unterhöhlten System erwuchsen die Hoffnungen auf eine politische Erneuerung, die den Entzweiungen und Verfallserscheinungen der abgelehnten Demokratie einen radikalen Gegenentwurf entgegenzusetzen schien. Gleichzeitig inspirierten die schillernden und Einheit suggerierenden Begriffe der eklektischen nationalsozialistischen Ideologie, die sich propagandistisch als Verwirklichung national- und jungkonservativer Hoffnungen ausgab, vor allem Germanisten aus der Deutschkunde-Bewegung zu Zustimmungserklärungen und raschen Systementwürfen, die das methodisch zersplitterte Fach in Analogie zum gesellschaftlichen Umbruch auf *ein* Paradigma festzulegen suchten. Die zu einer „Heimkehr des deutschen Geistes zu sich selbst" (Korff) stilisierten Vorgänge der „Gleichschaltung" politischer und sozialer Differenzen versprachen nicht nur eine Therapie der extrem polarisierten gesellschaftlichen Gegensätze; sie schienen ebenfalls vorbildlich für eine Einigung der zersplitterten Disziplin, die ihre als krisenhaft empfundene Binnendifferenzierung auf der Grundlage *eines* Paradigmas aufzuheben hoffte. Zum anderen suchten die rasch und unverlangt eingehenden „Bekennerschreiben" disziplinärer Vertreter die Umbrüche in der politischen Umwelt für eigene Wachstumsinteressen zu nutzen. Ihre Anstrengungen, das „Dritte Reich" als Realisation eines numinosen „deutschen Wesens" aufzuzeigen, das in Literatur und Dichtung in besonderer Weise präsent und damit Domäne der Literaturwissenschaft sei, zielten auf einen Prestigezuwachs des eigenen Ressorts an der Schnittstelle von Politik, Bildungssystem und Wissenschaft.

Auch darum pries der Leipziger Ordinarius Hermann August Korff das Frühjahr des Jahres 1933 als „Aufbruch des Geistes aus langer Fremdherrschaft und Einkehr in das eigene Wesen, desses wahre Art uns erst durch seine tötliche [sic] Gefährdung recht bewußt geworden ist".[6] Bewußte Abkehr von „reiner Wissenschaft" und „Dienst am Leben" müßten nun „Methode und Wertsystem" des sich erneuernden Faches bestimmen, dessen hervorragende Aufgabe es sei, „Kunde vom deutschen Wesen" zu vermitteln. Wertfreiheit und Objektivität seien zugunsten einer Wissenschaft aufzugeben, „die all ihr **objektives Wissen** in den Dienst einer **subjektiven Wertung** stellt, aber einer Wertung, deren Wertmaßstäbe aus dem völkisch organisierten Leben stammen, weil sie eben im Dienste dieses Lebens stehen."[7]

Mit ähnlicher Zielstellung erklärte Karl Viëtor die Auslegung und Interpretation des „deutschen Wesens" zur „ganz großen, schwierigen Forschungs- und Deutungsaufgabe ..., die von dieser Zeit, von der gegenwärtigen Lage

---

[5] Vgl. Fritz K. Ringer: Die Gelehrten. Der Niedergang der deutschen Mandarine 1890-1933. München 1987; Christian Jansen: Im Kampf um die geistig-ideologische Führungsrolle in Universität und Gesellschaft. Die zwischen 1910 und 1925 in Deutschland lehrenden germanistischen Hochschullehrer im politisch-wissenschaftlichen Spektrum. In: C. König, E. Lämmert (Hrsg.): Literaturwissenschaft und Geistesgeschichte, S. 385-399.

[6] Hermann August Korff: Die Forderung des Tages. In: ZfDk 47 (1933), S. 341-345, hier S. 341.

[7] Vgl. ebenda S. 344, Sperrung im Original.

der Nation uns Germanisten gestellt wird."⁸ Weil Dichtung die stärkste Manifestation des Nationalgeistes enthalte, ermögliche sie den privilegierten Zugang zur „ganzen Seele der Nation".⁹ Methodische Innovationen zur Erfüllung der neuen Funktion der Literaturwissenschaft meldete Viëtor nicht an. Ihm genügte die „in der letzten Periode herausgebildete Richtung, die man die geistesgeschichtlich-phänomenologische nennen mag", da diese im Gegensatz zum Positivismus des 19. Jahrhunderts nach dem „Wesen" der historischen Erscheinung, nach „Idee" und „Gehalt" frage. Notwendig jedoch sei eine Neuausrichtung dieser Methode angesichts der „politisch-völkischen Erneuerung": Sie müsse lernen, „aus den Forderungen unsrer, der heutigen deutschen Lage heraus zu fragen, aus der Sorge, der Dienstbereitschaft für das ‚Volk im Werden' zu antworten."¹⁰ Zur Rettung der Disziplin vor dem vielfach beklagten „historischen Relativismus" griff auch er auf die schon von Linden und Korff vorgebrachten Forderungen nach dem Abschied von „Voraussetzungslosigkeit" und „Wertfreiheit" zurück. Literaturwissenschaftliche Deutung und Vermittlung dürfe nicht mehr voraussetzungslos vorgehen, sondern müsse Dichtwerke „aus den Antrieben der neuen deutschen Lage"¹¹ begreifen und interpretieren. Zudem dürfe sie nicht mehr wertfrei rubrizieren, sondern müsse „durch neue, entschiedene und entscheidende Auseinandersetzung" eine „rangmäßige" Gliederung der Überlieferung schaffen.¹² Wahrheitskriterium einer solcherart an das „Leben" zurückgebundenen Literaturwissenschaft sei nicht mehr ein in diskursiver Auseinandersetzung gewonnnener Konsens, sondern „Fruchtbarkeit".¹³

Für Gerhard Fricke, der im Frühjahr 1933 mit der Rede zur Bücherverbrennung in Göttingen hervorgetreten war,¹⁴ bestand die aktuelle Aufgabe der Literaturwissenschaft in dem „von Adolf Hitler immer wieder klar bestimmten Ziel der Begründung, der Wesenserkenntnis, der Bildwerdung und Bildung des deutschen Menschen, in der geschichtlichen Erkenntnis und Deutung deutscher Vergangenheit und deutschen Schicksals, nicht mehr von europäisch-westlichen, sondern vom germanischen Blickpunkt und von der gegenwärtigen Zeit beginnender Erfüllung aus."¹⁵ Als vordringlichste Aufgabe benannte er die Begründung eines im „lebendigen Gefühl der völkischen Gemeinschaft" verwur-

---

⁸ Karl Viëtor: Die Wissenschaft vom deutschen Menschen in dieser Zeit. In: ZfdB 9 (1933), S. 342-348, S. 346, hier S. 345.
⁹ Ebenda, S. 345.
¹⁰ Ebenda, S. 346.
¹¹ Ebenda, S. 347.
¹² Ebenda, S. 346. Methodologische Hinweise für eine Evaluierung literarischer Zeugnisse lieferte Viëtor nicht.
¹³ Vgl. ebenda, S. 347: „In solcher Lage gilt gewiß, daß wahr nur ist, was fruchtbar ist."
¹⁴ Vgl. Albrecht Schöne: Göttinger Bücherverbrennung 1933. Rede am 10. Mai 1983 zur Erinnerung an die Aktion „Wider den undeutschen Geist". Göttingen 1983; aufschlußreich auch die nachträgliche Rechtfertigung in der Rede Gerhard Frickes vor seinen Studierenden zu Beginn des Sommersemesters 1965 in Köln, jetzt abgedruckt in: Petra Boden, Rainer Rosenberg (Hrsg.): Deutsche Literaturwissenschaft 1945-1965. Fallstudien zu Institutionen, Diskursen, Personen. Berlin 1997, S. 85-95.
¹⁵ Gerhard Fricke: Über die Aufgabe und Aufgaben der Deutschwissenschaft. In: ZfdB 9 (1933), S. 494-501, hier S. 495.

zelten methodologischen Fundaments, das die Disziplin endgültig vom „Relativismus" als der „Drehkrankheit des Willens und des Wertgefühls" befreien solle.[16] Notwendig dazu sei die Überwindung eines „falschen, weil leeren und blinden Objektivitätsbegriffs" und die Ablösung der „voraussetzungslosen Wissenschaft" durch eine perspektivische Erkenntnistheorie, die an die Stelle der „Willkür des einzelnen Individuums bzw. eines sektenhaften Kollektivindividuums" eine „völkisch-ganzheitliche" Deutungs- und Wertungsinstanz setze.[17] Frickes Forderungen zielten auf nicht weniger als die Neuordnung des Faches, dessen Zustand in Bildern des Chaos und der Anarchie beschrieben wurden:

> „Damit [mit der Aufgabe von Voraussetzungslosigkeit und Wertfreiheit] aber wird die Überwindung der schlimmen Zersplitterung, ja der akuten Auflösung möglich, in der sich die deutsche Literaturwissenschaft befand, zumal, soweit sie die neuere Dichtung betraf. Überblicken wir die quantitativ gewaltige Produktion der neueren Literaturwissenschaft, so finden wir eine beziehungslose und richtungslose Fülle atomistischer Einzeluntersuchungen, nach allen nur möglichen Richtungen auseinander schießend, ohne wirklichen Zusammenhang miteinander, ja oft genug ohne gegenseitige Beachtung. Was beispielsweise über die Romantik, über Kleist, über Hebbel u.a.m. in den letzten Jahrzehnten veröffentlicht wurde, das ist nicht die lebendige Vielfalt eines letztlich der gleichen Melodie dienenden Chores, sondern das ist einfach ein Chaos, ein beziehungsloses Gewirr von Stimmen, bei dem die Melodie der Dichtung, der geschichtlichen Quelle, allmählich völlig übertönt wurde, weil es vor allem darauf ankam, sich selbst zu Gehör zu bringen."[18]

Die hier kurz vorgestellten „Bekennerschreiben" stimmten in der verbalen Affirmation des „Neuen Staates" wie auch in ihren Diagnosen des Zustands der Disziplin weitgehend überein. Mit heilsgeschichtlicher Erlösungsterminologie und einer Rhetorik, die Innovation *und* Tradition, emphatische Affirmation des historischen Umbruchs *und* Wahrung von Kontinuität verband, begrüßten ihre Verfasser die nationalsozialistische Machtübernahme.[19] Gleichzeitig suchten sie die politische Umwälzung zur fachinternen Revision eines als „Krise" und „Krankheit" beschriebenen Methoden- und Wertepluralismus zu nutzen. In ihren programmatischen Entwürfen figurierte die Aufhebung polarisierter Klassen- und Interessengegensätze als ein Vorbild für die Einigung der an „Relativismus" und „Liberalismus" krankenden Disziplin. In Analogie zur „Gleichschaltung" des verwirrenden politischen Spektrums suchte man nach einem basalen methodologischen Fundament, das eine Einigung der seit der geistesgeschichtlichen Wende virulenten Binnendifferenzierung versprach und einer geeinten Germanistik als dem „Kerngebiet der Bildung" neue Reputation sichern sollte. Einig war man sich in der Ablehnung eines als ‚positivistisch' denunzierten Wissenschaftsverständnisses: Mit der

---
[16] Ebenda, S. 498.
[17] Ebenda, S. 498
[18] Ebenda, S. 498.
[19] Diskontinuität signalisierten Formulierungen wie „Wunder der deutschen Wende" (Gerhard Fricke), „neue Epoche der deutschen Geschichte" (Karl Viëtor); Kontinuität dagegen „Rückkehr des deutschen Geistes aus langer Fremdherrschaft zu sich selbst" (Korff), „Durchbruch organischen deutschen Geistes" (Linden).

Verabschiedung von „Wertfreiheit" und „Voraussetzungslosigkeit" sollte die Kontingenz differierender Zugriffe überwunden und ein als verderblich empfundener Pluralismus durch Einigung auf *ein* Paradigma aufgehoben werden. Letztlich hofften die sich 1933 äußernden Fachvertreter, auf diese Weise die konfuse Situation des Methodenstreits beenden und die kognitive Zersplitterung des Faches kurieren zu können, die Emil Ermatinger schon 1930 in Parallele zum Chaos des politischen Systems gesehen hatte.[20] In der postulierten, doch methodisch ungeklärten Zentrierung der „völkischen Gemeinschaft" zu Ausgangs- und Zielpunkt der literaturwissenschaftlichen Bemühungen radikalisierten disziplinäre Repräsentanten die nationalpädagogischen und deutschkundlichen Traditionen des Faches, um der ‚Volksgemeinschaft' zu „dienen" und zugleich die krisenhafte Zersplitterung der Disziplin aufzuheben. – Die Substitution von „Objektivität", „Wertfreiheit" und „Voraussetzungslosigkeit" durch die Einnahme „völkisch-ganzheitlicher" Deutungs- und Wertungsperspektiven *suggerierte* jedoch allenfalls eine Einigung, da ihr kein diskursiver Wertbildungsprozeß vorausgegangen war. Die vorgelegten Entwürfe realisierten die Einebnung bisheriger Gegensätze primär durch Beschwörung nationaler Werte und stießen noch im Jahr der Machtergreifung auf Kritik von Fachvertretern.[21] Fünf Jahre später klassifizierte ein umfangreicher Bericht des Sicherheitsdienstes der SS die 1933 verfaßten Programme als „Konjunkturschrifttum", das „bereits heute vergessen sei"; die „völlig überstürzte ‚Umschaltung' auf dem Wissenschaftsgebiet" hätte „gerade liberale Germanisten" motiviert, „sich durch solche oberflächlich ausgerichteten Programme eine weltanschauliche und politische Deckung zu verschaffen."[22]

---

[20] Vgl. Emil Ermatinger: Vorwort. In: E. Ermatinger (Hrsg.): Philosophie der Literaturwissenschaft. Berlin 1930, S. IV: „Die Lage der deutschen Literaturwissenschaft ist gegenwärtig so verworren wie noch nie, seitdem es einen solchen Begriff gibt; in ihrer Vielgespaltenheit spiegelt sich die Zerrissenheit des ganzen geistigen und und politisch-wirtschaftlichen Lebens. An einer geistigen Einheitsidee fehlt es durchaus. Methoden, Schulen, Richtungen bekämpfen sich mit einer solchen Schärfe des Gegensatzes, daß man vielfach einander überhaupt nicht mehr versteht."

[21] So bei Arthur Hübner: Die Dichter und die Gelehrten. Ein Vortrag vor Studenten. In: ZfdB 9 (1933), S. 593-601, hier S. 599f., der im Juli 1933 die Verkürzung des „bösen Positivismus" auf ein Schlagwort pauschaler Disqualifikation verurteilte und die von einer „neuen Romantik" getragenen Reformbestrebungen innerhalb der Disziplin als Vermengung distinkter Geltungsansprüche zurückwies. Gegen die von einer romantischen Wissenschaftsauffassung ausgehenden Gefahr, „alle Gültigkeiten zu vermengen", beharrte Hübner auf philologischen Verhalten, „das sich in Ehrfurcht, Dienst, Redlichkeit (lauter neu anerkannten Tugenden) dem Objekt hingibt und sich nicht individualistisch die Herrschaft über das Objekt anmaßt." Auch Paul Böckmann wies in seiner Rezension zu Walther Lindens Pamphlet *Aufgaben einer nationalen Literaturwissenschaft* das Ansinnen zurück, „den Bedürfnissen des Tages neue Parolen zur Verfügung zu stellen" und literarische Werke allein nach nationalpädagogischen und politischen Kriterien zu klassifizieren, Paul Böckmann: Rezension Walther Linden, Aufgaben einer nationalen Literaturwissenschaft. In: ZfdB 10 (1934), S. 105-107.

[22] Lage und Aufgaben der Germanistik und deutschen Literaturwissenschaft. Undatiertes Dossier des SD der SS [wahrscheinlich Ende 1938/ Anfang 1939], zitiert nach Gerd Simon (Hrsg.): Germanistik in den Planspielen des Sicherheitsdienstes der SS. Ein Dokument aus der Frühgeschichte der SD-Forschung. Teil 1: Einleitung und Text. Tübingen 1998 (= Die philologisch-historischen Wissenschaften in den Planspielen des SD, Band 1, Teil 1), S. 8f. – Festgestellt wurde auch, daß nur „ein sehr kleiner Teil von Germanisten, die sich ihrerseits eine na-

Der öffentlich herausgestellte Abschied vom Ideal einer voraussetzungslosen und wertfreien Wissenschaft, dem die Schuld an krisenhafter Zersplitterung des Faches, seiner Lebensferne und szientistischen Isolation zugeschrieben wurde, stellte jedoch nur einen Teil der disziplinären Reaktion auf die nationalsozialistische Machtübernahme dar. Zugleich mühte sich das Fach, die Autonomie von Lehre und Forschung zu wahren. Vor allem die Exzesse der nationalsozialistischen Studentenschaft und die dirigistischen Interventionen des politischen Systems in das Selbstbestimmungsrecht der Hochschulen sorgten unter Fachvertretern für Unruhe. Am 1. Juli 1933 berichtete ein desillusionierter Karl Viëtor an Erich Rothacker:

> „Sie sitzen da am See und ahnen gar nicht, was so heute an einer Universität für eine gespannte Stimmung ist. Immerzu Schwierigkeiten mit der Studentenführung (nicht für mich, sondern für den Rektor und andere ‚kapitalistisch-liberalistische' Kollegen), jetzt ein besonderer Krach; ferner heute beim Universitätsjahresfest eine alle Professoren als reaktionär verschreiende ‚Fest'-Ansprache des Studentenführers (3. Semester) ... so gehts jeden Tag zu. Die Spannung zwischen den Generationen und zwischen Dozenten (als Körperschaft und in besonderen Fällen) und der Studentenschaft ist so gross, wie sie nur sein kann. Ich sehe nicht, wie das gut ausgehen kann. In Preussen ist jetzt, wie Sie gelesen haben werden, das alte Berufungsverfahren aufgehoben; der Minister wird künftig von sich aus den Fakultäten Kandidaten anbieten und zur Aeusserung auffordern. Damit ist ja dann auch meine Sache erledigt, zumal bei mir von parteimässiger Einstellung nicht die Rede sein kann ... so bereit ich zu loyalem Mittun meiner ganzen deutschwissenschaftlichen Einstellung nach selbstverständlich bin. Aber solche Unterscheidungen sind ja nicht üblich in dieser Zeit."[23]

Ähnlich enttäuscht zeigte sich auch der Marburger Privatdozent Rudolf Fahrner, der im Juli 1933 aus dem „besonders aufgewühlten universitären sumpf" an Stefan George berichtet: „Die schwierigkeiten hier wirklichen wandel zu schaffen werden scheints auch von den machthabern schon als unüberwindlich angesehen."[24]

---

tionale Haltung und völkische Fragestellung bewahrt hatten, die neu aufbrechenden Grundfragen und Grundwerte aus der nationalsozialistischen Revolution und der germanischen Überlieferung in ihre wissenschaftliche Forschung einzubauen (begann)"; namentliche Erwähnung fanden Obenauer, Koch und Kummer.

[23] Karl Viëtor an Erich Rothacker. Brief vom 1.7.1933. ULB Bonn, Nachlaß Rothacker I, Bl. 20. Bereits im Juni 1933 hatte Viëtor, der sich intensiv um den Ruf auf den nach Oskar Walzels Emeritierung vakanten Lehrstuhl nach Bonn bemühte, geklagt: „Es gibt wohl nichts, was heute mit mehr Bedingungen und Hindernissen beladen wäre als hochschulige Personalfragen. In anderen, sehr vielen anderen Beziehungen ja auch, aber erst recht in diesen, hat man nun nach und nach gelernt, sich etwas von dem stoischen Fortuna-Fatalismus des 17. Jahrhunderts anzueignen. Auf meinen Fall angewandt: ich würde es fast schon als ein kaum zu erwartendes Glück ansehen, wenn ich wenigstens das nächste Jahr hier in Gießen in einiger Ruhe verbringen kann. [...] Aber, du lieber Gott, die vollkommene Abwesenheit von jeder Art von Sekurität gehört zur Signatur der Gegenwart. Sekurität, das ist auch so eins von den verfluchten ‚liberalistischen' Schlagworten." – Karl Viëtor an Erich Rothacker. Brief vom 25.6. 1933. Ebenda, Bl. 18.

[24] Rudolf Fahrner an Stefan George. Brief vom 10.7.1933; hier zitiert nach Rainer Kolk: Literarische Gruppenbildung, S. 532; Orthographie und Zeichensetzung im Original. Vorher hieß es über die Fortgang der ‚nationalen Wiedergeburt': „Die inneren und äusseren zeitgeschehnisse werden immer bedenklicher und dass das meiste vorauszusehen war macht es nicht viel leichter dem wirklich

Insofern können die Ergebenheitsadressen von Hochschulgermanisten des Jahres 1933 auch als strategische Dokumente zur Schadensbegrenzung gelesen werden – zumal in ihnen von geistiger Erneuerung sehr oft, von institutioneller Umgestaltung des Lehr- und Forschungsbetriebs jedoch nur selten die Rede war.[25] Mit der verbalen „Selbstgleichschaltung" hofften die politisch weitgehend konservativen Germanisten, von denen sich nur die wenigsten vor 1933 für die NSDAP engagiert hatten, ihr Fach vor weitergehenden staatlichen Eingriffen schützen zu können. Entgegen kam ihnen der Umstand, daß sich die angestrebte Reform der Hochschulen vorrangig auf personalpolitischer Ebene vollzog; allein die rassistisch und politisch motivierten „Säuberungen" nach dem „Gesetz zur Wiederherstellung des Berufsbeamtentums", die Beschneidung der Rechte der universitären Selbstverwaltung im Herbst 1933 und die Reichshabilitationsordnung vom 13. Dezember 1934 stellten *direkt* ‚erfolgreiche' Eingriffe in das institutionelle Gefüge der Hochschulautonomie dar.[26] Die Berufungspolitik, eine der wichtigsten staatlichen Eingriffsmöglichkeiten in die Wissenschaftsentwicklung, bezog zwar nach 1933 neben der bislang üblichen Begutachtung der wissenschaftlichen und charakterlichen Qualifikation „Ariernachweis" und politische Einschätzung ein; doch zeigen neuere Untersuchungen, wie schwierig die Durchsetzung ministeriell oktroyierter Personalentscheidungen war und daß spätestens Ende der 1930er Jahre die Initiative auf Seite der *scientific community* überging.[27] Weder die hochfliegenden Pläne zu einer Hochschulreform noch die Idee einer „politischen Universität" im nationalsozialistischen Sinne konnten verwirklicht werden; die vorhandenen Strukturen des Sozialsystems Wissenschaft blieben

---

eintretenden in den realitäten zu begegnen. Die innere not der ganzen bewegung die die masse für ein aristocratisches princip gemacht hat und jetzt nach ablauf der ersten äusseren ereignisse die unverwandelten menschen vorfindet tritt immer deutlicher und zeigt sich vor allem in immer heftigeren halb noch fordernden halb schon angstvoll bittenden greifen nach dem Dichterischen bezirk."

[25] Allenfalls bei Benno von Wiese, F.K. Scheid: 49 Thesen zur Neugestaltung deutscher Hochschulen. In: Volk im Werden 1 (1933) H. 2, S. 13-21; Vorschläge lieferte auch Günther Weydt: Die germanistische Wissenschaft in der neuen Ordnung. In: ZfdB 9 (1933), S. 638-641.

[26] Die Erfolglosigkeit der sich als Personalpolitik gerierenden Reformbemühungen benennt Rainer Kolk: Literarische Gruppenbildung, S. 522f.: „Daß selbst diese Ebene ‚weltanschaulicher' Homogenisierung der akademischen Lehrkörper bereits in der zweiten Hälfte der dreißiger Jahre nicht mehr konsequent beachtet wird, daß die Differenzen zwischen pragmatischen Bürokraten in den Ministerien, Kriecks Ambitionen einer Fundamentalreform und Rosenbergs Entwurf einer Gegenuniversität („Hohe Schule") sich nicht dauerhaft integrieren lassen, führt zur Koexistenz von routinierter Alltagsarbeit in den Hochschulen und nachlassendem Reformeifer in ihren Aufsichtsbehörden."

[27] Für die Neugermanistik jetzt Holger Dainat: Zur Berufungspolitik in der Neueren deutschen Literaturwissenschaft während der NS-Zeit. Erscheint in: Holger Dainat, Lutz Danneberg, Friedrich Vollhardt (Hrsg.): Literaturwissenschaft und Nationalsozialismus. Tübingen 1999; auch Rainer Kolk erbringt in der Rekonstruktion der akademischen Karrieren von George-Jüngern nach 1933 den Nachweis, daß sich nach der „Säuberungs"-Phase Mitte der 1930er Jahre „Niveauwahrung und Pluralitätsduldung" (Helmut Seier) als „Prinzip universitärer Personalpolitik" durchsetzen; siehe R. Kolk: Literarische Gruppenbildung, S. 508-539 sowie die im Anhang beigefügten Dokumente zu den Berufungsvorgängen Kommerell, Hildebrandt u.a.

weitgehend erhalten.²⁸ Bereits drei Jahre nach der Machtergreifung wurde deutlich, daß sich „Reformkonzepte", die für eine radikale Politisierung der Hochschulen plädierten, nicht durchgesetzt hatten. Die „politische Hochschule" könne „erst in etwa einem Jahrzehnt verwirklicht werden durch Nachrücken eines weltanschaulich einwandfreien Nachwuchses"; in der Zwischenzeit aber man müsse „auf die ‚peinlichen Bemühungen' der derzeitigen Lehrstuhlinhaber, ‚Nationalsozialismus zu spielen', verzichten", hieß es 1936 in einer Bilanz von Walter Groß, dem Leiter des *Rassepolitischen Amtes* der NSDAP und späteren Wissenschaftsverantwortlichen im *Amt Rosenberg*.²⁹

Die Bewahrung relativer Autonomie innerhalb der sozialen und kognitiven Gliederungen des Wissenschaftssystems wurde durch mehrere Umstände begünstigt. Auf der Ebene des Sozialsystems Wissenschaft und seiner Institutionen erleichterten das Fehlen eines einheitlichen Konzepts für eine gezielte Wissenschaftspolitik sowie die ungeklärten Kompetenzen unterschiedlicher wissenschaftsorganisatorischer Führungsgremien die Beibehaltung professioneller Standards.³⁰ Auf kognitiver Ebene profitierte das Wissenschaftssystems von der Inkohärenz des nationalsozialistischen Ideenhaushalts. Selbst

---

28 Zum „eingespielten Beharrungsvermögen des Lehr- und Forschungsbetriebs" vgl. Hartmut Tietze: Hochschulen. In: Handbuch der deutschen Bildungsgeschichte. Bd. V: 1918-1945. Die Weimarer Republik und die nationalsozialistische Diktatur. Hrsg. von Dieter Langewiesche und Heinz-Elmar Tenorth. München 1989, S. 209-240, Zitat hier S. 229; Versuche von Ministerialbeamten und Professoren, den Einfluß der NSDAP auf ihre Bereiche zu begrenzen, um ihre Angelegenheiten selbst zu regeln, beleuchtet Reece C. Kelly: Die gescheiterte nationalsozialistische Personalpolitik und die mißlungene Entwicklung der nationalsozialistischen Hochschulen. In: Manfred Heinemann (Hrsg.): Erziehung und Schulung im Dritten Reich. Teil 2: Hochschule, Erwachsenenbildung. Stuttgart 1980, S. 61-76.

29 Zitiert nach Ahron F. Kleinberger: Gab es eine nationalsozialistische Hochschulpolitik? In: Manfred Heinemann (Hrsg.): Erziehung und Schulung im Dritten Reich. T. 2, S. 9-30, hier S. 11. – Dazu auch: Volker Losemann: Reformprojekte nationalsozialistischer Hochschulpolitik. In: Karl Strobel (Hrsg.): Die deutsche Universität im 20. Jahrhundert. Die Entwicklung einer Institution zwischen Tradition, Autonomie, historischen und sozialen Randbedingungen. Vierow 1994 (= Abhandlungen zum Studenten– und Hochschulwesen 5), S. 97-115.

30 Die Polykratie des „Führer-Staates" brachte eine Vielzahl von wissenschaftspolitisch agierenden Steuerungsinstanzen hervor, deren Konkurrenz mehrfach zu Auseinandersetzungen führte. In der NSDAP operierten die *Parteiamtliche Prüfungskommission* unter Reichsleiter Philipp Bouhler, die *Dienststelle zur Überwachung der gesamten politischen und weltanschaulichen Schulung* unter Alfred Rosenberg, die für Gutachten verantwortliche Parteikanzlei und der NSD-Dozentenbund. Die SS besaß mit dem (von zahlreichen Germanisten durchsetzten) Sicherheitsdienst (SD) und ihrer Lehr- und Forschungseinrichtung *Deutsches Ahnenerbe* eigene Instrumente, die eine Infiltration des Wissenschaftssystems anstrebten. Das Reichsministerium für Wissenschaft, Erziehung und Volksbildung (REM) unter Bernhard Rust agierte mit einer nie zuvor erreichten Kompetenzfülle, doch schwachen Machtstellung, da es nie gelang, staatliche Befugnisse mit Parteidienststellen zu synchronisieren. Die traditionellen Wissenschaftsinstitutionen wie Universitäten und Akademien hielten nach einer größtenteils von Studenten gestalteten „revolutionären" Phase weitgehend an Formen der Selbstverwaltung fest; weiter bestanden auch die von NSDAP-Mitgliedern und NS-Aktivisten infiltrierten disziplinären Kommunikationsgemeinschaften, deren Reputationshierarchien durch jene relativiert, doch nicht dominiert werden konnten. Zum „Ämterchaos in der Wissenschaftspolitik" prägnant Michael Grüttner: Wissenschaft. In: Wolfgang Benz, Hermann Graml, Hermann Weiß (Hrsg.): Enzyklopädie des Nationalsozialismus. Stuttgart 1997, S. 135-153.

auf dem Gebiet der ideologisch fundamentalen Rassentheorie existierte keine offizielle „Lehre", sondern konkurrierende „Rassenkunden".[31]

Aus diesen Gründen verlief die Entwicklung der Neueren deutschen Literaturwissenschaft in den Jahren der nationalsozialistischen Diktatur weitgehend in den seit Ende des 19. Jahrhunderts ausgeprägten Bahnen von Forschung und Lehre – wenn auch Verzerrungen der wissenschaftlichen Kommunikation und ein allgemeiner Niveauverfall unverkennbar waren.[32] Garant der bei aller deklarierten politischen Funktionsübernahme kontinuierlichen Wissenschaftsentwicklung war ein „Beharrungsvermögen", das die Bindung an Traditionen und erworbene Standards auf institutioneller wie kognitiver Ebene gewährleistete. Den forcierten Anpassungsbemühungen einzelner Fachvertreter an Imperative der politischen Umwelt begegnete man nicht selten mit Skepsis, in die sich neben persönlichen Animositäten auch wissenschaftliche Differenzen mischten. So spottete Erich Rothacker, Herausgeber der renommierten *Deutschen Vierteljahrsschrift für Literaturwissenschaft und Geistesgeschichte* über die Anstrengungen von Hermann Pongs, die 1934 in *Dichtung und Volkstum* umbenannte Zeitschrift *Euphorion* ideologisch konform zu machen und dazu die Geistesgeschichte zu verabschieden:

> „Wenn ich Pongs wiedersehe, wozu sich im Herbst vielleicht doch noch einmal Gelegenheit bieten wird, werde ich ihn anulken, wegen der großen methodischen Originalität und Zeitgemäßheit seiner Zeitschrift. Wir werden ihm den Blu- und Bodenorden verleihen, und ihn zum Volkstribunen ernennen. Wir haben ja garnicht gewusst, wie rückständig wir Geistesgeschichtler methodisch sind! Wie gut, daß wir die heroischen Pöngse haben."[33]

---

[31] Zu den Konkurrenzen zwischen den Rassentheoretikern Hans F.K. Günther und Ludwig Ferdinand Clauss sowie zu den Interventionen des *Rassenpolitischen Amtes* und der *Dienststelle Rosenberg* gegen Clauss vgl. Helmut Heiber: Universität unterm Hakenkreuz. Teil 1: Der Professor im Dritten Reich: Bilder aus der akademischen Provinz. München, London, New York, Paris 1991, S. 481-491; die parteiamtlichen Bedenken gegen Clauss' „Rassenpsychologie" beleuchtet auch Michael H. Kater: Das „Ahnenerbe" der SS 1935-1945. Ein Beitrag zur Kulturpolitik des Dritten Reiches. 2., um ein ausführliches Nachwort ergänzte Auflage. München 1997 (= Studien zur Zeitgeschichte 6), S. 209-211.

[32] Qualitätseinbußen wurden zuerst durch die Auslandsgermanistik beobachtet, so bei William Rose: German Literature from 1880 to the Present Day. In: The Years Work in Modern Language Studies 1935, S. 170-175, hier S. 173. Karl Viëtor konstatierte 1945 einen durch die Geistesgeschichte verschuldeten „Rückgang der Gelehrsamkeit, des Tatsachenwissens, des Interesses für das Einzelne" und belegte die Defizite der deutschen Neugermanistik mit zahlreichen Beispielen; ders.: Literaturgeschichte als Geistesgeschichte. Ein Rückblick. In: PMLA 60 (1945), S. 899-916, hier zitiert nach dem Wiederabdruck in Thomas Cramer, Horst Wenzel (Hrsg.): Literaturwissenschaft und Literaturgeschichte. Ein Lesebuch zur Fachgeschichte der Germanistik. München 1975, S. 285-315, S. 302ff. – Niveauverluste der deutschen Literaturwissenschaft verzeichnen auch Wilhelm Voßkamp: Deutsche Barockforschung in den zwanziger und dreißiger Jahren. In: Klaus Garber (Hrsg.): Europäische Barockrezeption, S. 683-703, hier S. 701f.; Claudia Albert: Goethes Torquato Tasso zwischen 1933 und 1945. In: Achim Aurnhammer (Hrsg.): Torquato Tasso in Deutschland. Seine Wirkung in Literatur, Kunst und Musik seit der Mitte des 18. Jahrhunderts. Berlin, New York 1995, S. 145-159, hier S. 152f.

[33] Erich Rothacker an Paul Kluckhohn. Brief vom 1.9. 1935. ULB Bonn, Nachlaß Rothacker I, Bl. 18, Orthographie im Original. Daß Rothackers Spott parteiamtlichen Dienststellen nicht verborgen blieb, belegt das Veto des NSD-Dozentenbundes gegen Rothackers Teilnahme am

Als Heinz Kindermann im Frühjahr 1935 unter dem Titel *Was erwarten wir Nationalsozialisten von der neuen Literaturgeschichtsschreibung?* auf der Tagung der *Reichsstelle zur Förderung des deutschen Schrifttums* über das Projekt einer politisch dienenden Wissenschaft referierte, konnte er zwar auf die Überbietungsrhetorik der 1933 vorgelegten Programmentwürfe zurückgreifen und eine zu „umfassender Gesamtschau" erweiterte „national und rassisch gebundene Lebenswissenschaft" ankündigen.[34] Für das bisherige „Wirken eines neuen Geistes" in einer Forschung, „die im Volk ihre alleinigen Maßstäbe gewinnt", vermochte er allerdings nur eine „kleine Reihe von Einzelarbeiten" sowie „noch spärliche Gesamtbetrachtungen" anzuführen – wobei die von ihm namentlich genannten Germanisten Gerhard Fricke, Werner Deubel, Paul Kluckhohn und Hellmuth Langenbucher eine ebenso wissenschaftlich heterogene wie politisch inkompatible Phalanx bildeten. Und das schon erwähnte SD-Dossier über *Lage und Aufgaben der Germanistik und deutschen Literaturwissenschaft* konstatierte 1938/39 als Ergebnis der nach 1933 verfolgten Bemühungen um eine Umgestaltung der Wissenschaftslandschaft:

> „Die bei weitem grösste Gruppe der liberalen Fachwissenschaftler verfiel zunächst entweder auf rein konjunkturmässige Umschaltungen oder hielt überhaupt mit grösseren Veröffentlichungen zurück und beschränkte sich auf den laufenden wissenschaftlichen Hochschul- und Zeitschriftenbetrieb. Dieser Zustand dauert zum Teil heute noch an. Er ist nicht entscheidend zu erklären aus dem allgemeinen Rückgang der wissenschaftlichen Produktion, sondern zunächst aus der inneren weltanschaulichen und politischen Unsicherheit dieser liberalen Wissenschaftler und ihrem zum Teil bewussten reaktionären passiven Widerstand. Nicht die schlechtesten Fachwissenschaftler zogen sich angesichts dieser Sachlage auf dem Gebiet der Germanistik nun umso betonter auf eine streng ‚objektive Fachwissenschaft' zurück. Zu ihnen hielt auch ein Teil der begabten, weltanschaulich und politisch nicht ergriffenen Studenten. [...] Die zahlenmässig kleine Gruppe des positiven Nachwuchses erschöpfte sich jahrelang in politischer Tagesarbeit und kam deshalb im positiven Sinne wissenschaftlich noch nicht voll zur Auswirkung. Auf dem Gebiete der Germanistik wuchs im Gegenteil – wie auch auf anderen Wissenschaftsgebieten – der wissenschaftliche Einfluß der älteren liberalen Wissenschaftler wieder zusehends. Um sie schart sich heute der politisch und weltanschaulich

---

III. Internationalen Literarhistorikerkongress 1939 in Lyon, vgl. Dozentenbundsführer an den Rektor der Rheinischen Friedrich-Wilhelms-Universität Bonn. Brief vom 11.5. 1939. BA 4901/2896, Bl. 66: „Rothacker vertritt auch heute noch als Parteimitglied eine nationalliberale Haltung, die ihn in den letzten Jahren immer wieder zu Meckereien und teils bissigen, teils überlegen spöttischen Ablehnungen und Kritiken gegenüber nationalsozialistischen Massnahmen und Grundsätzen verleitet hat. [...] Herr R. versucht die Massnahmen des Dozentenbundes herabzuziehen und lächerlich zu machen, er gefährdet dadurch die mit vieler Mühe begonnene einheitliche Neuausrichtung der deutschen Wissenschaft."

[34] Heinz Kindermann: Was erwarten wir Nationalsozialisten von der neuen Literaturgeschichtsschreibung? Rede auf der Tagung der *Reichsstelle zur Förderung des deutschen Schrifttums*, hier zitiert nach: o.V.: Arbeit an Volk und Staat. Völkischer Beobachter Nr. 71 vom 12. März 1935, S. 5.

unzuverlässige Nachwuchs, der durch sie zumindest eine gute wissenschaftlich-methodische Schulung erhält. Gerade die methodische Sicherung und Sauberkeit gegenüber den neuen Forschungsaufgaben steckt beim positiven Nachwuchs auf germanistischem Gebiet zum grossen Teil noch in Anfängen."[35]

2.2 Das Scheitern der Hoffnungen; neuer Methodenstreit

Neuere Forschungen zur Geschichte der Disziplin im Dritten Reich haben nachdrücklich auf die „Anpassungsprobleme" der „nationalen Wissenschaft" aufmerksam gemacht und einen trotz verbaler „Selbstgleichschaltung" virulenten Pluralismus von Konzepten und Methoden innerhalb der Neugermanistik zwischen 1933 und 1945 konstatiert.[36] Ohne an dieser Stelle näher auf die im Wissenschaftssystem auch nach der nationalsozialistischen Machtergreifung fortlaufenden Diskussionen sowie die fortgesetzten Plädoyers für Objektivität und Wertfreiheit einzugehen, die die Hoffnungen auf eine monoparadigmatische „Gleichschaltung" nachhaltig dementierten,[37] soll dieses Bild der Fachentwicklung präzisiert und um spezifische, für die Rekonstruktion der literaturwissenschaftlichen Romantikforschung zu berücksichtigende

---

[35] Lage und Aufgaben der Germanistik und deutschen Literaturwissenschaft, zitiert nach Gerd Simon (Hrsg.): Germanistik in den Planspielen des Sicherheitsdienstes der SS, S. 10. – In der anschließenden Auflistung von universitären und außeruniversitär wirkenden Germanisten wurde die überwiegende Mehrzahl im Abschnitt „Die Gegner" aufgeführt; hier fanden sich in Rubrik 1 („Freimaurer oder Rotarier") 11 Fachvertreter; in Rubrik 2 („Juden") 9 Wissenschaftler; in Rubrik 3 („Katholiken") 10 Wissenschaftler; in Rubrik 4 („Liberale und Reaktionäre") 16 Wissenschaftler, wobei Mehrfachnennungen auftraten. Als „Positive Wissenschaftler" firmierten in dieser Liste 18 Germanisten; unter den in der Rubrik „Nachwuchs" aufgeführten Germanisten wurden nur drei Wissenschaftler als „positiv" eingeschätzt – neben dem Mediävisten Wolfgang Jungandreas die Literaturwissenschaftler Clemens Lugowski und Günther Weydt, letzterer allerdings „seiner Gesamthaltung nach positiv aber wenig aktiv", ebenda, S. 12-15, Zitat S. 15.

[36] Vgl. im besonderen Holger Dainat: Voraussetzungsreiche Wissenschaft. Anatomie eines Konflikts zweier NS-Literaturwissenschaftler im Jahre 1934. In: Euphorion 88 (1994), S. 103-122; ders.: Anpassungsprobleme einer nationalen Wissenschaft. – Ein Indiz für den Pluralismus auf der Ebene der Konzepte und Methoden waren neben der hier im Zentrum stehenden Romantikforschung auch die 1928 begonnene und bis 1935 fortgesetzte Biedermeier-Debatte; dazu Wolfgang H. Ahlbrecht: Von ‚Mass und Milde' zu ‚völkischen Zielen'. Ansätze zu einem wissenschaftsgeschichtlichen Verständnis der Biedermeierdiskussion der frühen dreißiger Jahre. In: Wirkendes Wort. 28 (1978), S. 117-133; Hartmut Gaul-Ferenschild: National-Völkisch-Konservative Germanistik, S. 247-252; Petra Boden: Im Käfig des Paradigmas. Die Biedermeier-Diskussion 1928-1935. In: Euphorion 90 (1996), S. 432-444.

[37] U.a. Joseph de Vries: Wissenschaft, Weltanschauung, Wahrheit. In: Stimmen der Zeit 129 (1934), S. 93-105, der die Notwendigkeit einer wissenschaftlichen Objektivität gegen Rosenbergs „rassischen Relativismus" betonte; Dietrich Seckel: Alte und neue Geisteswissenschaft. In: Deutsche Rundschau 244 (1935), 25-32, der gegen das Zerrbild „liberalistischer" Wissenschaft bedeutende Forscher von Jacob Grimm bis Eduard Meyer stellte und im Sinne Sprangers die Voraussetzungslosigkeit und frei forschende Erkenntnis forderte; Friedrich Weidauer: Objektivität, Voraussetzungslose Wissenschaft und wissenschaftliche Wahrheit. Leipzig 1935; Theodor Litt: Vom System der Wissenschaften. In: Forschungen und Fortschritte 11 (1935), S. 225f.

Beobachtungen ergänzt werden. Dazu sind neben den Veränderungen in den disziplinären Kommunikationsbedingungen externe wie interne Parameter der Fachentwicklung in den Blick zu nehmen.

Bezeichnend für die Verzerrungen der wissenschaftlichen Kommunikation in der Zeit der nationalsozialistischen Diktatur waren die politischen Implikationen fachlicher Debatten und das weitgehende Fehlen regulärer Diskussionsforen. Die fortbestehende Differenzen signalisierenden Konflikte zwischen Literaturwissenschaftlern wurden von den beteiligten Akteuren meist als riskante Kollisionen mit möglichen Reaktionen seitens des polykratischen Herrschaftsapparates begriffen.[38] Symptomatisch für das diskussionserstickende Klima, in dem die Politisierung aller Debatten zu unkalkulierbaren Risiken führen konnte, war der Umstand, daß Treffen von Hochschulgermanisten nach 1933 nicht mehr stattfanden – obwohl, wie Friedrich Naumann im November 1938 in einem vertraulichen Schreiben an das REM mitteilte, „der Wunsch nach diesen Zusammenkünften besteht".[39] Der in den *NS-Lehrerbund* eingegliederte Germanistenverband vermochte gleichfalls nicht, den wissenschaftlichen Austausch zwischen deutschen und ausländischen Germanisten zu organisieren.[40] Sowohl den geplanten, durch den Krieg endgültig vereitelten „Weltkongreß der Germanisten" als auch die berüchtigte „Kriegseinsatztagung deutscher Hochschulgermanisten", die im Juli 1940 in Weimar stattfand, bereitete das Reichserziehungsministerium vor.

Einen sichtbaren Beleg dafür, daß auch die 1933 beschworenen Werte nicht den beklagten Pluralismus aufheben und ein methodologisches Fundament begründen konnten, lieferten die vergeblichen Bemühungen universitärer und außeruniversitärer Germanisten um eine gültige Literaturgeschichte im nationalsozialistischen Sinne, die trotz mehrfach artikulierter Erwartung und vielfältiger Bemühungen ausblieb.[41] Bis in der zweiten Hälfte der 1930er Jahre die ersten für Hitler-Deutschland verfaßten Literaturgeschichten erschienen,

---

[38] So etwa im Streit zwischen Hermann Pongs und Gerhard Fricke, in dem der Vorwurf der „Voraussetzungslosigkeit" eine entscheidende Rolle spielte; dazu Hartmut Gaul-Ferenschild: National-Völkisch-Konservative Germanistik, S. 240-246; Holger Dainat: Voraussetzungsreiche Wissenschaft; Claudia Albert: Schiller als Kampfgenosse. In: Claudia Albert (Hrsg.): Deutsche Klassiker im Nationalsozialismus, S. 48-67.

[39] Friedrich Naumann an das REM. Brief vom 18. November 1938. BA 4901/2835, Bl. 125.

[40] Vgl. Franz Koch an das REM. Brief vom 6.1. 1939. BA 4901/2835, Bl. 141-143, mit dem Eingeständnis, „daß eine wissenschaftliche Vereinigung der Germanisten Deutschlands, die imstande wäre, einen internationalen Kongreß für Germanistik zu organisieren, derzeit nicht besteht."

[41] Forderungen nach einer verbindlichen Literaturgeschichte erhoben u.a. Karl A. Kutzbach: Die Literaturgeschichtsschreibung unserer Zeit. In: Die neue Literatur 35 (1934), S. 345-355; 36 (1935), S. 73-85; 37 (1936), S. 514-526; 39 (1938), S. 67-78; 40 (1939), S. 13-22; 42 (1941), S. 9-15; Reinhard Fink: Deutsche Dichtungsgeschichte. In: Zeitschrift für deutsche Geisteswissenschaft 1 (1938/39), S. 177-183; 2 (1939/40), S. 184-192; 3 (1940/41), S. 143-151; 4 (1941/42), S. 222-234; Hellmuth Langenbucher: Die Geschichte der deutschen Dichtung: Programme, Forderungen und Aufgaben der Literaturwissenschaft im neuen Reich. In: NS-Monatshefte 9 (1938), S. 293-310 und 435-445; Wolfgang Lutz: Gedanken zur nationalsozialistischen Literaturgeschichte. In: Nationalsozialistische Bibliographie 3 (1938) 8, Beil. 5, S. XII-XX; Heinz Grothe: Die deutsche Dichtung im Spiegel neuer Literaturgeschichten: kritische Anmerkungen zu einem halben Dutzend Neuerscheinungen. In: Bücherkunde 5 (1938), S. 126-133.

behalf man sich mit (mehrfach beklagten) Rückgriffen auf ältere Werke, die teilweise noch aus dem 19. Jahrhundert stammten.[42] Auch die ab 1937 erscheinenden literaturgeschichtlichen Gesamtdarstellungen vermochten die „dringende und in letzter Zeit oft erhobene Forderung nach einem Gesamtbild unserer Dichtungsgeschichte aus nationalsozialistischem Geist"[43] nur partiell zu bedienen. Eine kanonische und vom Wissenschaftssystem akzeptierte Geschichte der deutschen Literatur boten weder Hellmuth Langenbuchers vom Standpunkt des völkischen Agitators verfaßter Abriß *Deutsche Dichtung in Vergangenheit und Gegenwart*[44] noch Franz Kochs *Geschichte deutscher Dichtung*;[45] Walther Lindens *Geschichte der deutschen Literatur von den Anfängen bis zur Gegenwart*,[46] Josef Nadlers *Literaturgeschichte des deutschen Volkes*[47] oder Paul Fechters neubearbeitete *Geschichte der deutschen Literatur*[48] trafen ebenso auf mehr oder weniger explizit artikulierte Kritik. Während das Werk des Berliner Ordinarius Franz Koch im *Völkischen Beobachter* als „Spitzenleistung nationalsozialistischer Forschungsarbeit"[49]

---

[42] U.a. Hermann Ammon: Deutsche Literaturgeschichte in Frage und Antwort. 2 Bde. ³Berlin 1933 und 1936; Adolf Bartels: Einführung in das deutsche Schrifttum für deutsche Menschen. Leipzig 1933; ders.: Geschichte der deutschen Literatur. Kleine Ausg., 2. Abdr. mit Nachträgen über die allerneueste Zeit. ¹¹,¹²Braunschweig 1933; Geschichte der deutschen Literatur von den ältesten Zeiten bis zur Gegenwart. 3 Bde. 5. Aufl., neubearb. und erw. von Willi Koch. Leipzig 1934-38; Hans Röhl: Geschichte der deutschen Dichtung. 9., neubearb. und verm. Aufl. Leipzig 1935; Hugo Weber: Deutsche Sprache und Dichtung. 32., durchges. und erg. Aufl. Leipzig 1935; August F. Vilmar: Geschichte der deutschen Nationalliteratur. Bearbeitet und fortgesetzt von Johannes Rohr. ²Berlin 1936, Walther Klöpzig: Geschichte der deutschen Literatur. ³Leipzig 1937; Hermann Kluges Geschichte der deutschen Nationalliteratur. Zum Gebrauche an höheren Unterrichtsanstalten und zum Selbststudium. Bearb. von Reinhold Besser, Otto Oertel, Manfred Kluge. ⁵⁸Altenburg/Thür. 1937; Hans Lebede: Geschichte der deutschen Dichtung in Tabellen und Stichworten. Mit Hinweisen auf die geschichtliche und kulturgeschichtliche Gesamtentwicklung und auf die Dichtung anderer Völker. 3. verm. und veränd. Aufl. Dresden 1938; Erich Schulze, Hans Henning: Die deutsche Literatur. Geschichte und Hauptwerke in den Grundzügen. 4. verm., bis zur Gegenwart fortgef. Auflage. Wittenberg 1940. – Skepsis gegenüber den „zweifelhaften Unternehmen, die maßgebenden Literaturgeschichten des 19. Jahrhunderts neu aufzulegen, sie etwas zurechtzustutzen und zu ergänzen", artikulierte Joachim Müller: Schrifttumsbericht Allgemeines und Grundsätzliches. In: ZfDk 51 (1937), S. 272.

[43] Joachim Müller: Schrifttumsbericht Allgemeines und Grundsätzliches. In: ZfDk 52 (1938), S. 372.

[44] Hellmuth Langenbucher: Deutsche Dichtung in Vergangenheit und Gegenwart. Eine Einführung mit ausgewählten Textproben. Berlin 1937.

[45] Franz Koch: Geschichte deutscher Dichtung. Hamburg 1937, 2. erw. Aufl. 1938, 3. erw. Aufl. 1940, 4. erw. Aufl. 1941, ⁵1942, ⁶1943, ⁷1944.

[46] Walther Linden: Geschichte der deutschen Literatur von den Anfängen bis zur Gegenwart. Leipzig 1937; 2. erw. Auflage 1940; 3. durchges. Aufl. 1941.

[47] Josef Nadler: Literaturgeschichte des deutschen Volkes. Dichtung und Schrifttum der deutschen Stämme und Landschaften. 4., völlig neubearb. Aufl. Berlin 1938-1941. Bd. 1 Volk (800-1740). 1939, Bd. 2: Geist (1740-1813). 1938, Bd. 3 Staat (1814-1914). 1938, Bd. 4 Reich (1914-1940). 1941.

[48] Paul Fechter: Geschichte der deutschen Literatur. Von den Anfängen bis zur Gegenwart. Berlin 1941. – An das interssierte Laienpublikum bzw. an Lehrer wandten sich die Darstellungen von Emil Brenner: Deutsche Literaturgeschichte. Wels 1942; Karl Hunger: Kurze Geschichte der deutschen Dichtung. Bamberg 1940.

[49] Bernhard Payr: Geschichte deutscher Dichtung, von Prof. Dr. Franz Koch. In: Völkischer Beobachter vom 5.12.1937.

gelobt wurde, doch allein in den Zeitschriften der Deutschkunde-Bewegung wohlwollende Besprechungen erntete, gingen die Fachkollegen zum vollmundigen Pathos des Leipziger Germanisten und akademischen Außenseiters Walther Linden deutlicher auf Distanz.[50] Auch die „völlig neu bearbeitete" stammesethnographische Literaturgeschichte Josef Nadlers konnte sich nicht als gültige Geschichte der deutschen Literatur etablieren.[51] Die Kontroversen um eine gültige Gesamtdarstellung der deutschen Dichtungsgeschichte „aus neuem Geiste und neuem wissenschaftlichen Einsatz"[52] verwiesen auf fortwirkende Diskrepanzen innerhalb der disziplinären Gemeinschaft, die nicht nur zu ernüchterten „Lageeinschätzungen" durch politische Instanzen führten, sondern auch als Indiz für eine fortwirkende Heterogenität innerhalb der Fachentwicklung anzusehen sind.[53]

Angesichts der Ernüchterung nach den nicht eingelösten Hoffnungen des Jahres 1933 und einer neuerlich drohenden „Grundlagenkrisis"[54] sann die Disziplin auf Lösungsansätze. Im Spannungsfeld zwischen den Versuchen zur Wahrung disziplinärer Autonomie, dem Argwohn parteiamtlicher Stellen und

---

50 Während Gerhard Fricke (Sonderbericht. In: ZfDk 52 (1938), S. 68) in Franz Kochs *Geschichte der deutschen Dichtung* „endlich die so würdige wie unentbehrliche Ablösung" der Literaturgeschichte Wilhelm Scherers erkannte, verfiel Lindens pathetischer Abriß heftiger Kritik, so bei Joachim Müller: Schrifttumsbericht Allgemeines und Grundsätzliches. In: ZfDk 52 (1938), S. 372; ähnlich auch Hans Rößner: Neue Literaturgeschichtsschreibung. In: ZfdB 14 (1938), S. 142-143.

51 Vgl. Karl August Kutzbach: Die Literaturgeschichtsschreibung unserer Zeit. In: Die neue Literatur 40 (1939), S. 13-17, insbesondere S. 17; Karl Justus Obenauer: Buchbesprechung Josef Nadler, Literaturgeschichte des deutschen Volkes. In: ZfdB 15 (1939), S. 278-281; umfassend dazu Abschnitt 6. 2: Stammeskundliche Romantikforschungen 1933-1945.

52 Hans Rößner: Neue Literaturgeschichtsschreibung, S. 143.

53 Vgl. die Einschätzung des Hauptlektorats Neuere Literatur- und Geistesgeschichte im *Amt Schrifttumspflege* der Dienststelle Rosenberg, vermutlich verfaßt von Franz Koch, in: Aus den Jahresberichten unserer Hauptlektorate: Neuere Literatur- und Geistesgeschichte. In: Lektorenbrief der Reichsstelle zur Förderung des deutschen Schrifttums 1 (1938), 3. Folge, S. 1: „Es muss aber bei klarer und nüchterner Betrachtung gesagt werden, dass die nationalsozialistische Weltanschauung auf dem Boden der Geisteswissenschaften nur langsam Neuland gewinnt, bezw. gewonnen hat. Das kann auch nicht anders sein, angesichts der Tatsache, dass gerade hier einseitiger Intellektualismus und bindungslose Geistigkeit, sowie eine hoffnungslose Aufspaltung und Zerfahrenheit der Methoden und Standpunkte, sowie ein ausgesprochener Alexandrismus, wie man wohl sagen kann, am ungehemmtesten sich entfaltet hat. Eine andere Ursache hierfür ist darin zu suchen, dass in der wissenschaftlichen Forschung noch die ältere Generation überwiegt und die jüngere erst allmählich das Feld besetzt." Ähnlich auch ein geheimer Lagebericht des SD aus dem Jahr 1939, hier zitiert nach Heinz Boberach (Hrsg.): Meldungen aus dem Reich 1938-1945. Die geheimen Lageberichte des Sicherheitsdienstes der SS. Bd. 2, Hersching 1984, S. 251: „Die Zeit der Programme und Konjunktur ist vorüber, aber die versprochenen Leistungen und grundsätzlichen Neuerungen sind bisher zum großen Teil ausgeblieben. Es gibt vielerlei zersplitterte Einzelansätze, aber nirgendwo eine geschlossene Gruppe von nationalsozialistischen Wissenschaftlern, die die lebenswichtigen Forschungsaufgaben auf diesen Fachgebieten in Angriff nehmen."

54 Hans Rößner: Zur Neuordnung der Literaturwissenschaft. In: Volk im Werden 6 (1938), S. 166-174, hier S. 166: „Allein, der ganze Streit um Schulen, Methoden und Grundbegriffe, um weltanschauliche Bindungen und pragmatische Zielsetzungen zeigt sich uns heute doch als ‚einheitliche' Erscheinung, als tiefer, bis zu den Wurzeln reichender Zerfall dieser Wissenschaft. Das heißt die Literaturwissenschaft stand und steht in einer ‚Grundlagenkrisis'."

dem für die Germanistik verherrenden Abbau des Wissenschaftssystems[55] entstanden in der zweiten Hälfte der 1930er Jahre neue Programmentwürfe, die zu einem Schub interner Differenzierung und methodischer Neuorientierung führten und in ihren Konsequenzen z.T. über das Ende der nationalsozialistischen Diktatur hinausgingen. Erklärte Parteigänger der Nationalsozialisten wie Franz Koch, Heinz Kindermann und Karl Justus Obenauer projektierten eine „neue Literaturwissenschaft", die den literarischen Produktionsprozeß aus rassenbiologischen Determinanten seiner personalen Träger ableiten und vom „völkischen Standpunkt" aus bewerten sollte.[56] Eine von Hermann Pongs und Horst Oppel entworfene „existentielle Literaturwissenschaft" bediente sich existenzphilosophischer Begrifflichkeiten zur Reduktion des Individuellen auf vorgeschaltete Gemeinschaftsformen, konnte sich jedoch nicht als distinktes Forschungsprogramm durchsetzen.[57] Als wohl wichtigste kognitive Innovation innerhalb des Faches während der nationalsozialistischen Diktatur entstanden zum Ende der 1930er Jahre verschiedene Programme einer Wendung zum „Werk", die als Anfänge der später wirkungsmächtigen „werkimmanenten Interpretation" gelten können. Die von divergierenden Forschungsansätzen verfolgte Zentrierung des ästhetisch maximierten „Werkes" zum Gegenstand interpretatorischer Praxis schien das Problem des Methodenpluralismus zu lösen, in dem es die Illusion nährte, jenseits kontingenter geistesgeschichtlicher, stammeskundlicher oder rassenkundlicher Typologisierungen zu einer „immanenten" Erfassung des „literarischen Kunstwerks" vorzudringen.[58] Katalysiert wurden diese Bemühungen von Heideggers Hölderlin-Exegesen und dem in ihnen demonstrierten Rückzug von vordergründiger Aktualisierung[59]

---

[55] Die Zahl der Germanistik-Studenten sank von 1931 bis 1938 von 5361 auf 1049 Studierende; in derselben Zeit sank die Zahl der Germanistik-Dozenten von 144 auf 114, was dem Stand von 1920 entsprach, vgl. Hartmut Tietze: Das Hochschulstudium in Preußen und Deutschland 1820-1944. Göttingen 1987 (= Datenhandbuch zur deutschen Bildungsgeschichte I, 1), S. 124ff.; Christian von Ferber: Die Entwicklung des Lehrkörpers der deutschen Universitäten und Hochschulen 1864-1954. Göttingen 1956 (= Untersuchungen zur Lage der deutschen Hochschullehrer 3), S. 195ff.

[56] Heinz Kindermann: Dichtung und Volkheit. Grundzüge einer neuen Literaturwissenschaft. Berlin 1937; Karl J. Obenauer: Volkhafte und politische Dichtung: Probleme deutscher Poetik. Leipzig 1936; Franz Koch: Blick in die Zukunft. In: Das Germanische Seminar der Universität Berlin. Festschrift zu seinem 50jährigen Bestehen. Berlin und Leipzig 1937, S. 55-59.

[57] Vgl. Hermann Pongs: Neue Aufgaben der Literaturwissenschaft. In: DuV 38 (1937), S. 1-17, 273-324; Horst Oppel: Kierkegaard und die existentielle Literaturwissenschaft. In: DuV 38 (1937), S. 18-29; ders.: Die Literaturwissenschaft der Gegenwart: Methodologie und Wissenschaftslehre. Stuttgart 1939; Fritz Dehn: Existentielle Literaturwissenschaft als Entscheidung: Einheit von Dichter und Werk. In: DuV 38 (1937), S. 29-43. Zur Ergebnislosigkeit einer sog. „existentialistischen" Literaturwissenschaft detailliert Hartmut Gaul-Ferenschild: Nationalvölkisch-konservative Germanistik, S. 236ff.

[58] Vgl. Lutz Danneberg: Zur Theorie der werkimmanenten Interpretation. In: W. Barner, C. König (Hrsg.): Zeitenwechsel, S. 313-342; Holger Dainat: Anpassungsprobleme einer nationalen Wissenschaft, S. 125f.

[59] Vgl. Hans Joachim Schrimpf: Hölderlin, Heidegger und die Literaturwissenschaft. In: Euphorion 51 (1957), S. 308-323; Robert Minder: Hölderlin und die Deutschen. In: Hölderlin-Jahrbuch 14 (1965/66), S. 1-19; Joachim W. Storck: Hermeneutischer Disput. Max Kommerells Auseinandersetzung mit Martin Heideggers Hölderlin-Interpretation. In: Hartmut Laufhütte (Hrsg.): Literaturgeschichte als Profession. Festschrift für Dietrich Jöns. Tübingen 1993, S. 319-343.

sowie von den Forderungen der Schule nach im Unterricht verwendbaren Interpretationen und Interpretationshilfen.[60]

Als Paul Kluckhohn 1940 einen Überblick über die Entwicklung der deutschen Literaturwissenschaft zwischen 1933 und 1940 gab, wertete er die kognitive Binnendifferenzierung des Faches nach der „geistesgeschichtlichen Wende" als weitaus stärkeren Innovationsschub als die disziplinären Umorientierungen nach der nationalsozialistischen Machtergreifung. Die seit der Jahrhundertwende verfolgten Richtungen der Literaturgeschichtsschreibung und der neueren Literaturwissenschaft hätten auch nach 1933 weitergewirkt.[61] Wirkung habe der politische Umruch weniger in einer innerdisziplinären Wende als in einem Bedeutungszuwachs des Faches gezeigt: Er „erhöhte und verstärkte die Bedeutung der gesamten Deutschwissenschaft als der Wissenschaft vom deutschen Menschen und von deutscher Kultur und damit auch die der Wissenschaft der deutschen Literatur als der Aussprache der deutschen Seele."[62] Mit einem neuen „Verantwortungsbewußtsein gegenüber dem Volksganzen und dem deutschen Kulturerbe"[63] habe das Fach den gewandelten politischen Bedingungen entsprochen. Dennoch seien durch die Verlagerung des wissenschaftlichen Interesses „auf den Problemkomplex Volk und Dichtung, auf die Dichtung als Ausdruck der Substanz Volk und auf die Bedeutung der Dichtung für das deutsche Volk in seiner Gesamtheit" die Differenzen zwischen unterschiedlichen Deutungs- und Erklärungsansätzen nicht aufgehoben worden.[64]

Die hier artikulierte Akzeptanz eines wissenschaftlichen Pluralismus korrespondierte der Einsicht Julius Petersens, der 1939 den ersten Band seiner methodologischen „Summe" *Die Wissenschaft von der Dichtung* vorgelegt hatte und darin angesichts der „vielfach widerstrebenden Richtungen" einen „kritischen Überblick ... über alle Methoden, die an literaturwissenschaftliche Aufgaben anzusetzen sind", bieten wollte.[65] Daß er dabei vorrangig auf Ansätze und Programme rekurrierte, die weit vor 1933 entstanden waren, be-

---

[60] Vgl. Gerhard Fricke: Zur Interpretation des dichterischen Kunstwerks. Ein Beitrag zum Thema: Klassische Dichtung und deutscher Unterricht. In: ZfDk 53 (1939), S. 337-353, wieder in: G. Fricke: Vollendung und Aufbruch. Reden und Aufsätze zur deutschen Dichtung. Berlin 1943, S. 111-132, hier S. 111, 126.

[61] Paul Kluckhohn: Deutsche Literaturwissenschaft 1933-1940. In: Forschungen und Fortschritte XVII (1941), S. 33-39; wieder in: Sander L. Gilman (Hrsg.): NS-Literaturtheorie. Eine Dokumentation. Frankfurt/M. 1971, S. 244-264, hier S. 246.

[62] Ebenda, S. 246.

[63] Ebenda, S. 246.

[64] Ebenda, S. 246f. Kluckhohn belegte die kognitive Binnendifferenzierung des Faches durch Hinweise auf unterschiedliche, nach 1933 fortgesetzte Forschungsprogramme. Neben der Geistesgeschichte habe Nadlers *Literaturgeschichte der deutschen Stämme und Landschaften* als Realisierung des Programms, Dichtung im Kontext der „völkischen" Geschichte zu sehen, an Wirkungskraft gewonnen. Daneben seien verschiedene Neuansätze zu konstatieren, so eine „existentielle Literaturbetrachtung". Eine „rassenkundliche Literaturwissenschaft" sei dagegen nur „ansatzweise oder vorschnell mit zweifelhaftem Erfolg in Angriff genommen".

[65] Julius Petersen: Die Wissenschaft von der Dichtung: System und Methodenlehre der Literaturwissenschaft. Berlin 1939 1. Bd.: Werk und Dichter. Vorwort, o.S.

stätigte, daß sich weder die von parteiamtlichen Wissenschaftsgremien bevorzugte Rassenkunde noch stammestheoretische Reduktionen als leitende Paradimata durchsetzen konnten.⁶⁶

In der Bewertung des offensichtlich unaufhebbaren Pluralismus gingen die Meinungen weit auseinander. Franz Koch, 1939 vom Reichserziehungsministerium zu einer Stellungnahme hinsichtlich des geplanten „Weltkongresses der Germanisten" aufgefordert, beklagte neben der institutionellen Unfähigkeit der deutschen Germanistik zur Ausrichtung einer internationalen Tagung die weitgehende Ergebnislosigkeit einer erhofften programmatischen Wende. Zwar vollziehe sich „gerade in den geisteswissenschaftlichen Methoden ein grundsätzlicher Umbruch", der „zweifellos und wiederum begreiflicherweise auf dem Gebiete der Germanistik das stürmischste Tempo gewonnen" habe. Von einer Darstellung der nach 1933 erzielten wissenschaftlichen Ergebnisse im internationalen Maßstab aber sei angesichts offenkundiger Defizite abzuraten.⁶⁷ Als das Reichsministerium für Wissenschaft, Erziehung und Volksbildung am 20. Juli 1939 die Pläne für ein „Welttreffen der Germanisten" vorerst ad acta legte, hieß es in der als vertraulich eingestuften Begründung:

> „Der weltanschauliche Umbruch auf dem Gebiete der Germanistik läßt es geboten erscheinen, diesem Plan erst dann näherzutreten, wenn die Ergebnisse nationalsozialistischer Wissenschaftsarbeit auf diesem Gebiete zu einer gewissen Reife gelangt sind."⁶⁸

2.3 Die Disziplin im „Kriegseinsatz"

Als mit dem Überfall auf Polen am 1. September 1939 der Zweite Weltkrieg begann, reagierte die deutsche Universitätsgermanistik bei weitem nicht so rasch wie im Frühjahr 1933. Literaturwissenschaftliche Fachzeitschriften präsentierten weiterhin Texte, denen der Kriegszustand nicht anzumerken war. Erst als das Reichserziehungsministerium mit dem „Kriegseinsatz der Gei-

---

⁶⁶ Für die Bemühungen um Wahrung professioneller Standards sprachen auch die durch keine Invektive getrübten Bezüge auf Arbeiten französischer und englischer Literarhistoriker wie die sachliche Erwähnung verfemter Autoren wie E. Barlach, W. Hasenclever, E. Laske-Schüler, H. Heine, F. Kafka.; vgl. dazu auch Petra Boden: Anmerkungen zu Julius Petersens „Die Wissenschaft von der Dichtung". In: 100 Jahre Germanisches Seminar in Berlin. Berlin 1987, S. 146-154.
⁶⁷ Vgl. Franz Koch an das REM. Brief vom 6.1. 1939. BA 4901/2835, B. 141-143, hier Bl. 143: „Aus inneren wie äußeren Gründen jedoch empfiehlt es sich, mit einer solchen Repräsentanz der deutschen Germanistik vor einem internationalen Forum noch einige Jahre zu warten, bis die Fronten im Inland sich noch deutlicher abzeichnen und wissenschaftliche Arbeiten, die derzeit noch im Gange sind, ihren Abschluß gefunden bzw. eine Reife erreicht haben, die allgemeine Überzeugungskraft besitzt."
⁶⁸ REM an Auswärtiges Amt, Reichsministerium für Volksaufklärung und Propaganda u.a. Rundschreiben vom 20.7. 1939. BA 4901/2835, B. 150-154, hier Bl. 150.

steswissenschaften" eine konzertierte Aktion zur ideologischen Kriegsführung initiierte, kam Bewegung in das Fach. Koordiniert durch die vom REM unterstützten Franz Koch, Gerhard Fricke und Clemens Lugowski fanden sich vom 5. bis 7. Juli 1940 im Saal des Weimarer Goethemuseums 43 deutsche Sprach- und Literaturwissenschaftler zur berüchtigten „Kriegseinsatztagung deutscher Hochschulgermanisten" zusammen. Diese erste Fachtagung seit 1933 mündete in das fünfbändige Elaborat *Von deutscher Art in Sprache und Dichtung*, das Zeugnis vom bereitwilligen „Kriegseinsatz der Germanistik" ablegen sollte.[69] Im Vorwort des im Dezember 1941 in 5 Bänden vorliegenden und auf einer Buch- und Dokumentenschau unter dem Titel „Deutsche Wissenschaft im Kampf um Reich und Lebensraum" an der Technischen Hochschule Berlin-Charlottenburg vorgestellten Werkes legte Mitherausgeber Franz Koch die Beweggründe der Gemeinschaftsarbeit dar. In der Erkenntnis, daß der gegenwärtige Krieg auch um die geistige Neuordnung Europas tobe und Deutschland dabei die geistige Führung zufalle, hätten sich Vertreter der deutschen Geisteswissenschaften entschlossen, mit ihren Mitteln künftigen Aufgaben vorzuarbeiten. In diesem Rahmen wolle die deutsche Germanistik ihren Beitrag zum Streben des Volkes nach Selbstfindung, nach Erkenntnis des eigenen „Wesenskerns" leisten und mit neuer Kraft die alte Frage zu lösen versuchen, „was denn diese unsere deutsche Art ist und bedeutet, was es, geistig-seelisch gesehen, bedeutet, Deutscher zu sein."[70]

Neben der forcierten Ergründung „deutschen Wesens" in dieser später noch näher zu beleuchtenden germanistischen Gemeinschaftsarbeit bemühte sich das Fach, unterstützt von wissenschaftspolitischen Direktiven, nach Kriegsbeginn um eine über die Grenzen des Reiches hinausgehende Ausrichtung. Die nationalsozialistische Politik der Internationalisierung von Wissenschaft und der Steuerung wissenschaftlicher Kontakte mit dem Ausland erfuhr nach 1939 und den Maßnahmen zur offensiven Durchsetzung kultureller Verdrängungs- und Hegemonialansprüche eine neue Dimension, die sich auch auf die Neuere deutsche Literaturwissenschaft aus-

---

[69] Franz Koch: Der Kriegseinsatz der Germanistik: Erkenntnis des eigenen Wesens; die Einheit der deutschen Dichtung. In: Deutscher wissenschaftlicher Dienst 1 /2 (1940/41) 13, S. 4-5. – Zum „Kriegseinsatz" der Germanistik wurden seit der Arbeit von Wendula Dahle (Der Einsatz einer Wissenschaft. Eine sprachinhaltliche Analyse militärischer Terminologie in der Germanistik 1933-1945. Bonn 1969 (= Abhandlungen zur Kunst-, Musik- und Literaturwissenschaft 71), insbesondere S. 66-71, 135-137) verschiedene kürzere Recherchen vorgelegt, so von Frank Hörnigk: Die „Kriegseinsatztagung deutscher Hochschulgermanisten". In: 100 Jahre Germanisches Seminar in Berlin, S. 175-180; Werner Herden: Zwischen „Gleichschaltung" und Kriegseinsatz. Positionen in der Germanistik in der Zeit des Faschismus. In: Weimarer Beiträge 33 (1987) S. 1865-1881, hier S. 1878f.; Gabrielle Stilla: 1941: Der „Kriegseinsatz der Geisteswissenschaften." In: Claudia Albert (Hrsg.): Deutsche Klassiker im Nationalsozialismus, S. 37-42. Eine umfassende und alle beteiligten Disziplinen einbeziehende Darstellung liegt jetzt vor in der materialgesättigten Untersuchung von Frank-Rutger Hausmann: „Deutsche Geisteswissenschaft" im Zweiten Weltkrieg. Die „Aktion Ritterbusch" 1940-1945. Dresden, München 1998 (= Schriften zur Wissenschafts- und Universitätsgeschichte 1).

[70] Von deutscher Art in Sprache und Dichtung. Hrsg. im Namen der germanistischen Fachgruppe von Gerhard Fricke, Franz Koch und Klemens Lugowski. Stuttgart und Berlin 1941. Bd. 1. Vorwort, S. VI.

wirkte.[71] Lektorate und Professuren im Ausland, als Sprungbrett von jüngeren Germanisten weiterhin genutzt,[72] und eine selbst nach Kriegsausbruch nicht nachlassende Reisetätigkeit von Hochschulgermanisten[73] wurden nun durch politische Planungen zur Wissenschaftsexpansion ergänzt.[74] In diesen Zusammenhang gehörten neben der seit 1940 erfolgten Gründung von *Deutschen wissenschaftlichen Instituten* in Bukarest, Paris, Sofia, Belgrad, Budapest, Madrid, Athen, Zagreb, Kopenhagen, Brüssel und Bratislava die Unterstützung transnationaler Periodika zur europäischen Vermittlung deutscher Wissenschaft.[75] Ein

---

[71] Zur auswärtigen Wissenschaftspolitik des NS vgl. Conrad Grau, Wolfgang Schlicker, Liane Zeil: Die Berliner Akademie der Wissenschaften in der Zeit des Imperialismus. Teil III: Die Jahre der faschistischen Diktatur 1933-1945. Berlin 1979, S. 73-88, 116-123; Pamela Spence Richards: Der Einfluß des Nationalsozialismus auf Deutschlands wissenschaftliche Beziehungen zum Ausland. In: Monika Estermann, Michael Knoche (Hrsg.): Von Göschen bis Rowohlt. Beiträge zur Geschichte des deutschen Verlagswesens. Festschrift für Helmut Sarkowski zum 65. Geburtstag. Wiesbaden 1990, S. 233-259, vor allem S. 244-259. Hinweise auch bei Lutz Danneberg, Jörg Schönert: Zur Transnationalität und Internationalisierung von Wissenschaft. In: Lutz Danneberg, Friedrich Vollhardt (Hrsg.): Wie international ist die Literaturwissenschaft? Methoden- und Theoriediskussion in den Literaturwissenschaften: Kulturelle Besonderheiten und interkultureller Austausch am Beispiel des Interpretationsproblems (1950-1990). Stuttgart, Weimar 1996, S. 7-85, hier S. 22f.; sowie bei Marcus Gärtner: Kontinuität und Wandel in der neueren deutschen Literaturwissenschaft nach 1945, S. 201-204.

[72] So hatten Julius Petersen und Karl Justus Obenauer schon vor dem Ersten Weltkrieg im Ausland unterrichtet; als Lektoren wirkten nach 1933 u.a. Erich Trunz in Amsterdam, Heinz Otto Burger in Bologna, Wolfgang Kayser – nach Verweigerung einer Berliner Dozentur und und kurzer Dozentenzeit in Leipzig – in Lissabon. „Professor im Reichsdienst" war auch Rudolf Fahrner, seit 1939 griechischer Vertragsprofessor in Athen, seit 1941 Präsident des dortigen Deutschen wissenschaftlichen Instituts. Ihre Stellen wurden durch das Auswärtige Amt finanziert; vgl. dazu Volkhard Laitenberger: Akademischer Austausch und auswärtige Kulturpolitik. Der Deutsche Akademische Austauschdienst (DAAD) 1923-1945. Frankfurt/M., Zürich 1976; ders.: Theorie und Praxis der „Kulturellen Begegnung zwischen Nationen" in der deutschen auswärtigen Kulturpolitik der 30er Jahre. In: Zeitschrift für Kulturaustausch 31 (1981), S.196-206.

[73] Besonders aktiv war in diesem Zusammenhang Franz Koch; zu dessen Touren durch Europa vgl. die materialgesättigten Untersuchungen von Wolfgang Höppner: Der Berliner Germanist Franz Koch in Warschau. Aspekte der Wissenschaftspolitik des ‚Dritten Reiches' im okkupierten Polen. In: Convivum. Germanistisches Jahrbuch Polen 1997. Bonn 1997, S. 61-82; ders.: Germanisten auf Reisen. Die Vorträge und Reiseberichte von Franz Koch als Beitrag zur auswärtigen Kultur- und Wissenschaftspolitik der deutschen NS-Diktatur in Europa. In: Trans. Internet-Zeitschrift für Kulturwissenschaften 2 (November 1997), http://www.adis.at/arlt/institut/trans/2Nr/hoeppner.htm (zuletzt überprüft am 21. Mai 1999); ders.: Ein „verantwortungsbewußter Mittler": Der Germanist Franz Koch und die Literatur in Österreich. In: Uwe Baur, Karin Gradwohl-Schlacher, Sabine Fuchs (Hrsg.): Macht Literatur Krieg. Österreichische Literatur im Nationalsozialismus. Wien, Köln, Weimar 1998 (= Fazit. Ergebnisse aus germanistischer und komparatistischer Literaturwissenschaft 2), S. 163-181, hier insbesondere S. 174ff.

[74] Vgl. Reinhard Siegmund-Schultze: Faschistische Pläne zur „Neuordnung" der europäischen Wissenschaft. Das Beispiel Mathematik. In: NTM-Schriftenreihe für Geschichte der Naturwissenschaften, Technik und Medizin. 23/2 (1986), S. 1-17.

[75] Zu den dem Auswärtigen Amt unterstellten, in Verbindung mit diplomatischen Vertretungen operierenden Instituten vgl. E. Siebert: Die Rolle der Kultur- und Wissenschaftspolitik bei der Expansion des deutschen Imperialismus nach Bulgarien, Jugoslawien, Rumänien und Ungarn in den Jahren 1938-1944. Phil. Diss. Berlin 1971, S. 199ff., 344ff.; eine umfängliche Fallstudie liegt vor in Eckard Michels: Das Deutsche Institut in Paris 1940-1944. Ein Beitrag zu den deutsch-französischen Kulturbeziehungen und zur auswärtigen Kulturpolitik des Dritten Reiches. Stuttgart 1993 (= Studien zur modernen Geschichte 46).

solches publizistisches Medium zur internationalen Verbreitung wissenschaftlicher Leistungen war die Zeitschrift *Europäischer Wissenschafts-Dienst*, die von 1941 bis 1944 mit Unterstützung des Reichsministeriums für Volksaufklärung und Propaganda unter Leitung des Rechtswissenschaftlers und REM-Beauftragten für den „Kriegseinsatz der Geisteswissenschaften" Paul Ritterbusch in Berlin erschien.[76] Ziel war dabei freilich weniger die Gewährleistung eines freien wissenschaftlichen Austauschs – den garantierte auf dem Gebiet der Literaturwissenschaft bereits seit der Vorkriegszeit die supranationale Zeitschrift *Helicon*, die von der *Commission Internationale des littératures modernes* unterstützt und von 1938 bis 1944 in Debrecen (Ungarn) herausgegeben wurde[77] – als vielmehr ideologische Einflußnahme durch gezielte Propagierung der Leistungen deutscher Forscher. Zwar betonte der im RMfVP für die Herausgabe des *Europäischen Wissenschafts-Dienstes* verantwortliche Ministerialbeamte Wilhelm Ziegler, das Periodikum wolle „Mittler sein zwischen dem deutschen Geistesleben und dem Geistesleben der anderen europäischen Völker" und darum „auch ausländische Wissenschaftler oder Kulturvertreter zu Wort kommen lassen"[78]. Doch ließ die Verbreitung der Zeitschrift durch Propagandaabteilungen der Wehrmacht keinen Zweifel an der Funktion einer solcherart betriebenen Internationalisierung von Wissenschaft: „Sie [die Zeitschrift] könnte auf diese Weise auch Ihrer eigenen Propagandaarbeit zugute kommen", legte Ziegler dem Leiter der Propagandaabteilung beim Militärbefehlshaber in Belgien und Nordfrankreich nahe.[79]

Der weitere Kriegsverlauf führte – nach einer Phase der Wiederbelebung zwischen 1940 und 1942 – zur endgültigen Aufgabe des ehrgeizigen wissenschaftspolitischen Projekts, ein erstes „Welttreffen der Germanisten" nach Deutschland einzuberufen. Bereits Ende 1937 hatte sich der vormalige Generalsekretär der *Deutschen Akademie*, Franz Thierfelder, mit dem Vorschlag an das Reichserziehungsministerium gewandt, einen „Internationalen Weltkon-

---

[76] Die Funktion des Periodikums *Europäischer Wissenschafts-Dienst* stellte der Brief von Wilhelm Ziegler (Ministerialdirigent im RMfVP) an Dr. Gerhardus (Propagandaabteilung der Wehrmacht in Belgien und Nordfrankreich) vom 9.4.1941 (BA R 55/609, Bl. 1) klar: „Dieser Dienst erscheint mit Unterstützung des Ministeriums. Seine Aufgabe ist es, die Zeitungen im Auslande systematisch über unserer Leistungen und Bestrebungen auf dem Gebiet der Wissenschaft und der Kultur zu unterrichten."

[77] Die *Commission internationale d'Histoire Litteraire Moderne*, der von deutscher Seite anfänglich Julius Petersen und Oskar Walzel, seit 1939 Herbert Cysarz, Levin Schücking und Josef Nadler angehörten, hatte bereits im Mai 1931 in Budapest den I. Internationalen Literarhistorikerkongreß zum Thema „Methodologische Probleme der neueren Literaturgeschichte" veranstaltet. Der II. Kongreß, veranstaltet im September 1934 in Amsterdam, behandelte „Die literarhistorischen Perioden-Bezeichnungen"; der III. Kongreß (29.5.-1.6. 1939, Lyon) hatte den Schwerpunkt „Dichtungsgattungen". Der IV. Kongreß, zu dem die Universität Wien eingeladen hatte und der für 1941 geplant war, fand nicht statt. Aufschlußreich dafür: Kurt Wais an das REM. Briefliche Auskunft über Vorgeschichte und Veranstalter des Internationalen Kongresses für Neuere Literaturgeschichte vom 20.12. 1938. BA 4901/2896, Bl. 20-25; Herbert Cysarz an das REM. Brief vom 20.7. 1939. Ebenda, Bl. 69f.; Bericht von Kurt Wais über den III. Internationalen Kongress für Neuere Literaturgeschichte an das REM. Ebenda, Bl. 73-76.

[78] Wilhelm Ziegler an Dr. Gerhardus. Brief vom 9.4. 1941. BA R 55/609, Bl. 1.

[79] Ebenda, Bl. 2.

gress der Germanisten" 1939 in Berlin zu veranstalten.[80] Vor allem um ähnliche englische Pläne zu verhindern, unterstützte das REM diesen Vorschlag.[81] Intrigen innerhalb der *Deutschen Akademie* und das Mißtrauen, das parteiamtliche Stellen Thierfelder entgegenbrachten, erschwerten die Organisation des für Juli 1939 geplanten Kongresses erheblich.[82] Dennoch kam es bis Mitte 1939 zu einem detaillierten Programmentwurf sowie zu Vorschlägen für einen einzuberufenden „Organisationsausschuß"[83]; auch Vorschläge für einzuladende ausländische Germanisten wurden eingeholt. Nachdem am 20. Juli 1939 auf Anweisung Rusts die Planungen vorläufig zurückgestellt wurden,[84] belebten Kriegsausbruch und die „wissenschaftliche Neuordnung Europas" diese Überlegungen wieder. Im Januar 1941 wurde auf einer Beratung im REM zur künftigen Wissenschaftspolitik eine „Fachtagung der Germanisten und zwar unter Heranziehung namhafter Germanisten des befreundeten und neutralen Auslands" als „konkrete Maßnahme des Jahres 1941" festgelegt.[85] Trotz weiterer Bemühungen von Ministerium, der „Arbeitsgemeinschaft für Germanistik im Kriegseinsatz der deutschen Geisteswissenschaften" und der Deutschen Auslandsinstitute kam eine Zusammenkunft deutscher und ausländischer Germanisten nicht zustande. Neben politischer Skepsis und Differenzen zwischen den beteiligten Institutionen wurde sie vor allem durch die im Reichserziehungsministerium virulente Überzeugung verhindert, „daß es zur Veranstaltung eines internationalen Germanistenkongresses und zur Gründung eines internationalen Germanistenverbandes immer noch zu früh ist".[86]

---

[80] Herbert Scurla an Heinrich Harmjanz. Brief vom 2.12. 1937. BA 4901/2835 (I. Welttagung der Germanisten (Juli 1939), Bl. 3.
[81] REM an Auswärtiges Amt. Brief vom 14. Dezember 1937. BA 4901/2835, Bl. 4.
[82] Vgl. dazu den Schriftwechsel zwischen Thierfelder und REM sowie zwischen REM und Stab des Stellvertreters der Führers; BA 4901/2835, Bl. 47-58. Grund für die ablehnende Haltung der NSDAP gegenüber Thierfelder war dessen Tätigkeit als Generalsekretär der *Deutschen Akademie*, „in der er mindestens durch sein ungeschicktes Verhalten vor allem im Auslande die deutschen Interessen sehr geschädigt hat", so der Stab des Stellvertreters des Führers an das Auswärtige Amt. Brief vom 25. März 1938. BA 4901/2835, Bl. 59.
[83] Vgl. Julius Schwietering an das REM. Brief vom 18.10. 1938. BA 4901/2835, Bl. 104; Hans Naumann an das REM. Brief vom 19.10. 1938. Ebenda, Bl. 105. Als Vertreter der Neugermanistik im Organisationsausschuss für den „Weltkongress der Germanisten" schlug Schwietering Franz Koch und Julius Petersen, Josef Nadler und Rudolf Unger vor; Naumann plädierte für Friedrich von der Leyen und Hermann August Korff.
[84] Vgl. REM an Auswärtiges Amt und RMfVP. Rundschreiben vom 20.7. 1939. BA 4901/2835, B. 150-154.
[85] Vermerk über die Sitzung im REM zur Neuordnung der Wissenschaft in Europa vom 17.1. 1941. BA 4901/2835, Bl. 158-159, hier Bl. 159: „Die außerordentliche Entwicklung der Bedeutung der deutschen Sprache in Europa macht es unerläßlich, daß die deutsche Germanistik nunmehr endlich, was sie in den bisherigen Jahren versäumt hat, engste Fühlung mit den Germanisten ausländischer Universitäten aufnimmt."
[86] Dahnke an Herbert Scurla (REM). Brief vom 11.9. 1942. BA 4901/2835 Bl. 185. Vgl. auch den Vermerk vom 2.10. 1942 *Internationale Organisationen auf dem Gebiete der Germanistik*, BA 4901/3087, Bl. 2: „Die Besprechung über die internationale Lage der Germanistik, die am 30.9. und 1.10. 1942 im REM stattgefunden hat, hat ergeben, daß es zur Vorbereitung eines internationalen Germanistenkongresses und zur Gründung eines internationalen Germanistenverban-

Die hier skizzierte „Internationalisierung" bedeutete jedoch nicht, daß deutsche Fachvertreter Theorieansätze ausländischer Germanisten nun intensiver aufgenommen und diskutiert hätten. Die Beschäftigung mit den Leistungen der Auslandsgermanistik – die sich vor Kriegsausbruch in der regen Rezeption vor allem britischer und französischer Forschungsbeiträge niedergeschlagen hatte[87] – ordnete sich in den Kriegsjahren immer stärker politischen Interessen unter. Wenn auch weiterhin Einladungen, Besucher, Bücher und Manuskripte aus dem Ausland eintrafen bzw. deutsche Germanisten ihre Forschungen im Ausland präsentierten, zielte die nach Kriegsbeginn zu verzeichnende „Internationalisierung" der Wissenschaftspolitik stärker auf kulturelle Dominanz als auf gleichberechtigten Austausch. „Internationalisierung" und „Europäisierung" machten sich zugleich in veränderten Themenstellung literaturwissenschaftlicher Arbeiten bemerkbar: Deutsche Dichtung wurde nun ebenfalls auf ihre „europäische Sendung" und nach Gestaltung des „europäischen Gedankens" befragt.[88]

---

des infolge der ausserordentlich schwierigen Lage auf dem Gebiete der Germanistik ausserhalb Deutschlands noch zu früh ist. Die diesbezüglichen Pläne wurden deshalb zurückgestellt."

[87] Für die Romantikforschung vgl. u.a. die Rezensionen Rudolf Ungers zu den Werken René Riegels (ZfDk 50 (1936), S. 290), Edwin H. Zeydels und Robert Minders (ZfDk 51 (1937), S. 276). Unger nahm auch Robert Minders psychoanalytisch orientiertes Buch *Die religiöse Entwicklung von Karl Philipp Moritz auf Grund seiner autobiographischen Schriften* in die von ihm und Friedrich Neumann herausgegebene Reihe „Neue Forschung" auf (Berlin 1936). Intensiv wahrgenommen wurde ebenfalls das Buch des Edinburgher Germanisten Walther Horace Bruford *Die gesellschaftlichen Grundlagen der Goethezeit*, das 1936 in der Übersetzung von Fritz Wölcken im Weimarer Böhlau-Verlages erschien: Selbst der *Völkische Beobachter* rezensierte wohlwollend; Julius Petersen besprach englisches Original und deutsche Übersetzung zusammen mit dem Buch von E.M. Butler *The Tyranny of Greece over Germany* in der *Deutschen Literaturzeitung* ausführlich und trotz kritischer Einwände positiv (DLZ 58 (1937), Sp. 922-928); vgl. dazu auch die Rezensionen von Rudolf Unger (Historische Zeitschrift 163 (1941), S. 601f.) sowie von Adolf von Morzé (ZfdPh 64 (1939), S. 87f.). Auf die Sondernummer der französischen *Cahiers du Sud* zum Thema „Le romantisme allemand" (Cahiers du Sud 24 (1937)) reagierten neben dem emigrierten Klaus Mann (Wiederbegegnung mit den deutschen Romantikern. In: Maß und Wert 1 (1937/38), S. 933-942) auch in Nazideutschland verbliebene Germanisten, so Joachim Müller (Deutsche Literaturzeitung 58 (1937), Sp. 1886-1888) und Oskar Walzel (Die ganze deutsche Romantik in französischer Darstellung. In: GRM 26 (1938), S. 246-247). Weitere Zeugnisse für die Rezeption der Auslandsgermanistik im nationalsozialistischen Deutschland waren u.a. Heinrich Henel: Ausländische Goethe-Kritik. In: DVjs 12 (1934), S. 600-612; Edith Margenburg: Goethe in Frankreich. In: Geist der Zeit 16 (1938), S. 9-16; Horst Rüdiger: Goethes Wirkung in Italien. In: Deutsche Kultur im Leben der Völker 18 (1943), S. 46-52; Paul Hultsch: Das Denken Nietzsches in seiner Bedeutung in England. In: GRM 26 (1938), S. 359-373; August Cloß: Germanistik in englischer Sprache. In: DuV 39 (1938), S. 253-260. – Das Verhältnis der US-amerikanischen Germanistik zu den Entwicklungen in Nazi-Deutschland beleuchtet Magda Lauwers Rech: Nazi Germany and the American Germanists. A Study of Periodicals, 1930-1946. New York, Washington D.C., Baltimore, Bern, Frankfurt/M., Berlin, Vienna, Paris 1995 (= Literature and the Sciences of Man 2); Informationen zu den Beziehungen zwischen deutscher und ausländischer Germanistik liefert auch Marcus Gärtner: Kontinuität und Wandel in der neueren deutschen Literaturwissenschaft nach 1945, S. 238-242, 274-282 u.ö.

[88] U.a. Hermann Burte: Die europäische Sendung der deutschen Dichtung. In: Böhmen und Mähren 2 (1941), S. 146-151; Richard Benz: Rheinisches Schrifttum als europäische Brücke. In: Europäische Literatur 2 (1943) 10, S. 2-4; Eduard von Jan: Beziehungen zwischen

Die in den Kriegsjahren spürbaren Änderungen im Verhältnis des politischen Systems zu den Wissenschaften betreffen auch die Neuere deutsche Literaturwissenschaft. Die prekäre Nachwuchssituation des Faches, bereits Ende der 1930er Jahre registriert, verhalf nun auch jüngeren Wissenschaftlern, die Ansprüchen des politischen Systems distanziert gegenüberstanden, zu Ordinariaten. Neben der forcierten Instrumentalisierung des geistig-kulturellen Erbes zu kultureller Legitimationsbeschaffung öffneten sich Freiräume für wissenschaftliche Projekte, an die in der Nachkriegszeit angeschlossen werden konnte. Der Anfang der 1940er Jahre in einem weiteren germanistischen Gemeinschaftsunternehmen besiegelte Rückgang auf die Praxis der „Auslegung"[89] und die großen, noch während des Krieges begonnenen Editionsprojekte sicherten die Kontinuität literaturwissenschaftlichen Arbeitens über das Kriegsende 1945 hinaus. Sowohl die noch kurz vor Kriegsbeginn 1939 von Julius Petersen projektierte Schiller-Nationalausgabe – deren erster Band nach Querelen um die Einleitung Friedrich Beißners 1943 erscheinen konnte – wie auch die 1943 begonnene historisch-kritische Hölderlin Ausgabe (Große Stuttgarter Ausgabe), die mit der Wiedergabe sogenannter Lesarten ein neues editorisches Verfahren praktizierte, wurden nach Kriegsende fortgeführt.[90]

Rückblickende Erinnerungen von zwischen 1933 und 1945 tätigen Germanisten stilisierten die Zeit des Nationalsozialismus nicht selten zu einer Epoche permanenter Abgrenzungs- und Abwehrkämpfe gegen wissenschaftspolitische Interventionen und Angriffe regimetreuer Kollegen.[91] Mit notwendiger Skepsis gegenüber diesen Selbstbeschreibungen und persönlichen Rechtfertigungen sollen nun am Beispiel der literaturwissenschaftlichen Romantikrezeption die Konstellationen der Wissenschaftslandschaft, die innerfachlichen Fraktionierungen und die Auseinandersetzungen zwischen divergierenden Konzepten und Methoden rekonstruiert und beschrieben werden.

Spanien und Deutschland im Zeitalter der Romantik. Ein Vortrag. Leipzig 1943 (= Schriften der Deutsch-Spanischen Gesellschaft, Zweigstelle Leipzig 1); Paul Kluckhohn: Der europäische Gedanke der deutschen Romantik. In: Europäischer Wissenschaftsdienst 3 (1943), H.12, S. 7-9; ders.: Europa och den tyska Romantiken. In: Sverige-Tyskland 7 (1944), S. 117-119.

[89] Heinz Otto Burger (Hrsg.): Gedicht und Gedanke. Auslegungen deutscher Gedichte. Halle/S. 1942.

[90] Vgl. Werner Volke: Die Stuttgarter Hölderlin-Ausgabe. In: Klassiker in finsteren Zeiten, Bd. 2, S. 104-134; Nils Kahlefendt: „Im vaterländischen Geiste..." Stuttgarter Hölderlin-Ausgabe und Hölderlin-Gesellschaft. In: Werner Volke u.a.: Hölderlin entdecken. Lesarten 1826-1993. Tübingen 1993, S. 115-163; Norbert Oellers: Editionswissenschaft um 1945. In: W. Barner, C. König (Hrsg.): Zeitenwechsel, S. 110f.

[91] Charakteristisch etwa Benno von Wiese: Ich erzähle mein Leben. Erinnerungen. Frankfurt/M. 1982; aber auch Herbert Cysarz: Vielfelderwirtschaft. Ein Werk- und Lebensbericht. Bodmann/Bodensee 2. erw. Aufl. 1976; Günther Weydt: Die Germanistik an der Universität Münster. In: Die Universität Münster 1780-1980. Im Auftrag des Rektors hrsg. von Heinz Dollinger. Münster 1980, S. 375-382. Marcus Gärtner (Kontinuität und Wandel in der Neueren deutschen Literaturwissenschaft nach 1945, S. 18f.) hat darauf hingewiesen, daß im „darwinistisch organisierten Ämterchaos des NS-Systems" auf Dauer kein Fachvertreter ohne Feinde blieb, so daß es fast unmöglich sei, „für einen Funktionsträger keine Zeugnisse von Mißgunst zu finden" – in Nachrufen und Würdigungen konnten dann selbst Germanisten wie Heinz Kindermann oder Herbert Cysarz als Widerstandskämpfer präsentiert werden.

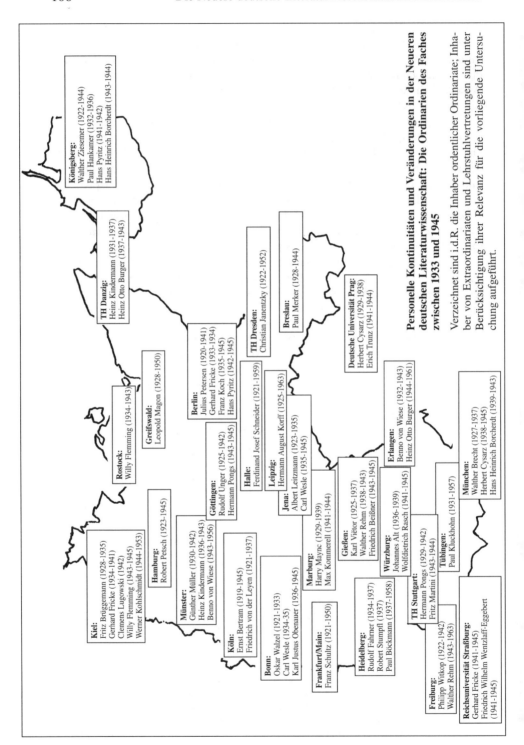

Personelle Kontinuitäten und Veränderungen in der Neueren deutschen Literaturwissenschaft: Die Ordinarien des Faches zwischen 1933 und 1945

Verzeichnet sind i.d.R. die Inhaber ordentlicher Ordinariate; Inhaber von Extraordinariaten und Lehrstuhlvertretungen sind unter Berücksichtigung ihrer Relevanz für die vorliegende Untersuchung aufgeführt.

3 „Umwertung der deutschen Romantik"? Wandel und Kontinuität in der Romantikforschung nach 1933

Die politische Zäsur des Jahres 1933 und die ihr folgenden institutionellen und personellen Veränderungen innerhalb des Wissenschaftssystems – „Gleichschaltung" der Fakultäten, Durchsetzung des „Führerprinzips" an den Universitäten sowie die rassisch und politisch begründete Ausgrenzung von Wissenschaftlern – schufen eine Konstellation von Faktoren, die es bei der folgenden Rekonstruktion der literaturwissenschaftlichen Romantikforschung zu berücksichtigen gilt. Den Maßnahmen institutioneller Gleichschaltung im Zuge der Machtergreifung kamen fachspezifische Dispositionen und individuelle Erwartungen von Repräsentanten der Disziplin entgegen, die die Hoffnung hegten, den als krisenhaft empfundenen Pluralismus des Faches analog zur politischen Einebnung von Widersprüchen durch programmatische Einigung auf eine neue Deutungs- und Wertungsperspektive beheben zu können. Die in den Ergebenheitsadressen des Jahres 1933 erklärte Bereitschaft zur „Gleichschaltung" der disziplinären Praxis, die in einer postulierten, doch methodisch nicht begründeten „Völkisierung" kognitiver Parameter umgesetzt wurde, hatte auch für die Behandlung der Romantik Konsequenzen, die in der folgenden Übersicht der Veränderungen und der Kontinuitätslinien in der Forschungslandschaft aufzuzeigen sind.

Wie erläutert, rekurrierte die verbale „Selbstgleichschaltung" des Faches im Jahre 1933 auf die postpositivistische Binnendifferenzierung der Disziplin, die als „Krisis" und „Zerfall" beschrieben wurde. Die in den Bekennerschreiben formulierten Programmentwürfe erhofften in bewußter Abkehr vom Ideal der „Voraussetzungslosigkeit" und „Wertfreiheit" den als verhängnisvoll empfundenen „Historismus" und „Relativismus" der literaturwissenschaftlichen Praxis zu überwinden und das Fach mit erhöhter öffentlicher Reputation auszustatten. Die Einführung „völkischer" Deutungs- und Wertungsperspektiven versprach, den als krisenhaft empfundenen Pluralismus der „Schulen" und Richtungen durch Setzung *eines* Paradigmas zu beenden und die Germanistik als „Kerngebiet der Bildung" mit neuer gesellschaftlicher Akzeptanz zu etablieren. Gleichwohl konnte die Disziplin trotz (oder besser: mit) der rasch postulierten „Selbstgleichschaltung" professionelle Standards und eine später präziser zu bestimmende diffizile Autonomie wahren, die als eine auf dem Beharrungsvermögen des Wissenschaftssystems, dem Konservatismus der wissenschaftlichen Eliten und der weitgehenden Konzeptionslosigkeit der neuen Machthaber gründende spezifische Eigensinnigkeit zu beschreiben und nicht als Widerstand zu interpretieren ist.

Wie sich diese beiden Momente der Wissenschaftsentwicklung in der Romantikforschung niederschlugen und woran das Projekt einer monoparadigmatischen Umgestaltung der Forschungslandschaft letztlich scheiterte, soll nun gezeigt werden. Im Mittelpunkt der vorerst expositorisch-strukturierenden Bemerkungen stehen die Strategien zur Plausibilisierung von Veränderungen auf der Gegenstands- und Konzeptebene. In Rekonstruktion der an die 1933 erhobenen Forderung nach einer „Umwertung der Romantik" anschließenden Debatte sind sowohl weiterwirkende Divergenzen als auch die Prämissen und Folgerungen neuer Forschungsprogramme herauszupräparieren. Im Anschluß daran wird ein Überblick über Schwerpunktverlagerungen der Forschung geliefert, der sich im besonderen auf die Erhebung des romantischen „Volkstumserlebnisses" zum präferierten Gegenstand sowie auf die spezifisch kanalisierten Thematisierungen weltanschaulicher Gehalte konzentriert. Abschließend werden die literarhistorischen Anstrengungen um eine interne Differenzierung der romantischen Bewegung vorgestellt, die das bis in die 1920er Jahre gültige Modell zweier romantischer Schulen durch die Auffassung dreier Phasen ablösten. Neben der Modernisierung in Periodisierungsfragen sind die Konsequenzen ihrer Integration in das von der geistesgeschichtlichen Literaturbetrachtung entwickelte Konzept der „Deutschen Bewegung" darzustellen und zu diskutieren.

Vor diesen Erläuterungen zur internen Entwicklung der Romantikforschung soll jedoch noch auf eine Weichenstellung in der Hochschul- und Wissenschaftspolitik eingegangen werden, die unmittelbare Auswirkungen auch auf die literaturwissenschaftliche Rezeption der Romantik nach 1933 hatte: die Ausgrenzung und Vertreibung jüdischer Germanisten.

3.1 Die Ausgrenzung jüdischer Germanisten

Die hochschul- und wissenschaftspolitischen Maßnahmen zur „Arisierung" von Forschung und Lehre trafen die Romantikforschung empfindlich. In sich verstärkenden Schüben wirkte der staatstragende Antisemitismus unmittelbar auf die geisteswissenschaftlichen Disziplinen und die deutsche Literaturwissenschaft – auch wenn unter den Emigranten des Jahres 1933 nur wenige Germanisten vertreten waren, die eine Professur oder Dozentur inne hatten.[1]

---

[1] Vgl. Jost Hermand: Germanistik. In: Claus-Dieter Crohn, Patrik von zur Mühlen, Gerhard Paul, Lutz Winckler (Hrsg.): Handbuch der deutschsprachigen Emigration 1933-1945. Darmstadt 1998, Sp. 736-746, hier Sp. 736. – Hermand nennt folgende exilierte „Berufsgermanisten oder -germanistinnen, die in Deutschland oder Österreich bereits eine Professur oder Dozentur, seltener einen Lehrstuhl innegehabt hatten" Richard Alewyn (a.o. Prof. Heidelberg), Walter A. Berendsohn (a.o. Prof. Hamburg), Melitta Gerhard (PD Kiel), Wolfgang Liepe (ord.

Die wenige Wochen nach Ernennung Hitlers zum Reichskanzler beginnenden Judenverfolgungen hatten sich umgehend sich auf die Universitäten konzentriert: Seit dem 1. April 1933 postierten sich Mitglieder des nationalsozialistischen Studentenbundes vor den Hörsälen und Seminarräumen jüdischer Professoren und Dozenten, um „die deutschen Studenten vor dem Besuch solcher Vorlesungen und Seminare zu warnen, mit dem Hinweis, daß der betreffende Dozent als Jude von allen anständigen Deutschen berechtigt boykottiert wird."² Juristische Maßnahmen zur Durchsetzung des staatlichen Antisemitismus richteten sich primär nicht gegen jüdisches Kapital oder jüdische Wirtschaftsunternehmen,³ sondern galten direkt der jüdischen Intelligenz, deren Angehörige gemäß §3 des „Gesetzes über die Wiederherstellung des Berufsbeamtentums" bis auf Ausnahmen nicht länger Beamte sein durften und deshalb in den Ruhestand zu versetzen waren. Flankiert von einer Reihe anderer Gesetze,⁴ die von der Überzeugung ausgingen, „daß die Zukunft des deutschen Volkes nur durch die Reinheit der Rasse gesichert werden kann" und deshalb offen die „Ausschaltung oder doch wenigstens Zurückdrängung fremdrassiger Elemente"⁵ anstrebten, verband der mit dem „Arierparagraphen" gesetzlich sanktionierte Antisemitismus politisches Kalkül und demagogischen Rassismus. Realpolitische Interessen spielten insofern eine Rolle, als die Vertreibung der jüdischen Intelligenz Platz für eine nachrückende Wissenschaftlergeneration schaffen sollte, die dem neuen politischen System positiv gegenüberstand. Konformität oder Zustimmung zu den politischen Zielen der NS-Diktatur war von den eher liberal eingestellten jüdischen Akademikern nicht zu erwarten. Ein weiteres Motiv fand der nationalsozialistische Antisemitismus in seiner polarisierenden Wirkung: Ein Feindbild suggerierte phantasmagorisch die Einheit einer „Volksgemein-

---

Prof. Kiel), Werner Richter (ord. Prof. Berlin), Hans Sperber (a.o. Prof. Köln), Marianne Thalmann (PD Wien). – Holger Dainat (Anpassungsprobleme einer nationalen Wissenschaft, S. 103f.) verweist darauf, daß von den rassistisch und politisch motivierten „Säuberungen" des Jahres 1933 nur ein Inhaber eines ordentlichen Lehrstuhls betroffen war: Werner Richter, der im August 1932 als ord. Prof. für Deutsche Philologie an die Berliner Friedrich-Wilhelms-Universität berufen worden war und am 20. November 1933 nach § 3 des Berufsbeamtengesetzes in den Ruhestand versetzt wurde. Wolfgang Liepe war in Kiel – wie Friedrich Gundolf in Heidelberg – nur Inhaber eines planmäßigen Extraordinariats mit den Rechten eines persönlichen Ordinarius.

2 Anordnung des Bundesführers des Nationalsozialistischen Deutschen Studentenbundes vom 29. März 1933. Zitiert nach Kurt Pätzold (Hrsg.): Verfolgung Vertreibung Vernichtung. Dokumente des faschistischen Antisemitismus 1933 bis 1942. Leipzig 1984, S. 48.
3 Vgl. Erlaß des Reichsinnenministers vom 17. Januar 1934 über Ausdehnung und Zuständigkeit der „Ariergesetzgebung", der die Wirtschaft ausdrücklich zur Tabuzone für den Antisemitismus erklärte.
4 U.a. Gesetz über die Zulassung zur Rechtsanwaltschaft und Patentanwaltschaft vom 7. und 22.4. 1933, Verordnungen über die Zulassung von Ärzten und Kriegsteilnehmern bei den Krankenkassen vom 22.4 und 9.5. 1933; Gesetz über die Zulassung von Steuerberatern vom 6.5. 1933; Reichserbhofgesetz vom 29.9. 1933.
5 Wilhelm Frick: Die Rassenfragen in der deutschen Gesetzgebung. In: *Deutsche Juristen-Zeitung* vom Januar 1934. Zitiert nach Kurt Pätzold (Hrsg.): Verfolgung Vertreibung Vernichtung, S. 67.

schaft", die sich in Abwehr und Verfolgung des „Fremden" als monolithische Korporation jenseits sozialer Konflikte empfinden konnte.

Der den antijüdischen Aktionen und den Maßnahmen zur „Wiederherstellung des Berufsbeamtentums" folgende Exodus jüdischer Literaturwissenschaftler und die Ausschaltung politisch mißliebiger Akademiker trafen die deutsche Neugermanistik schwer. Aus rassischen Gründen wurden 1933 engagierte Romantikforscher wie Richard Samuel,[6] Martin Sommerfeld und Georg Stefansky[7] aus dem Amt gedrängt bzw. verloren ihre Existenzgrundlage wie Käte Hamburger.[8] Seiner politischen Haltung wegen mußte Martin Greiner seine wissenschaftliche Laufbahn aufgeben.[9] Dem renommierten Prager Romantikforscher Josef Körner wurde nach dem Einmarsch deutscher Truppen 1939 die venia legendi entzogen; Ende 1944 deportierte man ihn nach Theresienstadt.[10] Marianne Thalmann, mit einer bahnbrechenden Un-

---

[6] Der ausgewiesene Novalis-Spezialist Richard Samuel – 1924 hatte er bei Julius Petersen in Berlin mit einer Arbeit über Novalis' Staats- und Geschichtsauffassung promoviert, mit Paul Kluckhohn die 1928/29 erschienene vierbändige Ausgabe der Schriften Friedrich von Hardenbergs ediert und zum DVjs-Sammelband *Romantikforschungen* die Abhandlung *Der berufliche Werdegang Friedrich von Hardenbergs* beigetragen – wurde 1933 als Lehrer am Berliner Grunewald-Gymnasium und Mitarbeiter am Berliner Germanischen Seminar entlassen und wanderte 1934 nach England aus. Nach einer Tätigkeit als Lektor am Department of German der Universität Cambridge wurde er 1937 Leiter der deutschen Abteilung an der Universität Durham; nach Kriegsausbruch für mehrere Monate interniert, diente er von Oktober 1940 bis Kriegsende in der britischen Armee. 1947 übersiedelte er mit Familie nach Australien, wo er dann als Professor an der Universität Melbourne lehrte; vgl. Werner Herden: Richard Samuel – Germanistik jenseits der Gleichschaltung. In: 100 Jahre Germanisches Seminar in Berlin. Berlin 1987, S. 163-175, auch in: ZfG 9 (1988), S. 587-594.

[7] Georg Stefansky, Sauer-Schüler und mit der umstrittenen Arbeit *Das Wesen der deutschen Romantik* 1923 promoviert, war seit 1926 Privatdozent in Prag, seit 1929 in Münster und von 1926 bis 1933 Herausgeber des *Euphorion*. Nachdem ihm am 7. 9. 1933 nach § 3 des Gesetzes zur Wiederherstellung des Berufsbeamtentums die Lehrbefugnis entzogen worden war, durfte er aufgrund angeblicher ministerieller Verfügungen, die jüdischen Wissenschaftlern die Herausgabe von Zeitschriften untersagten, nicht länger als Schriftleiter arbeiten. Von 1933 bis 1939 hauptsächlich in Prag lebend, emigrierte er 1939 in die USA, wo er 1957 starb. Vgl. Herbert A. Strauss, Werner Röder (Hrsg.): International Biographical Dictionary of Central European Emigrés 1933-1945. Vol. II, Part 2, L-Z. München, New York, London, Paris 1983, S. 1109; Wolfgang Adam: Einhundert Jahre EUPHORION. In: Euphorion 88 (1994), S. 1-72, hier S. 27-39.

[8] Käte Hamburger, die 1929 im DVjs-Band *Romantikforschungen* die vielbesprochene Arbeit *Novalis und die Mathematik. Eine Studie zur Erkenntnistheorie der Romantik* und 1932 die Studie *Thomas Mann und die Romantik* veröffentlicht hatte, emigrierte 1934 nach Schweden. Hier arbeitete sie als Sprachlehrerin und Journalistin; 1956 kehrte sie in die Bundesrepublik Deutschland zurück, habilitierte sich 1957 für allgemeine und vergleichende Literaturwissenschaft an der TH Stuttgart und wurde hier 1959 Professorin.

[9] Greiner, der 1929 mit der Arbeit *Das frühromantische Naturgefühl in der Lyrik von Tieck und Novalis* (Leipzig 1930) promoviert worden war, stand vor der Habilitation, als die Machtergreifung seine wissenschaftliche Karriere unterbrach. Nach 1933 im Verlagswesen tätig, verbrachte er das letzte Kriegsjahr in einem Zwangsarbeitslager. 1948 wurde er außerordentlicher Professor für deutsche Literaturgeschichte in Leipzig, 1958 ordentlicher Professor in Gießen.

[10] Eine umfassende Würdigung Körners, der sich mit seinem Fund der Korrespondenz August Wilhelm Schlegels auf Schloß Coppet am Genfer See und seinen Editionen unschätzbare Verdienste für die Romantikforschung erwarb und nach der Rückkehr aus Theresienstadt in drückender Armut als geächteter Deutscher wieder in Prag lebte, steht noch aus. Bislang exi-

tersuchung über den Trivialroman des 19. Jahrhunderts und seine romantischen Vorläufer 1924 habilitiert, führte zwar noch bis 1938 den Titel eines außerordentlichen Professors der Wiener Universität, war jedoch schon seit 1933 beurlaubt und lehrte als Associated, ab 1940 als Full Professor am Wellesley College in Massachusetts (USA).[11] Weitere Emigranten aus dem Bereich der akademischen Germanistik waren Richard Alewyn, Franz Heinrich Mautner, Werner Milch, Ludwig Strauss, Eduard Berend. Georg Lukács und Walter Benjamin, die außerhalb der universitär institutionalisierten Literaturwissenschaft einen wichtigen Beitrag zur Romantikforschung geleistet hatten, verließen 1933 Deutschland; Erich Loewenthal und Alfred Rosenbaum entkamen nicht mehr.[12]

Der ersten Welle von Entlassungen und „freiwilligen" Verzichtserklärungen jüdischer Wissenschaftler unmittelbar nach Machtergreifung und „Arierparagraphen" folgten noch im Jahre 1933 weitere Maßnahmen zur Verdrängung jüdischer Gelehrter aus dem wissenschaftlichen Leben Deutschlands. Dennoch publizierten literaturwissenschaftliche Fachorgane wie die DVjs oder die *Zeitschrift für deutsche Philologie* auch in den Jahrgängen nach 1933 weiterhin Beiträge jüdischer Mitarbeiter und späterer Emigranten.[13]

---

stieren Nekrologe (so in der *Deutschen Rundschau* 76 (1950), S. 87f.) und erinnernde Artikel, etwa Robert L. Kahn: In memorian J.K. († 9 May 1950) In: The Modern Language Review 58 (1963), S. 38-59; Rüdiger Wilkening: Josef Körner. In: Neue Deutsche Biographie. Bd. 12. Berlin 1980, S. 386-387.

[11] Promoviert hatte Marianne Thalmann 1918 in Wien mit der Arbeit *Probleme der Dämonie in Ludwig Tiecks Schriften* (Weimar 1919); vom regen Interesse an der Romantik zeugten weitere Schriften, insbesondere zu Tieck und E.T.A. Hoffmann – 1955 erschien im Berner Francke-Verlag ihr Buch *Ludwig Tieck, der romantische Weltmann aus Berlin*, 1960 die Fortsetzung *Ludwig Tieck, "Der Heilige von Dresden"* (Berlin 1960). Weitere Arbeiten zur Romantik waren: Romantik und Manierismus (Stuttgart 1963), Zeichensprache der Romantik (Heidelberg 1967), Provokation und Demonstration in der Komödie der Romantik (Berlin 1974).

[12] Zum Exodus von Literatur- und Geisteswissenschaftlern nach 1933 vgl. Horst Möller: Exodus der Kultur. Schriftsteller, Wissenschaftler und Künstler in der Emigration nach 1933. München 1984; Walter Schmitz: Modernisierung oder Überfremdung? Zur Wirkung deutscher Exilanten in der Germanistik der Aufnahmeländer. Stuttgart, Weimar 1994; Marianne Hassler, Jürgen Wertheimer (Hrsg.): Der Exodus aus Nazideutschland und die Folgen. Jüdische Wissenschaftler im Exil. Tübingen 1997; Claus-Dieter Crohn, Patrik von zur Mühlen, Gerhard Paul, Lutz Winckler (Hrsg.): Handbuch der deutschsprachigen Emigration 1933-1945. Darmstadt 1998.

[13] Siehe Erich Rothacker: Heitere Erinnerungen. Frankfurt/Main und Bonn 1963, S. 73 die Aufzählung der Beiträger K. Löwith, A. Neumeyer, K. v. Tolnai, U. Leo, G. Wittkowski, E. Lewalter, I. Ben Rubi, W. Weisbach, A. Dresdner, C. Neumann, G. Masur als Autoren der DVjs in den Jahrgängen 1933 und 1934. – Zu DVjs und ZfdPh in der NS-Zeit vgl. Werner Besch, Werner Steinecke: Zur Geschichte der Zeitschrift für deutsche Philologie. In: ZfdPh, Register zu den Bänden 1-100. Berlin 1988, S. 19-33; Michael Knoche: Wissenschaftliche Zeitschriften im nationalsozialistischen Deutschland. In: Monika Estermann, Michael Knoche (Hrsg.): Von Göschen bis Rowohlt. Beiträge zur Geschichte des deutschen Verlagswesens, S. 260-281; Holger Dainat: „wir müssen ja trotzdem weiterarbeiten". Die ,Deutsche Vierteljahrsschrift vor und nach 1945. In: DVjs 68 (1994), S. 562-582. – Birgitta Almgren belegt in ihrer Arbeit zur Geschichte der *Germanisch-Romanischen Monatsschrift*, daß auch in der GRM jüdische Literaturwissenschaftler positive Würdigung erfuhren; noch 1942 sei wiederholt auf Victor Klemperers romantische Arbeiten hingewiesen worden; siehe Birgitta Almgren: Germanistik und Nationalsozialismus: Affirmation, Konflikt und Protest, S. 209.

Wie unmittelbar der propagierte und juristisch fixierte Antisemitismus auf wissenschaftsinterne Entwicklungen ausstrahlte, läßt sich aus einer Stellungnahme des Berliner Ordinarius Arthur Hübner ablesen. Im Juni 1933 konstatierte er am Beispiel des jüdischen Romantikforschers Fritz Strich einen den Zeitumständen geschuldeten Wandel wissenschaftlicher Bewertungskriterien. Strichs begriffliche Konstruktion der diametral entgegengesetzten Stilformen Klassik und Romantik und die von Strich entwickelten Polaritäten nenne man „heute .. dialektische Antithetik von typisch jüdischer Art; vor zwölf Jahren erstarb man in Bewunderung."[14]

Eine Verschärfung des staatlich sanktionierten Antisemitismus bedeutete das 1935 auf dem Nürnberger Reichsparteitag beschlossene „Gesetz zum Schutze des deutschen Blutes und der deutschen Ehre", das die Minderwertigkeit jüdischer gegenüber ‚arischen' Deutschen juristisch fixierte, deren Heirat verbot und mit jüdischen Ehepartnern verheiratete Deutsche als „jüdisch versippt" bestimmte. Mit der seit 1935 beobachtbaren systematischen Ausgrenzung jüdischer oder „jüdisch versippter" Mitarbeiter aus den Fachzeitschriften reagierte die Literaturwissenschaft auf diese Radikalisierung des Antisemitismus.[15] Die Diskriminierung als „jüdisch versippt" betraf nun auch in Deutschland verbliebene Literaturwissenschaftler, die jüdische Frauen hatten, wie Karl Viëtor, der 1937 einen Ruf an die Harvard University annahm, oder Oskar Walzel, der in Deutschland blieb und rege publizierte, auch wenn er als Mitherausgeber der DVjs seit dem Jahrgang 1937 nicht mehr auf deren Titelblatt genannt werden durfte.[16] Friedrich von der Leyen kam 1937 mit der selbst verlangten Versetzung in den Ruhestand dem drohenden Berufsverbot zuvor – auch seine Frau war jüdischer Abstammung. Zudem hatte er sich mit mißliebigen Äußerungen zur neuen Zeit in Mißkredit gebracht.[17]

Die seit 1933 beobachtbaren antisemitischen Einschläge innerhalb einzelner Beiträge der Romantikforschung steigerten sich vor allem im Jahr der „Reichskristallnacht". Antisemitische Hetzereien richteten sich nicht nur gegen die jüdische Intelligenz in der Zeit der Romantik, die für „Geldwirtschaft", „seelenlosen Rationalismus" und „Materialismus" verantwortlich gemacht wurden, sondern auch gegen jüdische Literaturwissenschaftler und Romantikforscher der Gegenwart. So attackierte ein Beitrag aus dem Jahr 1938 die jüdischen Literarhistoriker Georg Brandes, Fritz Strich, Georg Ste-

---

[14] Arthur Hübner: Die Dichter und die Gelehrten, S. 599.
[15] Vgl. Holger Dainat, Rainer Kolk: Das Forum der Geistesgeschichte, S. 131.
[16] Vgl. ebenda, S. 131. Verleger Niemeyer rechtfertigte den Schritt mit dem Hinweis, „,dass der Staat in der Judenfrage die ‚absolute Totalität' anstrebt." – Auch bei den von Fritz Schalk herausgegebenen *Romanischen Forschungen* stellte das Jahr 1937 eine Zäsur in der Auswahl der Mitarbeiter dar; vgl. Frank-Rutger Hausmann: Aus dem Reich der seelischen Hungersnot. Briefe und Dokumente zur Fachgeschichte der Romanistik im Dritten Reich. Würzburg 1993, S. 91.
[17] Vgl. Friedrich von der Leyen: Leben und Freiheit der Hochschule. Erinnerungen. Köln 1960, S. 222f. – Zu den Umständen seiner Emeritierung auch Karl Otto Conrady: Völkisch-nationale Germanistik in Köln. Eine unfestliche Erinnerung. Schernfeld 1990, S. 56-59.

fansky und Friedrich Gundolf mit dem Vorwurf, in ihrer einseitigen Konzentration auf den Schlegelkreis nicht die ‚eigentliche' Romantik zu thematisieren, sondern eine „aus einem artfremden Geiste" stammende literarische Erscheinung.[18]

Die 1940 verfügte Verordnung, die die Nennung jüdischer, „jüdisch versippter" und emigrierter Wissenschaftler in einschlägigen Publikationen und Zeitschriften untersagte, sorgte besonders in Forschungsberichten und Referaten für Schwierigkeiten, denn oft genug konnte nicht exakt bestimmt werden, wer zum diskriminierten Personenkreis zählte.[19] Allen Eingriffen staatlicher Seite zum Trotz und trotz der sich seit 1933 mehrenden Ausfällen an die Adresse jüdischer Literaturwissenschaftler erschienen auch im nationalsozialistischen Deutschland wesentliche Beiträge zur Romantikforschung aus der Feder jüdischer Autoren. Zu erinnern ist hier an die unermüdliche Tätigkeit Josef Körners, dessen Aufsätze und Editionen weiterhin in Fachzeitschriften bzw. Verlagen im Reich erschienen und lobend besprochen wurden, auch wenn diese Rezensionen nationalsozialistische Fachvertreter zu scharfen Protesten reizten.[20] Bis zum Beginn der 1940er Jahre lassen sich in wissen-

---

[18] Josef Veldtrup: Friedrich Schlegel und die jüdische Geistigkeit. In: ZfDk 52 (1938), S. 401-414, hier S. 402. Die ‚eigentliche' deutsche Romantik sprudele dagegen aus anderen Quellen: Dort nämlich, „wo deutsches Menschentum fern dem literarischen Tagesstreit sicher und unbeirrt zurückgegangen ist auf die ewigen Kräfte des Volkstums als die Quelle aller Dichtung. Die in echter Poesie Gestalt gewordene Sehnsucht der Romantik vermag uns über das tiefste Wesen jener Epoche sicherer Auskunft zu geben als die anspruchsvollen, schillernden Definitionen eines Friedrich Schlegel, der, wenn auch ungewollt, dazu beigetragen hat, daß der jüdische Geist im romantischen Wollen etwas Artverwandtes erkennen zu dürfen glaubte."

[19] Ein Beispiel für die damit verbundenen Schwierigkeiten war die seit 1938 durch Franz Koch geleitete Neuerstellung von *Goedekes Grundriß zur Geschichte der deutschen Dichtung*: Entsprechend der neu formulierten Bearbeitungsgrundsätze war der jüdische Einfluss auf die deutsche Literatur seit 1830 durch Auszeichnung von Autoren als „Jude", „jüdischer Mischling" oder „jüdisch versippt" nachzuweisen; zugleich sollten literaturwissenschaftliche Arbeiten über die dargestellten Autoren in gesonderten Weise als „jüdisch" gekennzeichnet werden, „um so den Benutzern des Buches einen Anhalt für die Beurteilung der Abstammungsfragen und des jüdischen Einflusses zu geben", Preußische Akademie der Wissenschaften an das REM. Brief vom 24. November 1938. Archiv der Berlin-Brandenburgischen Akademie der Wissenschaften, Akten der Preußischen Akademie der Wissenschaften (1812-1945). Deutsche Kommission 1928-1938, Sign.: II-VIII, Bd. 29, Bl. 152. Da sich diese Feststellungspraxis jedoch allein „für Juden im Sinne der Nürnberger Gesetze (als Voll- und Dreivierteljuden)" eigne und die Akademie bei „Nachforschungen über die Mischlingseigenschaften und die etwaige Versippung" Risiken aufgrund nicht zu verbürgender Genauigkeit fürchtete, sei es ausreichend, „wenn der jüdische Einfluss dieser Literatur über die Dichter im Einleitungsband eingehend erörtert wird." Demgegenüber bestand die *Parteiamtliche Prüfungskommission* auch bei der Aufführung von Forschungsliteratur auf einer Kennzeichnung „jüdischer Vermischung oder Versippung" (REM an Preußische Akademie der Wissenschaften. Brief vom 26. Januar 1939. Ebenda, unnumeriert) und lehnte die von der Akademie vorgeschlagene Aufnahme der von R. F. Arnold in jahrzehntelanger Arbeit erstellten Anzengruber-Bibliographie mit der Begründung ab, es könne nicht angehen, „daß in irgendeiner Weise auf der Arbeit des Juden Professor Arnold gefußt wird" (ebenda).

[20] Auf die von Josef Körners im Schloß Coppet aufgefundenen und in zwei Bänden edierten Korrespondenzen u.d.T. *Krisenjahre der Frühromantik* (Brünn, Wien, Leipzig 1937) reagierten

schaftlichen Publikationen ebenfalls sachliche, durch keine Infektive getrübte Darstellungen von Leistungen jüdischer Romantikforscher feststellen.[21] – Vom Antisemitismus der politischen Umwelt des Faches profitierten dagegen Ansätze einer rassentheoretischen Literaturforschung, die sich vor allem am komplizierten Verhältnis von Romantik und Judentum abarbeitete. Diese diffusen Forschungsansätze, die den Intentionen nationalsozialistischer Wissenschaftsvorstellungen zwar am nächsten, über ideologisch motivierte und instrumentalisierbare Verdikte jedoch nicht hinauskamen, werden später gesondert zu behandeln sein.

Die hier notwendigerweise nur kurz umrissenen Maßnahmen des Staates zur „Bereinigung" der Wissenschaftslandschaft bildeten eine wesentliche Rahmenbedingung für die sich anschließend zu analysierenden wissenschaftsinternen Entwicklungen. Unter Berücksichtigung dieser Determinanten sollen nun die kognitiven Parameter der Romantikforschung umrissen werden – wobei es gilt, Wissenschaftsentwicklung nicht als historisches Kontinuum anzusehen, sondern sich auf die Verbindung kontinuierlicher und diskreter Momente zu konzentrieren, die das Geschehen prägten.

---

zahlreiche Rezensionen, u.a. von W. Kalthoff (Zeitschrift für Aesthetik 31 (1937), S. 354-357, 32 (1938), S. 314f.), K.A. Meißinger (Hochland 34 II (1937), S. 259f.), W. Rehm (ZfdPh 63 (1938), S. 324-326, 64 (1939), S. 101f.), Benno von Wiese (Literaturblatt für germanische und romanische Philologie 60 (1939), Sp. 100-102). – Die Rezension Benno von Wieses und dessen Forschungsbericht zur Romantik (DuV 38 (1937), S. 65-85) veranlaßte Franz Koch zu einem Brief an von Wiese, in dem es hieß: „Daß wir eine neue Front von Wissenschaftlern aufzubauen im Begriffe sind, ist kein Geheimnis. Zwei Bedingungen sind dafür Voraussetzungen: wirkliche Wissenschaflichkeit und unbedingte Verläßlichkeit, soweit sie sich als Zusammengehörigkeitsgefühl offenbart, das auch das gelegentlich offene Bekenntnis zum Nationalsozialismus nicht scheut. Man muß schließlich auch an der wissenschaftlichen Haltung des Forschers erkennen können, wo er steht. Es ist mir nun aufgefallen, daß sie in ihren Forschungsberichten zur Romantik, die selbst für eine Erscheinung wie Otto Mann, über die wir uns wohl heute ganz im klaren sind, soviel Objektivität aufbringen, die Arbeiten Gundolfs und Körners vor allem ausführlich würdigen, kein Wort für meine ‚Deutsche Kultur des Idealismus' übrig haben, obwohl sie bis aufs Jahr 1932 zurückgreifen, auch nicht versäumen, auf Walzel einzugehen und mir, wie ich mich erinnere, Ihre Zustimmung mündlich sehr lebhaft ausgedrückt haben. Ich wäre nicht darauf zurückgekommen, wenn Sie sich nicht neuerdings im ‚Literaturblatt' für den Juden Körner einsetzten, obwohl, ganz abgesehen von seinem Judentum, gerade seine ‚Krisenjahre' ganz gewiß an sich eine sehr kritische Sonde vertrügen. Das nimmt man Ihnen denn auch sehr übel, denn nicht gewußt zu haben, daß Körner Jude ist, wird heute, und wie mir scheint mit Recht, niemand als Entschuldigung gelten lassen. Auch ist jeder Fachgenosse über den Staub, den seine Habilitationssache einst aufgewirbelt hat, im Bilde. Ich weiß anderseits, daß Sie es abgelehnt haben, die beiden Bände meines ‚Stadion' zu besprechen (Sie glauben nicht, wie sehr wir beobachtet werden!)." – Brief Franz Kochs an Benno von Wiese vom 30. Mai 1939, zitiert nach Benno von Wiese: Ich erzähle mein Leben. Erinnerungen. Frankfurt 1982, S. 152f.

21 U.a. bei Rudolf Haller: Die Romantik in der Zeit der Umkehr. Die Anfänge der jüngeren Romantik 1800 - 1808. Bonn 1941 (= Habil.-schrift Bonn), mit der ausgewogenen Kritik Fritz Strichs (S. 11) oder der Würdigung Gundolfs (S. 263).

3.2 Die Debatte um die „Umwertung der deutschen Romantik"

Mit einem Aufsatz unter dem programmatischen Titel *Umwertung der deutschen Romantik* eröffnete ein Außenseiter der universitären Literaturwissenschaft das zweite Heft des Jahres 1933 der *Zeitschrift für Deutschkunde*.[22] An Topoi einer seit Mitte der 1920er Jahre geführten Diskussion anknüpfend, bündelte Walther Linden, rege publizierender Repräsentant der deutschkundlichen Germanistik und 1933 Projektant einer „nationalen Literaturwissenschaft",[23] in diesem Text Vorwürfe gegen die bisherige Romantikforschung und umriß ein Forschungsprogramm, das sich als Umsetzung der im Frühjahr 1933 vorgelegten Projektentwürfe einer „völkisierten" Literaturwissenschaft lesen läßt. Lindens Text und die daran anschließende Debatte zeigten, warum und mit welchen argumentativen Strategien die Schwerpunktverschiebung von der Frühromantik zur späteren – von Linden als „Hochromantik" bezeichneten – Phase der Romantik unter veränderten politischen Bedingungen artikuliert und wiederaufgenommen wurde. Lindens dezidierte Aufwertung der in der Forschung angeblich bislang unterrepräsentierten zweiten Phase der Romantik und die Würdigung ihrer Entdeckung „organischer Gemeinschaftsformen" zeugten zwar von der beherzten Nutzung der politischen Veränderungen zur Profilierung eigener Positionen – einen voraussetzungslosen Neuanfang bedeuteten sie dennoch nicht.[24] Denn wenn auch die durch Linden erneut auf die Tagesordnung gesetzte Revision der Romantikforschung und die nach 1933 beobachtbaren Verschiebungen in Thematisierungsweise, Gegenstandsbestimmung und Paradigmenbildung einen (auch von beteiligten Wissenschaftlern registrierten) Einschnitt markierten, resultierten sie doch zum großen Teil aus lang vorhergehenden innerdisziplinären Entwicklungen. In der Erläuterung von Lindens Revisionsprogramm sind deshalb die argumentativen Rekurse auf Vorläufer von besonderem Interesse.

Lindens Beitrag, vom Autor als Zusammenfassung der Gedankengänge eines geplanten zweibändigen Werkes *Geistesgeschichte des deutschen Realismus*

---

[22] Walther Linden: Umwertung der deutschen Romantik. In: ZfDk 47 (1933), S. 65-91.
[23] Linden, nach dem Studium von Germanistik und Philosophie in Leipzig ohne universitäre Anstellung, war Redakteur der *Zeitschrift für Deutschkunde* und freischaffender Literaturhistoriker. Auf seinem Besitz Lindhart bei Leipzig lebend, publizierte er unermüdlich, so u.a. mit H. A. Korff einen *Aufriß der Literaturgeschichte nach neueren Gesichtspunkten* (1930). 1933 formulierte er *Aufgaben einer nationalen Literaturwissenschaft* und gab 1935 Martin Luthers *Kampfschriften gegen das Judentum* heraus. 1937 erschien im Leipziger Reclam-Verlag seine *Geschichte der deutschen Literatur von den Anfängen bis zur Gegenwart*, die bis 1941 drei Auflagen erfuhr. In Fachkreisen weitgehend abgelehnt, wurde er durch den Rosenberg nahestehenden Helmuth Langenbucher protegiert.
[24] So auch gesehen in Marcus Gärtners Übersicht über „Schwerpunkte der germanistischen Romantikforschung" zwischen 1933 und 1945, vgl. M. Gärtner: Kontinuität und Wandel in der neueren deutschen Literaturwissenschaft nach 1945, S. 232-238.

vorgestellt (das nie erschien), setzte mit einer harschen Kritik der bisherigen Romantikforschung ein. Ihre „bis in unsere Zeit" beobachtbare, „kaum verständliche Einseitigkeit" sei an zwei Parametern signifikant: Zum einen an der Konzentration auf die Frühphase der Romantik, zum anderen an der ausschließlichen Thematisierung ihres modern-subjektivistischen Charakters. Als symptomatisch für die Irrwege der bisherigen Forschung stellte Linden die Überschätzung Friedrich Schlegels heraus, die nicht nur die Wiederentdeckung der Romantik geprägt, sondern auch die Deutungen der 1920er Jahre bestimmt habe.[25] Resultat dieser, von Linden wiederholt pejorativ „liberalistisch" bezeichneten Romantikforschung und ihrer „falschen Betrachtungsart" sei,

> „daß, letzten Endes im Sinne des 19. Jahrhunderts und seiner der organischen Synthese widersprechenden Haltung, die Romantik als ein subjektivistisches Gedankenspiel, ein von keiner Lebenswirklichkeit untergründeter Phantasiebau erscheint, daß die Phantastik mit ihren spielerischen Elementen als Kennzeichnendes der Romantik erscheint. Die religiöse Romantik, ihre kraftvolle Lebensverwurzelung und ihr großartiger Kampf um den versinkenden Kosmos bleibt unbekannt. Aus tragischem Ringen um die religiös-nationalen Grundlagen des organisch-ganzheitlichen Lebens wird ein reizendes Spiel mit poetischen Emblemen."[26]

Gegen diese „Falschwertung" der Romantik evaluierte Linden die Romantik unter neuen Gesichtspunkten. In dezidierter Zurückweisung ästhetischer und formanalytischer Zugänge würdigte er sie als „ernsthafte, lebensgegründete Welthaltung" und „geschlossene Geist- und Lebenswelt", die nicht als „Bündel poetischer Affekte", sondern nach ihrem „religiös-sozialen Grundcharakter und der Hinneigung zum Positiven und Gegebenen" beurteilt werden müsse.[27]

Als Vorgänger einer notwendigen „Umwertung der Romantik" rief Linden Forschungsprogramme auf, die von der Disziplin bislang eher mißtrauisch betrachtet wurden. Nadlers Deutung der Romantik als der „Krönung des ostdeutschen Siedelwerks" lehnte er zwar als „einseitig landschaftliche und mit den Tatsachen im Widerspruch stehende These"[28] ab; dessen „entscheidende

---

[25] Vgl. ebenda, S. 66f.: „Jener Geist, der der wahren, lebensverbundenen Romantik am fernsten steht, jener heimatlose Bohémien, der den inneren Bruch seiner ganz modern-subjektivistisch gestimmten Seele nie überwindet und der nur darum sein Verlangen nach ‚Objektivität' – sei es in klassisch-antikem Gewande, sei es in mittelalterlich-katholischem – so inbrünstig-verzweiflungsvoll herausschreit, weil ihm jedes lebendige Verhältnis zu festgestalteten, gewachsenen Gemeinschaftsformen fehlt, jener eigentlich unvolkstümlichste, unnationalste, weil reflektierteste Geist – er wird zum großen Lieferanten romantischer Gedanken, aus seinen Fragmentblitzen und -witzen wird das ‚romantische' Weltsystem aufgebaut. [...] Novalis' die Folgezeit aufs stärkste vorausnehmender Aufsatz ‚Die Christenheit oder Europa', allerdings eine entschiedene Verleugnung der im liberal-individualistischen Sinne umgedeuteten Frühromantik, spielt kaum eine Rolle; dagegen wird Schlegels ‚Lucinde', ein trüber Hintertreppensketsch, als geistesgeschichtliche Urkunde ersten Ranges ausgewertet."

[26] Ebenda, S. 68.

[27] Ebenda, S. 68. – Die Verdikte gegen den „Intellektualismus" der Frühromantik und ihren „Subjektivismus bis zur völligen Vereinzelung" wurden aufgenommen durch Hennig Brinkmann: Die deutsche Berufung des Nationalsozialismus. Jena 1934, S. 22 und 24; bezeichnend auch Fritz Martini: Wesen und Werden der ‚Deutschen Bewegung'. In: Geist der Zeit 15 (1937), S. 343-350, 460-473, hier S. 470.

[28] W. Linden: Umwertung der deutschen Romantik, S. 69.

Neuwertungen" – vor allem die Zurückstellung der Frühromantik und Friedrich Schlegels zugunsten Adam Müllers und aller „volksverwurzelten und landschaftsgebundenen Strömungen" – begrüßte er jedoch ebenso wie Erich Rothackers *Einleitung in die Geisteswissenschaft* von 1920, die die Leistungen der spätromantischen „Historischen Schule" ins rechte Licht gerückt hätte.[29] Neben Bemühungen um das romantische Staatsdenken und der von Günther Müller repräsentierten katholischen Literaturwissenschaft, die den späten Friedrich Schlegel rehabilitiert habe, sei es vor allem der radikale Schnitt zwischen früher Jenaer Romantik und ‚eigentlicher' Heidelberger Romantik in Alfred Baeumlers „hochbedeutsamer, geistig überragender" Bachofen-Einleitung gewesen, der „die eigentlich religiöse Romantik, im besonderen Görres, in ihrer gewaltigen Seelentiefe und Lebensverwurzelung in den Vordergrund gerückt und damit das Romantikbild am entschiedensten umgestaltet hat."[30]

Der von Linden im Anschluß vorgelegte Programmentwurf einer neuen, „den innersten Strebungen der Romantik wesensverwandt nachfühlenden Forschung"[31] suchte sowohl den Gegenstand der Forschung neu zu zentrieren, als auch Thematisierungsweisen zu formulieren, mit denen das Fach Neuzugänge erschließen sollte. Dazu ersetzte er die bislang gebräuchliche Unterteilung der Romantik in zwei „Schulen" durch Differenzierung dreier Phasen. Die der Auflösung des Jenaer Romantikerkreises folgende und bis 1816 zu datierende „Hochromantik" sei als „Überwindung des frühromantischen Subjektivismus" und „Periode des reifen Gleichgewichts objektiver und subjektiver Strebungen" die „reinste Ausprägung" der Romantik und müsse darum bevorzugt bearbeitet werden.[32] Gegenüber der als „eigentliche Erfüllung des romantischen Hauptstrebens" gefeierten „Hochromantik" und der legitimistischen „Spätromantik" verfiel die „Frühromantik" einer harschen, dennoch stark selektiven Kritik: Die bisher als ihre Repräsentanten geltenden Friedrich Schlegel und Ludwig Tieck und ihre genuin poetischen Gewinne wie die Entdeckung der Subjektivität und des Phantastischen diskriminierte Linden zugunsten der „tieferen Lebensbeziehung" von Novalis, Schleiermacher und Schelling. Deren Streben nach der „i n n e r e n V e r l e b e n d i g u n g d e r g r o ß e n o b j e k t i v e n G e m e i n s c h a f t s f o r m e n : N a t u r , G e s c h i c h t e , S t a a t" habe die originär romantische Natur-, Geschichts- und Staatsphilosophie begründet und mit der „Anerkennung des objektiven Lebens und seiner Gemeinschaftsformen" den verhängnisvollen Subjektivismus Schlegels verabschiedet.[33]

Mit der der „Hochromantik" zugeschriebenen Entdeckung des „Volkstums" schlug Linden ein Thema an, das in der bereits vor 1933 beobachtbaren „Völkisierung" der Neueren deutschen Literaturwissenschaft Konjunktur

---

[29] Ebenda, S. 69.
[30] Ebenda, S. 69f.
[31] Ebenda, S. 70.
[32] Alles ebenda, S. 70.
[33] Ebenda, S. 73, Sperrung im Original.

hatte und der antimodernen Attitüde des nationalsozialistischen Ideenhaushaltes zu entsprechen schien.³⁴ Antifranzösisch konnotiert, umrissen seine emphatischen Verweise auf die Erkenntnis der „tiefbegründeten und unzerstörlichen Gegebenheit des volksmäßigen Zusammenhanges"³⁵ und die an sie anschließenden Explikationen eines von der Romantik entwickelten „deutschen Sonderweges" Leitdifferenzen künftiger Forschung. In Aufnahme und Zuspitzung der geistesgeschichtlichen Konstruktion einer Fundamentalopposition von deutscher Romantik und westeuropäischer Aufklärung bot sein Revisionsprogramm nachfolgenden Forschungen Anschlußmöglichkeiten – trotz der raschen Kritik, die sowohl der *Umwertungs*-Aufsatz als auch das Pamphlet *Aufgaben einer nationalen Literaturwissenschaft* fand.³⁶

Bevor im folgenden die nach Lindens Publikation einsetzende Diskussion um die „Umwertung" der Romantik nachgezeichnet werden soll, ist die mögliche Vermutung ausräumen, bei der nach 1933 einsetzenden Veränderung der Forschung handele es sich um einen Paradigmenwechsel. Die nach 1933 beobachtbaren Verschiebungen und Brüche innerhalb der universitätsgermanistischen Romantikforschung waren – darauf hatte Linden explizit verwiesen – lange vorbereitet.³⁷ Die Verschiebung des fachspezifischen Interesses auf die „Hoch-" und Spätromantik unter besonderer Berücksichtigung ihres „Volkstums-Erlebnisses" wie auch die Thematisierung weltanschaulich-philosophischer Gehalte hatte lange vor Lindens Angriffen gegen eine „liberal-individualistische" Literaturgeschichtsschreibung begonnen. Nadlers Romantikkonzept beinhaltete nicht nur die Differenzierung zwischen dem „lehrhaften ostdeutschen Kunstschulmeister" Friedrich Schlegel einerseits und dem „Gedanken einer persönlichen und völkischen Wiedergeburt"³⁸ andererseits, sondern nahm auch die nach 1933 signifikante Gegenstands- und Wertungsverschiebung vorweg. Bereits für Nadler bildeten nicht mehr genu-

---

34 Vgl. ebenda, S. 74f.: „Die hochromantische Gesinnung empfindet den Wert des Schollenverhafteten, Naturgetragenen; ihr Gefühl für den religiösen Sinn alles Geschichtlichen, mithin auch des Überlieferten, läßt sie das gute Alte schätzen, ohne darum die lebendige Bewegung des Geschichtslebens beeinträchtigen zu wollen. [...] Sie hat den Sinn für die Bedeutung der untergründenden Natur, des Bodens und der Landschaft... Sie erhält die tiefere Empfindung nicht nur des Religiösen, d.h. der tiefen Abhängigkeit aller Dinge vom weltdurchwaltenden göttlichen Geiste, sondern auch des Nationalen, d.h. der Einbettung aller Einzelmenschen in den unlöslichen religiösen Zusammenhang der Gemeinschaft und Geschichte eines Volkes."
35 Ebenda, S. 75.
36 Vgl. Lindens Programmschrift *Aufgaben einer nationalen Literaturwissenschaft* (München 1933), in der auch die Auseinandersetzung mit der Romantikforschung einen zentralen Platz einnahm. Den dort formulierten Maßstäben einer Literaturwissenschaft, die „echte Dichtung" von „Literatentum" aufgrund der Gestaltung von „Staat und Gemeinschaft als Wesenserlebnis" zu scheiden hätten, korrespondierten die Forschungs- und Wertungskriterien für eine veränderte Bearbeitung der Romantik.
37 Zur Vorbereitung dieser ‚Umwertung' in den zwanziger Jahren vgl. Richard Brinkmann: Romantik als Herausforderung. Zu ihrer wissenschaftsgeschichtlichen Rezeption. In: Ders. (Hrsg.): Romantik in Deutschland. Ein interdisziplinäres Symposion. Stuttgart 1978, S. 7-38.
38 Josef Nadler: Literaturgeschichte der deutschen Stämme und Landschaften. 2.Aufl., Bd. 3, S. 252.

in poetische oder poetologische Texte den Gegenstand literarhistorischer Vermittlungsbemühungen, sondern vor allem politische Manifestationen, weltanschauliche und philosophische Traktate bzw. nationalgeschichtlich relevante Dichtungen, aus denen der Stammes-, National- oder Volksgeist herausdestilliert werden konnte.[39] Auch Alfred Baeumlers Separation von „individualistischer" Frühromantik und „erdgebundener" Heidelberger Romantik, in den 1920er Jahren von Fachvertretern und liberaler Öffentlichkeit weitgehend zurückgewiesen, gewann durch Lindens Vorstoß und im Rahmen einer veränderten politischen Umwelt an neuer Relevanz. Spätestens seit 1933, als Baeumler kurzzeitig neben Krieck als Kandidat für das Amt des preußischen Kultusministers gehandelt[40] und zum 1. Mai 1933 als Professor für Politische Pädagogik an die Berliner Universität berufen wurde, nahmen zahlreiche Romantikdarstellungen auf seine Bachofen-Einleitung Bezug.[41]

Von Linden in seiner Forderung nach Revision des Romantikbildes nur am Rande erwähnt, drängten seit Beginn der 1920er Jahre weitere Tendenzen auf eine Korrektur der vornehmlich auf die individualistischen Züge der Frühromantik fokussierten Forschung. 1925 konstatierte Paul Kluckhohn die Neigung, „den Gemeinschaftswillen der Romantik stark zu unterstreichen, wobei die sogenannte jüngere Romantik und besonders die Spätromantik mehr in den Vordergrund gerückt werden."[42] Galt das starke Interesse an der Frühromantik am Ende des 19. Jahrhunderts vorwiegend „den individualistischen Eigenheiten dieses Kreises, wie das der eigenen Lebenseinstellung der Zeit entsprach", so finde man nun „das eigene Erleben in der Romantik wieder und sieht in dieser dann wohl eine Entwicklung von schroffsten Individualismus zum Gemeinschaftsempfinden hin, ja geradezu eine ‚Umkehr', die nach Troeltsch darin bedingt sein soll, daß der auf die Spitze getriebene Individualismus von seinen eigenen Vertretern als zerstörerisch empfunden worden sei."[43] Die Berufung auf Ernst Troeltsch und die von ihm für notwendig erklärte Rückwendung zu einem antiindividualistischen Gemeinschaftsdenken manifestierte den wachsenden Einfluß, den die lange Zeit als restaurativ zurückgewiesenen

---

[39] Vgl. Walter Muschg: Josef Nadlers Literaturgeschichte [1937]. In: W. Muschg: Die Zerstörung der deutschen Literatur. Bern 1956, S. 133-152, hier S. 146f.

[40] Vgl. Victor Klemperer: Ich will Zeugnis ablegen bis zum letzten. Tagebücher 1933-1941. Hrsg. von Walter Nowojski unter Mitarbeit von Hadwig Klemperer. Berlin 1995, Bd. 1, S. 8.

[41] Signifikant wurde die gewandelte fachinterne Bewertung von Baeumlers Romantikkonzeption in den Rezensionen, die in Reaktion auf die Neuauflage der Bachofen-Einleitung in den 1937 veröffentlichten *Studien zur deutschen Geistesgeschichte* erschienen. Jetzt zählte der abgedruckte Abschnitt *Jenenser und Heidelberger Romantik* „ebenso wie das Ganze, aus dem er herausgelöst ist, bereits schon zu den klassischen Stücken geistesgeschichtlicher Darstellung und eindringender Wissenschaftsgeschichte" – so Walther Rehm: Rezension: Alfred Baeumler, Studien zur deutschen Geistesgeschichte, Berlin 1937, in: Historische Zeitschrift 159 (1939), S. 163f., hier S. 164. Eine hymnische Würdigung der Romantikkonzeption Baeumlers fand sich auch bei Franz Koch: Der Weg zur volkhaften Dichtung der Gegenwart. In: ZfDk 51 (1937), S. 98-113, S. 101f.

[42] Paul Kluckhohn: Persönlichkeit und Gemeinschaft. Studien zur Staatsauffassung der deutschen Romantik, S. 1.

[43] Ebenda, S. 1.

romantischen Korporations- und Staatsvorstellungen erlangten und die seit Jahrhundertbeginn verstärkt rezipiert wurden.[44] Auch die von Julius Petersen in der *Wesensbestimmung der deutschen Romantik* 1926 vorgenommene Aufwertung der von Gervinus, Hettner und noch Ricarda Huch als „Verfall" disqualifizierten Jüngeren Romantik, als deren Innovationen er die Herausbildung der Germanistik und die Wiederentdeckung des „Volkstums" herausstellte, gehört in einen fachgeschichtlichen Zusammenhang, der es erlaubt, die scheinbare Novität des 1933 postulierten Paradigmenwechsels zu relativieren.[45]

Auch wenn kompetente Fachvertreter Lindens programmatischen *Umwertungs*-Aufsatz schon bald kritisierten, lieferten seine Revisionsforderungen die Folie für die relativ raschen Veränderungen in der Forschungslandschaft. Die in der Frühphase der Geistesgeschichte präferierten poetologischen und philosophischen Leistungen der Frühromantik traten hinter die Erforschung des „Volkstumserlebnisses" der späteren Romantik zurück. Die von Josef Nadler und Alfred Baeumler vertretene radikale Separierung von früher und späterer Romantik – vor 1933 von der Disziplin weitgehend zurückgewiesen – avancierte jedoch auch unter den neuen politischen Bedingungen und nach Lindens programmatischer Forderung *nicht* zum unwidersprochenen Grundsatz der Forschung. An der Frage nach der geistig-kulturellen Einheitlichkeit der romantischen Bewegung schieden sich auch weiterhin die Geister, wobei die Einnahme eines separierenden Standpunktes zumeist mit einem Werturteil zugunsten der „Hochromantik" und gegen die zunehmend zurückgedrängte Frühromantik verbunden war. Die Verschiebungen auf Gegenstands- und Wertungsebene blieben den beteiligten Wissenschaftlern nicht verborgen. 1937 konstatierte Rudolf Unger in seinem Literaturbericht zur deutschen Romantik das schwindende Interesse für die Frühromantik, das er als Indiz „für die gewandelte Auffassung vom Wesen der deutschen Romantik als solcher, welche der große geistige Umbruch unserer Tage herbeigeführt hat", interpretierte.[46] 1938 stellte er außer einem besonderen Engagement für

---

[44] Vgl. Ernst Troeltsch: Die Restaurationsperiode am Anfang des 20. Jahrhunderts. Ein Vortrag. Riga 1913.

[45] Vgl. Julius Petersen: Die Wesensbestimmung der deutschen Romantik, S. 138. – Den zur Begründung der Deutschkunde immer wieder herangezogenen Konnex von „deutschem Wesen" und seiner ersten Reflexion in der späteren Romantik, aus der die Germanistik geboren worden sei, hatte Petersen gleichfalls schon in den 1920er Jahren ausgesprochen, vgl. Julius Petersen: Das goldene Zeitalter bei den deutschen Romantikern. In: Fritz Strich, Hans Heinrich Borcherdt (Hrsg.): Die Ernte. Abhandlungen zur Literaturwissenschaft. Franz Muncker zu seinem 70. Geburtstag. Halle/S. 1926, S. 117-175, hier S. 175.

[46] Rudolf Unger: Schrifttumsbericht Deutsche Romantik. In: ZfDk 51 (1937), S. 274. Für die Jahre 1936 und 1937 verzeichnete Unger nicht eine Monographie zur Frühromantik, dafür jedoch die (gelobten) Tieck-Bücher Edwin H. Zeydels (Ludwig Tieck. The German Romanticist. A Critical Study. Princeton 1935) und Robert Minders (Un Poete romantique allemand: Ludwig Tieck 1773-1853. Paris 1936) sowie mehrere dem „großen völkischen Erzieher" Ernst Moritz Arndt gewidmete Werke. Ebenso wie dessen Wiederentdeckung begrüßte Unger die neuen Würdigungen Friedrich Ludwig Jahns, der „für die Sicht aus unserer Gegenwart ... als einer der tätigsten Künder und Führer völkischer Erneuerung in jener preußisch-deutschen Erhebungszeit" an der Seite Arndts stehe.

Eichendorff – das „offenbar zu einem guten Teile auf Motiven landsmannschaftlicher oder konfessioneller Verbundenheit beruht" – ein „ausgesprochenes Sonderinteresse für Arndt und die Männer der Reform- und Erhebungszeit im allgemeinen" fest.[47] Benno von Wiese erklärte 1937 die „Wiedererschließung" der jüngeren Romantik zu einer der „wesentlichsten Aufgaben künftiger Romantikforschung"[48]. Paul Kluckhohn resümierte in seinem Forschungsbericht *Deutsche Literaturwissenschaft 1933-40* die literaturwissenschaftliche Romantikrezeption seit der Machtübernahme und kam zu dem Schluß:

> „In der Romantik-Forschung der letzten Jahre läßt sich eine Schwergewichtsverschiebung erkennen von den Frühromantikern, von denen Novalis noch das stärkste Interesse findet, zu den jüngeren Romantikern Arnim, Brentano, Görres, E.T.A. Hoffmann und ganz besonders zu Eichendorff, dem eine größere Zahl von Spezialuntersuchungen gewidmet ist als jedem anderen romantischen Dichter. Die Ideen des Volkes und das Volkstumserleben sind bei Arnim, Görres, Steffens u.a. untersucht worden. Gerade diese Seite der Romantik liegt dem heutigen Deutschen sehr nahe. Mit ihrer Staatsauffassung hat man sich bereits früher beschäftigt."[49]

Die so beschriebene „Umwertung" der Romantik setzte nicht schlagartig ein. Die ersten Jahre nach 1933 waren durch eine Diskussion um Lindens „kühne Behauptungen" geprägt. An ihr beteiligten sich mit Oskar Walzel und Josef Körner exponierte Romantikforscher, die sich durch Lindens Vorwürfe der einseitigen Überhöhung Friedrich Schlegels besonders getroffen fühlen mußten. Walzel, der 1934 unter dem Titel *Romantisches* zwei Untersuchungen der Kunsttheorien Friedrich Schlegels und Adam Müllers vorgelegt und eine weitgehende Abhängigkeit Müllers von seinem Vorgänger Schlegel konstatiert hatte,[50] publizierte 1935, den Titel der Abhandlung Walter Lindens von 1933 aufnehmend, seine Entgegnung *Umwertung der deutschen Romantik*.[51] Darin besprach er die Wege der Romantikforschung seit Haym und Dilthey und bekannte sich zu seiner schon 1908 vertretenen Meinung, kein anderer habe so wie Friedrich Schlegel das Lebensgefühl der deutschen Romantik erfaßt und ausgesprochen.[52] Walzel billigte der von Baeumler und seinen

---

[47] Rudolf Unger: Schrifttumsbericht Deutsche Romantik I. In: ZfDk 52 (1938), S. 250. – Unger registrierte erneut das nachlassende Interesse an der Frühromantik: „Wie schon in früheren Jahren, so tritt auch diesmal die Frühromantik an Zahl der ihr speziell gewidmeten Schriften gegenüber Hoch- und Spätromantik sichtlich zurück."
[48] Benno von Wiese: Forschungsbericht zur Romantik. In: DuV 38 (1937), S. 65-85, hier S. 85.
[49] Paul Kluckhohn: Deutsche Literaturwissenschaft 1933-1940, hier zitiert nach dem Wiederabdruck in: Sander L. Gilman (Hrsg.): NS-Literaturtheorie, S. 260. Der Verweis auf die bereits früher eingesetzte Beschäftigung mit dem romantischen Staatsdenken zielte auch auf Kluckhohns eigene Forschungen, die vor 1933 erschienen waren.
[50] Oskar Walzel : Romantisches. Bonn 1934 (= Mnemosyne 18) I. Frühe Kunstschau Friedrich Schlegels. S. 7-110; II. Adam Müllers Ästhetik. S. 111-250.
[51] Oskar Walzel: Umwertung der deutschen Romantik. In: Literatur 37 (1935), S. 437-440.
[52] Vgl. ebenda, S. 439: „Wie Minor, wie Marie Joachimi war ich überzeugt, der jüngere Schlegel habe wie kein anderer das Lebensgefühl der deutschen Romantik erfaßt und ausgesprochen. Ich bin es heute noch."

Adepten verfochtenen „Umwertung" der deutschen Romantik, die Görres und die objektivierende „Hochromantik" als „eigentliche" Romantik bezeichnete, einen „richtigen Kern" zu, doch sei der Gegensatz der Heidelberger zur Jenaer Romantik nicht so stark, wie von Baeumler betont. Schon vor den Heidelbergern hätten sich ältere Romantiker, besonders Friedrich Schlegel, zur Anerkennung kollektiver Bindungen des Individuums weiterentwickelt. Die von Baeumler ausgehende und durch Linden 1933 nochmals intensivierte Forderung nach einer „Umwertung der Romantik" stellte Walzel explizit in den zeithistorischen Zusammenhang der politischen Entwicklung nach 1933. Die postulierte „Umwertung" des literaturgeschichtlichen Romantikbildes sei

> „Ausdruck ihres Zeitalters, der unmittelbaren Gegenwart. Sie wirft alles Licht auf die Seiten der vielseitigen Romantik, die um 1900 am wenigsten beachtet wurden, uns heute indes am verwandtesten erscheinen. Die Heidelberger Romantik hat unbedingter als andere deutsche Romantik das deutsche Mittelalter verklärt, sein Leben und seine Kunst; sie hat das Reich des deutschen Kaisers des Mittelalters den Deutschen, die nach einem neuen deutschen Reich strebten, zum Vorbild gemacht."[53]

In einem anderen Beitrag, der seine Forschungen zu Adam Müllers Ästhetik zusammenfaßte, relativierte der Bonner Emeritus – noch immer als „Doyen der deutschen Romantik-Forscher"[54] anerkannt – die zuletzt von Linden herausgestellte überragende Bedeutung Müllers innerhalb der Romantik.[55] Hätte Friedrich Schlegel noch im Widerspruch zwischen verstehender und wertender Kritik gestanden, verzichtete Müller grundsätzlich auf Wertung zugunsten eines relativistischen Verstehens, das auf seiner Lehre vom Gegensatz fuße. Über Friedrich Schlegel hinaus habe Müller Wegweisendes wie die Idee des Gesamtkunstwerks und des Volksschauspiels hervorgebracht. Doch sei er wie Schlegel und die frühe Romantik als romantischer Ironiker mit dem rationalen 18. Jahrhundert noch nah verwandt.

Seine umfassende Antwort auf die Bemühungen zur Trennung von früher und späterer Romantik formulierte Oskar Walzel 1936 in einem länger angekündigten Beitrag unter dem Titel *Jenaer und Heidelberger Romantik über Natur- und Kunstpoesie*, den er im Januar 1935 der *Deutschen Vierteljahrsschrift für Literaturwissenschaft und Geistesgeschichte* übermittelte. Sein Manuskript führte allerdings zu einem Konflikt zwischen den DVjs-Herausgebern Paul Kluckhohn und Erich Rothacker, der ein bezeichnendes Licht auf die veränderten Bedingungen wissenschaftlicher Kommunikation nach 1933 wirft. Vor allem Walzels Affront gegen den zum Professor für Politische Pädagogik und Mitarbeiter der *Dienststelle Rosenberg* aufgestiegenen Alfred Baeumler ließ Paul Kluckhohn anfänglich zögern. Nach erster Lektüre des Manuskripts schrieb er am 19. Februar 1935 an Mitherausgeber Erich Rothacker:

---

[53] Ebenda, S. 439.
[54] Erich Rothacker an Paul Kluckhohn. Brief vom 22.2. 1935. ULB Bonn, Nachlaß Rothacker I, Bl. 7.
[55] Oskar Walzel: Adam Müllers Aesthetik. In: Gral 29 (1935), S. 58-61.

"Der Aufsatz von Walzel, den ich hier wieder beilege, setzt mich in eine peinliche Lage. Er ist für mich insofern schwierig zu beurteilen, als die darin behandelte Materie mir sehr wohl vertraut ist und vieles, was er sagt, in meinen Vorlesungen auch ausgesprochen ist, wenn auch nicht publiziert. [...] So erwünscht mir eine ernsthafte Auseinandersetzung mit Bäumlers [sic] Romantikauffassung scheint, wie ich sie im Kolleg wiederholt gegeben habe, so möchte ich diese Ausfälle gegen ihn doch nicht drucken. Und auch die Herabwürdigung Adam Müllers zu Gunsten Friedrich Schlegels kann ich so nicht mit machen. Für die romantische Mittelalter-Auffassung wäre mein Buch ‚Persönlichkeit und Gemeinschaft' nicht zu übergehen, und auch Band XII meiner Romantikreihe ‚Kunstanschauung der jüngeren Romantik' von Andreas Müller wäre heranzuziehen. [...] Meine Meinung würde also dahin gehen: wir können den Aufsatz in dieser Form nicht nehmen, würden uns aber bereit erklären, ihn zu veröffentlichen, wenn der Verfasser ihn ganz wesentlich kürzt und der Auseinandersetzung mit Baeumler eine andere Form gibt. Sollte Walzel dazu nicht bereit sein: umso besser!"[56]

Rothacker, der seinen alten Bonner Kollegen nicht verärgern wollte, intervenierte gegen Kluckhohns Taktik.[57] Dieser erläuterte nach einer Verwahrung gegen Rothackers Vermutung, er gäbe Walzel die Schuld am Scheitern seiner Berufung nach Bonn,[58] noch einmal seine Befürchtungen. Für ihn sei der Aufsatz Walzels problematisch „insofern, als mir die behandelte Materie allzu vertraut ist, die naheliegenden Einwände gegen Bäumler oder der starke Gegensatz zwischen Jakob Grimm und Arnim in der Frage Natur- und Kunstpoesie Dinge sind, über die ich im Kolleg oft gesprochen habe und die für mich also selbstverständlicher Wissenschaftsbesitz sind, über den noch einen Aufsatz zu veröffentlichen mir kaum nötig scheint."[59] Schwerwiegender und der eigentliche Grund für seine Bedenken seien jedoch mögliche Kollisionen mit wissenschaftspolitischen Instanzen, die durch eine Publikation heraufbeschworen würden:

---

[56] Paul Kluckhohn an Erich Rothacker. Brief vom 19.2.1935. ULB Bonn, Nachlaß Rothacker I, Bl. 24.

[57] Bereits in seinem ersten Brief bezüglich des Manuskripts Walzels hatte Rothacker u.a. persönliche Gründe für eine Annahme ins Feld geführt, vgl. Erich Rothacker an Paul Kluckhohn. Brief vom 2.2. 1935. ULB Bonn, Nachlaß Rothacker I, Bl. 6: „Er [Walzel] hat sich grosse Mühe gegeben und fürchtbar Angst, dass wir ihn durch Kritik oder gar Abweisung kränken. Ich fände das aber auch sehr ungerecht und würde das dem alten Herrn, der manches von mir erduldet hat sehr ungern antun. [...] Zudem hat er im Ausland einen so grossen Anhang, dass der Aufsatz schon darum der Vj. ganz nützlich sein könnte."

[58] Vgl. Paul Kluckhohn an Erich Rothacker. Brief vom 5.3. 1935. ULB Bonn, Nachlaß Rothacker I, Bl. 25: „Es ist eine Unterstellung, gegen die ich mich verwahren muss, wenn Du schreibst, Du hättest den Eindruck, ich schöbe Walzel die Schuld zu, dass ich nicht sein Nachfolger geworden und sei daher gereizt gegen ihn." – Tatsache war, daß Kluckhohn in den Berufungsverhandlungen hinsichtlich des Nachfolgers für den emeritierten Walzel den ersten Listenplatz inne hatte, jedoch am neuen hochschulpolitischen Grundsatz, keine Ordinarien zu berufen, scheiterte; vgl. Erich Rothacker an Paul Kluckhohn. Brief vom 2.2. 1935. ULB Bonn, Nachlaß Rothacker I, Bl. 6.

[59] Paul Kluckhohn an Erich Rothacker. Brief vom 5.3. 1935. ULB Bonn, Nachlaß Rothacker I, Bl. 25.

> „Ich bin darum auch nicht grundsätzlich gegen einen Aufsatz über dieses Thema, finde aber Walzels Ausführungen gegen Bäumler in dieser Form einen Missgriff, weiss auch nicht ob es für die Vierteljahrsschrift ratsam ist, diesen doch immerhin einflussreichen Mann zu verschnupfen – ein nicht ganz sachlicher Gesichtspunkt, der mindestens so berechtigt sein dürfte wie der Gedanke an Walzels Bauch voller Orden. Ferner kann ich nicht mit, wenn Walzel immer wieder sein Paradepferd Friedrich Schlegel gegen Adam Müller anreiten lässt; schliesslich war doch Novalis ein ungleich originalerer Geist als jeder dieser beiden. [...] Ich kann also nur meine Stellungnahme meines Briefes vom 19. Februar wiederholen und darf ja nach Deinem Briefe auch annehmen, dass Du inzwischen zu Walzel gegangen bist, damit er kürzt und die Polemik gegen Baeumler mildert. Wenn das geschehen ist, will ich mich nicht mehr gegen eine Aufnahme des Aufsatzes sperren. Wenn Du übrigens meinst, wir brauchen Walzel als Mitarbeiter, weil er ‚ein Prominenter' sei – ein Begriff übrigens, der meines Erachtens in das heutige Deutschland nicht passt – so muss ich doch verwundert fragen, warum Du bei Gründung der Vierteljahrsschrift nicht dafür warst, ihn zum Mitherausgeber zu machen, obwohl Du und ich damals gewiss nicht prominent waren, sondern Privatdozenten?"[60]

Angesichts dieser Argumentation wird deutlich, daß die Vorwegkalkulation politischer Konsequenzen einen sehr viel stärkeren Erstickungseffekt hatte als ein Zensursystem.[61] Erst nach Walzels Umarbeitung stand der Publikation des Textes nichts mehr entgegen, der nach weiteren Verzögerungen im Romantik-Biedermeier-Themenheft der *Deutschen Vierteljahrsschrift* im September 1936 erschien.[62] In ihm verglich Walzel die Anschauungen der Jenaer Frühromantiker mit denen der in Heidelberg versammelten Brüder Grimm, Achim von Arnims und Görres zum Problem des „bewußten" und „unbewußten" Kunstschaffens, um den Gegensatz, den Baeumler zwischen Jenaer und Heidelberger Romantik konstatiert hatte, innerhalb der Heidelberger Romantik selbst nachzuweisen. Am Beispiel der differierenden Standpunkte in Bezug auf die Sammlung von Überlieferungen machte Walzel nachdrücklich deutlich, „daß der bloße Gegensatz individualistischer und kollektivistischer Schau nicht ausreicht, den Gegensatz zwischen Schlegel und Grimm zu erfassen."[63] Der von den Heidelbergern präferierte „unbewußte", „kollektivistische" Dichtungsbegriff sei als Ergebnis eines Prozesses entstanden, der seinen Ursprung in der Frühromantik habe. Alle wesentlichen Gewinne der späteren Romantik verbuchte Walzel als frühromantische Entdeckungen. Die

---
[60] Ebenda.
[61] Dazu auch Niklas Luhmann: Die Wissenschaft der Gesellschaft, S. 243.
[62] Oskar Walzel: Jenaer und Heidelberger Romantik über Natur- und Kunstpoesie. In: DVjs 14 (1936), S. 325-360. – Die Drucklegung des umfangreichen Aufsatzes hatte sich auch deshalb verzögert, weil mit ihm ein Romantik-Biedermeier-Themenheft eröffnet werden sollte, vgl. Paul Kluckhohn an Oskar Walzel. Brief vom 14.3.1936. DLA Marbach. A: DVjs, Zugang 78.8177. – Zum geplanten Romantik-Biedermeier-Heft der DVjs, das einen wichtigen Teil der Auseinandersetzumg mit dem Konkurrenz-Organ *Dichtung und Volkstum* darstellte, vgl. auch Paul Kluckhohn an Erich Rothacker. Briefe vom 6.8.1935, 3.9.1935, 3.10.1935, 19.10.1935, 24.2.1936. ULB Bonn, Nachlaß Rothacker I.
[63] Oskar Walzel: Jenaer und Heidelberger Romantik über Natur- und Kunstpoesie, S. 350.

Die Debatte um die „Umwertung der deutschen Romantik" nach 1933   125

„hohe Bewertung des unbewußteren und naturhafteren Menschen"[64] sei von Schelling und von Baader ausgegangen; den Schritt „vom Individuum zum Volk" habe „als einer der ersten" Fichte vollzogen.[65] Die „Bahn kollektivistischer Auffassung und Wertung"[66] habe der Gentz-Schüler Müller beschritten und dabei den Begriff des „Organischen" auf Volksgeist und Volksgeschichte angewandt. Auch wenn Linden nicht explizit genannt wurde und Walzel nur gegen Baeumlers Bachofen-Einleitung zu polemisieren schien, ging es doch auch um die Umwertungsbemühungen, die in den Revisionsforderungen von 1933 erneut auf die Tagesordnung gesetzt worden waren.[67]

Lindens Herausstellung der Müllerschen Staats- und Gesellschaftstheorie fand auch von anderer Seite Widerspruch. Der ausgewiesene Schlegel-Experte Josef Körner monierte die „vielen kühnen Behauptungen, mit denen Walther Linden seine ‚Umwertung der deutschen Romantik' vollzieht", vor allem die problematische Überhöhung Adam Müllers auf Kosten Friedrich Schlegels und verwies auf eine bisher unverstandene Stelle in Adam Müllers 1812 in Wien gehaltenen *Zwölf Reden über die Beredsamkeit*, mit der Müller dem „verehrten Meister und Freund" Friedrich Schlegel gehuldigt habe.[68]

Trotz dieser Abwehr- und Relativierungsbemühungen, denen auch ein Beitrag aus der Geschichtswissenschaft sekundierte,[69] zeigte sich schon 1934/35, wie sich die Disziplin auf veränderte Schwerpunkte einstellte. Wie erwähnt, stieg die spätere Phase der Romantik zum präferierten Gegenstand der Forschung auf. Politische, weltanschaulich-religiöse und geschichtsphilosophische Texte avancierten zum bevorzugten Material literaturwissenschaftlicher Bemühungen. Mit der Verschiebung der Aufmerksamkeit von poetischen und poetologischen Werken zu weltanschaulich-reflexiven Texten verband sich ein Wechsel in der Thematisierungsweise. Nicht mehr poetische Gewinne individueller Subjektivität standen im Zentrum der Aufmerksamkeit, sondern der romantische Volks- und Volkstumsbegriff, die romantische Erkenntnis „deutschen Wesens" und Bemühungen um die Geschichte. Andreas Müllers Einleitung in dem 1934 veröffentlichten Band *Kunstanschauung der Jüngeren Romantik* ließ die neuen Züge der Romantikdiskussion deutlich hervortreten.[70] Müller, der im DVjs-Band *Romantikforschungen* von 1929 mit ei-

---

[64] Ebenda, S. 354.
[65] Ebenda, S. 355.
[66] Ebenda, S. 355.
[67] Vgl. dazu S. 325 die Wendung gegen die vor allem von Linden vertretene Aufwertung Adam Müllers: „Baeumlers Worte bergen einen wertvollen Kern, treffen mindestens Wesentliches besser als die Vorkämpfer der Annahme, Adam Müller sei der wahre Träger deutscher Romantik. Und sicherlich entsprechen sie ihrem Zeitalter besser, sind sie Ausdruck eines Zeitgefühls, im Gegensatz zu den Fürsprechern Adam Müllers, die nicht im Sinne ihres Zeitalters eine Nebenfigur der deutschen Romantik zu der Rolle des Helden emporschraubten."
[68] Josef Körner: Adam Müller und Friedrich Schlegel. In: ZfdPh 60 (1935), S. 415.
[69] Vgl. Karl Wolff: Staat und Individuum bei Adam Müller. Ein Beitrag zur Erforschung der romantischen Staatsphilosophie. In: Historische Vierteljahrsschrift 30 (1935), S. 59-107, hier S. 105 der Befund, „daß Lindens Romantikwertung Müller entschieden überschätzt".
[70] Kunstanschauung der jüngeren Romantik. Bearb. von Andreas Müller. Leipzig Reclam 1934 (= DLE, Reihe (17) Romantik, Bd.12).

nem umfangreichen Beitrag über die Auseinandersetzung der Romantik mit den Ideen der Französischen Revolution vertreten war,[71] kennzeichnete nun die ästhetischen Betrachtungen der späteren gegenüber den philosophischen Spekulationen der frühen Romantik als „Einordnung gestaltender Handlung in ein kulturpolitisches Programm, das aus eindeutig nationalem und christlichem Geiste gebildet ist und auf eine Lösung der in der geschichtlich erwachsenden Volksgemeinschaft gegebenen schöpferischen Kräfte zielt".[72] In den Anhang der Textkompilation hatte Müller zwei Stücke aus Jean Pauls *Vorschule der Ästhetik* aufgenommen, der die Romantik zwar kritisiert habe, in einer ethisch-pädagogischen, auf Erziehung zur „Volksgemeinschaft" zielenden Haltung jedoch mit ihr einig gewesen sei.[73]

Die von Baeumler vorgenommene Trennung von ästhetisch-literarischer und religiöser Romantik blieb, nun auch von den benachbarten Philologien wahrgenommen, ein rege diskutierter Topos der Forschung, die sich weiterhin um klare begriffliche Distinktionen mühte. 1934 verglich der Romanist Kurt Wais in seiner Tübinger Antrittsrede *Zeitgeist und Volksgeist in der vergleichenden Literaturgeschichte* die „Sprachverwirrung" in der Literaturwissenschaft mit dem katastrophal endenden Turmbau zu Babel und stellte Diagnose samt Therapievorschlag am Beispiel der Romantik dar.[74] Für ihn resultierte die verwirrende Unklarheit des Begriffs „Romantik" aus der Vermengung überzeitlicher und historischer, philosophischer und poetologischer Bestimmungen, die eindeutige Begriffsunterscheidungen verhinderten. In seinem Plädoyer für eine „wissenschaftlich verantwortungsbewußte Disziplin des Literaturvergleichs" warnte er davor, aus der Gegenüberstellung national unterschiedener „sogenannter Romantiker" Rückschlüsse auf die Beschaffenheit des jeweiligen Volksgeistes zu ziehen.[75] Vielmehr sei vorrangig die Abhängigkeit von der Zeitkategorie zu berücksichtigen. In Anlehnung an Baeumler sah Wais die „‚literarische' oder ‚ästhetische'" Romantik in Deutschland abgelöst und „überwunden" von einer „religiösen" Romantik, die „durch denselben Abstand vom 18. Jahrhundert getrennt ist wie in England die Lakeists von Byron"[76]. Diese „erst neuerdings voll gewürdigte, weniger literarische als denkerische Bewegung" wirke weit über die deutschen Grenzen hinaus und bedürfe deshalb vorrangig einer komparativen Behandlung, in der „zeitlich Gemeinsames" und „völkisch Trennendes" differenziert betrachtet werden müßten.[77] Allein die Berücksichtigung der Relation „Zeit-

---

[71] Andreas Müller: Die Auseinandersetzung der Romantik mit den Ideen der Revolution. In: Romantikforschungen. Halle/S. 1929 (= DVjs-Buchreihe Bd. 16), S. 243-333.
[72] Andreas Müller: Einführung. In: Kunstanschauung der jüngeren Romantik, S. 10.
[73] Ebenda, S. 15.
[74] Kurt Wais: Volksgeist und Zeitgeist in der vergleichenden Literaturgeschichte (am Beispiel der Romantik). In: GRM 22 (1934), S. 291-307.
[75] Ebenda, S. 299ff.
[76] Ebenda, S. 303.
[77] Ebenda, S. 303f. – Vgl. S. 302: „Statt also, wie bisher üblich, ohne weiteres aus jedem beliebigen Vergleich der deutschen und ausländischen sogenannten Romantik die nationale Sonderart abzulesen, müßte eine echte vergleichende Literaturgeschichte zuerst die gemeinsame Abhängigkeit von der Zeitkategorie feststellen, um auf dieser Basis die Erkenntnis des völkisch Tren-

geist" und „Volksgeist" – von Wais als „die Pfeiler aller modernen Geisteswissenschaften"⁷⁸ bezeichnet – durch eine vergleichende Literaturgeschichtsschreibung ermögliche die Klärung des unklaren Begriffs der Romantik.⁷⁹

Von Vorwürfen gegen die bisherige Romantikforschung geprägt war auch ein 1934 publizierter Radiovortrag des George-Kreisangehörigen Rudolf Fahrner, der kurzzeitig Richard Alewyns Nachfolger in Heidelberg war und seit 1938 als „Professor im Reichsdienst" in Athen lehrte.⁸⁰ Nach Kritik an der bisherigen disziplinären Praxis, nur geistige Spiegelungen und Meinungen gerühmt oder verurteilt zu haben, am „wirklichen Sein" aber vorübergegangen zu sein, suchte er die entscheidenden Lebensregungen der Romantik zu eruieren. Doch blieb es bei ihrer Lokalisierung am Rande der geistigen Welt Goethes und des „europäischen Zerfalls", bei einer Lobpreisung Karolines und strengen Urteilen gegen den zügellosen Subjektivismus Friedrich Schlegels und Schleiermachers.

Veränderte Deutungsmuster wirkten sich auch in einem Bezirk der Rezeption aus, in dem die Beschwörung kultureller Symbolik und Ansätze zu einer regional zentrierten Literaturforschung zusammentrafen: in der nach 1933 anschwellenden Literatur zur „Rheinromantik", die aus der Feder enthusiastischer Dilettanten, aber auch universitärer Germanisten wie Franz Schultz stammte. Was der Frankfurter Ordinarius 1934 unter dem Titel *Romantik am Rhein* aussprach, kehrte in zahlreichen anderen Beiträgen wieder: Die spätere Romantik mit ihrer nationalen und politischen Haltung sei würdigste Erscheinung des romantischen Geistes; ihr Symbol die Entdeckung des Rheins als Denkmal der Natur, Kunst und Lebenslust. „Rheinische Romantik" bedeute Verbundenheit mit volkstümlicher Überlieferung, Brauchtum und Sitte.⁸¹

Auch wenn die Verlagerung der Aufmerksamkeit auf die spätere Phase der Romantik zu dominieren schien, wurden vorangegangene Entwicklungen fortgesetzt. Trotz der Verdikte gegen das „volksfremde Literatentum" der

---

nenden vorzubereiten." Verwirklicht fand Wais dieses Prinzip nur in Ausnahmen wie in Carl Schmitts Buch *Politische Romantik*, von dem die Literaturwissenschaft, „die es hätte in erster Linie angehen müssen, nicht oder nur unwirsch Notiz nahm." Ebenda, S. 302.
78 Ebenda, S. 305.
79 Die Möglichkeiten einer komparatistischen Klärung des Romantik-Begriffs grenzte Wais jedoch stark ein: Auch wenn es „vielleicht eine europäische Geistesgeschichte geben mag", so existiere dennoch nur „eine deutsche, französische, italienische Dichtungsgeschichte, d.h. Seelengeschichte. [...] Vom radikalen Dichtungsstandpunkt aus kann es nur eine völkische Romantik geben, wobei sogar der Gruppenbegriff bereits als eine Anleihe bei der rationalen, definierbaren Zeitkategorie abzustreichen wäre." Ebenda, S. 306.
80 Rudolf Fahrner: Die religiöse Bewegung in der deutschen Romantik. Halle/Saale 1934.
81 Vgl. Franz Schultz: Romantik am Rhein. In: Süddeutsche Monatshefte 31 (1934), S. 353-359; desweiteren Alois Dempf: Joseph Görres und das Rheinland. In: Süddeutsche Monatshefte 31 (1934), 367-372; Walter Ottendorf: Das Wesen der rheinischen Romantik. In: Der Grenzgau 1938; Richard Benz: Ursprung der Rheinromantik. In: Rheinische Blätter 19 (1942), S. 17-22; Otto Doderer: Der Ursprung rheinischer Romantik. In: Moselland 2 (1942), S. 15-17; ders.: Die rheinische Romantik und ihr nationales Erwachen. In: Rheinische Blätter 17 (1940), S. 407-412; ders.: Rheinische Romantik und Rheinromantik. In: Westmark 7 (1940), S. 501-506; Walther Linden: Deutsche Dichtung am Rhein. Literaturgeschichte der fränkischen Rheinlande. Rattingen 1944.

Frühromantik rissen z.B. Editionen und Forschungen zu Friedrich Schlegel nicht ab.[82] Nicht zuletzt dem unermüdlichen Wirken Josef Körners war es zu verdanken, daß die Frühromantik im Editions- und Forschungsbetrieb präsent blieb.

3.3 Veränderungen in Gegenstandskonstitution und Thematisierungsweisen

Auch wenn die literaturwissenschaftliche Romantikforschung bis zum Ende der nationalsozialistischen Herrschaft weitgehend heterogen blieb und als solche auch von beteiligten Akteuren reflektiert wurde,[83] lassen sich doch spezifische Veränderungen auf der Ebene von Gegenstandskonstitution und Thematisierungsweisen feststellen, die im Kontext wissenschaftsexterner und -interner Entwicklungen darzustellen sind: (1) die Zentrierung des „Volkstumserlebnisses" der Romantik zum verstärkt bearbeiteten Forschungsgegenstand; (2) die intensivierte Thematisierung philosophisch-weltanschaulicher Gehalte.

3.3.1 Das „Volkstumserlebnis der Romantik" als präferierter Forschungsgegenstand

Wir erinnern uns: Unmittelbar nach der Machtergreifung erhoben Repräsentanten des Faches die Forderung nach einer „Revolutionierung der Wissenschaft".[84] Die Germanistik sollte zur „Nationalwissenschaft von der Nationalliteratur" erhoben werden, die „aus einem gemeinsamen und tragenden Grunde volksverbundenen Erlebens und Glaubens hervorwächst".[85] Die Entwürfe des Jahres 1933, die in Analogie zur politischen Nivellierung sozialer

---

[82] U. a. Friedrich Schlegel: Neue philosophische Schriften. Erstmals in Druck gelegt, erläutert und mit einer Einleitung in Friedrich Schlegels philosophischen Entwicklungsgang versehen von Josef Körner. Frankfurt/M. 1935 [Ausg.1934]; Josef Körner: Friedrich Schlegels erstes philosophisches System. In: Forschungen und Fortschritte 10 (1934), S. 382; ders.: Fr. Schlegel und Madame de Staël. In: Preußische Jahrbücher 236 (1934), 221-235; Otto Rothermel: Friedrich Schlegel und Fichte. Gießen 1934 (= Gießener Beiträge 36); Margaret Groben: Zum Thema: Friedrich Schlegels Entwicklung als Literarhistoriker und Kritiker. Ein Beitrag zu einer künftigen Biographie. Essen 1934 (= Diss. Köln); Otto Zeller: Bildung, Universalität und verwandte Begriffe in Friedrich Schlegels Jugendschriften. Limburg an der Lahn 1934 (= Diss. Frankfurt).
[83] Vgl. Paul Kluckhohn: Das Ideengut der deutschen Romantik. Halle/S. 1941, S. 1f, mit der Feststellung, daß die „wissenschaftliche Romantikforschung" noch immer nicht „zu einer einheitlichen Beurteilung" geführt habe und weiterhin konträre Positionen existierten.
[84] Gerhard Fricke: Über die Aufgabe und die Aufgaben der Deutschwissenschaft, S. 501.
[85] Ebenda, S. 499.

Interessengegensätze und Konflikte eine Einigung der methodisch entzweiten Disziplin auf Basis völkischer Deutungs- und Wertungsfundamente erhofften, wirkten sich auch auf die Romantikforschung aus. Die in ihnen formulierten Werte bestimmten die Veränderungen auf der Ebene von Gegenstandskonstitution und Thematisierungsweisen. Als willkommener Gegenstand einer auf dem Boden der „Volksgemeinschaft" stehenden Forschung bot sich in erster Linie das romantische „Volkstumserlebnis" an, das besonders in der späteren Romantik aufgesucht wurde. Deren „Verwurzelung im Volkhaften", ihr „volkhafter Sinn" und „vaterländisches Fühlen" erwiesen sich unter veränderten politischen Bedingungen als deutlich anschlußfähiger als die bislang favorisierte Frühromantik.

Mit der Absicht, durch kulturgeschichtliche Rückversicherung auch die eigene literarhistorische Praxis zu legitimieren, bemühten zahlreiche nach 1933 edierte Auswahlausgaben und Darstellungen zum „Volkstumserlebnis der Romantik" eine Aktualisierung der romantischen Bewegung für die unmittelbare Gegenwart. Mit der erinnernden Aktualisierung verband sich, großenteils explizit ausgesprochen, die Parallelisierung von romantischem Aufbruch und nationalsozialistischer Revolution. Dazu wurde die Romantik mit ihren Projekten einer neuen, vorgeblich aus der Tiefe des Volkstums erstandenen Kunst und Kultur zur Vorläuferin der Veränderungen nach 1933 umgebogen. Ob direkt in der Titelgestalt kenntlich oder ohne signalisierende Verwendung der inflationär gebrauchten Termini „Volk" und „Volkstum" – eine große Zahl, wenn auch nicht die Mehrzahl der zur Romantik publizierten Ausführungen und Forschungen zwischen 1933 und 1945 thematisierte in vielfachen Variationen die der Romantik zugeschriebene Entdeckung deutschen Volkstums. Noch 1933 erschien Benno von Wieses Schrift *Dichtung und Volkstum*, die, geistesgeschichtlichen Deutungsmustern folgend, die klassisch-romantische Literatur als Vorstoß gegen Aufklärung und wissenschaftlich-technische Rationalität würdigte.[86] Paul Kluckhohn gab 1934 eine Anthologie unter dem sprechenden Titel *Die Idee des Volkes im Schrifttum der Deutschen Bewegung von Möser und Herder bis Grimm* heraus, die – so das Nachwort – von der Parallele von „Deutscher Bewegung" um 1800 und dem nationalsozialistischen Aufbruch des Jahres 1933 ausging und die Aktualität der romantischen Volkstums-Entdeckung für die unmittelbare Gegenwart zu erweisen suchte.[87] Auch der bereits erwähnte, 1934 erschienene

---

[86] Benno von Wiese: Dichtung und Volkstum. Frankfurt/M. 1933 (= Deutsche Schriften zur Wissenschaft 2).

[87] Die Idee des Volkes im Schrifttum der deutschen Bewegung von Möser und Herder bis Grimm. Hrsg. von Paul Kluckhohn. Berlin 1934 (= Literarhistorische Bibliothek 13). – Vgl. auch Paul Kuckhohn: Die Ideen Staat und Volk in der Deutschen Bewegung um 1800. Vortrag vor der Württembergischen Verwaltungsakademie am 27.11. 1937. DLA Marbach A: Kluckhohn, Zugang 68.7065, unpaginiert, mit der Feststellung, daß zwar „aus der Verwandschaft der Ideen der deutschen Bewegung um 1800 und der Bewegung unserer Tage keineswegs eine direkte Herleitung der nationalsozialistischen Bewegung aus der früheren gefolgert werden dürfe; wohl aber könne man sagen, dass wesentliche Ideen des Dritten Reiches aus den gleichen Tiefen des deutschen Wesens, des deutschen Volksgeistes gespeist seien, die schon die deutsche Bewegung um 1800 befruchtet hatten."

Band *Kunstanschauung der Jüngeren Romantik* trug mit seiner Beschwörung des romantischen „Volksgemeinschafts"-Gedankens deutliche Spuren der Assimilation an den Zeitgeist.[88] Vor allem aber in öffentlichen Auftritten zu den Reichsgründungsfeiern am 30. Januar bedienten Germanisten den Mythos von der romantischen Entdeckung des Volkes zur Herstellung legitimatorischer Kontinuität.[89] Zahlreiche Zeitschriftenbeiträge – auch von Nichtgermanisten – widmeten sich ebenfalls der romantischen Entdeckung des Volkstums und der Geschichte.[90]

Die argumentativen Muster, derer sich die Darstellungen des romantischen „Volkstumserlebnisses" bedienten, ähnelten sich. Reflexiver Ausgang der methodischen Überlegungen war die Gegenwart des Dritten Reiches. Das Bewußtsein, wissenschaftlich den Forderungen der Gegenwart zu entsprechen, wurde – vor allem in den Zeitschriften der Deutschkunde-Bewegung – offen als der Motor einer neuen und didaktisch vermittelbaren Bewertung der Romantik formuliert. Die „grundlegenden Antriebe", die die „neue Zeit" dem Literaturhistoriker geschenkt habe, ermöglichten nun, so ein Beitrag von 1937, den politischen und nationalen Ideengehalt einer Literaturepoche klarer zu deuten oder aber „erstmalig" zu sichten.[91] Den Entwürfen einer „nationalen Wissenschaft" und ihrer Ausrichtung auf das „deutsche Wesen" entsprachen die Bemühungen um die nationalen, politischen und weltanschaulich-religiösen Gedanken der Romantik. Was Walther Linden 1933 in Erinnerung an seit längerem virulente Positionen gefordert und an-

---

[88] Vgl. Andreas Müller: Einführung. In: Kunstanschauung der Jüngeren Romantik, S. 10 und 15.
[89] Vgl. u.a. Heinrich Laag: Der Freiheitskampf des Greifswalder Dozenten Ernst Moritz Arndt. Rede bei der Feier anläßlich der Verleihung des Namens Ernst-Moritz-Arndt-Universität am 28. Juni 1933. Greifswald 1933 (= Greifswalder Universitätsreden 37); Carl Petersen: Der Seher deutscher Volkheit Friedrich Hölderlin. Hamburg 1934 (= Kieler Universitätsreden N.F. 1); Gerhard Fricke: Die Entdeckung des Volkes in der deutschen Geistesgeschichte vom Sturm und Drang bis zur Romantik. Hamburg 1937 (= Kieler Universitätsreden N.F. 8); Paul Kluckhohn: Die Ideen Staat und Volk in der deutschen Bewegung um 1800. Vortrag vor der Württembergischen Verwaltungsakademie am 27. 11. 1937. DLA Marbach A: Kluckhohn, Zugang 68.7065; Benno von Wiese: Volk und Dichtung von Herder bis zur Romantik. Erlangen 1938 (= Erlanger Universitätsreden 1938).
[90] U.a. Hubert Becher: Das Volkhafte in der Romantik und in der Gegenwart. In: Stimmen der Zeit 127 (1934), S. 90-102; Carl Huber: Das romantische Bildungsideal. In: Zeitschrift für Geschichte der Erziehung und des Unterrichts 25 (1935), S. 213-222; Richard Gröhl: Religion und Volkstum bei den führenden deutschen Romantikern. In: Schönere Zukunft (14) 1938/39, S. 871-73, 921-23, 994-96; Heinz Marquardt: Staat und Volk im Ideengehalt der deutschen Romantik. In: Moselland 2 (1942), S. 17-19.
[91] Hermann Meyer: Frühromantische Ursprungsformen des deutschen Bewusstseins. In: ZfDk 50 (1936), S. 520-528, hier S. 520. Ähnlich auch Viktor Waschnitius: Henrich Steffens. Ein Beitrag zur nordischen und deutschen Geistesgeschichte. 1: Erbe und Anfänge. Neumünster 1939 (= Veröffentlichungen der Schleswig-Holsteinischen Universitätsgesellschaft 49), S. 32f.: „Ein wirklich tiefes und allseitiges Verständnis für Henrich Steffens mußte indes aus der nationalsozialistischen Geistesbewegung erwachsen. Auf dem Boden der liberalen Gedankenwelt oder der verschiedenen theologisch-philosophischen Denksysteme waren Persönlichkeit und Werk des deutsch-nordischen Romantikers niemals richtig zu erfassen."

satzweise vorgestellt hatte, bestimmte das Terrain der sich auf die „völkischen Gehalte" der Romantik konzentrierenden Forschung. Bestimmende Denkfigur für die Behandlung der wegen ihres „Individualismus" schwierigen Frühromantik wurde die bereits von Josef Nadler und Alfred Baeumler demonstrierte Abtrennung des „kosmopolitischen", dem Geist der Aufklärung verpflichteten Friedrich Schlegel von den zu seinen Antipoden umgedeuteten Tieck, Wackenroder, Novalis, Schelling und Schleiermacher, die als „entschiedene Gegenkräfte im Sinne einer Erkenntnis des organisch-objektiven Charakters von Natur, Religion, Geschichte und staatlicher Gemeinschaft" zusammengefaßt wurden.[92] In diesem Zusammenhang (und insbesondere nach den Initiativen von Richard Benz) erlebte vor allem das Werk Wackenroders eine Neuinterpretation. Dessen „Deutschbewußtsein" habe sich an der Liebe zu Albrecht Dürer und der altdeutschen Kunst entzündet und zur Ablehnung der modernen Kunst geführt.[93] Der Frühverstorbene, der „die geistige Mission des Volkstumsgedankens, wie sie in der Hochromantik, bei Adam Müller und Görres vor allem offenbar wurde"[94], erstmals formuliert habe, fungierte auch in den nach 1933 veröffentlichten Literaturgeschichten Franz Kochs und Walther Lindens als Bindeglied zwischen einer wegen ihres ‚Subjektivismus' verdächtigen Früh- und einer emphatisch affirmierten „Hochromantik".

Die begriffliche Unschärfe der Sinngehalte „Volk", „Volkstum" und „deutsches Bewußtsein", die der Romantik zugeschrieben wurden, um sie danach in zirkulärer Argumentation aus Texten herauslesen zu können, wurde signifikant, wenn es um genuin poetische Ausdrucksformen und Entdeckungen der romantischen Literaturepoche ging. Auf Beschreibung oder gar Interpretation der subjektiven oder phantastischen Elemente innerhalb romantischer Texte wurde bewußt verzichtet;[95] die Ästhetik Wackenroders sogar als „Gefahr" für die deutsche Kunstentwicklung gewertet.[96]

---

[92] Hermann Meyer: Frühromantische Ursprungsformen des deutschen Bewusstseins, S. 520f. Anstelle des „weltbürgerlichen Universalismus" von Aufklärung und Klassik bedeute die romantischen „Universalität" die Subsumption des Einzelnen unter die „organische Verbindung" des Staates: „Die neue Universalität führt die Einzelkräfte nur zu einer großen bündischen Einheit, in der der Widerstreit ihrer Interessen Gleichklang wird."

[93] Ebenda, S. 523. Wackenroders Polemik gegen die moderne Kunst richte sich, so Meyer, gegen deren „Ästhetizismus, d. h. ihr Losgelöstsein von einem festgefügten Glaubensgrunde" und „Universalismus": „Das bedeutet aber eine klare Verneinung des ‚l'art pour l'art', der universalen Haltung artistischer Routine ohne das starke Bewußtsein der völkischen Individualität."

[94] Ebenda, S. 524.

[95] Vgl. ebenda, S. 524: Die das Volkstumsbewußtsein erweiternde „Kraftquelle" könne nicht durch literaturwissenschaftliche „Etikettierung" erfaßt, sondern nur nachempfunden werden: „[A]ls Grundton in der Fülle des Erlebens wird fühlbar, daß deutsche Landschaft geschaut ist."

[96] Vgl. Gudrun Gladow: Grösse und Gefahr der Wackenroder-Tieckschen Kunstanschauung. In: ZfdB 14 (1938), S. 162-169, die Wackenroder als den „weichen Typus der Frühromantik" mit Variationen alter Vorwürfe kritisierte. Zwar hätten Wackenroder und Tieck einen Zugang zur altdeutschen Kunst gefunden und damit den Weg zum Rückgewinn „deutschen Wesens der Vergangenheit" gewiesen, doch projizierten sie „eignes Wesen und Wünschen in die Geschichte" und leisteten somit einer „ganz subjektiven Deutung der altdeutschen Kunst" Vor-

Vom Wandel der Aufmerksamkeit profitierte in erster Linie die zweite Phase der Romantik. Spezialuntersuchungen zu den romantischen Zirkeln in Berlin und Heidelberg und ihren Repräsentanten verfolgten deren nationale und politische Anschauungen, die als Antizipation der antinapoleonischen Erhebung von 1813 gewürdigt wurden.[97] Die neue Evaluierung literarhistorischer Prozesse unter nationalpolitischen Gesichtspunkten führte auch zu Modifikationen in der Bewertung von Klassik und Romantik: Nicht der Klassik, sondern der Romantik gebühre die Anerkennung für die bestimmende Rolle im Bildungsproze der romantischen Nationalbewutseins; ihre „politische Bedeutung" bestehe in der „Entdeckung des biologischen Wesens unseres Volkes"[98]. Der Umprägung der Romantik von einer literarischen in eine geschichtliche Bewegung kamen dabei Impulse von Seiten der Historiker zu. Ihre Vorstöße, die preußische „Erhebungszeit" direkt an die Romantik anzuschließen, verstärkten die literaturwissenschaftliche Hinwendung zum hochromantischen „Volkstums"- und „Deutschtums"-Erlebnis.[99]

Literaturwissenschaftliche Untersuchungen, die detaillierter nach den politischen Anschauungen und Leistungen der Romantik fragten, gelangten je-

---

schub. Indirekt arbeitete die Autorin mit dem bekannten Verdikt gegen die Romantik, eine reaktionäre, antimoderne Bewegung zu sein, deren Ziel in der Restauration mittelalterlicher Zustände bestanden habe. Die „ganz subjektive Deutung" des Mittelalters und der altdeutschen Kunst habe dazu geführt, daß „die romantische Sehnsucht nach einem primitiven, undifferenzierten Leben eine gefährliche Grundlage erhielt, indem Zustände für einstmals real und damit wieder für realisierbar gehalten wurden, die es nicht gegeben hatte." (S. 163) Gleichzeitig verstellte der Wackenroder und Tieck eigene, auf die Kunst des 16. Jahrhunderts gerichtete Enthusiasmus den Zugang zur „ekstatischen Hingabe gotischen Strebens" und erst recht zu „germanisch-tragischem Fühlen": „So ist es bezeichnend, daß, während Klopstock und die Göttinger schon bis zu Arminius, zur Barden- und Skalden-Poesie zurückgegangen waren, die Frühromantiker nicht die germanisch-deutsche Kunst lebendig machten." (S. 163). Weitere Vorwürfe richteten sich gegen Wackenroders „genießende Entrückung", durch der „Kunstenthusiasmus den Menschen vom wirklichen Leben entfremdete", und gegen die Irrationalität seiner Ästhetik, die „eine Flucht in das Gefühl war aus der Unbefriedigung an aller Erkenntnis" (S. 165).

[97] Vgl. Ernst Anrich: Die deutsche Geschichte seit 1789 in der neueren Forschung. In: ZfdB 13 (1937), 462-466, hier S. 462: „Von allen Seiten wird die Entdeckung der Nation und der deutschen Staatsidee durch die Romantik und den Kreis Steins neu bearbeitet. Immer stärker wird damit die Romantik von einer nur literarisch verstandenen zu einer außerordentlich politischen Bewegung, von einer angeblich gestaltungsunkräftigen zu einer gestaltungsmächtigen."

[98] Ebenda, S. 463. Die Würdigung der „politischen Bedeutung der Romantik" verband Anrich mit der Zurückweisung des Buches von Mathys Jolle *Das deutsche Nationalbewusstsein im Zeitalter Napoleons* (Frankfurt 1936), das der Klassik den ersten Rang im Bildungsprozeß des deutschen Nationalbewußtseins zugewiesen hatte.

[99] Ernst Anrich: War Stein Romantiker? In: Historische Zeitschrift 153 (1936), S. 290-305; ders.: Einleitung zu Ernst Moritz Arndt: Germanien und Europa. Ein Buch an der Schwelle unseres Zeitalters. Stuttgart, Berlin 1940; S. 1-70; Wilhelm Koppen: Deutsche gegen Deutsche. Geschichte des Rheinbundes. Hamburg 1936; Wilhelm Schwarz: Die Heilige Allianz. Stuttgart 1935; W. Gramm: Die deutsche Romantik und die politische Gestaltung der Südslawen. In: Rudolf Fischer, Friedrich Heiß (Hrsg.): Die Entstehung des Volkes. Die politische Leistung der deutschen Volkstumsbewegung in Europa. Berlin 1936, S. 53-61; Max Dachauer: Romantik und Josephinismus. In: Ebenda, S. 70-74; Wilhelm Mommsen: Reich, Volk und Nation beim Reichsfreiherrn vom Stein. In: Volk im Werden 10 (1942), S 263-279; 11 (1943), S. 25-34.

doch zu mehr oder weniger problematischen Befunden. Philipp Eberhard, ein Schüler Benno von Wieses, verstrickte sich in seiner dem politischen Denken der Berliner Romantik gewidmeten Dissertation in einer zirkulären Argumentation, um als Resultat festzustellen, daß die in der „Christlich-deutschen Tischgesellschaft" versammelten Patrioten nicht verstehen und erkennen, sondern „dienen" wollten – und letztlich scheiterten.[100] Auch die zahlreichen Arbeiten zum „Volkstumserlebnis" bei Achim von Arnim,[101] Joseph Görres,[102] Friedrich Daniel Schleiermacher[103] und Henrich Steffens,[104] dessen Lebenswerk nun als ein Schlüssel für die „uns heute besonders wichtigen Probleme deutsch-nordischer Blutmischung und geistigen Austausches" galt,[105] führten zu ernüchternden Resultate, denn die vollmundig gepriesenen romantischen Entdecker des Volkstums erwiesen sich als zwiespältige Persönlichkeiten, die nicht restlos in den abgesteckten Rahmen aufgingen. So mußte eine von Robert Petsch betreute Promotionsarbeit zu Achim von Arnims „Volkserlebnis" schließen:

> „In Arnims Volkserlebnis ist, belebt von einer tiefen christlichen Religiosität, die blut- und bodengebundene Seele des märkischen Junkers wie die geistgebundene des Romantikers wirksam. Arnim zeigt sich hier als ein geistig-romantischer Phantasiemensch und zugleich als politischer Wirklichkeitsmensch, ohne diese Gegensätze wahrhaft zu glücklicher Ergänzung und Ausgleichung bringen zu können. Er sah das Volk in seiner naturgebundenen und geschichtlichen Wirklichkeit und wußte um die Notwendigkeiten staatlich-völkischen Seins; er sucht sich aber auch voller Ehrfurcht in die Individualität und in das Kulturgut seines

---

[100] Philipp Eberhard: Die politischen Anschauungen der christlich-deutschen Tischgesellschaft. Untersuchungen zum Nationalgefühl A. von Arnims, Baron de la Motte-Fouqués, H. von Kleists und Adam Müllers. Erlangen 1937 (= Erlanger Arbeiten zur deutschen Literatur 7 = Diss. Erlangen). Trotz der z.T. erheblichen Differenzen der einzelnen Teilnehmer ermittelte die Arbeit, die nach Worten des Autors durch die Beschäftigung der Erlanger Gruppe der Deutschen Gildenschaft mit Preußen und Preußentum sowie durch Gedanken Möller van den Brucks und Hans Schwarz' befruchtet worden war, als gemeinsamen Nenner der politischen Auffassungen der christlich-deutschen Tischgesellschaft die „Vermählung preußischen Willens mit romantischem Geist".

[101] U. a. Hans-Uffo Lenz: Das Volkserlebnis bei Ludwig Achim von Arnim. Berlin 1938 (= Germanische Studien 200 = Diss. Hamburg); Wilhelm Zech: Volkskundliches bei Achim von Arnim. Breslau 1940 (= Diss. Breslau); Ilse Heyer: Die Novellen Achim von Arnims. Ihre Grundmotive und Aufbauformen als Ausdruck des Arnimschen Weltbildes. o.O. 1943 (Maschinenschr.) (= Diss. Würzburg).

[102] U.a. Hertha von Ferber: Das Volkstumserlebnis des Joseph Görres. Würzburg 1938 (= Stadion Bd. 1 = Diss. Berlin); Gustav-Adolf Brandt: Herder und Görres 1798-1807. Ein Beitrag zur Frage Herder und die Romantik. Würzburg 1939 (= Stadion III = Diss. Berlin); Erna Goldstein: Die Idee des Volkes beim reifen Görres. Jena 1941 (Maschinenschr.) (= Diss. Jena).

[103] U.a. Karl Brosche: Schleiermachers Ansichten über Volk, Staat und Volkserziehung. Helmstedt 1936 (= Diss. TH Braunschweig); Herbert Moslehner: Gemeinschaft und Kunst. Schleiermachers Weg zur Aesthetik. Breslau 1941 (Maschinenschr.) (= Diss. Breslau).

[104] U.a. Elisabeth Achterberg: Heinrich Steffens und die Idee des Volkes. Würzburg 1938 (= Stadion Bd. 2 = Diss. Berlin); Viktor Waschnitius: Henrich Steffens. Ein Beitrag zur nordischen und deutschen Geistesgeschichte. 1: Erbe und Anfänge. Neumünster 1939 (= Veröffentlichungen der Schleswig-Holsteinischen Universitätsgesellschaft 49).

[105] Rudolf Unger: Schrifttumsbericht Deutsche Romantik. In: ZfDk 55 (1941), S. 83.

Volkes einzufühlen und erträumte sich ein Idealbild von der sittlichen Reinheit und geistigen Größe der deutschen Nation. Ideal und Wirklichkeit verbanden sich in ihm jedoch nicht zu wechselseitiger Belebung und Erfüllung. So vermochte er schließlich sein Volkserlebnis weder durch berufliche Stellung noch durch literarisch-dichterisches Schaffen für die Allgemeinheit fruchtbar zu machen."[106]

Damit gelangte die Arbeit zu einer Folgerung, die auch die bei Franz Koch entstandene Dissertation *Das Volkstumserlebnis des Joseph Görres* trotz Bemühungen um eine völkische Uminterpretation des katholischen Romantikers ziehen mußte.[107] Die Ursache für das weitgehende Scheitern der Versuche, die Romantiker zu aktiven Geburtshelfern eines für die Gegenwart brauchbaren Volkstumsbegriffs zu erklären, gründete nicht nur in den Kollisionen des historischen Datenmaterials mit den vorausgesetzten Erkenntniszielen und -interessen, sondern auch in der unreflektierten Verwendung eines „Volks"-Begriffs, den Josef Körner in seiner Beobachtung der Entwicklung der deutschen Geisteswissenschaften nach 1933 als „Schwindel" bezeichnete.[108]

Die Veränderung auf der Gegenstandsebene verdeutlichen, in welcher Weise sich die Arbeitsfelder der akademischen Literaturwissenschaft nach 1933 veränderten. Daß Imperative der politischen Umwelt die scheinbaren Innovationen in Gegenstandskonstitution und Thematisierungsweise diktierten, reflektierten auch die beteiligten Wissenschaftler, etwa wenn die forcierte Bearbeitung des „Volkstumserlebnisses" der späteren Romantik als Reaktion auf die Zeichen der Zeit begriffen wurde.[109] Die einen weitgehend ungeklärten Volksbegriff verwendenden Forschungen vermochten es dennoch

---

[106] Hans-Uffo Lenz: Das Volkserlebnis bei Ludwig Achim von Arnim, S. 164.
[107] Vgl. Hertha von Ferber: Das Volkstumserlebnis des Joseph Görres, S. 162: Görres sei keinesfalls Sinnbild für die „geforderte Einheit von Deutschtum und Katholizismus"; vielmehr offenbare sich in ihm „erschütternd die Tragik des unversöhnlichen Kampfes zwischen der deutschen Seele und Rom."
[108] Vgl. Josef Körner an Walther Küchler. Brief vom 9.11.1944. ULB Bonn, Nachlaß Josef Körner, S 2913/4b, unnumeriert: „Der Schwindel, in den man gerät oder den man begeht, beginnt mit dem Begriff ‚Volk'. Handelte es sich auch hier um einen Wesensbegriff, so wäre die Definition (Beschreibung) leicht, eindeutig und in der Hauptsache nicht kontrovers. Hat es je einen Streit gegeben um den Begriffsinhalt des Deutschen Reiches, sei's der Hohenstauffer, sei's der Habsburger, sei's Bismarcks? über den Begriffsinhalt des römischen Imperiums, des britischen Empire? Aber was der Ausdruck ‚römisches, deutsches, englisches oder britisches oder angelsächsisches Volk' eigentlich besage, ist äußerst vieldeutig und umstritten. Begreiflich! Denn ‚Volk' ist kein Wesensbegriff. Die ‚Natur' bringt nicht Völker hervor, sondern nur menschliche Individuen, bzw. die in menschliche Rassen aufgespaltene Gattung Mensch; die ‚Geschichte', die kulturelle Eigenschöpfung der Menschheit erzeugt geistige Verbände (Sprachgemeinschaften), soziale (Staaten), religiöse (Kirchen), zivilisatorische (Kulturkreise); aber Völker?"
[109] Wie durch Rudolf Unger (Schrifttumsbericht Deutsche Romantik. In: ZfDk 51 (1937), S. 274) oder durch Rudolf Haller (Die Romantik in der Zeit der Umkehr, S. 10), der seine Gesamtdarstellung der hochromantischen Anfänge „von der heutigen weltanschaulichen Situation her, in der man dem rein intellektuellen Geiste abgewandt sich auf das Gegenständliche und auf das Volkshafte erneut besonnen hat", verstanden wissen wollte.

nicht, terminologische und definitorische Differenzen in der Fassung des Phänomens Romantik auszuräumen. Politisch interpretierbare Konsequenzen trugen zur fortgesetzten Konfusion bei.[110]

3.3.2 Die Thematisierung philosophisch-weltanschaulicher Gehalte

Nicht nur dem romantischen „Volkstumserlebnis" und seinen Konnotationen galt nach 1933 das verstärkte Interesse der Forschung, sondern auch weltanschaulich-philosophischen Gehalten, die im wesentlichen unter zwei Aspekten thematisiert wurden. Zum einen erlebte die Herder und der deutschen Romantik zugeschriebene Entdeckung der Geschichte eine Konjunktur; zum anderen wurde in immer neuen Variationen die romantische Problematisierung des Verhältnisses von Individuum und Gemeinschaft bearbeitet. Beide Problemfelder standen in Zusammenhang mit Erforschung und Würdigung des romantischen „Volksbewußtseins" – bot doch die Beschäftigung mit der romantischen Entdeckung der Geschichte Verbindungen zu numinosen Begriffen wie dem „Deutschbewußtsein", zur glorifizierten Vergangenheit des Mittelalters sowie zu den vielbeschworenen Grundwerten des „organisch Gewachsenen".

Die neue Thematisierung des romantischen Geschichtsbewußtseins stellte einen deutlichen Bruch mit der liberalen Literaturgeschichtsschreibung des 19. Jahrhunderts dar. Was bei Ruge und Echtermeyer, Gervinus und Hettner noch tiefes Mißtrauen ausgelöst hatte – die romantische Wendung zum deutschem Mittelalter mit ihrer (scheinbaren) Restauration katholischer Traditionen – erschien nach 1933 als eigentliche schöpferische Leistung. Die Romantik, von Wackenroder und Novalis bis zu Creutzer und Bachofen ausgedehnt, galt nun als Entdeckerin eines christlich-deutschen Mittelalters, als Wiederbelebung von Mythos und Geschichte. Im romantischen Dichten und Denken wurden „Ursprungsformen deutschen Bewußtseins"[111] aufgesucht und die „altdeutsche Wendung"[112] der Romantik als „schöpferische Verjüngung der lebenswirkenden, in Blut und Boden verwurzelten Mächte der Vergangenheit für die Gegenwart"[113] gewürdigt. Die intensivierte Zu-

---

[110] So lehnte Paul Kluckhohn eine Arbeit Albert Rebles zum *Volksbegriff bei Schleiermacher* als Publikation in der DVjs anfänglich u.a. mit der Begründung ab, das dort vermittelte Romantik-Bild sei „zu universalistisch" und bedeute indirekt eine Bestätigung der – von Ideologen des Regime abgelehnten – Lehre Othmar Spanns, vgl. Paul Kluckhohn an Erich Rothacker. Brief vom 2.12.1934. ULB Bonn, Nachlaß Rothacker I, Bl. 15. Erst nach Überarbeitung erschien die Arbeit in: DVjs 14 (1936), S. 361-381.

[111] Hermann Meyer: Frühromantische Ursprungsformen des deutschen Bewusstseins, S. 520.

[112] Richard Benz: Die altdeutsche Wendung. Wiederentdeckung und Wiedergeburt. In: Imprimatur 6 (1935), S. 33-52.

[113] Hans Eggert Schröder: Das Vergangenheitsmotiv in der deutschen Romantik. In: Rhythmus 13 (1935), S. 322-332.

wendung zu den Geschichtsspekulationen und historischen Forschungen der Romantik speiste sich zwar aus der für die Geistesgeschichte typischen Thematisierung weltanschaulich-philosophischer Gehalte, gewann jedoch eine neue Qualität. Erläuterten seriöse Arbeiten noch 1933 und danach den romantischen Historismus in seiner geschichtlichen Bedingtheit,[114] verstärkten sich zunehmend die mythisierenden Rekonstruktionen eines „tragischen", „erd"- und „blut"-bestimmten Vergangenheitsbezugs. Dabei profilierten sich insbesondere die Anhänger des Philosophen Ludwig Klages', die außerhalb der universitären Forschung ihre rationalitätskritische „biozentrische Lebenswissenschaft deutscher Art" unter Rückgriff auf die Romantik zu legitimieren suchten und deren Aktivitäten später detailliert darzustellen sind. Im Zuge des vor allem durch Alfred Rosenberg und dessen Dienststelle geführten Kampfes gegen den Klages-Kreis gerieten jedoch nicht nur deren enthistorisierende Bezüge auf die Romantik in die Schußlinie. Auch die Behandlung der romantischen Wiederentdeckung des Mittelalters durch Theodor Steinbüschel stieß auf harsche Ablehnung völkischer Aktivisten, die in ihr „katholische Wissenschaft" vermuteten.[115]

Innerhalb der universitären Forschung waren es drei Schwerpunkte, in denen sich die umfangreichen Bemühungen um das romantische Geschichtsverständnis sammelten. Einmal ging es um die Rekonstruktion der romantischen Bemühungen um eine Mythenlehre und die wissenschaftliche Erfassung des Mythos in der Zeit der Romantik.[116] Die romantische Staats- und Geschichtstheorie avancierte zu einem dankbaren Thema historischer

---

[114] So Justus Hashagen: Die Romantik und die Geschichte. In: Festschrift für Melle. Hamburg 1933, S. 189-204; Ernst Hirt: Hegels Geschichtsphilosophie und der Geist der Poesie. In: Dichtung und Forschung. Festschrift für Emil Ermatinger. Frauenfeld, Leipzig 1933, S. 138-161; Theodor Steinbüschel: Die Entdeckung der „organischen" Einheit des Mittelalters durch die Romantik. In: T. Steinbüschel: Christliches Mittelalter. Leipzig 1935, S. 47-58. – Den „Fall" des nationalkonservativen Historikers Justus Hashagen, der im April 1933 die an der Universität Hamburg in Gang gesetzten „Säuberungen" verurteilt hatte und nach kritischen Äußerungen über die Herrschaft der Nationalsozialisten 1935 „beurlaubt" wurde, bevor eine psychiatrische Kommission eine Persönlichkeitsstörung diagnostizierte und ihn damit vor strafrechtlicher Verfolgung rettete, beleuchtet Helmut Heiber: Universität unterm Hakenkreuz. Teil 1: Der Professor im Dritten Reich, S. 307-316.

[115] So etwa bei Kurt Hanke: Um die deutsche Kunst des Mittelalters. In: Volk im Werden 6 (1938), S. 353-370, hier S. 357f.

[116] U.a. Klaus Ziegler: Die Wahrheit des Mythos in der romantischen Mythologie. In: ZfDk 52 (1938), S. 464-472; Herbert Cysarz: Eichendorff und der Mythos. In: Internationale Forschungen zur deutschen Literaturgeschichte. Julius Petersen zum 60. Geburtstag. Leipzig 1938, S. 159-174; Romantische Wissenschaft. Bearb. von Wilhelm Bietak. Leipzig 1940. (= DLE, Reihe [17] Romantik. 13), Einleitung von W. Bietak, S. 5-40; Kurt Berger: Menschenbild und Heldenmythos in der Dichtung des deutschen Idealismus. Berlin 1940, vor allem Teil 4: Die Auflösung des idealistischen Heldenmythos (Kleist, romantische Mythologie Creuzers und J.Grimms); Wilhelm Emrich: Begriff und Symbol der „Urgeschichte" in der romantischen Dichtung. In: DVjs 20 (1942), S. 273-304; Walther Rehm: Bachofens Griechische Reise. In: Zeitschrift für deutsche Kulturphilosophie 9 (1943), S. 161-186; Charlotte Schiffler: Eichendorff und das Motiv der „Vorzeit". Beitrag zur Entwicklungsgeschichte Eichendorffs und zum Begriff des Mythischen in der Romantik. o.O. 1944 (= Diss. Frankfurt).

Veränderungen in Gegenstandskonstitution und Thematisierungsweisen 137

und philosophischer Dissertationen[117], während literarhistorische Forschungen sich vor allem des romantischen Mittelalterbezugs annahmen.[118]
Die zahlreichen Untersuchungen zu den staats- und geschichtsphilosophischen Spekulationen der Romantik kolportierten zumeist ohne Reflexion den Topos einer radikalen Separation von deutscher „Kultur" und westeuropäischer „Zivilisation".[119] Die Opposition von deutsch-romantischem und westeuropäischem Geist avancierte zur Leitdifferenz mit entsprechenden Äquivalenten. „Organisches Ganzheitsdenken", „Lebendigkeit", „Allseitigkeit" seien die „von deutscher Jugend ausgehende intensive Reaktion auf den Rationalismus der Aufklärung"; Kennzeichen des westeuropäischen Rationalismus wären demgegenüber Atomismus, Universalismus und „einseitige Geistigkeit".[120] Auch wenn Friedrich Schlegels enthusiastische Bewertung der Französischen Revolution in einigen Arbeiten nicht unterschlagen wurde,[121] blieben Detailforschungen zu deren Rezeption durch die deutsche Romantik großenteils aus.
Arbeiten über die dem Zeitalter der Romantik zugerechneten Denker Fichte, Schleiermacher und Görres, aber auch Beiträge zu Novalis, Friedrich Schlegel und Eichendorff ventilierten dagegen ein Problem, das in der romantischen Literaturepoche erstmals in seinem gesamten Spannungsreichtum theoretisch diskutiert bzw. künstlerisch dargestellt wurde: den konfliktreichen Zusammenhang des einzelnen mit der ihn umgebenen Gesellschaft. Auch dieses Interesse an der romantischen Diskussion eines Grundproblems der Moderne hatte einen zeitpolitischen Hintergrund, der in den Themenstellungen offenbar wurde. Wilhelm Weischedels Tübinger Habilitationsschrift zur Philosophie des jungen Fichte *Der Aufbruch der Freiheit zur Gemeinschaft*[122] faßte bereits im Titel zusammen, was verschiedene Forschungs-

---

[117] U.a. Elisabeth Conrads: Der Wandel in der Görres'schen Geschichtsauffassung. Münster 1937 (= Universitas-Archiv 77 = Diss. Bonn); Wilhelm Emrich: Eichendorff. Skizze einer Ästhetik der Geschichte. In: GRM 27 (1939), S. 192-207; Käthe Dörr: Görres Geschichtsbild. Wandlungen und formende Kräfte. Emsdetten 1940 (= Diss. Münster); Peter Sistig: Die geschichtsphilosophischen Beziehungen von Görres zu Hegel. Ein Beitrag zur Geschichtsphilosophie der Romantik. o.O. 1943 (= Diss. Bonn); Ilse Kehr: Görres in seinem Verhältnis zur Geschichte. Eine Analyse seiner Heidelberger Abhandlung: Wachstum der Historie. Quakenbrück 1935 (= Diss. Hamburg).
[118] U.a. Erika Jansen: Ahnung und Gegenwart im Werke Eichendorffs. Gießen 1937 (= Gießener Beiträge zur deutschen Philologie = Diss. Gießen); Stephan Eucker: Das Dürerbewusstsein in der deutschen Romantik. Berlin 1936 (= Diss. Marburg 1939); Arndt Schreiber: Das Mittelalter, universalhistorisches Problem vor der Romantik. In: Archiv für Kulturgeschichte. 31 (1943), S. 93-120.
[119] Symptomatisch Paul Kluckhohn: Einleitung. In: Paul Kluckhohn (Hrsg.): Deutsche Vergangenheit und deutscher Staat. Leipzig 1935 (= DLE, Reihe [17] Romantik 10), S. 15.
[120] Typisch dafür Gerhard Stobrawa: Vom organischen zum völkischen Staatsdenken. Untersuchungen über Adam Müller, Fichte, Hegel und ihre Bedeutung für die Staatsphilosophie der Gegenwart. o.O. 1942 (Maschinenschr.) (= Diss. Breslau), die zitierten Begriffe hier S. 17ff.
[121] Vgl. ebenda, S. 24: Hier wurde nach Adam Müllers negativer Haltung gegenüber der Französischen Revolution „der Vollständigkeit halber" Friedrich Schlegels berühmtes *Athenäums*-Fragment von 1798 zitiert.
[122] Wilhelm Weischedel: Der Aufbruch der Freiheit zur Gemeinschaft. Leipzig 1939 (= Habil.-Schrift Tübingen).

beiträge zur Entwicklung Fichtes und der Romantiker herausstellten: den fundamentalen Wandel von Positionen eines rückhaltlosen Individualismus zur Unterordnung unter soziale Bindungen.[123] Charakteristische Figur der Darstellungen war die Scheidung zweier Perioden in Fichtes Leben und Werk: In einer ersten habe der Philosoph unter Einfluß des Perfektibilitätsprinzips der Aufklärung die Vervollkommnung des einzelnen als Bestimmung des Menschen propagiert, in einer zweiten dem Individuum Unterordnung unter gesellschaftliche Imperative und Aufopferung für diese zugewiesen. Von dieser Separierung zur isolierten Herausstellung und emphatischen Würdigung von Fichtes „deutschem Sozialismus" war es oft nur ein kleiner Schritt.[124] In ähnlicher Weise wurde – primär in theologischen und erziehungswissenschaftlichen Arbeiten – das kultur- und bildungspolitische Denken Schleiermachers traktiert.[125] Schleiermachers Bildungsgedanken leitete man aus seiner Überzeugung von der bildenden Kraft der Gemeinschaft ab, mit der der Berliner Theologe sich als Gesinnungsgenosse Fichtes, Steins, Arndts und Jahns bewährt habe.[126]

Auch Beiträge der literaturwissenschaftlichen Romantikforschung thematisierten den Wandel von einer subjektivitätszentrierten Frühphase zu einer späteren, die „Gemeinschaft" in den Mittelpunkt stellenden Etappe.[127] Vorzugsweise Friedrich von Hardenbergs Fragmente, die unmittelbar nach den Erschütterungen durch die Französische Revolution die Fragilität der Subjektivität und deren Beziehung zu Staat und Geschichte reflektiert hatten, wurden als Zeugnisse einer „organischen Staatstheorie" und politischen Phi-

---

[123] U.a. Marie Heinsen: Individuum und Gesellschaft bei Fichte. Nürnberg 1933 (= Diss. Erlangen); Otto Henning Nebe: Autonomie und Theonomie bei Fichte. Breslau 1933 (= Diss. Breslau); Helmut Schelsky: Theorie der Gemeinschaft nach Fichtes „Naturrecht" von 1796. Berlin 1935 (= Neue deutsche Forschungen I, 13); Hartmut Kissling: Sprache-Volk-Geschichte. In: ZfdB 43 (1937), S. 275-283; Wolfram Steinbeck: Das Bild des Menschen in der Philosophie Johann Gottlieb Fichtes. Untersuchungen über Persönlichkeit und Nation. München 1939 (= Habil.-schrift Berlin); Peter Coulmas: Fichtes Idee der Arbeit. Hamburg 1939 (= Diss. Hamburg).

[124] So bei Wilhelm Stapel: Johann Gottlieb Fichte. In: Die grossen Deutschen, Hrsg. von W. Andreas und W. von Scholz, Berlin 1935. Bd. 2, S. 434-449 mit der Würdigung Fichtes als leidenschaftlichen „philosophischen Nationalisten" und erstem Schöpfer eines großen nationalpolitischen Ethos. Vgl. auch Heinrich Scholz: Der deutsche Mensch im Fichteschen Sinne. In: Neue Jahrbücher für Wissenschaft und Jugendbildung 11 (1935), S. 420-447; Arnold Gehlen: Deutschtum und Christentum bei Fichte. Berlin 1935.

[125] U.a. Roland Schütz: Schleiermacher und unsere geistige Wehrhaftmachung. In: Völkische Schule 13 (1935), S. 417-429; Hartwig Fiege: Schleiermachers Begriff der Bildung. Hamburg 1935 (= Erziehungswiss. Studien 1 = Diss. Hamburg); Johannes Perle: Individualität und Gemeinschaft im Denken des jungen Schleiermacher. Gütersloh 1937 (= Diss. Königsberg).

[126] Das Besondere seines Bildungsbegriffs sei die Synthese von „nationalem Gemeinschaftsgeist" mit dem „Geist des Humanismus, wie er in der Geistesarbeit unserer Klassiker seinen Ausdruck fand", so Hartwig Fiege: Schleiermachers Begriff der Bildung, S. 102 f.

[127] Vgl. Margot Kuttner: Die Gestaltung des Individualitätsproblems bei E.T.A. Hoffmann. Düsseldorf 1936 (= Diss. Hamburg); Fritz Reffert: Die Idee der Gemeinschaft bei den Romantikern. o.O. 1943 (Maschinenschr.) (= Diss. Greifswald); Stephan Selhorst: Die Problematik des Individualismus in der Romantik. Eine künstlerpsychologische Untersuchung. Wattenscheid 1942 (=Diss. Münster).

losophie gelesen.¹²⁸ Zur zentralen Kategorie dieser Untersuchungen avancierte der Begriff des „Organischen". Seit dem Ende des 18. Jahrhunderts in der deutschen Literatur- und Geistesgeschichte virulent, besaß er vor allem im Schrifttum der antimodernen Bewegungen nach der Jahrhundertwende eine Attraktivität, die ihn zu einem Schlüsselbegriff in Rosenbergs *Mythus* und der nationalsozialistischen Propaganda avancieren ließen – versprach er doch Rettung vor den Diskontinuitäten und Unübersichtlichkeiten der Moderne. Lange vor der Machtergreifung 1933 mobilisierten Philosophen, Literaturwissenschaftler und Publizisten die Affekte gegen die dissoziierenden Modernisierungsleistungen unter Rückgriff auf ein Organismusdenken, das die ausdifferenzierte und unübersichtliche Lebenswelt ganzheitlich reintegrieren sollte.¹²⁹ Nach den politischen Veränderungen des Jahres 1933 konnten Germanisten deutschkundlicher Provinienz den „Volksstaat Adolf Hitlers" und seine „germanische Führerdemokratie" als Verwirklichung der organischen Staats- und Gesellschaftsvorstellungen der Romantik würdigen.¹³⁰ Völkische Vordenker wie etwa Paul Krannhals hatten schon vor 1933 romantisches Dichten und Denken zum integralen Bestandteil einer „organischen" Linie innerhalb der deutschen Dichtungsgeschichte verklärt und sie einer „mechanischen", rationalistischen und realistischen Literatur gegenübergestellt.¹³¹

Doch unterschätzt man die Vieldeutigkeit dieser Metapher (deren Geschichte noch zu schreiben ist), wenn allein deren ideologisch instrumentalisierende Funktionen in den Blick genommen werden. Als Möglichkeit zur Beschreibung und Verteidigung „gewachsener" und eigengesetzlicher Syste-

---

¹²⁸ Vgl. August Emmersleben: Die politischen Ideen des Novalis. In: GRM 28 (1940), S. 100-111; Waldtraut Eckhard: Novalis als Urheber der organischen Staatstheorie. In: Volk im Werden 9 (1941), S. 100-107; Peter Coulmas: Der Monarch bei Novalis. In: DVjs 21 (1943), S. 323-341. – Der Aschaffenburger Studiendirektor August Emmersleben stellte die Idee der Volk-Werdung als Zentrum der politischen Ideenwelt Friedrich von Hardenbergs heraus, die entgegen individualistischer Vereinzelung oder stammestümlicher Sonderung die Zugehörigkeit zu einer großen deutschen „Bluts- und Sprachgemeinschaft" festgehalten habe (A. Emmersleben: Die politischen Ideen des Novalis, S. 109). Die in Novalis' Fragmenten notierte „Tötung krüppelhafter, alter und kranker Menschen" sei allerdings nicht im Sinne rassenhygienischer Überlegungen der Gegenwart zu interpretieren: „Ob er von da aus den noch kleinen Schritt zur Rassenhygiene gemacht hat, ist fraglich und nicht zu beweisen." (Ebenda, S. 109)

¹²⁹ Vgl. Kurt Sontheimer: Antidemokratisches Denken in der Weimarer Republik. Die politischen Ideen des deutschen Nationalismus zwischen 1918 und 1933. München 1978, S. 255-259.

¹³⁰ Programmatisch dafür Walter Melchior: Der organische Staatsgedanke als Ausdruck einer typisch deutschen Staatsauffassung. In: ZfdB 11 (1935), S. 346-352; zur Romantik hier S. 350f.

¹³¹ Vgl. Paul Krannhals: Revolution des Denkens. Eine Einführung in die Schöpfungswelt organischen Denkens. Die Sonne 11 (1934), S. 146-57, 209-20, 277-87, 314-28, 471-75, 520-27, 571-82, mit der polaren Trennung der deutschen Literaturgeschichte in eine subjektiv orientierte „organische" und eine objektiv- „mechanische" Phase. Zur ersten Gruppe zähle die altgermanische Skaldenpoesie, die höfische Dichtung und Volksepik der mittelhochdeutschen Zeit und die Dichtung der Zeit von Bodmer bis zur Romantik; zur zweiten seien die geistliche Dichtung vor 1050, die didaktische Literatur vom Spätmittelalter bis Gottsched und die realistische Dichtung von Büchner bis zur Gegenwart zu rechnen.

me vermochte die Kategorie des Organischen Widerstand gegen instrumentelle Eingriffe von außen zu signalisieren und gegen politischen Aktivismus das Eigenrecht von Literatur und Dichtung zu behaupten.[132]

Überschaut man die Veränderungen in Gegenstandskonstitution und Thematisierungsweisen der Romantikforschung unter dem Aspekt bleibender wissenschaftlicher Gewinne, fällt das Ergebnis ernüchternd aus. Differenzen und Konkurrenzen zwischen unterschiedlichen Konzepten konnten zwar durch den inflationären Gebrauch von Begriffen wie „Volk" und „Volkstum" vernebelt werden, qualitative Innovationen blieben in diesen Forschungsfeldern jedoch aus. „Volkstum" und „Volkstumserlebnis" stellten ebenso wie der Begriff des „Deutschen" und des „Deutschtums" unbestimmte, begrifflich nicht reflektierte Qualitäten dar, deren Widerspiegelung oder Gestaltung in dichterischen Werken zumeist nur mit rhetorischem Pathos beschworen wurde. Das großenteils deduktive Vorgehen der Versuche, die Romantik als Geburtsstunde nationalen Bewußtseins und kulturelle Kristallisation deutschen Volkstums zu erweisen, schlug sich in zumeist ähnlichen Argumentationsmustern und Belegen nieder.[133] Ausgehend von Werten, die als Leitdifferenzen den Gang der Argumentation weitgehend prägten, entnahmen diese Untersuchungen romantischen Texten und Lebensläufen primär nur Material, um vorgefaßte Postulate zu bestätigen. Ob methodisch an der Geistesgeschichte orientiert oder an einer neuen „organbiologischen" Literaturbetrachtung experimentierend wie Franz Koch und sein Schülerkreis – die axiomatischen Grundannahmen, vor allem aber die Wertmaßstäbe ähnelten sich in den auf das romantische „Volkstumserlebnis" fokussierten Arbeiten bis zur Ununterscheidbarkeit. Komparatistische Untersuchungen, die die deutsche Romantik im Kontext der europäischen Romantik betrachtet hätten, blieben dagegen fast gänzlich aus. Während in benachbarten Philologien mehrfach Anläufe zur Bestimmung romantischer bzw. antiromantischer Bewegungen in Frankreich und England unternommen wurden[134], konstatierten vereinzelte germanistische Untersuchungen zum europäischen Cha-

---

[132] Deutlich in Friedrich Stählin: Eichendorff. Zu seinem 150. Geburtstag. In: ZfDk 52 (1938), S. 357-361; näheres dazu in Teil 3, Kapitel 4: Der „deutscheste der deutschen Dichter" im Dritten Reich: Eichendorff-Pflege 1933-1945.

[133] Vgl. Wulf Köpke: Volk und Dichtung. In: Jörg Thunecke (Hrsg.): Leid der Worte. Panorama des literarischen Nationalsozialismus. Bonn 1987, S. 153-173, hier S. 170.

[134] U.a. Hugo Friedrich: Das antiromantische Denken im modernen Frankreich. Sein System und seine Herkunft. München 1935 (= Münchner Romanistische Arbeiten IV); Fritz Schalk: Das antiromantische Denken im modernen Frankreich. In: Historische Zeitschrift 156 (1937), S. 24-39; Eduard von Jan: Deutsches Geistesgut in der französischen Romantik. In: Zeitschrift für deutsche Geisteswissenschaft 1 (1938/39), S. 448-460; Harro de Wet Jensen: Englische Romantik und europäische Verantwortung. In: England und Europa. Gemeinschaftsarbeit der deutschen Englandwissenschaft. Hrsg. von Wolfgang Schmidt. Stuttgart, Berlin 1941, S. 333ff., August Buck: Italienische Renaissance und deutsche Romantik. Italien-Jahrbuch 1 (1938), S. 67-84, ders.: Die Sonderart der italienischen Romantik. In: Zeitschrift für Deutsche Geisteswissenschaft 1 (1938/39), S. 354-366.

rakter der Romantik zumeist nur die Unüberwindbarkeit nationaler Wesensunterschiede.[135]

Es war kein Wunder, daß die Bemühungen um „Volkstumsentdeckung" und „völkischen Sinn" der Romantik rasch in Wiederholungen versandeten, da sie weitgehend nur das hervorbrachten, was bereits Gewißheit war bzw. gängige Postulate mit variierten, nur partiell neuen Belegen zu beweisen suchten. Die Beschwörungen der mystischen Einheit des Volkes und ihrer romantischen Offenbarung waren zur fortwährenden Wiederholung verurteilt. Die methodische Binnendifferenzierung, die man 1933 als „Krise" stigmatiert und in programmatischen Entwürfen einer an „Volk" und „Volkstum" orientierten „Lebenswissenschaft" hatte aufheben wollen, profitierte vom Überdruß, den eine in Verkünderhaltung erstarrte Literaturforschung hervorrufen mußte. Die weiterhin methodisch plurale Romantikforschung dementierte die Hoffnung, mittels einer „volkhaften" Literaturbetrachtung Differenzen – die zum Wesen von Wissenschaft gehören – monoparadigmatisch tilgen zu können.

3.4 Zwischen Integration und Differenzierung: Epochen- und Periodisierungsdiskussionen

Die abschließenden Bemerkungen stellen unterschiedliche Lösungsansätze eines Problems vor, das in der Neueren deutschen Literaturwissenschaft seit der „geistesgeschichtlichen Wende" diskutiert wurde und in der Romantikforschung zu bereits angedeuteten Auseinandersetzungen führte: Das Problem der Prinzipien und Kriterien literarhistorischer Epochenbegriffe und ihrer internen Gliederung. Ohne näher auf die in den 1920er Jahren geführte Debatte um Epochenbegriffe und Periodisierungsfragen einzugehen, ist auf die sich zwischen 1933 und 1945 vollziehenden Veränderungen in der Binnendifferenzierung der romantischen Epoche hinzuweisen, in deren Ergebnis sich die Untergliederung in drei Phasen endgültig durchsetzte. Zugleich sollen Aufnahme und spezifische Weiterentwicklung des von Dilthey vorgeprägten, 1911 durch seinen Schüler Herman Nohl und nachfolgende geistesgeschichtliche Synthesen auf den Begriff „Deutsche Bewegung" gebrachten Konzepts einer einheitlichen Kulturentwicklung zwischen 1770 und 1830 be-

---

[135] So etwa Gerhard Pankella: E.T.A. Hoffmann und Frankreich. Beiträge zum Hoffmann-Bild in der französischen Literatur. In: GRM 27 (1939), S. 308-318; Rudolf Buck: Rousseau und die deutsche Romantik. Berlin 1939 (= Neue deutsche Forschungen, Abt. Vergleichende Literaturwissenschaft 1), der eine nur mittelbare Wirkung des „rettungslos" in die Aufklärung „verstrickten" Rousseau auf die Romantik feststellte.

schrieben werden. Beide Prozesse – die literarhistorische Differenzierung der romantischen Bewegung in unterschiedene Perioden und die Integration der Romantik in eine kulturgeschichtliche Meta-Epoche – markieren noch einmal Momente der Kontininuität und des Wandels.

Als eines der sichtbaren Resultate der Veränderungen in der literaturwissenschaftlichen Romantikforschung zwischen 1933 und 1945 kann die Durchsetzung einer differenzierten Periodisierung angesehen werden, die eine frühere Einteilung in zwei romantische „Schulen" („Ältere" und „Jüngere" Romantik) durch die Gliederung in drei Phasen ablöste.[136] Die innovative Binnendifferenzierung profitierte zum einen von den theoretischen Debatten um eine veränderte Einteilung der Literaturgeschichte in den 1920er und 1930er Jahren, die sich in Kritik des geistesgeschichtlichen Epochenbegriffs entzündet hatten.[137] Daneben befruchteten die erwähnten Veränderungen auf der Ebene von Gegenstandskonstitution und Thematisierungsweisen eine weitere Differenzierung. Lindens Revisionsforderungen aus dem Frühjahr 1933, die eine neue Evaluation der Romantik mit einer stark differenzierenden Periodisierung verbanden, rekurrierten auf inner- und außerdisziplinäre Vorgänger, die bereits in den 1920er Jahren eine Separation der romantischen Bewegung projektiert hatten. Sein Vorschlag, die Romantik in die drei Phasen „Frühromantik", „Hochromantik", und „Spätromantik" zu gliedern, fand vorerst keine Zustimmung. Konfusionen um die interne Periodisierung der Romantik und das spürbare Defizit einer Gesamtdarstellung der späteren Romantik blieben bis Ende der 1930er Jahre bestehen. Erich Rothacker, der Paul Kluckhohn für eine gesonderte Behandlung der späteren Romantik zu gewinnen suchte, bestätigte 1935 sowohl den Mangel einer umfassenden Darstellung dieser Phase als auch das Defizit klarer begrifflicher Distinktionen zur Fixierung unterschiedlicher Perioden:

> „Aber die Tatsache besteht doch, dass man über die Frühromantik in recht vielen Büchern etwas erfahren kann, und über die Spätromantik ausserordentlich wenig. Statt Spätromantik kannst Du natürlich auch sagen ‚Über die Romantik nach 1800'. Ich sehe auch nicht recht ein, warum ein Band, selbst wenn er die Aufteilung der Gesamtromantik vermeiden möchte, nicht voraussetzen kann, dass die Lucinde, die Reden an die Religion, usw, eben geschrieben seien. Es existiert hier im Schrifttum ganz einfach ein Loch. Insofern fände ich es unter dem Gesichtspunkt, dass gerade solche Lücken ausgefüllt werden sollen, immer noch

---

[136] Vgl. Hans Jürg Lüthi: Art. Romantik. In: Werner Kohlschmidt, Wolfgang Mohr (Hrsg.): Reallexikon der deutschen Literaturgeschichte. 3. Bd. ² Berlin 1977, S. 578-594, S. 582. – Zum Periodisierungsproblem in der Literaturgeschichtsschreibung und zur Debatte in den 1920er und 1930er Jahren vgl. Hans Teesing: Das Problem der Perioden in der Literaturgeschichte. Groningen, Batavia 1948 (= Diss. Groningen); ders.: Art. Periodisierung, in: Reallexikon der deutschen Literaturwissenschaft. ² Berlin 1977, S. 74-80.

[137] Vgl. u.a. Georg Baesecke: Zur Periodisierung der deutschen Literatur. In: DVjs 2 (1924), S. 770-776; Herbert Cysarz: Das Periodenprinzip in der Literaturwissenschaft. In: Emil Ermatinger (Hrsg.): Philosophie der Literaturwissenschaft, S. 92-129; Benno von Wiese: Zur Kritik des geistesgeschichtlichen Epochenbegriffs. In: DVjs 11 (1933), S. 130-144.

Integration und Differenzierung: Epochen- und Periodisierungsdiskussionen 143

besonders erfreulich, wenn Du Dich zuallererst zu dem Spätromantikbändchen entschliessen könntest."[138]

Kluckhohn leistete Widerstand gegen eine Aufsplitterung der von ihm als einheitlich begriffenen romantischen Bewegung und lehnte eine separate *Geschichte der Spätromantik* aus wissenschaftlichen Gründen ab. Gleichwohl machte seine Antwort deutlich, daß sich die triadische Gliederung der Romantik – trotz Widerstands gegen die von Linden eingeführte Terminologie – durchsetzte:

> „Du schreibst, Du bedauerst ‚dass nicht einmal Du den Mut zu einer Spätromantik findest'. Es handelt sich dabei weniger um die Frage des Mutes als um Fragen der wissenschaftlichen Einsicht oder Überzeugung. Ich kann die Entwicklung der Romantik nur in drei Phasen sehen: Frühromantik, zweite Phase oder mittlere Romantik (das Wort Hochromantik, das Linden einführen möchte, vermeide ich, weil es die Frühromantik herabwertet) und Spätromantik. [...] Warum die Romantik à la Bäumler auseinanderreissen?"[139]

In seinem 1941 erschienenen, systematisch angelegten Abriß *Das Ideengut der deutschen Romantik* teilte dann auch Kluckhohn die Romantik entsprechend der drei Phasen ihres historischen Verlaufs in „Jenaer Frühromantik", „Heidelberger Romantik" und „Spätromantik" ein und vermied Lindens Terminus „Hochromantik".[140]

Als Rudolf Haller 1941 mit seiner Bonner Habilitationsschrift *Die Romantik in der Zeit der Umkehr* eine Gesamtdarstellung der mittleren Phase der romantischen Bewegung vorlegte, schien die triadische Differenzierung durchgesetzt. Auch wenn Haller nicht den Terminus „Hochromantik" verwendete, sondern die Zeit zwischen 1800 und 1808 als *Anfänge der Jüngeren Romantik* bezeichnete, wurde eine modernisierte Periodisierung hinreichend deutlich. Bemühungen um Ausgleich der divergierenden Forschungsergebnisse prägten Hallers Arbeit, die, von Erich Rothacker angeregt und von Paul Kluckhohn gefördert,[141] „ein im echten Sinn geisteswis-

---

[138] Erich Rothacker an Paul Kluckhohn. Brief vom 3.12. 1935. ULB Bonn, Nachlaß Rothcker I, Bl. 24. – Vgl. auch Erich Rothacker an Paul Kluckhohn. Brief vom 5.6. 1936. ULB Bonn, Nachlaß Rothacker I, Bl. 33: „Dass der 1. Haymsche Teil veraltet ist, ist mir wohlbewusst. Dennoch liegen hier ersetzende Arbeiten genug vor. Aber ein zusammenfassender Wurf für das Stoffgebiet, das Haym nicht mehr behandelt hat, ist deshalb doch seit Jahren das eigentliche Postulat. Der 1. Band wäre dann nach meinem Gefühl eben nachträglich zu schreiben."
[139] Paul Kluckhohn an Erich Rothacker. Brief vom 18.5.1936. UB Bonn, Nachlaß Rothacker I, Bl. 61. – Am 5. Juni 1936 teilte Kluckhohn Rothacker mit, daß er den Vertrag für den Band *Das Ideengut der deutschen Romantik* mit dem Bibliographischen Institut abgeschlossen hatte und übersandte ihm einen vorläufigen Entwurf: „Du siehst, ich habe Deinem Wunsche folgend, mich zu der mehr systematischen Darstellung nach den einzelnen Ideen entschlossen an Stelle einer Disponierung nach den drei Entwicklungsfragen der Romantik." (Ebenda, Bl. 63).
[140] Vgl. Paul Kluckhohn: Das Ideengut der deutschen Romantik. Halle/S. 1941, S. 2f.
[141] Ursprünglich hatte Kluckhohn selbst die Absicht, eine Gesamtdarstellung der späteren Romantik „in Art eines zweiten Teiles Haym" zu schreiben und war von Rothackers Initiative, seinen Bonner Kollegen Haller für diese Arbeit zu gewinnen, nicht begeistert, vgl. Paul Kluckhohn an Erich Rothacker. Brief vom 5.6.1936. ULB Bonn, Nachlaß Rothacker I, Bl. 63:

senschaftliches Verfahren" zur Behandlung der Jüngeren Romantik wählte.[142] Von Baeumlers Rehabilitierung der späteren Romantik ausgehend und gleichzeitig mit der Absicht, dessen Vermengung von „Epochenbezeichnung und Stilbegriff genauer zu unterscheiden",[143] unternahm es Haller, die „geistesgeschichtliche Wendung, die zur zweiten Phase der romantischen Bewegung hinführt"[144] zu klären und darzustellen. Die „Umkehr" der romantischen Bewegung definierte Haller nicht als diskontinuierlichen Bruch zwischen Jenaer und Heidelberger Romantik, sondern als allmählichen Übergang vom Subjektivismus zu „überpersönlichen Ordnungen", als „ein Heimfinden zu alle dem, was als Rest einer früheren großen Lebenseinheit die Jahre der Aufklärung überdauert hatte".[145] Als „Anfänge der Jüngeren Romantik" galten die künstlerischen Bewegungen zwischen dem Ende des Jenaer Frühromantikerkreises und dem Beginn der antinapoleonischen Befreiungskriege: Die Heidelberger Romantik mit der Wiederentdeckung des Volkstums und Neubegründung von Mythos und Symbol, der künstlerische Symbolismus Philipp Otto Runges, Adam Müllers Staats- und Gesellschaftstheorien sowie Zacharias Werners mystisches Aposteltum.[146]

Während Hallers Habilitationsschrift eine weitgehend an den historischen Belegen orientierte Binnendifferenzierung der romantischen Bewegung verfolgte, kolportierten die großen Übersichtsdarstellungen der klassisch-romantischen Literaturepoche wie auch die in der zweiten Hälfte der 1930er Jahre veröffentlichten Literaturgeschichten ein metahistorisches Epochenkonzept, das in Rückgriff auf den von Herman Nohl 1911 geprägten Terminus die romantische Bewegung als Glied und Höhepunkt der sich dreistufig entfaltenden „Deutschen Bewegung" verortete. Dieses Konzept, das die zwischen 1770 und 1830 aufeinanderfolgenden literarhistorischen Epochen

---

„Zu einer solchen ausführlichen Gesamtdarstellung der Romantik war ich von Julius Petersen und dem Verlag Winter aufgefordert worden, und Du erinnerst Dich vielleicht, dass ich diesem damals in Heidelberg eine Absage gab zugunsten unseres gemeinsamen Unternehmens ‚Geschichte des deutschen Geistes', auf Dein ganz starkes Drängen hin. Nun wird aus dieser Geschichte des deutschen Geistes doch nichts, und den Band Romantik für Winter hat Kindermann übernommen. Mich hat das schon manchesmal gereut."

[142] Rudolf Haller: Die Romantik in der Zeit der Umkehr. Die Anfänge der Jüngeren Romantik 1800 - 1808. Bonn 1941 (= Habilitationsschrift Bonn), S. 11.
[143] Ebenda, S. 3.
[144] Ebenda, S. 2.
[145] Ebenda, S. 1. Weiter hieß es: „Diese jüngerromantische Umkehr ist durchaus eine Heimkehr, von der absoluten Geistigkeit des Jenenser Kreises bis zum Entdecken der eigenen Wurzeln im Stammhaften und in der Familie, vom kosmopolitischen zum vaterländischen Fühlen. Der Weg führte die Romantiker von der lockeren Gemeinschaft, dem geselligen ‚Syn' der Frühzeit, jetzt zum staatlichen Wirken, vom freien Bildungsdenken zum volkhaften Sinn."
[146] Methodisch verschränkte Haller biographisch-entwicklungsgeschichtliche Betrachtung und Werkanalyse, wobei neben neuen Aspekten viel Bekanntes wiederholt wurde. Ein resümierendes Kapitel, das die typischen Züge der Hochromantik in ihrer Differenz gegenüber der Frühromantik herausstellen sollte, fehlte; möglicherweise plante es Haller für den 2. Teil seiner Arbeit, der die weitere Entwicklung der Romantik über das Zeitalter der Befreiungskriege hinaus verfolgen und E.T.A. Hoffmann, Eichendorff, Gotthilf Heinrich Schubert sowie die romantische Naturphilosophie einbeziehen sollte.

Sturm und Drang, Klassik und Romantik in einen kulturellen Gesamtzusammenhang zusammenfaßte, bot vor allem aufgrund seiner folgenschweren Differenz gegenüber Diltheys ursprünglicher Fassung diverse Anschlußmöglichkeiten. Hatte dieser in seiner Baseler Antrittsrede von 1867 und noch in den Überarbeitungen seines Essaybandes *Das Erlebnis und die Dichtung* die Aufklärung als integralen Bestandteil der deutschen Kulturentwicklung bezeichnet, formulierte die nachfolgende Geistesgeschichte eine unüberbrückbare Zäsur zwischen „Deutschem Idealismus" und „zumeist aus den westlichen Nachbarländern herüberwirkenden neurationalistischen und positivistischen Gegenströmungen"[147]. Diese Differenzierung zwischen „Deutscher Bewegung" und westeuropäischer Aufklärung wurde für die zwischen 1933 und 1945 zahlreich erscheinenden Gesamtdarstellungen der Romantik leitend – erlaubte sie doch nicht nur, die polare Gegenüberstellung von Klassik und Romantik zu relativieren, sondern auch die Einheit der Romantik unter besonderer Akzentuierung ihrer antirationalistischen, „chthonischen" Züge herauszustellen. So betonte Rudolf Bach, daß nach Verwerfung der Romantik aufgrund klassischer Maßstäbe und nach der neuromantischen Emphase für den „ikarisch vermessenen Traum der frühen Romantik" jetzt das „Orphische" und „Chtonische" der romantischen Bewegung neu entdeckt seien.[148] Damit könne die gesamte Romantik und darüber hinaus Klassik und Romantik als *eine* große Bewegung gesehen werden.[149]

Auch der Abriß der klassisch-romantischen Literaturepoche des Frankfurter Ordinarius Franz Schultz, der 1935 und 1940 erschien, lehnte die „gängige Formel einer unbedingten Polarität von Klassik und Romantik" ab.[150] Gemeinsam aus „romantischem Tiefenraum" hervorgegangen, galten Klassik und Romantik hier als Manifestationen einer „Denk-Tatrichtung", die sich gegen spekulative und diskursive „Denkspiele" der Epoche richte. Persönlichkeiten wie der Freiherr vom Stein, Clausewitz und Gneisenau gehörten kraft ihrer „organisch-dialektischen Volks- und Geschichtsauffassung", die als „Erahnung eines allfähigen und ursprünglichen Lebensgrundes .. zum Täglichen, zum Trägbürgerlichen, zum materialistisch-mechanistisch-rationalistischen Denken in Urfeindschaft lebt", in „den lebendigen Ablauf der Romantik"[151]

Richard Benz, der die Romantik als „eine totale Bewegung ... auf allen Kunst- und Geistesgebieten, ja auf allen Lebensgebieten"[152] bestimmte und

---

[147] Rudolf Unger: Moderne Strömungen in der deutschen Literaturwissenschaft VI: Hettner und wir. In: Die Literatur 28 (1925/26), S. 65-69, hier S. 67f.
[148] Rudolf Bach: Tragik und Grösse der deutschen Romantik. München 1938, S. 6. Vgl. auch ders.: Tragik und Grösse der deutschen Romantik. Ein Umriß. Imprimatur 6 (1935), 9-32.
[149] Ihren Unterschied bestimmte Bach in impliziter Anlehnung an Fritz Strich als Gegensatz zwischen „entsagender Vollendung" und „zerfließendem Unendlichkeitsdrang". Die romantische Sehnsucht nach Unendlichkeit führe zur Preisgabe des Lebens in „heldischem Untergang" oder aber in den Schoß der katholischen Kirche.
[150] Franz Schultz: Klassik und Romantik der Deutschen. Bd. 1 Die Grundlagen der klassisch-romantischen Literatur. Stuttgart 1935 (= Epochen der deutschen Literatur IV 1), S. 278.
[151] Ebenda, S. 75 und 73.
[152] Richard Benz: Die deutsche Romantik. Geschichte einer geistigen Bewegung. Leipzig 1937, S. 4.

sie in zahlreichen Arbeiten zu erfassen suchte, legte 1937 seinen umfänglichen Abriß *Die deutsche Romantik. Geschichte einer geistigen Bewegung* vor, der bis 1944 fünf Auflagen erlebte. Benz, der 1907 mit einer Arbeit über die romantischen Märchendichtungen in Heidelberg promoviert worden war,[153] sich jedoch der Universitätsgermanistik entzog und als Volkshochschullehrer und freier Schriftsteller wirkte,[154] sah in der Romantik als der „germanischen Wiedergeburt" das „wahre Gegenstück zur italienischen Renaissance".[155] Trotz Differenzierung zwischen einer norddeutsch-protestantischen und einer süddeutsch-katholischen Romantik verstand Benz sie als wesentlich einheitliche „Gemeinschaftsbewegung" und seinen kulturgeschichtlichen Abriß als eine synthetische Darstellung, der es „um das Gemeinsame und Ganze" gehe.[156] Die Schlüsselstellung im Ensemble der romantischen Bewegung wies Benz der Musik zu: Sie verbürge die innere Einheit der Romantik und begründe die außerordentliche Bedeutung Wackenroders, den Benz zum paradigmatischen Typus für die musikalische Herkunft der romantischen Bewegung stilisierte.[157] Die teilweise kühnen Konstruktionen und eigenwilligen Akzent- und Wertverschiebungen zielten nicht nur auf eine Substitution des Romantikbuches von Ricarda Huch,[158] sondern auch auf kultur- und erziehungspolitische Aufgabenstellungen – so in der nachdrücklichen Deklaration der Romantik zum Vorbild einer „deutschen Wiederfindung und Wiedergeburt".[159] Für ein Werk von 1937 war das vollständige Fehlen von – inzwischen üblichen – antisemitischen Ausfällen gegen den Anteil der jüdischen Kultur an der Romantik bemerkenswert, obwohl Verleger Philipp Reclam den Autor Benz zu einer eindeutigen Stellungnahme aufgefordert hatte.[160] Dieser Fakt fiel auch dem Reichserziehungs-

---

[153] Richard Benz: Märchen und Aufklärung im 18. Jahrhundert. Eine Vorgeschichte zur Märchen-Dichtung der Romantik. Teildr. Gotha 1907 (= Diss. Heidelberg); vollständig gedruckt unter dem Titel: Märchen-Dichtung der Romantik. Mit einer Vorgeschichte. Gotha 1908

[154] Vgl. Rüdiger Krohn: Erwachsenenbildung und Geistesgeschichte im Spannungsfeld von Wissenschaft und Öffentlichkeit. Anmerkungen zu einem Nicht-Verhältnis am Beispiel Richard Benz. In: C. König, E. Lämmert: Literaturwissenschaft und Geistesgeschichte 1910-1925, S. 424-443

[155] Richard Benz: Die deutsche Romantik, S. 481.

[156] Ebenda, S. 7. Hier auch eine Rehabilitation der frühen Romantik: „Ja, da eine Bewegung sich selber stetig wandelt und an ihrem Ausgang sich selber anders darstellt als zu ihrem Beginn, so hat oft eine mißgünstige oder mißverstehende Legende, einzig an ihr Ende knüpfend, ihre Anfänge überdeckt und verfälscht."

[157] Vgl. ebenda, S. 11-49.

[158] Richard Benz an Philipp Reclam jun. Verlag. Briefe vom 22.3. und 7.2.1936; Philipp Reclam jun. Verlag an Richard Benz. Brief vom 14.4.1936. DLA Marbach, A: Benz, Korrespondenz Reclam Verlag, unnummeriert.

[159] Ebenda, S. 482.

[160] Philipp Reclam jun. Verlag an Richard Benz. Brief vom 27.7.1937. DLA Marbach, A: Benz, Korrespondenz Reclam Verlag 1935-45, unnummeriert. Benz antwortete auf Reclams Ersuchen, die „jüdische Rasse" Dorothea Schlegels eingehender zu behandeln, in seinem Brief vom 30.7.1937 ablehnend: „Auch die Stelle über Dorothea werde ich nachprüfen, m. Erinnerns steht deutlich da, dass sie die Tochter Moses Mendelssohns ist, und im Zusammenhang damit werden die bekannten Berliner jüdischen Salons erwähnt. Ich habe mir hier

ministerium auf, das 1939 Benz' Werk in das „Verzeichnis der zur Beschaffung für Lehrer- und Schülerbüchereien geeigneten Schriften" aufnahm, doch an eine Neuauflage die Bedingung knüpfte, eine „Bezugnahme des Werkes auf die Gegenwart" zu integrieren und „die verhängnisvolle Rolle der Juden und Jüdinnen in der Romantik" zu kennzeichnen.[161]

Auch in den nach 1933 entstandenen Literaturgeschichten, die der „dringenden und in letzter Zeit oft erhobenen Forderung nach einem Gesamtbild unserer Dichtungsgeschichte aus nationalsozialistischem Geist"[162] zu entsprechen suchten, erschien die Romantik als integraler Bestandteil der „Deutschen Bewegung". In Walther Lindens *Geschichte der deutschen Literatur*, die 1937 zeitgleich mit Franz Kochs *Geschichte deutscher Dichtung* erschien, doch weit weniger positives Echo als das Werk des Berliner Ordinarius fand,[163] figurierte die „Deutsche Bewegung" als „neue arthafte Besinnung" und Rückkehr „zu einer arthaften Dichtung, Weltanschauung, Frömmigkeit" mit der Aufgabe, „den ewigen Arttrieb des Volkes zu erwecken, um eine **neue naturverbundene Kultur** an Stelle der verkünstelten Zivilisation der ausgehenden Aufklärung zu setzen".[164] Die einzelnen literarhistorischen Epochen seit der Aufklärung gingen bei Linden als organische Glieder in einen nationalpädagogisch begründeten Wirkungszusammenhang ein, der als Überwindung der „gelehrt-bildungsmäßigen, humanistisch und christlich überfremdeten Kultur" französischer Provinienz charakterisiert wurde:

> „Die Deutsche Bewegung der Jahre 1770-1830 löst diese Aufgabe einer neuen naturhaft-arteignen Kultur in einem dreifachen Stufenbau sich zeitlich teilweise

---

bereits Zurückhaltung auferlegt hinsichtlich des Positiven, was hier gesagt werden könnte und lediglich das Unumgängliche referiert. Umsoweniger kann ich als negativ herausstellen, was meiner Ueberzeugung nach nicht mit der Herkunft zusammenhängt – die negative Würdigung Dorotheas kommt aus anderen Gründen. [...] Ich denke, das Beste ist hier, mögliche Streitfragen gänzlich beseite zu lassen."

[161] Philipp Reclam jun. Verlag an Richard Benz. Brief vom 25.10.1939. DLA Marbach, A: Benz, Korrespondenz Reclam Verlag 1935-45, unnumeriert. Zitiert wird aus dem Schreiben des Ministeriums an den Reclam-Verlag, das im Brief an Benz auszugsweise wiedergegeben ist. – Das Fehlen antisemitischer Verdikte erklärt sich aus Benz' ablehnender Haltung der Rassenpropaganda des Regimes gegenüber. Bereits im Brief an Reclam vom 12.7.1936 hatte er erklärt, „dass ich in der Rassenfrage eine andere Einstellung habe, als die jetzt geltende ist [...]".

[162] Joachim Müller: Schrifttumsbericht Allgemeines und Grundsätzliches. In: ZfDk 52 (1938), S. 372.

[163] Vgl. Joachim Müller: Schrifttumsbericht Allgemeines und Grundsätzliches. In: ZfDk 52 (1938), S. 372: „Während Koch aus sachlicher Ergriffenheit heraus den Stoff von innen her neu gestaltet, läßt ihn Linden gleichsam an seinem alten Platz und überdeckt ihn mit einem nicht recht sitzenden Gewand neuer Wertbegriffe. [...] Linden spricht fortwährend von den nordisch-germanischen Kräften, während Koch sie aus der Schilderung des Schicksalsweges deutscher Dichtung unmittelbar erstehen läßt. [...] So legt man Lindens Buch auch dort unwillig aus der Hand, wo er die Absicht einer grundsätzlich neuen Darstellung hat wie bei der Spätromantik und bei Grabbe, weil auch das berichtende Wort im allzu volltönenden Pathos versinkt."

[164] Walther Linden: Geschichte der deutschen Literatur von den Anfängen bis zur Gegenwart. Leipzig 1937, S. 270.

überschneidender Perioden: Sturm und Drang, der revolutionäre Durchbruch organischer Ganzheitsgefühle (1770-1785) – Klassik, die aus einer Höherwertung der Vernunft und der klassischen Antike erfolgende Läuterung dieses Gefühlssturmes zu einer lebendigen, zuchtvoll gebändigten Harmonie (1775-1805) – Romantik, die universale gedankliche Ausweitung der neuen Erkenntnisse, eine weitgespannte Synthese, die zuletzt in den Gedanken des unbewußten Lebens und des unbewußt schöpferischen Volkstums übergeht und damit dem Realismus den Weg bereitet (1798-1830)."[165]

Während Linden in seiner Literaturgeschichte der Romantik als „Höhepunkt und Ausklang der deutschen Bewegung" noch ein eigenes Kapitel widmete, behandelte Franz Koch sie ohne jede Hervorhebung innerhalb des Abschnitts „Die Goethezeit".[166] Auch für den Berliner Ordinarius, dessen Romantikkonzept später detailliert zu untersuchen ist, stellte die Romantik nur das Ende eines Prozesses dar, der „mit dem Sturm und Drang als Abkehr von der Aufklärung begonnen hatte" und in seinen ästhetischen Dimensionen nicht eigens gewürdigt werden mußte.[167]

Die hier umrissenen konzeptionellen Veränderungen der literaturwissenschaftlichen Romantikforschung bedürfen selbstverständlich noch einer nachfolgend zu leistenden präziseren Erläuterung und Deutung. Doch dürfte bereits an dieser Stelle deutlich geworden sein, wie eng die Prozesse von interner Differenzierung und metahistorischer Integration, von Modernisierung und Regression verbunden waren. Gingen Binnendifferenzierungen der romantischen Bewegung auf Detailforschungen zurück und eröffneten zumindest partiell neue Arbeitsfelder, so operierten „synthetische" Gesamtdarstellungen, die die Romantik in das epochenübergreifende Konzept der „Deutschen Bewegung" einordneten, zumeist mit einer vorgeprägten Dichotomie von europäischer und deutscher Entwicklung, die als Leitdifferenz die Deutungs- und Wertungsebene bestimmte. In der Beschränkung auf die Interpretations- und Wertungsebene und dem Verzicht auf Bereitstellung neuen Materials oder konkreter Vorschläge zur Modifikation des Kanons eröffneten die Abrisse und „Synthesen" nur geringe Anschlußmöglichkeiten. Nach ihrer Konjunktur zwischen 1933 und 1945 folgten bis in die 1960er Jahre kaum mehr Gesamtdarstellungen der Romantik; die Forschung wandte sich vielmehr Einzelgegenständen zu.[168] Erst die seit Mitte der 1960er Jahre in der DDR erstellten *Erläuterungen zur deutschen Literatur* sowie die nach 1968 in der BRD erarbeiteten sozialgeschichtliche Aufrisse stellten die romantische Literaturepoche wieder in einem umfassenden Entwicklungszusammenhang dar.

---

[165] Ebenda, S. 270.
[166] Franz Koch: Geschichte deutscher Dichtung. Hamburg 1937; S. 167-193.
[167] Franz Koch: Geschichte deutscher Dichtung, S. 167.
[168] Vgl. Hans Jürg Lüthi: Art. Romantik [1977], S. 582.

4 Zwischen ideologischer Zurichtung und Bewahrung von Wissenschaftlichkeit

Die folgenden Betrachtungen thematisieren ein Charakteristikum der im nationalsozialistischen Deutschland entstandenen und publizierten literaturwissenschaftlichen Texte, das in den „Sündenfall"-Debatten der 1940er und 1950er Jahre, vor allem aber in der ideologiekritischen Auseinandersetzung mit der Fachgeschichte seit Mitte der 1960er Jahre stigmatisiert und damit z.T. der weiterführenden Diskussion entzogen wurde: die Assimilation wissenschaftlicher Äußerungen an Sprache und Denkfiguren der politischen Umwelt. Zweifellos lassen sich die 1933 eingegangenen „Bekennerschreiben" von Germanisten, die Beiträge zum „Kriegseinsatz der Geisteswissenschaften", aber auch zahlreiche Dissertationen und Habilitationsschriften als Bereitschaftserklärungen zu einer „Selbstgleichschaltung" der Disziplin sowie als Zeugnisse einer rückhaltlosen Instrumentalisierung des literarischen Erbes zur geistig-kulturellen Legitimation des Regimes lesen. Die nach dem Germanistentag 1966 intensivierte Aufarbeitung der Fachgeschichte hatte denn auch die Nähe der Wissenschaft zu politischen Imperativen herausgestellt und aus der Konformität beteiligter Akteure auf die Ideologisierung der disziplinären Praxis geschlossen. Neuere Arbeiten zur Geschichte der Disziplin in der NS-Zeit, die auf das Nebeneinander von anpassungsbereiter Angleichung an die Ideologie des Regimes und Bewahrung professioneller Standards sowie die Existenz von Nischen und „Freiräumen" hinwiesen,[1] schärfen den Blick für die Widersprüchlichkeit des Geschehens und weiterhin offene Fragen – Fragen nach den inneren und äußeren Umständen der Näherung an nationalsozialistische Ideologeme, nach dem Verhältnis von Wissenschaftlichkeit und ideologischer Zurichtung, nach den rhetorischen Mustern und den möglichen Gewinnaussichten ideologiekonformer Bedeutungszuweisungen.

Die Frage, wie „ideologische" Behauptungen sich in wissenschaftliche Texte einschreiben, nimmt eine Schlüsselstellung für wissenschaftsgeschichtliche Forschungen im allgemeinen und die Erforschung wissenschaftlicher Entwicklungen unter den Bedingungen einer politischen Diktatur im besonderen ein. Die historische Rekonstruktion von Rezeptionsprozessen kann wesentlich zur Klärung dieses komplexen Verhältnisses beitragen, wenn voreilige Reduktionen vermieden und die vielschichtigen Aspekte des Zusammenhanges von „Wissenschaft" und „Ideologie" auch methodisch reflektiert werden. In einem ersten Schritt ist darum eine Präzisierung des Pro-

---

[1] So aus persönlicher Erfahrung jüngst Walter Müller-Seidel: Freiräume im nationalsozialistischen Staat. Erinnerungen an Leipzig und seine Universität. In: Petra Boden, Holger Dainat (Hrsg.): Atta Troll tanzt noch, S. 155-174.

blems durch Klärung der Termini anzustreben, um im Anschluß daran einen Vorschlag für die Beschreibung des Verhältnisses von „wissenschaftlichen" und „ideologischen" Beiträgen der literaturwissenschaftlichen Romantikforschung in der NS-Zeit zu unterbreiten.

Schwierigkeiten erwachsen bereits angesichts der Bestimmung des zugrundezulegenden „Ideologie"-Begriffs, der eine Klassifikation von Texten und Textbestandteilen als „ideologisch" bzw. „wissenschaftlich" ermöglichen soll. Bereits die Opposition von „ideologischen" vs. „wissenschaftlichen" Aussagen verweist auf eine seit Francis Bacons „Idolen"-Lehre, vor allem aber seit Karl Marx' und Friedrich Engels' Begründung des historischen Materialismus fortgeschriebene pejorative Auffassung, die Ideologie als „falsches Bewußtsein" bestimmt. „Ideologisch" sind nach dieser Lesart spekulative, empirisch nicht einholbare Vorstellungen, die reale gesellschaftliche Verhältnisse in unreflektierter Abhängigkeit von den sozialen Dispositiven des Beobachters und also in verzerrter Form repräsentieren. Als prinzipieller Gegensatz von „Ideologie" gilt in dieser Perspektive „Wissenschaft" – verstanden als methodisch geleitete Produktion eines Wissens, das möglichst umfassend, verläßlich und vom Standpunkt eines mit dem ‚objektiven' Gang des gesellschaftlichen und Erkenntnisfortschritts kongruierenden Erkenntnissubjekts gewonnen sein soll. Die dichotomische Trennung von „Wissenschaft" und „Ideologie" hat vor allem strategische Stärken: Sie erlaubt nicht nur die Aufwertung der eigenen Position, etwa durch die Herausstellung der ‚Objektivität' des eigenen Verfahrens, sondern zugleich auch die Ausgrenzung mißliebiger Positionen durch die Unterstellung, sie wären ‚ideologischer' Natur.

In der Perspektive der neueren Wissenschaftsforschung erweist sich die polare Gegenüberstellung von „Wissenschaft" und „Ideologie" darum auch als problematisch. Versteht man unter „Ideologie" nämlich nicht per se „falsches Bewußtsein", sondern die Gesamtheit sozial bestimmter Vorstellungskomplexe, dann sind geistige Traditionen ebenso „ideologisch" wie intellektuelle Mentalitäten, durch Bildung und akademische Sozialisation vermittelte Denkstile und politische Überzeugungen. „Ideologie" wird in dieser an Karl Mannheim anschließenden Perspektive also nicht mehr pejorativ als „verzerrtes" oder systematisch erzeugtes „falsches Bewußtsein" begriffen, sondern als Totum sozial vermittelter Anschauungen und Vorstellungen, in die mentale Prägungen, geistige Traditionen und weltanschauliche Überzeugungen eingehen und untrennbar mit dem Prozeß der Wissensproduktion verbunden sind.[2]

---

[2] Die Akzeptanz einer „Seinsgebundenheit" des Denkens schafft dann auch die Grundlage für die Verabschiedung einer ‚Enthüllung' von „Verblendungszusammenhängen"; dazu Karl Mannheim: Ideologie und Utopie. Frankfurt/Main [7] 1985, S. 73: „Die jeweilige Partikularität der einzelnen Standorte und ihr gegenseitiges Aufeinanderbezogensein im Zusammenhang mit dem sozialen Gesamtgeschehen zu erforschen, wird die Aufgabe einer solchen ‚wertfreien' Ideologieforschung sein." – Aufgenommen wurde Mannheims ‚wertfreie' Auffassung von Ideologie durch Hayden White: Metahistory. Die historische Einbildungskraft im 19. Jahrhundert in Europa. Frankfurt/Main 1994, S. 38; hier S. 43 das Plädoyer für eine davon geleitete

Ein solcher epistemologisch neutraler „Ideologie"-Begriff kann zur Aufklärung der Beziehung von „Wissenschaft" und „Ideologie" beitragen, auch wenn sich eindeutige klassifikatorische Zuordnungen angesichts des komplizierten Verhältnisses als schwierig erweisen: Weil die Produktion von Wissen stets eine soziale Konstruktionsleistung ist und in jede Wissenschaft – ob textinterpretierend oder natürliche Phänomene erklärend – gesellschaftlich geprägte Vorannahmen eingehen, können „ideologische" und „wissenschaftliche" Bedeutungszuweisungen nur heuristisch separiert und identifiziert werden. Notwendig dafür sind Kriterien zur vorläufigen Abgrenzung „wissenschaftlicher" und „ideologischer" Praktiken in der Produktion von Wissen: Als „wissenschaftlich" sollen Verfahren zum Gewinn kondensierter Unterscheidungen gelten, wenn sie der Leitdifferenz wahr–falsch folgen und Zufälligkeiten der Beobachtung, aber auch subjektive Interessenlagen und Motivationen des Beobachters durch deren Reflexion so zu minimieren vermögen, daß intersubjektiv reproduzierbare Ergebnisse möglich werden. „Ideologisch" sind Praktiken der Wissensproduktion dann, wenn sie sich in Formulierung und Konditionierung von Geltungsansprüchen nicht mehr am spezifischen Code des Wissenschaftssystems orientieren, sondern Motivationen und Handlungen zu beeinflussen suchen und dazu einen privilegierten Status des Beobachters jenseits der Verpflichtung auf Voraussetzungslosigkeit und Wertfreiheit in Anspruch nehmen.[3]

Für eine Separierung und Identifikation „wissenschaftlicher" und „ideologischer" Bestandteile der Wissensproduktion bieten sich entsprechend der Verfassung des Wissenschaftssystems unterschiedliche Fokussierungen an: Zum einen auf die *Produzenten* von Wissensansprüchen; zum anderen auf Texte als die spezifischen *Produkte* wissenschaftlicher Tätigkeit. Die erstgenannte Option wurde durch jene Form der Aufarbeitung von Fachgeschichte realisiert, die nach der Eruierung von „Sündenfällen" in den 1940er und 1950er Jahren seit Mitte der 1960er Jahre die Dispositionen der Germanistik als einer „nationalen Wissenschaft" in den Blick nahm: Aus politischen Stellungnahmen und weltanschaulichen Bekenntnissen beteiligter Akteure destillierte man „ideologische" Positionen der Disziplin und brachte diese in Konnex zu ihren wissenschaftlichen Leistungen. Der auf die personalen Träger von Wissensansprüchen rekurrierende Zugang versäumte jedoch nicht nur die Erklärung wissenschaftsinterner Entwicklungen, sondern begab sich auch in die Gefahr, das (vorgängige) Urteil über die politische bzw. weltanschauliche Einstellung in wissenschaftlichen Texten wiederzufinden. – Die zweite Variante läßt sich in der vor allem von Peter Zima vertretenen textsoziologi-

---

Wissenschaftsforschung: „Nach meinem Verständnis gibt es keine außerideologischen Instanzen für eine objektive Entscheidung zwischen den widerstreitenden Anschauungen von der Geschichte und der historischen Erkenntnis, auf die sich die verschiedenen Ideologien berufen. [...] Man kann auch nicht behaupten, daß ein Konzept der historischen Erkenntnis ‚wissenschaftlicher' sei als ein anderes, ohne im voraus darüber zu befinden, was denn eine spezifisch *historische* bzw. *gesellschaftsorientierte* Wissenschaft sei."

[3] Zur Differenz von ‚Handeln' und ‚Erleben' als Kriterium der Trennung von Wissenschaft und Ideologie vgl. Niklas Luhmann: Die Wissenschaft der Gesellschaft, S. 223f.

schen Perspektive erkennen, Prinzipien für eine hinreichend deutliche Unterscheidung „wissenschaftlichen" und „ideologischen" Sprechens durch die Untersuchung inhärenter Strukturen von Texten zu entwerfen. Nach Zima tragen „wissenschaftliche" Aussagen grundsätzlich argumentativen Charakter und unterliegen den Bedingungen von Verifizierbarkeit und Falsifizierbarkeit; „ideologische" Postulate bedürften dagegen nicht unbedingt einer argumentativen Bestätigung. Während „ideologische" Deutungen Dualismen, Polarisierungen und die Maximierung dichotomischer Argumentationen verwendeten und das eigene Verfahren zumeist nicht visibilisierten, reflektierten die auf wissenschaftliche Erkenntnis zielenden Anstrengungen den eigenen sozialen und sprachlichen Standort und diskutierten ihre semantischen Zugänge.[4] Indizien für „ideologische" Bedeutungszuweisungen sind laut Zima nicht plausibilisierte bzw. invisibilisierte Vorannahmen sowie rhetorische Konstruktionen, die widerständige Tatsachen ausblenden oder gewaltsam homogenisieren. Eine eindeutige Entscheidung über den „wissenschaftlichen" oder „ideologischen" Charakter von Texten erweist sich dennoch als nicht unproblematisch, setzt sie doch einen externen Beobachter voraus, der hinreichend deutlich die Reflektiertheit des „wissenschaftlichen" Diskurses von „unreflektierten" ideologischen Äußerungen beurteilen könnte.

Einen mögliche Aufhebung der Grenzen von personen- und textzentrierten Verfahren scheint ein Zugang zu bieten, der das komplexe Verhältnis von „ideologischen" und „wissenschaftlichen" Bedeutungszuweisungen durch eine Perspektive erschließt, die neben sozialen und mentalitätsgeschichten Dispositionen des Autors und strukturellen Eigenschaften von Texten die Formen der Wissensproduktion in spezifischen *Konstellationen* thematisiert. Was damit gemeint ist, soll an einem Beispiel erläutert werden. Im Dezember 1943 veröffentlicht der renommierte Literaturwissenschaftler Paul Kluckhohn, seit 1932 Ordinarius in Tübingen, Herausgeber der *Deutschen Vierteljahrsschrift für Literaturwissenschaft und Geistesgeschichte* und federführender Editor der Romantik-Abteilung in der Reclam-Edition *Deutsche Literatur in Entwicklungsreihen*, einen Aufsatz unter dem Titel *Der europäische Gedanke in der deutschen Romantik*, der auf den ersten Blick wie eine Variation des vom Prager Romantikforscher Josef Körner 1929 publizierten Buches *Die Botschaft der deutschen Romantik an Europa* anmutet. Doch weniger die Textgestalt noch die Ignoranz gegenüber dem verdienstvollen Vorläufer entscheiden über das „ideologische" Moment dieses Bei-

---

[4] Vgl. Peter V. Zima: Ideologie und Theorie. Eine Diskurskritik. Tübingen 1989, hier S. 141 sein Vorschlag für eine „Doppeldefinition des ideologischen Diskurses", der davon ausgeht, „daß ein jeder Diskurs ideologisch ist, insofern er gesellschaftliche (kollektive) Interessen artikuliert, daß aber der wissenschaftliche (kritische Diskurs) sich aus der ideologischen Verstrickung (wenigstens teilweise) dadurch lösen kann, daß er seine *semantische Basis* [...] problematisiert und zur Diskussion stellt." – Zu den selbstreflexiven Prinzipien der „theoretischen Rede", die den eigenen „sozialen und sprachlichen Standort" zum „Gegenstand eines offenen Dialogs macht" und dadurch „eine Überwindung der eigenen Partikularität durch dialogische Objektivierung und Distanzierung" anstrebt, siehe ebenda, S. 256.

trags, sondern sein Erscheinungsort: Es ist die von Paul Ritterbusch herausgegebene und vom Reichspropagandaministerium unterstützte Zeitschrift *Europäischer Wissenschafts-Dienst*, die der „zwischenvölkischen Aussprache" von Forschern dienen und dabei die nationalsozialistischen Hegemoniebestrebungen in Europa auch wissenschaftspolitisch durchsetzen soll.[5] Verbreitet wird das Periodikum nicht durch den Buchhandel, sondern durch Propagandakompanien der Wehrmacht.

Liest man Kluckhohns Ausführungen unter Berücksichtigung dieser Konstellation und im Kontext zahlreicher weiterer Beiträge, die sich seit 1941 um eine Bearbeitung des ‚europäischen Gedankens' in der deutschen Literatur bemühen, lassen sich unterschiedliche Rezeptionsanweisungen und Vorgaben entnehmen, die in der Textlinguistik als „Mehrfachadressierung" bezeichnet werden. Implizit markiert sind Anlaß und Aufgabe des Textes: In kritischer Kriegslage – die mit keinem Wort erwähnt wird – beschwört er eine angeblich historisch begründete Verantwortung des deutschen Geistes für die Einigung Europas. Die Aufnahme politischer Vorgaben läßt sich im rhetorischen Anschluß an die seit 1941 massiv propagierte „Europa-Ideologie" identifizieren, die im Unterschied zum bisher verfolgten Programm einer nationalen Autarkie nun das Konzept des „europäischen Großraums" favorisiert und dieses auch geistig-kulturell beglaubigt wissen will. Nicht zufällig erscheinen seit 1941 zahlreiche Texte zur Wissenschaftsgeschichte der Naturwissenschaften, die den fruchtbaren Austausch zwischen deutschen und ausländischen Naturforschern in der klassischen-romantischen Zeit belegen sollen; eine vermehrte Reisetätigkeit von Forschern unterstützt die auf eine Einigung der besetzten europäischen Staaten zielenden Bemühungen der nationalsozialistischen Wissenschaftspolitik. In Kluckhohns Text bilden die Entdeckungen und Ideale der deutschen Romantik („Belebung von germanisch-deutscher Vergangenheit", „Synthese von Persönlichkeit und Gemeinschaft", „Synthese des Nationalen und des Universalen") und ein von ihr erweckter „Glaube an die deutsche Europa-Aufgabe"[6] den Ausgangspunkt der „Aufgabe der Vermittlung und der Führung, im Geistigen zunächst und dann auch als politische Vormachtstellung"[7]. Gleichzeitig aber betont er mehrfach die romantische „Achtung vor fremdem Volkstum" und erklärt, daß die deutsche Führungsrolle in Europa „keine Unterdrückung anderer Völker bedeuten dürfe und keine Gleichmacherei, vielmehr nur eine Befreiung der unterdrückten Völker und allen eine Hilfe zur Entfaltung ihrer Eigentümlichkeit."[8] Zur Stützung dieser Behauptungen wurden paraphrasierte bzw. fragmentierte Zitate ohne bibliographischen Nachweis kompiliert, um von der – im Ursprungsdiskurs kulturell konnotierten – Bestimmung Deutschlands als „Herz unseres

---

[5] Vgl. dazu Kapitel 2, Abschnitt 3: Die Disziplin im Kriegseinsatz.
[6] Paul Kluckhohn: Der europäische Gedanke in der deutschen Romantik. In: Europäischer Wissenschafts-Dienst 3 (1943) H. 12, S. 7-9, hier S. 8.
[7] Ebenda, S. 8.
[8] Ebenda, S. 9.

Weltteils" und „Nabel der europäischen Erde" ausgehend, ‚zeitgemäße' Aktualisierungen nahezulegen. Das Changieren des Textes wird angesichts der Tatsache verständlich, daß der Autor unterschiedliche Adressaten einzukalkulieren hatte: Als *primäre Leser* die Herausgeber – in diesem Falle Paul Ritterbusch, REM-Beauftragter für den „Kriegseinsatz der Geisteswissenschaften", Walter Wüst vom SS-Ahnenerbe und Wilhelm Ziegler vom Reichspropagandaministerium, die für die politische Opportunität der Beiträge verantwortlich zeichneten; als *sekundäre Leser* Wissenschaftler, denen ein zumindest partiell abgesichertes Wissen über das Verhältnis der Romantik zu Europa angeboten werden mußte; als *tertiäre Leser* ausländische Forscher, die nicht durch pure Überheblichkeit verstimmt werden sollten. Mit seinen polyphonen und mehrdeutig verstehbaren Aussagen brachte der Text Kluckhohns verschiedene „Stimmen" zur Sprache und bediente so unterschiedliche Referenzebenen; einen Zugewinn an Unterscheidungsvermögen hinsichtlich des aufgeworfenen Problems vermochte er jedoch nicht zu verbuchen.

Diese Hinweise auf die Konstellationen der Produktion, Distribution und Rezeption wissenschaftlicher Texte erhellen die Notwendigkeit, zur Klärung des Verhältnisses von „Wissenschaft" und „Ideologie" divergierende *Referenzialisierungen* von Geltungsansprüchen zu berücksichtigen. Übereinstimmend mit dem Konzept Pierre Bourdieus, das wissenschaftliche und literarische Texte als symbolische Investitionen innerhalb eines bestimmten kulturellen „Feldes" begreift und nach ihren Funktionen innerhalb eines durch Regeln bestimmten Konkurrenzraumes fragt, lassen sich so die Formen bestimmen, mit denen jeder Text zwischen Ausdrucks- bzw. Erkenntnisinteressen und strukturellen Zwängen des „Feldes" zu vermitteln hat. Zugleich erweitert sich die Freilegung textueller Bedeutungen und intertextueller Bezüge um eine übergreifende Thematisierung der rhetorischen Muster, mit denen Texte Wissensansprüche im Schnittpunkt unterschiedlicher gesellschaftlicher Teilsysteme kommunizieren: Wer erscheint als Adressat; wie werden Thema und Gegenstandsbereich bestimmt; welche Geltungsansprüche werden formuliert; wie wird für diese argumentiert? Ein Kardinalproblem ist dabei nicht allein das Problem der Wertung, die in wissenschaftliche Texte einfließen; sondern die – unter Umständen auch in „wertfrei" vorgehenden Untersuchungen nicht hinreich visibilisierten – Prinzipien der Auswahl des Materials.

Zur Beantwortung der entscheidenden Frage nach einem Kriterium für die Abgrenzung „ideologischer" und „wissenschaftlicher" Bedeutungszuweisungen in Texten erweist sich eine Anleihe bei der Systemtheorie als hilfreich: Zielen „wissenschaftliche" Erklärungen im weitesten Sinne auf den Zugewinn von Unterscheidungsvermögen und orientieren sich entsprechend der spezifischen Codierung des Wissenschaftssystems an der Leitdifferenz wahr–falsch, suchen „ideologische" Behauptungen Motivationen und Handlungen zu beeinflussen. Während es im Wesen von Wissenschaft liegt, ihre Beobachtungs- und Unterscheidungsverfahren immer stärker zu differenzieren und Auflösungs- und Rekombinationsvermögen fortschreitend zu steigern, läßt sich als Merkmal „ideologischer" Textbestandteile die *Reduktion* von *Komplexität* – zur Freisetzung von Handlungskapazität – angeben. Diese Komplexitätsreduktion bedient sich bestimmter sprachlicher Mittel, etwa der Herstellung von Analogien und Dichotomien – womit nicht nur der Bogen zu den von Peter Zima herausgestellten Eigenschaften „ideologischen" Sprechens geschlagen, sondern auch eine Erklärung für die kognitive Unergiebigkeit von Kluckhohns Beitrag *Der europäische Gedanke in der deutschen Romantik* gefunden wäre: Weil der Text in Themenstellung und Zuschnitt des Objektbereichs nicht internen Ansprüchen und Kontexten des Forschungsgebiets folgte, sondern diese mit wissenschaftsexternen Interessen vermischte, konnten bestimmte Geltungsansprüche nicht argumentativ eingelöst, sondern allein durch Analogisierungen, metaphorische Vervielfältigung und Berufung auf die Autorität des Gegenstandes beglaubigt werden.

Dieser vorerst nur skizzenhaft entwickelten Perspektive entsprechend, soll im folgenden der Beitrag der literaturwissenschaftlichen Romantikforschung zu einer ideologischen Instrumentalisierung der deutschen Literatur und ihrer Integration in den Traditionskanon des Dritten Reiches untersucht werden. Zuerst sind die rhetorischen Muster der Integration des romantischen Erbes in den kulturellen Traditionskanon des Dritten Reiches herauszupräparieren, um im Anschluß daran Formen und Arbeitsfelder bewahrter Wissenschaftlichkeit zu charakterisieren. Innerhalb der an argumentativen Mustern interessierten Nachzeichnung der Versuche, die deutsche Romantik als geistige Antizipation des nationalsozialistischen Deutschland darzustellen, sollen an zwei ausgewählten Texten – einer Dissertation aus dem Jahre 1940 und Paul Kluckhohns Beitrag für den „Kriegseinsatz der deutschen Geisteswissenschaften" – rhetorische Strategien und Zuweisungsmechanismen ideologischer Instrumentalisierung analysiert werden. Ein abschließender Vergleich von Schwerpunkten und präferierten Zugängen innerhalb der Romantikforschung, als deren Indikator die zwischen 1933 und 1945 verfaßten Dissertationen herangezogen werden, hat dann zu klären, ob die disziplinären Homogenisierungsbestrebungen erfolgreich waren.

4.1 Die Integration der Romantik in den Traditionskanon des Dritten Reiches

Wenn nachfolgend die Muster und Figuren zu rekonstruieren sind, mit denen literaturwissenschaftliche Texte die Romantik in den kulturellen Traditionskanon des Dritten Reiches zu integrieren suchten, steht eine Form der disziplinären Praxis im Zentrum, die sich durch die Dominanz forschungsexterner Bedeutungszuweisungen auszeichnete. Signifikant für diese Arbeiten war, daß in ihnen – z.T. bewußt – weniger Geltungsansprüche des Wissenschaftssystems aufgenommen und diskutiert, als vielmehr Bedürfnisse der gesellschaftlichen Umwelt nach historischer Legitimation artikuliert und bedient wurden. Zentrale Bedeutung kam dabei der Konstruktion der Romantik und ihrer Vertreter als „Vorläufer" nationalsozialistischen Ideengutes zu, erlaubte diese doch nicht nur eine Erweiterung der Leistungsbeziehungen des Faches, sondern schien – insbesondere mit der Erinnerung an die romantischen Ursprünge der Germanistik – auch eine gesteigerte Reputation des Faches als Sachwalter dieser Kontinuität zu verbürgen.

Eine Verbindungslinie zwischen romantischen Vorstellungen und dem eklektischen Ideenhaushalt des Nationalsozialismus behaupteten schon die disziplinären „Bekennerschreiben" nach der Machtergreifung. So parallelisierte Walther Linden im Frühjahr 1933 die romantische Entdeckung des Volkes mit dem politischen Umbruch der Gegenwart und beschwor den „deutschen organischen Geist" als Erbe der Romantik, das auch die aktuelle Umwälzung mittrage und helfe, die „endgültige Überwindung der von westeuropäischem und jüdischem Geiste getragenen liberal-rationalistischen Aufklärung des 19. Jahrhunderts"[9] zu vollziehen. Voraussetzung dieser Bedeutungszuweisung war die folgenschwere und von der geistesgeschichtlichen Literaturbetrachtung mitvorbereitete These einer geistig-kulturellen Sonderentwicklung Deutschlands. Der in den Bahnen von „Aufklärung" und „Rationalismus" verlaufenden Entwicklung der europäischen Nachbarn wurde die „Deutsche Bewegung" gegenübergestellt; die Romantik als deren Höhepunkt und zum „sieghaften Durchstoß des Deutschen" gegen „westeuropäische Überfremdung" erklärt. Von dieser Leitdifferenz aus konnten auch nationalkonservative Gelehrte wie Paul Kluckhohn oder Julius Petersen in der Romantik einen Prolog zum Dritten Reich entdecken. In Kluckhohns Nachwort zu der 1934 von ihm edierten Anthologie *Die Idee des Volkes im Schrifttum der Deutschen Bewegung* las sich die Gleichsetzung von nationalsozialistischer Gegenwart und „Deutscher Bewegung" so:

> „Die Bewegung unserer Tage steht der deutschen Bewegung um 1800 näher, als es den meisten Menschen heute bewußt ist. Man kann geradezu sagen: Der deutschen Bewegung von heute ist durch die um 1800 geistig stark vorgearbeitet worden, oder – anders gesehen – wesentliche Ideen des Dritten Reiches sind aus den gleichen Tiefen gespeist, die schon die wertvollsten Epochen der deutschen Geistesgeschichte befruchtet haben."[10]

Der romantische Protest gegen die Vereinzelungs- und Differenzierungsleistungen der Moderne, bereits durch die Jugendbewegung um 1900 aufgenommen, avancierte nach 1933 zu einem mit propagandistischen Schlagworten verbrämten Mythos, den auch die Literaturwissenschaft bediente. Neben akademischen Außenseitern wie den Klages-Schülern, die nach der Machtergreifung die Gegenwartswirkungen der Romantik priesen,[11] waren auch universitäre Geistes- und Literaturwissenschaftler zur Stelle, als es um die Aktualisierung der Ro-

---

[9] Walther Linden: Deutschkunde als politische Lebenswissenschaft, S. 337.
[10] Paul Kluckhohn (Hrsg.): Die Idee des Volkes im Schrifttum der deutschen Bewegung von Möser und Herder bis Grimm. Berlin 1934. Nachwort, S. 323.
[11] Programmatisch dafür Hans Eggert Schröder: Die deutsche Romantik und die Gegenwart. In: Literatur 36 (1934), S. 433-438.

mantik in legitimatorischer Absicht ging. Mit welchen Risiken der direkte Anschluß der deutschen Geistes- und Literaturgeschichte an die nationalsozialistische Gegenwart verbunden war, zeigte die von Julius Petersen 1934 vorgelegte Studie *Die Sehnsucht nach dem Dritten Reich in deutscher Sage und Dichtung*, mit der der Berliner Ordinarius seinen Einstand als neuer Herausgeber der in *Dichtung und Volkstum* umbenannten literaturgeschichtlichen Zeitschrift *Euphorion* gab und deren Entstehungsgeschichte ein bezeichnendes Licht auf die Mechanismen der zeitgemäßen Aktualisierung wissenschaftlicher Überlegungen wirft.[12] Wie Christoph König gezeigt hat, war die als bereitwillige Dienstleistung lesbare Studie Petersens lange vorbereitet: Als Sammlung von „Vorstellungsreihen" bereits 1915 begonnen, ging der motivgeschichtliche Aufriß von eschatologischen Hoffnungen 1920 in den Vortrag *Die Idee des Weltfriedens in der deutschen Dichtung* ein, mit dem Petersen noch 1933 während seines USA-Aufenthaltes auftrat und dessen Verfahren der Germanist selbst als „typical German form of thinking" bezeichnete.[13] Am 8. Juni 1932 war Petersen auch vor der Berliner Mittwochsgesellschaft mit einem Vortrag *Die Vorstellung vom Dritten Reich* aufgetreten, in dem die allen Völkern gemeinsame Idee eines „goldenen Zeitalters" als dem „ersten Reich eines ewigen Friedens" den Ausgangspunkt bildete.[14] Nach Abriß typologisch verallgemeinerter Heilsvorstellungen – der die Romantik als Fortsetzung von Lessings „Erziehung des Menschengeschlechts" und Kants Idee vom „ewigen Frieden" einordnete – verzeichnete Petersen hier die Chiliasmen von Kommunismus und Nationalsozialismus noch ohne jede Parteinahme;[15] 1934 schloß er mit dem emphatischen Bekenntnis zum endlich erschienenen „Führer".[16] Während Fachkollegen in

---

[12] Julius Petersen: Die Sehnsucht nach dem Dritten Reich in deutscher Sage und Dichtung. In: DuV 35 (1934), S. 18-40, 145-182. In erweiterter Form und mit einer Widmung an Konrad Burdach versehen, erschien die Schrift 1934 auch als selbständige Publikation im Stuttgarter Verlag Metzler.

[13] Vgl. Christoph König: Fachgeschichte im deutschen Literaturarchiv. Programm und erste Ergebnisse. In: Jahrbuch der deutschen Schiller-Gesellschaft 32 (1988), S. 377-405, hier S. 387.

[14] Julius Petersen: Die Vorstellung vom Dritten Reich. 885. Sitzung vom 8.6.1932 im Hause des Vortragenden Petersen. In: Protokolle der Berliner Mittwochsgesellschaft, 836.-926. Sitzung, 6.2.1929-15.5.1935. BA Koblenz R 106/18 fol. 1, Bl. 197-202; Kopie auf Mikrofilm im Archiv der BBAW, Nr. 71. – In Königs Hinweisen auf die Entstehungsgeschichte ist dieser Vortrag nicht vermerkt, dafür jedoch schon in Petra Boden: Julius Petersen. Diss. Berlin 1983, S. 152, sowie in dies., Bernhard Fischer: Der Germanist Julius Petersen (1878-1941). Bibliographie, systematisches Nachlaßverzeichnis und Dokumentation. Marbach 1994, S. 63.

[15] Vgl. Julius Petersen: Die Vorstellung vom Dritten Reich, Bl. 202: „Der Chiliasmus hat neue Formen bei St. Simon, Fourier, Comte, Spencer, Marx gefunden in Verquickung mit ökonomischen und sozialen Regelungen des Zukunftsstaates, und unter diesen Gesetzen stehen nun sowohl der Bolschewismus als der Nationalsozialismus, nachdem ihm durch Moeller van den Bruck das Losungswort des dritten Reiches zugerufen worden ist."

[16] Vgl. Julius Petersen: Die Sehnsucht nach dem Dritten Reich in deutscher Sage und Dichtung, S. 182: „Der Führer ist gekommen, und seine Worte sagen, daß das Dritte Reich erst ein werdendes ist, kein Traum der Sehnsucht mehr, aber auch noch keine vollendete Tat, sondern eine Aufgabe, die dem sich erneuernden deutschen Menschen gestellt ist." In der Separatpublikation wurde die Eloge auf Hitler noch markanter formuliert: Nun hieß es nicht mehr: „Der Führer ist gekommen", sondern: „Der ersehnte und geweissagte Führer ist erschienen", Julius Petersen: Die Sehnsucht nach dem Dritten Reich in deutscher Sage und Dichtung. Stuttgart 1934, S. 61.

Petersens Bemühungen die Suche nach „Anschluss" erkannten,[17] rief seine Ideengeschichte umgehend den Protest nationalsozialistischer Aktivisten hervor: Im Oktober 1934 wies Ernst Krieck das auch als Einzelpublikation vertriebene Werk als „Konjunkturbuch" zurück und urteilte mit scharfen Worten: „Von dem Lichte, das von der Idee des Dritten Reiches her auf diesen Gegenstand fällt, hat Petersen ersichtlich keine Ahnung. Darum bleibt seine Arbeit an der Oberfläche der Dinge kleben. Sie ist Alexandrinismus vom reinsten Wasser, ein Denkmal für eine Art von Wissenschaft, die uns jetzt nichts mehr angeht, die einem dahingegangenen Zeitalter angehört und von der sich die Jugend mit vollem Recht abwendet."[18]

Angesichts dieser Gefährdungen verwundert es nicht, daß universitätsgermanistische Integrationsversuche nur selten inhaltlich präzise, dafür umso mehr aber mit schlagwortartigen Behauptungen operierten. In den schon erwähnten öffentlichen Auftritten von Germanisten zu den „Reichsgründungsfeiern" am 30. Januar wurde romantisches Dichten und Denken oft ohne nähere Begründung mit der nationalsozialistischen Gegenwart verbunden und in deren kulturellen Traditionshaushalt eingebettet. Eine solche schlagwortartig gefüllte Unbestimmtheit prägte etwa Benno von Wieses Rede zum 30. Januar 1938, die die Würdigung der romantischen Wiederentdeckung von Volksdichtung und Volklied bis in den „Volksstaat Adolf Hitlers" verlängerte:

> „Wir haben diesen von Herder bis zur Romantik entwickelten Zusammenhang von Volk und Dichtung nicht darum geschildert, weil er historisch und vergangen ist, sondern vielmehr, weil er bis heute und gerade heute heute über die Generationen hinweg lebendig blieb und seinen wesentlichen Anteil an der deutschen Selbstbesinnung beanspruchen darf. [...] Gewiß: das 19. Jahrhundert hat das geistige deutsche Erbe, das ihm überliefert wurde, zunächst vergessen oder zumindest vergessen wollen. [...] Aber dennoch sind die von Herder und der Romantik entwickelten Gedankengänge nicht versunken. Auf manchen unsichtbaren und unterirdischen Wegen, die ich hier nicht schildern kann, wurden sie bis in unsere Gegenwart weitergegeben, und es sind gerade die besten der deutschen Dichter, die im Volksstaat Adolf Hitlers von neuem zu einer solchen deutschen Kulturidee zurückgreifen."[19]

Inwieweit derart vollzogene Anschlüsse der Romantik an den „Volksstaat Adolf Hitlers" den eigentlichen Überzeugungen der Germanisten entsprachen, läßt sich nur vermuten. So beschrieb Benno von Wiese in seinen – von nachträglichen Rechtfertigungen und Selbststilisierungen geprägten[20] – Le-

---

[17] Vgl. Paul Kluckhohn an Erich Rothacker. Brief vom 27.März 1934, hier zitiert nach: Klassiker in finsteren Zeiten. Bd. 1, S. 250, wo es über die Veränderungen des in *Dichtung und Volkstum* umbenannten und mit neuem Herausgebergremium besetzten Konkurrenzorgans *Euphorion* hieß: „Es macht fast den Eindruck, als habe der aus Amerika zurückgekommene Petersen sich etwas unbehaglich gefühlt und um Gottes willen den Anschluss nicht verpassen wollen."
[18] Ernst Krieck: Zur Ideengeschichte des Dritten Reiches. In: Volk im Werden 2 (1934), S. 323-324, S. 324.
[19] Benno von Wiese: Volk und Dichtung von Herder bis zur Romantik. Erlangen 1938 (= Erlanger Universitätsreden 1938), S. 22.
[20] Dazu Hans Eichner: Rezension Benno von Wiese, Ich erzähle mein Leben und zu Hans Mayer, Ein Deutscher auf Widerruf. In: Arbitrium 1 (1983), S. 121-126; Hans Peter Hermann: Das

benserinnerungen die Entstehungsgeschichte der oben erwähnten Rede als erzwungene Anpassung an eine Diktatur, die ihm zu diesem Zeitpunkt schon verhaßt gewesen sei.[21] Dieser Apologetik stehen jedoch Gutachten parteiamtlicher Stellen gegenüber, die Benno von Wiese noch 1943 als „politisch durchaus einsatzbereite[n] Wissenschaftler" charakterisierten.[22]

Die Abhängigkeit der Sprecher von politischen Instanzen und die jeweiligen Kontexte sind jedoch stets mitzubedenken, wenn es um die Wertung dieser öffentlichen Auftritte geht. Walter Müller-Seidel hat darauf hingewiesen, daß beispielsweise die Rede des Leipziger Historikers Otto Vossler zum 30. Januar 1941 *Humboldt und die deutsche Nation*[23] als ein Zeugnis humanistischer Widerständigkeit gegen das Regime gelesen werden kann: „Jedesmal, wenn Geist gesagt wird, ist das Gegenteil mitzudenken, der Ungeist der Herrschenden, zudem sich der Vortragende stillschweigend und dennoch unüberhörbar in Widerspruch setzt."[24] – Ohne diese Doppelbödigkeit operierten dagegen literaturwissenschaftliche Beiträge, die dem von Partei und Staat propagierten Antisemitismus sekundierten und z.T. durch die *Forschungsabteilung Judenfrage* am *Reichsinstitut für die Geschichte des neuen Deutschland* institutionell gefördert wurden. Auch wenn die methodischen Grundlagen dieser Forschungen später ausführlicher expliziert werden, soll an dieser Stelle zumindest auf deren bewußte Übernahme ideologischer Funktionen hingewiesen werden. Sie begleiteten den gesetzlich sanktionierten Antisemitismus mit Darstellungen, die den romantischen Antikapitalis-

---

Bild der Germanistik zwischen 1945 und 1965 in autobiographischen Selbstreflexionen von Literaturwissenschaftlern. In: W. Barner, Chr. König (Hrsg.): Zeitenwechsel, S. 345-360.

[21] Vgl. Benno von Wiese: Ich erzähle mein Leben, S. 153f.: „Als zum Reichsgründungstag am 30. Januar 1938 die Festrede gehalten werden mußte, bat mich der Rektor, eine allgemein interessierende wissenschaftliche Rede vorzutragen, damit eine rein politische vermieden werden konnte. Das abzulehnen war praktisch unmöglich. So wählte ich das Thema ‚Volk und Dichtung von Herder bis zur Romantik'. Damit war ich vertraut. Aber ganz ohne politisches Zugeständnis ließ sich dieser Vortrag an einem so eminent politischen Tag nicht durchführen. Ich suchte mit zu helfen, indem ich am Schluß einen kurzen, freundlichen Vergleich zwischen der Auffassung von Tanz, Lied und Spiel in dem von mir behandelten Zeitraum und dem Wiederaufleben von alten Landsknechtgesängen und Soldatenliedern in der Jugendbewegung und der Hitlerjugend zu ziehen suchte. Es war das einzige Mal während der Nazi-Zeit, daß der Name Hitler in meinen Schriften erwähnt wurde. [...] Längst war mir dieser ‚Volksstaat' verhaßt. Aber ich mußte in ihm weiterleben und nicht untergehen. An Auswanderung war zu dieser Zeit für einen vermögenslosen ‚Arier' nicht mehr zu denken."

[22] Sicherheitsdienst des Reichsführer SS, SD-Unterabschnitt Franken, Abschnitt Nürnberg an die NSDAP-Gauleitung Franken. Gutachten über Prof. Dr. Benno von Wiese vom 3. März 1943. BA/BDC, Personalakte Benno von Wiese, unpaginiert. Vgl. auch ebenda: „Nach der Machtübernahme hat er sich zweifellos aufrichtig darum bemüht, seine Kraft in den Dienst der nat[ional]soz[ialistischen] Weltanschauung und Volksgemeinschaft zu stellen und sowohl in seiner literarischen Produktion als auch in seiner öffentlichen Vortragstätigkeit energisch den Standpunkt eines Mannes vertreten, der sich in Forschung und Lehre eindeutig an den nationalsozialistischen Grundsätzen orientiert." – In früheren Beurteilungen, so vom 9. Juni 1936 und im *Fragebogen zur politischen Beurteilung* vom 20. Januar 1940 war B. von Wieses politisches Verhalten nach 1933 noch als „zurückhaltend" bewertet worden, ebenda.

[23] Otto Vossler: Humboldt und die deutsche Nation. Leipzig 1941 (= Leipziger Universitätsreden 7).

[24] Walter Müller: Freiräume im nationalsozialistischen Staat, S. 172.

mus und vereinzelte antijüdische Stellungnahmen kompilierten, aufwerteten und zur Antizipation der nationalsozialistischen Judenverfolgungen erklärten.[25] Die jüdischen Salons und jüdische Intellektuelle verfielen dagegen rassisch qualifizierenden Urteilen; auch das Denken Friedrich Schlegels und die romantische Ironie wurden als „zersetzendes Prinzip von unverkennbar jüdischer Prägung"[26] diffamiert.

Eine in ihrer Radikalität wohl singuläre Integration der Romantik in den Traditionshaushalt des Nationalsozialismus vollzog eine 1940 dem Deutschen Seminar der Universität Wien vorlegte Dissertation. Die von Herta Herglotz verfaßte und von Josef Nadler betreute Promotionsschrift unter dem Titel *Die Romantik und das Dritte Reich* illustriert anschaulich die rhetorischen Muster, mit der die nationalsozialistische Ideologie an das geistige Erbe der Romantik angeschlossen bzw. romantische Theoreme zur Antizipation des eklektischen nationalsozialistischen Weltbildes umgedeutet wurden. Bereits die im ersten Teil der Arbeit unternommenen „Wesensbestimmungen" von Nationalsozialismus und Romantik offenbarten die gewaltsamen Konstrukte, mit denen es die Verfasserin unternahm, das in der Einleitung formulierte Ziel – „die großen Linien aufzuzeigen, die von der Romantik zum Dritten Reich führen"[27] – einzulösen. Auf eine Definition oder begriffliche Festlegung des „Wesens des Nationalsozialismus" verzichtete die Verfasserin mit der Begründung, „zu nahe, beziehungsweise mitten in der Bewegung" zu stehen, sowie mit einem Argument, das sich bewußt von rationalen Distinktionen absetzte: „[V]or allem ist Nationalsozialismus keine abstrakte weltanschauliche Konstruktion, sondern entspricht dem innersten Wesen des deutschen Menschen, wächst gleichsam aus ihm heraus."[28] Dessen ungeachtet bestimmte sie die nationalsozialistische Weltanschauung als „organisches, geschichtliches und universalistisches Denken auf rassisch-biologischer Grundlage", und bediente sich zur Stützung dieser Aussagen – die mit der Betonung eines vorgeblichen „Universalismus" im Widerspruch zu den Verlautbarungen des Weltanschauungs-Beauftragten Alfred Rosenberg standen – ausführlicher Zitate aus Hitlers *Mein Kampf* und Chamberlains *Grundlagen des 19. Jahrhunderts*.[29] Ebenso schwammig und

---

[25] Siehe dazu Kapitel 6, Abschnitt 3. 2: Romantikforschung im Banne des Antisemitismus.
[26] Josef Veldtrup: Friedrich Schlegel und die jüdische Geistigkeit, S. 410.
[27] Herta Herglotz: Die Romantik und das Dritte Reich. Diss. Wien 1940, S. 1.
[28] Ebenda, S. 2.
[29] Ebenda, S. 2. Banalitäten und Begriffsvermengungen prägten die Kompilation: „Organisches Denken" definierte Herta Herglotz als „ein Denken, das sich lebendig entwickelt, frei von Willkür ist, auf Ursache und Folge beruht"; „daraus ergibt sich, daß es auch ein geschichtliches Denken ist, das aus der Geschichte lernen will und auf der Überzeugung beruht, daß jede wirklich wertvolle Erneuerung wieder an die guten Eigenschaften vergangener Generationen anknüpfen muß". Das „organische" Denken des Nationalsozialismus sei „universalistisch", „gemeinschaftsbewußt" und „der begriffliche Gegensatz zum individualistischen Denken: Der Mensch kann nur als Glied einer Gesamtheit gedacht werden" (S. 4). Gefährlich wurden diese Zuweisungen, wenn die Promovendin unter Berufung auf die „rassisch-biologischen Grundlagen" als den „tatsächlichen Gegebenheiten der Natur" das „Vorhandensein von höher- und niedergeborenen Menschen" postulierte, „Menschheit" und „Individuum" als bloße Gedankenkonstruktionen abtat, um schließlich den Kampf gegen die „zersetzenden Kräfte, die dem Arier sein Leben untergraben wollen" [sic] zu begrüßen. (S. 9).

Die Integration der Romantik in den Traditionskanon des Dritten Reiches 161

verworren definierte die Autorin ihren Romantik-Begriff. Literaturgeschichtliche Einordnungen und Interpretationen ablehnend, überführte sie die Romantik aus einer konkreten Literaturepoche in ein überhistorisches „Weltgefühl", das „echt deutsch und nur deutsch, ... typisches, eigenstes Wesen des Deutschtums" sei. Wie die Weltanschauung des Nationalsozialismus sei auch das romantische Weltbild „organisch", „geschichtlich", „universalistisch".[30] Das strategische Vorhaben, den Nationalsozialismus als Renaissance der Romantik darzustellen, diktierte die innere Logik der Romantik-Darstellung, die zusammenfassend schloß:

> „Romantik ist also eine Haltung, die dem Deutschen eigen ist und die sich nicht nur in der Zeit um 1800 findet. Sie ist gerichtet auf kulturelle Lebenserfüllung, gegen konfessionelle Zwietracht und Losgelöstheit des Individuums aus der Gemeinschaft. Die Romantiker sind Vorkämpfer für eine deutsche Weltanschauung. R o m a n t i k   b e d e u t e t   L e b e n   u n d   w a s   l e b t ,   m u s s   w i e d e r   a u f e r s t e h e n ."[31]

Die im zweiten Teil der Dissertation unternommene Bestimmung der Gemeinsamkeit von Romantik und Nationalsozialismus, „gemeinsam nach Problemkreisen geordnet"[32], vollzog den bereits festgeschriebenen Anschluß der nationalsozialistischen an die romantische Weltanschauung unter den Kategorien „Individualität, Persönlichkeit, Gemeinschaft", „Natur und Leben", „Volk", „Vaterland", „Volksgemeinschaft", „Staat", „Kunst", um abschließend den Kampf gegen das „Undeutsche" zu rechtfertigen. Die Herstellung der Verbindungen zwischen Romantik und Nationalsozialismus im zentralen Abschnitt „Der deutsche Mensch und das deutsche Wesen" geschah ebenso willkürlich wie die oben erwähnten „Wesensbestimmungen" und bediente sich wie diese fragmentierter Zitate zur Stützung. Die eingesetzte Technik erwies sich als denkbar einfach: Dem Zusammenhang entnommene Aussagen von Romantikern wurden mit Hitler- und Rosenberg-Zitaten bzw. Auszügen aus Schriften Chamberlains direkt parallelisiert, historische Kontextualisierungen ausgeschlossen und die Übereinstimmung von Romantik und Nationalsozialismus konstatiert. In dieser Weise wurden unmittelbare Verbindungslinien zwischen organologischen Spekulationen der Romantik und dem biologischen Rassismus des Nationalsozialismus hergestellt: Romantisches Naturgefühl und romantischer „Lebenswillen" hätten „ein völkisches Bewußtsein ermöglicht" und zu „rassischen Erkenntnissen" geführt;[33] das organisch-geschichtliche Denken der Romantik habe den „Volksbegriff" entdeckt und die „Reinheit der Rasse" gefordert.[34] Die nationalsozialistische Staatsauffassung, „auf Volk und Rasse und dem aristokratischen Prinzip beruhend", verwirkliche die organische Staatstheorie der Romantik, die bereits „antikapitalistisch" gewesen sei und in nuce den Gedanken der „germani-

---
[30] Ebenda, 14 ff.
[31] Ebenda, S. 21. Sperrung im Original.
[32] Ebenda, S. 1.
[33] Ebenda, S. 32
[34] Ebenda, S. 35.

schen Führerdemokratie"enthalte.³⁵ Diffamierende Urteile Hitlers über die moderne Kunst als „blutmäßig und gedanklich kosmopolitisch infizierte und damit haltlos gewordene gesellschaftliche Fehlzüchtung"³⁶ sah die Nadler-Schülerin durch die romantische Idee des „organischen Gesamtkunstwerks" bestätigt: Kunst sei schon für die Romantik „Suche des Arteigenen" und, „was die Form anbelangt, naturalistisch, das heißt nach der Natur gebildet."³⁷

Was eingangs als kennzeichnend für die sprachlichen Formulierungen ideologischer Bedeutungszuweisungen festgestellt wurde – die Verwendung von Dualismen, Polarisierungen, die Maximierung dichotomischer Argumentationen und die Invisibilisierung der eigenen Voraussetzungen – prägte diese Dissertation in markanter Weise. Ihre Konstruktionen mündete in eine zirkuläre Argumentation, die weder neues Wissen bereitstellte, noch Anschlußmöglichkeiten bot.³⁸ Das knappe Gutachten des Doktorvaters Josef Nadler, der die Übernahme des Betreuungsverhältnisses als „Pflicht" beschrieb,³⁹ charakterisierte die Arbeit als „ideengeschichtliche Untersuchung zur geistigen Bewegung des Nationalsozialismus"⁴⁰ und kritisierte ohne weitere Bemerkungen zu Methodik und Folgerungen allein Abschweifungen und mangelnde Tiefe:

> „Die Verfasserin geht in einem ersten Hauptabschnitt von den leitenden Ideen des Nationalsozialismus aus, von dem organischen, geschichtlichen, und universalistischen Denken auf rassisch-biologischer Grundlage und sie sucht in der gleichen Weise das Gedankengut der romantischen Bewegung zu erfassen. Dabei verliert sie sich ohne Frage zuviel in Dinge, die mit der Sache nur sehr mittelbar zu tun haben. Der dritte Abschnitt gibt dann den eigentlichen Vergleich. Unter den Gesichtspunkten Individualität, Persönlichkeit, Gemeinschaft, weiter Natur, Volk, Vaterland, schließlich Volksgemeinschaft, Staat, Kunst wird das Verbindende und Trennende herausgehoben. Alle Fäden der Arbeit laufen in der Betrachtung ‚Der deutsche Mensch und das deutsche Wesen' zusammen. Die Untersuchung ist mit Fleiss und Sorgfalt gemacht. Vielleicht war aber die Aufgabe doch zu umfangreich als dass sie in allen Teilen gleich eingehend behandelt werden konnte."⁴¹

---

³⁵ Ebenda, S. 46 ff.
³⁶ Adolf Hitler: Reden auf dem Reichsparteitag 1938. Berlin 1938, S. 32; hier zitiert nach Herta Herglotz: Die Romantik und das Dritte Reich, S. 61.
³⁷ Ebenda, S. 61f.
³⁸ So erschien die Arbeit weder in den von mir ausgewerteten Literaturberichten noch in bibliographischen Verweisen anderer Forschungsbeiträge. Möglicherweise erklärt sich diese Resonanzlosigkeit aber auch aus dem Umstand, daß die (überaus zahlreichen) Wiener Dissertationen nicht der Publikationspflicht unterlagen und Herta Herglotz' Elaborat nicht im Buchhandel erschien.
³⁹ Josef Nadler: Beurteilung der Dissertation de cand. phil Herglotz Herta vom 16. April 1940. UA Wien, Philosophischer Rigorosenakt PN 15.444: „Die Verfasserin kam im Herbst 1939 mit der Aufgabe zur vorliegenden Dissertation aus Graz und ich habe mich der Aufgabe pflichtgemäss angenommen."
⁴⁰ Ebenda. Diese Charakteristik macht deutlich, daß auch Nadler die Dissertation nicht als literarhistorischen Beitrag zur Romantikforschung verstand, sondern als Antwort auf Bedürfnisse der politischen Umwelt.
⁴¹ Ebenda. Trotz dieser Einwände bewertete Nadler die Promotionsschrift mit „Gut" und beantragte, die Verfasserin zu den mündlichen Prüfungen zuzulassen.

Die ideologische Zurichtung der Romantik intensivierte sich nach Kriegsbeginn. In den Beiträgen von Universitätsgermanisten zum „Kriegseinsatz der Geisteswissenschaften", in sogenannten „Kriegsvorträgen" an Universitäten oder in den nach 1941 forcierten Unternehmungen, den „europäischen Gedanken" in der deutschen Dichtung zu erfassen, dominierte ein Gegenwartsbezug, der sich affirmativ zu den Welteroberungsplänen des Großdeutschen Reiches verhielt und das literarisch-kulturelle Erbe zu deren Rechtfertigung zu verwenden suchte. Auch wenn sich graduelle Unterschiede zwischen einzelnen Texten durchaus auffinden lassen, muß die fünfbändige Gemeinschaftsarbeit *Von Deutscher Art in Sprache und Dichtung* als willfährige Dienstleistung der Germanistik für das kriegführende Reich angesehen werden.[42] Dem formulierten Anspruch, „deutsche Art" und „deutsches Wesen" zu entbergen, folgten auch die literarhistorischen Beiträge des in Band 4 gedruckten Themenkomplexes *Die schöpferische Selbstverwirklichung in der Goethezeit*. Als leitendes Interesse artikulierten sie die Erkenntnis des „Deutschen" in den Kulturbewegungen des ausgehenden 18. und beginnenden 19. Jahrhunderts. Ob die „deutsche Lebensform" des Sturm und Drang, Herders „deutsche Weltanschauung" oder Goethes Faust als „deutsches Gedicht" – der ebenso inflationär wie nebulös gebrauchte Begriff des „Deutschen" avancierte in attributiver wie substantivischer Verwendung zum höchsten Erkenntnisziel und obersten, Darstellung und Wertung leitenden Wert.[43] So bestimmte Heinz Kindermann in seinem Beitrag *Die Sturm- und Drangbewegung im Kampf um die deutsche Lebensform* die erste Phase der „deutschen Bewegung" als „bewußt kämpferischen Akt, der sich gegen alle Fremdzüge des aufklärerischen Weltbildes, vor allem aber auch gegen jene westisch vorgeformten, mechanistisch-individualistischen Eigenheiten wendet, die jede aktive Hingabe des Einzelnen an die großen Gemeinschaften des Staates, des Reiches, der Nation unterbinden."[44] Herders „deutsche Weltanschauung" faßte Wolfdietrich Rasch im strapazierten Begriff der „organischen Anschauungsweise" zusammen.[45] Ein spezifisch „deutsches" Naturverhältnis fixierte Karl Justus Obenauer in gegensätzlichen, im „deutschen Gemütsgrund" jedoch zusammenfallenden Erlebnisformen: typisch deutsch sei, die Natur mythisch *und* spekulativ, empfindsam *und* sachlich zu begreifen sowie als „Gegenstand eines arteigenen lebendigen Frommseins" zu erle-

---

[42] Vgl. Franz Koch: Vorwort. In: Von deuscher Art in Sprache und Dichtung. Bd. 1., S. V, der die „geistig-kulturelle Auseinandersetzung größten Maßes" als Motiv der germanistischen Gemeinschaftsarbeit darlegte. – Eine umfassende Darstellung des geisteswissenschaftlichen „Kriegseinsatzes" liegt in der schon erwähnten Abhandlung von Frank-Rutger Hausmann „Deutsche Geisteswissenschaft" im Zweiten Weltkrieg. Die „Aktion Ritterbusch" 1940-1945 (Dresden, München 1998) vor; zum germanistischen Gemeinschaftsprojekt hier S. 169-176.

[43] Zum Muster dieser Prädizierung jetzt Klaus Weimar: Deutsche Deutsche. In: Petra Boden, Holger Dainat (Hrsg.): Atta Troll tanzt noch, S. 127-137.

[44] Heinz Kindermann: Die Sturm- und Drangbewegung im Kampf um die deutsche Lebensform. In: Von deuscher Art in Sprache und Dichtung. Bd. 4, S. 3-52, hier S. 6.

[45] Auch diese sei als „Gegenschlag gegen den westlich-rationalistischen Dualismus und Mechanismus" entstanden, Wolfdietrich Rasch: Herders deutsche Weltanschauung. In: Ebenda, S. 53-77, hier S. 65.

ben.⁴⁶ Paul Merker konstatierte in einem Vergleich von deutscher und skandinavischer Romantik die „stärkere seelische Differenzierung" der deutschen Romantik und erklärte den Unterschied zwischen „naivem, naturgebundenerem, unproblematischerem Norden" und der „tieferen" deutschen Literatur aus „rassischen Bedingtheiten".⁴⁷ Ernst Beutler schließlich suchte zu zeigen, daß der *Faust* kein „Weltgedicht", sondern eine „Metaphysica Teutsch" sei. Dazu bemühte er eine geistesgeschichtliche Traditionsreihe dynamisch-vitalistischer Weltsicht, die mit Paracelsus und Jakob Böhme begonnen habe und über Leibniz und Schelling bis zu Goethes Abwehrkämpfen gegen den französischen Geist reiche.⁴⁸

Der im folgenden näher zu beleuchtende Beitrag Paul Kluckhohns machte deutlich, wie die in der Literaturwissenschaft noch immer dominierende geistesgeschichtliche Methode sich zur ideologischen Traditionsherstellung instrumentalisieren ließ. Den anderen Beiträge des Themenkomplexes „Goethezeit" analog, löste auch Kluckhohns Abhandlung *Das Volks- und Nationalbewusstsein in der Deutschen Bewegung* die Vielschichtigkeit der geistig-literarischen Entwicklung zwischen 1770 und 1830 im metahistorischen Konzept der „Deutschen Bewegung" auf. Nivelliert wurden die Differenzen zwischen verschiedenen literarhistorischen Epochen und ihren Vertretern mit *strategischen* Zielstellungen: Nur so ließ sich die Entwicklung des „deutschen Geistes" als bruchlose Entfaltung einer ‚organischen' Kontinuität explizieren, die vornehmlich in ihrer Differenz zur westeuropäischen Aufklärung bestimmt und bis in die unmittelbare Gegenwart verlängert werden konnte. Die als Motivation des gesamten Unternehmens mehrfach betonte Freilegung „deutschen Wesens" operierte in erster Linie als dezidierte Abgrenzung von anderen Völkern und Kulturen bei offener Favorisierung des „ranghöheren" deutschen Volkes und seiner Kultur. Diese Prinzipien bestimmten auch Kluckhohns Überblick. In fünf chronologisch geordneten Abschnitten verfolgte der Tübinger Ordinarius die Steigerung des „nationalen Instinktes" von den Ideen der deutschen Kulturnation bei Klopstock und Schiller über die Entdeckung des Volksgeistes in der Romantik bis hin zu den politischen Ideen der Befreiungskriege. Antipode aller dieser Vorstellungen sei die Aufklärung gewesen, die mit ihrem Gleichheitspostulat den „Niedergang des Nationalgefühls" bewirkt hätte.⁴⁹ Der von Herder und Justus Möser zurückgewonnene „historische Sinn" habe die Romantiker auf die Spur der Geschichte und damit „bis in den Schoß alles Lebens", in „das Reich der Mütter" und die „Tiefe der Wurzeln" geführt und ihnen die eigene Gründung in Volk und Geschichte offenbart.⁵⁰ Der von den Romantikern projektierte deutsche Nationalstaat hätte, so Kluckhohn, die Ideen eines ‚deutschen Sonderweges' zum „Staatssozialismus" vorweg genommen, der den „heutigen

---
⁴⁶ Karl-Justus Obenauer: Die Naturanschauung der Goethezeit. In: Ebenda, S. 157-203, hier S. 202f.
⁴⁷ Paul Merker: Deutsche und skandinavische Romantik. In: Ebenda, S. 205-250, hier S. 249.
⁴⁸ Ernst Beutler: Goethes Faust, ein deutsches Gedicht. In: Ebenda, S. 251-280.
⁴⁹ Paul Kluckhohn: Das Volk- und Nationalbewusstsein in der deutschen Bewegung. In: Ebenda, S. 80-126, S. 80.
⁵⁰ Ebenda, S. 94.

Anschauungen näher steht als den Lehren des 19. Jahrhunderts".[51] Eine Tatsachenverfälschung nahm Kluckhohn in Kauf, um die besondere Leistung der Romantik herauszustellen. Pauschal rechnete er alle Romantiker zu Gegnern der Aufklärung, des Rationalismus und der Französischen Revolution mit ihren Idealen Gleichheit und Brüderlichkeit, um ihre Verdienste für die „Reinhaltung der Rasse"[52] und ihre „Instinktsicherheit"[53] zu würdigen und die preußischen Reformen als Resultat ihrer Initiativen darzustellen. Wenn auch durch Hardenberg „mit Ideen des westlichen Liberalismus durchsetzt, z.B. in der Judenemanzipation, mit der Stein und Gneisenau ebensowenig einverstanden gewesen wären wie ihr Helfer Arndt",[54] sei doch das preußische Reformwerk auf den „historisch-organischen Anschauungen der deutschen Bewegung, besonders Herders, Mösers und der Romantik"[55] aufgebaut und in ihrer Abwehr von „westlichem Liberalismus" und „egoistischer Wirtschaftsgesinnung" eine bis in die Gegenwart weiterwirkende Leistung.[56]

Neben dem Gemeinschaftsprojekt *Von deutscher Art in Sprache und Dichtung*, das eine große Zahl prominenter Literaturwissenschaftler vereinte, waren es vor allem sogenannte „Kriegsvorträge" an den Universitäten, die ideologische Aufrüstung unter Rekurs auf die deutsche Literatur- und Geistesgeschichte betrieben. Die Rheinische Friedrich-Wilhelms-Universität Bonn, an der Karl-Justus Obenauer lehrte, widmete Ernst Moritz Arndt im Rahmen dieser „Kriegsvorträge" mehrere Vorlesungen, die ihm vor allem als „Wegbereiter deutscher Wehrerziehung" Beifall zollten.[57] Zugleich kataly-

---

[51] Ebenda, S. 104.
[52] Ebenda, S. 111.
[53] Ebenda, S. 113.
[54] Ebenda, S. 121.
[55] Ebenda, S. 120.
[56] Vgl. ebenda, S. 125: „Ja alle Gegenbewegungen des 19. Jahrhunderts gegen den westlichen Liberalismus und egoistische Wirtschaftsgesinnung, gegen den Positivismus und Materialismus haben ihre besten Kräfte aus der deutschen Bewegung um 1800 gezogen. Daß diese auch der großen Bewegung vorgearbeitet hat, die in der Dichtung der überpersönlichen Bindungen (oder der volkhaften Dichtung) und die in der Jugendbewegung, viel entschiedener und wirkungskräftiger aber im Nationalsozialismus in Erscheinung trat, das dürfte ohne weiteres einleuchten." Wenn es auch keine *direkten* Verbindungslinien zwischen der Bewegung um 1800 und dem Nationalsozialismus gebe, werde man „gerade im Sinne der Volksgeistidee sagen dürfen: Wesentliche Ideen des Dritten Reiches sind aus den gleichen Tiefen der Deutschen Bewegung gespeist worden, wie Herders Schau und Arndts, Jahns und Arnims Erleben und Verkündung des Volkes, wie die Neubelebung deutscher Vergangenheit und die romantische Staatsidee und die höchsten nationalen Ziele, die dem Kämpfertum der Befreiungskriege und dem Werk der Reform geleuchtet haben."
[57] Karl Justus Obenauer: E. M. Arndt und der Rhein. Bonn 1941 (= Kriegsvorträge der Rheinischen Friedrich-Wilhelms-Universität Bonn 35), auch in ZfdB 17 (1941), S. 2-12; ders.: E. M. Arndt und die Gegenwart. Bonn 1943 (= Kriegsvorträge der Rheinischen Friedrich-Wilhelms-Universität Bonn 78); Otto Terstegen: E. M. Arndts Kampf für das deutsche Bauerntum. Bonn 1942 (= Kriegsvorträge der Rheinischen Friedrich-Wilhelms-Universität Bonn 80); Richard Weigand: Der Gedanke der wehrgeistigen Erziehung bei E.M. Arndt. Bonn 1943 (= Kriegsvorträge der Rheinischen Friedrich-Wilhelms-Universität 76). Vgl. auch: Ernst Moritz Arndt. Ursprung, Wesen, Wirkung. 3 Vorträge an den Arndt-Tagen der E.M.Arndt-Universität Greifswald vom 19.-24. Juli 1943, gehalten von Paul Hermann Ruth (Arndt und die deutsche Volkwerdung), Leopold Magon (E.M. Arndt als Wegbereiter deutscher Wehrerziehung), Erich Gülzow (Arndt und Pommern). Greifswald 1944.

sierte die nach 1941 verbreitete „Europa-Ideologie" der Nationalsozialisten die germanistische Bearbeitung des „europäischen Gedankens" in der deutschen Literatur, deren Hauptziel weniger in einer Untersuchung gleichberechtigter Austauschbeziehungen, als vielmehr im einseitigen Nachweis einer geistig-kulturellen Überlegenheit Deutschlands bestand. Waren schon vor Kriegsausbruch Arbeiten zur Romantik erschienen, die etwa den fruchtbaren Austausch zwischen deutscher und italienischer Geistesgeschichte würdigten, um die Achse Rom-Berlin zu unterstützen,[58] verstärkten sich diese international ausgerichteten Beiträge im Zuge der kriegerischen Auseinandersetzungen.[59] In der von Paul Ritterbusch herausgegebenen und von staatlichen Stellen unterstützten Zeitschrift *Europäischer Wissenschafts-Dienst* erschien 1943 auch der bereits behandelte Aufsatz Paul Kluckhohns *Der europäische Gedanke in der deutschen Romantik*. Auch wenn Kluckhohn die führende Rolle der deutschen Kultur subtiler als die offizielle nationalsozialistische Demagogie nachzuweisen suchte, war seine Aussage doch unverkennbar: Der romantische „Glaube an die deutsche Europa-Aufgabe" fundiere die gegenwärtige „Aufgabe der Vermittlung und der Führung, im Geistigen zunächst und dann auch als politische Vormachtstellung".[60]

Sowohl in diesem Text wie auch in Kluckhohns Beitrag zum germanistischen „Kriegseinsatz" wurden die konzeptionellen und methodischen Voraussetzungen nicht expliziert. Die Kompilation fragmentierter Zitate und eine metaphernreiche Sprache sollten zumindest rhetorisch die Zirkel und Tautologien überwinden, in die eine ihre Ausgangsdifferenzen nur variierende Darstellung münden mußte. Um der stets drohenden Unergiebigkeit einer

---

[58] So Max Rumpf: Jacob Grimm über Italien. In: ZfdB 15 (1939), S. 397-398; Bernhard Payr: Deutschland und Italien in ihren literarischen Wechselbeziehungen. In: Bücherkunde 6 (1939), S. 288-293. – Payr, der schon in seiner 1927 in Leipzig vorgelegten Dissertation *Théophile Gautier und E.T.A. Hoffmann. Ein Beitrag zur Geistesgeschichte der europäischen Romantik* (Berlin 1932) die „Fremdheit des Blutes verschiedener Nationen" für die angeblich verfehlte Rezeption Hoffmanns durch den Franzosen verantwortlich gemacht hatte (ebenda, S. 74), wurde später Leiter des *Amtes Schrifttumspflege* in der *Dienststelle Rosenberg*. 1939 beschwor Payr auf einer Tagung seines Amtes die internationalen Dimensionen der Romantik als einer kulturellen Erscheinung, „die von Deutschland ihren Ausgang nimmt, um zu einer wahrhaft europäischen Erscheinung zu werden"; Bernhard Payr: Dichtung als Brücke zwischen den Völkern Europas. In: Hans Hagemeyer (Hrsg.): Einsamkeit und Freiheit. Zehn Vorträge der 5. Arbeitstagung des Amtes Schrifttumspflege beim Beauftragten des Führers für die gesamte geistige und weltanschauliche Erziehung der NSDAP. Stuttgart 1939, S. 85-101, hier S. 93. Die Akzeptanz des europäischen Charakters der Romantik verband Payr jedoch mit der Behauptung, daß Deutschland als „Ursprungsland" „nie die Führung aus der Hand gegeben" und die anderen Völker für die Idee des Volkstums gewonnen habe (ebenda).
[59] U.a. H. Gmelin: Die Entdeckung der spanischen Literatur in der deutschen Romantik. In: Geist der Zeit 18 (1940), S. 80-87; Paul Merker: Deutsche und skandinavische Romantik. In: Von deutscher Art in Sprache und Dichtung, Bd. 4, S. 205-250; Josef Nadler: Italien und die deutsche Romantik. In: Germania. Jahresbericht des italienischen Kulturinstituts in Wien 1942, S. 23-38. Auch Paul Stöckleins Buch *Carl Gustav Carus. Menschen und Völker* (Hamburg 1943) enthielt ein Kapitel „Europäisches Bewußtsein".
[60] Paul Kluckhohn: Der europäische Gedanke in der deutschen Romantik, S. 8.

bloßen Bestätigung vorgeprägter Postulate zu entgehen, griffen diese Texte auf eine heroische Rhetorik zurück, die ihre inhaltliche Leere performativ übertünchen sollte.[61] Das „Deutsche" als zentrales, doch begrifflich nicht fixierbares Signifikat wurde Gegenstand wortreicher Umkreisungen und leitmotivischer Beschwörungen, die sich einer elementaren, mythisch überhöhten Sprache bedienen mußten, um den ausbleibenden Distinktionsgewinnen wenigstens inszenatorische Gesten entgegensetzen zu können.

4.2 Refugien zur Bewahrung von Wissenschaftlichkeit

Die Bemühungen, literaturwissenschaftliche Forschung entsprechend den Imperativen der politischen Umwelt zu organisieren und romantisches Dichten und Denken zur Legitimationsbeschaffung zu instrumentalisieren, repräsentierten jedoch keinesfalls die gesamte Bandbreite der disziplinären Beschäftigung. Im Beharren auf professionelle Standards verfügte das Fach über eine beachtliche Resistenz gegenüber der Auflösung in einen ideologischen Zulieferbetrieb. Eine Vielzahl literaturwissenschaftlicher Einzelstudien und germanistischer Dissertationen, wie auch ein Teil der synthetischen Gesamtdarstellungen zur klassisch-romantischen Literaturepoche zeigten, daß die Disziplin auch unter den Bedingungen der politischen Diktatur methodisch plural und wissenschaftlichen Kriterien verpflichtet blieb.

Zweifellos ist es angesichts der überaus zahlreichen Zeugnisse der literaturwissenschaftlichen Romantikrezeption und der bereits erläuterten Möglichkeit der Vermengung kognitiver Geltungsansprüche und ideologischer Bedeutungszuweisungen in interpretierenden Texten unmöglich, die Forschungslandschaft in „ideologische" bzw. „wissenschaftliche" Beiträge zu klassifizieren oder gar quantitativ aufzulisten. Darum werden an dieser Stelle nur Hinweise auf Forschungsgegenstände und Arbeitsfelder geliefert, die in Anknüpfung und Fortführung von professionellen Standards eine (diffizile) Autonomie bewahrten. Daran anschließend ist das vielfältige Spektrum der Romantikforschung entsprechend der Bearbeitung von Einzelvertretern zu ordnen, um die im vorangegangenen Kapitel aufgeführten Einschätzungen von zeitgenössischen Fachvertretern zu überprüfen.

Literaturwissenschaftliche Forschungen zu Einzelvertretern oder ausgewählten Problemkreisen der Romantik blieben, vor allem wenn sie tradierte Fragestellungen aufnahmen und nicht den staatlich sanktionierten Antisemi-

---

[61] Zu den „Formen des heroischen Redens", die trotz offensichtlicher Dispersionen des historischen Prozesses die Herstellung eines geschichtlichen Zusammenhangs und damit Sinnstiftung ermöglichen sollen, vgl. Jürgen Fohrmann: Über das Schreiben von Literaturgeschichte. In: Peter Brenner (Hrsg.): Geist, Geld und Wissenschaft. Arbeits- und Darstellungsformen von Literaturwissenschaft. Frankfurt/M. 1993, S. 175-202, hier vor allem S. 183-189.

tismus karriereförderd zu nutzen suchten, zum großen Teil im Bereich ernstzunehmender Forschung. Stoff- und motivgeschichtliche Analysen sowie stilkundlich-formanalytische Recherchen bildeten ein Refugium vor Ansprüchen des politischen Systems, ohne jedoch Ablehnung oder gar Widerstand zu implizieren.[62] Die erläuterten Veränderungen auf der Ebene von Gegenstandskonstitution und Thematisierungsweisen führten auch zu Verschiebungen im Verhältnis zu philologischer Quellenerschließung und Edition. Detailforschungen, die neues Material zu Tage förderten, waren selten oder aber verließen durch Assimilation an politische Vorgaben rasch den Boden der Seriosität wie die bei Karl Justus Obenauer entstandene Dissertation *Berliner Romantik und Berliner Judentum*, die den wertvollen Varnhagen-Nachlaß der Preußischen Staatsbibliothek antisemitisch verwertete. Auch biographische Recherchen verloren an Bedeutung.[63]

Will man die Bearbeitung von Einzelvertretern der Romantik durch die universitäre Literaturwissenschaft zwischen 1933 und 1945 nach Präferenzen und bevorzugten Themenstellungen verallgemeinernd vergleichen, sind Indikatoren und Vergleichsvoraussetzungen zu klären. So liesse sich beispielsweise die Präsenz in ranggeordneten Fachzeitschriften als Maßstab anlegen, was jedoch nicht zuletzt wegen der anzulegenden Bewertungskriterien Schwierigkeit aufwirft. Berücksichtigt man dagegen *alle* eruierten publizistischen Zeugnisse in Fachorganen *und* nichtwissenschaftlichen Zeitschriften, geraten wissenschaftliche Präferenzen leicht aus dem Blickfeld. Als Indikator der wissenschaftlichen Aufmerksamkeit sollen darum Anzahl und Themenstellung der zu Einzelvertretern verfaßten literaturwissenschaftlichen Dissertationen gelten. Als wissenschaftliche Qualifikationsarbeiten, die in einem universitären Betreuungsverhältnis entstanden, gestatten ihre von den Mentoren vergebenen bzw. von Promovenden selbst formulierten Themen Aussagen über aktuelle Entwicklungen der Forschungslandschaft.

---

[62] Hier nur eine Auswahl aus den zahlreichen stoff- und motivgeschichtlichen Untersuchungen, die zwischen 1933 und 1945 entstanden: Karl Glöckner: Brentano als Märchenerzähler. Jena 1937 (= Deutsche Arbeiten der Universität Köln 13 = Diss. Köln) – eine von Rudolf Unger (Schrifttumsbericht Deutsche Romantik. In: ZfDk 52 (1938), S. 254) wegen ihrer „schlichten Gediegenheit" gewürdigte Dissertation aus der Schule Friedrich von der Leyens, die in Vergleich der Brentanoschen Märchen mit den Vorlagen bei Basile und in stilistischer Analyse, vor allem jedoch in Parallelisierung zu den Märchengestaltungen der Brüder Grimm die individuelle Phantasie und Formkraft Brentanos herausarbeitete; Werner Steindecker: Studien zum Motiv des einsamen Menschen bei Novalis und Tieck. Breslau 1937 (= Diss. Breslau); Anneliese Zahn: Motiventsprechungen in Clemens Brentanos Romanzen vom Rosenkranz und in seinen Märchen. Würzburg 1938 (= Diss. Frankfurt); Gerhard Pankella: Karl W.C. Contessa und E.T.A. Hoffmann: Motiv- und Form-Beziehungen im Werk zweier Romantiker. Würzburg 1938 (= Diss. Breslau); Robert Mülher: Leitmotiv und dialektischer Mythos in E.T.A. Hoffmanns Märchen „Der goldene Topf". In: Mitteilungen der E.T.A. Hoffmann-Gesellschaft 1 (1939/40), S. 65-96.

[63] Beispiele für die marginale Biographik waren u.a. Hermann August Ziemke: Johann August Apel. Eine monographische Untersuchung. Greifswald 1933 (= Diss. Greifswald); Erika Maskow: Theodor Schwarz. Ein pommerscher Romantiker. Greifswald 1934 (= Pommernforschung, Reihe 3, H. 1 = Diss. Greifswald).

Der wissenschaftlich, aber auch publizistisch am intensivsten bearbeitete Romantiker war zweifellos Joseph von Eichendorff. Das Interesse für diesen „deutschesten der deutschen Dichter" (Wilhelm Kosch) wechselte zwischen der wissenschaftlichen Bearbeitung von Erzähltechniken, Lyrik- und Prosastil und ideologischer Vereinnahmung, die später detailliert behandelt wird. Ihm folgten Joseph Görres, Novalis und Clemens Brentano (erstere mit je 13, Brentano mit 12 Dissertationen).[64] Während sich Arbeiten zu Novalis vorrangig auf dessen philosophisches und kunsttheoretisches Werk konzentrierten,[65] fokussierten Forschungen zu Clemens Brentano in besonderem Maße den vielfach gebrochenen Lebenslauf des Dichters, der vorzugsweise auf seine „romanisch-deutsche Blutmischung" zurückgeführt wurde. Trotz der nach 1933 erhobenen Vorwürfe gegen das „individualistisch-artistische Literatentum" Friedrich Schlegels entstanden eine stattliche Anzahl von Dissertationen über den Theoretiker und Propagandisten der Romantik, wobei sich eine Schwerpunktverlagerung auf seine Spätphase nicht verhehlen ließ. Ludwig Tieck vereinte acht Dissertationen auf sich und sein erzählerisches Werk. Je sechs Dissertationen wurden zu Achim von Arnim und Schleiermacher verfaßt. Ein besonderes Interesse für E.T.A. Hoffmann führte zu einer intensivierten Forschung, wovon mehrere Dissertationen und detaillierte Recherchen zu Biographie und Gestaltungsfragen zeugten. Die weiblichen Repräsentanten der Romantik blieben dagegen ein Stiefkind der Universitätsgermanistik. Zwar erschienen anläßlich des 150. Geburtstags Bettina von Arnims feuilletonistische Würdigungen, die die wichtigste Romantikerin wieder ins öffentliche Bewußtsein riefen, doch reflektierte die universitäre Literaturwissenschaft, die trotz enorm gestiegenen Frauenanteils innerhalb der Studiengänge eine Männerdomäne blieb, die Rolle von Frauen in der Romantik nicht sonderlich.[66] Das nachlassende Interesse an der Frühromantik traf vor allem August Wilhelm Schlegel, dessen Erforschung stark zurückging. Nur periphere Beachtung – gemessen an den zu ihnen verfaßten Dissertationen – erfuhren die romantischen Dichter Chamisso – dessen französisches Blut sich nachteilig auf seine Karriere als Forschungsgegenstand

---

[64] Dabei ist zu berücksichtigen, daß mehrere der Görres gewidmeten Promotionsarbeiten aus der katholischen Theologie, aus den Staats- und Rechtswissenschaften sowie aus der Philosophie kamen.

[65] Vgl. Walther Müller-Seidel: Probleme der Novalis-Forschung. In: GRM 34 (1953), S. 274-292, S. 274f.

[66] Dissertationen zu Romantikerinnen kamen ausschließlich von Frauen, so Margarete Mattheis: Die Günderode. Gestalt, Leben und Wirkung. Berlin 1934 (= Diss. Marburg); Adelheid Hang: Sophie Mereau in ihren Beziehungen zur Romantik. München 1934 (= Diss. Frankfurt); Alice Apt: Caroline und die frühromantische Gesellschaft. Dresden 1936 (= Diss. Königsberg); Elfriede Bansa: Bettina v. Arnims Verhältnis zur Kunst. Würzburg 1938 (= Diss. Frankfurt 1939); Gertrud Grambow: Bettinas Weltbild. o.O. 1941 (= Diss. Berlin); Carmen Rohe: Karoline de La Motte Fouque als gesellschaftliche Schriftstellerin der Frühromantik. o.O. 1943 (Maschinenschr.) (= Diss. Frankfurt 1944); Ingeborg Meyer: Helmina von Chézys Stellung in der Pseudoromantik. o.O. 1944 (Maschinenschr.) (= Diss. Berlin). Zur Bettina-Forschung vor und nach 1933, innerhalb der Otto Mallon eine Schlüsselrolle zukam, vgl. Werner G. Preugschat: Otto Mallon (1893-1938). Ein Außenseiter der Romantikforschung. In: Internationales Jahrbuch der Bettina-von-Arnim-Gesellschaft 5 (1993), S. 119-130.

auswirkte – , Contessa und Friedrich de la Motte Fouqué. Die wenigen zu ihnen entstandenen Arbeiten waren zumeist philologisch-sammelnder Natur.

Verallgemeinernd läßt sich zwischen Schwerpunkten und präferierten Zugängen der universitätsgermanistischen Romantikforschung ein Konnex herstellen, der die differenzierte Gemengelage innerhalb des Wissenschaftssystems noch einmal bestätigt. Die quantitativ umfänglichste Aufmerksamkeit in Bezug auf Einzelvertreter der Romantik galt neben den für die deutsche Romantik symbolischen Werken Eichendorffs und Novalis' der Biographie und dem Œuvre Clemens Brentanos. Divergierende Fragestellungen und unterschiedliche Methoden prägten das Terrain. Die mit dem ‚Volkstumserlebnis' der Romantik bzw. der Rolle des Judentums befassten Arbeiten, die sich an der politisch induzierten Konjunktur dieser Themen und ideologischen Imperativen orientierten, stellten dagegen nur ein Segment der vielfältigen Forschungslandschaft dar.

5 Jenseits der universitären Forschung: Die „biozentrische Lebenswissenschaft" des Klages-Kreises und die Romantik

„Ihre Polemik gegen die ‚Klages-Weiber' ist vollauf berechtigt und notwendig, sie haben B[achofen] in einem Geiste ausgenutzt und tendenziös verherrlicht, der nicht der seine war..."[1], schrieb Thomas Mann am 31. Januar 1939 an Jonas Lesser und meinte mit den „modischen Exploiteurs"[2] einen bereits in den 1920er Jahren hervorgetretenen und im Dritten Reich eifrig weiteragierenden Zirkel von Literaturwissenschaftlern, Philosophen und Publizisten, dessen Ziel in der Propagierung der sich dezidiert auf die Romantik berufenden Rationalitätskritik Ludwig Klages' bestand. Außerhalb der universitären Kulturwissenschaften operierend, gelangte dieser Kreis nach 1933 zu verstärkter öffentlicher Wirksamkeit. Von diffusen Bemühungen völkischer Aktivisten um eine „deutsche Lebensreligion" scheinbar unterstützt, von ideologieverwaltenden Institutionen wie der *Dienststelle Rosenberg* zugleich mißtrauisch beobachtet und bekämpft,[3] avancierte die durch Klages-Jünger wie Werner Deubel, Rudolf Ibel, Hans Kern, Hanns Eggert Schröder u.a. verbreitete „biozentrische Lebenswissenschaft deutscher Art" zwischen 1933 und 1945 zu einem Forschungsprogramm, das neben entschiedener disziplinärer Ablehnung auch partiell Anerkennung als „zukunftsträchtiger Impuls"[4] erfuhr. Da die romantische Literaturepoche eines der bevorzugten Anwendungsgebiete der „biozentrischen Lebenswissenschaft" bildete und ihre Wirkungen auf Wissenschaftssystem und Öffentlichkeit neben der (vorrangig durch Werner Deubel initiierten) Neudeutung Schillers wesentlich von diesem Forschungsfeld ausgingen, soll im folgenden die spezifische Bearbeitung der Romantik durch den zwischen 1933 und 1935 auch institutionell verbundenen Kreis von Klages-Anhängern rekonstruiert werden.

Die anschließende Darstellung von Voraussetzungen, Verlauf und Ergebnissen der zwischen 1933 und 1945 kulminierenden „biozentrischen" Roman-

---

[1] Thomas Mann an Jonas Lesser. Brief vom 31.1.1939. In: Th. Mann: Briefe. Hrsg. von Erika Mann. Frankfurt/M. 1979. Bd. II, S. 81f.
[2] Ebenda. – Bereits 1931 hatte Mann gegen den Klages-Schüler Rudolf Ibel polemisiert (Die Wiedergeburt der Anständigkeit. In: Th. Mann: Gesammelte Werke. Frankfurt/M. 1991. Bd. XII, S. 649-677), woraufhin dieser ihm Fremdheit gegenüber dem „Lebensstrom" vorwarf, vgl. Rudolf Ibel: Thomas Manns Deutsche Ansprache. Eine Entgegnung. In: Die Neue Literatur 32 (1931), S. 147.
[3] Dazu detailliert Teil 2, Kapitel 3: Weltanschauungskämpfe im Zeichen der Romantik.
[4] Rudolf Haller: Die Romantik in der Zeit der Umkehr, S. 8. – Schon 1935 wurde die „biozentrische" Klassik-Interpretation des Klages-Schüler Werner Deubel als „kühner Vorstoß" gewürdigt von Hans Pyritz: Besprechung Jahrbuch der Goethe-Gesellschaft 19 (1933) und 20 (1934). In: Deutsche Literaturzeitung 1935, Sp. 1031-1038, hier Sp. 1036ff.

tikforschung im Kontext der Aktivitäten des Klages-Kreises hat wissenschaftsgeschichtliches Neuland zu erschließen. Denn es liegen zwar Untersuchungen zu Klages' Fundamentalkritik an der Moderne sowie zum Wirken seines Schülers Hans Prinzhorn vor;[5] fundierte Recherchen zur wechselvollen Geschichte des Klages-Kreises im Dritten Reich und seines Einflusses auf die zeitgenössische Germanistik stehen jedoch noch aus.[6] Verständlicherweise können an dieser Stelle nicht die gesamten Bemühungen der Klages-Jünger erörtert werden, die sich bereits in der Zeit der Weimarer Republik beobachten lassen und über das Ende des Dritten Reiches fortwirkten.[7]

Der Themenstellung entsprechend konzentriert sich der vorliegende Abriß auf die der Romantik gewidmeten Beiträge von Publizisten, Literaten und außeruniversitär wirkenden Literaturwissenschaftlern, die durch den 1933 gegründeten *Arbeitskreis für biozentrische Forschungen* verbunden waren und in der „Schriftenreihe biozentrischer Forschung" des Berliner Widukind-Verlages eine Plattform fanden. Nach einem Überblick über die „biozentri-

---

[5] So u.a. Steffi Hammer (Hrsg.): Widersacher oder Wegbereiter? Ludwig Klages und die Moderne. Materialien der gleichnamigen Tagung, die vom 21. bis 23. Mai 1992 in der Martin-Luther-Universität zu Halle/S. stattfand. Heidelberg 1992; Stefan Breuer: Ästhetischer Fundamentalismus. Stefan George und der deutsche Antimodernismus. Darmstadt 1995, S. 95-113; Rainer Kolk: Literarische Gruppenbildung, S. 87-94; zu Klages' Frühzeit instruktiv auch Walter Schmitz, Uwe Schneider: Völkische Semantik im George-Kreis. In: Uwe Puschner, Walter Schmitz, Justus H. Ulbricht (Hrsg.): Handbuch zur „Völkischen Bewegung" 1870-1918. München, New Providence, London, Paris 1996, S. 711-746, hier insbesondere der Abschnitt „Personale Affinitäten im völkischen Umfeld: Die ‚Kosmiker'", S. 719-729. – Zu dem von Klages stark beeinflußten Hans Prinzhorn siehe Franz Tenigl (Hrsg.): Klages, Prinzhorn und die Persönlichkeitspsychologie: Zur Weltsicht von Ludwig Klages. Vorträge und Aufsätze. Bonn 1987; umfassend jetzt Thomas Röske: Der Arzt als Künstler. Ästhetik und Psychotherapie bei Hans Prinzhorn (1886-1933). Bielefeld 1995.

[6] Hinweise auf Werner Deubels „biozentrische" Schillerdeutung und ein Abdruck des noch zu erläuternden „Stammbaums" von „biozentrischer" und „logozentrischer" Weltanschauung finden sich in Georg Ruppelt: Schiller im nationalsozialistischen Deutschland. Versuch einer Gleichschaltung. Stuttgart 1979, S. 61-63; sowie in: Klassiker in finsteren Zeiten. Bd. 1, S. 301-304; Deubels Bemühungen um Goethe streift Hans Dietrich Dahnke: Zur faschistischen Goetherezeption im Jahre 1932. In: Günther Hartung, Hubert Orlowski (Hrsg.): Traditionen und Traditionssuche des deutschen Faschismus. Halle/Saale 1983, S. 28-51, hier S. 42-44. Auch Marcus Gärtner (Kontinuität und Wandel in der neueren deutschen Literaturwissenschaft nach 1945, S. 231f.) erwähnt im Abschnitt über den Stellenwert der Romantik in der NS-Traditionsbildung den „Klagesschüler Werner Deubel" und behauptet, dessen „aggressive Selektion der deutschen Literaturgeschichte" habe ihm „Ende der dreißiger Jahre ein Veröffentlichungsverbot" eingebracht. Wie nachfolgend hier bzw. in Teil 2, Kapitel 3 (Weltanschauungskämpfe im Zeichen der Romantik) zu sehen, verfügte die „Dienststelle Rosenberg" zwar 1938 ein Auftrittsverbot, doch konnte Deubel nach wie vor schreiben und publizieren; noch 1942 erschien das Drama *Die letzte Festung*, das u.a. im Deutschen Theater in Berlin aufgeführt wurde und die Vorlage für den Durchhalte-Film *Kolberg* von Veit Harlan liefern sollte.

[7] Selbst eine kursorische Übersicht über ihre vielfältigen publizistischen Aktivitäten würde den Rahmen dieser Untersuchung sprengen. Das durch Erwin Ackerknecht in das Deutsche Literaturarchiv Marbach überführte Klages-Archiv, das u.a. Nachlaßbestände Julius Deussens, Hans Kerns und Hans Eggert Schröders enthält, bietet eine Materialbasis, deren Aufarbeitung an dieser Stelle nur in Anfängen zu leisten ist.

sche Lebenswissenschaft" und ihre Romantikdeutung sollen deren Wirkungen auf die universitäre Romantikrezeption skizziert werden, im besonderen die Konsequenzen der von Ludwig Klages und seinen Anhängern seit Mitte der 1920er Jahre betriebenen ‚Wiederentdeckung' des Dresdener Spätromantikers Carl Gustav Carus. Die zwischen 1933 und 1945 mehrfach unternommenen Anläufe, Carus und die „romantische Seelenkunde" zu Vorgängern einer „deutschen Psychologie" bzw. einer „deutschen Anthropologie" zu erklären, sollen gleichfalls erläutert werden, werfen sie doch ein bezeichnendes Licht auf Versuche, das Vokabular der offiziell verfemte Psychoanalyse in Rekurs auf die Romantik zu substituieren und die Tiefenpsychologie Carl Gustav Jungs wissenschaftsgeschichtlich zu legitimieren.

5.1 Die Romantik im Visier der „biozentrischen Lebenswissenschaft"

Ludwig Klages, der bis zum „Schwabinger Krach" von 1904 dem Kreis um Stefan George nahegestanden und mit zahlreichen Schriften sowie dem dreibändigen Opus *Der Geist als Widersacher der Seele* eine dezidiert rationalitäts- und modernitätskritische Philosophie entfaltet hatte,[8] bereitete mit Auswahleditionen des spätromantischen Mythologen Johann Jakob Bachofen und des Dresdener Universalgelehrten Carl Gustav Carus sowie deren Interpretation im Sinne des eigenen geistfeindlichen Weltbildes die Basis für die „biozentrischen" Romantikdeutungen seiner Adepten vor.[9] Bereits 1915 hatte Klages die Romantik als „Urfeuer schleudernden Ausbruch" gegen die „verführenden Larven des weltbekriegenden Logos" bezeichnet und ihr mythisch-organisches Denken als Vorgänger der eigenen „Lebensphilosophie" herausgestellt.[10] Als

---

[8] Zu Ludwig Klages' philosophischem Werk siehe u.a. Michael Pauen: Dithyrambiker des Untergangs. Gnostizismus in Ästhetik und Philosophie der Moderne. Berlin 1994, S. 135-198; ders.: Pessimismus. Geschichtsphilosophie, Metaphysik und Moderne von Nietzsche bis Spengler. Berlin 1997, S. 173-181; Hinweise auf die widerspruchsreiche Wirkungsgeschichte von Klages' Ideen geben Hans Eggert Schröder: Ludwig Klages. Die Geschichte seines Lebens. Erster Teil: Die Jugend. Bonn 1966; Zweiter Teil: Das Werk, Erster Halbband (1905-1920) Bonn 1972; Zweiter Halbband (1920-1956) bearbeitet und hrsg. von Franz Tenigl. Bonn 1992 [durchpag]; Hans Eggert Schröder: Ludwig Klages 1872-1956. Centenar-Ausstellung 1972, Marbach 1972, S. 26-51; Hans Kasdorf: Ludwig Klages. Werk und Wirkung. 2 Bde. Bonn 1969 und 1974; ders.: Klages im Widerstreit der Meinungen. Eine Wirkungsgeschichte 1895-1975. Bonn 1978.

[9] Zu den von Klages betreuten Editionen gehörten: Johann Jakob Bachofen: Versuch über die Gräbersymbolik der Alten. Mit einem Vorwort von Christoph A. Bernoulli und einer Würdigung von Ludwig Klages. Basel 1925; Carl Gustav Carus: Psyche. Zur Entwicklungsgeschichte der Seele. Ausgewählt und eingeleitet von Ludwig Klages. Jena 1926.

[10] Ludwig Klages: Einleitung (1915). In: L. Klages: Rhythmen und Runen. Nachlaß herausgegeben von ihm selbst. Leipzig 1944, S. 19.

eine der radikalsten Varianten des Ideenspektrums, das Stefan Breuers polemische Kampfschrift als „ästhetischen Fundamentalismus" bezeichnet, stellte Klages' metaphernreich artikulierter Einspruch gegen die kulturellen und sozialen Dissoziationen einer ‚entzauberten' Gegenwart vor allem die funktionalen Differenzierungsleistungen der Moderne in Frage. Anfänglich in München, später in Kilchberg bei Zürich entwickelte Klages ein philosophisches System, das die abgelehnten Signaturen der Moderne – Geldwirtschaft und Massenkultur, wissenschaftliche Rationalität und technische Naturbeherrschung – auf den diametralen Gegensatz von „Geist" und „Leben" zurückführte. In Aufnahme und Radikalisierung neuromantischer und lebensphilosophischer Vorstellungen erklärte er den „Geist" zu einem transpersonalen Prinzip, das einen ursprünglich unbewußten und durch Bilderflut gekennzeichneten „Lebensstrom" unterbrochen und gewaltsam unterjocht habe.[11] Mit einem ausdifferenzierten Begriffssystem destruiere der „Geist" die ursprünglich bildhaft gegebene Wirklichkeit und ersetzte sie durch ein künstliches System von Zeichen, das nicht mehr „kosmisch", sondern „logozentrisch" strukturiert sei. Ergebnis sei die uneingeschränkte Herrschaft eines Rationalitätstyps, der die natürliche Umwelt und die menschliche Subjektivität technisch zurichte und letztlich zerstöre.

Schon 1913 verkündete Klages diese Botschaft in der Festschrift zum *Ersten Freideutschen Jugendtag* der auf dem Hohen Meißner versammelten Jugendbewegung.[12] Die von seiner Persönlichkeit ausgehende Faszination sowie die rasche – und auch durch die politischen Zäsuren der Jahre 1933 und 1945 nicht unterbrochene – Verbreitung seiner Arbeiten[13] sicherte ihm Aufmerksamkeit und emphatischen Zuspruch vor allem von Seiten junger, kulturkritischer Intellektueller.[14] Diese fanden zumeist während ihrer Studien-

---

[11] Die Herkunft des als Makrosubjekt verstandenen „Geistes" wurde von Schuler und Klages auf eine großangelegte Verschwörung z.T. ‚kosmischen' Ursprungs gegen das im ‚Blut' bewahrte Leben der ‚Bilder' zurückgeführt; Agenten der Unterjochung und Verleugnung dieses ‚bildhaften Lebens' waren ihnen das Judentum und das aus ihm hervorgegangene Christentum, das sie (wie der von Klages und seinen Anhängern wiederentdeckte Georg Friedrich Daumer) als verkappte Molochsreligion deuteten. Zu den gnostizistischen Zügen und antisemitischen Konsequenzen des von Klages vertretenen „pessimistischen Radikalismus" siehe Michael Pauen: Pessimismus, S. 180; ders.: Einheit und Ausgrenzung. Antisemitischer Neopaganismus bei Ludwig Klages und Alfred Schuler. In: Renate Heuer, Ralph-Rainer Wuthenow (Hrsg.): Konfrontation und Koexistenz. Zur Geschichte des deutschen Judentums. Frankfurt/M., New York 1996, S. 242-269.

[12] Ludwig Klages: Mensch und Erde. In: Freideutsche Jugend. Zur Jahrhundertfeier auf dem Hohen Meißner 1913. Jena 1913, S. 89-107; als Reprint in: Winfried Mogge, Jürgen Reulecke (Hrsg.): Hoher Meißner 1913. Der Erste Freideutsche Jugendtag in Dokumenten, Deutungen und Bildern. Köln 1988 (= Archiv der Jugendbewegung 5).

[13] Die Verbreitung von Klages Werken läßt sich an den Auflagenzahlen ablesen: Das Buch *Handschrift und Charakter*, mit dem Klages die Graphologie als exakte Wissenschaft begründen wollte, erreichte zwischen 1916 und 1949 24 Auflagen; der Band *Mensch und Erde* von 1920, der Klages' Beitrag zur Hohen-Meissner-Festschrift enthielt, erschien 1937 in fünfter Auflage. Weitere erfolgreiche Werke waren: Prinzipien der Charakterologie (1910), seit der 4. Auflage 1926: Grundlagen der Charakterkunde, elfte Auflage 1951; Ausdrucksbewegung und Gestaltungskraft. Grundlegung der Wissenschaft vom Ausdruck (1913), siebte Auflage 1950; Vom kosmogonischen Eros (1922), fünfte Auflage 1951.

[14] Aufschlußreich dafür die Beiträge in Hans Eggert Schröder (Hrsg.): Das Bild, das in die Sinne fällt: Erinnerungen an Ludwig Klages. Bonn 1984.

Die Romantik im Visier der „biozentrischen Lebenswissenschaft"   175

zeit Zugang zu den wortgewaltig formulierten Ideen des Philosophen, die in ihrem Rückgang auf vorbewußt-symbolische Formen des „Erlebens" eine radikale Überwindung des neuzeitlichen „Logozentrismus" verhießen. Hans Kern, vor 1945 wohl eifrigster Popularisator von Klages' Ideen und Verfasser zahlreicher „biozentrischer" Deutungen der deutschen Literatur- und Geistesgeschichte, übernahm während der Arbeit an seiner Dissertation über den von Klages hoch geschätzten Carl Gustav Carus dessen Weltbild.[15] Obwohl er beabsichtigte, eine universitäre Laufbahn einzuschlagen, blieb er nach der Promotion Privatgelehrter ohne akademische Anstellung.[16] Hans Eggert Schröder, nach 1933 Leiter des *Arbeitskreises für biozentrische Forschungen* und späterer Klages-Biograph, hatte bei Robert Petsch und Max Dessoir in Hamburg und Berlin Germanistik und Philosophie studiert und sich während des Studiums an den Philosophen gewandt, um Publikationsmöglichkeiten des Bachofen-Briefwechsels zu erkunden.[17] Auch Werner Deubel, der in München, Bonn und Frankfurt Literaturwissenschaft, Kulturgeschichte und Philosophie studiert und während seines Aufenthaltes in München 1913/14 Klages persönlich kennengelernt hatte, geriet durch diese Begegnung in einen Bann, der ihn bis zu seinem Tod 1949 nicht mehr freigab.[18]

Die Erhebung der Romantik zur Antizipation von Klages' Lebensphilosophie durch die sich zu „Jüngern" stilisierenden Anhänger geschah jedoch nicht ohne anfängliche Zweifel. Noch 1925, in der Phase seiner Dissertation über Carus und der Edition des Buches *Romantische Naturphilosophie* im Jenaer Diederichs-Verlag, schrieb Kern an den „verehrten Meister":

> „Mich selbst hat es überrascht, beim Studium der ‚biozentrisch gerichteten' Romantiker auf so viele Vorläufer der Klagesischen Philosophie zu stoßen; indessen: um mehr als bloße Genieblitze handelt es sich doch äußerst selten. Es bleibt nach wie vor merkwürdig, ja, erstaunlich, wie wenig die Romantiker mit gewissen großen Befunden anzufangen wußten, wie wenig sie die Konsequenzen zu ziehen verstanden. Carus z.B. muß geradezu eine pfaffenschwarze Binde vor den

---

[15] Kern hatte im Februar 1924 erstmals an den Philosophen geschrieben und ihm mitgeteilt, daß er nach dem Studium der Philosophie und der Literaturwissenschaft eine Dissertation über Carl Gustav Carus verfassen wolle. Er bat Klages, ihm „die für uns Heutigen fruchtbarsten und den Kern der Carusschen Philosophie treffenden Gesichtspunkte mitzuteilen", Hans Kern an Ludwig Klages. Brief vom 11.2.1924. DLA Marbach, A: Klages, 61.10290/1. Klages Ratschläge gingen in Kerns Dissertation (Die Philosophie des Carl Gustav Carus. Ein Beitrag zur Metaphysik des Lebens. Celle 1926) ein.

[16] Kern plante, sich mit einer Arbeit über Gotthilf Heinrich Schubert zu habilitieren und rechtfertigte sich vor Klages, im Brief vom 8.2.1925 (DLA, A: Klages, 61.10290/8): „Wahrhaftig nicht, um in der Zunft trostlos zu versinken, aber ich vermag so am eindringlichsten und wirkungsvollsten mich einzusetzen für Ihr Werk." Er begann auch im August 1926 mit ersten Recherchen, doch schrieb er bereits am 23.11.1926 an Klages, daß er die Dozentenlaufbahn nicht einschlagen wolle. Als freier Schriftsteller, Volkshochschullehrer und Vortragsredner lebte er in Pankow, dann in Zühlsdorf bei Berlin.

[17] Hans Eggert Schröder an Ludwig Klages. Brief vom 19.7.1928. DLA Marbach A: Klages, 61.12259/1.

[18] Vgl. Robert Kozljanic: Werner Deubel – Dichter der Magna Mater. Zur Wiederentdeckung eines spätgeborenen Romantikers. In: Novalis 51 (1997) H. 10, S. 46-50, hier S. 46.

Augen gehabt haben: er, der so nahe am Ziele war! Und gar <u>Daumer</u>! Spricht er nicht aus, was allen Heutigen als Wahsinnsausgeburt eines Verrückten erscheinen muß, die ‚kakodämonische Ungeheuerlichkeit des Geistes'? An <u>anderer</u> Stelle erklärt Daumer, er wisse nicht, auf welchem Wege der Marien-Mutter-Kult in die ‚Molochsreligion des Christentums'(!) geraten sei. <u>Derselbe</u> Daumer wird später katholischer Christ und singt dem Christentum Hymnen! Nein: irgendwo muß die Romantik wurzelhaft krank gewesen sein, sonst hätte nicht Nietzsche immer wieder die Fanfare gegen die Romantik geblasen! Vielleicht war es der Tod der Romantik, daß sie, um das <u>Leben</u> buhlend, dennoch mit dem <u>Geiste</u> paktierte? Vielleicht drang sie nicht tief genug in das Wesen des Kosmos ein, um ein entscheidendes Wort sagen zu können? Vielleicht auch blieb die Romantik bei der Polarität von Leben (Natur) und Geist, weil sie schwerlich ahnen konnte, in wie schauerlicher Weise das eigentliche Zeitalter der Rechenkünste und sog. ‚intellektuellen Kultur' alles Natürliche dezimieren würde? Es bleibt ja ein Rätselhaftes, mit welcher pestartigen Ausbreitungsgeschwindigkeit der Moloch Maschine seit den 50er Jahren des 19. Jahrhunderts sein Unwesen treibt. <u>Heute</u> würde möglicherweise mancher Romantiker tiefer sehen."[19]

Erst die Lektüre von Johann Jakob Bachofens *Gräbersymbolik der Alten* wurde für Kern nach eigenen Worten zum „Erweckungserlebnis".[20] Nun endgültig von der romantischen Beglaubigung des Klagesschen Ideengutes überzeugt, propagierten er und weitere begeisterte Anhänger wie Christoph Bernoulli, Werner Deubel, Rudolf Ibel, Hans Prinzhorn und Hans Eggert Schröder seit Mitte der 1920er Jahre die „Lebenswissenschaft" des „Meisters". Dessen dichotomische Konstruktion polarer Weltanschauungsprinzipien („logozentrisch" vs. „biozentrisch") wurde auf die deutsche Geistesgeschichte projiziert, um in Goethe, den Romantikern und Nietzsche legitimierende Vorläufer eines der „Erde" und den „Müttern" verhafteten Weltbildes zu entdecken.[21] Ein publizistisches Sprachrohr fanden die Mitglieder des vorerst nur locker verbundenen Kreises im Jenaer Eugen-Diederichs-Verlag und der hier seit 1925 durch Wilhelm Rössle herausgegebenen Buchreihe *Gott-Natur. Schriftenreihe zur Neubegründung der Naturphilosophie.*[22] Diese sollte laut Verlagsankündigung einer „zusammenschauenden

---

[19] Hans Kern an Ludwig Klages. Brief vom 25.9.1925. Ebenda, 61.10290/16. Unterstreichungen im Original.

[20] Vgl. Hans Kern an Ludwig Klages. Brief vom 15.3.1926. Ebenda, 61.10291/7.

[21] Die Resultate dieser Traditionssuche versetzten Klages zuweilen selbst in Erstaunen, wie ein Brief Hans Kerns an Ludwig Klages vom 10.2.1928 (DLA, A: Klages, 61.10291/25) belegt: „Sie waren einmal so gütig, mir in einem Briefe (vom 25. 9. 25) das Folgende zu schreiben: ‚Die Art, wie Sie ein Klagesisches Gedankenleitmotiv mit Konsequenz zur Durchforschung der Romantik benutzen, scheint mir vortrefflich gelungen. Ich kannte wohl alle von Ihnen angeführten Stellen; aber in der Anfolge und Eingliederung ergeben sie eine selbst mich erstaunende Vorläuferschaft.'"

[22] Zum Jenaer Diederichs-Verlag vgl. Erich Viehöfer: Hoffnung auf die ‚eine' Jugend. Eugen Diederichs und die deutsche Jugendbewegung. In: Jahrbuch des Archivs der deutschen Jugendbewegung 15 (1984), S. 261-286; ders.: Der Verleger als Organisator. Eugen Diederichs und die bürgerlichen Reformbewegungen der Jahrhundertwende. Frankfurt/M. 1988; Gangolf Hübinger (Hrsg.): Versammlungsort moderner Geister. Der Eugen Diederichs Verlag – Aufbruch ins Jahrhundert der Extreme. München 1996.

Naturdeutung" Bahn brechen und dazu beitragen, das „einseitig idealistische und mechanische Weltbild" durch ein „organisches" und „biozentrisches" zu ersetzen.[23] Neben dem Einsatz des von Klages geschaffenen Instrumentariums zur „biozentrischen" Deutung der Geistesgeschichte wurden in Stellungnahmen zu aktuellen Geschehnissen Wissenschaft und Technik als Emanationen eines „mechanistischen" Weltbildes identifiziert und die „Maschine" als das Symbol einer fortschrittsgläubigen Hybris schlechthin einem blut- und seelenvollen „Leben" gegenübergestellt.[24]

Die kulturrevolutionären Hoffnungen der „Biozentriker" dokumentierte der 1931 von Werner Deubel herausgegebene und im Berliner *Verlag für Zeitkritik* erschienene Sammelband *Deutsche Kulturrevolution. Weltbild der Jugend*, der emphatisch zu einer umfassenden gesellschaftlichen „Erneuerung aus den Mächten des Blutes und der Seele, also des Lebens gegen die Mächte der Geistwerte und des Machtwillens, also des Todes" aufrief.[25] Die Beiträger dieses Bandes, die sich größtenteils im 1933 gegründeten *Arbeitskreis für biozentrische Forschungen* wiederfinden sollten, zogen die Konsequenzen aus der von Ludwig Klages eingeleiteten „großen Denk- und Lebenswende" für die Kulturgebiete „Weltanschauung" (Hans Kern), „Religion" (Jorg Lampe), „Bildende Kunst" (Heinrich Döhmann), „Dichtung" (Werner Deubel), „Politik" (Wilhelm Schöppe), „Wirtschaft" (Kurt Seesemann) und „Recht" (Hans Rosenfeld). Gemeinsame Überzeugung war, daß die in der Gegenwart zu beobachtenden revolutionären Bewegungen

---

[23] In dieser Reihe erschienen u.a. Goethes Morphologische Schriften. Ausgew. und eingel. von Wilhelm Troll. Jena 1926 (Gott-Natur 1), 2. Aufl. 1932; Naturphilosophie der Romantik. Ausgewählt und eingeleitet von Christoph Bernoulli und Hans Kern. Jena 1926 (= Gott-Natur 2); Carl Gustav Carus: Psyche: Zur Entwicklungsgeschichte der Seele. Ausgewählt und eingeleitet von Ludwig Klages. Jena 1926 (= Gott-Natur 3); Wilhelm Steinfels: Farbe und Dasein: Grundzüge zu einem symbolischen Weltbild. Jena 1926 (= Gott-Natur).

[24] Als Fritz von Opel 1928 das erste Raketenauto konstruiert und dieses als erste Stufe auf dem Weg zum Raketenflugzeug und späteren Weltraumschiff proklamiert hatte, antwortete Werner Deubel mit einem Aufsatz unter dem Titel *Die Religion der Rakete*, in der es mit explizitem Verweis auf von Opels Fortschrittsemphase hieß: „Im Reich des Lebens und der Werke gibt es keinen Fortschritt. Der Hirsch ist kein Fortschritt gegenüber der Biene, der Mensch kein Fortschritt gegenüber dem Eichbaum, und stellen wir uns das Werk eines Dichters vor, der die Schöpferkraft eines Dante, Shakespeare und Goethe in sich vereinigte, so verlören dadurch die Gesänge Homers nicht einen Schimmer ihrer Herrlichkeit. [...] Und baut man heute ein Raketenfahrzeug, so ist es morgen wertlos, wenn ein solches von dreifacher Geschwindigkeit erfunden wird. Das Werk entspringt dem Leben und lebt. Die Maschine entspringt aus dem Toten und ist tot. Das Leben in uns heißt Blut und Seele, hat die Qualität der unausmeßbaren Farbigkeit und die Dimension der Fülle und Tiefe. Das Tote in uns heißt Wille und hat nur die Intensität eines gierigen Hungers nach ruheloser Betätigung. Je mehr das Leben in uns schwindet, desto mehr mästen wir uns mit den farblosen Triumphen des Willens. Aber auch das ist wahr: je mehr die Menschheit der technischen Religion und der Anbetung des willensmäßigen Machtzuwachses verfällt, umso kränker, schwächer und maskenhafter lebt sie." Werner Deubel: Die Religion der Rakete. In: Deutsche Rundschau 55 (1928), S. 63-70, zitiert nach dem Wiederabdruck in: W. Deubel: Im Kampf um die Seele. Wider den Geist der Zeit. Essays und Aufsätze, Aphorismen und Gedichte. Bonn 1997, S. 63-73, hier S. 72f.

[25] Werner Deubel: Einführung. In: W. Deubel (Hrsg.): Deutsche Kulturrevolution. Weltbild der Jugend. Berlin 1931, S. X.

aufgrund ihrer klassen- oder rassentheoretischen Befangenheit zum Scheitern verurteilt seien. Die den „ganzen Menschen" ergreifende „Umwälzung der Wertwelt" dürfe nicht in „Privilegphantasien" steckenbleiben, sondern müsse mit einer „Lebensrevolution" den rational geleiteten Willen als den „Herznerv des Denkens und Handelns der alten Wertwelt" überwinden.[26] Übereinstimmend entwarfen die Autoren das Projekt einer radikalen Aufhebung der entzweiten und versachlichten Lebensverhältnisse der Moderne durch die rückhaltlose Hingabe an eine *Unmittelbarkeit*, deren zentrale Bestimmungen von Klages vorgeprägt worden waren: Im Verzicht auf egoistische Selbstbehauptung, im restlosen Aufgehen in einer Gemeinschaft, vor allem aber in der Liebe zu Natur, Tier und Pflanze, „Mutter" und „Mütterlichkeit" (als den höchsten Symbolen natürlichen Werdens) sollten die in apokalyptischen Bildern geschilderten Verwerfungen einer männlich-rational beherrschten und technisch ausgebeuteten Welt geheilt werden.[27] Gegen neusachliche „Verhaltenslehren der Kälte" (Helmut Lethen) und deren Akzeptanz lebensnotwendiger Differenzen zwischen den Einzelgliedern einer durch „Verkehrsformen" künstlich strukturierten *Gesellschaft* setzten die kulturrevolutionär-emphatischen Entwürfe der Klages-Jünger das „Erlebnis der Hingabe an die lebendige Natur in uns und außer uns":

> „Indem wir uns auf unser Einzigstes, Tiefstes besinnen und die gute und große Liebe zu Pflanze und Tier und Mensch, zur ‚Mutter', zum Freund, zum Volk und zur Heimat, zur Erde und zum All, zum Schicksal und zum Tod in uns nähren, treten alle Wesen wieder in unmittelbarsten Bezug zu uns. Wir begegnen dem ewigen Antlitz. Die Natur spricht von neuem ihre sprachlose Sprache, unsere Mutter-Sprache. Das Verständnis dieser Sprache würde Wissenschaft allererst wieder zur Weisheit machen und Leben zur Religion."[28]

Trotz der Skepsis gegenüber politischen Bewegungen verbanden die Klages-Jünger mit der nationalsozialistischen Machtübernahme anfänglich weitreichende Hoffnungen. Stand der seit 1919 in Kilchberg bei Zürich lebende Klages den Ereignissen in Deutschland eher skeptisch gegenüber, erhofften seine deutschen Anhänger nicht weniger als die Umkehr einer Entwicklung, die sie wie ihr Lehrer von „zersetzendem Logos" und „zerstörerischem Kapitalismus" determiniert sahen. Bereits 1930 hatte sich der von Klages inspirierte Arzt Hans Prinzhorn, dessen Buch *Bildnerei der Geisteskranken* von

---

[26] Ebenda, S. XI ff. – Die Stellungnahme gegen jede Art von „Privilegphantasien" richtete sich dabei gleichermaßen gegen kommunistische und nationalsozialistische Vorstellungen als Ausdruck des „Wahns, nur der Proletarier, eben weil er Proletarier ist, oder nur der nordisch-germanische Mensch, bloß weil er .. einer bestimmten Rasse angehört, sei fürder allein auserwählt, die neue Wertwelt zu bestimmen."

[27] Klages folgend, beschrieb Hans Kern die dichotomische Gegenüberstellung von ‚männlichem' Geist und ‚mütterlicher' Natur als „Muttermord", H. Kern: Weltanschauung. In: W. Deubel (Hrsg.): Deutsche Kulturrevolution. Weltbild der Jugend, S. 1-24, hier S. 19: „So ist der rücksichtslos vernichtende Kampf des männlichen Geistträgers gegen die Erde, die er durch Technik schändet und ausbeutet und durch Krieg gegen Mensch und Tier verwüstet, der Ausdruck ‚muttermörderischer' Gesinnung."

[28] Ebenda, S. 24.

1922 ein wichtiges Zeugnis des Expressionismus darstellte und der sich durch Forschungen zur Leib-Seele-Problematik einen Namen gemacht hatte,[29] für den Nationalsozialismus ausgesprochen.[30] Die Hoffnung auf eine gesamtgesellschaftliche Abkehr von den Normen der Moderne bestimmte Stellungnahmen, die zur Propagierung der „biozentrischen Lebenswissenschaft" nun aktualisierende Bezüge von der Romantik zur Gegenwart herstellten. So würdigte Hans Eggert Schröder 1934 die Romantik als Entdeckerin der „tiefsten Quellen des Lebens und des Deutschtums" und belegte schlagwortreich „die Verwandschaft unserer Zeit mit der romantischen Epoche".[31]. Hätte die Romantik noch die Fähigkeit gehabt, „Erlebtes in Bilder aufzulösen und bildhaft wiederzugeben", wäre die moderne Kultur in gedanklicher Blässe und problematischer Vereinzeilung verblieben. Ludwig Klages „neue Lebenswissenschaft" habe in bewußter Anknüpfung an Goethe und die Romantik dem „Lebenstrom der deutschen Seele" neue Wege gewiesen; nun sei die Möglichkeit eröffnet, „nicht wahllos und ohne Prüfung das romantische Erbgut herüberzunehmen, sondern auszusondern, was sich als zeitbedingt, irrig und unzulänglich erweist, um das Echte und Wertvolle in um so sicherere Obhut zu nehmen."[32] Nach Aufzählung der wichtigsten von Klages-Anhängern publizierten Beiträge zur Romantikforschung schloß Schröder mit dem nochmaligen Hinweis, daß die Beschäftigung mit dem „kulturellen Erbgut der Romantik .. keine kulturhistorische Arbeit, sondern dringlichste Gegenwartsaufgabe" sei – „weil wir damit der Gegenwart das einzig verfügbare Leitbild höchster deutscher Lebensleistung vor Augen stellen und es ihrer eigenen Lebensleistung einzuschmelzen trachten müssen. Das Leitbild der Deutschheit, das in den kulturellen Führern der Romantik wirkte, muß zur Prägeform des ganzen Volkes werden."[33]

Angespornt von den kulturpolitischen Veränderungen nach der nationalsozialistischen Machtergreifung gründeten die Klages-Enthusiasten am 25. Juni 1933 in Markkleeberg bei Leipzig den *Arbeitskreis für biozentrische Forschungen* (AKBF). Ziele dieses *Arbeitskreises* waren laut Presseerklärung das „Bewahren und Weitertragen eines neuen, reicheren und tieferen Bildes vom Menschen, der die Wurzeln seiner Existenz im Blut- und Landschaftszusam-

---

[29] Hans Prinzhorn: Bildnerei der Geisteskranken. Ein Beitrag zur Psychologie und Psychopathologie der Gestaltung. Berlin 1922; ders.: Leib-Seele-Einheit. Potsdam Zürich 1927; ders.: Charakterkunde der Gegenwart. Berlin 1931; ders.: Persönlichkeitspsychologie. Entwurf einer biozentrischen Wirklichkeitslehre. Leipzig 1932.
[30] Hans Prinzhorn: Über den Nationalsozialismus. In: Der Ring 3 (1930), S. 884-885.
[31] Hans Eggert Schröder: Die deutsche Romantik und die Gegenwart. In: Literatur 36 (1934) S. 433-438, Zitate S. 434 und 435, wo es über die Verwandschaft der Romantik mit der Gegenwart weiter hieß: „Kein Problem fehlt im Umkreis ihrer Kulturleistung, das nicht heute wieder im Mittelpunkt des kulturellen Erneuerungskampfes stünde: Volkstum und Landschaft, rassische und blutmäßige Eigenart, germanische Vorgeschichte, völkische Kultur und Religiosität, Lebens- und Menschenkunde, Symbol- und Sprachgeschichte oder welche Fragen der deutschen Eigenart und der neuen Lebensforschung wir aus der Gegenwart herausgreifen, finden ihre Vorläuferschaft in der Romantik."
[32] Ebenda, S. 436.
[33] Ebenda, S. 438.

menhang findet", das „Erhalten und Geltendmachen einer Kulturgesinnung, die nicht mehr den idealistischen und materialistischen Gesetzen des Geistes folgt und damit der logozentrischen Weltanschauung huldigt, die vielmehr die Mächte des Lebens als letzten Wert setzt, indem sie der biozentrischen Weltanschauung dient". Ludwig Klages wurde als der „bedeutendste Verkünder einer Lebensphilosophie" herausgestellt, deren Tradition „im übrigen bereits mit der deutschen Mystik einsetzt und in großen Umrißlinien durch die Namen Jakob Böhme, Goethe, Arndt, Carus, Bachofen und Nietzsche bezeichnet wird."[34]

Gründungsmitglieder des *Arbeitskreises* waren u.a. Erwin Ackerknecht (damals noch Stettiner Bibliotheks- und Volkshochschuldirektor), Elsa Bruckmann (die Gattin des Münchener Verlegers Hugo Bruckmann), Rudolf Bode (Leiter der gymnastischen Bode-Schule und Herausgeber der Zeitschrift *Rhythmus*); Werner Deubel (Schriftsteller), Julius Deussen (Assistent für Neurologie und Psychatrie an der Universität Leipzig), Hans Frucht (Bode-Lehrer und Schriftleiter des *Rhythmus*), Otto Huth (Religionswissenschaftler), Rudolf Ibel (Lehrer und Schriftsteller), Nils Kampmann (Verleger und Herausgeber der *Zeitschrift für Menschenkunde*), sowie die Germanisten Hans Kern, Martin Ninck, Carl Alexander Pfeffer, Hans Eggert Schröder und Kurt Seesemann.

Die von Julius Deussen, dem ersten Leiter des *Arbeitskreises* formulierten „Leitsätze" erklärten den Kampf „für das Bild eines neuen, reicheren und tieferen Menschentums" und die „Verstärkung der biozentrischen Forschung" als Ziel der Vereinigung.[35] Als Organ des *Arbeitskreises* wurde von Deussen und Martin Kießig die Zeitschrift *Janus* ins Leben gerufen, die jedoch eine im Juli 1934 ausbrechende Krise nicht überlebte. Anlaß dafür war Julius Deussens Schrift *Klages' Kritik des Geistes*, die Zweifel an der kanonischen Geltung des „Meisters" angemeldet hatte.[36] Hans Eggert Schröder, inzwischen kommissarischer Leiter des AKBF, reagierte auf „Inhalt und Art der jeder biozentrischen Haltung hohnsprechenden Darstellung" mit der Amtshebung Deussens vom Posten als Leiter der Leipziger Ortsgruppe und dessen Ausschluß aus dem *Arbeitskreis*.[37] Deussen konterte am 4. September 1934 mit einer Presse-Erklärung, in der er daran erinnerte, daß der AKBF „kein Klages-Kreis" sei und löste seinerseits die Vereinigung ganz auf.[38] Mit nach-

---

[34] Pressemitteilung über die Gründung des *Arbeitskreises* in der *Leipziger Abendpost* vom 27. Juni 1933, unterzeichnet mit Pb. (= Horst Pabel). Auch im *Völkischen Beobachter* sowie in den *Leipziger Neuesten Nachrichten* wurde am 30.6.1933 die „Reichsgründung des ‚Arbeitskreises für Biozentrische Forschung'" vermeldet.

[35] Leitsätze des AKBF. In: Janus 1, (1933) H. 1, S. 1.

[36] Julius Deussen: Klages' Kritik des Geistes. Mit einer Monographischen Bibliographie Ludwig Klages und einer Bibliographie der biozentrischen Literatur der Gegenwart. Leipzig 1934 (= Studien und Bibliographien zur Gegenwartsphilosophie 5).

[37] Vgl. AKBF an Julius Deussen. Brief vom 26.7.1934. DLA Marbach A: Klages-Deussen/AKBF Konvolut Materialien zur Auflösung des AKBF, Bl. 21.

[38] Vgl. ebenda, Bl. 22. – Julius Deussen übernahm nach Erhalt der ärztlichen Approbation 1936 und Tätigkeiten in psychiatrischen Einrichtungen in Freiburg und Heina ab 1939 die Leitung der Abteilung für Erbpsychologie in der *Deutschen Forschungsanstalt für Psychiatrie*; ab Dezember 1943 war er an der Psychiatrischen Klinik der Universität Heidelberg mit der Erforschung von Geisteskrankheiten im Kinder- und Jugendalter befaßt. Mit dem von Klages formulierten

folgenden Dementis und gegenseitigen Schuldzuweisungen manövrierte sich der *Arbeitskreis* weiter in die Bedeutungslosigkeit. Seine zersplitterten Reste, im Sommer 1934 in den *Reichsbund Volkstum und Heimat* innerhalb der NS-Gemeinschaft *Kraft durch Freude* eingegliedert, lösten sich 1936 auf behördliche Anweisung auf.[39]

Nach dem Ende dieser Organisation wurde der Berliner Widukind-Verlag zur neuen Anlaufstelle der „Biozentriker". Dessen Inhaber Alexander Boß hatte zum 1. August 1934 schon die Herausgabe der Klages-nahen Zeitschrift *Rhythmus* übernommen. Seit 1935 erschien in seinem Verlag unter dem Titel „Das deutsche Leben" eine „Schriftenreihe biozentrischer Forschung", die entsprechend der Verlagsankündigung eine „Geschichte der deutschen Natur- und Lebensfrömmigkeit unchristlicher Art" verbreiten wollte. In den Bänden dieser Reihe wurden Repräsentanten der deutschen Literatur- und Geistesgeschichte, vorzugsweise aus der Zeit der Romantik, nach den Mustern des „Geist"-„Leben"-Dualismus interpretiert und zu Vorgängern des „biozentrischen Weltbildes" zurechtgebogen. Als ersten Titel der Reihe veröffentlichte Werner Deubel, der mit literarischen Produktionen und Arbeiten zur Weimarer Klassik hervorgetreten war,[40] eine den vorgeprägten Dualismus von „logozentrisch" und „biozentrisch" aufnehmende Neudeutung Schillers.[41] Der ursprünglich „dionysische Tragiker" Schiller erlag, so Deubel, dem „Vampyrbiß des Logos" und habe sein anfänglich „tragisch-dionysisch-biozentrisches Weltbild" zugunsten des „logozentrischen" Denkens Kants aufgegeben. Auch die Freundschaft mit dem „graecogermanischen" Goethe habe Schiller das „eingesogene Gift" nur teilweise entziehen können. Zwischen geistiger Infektion und körperlicher Erkrankung bestehe eine Parallele: Seelisch habe ihn der deutsche Idealismus, physisch die Schwindsucht zugrunde gerichtet. Deu-

---

Schema von Materie, Struktur, Qualität, Tektonik und Formniveau einer Persönlichkeit sollten erbpsychologische Untersuchungen an geisteskranken Kindern vorgenommen werden, um abschließend über ihre Empfehlung zur Euthanasie entscheiden zu können; siehe dazu die jetzt auf Basis bislang unpublizierter Dokumente vorgelegte Studie von V. Roelcke, G. Hohendorf, M. Rotzoll: Erbpsychologische Forschung im Kontext der „Euthanasie": Neue Dokumente und Aspekte zu Carl Schneider, Julius Deussen und Ernst Rüdin. In: Fortschritte der Neurologie und Psychiatrie 66 (1998), S. 331-336, hier S. 333ff. – Herrn Volker Roelcke danke ich für den raschen Zugang zu dieser Untersuchung.

[39] Hans Kern vermutete in seinem Brief an Klages vom 18.5.1936 (DLA, A: Klages, 61.10292/21) ein Gutachten Alfred Baeumlers, Leiter des *Hauptamts Wissenschaft* in der *Dienststelle Rosenberg*, als treibende Kraft hinter der amtlichen Auflage: „Und was den bewegt haben dürfte, kann man sich lebhaft denken." – Damit spielte Kern auf die kontroversen Bemühungen von Klages und Baeumler an, die sich Mitte der 1920er Jahre um die editorische Wiederentdeckung und Neuinterpretation Johann Jacob Bachofens bemüht hatten und darüber in verbale Auseinandersetzungen geraten waren.

[40] U.a. Werner Deubel: Götter in Wolken. Roman. Jena 1927; ders.: Goethe als Begründer eines neuen Weltbildes. In: Jahrbuch der Goethe-Gesellschaft 17 (1931), S. 27-79; ders.: Irrwege der Dramenkritik. In: Völkische Kultur 2 (1934), S. 105-114; ders.: Schiller und die deutsche Erneuerung. In: Ebenda, S. 497-500; ders.: Umrisse eines neuen Schillerbildes. In: Jahrbuch der Goethe-Gesellschaft 20 (1934), S. 1-64; ders.: Der deutsche Weg zur Tragödie. Dresden 1935.

[41] Werner Deubel: Schillers Kampf um die Tragödie. Umrisse eines neuen Schillerbildes. Berlin 1935 (= Das deutsche Leben 1).

bels Konstruktionen, die zwar den Beifall der Gesinnungsgenossen fanden,[42] von der universitären Literaturwissenschaft jedoch weitgehend abgelehnt wurden,[43] gingen in eine schematische Gliederung der deutschen Geistesgeschichte ein, in der die „biozentrische" Weltanschauung zur spezifisch „graecogermanischen" Erkenntnisweise stilisiert und das vom Logos beherrschte Denken als „graecojudaisch" disqualifiziert wurde. Repräsentant der neuzeitlichen „graecojudaischen Diktatur des Geistes" war nach Deubel Kant; als Vertreter der „graecogermanischen Ehrfurchtsreligion des Lebens" galten Goethe, die Romantiker und natürlich Ludwig Klages.

Werner Deubel: Gräkogermanisch-Gräkojudaisch. Bemerkungen über die Herkunft des neuen Menschenbildes. In: Völkische Kultur. 2 (1934), S. 440-443, hier S. 443:

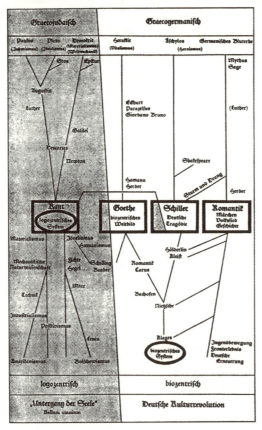

---
[42] So durch Hans Kern: Das Geheimnis des Tragischen. In: Die Literatur 37 (1935), S. 594-596; ders.: Ein neues Schillerbild. In: Das deutsche Wort. N.F. der Zs. Die literarische Welt 2 (1935), S. 1f.; Egon von Niederhöffer: Rezension. In: Rhythmus 13 (1935), S. 178-184; Hans Eggert Schröder: Rezension. In: Die Literatur 37 (1934/35), S. 221. – Zu den Reaktionen auf Deubels „neues Schillerbild" vgl. Georg Ruppelt: Schiller im nationalsozialistischen Deutschland, S. 61.

Hans Kern 1936 publizierte als zweiten Band der *Schriftenreihe biozentrischer Forschung* eine Monographie über den später zum Katholizismus konvertierten Georg Friedrich Daumer.[44] Im selben Jahr erschien als Band 3 Carl Alexander Pfeffers Eichendorff-Studie *Venus und Maria*.[45]

Hinweise auf Eichendorff in Klages' Schrift *Vom kosmogonischen Eros* hatten schon früher „biozentrische" Interpretationen des Poeten inspiriert, die vor allem die Vorstellung vom liebenswürdig-heiteren Sänger durch Aufdeckung seiner „metaphysischen Hintergründigkeit" zu ersetzen suchten.[46] Auch Pfeffer applizierte auf Eichendorffs Persönlichkeit die Fundamentalopposition von „Geist" und „Leben", „logozentrischer" und „biozentrischer" Weltauffassung. Da der Katholizismus Eichendorffs nicht zu leugnen war, mußte er durch die Zuschreibung eines gleichwertigen Glaubens an heidnische Naturgottheiten neutralisiert werden. Die heidnische Göttin Venus sei für Eichendorff ebenso prägend gewesen wie Maria, behauptete Pfeffer und diagnostizierte eine Persönlichkeitsspaltung: Als gläubiger Christ habe Eichendorff die dionysisch-dämonische Weltsicht bekämpft, sie als Dichter jedoch aufgenommen und in ihrem Bann stehend poetische Werke hervorgebracht. Daraus resultiere die Polarität von katholisch-gläubigem Erdenbürger und mythisch schauendem sowie dämonisch erlebendem Dichter.[47] Wenn auch Pfeffers Eichendorff-Studie ohne größere Resonanz blieb und einzig von Mitgliedern des Klages-Kreises gewürdigt

---

[43] Vgl. Gerhard Fricke: Vom Nutzen und Nachteil des „Lebens" für die Historie. In: ZfDk 50 (1936), S. 433-437, hier S. 434f., der eine Auseinandersetzung mit Deubels Auffassung für „entbehrlich" erklärte, da diese „nicht aus der Anschauung des geschichtlichen Schiller gewonnen ist und mithin nicht von dort aus widerlegt werden kann. Die Erzieher aber, die vor der deutschen Jugend und vor Schillers Dichtung selbst stehen, bedürfen schwerlich noch der Argumente, sich gegen diesen Anschlag auf eine große und wirkende Führergestalt der deutschen Geschichte zu wehren." Dennoch sei nicht zu dulden, daß die „großen Führer der deutschen Geistesgeschichte" zum „negativen Demonstrationsobjekt für eine metaphysische Dogmatik herabgewürdigt werden, mit deren bequemen Formeln man den größten Teil der deutschen Geschichte in müheloser Schwarzweißtechnik verleumdet oder verketzert." – Positiv äußerte sich dagegen Hans Pyritz: Besprechung des Jahrbuchs der Goethe-Gesellschaft 19 (1933) und 20 (1934). In: Deutsche Literaturzeitung 1935, Sp. 1031-1038.

[44] Hans Kern: Georg Friedrich Daumer. Der Kämpfer für eine Deutsche Lebensreligion. Berlin 1936 (= Das deutsche Leben 2). Daumer, bislang als Nachdichter der orientalischen Lyrik Hafis' bekannt, wurde von Kern als Vorläufer Nietzsches gewürdigt, der neben Goethe, Arndt und den Romantikern genannt werden müsse.

[45] Carl Alexander Pfeffer: Venus und Maria. Eine Eichendorff-Studie als Beitrag zur Wesenerkenntnis des Dichters Berlin 1936 (= Das deutsche Leben 3).

[46] So Martin Kießig: Das Wesen von Eichendorffs Lyrik. In: Deutsches Wort 11 (1935), Nr. 7, S. 7-10, hier S. 7. Kießig bezog sich auf Martin Ninck (Hölderlin-Eichendorff. Vom Wesen des Klassischen und Romantischen. Heidelberg 1928) und schrieb weitgehend die Klages-typischen Oppositionen fort: den Konflikt zwischen „Leben" und „Geist", zwischen „schöpferischem Heidentum" und „entzauberndem" Christentum.

[47] Vgl. Carl Alexander Pfeffer: Venus und Maria, S. 46: „Eichendorff hat, einem Januskopfe gleichend, von Jugend auf bis ins hohe Alter ein doppeltes Antlitz gezeigt, dessen eine Ansicht die eines männlich gefaßten, in der Welt der Taten und Zwecke treuesten Erdenbürgers und gläubigen Katholiken war, und die andere die eines ewig jugendlichen, in mythische Schau und dämonisches Allerlebnis entrückten Dichters."

wurde,[48] drang doch die „biozentrische" Umdeutung des Dichters zu einem „unbewußten Heiden"[49] und „heimlichen Pantheisten"[50] bis in die Universitätsgermanistik vor.[51] Auch die programmatische Erklärung der *Deutschen Eichendorff-Stiftung* Ende der 1930er Jahre, die „germanische Frömmigkeit" des Poeten verstärkt in den Mittelpunkt ihrer Vermittlungsbemühungen zu stellen, profitierte von Vorleistungen des Klages-Kreises.[52]

Die antithetische Gegenüberstellung von „Geist" und „Seele" stellte auch für Hans Eggert Schröders Mörike-Deutung *Ein Meister des Lebens* das Schema für die Umdeutung des schwäbischen Spätromantikers zu einem „Wissenden von der ewigen Mutternacht der Gottheit" bereit.[53] Gegen Vorstellungen vom „lebensuntüchtigen Träumer" Mörike setzte Schröder ein mythisches Dichterbild, nach dem der Poet in traumwandlerischer Sicherheit und geleitet von „kosmischen Mächten" den bürgerlichen Alltag „heroisch" bewältigt habe. Dessen Abneigung gegen das Pfarramt wertete Schröder als Indiz dafür, das der Dichter entgegen der „christlichen Welt- und Lebensverachtung" das Leben geliebt habe und essentiell ein Heide sei; die aufgenötigte christliche Glaubenslehre habe größere Dichtungen verhindert.[54]

Eine von Hans Kern zusammengestellte und 1938 im Berliner Widukind-Verlag veröffentlichte Anthologie romantischer Texte verriet in ihrer Gewichtsverlagerung auf die spätromantische Wissenschaft und Naturphilosophie sowie in Vorwort und biographischen Notizen ebenfalls deutlich Klages'

---

[48] So noch 1944 durch Werner Deubel: „Auf dem Strome will ich fahren". In: Berliner Börsen-Zeitung vom 14. Juli 1944. Deubel beschuldigte hier die konfessionell gebundene Literaturforschung, „jeden zufällig katholisch geborenen Dichter der kirchlichen Kulturpropaganda nutzbar zu machen" und berief sich auf Pfeffer: „Allein seit wir das kluge Schriftchen ‚Venus und Maria' von Carolus Pfeffer [..] besitzen, wissen wir es oder können wir es wissen, daß alles echte Dichtertum niemals aus dem Geistgottglauben hervorging, sondern stets Jüngertum des Lebensgottes [..] gewesen ist und daß es heidnische Grundgewässer waren, aus denen sich die Blüte Eichendorffscher Dichtung gespeist hat."

[49] So Hans Eggert Schröder: Eichendorff und die deutsche Romantik. In: Rhythmus 16 (1938), S. 153-157, S. 154.

[50] So Rudolf Bach: Über Eichendorffs Gedichte. In: Die Literatur 42 (1940), S. 452-454, hier S. 452.

[51] U.a. in der bei Heinz Kindermann entstandene Dissertation von Walter Hildenbrandt: Eichendorff. Tragik und Lebenskampf in Schicksal und Werk. Danzig 1937 (= Diss. TH Danzig). Sich auf Martin Ninck, Adolf von Grolman und Kindermann berufend, stellte sie das „Elementar-kämpferische", „Dunkle" und „Ringende" in Leben und Werk des Dichters heraus und suchte Eichendorffs angeblich „revolutionären Kampf- und Tatwillens" zu erweisen. Von Klages beeinflußt waren auch die Promotionsschriften von Hans Wolffheim: Sinn und Deutung der Sonettgestaltung im Werke Eichendorffs. Bremen 1934 (= Diss. Hamburg 1934); Erika Jansen: Ahnung und Gegenwart im Werke Eichendorffs. Gießen 1937 (= Gießener Beiträge zur deutschen Philologie 54 = Diss. Gießen).

[52] Vgl. dazu Teil 3, Kapitel 4: Der „deutscheste der deutschen Dichter" im Dritten Reich.

[53] Hans Eggert Schöder: Mörike. Ein Meister des Lebens. Berlin 1936 (= Das deutsche Leben 4).

[54] Ähnlich auch ders.: Mörike im Urteil der Zeitgenossen. In: Rhythmus 13 (1935), S. 149-154. Hier wurde Mörike zum Träger elementarer Lebensmächte stilisiert, der willenlos getrieben und eben dadurch unzerstörbar und sicher gewesen sei. Besser als die Literaturwissenschaft hätten dies seine Zeitgenossen Reinhold, Ludwig Bauer, Waiblinger, Lohbauer und Gottfried Keller erkannt.

Einfluß.⁵⁵ Schlagworte der nationalsozialistischen Ideologie fanden sich in Kerns Einleitung, die das Charakteristikum der deutschen Romantik in einer „innerlichen Wiederannäherung" an das „germanische Heroenzeitalter" verortete und die Wiederentdeckung der „vom stechenden Lichte der ‚Aufklärung' mit Untergang bedrohten Seelenmächte des eigenen Volkstums" besonders herausstellte.⁵⁶ Nicht nur die ihm anvertrauten Editionsprojekte nutzte Kern zur Agitation für die „biozentrische Lebenswissenschaft". In zahlreichen Aufsätzen zur deutschen Geistesgeschichte suchte er Klages' „Philosophie des Lebens" zu popularisieren bzw. durch historische Vorgänger zu legitimieren.⁵⁷ Selbst in eigenen poetischen Produktionen, unter dem bezeichnenden Titel *Am Brunnen des Lebens* im Widukind-Verlag veröffentlicht, propagierte er in Klages' Sinn die „Liebe zu den unversiegbaren Quellgründen alles Lebendigen".⁵⁸ Mit dem Ziel, „charakteristische Erscheinungsformen des Ewig-Weiblichen" und die „kulturelle Entfaltung des 19. Jahrhunderts von einer ganz eigenen und viel zu selten beachteten Seite" sichtbar zu machen, zeichnete Kern auch eine Porträtreihe von Romantikerinnen, die in drei Auflagen im Leipziger Reclam-Verlag erschien und 1944 noch einmal veröffentlicht wurde.⁵⁹

Alle diese „biozentrischen" Deutungen der romantischen Literaturepoche ähnelten sich nicht nur in dem zugrunde liegenden zirkulären Verfahren, das vorfand, was es selbst als Voraussetzung eingeführt hatte. Übereinstimmend und zum großen Teil auch explizit deutlich gemacht, zielten die Erklärungen von Literatur und Kunst nach den Prinzipien der „biozentrischen Lebenswissenschaft" auf die Rekonstruktion eines Erbes, dem legitimierende Funktionen für den Kulturkampf der Gegenwart zugeschrieben wurden. Die in der deutschen Geistesgeschichte entdeckten Weltbilder sollten als historische Vorgänger Klages' „Philosophie des Lebens" bestätigen, zugleich aber auch die Weichen für eine „biozentrische" Erneuerung des nationalsozialistischen Deutschland stellen.

Die Anstrengungen der Klages-Jünger um eine „biozentrische" Re-Interpretation der deutschen Literatur- und Geistesgeschichte fanden jedoch keineswegs die erhoffte positive Resonanz. Im Gegenteil: Sowohl die *scientific*

---

55 Geheimnis und Ahnung. Die deutsche Romantik in Dokumenten. Hrsg. von Hans Kern. Berlin 1938.
56 Ebenda, S. 10. Die Assimilation an Topoi der nationalsozialistischen Ideologie ging jedoch noch weiter. So schloß Kern aus der Beteiligung des Adels, „daß die Romantik unter anderem auch als ein letztes Aufleuchten der rassischen Substanz dieses germanischen Adels deutscher Nation zu verstehen sei" (S. 16).
57 U.a. Hans Kern: ders.: Hamann, der „Magus des Nordens". In: Süddeutsche Monatshefte 32 (1935), S. 287-291; ders.: Die Polaritätsidee im deutschen Weltbild. In: Völkische Kultur 2 (1935), S. 213-223; ders.: Die deutsche Wiederentdeckung des Leibes. In: Rhythmus 12 (1934), S. 66-70; Julius Bahnsens tragische Weltansicht. In: Zeitschrift für Menschenkunde 14 (1938), S. 181-188; ders.: Von Paracelsus bis Klages. Studien zur Philosophie des Lebens. Berlin o.J. [1942].
58 Verlagsanzeige zu Hans Kern: Am Brunnen des Lebens. Berlin o.J.
59 Hans Kern: Vom Genius der Liebe. Frauenschicksale der Romantik. Leipzig 1939, ²1940, ³1941 – Dass. Berlin: Deutsche Buchgemeinschaft 1944.

community als auch die ideologieverwaltenden Instanzen des NS-Staates wiesen die pauschalen Angriffe auf alles, was Rationalität und Geist ähnelte, trotz verbaler Übereinstimmungen zurück. Der Berliner Ordinarius und bekennende Nationalsozialist Franz Koch etwa distanzierte sich in seinem Entwurf eines „organischen deutschen Weltbilds", das er als eine aus der „leibseelischen Einheit" des „deutschen Menschen" erwachsende Überwindung des „artfremden" westeuropäischen Rationalismus bestimmte, scharf vom geistfeindlichen Ideengebäude der Klages-Schule.[60] Selbst Alfred Rosenberg warf sich in die Bresche, um Deubels „Stammbaum" und den hier praktizierten Schnitt durch das „germanische Abendland" zum „Erzeugnis eines Sektierers" zu erklären und die polaren Konstruktionen als „zersetzend" zu verurteilen.[61]

Auch in ihren Bemühungen um ein „neues Heidentum", die mit dem Kirchenkampf bestimmter Fraktionen innerhalb der nationalsozialistischen Bewegung übereinzustimmen schienen, erwiesen sich die Klages-Jünger als wenig glücklos. Auf diesem Feld bewegten sich schon vor 1933 verschiedene Zirkel, die einen „arteigenen" ‚Deutschen Glauben' bzw. eine vorchristlich-germanische Frömmigkeit durchzusetzen suchten.[62] Obzwar einzelne Vertreter des Klages-Kreises Vorbehalte gegenüber der von Alfred Rosenberg unterstützten und am 30. Juli 1933 in Form einer „Arbeitsgemeinschaft" institutionell zu-

---

[60] Vgl. Franz Koch: Die Entwicklung des organischen Weltbildes in der deutschen Dichtung. In: Helicon 1 (1938). Wieder in: F. Koch: Geist und Leben. Vorträge und Aufsätze. Hamburg 1939, S. 227-239, hier S. 228: „Nicht scharf genug kann dabei betont werden, daß es sich hierbei nicht um ein geistfeindliches Weltbild handelt, auch nicht um eines, in dem der Geist als Widersacher der Seele auftritt."

[61] Alfred Rosenberg: Gestalt und Leben. Rede des Reichsleiters in der Universität Halle am 27. April 1938. In: NS Monatshefte 9 (1938), S. 386-402, hier S. 398: „Mit einem einzigen Schnitt wird also das ganze germanische Abendland in eine schwarze und eine weiße Hälfte zerteilt. Es ist erschütternd, daß so etwas, ungehindert durch Klages, jahrelang möglich ist, es zeigt aber auch, daß wir es hier eben nicht mehr mit einer Äußerung des organischen Lebens zu tun haben... Wir sehen hier eine jener sektiererischen Gestalten unserer Zeit vor uns, die, mit ähnlichen Worten operierend wie die nationalsozialistische Bewegung – Leben, Seele – gerade die Grundlagen unserer Bewegung zersetzend berühren."

[62] Die aus zahlreichen, z.T. obskuren Gruppen und antichristlichen Vereinen bestehende „Deutsche Glaubensbewegung" berief sich auf eine die deutsche Geistesgeschichte durchziehende Linie antichristlicher Opposition, die mit Gottschalk von Sachsen, Otloh von Sankt Emmeran und Ruppert von Deutz noch vor der deutschen Mystik begonnen und in romantischen und völkischen Vorkämpfern gegen Liberalismus und Marxismus im 19. und beginnenden 20. Jahrhundert ihren ersten Höhepunkt erreicht habe. Ende 1935 existierten innerhalb der „Deutschen Glaubensbewegung" (mit ihrem seit 1934 erscheinenden Organ *Durchbruch*) die „Deutschgläubige Gemeinde" (mit Organ *Widar*), die „Germanische Glaubensbewegung" (mit der Zeitschrift *Nordischer Glaube*) und die „Nordische Glaubensbewegung" (mit der seit 1932 erscheinenden *Nordischen Zeitung*). Informelle Zusammenschlüsse existierten schon länger und waren zumeist um Zeitschriften gruppierte wie die „Deutsche Aktion" um die Zeitschrift *Blitz* (seit 1933), die Hauer-Gruppe um die Zeitschrift *Deutscher Glaube* (seit 1934), „Haus Ludendorff" um die Zeitschrift *Am heiligen Quell deutscher Kraft*, die Reventlow-Gruppe um den *Reichswart* (seit 1928), die „Völkische Aktion" um das Journal *Nordland* (seit 1932). Vgl. dazu Ulrich Nanko: Die Deutsche Glaubensbewegung 1933-1945. Eine historische und soziologische Untersuchung. Marburg 1993; Stefanie von Schnurbein: Die Suche nach einer „arteigenen" Religion in ‚germanisch-' und ‚deutschgläubigen' Gruppen. In: Uwe Puschner, Walter Schmitz, Justus H. Ulbricht (Hrsg.): Handbuch zur „Völkischen Bewegung", S. 172-185.

sammengeschlossenen „Deutschen Glaubensbewegung" hegten, stimmten sie doch mit deren Plänen überein, gegen die bisherige Dominanz des Christentums eine „neuheidnische Lebensreligion" durchzusetzen. Geleitet von der Absicht, einen „arteigenen Glauben" auch in der Romantik entdecken und für die Gegenwart fruchtbar machen zu können, verschmolzen Vertreter des Klages-Kreises die „biozentrische Lebenswissenschaft" mit neuen kulturpolitischen Aufgabenstellungen. 1934 publizierte Hans Eggert Schröder in der „Zeitschrift für arteigene Lebensgestaltung, Weltanschauung und Frömmigkeit" *Deutscher Glaube* einen Aufsatz *Der heidnische Charakter der deutschen Romantik*, der die Romantik in eine antichristliche Widerstandsbewegung umdeutete.[63] Der frühen Romantik attestierte Schröder bei religiöser Haltung eine Ablehnung des christlichen Glaubenskanons; der späteren Romantik eigne dagegen eine „echt heidnische Gläubigkeit". Ausdruck dafür seien die neue Sinngebung des Eros, die Verehrung des Mütterlichen, der Ahnen- und Heldenkult, die „Feier des Lebens" und ein „Schauer vor den lebendigen Mächten", der besonders im Werk Eichendorffs präsent sei. Ein Jahr später veröffentlichte Schröder gemeinsam mit Hans Kern ein antichristliches *Lesebuch zur Glaubensfrage*.[64] Dennoch waren Differenzen zwischen dem Klages-Kreis und neuheidnischen Gruppen unübersehbar und den beteiligten Akteuren auch selbst bewußt: Betonten ‚deutschgläubige' Vordenker den Wert der *Tat* (des starken Einzelindividuums bzw. der kollektiv handelnden Größen Rasse und Volk), beharrten die Klages-Jünger auf ihrer Ablehnung aktivistischer, auf den Willen gegründeter Überzeugungen. In einem Brief an Klages stellte Kern klar, daß von ihm und Hans Eggert Schröder im Widukind-Verlag publizierte *Lesebuch zur Glaubensfrage* sollte „gewissen Kreisen der deutschen Gegenwart, die die bei der Suche nach neuen religiösen Formen zweifellos völlig auf dem Holzwege sind, einmal ein Licht aufstecken" – er persönlich halte „noch weniger als nichts" von den germanisierenden „Glaubensbewegungen".[65]

Als besonders ergiebiges Objekt einer „neuheidnischen" Interpretation der deutschen Literatur- und Geistesgeschichte erwiesen sich Leben und Werk Ernst Moritz Arndts. Dieser der Romantik nur im weiteren Sinne zugehörige Theoretiker und politische Publizist war bereits vor 1933 von diversen völkischen Gruppierungen, aber auch von den Aktivisten der „biozentrischen Kulturrevolution" um Werner Deubel und Hans Kern ‚wiederentdeckt' worden.[66] Nach der Machtergreifung avancierte Arndt zum bevorzugten Gegenstand

---

[63] Hans Eggert Schröder: Der heidnische Charakter der deutschen Romantik. In: Deutscher Glaube 1 (1934), S. 299-308.
[64] Hans Kern, Hans Eggert Schröder (Hrsg.): Lesebuch zur Glaubensfrage. Berlin-Lichterfelde 1935.
[65] Hans Kern an Ludwig Klages. Brief vom 15.11.1934. DLA Marbach, A: Klages, 61.10292/8.
[66] Von der „biozentrischen" Entdeckung Arndts zeugten schon vor 1933 zahlreiche Editionen und Würdigungen, so u.a. Hans Kern: Arndt und wir. In: Die Tat 20 (1928/29), S. 114-117 (auszugsweise auch in: Die Literatur 30 (1927/28), S. 549); ders. (Hrsg.): Vom unbekannten Arndt. Studienhilfe zur Philosophie der Geschichte und Menschenbildung. Stettin 1929 (= Stettiner Volkshochschul-Übungshefte 5); ders.: Ernst Moritz Arndt, der ewige Deutsche. In: Diederichs Löwe 4 (1930), S. 141-143; ders.: Arndt und die Gegenwart. In: Rhythmus 9 (1931), S. 119-130; Werner Deubel: Die deutsche Kulturrevolution und die Wiederentdeckung Ernst Moritz Arndts. In: Die Sonne 9 (1932), S. 462-468.

von Forschungen, die in seiner „unchristlichen" Weltanschauung den „ewigen Deutschen" erkannten und kulturpolitisch nutzbar zu machen suchten.[67] Streitpunkt zwischen den Propagandisten eines „neuheidnischen" und den zumeist konfessionell gebundenen Rettern eines „christlichen" Arndt-Bildes war dabei die seit Heinrich Laags 1926 vorgelegter Monographie *Die religiöse Entwicklung Ernst Moritz Arndts* diskutierte Frage, ob und in welcher Weise sich Abschnitte in Arndts geistiger Biographie unter besonderer Berücksichtigung antichristlicher Haltungen differenzieren ließen. Hatte Laag noch vorsichtig von „heidnischen" und „christlichen Epochen" gesprochen, erkannten nach 1933 vorgelegte Untersuchungen eine konstante „deutschgläubige Wesenheit" Arndts; „die in jüdisches Gewand gehüllte Lehre Christi" könnte mit seiner „germanisch-nordischen Weltanschauung nicht in Einklang" gebracht werden.[68] An dieser antichristlichen Umdeutung Arndts waren die Mitglieder des Klages-Kreises aktiv beteiligt – wenn auch ihre Versuche, aus Arndts angeblich „tellurischem Urerlebnis" eine besonders starke Form der „Geistfeindlichkeit" abzuleiten, nur ein geringes Echo fanden. Davon unbeeindruckt, produzierte insbesondere Hans Kern bis weit in die 1930er Jahre Würdigungen und Auswahlausgaben.[69] In den polemischen Auseinandersetzungen, die sich an der betont antichristlichen Stoßrichtung ihrer Vereinnahmungsrhetorik entzündeten, wurde deutlich, daß die von den Klages-Jüngern praktizierte Radikalnegation des ‚Geistes' selbst den Verfechtern einer „neuheidnischen Lebensreligion" suspekt blieb.[70] Zusätzliche

---

[67] Zur „neuheidnischen" Arndtforschung zwischen 1918 und 1945 vgl. Günther Ott: Ernst Moritz Arndt. Religion, Christentum und Kirche in der Entwicklung eines deutschen Publizisten und Patrioten. Düsseldorf 1966 (= Schriftenreihe des Vereins für Rheinische Kirchengeschichte 22), S. 17-22.

[68] So Meinert Hansen: Ernst Moritz Arndt. Ein Beitrag zur Erforschung seiner Persönlichkeit und Gedankenwelt. Hamburg 1936 (= Diss. Hamburg 1936), S. 9 und 57. – Als „ähnlich, wenn auch nicht so primitiv nationalistisch" bewertet Günther Ott (Ernst Moritz Arndt. Religion, Christentum und Kirche in der Entwicklung eines deutschen Publizisten und Patrioten, S. 19) die Darstellungen von Helmut Plath (Ernst Moritz Arndt und sein Bild vom deutschen Menschen. Kiel 1935 (= Diss. Kiel)), Hans Polag (E.M. Arndts Weg zum Deutschen. Studien zur Entwicklung des frühen Arndt 1769-1812. Leipzig 1936 (= Form und Geist 39 = Diss. Frankfurt/M.) und Hemenegild Josef Kuhn (Arndt und Jahn als völkisch-politische Denker. Langensalza 1936 (= Manns Pädagogisches Magazin H. 1428)).

[69] Ernst Moritz Arndt: Die Ewigkeit des Volkes. Ausgewählt von Hans Kern. Jena 1934 (= Deutsche Reihe 20); Hans Kern: Ernst Moritz Arndt, der Seher der Deutschen. In: Deutscher Glaube 1 (1934), S. 98-104; ders: Das neue Arndt-Bild. In: Völkische Kultur 2 (1934), S. 488-496; ders.: Ernst Moritz Arndt. In: Süddeutsche Monatshefte 32 (1935), S. 537-541; ders.: Ernst Moritz Arndt. In: Willy Andreas, Wilhelm von Scholz (Hrsg.): Die großen Deutschen. Berlin 1935, 2. Bd., S. 503-523; Arndt. Hrsg. von Hans Kern. Berlin-Lichterfelde 1937 (= Deutsche Bekenntnisse 4).

[70] Zu einer christlichen Rehabilitation Arndts meldete sich u.a. Helmuth Schreiner: Deutsche Gestalten in neuer Sicht. In: Zeitwende 11 (1934), S. 65-69; ders.: Ernst Moritz Arndt. Ein deutsches Gewissen. Berlin 1935; ders.: Zur Wiederentdeckung Arndts. In: Zeitenwende 11 II (1935), S. 281-290. Gegen ihn polemisierte Paul Knauer, Verfasser des Buches *Ernst Moritz Arndt. Der grosse Erzieher der Deutschen* (Stuttgart 1935) mit der Artikelfolge: Wie steht es mit Arndts Heidentum? In: Deutscher Glaube (2) 1935, S. 399-404, 456-464. Ohne Kerns geistfeindliches Arndt-Bild verteidigen zu wollen, griff er Schreiners christliche Rettungsversuche an: Arndts Rückkehr zum Christentum sei eine Alterserscheinung; sein Kampf um „Deutschlands Wiedergeburt" habe nicht in weltflüchtiger christlicher Glaubenshaltung, sondern im „Heidentum" seine Wurzeln.

Nahrung fand diese Skepsis nicht zuletzt in den Versuchen aus dem Klages-Kreis, Ernst Moritz Arndt zum Vordenker eines „atlantidischen Weltbildes" zu erheben, wie es eine von Otto Huth in der Universalbibliothek des Leipziger Reclam-Verlages vorbereitete Auswahlausgabe aus Erinnerungen Arndts unter dem Titel *Nordische Volkskunde* 1936 unternahm. Huth, Gründungsmitglied des *Arbeitskreises für biozentrische Forschung*, hatte bereits am 4. Mai 1934 an der berühmt gewordenen Diskussion in der Berliner Friedrich-Wilhelms-Universität teilgenommen und gemeinsam mit Herrmann Wirth und Walther Wüst die Echtheit der Ura-Linda-Chronik als Quellenbeleg für die These von der Existenz einer „arktisch-atlantischen Urheimat" der indoarischen Stämme verteidigt.[71] Im Nachwort seiner Arndt-Edition erklärte er den Publizisten nun ebenfalls zum Anhänger der Idee eines „nordischen Atlantis".[72] Rezensionen zu dieser Veröffentlichung kamen diesmal jedoch nicht nur von Mitgliedern des Klages-Kreises,[73] sondern auch von dem Mitarbeiter der SS-Lehr- und Forschungsgemeinschaft *Deutsches Ahnenerbe* Josef Otto Plaßmann, in dessen Abteilung für Märchen- und Sagenforschung Huth 1937 als Mitarbeiter eintreten sollte.[74] Welche Konflikte sich aus seiner Zugehörigkeit zum Klages-Kreis auch für Otto Huth ergeben würden, ist an späterer Stelle zu erläutern.

5.2 „Biozentrische Lebenswissenschaft", Universitätsgermanistik und die „romantische Seelenkunde"

Wie erwähnt, nutzte die universitätsgermanistische Romantikforschung den kategorialen Apparat der „biozentrischen Lebenswissenschaft" und Klages' Lehre vom „Geist als Widersacher der Seele" nur partiell. Direkte Anschlüsse an die enthistorisierenden Umdeutungen der deutschen Geistesgeschichte erwiesen sich für das Fach als inakzeptabel. Trotz der 1933 erklärten Front-

---

[71] Vgl. Michael H. Kater: Das „Ahnenerbe" der SS 1935-1945, S. 74; zum Atlantis-Mythos im Ideenhaushalt okkulter Gruppen und Zirkel vgl. Franz Wegener: Das Atlantidische Weltbild. Über Genese und Funktion des Atlantidischen Weltbildes. Internet-Edition Gladbeck 1997, http://www.home.ins.de/home/franz.wegener/atlantis.html (zuletzt überprüft am 22. April 1999).
[72] Vgl. Otto Huth: Nachwort. In: Ernst Moritz Arndt: Nordische Volkskunde. Hrsg. und mit einem Nachwort von Otto Huth. Leipzig 1936 (= Reclams Universalbibliothek 7318), S. 71.
[73] So von Hans Eggert Schröder (in: Die Literatur 38 (1935/36), S. 392 sowie in: Rhythmus 14 (1936), S. 90-91) sowie von Hans Kern (Arndts nordische Volkskunde. In: Das Volk 1 (1936/37), S. 94-96, auszugsweise und z.T. verändert wieder in: Die Sonne 13 (1936), S. 353-354.)
[74] Josef Otto Plaßmann: Rez. Ernst Moritz Arndt: Nordische Volkskunde. In: Germanien 8 (1936), S. 221-222.

stellung gegen „Wertfreiheit" und „Voraussetzungslosigkeit" blieb in der disziplinären Gemeinschaft zumindest teilweise die Überzeugung präsent, die Literaturgeschichte nicht zu einem „Projektionsfeld der Gegenwart zu machen, sondern zu einer echten Erkenntnis ihrer lebendigen und bewegenden Kräfte vorzustoßen".[75] Auch wenn vereinzelt Beziehungen zwischen Romantik und Klages' „Lebenswissenschaft" untersucht wurden,[76] oder „biozentrische" Deutungsmuster auf einige literaturwissenschaftliche Dissertationen – vorrangig zu Eichendorff – abfärbten, setzte sich die „Lebenswissenschaft deutscher Art" nicht als ein disziplinär anerkanntes Forschungsprogramm durch.

Berührungspunkte zwischen den Romantikforschungen der „biozentrischen Lebenswissenschaft" und universitärer Literaturwissenschaft ergaben sich dennoch. Ausgangspunkt dafür war die Entdeckung eines Gegenstandes, dem sich sowohl die Mitglieder des Klages-Kreises als auch verschiedene geisteswissenschaftliche Disziplinen mit verstärkter Intensität widmeten – der „romantischen Seelenkunde". Das neue Interesse an der romantischen Psychologie, die in einer nachhaltigen Carus-Rezeption ihren deutlichsten Ausdruck fand, einte Vertreter einer auf psychologischen Erkenntnisgewinn zielenden Literaturwissenschaft und die „Biozentriker", die psychologische Errungenschaften der Romantik zur Legitimierung des von ihnen vertretenen Geist-Seele-Dualismus ausbeuteten. Nicht zuletzt versuchten die Psychologie sowie die um Etablierung als universitäre Disziplin bemühte Anthropologie, die „Seelenkunde" der Romantik als Substitut für die seit der Machtergreifung diffamierten psychoanalytischen Erklärungsmuster anzuwenden bzw. Begriffe und Denkfiguren der Psychoanalyse durch Rekurs auf romantische Ursprünge zu ersetzen. Zwielichtig – und aufschlußreich für die Entwicklung einer psychologisch informierten Romantikforschung im Dritten Reich – war dabei die Rolle der „Tiefenpsychologie" des Freud-Rivalen und NS-Sympathisanten Carl Gustav Jung, der von 1933 bis 1940 führend in der gleichgeschalteten *Allgemeinen Ärztlichen Gesellschaft für Psychotherapie* tätig war.[77] Während nach 1933 psychoanalytische Zeitschriften ihr Erscheinen einstellten oder nach dem Exodus zahlreicher jüdischer Analytiker ihren Hauptabsatzmarkt Deutschland verloren,[78] übernahm Carl Gustav Jung im

---

[75] Gerhard Fricke: Vom Nutzen und Nachteil des „Lebens" für die Historie, S. 437.

[76] Gerhart Werner: Die romantische Geistlehre des Novalis in ihren Beziehungen zur Klagesschen Problematik. Bleicherode a.H. 1938 (= Diss. Leipzig).

[77] Zur Weiterexistenz der Psychoanalyse im Dritten Reich und zur Rolle C. G. Jungs vgl. Hans-Martin Lohmann, Lutz Rosenkötter: Psychoanalyse in Hitlerdeutschland. Wie war es wirklich? In: H.-M. Lohmann (Hrsg.): Psychoanalyse und Nationalsozialismus. Beiträge zur Bearbeitung eines unbewältigten Traumas. Frankfurt/M. 1994, S. 54-77; Ludger M. Hermanns: John F. Rittmeister und C. G. Jung. In: Ebenda, S. 137-145.

[78] *Die Psychoanalytische Bewegung* mußte 1933 ihr Erscheinen einstellen, die *Zeitschrift für psychoanalytische Pädagogik* erlosch 1937, der *Almanach der Psychoanalyse* 1938. Nach dem ‚Anschluß' Österreichs wurde der Wiener Internationale Psychoanalytische Verlag mit seinen Publikationsorganen *Internationale Zeitschrift für Psychoanalyse* und *Imago* von den NS-Behörden liquidiert, vgl. Michael Knoche: Wissenschaftliche Zeitschriften im nationalsozialistischen Deutschland. In: M. Estermann, M. Knoche (Hrsg.): Von Göschen bis Rowohlt. Beiträge zur Geschichte des deutschen Verlagswesens, S. 260-281; hier S. 264.

Dezember 1933 die Herausgeberschaft des *Zentralblattes für Psychotherapie* mit der Verpflichtung, in Zukunft „einseitige Betrachtungsweisen" zu vermeiden und darauf zu achten, daß die „längst bekannten Verschiedenheiten der germanischen und jüdischen Psychologie nicht mehr verwischt" würden.[79] Im Zuge der von Jung angestrebten Umorientierung auf eine „deutsche Psychologie" besannen sich sowohl Psychologen wie Literaturwissenschaftler auch auf Errungenschaften der Romantik, die als Beiträge zu einer „deutschen Seelenkunde" psychologische Einsichten vorbereitet habe.[80] Arthur Kiessling, der 1936 mit einem Vortrag unter dem Titel *Die Gefühlslehre der deutschen Romantik* auf dem XV. Kongreß der Deutschen Gesellschaft für Psychologie in Jena auftrat und diesen ein Jahr später im traditionsreichen *Archiv für die gesamte Psychologie* veröffentlichte, erklärte die gewandelte Einstellung gegenüber der durch die „klassische Bewußtseinsphilosophie" bislang ignorierten „romantischen Seelenkunde" durch die „gewaltige Umwälzung, die das deutsche Geistesleben in den letzten Jahren erfaßt hat": „Sie führte den deutschen Geist wieder zurück zu den Quellen seines eigenen Wesens, zu den Zeiten emotionaler Aufgeschlossenheit, damit auch zur deutschen Romantik."[81] Die laut Kiessling von der Romantik entwickelte „Lehre vom Primat des Gefühlslebens", die Carus' Entdeckung des „Unbewußtseins" ermöglicht habe, wirke in vielfältiger Weise bis in die Gegenwart fort; insbesondere Felix Krüger, Hans Volkelt und die Leipziger Schule der Gestaltpsychologie wurden aufgrund ihrer Beschreibung entwicklungsgeschichtlich primärer, unmittelbar-ganzheitlicher Gefühlsqualitäten zu den Fortsetzern romantischer Überlegungen erklärt.[82] Markantes Beispiel für die Ableitung der sich an Carl Gustav Jung anlehnenden tiefpsychologischen Forschungsrichtung aus romantischen Wurzeln waren die an Matthias H. Görings *Deutschem Institut für psychologische Forschungen und Psychotherapie* entstandenen wissenschaftshistorischen Studien, die unter dem Titel *Leibniz, Carus und Nietzsche als Verläufer unserer Tiefenpsychologie* 1941 veröffentlicht wurden und auf die später eingegangen wird.

---

[79] C.G. Jung: Geleitwort. In: Zentralblatt für Psychotherapie 6 (1933), S. 139.
[80] Vgl. dazu die Arbeiten der am *Deutschen Institut für psychologische Forschungen und Psychotherapie* unter Leitung Matthias H. Görings versammelten Wissenschaftler, insbesondere M. H. Göring (Hrsg.): Deutsche Seelenheilkunde. Zehn Aufsätze zu den seelenärztlichen Aufgaben unserer Zeit von W. Cimbal, M. H. Göring, C. Haeberlin, H. von Hattingberg, G. R. Heyer, W. M. Kranefeld, F. Künkel, J. H. Schultz, H. Schultz-Henke, L. Seif. Leipzig 1934. Aufschlußreich auch die Promotionsschrift der späteren Institutsmitarbeiterin Olga Freiin von König-Flachsenfeld: Wandlungen des Traumproblems von der Romantik bis zur Gegenwart. Mit einem Geleitwort von C.G. Jung. Stuttgart 1935 (= Diss. München).
[81] Arthur Kiessling: Die Gefühlslehre der deutschen Romantik. In: Archiv für die gesamte Psychologie 98 (1937), S. 33-50, hier S. 35.
[82] Ebenda, S. 49f. – Kiessling schloß unter Verweis auf Julius Petersens *Wesensbestimmung der deutschen Romantik* und der hier beobachteten Renaissance des romantischen Geistes mit dem Postulat: „Auch in der Gefühlslehre der Gegenwart erleben wir – allerdings modifiziert und erweitert durch Jahrzehnte psychologischer Forschung – in mancherlei Hinsicht eine Wiedergeburt der Gefühlslehre der deutschen Romantik. Darin liegt ihre Bedeutung für unsere Gegenwart!"

In Anwendung der offiziell akzeptierten Tiefenpsychologie C. G. Jungs gingen universitätsgermanistische Arbeiten der Gestaltung des ‚Unbewußten' in der romantischen Literatur nach.[83] Entwürfe zu einer „deutschen Psychologie" oder „deutschen Anthropologie" nutzten dagegen die romantische Fassung des ‚Unbewußten' und ihre durch Jung erfolgte Modifikation zur Diskreditierung der von Freud und seinen Schülern geprägten Begriffsverwendung. Während die psychoanalytische Explikation das ‚Unbewußte' auf „abgesunkene bewußte Vorstellungsinhalte" verengt habe, umfasse der romantische Terminus das gesamte „unbewußt bildende Leben" – eine Carl Gustav Carus entlehnte Formel – und sei deshalb ungleich „weiter" und „natürlicher".[84] Mit militantem Antisemitismus operierte Georg Keferstein, der in Freuds Bestimmung des Unbewußten „der Situation ihres jüdischen Urhebers entsprechend" allein „die ressentimenterfüllte Sklaven- und Rückzugsstellung verdrängter Komplexe" erkannte und dieser „abwegigen" Richtung die Lehre C.G. Jungs von den „schöpferischen" und „aufbauenden" Kräften" im Unterbewußtsein gegenüberstellte.[85]

Während die universitäre Wiederentdeckung der „romantischen Seelenkunde" weitgehend an Carl Gustav Jung als wichtigstem Vermittler der Lehre vom Unbewußten anknüpfte, versuchten die Klages-Schüler dagegen alles, nicht Jung, sondern Klages als den eigentlichen Wiederentdecker und Beleber der romantischen Psychologie herauszustellen. Als Hans Kern 1937 sein Buch *Die Seelenkunde der Romantik* veröffentlichte, strich er nach Kla-

---

[83] So etwa Karl Ochsner: E.T.A. Hoffmann als Dichter des Unbewussten. Ein Beitrag zur Geistesgeschichte der Romantik. Frauenfeld, Leipzig 1936 (= Wege zur Dichtung 23 = Diss. Zürich). Rudolf Unger (Schrifttumsbericht Deutsche Romantik. In: ZfDk 51 (1937), S. 278) würdigte das Buch vor allem wegen seiner Verwendung „modernster wissenschaftlicher Erkenntnisse, besonders der Tiefenpsychologie C.G. Jungs".

[84] Fritz W. Müller: Die Anthropologie des Carl Gustav Carus. Berlin 1937 (= Neue deutsche Forschungen, Abt. Charakterologie 4 = Diss. Tübingen), S. 157f., der die „besondere Artung des Begriffs des Unbewußten bei den Romantikern" betonte und urteilte: „Diese großartige Weite und diese gesunde Natürlichkeit hat der psychoanalytische Begriff nie und nirgends erreicht trotz der starken Ausweitung, die er gegenüber seiner ursprünglichen Fassung erfahren hat." – Ähnlich auch das Lob für Carus' Entdeckung der „Region des Unbewußtseins" bei Arthur Kiessling: Die Gefühlslehre der deutschen Romantik, S. 41: „Man beachte den hier vermutlich unter Goethes Einfluß verwandten Ausdruck ‚Unbewußtsein' gegenüber dem Ausdruck ‚Unterbewußtsein', wie er in der mechanistischen Psychologie im allgemeinen üblich ist (von Herbarts Schwelle des Bewußtseins bis zu Freuds Theorie der Verdrängung). Schon in der Terminologie zeigt sich hier der fundamentale Gegensatz zwischen der mehr polydimensionalen bzw. adimensionalen Auffassung des Seelenlebens bei den Romantikern und der ein-, zwei-, bzw. dreidimensionalen, der räumlich-mechanischen Welt entsprechenden, Auffassung des Seelenlebens in der mechanistischen Psychologie."

[85] Georg Keferstein: Symbol und Existenz in der Dichtung. Zu Hermann Pongs *Das dichterische Symbol und die Tiefenschichten der Persönlichkeit*. In: GRM 29 (1941), S. 1-20, hier S. 1f. In Zurückweisung der Freudschen Psychoanalyse hieß es hier weiter: „Demgegenüber hebt die C.G. Jungsche Richtung der Tiefenpsychologie die herrscherliche und schöpferische Kraft der der einzelnen Seele als ‚kollektives Unbewußtes' vorgegebenen Tiefschicht der Persönlichkeit hervor, aus der auch die großen mystischen und dichterischen Symbole aufsteigen."

ges' Aufforderung den Namen Jungs aus den Passagen, die sich auf die Aktualität der Romantik bezogen.[86]

Das neue Interesse an der romantischen Psychologie konzentrierte sich in der Aufmerksamkeit, die nun dem im späten 19. Jahrhundert fast vergessenen Carl Gustav Carus zukam. Der Dresdener Mediziner, Maler und Naturphilosoph hatte seit der Jahrhundertwende ein wachsendes Interesse auf sich gezogen. Hinweise Ludwig Klages in den *Prinzipien der Charakterologie* von 1910, vor allem jedoch dessen Auswahlausgabe der Carusschen *Psyche* von 1926 und die Arbeiten seiner Schüler leiteten bereits vor 1933 eine Renaissance unter tendenziösen Vorzeichen ein.[87] Doch wurde Carus nicht nur als Pionier einer „biozentrischen Weltsicht" interpretiert, sondern auch zu einem Stammvater der Psychoanalyse oder der von Rudolf Steiner begründete Antroposophie erhoben.[88] Seit Beginn der 1930er Jahre kam es zu verstärkten Anstrengungen, diese einseitigen Interpretationen zu überwinden und das vielschichtige Werk des Dresdener Spätromantikers historisch aufzuarbeiten.[89]

---

[86] Vgl. Hans Kern an Ludwig Klages. Brief vom 19.4.1937. DLA Marbach A: Klages, 61.10293/7: „Den Namen Jungs an der betr. Stelle habe ich ganz weggelassen. Was ich von ihm las, hat mir keinen starken Eindruck gemacht; im Carus-Kapitel wurde er lediglich erwähnt, weil seine Lehre vom ‚kollektiven Unbewussten' zweifellos von Carus mitbeeinflusst wurde. Denn dass er Carus gelesen hat, ist sicher. Dass er ihn auch verstanden hat, schon nicht mehr." – Die Konkurrenz von Klages-Schülern und Jung-Anhängern blieb bis in die 1940er Jahre bestehen. Als Hans Kern 1943 eine Carus-Auswahl für den Leipziger Reclam-Verlag vorbereiten sollten, schrieb er am 27.12.1943 an Klages, daß er dazu „eigentlich keine allzu große Lust verspürte, aber der Verlag wollte durchaus ein Caruswerk in der Universalbücherei herausbringen und wandte sich an mich. Im Falle meiner Ablehnung hätte er es anderweitig und womöglich einem ‚Jungianer' gegeben. Das durfte natürlich nicht sein!"

[87] U.a. Christoph Bernoulli: Die Psychologie von Carl Gustav Carus und deren geistesgeschichtliche Bedeutung. Jena 1925; Hans Kern: Die kosmische Symbolik des Carl Gustav Carus. In: Zeitschrift für Menschenkunde 1 (1925), H.4, S. 17-28; ders.: Zur Seelenkunde des Carl Gustav Carus. In: Bücherwurm (1925), H. 10, S. 297; ders.: Die Philosophie des Carl Gustav Carus. Celle 1926; ders.: Die Charakterologie des Carl Gustav Carus. In: Jahrbuch für Charakterologie II/III (1926), S. 48; ders.: Die Wiederentdeckung der biozentrischen Romantik. In: Die Tat 18 (1926), S. 38; ders.: Das Wiedererwachen der romantischen Naturphilosophie. In: Didaskalia 8 (1926); ders.: Die Philosophie des Lebens von Herder bis zur Gegenwart. In: Bücherei und Bildungspflege 1929, S. 50.

[88] Vgl. Gustav Hans Graber: Carl Gustav Carus. Ein Vorläufer der Psychoanalyse. In: Imago. Zeitschrift für Anwendung der Psychoanalyse auf die Geisteswissenschaften 12 (1926), S. 513-523; den Anspruch der Anthroposophie auf Carus als Vorläufer erhob Gustav Spiegel: Geschichte der Psychologie (Eine Würdigung der Psychologie der Goetheanisten Karl Gustav Carus und Gotthilf H. Schubert). In: Die Drei. Monatsschrift für Anthroposophie, Dreigliederung und Goetheanismus VII (1927/28), S. 737-752; ders.: Goetheanismus. Die Psychologie des Karl Gustav Carus. In: Die Drei VIII (1928/29), 217-238.

[89] Dazu gehörten Editionen, die nach Klages' selektiven Ausgaben Carus' Werke nun vollständig veröffentlichten, u.a. C. G. Carus: Psyche. Zur Entwicklungsgeschichte der Seele. Mit einem Nachwort hrsg. von Rudolf Marx. Leipzig 1931; C. G. Carus: Vorlesungen über Psychologie. Mit Einf. und Anm. hrsg. von Edgar Michaelis. Erlenbach, Zürich, Leipzig 1931; C. G. Carus: Symbolik der menschlichen Gestalt. Ein Handbuch zur Menschenkenntnis. Neu bearbeitet und hrsg. von Theodor Lessing. 3. vielf. verm. Auflage. Dresden 1932 (= Körper als Ausdruck 3); C. G. Carus: Goethe. Zu dessen näherem Verständnis. Hrsg. von Rudolf Marx. Leipzig 1932. – Gegen die enthistorisierenden Carus-Deutungen durch Klages und seine Anhänger wandten sich auch Forschungsbeiträge, so Susanne Hampe: Die Ideenlehre in der

Trotz dieser Einsprüche galt Carus den Klages-Jüngern weiterhin als „überzeugendster Vertreter romantischen Wissens".⁹⁰ Ungebrochen hielten sie an einer radikal rationalitätskritischen Ausdeutung der romantischen Seelenlehre und ihres Systematikers Carus fest. Zahlreiche publizistische Würdigungen, die zu Carus' 150. Geburtstag am 3. Jaunuar 1939 kulminierten, unterstrichen immer wieder, daß nicht „Atom" und „Geist", sondern „Organismus" und „Unbewußtes" die Fundamente seines Denkens bildeten.⁹¹ Das ihm zugeschriebene „organische Denken" ließ Carus aber auch zum bevorzugten Gegenstand vielfacher universitärer Forschungsansätze aufsteigen und sicherte seinem Werk eine Aufmerksamkeit, die sich in zahlreichen Artikeln, Monographien und Dissertationen niederschlug. Nicht zuletzt trugen neue Editionen seiner Werke zur wachsenden Popularität bei.⁹² 1942 konnte Hans Kern eine „echte geistige Wiedergeburt dieses großen deutschen Denkers und Forschers" konstatieren sowie Klages und seinen Schülern entscheidende Verdienste dafür zu schreiben.⁹³

Philosophie des Carl Gustav Carus. In: Euphorion 32 (1932), S. 17-35. Auch der als Carus-Editor hervorgetretene Wissenschaftshistoriker Rudolph Zaunick betonte, „die tendenziöse Art dieses ‚biozentrisch'-metaphysischen Kreises" müsse „ins Licht historischer Kritik gestellt werden, ehe sich diese neue Geschichtslegende von Carus als angeblichem Vorläufer von Klages ‚Monismus des unbewußten Lebens' noch weiter in die Literatur einsaugt", R. Zaunick: Carl Gustav Carus, eine historisch-kritische Literaturschau mit 2 Bibliographien. Dresden 1932, S. 18.

⁹⁰ Hans Kern: Carl Gustav Carus. Persönlichkeit und Werk. Berlin 1942, S. 15.

⁹¹ Siehe u.a. Hans Kern: Carl Gustav Carus. In: Münchener Neueste Nachrichten vom 8.10.1933; ders.: Carl Gustav Carus in unserer Zeit. Die medizinische Welt 10 (1936) S. 1373-1375; ders.: Lebenskunst im Geiste Goethes. In: Münchener Neueste Nachrichten vom 10.11.1936; ders.: Carl Gustav Carus als Erforscher der Seele. In: Zeitschrift für Menschenkunde 13 (1938) S. 170-182 (auch in: Rhythmus 17 (1939), S. 15-23); Carl Haeberlin: Carl Gustav Carus als Meister der Lebenskunst. In: Rhythmus 17 (1939), S. 2-15.

⁹² Eine Auswahl der nach 1933 vorgelegten Editionen (in chronologischer Folge ihres Erscheinens): Carl Gustav Carus: Die Lebenskunst nach den Inschriften des Tempels zu Delphi. Neu hrsg. und eingel.von Carl Haeberlin. Hamburg 1936; Carl Gustav Carus: Briefe über Goethes Faust. Hrsg. von Hans Kern. Hamburg 1937; Carl Gustav Carus: Gesammelte Schriften. Hrsg. von Rudolph Zaunick und Wolfgang Keiper. Berlin 1938 (= Schöpferische Romantik); Carl Gustav Carus, Carl Friedrich Philipp von Martius: Eine Altersfreundschaft in Briefen. Hrsg. von Günther Schmid. Halle/S. 1939 (= Veröffentlichung des Halleschen Bibliophilen-Abends 2); Carl Gustav Carus: Betrachtungen und Gedanken vor auserwählten Bildern der Dresdner Galerie 1867. Besorgt von Rudolph Zaunick. Berlin 1942 (= Dokumente zur Morphologie, Symbolik und Geschichte); Carl Gustav Carus: Von den Naturreichen. Berlin 1943 (= Dokumente zur Morphologie, Symbolik und Geschichte); Carl Gustav Carus: Geheimnis am lichten Tag. Von der Seele der Menschen und der Welt. Hrsg. und eingel. von Hans Kern. Leipzig 1944; Carl Gustav Carus: Friedrich der Landschaftsmaler. Berlin 1944 (= Dokumente zur Morphologie, Symbolik und Geschichte).

⁹³ Ebenda, S. 204. Sperrung im Original: „Carus ist aus der Lebenswissenschaft und Seelenkunde der Gegenwart überhaupt nicht mehr wegzudenken. So wurden die unablässigen Bemühungen der wenigen, die damals mit und im Anschluß an Klages immer wieder in Veröffentlichungen aller Art auf die grundsätzliche Bedeutung von Carus hinwiesen (der viel zu frühverstorbene, unvergeßliche Hans Prinzhorn ist hier noch besonders zu nennen), in reichstem Maße belohnt. Wir sind uns nunmehr dessen gewiß: daß Persönlichkeit und Werk von Carl Gustav Carus auch für künftige Zeiten und Geschlechter zu den u n v e r g ä n g l i c h e n M o n u m e n t e n deutscher Innerlichkeit gehören werden."

Universitäre wie außeruniversitäre Forschungen zu Carus blieben in der Zeit zwischen 1933 und 1945 konzeptionell und methodisch heterogen. Hans Kern, der Carus 1934 als Erschließer der „tiefsten seelischen Wurzelgründe des deutschen Menschen" und Anreger von Klages und Jung glorifiziert hatte,[94] legte nach zahlreichen weiteren Würdigungen des Dresdner Universalgelehrten 1942 eine Monographie vor, die seine 1926 veröffentlichte Dissertation modifizieren sollte.[95] Der Abriß Kerns, „dem Wiederentdecker von C. G. Carus LUDWIG KLAGES in Verehrung zugeeignet",[96] konstruierte in expliziter Aufnahme der von Klages geprägten Dichotomien eine Fundamentalopposition zweier Weltanschauungs- und Wissenschaftsprinzipien: Dem „kausal-mechanischen Erklären" der neuzeitlichen Wissenschaft stellte er das romantische, „auf das ‚Verstehen' des Sinnzusammenhangs aller Erscheinungen gerichtete Denken" gegenüber, das in in seiner Konzentration auf das „Leben" eine „organische Weltanschauung" hervorgebracht habe.[97] Radikaler als in seiner Promotionsschrift von 1926 verband Kern dieses „organische Denken" mit der Nationalität seiner personalen Träger. Das „deutsche Denken des Lebens" bewege sich jenseits des naturwissenschaftlichen, in Newton personifizierten Materialismus und des von Descartes geprägten Idealismus und habe in den „echten Romantikern" Passavant, Creuzer, Kieser, Ringseis, Malfatti, Oken, Wagner, Ennemoser, Eschenmayer, Reil, Daumer, Windischmann bedeutende Vertreter, seinen „überzeugendsten Verkünder" aber in Carl Gustav Carus gefunden.[98] Als dessen zentrale Leistung stellte Kern die Entwicklung der Psychologie zu einer „Seelen-Kunde, die wirklich den Namen einer solchen verdient",[99] heraus: Im Unterschied zur „rationalistisch-sensualistischen Schulpsychologie" habe Carus seelischen Prozessen als dem „bildend unbewußten Leben" die Dominanz über das bloß reflektierende Bewußtsein eingeräumt.[100] Mit dieser Deutung ließen sich die Spekulationen des Dresdner Romantikers als unmittelbare Vorgänger von Klages' Weltbild und – vermittelt – auch der Tiefenpsychologie Jungs entdecken.[101] Das Muster zur Konstruktion

---

[94] Hans Kern: Carl Gustav Carus als Erforscher der Seele. In: Völkische Kultur 2 (1934), 155-164.
[95] Hans Kern: Carl Gustav Carus. Persönlichkeit und Werk. Berlin 1942.
[96] Ebenda, S. 5. Hervorhebung im Original. Vgl. auch ebenda, S. 15: „Wir verdanken die Wiederentdeckung und Neubewertung dieses jahrzehntlang vergessenen Denkers den wiederholten energischen Hinweisen von Ludwig Klages (zuerst 1910 in den ‚Prinzipien der Charakterologie')."
[97] Ebenda, S. 9ff.
[98] Ebenda, S. 14. Das „organische Denken", das Goethe, die Romantiker und Carus verbinde, definierte Kern ausschließlich in Opposition zum „Mechanischen" und dem „logischen Begriff". Zum Hauptgegner erklärte er Newton, der „den Weltkörpern das eigene Leben" abgesprochen und sie zu „toter Masse" herabgesetzt habe.
[99] Ebenda, S. 130.
[100] Ebenda, S. 130.
[101] Vgl. ebenda, S. 136 den Hinweis auf Carus' Lehre von den „Lebenskreisen" und ihre Wiederaufnahme durch den Jung-Schüler Gustav R. Heyer. Heyer, der am *Deutschen Institut für psychologische Forschungen und Psychotherapie* wirkte, berief sich in seinem Buch *Der Organismus der Seele* (Berlin 1937) ausdrücklich auf Carus.

einer geistesgeschichtlichen Ahnenreihe hatte Kern bereits 1937 in seinem Abriß *Die Seelenkunde der Romantik* demonstriert.[102] Hier stellte er die Entwicklung der romantischen Psychologie von der Entdeckung des Unbewußten in der Präromantik des 18. Jahrhunderts über Schubert, Carus und die romantische Traumdeutung bis zu Nietzsches dionysischer Lebensverherrlichung dar, um Klages als deren Vollender zu bestätigen. Wissenschaftshistorische Daten wurden als Belege für vorgefaßte Thesen herangezogen und in reichhaltiger organologischer Metaphorik zur Stützung eines behaupteten, quasi-teleologischen Entwicklungszusammenhangs verwendet. Die Distinktionsgewinne dieses Verfahrens waren, abgesehen von der Erinnerung an bislang vergessene Spätromantiker, marginal und wurden so auch von zeitgenössischen Beobachtern eingeschätzt.[103]

Vornehmlich in Ablehnung der Rezeption durch den Klages-Kreis formierten sich Forschungen, die Carus in die geschichtliche Entwicklung der romantischen Bewegung einzubinden und auf diese Weise vereinseitigenden Interpretationen zu entziehen suchten. Gegen die Verwandlung des Dresdner Spätromantikers in einen Steinbruch der „biozentrischen Lebenswissenschaft" richteten sich Arbeiten, die Carus' Werk als Verkörperung des neuhumanistischen Bildungsideals Goethes und Endpunkt der romantischen Naturphilosophie deuteten. Eine überzeugende Zurückweisung des einseitigen und ahistorischen Carus-Bildes markierten die Erläuterungen Hans Wilhelmsmeyers, die den „apollinischen" Grundzug in Weltanschauung und Persönlichkeit des Dresdener Spätromantikers herausarbeiteten.[104] Auch Käte Nadlers zahlreiche Carus-Studien, die seit Mitte der 1930er Jahre erschienen, richteten sich explizit gegen die von Klages und seinen Schülern praktizierte „biozentrische" Neuentdeckung des Romantikers.[105] Ihre 1938 in *Sudhoffs*

---

[102] Hans Kern: Die Seelenkunde der Romantik. Berlin Verlag 1937 (= Das deutsche Leben 5).

[103] Vgl. den forschungsgeschichtlichen Rückblick Erich Ruprechts im Rahmen seiner 1943 in Freiburg vorgelegten Habilitationsschrift *Der Aufbruch der romantischen Bewegung* (gedruckt München 1948) mit der lapidaren Bemerkung auf S. 51: „Von seiten des Klages-Kreises wurde allerdings insofern eine Rettung der Romantik versucht, als sie durch ihn zur Verbreitung einer Lebensphilosophie umgewertet wurde, die den tiefer liegenden Realitäten Rechnung zu tragen suchte. Unter besonderer Hervorhebung der Naturphilosophen um Carus, aber auch der eigentlichen Spätromantiker wurde vor allem die romantische Stellung zum Unbewußten positiv gewertet. Ein Wendung vom Geist zum Leben, der Klagesschen Geist-Seele-Lehre entsprechend, wurde als Romantik dargestellt und diese in ihrer Bedeutung für die Gegenwartsproblematik charakterisiert."

[104] Hans Wilhelmsmeyer: Carl Gustav Carus als Erbe und Deuter Goethes. Berlin 1936 (= Neue deutsche Forschungen, Abt. Neuere deutsche Literaturgeschichte 8 = Diss. Kiel).

[105] U.a. Käte Nadler: Das Goethebild des Carl Gustav Carus. In: DVjs 14 (1936), S. 462-472; dies.: Die Erkenntnislehre des Carl Gustav Carus. In: Die Tatwelt 12 (1936) S. 79-85; dies.: Die religiösen Grundlagen der Lebensphilosophie des Carl Gustav Carus. In: Zeitschrift für Theologie und Kirche 17 (1936), S. 157-169; dies.: Idee und Wirklichkeit des Lebens bei Carl Gustv Carus. Ein Beitrag zur Lebensphilosophie der Romantik und der Gegenwart. In: Zeitschrift für deutsche Kulturphilosophie 3 (1937), S. 141-165; dies.: G. W. F. Hegel und C. G. Carus. Zum Verhältnis idealistischer und romantischer Naturphilosophie. In: Sudhoffs Archiv 31 (1938) S. 164-188.

Archiv veröffentlichte Polemik gegen die „gefährlichen", weil auf eine „Idee" statt auf das „historische Phänomen Romantik" rekurrierenden Deutungen der Klages-Schüler wurde von Herausgeber Rudolph Zaunick ausdrücklich begrüßt.[106] Gegen die von Klages-Anhängern unisono vorgetragene Behauptung, die romantische Rationalitätskritik und ihre Entdeckung des Unbewußten sei „Ermöglichung und Vorbereitung des modernen ‚Geistwidersachertums'",[107] verteidigte Käte Nadler das romantische Denken als „weder geistfeindlich noch un-intellektuell", um zu zeigen, „daß es zu einer totalen Lebensschau nicht aus einer Verabsolutierung des vitalen Lebens heraus kommen will, sondern aus der gesammelten geistigen Lebensintensität heraus, aus einer in eminentem Maße geistigen Weltanschauung."[108]

Die intensivierte Carus-Rezeption befruchtete auch Nachbardisziplinen. Die 1937 veröffentlichte Dissertation Fritz W. Müllers *Die Anthropologie des Carl Gustav Carus*, die gegen vitalistische und einseitig geistfeindliche Interpretationen historisch einordnend vorzugehen versprach, stellte Carus als Ahnherren der psychologischen Anthropologie dar. Die am Erziehungswissenschaftlichen Seminars der Universität Tübingen entstandene Arbeit maß vor allem der „romantischen Seelenkunde" paradigmatische Bedeutung zu. Von der romantischen „Lehre vom Unbewußten", dem „Herzstück der Carusschen Anthropologie", hätten alle anderen Bezirke seiner Beschäftigung mit dem Menschen wesentliche Erhellung empfangen. In Carus' Werk erreiche die romantische Anthropologie ihren Höhepunkt, da in ihr Goethes Konzeptionen mit romantischem Gedankengut zu einer klaren, naturnahen, gegenstandsgebundenen Ideen- und Organismuslehre verschmolzen wären. In Anlehnung an Erwin Wäsches 1933 erschienene Arbeit[109] bestimmte der Verfasser die inneren Zusammenhänge mit korrespondierenden Gedankengängen der Romantik (Schelling, Oken, Burdach, Schubert u.a.), um schließlich die Brücke zur zeitgenössischen philosophischen Anthropologie und deren Ganzheitsbegriff zu schlagen.[110] Rudolf Unger, der die Arbeit als „besonnen, begrifflich sauber und methodisch sicher" lobte, monierte einzig das Fehlen der „naheliegenden Linie zu C.G. Jungs Tiefenpsychologie" – ein Hinweis darauf, wie tief die Vorstellungen von einer romantischen Vorläuferschaft der modernen Psychologie auch in die Literaturwissenschaft eingedrungen waren.[111]

---

[106] Vgl. Rudolph Zaunick: Anmerkung zu Käte Nadler: G. W. F. Hegel und C. G. Carus, S. 164. Zaunick berief sich in seiner Befürwortung einer kritischen Auseinandersetzung mit der „tendenziösen Interpretation, in die Ludwig Klages das Gedankengut von Carus preßte" auf eigene polemische Rezensionen und die Kritik Alfred Baeumlers von 1926 – ein Indiz dafür, wie das Wissenschaftssystem den fortgesetzten Kampf zwischen Klages-Kreis und Baeumler/Rosenberg beobachtete und für sich auszunutzen suchte.

[107] Käte Nadler: G. W. F. Hegel und C. G. Carus. Zum Verhältnis idealistischer und romantischer Naturphilosophie, S. 166.

[108] Ebenda, S. 166.

[109] Erwin Wäsche: Carl Gustav Carus und die romantische Weltanschauung. Düsseldorf 1933 (= Diss. Köln 1932).

[110] Vgl. Fritz W. Müller: Die Anthropologie des Carl Gustav Carus, S. 159ff.

[111] Rudolf Unger: Schrifttumsbericht Deutsche Romantik. In: ZfDk 52 (1938), S. 335.

Ohne schon jetzt auf die Auseinandersetzungen zwischen dem Klages-Kreis und dem *Amt Rosenberg* einzugehen, die im Rahmen des Kapitels zu Weltanschauungskämpfen im Zeichen der Romantik behandelt werden, ist hier die ablehnende Reaktion der Ideologie- und Schrifttumsverwalter auf die Wiederentdeckung von Carl Gustav Carus durch Klages und seinen Kreis zu erwähnen. Eine in der *Bücherkunde* veröffentlichte Rezension zu der von Hans Kern 1937 vorbereiteten Edition von Carus' *Briefen über Goethes Faust* lehnte die „biozentrische" Deutung des des Dresdener Spätromantikers als „einseitig und überspitzt" ab; seine Stilisierung zum „Vorläufer des Propheten Klages" sei „bedenklich" und eine „Gefahr".[112]

Das nachhaltige Interesse an Carus riß bis zum Zusammenbruch des Dritten Reiches nicht ab.[113] Als 1941 das dritte Beiheft zum *Zentralblatt für Psychotherapie* drei wissenschaftshistorische Studien unter dem Titel *Leibniz, Carus und Nietzsche als Verläufer unserer Tiefenpsychologie* veröffentlichte,[114] würdigten die *Nationalsozialistischen Monatshefte* die Besinnung auf die psychologischen Errungenschaften deutscher Denker der Vergangenheit emphatisch als Rückgewinn „geistiger Autarkie":

> „Wenn wir aber in unserem heutigen Deutschland neben unserem Kampf um wirtschaftliche Autarkie auch einen solchen um die geistige Autarkie führen und gleichzeitig Amerika sich dem Geist der alten Psychoanalyse williger denn je öffnet, ist es nicht zu spät, wenn wir uns auf dem so umstrittenen, und doch so ungeheuer wichtigen Gebiet der Psychologie der unbewußten Prozesse auf unsere angestammten, arteigenen Grundlagen besinnen lernen, und in diesem Sinne hat jenes bescheidene Beiheft eines wissenschaftlichen Zentralblattes eine nicht zu unterschätzende wissenschaftliche Bedeutung und geht alle die an, die verantwortlich an der Gestaltung des neuen geistig-seelischen Raumes der Deutschen mitwirken."[115]

---

[112] Werner Bökenkamp: Die Bedeutung des Ewig-Weiblichen. Neuausgabe einer Faustdeutung von 1835. In: Bücherkunde 5 (1938), S. 153-156, Zitate S. 153.

[113] Davon zeugten insbesondere die zahlreichen Dissertationen aus unterschiedlichen Disziplinen, die in der Bibliographie aufgeführt sind.

[114] Ilse Döhl, G. H. Graber, Fritz Mohr: Leibniz, Carus und Nietzsche als Vorläufer unserer Tiefenpsychologie. Hrsg. von Rudolf Bilz. Mit einem Vorwort von M. H. Göring, Leiter des Deutschen Instituts für psychologische Forschung und Psychotherapie. Leipzig 1941 (= Beiheft des Zentralblattes für Psychotherapie 3). Das Beiheft enthielt die drei Studien: Ilse Döhl: Gottfried Wilhelm Leibniz als Entdecker des Unbewußten und als Psychotherapeut (S. 5-33); G. H. Graber: Carl Gustav Carus als Erforscher des Unbewußten und Vorläufer unserer Seelenheilkunde (S. 34-46); Fritz Mohr: Friedrich Nietzsche als Tiefenpsychologe und Künder eines neuen Arzttums (S. 47-66). Das Nachwort des Herausgebers Rudolf Bilz identifizierte Leibniz, Carus und Nietzsche nach ihren Geburtsorten Leipzig und Röcken als „Denker eines Stammes" und kündigte ein späteres Sonderheft für den „Genius eines süddeutschen Stammes" an: „Wir denken an H e g e l, S c h e l l i n g und andere schwäbische Vorläufer unserer Psychologie vom Unbewußten. Wir fordern zur Mitarbeit auf und hoffen, daß diesem ‚Sachsenheft' ein ‚Schwabenheft' folgen kann." Die Planungen reichten jedoch noch weiter: Da Dichter und Denker „in einer Reihe" stünden, „wenn es sich um tiefenpsychologische Fragen handelt[,].. könnten sich vielleicht weitere Hefte mit G o e t h e, G. C h r. L i c h t e n b e r g, J e a n P a u l und N o v a l i s befassen. Ein Sonderheft müßte Denkern und Dichtern des nordischen Raumes gewidmet sein. Wir denken z.B. an K i e r k e g a a r d." (Sperrungen im Original).

[115] W. Achelis: Tiefenpsychologie in neuer Sicht. In: NS Monatshefte 12 (1941), S. 856-859, hier S. 857.

Der Autor des in diesem Sonderheft abgedruckten Beitrags über *Carl Gustav Carus als Erforscher des Unbewußten und Vorläufer unserer Seelenheilkunde*, der inzwischen in Stuttgart lebende Schweizer Psychologe Gustav Hans Graber, hatte sich schon seit Mitte der 1920er Jahre mit Beiträgen zur Wirkungsgeschichte des zunehmend berühmteren Spätromantikers einen Namen gemacht: 1926 war in Freuds Periodikum *Imago* sein bereits erwähnter Aufsatz *Carl Gustav Carus. Ein Vorläufer der Psychoanalyse* erschienen, der auf die „innigen Zusammenhänge zwischen den Forschungsergebnissen des besonnenen Spätromantikers und der Psychoanalyse" hinweisen und dabei vor allem die „hochtönenden" Berufungen seitens des Klages-Kreises zurückweisen wollte.[116]
Vergleicht man den 1926 in Freuds *Zeitschrift für Anwendung der Psychoanalyse auf die Geisteswissenschaften* publizierten Text über Carus als „Vorläufer der Psychoanalyse" mit dem 1941 veröffentlichten, auf einem Vortrag am Deutschen Instituts für psychologische Forschung und Psychotherapie basierenden Beitrag über Carus als den „Vorläufer und Begründer der modernen tiefenpsychologischen Seelenheilkunde"[117], fallen offensichtliche Übereinstimmungen in Anlage und Wortwahl sowie eine wesentliche Differenz auf. Graber, der 1941 ohne Zögern auf seine seit 15 Jahren anhaltenden Bemühungen um Carus hinwies (den Beitrag für Freuds Zeitschrift allerdings unterschlug),[118] übernahm sowohl die Gliederung des *Imago*-Textes wie auch die bis in die Formulierungen hinein identische Herausstellung der romantischen Entdeckung des Unbewußten: Nach einer Einleitung mit biographischen Angaben folgten wie 1926 die Abschnitte „Das Unbewußte bei Carus", „Schlaf und Traum", „Heilung" und „Schlußbetrachtung" in textlich fast unveränderter Gestalt. Was fehlte, war der 1926 durchgängig positiv markierte Bezug auf Freud und dessen Psychoanalyse als Nachfolger von Carus' Lehren. Nach der Erhebung der Carus'schen *Vorlesungen über Psychologie* von 1831 und der 1846 erschienenen *Psyche* zur „wissenschaftlichen Grundlage für das Gebäude moderner Tiefenpsychologie" wurde

---

[116] Gustav Hans Graber: Carl Gustav Carus. Ein Vorläufer der Psychoanalyse, S. 513. – In klarer Abwehr der von Ludwig Klages und seinen Anhängern unternommenen Carus-Editionen und –Interpretationen hieß es hier: „Es ist auch deswegen notwendig zu zeigen, wieviel wir mit Carus gemein haben, inwiefern sein Werk als ein Grundriß (aber auch nicht mehr) zum Lehrgebäude der Psychoanalyse angesehen werden kann, weil Ludwig Klages und sein Kreis .. gelegentlich etwa hochtönenden Worten versuchen, Carus, begabt mit ‚unvergleichlich größerem Gesichtskreis', als moderne Seelenforscher ihn besitzen, über diese, die ‚eine kleinleutemäßige Enge des Geistes verraten', hinauszustellen. Wir werden zeigen können, daß die Psychoanalyse nicht nur wichtigste Forderungen und Wünsche von Carus, die insbesondere den Rapport mit dem Unbewußten und die Therapie betreffen, zu realisieren vermochte, sondern den vom Romantiker vorgezeichneten Weg in die Tiefe der Seele weiter verfolgte, als seine Phantasie ihn diesbezügliche Möglichkeiten erahnen ließ."
[117] Gustav Hans Graber: Carl Gustav Carus als Erforscher des Unbewußten und Vorläufer unserer Seelenheilkunde. In: Ilse Döhl, G. H. Graber, Fritz Mohr: Leibniz, Carus und Nietzsche als Vorläufer unserer Tiefenpsychologie, S. 35.
[118] Ebenda, S. 35: „Seit 1925 versuchte ich in mehreren Veröffentlichungen und Vorträgen den deutschen Arzt Carl Gustav Carus als den Vorläufer und Begründer der modernen tiefenpsychologischen Seelenheilkunde bekannt zu machen."

Carus' Begriff des Unbewußten als „tiefschichtiger" und „in seinem Kern nicht von Triebregungen beeinflußbar" nun explizit Freuds Auffassung gegenübergestellt.[119] Hatte es 1926 noch geheißen, die „Freudsche Auffassung des Psychischen" decke sich „vollkommen mit derjenigen des Carus" – als Bestätigung führte Graber Parallelstellen in Carus' *Psyche* und Freuds *Das Ich und das Es* sowie Ferenczis *Versuch einer Genitaltheorie* an[120] – , blieb 1941 allein ein metaphorisch verbrämter Hinweis auf die Nähe der Assoziationsvorstellungen des Dresdener Spätromantikers zur Lehre des Wiener Psychologen: „Wie nahe mag Carus in seinen Stunden sehnsüchtigsten Erkenntnisdranges am Guckloch, das den weiten, unheimlichen Blick ins Unbewußte gewährt, gestanden haben! Er hielt bereits den Zauberstab in Händen, den F r e u d mit seiner Entdeckung des f r e i e n E i n f a l l e s als erster glaubte gefunden zu haben."[121] – Auch wenn sachkundige Leser bei Grabers mehrfacher Erwähnung „späterer", an Carus' anschließende Forscher sicherlich wußten, wer hier gemeint sein könnte, führte die Unterordnung unter die Imperative eines politischen Systems, das aus seiner antisemitischen Verblendung heraus die „jüdische" Psychoanalyse aus dem Diskurs auszuschalten suchte, zu Verkrümmungen, die sich auch auf die immanente Bestimmung des Gegenstandes auswirkten: Die 1926 noch zurückgewiesene Carus-Deutung durch die Klages-Jünger wurde von Graber 1941 expressis verbis anerkannt;[122] die von der Psychoanalyse formulierten Einsichten in psychische Phänomene wie Ambivalenz, Fehlleistungen und die Regression des Nervösen auf infatile Stufen wurden ohne die Nennnung

---

119 Vgl. ebenda, S. 37, wo es nach der Feststellung, das Unbewußte bei Carus sei „tiefschichtiger" und „nicht von Triebregungen beeinflußbar" hieß: „Diese Tatsache unterscheidet die Carussche Psychologie auch grundlegend von der eines Freud, der selbst wiederholt zugeben mußte, daß er in seinem seelischen Erleben nie in Tiefen etwa eines religiösen (oder ‚ozeanischen') Gefühls vordringen konnte, jenes Gefühls, das gerade dann frei wird, wenn die nur ichhaften Strebungen, die ausschließlich aus den Triebregungen stammen, ausgeschaltet oder überwunden sind und damit ein inneres Verbundensein mit der Erscheinungswelt entsteht (einschließlich des Ichs und des Körpers), das dem seelischen Kern, dem Selbst eignet."
120 Gustav Hans Graber: Carl Gustav Carus. Ein Vorläufer der Psychoanalyse, S. 515-519, Zitat S. 516.
121 Gustav Hans Graber: Carl Gustav Carus als Erforscher des Unbewußten und Vorläufer unserer Seelenheilkunde, S. 40; Sperrungen im Original.
122 Vgl. Gustav Hans Graber: Carl Gustav Carus als Erforscher des Unbewußten und Vorläufer unserer Seelenheilkunde, S. 43f.: „Der Klages-Kreis hat bereits vor fünfzehn Jahren die ‚Psyche' als ‚das Grundwerk für alle Bemühungen unserer Zeit, die Psychologie ohne Seele zu überwinden und eine Psychologie des seelenhaften Unbewußten aufzubauen' bezeichnet. Ich fand damals das Urteil zu weit gehend. Heute stimme ich ihm zu. C. G. Carus gehört zu den großen Vorläufern unserer Tiefenpsychologie." 1926 hatte es noch gegen die Darstellungen des Klages-Kreises geheißen, daß bei Carus trotz seiner Einsichten in die Wechselwirkungen zwischen Bewußtem und Unbewußtem „von einem empirisch-wissenschaftlichen Erfassen dieser Dynamik ... keine Rede sein (konnte), da er nie auch nur annähernd bis zu einer Art Methode der Erforschung des Unbewußten, wie sie Freud entdeckte, vordrang"; Gustav Hans Graber: Carl Gustav Carus. Ein Vorläufer der Psychoanalyse, S. 522.

ihrer Urheber als „Ergebnisse heutiger, gesicherter tiefenpsychologischer Forschung" aufgeführt.[123]

Kriegsende und Zusammenbruch des NS-Regimes bedeuteten zwar das Ende für „biozentrische Lebenswissenschaft deutscher Art", „deutsche Anthropologie" und „deutsche Psychologie". Die von Ludwig Klages inspirierte Interpretation der deutschen Literaturgeschichte wirkte jedoch weiter.[124] Auch der Aufstieg der „romantischen Seelenkunde" zu einem favorisierten Thema der Forschung war noch nicht vorüber.[125]

---

[123] Gustav Hans Graber: Carl Gustav Carus als Erforscher des Unbewußten und Vorläufer unserer Seelenheilkunde, S. 45.

[124] So etwa bei Rudolf Ibel: Weltschau deutscher Dichter. Novalis, Eichendorff, Mörike, Droste-Hülshoff. Hamburg 1948. Die an den Band *Weltschau deutscher Dichter. Goethe, Schiller, Hölderlin, Kleist* (Hamburg 1944) anschließenden Studien suchten laut Ibel „in jene Tiefenschicht der Dichtung vorzudringen, in der Philosophie, Religion und Mythos zusammentreffen" und der sich „die Weltschau der Dichter ereignet, nicht als Meinung oder geistiges System, .. sondern als Offenbarung des Lebens und seiner Mächte in der Schau des dichterischen Wortes", ebenda, S. 359. Zitate aus der 1940 von Klages veröffentlichten Schuler-Ausgabe sowie direkte Anleihen bei den in der „Schriftenreihe biozentrischer Forschung" publizierten Arbeiten C. A. Pfeffers und H. E. Schröders belegten die ungebrochene Nähe Ibels zu den Prinzipien der Klages-Schule.

[125] Dokumentiert etwa in Promotionsschriften der Nachkriegszeit, so von Friedrich Arnold: Der Mensch als Urphänomen. Eine historische Untersuchung zur philosophischen Anthropologie des Carl Gustav Carus. Diss. Mainz 1950; Wolf Farbstein: Romantische Einflüsse in der Geschichte der Psychologie im deutschen Sprachgebiet. Carl Gustav Carus und die neuere Psychologie. Zürich 1953 (= Diss. Zürich).

6 Methodenspektrum der literaturwissenschaftlichen Romantikforschung

Nach Übersicht über die wichtigsten Veränderungen in Gegenstandskonstitution und Thematisierungsweisen bilden nun die Methoden der Romantikforschung den Gegenstand der weiteren Untersuchung. Um die als Arbeitshypothese anerkannte, von Wilhelm Voßkamp formulierte „Kontinuitätsthese" am Beispiel der disziplinären Romantikrezeption verifizieren und präzisieren zu können, erwiesen sich zwei Arbeitsschritte als notwendig. Der erste, für eine fundierte Überprüfung unablässige Schritt bestand in der Erfassung der 1933 das Fach und die Romantikforschung prägenden Ausgangslage. Dazu wurden kursorisch Arbeitsfelder, Konzepte und methodische Zugänge der Forschung in ihrer seit der ‚geistesgeschichtlichen Wende' ausdifferenzierten Gestalt umrissen.[1] Die zweite, nun in Angriff zu nehmende Aufgabe besteht in der detaillierten und materialgesättigten Rekonstruktion von kontinuierlichen und diskontinuierlichen Bewegungen innerhalb des Methodenspektrums nach 1933. Bevor im folgenden die zwischen 1933 und 1945 dominierenden methodischen Zugänge der literaturwissenschaftlichen Romantikrezeption entfaltet werden, sei auf grundsätzliche Parameter der disziplinären Praxis in der NS-Zeit und ihrer unter spezifischen Modifikationen weiterexistierenden pluralen Verfassung hingewiesen. Wenn zur Rekonstruktion der disziplinären Entwicklung in den Jahren des Nationalsozialismus nicht nur Programmentwürfe und Selbstbeschreibungen, sondern die Gesamtheit der Forschungsleistungen, sowie Lehrer-Schüler-Verhältnisse, Lehrstuhlbesetzungen, Forschungs- und Editionsprojekte und die Tätigkeit der Fachorgane herangezogen werden, ergibt sich als ein erster, die anschließende Analyse leitender Befund:

(1) Innerhalb der neueren deutschen Literaturwissenschaft operierten weiterhin konzeptionell und methodisch unterschiedliche Richtungen und „Schulen", wobei das Methodenspektrum der Geistesgeschichte seine dominierende Stellung behauptete. Weder die völkisch-stammeskundliche Literaturbetrachtung, von Voßkamp als „die unter bewußtseinsgeschichtlichen und politisch-ideologischen Aspekten wichtigste Richtung der deutschen Literaturwissenschaft im Dritten Reich"[2] bezeichnet, noch rassenkundliche Betrachtungsweisen oder die sich seit Ende der 1930er Jahre entwickelnde „werkimmanente Interpretation" konnten sie verdrängen.[3]

---

[1] Siehe Kapitel 1: Literaturwissenschaftliche Romantikforschung 1900-1933.
[2] Wilhelm Voßkamp: Kontinuität und Diskontinuität, S. 149.
[3] So auch Holger Dainat, Rainer Kolk: Das Forum der Geistesgeschichte. Die ‚Deutsche Vierteljahrsschrift für Literaturwissenschaft und Geistesgeschichte' (1923-1944), S. 127: „Weder Soziologie noch Morphologie, weder Rassenkunde noch Werkimmanenz können vor 1945 die Geistesgeschichte als dominante Forschungsrichtung in der Literaturwissenschaft ablösen."

(2) Die konzeptionell heterogenen Varianten stammesethnographischer und rassentheoretischer Literaturforschung, die ihren gemeinsamen Nenner in der Ablehnung von ästhetischer Wertungspraxis und ‚philologischem Atomismus' fanden, profitierten von den Veränderungen in der politischen Umwelt nur bedingt. In der Frontstellung gegen die „idealistische Hypostasierung des Individuums" (Franz Koch) übereinstimmend, betonten sie die Abhängigkeit literarischer Produktionen von den „überindividuellen Gemeinschaftsformen" Volk, Stamm, Landschaft, Rasse, die zur kausalen Ursache bzw. ausschlaggebenden Bedingung kultureller Objektivierungsformen erklärt und zu substantiellen Gegenständen der Literaturwissenschaft erhoben wurden. Die fortgesetzten Differenzen innerhalb dieses Spektrums führten jedoch nicht nur zu diversen Abgrenzungs- und Ausgrenzungsbemühungen, sondern auch zum Scheitern der Versuche, eine originär nationalsozialistische Literaturgeschichtsschreibung mit einer entsprechenden Romantikdeutung zu begründen. Die anhaltende Distanz der geistesgeschichtlichen Arbeitsweisen gegenüber den als „positivistisch" beargwöhnten Methoden manifestierte sich nicht zuletzt auch in einer weiterhin virulenten Skepsis gegenüber Nadlers Konzeption der Romantik als der „Krönung des ostdeutschen Siedelwerks", deren Äußerungsformen später genauer zu betrachten sind.

(3) Die von Wilhelm Voßkamp im Anschluß an Paul Kluckhohns Fachbeschreibung von 1940 festgestellte „existentialistische Literaturwissenschaft", als deren wichtigster Exponent Hermann Pongs benannt wurde,[4] reformulierte unter eklektischer Nutzung griffiger Philosopheme nur die Thesen einer an den Substanzbegriffen ‚Volk' und ‚Volkstum' ausgerichteten Literaturwissenschaft. Terminologische Anleihen aus der Existenzphilosophie Sören Kierkegaards oder Martin Heideggers, wie es Pongs, Horst Oppel oder Fritz Dehn praktizierten, dienten der Stützung eines Wissenschaftsprogramms, dem es nach Einschätzung Hartmut Gaul-Ferenschilds nicht gelang, „ein von der völkischen Literaturbetrachtung sinnvoll abzugrenzendes genuin existentialistisches Forschungsparadigma unter den germanistischen Hauptrichtungen zu begründen."[5] Auf dem Feld der Romantikforschung blieben „existentialistische" Deutungen, von Ansätzen in den 1944 vorgelegten *Studien zur Auffassung des Nordischen in der Goethezeit* des Anglisten Horst Oppel abgesehen, aus.

(4) Formanalytische und stiltypologische Impulse, die sich 1933 als ‚ästhetisch' und ‚individualistisch' angegriffen sahen und kurzzeitig in der Defensive schienen, befruchteten seit Mitte der 1930er Jahre eine Wendung zum ‚Werk', die in mehrere, über die zeithistorische Zäsur des Jahres 1945 verfolgte Forschungsprogramme münden sollte. In Abwehr externer Sinnzuweisungen und geistesgeschichtlicher ‚Synthesen' avancierte das ästhetisch maximierte ‚Werk' zu einem Gegenstand, der in seiner fundamentalen Evidenz die Kontingenz ‚von außen' kommender Deutungsmuster zu minimieren ver-

---

[4] Wilhelm Voßkamp: Kontinuität und Diskontinuität, S. 147f.
[5] Hartmut Gaul Ferenschild: National-völkisch-konservative Germanistik, S. 236.

sprach. Doch auch die betont auf das ‚Werk' fixierten Zugänge entwickelten auf dem Gebiet der Romantikforschung noch kein distinktes methodisches Instrumentarium, das die dominierende Geistesgeschichte hätte ablösen können. Allein Max Kommerells Auslegung von Novalis' *Hymnen an die Nacht*, 1942 in dem programmatischen Sammelband *Gedicht und Gedanke* veröffentlicht, setzte auch in ihren Ergebnissen Innovationspotentiale frei, an die eine spätere „werkimmanente Interpretation" anschließen konnte.

(5) Für die in den 1920er Jahren beobachtbaren literatursoziologischen Ansätze bedeutete die politische Zäsur des Jahres 1933 keine Sternstunde. Zwar entstanden unmittelbar nach der Machtergreifung programmatische Entwürfe, die die Vermutung nährten, das eine soziologisch oder sozialhistorisch orientierte Forschung der propagierten Hinwendung zu ‚Volkstum' und völkischen Werten durchaus entgegengekommen sein müsse.[6] Der Geist der Zeit und das Bedürfnis, literarische Kommunikation und Produktion zu steuern, schien eine wissenschaftliche Beschäftigung mit den sozialen Voraussetzungen für Produktion, Distribution und Konsumtion von Literatur zu favorisieren – doch die idealistische Abneigung vieler Repräsentanten des Faches gegenüber sozialhistorischer Forschung wie auch die ausgeprägte Präferenz für eine Produktionsästhetik verhinderten die Ausweitung solcher Ansätze. Nicht zuletzt machte die demonstrative „Völkisierung" der fachlichen Praxis nach der nationalsozialistischen Machtergreifung eine soziologische Orientierung der Literaturwissenschaft unmöglich. Programmatische Erklärungen einer nun auf ‚völkische' Fundamente zu stellenden Disziplin verblieben zumeist in den Bahnen eines irrationalen Volkstums-Kultus; die Beschwörung von Werten ersetzte begriffliche Explikation. Der zugrundegelegte Volksbegriff wurde nur selten aus dem mythischen Dunkel geraunter Phrasen entborgen, die ‚Volk' nicht mehr als ethnische Einheit in Sprache und Kultur, sondern als „Schicksalsgemeinschaft" in einer „vorsprachlichen Einheit des Blutes" verorteten. Der zähe Widerstand gegen empirisch-deskriptive soziologische Forschung, die mit bürgerlicher Gesellschaft, Materialismus oder Marxismus gleichgesetzt wurde,[7] einte die ihren konservativen Idealismus

---

[6] So bei Karl Rauch: Neue Literaturkritik: Forderung und Beginn. In: Die Tat 25 (1933), S. 630-639; Karl Viëtor: Programm einer Literatursoziologie. In: Volk im Werden 2 (1934), S. 35-44; Walter Strauss: Vorfragen einer Soziologie der literarischen Wirkung. Köln 1934 (= Diss. Köln); Georg Keferstein: Aufgaben einer volksbezogenen Literatursoziologie. In: Volksspiegel 1 (1934) S. 114-123; Paul Hermann Ruth: Die Idee der deutschen Volkwerdung und die Volkstheorie der Gegenwart. In: Deutsche Hefte für Volksforschung 4 (1934), S. 3-19. – In der nach 1937 einsetzenden Methodendebatte wurden erneut Forderungen nach einer sozialhistorisch fundierten Literaturwissenschaft erhoben, etwa durch Hans Rößner: Zur Neuordnung der Literaturwissenschaft. In: Volk im Werden 6 (1938), S. 166-174; H. Kunze: Buchkunde und Literaturgeschichte: Buchkundliche Voraussetzungen zu einer „Literaturgeschichte des Publikumsgeschmackes". In: Buch und Schrift N.F. 1 (1938), S. 106-129; Friedrich Schubel: Zeitstil und Mode. In: Helicon 1 (1939), S. 253-257.

[7] So bei Albrecht Erich Günther: Gibt es eine nationalsozialistische Wissenschaft? In: Deutsches Volkstum 15 (1933), S. 761-767, hier S. 767: „Der politische Charakter der Wissenschaft wird auch darin offenbar, daß die Affinität der einzelnen Wissenschaften zu jedem politischen System verschieden ist. So war die Soziologie begreiflicherweise eng mit dem Staate der zerfallenden bürgerlichen Gesellschaft verknüpft..." – Im SD-Lagebericht über die Situation der

pflegenden Fachvertreter. 1942 konnte Hans Pyritz in einer Übersicht über die Entwicklung der Romantikforschung feststellen, daß „sozialliterarische Methoden" in der Gegenwart „erledigt" seien.⁸

(6) In der Literaturwissenschaft existierte nach 1933 eine nicht zu unterschätzende konfessionell gebundene Forschung weiter. Wenn auch diese Bemühungen um eine christlich-religiös fundierte Literaturgeschichtsschreibung in der nachfolgenden Rekonstruktion des Methodenspektrums ausgeblendet werden müssen, sei an dieser Stelle zumindest auf sie hingewiesen.⁹ Zu erwähnen sind in diesem Zusammenhang ebenfalls die von wissenschaftspolitischen Instanzen unternommenen Anstrengungen, den zum „weltanschaulichen Gegner" erklärten „politischen Katholizismus" aus dem Wissenschaftssystem auszuschließen, wobei der germanistischen Literaturwissenschaft eine Schlüsselrolle zugesprochen wurde: „Gerade der politische Katholizismus hat in den letzten Jahren von den Hochschullehrstühlen und der wissenschaftlichen Arbeit der Orden aus versucht, auf dem Gebiete der Germanistik wissenschaftlich getarnt katholisch-politische Propaganda zu

---

Germanistik von 1938/39 hieß es: „Wo sie [die neuere deutsche Literaturwissenschaft] z.B. eine soziologische Einordnung des Dichters und der Dichtung erstrebte (Prof. Dr. Paul Merker, Literaturhistoriker in Breslau), vermischte sich diese neue Methode nur allzu leicht mit parteipolitischen Tendenzen des Marxismus"; Lage und Aufgaben der Germanistik und deutschen Literaturwissenschaft. Undatiertes Dossier des SD der SS, hier zitiert nach Gerd Simon (Hrsg.): Germanistik in den Planspielen des Sicherheitsdienstes der SS, S. 8.

8 Vgl. Hans Pyritz: Vorlesung Die deutsche Romantik. Dreistündige Vorlesung SS 1941. Handschriftliches Manuskript aus dem Nachlaß Hans Pyritz', Deutsches Literaturarchiv Marbach. A: Pyritz. Ohne Signatur, Bl. 13: „Versuche, die romantische Bewegung auf wirtschaftliche Triebkräfte zurückzuführen (Positivismus, Marxismus) sind erledigt. Ob bürgerliche (Carl Schmitt) oder antibürgerliche Bewegung (Brüggemanns Arbeiten) entscheidet sich unter umfassenderen Gesichtspunkten: Ergebnis wiederum komplex."

9 Theoretische Reflexionen kamen von Joseph Sprengler: Evangelische und katholische Literaturbetrachtung. In: Hochland 33 I (1936), S. 555-558; Jakob Overmanns: Katholische Wertung deutscher Literatur. In: Stimmen der Zeit 132 (1937), S. 391-395. Beiträge zur Romantikforschung lieferten u.a. Karl Bosch: Über Friedrich Schlegels Konversion. In: Hochland 31 (1933) I, S.276-278; Friso Melzer: Christliches in Eichendorffs literaturgeschichtlichen Schriften. In: F. Melzer: Kirche und Literatur. Geschichte der evangelischen Literaturkritik. Gütersloh 1933, S. 81-129; Hermann Trefzger: Der philosophische Entwicklungsweg von Josef Weber. Ein Beitrag zur Geschichte der katholischen Romantik. Freiburg 1933 (= Diss. Freiburg); Theo Pehl: Zacharias Werner und der Pietismus. Studien zur religiösen Lebensform des frühen Zacharias Werner. Limburg a.d. Lahn 1933 (= Diss. Frankfurt); Friedrich Braig: Die Philosophie Friedrich Schlegels. In: Der katholische Gedanke 9 (1936), S. 177-184; ders.: Friedrich von Schlegel. Seine Entwicklung und sein Weg zur Erkenntnis und Begründung des Glaubens. In: Der katholische Gedanke 10 (1937), S. 47-58; ders.: Religion und Poesie. Friedrich von Schlegels Aufbau einer christlich-katholischen Ästhetik. In: Stimmen der Zeit 136 (1939), S. 9-21; Herbert Stützer: Johann Nepomuk Ringseis und die religiöse Romantik. Anläßlich des 60. Todesjahres des berühmten Arztes. In: Schönere Zukunft 15 (1940), S. 418f.; Maria Hamich: Die Wandlungen der mystischen Vereinigungsvorstellungen bei Friedrich von Hardenberg. o.O. 1944. (= Diss. Straßburg); Irmtrud von Minningerode: Die Christusanschauung des Novalis. Berlin 1941 (= Neue deutsche Forschungen 284, Abt. Religions- und Kirchengeschichte 8 = Diss. Tübingen). – Eine komprimierte Darstellung des in den 1930er und 1940er ventilierten katholischen Romantikbildes gibt Hubert Becher: Die Romantik als totale Bewegung. In: Scholastik. Vierteljahresschrift für Theologie und Philosophie XX-XXIV (1949), S. 182-205.

treiben", hieß es im internen Dossier des Sicherheitsdienstes der SS von 1938/39, der Günther Müller, Paul Hankamer und Heinrich Lützeler als besonders gefährlich einstufte.[10]

Diesen grundsätzlichen Beobachtungen zur Ausrichtung von Forschungslandschaft und Methodenspektrum entspricht die sich anschließende Rekonstruktion der vier wichtigsten Richtungen innerhalb der literaturwissenschaftlichen Romantikrezeption.

In einem ersten Zugriff werden die dem Methodenspektrum der Geistesgeschichte zuzurechnenden Forschungen zur romantischen Literaturepoche untersucht. Wie auch in den darauffolgenden Rekonstruktionen von stammestheoretischen, rassenkundlichen und formanalytischen Zugängen steht dabei die Weiterentwicklung der bereits *vor* 1933 entwickelten Argumentationsmuster und Konzeptualisierungsstrategien unter besonderer Berücksichtigung von Immunität und Dienstleistungsbereitschaft gegenüber der politischen und kulturellen Umwelt im Mittelpunkt. Neben den lange vor der Machtergreifung ausgeprägten Richtungen von Problem- und Ideengeschichte und ihren Modifikationen in der Zeit des Nationalsozialismus sollen auch innovatorische Ansätze, insbesondere die von Günther Müller entwickelte „morphologische Literaturwissenschaft", einbezogen werden.

Im Anschluß daran sind Veränderungen und Kontinuitäten der stammesethnographischen Romantikforschung im Kontext ihrer Rezeption durch das Fach und die Öffentlichkeit zu beschreiben. Wenn auch ihr bedeutendster Vertreter Josef Nadler seit 1932 in Wien lehrte, war er doch von der wissenschaftlichen Entwicklung im Reich nicht abgekoppelt. Anhand seiner Wortmeldungen, der disziplinären Aufnahme seiner Romantikkonzeption nach 1933 und der modifizierten Romantikdeutung in der 1938 vorgelegten *Literaturgeschichte des deutschen Volkes* sowie im 1942 gehaltenen Vortrag *Italien und die deutsche Romantik* ist zu fragen, ob Nadlers literaturethnographische Methode Dominanz gewinnen konnte und worin die Gründe für ihre weitgehende Erfolglosigkeit lagen.

Die Anläufe zu einer rassentheoretischen Literaturbetrachtung, die trotz mehrerer Entwürfe nicht über vereinzelte Realisationen hinauskam, werden

---

[10] Lage und Aufgaben der Germanistik und deutschen Literaturwissenschaft. Undatiertes Dossier des SD der SS, hier zitiert nach Gerd Simon (Hrsg.): Germanistik in den Planspielen des Sicherheitsdienstes der SS, S. 10f. Weiter hieß es hier: „Ziel dieses katholischen Einbruchs in die Germanistik war nicht nur eine blosse Übernahme der germanistischen Methode und des nationalsozialistischen Begriffsgutes zu katholisch-propagandistischen Mitteln, sondern vor allem mehr oder minder offen eine Widerlegung der Grundwerte der nationalsozialistischen Weltanschauung durch ‚wissenschaftliche' Mittel und geschichtliche Forschung. [...] Erst durch die einheitliche Arbeit einer neuen, weltanschaulich gesicherten und methodisch geschulten germanistischen Wissenschaft wird der immer erneuten Verfälschung unseres germanisch-deutschen Geschichtsbildes durch den politischen Katholizismus erfolgreich Einhalt geboten werden können. Gerade deswegen ist das Nachwuchsproblem auf dem Gebiete der Germanistik besonders dringlich, weil der politische Katholizismus auch für seine wissenschaftliche Arbeit noch immer über ausserordentlich fähige Köpfe und über zahlenmäßig nicht unerheblichen und wissenschaftlich geschulten Nachwuchs verfügt."

innerhalb des dritten Abschnitts untersucht. Dazu sollen Prämissen und Folgerungen der rassentheoretischen Klassifizierung der Romantik unter Anwendung der biologischen, von Hans F. K. Günther und Ludwig Ferdinand Clauß aufgestellten „Rassentypen" vorgestellt und ihre zirkuläre Struktur durchsichtig gemacht werden. Zu beleuchten sind gleichfalls Untersuchungen, die – zumeist institutionell durch die *Forschungsabteilung Judenfrage* am *Reichsinstitut für Geschichte des neuen Deutschlands* gefördert und an politische Wertvorgaben anschließend – die Rolle des Judentums in der Romantik thematisierten.

Das letzte Kapitel erläutert die seit Mitte der 1930er Jahre katalysierten formanalytischen und stiltypologischen Romantikforschungen und fragt nach deren Bedeutung für die später wirkungsmächtigen Programme der „werkimmanenten Interpretation".

6.1 Geistesgeschichtliche Romantikforschung

1933 schien für die meisten Vertreter der geistesgeschichtlichen Romantikforschung – sofern sie nicht Georg Stefansky, Richard Samuel, Käte Hamburger oder Martin Greiner hießen und unter dem „Gesetz zur Wiederherstellung des Berufsbeamtentums" zu leiden hatten – die deutsche Welt in Ordnung. Nur so lassen sich die zahlreichen Bekennerschreiben von Repräsentanten der Geistesgeschichte verstehen, die als unmittelbare Reaktion auf die Machtergreifung erschienen und die „nationale Revolution" emphatisch als „Aufbruch des Geistes aus langer Fremdherrschaft und [...] Einkehr in das eigene Wesen" begrüßten.[11] Geistesgeschichtlich arbeitende Fachvertreter empfahlen ihre Methode als Basis einer auf dem Boden der „völkischen Gemeinschaft" stehenden „politischen Lebenswissenschaft", da diese im Gegensatz zum Positivismus des 19. Jahrhunderts nach dem „Wesen" der historischen Erscheinung, nach „Idee" und „Gehalt" zu fragen gelernt habe.[12] Damit jedoch gerieten sie in das Kreuzfeuer einer nachrückenden Wissenschaftlergeneration, die die Möglichkeit, gleichzeitig „Literaturwissenschaft als Geistesgeschichte zu treiben und Nationalsozialist zu sein" zurückwies und sich mit der Absage an das vorgeblich „liberalistische" Programm eigene Profilierung erhoffte.[13] Dennoch vermochten es weder An-

---

[11] Hermann August Korff: Die Forderung des Tages, S. 341; vgl. Kapitel 2: Zwischen Selbstgleichschaltung, Beharrung und Innovation – Die neuere deutsche Literaturwissenschaft 1933-1945.

[12] Karl Viëtor: Die Wissenschaft vom deutschen Menschen in dieser Zeit, S. 346.

[13] Günther Weydt: Die germanistische Wissenschaft in der neuen Ordnung. In: ZfdB 9 (1933), S. 638-641, hier S. 639f. Weiter hieß es: „Geisteswissenschaftliche Literaturgeschichte als Selbstzweck ist eine liberalistische Forderung. Man glaubt, daß wir verschiedene Standpunkte einnnehmen könnten, ohne Schaden zu nehmen an unserer Seele. In Wahrheit können wir aber

feindungen noch konkurrierende Methoden, die Geistesgeschichte als dominierendes methodisches Programm zu verdrängen.¹⁴ Das Spektrum geistesgeschichtlicher Methoden behauptete sich in der Romantikforschung auch unter den Bedingungen der Diktatur und brachte Leistungen hervor, an die in der Nachkriegszeit angeschlossen werden konnte.

Die sich anschließende Rekonstruktion der facettenreichen geistesgeschichtlichen Romantikforschung zwischen 1933 und 1945 folgt, wie bereits erläutert, methodisch der von Wilhelm Voßkamp formulierten „Kontinuitätsthese", die der Geistesgeschichte eine „Hauptrolle auch in der deutschen Germanistik"¹⁵ zugesprochen hatte. Frühzeitig angelegte Dispositionen, so Voßkamp, insbesondere „Aufklärungsvorbehalt und Aufklärungsverdacht, lebensphilosophisches Ganzheitsdenken und eine Bewegung zur Synthese", hätten die geistesgeschichtliche Literaturbetrachtung und Literaturgeschichtsschreibung „nicht immun machen können und auch in die Nähe völkischer Tendenzen gebracht, obwohl sich die politisch-ideologischen Zugeständnisse insgesamt in Grenzen halten und die Vorbehalte zumindest gegenüber einer rassistischen Literaturgeschichte bleiben."¹⁶ Dieser allgemeine Befund ist nun für die literaturwissenschaftliche Romantikforschung zu überprüfen und zu präzisieren. Dazu verfolge ich die Entwicklung des geistesgeschichtlichen Methodenspektrums in ihrer zwischen 1933 und 1945 weiterwirkenden Differenzierung in „Problem"- und „Ideengeschichte" unter Berücksichtigung innovativer Ansätze, wie sie beispielsweise Paul Böckmann in seiner Untersuchung zur romantischen Formensprache und Günther Müller in seiner 1939 veröffentlichten *Geschichte der deutschen Seele* unternahmen.

Vor einer differenzierenden Rekonstruktion des geistesgeschichtlichen Methodenspektrums innerhalb der Romantikforschung ist auf zwei Parameter des Wissenschaftssystems einzugehen, die prägend für die Gemengelage von Kontinuität *und* Wandel innerhalb des Methodenspektrums der Geistesgeschichte in der Zeit der NS-Diktatur wurden. Eine erste Beobachtung betrifft die Folgen von Machtergreifung und nationalsozialistischer Diktatur für die Verankerung der geistesgeschichtlichen Literaturforschung an den Hoch-

---

nur einen einnehmen, und das ist unserer." – Die Antwort auf diese Vorwürfe folgte umgehend im „Nachwort der Schriftleitung" (ZfdB 9 (1933), S. 641), das Weydts Kritik als „schiefe Behauptungen über unsere Wissenschaft und ihre Methoden" zurückwies.

¹⁴ Vgl. Paul Kluckhohn: Deutsche Literaturwissenschaft 1933-1940, S. 244ff., der der als Ideen- und Problemgeschichte in der Tradition Diltheys und Ungers weitergeführten Geistesgeschichte die wichtigste Rolle innerhalb des nach 1933 fortbestehenden Methodenspektrums zusprach. Deren komplementäre Ergänzung durch eine Ende der 1930er Jahre auflebende „existentielle Stilforschung" begrüßte er als Vermeidung „der Gefahr einer Aufspaltung der Literaturgeschichte in Gehalts- und Problemforschung einerseits, in Gestaltforschung andererseits".

¹⁵ Wilhelm Voßkamp: Kontinuität und Diskontinuität, S. 144.

¹⁶ Wilhelm Voßkamp: Kontinuität und Diskontinuität, S. 145; ähnlich auch Klaus Weimar: Art. Geistesgeschichte. In: Klaus Weimar (Hrsg.): Reallexikon der deutschen Literaturwissenschaft, S. 680, der dem geistesgeschichtlichen Verfahren bescheinigt, es sei „auch nach 1933 konstant ‚apolitisch' geblieben (obwohl eine Ersetzung von ‚Geist' durch ‚Volk' leicht möglich gewesen wäre)".

schulen. Hatten ihre Vertreter um 1930 die wichtigsten Lehrstühle inne und bildeten ein dominierendes, von jüngeren Fachkollegen z.T. bitter beklagtes Kartell,[17] macht ein Blick auf die Karte der neugermanistischen Ordinarien deutlich, daß die personelle Kontinuität des geistesgeschichtlichen Methodenspektrums durch die politische Zäsur des Jahres 1933 nicht erschüttert wurde. Namhafte Repräsentanten wie Rudolf Unger, Hermann August Korff, Paul Kluckhohn, Ferdinand Josef Schneider lehrten in der Zeit der nationalsozialistischen Diktatur (und darüber hinaus) weiter. Entlassen wurden jüdische und politisch nicht konforme Fachvertreter Wissenschaftler entsprechend den Regelungen des „Gesetzes zur Wiederherstellung des Berufsbeamtentums"; methodische Präferenzen spielten dabei kaum eine Rolle. In der Personal- und Berufungspolitik, dem wirksamsten Regulierungsmittel des Sozialsystems Wissenschaft, läßt sich für die zwölf Jahre der nationalsozialistischen Herrschaft zwar keine ausgeprägte Präferenz für eine bestimmte methodische Ausrichtung erkennen,[18] dennoch war die Mehrzahl der nach 1933 neuberufenen Ordinarien in akademischer Sozialisation und ihren Arbeiten der Geistesgeschichte verpflichtet – so Gerhard Fricke, der 1934 eine ordentliche Professur in Kiel erhielt; Heinz Kindermann, der 1937 von Danzig nach Münster wechselte oder Walther Rehm, der 1938 einen Ruf nach Gießen annahm. 1938 besetzte Herbert Cysarz, der zumindest in seiner (berüchtigten) Rhetorik der Geistesgeschichte nahestand, den Lehrstuhl Walther Brechts in München.[19] Gerhard Fricke, Heinz Kindermann, Karl Justus Obenauer oder Herbert Cysarz erhielten zwar als politisch überzeugte Parteigänger der Nationalsozialisten Professuren, den erhofften Methodenmonismus unter dem Dach einer nationalsozialistischen Weltanschauung realisierten jedoch auch sie nicht. Eine von ihnen angestrebte „völkische Organisation" der geistesgeschichtlichen Methodik, die durch Anleihen bei Rassenkunde und Stammestheorie realisiert werden sollte, vermochte es nicht, differierende Grundannahmen zu verbergen.[20] Mit Walther Rehm, Paul Böckmann und Friedrich Wilhelm Wentzlaff-Eggebert, die Ende der 1930er bzw. Anfang der 1940er Jahre zu ordentlichen Professoren berufen wurden, gelangten geistesgeschichtlich orientierte Wissenschaftler in akademische

---

[17] Vgl. Heinz Kindermann an Paul Kluckhohn. Brief vom 11.12.1930. DLA Marbach, A: Kluckhohn, 68.800/68: „Die Dinge liegen doch heute leider so, daß sich ein Gruppensystem herausgebildet hat. Petersen, Korff und Unger haben einen Konzern geschaffen, durch den sie über die Mehrzahl der reichsdeutschen Lehrstühle unseres Faches verfügen. Hinsichtlich jener jüngeren Germanisten nun, die diesem Konzern – so wie ich – nicht angehören, stehen sie auf dem Standpunkt, man brauche sich ihrer nicht anzunehmen. Mehr noch: es wird immer wieder versucht, ausschließlich Angehörige dieses Freundes- und Führerkreises auf Kosten der Außenstehenden durchzudrücken."
[18] Vgl. Holger Dainat: Anpassungsprobleme einer nationalen Wissenschaft; ders.: Zur Berufungspolitik in der Neueren deutschen Literaturwissenschaft.
[19] Zu Cysarz' Berufung jetzt Magdalena Bonk: Deutsche Philologie in München. Zur Geschichte des Faches und seiner Vertreter an der Ludwigs-Maximilians-Universität vom Anfang des 19. Jahrhunderts bis zum Ende des Zweiten Weltkriegs. Berlin 1995 (= Münchener Universitätsschriften 16), S. 290-321.
[20] Vgl. Hartmut Gaul-Ferenschild: National-völkisch-konservative Germanistik, S. 232.

Schlüsselpositionen, die sie auch nach Ende des Regimes behielten. Sie sicherten die Kontinuität des Programms über das Jahr 1945 hinaus.

Schwieriger, weil komplexer, ist die Beschreibung des Verhältnisses von geistesgeschichtlichem Methodenspektrum und politischer Umwelt. Da es unmöglich ist, die Gratwanderung der weiterhin heterogenen Geistesgeschichte zwischen Assimilation an ideologische Imperative und politischer Enthaltsamkeit in ihrer Komplexität darzustellen, soll an dieser Stelle auf die im retrospektiven Blick oft schwer verständliche Gleichzeitigkeit von sachbezogener Forschung und instrumentalisierenden Bedeutungszuweisungen hingewiesen werden. Neben der Aktualisierung des literarischen Erbes für die unmittelbare Gegenwart und dessen Instrumentalisierung zur Konstruktion eines geistig-kulturellen Traditionshaushalts des Dritten Reichs bestanden durchaus „Freiräume" für eine ideologisch weitgehend unbelastete Arbeit, die auch von Vertretern der Geistesgeschichte genutzt wurden. Neuere Forschungen zur Entwicklung der *Deutschen Vierteljahrsschrift für Literaturwissenschaft und Geistesgeschichte* zwischen 1933 und 1945 haben die diffizile Autonomie des Wissenschaftssystems nachdrücklich deutlich gemacht.[21] Auch innerhalb der geistesgeschichtlichen Romantikforschung läßt sich eine mitunter verwirrende Gleichzeitigkeit von ideologischer Zurichtung und sachlicher wissenschaftlicher Arbeit feststellen. So erschien zeitgleich mit Julius Petersens dienstleistungsbereiter Studie *Die Sehnsucht nach dem Dritten Reich in deutscher Sage und Dichtung*, in der die Romantik als poetische Antizipation gegenwärtiger Ideen besungen wurde, eine sachliche Untersuchung Paul Böckmanns zur romantischen Poetik, die bereits Keimformen seiner späteren „Formgeschichte" erkennen ließ.[22] In der Zeit der nationalsozialistischen Diktatur erschien ebenfalls der dritte, der Frühromantik gewidmete Band von Hermann August Korffs opus magnum *Geist der Goethezeit*, der 1949 als „ein fast wortgetreuer Abdruck der ersten Auflage" erneut veröffentlicht wurde.[23] Trug die Erstauflage von 1940 die Widmung *Den Helden unseres Freiheitskampfes* über einer Hölderlin-Strophe

---

[21] Vgl. Michael Knoche: Wissenschaftliche Zeitschriften im nationalsozialistischen Deutschland, S. 276f.; Holger Dainat: „wir müssen ja trotzdem weiterarbeiten". Die ‚Deutsche Vierteljahrsschrift' vor und nach 1945. In: DVjs 68 (1994), S. 562-582; Holger Dainat, Rainer Kolk: Das Forum der Geistesgeschichte. Die ‚Deutsche Vierteljahrsschrift für Literaturwissenschaft und Geistesgeschichte' (1933-1944). – Zum politischen Engagement Erich Rothackers, der Wissenschaftsminister des neuen Staates zu werden hoffte, vgl. Thomas Weber: Arbeit am Imaginären des Deutschen. Erich Rothackers Ideen für eine NS-Kulturpolitik. In: Wolfgang Fritz Haug (Hrsg.): Deutsche Philosophen 1933. Hamburg 1989, S. 125-158.

[22] Paul Böckmann: Die romantische Poesie Brentanos und ihre Grundlagen bei Friedrich Schlegel und Tieck. Ein Beitrag zur Entwicklung der Formensprache der deutschen Romantik. In: Jahrbuch des Freien Deutschen Hochstift 1934/35, S. 56-176. – Nach dem Krieg erschien seine *Formgeschichte der deutschen Dichtung* (Hamburg 1949), die als Synthese von Geistesgeschichte und Formanalyse bereits 1931 entworfen worden war; siehe P. Böckmann: Formgeschichte der deutschen Dichtung. Bd. 1: Von der Sinnbildsprache zur Ausdruckssprache, S. 5.

[23] Hermann August Korff: Geist der Goethezeit. III. Teil Romantik: Frühromantik. 2. Aufl. Leipzig 1949, S. VIII.

auf dem Deckblatt und die Angabe „Leipzig, am Tag der Einnahme von Paris" unter dem Vorwort, widmete Korff die 2. Auflage nun *Der Unvergeßlichen* – seiner zweiten Frau Gisela, die 1946 an Tuberkolose verstorben war.[24] Das Vorwort zur ersten Auflage war nur noch mit „Leipzig, Juni 1940" unterschrieben. Auch wenn Korff den Einfluß der Französischen Revolution auf die „Deutsche Bewegung" nicht in Abrede stellte, blieb seine – später detailliert zu untersuchende – literarhistorische Erzählung geistesgeschichtlichen Deutungsmustern verhaftet, die Argumente für eine kulturpolitisch funktionalisierbare Separierung der deutschen Literatur- und Geistesgeschichte von der europäischen Tradition lieferten. Seine ohne direkte ideologische Sinnzuweisungen operierende ideengeschichtliche Praxis verweigert sich simplifizierenden Einordnungen und bedarf wie Rudolf Ungers problemgeschichtliche Arbeitsweise einer eingehenden Analyse. Auch dessen wissenschaftliches Ethos blieb in der Zeit der Diktatur ungebrochen. Zwar fanden sich in seinen Literaturberichten Hinweise auf den „großen geistigen Umbruch unserer Tage",[25] doch reflektierte vor allem er den internationalen Forschungsstand, u.a. mit ausgesprochen positiven Besprechungen von Edwin Zeydels und Robert Minders Romantikbüchern.[26] Ohne sich von der forcierten Schwerpunktverlagerung auf „Volkstumserlebnis" und spätere Romantik beirren zu lassen, bearbeitete Unger weiterhin vorrangig die Vorgeschichte der Romantik und Novalis und verengte seinen problemgeschichtlichen Ansatz immer stärker zu einer exegetischen Begriffsgeschichte, die später erläutert wird.

Während Korffs ideengeschichtliche Überschau und Ungers begriffsgeschichtliche Studien noch die rationale Nachkonstruktion beherrschender Ideen oder literarisch gestalteter Lebensprobleme anstrebten, machte sich die Assimilation an ideologisches Vokabular und Forderungen der politischen Umwelt vor allem in geistesgeschichtlich argumentierenden Beiträgen des germanistischen Gemeinschaftswerks *Von deutscher Art in Sprache und Dichtung* bemerkbar. Bezeichnenderweise reflektierte nicht ein einziger der um die Erkenntnis „deutscher Art" und „deutschen Wesens" ringenden Beiträge die eigene Methode bzw. den bisherigen Forschungsstand. Auf die bereits dargestellte heroische Rhetorik, mit der die Ergebnislosigkeit des eigenen Verfahrens performativ kaschiert wurde, soll hier nicht weiter eingegangen werden. Zur Rekonstruktion des weiterhin divergenten Methodenspektrums werden in einem ersten Zugriff die Prinzipien und Resultate der zahlreichen, zwischen 1933 und 1945 erstmals veröffentlichten Gesamtdarstellungen der klassisch-romantischen Literaturepoche betrachtet, die geistesgeschichtlichen Prinzipien verpflichtet waren. Nach dem anschließenden Aufriß der Prämissen und Folgerungen ideen- bzw. problemgeschichtlicher Forschungen sind innovative Ansätze zu beleuchten, die nach Alternativen zu den Synthesen der Geistesgeschichte suchten.

---

[24] Für diese Information danke ich Herrn Malte Korff.
[25] Rudolf Unger: Schrifttumsbericht Deutsche Romantik. In: ZfDk 51 (1937), S. 273-279, hier S. 274.
[26] Ebenda, S. 276.

6.1.1 Epochendarstellungen, ideen- und problemgeschichtliche Forschungen

Die zahlreichen, überwiegend voluminösen Gesamtdarstellungen der Romantik aus der Feder geistesgeschichtlich arbeitender Germanisten belegen, daß die Jahre zwischen 1933 und 1945 zumindest hinsichtlich der äußeren Produktivität ausgesprochen erfolgreich waren.[27] Einige der in den Jahren der Diktatur erstmals erschienenen Werke wurden nach 1945 erneut und mehrfach wiederaufgelegt und sicherten in ihrer Wirkungskraft auf die Nachkriegsgermanistik die Kontinuität der geistesgeschichtlichen Methode.[28] Die ausladenden Gesamt- und Übersichtsdarstellungen der Romantik manifestierten, welche Arbeitsfelder und Darstellungsformen im Zentrum der literaturwissenschaftlichen Praxis standen: Dem Bedeutungsverlust, den philologische Quellenerschließung, Edition bzw. mikrologische Detailforschungen seit der „geistesgeschichtlichen Wende" erfuhren, korrespondierte die Aufwertung von „synthetischen" Gesamtdarstellungen, die akkumuliertes Wissen normierten und den erreichten Forschungsstand festschrieben. Die Übersichten und Kompendien ermöglichten jedoch nicht nur, ein breitgefächertes Publikum anzusprechen und zu befriedigen; sie verstärkten mit Hilfe der ihnen gewidmeten Rezensionen in Zeitungen und Zeitschriften auch die Reputation ihrer Verfasser.[29] Ohne neues Material für weitergehende Forschungen bereitzustellen, fixierten die seit Mitte der 1930er Jahre veröffentlichten Abrisse Auffassungen und Problemstellungen, die (zumindest in der westdeutschen Germanistik) bis in die 1960er Jahre fortwirken sollten.

Methodisch operierten die synthetischen Gesamtdarstellungen der klassisch-romantischen Literaturepoche mit dem von der Geistesgeschichte erar-

---

[27] In chronologischer Folge des Erscheinens: Franz Schultz: Klassik und Romantik der Deutschen. Bd. 1: Die Grundlagen der klassisch-romantischen Literatur. Stuttgart 1935 (= Epochen der deutschen Literatur IV, 1), Bd. 2: Wesen und Form der klassisch-romantischen Literatur. Stuttgart 1940 (= Epochen der deutschen Literatur IV, 2); Richard Benz: Die deutsche Romantik. Geschichte einer geistigen Bewegung. Leipzig 1937; Rudolf Bach: Tragik und Grösse der deutschen Romantik. Ein Umriß. München 1938; Franz Schultz: Die deutsche Romantik. Köln 1940 (= Schriften zur völkischen Bildung); Hermann August Korff: Geist der Goethezeit. Versuch einer ideellen Entwicklung der klassisch-romantischen Literaturgeschichte. Bd. 3: Frühromantik. Leipzig 1940; Paul Kluckhohn: Das Ideengut der deutschen Romantik. Halle/S. 1941 (= Handbücherei der Deutschkunde 6); Rudolf Haller: Die Romantik in der Zeit der Umkehr. Die Anfänge der jüngeren Romantik 1800-1808. Bonn 1941; Erich Ruprecht: Der Aufbruch der romantischen Bewegung. Habil.-Schrift Freiburg 1943, als Buch München 1948.

[28] Franz Schultz: Klassik und Romantik der Deutschen. ²1952; Richard Benz: Die deutsche Romantik. Geschichte einer geistigen Bewegung. 5., durchges. Aufl. Stuttgart, 1956; Rudolf Bach: Deutsche Romantik. Ein geistesgeschichtlicher Umriß. 2. überarb. und erw. Aufl. von Tragik und Grösse der deutschen Romantik. 1948; Hermann August Korff: Geist der Goethezeit. Bd. 3: Frühromantik. ²1949; Paul Kluckhohn: Das Ideengut der deutschen Romantik. ⁵1966. – Zur Wirkung dieser Darstellungen siehe Wilhelm Voßkamp: Literaturwissenschaft als Geisteswissenschaft. Thesen zur Geschichte der deutschen Literaturwissenschaft nach dem Zweiten Weltkrieg. In: Wolfgang Prinz, Peter Weingart (Hrsg.): Die sog. Geisteswissenschaften. Innenansichten. Frankfurt/M. 1990, S. 240-247, hier S. 242.

[29] Vgl. Pierre Bourdieu: Homo academicus. Frankfurt/M. 1988, S. 175f.

beiteten Verfahren, eine in Dichtung und Literatur objektivierte, transpersonale Einheit „Geist" aus literarischen Texten und Epochen herauszupräparieren. Quellenerschließung und Einfluß-Forschung als „positivistisch" ablehnend, wurden übergreifende Beziehungen zwischen literarischen Texten, weltanschaulichen Überzeugungen und generationstypischen Persönlichkeitsstrukturen konstruiert; den Referenzpunkt bildeten Vorgaben der weiterhin als Leitdisziplin anerkannten Philosophie.[30] Der überwiegend epochenspezifisch gedachte „Geist" war bereits in den 1920er Jahren mit nationalspezifischen Dispositionen aufgeladen worden: In folgenschwerer Umdeutung von Diltheys Konzept einer organischen Entwicklung der deutschen Literatur zwischen 1770 und 1800 wurden Aufklärung und „Deutsche Bewegung" voneinander abgegrenzt und zu Realisationen diametraler geistiger Prinzipien erklärt. Die Integration der Romantik in das metahistorische Konzept der „Deutschen Bewegung", schon 1911 dichotomisch von einer „rationalistischen" Aufklärung separiert,[31] hatte weitreichende Konsequenzen für die Prinzipien von Darstellung und Deutung der klassisch-romantischen Literaturepoche. Wie Holger Dainat dargelegt hat, erkannte Dilthey zwar einen deutschen ‚Sonderweg' im Literatur- und Kunstsystem, den er aus Defiziten an politischen Handlungsspielräumen ableitete; dennoch betonte er im Sinne des 19. Jahrhunderts die Einheit einer Entwicklung von der Aufklärung bis zur Klassik. Mit der Ausblendung der Politik, deren Bearbeitung im Zuge disziplinärer Differenzierung und einseitiger Orientierung auf den ‚Geist' den Historikern überlassen wurde, dem wachsenden Einfluß lebensphilosophischer Vorstellungen und nicht zuletzt aufgrund nationaler Beschränkungen verabschiedete die Neugermanistik schon vor 1933 die Idee eines kontinuierlichen, im gesamteuropäischen Kontext vollzogenen Fortschritts: „‚Deutsche Bewegung' und ‚Goethezeit' werden jedenfalls nicht mehr aus den politischen Rahmenbedingungen abgeleitet, sondern über ihren Gegensatz zur Aufklärung. [...] Ja, erst die Differenz zur ‚westeuropäischen' Aufklärung konstituiert die ‚Deutsche Bewegung', erst der Gegenbegriff verleiht ihr Kontur und Stoßrichtung."[32]

---

[30] Markiert schon durch Hermann August Korff: Geist der Goethezeit. Versuch einer ideellen Entwicklung der klassisch-romantischen Literaturgeschichte. Band 1: Sturm und Drang. Leipzig 1923, S. 33: „In Wirklichkeit müssen allerdings die Ideen der großen Philosophen die Orientierungspunkte abgeben, nach denen die Abstraktion sich ausrichtet."

[31] Herman Nohl hatte 1911 die Differenz zwischen ‚Deutscher Bewegung' und Aufklärung formuliert und als den Ursprung der ‚Deutschen Bewegung' jene Opposition lokalisiert, „wo der ‚Reflexion' des Verstandes als der alle Gewißheit begründenden Macht, der Abstraktion und Demonstration des Rationalismus einerseits, der psychologischen und naturwissenschaftlichen Analyse andererseits, das ‚Leben' als ein von Grund aus Individuelles, Irrationales und als Totalität, die nur der Totalität des Erlebens zugänglich ist, entgegengehalten wird." Herman Nohl: Die Deutsche Bewegung und die idealistischen Systeme. In: Logos IV (1911), S. 356-364; hier zitiert nach dem Wiederabdruck in: H. Nohl: Die deutsche Bewegung. Vorlesungen und Aufsätze zur deutschen Geistesgeschichte 1770-1830. Hrsg. von Otto Friedrich Bollnow und Frithjof Rodi. Göttingen 1970, S. 78-86, S.78.

[32] Holger Dainat: „Dieser ästhetische Kosmopolitismus ist für uns aus". Weimarer Klassik in der Weimarer Republik. In: Lothar Ehrlich, Jürgen John (Hrsg.): Weimar 1930. Politik und Kultur im Vorfeld der NS-Diktatur. Köln, Weimar, Wien 1998, S. 99-121, hier S. 112. Dainat stellt

Die sich nach 1933 verstärkende Trennung von Aufklärung und „Deutscher Bewegung" mußte dann auch zwangsläufig Verbindungslinien zerschneiden, die beispielsweise zwischen der Perfektibilitätsidee der Enzyklopädisten und der Jenaer Frühromantik bestanden. Ein zumeist pejorativ gebrauchter Rationalitätsbegriff bedingte die Wertsteigerung der irrationalen Züge der Romantik und zugleich die Konjunktur ihrer Spätphase. In ideengeschichtlichen Übersichten traten die einem irisierenden Lebensbegriff zugewiesenen Attribute romantischen Dichtens und Denkens in den Vordergrund. Exemplarisch für die damit verbundene selektive Methodik der Darstellung war Kluckhohns 1941 in der *Handbücherei der Deutschkunde* im Hallenser Niemeyer Verlag veröffentlichter Abriß *Das Ideengut der deutschen Romantik*.[33] Unter betont geistesgeschichtlicher Optik,[34] die das entwicklungsgeschichtliche Moment zugunsten des systematischen zurückstellte, gab Kluckhohn eine zusammenfassende Überschau der Romantik und subsumierte den poetischen und philosophischen Reichtum der Romantik unter die Zentralideen „Lebensidee und Lebensgefühl", „Natur-Mensch", „Liebe-Freundschaft-Ehe", „Staat und Vaterland", „Volk und Geschichte", „Religion", „Kunst" und „Dichtung". Bereits die Formulierung dieser Zentralideen und deren Gewichtung offenbarten die Verschiebungen auf der Gegenstandsebene und veränderte Thematisierungsweisen. Homogenisierung und Schematisierung prägten die Darstellung Kluckhohns in so starkem Maße, daß Josef Körner ihm Oberflächlichkeit und Mangel an Verständnis vorwarf.[35] Von Resistenz gegenüber den *Umwertungs*-Bemühungen nach 1933 zeugte dagegen

---

auch klar, daß die Separierung von Aufklärung und ‚Deutscher Bewegung' zugleich auf Krisenerfahrungen der gesellschaftlichen Umwelt reagierte: Mit Rationalismus, Naturwissenschaft und Technik, mit Positivismus, Materialismus und Marxismus identifiziert, wird der Aufklärung die Verantwortung für die „Zerteilung des ‚Lebens'" zugewiesen; zu diesem – von der Bildungs- und Wissenschaftspolitik in Kaiserreich und Weimarer Republik honorierten – Kampf der germanistischen Literaturwissenschaft gegen bestimmte Tendenzen der Moderne auch ders.: Die wichtigste aller Epochen! Geistesgeschichtliche Aufklärungsforschung. In: Anthony Strugnell (General editor): Transactions of the Ninth International Congress on the Enlightenment. Oxford 1996, pp. 1530-1534, hier pp. 1532f.

[33] Seit 1938 erschien die von Franz Saran begründete *Handbücherei für den deutschen Unterricht* in „Neuer Folge" als *Handbücherei der Deutschkunde*, herausgegeben von Helmut Arntz und Wolfdietrich Rasch. Einzelne Titel in chronologischer Folge des Erscheinens waren u.a. Wolfdietrich Rasch: Herder. Halle/S. 1938 (= Handbücherei der Deutschkunde 1); Helmut Arntz: Die Runenschrift. Halle/S. 1938 (=Handbücherei der Deutschkunde 2); Robert Petsch: Die lyrische Dichtkunst, Halle/S. 1939 (= Handbücherei der Deutschkunde 3; Franz Stuckert: Theodor Storm. Halle/S. 1940 (= Handbücherei der Deutschkunde 4); Paul Kluckhohn: Das Ideengut der deutschen Romantik. Halle 1941 (= Handbücherei der Deutschkunde 6).

[34] Paul Kluckhohn: Das Ideengut der deutschen Romantik, S. 4: „Es soll eine geistesgeschichtliche, nicht eine literarhistorische Darstellung sein."

[35] Vgl. Josef Körner: Marginalien. Kritische Beiträge zur geistesgeschichtlichen Forschung. Frankfurt/M. 1950, S. 77: „Wiederholt merkt man, daß ein unphilosophischer Kopf, dem die behandelten Probleme nicht persönlich Herz und Hirn bedrängen, bloß oberflächlich exzerpiert hat und eine scheinbare äußere Verwandschaft der Ideen (die doch oft bei gleicher Vokabel weltenweit Geschiedenes meinen) für Identität nimmt; und nicht nur das innere Verhältnis fehlt, sondern mitunter auch das pragmatische Verständnis für die herangezogenen denkerischen und seelenkundlichen Probleme und Lösungen."

Kluckhohns Ablehnung einer separaten Behandlung der späteren Romantik, die ihm DVjs-Herausgeberkollege Rothacker 1935 vorgeschlagen hatte, für ihn jedoch „wieder ein Auseinanderreissen der Romantik bedeuten (würde), gegen die wir doch beide sind."[36] Seine Darstellung, die die Einheit der Romantik primär in ihrer Opposition zur Aufklärung verortete, erschien nach Kriegsende und Zusammenbruch des Dritten Reiches mehrfach wieder – im Textteil unverändert, doch im bibliographischen Apparat modifiziert.[37]

Die Annahme einer sich ‚organisch' entfaltenden „Deutschen Bewegung" prägte auch die lang erwartete „Summe" der Forschungen zur klassisch-romantischen Literaturepoche des Frankfurter Ordinarius Franz Schultz, die in zwei Bänden 1935 und 1940 erschien.[38] Schultz, der bereits in den 1920er Jahren eine exakte Begriffsbestimmung der Romantik für unmöglich erklärt hatte, bemühte sich gegen eine „restlos aufteilende und umschließende Dialektik" begrifflicher Analyse nun um methodische Neuorientierung. Seine „Morphologie der Epoche" sollte das Wesen von Klassik und Romantik „nicht nach logischen Positionen und Gegenpositionen oder nach teleologischen Zielsetzungen, sondern nach vital-geschichtlichen und absichtslosen Gegebenheiten mit allem Einmalig-Unergründlichen, Wechselnd-Farbigen und doch wieder Sinnvollen des Lebens selber [..] erfassen."[39] Grundintention war, wie im zweiten Band ausgesprochen, „nicht Wissen, sondern Wesen (zu) vermitteln".[40] Auf diskursive, rational nachvollziehbare Darstellung wurde angesichts des „gestauten Reichtum(s) seelisch-geistiger Möglichkeiten" der Romantiker bewußt verzichtet: „Und so ist die Romantik ein ‚Gewebe', und auch ihre Darstellung kann schwerlich diskursiv, sondern muß ‚gewebehaft' sein."[41] Trotz des ambitionierten Anspruchs wurde die Romantik nicht in ihrer konkreten literatur- und kulturgeschichtlichen Histo-

---

[36] Paul Kluckhohn an Erich Rothacker. Brief vom 30.11. 1935. UB Bonn, Nachlaß Rothacker I, Bl. 46.
[37] Nun fehlten u.a. die Schriften Alfred Baeumlers und die in Franz Kochs *Stadion*-Reihe erschienenen Dissertationen zum romantischen ‚Volkstums-Erlebnis' sowie Kluckhohns Artikel *Die deutsche Romantik und die Gegenwart*, der in den Münchener Neuesten Nachrichten vom 14. Dezember 1937 erschienen war.
[38] Franz Schultz: Klassik und Romantik der Deutschen. Bd. 1 Die Grundlagen der klassisch-romantischen Literatur. Stuttgart 1935 (= Epochen der deutschen Literatur IV, 1), Bd. 2: Wesen und Form der klassisch-romantischen Literatur. Stuttgart 1940 (= Epochen der deutschen Literatur IV, 2.). Als Auszug in Form einer Broschüre erschien: Franz Schultz: Die deutsche Romantik. Köln 1940 (= Schriften zur völkischen Bildung).
[39] Franz Schultz: Klassik und Romantik der Deutschen. Bd. 1, S. 5.
[40] Franz Schultz: Klassik und Romantik der Deutschen. Bd. 2, Vorwort.
[41] Ebenda, S. 383, vgl. auch Bd. 1, S. 7: „Wie man sie auch definieren und benennen mag, wie sehr und mit welchen Mitteln man auch danach ringen mag, ihr ‚Wesen' zu fassen und zu bestimmen – diese Begriffsbestimmung tut nichts für das ‚Verstehen' solcher Epochen." Der Verzicht auf rationale Darstellung betraf auch die Klassik, die Schultz als „menschlich-geistiges Schauspiel" über „das Gesamt der äußerlich greifbaren und literarischen und denkerischen Leistungen als etwas Mitgegebenes und allgemein Bekanntes" stellte, vgl. ebenda Bd. 2, S. 284: „Eine monographische Zergliederung der klassischen Einzelleistungen unter dem Zeichen von Philosophie, Kunstlehre, Dichtung liegt nicht auf dem Wege, der hier beschritten wird."

rizität beschrieben, sondern gerann zu einer „Lebensstimmung von ganz eigentümlicher Beschaffenheit"[42]. Wie in Korffs und Kluckhohns ideengeschichtlichen Darstellungen bildete das in Dichtung und Literatur manifestierte „Leben" das zentrale Signifikat, das laut Schultz alle Bestimmungen „rein seelen-, geistes-, bildungs-, dichtungs- und kunstgeschichtlicher Art"[43] in sich aufnehme. Die angebotene „morphologische" Epochendeutung blieb jedoch eine Mixtur divergierender Gliederungs- und Darstellungsprinzipien. Systematische, biographische und entwicklungsgeschichtliche Gesichtspunkte verschränkend und letztlich ohne distinkte Ergebnisse, erntete das Werk widersprüchliche Kritiken. Ein Schüler pries das Werk als „Bekenntnis zum deutschen Geiste ... mit solcher Meisterschaft der Stoffbeherrschung, geistigen Durchdringung und denkerischen Selbständigkeit im Sinne einer schöpferischen Gestaltenlehre bewältigt, daß angesichts solcher Geschlossenheit und Vollendung alle Einzelkritik zu verstummen hat".[44] Den dargestellten „ganzen Reichtum des völkisch-geschichtlichen Lebensprozesses" lobte auch Karl Justus Obenauer, der Schultz' Opus im kontrastiven Vergleich mit Hermann August Korffs *Geist der Goethezeit* rezensierte.[45] Von einer „schweren Enttäuschung" sprach dagegen der ausgewiesene Romantikforscher Josef Körner und kritisierte die an „Meta-Literarhistorik" grenzende Überschreitung des eigentlichen Gegenstandsbereichs, die über das Ästhetisch-Literarische ins Nationale und Soziale hinausgehe, die Aura des Gesamtablaufs erfassen wolle und sich dabei in rettungsloser Spekulation verstricke.[46] Methodisch zwischen Positivismus und Geistesgeschichte schwankend, sei kein kohärentes Gedankengebäude entstanden, sondern nur „ein bloß äußerlich durch die Deckel des Einbandes zusammengehaltenes Allerlei: bald Geschichtserzählung, bald literarhistorische Untersuchung, bald geisteswissenschaftliche Reflexion und dies in ideeller wie in kompositorischer Hinsicht meist unverbunden nebeneinander gesetzt."[47]

Doch versanken nicht alle der angeführten geistesgeschichtlichen Gesamtdarstellungen der Romantik in Schematismus und „Meta-Literarhistorik". Ein Beispiel dafür – und gleichzeitig für die kontinuierliche Fortsetzung des ideengeschichtlichen Programms – war der 1940 veröffentlichte dritte Band von Hermann August Korffs Lebenswerk *Geist der Goethezeit*, der nach vorberei-

---

[42] Ebenda, S. 73.
[43] Ebenda, S. 73.
[44] Walter Rumpf: Besprechung F. Schultz, Klassik und Romantik der Deutschen. In: ZfdPh 66 (1941), S. 86.
[45] Karl-Justus Obenauer: Neue Forschung zur deutschen Romantik I. In: ZfdB 17 (1941), S. 107-111, hier S. 110.
[46] Josef Körner: Marginalien, S. 64.
[47] Ebenda, S. 71. – Claudia Albert (Goethes Torquato Tasso zwischen 1933 und 1945, S. 152) hat dagegen darauf hingewiesen, daß in diesem „Standardwerk" die Objektivität des Kunstwerks und sein Spielcharakter anerkannt würden; Schultz sei der „einzige [innerhalb der *Tasso*-Rezeption 1933-45], der das Phänomen der Kunstautonomie sowie die ästhetischen Entwürfe von Kant und Schelling erwähnt und deutlich gegen die Vermischung von Kunst und Politik Partei ergreift."

tenden Aufsätzen einen Abriß der Frühromantik lieferte.[48] Sein großes ideengeschichtliches System, das Sturm und Drang, Klassik und Romantik als letzte Stufen der gesamten neuzeitlichen Geistesentwicklung entfaltete, hatte Korff bereits Anfang der 1920er Jahre entwickelt.[49] Die 1940 vorgelegte Darstellung der Frühromantik knüpfte an Diltheys Anregungen an und definierte das Werk der romantischen Generation als „Romantisierung (d.h. Steigerung) des von der humanistischen (d.h. klassischen) Generation geschaffenen Werkes", die in zwei Richtungen vollzogen worden sei: Zum einen in der Romantisierung der humanistischen Gedankenwelt, d.h. des philosophischen Weltbildes; zum anderen in der Romantisierung der humanistischen Gestaltenwelt, d.h. der Welt- und Lebensbilder, in denen sich das Welt- und Lebensgefühl poetisch manifestierte.[50] Dementsprechend bestimmte Korff als Signum der Romantik „das Auftauchen der Wunderwelt des christlich-germanischen Mittelalters in der Dichtung" und „das Eindringen des Übernatürlichen, Wunderbaren und Märchenhaften, das Vordringen des christlichen Geistes, vor allem im Sinne einer neuen ethischen Haltung, der romantischen Frömmigkeit und endlich die bewußte Verwurzelung des deutschen Gegenwartsmenschen in der Geschichte seines Volkstums und seiner Kultur."[51] Vor dem Hintergrund der in völkischen Publikationen mehrfach vorgebrachten Angriffe gegen die romantische Wiederentdeckung des Mittelalters markierten diese Formulierungen eine Haltung, die vertretene Positionen auch unter veränderten Umständen nicht preisgab.[52] Auch die von Korff fixierte Verklammerung von Französischer Revolution und „Deutscher Bewegung" und seine Würdigung der „Botschaft der Romantik' an die gebildete europäische Welt"[53] widersprach geistesgeschichtlichen

---

[48] Hermann August Korff: Geist der Goethezeit. Versuch einer ideellen Entwicklung der klassisch-romantischen Literaturgeschichte. Bd. 3: Frühromantik. Leipzig 1940. Vorangegangen waren Korffs Aufsätze: Die Romantisierung des Humanitätsideals. In: Internationale Forschungen zur deutschen Literaturgeschichte. Julius Petersen zum 60. Geburtstag. Leipzig 1938, S. 23-38; Das Werk der romantischen Generation. In: Goethe-Jahrbuch 9 (1940), S. 1-30.

[49] Vgl. H. A. Korff: Humanismus und Romantik. Die Lebensauffassung der Neuzeit und ihre Entwicklung im Zeitalter Goethes. Leipzig 1924; siehe dazu Kapitel 1: Literaturwissenschaftliche Romantikforschung 1900-1933. – In Aufnahme der bereits 1923 fixierten Bestimmung der Romantik als Höhe, Krise und Katastrophe des nachmittelalterlichen humanistischen Subjektivismus leitete Korff aus dessen dialektischen Umschlägen die inhärente Zwiespältigkeit der romantischen Bewegung ab: Die Romantik entstamme sowohl den humanistischen Umwälzungen der Renaissance und der Aufklärung als deren legitimer Tochter als auch einer jahrhundertelangen Rückwendung zum mittelalterlichen Weltbild. Renaissance und Gotik; „Subjektivismus" und „Objektivismus", „Hybris" und „Demut des Geistes" kämen in der Romantik zusammen und prägten ihren spezifischen Dualismus.

[50] Hermann August Korff: Geist der Goethezeit. Bd. 3: Frühromantik. Leipzig 1940, S. 7.

[51] Ebenda, S. 15, in der zweiten Aufl. 1949 S. 12f.

[52] Den ‚Katholizismus' der Romantik, der die religiöse Wiederentdeckung des Mittelalters geprägt habe, verurteilten u.a. Kurt Hancke: Um die deutsche Einheit des Mittelalters. In: Volk im Werden 6 (1938), S. 353-370, S. 357f.; Franz Böhm: Völkische Einheit des Mittelalters. In: Volk im Werden 7 (1939), S. 57-67, S. 61f.

[53] H. A. Korff: Geist der Goethezeit. Bd. 3: Frühromantik (1940), S. 323. Der anonyme und in einfache Anführungszeichen gesetzte Verweis meinte Josef Körners Buch *Die Botschaft der deutschen Romantik an Europa* (Augsburg 1929). Zum Zusammenhang von Französischer Revolution und ‚Deutscher Bewegung' vgl. S. 113f.

Deutungsmustern, die eine Fundamentalopposition von „Deutscher Bewegung" und westeuropäischer Aufklärung behaupteten.

In Konzeption und Methode folgte Korff geistesgeschichtlichen Prinzipien aus der Frühphase des literarhistoriographischen Programms. In Anlehnung an generationstypologische Überlegungen Diltheys erklärte er die Romantiker zur „zweiten Generation" und letzten Entfaltungsstufe der „Goethezeit". Als Fortbildung des klassischen Geistes in generationsmäßig gewandelter Form gliedere sie sich in zwei Gruppen, die dennoch eine Einheit bildeten. Gegen Baeumlers extreme Separation der romantischen Bewegung verfocht der Leipziger Ordinarius eine moderate Differenzierung; die Spätromantik schied als „Restaurationszeit" und unschöpferischer Nachklang aus seiner Darstellung ganz aus. In Rückkehr zu Positionen Ricarda Huchs billigte Korff der Frühromantik die eigentlichen schöpferischen Leistungen zu. Zudem übersteigerte er ihr Bild durch die Einbeziehung Hölderlins als des „romantischen Klassikers"; auch die Einbeziehung Jean Pauls in die Frühromantik war ungewöhnlich und wurde von Fachvertretern moniert.[54]

Korffs Ziel, eine „ideelle Entwicklung der klassisch-romantischen Literaturgeschichte" zu geben, schloß bewußt aus, ein Gesamtbild der Romantik zu liefern. Die Beschränkung auf Dichtungen, innerhalb derer die romantische Gedankenwelt aufgesucht wurde, das bereits 1924 gegen stammesethnographische Ableitungsverfahren verteidigte „metaphysische Verständnis" des Nationalgeistes[55] und die Konzentration auf die in den Werken fixierten Habitusformen des Geistes bewahrten ihn vor der verhängnisvollen „Lebens"-Nähe der bereits erwähnten Darstellungen – und trugen ihm den Vorwurf ein, „keinen Blick für die menschlich-existentiellen Untergründe" zu besitzen.[56] Die positive Beurteilung von Friedrich Schlegels Romanexperiment *Lucinde* irritierte gleichfalls; Korffs Vergleich des nach Karl Justus Obenauer „höchst problematischen, zur Hälfte jüdischen Ehepaares" mit Goethes *Hermann und Dorothea* galt dem Rezensenten als „Entgleisung, die man sich aus diesem großen Werk nur hinwegwünschen kann."[57] Emphatisch würdigten dagegen geistesgeschichtlich arbeitende Fachkollegen Korffs Werk.[58]

---

[54] So durch Paul Kluckhohn: Deutsche Literaturwissenschaft 1933-1940, S. 260f.; Karl-Justus Obenauer: Neue Forschung zur deutschen Romantik. In: ZfdB 17 (1941), S. 107-111, hier S. 109f.

[55] Vgl. H. A. Korff: Humanismus und Romantik, hier S. 140 das Diktum, der sich in der ‚Deutschen Bewegung' manifestierende Nationalgeist sei seinem „Wesen nach offenbar nicht ethnographisch, sondern metaphysisch zu verstehen".

[56] So Hans Pyritz: Vorlesung Deutsche Romantik. SS 1942. DLA, Nachlaß Pyritz, Bl. 43.

[57] Karl-Justus Obenauer: Neue Forschung zur deutschen Romantik, S. 111.

[58] U.a. Rudolf Unger: Schrifttumsbericht Deutsche Romantik. In: ZfDk 55 (1941), S. 82, mit Lob für „Folgerichtigkeit und analogische Verhältnismäßigkeit des Grundrisses, auf dem das weiträumige, organisch sorgfältig durchgebildete Gebäude des Ganzen errichtet ist". Noch nie sei die deutsche Romantik „so umfassend, einheitlich und mit solcher logischen Energie, lichtvollen Klarheit der Sprache und – freilich zuweilen mehr systematisierungs- als einfühlungs-

Die Kritik an Korffs Konzentration auf literarische Texte kam nicht von ungefähr. Der Drang, Gesamtdarstellungen der Romantik zu umfassenden Erzählungen der „Geschichte einer geistigen Bewegung" unter Einbeziehung von Musik, Malerei und Wissenschaft auszuweiten, hatte seit Mitte der 1930er Jahre kulturgeschichtlich erweiterte Abrisse hervorgebracht. Die im Dritten Reich mehrfach aufgelegte Epochendarstellung Richard Benz' erklärte die Romantik zu einem totalen geistigen Vorgang, der im Versuch einer radikalen Reformation der Lebensgrundlagen und der Rückgewinnung einer verlorenen Gemeinschaftskultur eine neue, ganzheitliche Lebensverkündigung hervorgebracht habe und bezog zu deren Interpretation Musik und bildende Kunst ein.[59] Auch Franz Kochs Beitrag *Deutsche Kultur des Idealismus* zu dem von Heinz Kindermann herausgegebenen und durch fortlaufende Lieferungen stetig ergänzten *Handbuch der Kulturgeschichte* folgte geistesgeschichtlichen Prinzipien und erweiterte den Forschungsgegenstand um Philosophie und romantische Wissenschaft zu einer kulturgeschichtlichen Abhandlung.[60] Noch Erich Ruprechts Freiburger Habilitationsschrift von 1943 *Der Aufbruch der romantischen Bewegung*, die 1948 im Druck erschien und aufgrund ihrer Verhaftung an Terminologie und Denkfiguren der Entstehungszeit zum Sündenbock für die Fehlleistungen der Romantikforschung im Dritten Reich erklärt werden konnte, schloß die Gesamtheit der romantischen Kultur in die Untersuchung ein.[61]

Neben synthetischen Gesamtdarstellungen der romantischen Literaturepoche schlossen problemgeschichtliche Forschungen an vorangegangene methodische Entwicklungen an. Die vornehmlich von Rudolf Unger in den 1920er Jahren initiierte „Problemgeschichte" stellte die Methode bereit, mit der poetische und philosophisch-religiöse Texte der Romantik auf ihre Verarbeitung

---

williger – Kraft der Zusammenschau dargestellt worden". Josef Körner (Marginalien, S. 76 und 73) wertete Korffs Buch als „die eindrucksvollste Makroskopie unserer klassisch-romantischen Literatur und Geisteskultur". Dieses „ausgezeichnete, schier sämtliches Schrifttum der Gegenwart überragende" Werk offenbare, „was die (im Ganzen zu Unrecht, im Einzelnen mit Recht bestrittene) sog. Geistesgeschichte eigentlich leisten kann und soll". Zur Bewertung Korffs nach 1945 vgl. Marcus Karl Gärtner: Kontinuität und Wandel in der neueren deutschen Literaturwissenschaft nach 1945, S. 253-256.

[59] Richard Benz: Die Deutsche Romantik. Geschichte einer geistigen Bewegung. Leipzig 1937. Im Gegensatz zur systematischen Darstellungsform suchte Benz das Prinzip einer „Vermischung und Abwechslung biographischer und geistesgeschichtlicher Darstellung" zu verwirklichen, vgl. Richard Benz an Philipp Reclam jun. Verlag. Brief vom 2.2.1937. DLA Marbach A: Benz, Korrespondenzen Reclam-Verlag 1935-45, unnumeriert. In polemischer Absetzung von der diskutierten Separation romantischer Phasen bestimmte Benz die Romantik als unteilbar fortschreitende, ganzheitliche Bewegung. Dabei schrieb er seine bekannte dualistische Auffassung der deutschen Geschichte fort: Gotik, Romantik, süddeutsch-katholische „Sinnenkultur" waren ihm die „deutsche Wesenslinie"; Renaissance, Klassik, „norddeutsche Wortkultur" das „deutsche Verhängnis".

[60] Franz Koch: Deutsche Kultur des Idealismus. Potsdam 1935ff. (= Handbuch der Kulturgeschichte, 1. Abteilung: Geschichte des deutschen Lebens).

[61] Zur Inkriminierung Ruprechts nach 1945 siehe Marcus Gärtner: Kontinuität und Wandel in der neueren deutschen Literaturwissenschaft nach 1945, S. 247-249.

und Gestaltung menschlicher Grundsituationen hin befragt wurden. Unter Berufung auf Ungers Vorarbeiten untersuchten verschiedene Arbeiten die romantische Formung existentieller Erlebnisse wie Liebe, Einsamkeit oder der Gotteserfahrung.[62] Die Mehrzahl der Untersuchungen verfuhr nach der an „Lebensdeutung" interessierten Methode Ungers, die mit philologischer Gewissenhaftigkeit die „seelengeschichtliche Genesis der Romantik"[63] zu rekonstruieren suchte und vor unmittelbaren ideologischen Bedeutungszuweisungen weitgehend geschützt war. Unger selbst, der bis zu seinem Tode während einer Vorlesung 1942 in Göttingen lehrte, verengte seinen problemgeschichtlichen Ansatz in den nach 1933 erscheinenden Arbeiten immer stärker zu einer geisteswissenschaftlich fundierten Begriffsgeschichte, deren bevorzugter Gegenstand die Romantik, speziell Novalis, wurde. In Studien zum Terminus „Heilige Wehmut", den Schleiermacher in der fünften der *Reden über die Religion* zur Charakteristik religiöser Gefühle in ihrer Totalität verwendet hatte, und dem Wort „Herz", das in wechselnden Bedeutungen Novalis' Selbstreflexionen und dichterische Werke durchzog, suchte Unger durch Begriffsexegese zum tieferen Verständnis der Romantik vorzudringen. Die detaillierte Zusammenstellung und Erläuterung von Belegstellen erwies, was bereits Dilthey herausgestellt hatte: daß die romantische Religiosität Resultat der religiös-mystischen bzw. pietistischen Strömungen des 18. Jahrhunderts war, die, so Unger, „sozusagen modern sublimiert, ausgeweitet und seelisch verfeinert (wurden)".[64] Die Verwendung eines Terminus aus der offiziell verfemten Psychoanalyse zeigt, daß Unger Überzeugungen treu blieb, auch wenn diese nicht mit der exklusiven Wissenschaftskonzeption der Nationalsozialisten konform gingen. In einer exegetischen Untersuchung der Bedeutungsentwicklung des Terminus „Herz" bei Novalis nahm Unger 1937 die antithetischen Gegenüberstellungen von „Kopf" und „Herz" auf, die Rudolf Hildebrand in seinen bedeutungsgeschichtlichen Artikeln „Geist", „Genie", „Gefühl", „Gemüt" und „Kopf" im *Deutschen Wörterbuch* expliziert hatte.[65] Unter Rekurs auf Briefe und Fragmente Friedrich von Harden-

---

[62] U.a. Käte Friedemann: Das Wesen der Liebe im Weltbilde der Romantik. In: Philosophisches Jahrbuch der Görresgesellschaft 48 (1935), S. 342-355; Werner Steindecker: Studien zum Motiv des einsamen Menschen bei Novalis und Tieck. Breslau 1937 (= Sprache und Kultur der germanischen und romanischen Völker 19 = Diss. Breslau); Maria Hamich: Die Wandlungen der mystischen Vereinigungsvorstellungen bei Friedrich von Hardenberg. o.O. 1944 (Maschinenschr.) (= Diss. Straßburg); Irmtrud von Minningerode: Die Christusanschauung des Novalis. Berlin 1941 (= Neue deutsche Forschungen 284, Abt. Religions- und Kirchengeschichte 8 = Diss. Tübingen).

[63] So der Titel eines Aufsatzes aus dem Jahre 1930, der in den gesammelten Studien 1944 wiederabgedruckt wurde, hier S. 144-180.

[64] Rudolf Unger: *„Heilige Wehmut"*. Zum geistes- und seelengeschichtlichen Verständnis einer romantischen Begriffsprägung. In: Jahrbuch des Freien Deutsches Hochstift 40 (1936/40), S. 337-409, hier zitiert nach dem Wiederabdruck in R. Unger: Zur Dichtungs- und Geistesgeschichte der Goethezeit. Gesammelte Studien. Berlin 1944, S. 181-254, S. 205.

[65] Rudolf Unger: Das Wort „Herz" und seine Begriffssphäre bei Novalis. Umrisse einer Bedeutungsentwicklung. Göttingen 1937 (= Nachrichten von der Gesellschaft der Wissenschaften zu Göttingen, Philologisch-Historische Klasse), wieder in: R. Unger: Zur Dichtungs- und Geistesgeschichte der Goethezeit, S. 255-267.

bergs deutete Unger den Dualismus von Herz und Verstand als das Initialerlebnis des Romantikers und betonte die Notwendigkeit einer polaren Spannung von Ratio und Emotion für die Genese seines dichterischen Werkes.[66]

Den begriffsgeschichtlichen und sprachtheoretischen Vorarbeiten Ungers folgte sein Göttinger Schüler Heinrich Fauteck, der nach einer Studie zum Terminus „Elastizität" bei Novalis 1939 eine Dissertation zu dessen Sprachtheorie vorlegte.[67] Fauteck gelangte in seiner sachlich-gegenstandsbezogenen Promotionsschrift zu einem Ergebnis, das die von Unger formulierte Gleichzeitigkeit rationaler und emotionaler Komponenten im Denken Friedrich von Hardenbergs bestätigte und in ihrer Übertragung auf die Romantik über sie hinausging. Entgegen der bisherigen Betonung der rationalitätsfeindlichen, mystisch dunklen Züge im Denken Friedrich von Hardenbergs akzentuierte er dessen bewußtseinshellen, intellektuell anspruchsvollen theoretischen Überlegungen zu Sprache und Poesie und plädierte abschließend für die Korrektur der irrationalistisch bzw. antirationalistisch vereinseitigten Romantikkonzeptionen:

> „Die Poesie ist das innerste Zentrum von Novalis' Leben und Wesen. Aus ihr erwächst letzten Endes alles Denken dieses reinsten Vertreters romantischer Geistesart. Doch bedeutet dies keineswegs, wie immer wieder geglaubt wird, daß er aus der klaren Welt der Gedanken und Begriffe sich in das mystische Traumdunkel ununterscheidbarer Begriffe geflüchtet habe. ‚Romantik' in dem Sinne, wie Novalis sie verkörpert, ist keine Gefühlsschwelgerei, ist nicht die Wirklichkeit fliehende Tendenz nach Auflösung aller Dinge ins Allgemeine, ins ‚heilige Nichts', sondern ist elastische Verknüpfung von Nichts und Etwas, durch die eine immer erneute Sinnerfüllung alles Seins bewirkt werden soll. [...] Man muß das Wort ‚Auflösung' aus den Darstellungen der Romantik tilgen, man muß es zumindest als relativ erkennen und ihm den Begriff ‚Verdichtung' als Korrelat zuordnen. Hier bedarf die allgemeine Auffassung vom Wesen der Romantik einer wichtigen Korrektur. Man hat stets zu einseitig den Nachtkultus betont, nicht den Lichtkultus – die Musik, nicht das Bild – das Gefühl, nicht den Verstand – den Traum, nicht die Welt – das Allgemeine, nicht das Besondere – das Nichts, nicht das Etwas – das Innere (im Sinne einer gegenstandslosen Innerlichkeit), nicht das Äußere – das Formlose, nicht die Form – die Schau in die Tiefe des eigenen Ich, nicht die entschiedene Wendung zur Objektivität."[68]

---

[66] Vgl. ebenda, S. 267: „Er erfüllt ihn [den Dualismus von Herz und Verstand] mit dem höchstpersönlichen Erlebnis seiner menschlichen wie dichterisch-philosophischen Doppelveranlagung, seiner tiefen inneren Wesensanspannungen und seines dadurch bedingten ebenso tiefgehenden Ringens um geistig-seelische Einheit seines Innenlebens; er vergeistigt und dynamisiert ihn, sozusagen, zum Gleichnis eines seelisch-ideellen Kräftspiels und steigert ihn, in zunächst unwillkürlichem, dann mehr und mehr bewußten Dichtungsdrange sublimierend Stufe für Stufe empor zum Mythos von den miteinander kämpfenden kosmischen Mächten: zum allegorischen ‚Märchen' des ‚Ofterdingen'."

[67] Heinrich Fauteck: Elastizität als Terminus bei Novalis. In: Junge Geisteswissenschaft 2. Göttingen 1939, S. 3-9 (= Nachrichten von der Gesellschaft der Wissenschaften zu Göttingen. Phil.-Hist. Klasse. Fachgr. 4, N.F. 2, 4); ders.: Die Sprachtheorie Fr. von Hardenbergs. Berlin 1940 (= Neue Forschung 34 = Diss. Göttingen 1939).

[68] Heinrich Fauteck: Die Sprachtheorie Fr. von Hardenbergs, S. 182.

Ausgewogenheit der Untersuchung und Wertung prägten ebenso die problemgeschichtlichen Forschungen Walther Rehms zur deutsch-antiken Begegnung, die der Münchener Privatdozent und nachmalige Gießener und Freiburger Ordinarius in der umfangreichen Monographie *Griechentum und Goethezeit* und in zahlreichen Einzelstudien vorlegte, die auch die romantische „Umkehr" des klassischen „Griechenglaubens" einbezogen.[69] Ein über alle zeitgeschichtlichen Brüche bewahrtes humanistisches Ethos sicherte seinem wissenschaftlichen Werk eine noch heute mit Staunen bemerkte Unabhängigkeit von Imperativen der politischen Umwelt.[70] Im vorletzten Kapitel seiner 1936 vorgelegten Monographie *Griechentum und Goethezeit* entwickelte Rehm die verschiedenen Stadien der romantischen „Umkehr" der Griechenland-Sehnsucht der Klassik und gelangte nach eingehendem Studium der Positionen Friedrich Schlegels, Novalis', Solgers, Adam Müllers, Creuzers und Ernst von Lausaulx' zu einem Resultat, das die anfänglich dem heidnischen Griechentum konträr gegenüberstehende Romantik als dessen eigentliche Entdeckerin rehabilitierte. Romantisches Dichten und Denken habe den Blick auf das „echt" Griechische – nämlich deren verschüttete religiöse Quellen – gelenkt und damit „jene fromme Liebes-Einheit von Griechischem und Christlichem im Katholisch-Romantischen"[71] ermöglicht. Mit der Integration der Romantik in die Totalität einer griechisch-deutschen Lebenseinheit, die Rehm pathetisch deklarierte, war ihre nationalgeschichtlich-völkische Verengung abgewiesen und der Synthese-Gedanke der Romantik mit religiösen Bestrebungen zur Wiederbelebung eines christlichen Europas kompatibel gemacht.[72]

6.1.2 Innovatorische Versuche im Schoße der Geistesgeschichte

Wachsendes Unbehagen an der als „Handbuchwissenschaft" praktizierten Geistesgeschichte motivierte schon Beginn der 1930er Jahre Überlegungen,

---

[69] U.a. Walther Rehm: Griechentum und Goethezeit. Geschichte eines Glaubens. Leipzig 1936 (= Das Erbe der Alten XXVI), ²1938, ⁴1969; hier vor allem Kapitel VIII. Gräkomanie: Leidenschaft und Gefahr (S. 268-284) und IX. Interpretatio christiana: Umkehr und Fernblick (S. 285-334); ders.: Europäische Romdichtung. München 1939; ders.: Bachofens Griechische Reise. In: Zeitschrift für deutsche Kulturphilosophie 9 (1943), S. 161-186, wieder in: W. Rehm: Götterstille und Göttertrauer. Aufsätze zur deutsch-antiken Begegnung. Bern 1951, S. 248-273.

[70] Vgl. Ernst Osterkamp: Klassik-Konzepte. Kontinuität und Diskontinuität bei Walther Rehm. In: W. Barner, C. König (Hrsg.): Zeitenwechsel, S. 150-170; Michael Schlott: Werkkontinuität im Werkkontinuum. Die Funktion der „Klassik" bei Walther Rehm. In: Ebenda, S. 171-181.

[71] Walther Rehm: Griechentum und Goethezeit, S. 334.

[72] Vgl. die Schlußzeilen des Romantik-Kapitels ebenda, S. 334: „Auch das wahre, innere Griechentum sollte mit seinem Glauben helfen, jenes liebevoll Romantische, dem es innerlich nahe war, jene alte europäische Christenheit wiederzugewinnen samt ihrer echten, allumfassenden Katholizität, in der alle Gegensätze versanken. Es war die Hoffnung des Novalis auf die neue, goldene Zeit mit ihren dunklen unendlichen Augen, auf diese prophetische, wundertätige und wundenheilende Zeit, tröstend und entzückend, auf die heilige Zeit der ewigen romantischen Zusammenkunft und des ewigen Friedens."

sie durch anschlußfähigere und neue Forschungsfelder eröffnende Programme abzulösen. Obwohl die in den 1910er und 1920er Jahren ausgebildeten problem- und ideengeschichtlichen Zugänge auch nach 1933 dominierten und einen Großteil der Romantikforschung prägten, entstanden nun im Schoße der Geistesgeschichte innovative Ansätze, die nach dem Zusammenbruch des Dritten Reiches zur Entfaltung gelangten und schulbildend wirkten. Zu erwähnen sind in diesem Zusammenhang Paul Böckmanns 1930/31 einsetzende Bemühungen um eine „literarische Formgeschichte", die für seinen 1934/35 vorgelegten Beitrag zur Entwicklung der romantischen Poetik fruchtbar wurden und in die 1949 veröffentlichte *Formgeschichte der deutschen Dichtung* mündeten. Nachhaltige Bedeutung für die spätere westdeutsche Literaturwissenschaft erlangten auch die seit Anfang der 1940er Jahre verfolgten Anstrengungen Günther Müllers, in Rekurs auf den Gestalt-Begriff Goethes und zeitgenössische naturwissenschaftliche Diskussionen eine „morphologische Poetik" zu begründen. Noch vor den literaturtheoretischen Reflexionen der 1940er Jahre entstand das Werk *Geschichte der deutschen Seele*, das als ein Abriß der literarhistorischen Entwicklung „vom Faustbuch zu Goethes Faust" an die 1927 vorgelegte Übersichtsdarstellung *Deutsche Dichtung von der Renaissance bis zum Ausgang des Barock* anschloß. Abschließend soll untersucht werden, inwieweit der hier praktizierte Versuch, der „blutlosen Gedanklichkeit"[73] der Geistesgeschichte ein Pendant entgegenzusetzen, deren konzeptionellen und methodischen Vorgaben entkam.

Bereits 1934 warf Günther Müller, damals noch Lehrstuhlinhaber in Münster, der Geistesgeschichte vor, diese habe „das Sein in eine endlose Abfolge von Entwicklungen aufgelöst" und sich dabei „mit einer vielfach sehr feinen und verstehenden Beschreibung der Vorgänge begnügt, ohne Ordnungszusammenhänge über das Walten der tatsächlichen Vorgänge hinaus, ohne Richtpunkte und Entscheidungen zu suchen."[74] In tastenden Bemühungen um eine neue Dichtungstheorie erwog er kurzzeitig eine Synthese von Sein und Werden im Zeichen einer rassenkundlichen Literaturbetrachtung,[75] um in der zwischen 1931 und 1935 niedergeschriebenen, doch erst 1939 veröffentlichten *Geschichte der deutschen Seele* eine seinen Intentionen entsprechende Zusammenhangsdarstellung zu liefern. Das Erkenntnisziel dieser „Seelengeschichte" bestand darin, das „große Grundgefüge" im „unentwirrbaren Geflecht von verschiedenen typischen Gefügen der Rasse, der Seele, des Stils, der Anschauungsweisen, der Erkenntnisart, der Willensabläufe"[76] herauszupräparieren. Die dazu verwendete Methode folgte dem Prinzip der geistesgeschichtlichen Typologisierung; Dispositionen der späteren „morphologischen Poetik" wurden allenfalls in der zum Teil überbordenden orga-

---

[73] Günther Müller: Literaturwissenschaft als Geistesgeschichte. In: Universitas. Katholischer Pressedienst für Kultur, Dichtung und Leben. 40. Folge 29.11. 1934. S. 1.
[74] Ebenda, S. 2.
[75] Günther Müller: Literaturwissenschaft als Kulturwissenschaft. In: Universitas 38. Folge 15.11. 1934, S. 2.
[76] Günther Müller: Geschichte der deutschen Seele. Vom Faustbuch zu Goethes Faust. Freiburg 1939, S. 1.

nologischen Rhetorik erkennbar. Katholisch gebunden, deutete Müller die deutsche Literaturgeschichte von Luther bis Friedrich Schlegel und Eichendorff als Variation eines „deutsch-gotischen Grundzugs"[77] und zeichnete sie in teleologischer Perspektive als Durchbruch einer Religiosität nach, deren End- und Höhepunkt der Umschlag von der klassischen Bändigung der „geheimen und abgründigen Lebensmächte" zur romantischen „Berührung mit den religiösen Mächten" gewesen sei.[78] Insbesondere die beiden Romantik-Kapitel zeigen, daß Müllers ganzheitliche „Seelengeschichte" in lebensphilosophischer Fundierung und Metaphorik noch deutlich in den Bahnen der Geistesgeschichte verblieb: Die vom Sturm und Drang begonnene „Entdeckung der Eigengesetzlichkeit des Lebens" sei von „neuplatonischen Unterströmungen" und religiösen Bewegungen befruchtet worden; in der Romantik trete die Sehnsucht nach einem „durchgotteten Universum" hinzu und vereine sich mit dem „Erwachen völkischen und nationalen Bewußtseins" zu „christlich-deutscher Humanität".[79] In der „Hochromantik" seien eine „Verdichtung des Allgemein Christlichen ins Religiöse" und die „Erweckung des deutschen Bewußtseins" zu beobachten.[80] Die Verbindung geistesgeschichtlicher Klassifikationen mit der zeitgemäßen Thematisierung des Volkstumsgedankens brachte Müller zwar die Anerkennung ähnlich arbeitender Fachkollegen ein,[81] beseitigte aber nicht das Mißtrauen überzeugter Nationalsozialisten gegenüber der katholischen Grundeinstellung der *Geschichte der deutschen Seele*.[82]

---

[77] Vgl. ebenda S. 6: „So zeigen sich die Jahrhunderte von Luther bis zur Romantik als eine Art Einheit, insofern sie alle die Vorentscheidung für das individuelle Heil in die Zeit hinein entfalten. [...] Es handelt sich darum, in diesen Bezeichnungen, die ursprünglich kleinere Epochen benannten, dasjenige zu entbinden, was seelische Grundverhaltungen und grundsätzliche Vorentscheidungen überhaupt begreift. Man kann in gleichem Sinn von diesen drei Jahrhunderten auch als von dem faustischen Zeitalter sprechen."
[78] Ebenda, S. 378.
[79] Ebenda, S. 378 und S. 426.
[80] Ebenda, S. 435. – Ähnliche Wertungsprinzipien fanden sich auch in der Behandlung einzelner Romantiker, so in der Würdigung Friedrich Schlegels für seine Anerkennung von „Blut, Schicksalsgemeinschaft und Sprache als Lebenskräfte[n] der Nation" (S. 436f.) und Adam Müllers, der „Kants Organismuslehre aus den Kräften der romantischen Gemeinschaftslehre fortgebildet und dem verpflichtenden Verständnis von Volkstum und Nation zugewandt" habe (S. 437f.) sowie Eichendorffs, S. 443f.
[81] Vgl. Paul Kluckhohn: Deutsche Literaturwissenschaft 1933-1940, S. 261, der in Müllers Werk „philosophische Schulung", „tiefe[n] Sinn für Dichtung" sowie einen „historischen Blick" erkannte und lobte: „Günther Müller wertet vom Standpunkt katholischer Weltanschauung, aber ohne jede konfessionelle Enge, und weiß auch die neuen Gesichtspunkte der Rasseforschung u.a. sich zu eigen zu machen." – Vgl. auch die Rezensionen von Friedrich Braig (Hochland 37 (1940), S. 510-513); Hajo Jappe (ZfdPh 67 (1942), S. 96-98) und Rudolf Unger (Historische Zeitschrift 164 (1940), S. 146f.).
[82] So bei Karl Justus Obenauer: Neue Literaturgeschichten. In: ZfdB 16 (1940), S. 84-86, hier S. 85f. – Bereits im SD-Bericht über die Lage der Germanistik von 1938/39 war Müller als „kath[olischer] Exponent in der Germanist (Konvertit)" bezeichnet und zusammen mit Paul Hankamer und Heinrich Lützeler zu den Aktivisten des als „weltanschaulicher Gegner" geltenden „politischen Katholizismus" gezählt worden; siehe Gerd Simon (Hrsg.): Germanistik in den Planspielen des Sicherheitsdienstes der SS, S. 11 und 13. Als Gauleitung und Dozentenbundsführung 1941/42 verstärkt gegen Müller opponierten und seinetwegen sogar bei

Die unter Müllers Anleitung an der Universität Münster entstandenen Dissertationen zur Romantik verrieten ebenfalls noch deutlich den Einfluß geistesgeschichtlicher Deutungsmuster und katholischer Wertmaßstäbe. So applizierte Günther Schmitz in seiner Promotionsschrift das in Platons Dialog *Phaidros* entwickelte Motiv des Aufstiegs der Seele aus dem Gefängnis des Leibes auf romantische Dichtungen und kam zu dem Schluß, daß in ihnen nicht der Tod, sondern Natur, Kunst und Liebe diesen Seelenaufschwung auslösten.[83] Ludgera Maria Kerstholt versuchte, Günther Müllers Göttinger Dissertation über Brentanos *Romanzen vom Rosenkranz*[84] durch Entwicklung des Weltbilds des romantischen Dichters zu ergänzen und hob in religiöser Emphase letztlich die Grenzen zwischen Autor und Werk auf.[85]

Erst das Ende der 1930er Jahre auflebende Interesse Müllers für die spezifische „Seinsweise von Dichtung",[86] das zur Rezeption der phänomenologischen Poetologie Roman Ingardens und einer intensivierten Beschäftigung mit Goethes naturwissenschaftlichen Schriften führte, leitete die Wende zu einer „morphologischen Poetik" ein, von der die seit Anfang der 1940er Jahre erschienenen Arbeiten Zeugnis ablegen.[87] Eine besondere Rolle spielte da-

---

Martin Bormann vorstellig wurden, monierte das mehrseitige Gutachten des Stellvertretenden Gauleiters insbesondere die von „jesuitischem Wollen und jesuitischer Manier" getragene *Geschichte der deutschen Seele*; vgl. Helmut Heiber: Universität unterm Hakenkreuz. Teil 2: Die Kapitulation der Hohen Schulen. Bd. 2, S. 724-729, Zitat hier S. 728. – Am 20. April 1943 wurde Müller unter Gewährung eines Forschungsstipendiums in den Ruhestand versetzt und gezwungen, Münster zu verlassen; siehe ebenda, S. 729.

[83] Günther Schmitz: Der Seelenaufschwung in der deutschen Romantik. Gütersloh 1935 (= Diss. Münster).

[84] Günther Müller: Brentanos Romanzen vom Rosenkranz. Magie und Mystik in romantischer und klassischer Prägung. Göttingen 1922 (= Diss. Göttingen 1921).

[85] Vgl. Ludgera Maria Kerstholt: Das Bild der Welt in Brentanos „Romanzen vom Rosenkranz" Berlin 1939 (= Germanische Studien 211 = Diss. Münster), S. 88: „Es geht in den Romanzen nicht letztlich um eine ‚Weltdeutung', die eingespannt ist in die Gegenpole: ‚Erkennen' – ‚Nichterkennen'; es geht hier auch nicht um einen ‚Mythus von Gott und Welt', – der Grund, aus dem hier alles Geschehen aufsteigt, ist in Wahrheit immer nur der eine, dieser nämlich: Das Lachen und Weinen, das Zucken und Beben des Herzens, dem alle irdische Liebeserfüllung versagt bleiben muß, und sein endlicher Aufbruch in die mystische Liebe zum überirdischen, ewigen Gott, der die Liebe selbst ist." – In Münster entstanden auch: Franz Röckmann: Stilkundliche Untersuchung und geistesgeschichtliche Einordnung des „Bitteren Leidens" von Klemens Brentano. Ein Beitrag zum Problem des „alten Klemens Brentano". Münster 1934 (= Diss. Münster); Kurt Borrass: Hoffnung und Erinnerung als Struktur von Hardenbergs Weltahnung und deren Verhältnis zur Form. (Bochum 1936 = Diss. Münster); G. Schütze: Möriges Lyrik und die Überwindung der Romantik. Münster 1940 (= Diss. Münster); Stephan Selhorst: Die Problematik des Individualismus in der Romantik. Eine künstlerpsychologische Untersuchung. Wattenscheid 1942 (=Diss. Münster).

[86] Günther Müllers Aufsatz *Über die Seinsweise von Dichtung* (in: DVjs 17 (1939), S. 137-153) schloß an Roman Ingardens 1930 erschienenes Buch *Das literarische Kunstwerk* an; dazu Norbert Krenzlin: Das Werk „rein für sich". Zur Geschichte des Verhältnisses von Phänomenologie, Ästhetik und Literaturwissenschaft. Berlin 1979, S. 133ff.

[87] Günther Müller: Die Gestaltfrage in der Literaturwissenschaft und Goethes Morphologie. Halle/S. 1944 (= Die Gestalt 13); ders.: Morphologische Poetik. In: Helicon 5 (1944), S. 1-22; ders.: Goethes Elegie Metamorphose der Pflanzen. Versuch einer morphologischen Interpretation. In: DVjs 21 (1943), S. 67-98. Alle wieder in Günther Müller: Morphologische Poetik. Gesammelte Aufsätze. In Verbindung mit Helga Egner hrsg. von Elena Müller. Tübingen 1968, S.146-224, 225-246; 356-387.

bei Müllers Engagement innerhalb des an der Hallenser Universität durch die Naturwissenschaftler Wilhelm Troll und Karl Lothar Wolf organisierten *Gestalt-Kolloquiums*, dessen Bedeutung für die Überlegungen zu einer ‚morphologisch-ganzheitlichen' Neugestaltung des Wissenschaftssystems an späterer Stelle zu beleuchten ist.[88] Hier soll nur kurz auf einige Aspekte der Entstehung der nach 1945 in der westdeutschen Germanistik nicht unbedeutenden „morphologischen Literaturwissenschaft" hingewiesen werden, zu der fundierte Untersuchungen noch immer ausstehen.[89] – Aus der im Deutschen Literaturarchiv (leider nur unvollständig) erhaltenen Korrespondenz zwischen dem Botaniker Wilhelm Troll und Günther Müller geht hervor, daß letzterer bereits im Sommer 1942 eingeladen worden war, im Rahmen des *Gestalt-Kolloquiums* einen Vortrag zu halten und diesen in erweiterter Form für eine Publikation in der Reihe *Die Gestalt* zur Verfügung zu stellen.[90] Der von W. Troll und K. L. Wolf als Goethe-Kenner geschätzte Müller hatte nicht nur die von den beiden Naturwissenschaftlern verfaßte Programmschrift *Goethes morphologischer Auftrag*, sondern auf seine Bitte hin auch diverse andere Titel der Schriftenreihe erhalten und am 1. September 1942 „Die Gestaltfrage in der Literaturwissenschaft" als Thema seines Referates vorgeschlagen.[91] Ob der für den 12. Dezember 1942 geplante Vortrag Müllers zu diesem oder einem anderen Zeitpunkt stattfand, läßt sich bislang nicht genau feststellen – wie erwähnt sind die zwischen Müller und Troll gewechselten Briefe nur unvollständig erhalten und andere Dokumente aus dem Nachlaß Müllers noch nicht ausgewertet.[92] Sicher ist, daß Müller im Wintersemester

---

[88] Siehe Teil 2, Kapitel 2: Faszination des Organischen: Die Kategorie des „Organischen" in weltanschaulichen und ideologischen Diskursen.

[89] Der Beitrag Rainer Baasners (Günther Müllers morphologische Poetik und ihre Rezeption. In: W. Barner, Chr.König (Hrsg.): Zeitenwechsel, S. 256-267) kann nur als ergänzungsbedürftiger Anfang gelten. Hinweise auf Müller gibt Klaus R. Scherpe: Die Renovierung eines alten Gebäudes. Westdeutsche Literaturwissenschaft 1945-1950. In: Walter H. Pehle, Peter Sillem (Hrsg.): Wissenschaft im geteilten Deutschland. Restauration oder Neubeginn nach 1945? Frankfurt/M. 1992, S. 149-163, hier S. 157; weitgehend identisch mit ders.: Die Moderne sollte vermieden werden. Westdeutsche Literaturwissenschaft 1945-1950. In: K. Scherpe: Die rekonstruierte Moderne. Studien zur Literaturwissenschaft nach 1945. Köln, Weimar, Wien 1992, S. 1-23. Eine instruktive Einführung bietet jetzt Holger Dainat: Günther Müller. In: Neue Deutsche Biographie. Bd. 18. Berlin 1997, S. 395f.; eine detaillierte Darstellung ist zu erwarten von Andreas Pilger: Nationalsozialistische Steuerung und die ‚Irritationen' der Literaturwissenschaft. Günther Müller und Heinz Kindermann als Kontrahenten am Münsteraner Germanistischen Seminar. Erscheint in: Holger Dainat, Lutz Danneberg, Friedrich Vollhardt (Hrsg.): Literaturwissenschaft und Nationalsozialismus. Tübingen 1999.

[90] Vgl. Wilhelm Troll an Günther Müller. Brief vom 16. September 1942. DLA Marbach, A: 68.7804 unnumeriert.

[91] Das ergibt sich aus dem Brief von Wilhelm Troll an Günther Müller vom 7. November 1942. Ebenda, unnumeriert.

[92] Eine Auswertung der im Nachlaß Günther Müllers im DLA befindlichen Dokumente müßte vor allem die Exzerpte, Notizen und Tagebücher sowie die Manuskripte „Goethes Naturlehre" (42 Bl., Zugang 68.7338), „Goethes Vermächtnis" (7 Bl., Zugang 68.7339), „Das Individuum in der naturwissenschaftlichen Entwicklung" (4 Bl., Zugang 68. 7364) und „Goethe-Literatur seit 1945" (22 Bl., Zugang 68. 7337) auf Korrespondenzen und Übereinstimmungen mit Arbeiten aus dem Hallenser *Gestalt-Kolloquium* untersuchen.

1942/43 vor dem Hallenser *Gestalt-Kolloquium* sprach und seinen Vortrag wie verabredet für eine Veröffentlichung im Niemeyer-Verlag zur Verfügung stellte: In der 1944 als Heft 13 der Schriftenreihe *Die Gestalt* publizierten Abhandlung *Die Gestaltfrage in der Literaturwissenschaft und Goethes Morphologie* dankte Müller nachdrücklich Wilhelm Troll für die Möglichkeit des Auftritts und den Leitern des Kolloquiums für „fördende Anregung".[93] Die Einladung hätte ihm die Möglichkeit geboten, die in seinem Aufsatz *Die Grundformen der deutschen Lyrik* entwickelten „methodischen Voraussetzungen" zur Klärung poetologischer Fragestellungen „nun zu einem Entwurf der Anfangsgründe einer literaturwissenschaftlichen Morphologie zu erweitern".[94] Inspiriert von Goethes Typologie und deren Aktualisierung durch Troll und Wolf hatte Müller vor dem *Gestalt-Kolloquium* eine Poetik entwickelt, die in einem *strukturellen* Zugriff auf die „Gestalt" des dichterischen Werkes eine Alternative zu den die „Morphä der Dichtungen" verfehlenden Programmen von Geistesgeschichte, Literaturethnographie, Sozialgeschichte und Formanalyse eröffnen wollte. Mit der direkten Applikation der in Goethes naturwissenschaftlichen Schriften entfalteten Idee des „ewig Einen, das sich vielfach offenbart" auf das dichterische Kunstwerk, das als ein gestaltetes und gestalthaftes Ganzes in Analogie zum „Formtypus" der Pflanze zu begreifen sei, schloß Müller in mehrfacher Hinsicht an die konzeptionellen Vorgaben der morphologischen Reformbemühungen an und versuchte sie mit den Bedürfnissen des eigenen Faches kompatibel zu machen. Zum einen schien das emphatische Organismusdenken – das Kunstwerk existiert nicht nur *wie* Natur, sondern *ist* Natur – heuristisch tragfähig zu sein, indem es innovative und anschlußfähige Beschreibungsinstrumentarien bereitstellte: Prinzipien der morphologischen Botanik, in die sich Müller durch Trolls Aufsatzsammlung *Gestalt und Urbild* und den Münsteraner Biologen E. Ries einweihen ließ, unmittelbar auf literarische Texte übertragend, konnten Bauformen der natürlichen Pflanzengestalt (Stamm, Ast, Zweig und Blatt) und ihnen zugeschriebene Kräfte („Vertikal-" und Spiraltendenz", „Führkraft" und „Schwellkraft") in der Gestalt der dichterischen Werke wiedererkannt und benannt werden. Der so praktizierte Anschluß an den „neuen Aufbruch des biologischen Denkens"[95] schlug eine Brücke zur neuen Leitdisziplin des Wissenschaftssystems und offerierte Distinktionsgewinne gegenüber einer Geistesgeschichte, die ihre konzeptionellen und methodischen Vorgaben vor allem der Philosophie entnommen hatte. Zugleich erhoffte auch Günther Müller in Übereinstimmung mit zahlreichen Projektanten gestalthafter Wissenschaftsprogramme, durch die „bewußte Ausrichtung an Goethes Morphologie" den neuzeitlichen Differenzierungsprozeß des Wissenschaftssystems

---

[93] Günther Müller: Die Gestaltfrage in der Literaturwissenschaft und Goethes Morphologie, zitiert nach dem Wiederabdruck in G. Müller: Morphologische Poetik, S. 148: „Dieser Vortrag liegt den folgenden Ausführungen zugrunde, und ich ergreife gern die Gelegenheit, den Leitern des Gestalt-Kolloquiums und Herausgebern der Schriftenreihe ‚Die Gestalt' für fördernde Anregung meinen Dank auszusprechen."
[94] Ebenda.
[95] Ebenda, S. 147f.

umkehren und „hinter die Aufspaltung von Geistes- und Naturwissenschaften und von vielen anderen dogmatischen Fixierungen ... zu der Einheit des immerfort zeugenden und zerstörenden Lebens zurückfinden" zu können.[96]

Für seine Anwendung des gestalthaften Wissenschaftsprogramms auf dem Gebiet der Neugermanistik erntete Müller zwar den Dank der Organisatoren des Hallenser Kolloquiums;[97] Fachkollegen standen seiner ‚morphologischen Literaturwissenschaft' anfangs aber eher skeptisch gegenüber.[98] Dennoch sicherten ihm sein typologisches Konzept und politische Unbescholtenheit nach 1945 die Chance, wissenschaftlich weiterarbeiten zu können. Nicht zuletzt weil die morphologische Poetik auf Gesetzgebung und Hierarchisierung des ‚Dichtungsganzen' hin angelegt war und rassentheoretische Rückführungen auf den personalen Urheber ausgeschlossen hatte, konnte Müller im Herbst 1945 an die Universität Bonn berufen und dort ein halbes Jahr später mit einem Ordinariat betraut werden.[99] In der von ihm gepflegten „Askese des genauen Hinsehens, Messens und Vergleichens"[100] wurde mit der Maximierung der *gestalthaften* Züge des Einzelwerkes „Dichtung als Dichtung" bewahrt und ungeachtet der Veränderungen in der politischen Umwelt „immanent" interpretiert. Aus der kleinen Interpretationsgemeinschaft der in sein Bonner Oberseminar aufgenommenen Studenten ging eine bedeutende Erzählforschung hervor, die ihre bleibenden Leistungen in Müllers Arbeiten zur „Bedeutung der Zeit in der Erzählkunst" und Eberhard Lämmerts Dissertation *Bauformen des Erzählens* finden sollte.[101]

---

[96] Ebd., S. 149.
[97] Wilhelm Troll an Günther Müller. Brief vom 10. März 1944. DLA Marbach, A: Müller, 68. 7804, unnumeriert: „Ich möchte Ihnen auch im Namen von Herrn Wolf nochmals herzlich danken für diesen besonders wertvollen Beitrag, der programmatisch ein ganz großes Wissenschaftsgebiet aufzuschließen geeignet ist. Ihre engeren Fachgenossen verstehen doch wohl wenigstens teilweise, was ihnen hiermit geboten wird!"
[98] So vor allem Emil Staiger, der sich in seinen *Grundbegriffen der Poetik* 1946 ebenfalls auf Goethes „Naturformen der Dichtung" berufen sollte und 1944 den „mechanistischen Zwang" in Müllers Morphologie kritisierte, welche die „Gestalt" nur an der sinnlichen Oberfläche begreife und nicht in der „schöpferischen Tiefe des dichterischen Seins", E. Staiger: Morphologische Literaturwissenschaft. In: Trivium 2 (1944), S. 223-227.
[99] Vgl. Helmut Heiber: Universität unterm Hakenkreuz. Teil 2: Die Kapitulation der Hohen Schulen. Bd. 2, S. 729.
[100] Eberhard Lämmert: Brief an einen Literarhistoriker. In: Siegfried Unseld (Hrsg.): Wie, warum und zu welchem Ende wurde ich Literaturhistoriker? Frankfurt a. M. 1972, S. 152-163, hier S. 153; wieder in E. Lämmert: Das überdachte Labyrinth. Ortsbestimmungen der Literaturwissenschaft 1960-1990. Stuttgart 1991, S. 209-217, hier S. 210.
[101] Nur anzumerken ist, daß sich auch Müllers einflußreiches Konzept der zeitlichen Entfaltung von Dichtung Überlegungen innerhalb des Gestalt-Kolloquiums verdankte: Müller verwies nachdrücklich auf die in der Reihe *Die Gestalt* publizierte Schrift Viktor von Weizsäckers *Gestalt und Zeit* als Anregung zur Integration der Temporalität in sein morphologisches Forschungskonzept, vgl. G. Müller: Morphologische Poetik, wieder in ders.: Morphologische Poetik, S. 239.

Zeitgenössische Beobachter glaubten mit der historischen Zäsur des Jahres 1945 auch die Geistesgeschichte als „das letzte Aufflackern eines senilen Idealismus, der da am Ende des bürgerlichen Zeitalters noch einen kurzen Nachsommer hat",[102] verabschieden zu können. Dennoch gaben sich die Vertreter dieses Methodenspektrums noch lange nicht geschlagen. Trotz z.T. massiver Kritik – etwa Josef Körners, der die Auswüchse einer „modischen Geistesgeschichte" als „mythischmystisches Sumpffieber unserer wissenschaftlichen Jugend" bezeichnete und „eine Atmosphäre trockener Sachlichkeit" forderte[103] – verblieben die nach 1945 erschienenen Werke zur klassisch-romantischen Literaturepoche weitgehend in den Bahnen bisheriger Deutungs- und Darstellungsprinzipien. An der Betrachtung von Kunst und Literatur als „Lebensdeutung" wurde festgehalten; mit den Mitteln der Typologisierung war nun „das zeitlos Gültige, das im Fluss der Geschichte Beharrende" herauszupräparieren, um so einer „bedürftigen Zeit die ewigen Wahrheiten großer Dichtung zu vermitteln"[104]. Primär änderten sich die Werte, auf die sich die Vermittlungstätigkeit von Literaturwissenschaftlern konzentrierten – und damit die Gegenstände von Darstellungen und Anthologien: Hermann August Korff veröffentlichte unter dem Titel *Edel sei der Mensch* Auszüge aus Schriften, Briefen und Gesprächen der Klassiker;[105] Gerhard Fricke, der 1940/41 den „Kriegseinsatz der Germanistik" koordiniert hatte, schrieb über *Goethes Ideal der Humanität*.[106] Paul Kluckhohn, der 1934 eine Anthologie *Die Idee des Volkes im Schrifttum der Deutschen Bewegung* herausgegeben hatte, publizierte 1946 *Die Idee des Menschen in der Goethezeit*, in der diese als „Höhenzeit deutscher Geistesgeschichte" und „Kraftquell" beschworen wurde – um „daraus (zu) schöpfen für die Aufgaben, die uns auferlegt sind, und zugleich Demut (zu) lernen im Bewußtsein des Abstandes, der uns von diesen hohen Leitbildern trennt".[107]

Bis es in der deutschen Germanistik zu einer wirklichen Aufarbeitung der internationalen Dimensionen der Romantik und ihrer spezifischen, völker- und länderübergreifenden „Modernität" kam, sollten noch einige Jahre ver-

---

[102] Karl Viëtor: Literaturgeschichte als Geistesgeschichte. Ein Rückblick. In: PMLA 60 (1945), S. 899-916, hier zitiert nach dem Wiederabdruck in Thomas Cramer, Horst Wenzel (Hrsg.): Literaturwissenschaft und Literaturgeschichte, S. 310. Ähnlich auch Ernst Robert Curtius: Europäische Literatur und lateinisches Mittelalter. Bern 1948, S. 385f., der die „leichtfertig konstruierende ‚Geistesgeschichte', die sich in Deutschland seit dem ersten Weltkrieg an Stelle der Philologie setzte", als „Symptom wissenschaftlichen Verfalls" bezeichnete.

[103] Josef Körner: Marginalien, S. 72.

[104] Karl Viëtor: Literaturgeschichte als Geistesgeschichte, S. 915f.

[105] Hermann August Korff (Hrsg.): Edel sei der Mensch. 2 Bde. Leipzig 1947/48 (= Weisheit und Dichtung der Weltliteratur).

[106] Gerhard Fricke: Goethes Ideal der Humanität. In: Studium Generale 2 (1949), S. 362-369.

[107] Paul Kluckhohn: Die Idee des Menschen in der Goethezeit. Stuttgart 1946 (= Der Deutschenspiegel. Schriften zur Erkenntnis und Erneuerung 13), S. 46. Zu den Werken einer nach 1945 beobachtbaren ‚humanistischen Restauration' gehört auch Joachim Müller: Die völkerverbindende Kraft der Weltliteratur. Die klassische Humanitätsidee. 2 Vorträge. Leipzig 1948; zu diesem Komplex siehe Karl Robert Mandelkow: Goethe in Deutschland. Rezeptionsgeschichte eines Klassikers. Bd. 2: 1919-1982. München 1989, S. 135-164.

gehen. Erst mit dem Erlöschen der durch die geistesgeschichtliche Literaturbetrachtung sozialisierten Generation von Germanisten, deren unreflektiertes Beharren auf festgelegten Ordnungs- und Deutungsstrukturen nach 1945 von Marcus Gärtner an vier repräsentativen Romantikforschern exemplarisch vorgeführt worden ist, setzten sich endgültig jene Wandlungsprozesse durch, die neben einer Perspektivierung des europäischen Phänomens Romantik auch zu einer Veränderung der Arbeitsfelder der Forschung führten.[108]

6.2 Stammesethnographische Romantikforschung

Im März 1934 erschien die von August Sauer 1894 begründete „Zeitschrift für Literaturgeschichte" *Euphorion* erstmals unter dem neuen Titel *Dichtung und Volkstum*. Mit der Änderung des Titels, der eine bereits vor 1933 gebrauchte Begriffskombination aufgriff,[109] verband sich die Ablösung des bisherigen Herausgebers Georg Stefansky – der aufgrund seiner jüdischen Herkunft auch von seinen Lehraufgaben in Münster entlassen wurde – durch Julius Petersen und Hermann Pongs.[110] Diese begründeten die Aufgabe des Namens „Euphorion" mit der nun „zeitgemäßen" Lösung von der „überbetonten Abhängigkeit deutscher Bildung von humanistischer Gelehrsamkeit"[111] und erklärten unter Berufung auf den Begründer Sauer, der neue Name wolle öffentlich zeigen, „daß auch die Wissenschaft von der Dichtung immer das Volkstum im Auge halten wird als den Grundwert, der alle ästhetischen, literarhistorischen, geistesgeschichtlichen Werte trägt und nährt."[112]

---

[108] Vgl. Marcus Gärtner: Kontinuität und Wandel in der neueren deutschen Literaturwissenschaft nach 1945, S. 250-263 zu den am Beispiel von Paul Kluckhohn, Hermann August Korff, Richard Benz und Fritz Strich markierten „personellen Kontinuitäten" nach dem Ende des NS-Staates; S. 264-273 zu den auf Generationsveränderungen zurückgeführten Umorientierungen der Forschung bis in die 1960er Jahre.

[109] So bei Hermann Gumbel: Dichtung und Volkstum. In: Emil Ermatinger (Hrsg.): Philosophie der Literaturwissenschaft, S. 43-91; Hans Friedrich Blunck: Volkstum und Dichtung. In: Heinz Kindermann (Hrsg.), Des deutschen Dichters Sendung in der Gegenwart. Leipzig 1933, S. 180-205; Benno von Wiese: Dichtung und Volkstum. Frankfurt/M. 1933. Sprechend auch die Titel von 1933 gegründeten Zeitschriften, die in programmatischen Eröffnungen Bekenntnisse zum ‚Neuen Staat' ablegten: *Volk im Werden*; *Die Völkische Schule*; *Völkische Kultur*.

[110] Zu Stefanskys Herausgebertätigkeit und den bis heute nicht näher aufgeklärten Hintergründen seiner Ablösung vgl. Wolfgang Adam: 100 Jahre Euphorion, S. 38f.; zur Umbenennung auch ders.: ‚Dichtung und Volkstum' und erneuerter ‚Euphorion'. Überlegungen zur Namensänderung und Programmatik einer germanistischen Fachzeitschrift. In: W. Barner, C. König (Hrsg.): Zeitenwechsel, S. 60-75. – Daß die Umbenennung des *Euphorion* nicht notwendig, sondern freiwillig geschah, behauptet Michael Knoche: Wissenschaftliche Zeitschriften im nationalsozialistischen Deutschland, S. 279: „Kein Parteifunktionär wäre wohl im Januar 1933 auf die Idee gekommen, eine Titeländerung der Zeitschrift *Euphorion. Zeitschrift für Literaturgeschichte* (Metzler, Stuttgart) zu verlangen. Diese Maßnahme blieb den Herausgebern selber vorbehalten."

[111] Julius Petersen, Hermann Pongs: An unsere Leser! In: DuV 35 (1934), o.S.

[112] Ebenda.

Mit der programmatischen Fundamentierung der literaturwissenschaftlichen Praxis im nicht näher explizierten Begriff des „Volkstums" reihten sich die neuen Herausgeber in die Rhetorik ähnlich lautender Bekennerschreiben des Jahres 1933 ein. Doch zeigten bereits die drei Eröffnungsbeiträge des umbenannten Fachorgans, daß mit der Installation eines ungeklärten „Volkstum"-Begriffs zum „Grundwert" der „Wissenschaft von der Dichtung" rasche Einigung nicht zu erzielen war. Josef Nadler, von 1914 bis 1932 Mitherausgeber des *Euphorion,* polemisierte gegen rassische Klassifikationen der deutschen Literaturgeschichte und stellte rassen- und volkskundlichen Programmen gegenüber die eigene Stammesethnographie als gesichertes und anschlußfähiges Konzept heraus.[113] Julius Petersen lieferte in seinem bereits erwähnten Aufsatz *Die Sehnsucht nach dem Dritten Reich in deutscher Sage und Dichtung* eine ideengeschichtliche Überschau über Heilsvorstellungen in der deutschen und europäischen Kulturgeschichte; Hermann Pongs verfolgte das Motiv des Krieges in der deutschen Literatur und stilisierte den Ersten Weltkrieg zum Ursprungsmythos der nationalsozialistischen Bewegung.[114]

Für Nadler, der sich mit dem Aufsatz *Rassenkunde, Volkskunde, Stammeskunde* von der ihm „nun ganz fremden Zeitschrift" verabschiedete,[115] stellte dieser eine Fortsetzung seiner methodologischen Überlegungen von 1914 dar. Als nach dem Tod Erich Schmidts und Jakob Minors im Streit um die zu besetzenden Lehrstühle in Berlin und Wien die Krise der germanistischen Literaturwissenschaft offensichtlich geworden war, hatte er mit der Abhandlung *Die Wissenschaftslehre der Literaturgeschichte* der Disziplin ein gesichertes methodisches Fundament schaffen wollen. Gegen ästhetisch wertende – und darum stets kontingente – Konzepte formulierte er ein Programm, das im „Verfahren fortschreitender Begriffsbildung" über die Einzelpersönlichkeit des Dichters hinausgehen und die kausalen Ursachen literarischer Zeugnisse aufklären sollte.[116] „Stamm" und „Landschaft" erklärte Nadler zu Letztursachen des literarhistorischen Prozesses, die zugleich die räumlich-zeitlichen Ordnungsprinzipien für eine historische Darstellung der gesamten schriftlichen Überlieferung ohne Rücksicht auf ästhetische Werte bereitstellen sollten. Zwanzig Jahre später forderte der inzwischen in Wien lehrende Ordinarius eine Rückkehr zu diesem positivistischen Ethos: In einer Zeit, in der „aus einem Gegenstand wissenschaftlicher Aussprache ... eine Tatsache des Lebens geworden" sei,[117] müsse „wissenschaftlich arbeiten ... wieder beweisen heißen."[118] Die Verantwortung der Wissenschaft der „Ge-

---

[113] Josef Nadler: Rassenkunde, Volkskunde, Stammeskunde. In: Dichtung und Volkstum 35 (1934), S. 1-17.

[114] Julius Petersen: Die Sehnsucht nach dem Dritten Reich in deutscher Sage und Dichtung. In: DuV 35 (1934), 18-40, 145-182; Hermann Pongs: Der Krieg als Volksschicksal im deutschen Schrifttum. Ebenda, S. 40-86; 182-219.

[115] Josef Nadler: Kleines Nachspiel. Wien 1954, S. 70.

[116] Josef Nadler: Die Wissenschaftslehre der Literaturgeschichte. In: Euphorion 21 (1914), S. S. 3-63.

[117] Josef Nadler: Rassenkunde, Volkskunde, Stammeskunde, S. 1.

[118] Ebenda, S. 1.

meinschaft" gegenüber gebiete „Rückkehr zu jener rationalen Methodik, deren Ergebnisse bewiesen und nachprüfbar sind, die den Verstand überzeugen, die durch Vernunft Gemeingut werden."[119] Die Berufung auf „rationale Methodik" nutzte Nadler zur Abgrenzung in zwei Richtungen: Zum einen von den hektischen Programmentwürfen des Faches nach der nationalsozialistischen Machtergreifung, denen gegenüber er bereits 1933 das eigene stammeskundliche Konzept als Antwort auf die Herausforderung der „nationalen Revolution" herausgestellt hatte;[120] zum anderen von rassentheoretischen Deutungsversuchen der deutschen Literaturgeschichte. Auch wenn Stammes- und Rassenkunde in Gegenstand und Ziel ihrer Bemühungen – der Klärung der Beziehung zwischen „überpersönlichen Gemeinschaftsformen" (Rasse, Volk, Stamm) und „geistiger Leistung" – übereinstimmten, sei die Rassenkunde aufgrund konzeptioneller Vorannahmen und ihres methodischen Instrumentariums insbesondere für die ältere Literaturgeschichte inkompetent.[121] Während die Volkskunde zwar gegenstandsbezogen und methodisch sicher operiere, doch einseitig auf die Erforschung bäuerlicher Lebenskreise und die „unschöpferische Unterschicht der Volksgemeinschaft" festgelegt sei,[122] gewähre die Stammeskunde eine umfassende und „theoretisch einwandfreie" Erkenntnis des Zusammenhanges von Einzelindividualität und Gemeinschaft. Mit Hilfsmitteln wie Siedlungsgeschichte, Ortsnamenkunde, Sprachentwicklung, Bodenfunden und Volkskunde bestimme und erforsche sie den Stamm als den „natürlichen, eigengesetzlichen Verband jener ursprünglichsten Lebenszellen, auf die sich jede Gemeinschaft gründet."[123] So die Stammeskunde von Volks- und Rassenkunde abgrenzend, schrieb Nadler seine grundlegende Fiktion fort: „Der Stamm ist das, was es in der Wirklichkeit allein noch gibt, ein familiengeschichtlicher Blutsverband."[124]

---

[119] Ebenda, S. 1.
[120] Josef Nadler: Wo steht die deutsche Literaturwissenschaft. In: Völkische Kultur 1 (1933), S. 307–312. Die geforderte „neue Richtung" sei längst da – und zwar in Form seiner *Literaturgeschichte der deutschen Stämme und Landschaften*, die bereits 1912 den „nationalen Wertbegriff" in den Mittelpunkt gestellt habe.
[121] Als eine auf exakte Messungen und Merkmalsaufnahmen angewiesene Wissenschaft vermöge sie „für die ältere Zeit, etwa vom sechzehnten Jahrhundert zurück, überhaupt keine Verbindungen zwischen Rasse und geistiger Leistung zuverlässig herzustellen", Josef Nadler: Rassenkunde, Volkskunde, Stammeskunde, S. 3. Eine ‚volkhafte', stammeskundliche oder familiengeschichtliche Einordnung sei zwar aus geschichtlichen Zeugnissen möglich, doch die für rassische Bestimmungen notwendig „einwandfreien Bildnisurkunden" seien erst mit der Fotographie gegeben. Vorschnell ordne die Rassenkunde verschiedenen körperlichen Merkmalen der deutschen Rassen bestimmte Geistestypen zu. Die zirkulären Argumentationen dieser „Rassenpsychologie" resultierten zum einen aus der Überbetonung des beispielhaften Einzelfalls, zum anderen aus dem Ausschließlichkeitsanspruch, mit der die Rasse zur Ursache geistiger Äußerungen gemacht werde, vgl. ebenda, S. 5. Entscheidendes konzeptionelles Manko sei das Postulat einer rassischen Konstanz, der „Reinheit" rassischer Typen, vgl. ebenda S. 8.
[122] Ebenda, S. 7.
[123] Ebenda S. 8. – Mit der Einbeziehung „aller gemeinschaftsbildenden Kräfte" (Landschaft, Staat, Stände, Formen des Glaubenslebens) erweiterte Nadler jedoch die biologistische Definition des Stammes als eines „natürlichen Verbandes" der „ursprünglichsten Lebenszellen".
[124] Ebenda, S. 8.

Nadlers hier nur angedeutete Apologie des eigenen stammesethnographischen Konzepts signalisierte nicht nur Differenzen und Konkurrenzen innerhalb einer im weiten Sinne „völkischen" Germanistik. Sie markierte auch, mit welchen Argumenten der wichtigste Repräsentant einer stammeskundlichen Literaturgeschichtsschreibung noch 1934 Prämissen und Argumentationen der Rassentheorie ablehnte – und erschwert die Erklärung für die bis heute unterschiedlich interpretierte Aufnahme rassenkundlicher Erklärungsmuster in die berüchtigte *Literaturgeschichte des deutschen Volkes*. Ohne an dieser Stelle der späteren Darstellung vorzugreifen, sei bereits hier auf den 1938 vollzogenen Gesinnungswandel hingewiesen: Nadler, der in seinem letzten Beitrag für den umbenannten *Euphorion* Rassentheoretikern und ihren „Lieblingsausflügen auf geistesgeschichtliches Gebiet"[125] eine scharfe Lektion erteilte und sich insbesondere gegen Hans F.K. Günthers Auszeichnungen der „nordischen" Rasse wandte,[126] nahm in den *Leitgedanken* zum zweiten Band seiner neubearbeiteten *Literaturgeschichte* nun explizit dessen Terminologie auf und erklärte Klassik und Romantik aus dem „Durchbruch der nordischen Gestalt"[127].

Bevor ich im folgenden die Modifikationen des stammeskundlichen Romantikkonzepts zwischen 1933 und 1945 zu rekonstruieren versuche, möchte ich kursorisch auf die veränderten Wirkungen des literaturethnographischen Programms nach der nationalsozialistischen Machtergreifung eingehen. Neben der Frage nach den direkten und vermittelten Folgen von Nadlers Erklärung der Romantik als der „Krönung des ostdeutschen Siedelwerks" auf die Forschungslandschaft im Dritten Reich steht dabei die Rhetorik der fortgesetzten disziplinären Auseinandersetzung mit dessen stammesgeschichtlichem Theoriegebäude im Zentrum. Am Beispiel einer umfangreichen, 1938 in der DVjs publizierten Würdigung des Nadlerschen Œuvres läßt sich zeigen, wie die bereits in den 1920er Jahren virulenten Vorbehalte reformuliert und zu einem Ausschluß seines Programms aus dem inneren Zirkel der Literaturwissenschaft verwendet wurden. Möglicherweise liefert die fortgesetzte Erfolglosigkeit innerhalb des Faches und der Versuch, im Anschluß an Imperative der politischen Umwelt öffentliche Resonanz zu finden, einen Schlüssel zur Erklärung der konzeptionellen Veränderungen in der *Literaturgeschichte des deutschen Volkes*, die auch das Romantikkonzept betrafen. Diese 1938 vollzogene Anpassung der Romanti-

---

[125] Ebenda, S. 9.
[126] Gegen Günthers Behauptung, die nordische Rasse sei wesentliche Bedingung der deutschen Kunst und „Träger der Form schlechthin" betonte Nadler, diese sei erst durch die „Formvorschule des Südwestens" im 17. Jahrhundert zu geistigem Leben erwacht. Der „ungemischt" bewahrte germanische Stamm der Friesen habe dagegen „künstlerisch und dichterisch so gut wie nichts bedeutet" (S. 11). Die „ostische" Rasse, der Günther eine eigene Kultur abgesprochen hatte, sah Nadler geprägt von „philosophischem und mystischem Tiefsinn", mit „spielerischer Freude am Wort" (S. 12). Auch gegen die von Günther praktizierte Rückführung des Barock auf die „dinarische" Rasse wandte Nadler ein: „Der Barock ist gar keine Rassenfrage, sondern eine kirchlich-staatliche Angelegenheit .. bestimmt durch den politisch-katholischen Machtraum der Habsburger" (S. 15).
[127] Josef Nadler: Literaturgeschichte des deutschen Volkes. Bd. 2: Geist. Berlin 1938, S. 4.

kerklärung an rassentheoretische Postulate und ihre komparatistische Behandlung in einem 1942 gehaltenen Vortrag sollen nachgezeichnet und als Reaktion auf wissenschaftsexterne wie -interne Anforderungen und Verschiebungen erläutert werden.

6.2.1 Die Rezeption des stammeskundlichen Konzepts nach 1933

Die disziplinäre Rezeption des stammesethnographischen Romantikkonzepts nach 1933 kann als signifikantes Beispiel für das Beharrungsvermögen des Faches gelten. Denn wenn auch Termini oder Versatzstücke der von Nadler geprägten und nun politisch scheinbar konformen Literaturethnographie verwendet oder geistesgeschichtlichen Deutungen „vorgeschaltet" wurden, blieben doch breitere Wirkungen aus.[128] Direkte Anschlüsse an die vom Fach bereits in den 1920er Jahren scharf kritisierte Deutung der Romantik als „Krönung des ostdeutschen Siedelwerks" blieben marginal. Unmittelbar floß Nadlers problematisches Konzept allein in die *Geschichte deutscher Dichtung* Franz Kochs ein. Unter explizitem Verweis auf Nadlers Scheidung von „ostdeutscher Romantik" und „westdeutscher Restauration" trennte der seit 1935 in Berlin lehrende Koch die „artistisch-individualistische" Frühromantik von einer wirklichkeitszugewandt-„volkhaften" „Hochromantik" und würdigte diese in der Terminologie von Alfred Baeumlers Bachofen-Einleitung.[129] Auch wenn Nadlers vorbereitender Anteil an den nach 1933 forcierten Bemühungen um eine „Umwertung der Romantik" durchaus gesehen wurde, wiesen selbst engagierte Vorkämpfer für eine Revision der Forschung dessen stammesgeschichtliche Erklärung als „einseitig landschaftliche und mit den Tatsachen im Widerspruch stehende These"[130] ab. Nadlers besondere Betonung der „völkischen" Leistungen von Romantikern sowie seine charakteristischen Wertungen erwiesen sich zwar als opportun, doch knüpften nur wenige der im nationalsozialistischen Deutschland entstandenen Arbeiten zur Romantik direkt an sein stammesethnographisches Konzept an.[131]

---

[128] So schon Rainer Rosenberg: Zehn Kapitel zur Geschichte der Germanistik, S. 251: „Die ‚stammheitliche' oder rassische Determination wurde oft einfach vorgeschaltet, während die Interpretation – durchaus dem von Nadler bekämpften ästhetischen Aristokratismus huldigend – sich in geistesgeschichtlichen Bahnen bewegte."
[129] Vgl. Franz Koch: Geschichte deutscher Dichtung, S. 167-196.
[130] Walther Linden: Umwertung der deutschen Romantik, S. 69.
[131] Von den insgesamt 11 zur Romantik am Berliner Germanischen Seminar verfaßten Dissertationen bezogen sich nur zwei – von Franz Koch betreute – Promotionsarbeiten explizit auf Nadler (Hertha von Ferber: Das Volkstumserlebnis des Joseph Görres; Gustav-Adolf Brandt: Herder und Görres 1798-1807. Ein Beitrag zur Frage Herder und die Romantik. Würzburg 1939 (= Stadion III)); doch auch ihnen wurde die stammesethnographische Erklärung der romantischen Bewegung als der „Krönung des ostdeutschen Siedelwerks" nicht zur basalen These.

Stärker wirkten methodische Anstöße, die die *Literaturgeschichte der deutschen Stämme und Landschaften* seit ihrer ersten Auflage gegeben hatte. Ihr Prinzip, Literaturgeschichte in eine umfassende Kulturgeschichte aufzulösen sowie das an Herder und romantischen Vorbildern orientierte Programm, einen kollektiven „Stammes-" oder „Volksgeist" aus schriftlichen Zeugnissen zu destillieren, befruchteten die rege Literaturgeschichtsschreibung zwischen 1933 und 1945, ohne daß es zu einer direkten Übernahme von Nadlers Aufspaltung der deutschen Kulturgeschichte in drei große stammesgeschichtliche „Vorgänge" gekommen wäre. Die von ihm demonstrierte Ableitung literarischer Produktionen aus Stamm und Landschaft inspirierte dagegen Regionalforschungen zur deutschen Literatur, die sich bevorzugt dem Rheinland, Schlesien und Ostpreußen zuwandten.[132] Unter den deutschen Stämmen waren es vor allem die Schwaben, die zum bevorzugten Gegenstand stammestheoretisch fundierter Literaturforschung wurden.[133] Die regional arbeitende Romantikforschung bemühte sich vorrangig um das Rheinland und das von Eichendorff besungene Oberschlesien.[134]

---

[132] U.a. Adolf von Grolman: Wesen und Wort am Oberrhein. Berlin 1935; Walther Linden: Deutsche Dichtung am Rhein. Literaturgeschichte der fränkischen Rheinlande. Rattingen 1944; Kurt Gerlach: Die Dichtung des deutschen Ostens. Umriss zu einer ostelbischen Literaturgeschichte. Berlin 1941; Heinz Kindermann: Danzig und das Weichselland als dichterischer Grenzraum. Vortrag vor dem Historischen Verein Münster 24. Februar 1940. In: H.Kindermann: Kampf um die deutsche Lebensform. Wien 1941, S. 326-362; Hans Zuchold: Schlesien spricht zu uns durch seine Dichter. Breslau 1937 (= Ostmark, du Erbe meiner Väter 6). – Als eine „Summe" der literaturwissenschaftlichen Regionalforschung vgl. die Aufsatzreihe *Schrifttum der deutschen Gaue und Landschaften* mit den Beiträgen (1) Adolf von Grolman: Der alemannische Oberrhein im Gau Baden. In: Die neue Literatur 40 (1939), S. 285-292; (2) Hans Christian Kaergel: Schlesische Dichtung. In: Die neue Literatur 40 (1939), S. 385-390; (3) Kurt Koelsch: Das Schrifttum der Saarpfalz. In: Die neue Literatur 41 (1940), S. 261-266; (4) Kurt Uthoff: Dichtung aus Westfalen. In: Die neue Literatur 41 (1940), S. 228-231.

[133] U.a. Heinz Otto Burger: Schwabentum in der Geistesgeschichte. Versuch über die weltanschauliche Einheit einer Stammesliteratur. Stuttgart 1933; Ernst Müller: Stiftsköpfe. Schwäbische Ahnen des deutschen Geistes aus dem Tübinger Stift. Mit Beiträgen von Theodor Haering und Hermann Haering. Heilbronn 1938; Martha Petri: Das Schrifttum der Südostschwaben in seiner Entwicklung von den Anfängen bis zur Gegenwart. Diss. Bonn 1940; Emil Wezel: Grundzüge schwäbischer Mundartdichtung. In: Jahrbuch der deutschen Sprache 1 (1941), S. 154-160. – Erforscht wurden auch andere Stämme, u.a. Wihelm Brepohl: Deutscher Geist in westfälischer Prägung. Blut und Bildung in der Geschichte eines Stammes. Köln 1936; Karl Winkler: Literaturgeschichte des oberpfälzisch-egerländischen Stammes. 2 Bde. Kallmünz 1940.

[134] U.a. Franz Schultz: Romantik am Rhein; Alois Dempf: Joseph Görres und das Rheinland; Otto Doderer: Der Ursprung rheinischer Romantik; ders.: Die rheinische Romantik und ihr nationales Erwachen. In: Rheinische Blätter 17 (1940), S. 407-412; ders.: Rheinische Romantik und Rheinromantik. In: Westmark 7 (1940), S. 501-506; Richard Benz: Ursprung der Rheinromantik. In: Rheinische Blätter 19 (1942), S. 17-22; Karl Muschalek: Von der Formkraft der Landschaft. Ein Beitrag zu Eichendorff. In: Der Oberschlesier 19 (1937), S. 621-624. – Vgl. auch Heinrich Berl: Baden-Baden im Zeitalter der Romantik. Die literarische und musikalische Romantik des 19. Jahrhunderts. Baden-Baden 1936; Otto Eduard Schmidt: Die Romantik in Sachsen. Dresden 1940; Ilse Schmitt: Das deutsche Geistesleben in Prag zur Zeit der Befreiungskriege. o.O. 1944 (Maschinenschr.)(= Diss. Prag).

Trotz dieser Einflüsse, die Nadlers Bemühungen zeitigten, blieb die Skepsis der Disziplin gegenüber seiner stammesethnographischen Literaturbetrachtung bestehen. Sie schlug sich vor allem in zahlreichen, insbesondere 1938 und 1940/41 erschienenen Besprechungen der Nadlerschen *Literaturgeschichte* nieder.[135] Bei verbal artikulierter Zustimmung signalisierten diese Stellungnahmen aus oft unterschiedlichen Motiven Ablehnung bzw. suchten mit z.T. geschickter Rhetorik die stammeskundliche Geschichtsbetrachtung aus dem Bezirk der Literaturwissenschaft auszuschließen. Symptomatisch dafür waren umfangreiche *Betrachtungen zu Josef Nadlers Literaturgeschichte* aus der Feder Gisela von Busses, die 1938 in der *DVjs* unter dem Titel *Auch eine Geschichte des deutschen Volkes* abgedruckt wurden. Auf der Oberflächenebene verdeutlichte der Aufsatz der Autorin, die mit einer Arbeit über die organische Staatstheorie Adam Müllers bei Hermann Schmalenbach in Göttingen promoviert worden war und nun als wissenschaftliche Bibliothekarin in Berlin wirkte,[136] einen Wandel in der Bewertung von Nadlers Wissenschaftskonzept, der explizit auf die veränderten politischen Umstände zurückgeführt wurde.[137] Genauere Lektüre offenbarte jedoch, daß Nadlers stammestheoretische Literaturgeschichte hier nicht als genuin literaturwissenschaftliche Leistung begriffen, sondern als Geburtsurkunde einer neuen, noch namenlosen Wissenschaft beschrieben wurde.[138] „Erst durch die Ent-

---

[135] U.a. Karl August Kutzbach: Die Literaturgeschichtsschreibung unserer Zeit In: Die Neue Literatur 39 (1938), S. 67-72; ders.: Josef Nadlers Literaturgeschichte. In: Die Neue Literatur 43 (1942), S. 105-109; Werner Milch: Der deutsche Osten. Notizen zu Josef Nadlers Werk. In: Zeitschrift für deutsche Geistesgeschichte 3 (1937), S. 286-290; Gisela von Busse: Auch eine Geschichte des deutschen Volkes. Betrachtungen zu Josef Nadlers Literaturgeschichte. In: DVjs 16 (1938), S. 258-292; Hugo von Hofmannsthal: Zu Josef Nadlers Literaturgeschichte. Notizen. In: Corona 8 (1938), S. 39-44; Emil Kap: Josef Nadlers Literaturgeschichte des deutschen Volkes. Eine Beschreibung. In: Zeitschrift für Aesthetik 34 (1940), S. 240-250; Hermann Stresau: Nadlers Literaturgeschichte. In: Neue Rundschau 51 (1940), S. 99-102; Horst Oppel: Josef Nadlers stammeskundliche Literaturgeschichte. In: Helicon 3 (1941), S. 169-173; Karl Justus Obenauer: Nadler, Literaturgeschichte des deutschen Volkes. In: ZfdB 18 (1942), S. 146-149; Fritz Endres: Literaturgeschichte und Literaturgeschichten. In: Das Innere Reich 8 (1941/42), S. 220-224.

[136] Gisela von Busse: Die Lehre vom Staat als Organismus. Kritische Untersuchungen zu Adam Müllers Staatsphilosophie. Berlin 1928 (= Diss. Göttingen).

[137] Vgl. Gisela von Busse: Auch eine Geschichte des deutschen Volkes, S. 258f.: „Der Ansatzpunkt für eine Betrachtung, das für jedes Erkennen notwendige ‚Sich-Wundern', liegt nun an anderer Stelle, seit wir gewohnt sind, aus der wahren geschichtlichen Lebenserfahrung unserer eigenen jüngsten Vergangenheit heraus, Lebensraum (‚Landschaft') und Blut (‚Stamm') als wesentliche Faktoren des geistigen Ablaufs einer Kultur anzusehen. Wir stellen an Nadlers Werk nicht die von vornherein kritische, überdies theoretisierende und immer verallgemeinernde Frage: ist diese Darstellungsweise ‚richtig'? sondern einzig die ganz konkrete Inhaltsfrage: was ist überhaupt in ihm gegeben? Was heißt in diesem neuen und besonderen Fall ‚Literaturgeschichte'? Was ist der wesentliche Gehalt dieses Werkes von vier Bänden und insgesamt rund 3000 Seiten?"

[138] Die Schwierigkeiten der terminologischen Fixierung des Nadler zugeschriebenen Wissenschaftskonzepts schlugen sich in mehrfachen Umformulierungen des Aufsatz-Titels nieder, vgl. Paul Kluckhohn an Gisela von Busse. Briefe vom 3.6.1937 und 15.11.1937. DLA Marbach, A: DVjs Zugang 78.7611/2-4; Gisela von Busse an Paul Kluckhohn. Briefe vom 1.8.1937, 5.10.1937, 4.11.1937. Ebenda, Zugang 7848/3-8. Hatte von Busse ursprünglich den

wicklung der letzten Jahre" könne die „eigentliche Leistung Nadlers richtig gewürdigt werden", hatte Gisela von Busse an DVjs-Herausgeber Erich Rothacker im April 1937 geschrieben und ihr Wertungsprinzip deutlich formuliert:

> „Nadler ist im grunde nicht als Literarhistoriker zu werten, als solcher sogar mit Recht zu kritisieren, da er die Dichtung und die Dichter vergewaltigt; er ist viel mehr Historiker und gibt in ganz neuer Sicht eine Kunde vom Wesen des deutschen Volkes und der Entwicklung der deutschen Geschichte, ordnet sich aber gleichzeitig mit dieser Art der Betrachtung in einen neuen Wissenschaftstyp ein, der heute von den verschiedensten Gebieten her sich zu bilden beginnt (Geopolitik, Volkskunde usw)."[139]

Nicht zufällig demonstrierte Gisela von Busse die Spezifik von Nadlers Wissenschaftskonzept am Begriff der Romantik, deren ethnographische Behandlung den schärfsten Widerspruch der Geistesgeschichte heraufbeschworen hatte. Nadlers innovative Behandlung der Romantik sei nur vor dem Hintergrund bisheriger Deutungen zu ermessen:

> „Ob nun das Romantische gleichgesetzt wird mit dem Wirklichkeitsfremden im weitesten Sinn, d.h. im einzelnen: Hang zum Träumen und zur Sehnsucht (Walzel, Ricarda Huch), Vorherrschaft des Phantastischen (Hettner, Martin Ninck), Ästhetizismus sowohl im Sinne einer Idealisierung der Welt als der Aufrichtung einer Scheinwelt (Gervinus, Haym, Gundolf, Stefansky), Subjektivismus in der äußersten Form der Ichbezogenheit (C. Schmitt), oder ob es umgekehrt gerade in engste Beziehung gebracht wird zum Leben, sei es als völkisch-nationales (überall da, wo es in ursächlichen Zusammenhang gebracht wird mit der Freiheitsbewegung am Anfang des 19. Jahrhunderts, bei den Historikern wie Meinecke, Below, Troeltsch, aber auch Literarhistorikern wie Elkuß, Kluckhohn), sei es als überhaupt geschichtliches (Baeumler) oder noch weiter gefaßt als ‚Leben' überhaupt (Dilthey, Unger) – in allen Fällen wird, mit mehr oder weniger Erfolg und stärkerer oder geringerer Folgerichtigkeit des Denkens, der Versuch gemacht, die romantischen Dichtwerke von ihrer Form, ihrem Gehalt oder der psychischen Beschaffenheit ihrer Verfasser, jedenfalls aus einem ‚geistigen' Zusammenhang heraus zu begreifen. Dabei kann dieser Zusammenhang beliebig eng oder weit gefaßt sein: schwankend zwischen der psychischen Gestimmtheit des romantischen Subjekts (wie bei Haym) und den überindividuellen Ideenverbindungen. Diese heißen bei Walzel: Neuplatonismus und Germanentum; bei Korff: Christentum (‚supranaturalistischer Idealismus') und Aufklärung (‚rationalistischer Idealismus'); bei Unger, ähnlich wie bei Ferdinand Josef Schneider werden sie gesehen als Durchbrechen der in den vorausgehenden Jahrhunderten nur unterir-

---

Begriff „Deutschkunde" in Titel und Text ihres Aufsatzes verwendet, plädierte Kluckhohn im Brief vom 3.6.1937 für den Begriff „Volksgeschichte" und schlug als Titel des Aufsatzes *Josef Nadlers Werk- eine Literaturgeschichte oder Volksgeschichte?* vor. Bei dem von Gisela von Busse am 4.11.1937 vorgelegten Titel *Auch eine Geschichte des deutschen Volkes. Betrachtungen zur Literaturgeschichte Josef Nadlers* blieb es dann und Nadlers Literaturethnographie wurde als „in statu nascendi" befindliche, „noch namenlose" Wissenschaft bezeichnet.

[139] Gisela von Busse an Erich Rothacker. Brief vom 29.4.1937. ULB Bonn, Nachlaß Erich Rothacker I.

disch sich fortbewegenden irrationalistischen Strömungen, die schon in Hamann ans Licht kommen. Es ist unmittelbar einleuchtend, daß man Nadler nicht mit diesen allen schlechterdings überhaupt nicht vergleichen kann. Wer in der Romantik die ‚Krönung des ostdeutschen Siedelwerks' sieht, der kann nicht von literarischen Erzeugnissen oder geistigen Bewegungen ausgehen, der hat vielmehr eine historisch-völkische Entwicklung im Blick. Wenn er Dichtwerke behandelt, so wird es daher nicht um ihrer selbst willen sein, sondern um an ihnen diesen erschauten Zusammenhang sichtbar werden zu lassen."[140]

Damit war Nadlers vielfach kritisierte Interpretation der Romantik positiv gewürdigt – doch zugleich aus dem literaturwissenschaftlichen Diskurs ausgeschlossen: Gegenüber den als kontingent ausgezeichneten Romantikkonzepten der Geistesgeschichte verwirkliche Nadlers Auffassung eine Rekonstruktion historischer „Vorgänge", für die Literatur allein als „Belegmaterial" von Interesse sei. Das primäre Erkenntnisinteresse gelte nicht literarischen Äußerungen als Ausdrucksformen unwiederholbarer Individualität oder geistig-kultureller Bewegungen, sondern allein einer „nationalwissenschaftlichen" oder auch „deutschkundlichen" Erklärung des Volks- und Stammescharakters und habe somit das Recht, Literatur als „Erkenntnismittel" zu „vergewaltigen"[141]. Die zur Gründungsurkunde einer „neuen Wissenschaftsgattung" aufgewertete und in eine längere Traditionsreihe gestellte[142] Kulturethnographie Nadlers sei also durch Kritik aus den Reihen der Literaturwissenschaft gar nicht zu treffen.[143]

---

[140] Ebenda, S. 264.

[141] Ebenda, S. 272: „Er vergewaltigt also das, was allgemein als sein Gegenstand angesehen wird, handelt aber dabei durchaus konsequent im Sinn seiner Literaturgeschichte." Nadler selbst hatte seine Literaturgeschichte als Belegmaterial einer allgemeinen Stammesgeschichte bezeichnet, vgl. J. Nadler: Das stammhafte Gefüge des deutschen Volkes. München 1934, S. 196: „Die geistesgeschichtlichen Tatsachen und Belege in meiner ‚Literaturgeschichte der deutschen Stämme und Landschaften', deren erster Band im Herbst 1911 erschienen ist."

[142] Die Versuche zur Anwendung landschaftlich-stammestheoretischer Konzepte auf die Geistes- und Geschichtswissenschaften waren zahlreich, vgl. u.a. Ewald Banse: Landschaft und Seele. München und Berlin 1928; ders.: Landschafts- und Stammesfragen in Deutschland. Leipzig 1934; Siegfried Passarge: Die deutsche Landschaft. Berlin 1936; ders: Vergleichende Landschaftskunde. Berlin 1921; Edwald Fels: Der Mensch als Gestalter der Erde. Leipzig 1935; Albert von Hofmann: Das deutsche Land und die deutsche Geschichte. Stuttgart, Berlin und Leipzig 1919, Neubearbeitete Auflage Band 1-3 1930, Kurzgefaßte Auflage 1934; Willy Hellpach: Geopsyche. Völlig neubearbeitete Auflage der Geopsychischen Erscheinungen (1911). Leipzig 1935; Adolf Bach: Deutsche Volkskunde. Ihre Wege, Ergebnisse und Aufgaben. Leipzig 1937. Vgl. in diesem Zusammenhang auch die verschiedenen sprach- und völkerkundlichen Atlanten, so Wenker-Wredes *Sprachatlas* von 1930, der *Kulturatlas* von Lüdtke und Mackensen (1928/30), der *Atlas der deutschen Volkskunde* (1937) sowie der *Atlas des deutschen Lebensraumes in Mitteleuropa,* hrsg. von der Preußischen Akademie der Wissenschaften, 1937.

[143] Vgl. Gisela von Busse. Auch eine Geschichte des deutschen Volkes, S. 280 f.: „Das Ergebnis unserer Untersuchung ist damit erreicht. Es lautet in dürren Worten: Nadlers Literaturgeschichte ist ‚eigentlich' gar keine L i t e r a t u r g eschichte – als solche also mit Recht von der Kritik angegriffen, da sie deren Gegenstand, die Dichtung, nicht in ihrem Eigenwesen darstellt –, sie ist dagegen ein wichtiger Grundstein für eine in statu nascendi befindliche Wissenschaft, die mit den volkskundlichen und deutschkundlichen Forschungen ein Ganzes bildet."

In ähnlich distanzierter Weise verhielten sich auch die meisten der geistesgeschichtlich arbeitenden Hochschulgermanisten. Zwar fanden vereinzelte Lehrveranstaltungen und Übungen zur stammesethnographischen Literaturgeschichte statt,[144] doch blieb Nadlers „unmethodische Willkür" in der Klassifikation historischer Persönlichkeiten nach Abstammung und Landschaftserlebnis weiterhin suspekt.[145] Während seine Abrechnung mit Vertretern der Rassenkunde 1934 anerkennend beobachtet wurde,[146] motivierten vor allem der fortgesetzte Positivismusverdacht und die Skepsis gegenüber den ungesicherten Prämissen seines Forschungsprogramms fachinterne Ablehnung. Die Ende der dreißiger, Anfang der vierziger Jahre einsetzende Umkehr zu einer intensivierten Beschäftigung mit dem „Werk" monierte, daß in Nadlers Opus die „höchsten Werte überhaupt nicht in der Sphäre des Dichterischen" verortet seien.[147] Auf diese „rechtzeitige" und „energische" Distanzierung von Nadlers stammeskundlicher Literaturgeschichtsschreibung bezogen sich denn auch Rehabilitierungsversuche der Disziplin nach dem Zusammenbruch des Dritten Reichs.[148]

6.2.2 „Durchbruch der nordischen Gestalt": Modifikationen in Nadlers Romantikdeutung

Die fortbestehende Skepsis des Faches gegenüber seinen Bemühungen blieb dem in Wien lehrenden und in reichsdeutschen Zeitschriften und Verlagen publizierenden Nadler nicht verborgen. Auf fachinterne Zurückhaltung und wissenschaftsexterne Forderungen, insbesondere nach einer neuen Literaturgeschichte im nationalsozialistischen Sinne, reagierte er mit einer vierten, „völlig neu" bearbeiteten Auflage seiner Literaturgeschichte, die zwischen

---

[144] So veranstaltete z.B. Paul Kluckhohn im Wintersemester 1937/38 an der Universität Tübingen „Übungen zur stammeskundlichen Literaturgeschichte", vgl. DLA Marbach. A: Kluckhohn, Zugang 68.7136.

[145] Vgl. Paul Kluckhohn an Gisela von Busse. Brief vom 3.6.1937. DLA Marbach, A: DVjS, Zugang 78.7611/2 mit der Empfehlung, in ihrem Nadler-Aufsatz „wenigstens mit einem Satz darauf hinzuweisen, dass andere Arbeiten Nadlers durchaus als wertvolle literarhistorische Arbeiten anzusprechen sind, so sein Buch über Eichendorffs Lyrik oder die gute philologische Schulung beweisende Prolegomena zu einer Hamann-Ausgabe."

[146] Vgl. Erich Rothacker an Paul Kluckhohn. Brief vom 30.März 1934, hier zitiert nach: Klassiker in finsteren Zeiten. Bd. 1, S. 251 über die Fundierung des in *Dichtung und Volkstum* umbenannten *Euphorion* in „Blut und Boden": „Einer der wenigen, dem das wirklich ansteht, ist und bleibt eben doch Nadler, dessen Auseinandersetzung mit Günther in dem neuen Heft, ausgezeichnet ist."

[147] So Horst Oppel: Josef Nadlers stammeskundliche Literaturgeschichte, S. 170. – Bezeichnenderweise hieß es 1941 in den Besetzungsvorschlägen für den Petersen-Lehrstuhl über Nadler, der nach Hans Pyritz und Ernst Bertram auf den dritten Listenplatz gesetzt wurde, daß er „die Dichtungen für seine großzügigen Geschichtskonstruktionen benutzt, zur Erhellung der Dichtung und des Dichterischen oft nur mittelbar beiträgt", UA HUB, UK Personalakte Petersen 78, Bd. III, Bl. 88f.

[148] So bei Horst Oppel: Zur Situation der Allgemeinen Literaturwissenschaft. In: Die Neueren Sprachen N.F. 1953, S. 4-17, hier S. 9f.

1938 und 1941 nicht mehr im katholischen Verlag von Josef Habbel in Regensburg, sondern im Berliner Propyläen-Verlag erscheinen sollte.[149] Schon die veränderte Titelgestalt *Literaturgeschichte des Deutschen Volkes. Dichtung und Schrifttum der deutschen Stämme und Landschaften* zeigte eine Revision bisheriger Positionen an: Dominierte bisher die Überzeugung von der Differenz gleichberechtigter „Vorgänge", deren Kennzeichen die ethnische und kulturelle Vermischung von Stämmen und Völkern war,[150] postulierte die Neubearbeitung nun ideologisch konform die „völkische Ganzheit" der deutschen Stämme.[151] Die „eine und gleiche Natur der Deutschheit"[152], so die vorangestellten *Leitgedanken* des 2. Bandes, begründe eine ursprüngliche Einheit der unterschiedlichen geschichtlichen Bewegungen, die sich im Zusammenspiel von Klassik und Romantik zur „neuen deutschen Geistnation" zusammengefunden hätten.[153]

Übersieht man die Veränderungen des Gesamtwerks, so springen zwar sichtbare Neuerungen in der äußeren Struktur und umgeschriebene *Leitgedanken* ins Auge, doch lassen sich nur geringfügige Korrekturen innerhalb der eigentlichen Geschichtserzählung feststellen.[154] Der textliche Bestand

---

[149] Josef Nadler: Literaturgeschichte des deutschen Volkes. Dichtung und Schrifttum der deutschen Stämme und Landschaften. 4., völlig neubearb. Aufl. Berlin: Propyläen Verlag 1938-1941. Bd. 1: Volk (800-1740). 1939, Bd. 2: Geist (1740-1813). 1938, Bd. 3: Staat (1814-1914). 1938, Bd. 4: Reich (1914-1940). 1941.

[150] Für sein Beharren auf der These von der ethnischen und kulturellen Verschmelzung der Rassen und Stämme war Nadler 1934 von Paul Fechter angegriffen worden, vgl. Paul Fechter: Der östliche Verschmelzungsraum. In: DuV 35 (1934), S. 309-323. Fechter, der Nadlers These von der Verschmelzung der Stämme und Völker im „Ostraum" in einen „höheren kulturpolitischen" Kontext stellte und von dieser Warte aus scharf kritisierte, kam hinsichtlich der historischen Vorgänge im deutschen Osten, in denen Nadler nicht nur der deutschen Stämme, sondern auch der anderen Völker und Nationen diagnostiziert hatte, zum entgegengesetzten Schluß: „In sich ist somit das nordöstliche Preußen jahrhundertelang nicht nur ein Schmelzkessel der deutschen Stämme, sondern auch der verschiedenen Völker gewesen, ohne daß sich aber, sobald man den Begriff des östlichen Verschmelzungsraums übernational auffaßt, von diesem Schmelzkessel aus eine Amalgamierung oder auch nur eine wirkliche Annäherung der verschiedenen Völkerstämme über die politischen Grenzen hinweg in größerem Ausmaß vollzogen hätte." (S. 313). Er stellte Nadlers „Verschmelzungsthese" seine These von der „völkischen Reinheit" entgegen; vgl. ders.: Die geistige Ostfront. In: Der Oberschlesier 15 (1933), S. 181-192.

[151] Die in der veränderten Titelgestalt ausgedrückte Revision der vormals pluralen Geschichtserzählung zugunsten des singulären Signifikats ‚Volk' wurde von Nadlers Rezensenten wohlwollend vermerkt, vgl. Joachim Müller: Sonderbericht zu Josef Nadler „Literaturgeschichte des deutschen Volkes". In: ZfDk 53 (1939), S. 208; ähnlich auch Karl Justus Obenauer: Josef Nadler, Literaturgeschichte des deutschen Volkes. In: ZfdPh 15 (1939), S. 278.

[152] Josef Nadler: Literaturgeschichte des deutschen Volkes. Bd. 2, S. 3. Vgl. auch die Einheit suggerierenden Wendungen, S. 4: „Einverständnis aus der gemeinsamen Geburt", „der eine und gleiche Volkskörper" u.a.

[153] Ebenda, S. 6.

[154] Der 1. Band, der in den vorangegangenen Auflagen die Altstämme 800-1600 behandelt hatte, stellte nun unter dem Titel „Volk" die gesamte deutsche Entwicklung bis zur Schwelle des 18. Jahrhunderts dar. Der 2. Band – früher „Sachsen und das Neusiedelland 800-1786" – widmete sich unter dem Titel „Geist" dem Zeitalter 1740 - 1813. Der 3. Band – bis zur Neuauflage „Der deutsche Geist. 1740-1813" – umfaßte unter dem Titel „Staat" das Jahrhundert 1814 - 1914; der neue 4. Band „Reich" stellte die neueste Zeit von 1914 bis 1938 dar, während er früher unter dem Titel „Der deutsche Staat" die Zeit zwischen 1814 und 1914 behandelt hatte.

des nun die Romantikteile beherbergenden zweiten Bandes blieb gegenüber den bisherigen Auflagen nahezu unverändert. Grundlegend modifiziert waren allein die der eigentlichen Geschichtserzählung vorangestellten *Leitgedanken*, die nun die pluralen stammesgeschichtlichen „Vorgänge" aus *einer* biologischen Substanz hervor- und in sie zurückgehen ließen. Die separaten Entwicklungslinien von „Mutterland" und „Siedelgebiet" wurden beibehalten, jedoch einer natürlichen, konstanten „Deutschheit" nachgeordnet.[155] Die kulturelle Vereinigung von „Mutterland" und „Siedelgebiet", in den vorangegangenen Auflagen Frucht eines „gemeinsamen Gedankenbesitzes" und in Klassik und Romantik als „Hochblüte" bzw. „Abschluß" der je eigenen geschichtlichen „Vorgänge" vollzogen, gründete für Nadler nun im gemeinsamen Blut.[156] In Anerkennung der von ihm 1934 noch in Frage gestellten rassentheoretischen Erklärungen Hans F.K. Günthers führte er die in Klassik und Romantik mündenden Geistesbewegungen des 18. Jahrhunderts auf die Verschiebung der schöpferischen Kräfte in das „germanische" Nordwestdeutschland und den „Durchbruch der nordischen Gestalt" zurück:

> „Je höher das achtzehnte Jahrhundert heraufzieht, desto stärker ballen sich alle schöpferischen Kräfte im nordwestlichen Deutschland dort zusammen, wo es am wenigsten aufgehört hat, germanisch zu sein. Die großen geistigen Ereignisse verschieben sich mehr und mehr aus den romanisch-deutschen Grenzräumen in die germanische Mitte eines Kraftfeldes zwischen England, skandinavischem Norden und Deutschland. [...] Am tiefsten überzeugt vielleicht das letzte. Auf der einen Seite weiß man wohl, daß erst seit dem Beginn des achtzehnten Jahrhunderts aus vielen Gründen die geistig Schaffenden fast Mann für Mann in Bildnissen festgehalten werden. Und auf der andern Seite bedarf es keiner Erinnerung an die Tatsache, wie sehr das achtzehnte Jahrhundert seine geistigen Köpfe oft reihenweise und darum mit ausgleichender Pinselführung festgehalten hat. Auch wenn wir also vielleicht im achtzehnten Jahrhundert einen Schnitt des Gesichtes für neu auftretend ansehen, der wahrscheinlich im siebzehnten Jahrhundert schon nicht mehr gefehlt hat, und wenn wir auch damit rechnen müssen, daß Geschmack und Überlieferung an den Bildnissen des Zeitalters mitgedichtet hat, soviel hat Bestand und muß gelten. Man überblickt diese Bildnisse, man prüft sie Mann für Mann und sieht, wie deutlich in ihnen mehr und mehr Schnitt der Züge und Gestalt des nordischen Menschen durchbricht. In gedrängter Fülle blicken uns solche Gesichter in den niedersächsischen Kreisen um Klopstock an, Gerstenberg, Claudius, Eschenburg, Hölty. Nordische Gestalten sind Bach,

---

[155] Vgl. Josef Nadler: Literaturgeschichte des deutschen Volkes. Bd. 2, S. 3: „Indessen diese beiden unterschiedlichen deutschen Denkformen, die von der Idee aus und die zur Idde hin, die altdeutsche und die neudeutsche, die klassische und die romantische, das waren keine Unterschiede aus der Natur und aus dem Wesen, sondern aus der geschichtlichen Entwicklung. Mutterland und Siedelgebiet offenbaren sich durch das gemeinsame Werk dieses hohen Jahrhunderts als ein Ganzes, als eins und einig aus der einen und gleichen Natur der Deutschheit."

[156] Vgl. ebenda, S. 4: „Und es war sodann und zuletzt und im tiefsten das Einverständnis aus der gemeinsamen Geburt. Zwei so verschiedenartige Denkweisen konnten sich nur darum innerhalb des gleichen Gedankenraumes über eine gemeinsame Weltanschauung verständigen, weil inzwischen nach der Reife von Jahrhunderten der eine und gleiche Volkskörper in ihnen wirksam zu werden begann."

Gluck, Händel. Sie begegnen, rein geprägt, mit Matthisson und Gellert im Mitteldeutschen, mit Johann Heinrich Merck und Wilhelm Grimm in Hessen, mit Friedrich Heinrich Jacobi im Rheinlande, mit Hölderlin in Schwaben, mit Ewald von Kleist in Pommern, mit Wackenroder in der Mark Brandenburg. [...] Mit mannigfachen Abwandlungen haben sich nordische Gesichtszüge aufbewahrt in den Ostpreußen Hamann, Herder und Hippel, in dem Niederdeutschen Hardenberg, in dem Ostfranken Johann Paul Richter, in dem Schwaben Ludwig Uhland. Auch wenn es uns also der gemeinsame Hang dieses Zeitalters zu altdeutscher Volkheit und germanischer Vorzeit nicht verriete, diese Bildnisse bezeugen es. Der Durchbruch der germanisch-nordischen Volksbestände durch all die Verschwägerungen mit romanischen und slawischem Blut überwindet die ursprüngliche bevölkerungsgeschichtliche Doppelheit von Mutterland und Siedelgebiet, bewegt die Erneuerung aus den ursprünglichen Tiefen des Volkes, trägt den Schwung zur geistigen Einheit aller Deutschen."[157]

Während rassentheoretische Reduktionen die vorangestellten *Leitgedanken* prägten, behielten die Romantikkapitel bei geringfügigen Umstellungen und Kürzungen den Text der vorherigen Auflagen bei. So erschien die im 11. Buch abgehandelte Frühromantik zwar unter dem neuen Titel „Neudeutsche Bewegung. Aufstieg" (früher: „Neudeutsche Romantik") und ohne den Abschnitt „Königsberg und Warschau", der jetzt dem 13. Buch „Neudeutsche Bewegung. Höhe" zugeschlagen wurde, doch in textlich identischer Gestalt. Die sich ergebenden Diskrepanzen zeigten sich im besonderen in der Behandlung des Verhältnisses von Romantik und Judentum. Stilisierten die *Leitgedanken* antijüdische Züge der Romantik zu „literarischen Abwehrkämpfen" des „erwachten germanisch-deutschen Volksbewußtsein" gegen den „jüdischen Aufdrang",[158] erschienen die sachlich-ausgewogenen Absätze über die Berliner jüdischen Salons in unveränderter Form.[159] Von ideologischen Imperativen motiviert war auch die neue Bewertung der christlichen Religion. Nadler sprach der römisch-katholischen Kirche, die in den vorangegangenen Auflagen als wesentlicher Impulsgeber von „neudeutscher Romantik" und „altdeutscher Restauration" gegolten hatte, nun jeglichen Einfluß auf die „Wiedergeburt aus der germanisch-nordischen Natur" ab. Nicht die „damalige Gegenwartsgestalt der römischen Kirche" habe auf die deutsche Jugend gewirkt, sondern „die römische Kirche des Mittelalters, die Kirche in der kraftvollen Männlichkeit germanischen Volkstums, die auf der Höhe des achtzehnten Jahrhunderts an der geistigen Volkwerdung der Deutschen mitgebildet hat".[160]

---

[157] Ebenda, S. 4.
[158] Ebenda, S. 5.
[159] Vgl. die wörtlich bereits in der zweiten Auflage vorhandenen Passagen über die jüdischen Salons in Berlin, hier S. 353f. Auch der vierte Band (Reich) der vierten Auflage behielt in seiner Binnenstruktur die sachliche Behandlung der jüdischen Autoren bei; vgl. die aus der 2./3. Auflage unverändert übernommenen Passagen über die Prager jüdischen Autoren, die die deutsche Literatur repräsentierten, hier S. 171-176, in der 2. Aufl., Regensburg 1928 S. 889-896. In der vierten Auflage fehlten allerdings die Würdigungen Max Brods, Paul Leppins und Egon Erwin Kischs, die in der zweiten und dritten Auflage enthalten waren.
[160] Ebenda, S. 6. Vgl. hier auch: „Der Wiederentdecker des Mittelalters Johann Gottfried Herder hat ebensogut wie seine romantischen Zöglinge gewußt, daß auch die Kirche des Mittelalters

Wenn man die Einwände, die Nadler noch 1934 gegen rassentheoretische Erkenntnismöglichkeiten erhoben hatte, mit den 1938 veröffentlichten *Leitgedanken* seiner *Literaturgeschichte des deutschen Volkes* vergleicht, erscheinen die Veränderungen als geradezu eklatant. Hatte der Aufsatz *Rassenkunde, Volkskunde, Stammeskunde* von 1934 noch grundlegende Skepsis gegenüber den Prämissen und Schlußprinzipien der Rassenkunde artikuliert und die Auffassung von der irreversiblen „Verschmelzung" der europiden Rassen verteidigt, nahmen die *Leitgedanken* 1938 eindeutig Hans F.K. Günthers Thesen von der Existenz reiner Rassetypen auf. Wies Nadler 1934 noch Günthers Fiktion von der kulturschöpfenden ‚nordischen' Rasse zurück, bildeten 1938 die Konzentration der geistigen Kräfte im äußersten Nordwesten Deutschlands und der „Durchbruch der nordischen Gestalt" die Erklärung für Klassik und Romantik.

Die Umstände dieser radikalen Revision früherer Überzeugungen sind noch unaufgeklärt. Nadler selbst, der in seiner Autobiographie *Kleines Nachspiel* den Vorgang der Neufassung nur kurz als „Wettlauf mit dem heraufziehenden Ungewitter von 1939" beschrieb,[161] hatte unmittelbar nach Kriegsende und seiner Suspendierung aus dem Universitätsdienst den Druck der *Parteiamtlichen Prüfungskommission* (PPK) für die Integration nationalsozialistischer und antisemitischer Stellungnahmen in die *Literaturgeschichte des deutschen Volkes* verantwortlich gemacht.[162] Die von ihm und seinem Schüler Viktor Suchy vorgebrachten Schuldzuweisungen an die Adresse politischer Instanzen sowie der schwer verständliche Bruch mit früher vertretenen Positionen legten denn auch die Vermutung nahe, daß Nadlers Hand bei der Neufassung seines Werkes geführt worden sein könnte.[163] Dieser Apologetik stehen allerdings gewichtige Fakten entgegen. Auch in der vierten, 1941 erschienenen „Kriegsauflage" seines Buches *Das stammhafte Gefüge des deutschen Volkes* dominierten rassenkundliche Erklärungsmuster, deren Terminologie aus dem 1934 noch disqualifizierten Werk Hans F.K. Günthers entlehnt wurde.[164] Nadlers

---

eine europäische Kirche war, aber die Kirche eines germanisch geordneten Europa. Und es ist diese germanische Ordnung des Abendlandes gewesen, von der die romantische Jugend immer wieder in die geistige und künstlerische Nähe der Kirche verlockt wurde."

[161] Vgl. Josef Nadler: Kleines Nachspiel, S. 72f.

[162] Zitate aus Nadler erläutert und richtig gestellt. Neunseitiges Typoskript Nadlers. Wien Februar 1946, hier zitiert nach Sebastian Meissl: Der „Fall Nadler" 1945-1950. In: Sebastian Meissl, Klaus-Dieter Mulley, Oliver Rathkolb (Hrsg.): Verdrängte Schuld, verfehlte Sühne. Entnazifizierung in Österreich 1945-1955. Wien 1986, S. 281-301, S. 289: „So mußte ich mich zu einer Reihe von Änderungen, Streichungen und Zusätzen herbeilassen, die meinem freien Willen nicht angelastet werden können. So sind die wenigen, rein faktisch referierenden Stellen über den Nationalsozialismus und Hitler in den Band hineingekommen. Diese Zugeständnisse werden aber mehr als aufgewogen durch die Freiheit, die ich mir damit in wesentlichen anderen Fragen erkaufte."

[163] So bei Dieter Kelling: Josef Nadler und der deutsche Faschismus. In: Brücken. Germanistisches Jahrbuch DDR – CSSR 1986/87, Prag 1987, S. 132-147, S. 144, der vermutete, daß der vierte Band „mindestens streckenweise nicht durch Nadler allein geschrieben wurde." Dazu verwies Kelling auf deutliche Stilbrüche, vor allem in der direkten politischen Diktion des Faschismus", auf das Fehlen „spezifischer Metaphern" und „sprachlicher Bildgestaltung".

[164] Vgl. Josef Nadler: Das stammhafte Gefüge des deutschen Volkes. 4., veränderte Aufl. München 1941.

Rechtfertigungsversuch aus dem Frühjahr 1946 enthielt nur einige – und nicht sehr substantielle – Hinweise auf die PPK, deren Akten selbst als verschollen gelten müssen. Und nicht zuletzt: Wenn Nadler irgendeine plausible Möglichkeit gehabt hätte, sich von den nationalsozialistischen und antisemitischen Entgleisungen durch einen Nachweis auf eine nicht ihm anzulastende Urheberschaft zu distanzieren, hätte er das sicherlich getan.[165] Zum anderen sind die Abgrenzungsgefechte Nadlers gegenüber den Rassentheoretikern vor dem Hintergrund der wissenschaftlichen und politischen Entwicklungen der 1930er Jahre zu relativieren. Denn auch wenn Nadler noch 1935 einen Beleidigungsprozeß gegen Oskar Bendas in der *Pädagogischen Warte* vom 5. April 1935 publizierte Behauptung anstrengte, aus seiner *Literaturgeschichte* ließen sich rassentheoretische Schlüsse im Sinne des Nationalsozialismus ziehen,[166] war für ihn der biomythologische Glaube an die kulturschaffende Macht des Blutes konstitutiv – ohne daß er vor 1938 den Terminus „Rasse" explizit verwendete. Nicht ohne Grund hatten Vertreter der Rassenkunde Nadlers literaturgeschichtliches Opus schon vor 1933 achtungsvoll registriert. In ihm, so Ludwig Schemann im dritten Band seines Werkes *Die Rasse in den Geisteswissenschaften*, gelange „meisterlich zur Darstellung, wie unsere im weitesten kulturellen Sinne gefaßte Literatur, ja, wie unser Glaube und Sitte, Sage und Dichtung, Wissenschaft und Kunst aus unserem Blute erwachsen."[167] Trotz der noch zu klärenden, „in ihrer Allgemeinheit zunächst neuen und fast befremdenden These, daß die Klassik in den ‚Altstämmen' (d.h. den reingermanischen Stämmen des Nordens und Westens), die Romantik in den ‚Neustämmen' (d.h. den im Mittelalter durch die germanische Besiedlung des Ostens hinzugewonnenen) ihre Vertretung finde", verdiene „dies Denkmal deutschen Geistes und Fleißes die regste Beachtung von seiten eines jeden Freundes der Rassenwissen-

---

[165] So auch die Meinung Sebastian Meissls im Brief an den Verfasser vom 9. 3. 1995: „Hätte er wirklich etwas Entlastendes in der Hand gehabt, so hätte er es bestimmt aufgehoben und vorgezeigt nach 1945. Alles andere sind doch Mogeleien.".

[166] Vgl. die Erklärung Nadlers, veröffentlicht unter folgenden Titeln: Eine gerichtliche Erklärung Professor Nadlers. In: Reichspost vom 15. Juni 1935; Eine eindeutige Erklärung Professor Nadlers: In: Wiener Zeitung vom 15. Juni 1935; Beleidigungsprozess Prof Nadlers. Er ist nicht Rassentheoretiker im nationalsozialistischen Sinne. In: Danziger Volkszeitung vom 16.Juni 1935, hier zitiert nach Sebastian Meissl: Zur Wiener Neugermanistik der dreißiger Jahre: Stamm, Volk, Rasse, Reich. Über Josef Nadlers literaturwissenschaftliche Position. in: Klaus Amann, Albert Berger (Hrsg.): Österreichische Literatur der dreißiger Jahre. Wien Köln 1985; S. 130-146, S. 136, Anm. 22: „Wenn man heute von Blut und Boden spricht, so denkt jeder Mensch an den Rosenbergschen Mythos. Nun habe ich schon im Jahre 1911 über den Einfluß von Blut und Boden auf das Schaffen eines Menschen geschrieben, es ist daher nicht meine Schuld, wenn die Nationalsozialisten sich manches von meinem Gedankengut – sehr verändert – angeeignet haben." Seine 1934 erschienene Abhandlung *Rassenkunde, Volkskunde, Stammeskunde* zeige eindeutig, daß er „mit Rassentheorie nichts zu tun haben will", ebenda. Als der Prozeß mit einem außergerichtlichen Vergleich endete, stellte Nadler richtig, sein Werk sei nur als ein Ganzes zu beurteilen, es sei „weder eine Theorie noch eine Methode, sondern eine geschichtliche Darstellung", Josef Nadler: Das Stammesproblem in der Literaturgeschichte. In: Österreichische Pädagogische Warte 30 (1935), F. 7, S. 164.

[167] Ludwig Schemann: Die Rasse in den Geisteswissenschaften. Bd. III: Die Rasse in Deutschland. München 1931, S. 394.

schaft."[168] Angesichts der innen- und außenpolitischen Konstellationen zu Beginn der 1930er Jahre und Nadlers Position als Wiener Ordinarius ist zu vermuten, daß die bislang formulierten Vorbehalte gegenüber rassentheoretischen Konzepten nicht nur aus dem Motiv der Abgrenzung des eigenen wissenschaftlichen Programms von konkurrierenden Geltungsansprüchen, sondern auch aus (notwendiger) politischer Loyalität resultierten. Die 1938 vorgenommene Umarbeitung der Literaturgeschichte mit der Vorschaltung rassentheoretischer Prinzipien läßt sich dann als eine parallel zum staatlichen Anschluß praktizierte Anpassungsleistung interpretieren, die eine längerfristig vorbereitete Option realisierte – ohne jedoch den erwünschten Erfolg zu zeitigen.

Es verwundert nicht, daß die nur oberflächlich „völlig neu bearbeitete" vierte Auflage der *Literaturgeschichte* von nationalsozialistischen Fachkollegen kritisch aufgenommen wurde. So bemerkte Karl Justus Obenauer in seiner Rezension der beiden 1938 erschienenen Bände 2 und 3, auch in der Neubearbeitung trete „das Eigenleben der deutschen Stämme stärker hervor als die in Blut der Rasse gegründete Gemeinschaft. Den Gesichtspunkt der gemeinsamen Rasse hat Nadler nicht deutlich zugrunde gelegt; er hätte sich dann auch zu durchgreifenderen Änderungen entschließen müssen."[169] Gegen die Erhebung der Nadlerschen *Literaturgeschichte* zur „schlechthin vorbildlichen Geschichte des deutschen Schrifttums, die vor allem für den Deutschlehrer allein richtunggebend sein würde, wie dies in gewissen Besprechungen zum Ausdruck kam", wandte Obenauer ein, „daß dieses gewiß großartige Werk nur mit Besonnenheit und Kritik von den Deutschkundlern fruchtbar gemacht und mit Erfolg nur dann benutzt werden kann, wenn man es als ein Werk des Übergangs betrachtet, das zwar wesentliche Gesichtspunkte in reicher Fülle darbietet, aber Grundwerte des neuen großdeutschen Staates, die in der germanisch-nordischen Rasse liegen, noch nicht immer eindeutig in die Mitte rückt."[170]

Trotz offenkundiger Assimilation an ideologische Postulate vermochte sich Nadlers neubearbeitetes Opus nicht als verbindliche Literaturgeschichte des Dritten Reiches zu etablieren.[171] Dazu mögen neben fachinternen Konkurrenzverhältnissen auch die Bedenken politischer Entscheidungsträger beigetragen haben, denen die katholische Konfession des Wissenschaftlers suspekt blieb.[172] Als der Wiener Ordinarius 1939 zum korrespondierenden

---

[168] Ebenda, S. 395.
[169] Karl Justus Obenauer: Josef Nadler, Literaturgeschichte des deutschen Volkes (1939), S. 280.
[170] Ebenda, S. 279f.
[171] Symptomatisch dafür Karl August Kutzbach: Die Literaturgeschichtsschreibung unserer Zeit. In: Die Neue Literatur 40 (1939), S. 13-22, hier S. 17, der die Frage „Und haben wir mit ‚dem Nadler' endlich die maßgebende Literaturgeschichte erhalten?" abschlägig beantwortete: „Die letzte Frage wird man bei aller Anerkennung schwerlich rein bejahen können, denn auch seine Methode bedarf der Ergänzung, wie sie selbst die anderen Betrachtungsarten fruchtbar ergänzt."
[172] Vgl. dazu die bei Ludwig Jäger (Seitenwechsel. Der Fall Schneider/Schwerte und die Diskretion der Germanistik. München 1998, S. 67f.) abgedruckten Auszüge aus Gutachten des *Amtes Rosenberg* über Nadlers Verwurzelung im „katholischen Vorstellungskreis". Als symptomatisch können auch die von Jäger dokumentierten Einwände des Nadler-Schülers Hans Ernst Schneider, der von Den Haag aus die öffentliche Resonanz Nadlers beobachtete, gegen den ehemaligen Lehrer gelten, siehe ebenda, S. 66-68.

Mitglied der philosophisch-historischen Klasse der Preußischen Akademie der Wissenschaften gewählt werden sollte – wofür sich alle Mitglieder der Deutschen Kommission und vorrangig Julius Petersen eingesetzt hatten – , verhinderte ein „entschiedener Einspruch von Seiten der Partei" die Behandlung seiner Wahl im Plenum.[173] Diese von politischen Instanzen verhinderte Wahl war für Nadler der Grund, die Mitarbeit an der Hamann-Ausgabe aufzukündigen und der Akademie mit harschen Tönen zu attestieren, „fachlich ungut beraten und administrativ unzulänglich geführt" zu sein.[174] Die Bemühungen des Akademie-Vizepräsidenten Ernst Heymann um Schadensbegrenzung und eine Lösung des Konflikts gestalteten sich als überaus schwierig: Sowohl auf die besänftigenden Erklärungen der Preußischen Akademie, die Nadler als Editor Hamanns nicht verlieren wollte,[175] als auch auf die Vermittlungsbemühungen des Wiener Akademiepräsidenten Heinrich Ritter von Srbik reagierte Nadler mit verbitterter Ablehnung. Sein Brief an den Vizepräsidenten der Berliner Akademie zeugt von der tiefen Enttäuschung des Philologen angesichts des wissenschaftspolitischen Dirigismus der NS-Zeit:

> „Eine gelehrte Körperschaft, die sich nach anderen Gesichtspunkten als wissenschaftlich-sachlichen ergänzt, verstösst gegen ihr Daseinsrecht. Erlaubt sie unzuständigen Instanzen von aussen her in ihr autonomes Ausleseverfahren und in ihre Gesellschaftsgeschäfte einzugreifen, so verliert sie den Anspruch darauf, dass ihre Entscheidungen jene sachliche Autorität geniessen, ohne die sie nicht bestehen kann. Sie muss es hinnehmen, dass ihr Verhalten sachlich gekennzeichnet wird."[176]

An diese Vorwürfe schloss Nadler eine Darstellung seines wissenschaftlichen und politischen Engagements an, die nicht nur die Schwierigkeiten mit der Hamann-Ausgabe benannte, sondern zugleich auch ein bezeichnendes Licht auf die Entstehungsbedingungen der *Literaturgeschichte des deutschen Volkes* warf:

> „Ich bin seit 30 Jahren akademischer Lehrer. Dem, was ich bin, vermag keine Körperschaft etwas hinzuzufügen oder abzustreichen. Wer mich kennt, der weiss,

---

[173] Vizepräsident der Preußischen Akademie der Wissenschaften (Ernst Heymann) an den Präsidenten der Wiener Akademie (Ritter von Srbik). Brief vom 19. Mai 1942. Archiv der Berlin-Brandenburgischen Akademie der Wissenschaften, Akten der Preußischen Akademie der Wissenschaften (1812-1945), Deutsche Kommission, Sign.: II-VIII, Bd. 37, Bl. 1b; vgl. auch Conrad Grau, Wolfgang Schlicker, Liane Zeil: Die Berliner Akademie der Wissenschaften in der Zeit des Imperialismus. Teil III: Die Jahre der faschistischen Diktatur 1933-1945. Berlin 1979, S. 372. Verhindert wurde die Wahl nach Worten Heymanns „aus Gründen, die Sie sich ja denken werden, mögen sie auch nicht so berechtigt sein wie die Parteistellen angenommen haben."

[174] Zitat aus Nadlers Schreiben an die Preußische Akademie der Wissenschaften vom 7. April 1942 im Brief Heymanns an Srbik vom 19. Mai 1942; Archiv der BBAW, Akten der Preußischen Akademie der Wissenschaften (1812-1945), Deutsche Kommission, Sign.: II-VIII, Bd. 37, Bl. 1b.

[175] Ernst Heymann (Vizepräsident der Preußischen Akademie der Wissenschaften) an Josef Nadler. Brief vom 13. Mai 1942. Ebenda, Bl. 2.

[176] Josef Nadler an Ernst Heymann. Brief vom 6. Juli 1942. Ebenda, Bl. 6.

dass ich es durchaus ertrage, der oder jener Körperschaft nicht anzugehören. Was meine Gegenwehr herausgefordert hat, war die Art und Weise, in der man mit mir umzuspringen für gut hielt. Nun müsste ich den Respekt vor mir selbst verlieren, wenn ich einer Körperschaft, die mich für ihre Liste zu schlecht hielt, auch noch Arbeit leisten wollte. [...] Was die philologischen Schwierigkeiten der Hamannausgabe anlangt, so wissen darüber nur zwei Personen Bescheid: mein Freund Ziesemer in Königsberg und ich. In Königsberg und anderswo liegen ganze Stösse von Nachlasspapieren in zum Teil elendesten Zustande und ungewöhnlich unleserlich. Ich habe mir daran seit Jahren meine Augen ruiniert. Der Inselverlag hat 1938 mit dem Satz des ersten Bandes begonnen und auch die Korrekturen weitgehend gefördert. Während dieses Satzes wurde mein Vertrag mit dem Deutschen Verlag in Berlin abgeschlossen, nach dem ich streng befristet meine Literaturgeschichte in vier Bänden umarbeiten und auf die Gegenwart fortzuführen hatte. [...] Diese Literaturgeschichte, vier Bände mit zusammen 2800 Seiten, zahlreiche Textillustrationen, ist von 1939 bis 1941 erschienen. Ich weiss nicht, ob sie sich recht hineindenken können, was es heisst, in das Maschienentempo [sic] eines solchen Unternehmens eingespannt zu sein, vier solche Bände Text und Korrekturen zu liefern, Korrekturen von zahllosen in den Text eingeschalteten Illustrationen. Dazu meine hauptamtliche Tätigkeit bei einem Studentenbesuch, der dem Berliner in nichts nachgibt, ganz allein und ohne Assistenten. Dazu meine viele Inanspruchnahme in kulturellen Angelegenheiten hier, denen ich mich nicht entziehen konnte. Dazu meine Tätigkeit in der Partei, nicht in einer dekorativen Uniform und mit einem grossen Büro sondern ganz schlicht in der Ortsgruppe, als Zellenwalter, Sammler von Haus zu Haus und von Stiege zu Stiege, Opfer von drei Abenden je Woche – wofür ich zum Dank in der Weise schikaniert werde, die sie ja kennen. Dazu drei Jahre Krieg und mein Dienst beim Luftschutz. [...] Was weiss der Dozentenführer in München und was weiss Herr Vahlen von mir ! Es war sehr gut, dass einmal jemand der Preussischen Akademie der Wissenschaften nicht in verklausuliertem sondern in geradem Deutsch seine Meinung darüber gesagt hat, wie Wissenschaftler behandelt werden, die weit über das hinaus, was ihre unmittelbare Pflicht, der Nation und der Partei dienen, seit dreissig Jahren dienen. Den Dank, Dame begehre ich nicht."[177]

Trotz neuerlicher Beschwichtigungsversuche von Seiten des Akademie-Vizepräsidenten Heymann liess Nadler sich nicht von seinem Protest gegen die politischen Eingriffe in die Rechte der Wissenschaftsinstitution abbringen.[178]

---

[177] Ebenda.
[178] Vgl. die deutlichen Formulierungen in Josef Nadlers Brief an Ernst Heymann vom 3. November 1942. Ebenda, Bl. 11: „Die Akademie wählt, das Unterrichtsministerium bestätigt oder verwirft. Das ist die klare Scheidung der Kompetenzen. Niemand, auch das Unterrichtsministerium ist befugt, in das Wahlverfahren einzugreifen, das ja nach keinen andern Motiven verfährt, als sie sich aus der Institution ergeben. Sie werden doch nicht sagen wollen, dass die Preussische Akademie der Wissenschaften innerhalb ihrer Kompetenzen unfrei sei. Ich jedenfalls kann das Stirnrunzeln eines Dozentenführers juristisch nicht als vis major definieren. Die Akademie hatte also die Wahl im vollen Besitz ihrer Freiheit durchzuühren und das Ergebnis der allein zuständigen Behörde vorzulegen. Dann war sie mir gegenüber ausser obliquo. [...] Die Akademie ist von diesem klaren Wege abgewichen. Sie hat zu wählen begonnen, hat einen Eingriff in ihr Wahlrecht geduldet und hat sich die Anwürfe des Dozentenführers gegen mich zu eigen gemacht. Sie hat mich dadurch aufs schwerste geschädigt, und das einen Mitarbeiter, mit dem sie doch ein Vertrauensverhältnis verband."

Auch wenn die vom Akademie-Präsidenten erwogenen Klagen gegen den renitenten Gelehrten – sogar an einen Gang vor das Parteigericht war gedacht[179] – letztlich nicht eingereicht wurden und sich die Akademie und Nadler auf eine den Streit beilegende gemeinsame Erklärung einigten,[180] war der entstandene Schaden nicht wieder gut zu machen: Die Ausgabe der Werke Hamanns blieb bis Kriegsende unrealisiert;[181] erst 1949 konnte im Wiener Herder-Verlag der erste Band erscheinen, dem bis 1954 in pünktlicher Jahresfolge fünf Bände folgten.[182] Die hartnäckige Distanz politischer Stellen gegenüber dem katholischen Hochschullehrer und eine offensichtlich weiterschwelende Ablehnung innerhalb des Faches mögen auch dazu beigetragen haben, daß Nadler am berüchtigten Gemeinschaftswerk *Von deutscher Art in Sprache und Dichtung* trotz anderslautender Planungen nicht beteiligt wurde; ein als Einleitung vorgesehener „Aufsatz über den deutschen Volkskörper (Raum, Rasse, Stamm, usw.)" aus seiner Feder erschien in diesem Zeugnis des „Kriegseinsatzes der deutschen Geisteswissenschaften" nicht.[183]

Selbstverständlich beabsichtigt die hier dokumentierte Konfrontation Nadlers mit den Deformierungen des Wissenschaftssystems in der NS-Zeit nicht

---

[179] Vgl. Aktennotiz zu der Sache der Hamann-Ausgabe betreffend Professor Dr. Nadler. 26. Januar 1943. Ebenda, Bl. 12.

[180] Erklärung der Preussischen Akademie der Wissenschaften und J. Nadlers vom 11. Februar 1943. Ebenda, unnumeriert: „Nachdem Herr Professor Dr. Nadler ausdrücklich erklärt hat, dass es ihm ferngelegen habe, die Wahrheitsliebe des Herrn Präsidenten Vahlen zu bezweifeln oder ihn überhaupt persönlich zu beleidigen, erklärt die Preussische Akademie der Wissenschaften, dass sie Herrn Nadler wissenschaftlich durchaus hochschätzt und seinerzeit den Wahlvorgang gerade in seinem eigenen Interesse eingestellt habe, um die Möglichkeit einer Wiederaufnahme des Wahlverfahrens zu erleichtern und ihn keiner Ablehnung im Bestätigungsverfahren auszusetzen. Herr Nadler erklärt seinerseits, dass er die Arbeit an der Hamann-Ausgabe fortsetzen und insbesondere den bereits gesetzten und zum Teil sogar ausgedruckten Band alsbald fertigstellen wird."

[181] Nadler hatte dem Insel-Verlag, in dem durch Walther Ziesemer 1940 die ersten beiden Bände von Hamanns Briefwechsel herausgegeben worden waren, die honorarfreie Fortführung der Werk-Ausgabe ohne Akademie-Auftrag angeboten; der Verlag war jedoch vertraglich an die Akademie gebunden und lehnte ab, vgl. J. Nadler: Kleines Nachspiel, S. 102.

[182] Johann Georg Hamann: Sämtliche Werke. Historisch-kritische Ausgabe von Josef Nadler. 5 Bde. Wien 1949-1953. (Als sechster Band folgte 1957 ein Kommentar.) Zum Prinzip der „an den deutlich erkennbaren Willen Hamanns gebunden[en]" Edition nach „geistig begründeten Sachgruppen" (so Josef Nadler: Die Hamann-Ausgabe. Vermächtnis-Bemühungen-Vollzug. Halle/S. 1930 (= Schriften der Königsberger Gelehrten Gesellschaft, Geisteswissenschaftliche Klasse 7. Jahr, Heft 6), S. 172 vgl. Karlfried Gründer: Geschichte der Deutungen. In: Fritz Blanke, Lothar Schreiner: Johann Georg Hamanns Hauptschriften erklärt. Bd. 1: Die Hamannforschung. Gütersloh 1956, S. 9-140, hier S. 87.

[183] Daß Nadler für den Einleitungsaufsatz zum genannten Thema vorgesehen war, belegt der von Franz Koch und Gerhard Fricke angefertigte und an die eingeladenen Teilnehmer der „Kriegseinsatz"-Tagung in Weimar versandte Plan „Zum wissenschaftlichen Einsatz Deutscher Germanisten im Kriege"; abgedruckt in Frank-Rutger Hausmann: „Deutsche Geisteswissenschaft" im Zweiten Weltkrieg, S. 170-173, Zitat hier S. 172. Warum Nadler – der in anfänglichen Planungen neben Hans Naumann, Otto Höfler und Karl Justus Obenauer als Mitorganisator des von Franz Koch, Gerhard Fricke und Klemens Lugowski geleiteten Gemeinschaftsprojekts figurierte – dann doch nicht zum Zuge kam, wird durch Hausmann nicht mitgeteilt.

die Rehabilitierung des stammethnographischen Literaturhistorikers. Sie soll vielmehr Skepsis gegenüber seiner pauschalen ideologiekritischen Klassifikation als „Goebbels handmaid in the field of literature"[184] befördern und zugleich eine Erklärung für die letzte überraschende Wendung in Nadlers Beschäftigung mit der romantischen Literatur ermöglichen. Denn eventuell waren ein fortschreitender Desillusionierungsprozeß und die wachsende Einsicht in die Chancenlosigkeit seines stammesgeschichtlichen Programms ein Grund dafür, daß Nadler in einer letzten Wortmeldung zur Romantik gänzlich ohne die bisherigen Deutungsmuster operierte. Die Thesen seines Vortrages *Italien und die deutsche Romantik*, mit dem er am 16. Januar 1942 im Italienischen Kulturinstitut in Wien auftrat,[185] unterschieden sich von seiner ethnographischen Romantikinterpretation in so grundlegender Weise, daß allein die episch breite und an Adjektiva und Bildern reiche Sprache auf Nadlers Autorschaft hinweist. Auf stammestheoretische, landschaftliche oder rassenkundliche Zuweisungen verzichtend, würdigte er in hymnischen Tönen die romantische Aneignung des italienischen Erbes, die im Gegensatz zur Rezeption der „Latinitas" durch die Weimarer Klassik vor allem die Toscana des 14. Jahrhunderts, Florenz und Venedig entdeckt hätte.[186] Ungewöhnlich war ebenso die ausschließliche Thematisierung poetischer Ausdrucksformen und ästhetischer Gewinne, die der deutschen Romantik aus der reichen italienischen Kunst- und Literaturtradition erwachsen seien. Im motivgeschichtlichen Vergleich von Wackenroders *Herzensergiessungen* und Tiecks Märchendrama *Zerbino* mit italienischen und anderen europäischen Quellen gelangte Nadler zu einem Romantikbild, das seine frühere, allein auf den geographischen Raum Ostdeutschlands fixierte Erklärung zu negieren schien. Die abschließende Hypostasierung des „Zusammenspiels zwischen dem deutschen und dem italienischen Geiste" zu einem „einzigartigen Schauspiel" der „Beziehungen von Volk zu Volk" manifestierte jedoch, daß Literatur für Nadler trotz aller poetologischen und ästhetischen Näherungsversuche ein nationalgeschichtlich bedingter Emanationsprozeß geblieben war:

> „Die deutsche Romantik zeigt uns inbegrifflich das Zusammenspiel zwischen dem deutschen und dem italienischen Geiste. Es ging um keine gewöhnlichen und zufälligen Wirkungen von Buch zu Buch, von Stoff zu Stoff, von Stil zu Stil. Es ging um die ganze Gesinnung, um das Wesen und den Kern der Kunst. Mit dem einen und gleichen Schlag hat die deutsche Romantik die alten deutschen und italienischen Meister wiederentdeckt. Die italienische Märchenkomödie hat ihr geholfen, Gestalt und Gleichnis für die Weltanschauung des deutschen Idealismus zu finden. Die deutsche Romantik hat an der Schwelle des Jahrhunderts, da Deutschland und Italien den ersten Akt ihrer nationalen Befreiung und Einigung gemeinsam vollzogen, zum ersten mal die geistige Ganzheit des italieni-

---

[184] Kurt. P. Tauber: Beyond Eagle and Swastika. German Nationalism since 1945. Middletown 1967, p. 609, hier zitiert nach Franz Greß: Germanistik und Politik, 137.
[185] Josef Nadler: Italien und die deutsche Romantik. In: Germania. Jahresbericht des italienischen Kuturinstitutes in Wien. Jahrgang 1942, S. 23-38.
[186] Vgl. ebenda, S. 24.

schen Volkes mit einem wahren Enthusiasmus des Herzens in sich aufgenommen. Diese Beziehungen von Volk zu Volk, aus denen die deutsche Romantik nur eine Szene ist, machen dieses Zusammenspiel der Geister zu einem einzigartigen Schauspiel."[187]

6.3 Ansätze rassenkundlicher Romantikforschungen

1933 witterten die deutschen Pioniere einer „geisteswissenschaftlichen Rassenkunde" Hans F. K. Günther, Ludwig Ferdinand Clauß, Ludwig Schemann u.a. Morgenluft. Die politischen Veränderungen ließen hoffen, daß die von ihnen seit Jahren, in Schemanns Fall seit Jahrzehnten vertretenen Forschungsprogramme nun Leitfunktionen für die Geisteswissenschaften übernehmen würden. Doch die hochgesteckten Hoffnungen erfüllten sich nur sehr partiell. Der Rassebegriff – in einschlägigen fachgeschichtlichen Untersuchungen als „zentrale Kategorie der Literaturwissenschaft des Dritten Reiches, die sie von allen vorhergehenden Bestrebungen absetzt",[188] bezeichnet – blieb ein der Universitätsgermanistik weitgehend äußerliches Attribut;[189] substantielle Romantikforschungen auf rassenkundlicher Grundlage, so wird

---

[187] Ebenda, S. 38. – Daß Nadler eine grundlegende Revision seines Romantikkonzepts fern lag, zeigte seine laut Autobiographie unmittelbar nach Kriegsende begonnene und 1951 veröffentlichte einbändige Literaturgeschichte, in der die „Kraftquellen" der Romantik weiterhin im Norden und Osten Deutschlands verortet wurden; vgl. Josef Nadler: Geschichte der deutschen Literatur. Wien 1951, S. 282.

[188] Gisela Brude-Firnan: Völkisch-rassische Literaturbetrachtung. In: Walter Falk, Victor Zmegac, Gisela Brude-Firnan: Literaturwissenschaftliche Betrachtungsweisen II. Bern, Frankfurt/M., New York, Paris 1989 (= Germanistische Lehrbuchsammlung 65/II), S. 151-205, hier S. 193.

[189] So bereits die zeitgenössische Beobachtung von Paul Kluckhohn: Deutsche Literaturwissenschaft 1933-1940, hier zitiert nach dem Wiederabdruck in Sander L. Gilman (Hrsg.): NS-Literaturtheorie, S. 249f.: „Aber trotz der wiederholt erhobenen programmatischen Forderung nach Literaturgeschichte unter rassischem Blickpunkt und mancher grundsätzlichen Erörterungen ist bisher das Problem Rasse und Dichtung in der Einzelforschung doch nur ansatzweise oder vorschnell mit zweifelhaftem Erfolg in Angriff genommen worden." Ähnlich auch Willi Flemming: Literaturwissenschaft und rassische Betrachtungsweise. In: Bücherkunde 9 (1942), S. 133-139, hier S. 133: „Nur ganz vereinzelt haben sich bislang literaturwissenschaftliche Untersuchungen rassekundlichen Themen zugewandt, um dadurch das Schaffen eines Dichters oder die Eigenart eines Werkes zu erklären. [...] Noch ist es hergebrachtermaßen üblich, die einzelne Dichtung vorwiegend formalästhetisch zu analysieren." – Zur Ergebnislosigkeit der Anwendung rassenkundlicher Theoreme auf die Literaturwissenschaft vgl. auch Benno von Wiese: Geistesgeschichte oder Interpretation? In: Siegfried Gutenbrunner u.a (Hrsg.): Die Wissenschaft von der deutschen Dichtung und Sprache. Methoden-Probleme-Aufgaben. Festschrift für Friedrich Maurer. Stuttgart 1963, S. 239-261; wieder in B. v. Wiese.: Perspektiven I. Studien zur deutschen Literatur und Literaturwissenschaft. Berlin 1978, S. 24-41, hier S. 27; Holger Dainat: Anpassungsprobleme einer nationalen Wissenschaft, S. 120.

nachfolgend zu zeigen sein, fanden in den Jahren der nationalsozialistischen Herrschaft nicht statt.

Dennoch mangelte es zwischen 1933 und 1945 nicht an Versuchen, bereits länger verfolgte rassen- und konstitutionstypologische Forschungsprogramme für die Literaturwissenschaft fruchtbar zu machen. In Anwendung der von Hans F. K. Günther und Ludwig Ferdinand Clauss aufgestellten „Rassen-" bzw. „Rassenseelentypen" suchten Germanisten die „rassischen Kräfte im deutschen Schrifttum"[190] zu bestimmen oder aber eine „erbtümliche Linie"[191] in der deutschen Literaturgeschichte zu entdecken. Diese Anläufe, den literarischen Produktionsprozeß auf rassenbiologische Determinanten ihrer Urheber zurückzuführen bzw. aus ihnen abzuleiten, sollen im folgenden in ihren Wirkungen auf die Romantikforschung untersucht werden. Daran anschließend sind Prämissen und Rhetorik von Forschungsbeiträgen zu analysieren, die als Applikation rassentheoretischer Fragestellungen mit dem Ziel entstanden, „die Wirkung einer fremden Rasse im deutschen Schrifttum zu erkennen, insbesondere der jüdischen".[192] Ein Schwerpunkt dieser z.T. durch die *Forschungsabteilung Judenfrage* des *Reichsinstituts für Geschichte des neuen Deutschlands* institutionell geförderten Arbeiten war das Verhältnis von Romantik und Judentum, dessen wissenschaftliche Bearbeitung Argumente für den staatlich sanktionierten Antisemitismus bereitstellte. Nach der Rekonstruktion dieses heterogenen Forschungsspektrums möchte ich noch kursorisch auf die zwischen 1933 und 1945 kulminierenden Bemühungen zur genealogischen Bestimmung von Repräsentanten der deutschen Kultur- und Geistesgeschichte eingehen, die die „Reinblütigkeit" bzw. familiengeschichtliche Verwandtschaften von Romantikern nachzuweisen suchten und diese durch ausgewählte Stammtafeln illustrieren.

6.3.1 Versuche zur Bestimmung der „rassischen Kräfte im deutschen Schrifttum"

Die nachfolgende Rekonstruktion der zwischen 1933 und 1945 verfolgten Ansätze, rassentypologische Klassifikationsprinzipien auf Literaturwissenschaft und Literaturgeschichtsschreibung und insbesondere die Romantikforschung anzuwenden, kann nicht einmal in Umrissen die Traditionslinien rassenkundlicher Theoriebildung nachzeichnen, die z.T. bis weit in das 19. Jahrhundert zurückreichen. Auch die vielfältigen naturwissenschaftlich fundierten Forschungen zu Rassenbiologie und -anthropologie, die in den 1920er Jahren ihre größte Ausweitung erfuhren und in den 1930er Jahren bereits wieder zurückgingen, müssen an dieser Stelle ausgeblendet

---

[190] Heinz Otto Burger: Die rassischen Kräfte im deutschen Schrifttum. In: ZfDk 48 (1934), S. 462-476.
[191] Franz Koch: Geschichte deutscher Dichtung, S. 9.
[192] Paul Kluckhohn: Deutsche Literaturwissenschaft 1933-1940, S. 250.

werden.[193] Vielmehr ist die unmittelbar an die Veränderungen nach 1933 gekoppelte Öffnung der universitären Literaturwissenschaft und der Romantikforschung gegenüber der politisch konformen und umfassend propagierten Rassentheorie[194] als ein Prozeß zu beschreiben, der trotz verbaler Bereitschaftserklärungen und partieller Hoffnungen auf eine „Zusammenarbeit der aufblühenden Rassenforschung und der jugendlichen Literaturwissenschaft"[195] ohne größeren Erfolg blieb. Das Fach, das wie auch andere Disziplinen den Bemühungen der „geisteswissenschaftlichen Rassenkunde" noch in den 1920er Jahren skeptisch bis ablehnend gegenüberstand,[196] unternahm erst nach der nationalsozialistischen Machtergreifung und in Reaktion auf wissenschaftspolitische Forderungen vorsichtige Anläufe zu einer Aufnahme rassentheoretischer Prämissen, die vorzugsweise den Werken Hans F. K. Günthers und Ludwig Ferdinand Clauss' entnommen waren. Seit längerem verfolgten diese „Rassenseelenkundler" separat Forschungsprogramme, die in Verbindung von biologischen, scheinbar naturwissenschaftlich exakten Tatsachen und geisteswissenschaftlichen Fragestellungen einen Schlüssel zur Klärung des Zusammenhangs biologischer Faktoren und geistiger Leistungen zu liefern versprach. Unter Verwendung phänomenologischer Untersuchungen und geistesgeschichtlicher Kategorisierungen schrieben sie den von ihnen unterteilten Rassen unterschiedliche kulturelle und geistige Kompetenzen zu. Ergebnis waren Rassentypologien, die in ihrer Berufung auf deskriptive Methoden wissenschaftliche Objektivität vortäuschten. Bereits 1922 hatte Hans F. K.Günther den Gegenstand der Rassenkunde in bewußter

---

[193] Zu Vorgeschichte und Theorie der nationalsozialistischen Rassentheorien vgl. u.a. Karl Saller: Die Rassenlehre des Nationalsozialismus in Theorie und Propaganda. Darmstadt 1961; Günter Altner: Weltanschauliche Hintergründe der Rassenlehre des Dritten Reiches. Zum Problem einer umfassenden Anthropologie. Zürich 1968; Walter Kirchner: Ursprünge und Konsequenzen rassistischer Biologie. In: Jörg Tröger (Hrsg.): Hochschule und Wissenschaft im Dritrten Reich. Frankfurt/M. 1984, S. 77-91.

[194] Zur Propagierung der Rassentheorie dienten die Zeitschrift *Rasse. Monatsschrift der nordischen Bewegung* (hrsg. im Auftrag des *Nordischen Ringes* von R. von Hoff in Verbindung mit L.F. Clauß und Hans F. K. Günther) sowie die zahlreichen, speziell auch für den Schulunterricht verfaßten Lehrbücher, so u.a. O. Steche: Lehrbuch der Rassenkunde, Vererbungslehre und Rassenpflege für die Oberstufe höherer Lehranstalten. Leipzig 1933; E. Thieme: Vererbung, Rasse, Volk. Leipzig 1934; R. Eichenauer: Die Rasse als Lebensgesetz in Geschichte und Gesittung. Leipzig und Berlin 1934; Egon Freiherr von Eickstedt: Die rassischen Grundlagen des deutschen Volkstums. Köln 1934; Bruno K. Schultz: Erbkunde, Rassenkunde, Rassenpflege. Leitfaden zum Selbststudium und für den Unterricht. München 1934; L. F. Clauss und A. Hoffmann: Vorschule der Rassenkunde auf der Grundlage praktischer Menschenbeobachtung. Erfurt 1934; M. Staemmler: Der Sieg des Lebens. Lesestücke zur Rassenkunde. Berlin 1934; Rudolf Benze: Rasse und Schule. Braunschweig 1934.

[195] Julius Petersen: Die Wissenschaft von der Dichtung. Bd. 1, S. 285.

[196] Ein Indiz dafür war, daß die *Notgemeinschaft der Deutschen Wissenschaft* 1930 die finanzielle Unterstützung für Ludwig Schemanns rassenkundliche Forschungen wegen ihrer eindeutig politischen Tendenz einstellte; erst Spenden „verdienstvoller Männer", denen Schemann den dritten Band seines rassenkundlichen Hauptwerks widmete, machten sein Erscheinen möglich, vgl. L. Schemann: Die Rasse in den Geisteswissenschaften. Die Rassenfragen im Schrifttum der Neuzeit. Bd.3: Von der Rasse in Deutschland. München 1931. Vorwort.

Anlehnung an die exakten Naturwissenschaften definiert, als eigentliches Erkenntnisinteresse dabei die „seelischen Anlagen" der Rassen benannt.[197] Ausgangspunkt von Günthers „beschreibender" Rassenkunde war die Annahme einer invarianten, trotz biologischer und sozialer Veränderungen konstanten Einheit körperlicher Merkmale und entsprechender „seelischer" Eigenschaften. Träger dieser angeborenen körperlichen und geistigen Merkmale seien unterschiedliche Menschengruppen, „Rassen", als deren Hauptkriterium genetische Kontinuität definiert wurde.[198] Den in einem ersten Schritt körperlich voneinander abgegrenzten Rassen innerhalb des deutschen Sprachraums ordnete Günther in einem zweiten Schritt „seelisch-geistige" Eigenschaften zu. Die nordische Rasse, qualitativ am höchsten stehend, vereine in sich die „Kerneigenschaften des nordischen Wesens": Urteilsfähigkeit, Wahrhaftigkeit, Tatkraft; Gerechtigkeitssinn, Hang zu „Sondertum" und Zersplitterung, Individualismus, Unbestechlichkeit und Leidenschaftslosigkeit.[199] Die „westische Rasse" sei leidenschaftlich und geistig beweglich,[200] während die „ostische Rasse" ihrem Wesen nach beschaulich, erwerbsam, engherzig und von „Selbstischkeit und Arbeitsamkeit"[201] geprägt sei. Die „dinarische Rasse" sah Günther durch Verläßlichkeit, Tapferkeit, Stolz und Ehrsinn gekennzeichnet und plazierte sie der geistigen Begabung nach „an zweiter Stelle".[202]

Eine ähnliche Klassifikation nach rassischen Kriterien erstellte der Husserl-Schüler Ludwig Ferdinand Clauss, dessen Werke wie *Rasse und Seele* und *Die Nordische Seele* nicht ganz so hohe Auflagen erreichten wie die Bücher Günthers.[203] Seine Einteilung menschlicher Rassen, die über den deutschen Sprachraum hinausging, unterschied sechs Typen, denen je spezifische psychische Qualitäten zugesprochen wurden: den „nordischen Leistungsmenschen", den „fälischen Verharrungsmenschen", den „mittelländischen Darbietungsmenschen", den „wüstenländischen Offenbarungsmenschen", den „vorderasiatischen Erlösungsmenschen" und den „ostischen Enthebungsmenschen".

Die Anwendung dieser Rassetypologien auf die Literatur- und Geistesgeschichte wurde in den 1920er Jahren von Vertretern der Rassenkunde praktiziert und erfuhr von Seiten der universitätsgermanistischen Fachvertreter vor

---

[197] Vgl. Hans F.K. Günther: Rassenkunde des deutschen Volkes. München 1939, S. 6. – Die erste Auflage des mit 8 Karten und 409 Abbildungen ausgestatteten Werkes war 1922 im J.F. Lehmanns Verlag München erschienen; 1942 erschienen das 114.-124.Tausend. Die *Kleine Rassenkunde des deutschen Volkes*, der sog. „Volksgünther", steigerte sich von der Erstauflage (München 1929) bis 1941 sogar auf 245000 Exemplare.
[198] „Rasse" sei eine Gruppe von Menschen, die „immer wieder nur ihresgleichen zeugt", ebenda, S. 14.
[199] Ebenda, S. 195.
[200] Ebenda, S. 215ff.
[201] Ebenda, S. 230.
[202] Ebenda, S. 226.
[203] Ludwig Ferdinand Clauss: Die nordische Seele. 1.Auflage Halle 1923, [8]München 1940; ders.: Rasse und Seele. Eine Einführung in den Sinn der leiblichen Gestalt. München 1926, [18]1943.

1933 keinerlei Anerkennung.[204] Mit deutlichen Worten wies Julius Petersen 1926 rassentheoretische Erklärungsmuster ab.[205] Auch die rassistischen Literaturgeschichten Adolf Bartels', die noch aus der Zeit der Jahrhundertwende stammten, blieben innerhalb des universitären Diskurses weitgehend unbeachtet. An der volkspädagogischen Absicht ausgerichtet, „den Stolz auf unser deutsches Volkstum zu stärken und das nationale Gewissen zu schärfen",[206] verwirklichten diese literarhistorischen Darstellungen insofern eine Form rassenkundlicher Literaturbetrachtung, als sie von einem biologistischen Volkstumskonzept ausgingen und ein unzerstörbares „germanisches Urwesen" aus literarischen Werken destillieren wollten.[207] Rassisch begründet war auch die von Bartels geradezu manisch verfolgte Einteilung der Literatur in ‚deutsche' und ‚jüdische' Autoren, die ihm noch in der Zeit des Dritten Reichs Gerichtsprozesse eintrug, weil Autoren gegen ihre Klassifizierung als Juden geklagt hatten.[208] Konzeptionelle oder methodische Neuerungen enthielten die Literaturgeschichten des wissenschaftlichen Autodidakten Bartels nicht. In seiner Darstellung der Romantik kolportierte er vielmehr die Vorurteile der Literaturgeschichtsschreibung des 19. Jahrhunderts unter Zugabe antisemitischer Seitenhiebe gegen Dorothea Schlegel und die Berliner jüdischen Salons.[209] Breitere öffentliche Anerkennung als „völkischer Vorkämpfer und ältester völkischer Literatur-Historiker"[210] erfuhr Bartels erst nach

---

[204] U.a. Hans F.K. Günther: Der nordische Gedanke unter den Deutschen. München 1925; ders.: Rasse und Stil München 1926; Friedrich Merkenschlager: Rassensonderung, Rassenmischung, Rassenwandlung, Berlin o.J.; R. Gerlach: Begabung und Stammesherkunft. München 1929.

[205] Vgl. Julius Petersen: Die Wesensbestimmung der deutschen Romantik, S. 60: „Indessen decken sich die Einheiten der Rasse so wenig mit denen der geschlossenen Sprach- und Kulturgemeinschaft, daß der anthropologische Befund eine verwirrende Mischung von nordischen, ostischen und mittelländischen Symptomen bei allen Völkern, ja auch bei den germanischen Stämmen aufweist. In Jahrtausenden sind diese Rassen so durcheinandergewürfelt worden, daß ihr Verhältnis heute kaum mehr mit den geographischen Bezeichnungen in Zusammenhang zu bringen ist und daß man überhaupt im Zweifel sein muß, ob noch etwas von den vorgeschichtlichen Ureinheiten, die auch erst Ergebnisse entwicklungsgeschichtlichen Werdens waren, erhalten ist."

[206] Adolf Bartels: Geschichte der deutschen Literatur. In zwei Bänden. Leipzig 1901/02. Bd. I, S. 6.

[207] Vgl. ebenda, S. 3.

[208] Bezeichnenderweise sah sich 1934 der Präsident der Reichsschrifttumskammer genötigt, angesichts wiederholter Beschwerden – bei denen festgestellt werden mußte, „daß Adolf Bartels in der Tat eine ganze Reihe angesehener Deutscher, die ihren rein deutschen Stammbaum z.T. bis in Jahrhunderte verfolgen und nachweisen können, jüdischer Herkunft bezichtigt hat, so daß den Betroffenen ein erheblicher Schaden in ideeller und materieller Hinsicht entstand" – zur Intervention beim Verlag Franz Eher Nachf. gezwungen: Um „weitere Unliebsamkeiten und auch außenpolitisch bedauerliche Folgen der verschiedenen Irrtümer Adolf Bartels" zu vermeiden, seien seine literaturgeschichtlichen Werke künftig „einer eingehenden und genauen Prüfung zu unterziehen"; Präsident der Reichsschrifttumskammer an den Verlag Franz Eher Nachf. Brief vom 17. Dezember 1934, hier zitiert nach dem Abdruck in Léon Poliakov, Joseph Wulf: Das dritte Reich und seine Denker. Frankfurt/M., Berlin, Wien 1983, S. 437.

[209] Vgl. Adolf Bartels: Geschichte der deutschen Literatur. Große Ausgabe in drei Bänden. 2. Bd.: Die neuere Zeit. Leipzig 1924, S. 24f., 72, 106.

[210] Hans Severus Ziegler an die Hanseatische Verlagsanstalt. Brief vom 11. März 1944, hier zitiert nach dem Abdruck in Joseph Wulf: Literatur und Dichtung im Dritten Reich. Gütersloh 1963, S. 516.

1933, als ihm die neuen Machthaber mit Ehrungen überhäuften.[211] Zu einem nennenswerten Einfluß seiner Bemühungen auf die Universitätsgermanistik kam es dennoch nicht; die umfängliche Bestandsaufnahme des SS-Sicherheitsdienstes zur Lage der deutschen Literaturwissenschaft mußte 1938/39 konstatieren, daß der vom Weimarer Großherzog zum Professor ernannte Bartels und andere „einzelne Forscher, die sich energisch gegen die Verjudung der Dichtung und der Literaturwissenschaft wandten, gerade in den Kreisen der Fachwissenschaft als nicht ernst zu nehmende Sonderlinge und Halbwissenschafter (galten)".[212]

Wie erwähnt, setzten universitäre Versuche, die literaturwissenschaftliche Praxis auf rassenbiologische Fundamente zu stellen, nur zögerlich ein. 1934 veröffentlichte die *Zeitschrift für Deutschkunde* Heinz Otto Burgers Studie *Die rassischen Kräfte im deutschen Schrifttum*, die explizit wissenschaftsexterne Ansprüche als Antrieb für das Unternehmen benannte.[213] Der Autor, der 1933 stammeskundliche Theoreme mit Prämissen der Geistesgeschichte verbunden hatte, um die „weltanschauliche Einheit" des „Schwabentums" zu erweisen,[214] suchte nun mit Hilfe von Hans F. K. Günthers Typenlehre „physiologisch verhältnismäßig reine Vertreter der verschiedenen Rassen herauszugreifen und auf ihre geistige Eigenart hin zu betrachten".[215] Aus dem möglichen Widerspruch von physischem Erscheinungsbild und nicht adäquaten „Eigenschaften der Rassenseele" entwand sich Burger durch willkürliche Zuordnung.[216] So

---

[211] So erhielt Bartels 1937 den „Adlerschild" und 1941 den „Dietrich-Eckart-Preis"; dazu Joseph Wulf: Literatur und Dichtung im Dritten Reich, S. 263. Die meisten der nach 1933 eingehenden publizistischen Würdigungen Bartels' kamen aus der Feder regimenhöriger Schriftsteller bzw. kulturpolitischer Funktionsträger, so von Rainer Schlösser: Zum Geburtstag Adolf Bartels. In: Völkischer Beobachter vom 14.11.1937 und vom 15.11.1942; Will Vesper: Adolf Bartels. In: Die neue Literatur 40 (1939), S. 44f.; Bernhard Eck: Adolf Bartels. Zum 80. Geburtstag. In: Bücherkunde 9 (1942), S. 314-317; Rudolf Schmidt: Adolf Bartels zum Gruß! In: Mitteilungen aus dem Quickborn 36 (1943/44), S. 1-7.

[212] Lage und Aufgaben der Germanistik und deutschen Literaturwissenschaft. Undatiertes Dossier des SD der SS, zitiert nach dem Abdruck in Gerd Simon (Hrsg.): Germanistik in den Planspielen des Sicherheitsdienstes der SS, S. 9. – Disziplinäre Ablehnung formulierte auch Gisela von Busse: Auch eine Geschichte des deutschen Volkes, S. 282: „Man weise nicht darauf hin, daß diese [rassenkundliche Methode] in Adolf Bartels bereits existiere. ‚Literaturgeschichte auf rassischer Grundlage' müßte doch heißen: Herleitung aus dem Blut; bei ihm wird aber nichts hergeleitet, es konstatiert einfach und bewertet danach." Vgl. auch Gottfried Fittbogen: August Sauer und Adolf Bartels. Gegensatz und Verwandtschaft. In: DuV 41 (1941), S. 237-253.

[213] Vgl. Heinz Otto Burger: Die rassischen Kräfte im deutschen Schrifttum, S. 462: „Literatur ist der sprachgewordene Geist einer völkischen Gemeinschaft; Literaturwissenschaft soll das Selbstbewußtsein der Gemeinschaft von diesem ihrem sprachgewordenen Geiste sein. Wenn heute die Gemeinschaft danach strebt, sich nicht mehr so sehr stammesmäßig als vielmehr rassisch zu verstehen, so hat die Literaturwissenschaft dem zu dienen."

[214] Vgl. Heinz Otto Burger: Schwabentum in der Geistesgeschichte. Versuch über die weltanschauliche Einheit einer Stammesliteratur. Stuttgart 1933.

[215] Heinz Otto Burger: Die rassischen Kräfte im deutschen Schrifttum, S. 462.

[216] Ebenda, S. 463: „Der zweite Schritt muß darum sein, in Einzelfällen, wo die geistige Eigenart eines Dichters mit ihrem Wesentlichsten nicht in das allgemeine Bild seiner ‚physiologischen Rasse' paßt, ihn der Rasse zuzuordnen, deren geistigem Gesamtbild er sich einfügt; wo keine physiologische Eindeutigkeit vorliegt, muß entsprechend vorgegangen werden."

unsicher wie die Methode – deren Risiken Burger sich durchaus bewußt war[217] –, so fragwürdig waren auch die nachfolgenden Zuordnungen von Dichtern und Schriftstellern zu den vier großen in Deutschland vertretenen „Hauptrassen". Die fälische Rasse als „die nüchternste, die am meisten naturverwurzelte und wirklichkeitsgebundene, die am meisten extravertierte", habe die Dichter Hans Sachs, Friedrich Rückert, Hoffmann von Fallersleben, Anette von Droste-Hülshoff, Detlev von Liliencron und Fritz Reuter hervorgebracht.[218] Zu Vertretern der ostischen Rasse rechnete Burger Schiller, Hegel, Hölderlin, Schelling, Justinus Kerner, Eduard Mörike. Deren „Schwabentum" sei „eine durch nordischen Geist aktivierte ostische Haltung und so vielleicht die geistesgeschichtlich bedeutungsvollste Erscheinung des Ostischen".[219] Die Romantiker galten Burger als Produkte der ostbaltischen Rasse, deren geistiger Habitus durch den „starken Zusammenhang mit dem Jenseits, mit dem Irrationalen und Irrealen" bestimmt sei.[220] Dieser Klassifikation entsprechend konnten nun sowohl biographische als auch poetische Spezifika erklärt werden: Friedrich von Hardenbergs Verlangen, der Braut in den Tod zu folgen wie sein poetologisches Programm zur Romantisierung der Welt sei rassisch bedingt: „In glühender, alles verzehrender Leidenschaft reißt es den Ostbalten über die Schranken."[221] Eichendorff galt als Ostbalte mit „ostischem Einschlag", der die Grenzen von Ich und Dingwelt und aufgelöst habe „um sich hineinzufühlen in das, was dahinter zu geistern scheint, um das Unbewußte ‚verwirrt' und ‚verwirrend' – das sind in schroffstem Gegensatz zu fälischer ‚Ehrbarkeit' seine Lieblingsworte – an die Schwelle seines Bewußtseins heranzuheben".[222] In ungeordneter Folge und schon nicht mehr dem physischem Erscheinungsbild, sondern konstruierten „Geistestypen" entsprechend, wurden Hamann, Herder, Karl Philipp Moritz, Friedrich Schlegel, Schleiermacher und E.T.A. Hoffmann dem „Ostbaltentum" zugeschlagen.[223] Die Brüder Grimm, Grillparzer, Jakob Burckhardt, Nietzsche und Hölderlin zählten dagegen zur dinarischen Rasse, deren geistige Physiognomie Burger im Stil des Barock verkör-

---

[217] Vgl. ebenda, S. 463: „Die Gefährlichkeit schon des ersten, vollends des zweiten Schrittes, ist jedem – auch mir – deutlich; manchen, namentlich den Größten, habe ich deshalb gar nicht gewagt in die Betrachtung einzubeziehen. Aber die Notwendigkeit, trotz allem einmal anzufangen, ist mir – und wohl jedem – nicht weniger deutlich."
[218] Ebenda, S. 463ff.
[219] Ebenda, S. 465ff.
[220] Ebenda, S. 467. Zur Welterfahrung des „Ostbalten" heißt es weiter: „Alle festen Formen bedeuten nur eine drückende Fessel oder eine machtlose Selbsttäuschung gegenüber den lebendigen Kräften, den höheren Mächten, guten oder bösen. Ein maßloses Ungenügen treibt den Ostbalten von einer Daseinsform zur andern, in das was hinter den Formen liegt, und schließlich ins Ganz-Andere, in den Schoß der Gnade oder in das Nichts."
[221] Ebenda, S. 468.
[222] Ebenda, S. 468.
[223] Ebenda, S. 468ff. Hamann war „ganz unzweifelhaft" Ostbalte, da „Sinnlichkeit und Übersinnlichkeit ... gleich starke Mächte in ihm waren"; Herder erschien als der „launische Ostbalte", mit dem persönlich nicht leicht auszukommen war und der als „Landsmann und Rassengenosse Hamanns ... Bahnbrecher der Romantik" wurde. Auch E.T.A. Hoffmann galt als Ostbalte, denn: „in seinen Novellen sind die Menschen immer geschieden in taube, blinde Philister und solche, die hellhörig, hellsichtig sind für die Geisterwelt".

pert fand.²²⁴ „Nordisch" – und das bedeutete auch für Burger überragend – waren Klopstock („parzivalisch, nordisch-jünglingshaft"), Lessing („nordisch-männlich"), Ulrich von Hutten, Gellert, Matthias Claudius („schlicht und gewaltig, inbrünstig und doch so lauter"), die Dichter des Sturm und Drang, Heinrich von Kleist („ein Führer ins nordische Heldentum") und natürlich Friedrich Hebbel („nordischster deutscher Dichter").²²⁵

Derart direkte Applikationen der Güntherschen Rassentypologie auf die deutsche Literaturgeschichte blieben für die meisten Vertreter der universitären Literaturwissenschaft zweifelhaft und wurden nur in einigen Dissertationen praktiziert.²²⁶ Bezeichnenderweise monierte selbst Franz Koch die rassentheoretischen Reduktionen einer bei ihm entstandenen Promotionsschrift, die psychische Anlage und „organische Kunstauffassung" von Karl Philipp Moritz aus dem Widerstreit seiner ostischen, nordischen und fälischen Anlagen ableitete.²²⁷ Eine „biologische Literaturbetrachtung", die dezidiert die Frage nach Erbanlagen und „rassischer Herkunft" der Autoren in den Mittelpunkt stellte, wurde denn auch nicht von einem Mitglied der *scientific community*, sondern von dem fränkischen Studienrat Ludwig Büttner projektiert.²²⁸ Neben dem in erbbiologischen Relationierungen vermuteteten ‚Positivismus', der die geistesgeschichtlich orientierten Literaturwissenschaftler vor der Anwendung rassentheoretischer Deduktionen zurückschrecken ließ, waren es vor allem ungenügende methodische Absicherung und die in einer stets drohenden Zirkularität begründete Unergiebigkeit, die bei verbaler Zustimmung eine fortbestehende Skepsis gegenüber rassenkundlichen Zuordnungen motivierten.²²⁹ Denn trotz Favorisierung durch politische Gremien und entsprechende institutionelle

---

224 Vgl. ebenda, S. 470.
225 Ebenda, S. 476.
226 U.a. Arno Dreher: Das Fragmentarische bei Kleist und Hölderlin als rasseseelischer Ausdruck. Diss. Münster 1938; Wilhelm Müller: Studien über die rassischen Grundlagen des „Sturm und Drang". Berlin 1938 (= Neue deutsche Forschungen, Abteilung Neuere deutsche Literaturgeschichte 18).
227 Vgl. Franz Koch: Gutachten zur Dissertation Doris Köhler: Karl Philipp Moritz und seine organische Kunstauffassung. [1941] UA der HUB. Promotionsakten der Phil. Fak. Vol. 924, Bl. 140: „Es ist nicht zu verkennen, wie sehr diese Methode noch des Ausbaues und einer sicheren Fundierung bedürftig ist, wie oft sie im Bloß-Subjektiven stecken bleibt, ganz abgesehen davon, daß dieses Urerlebnis inneren Widerstreites in der folgenden geistesgeschichtlichen Erörterung doch nicht überall so bestimmend wirkt, wie es die Verf. wahrhaben möchte."
228 Ludwig Büttner: Literaturgeschichte, Rassenkunde, Biologie. Wege und Aufgaben der rassenkundlichen Literaturbetrachtung. In: ZfDk 52 (1938), S. 337-347; ders.: Gedanken zu einer biologischen Literaturbetrachtung. München 1939.
229 Julius Petersen, der im Vorwort seiner *Wissenschaft von der Dichtung* 1939 die Herolde eines neuen Wissenschaftsverständnisses „unter den Feldzeichen Stamm, Rasse, Existenz" begrüßt hatte, formulierte S. 284f. seine Ablehnung: „Die Literaturwissenschaft läuft Gefahr, in den von Rassen- und Stammesforschung ihr überlieferten Ergebnissen ein allzu weitmaschiges Netz von Grundsätzen entgegenzunehmen, während umgekehrt die von der Literatur an die Anthropologie übermittelten Fälle in bezug auf die geistige Leistung Ausnahmen darstellen, auf die keine Gesetze zu gründen sind." – Die Herausgeber der DVjs wiesen 1942 einen Aufsatz Georg Kefersteins zurück, der die Rassentheorie Stengel-Rutkowkis mit soziologischer Volksforschung zu verbinden suchte, vgl. Paul Kluckhohn an Erich Rothacker. Brief vom 16.6.1942. ULB Bonn, Nachlaß Rothacker I, Bl. 169: „Man hat mir schon aus Jena berichtet, dass er [Keferstein] bei

Förderung vermochte es die Rassentheorie nicht, einen gesicherten Rassenbegriff und tragfähige Schlußmechanismen von biologischem „Rassebegriff" auf geistigen „Rassenseelentypus" zu gewinnen. Die Konkurrenz zwischen den „offiziösen" Rassenkundlern Hans F. K.Günther und Ludwig Ferdinand Clauss wie auch das Mißtrauen parteiamtlicher Instanzen gegen den mit einer Jüdin zusammenlebenden „Rassenseelentheoretiker" Clauss steigerten das Dilemma. Bereits 1938 mußte ein Beitrag in der *Bücherkunde*, dem Organ des *Amtes Schrifttumspflege* in der *Dienststelle Rosenberg* feststellen, daß fundierte rassenkundliche Literaturgeschichten „wohl erst in einem Jahrzehnt oder noch später geschrieben werden können".[230]

Die Anwendung rassentypologischer Erklärungen auf die Romantik blieben marginal. Wurden sie dennoch praktiziert, gelangten sie nicht selten zu konträren Folgerungen, die typisch für die ungesicherte Explikationsbasis des Konzepts waren. Ungeklärte Zuordnungsprinzipien mündeten im Falle der Romantik in den Widerspruch zwischen der Klassifikation als „nordisch" oder „ostisch": Während etwa Josef Nadler in der berüchtigten vierten Auflage seiner stammeskundlichen *Literaturgeschichte* eine rassenphänomenologische Erklärung der in die Romantik mündenden Geistesbewegungen des 18. Jahrhunderts versuchte und diese auf den „Durchbruch der nordischen Gestalt" zurückführte,[231] leitete Paul Merker in seinem Vergleich von deutscher und skandinavischer Romantik die „stärkere seelische Differenzierung" der deutschen Romantik aus der Mischung ‚nordischer' und ‚ostischer' Rassenelemente ab.[232] Divergierende und letztlich unergiebige Zuweisungen

---

und nach seinen gescheiterten Bemühungen, dort eine Dozentur zu erlangen, sich ganz und gar auf die biologischen Arbeiten von Stengel-Rutkowski gestützt habe, um von da aus die Geisteswissenschaften neu aufzubauen. Diese Probe mit der Volkskunde überzeugt mich wenig. [...] Du hast ja recht, wir sollten auch Aufsätze bringen, die den heutigen Tendenzen entsprechen. Aber sie müssen dann doch gut fundiert und überzeugend sein. Da liegt eben die Schwierigkeit."

[230] Heinrich Jessen: Literaturbetrachtung, Literaturwissenschaft und nordischer Gedanke. Von den kopernikanischen Revolutionen. In: Bücherkunde 5 (1938), S. 395-399, hier S. 397. Das Fehlen einer rassenkundlichen Literaturwissenschaft vor 1933 erklärte Jessen als „durchaus verständlich, ... denn ein großer Teil der Literaturprofessuren war in jüdischen oder jüdisch versippten Händen, die Literaturbetrachtung der Zeitschriften hatte für diese Fragen kein Interesse."

[231] Vgl. Josef Nadler: Literaturgeschichte des deutschen Volkes. Bd. 2, S. 5.

[232] Vgl. Paul Merker: Deutsche und skandinavische Romantik, S. 249: „Zweifellos ist der Hauptkern des deutschen Volkes vorwiegend vom Nordischen her bestimmt, und gerade die Höchstleistungen auf dem Gebiete des Menschentums, wie sie in den Führergestalten des politischen, militärischen, wirtschaftlichen und kolonisatorischen Wirkens entgegentreten, sind offenkundig aus diesen Wurzeln und Grundkräften deutsch-nordischer Art hervorgegangen. Was aber dieses deutsche Volk der Kämpfer und Wirkungsmenschen zugleich auch in so hervorragendem Maße zum Volke der Dichter und Denker gemacht hat und besonders in romantischer Kunst und Wissenschaft jene geistige Spannweite und seelische Dynamik, jenen Blick für die Hintergründigkeiten des Daseins und jene mystisch-pantheistische Weltauffassung hervorbrachte, ist offenbar auf den andersrassigen Einschlag zurückzuführen, wie er durch die Aufnahme und Einschmelzung ostischer und ostbaltischer Blutströme in den Jahrhunderten des hoch- und spätmittelalterlichen Lebens in dem deutschen Volkskörper zustande kam. Erst diese Schicksalsfügung hat aus dem germanischen Menschen den deutschen Menschen gemacht; erst aus dieser Verschmelzung entstand wohl jenes ‚Faustische' im deutschen Menschen, was gerade in der Romantik weithin zu Durchbruch kam."

– durch mögliche Kollision mit der Option der politischen Umwelt für das „Nordische" zusätzlich riskant – vermehrten die Zweifel an rassischen Typologien. Herbert Cysarz' Unterfangen, im Rahmen der germanistischen Gemeinschaftsarbeit *Von deutscher Art in Sprache und Dichtung* die innere Einheit des deutschen Schrifttums von der althochdeutschen Literatur bis zur Gegenwart aus *einer* konstanten rassischen Substanz zu deduzieren, wurde dann auch als „überspitzter und nicht ganz überzeugender, weil die Gefahr des Formelhaften nicht vermeidender Versuch" abgelehnt.[233]

Als Hans Pyritz in seiner Vorlesung *Die deutsche Romantik* 1942 eine Übersicht über die Forschungslandschaft gab, behauptete er zwar, daß „erst durch die Rassen- und Rassenseelenforschung" eine „gültige Klärung der naturhaften Grundlagen des Geistigen, über Nadler hinaus und auf anderem Wege" möglich geworden sei. Doch konnte er nur auf „Ansätze und Problemstellungen" verweisen, die es weiter zu verfolgen gelte – so auf die Fragen nach dem „Anteil der nordischen und der ostischen Rassenseele an der romantischen Bewegung" und der Einordnung von Klassik und Romantik als „Schöpfung der schizothymen Künstlertemperamente".[234] Die Hoffnungen auf ein „wissenschaftlich zuverlässiges Fundament", das die „rassische Betrachtungsweise" gegenüber der Kontingenz biographischer, geistes- oder sozialgeschichtlicher Zugriffe bieten sollte,[235] konnten nicht eingelöst werden.

6.3.2 Romantikforschungen im Banne des Antisemitismus

‚Ergiebiger' als rassentypologische Bestimmungen waren Forschungen zum Zusammenhang von deutscher und jüdischer Kultur im Zeitalter der Romantik, die, wissenschaftspolitisch protegiert, den nationalsozialistischen Antisemitismus in literarhistorische Praxis umzusetzen bzw. zu legitimieren suchten.[236] Der biologisch fundierte Antisemitismus als unmittelbare

---

[233] Joachim Müller: Schrifttumsbericht. In: ZfDk 56 (1942), S. 269.
[234] Hans Pyritz: Vorlesung Deutsche Romantik, SS 1942. DLA, A: Pyritz. o.Sign., Bl. 20.
[235] Vgl. Willi Flemming: Literaturwissenschaft und rassische Betrachtungsweise, S. 138: „Damit [der rassischen Deutung] haben wir eine wichtige genetische Betrachtungsweise gefunden, die geistig-seelischem Schöpfertum gemäß ist, während das Herleiten aus biographischen Anstößen, zufälligen Verliebnissen und realen Modellen mechanisch gedacht war. Dagegen besteht die Leistung der rassischen Betrachtungsweise als einer literaturwissenschaftlichen Methode gerade darin, daß sie für eine Dichtermonographie das wissenschaftlich zuverlässige Fundament legt." – Eine ähnliche Hoffnung hegte 1933/34 auch Günther Müller, vgl. G. Müller: Literaturwissenschaft als Kulturwissenschaft, S. 2.
[236] Zu der zum 1. April 1936 mit Sitz in München gegründeten *Forschungsabteilung Judenfrage* des *Reichsinstituts für Geschichte des neuen Deutschlands* vgl. Helmut Heiber: Walter Frank und sein Reichsinstitut für Geschichte des neuen Deutschland. Stuttgart 1966. – Ursprünglich als eigenständiges Institut geplant, stand der *Forschungsabteilung* ein Triumvirat aus Walter Frank, Karl Alexander von Müller und dem erst 26jährigen Müller-Schüller Wilhelm Grau vor, der sich seit seiner Dissertation *Antisemitismus im späten Mittelalter. Das Ende der Regensburger Judengemeinde 1450-1519* mit dem „Judenproblem" beschäftigt hatte. Von 1934 bis 1936 verfaßte Grau mit einem Stipendium der Görres-Gesellschaft *Die Judenfrage in der*

Konkretisation der nationalsozialistischen Rassendoktrin fand auch in der deutschen Literaturwissenschaft seine willigen Propagandisten: Unter den 15 erstberufenen Mitgliedern der *Forschungsabteilung Judenfrage* des *Reichsinstituts für Geschichte des neuen Deutschlands* befanden sich mit Franz Koch und Johannes Alt zwei Ordinarien für Neuere deutsche Literaturgeschichte, die als exponierte Parteigänger des Regimes nach 1933 Lehrstühle erhalten hatten. In seinem programmatischen Beitrag für die erste Arbeitstagung der *Forschungsabteilung*, die vom 19. bis 21. November 1936 in München stattfand, bezeichnete der soeben nach Würzburg berufene Johannes Alt die „deutschsprachige jüdische Literatur" als „ausgesprochen experimentellen Ausgangspunkt" für die „wissenschaftliche Bearbeitung rassischer Fragen".[237] Im nachfolgenden Vorschlag einer Methode folgte er dem auch für rassentypologische Klassifikationen verbindlichen Prinzip der Rückführung des literarischen Produktionspozesses auf seine personalen Träger und deren biologische Determinanten. Aus der Gleichheit der Entstehungsbedingungen von „deutscher" und „jüdischer" Literatur folgerte Alt, daß „durchgehende Verschiedenheiten der beiden Literaturreihen ... nur aus der rassischen Verschiedenheit erklärt werden" könnten und formulierte als Handlungsanweisung für künftige Forschungen die „Feststellung solcher durchgehender Verschiedenheiten".[238] Zeige sich, „daß die deutschsprachige jüdische Literatur, trotz ihres ursprünglichen Anpassungswillens und obwohl ihre Träger ständig im deutschen Sprachraum sich aufhielten, ganz andere Gesetze hat als diejenigen, die aus unserem Sein und unserer Geschichte für uns unverrückbar erwachsen", sei damit „nicht nur die Unentrinnbarkeit der rassischen Gegebenheiten auf einem ausschlaggebenden Gebiet bewiesen, sondern darüber hinaus auch ein wissenschaftliches Beispiel für den Zusammenhang zwischen Rasse und Geist geboten."[239] Ohne die geforderte „Feststellung durchgehender Verschiedenheiten" zu präzisieren und deren methodische Prinzipien auszuzeichnen, exemplifizierte Alt seinen Vorschlag zur Behandlung der „deutschsprachigen jüdischen Literatur" an Dorothea Veits Romans *Florentin*, den bereits Adolf Bartels als „jüdisch-geschickt" diffamiert hatte. Die Feststellung von „Eigenem" und „Fremdem" geschah dabei nicht deskriptiv, sondern in Form von

---

Aufklärung; danach veröffentlichte er die Studie *Wilhelm von Humboldt und das Problem des Juden* (Hamburg 1935) und plante, sich mit einer *Geschichte der Judenfrage von der Französischen bis zur Nationalsozialistischen Revolution* zu habilitieren, wofür die finanzielle Unterstützung jedoch sowohl von Historischer Kommission als auch von der Notgemeinschaft der deutschen Wissenschaft abgelehnt wurde. Als geschäftsführender Leiter der Forschungsabteilung Judenfrage stellte er sich mit der Programmschrift *Die Judenfrage als Aufgabe geschichtlicher Forschung* (Hamburg 1935) vor. Im Dezember 1938 wurde er „wegen fortgesetzter Betätigung jesuitischer Moral" als geschäftsführender Leiter der FAJ abgesetzt und ihm der Forschungsauftrag entzogen.

[237] Johannes Alt: Grundlagen und Voraussetzungen der wissenschaftlichen Bearbeitung der deutschsprachigen jüdischen Literatur. In: Forschungen zur Judenfrage. Bd.1. Hamburg 1937, S. 141-149. Zitiert nach dem Wiederabdruck in Sander L. Gilman (Hrsg.): NS-Literaturtheorie, S. 37-49, hier S. 43.
[238] Ebenda, S. 44.
[239] Ebenda, S. 44.

Zuweisungen, die eine bereits feststehende und biologisch begründete Differenz durch fragmentierte Zitate zu belegen suchten. Das abschließende Urteil – „Trotz Wälder, Burgen, trotz Wanderungen mit Laute und Gesang ist also schon in einem solchen Anpassungswerk ein Fremdes unverkennbar, wenn es noch zu keiner eigenen Haltung kommt, sondern gewissermaßen nur unwillkürlich und nebenbei durchbricht" – bestätigte nur die apriorisch festgelegte Opposition von „deutscher Dichtung" und „jüdischer Literatur".[240]

Der Antisemitismus der nationalsozialistischen Ideologie wirkte sich in zwiespältiger Weise auf die literaturwissenschaftliche Romantikforschung aus. Zum einen katalysierte er Bemühungen, die modernen Züge der frühen Romantik und insbesondere die ästhetischen und poetologischen Entdeckungen Friedrich Schlegels als Resultat „jüdischer Zersetzungsarbeit" zu verleumden, wie es der Gymnasiallehrer Karl Blessinger in der von Hans Schemm herausgegebenen Zeitschrift *Deutsches Bildungswesen* 1935 demonstrierte.[241] Zum anderen befruchtete er Unternehmen, antijüdische Äußerungen von Romantikern zu kompilieren und zur Rechtfertigung des nun staatlich sanktionierten Antisemitismus zu nutzen. Beide Tendenzen steigerten sich im Zuge der innen- und außenpolitischen Radikalisierung des Regimes. 1938 erschien in der *Zeitschrift für Deutschkunde* unter dem Titel *Friedrich Schlegel und die jüdische Geistigkeit* ein Aufsatz des Hagener Studienassessors Josef Veldtrup, der die Anwendung rassenkundlicher Methoden auf die Romantikforschung mit der These rechtfertigte, „daß die Romantik manche Züge aufweist, die sich auch bei Berücksichtigung der ungeheuren Spannweite des deutschen Geistes und der vielfach differenzierten Formen, in denen er sich im Lauf der Jahrhunderte bekundet hat, vom deutschen Wesen her nicht deuten lassen, ihm zum Teil geradezu widersprechen".[242] Davon ausgehend, diagnostizierte er in Rahel Levin und Dorothea Veit den „artfremden Geist" eines „zergliedernden Rationalismus", der nach Friedrich Schlegels Zusammentreffen mit ihnen für diesen prägend geworden sei. Die titanisch strebende, doch zuchtlose und stets ins Leere greifende Veranlagung Friedrich Schlegels sei durch die Begegnung mit dem Judentum „endgültig" fixiert worden und seitdem auch in dessen Werk „unheilvoll" präsent. Die für Schlegels Frühzeit typische „revolutionäre Objektivitätswut", die im *Studium*-Aufsatz und der Arbeit *Über die Grenzen des Schönen* aus dem Jahre 1795 noch unwandelbar-ewige Grenzen der Poesie

---

[240] Vgl. ebenda, S. 45: „Von Anfang an schloß also die deutschsprachige jüdische Literatur eine Möglichkeit in sich, die auf andere Bahnen hindrängte, als die deutsche Dichtung aus ihrem eigenen Wesen heraus ging."

[241] Karl Blessinger: Wesen und Erscheinung der deutschen Romantik. In: Deutsches Bildungswesen 3 (1935), S. 633-648. Ohne Begründung wurden durch Blessinger Moses Mendelssohn und Friedrich Nicolai als Beginn der Romantik angesetzt, um diese als „jüdische Zersetzungsarbeit" zu verunglimpfen. Die Romantik habe trotz lebensuntüchtiger Einzelgänger wie Novalis, Kleist, Arnim die „Kulturzerstörung von 1918" vorbereitet. Die Ehe von Romantikern mit „rassisch untüchtigen" jüdischen Frauen habe die Bewegung „verseucht"; auch Achim von Arnim sei durch die zweifelhafte Abstammung Bettinas infiziert worden. Erst 1813 bringe eine Reinigung. Als einzig bleibende Vertreter ließ der Autor nur Arndt, Körner, Eichendorff, Fouqué, Spohr und Schumann gelten.

[242] Josef Veldtrup: Friedrich Schlegel und die jüdische Geistigkeit, S. 401.

gegenüber einer modern-gesetzlosen Literatur verteidigt habe, sei unter dem Einfluß Dorotheas und der abermaligen Beschäftigung mit Spinoza in ihr Gegenteil umgeschlagen. Die Differenz zwischen den ästhetischen Programmen des „klassischen" und „romantischen" Schlegel führte auch Veldtrup auf „fremdrassische" Einflüsse zurück: Die Definition der romantischen Poesie aus dem *Athenaeum* belege den „grenzverwischenden" Geist des Judentums, wie er für Schlegels Entwicklung seit 1797 prägend geworden sei.[243] Die romantische Ironie, Zentralbegriff des frühromantischen Denkens, erweise sich „in Wirklichkeit, wenn sie alles rhetorischen Flitters entkleidet ist, als ein zersetzendes Prinzip." Sie sei der Geist, „der stets verneint und der über alles Gefühl sich vom Standpunkt eines unheimlich kalten und bewußten Denkens lustig macht. Diese Art ist von unverkennbar jüdischer Prägung."[244] Die Steigerung der romantischen Ironie durch Heinrich Heine führe zur Unmöglichkeit, Dichtung emotional zu rezipieren und trage so zur Zerstörung der Kunst bei. Schlegels „intellektualistische Grundhaltung" und die unter dem „Einfluß jüdischer Geistigkeit" zum Kanon der modernen Kunst erhobene Ironie waren für Veldtrup Antipoden einer Kunsttheorie, „nach der der Dichter ein aus dunklen, unbewußten Gemütstiefen Schaffender" und „die ewigen Kräfte des Volkstums .. Quelle aller Dichtung"[245] sei. Deshalb stehe Schlegels Romanexperiment *Lucinde* „deutschem Fühlen" am fernsten.[246]

Daß dieser antisemitische Angriff keinen Einzelfall darstellte, bewies die 1939 in München verteidigte Dissertation *Friedrich Schlegel und das Judentum* von Paul Busch.[247] Karl Alexander von Müller, der neben Walther Frank und Wilhelm Grau der *Forschungsabteilung Judenfrage* des *Reichsinstituts für Geschichte des neuen Deutschlands* vorstand, hatte sie in Auftrag gegeben. Buschs Promotionsarbeit referierte ausführlich die Lebensgeschichte Schlegels, der aufgrund seiner psychischen Labilität „fremden Einflüssen leichter zugänglich sein mußte"[248], um dann den „Einfluß des Jüdischen" in Werken und Ideen nachzuweisen. In der *Lucinde* spreche eine typisch jüdische „kalte, verstandesmäßige Klarheit, die sich paarte mit einer groben Sinnlichkeit und dadurch einen brutalen Eindruck hinterließ".[249] Die roman-

---

[243] Vgl. ebenda, S. 406: „Wenn Schlegel, der in seiner Anfangszeit die Verworrenheit und Unklarheit der zeitgenössischen Kunst so bitter beklagt, später die absolute Grenzenlosigkeit der Poesie fordert, so darf man darin wohl einen Einfluß jüdischer Art sehen, der von dem Juden Otto Weininger gekennzeichnet wird: ,Der Jude ist der geborene Grenzverwischer.'"
[244] Ebenda, S. 410.
[245] Josef Veldtrup: Friedrich Schlegel und die jüdische Geistigkeit, S. 411 und 414.
[246] Das „Abstoßende", „Fremde", „Artfremde" von Schlegels *Lucinde* belegte Veldtrup durch Zitate, ebenda, S. 412f. Das hier entwickelte Ideal der wechselseitigen Ergänzung von Mann und Frau verfiel dem Verdikt, als „Androgynenideal" dem „deutschen Fühlen" „instinktiv" fremd zu sein, da es die für „jüdisches Menschentum" typische „sexuelle Applanation" zum Prinzip erhebe. Die durchgehende rationale Bewußtheit sei „ein weiterer, für jüdische Art charakteristischer Zug", ebenso wie das im „Lob des Müßiggangs" gepriesene „reine Vegetieren", das „deutsches Empfinden als eine geradezu orientalische Passivität berührt."
[247] Paul Busch: Friedrich Schlegel und die Juden. Bottrop i.W. 1939 (= Diss. München).
[248] Ebenda, S. 42.
[249] Ebenda, S. 43.

tische Ironie als „ein Spiel mit Begriffen und ein Streben nach Originalität um jeden Preis" sei das Produkt der jüdischen Salons.[250] „Witz" und „Geselligkeit" als Zentralbegriffe romantischer Kultur bedeuteten eine „intellektuelle Zersetzung geistiger Stoffe", die charakteristisch für die „jüdische Haltung" bis in die Gegenwart sei.[251] Auch der Pariser Aufenthalt, der Schlegel „nationale Werte empfinden ließ",[252] habe nicht gefruchtet. Sein Eintreten für die Judenemanzipation während des Wiener Kongresses und später am Bundestag zu Frankfurt wären vielmehr „notwendige Folge" der frühen Beziehungen zu jüdischen Kreisen, deren „geistige Kälte und Bindungslosigkeit ... in ihm die letzten Ansätze zu einer aus tiefstem Leben und Erleben kommenden neuen Weltordnung"[253] abgetötet hätten.

Antisemitisch motivierte Denunziationen Schlegels fanden sich jedoch nicht nur in Dissertationen, sondern gingen auch in das Romantikbild führender Fachvertreter ein. So brach Hans Pyritz in seiner im Sommersemester 1942 angebotenen Romantik-Vorlesung nach Verunglimpfungen Dorothea Veits auch den Stab über Friedrich Schlegels Romanexperiment *Lucinde*, dem er vorwarf, „Taktempfinden wie Rassebewußtsein" zu verletzen.[254]

Neben diesen antisemitisch verengten Versuchen, das Verhältnis von früher Romantik und jüdischer Kultur zu klären, erlebte die Bearbeitung des romantischen Antijudaismus eine ähnlich zweifelhafte Konjunktur. Dieser Strang der Forschung kompilierte Äußerungen von Romantikern gegen Juden und den mit jüdischer Geldwirtschaft identifizierten Kapitalismus zu Manifestationen deutscher „Abwehrgefechte" gegen das Judentum. Auf diese Weise entstand als Frucht einer Germanistischen Arbeitsgemeinschaft „Größe und Gefahr der deutschen Romantik" an der Rheinischen Friedrich-Wilhelms-Universität Bonn 1939 die Dissertation *Berliner Romantik und Berliner Judentum*.[255] Hans Karl Krüger, ein Schüler Karl Justus Obenauers, stellte in ihr an Hand unpublizierten Materials aus dem Varnhagen-Nachlaß der Preußischen Staatsbibliothek zu Berlin die einerseits judenfreundliche Haltung des *Polarsternbundes* und die andererseits betont

---

[250] Ebenda, S. 48ff.
[251] Ebenda, S. 52.
[252] Ebenda, S. 74.
[253] Ebenda, S. 74.
[254] Vgl. Hans Pyritz: Vorlesung Deutsche Romantik, Bl. 157: „Verworrener Wust von Reflexionen, Briefen, Erzählung; Minimum an Darstellung und Handlung, fast ungeniessbar. Grundidee Verkündigung einer neuen, revolutionären Sittlichkeit; aber mit kalter Verstandesleidenschaft durchgeführt. So nur peinlicher Eindruck der gewagten erotischen Szenen und Erörterungen, die das Intimste des Liebeslebens mit Dorothea preisgeben und beide auf lange in den Augen der Öffentlichkeit kompromittieren. [..] Für uns heute nicht mehr um der Schamlosigkeit willen unerträglich (die ein Künstler adeln kann, vgl. Gottfried von Straßburg, Heinse), sondern weil durch die dichterische Missgestalt das Biographische so aufdringlich hindurchleuchtet und unser Taktempfinden wie Rassebewußtsein verletzt".
[255] Vgl. Hans Karl Krüger: Berliner Romantik und Berliner Judentum. Mit zahlreichen bisher unbekannten Briefen und Dokumenten. Bonn 1939 (= Diss. Bonn), Vorwort.

antisemitische Einstellung der *Christlich-deutschen Tischgesellschaft* einander gegenüber. Auch diese Dissertation entstand nicht aus dem Wunsch, die Romantikforschung durch Quellenerschließung und -interpretation um ein wichtiges Kapitel zu bereichern, sondern aus dem fragwürdigen Streben, den Antisemitismus des politischen Systems zur wissenschaftlichen Karriere zu nutzen. Ausführlich behandelte sie Vorgeschichte und Wirken der antisemitischen *Christlich-deutschen Tischgesellschaft* und die gegen sie gerichtete jüdische Gegenbewegung unter Saul Ascher, um anschließend die Haltung einzelner Romantiker (E.T.A. Hoffmann, Kleist, Adam Müller, Brentano, Bettina und Achim von Arnim) zur Judenfrage zu rubrizieren. Als Resultat seiner Untersuchungen konstatierte der Autor einen Zwiespalt zwischen einer „judengegnerischen" oder zumindest „judenfremden" Haltung im „Grundsätzlichen" und „Instinktiven" und dem mehr oder minder regen Verkehr in jüdischen Salons. Um diesen Widerspruch aufzulösen, unternahm der Autor eine psychologisierende Deutung des „romantischen Menschen", der aus „Unsicherheit", „Unruhe" und „Einsamkeit" in die jüdische Umgebung geflüchtet sei.[256] Mit einem Aufruf zur „unerbittlichen Verteidigung des eigenen Lebensraumes gegen jeden fremdrassigen Eindringling"[257] schloß die Arbeit, die im wesentlichen nur Reinhold Steigs bekannte Feststellungen mit einigen bisher unbekannten Dokumenten belegte. Dabei ließ sie unerwähnt, daß bereits die geistigen Väter der Berliner Romantik August Wilhelm Schlegel und Ludwig Tieck und stärker noch Tiecks Schwager August Ferdinand Bernhardi judenfeindliche Positionen vertreten hatten; auch die Akten der *Christlich-deutschen Tischgesellschaft* sowie die zwei Jahre zuvor erschienene Arbeit Philip Eberhards zum Thema blieben unberücksichtigt.[258]

Dieser wie auch andere Versuche, die deutsche Romantik zur Antizipation der irrationalen Rassendoktrin des Nationalsozialismus umzubiegen, näherten sich in Terminologie und Folgerungen am stärksten der offiziellen Demagogie an. Das weitgehende Schwinden der Grenzen zwischen Wissenschaft

---

[256] Vgl. ebenda, S. 134ff.: „Der Grund für diesen eigentümlichen Zwiespalt liegt bei Kleist, Hoffmann und Adam Müller in ihrer romantischen Verfassung, die sie zwar hellsichtig für die Gefahren des entarteten Judentums macht, gleichzeitig aber den Einzelnen aus der Einsamkeit zur verbindenden Gemeinsamkeit und belebenden Anregung treibt, die gerade der Jude dem schwierig zu behandelnden Dichter zu geben weiß. [...] Varnhagen und Fouqué bezeichnen die typische Situation des romantischen Menschen, der zu der Jüdin in der ganzen Unsicherheit seines Weltbildes und der dadurch bedingten Unruhe seines Existierens kommt, um bei ihr Gewißheit und Ruhe vor sich selbst zu finden."
[257] Ebenda, S. 136 f.
[258] Zum romantischen Antijudaismus vgl. Josef Körner: Romantischer Antisemitismus. In: Jüdischer Almanach auf das Jahr 5681 (1930), S. 144-149; Heinz Härtl: Arnim und Goethe. Zum Goethe-Verhältnis der Romantik im ersten Jahrzehnt des 19. Jahrhunderts. Diss. masch. Halle/S. 1971; ders.: Romantischer Antisemitismus. Arnim und die Tischgesellschaft. In: Weimarer Beiträge 33 (1987), S. 1159-1173; Gisela Henckmann: Das Problem des ‚Antisemitismus' bei Achim von Arnim. In: Aurora 46 (1986), S. 48-69; Wolfgang Frühwald: Antijudaismus im Zeitalter der Romantik. In: Hans Otto Horch, Horst Denkler (Hrsg.): Condition Judaica. Judentum, Antisemitismus und deutsch-sprachige Literatur vom 18. Jahrhundert bis zum Ersten Weltkrieg. Tübingen 1989, S. 72-91.

und Ideologie, fachlicher Fragestellung und Aufnahme politischer Imperative manifestierte sich in mehr oder minder explizit ausgesprochenen Folgerungen für die Gegenwart: Unter Vernachlässigung der historischen Kontexte erklärte man Texte und Textausschnitte zu eindeutigen politischen Stellungnahmen, deren Gültigkeit über den zeitlichen Rahmen ihrer Entstehungszeit hinaus verlängert und denen ohne weitere Reflexion Legitimationskraft für die antisemitische Verfassung des nationalsozialistischen Staates zugesprochen wurde. In ihren Bemühungen, literarische Äußerungen zur Bestätigung vorgängiger Urteile zu benutzen, übersahen diese Forschungen, daß es den von ihnen vorausgesetzten biologischen Rassebegriff in der Romantik noch nicht gegeben hatte – eine umfangreiche, am Göttinger Institut für Völkerkunde entstandene Dissertation Hermann Blomes hatte dieses Faktum trotz immenser Anstrengungen zum Erweis seines Gegenteils eingestehen müssen.[259] Beherrscht von dem Ziel, „die geistesgeschichtlichen Voraussetzungen für die Entstehung, Entwicklung und Vervollkommnung des Rassengedankens in Deutschland aufzudecken", hatte Blome in der Einführung zu seiner von Hans Plischke betreuten Promotionsschrift postuliert, „daß sich während der deutschen Romantik die Ausbildung wichtiger Grundzüge der heutigen Rassenkunde vollzog und daß daher diese Zeit und der ihr eigentümlichen geistigen Grundhaltung eine besondere Bedeutung für die Entfaltungsmöglichkeiten rassischen Denkens überhaupt zugesprochen werden muß."[260] Die Durchleuchtung von zahlreichen, in der Zeit der Romantik entstandenen anthropologischen und naturphilosophischen Schriften erbrachte zwar, „daß der Rassengedanke während der deutschen Romantik in größerem Umfange Beachtung erfuhr als bisher allgemein angenommen"; zugleich aber zeigte sich, „daß die romantische Naturphilosophie einer e x a k t e n Herausarbeitung rassischer Erkenntnisse im heutigen biologischen Sinne nicht förderlich war".[261] Um die deutsche Romantik wenigstens partiell zum Vorläufer rassentheoretischer Überlegungen erklären zu können, weitete Blome deren „ganzheitliches" und „organisches Denken" zu einer Betrachtungsweise aus, in welcher „der Mensch mit Leib und Seele als rassische Erscheinung umschlossen wurde".[262] Die von dieser Bedeutungsexpansion nur unzureichend übertünchten Widersprüche traten in den Ausführungen zur romantischen Naturphilosophie sowie im Vergleich des „aktiven", „rassenhygienische Forderungen" erhebenden Ernst Moritz Arndt und der „überwiegend in Reflexionen erstarrenden Denkweise der Romantik" offen zu tage: Die naturphilosophischen Spekulationen Schellings, Steffens' und Lorenz Okens galten als „Gefahr" für eine „exakte Erfassung des Rassi-

---

[259] Hermann Blome: Der Rassengedanke in der deutschen Romantik und seine Grundlagen im 18. Jahrhundert. Mit 16 Bildtafeln. München, Berlin 1943 (= Schriften des Reichsinstituts für Geschichte des neuen Deutschlands = Diss. Göttingen 1940). Vorausgegangen war Blomes Studie: Der Gestaltwandel der Rassentheorie Kants in der deutschen Romantik. In: Hans Plischke (Hrsg.): Göttinger Völkerkundliche Studien. Göttingen 1939.
[260] Ebenda, Einführung, S. 15.
[261] Ebenda, S. 323. Sperrung im Original.
[262] Ebenda, S. 323.

schen";²⁶³ den „blutvollen" und „unmittelbar in Beziehung zu völkisch-politischen Wirklichkeiten" gesetzten „rassischen Anschauungen" Ernst Moritz Arndts wurden die „gedanklichen, oft blassen, vielfach konstruierten und lebensfernen Vorstellungen der romantischen Rassendenker" gegenübergestellt.²⁶⁴ Auch Friedrich Schlegels Eröterungen über Sprache und Weisheit der Inder, von Ludwig Schemann als Beispiel für rassentheoretische Einsichten der Romantik herausgestellt, enthielten „kein bestimmt ausgesprochenes Bekenntnis zur Rasse, und weder in der Erkenntnis der eigentlich rassenbildenden Faktoren ist Schlegel hier vorgeschritten, noch ist irgendwie in ihnen ein tieferes naturwissenschaftliches Verständnis für das Rassenproblem im Sinne Kantischer Eindringlichkeit abzulesen, und nur durch die allgemeine Hervorhebung der Wanderungs- und Mischungsprozesse mit allen ihren Einflüssen auf die schließliche Ausprägung der Völker nähert Schlegel sich in geringem Maße dem Verfahren Kants, der rassischen Struktur im Vefolgen des Herausbildungsvorgangs nachzuspüren."²⁶⁵

---

²⁶³ So zeigte der Abschnitt über Schellings Aufnahme von Kants Rassentheorie und des Organismusbegriffs, „wie eine religiös gefärbte Philosophie durch ihre mystische Verbrämung aller Lebenserscheinungen die reine Erkenntnis biologischer Vorgänge wieder gefährdete und dadurch die Entwicklung des Rassengedankens nicht unerheblich aufhielt", ebenda, S. 63f. In Henrich Steffens romantischer Anthropologie „verliert die Naturbetrachtung und damit die Betrachtung des Menschen zweifellos die feste empirische Bindung; was bleibt, ist religiös gefärbte Spekulation, die in dem Naturgegebenen – also auch im Menschen – nur Anhaltspunkte für die Durchleuchtung des Mysteriums ,Gott' oder ,Natur' zu sehen vermochte." (Ebenda, S. 99f.) Lorenz Okens Naturphilopie wurde von Blome als „Gefahr für jede rein naturwissenschaftliche Erkenntnis" bewertet; deren Ausrichtung an „Spekulation und Metaphysik" habe „einer exakten Erfassung des Rassischen schließlich die notwendige naturwissenschaftliche Grundlage entzogen", ebenda S. 112 und 121.
²⁶⁴ Ebenda, S. 317. Weiter heißt es hier: „Arndt will rassisch gehandelt wissen, er denkt an Gesetze zur Durchführung von Siebung und Auslese, er sieht im Rassischen die für das Leben eines Volkes entscheidende Lebenskraft, mit deren Pflege, Vernachlässigung oder Zersetzung das Leben und die Bedeutung des Volkes selbst steigen oder fallen. Daß in seinem rassischen Denken bestimmte romantische Züge anzutreffen sind, war sichtbar gemacht; aber sie wirken doch nur wie unwesentlich im Gesamtzusammenhang." Die an gleicher Stelle postulierte „in Reflexionen erstarrende Denkweise der Romantik" beglaubigte Blome mit einem Zitat aus Carl Schmitts *Politischer Romantik*: „Es gibt keine romantische Aktivität und Romantik ist niemals ein ,tonique' politischer Kraft gewesen; sie hat auch keinen spezifischen Zusammenhang mit der Revolution, die auf den Romantiker wirkt, wie jedes andre eindrucksvolle Ereignis, ein Krieg, eine Feuersbrunst; im übrigen ist sie geneigt, mit dem König, d.h. mit der jeweiligen Macht zu gehen, freilich auch das unter allen subjektivistischen Vorbehalten." Carl Schmitt: Politische Romantik [1919], S. 109; hier zitiert von H. Blome: Der Rassengedanke in der deutschen Romantik und seine Grundlagen im 18. Jahrhundert, S. 317.
²⁶⁵ H. Blome: Der Rassengedanke in der deutschen Romantik und seine Grundlagen im 18. Jahrhundert, S. 172; ebenda auch das bedauernde Eingeständnis: „Im übrigen aber überwiegt bei ihm [Friedrich Schlegel] die Tendenz der religionsphilosophischen Konstruktion im Sinne Herders, Schellings, Steffens', und im Innehalten derselben Richtung verfehlte er den Weg zu dem eigentlichen Wesen alles Rassischen, den er bei Reinhaltung seiner Schau von mythischen und metaphysischen Vorstellungen und bei seinen hervorragenden geschichtlichen und sprachlichen Kenntnissen vielleicht berufen gewesen wäre zu gehen."

Doch gab es zur ideologisch konformen Konstruktion „rassischer Anschauungen" und antisemitischer Haltungen durchaus Alternativen. Nicht alle zwischen 1933 und 1945 erschienenen Darstellungen der deutsch-jüdischen Kulturbeziehungen in der Zeit der Romantik mußten zwangsläufig in dogmatische Behauptungen versinken, die der Komplexität des historischen Geschehens vorrangig Zeugnisse zur Beglaubigung vorgefertigter Überzeugungen entnahmen. So verwahrte sich Richard Benz erfolgreich gegen das Ansinnen des Reicherziehungsministeriums, die Behandlung Dorothea Veits in seinem erstmals 1937 veröffentlichten Abriß *Die deutsche Romantik. Geschichte einer geistigen Bewegung* anläßlich einer Neuauflage antisemitisch zu modifizieren und die judenfeindlichen Aktionen der *Christlich-deutschen Tischgesellschaft* besonders zu würdigen.[266] Noch 1942 lieferte Benz im Rahmen der *Deutschen Eichendorff-Woche* eine positive Würdigung des Anteils von Dorothea Veit an der Frühromantik sowie an Entstehung und Fertigstellung von Eichendorffs Jugendwerk *Ahnung und Gegenwart*.[267] Der Mut zu einer solch loyalen Position wiegt umso schwerer, als Benz sie während der zur „Reichsangelegenheit" avancierten Eichendorff-Feierlichkeiten vertrat, die von Funktionsträgern des Reichsministeriums für Volksaufklärung und Propaganda gelenkt und zu antisemitischer Propaganda ausgenutzt wurden.[268]

6.3.3 Die genealogische Erforschung von Romantikern

Vom scheinbaren Aufschwung rassenkundlicher Forschungen und dem verstärkten Interesse für die biologischen Determinanten historischer Prozesse

---

[266] Vgl. Richard Benz an Philipp Reclam jun. Brief vom 30.7.1937. DLA Marbach, A: Benz, Korrespondenz Reclam-Verlag 1935-45, unnumeriert: „So kann ich mich auch nicht näher auf die antisemitische Haltung der deutschen Tischgesellschaft einlassen, erstens, weil sie einige sehr demütigende Ereignisse für Arnim und Brentano mit sich bringt, dann, weil die historische Wahrheit und Gerechtigkeit eine Abwägung der Für und Wider erfordern würde, das für die Rahel z.B. so Positives wie die Organisation der Verwundetenpflege 1813 und die Begründung der Krankenvereine mit sich führt, was heute noch weniger gern gehört würde, für das Thema des Buches übrigens so wenig wie die Gegenrechnung von Bedeutung ist. Ich denke, dass Beste ist hier, mögliche Streitfragen gänzlich beseite zu lassen."

[267] Richard Benz: Eichendorff und die deutsche Romantik. Vortrag, gehalten am 30. November 1942 in Kattowitz. In: Aurora 12 (1943), S. 30-48, die ausgewogenen Urteile über Friedrich und Dorothea Schlegel hier S. 36f.

[268] Mit einer antisemitischen Brandrede unter dem Titel *Eichendorff und der deutsche romantische Geist* war Wilfrid Bade, Ministerialbeamter im RMfVP, am 10. März 1942 in Ratibor aufgetreten (abgedruckt in: Aurora 12 (1943), S. 18-29). Von medialer Resonanz zeugten die Artikel von E.K. Wiechmann: Romantik und Judentum. In: Völkischer Beobachter vom 13. März 1943 und Alfons Hayduk: Im Zeichen Eichendorffs. Romantik und Judentum. In: Kölnische Zeitung vom 16. März 1943; dazu detailliert in Teil 3, Kapitel 4: Der „deutscheste der deutschen Dichter" im Dritten Reich: Eichendorff-Pflege zwischen „Grenzlandskampf" und „Reichsangelegenheit".

profitierte nach 1933 die genealogisch-familienkundliche Erforschung von Vertretern der deutschen Literatur- und Geistesgeschichte. Bereits am 13. September 1933 hatte der Reichserziehungsminister auf die Richtlinien des Reichsinnenministeriums reagiert und in einem Erlaß die Pflege der Familienkunde an den Schulen für obligatorisch erklärt. Die forcierten genealogischen Anstrengungen betrafen nach dem 15. September 1935 jeden Reichsdeutschen, hatte man doch seine „arische" Abstammung durch einen Familienstammbaum nachzuweisen.[269] Begleitet von einer regen familiengeschichtlichen Grundlagenforschung, ermittelten Genealogen auch auf dem Gebiet der deutschen Literaturgeschichte. Genealogische Rekonstruktionen strebten hier vor allem danach, vorgeblich „im Blut" verankerte Dispositionen bzw. die familiengeschichtliche Verwandschaft deutscher Geistesheroen nachzuweisen.[270] Unermüdlich stellte insbesondere die Leipziger *Zentralstelle für deutsche Personen- und Familiengeschichte* Ahnentafeln deutscher Dichter und Schriftsteller zusammen. Die mitgelieferten Interpretationen leiteten aus den penibel erstellten Stammreihen nicht nur das physische und psychische Erscheinungsbild des Autors, sondern auch die Eigenarten seines Charakters und seiner poetischen Begabung ab. So hieß es in Erläuterung der Ahnentafel E.T.A. Hoffmanns:

> „Die Kleinheit und Schwächlichkeit in der Figur Hoffmanns ist bei seinen mütterlichen Ahnen erblich. Einzelne Seiten seines Temperaments finden sich bei seinem Vater, seiner Tante, seinem Bruder und seinem Vater, und zwar die starke Emotionalität, während bei den Mitgliedern der Familie Doerffer das Gegenteil der Fall zu sein scheint. Die Neigung für Musik ist nachweisbar bei seinen Eltern wie auch bei der Familie Doerffer, in abnormer Weise bei seinem unehelichen Sohn. [...] Außer Otto Wilhelm Doerffer scheinen sämtliche Familienmitglieder auf der normalen Intelligenzstufe gebildeter Menschen gestanden zu haben. [...] Die Ahnentafel E.Th.A. Hoffmanns beweist starke Inzucht. Sie führt zu einer hohen Verstärkung der Erbmassen in dem Probanden. Daraus erklärt sich sein Genie, das, durch übermäßigen Alkoholgenuß geschwächt, in eine pathologische Erscheinung endete."[271]

---

[269] Der Abstammungsnachweis als amtlich belegter Nachweis der Abstammung aus deutschem oder artverwandtem Blut wurde nach Annahme der Nürnberger Gesetze am 15. 9. 1935 prinzipiell von jedem Bürger verlangt; obligatorisch war er für Mitglieder der NSDAP und ihrer Gliederungen, Offiziere der Wehrmacht, Bewerber um öffentliche Ämter und bestimmte Berufe (z.B. Bauer) oder ab 1937 für Mitglieder der Reichsschrifttumskammer. Siehe dazu Art. Abstammungsnachweis, Abstammungsbescheid, Ahnenpaß, Ahnentafel in: Cornelia Schmitz-Berning: Vokabular des Nationalsozialismus. Berlin, New York 1998, S. 4-7, 19-22.

[270] So etwa Hans Wolfgang Rath: Wer war Mörike? In: Archiv für Sippenforschung 12 (1935), S. 143-146, der aus den mütterlichen Ahnen und deren Verwandtschaft mit anderen berühmten Schwaben schloß, Mörike sei „ein Mensch von überreicher Tradition in seinem Blut" gewesen, die dessen Sensibilität, Verträumtheit und Sinn für das Übersinnliche bedingt hätten. Auch *Die neue Literatur* veröffentlichte 1937 ein „Schwabenheft" mit einer von Ernst Metelmann bearbeiteten „Schwäbischen Sippentafel", aus der die Verwandschaft zwischen Hegel, Justinus Kerner, Schwab, Hauff, Gerok, Fr. Th. Vischer, Friedrich List, Hermann und Isolde Kurz, Max Planck, Hermann Hesse, Otto Gmelin, Gerhard Schumann u.a. hervorging.

[271] Eduard Grigoleit: Ahnentafel des Dichters E.T.<A.> Wilhelm Hoffmann. In: Ahnentafeln berühmter Deutscher. Folge 5. Lieferung 12 (= Deutsche Dichter-Ahnentafeln). Leipzig: Zentralstelle für Deutsche Personen- und Familiengeschichte 1943. S. 193-200, hier S. 198.

Offenkundige Widersprüche, in die genealogische Erhebungen und vorgefaßte Postulate gerieten, konnten nur durch willkürliche Veränderungen von Fakten bereinigt werden. Um der Klassifikation Eichendorffs als dem „deutschesten der deutschen Dichter" nicht durch historische Fakten den Boden zu entziehen, mußten seine slawischen Vorfahren mütterlicherseits zu Deutschen erklärt werden:

> „Im Brückenland Schlesien darf man aber nicht ohne weiteres slawische Namen gleich slawischer Abstammung setzen. Hier sind Menschen mit einem slawischen Name zumeist die besten Deutschen, sowohl dem Blute nach, als auch in Bezug auf die Gesinnung. Gesamtschlesien gehört eben in den deutschen Kulturkreis."[272]

Relevanz gewannen diese genealogischen Forschungen für ein literaturhistorisches Projekt, das von Karl Goedeke 1859 begonnen worden war, 1928 von der *Deutschen Kommission* der Preußischen Akademie der Wissenschaften übernommen und seit 1938 unter Leitung Franz Kochs sowie in Abstimmung mit der *Parteiamtlichen Prüfungskommission* fortgeführt wurde: *Goedekes Grundriß zur Geschichte der deutschen Dichtung*. Die für den Zeitraum von Goethes Tod bis zur Reichsgründung von 1871 geplante *Neue Folge* des biobibliographischen Unternehmens sollte den von Koch entworfenen „neuen Grundsätzen" folgen und im Gegensatz zur bisherigen chronologischen Anordnung die Autoren in alphabetischer Reihenfolge aufführen; ein später zu erstellender erster Einleitungsband sollte „eine zusammenfassende geistesgeschichtliche Darstellung unter Berücksichtigung der Landschaften und Stämme, der Rasse usw." liefern.[273] Eine „besondere Aufgabe der neuen Bände", so formulierten die neuen Bearbeitungsgrundsätze, sei es, „den Einfluss des Judentums auf die deutsche Literatur seit 1830 darzustellen" – und zwar „in jeder Biographie des chronologischen Teils" wie auch in der späteren zusammenfassenden Darstellung des Einleitungsbandes, „hier namentlich auch mit Bezug auf Presse, Zeitschriften, Literatur u.a."[274] Zur Realisierung dieser Aufgabe entwarf Koch einen Katalog von abzuarbeitenden Fragestellungen:

> „[A]n der Spitze jeder Lebensbeschreibung (wird) gesagt werden, ob und wieweit der Dargestellte Jude oder jüdischer Mischling war, und auch wieweit er jüdisch versippt war; im Verfolg wird dann in geeigneter Weise der Einfluss der jüdischen Umgebung gekennzeichnet werden. Soweit die Feststellung jüdischer Abstammung nicht getroffen werden kann, aber begründete Zweifel bestehen, wird diesen Zweifeln entweder durch eingehendere Darlegung oder geeignetenfalls durch Verwendung des Zusatzes ‚arisch?' oder ‚jüdisch?' oder ‚Mischling?' usw. Rechnung getragen, während bei solchen Schriftstellern, welche trotz jü-

---

[272] Peter von Gebhardt: Ahnentafel des Dichters Joseph Freiherrn von Eichendorff. In: Ahnentafeln berühmter Deutscher. Folge 5, Lfg. 12. Leipzig: Zentralstelle für Deutsche Personen und Familiengeschichte. 1943, S. 213-216, S. 215.

[273] Die Preußische Akademie der Wissenschaften an das REM. Brief vom 24. November 1938. Archiv der Berlin-Brandenburgischen Akademie der Wissenschaften, Akten der Preußischen Akademie der Wissenschaften (1812-1945). Deutsche Kommission 1928-1938, Sign.: II-VIII, Bd. 29, Bl. 152.

[274] Ebenda.

disch klingender Namen oder sonstiger anscheinender Verdachtsmomente bei der Untersuchung sich als arisch erwiesen haben, der Zusatz ‚arisch' oder eine entsprechende Bemerkung hinzugefügt wird."[275]

Die *Parteiamtliche Prüfungskommission*, deren befürwortende Stellungnahme die Akademie mit der Sorge erbat, „dass diese vom wissenschaftlichen Standpunkt aus gewählte Lösung nicht politischen Erwägungen widerspricht",[276] akzeptierte die vorgeschlagenen Regelungen, bestand aber auf der Kennzeichnung auch der Autoren von Sekundärliteratur mit dem Zusatz „JD" und der Erwähnung ihrer „jüdischen Vermischung oder Versippung"[277]. Zur Feststellung der jüdischen Abstammung solle die Akademie, so die Anweisung der PPK, „weitgehend mit der Reichsstelle für Sippenforschung zusammenarbeiten"[278] – und diese wiederum kooperierte mit der Leipziger Zentralstelle für Deutsche Personen- und Familiengeschichte.[279] Illustrativ seien einige der im Dritten Reich erstellten Stammreihen von Autoren der romantischen Literaturepoche beigefügt; auf weitere genealogische Recherchen ist an dieser Stelle hinzuweisen.[280]

---

[275] Ebenda. – Zugleich wurde erwogen, innerhalb der umfangreichen Literaturverzeichnisse Arbeiten über die dargestellten Autoren in gesonderter Weise als „jüdisch" auszuzeichnen – „um so den Benutzern des Buches einen Anhalt für die Beurteilung der Abstammungsfragen und des jüdischen Einflusses zu geben." Doch da sich diese Feststellungspraxis allein „für Juden im Sinne der Nürnberger Gesetze (als Voll- und Dreivierteljuden)" eigne und „Nachforschungen über die Mischlungseigenschaften und die etwaige Versippung" zu risikoreichen Ergebnissen führen würden, sei es nach Meinung der Akademie ausreichend, „wenn der jüdische Einfluss dieser Literatur über die Dichter im Einleitungsband eingehend erörtert wird."

[276] Ebenda.

[277] REM an Preußische Akademie der Wissenschaften. Brief vom 26. Januar 1939. Ebenda, unnumeriert. Unter der Überschrift „Die Parteiamtliche Prüfungskommission zum Schutze des NS-Schrifttums hat zur Frage der Fortführung des Werkes ‚Goedekes Grundriß zur Geschichte der deutschen Dichtung' folgendes mitgeteilt" heißt es hier weiter: „Der Zusatz (JD) kann sich jedoch nur dann auf Juden im Sinne der Nürnberger Gesetze beziehen, während für die jüdische Vermischung bzw. Versippung eine andere Kennzeichnung einzuführen wäre."

[278] Ebenda.

[279] Zu Gliederung und Aufgaben der *Reichsstelle für Sippenforschung*, die als nachgeordnete Stelle des Reichsinnenministeriums operierte und ab 13. 11. 1940 in *Reichssippenamt* umbenannt wurde, siehe Art. Sippenforschung. In: Cornelia Schmitz-Berning: Vokabular des Nationalsozialismus, S. 578-580.

[280] U.a. Gerhard Stephan: Ahnentafel des Philosophen Johann Gottlieb Fichte. Archiv für Sippenforschung 10 (1933), 269-272; Peter Anton von Brentano die Tremezzo: Stammreihen der Brentano mit Abriß der Familiengeschichte. Bad Reichenhall 1933; Die Ahnentafel des Dichters Joseph Freiherr von Eichendorff. In: Ahnenreihen aus allen deutschen Gauen. Bd. 2. Görlitz 1934, S. 140-142; Hans Müller: Ahnen von Wilhelm Hauff und Justinus Kerner in Thüringen. In: Das Thüringer Fähnlein 3 (1935), S. 503-509; Ulrich Lampert: Hessische Blutsverwandtschaft mit Joseph von Eichendorff. In: Nachrichten der Gesellschaft für Familienkunde in Kurhessen und Waldeck 13 (1938), S. 124-128; Otto Carus: Die Geschlechterfolge der Familie Carus und deren Sippe, ausgehend von Jakob Carus, verm. 26. Nov. 1646 in Luckau. Göttingen 1940; Willibald Köhler: Das Stammbuch der Madame Hahmann. In: Aurora 12 (1943), S. 69-71; R. Schäfer: Ahnentafel Schleiermachers. Ergänzungen und Berichtigungen zum Deutschen Geschlechterbuch Band 96. In: Mitteilungen der Hessischen Familien-

Stammtafel der Familie Schlegel

Die Schlegel haben von zwei Seiten her Cranachsches Blut in ihren Adern.
Vgl. Walther Trüge: *Lucas Cranach d. Ä. als genealogisches Phänomen*. In der Festschrift: *Armin Tille zum 60. Geburtstag*. Weimar 1930.

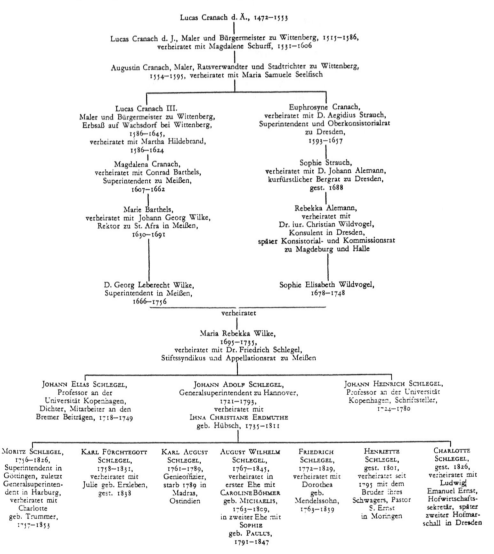

Tafel I

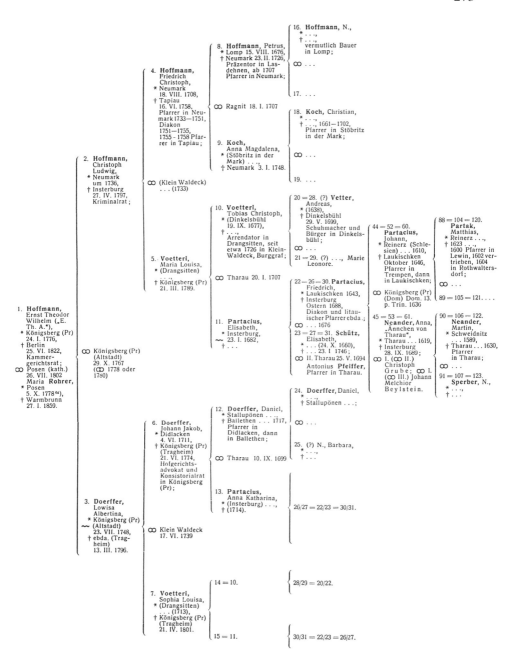

Tafel II

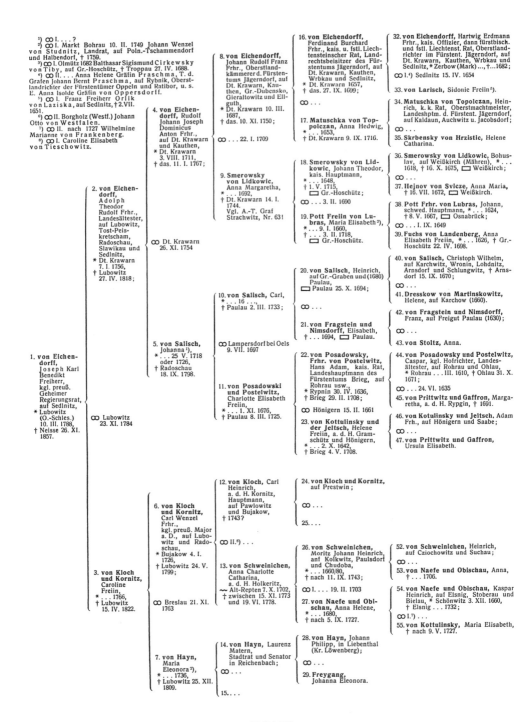

Tafel I: Pauline Gräfin de Pange: August Schlegel und Frau von Staël. Eine schicksalhafte Begegnung. Nach unveröffentlichten Briefen erzählt. Deutsche Ausgabe von Willy Grabert. Hamburg 1940. Mit einer Ahnentafel der Schlegel-Familie

Tafel II: Eduard Grigoleit: Ahnentafel des Dichters E.T.<A.> Wilhelm Hoffmann. In: Ahnentafeln berühmter Deutscher. Folge 5. Lieferung 12. Leipzig: Zentralstelle für Deutsche Personen- und Familiengeschichte 1943, S. 193-200

Tafel III: Peter von Gebhardt: Ahnentafel des Dichters Joseph Freiherrn von Eichendorff. In: Ahnentafeln berühmter Deutscher. Folge 5 Lieferung 12. Leipzig: Zentralstelle für Deutsche Personen und Familiengeschichte 1943, S. 213-216

6.4 Formanalytische und stiltypologische Romantikforschungen – Impulse für die „werkimmanente Interpretation"?

Text- und werkzentrierte Ansätze in der Neueren deutschen Literaturwissenschaft schienen von den disziplinären Reaktionen auf die politische Zäsur des Jahres 1933 am stärksten betroffen zu sein: Kein anderes Forschungsprogramm – von den keimhaften literatursoziologischen oder psychoanalytischen Vorstößen abgesehen, die in der Universitätsgermanistik kaum eine Rolle spielten – verfiel in dem Maße der Kritik wie formanalytische, auf die „ästhetische Gestalt" gerichtete Konzepte.[281] Die in „Bekennerschreiben" mehrfach artikulierte Ablehnung von Formanalyse und Stilforschung hatte verschiedene Gründe. Dem geforderten Bezug der literaturwissenschaftlichen Praxis auf „organische Gemeinschaftsformen" wie Volk, Staat, Nation mußten Untersuchungen des Werkes und seiner Details ein Dorn im Auge sein. Gestalt- und Stilforschungen galten als Attribute einer „ästhetischen"

---

geschichtlichen Vereinigung 7 (1942), H. 2; Karl Privat: Philipp Otto Runge. Sein Leben in Selbstzeugnissen, Briefen und Berichten. Berlin: Propyläen Verlag 1942 (Mit 76 Abb. im Text und auf Tafeln, 1 Stammtafel); Stammtafel des Freiherrn von Eichendorff. In: Aurora 12 (1943), Beilage; Eduard Grigoleit: Ahnentafel des Freiheitdichters Max von Schenkendorf. In: Ahnentafeln berühmter Deutscher. Folge 5, Lfg 12. Leipzig: Zentralstelle für Deutsche Personen- und Familiengeschichte 1943, S. 201-204; Heinrich Freiherr von Massenbach: Ahnentafel der Brüder Wilhelm und Alexander von Humboldt. In: Ahnentafeln berühmter Deutscher. Folge 5, Lieferung 11. Leipzig: Zentralstelle für Deutsche Personen- und Familiengeschichte 1942.

[281] Vgl. Walther Linden: Deutschkunde als politische Lebenswissenschaft, hier S. 338: „Kunst und Dichtung und Musik, Religion und Recht und Politik, Wirtschaft und Gesellschaft gründen im Gemeinschaftsschicksal und können nur von ihm aus verstanden werden. Gerade in der Betrachtung der Dichtung, Kunst und Musik muß der ästhetisch-individualistische Standpunkt durchaus überwunden werden: ‚Ästhetisches' gibt es nur, wo die lebendige Ganzheit eines organischen Gemeinschaftslebens zerfallen ist und die einzelnen Bestandteile zu unorganischer Vereinzelung freigibt." Ähnlich auch ders.: Umwertung der deutschen Romantik, S. 66f., 76.

und damit „lebensfremden" Wissenschaft, der die Ausrichtung an einem „nationalen Wertbegriff" entgegenzustellen sei.[282] Bei der Ausgrenzung formästhetischer Zugänge spielte neben dem Widerwillen gegen eine Modernisierung des Faches wohl auch latenter Antisemitismus eine Rolle, der nun seine Zeit gekommen sah, beispielsweise die Stiltypologien Fritz Strichs als „dialektische Antithetik von typisch jüdischer Art" zu disqualifizieren.[283] Noch in dem 1938/39 entstandenen Dossier des SS-Sicherheitsdienstes zu *Lage und Aufgaben der Germanistik und deutschen Literaturwissenschaft* hieß es über die „ästhetische Betrachtungsweise", diese habe sich „immer feiner eingefühlt in die dichterische Sprache, die dichterischen Ausdrucksformen und die Formmöglichkeiten überhaupt", dabei jedoch die „Berührung mit der ‚profanen' Wirklichkeit des Staates und Volkes" verloren: „Gerade diese Richtung endete nach dem Weltkrieg in einem schöngeistigen Snobismus und in den internationalen Literaturklüngeln. Jede echte Wissenschaftlichkeit ging ihr dabei verloren. Diese Richtung war eine hauptsächliche Domäne der grossstädtischen Literaten und Juden. Sie ist es noch heute für die westeuropäische ‚humanitäre' Geistigkeit spätbürgerlicher Prägung."[284]

Die verbale Zurückweisung ‚ästhetischer', auf die genuin künstlerischen Dimensionen des ‚Werkes' gerichteter Betrachtungsweisen zeitigte jedoch keinen durchschlagenden Erfolg. Nur kurzzeitig unterbrach sie eine sich schon Ende der 1920er Jahre abzeichnende Bemühung, gegen den „Irrweg so mancher extrem-geistesgeschichtlich gerichteter Arbeiten" wieder „die Eigenrechte des Dichterischen zur Geltung [zu] bringen"[285], um mit der „Rückwendung zum Kunstwerk" die „Krisis unserer synthetisch überproduktiven Literaturwissenschaft"[286] zu überwinden. Bereits 1929 hatte Paul Böckmann den Literaturwissenschaftlern des George-Kreises attestiert, einen „neuen sinn für die dichterische sprache, für die gestaltende kraft des künstlers, für die innere unvergleichbarkeit seines werkes" geweckt zu haben, der vor allem der „immanenten interpretation des einzelnen dichters" zugute gekommen sei.[287] Diese

---

[282] So z.B. Josef Nadler: Wo steht die deutsche Literaturwissenschaft?, S. 308f.: „Die Wissenschaft muß sich abwenden von dem ausschließlich Geistigen und Gestaltlichen. Sie muß den Mut haben, an Stelle des rein ästhetischen den nationalen Wertbegriff zu setzen."

[283] Arthur Hübner: Die Dichter und die Gelehrten. Ein Vortrag vor Studenten, S. 599 (der dieser Disqualifikation allerdings distanziert gegenüberstand); radikal jedoch Josef Veldtrup: Friedrich Schlegel und die jüdische Geistigkeit, S. 404, der sich explizit gegen die jüdischen Literaturwissenschaftler Georg Brandes, Friedrich Gundolf, Fritz Strich, Georg Stefansky und deren „Ästhetentum" wandte.

[284] Lage und Aufgaben der Germanistik und deutschen Literaturwissenschaft, zitiert nach Gerd Simon (Hrsg.): Germanistik in den Planspielen des Sicherheitsdienstes der SS, S. 8. Bezeichnenderweise hieß es schon im Abschnitt zur „Abgrenzung des Fachgebietes", ebenda, S. 6: „Zuletzt steht für die Germanistik die Dichtung nicht als ästhetisches Gebilde in einem freien und losgelösten Raum der Kunst, sondern gerade die Dichtung ist für sie geformter Ausdruck des germanisch-deutschen Menschentums, bezw. seiner Gegner und Zersetzungen."

[285] Heinz Kindermann: Goethes Menschengestaltung. Berlin 1932, S. X.

[286] Hermann Pongs: Zur Methode der Stilforschung. In: GRM 17 (1929), S. 256-277, hier S. 258.

[287] Paul Böckmann: Rezension: Max Kommerell, Der Dichter als Führer. In: Anzeiger für deutsches Altertum und deutsche Literatur 48 (1929), S. 189-195, hier S. 190, Kleinschreibung im Original.

Bewegung hatte Franz Schultz im Blick, als er 1933 eine „Restauration innerhalb der Literaturwissenschaft mit Beziehung auf eine Rückkehr zur Interpretation und Deutung des eigentlichen Materials" konstatierte.[288] Nur kurzzeitig in der Defensive, vermochte die seit Mitte der 1930er Jahre intensivierte Beschäftigung mit dem ‚Werk' zur „wichtigsten kognitiven Innovation im Bereich der Neueren deutschen Literaturwissenschaft während der NS-Zeit" aufzusteigen.[289] Als „werkimmanente Interpretation" wirkte das methodisch vielfältige Spektrum der Analyse und Auslegung dichterischer Texte nach der zeithistorischen Zäsur des Jahres 1945 weiter und bestimmte die Nachkriegsära der universitären Germanistik bis in die Mitte der 1960er Jahre.[290]

Bevor nachfolgend die Entwicklung formanalytischer und stiltypologischer Konzepte in der Romantikforschung zwischen 1933 und 1945 umrissen und deren Anschlußmöglichkeiten für unterschiedliche interpretatorische Programme ausgezeichnet werden, sei kurz auf die wissenschaftsinternen und -externen Faktoren hingewiesen, die eine Exponierung des literarischen Kunstwerks zum primären Gegenstand der Forschung einleiteten. Das Fach, daß es trotz der Hoffnungen des Jahres 1933 nicht vermocht hatte, sich auf ein methodologisches Fundament zu einigen und als „politische Lebenswissenschaft" zum „Kerngebiet der Bildung" (Linden) aufzusteigen, suchte seit Mitte der 1930er Jahre verstärkt nach Konzepten, die eine neuerlich drohende „Grundlagenkrisis" durch Eröffnung neuer Forschungsfelder überwinden und verlorene Kompetenzen zurückgewinnen sollten. Chancen zur Ablösung der innovationsunfähigen und als „Handbuchwissenschaft" stagnierenden Geistesgeschichte boten sowohl Heideggers Erläuterungen zu Hölderlins Dichtung wie auch die phänomenologische Ästhetik Roman Ingardens, die nach Zurückweisung noch Anfang der 1930er Jahre nun verstärkt zu wirken begann.[291] Zugleich zeigten

---

[288] Franz Schultz: Nachwort zu Werner Marholz: Literaturgeschichte und Literaturwissenschaft. 2., erw. Aufl., durchges. und mit einem Nachwort von F. Schultz. Leipzig 1933, S. 216. Vgl. auch Willi Flemming: Analyse und Synthese und die Funktion der Norm. In: Studium generale 7 (1954), S. 352-363, hier S. 352 der Hinweis darauf, daß „Interpretation" schon um 1930 als „Schlachtruf" gegen die Geistesgeschichte kursierte. Neu an der Situation seit 1950 sei die Forderung nach „methodisch sauberer Interpretation".

[289] Holger Dainat: Anpassungsprobleme einer nationalen Wissenschaft, S. 125. Ältere Zustandsbeschreibungen der Disziplin hatten die „werkimmanente Interpretation" als Reaktion des Faches auf die „Verirrungen der völkischen Neoromantik" gedeutet und ihre Anfänge mit der politischen Zäsur des Jahres 1945 verbunden, so Horst Rüdiger: Zwischen Interpretation und Geistesgeschichte. Zur gegenwärtigen Situation der deutschen Literaturwissenschaft. In: Euphorion 57 (1963), S. 227-244, hier S. 235f. Dagegen datiert vor allem Holger Dainat die Umstellung des Erkenntnisinteresses auf das ‚Werk' als Reaktion auf komplexe fachinterne Entwicklungen und externe Ansprüche auf das Ende der 1930er bzw. den Beginn der 1940er Jahre.

[290] Vgl. Wilhelm Voßkamp: Literaturwissenschaft als Geisteswissenschaft. Thesen zur Geschichte der deutschen Literaturwissenschaft nach dem Zweiten Weltkrieg. In: Wolfgang Prinz, Peter Weingart: Die sog. Geisteswissenschaften. Innenansichten. Frankfurt/M. 1990, S. 240-247, hier S. 242f.

[291] Roman Ingardens Werk *Das literarische Kunstwerk. Eine Untersuchung aus dem Grenzgebiet der Ontologie, Logik und Literaturwissenschaft* (Halle/S. 1931) hatte Anfang der 1930er Jahre noch den Widerspruch der Geistesgeschichte gefunden, siehe Herbert Cysarz: Rezension Roman Ingarden, Das literarische Kunstwerk. In: Deutsche Literaturzeitung 52 (1931), Sp. 1595-1599, hier Sp. 1596: „Die echte Optik des ‚Geists' hat unmittelbar nichts zu schaffen

die fortgesetzten Detailforschungen zu Gattungs-, Stil- und Formproblemen die Chance, das Einzelwerk aus übergreifenden Kontexten geistesgeschichtlicher, stammestheoretischer oder rassenkundlicher Herkunft herauszulösen und in seiner ästhetischen „Gestalt" zu erfassen. Auf Methodendiskussionen der 1920er Jahre rekurrierend,[292] formierte sich seit Mitte der 1930er Jahre ein breiteres Spektrum von Forschungsrichtungen, die hier nur allgemein benannt werden können: Bestrebungen, dichterische Zeugnisse als Ausdruck poetisch geformter Individualität zu lesen, um mit Emil Staiger „zu begreifen, was uns ergreift"[293]; Bemühungen, formale Gestaltungsprinzipien von Gattungen und Einzelwerken zu analysieren;[294] sowie Versuche, das Gehalt-Gestalt-Gefüge des literarischen Werkes in Analogie zu natürlichen Prozessen „morphologisch" zu deuten.[295] Die intensivierte Beschäftigung mit dem ‚Werk', dessen *ästhetische* Dimensionen maximiert und außerliterarischen Bezügen vorgeordnet wurden,[296] löste einen Schub an Innovation und interner Differenzierung aus, der den neuen Konzepten Durchsetzungskraft innerhalb der fachinternen

---

mit Kunstwerk-Erklärung und Ausdrucks-Deutung; ihr Wesensmerkmal bleibt ein zutiefst geschichtliches, ihr Urphänomen die Beziehung der Dichtung zu einem über das Einzelgebilde hinausgreifende Kontinuum, zum Leben der Persönlichkeit und ihrer Gemeinschaften, zur Zeit, zur Nation, letzlich zum höchsten und fernsten Zusammenhalt irdischen Lebens, dem hier allein als Grenzbegriff zu fassenden Kontinuum Unsterblichkeit." – Der 1938 veröffentlichte Aufsatz Ingardens *Das Form-Inhalt-Problem im literarischen Kunstwerk* (Helicon 1 (1938), S. 51-67) fand dann stärkere Resonanz, so bei Günther Müller: Über die Seinsweise von Dichtung. In: DVjs 17 (1939), S. 137-152. Vgl. dazu Norbert Krenzlin: Das Werk ‚rein für sich'. Zur Geschichte des Verhältnisses von Phänomenologie, Ästhetik und Literaturwissenschaft. Berlin (DDR) 1979, S. 131-157.

[292] Vgl. Dietrich Seckel: Literaturwissenschaft als Kunstwissenschaft. In: Deutsche Rundschau 61 (1935) Bd. 242, S. 177-182; Georg Schmidt-Rohr: Vom Verstehen des Sprachkunstwerks. In: DuV 37 (1936), S. 403-418; Gustav Richter: Literaturwissenschaft und Stilanalyse. In: DVjs 15 (1937), S. 34-50.

[293] Emil Staiger: Die Zeit als Einbildungskraft des Dichters. Untersuchungen zu Gedichten von Brentano, Goethe und Keller. Zürich und Leipzig 1939, S.13: „Doch eben dies, was uns der unmittelbare Eindruck aufschließt, ist der Gegenstand literarischer Forschung; daß wir begreifen, was uns ergreift, das ist das eigentliche Ziel aller Literaturwissenschaft." – Ähnlich auch Theophil Spoerri: Die Formwerdung des Menschen. Die Deutung des dichterischen Kunstwerks als Schlüssel zur menschlichen Wirklichkeit. Berlin 1938; Gerhard Storz: Gedanken über die Dichtung. Frankfurt/M. 1941.

[294] Johannes Pfeiffer: Das lyrische Gedicht als ästhetisches Gebilde. Halle/S. 1931; ders.: Über den Umgang mit Dichtungen. Eine Einführung in das Verständnis des Dichterischen. Leipzig 1936, 2., durchges. und erg. Aufl. 1938; Robert Petsch: Wesen und Formen der Erzählkunst. Halle/S. 1934 (= DVjs-Buchreihe Bd. 20); ders.: Die Aufbauformen des lyrischen Gedichts. In: DVjs 15 (1937), S. 51-68; ders.: Die lyrische Dichtkunst. Ihr Wesen und ihre Formen. Halle/S. 1939 (= Handbücherei der Deutschkunde 4); Wolfgang Kayser: Geschichte der deutschen Ballade. Berlin 1936; ders.: Die Ballade als deutsche Gattung. In: ZfDk 50 (1936), S. 453-465; ders.: Vom Wesen der gegenwärtigen Balladendichtung. In: Klingsor 15 (1938), S. 105-114; ders.: Vom Rhythmus in deutschen Gedichten. In: DuV 39 (1938), S. 487-510; ders.: Die Erneuerung der deutschen Ballade um 1900. In: Neue Literatur 40 (1939), S. 113-119.

[295] Zur insbesondere von Günther Müller seit 1940 entwickelten „morphologischen Poetik" siehe vorliegende Arbeit, Abschnitt 6.1.2: Innovatorische Versuche im Schoße der Geistesgeschichte.

[296] Instruktiv dazu Lutz Danneberg: Zur Theorie der werkimmanenten Interpretation. In: Wilfried Barner, Christoph König (Hrsg.): Zeitenwechsel, S. 313-342.

Debatten sicherte und Wolfgang Kayser 1948 von einem „neuen Abschnitt in der Geschichte der literarischen Forschung"[297] sprechen ließ. Gleichzeitig reagierte die Disziplin mit der Wendung zum ‚Werk' auf wissenschaftsexterne Anforderungen. Die Deutschlehrerausbildung, die das Fach abzusichern hatte, verlangte nach didaktisch vermittelbaren Interpretationen von Dichtungen, die im Mittelpunkt des schulischen Deutschunterrichts standen. Mit der Abkehr von den Historisierungen und Organizismen der Geistesgeschichte und der Exponierung des ‚Werkes' zum primären Gegenstand interpretatorischer Praxis schien ein Ausweg aus der Krise gefunden, die seit der Desillusionierung der Hoffnungen auf ein basales methodologisches Fundament akut geworden war und 1945 offen zum Ausbruch kam.[298]

In der folgenden Rekonstruktion der Entwicklung formanalytisch-stiltypologischer und interpretativer Zugänge innerhalb der literaturwissenschaftlichen Romantikrezeption zwischen 1933 und 1945 orientiere ich mich an der Frage, inwieweit diese unterschiedlichen Ansätze das später wirkungsmächtige Forschungsprogramm der „werkimmanenten Interpretation" vorbereiteten. Ohne an dieser Stelle detailliert auf die theoretischen Annahmen der „werkimmanenten Interpretation" einzugehen, sei an die beiden wichtigsten Zweige dieses Forschungsprogramms erinnert, die trotz übereinstimmender Exponierung des literarischen Kunstwerks zum primären Gegenstand der literaturwissenschaftlichen Praxis konzeptionell und methodisch differierten: Während die von Emil Staiger initiierte Richtung das von der Dichtung ausgelöste „Gefühl" zur Quelle ästhetischen Empfindens und seine Auslegung zum Ziel literaturwissenschaftlichen Arbeitens erklärte, favorisierten Wolfgang Kayser und der ihm folgende Flügel eine „Formanalyse", die nach einer zeitgenössischen Beobachtung „unverkennbar auf das Berechenbare, den Kalkül und das Regelhafte"[299] hinauslief. Zu fragen wird sein, ob und wie diese Richtungen der „werkimmanenten Interpretation", von Jost Hermand als „konservativ-humanistisch" und „strukturalistisch-formanalytisch" unterschieden,[300] in Beiträgen der Romantikforschung vor 1945 vorbereitet waren. Dazu beleuchte ich die

---

[297] Wolfgang Kayser: Das sprachliche Kunstwerk. Eine Einführung in die Literaturwissenschaft. Zweite, erg. Aufl. Bern 1951. Vorwort zur ersten Aufl. 1948, S. 5.
[298] Programmatisch dafür die Verabschiedung der Geistesgeschichte durch Karl Viëtor: Deutsche Literaturgeschichte als Geistesgeschichte [1945], S. 912: „Der Hauptgegenstand seiner Bemühungen hat das gestaltete Werk in seiner sinnlich-spirituellen Ganzheit zu sein – ein Phänomen ‚sui generis', nicht ein Spiegel oder Ausdruck von Kräften und Bewegungen anderer Sphären. Dadurch bekommt die Interpretation wieder den Platz, der ihr gebührt: sie wird wieder zur Haupt- und Grundkunst des Literaturwissenschaftlers." Ähnlich auch Kurt May: Ueber die gegenwärtige Situation einer deutschen Literaturwissenschaft. In: Trivium 5 (1947), S. 293-303.
[299] Clemens Heselhaus: Auslegung und Erkenntnis. Zur Methode der Interpretationskunde und der Strukturanalyse mit einer Einführung in Dantes Selbstauslegung. In: Richard Alewyn, Hans-Egon Hass, Clemens Heselhaus (Hrsg.): Gestaltprobleme der Dichtung. Festschrift für Günther Müller. Bonn 1957, S. 259-282, hier S. 264.
[300] Jost Hermand: Neuere Entwicklungen zwischen 1945 und 1980. In: Helmut Brackert, Jörn Stückrath (Hrsg.): Literaturwissenschaft. Ein Grundkurs. Reinbek bei Hamburg 1992, S. 564-578, hier S. 567.

zwischen 1933 und 1945 entstandenen formanalytisch-stiltypologischen und interpretativen Forschungsarbeiten, die Einzelwerken bzw. Werkgruppen und Gattungen der romantischen Literaturepoche gewidmet waren. Von besonderem Interesse sind dabei die argumentativen Strategien, mit denen seit Mitte der 1930er Jahre eine Abgrenzung von der Geistesgeschichte und eine eigene Terminologie zur Beschreibung poetischer Texte gefordert wurden. Denn wenn es auch den formanalytischen bzw. interpretativen Ansätzen trotz methodisch alternativer Verfahren erst in geringem Maße gelang, Distinktionsgewinne gegenüber den Ergebnissen der Geistesgeschichte zu erzielen, trugen die Bemühungen um neue Konzeptualisierungen und Instrumentarien doch zur (späteren) Ablösung des geistesgeschichtlichen Methodenspektrums bei.

Wie erwähnt, wurden formästhetische, auf das ‚Werk' und seine ‚Gestalt' gerichtete Forschungen zur Romantik nach 1933 weiter verfolgt. Dabei nutzte man bis in die Mitte der 1930er Jahre synthetisierende Verfahren, die sich seit längerem bewährt hatten. Eine 1933 bei Franz Schultz in Frankfurt am Main verteidigte Dissertation zum Topos der „Waldeinsamkeit" verband motivgeschichtliche Untersuchung und stilkritische Interpretation eines konkreten Textes, die in diesem Fall einem Auszug der *Blaubart*-Bearbeitung Ludwig Tiecks galt.[301] Auch Paul Merker verschränkte 1933 bei einer Untersuchung von Arnims „Dramenroman" *Päpstin Johanna* Motivgeschichte und Formanalyse, um aus der Kombination von Christopherus- und Tannhäuser-Motivik und der „Formenmischung" den typisch romantischen Charakter dieser „Faustdichtung" zu erschließen.[302] Trotz der schon in den 1920er Jahren artikulierten Kritik an der Übertragung kunstgeschichtlicher Stilbegriffe auf die Literaturforschung[303] wurden weiterhin die von Heinrich Wölfflin geprägten Begriffspaare „tektonisch-atektonisch" und „statisch-dynamisch" auf literarische Texte appliziert, so in einer Dissertation zur Dramatik Zacharias Werners, die der klassischen „Tektonik" die „Dynamik" des romantischen Dramenaufbaus gegenüberstellte.[304] Formale Strukturanalyse und „Sinndeutung" verknüpfend, offenbarte diese Arbeit deutlich die Erblasten der Geistesgeschichte: Die herausgearbeitete formale Gestalt des Dramenaufbaus wurde unter Aufnahme von Carl Schmitts Begriffsprägung aus dem „subjektivistischen Occasionalismus" der religiösen Anschauung und Werners Auffassung vom Kunstwerk als Symbol des Unendlichen abgeleitet.[305]

---

[301] Michael Paul Hammes: „Waldeinsamkeit." Eine Motiv- und Stiluntersuchung zur deutschen Frühromantik, insbesondere zu Ludwig Tieck. Limburg an der Lahn 1933 (=Diss. Frankfurt).
[302] Paul Merker: Achim von Arnims „Päpstin Johanna". In: Festschrift Theodor Siebs. Breslau 1933, S. 291-322.
[303] So bei Hermann Pongs: Zur Methode der Stilforschung, S. 256, aber auch bei Julius Petersen: Die Wesensbestimmung der Romantik, S. 67ff.
[304] Herbert Breyer: Das Prinzip von Form und Sinn im Drama Zacharias Werners. Breslau 1933 (= Sprache und Kultur der germanischen und romanischen Völker B, Bd. 4).
[305] So bestätigte die Arbeit mit der Diagnose einer phantastischen, musikalisch-symbolischen Formgebung bei gleichzeitigem Streben zu klassischer Harmonie letztlich die von Franz Stuckert (Das Drama Zacharias Werners. Frankfurt/M. 1926) aufgestellte These von einer „Mischform" zwischen Klassik und Romantik.

Auch die von Oskar Walzel und Fritz Strich in die Romantikforschung eingebrachten Stiltypologien boten weiterhin Anschlußmöglichkeiten. Gegen Strichs Behauptung einer romantischen Formlosigkeit polemisierend, suchte eine Dissertation zu Brentanos *Romanzen vom Rosenkranz* die innere Form der „romantischen Wellendynamik" aufzuzeigen und die musikalische Formgebung der Romantik gegen die umrißhaft-klare Form der Klassik zu verteidigen.[306]

Während die erwähnten Beiträge zumeist eine Synthese von stilkritischer Untersuchung und geistesgeschichtlicher Deutung favorisierten, reflektierten methodologische Überlegungen seit Mitte der 1930er Jahre auch die Notwendigkeit, zur Analyse und Interpretation von Texten ein eigenes Vokabular und Verfahren zu schaffen. Eine besondere Rolle spielten Untersuchungen, die aus poetischen Texten verallgemeinernde Stilbestimmungen abzuleiten suchten und sich dabei vor allem dem Stil von Prosawerken zuwandten.[307] Auch wenn noch „eine möglichst glückliche Verbindung von geistesgeschichtlicher und ästhetisch-phänomenologischer Betrachtungsweise"[308] angestrebt wurde, artikulierte sich bereits eine entscheidende Differenz zur bisherigen Praxis der Geistesgeschichte: „Bei aller geistesgeschichtlichen Deutung und Erklärung einzelner Stilerscheinungen muß scharf zwischen Ausdrucks i n h a l t e n und Ausdrucks f o r m e n unterschieden werden."[309] Während die „Ausdrucksinhalte" als Produkte der dichterischen Einbildungskraft psychologische und geistesgeschichtliche Erkenntnisse gestatteten, müßten „Ausdrucksformen" wie Klangbild, Satzform, Satzführung in ihrer Totalität und im Rückgang auf „sprachstilistische", d.h. textimmanente Kategorien erklärt werden.[310] Die Autorin dieser Forderungen war Julius Petersens Schülerin Gisela Jahn, die in ihrer Dissertation zu Eichendorffs Prosastil den Wortschatz ausgewählter Texte analysierte und als deren stilistische Eigentümlichkeit „Stereotypität" und „unerschöpfliche Variation" herauspräparierte, die als Mittel zur Stimmungserregung in Wechselwirkung ständen. Wenn auch die Erträge ihres Verfahrens, die verwendeten Gestaltungsmittel zu klassifizieren und statistisch zu erfassen, relativ bescheiden

---

[306] Günter Reichardt: Die innere Form der Romanzen vom Rosenkranz von Clemens Brentano. Erkenntnisse zum romantischen Formwillen. Freiburg i. Schl. 1934 (= Diss. Breslau).

[307] Gisela Jahn: Studien zu Eichendorffs Prosastil. Leipzig 1936 (= Palaestra 206 = Diss. Berlin); Horst Lindig: Der Prosastil Ludwig Tiecks. Leipzig 1937 (= Diss. Leipzig); Ingeborg Dustmann: Eichendorffs Prosastil. Lengerich i. Westfalen 1938 (= Diss. Bonn); Johannes Pradel: Studien zum Prosatil Clemens Brentanos. Ein Beitrag zur Wesensbestimmung romantischen Formwillens. Halle/S. 1939 (= Junge Forschung 6 = Diss. Breslau).

[308] Gisela Jahn: Studien zu Eichendorffs Prosastil, S. 15.

[309] Ebenda, S. 15; Sperrung im Original. Gegen die Geistesgeschichte, die sich „bisher überhaupt nicht in dem Maße wie die Literaturästhetik um die sprachstilistische Analyse einzelner Werke und einzelner Dichterpersönlichkeiten bemüht" habe, wandte G. Jahn ein: „[E]s werden Analogien zwischen seelisch-geistigen Faktoren in dem Autor und sprachlichen Ausdruckserscheinungen seines Werkes – bedeutungsmäßiger oder seltener formaler Art – gesehen und gesucht, aber ob und wie weit es sich dabei um tatsächliche Zusammenhänge handelt, dieses schwierige psychologische Problem wird übergangen oder gar nicht erkannt" (ebenda, S. 7).

[310] Ebenda, S. 15.

blieben, war auf diese Weise ein Abstand von „meta-ästhetischen"[311] Deutungsmustern gewonnen, den auch Petersen in seinem Gutachten anerkannte: „Es sind keine großen Ergebnisse, die bei dieser Arbeit herauskommen, aber es ist mit sauberster Methodik, größter Sparsamkeit und scharfer Beobachtungsgabe das Material in musterhafter Weise bewältigt, mit Beschränkung auf das Gesicherte und kluger Zurückhaltung gegenüber dem, was verstandesmäßiger Erkenntnis unerreichbar bleibt", urteilte er und vergab das Prädikat „laudabile".[312] Diese wie auch die in der zweiten Hälfte der 1930er Jahre entstandenen Dissertationen Horst Lindigs, Ingeborg Dustmanns und Johannes Pradels überlebten zumindest bibliographisch die Jahre des Dritten Reichs: Wolfgang Kayser rubrizierte sie als formanalytisch-stiltypologische Forschungsbeiträge in der Bibliographie seines Buches *Das sprachliche Kunstwerk*.[313] Formanalytische Untersuchungen zur romantischen Lyrik erlebten nach 1940 einen Höhepunkt.[314] Von der Verstärkung formanalytischer Zugänge profitierten auch Forschungen zur Märchendichtung der Romantik.[315]

Begleitet und vorangetrieben von einem regen Interesse für Gattungspoetik und Gattungsgeschichte, entstanden Arbeiten, die sich romantischen Kunst- und Genretheorien widmeten oder die Geschichte einzelner Gattungen in der Romantik verfolgten.[316] Der Kluckhohn-Schüler Robert Ulshöfer legte 1935 eine Untersuchung der romantischen Dramentheorien vor.[317] Auch wenn er in der abschließenden Gegenüberstellung von romantischem „Erlösungsdrama" und klassischem „Läuterungsdrama" geistesgeschichtlichen Typologisierungen verhaftet blieb, vollzog Ulshöfer die analytische

---

[311] So Gisela Jahn in Anlehnung an einen von Klaus Berger (Sprachästhetik bei Strich und Gundolf. In: Zeitschrift für Ästhetik und Allgemeine Kunstwissenschaft 21 (1927), S. 38ff.) geprägten Terminus; Studien zu Eichendorffs Prosastil, S. 8.

[312] Julius Petersen: Gutachten zur Dissertation „Studien zu Eichendorffs Prosastil". UA der HUB, Promotionsakten der Phil. Fak., Vol. 834, Bl. 96.

[313] Vgl. Wolfgang Kayser: Das sprachliche Kunstwerk, S. 415.

[314] Vgl. an entstandenen Dissertationen u.a. Gertrud Maria Sündermann: Chamissos Balladenstil. Diss. Wien 1940; Elfriede Slanina: Die Rollendichtung in der romantischen Lyrik. Villach 1941 (= Diss. Wien); Rolf Krafft Liegniez: Das Bild des Dichters in Eichendorffs Lyrik. o.O. 1943 (Maschinenschr.) (=Diss. Frankfurt); Blanche Alvarado-Dupuy: Barocke Elemente in der Lyrik der Romantik. Wien 1943 (Maschinenschr.) (= Diss. Wien).

[315] Wilhelm Korff: Das Märchen als Urform der Poesie. Studien zum Klingsormärchen des Novalis. o.O. 1941 (Maschinenschr.) (= Diss. Erlangen); Barbara Wiendl: Die Märchennovelle der Romantik. Ein Beitrag zur Frage ihrer inneren Form. o.O. 1944 (Maschinenschr.) (= Diss. Erlangen); Edith Sulz: Das Wunderbare im romantischen Kunstmärchen. Hamburg 1943 (Maschinenschr.) (= Diss. Hamburg); Robert Mülher: Leitmotiv und dialektischer Mythos in E.T.A. Hoffmanns Märchen „Der goldene Topf". In: Mitteilungen der E.T.A. Hoffmann-Gesellschaft 1, H. 2/3 (1940), S. 65-96; ders.: Liebestod und Spiegelmythe in E.T.A. Hoffmanns Märchen „Der goldene Topf". In: ZfdPh 67 (1942) S. 21-56; Friedrich Hillebrand: Die Entwicklung der märchenhaften Novellistik L. Tiecks. o.O. 1944 (Masch.) (= Diss. Frankfurt).

[316] Georg Scholz: Die Balladendichtung der deutschen Frühromantik. Breslau 1935 (=Diss. Breslau); Albert Höft: Novalis als Künstler des Fragments. Ein Beitrag zur Geschichte des Aphorismus. Berlin 1935 (= Diss. Göttingen).

[317] Robert Ulshöfer: Die Theorie des Dramas in der deutschen Romantik. Berlin 1935 (= Neue deutsche Forschungen. Abt. Neuere deutsche Literaturgeschichte Bd. 29 = Diss. Tübingen).

Zergliederung der romantischen Dramantheorien frei von Schematisierungen und situierte den Untersuchungsgegenstand stets im Werkkontext des jeweiligen Autoren.[318] Im Gegensatz zu dieser ausgewogenen Untersuchung stand die umfangreiche Arbeit Fritz Güttingers *Die romantische Komödie und das deutsche Lustspiel*, die das Fehlen eines romantischen Lustspiels in Deutschland auf eine verfehlte Beziehung von Individuum und Gemeinschaft zurückführte: „Der wahrhaft komische Geist (noch bei Lessing und Kleist) versieht einen bestimmten Dienst innerhalb der Gemeinschaft; das romantisch Komische (bei Brentano, Grabbe, Büchner, Grillparzer, Hebbel) ist eine innendekorative Angelegenheit des Einzelmenschen."[319]

Emil Staigers Auslegungspraxis und die seit Anfang der 1940er Jahre in Fachzeitschriften veröffentlichten „Interpretationen" widmeten sich in erster Linie klassischen Texten und bezogen romantische Werke im wesentlichen als deren Antipoden ein.[320] In der programmatischen Anthologie *Gedicht und Gedanke*, die 1942 einen ersten Durchbruch des neuen Programms signalisierte, war jedoch auch eine Auslegung eines romantischen Textes vertreten – Max Kommerells Interpretation von Novalis' *Hymnen an die Nacht*, die gekürzt 1943 noch einmal in dessen Buch *Gedanken über Gedichte* erschien.[321] Der „als Ästhetizist verschriene Frankfurter Privatdozent"[322], im Kreis um Stefan George wissenschaftlich sozialisiert und trotz anfänglicher Sympathien für die Nationalsozialisten von wissenschaftspolitischen Institutionen des NS-Staates mißtrauisch beobachtet,[323] hatte erst nach außergewöhnlichen

---

[318] Lobend dazu Rudolf Unger: Wissenschaftliche Bibliographie des Jahres 1935. VII. Deutsche Literatur: Romantik. In: ZfDk 50 (1936), S. 287.

[319] Fritz Güttinger: Die romantische Komödie und das deutsche Lustspiel. Frauenfeld, Leipzig 1940 (= Wege zur Dichtung 34), S. 245.

[320] So bestimmte Emil Staiger in seinem 1939 veröffentlichten Werk *Die Zeit als Einbildungskraft des Dichters* Brentano als den Dichter der „reißenden Zeit" und Antipoden des klassisch ruhenden Goethe und widmete seiner Ballade *Auf dem Rhein* eine umfängliche Interpretation. An weiteren „Interpretationen" entstanden vor 1945 u.a. Erich Trunz: Goethes Gedicht ‚Prooemium'. In: DVjs 20 (1944), S. 99-112; Paul Stöcklein: Goethes Altersgedicht ‚Der Bräutigam'. Eine Interpretation. In: DVjs 22 (1944), S. 382-411. Schon 1944 vorliegend, doch erst nach Kriegsende publiziert: Joachim Müller: Eduard Mörike, An einem Wintermorgen bei Sonnenaufgang. In: DVjs 25 (1951), S. 82-93.

[321] Max Kommerell: Novalis' ‚Hymnen an die Nacht'. In: Heinz Otto Burger (Hrsg.): Gedicht und Gedanke. Auslegungen deutscher Gedichte. Halle/S. 1942, S. 202-236; gekürzt und variiert in der Studie: Die Dichtung in freien Rhythmen und der Gott der Dichter. In: M. Kommerell: Gedanken über Gedichte. Frankfurt/M. 1943, S. 449-456.

[322] Arthur Henkel: Nachwort. In: Max Kommerell: Dame Dichterin und andere Essays. Hrsg. und mit einem Nachwort von Arthur Henkel. München 1967, S. 240-253, hier S. 240.

[323] Kommerell, mit der Leitung des Amtes Wissenschaft der Frankfurter Goethe-Universität betraut und in dieser Funktion auch für die öffentlichen Auftritte der Lehrkräfte verantwortlich, hatte sich 1933 mehrfach (und gegen das Votum des hessischen Gauleiters Sprenger) für einen Rundfunkvortrag des als Universitätskurator bereits abgesetzten, jedoch weiter lehrenden Kurt Riezler eingesetzt; dazu Dorothea Hölscher-Lohmeyer: Lehrer in beschädigter Zeit. Max Kommerell in den dreißiger Jahren. In: Süddeutsche Zeitung vom 26./27. Februar 1977; auszugsweise wieder in: Joachim W. Storck: Max Kommerell, S. 56f. sowie in: Klassiker in finsteren Zeiten. Bd. 1, S. 289. – Augrund seiner freundschaftlichen Beziehungen zu Riezler, Karl Reinhardt und dem später nach Königsberg versetzten Walter F. Otto lehnt ihn die

Anstrengungen der Fakultät 1938 ein Extraordinariat erhalten, bevor er 1941 als Ordinarius nach Marburg berufen wurde.³²⁴ Die von Kommerell seit Mitte der 1930er Jahre vollzogene Wendung zu einer verstärkten Beschäftigung mit dem ‚Werk' und seiner Auslegung korrespondierte einem Entwicklungsprozeß, in dessen Verlauf sich der Literaturwissenschaftler endgültig von den um *Herrschaft und Dienst* zentrierten Imperativen des George-Kreises emanzipiert und neben der Ausweitung seiner Deutungspraxis auf weltliterarische Gegenständen auch eine „Korrekturlektüre der deutschen Klassik"³²⁵ geleistet hatte. Mit der Lösung von den durch George und Friedrich Wolters diktierten Auswahl- und Wertungsmustern fand Kommerell zugleich auch veränderte Darstellungsformen: Hatten Friedrich Gundolf, Ernst Kantorowicz und noch der junge Kommerell selbst sich der großen „Gestalt" von „Dichtern und Helden" mit monumentalen (und monumentalisierenden) Monographien genähert, wandte sich der auch als Poet und Schriftsteller hervortretende Germanist nach 1933 verstärkt einer zwischen Kunst und Wissenschaft vermittelnden Textsorte zu, die bald als charakteristisch für sein wissenschaftliches Arbeiten gelten sollte – dem Essay.³²⁶ Auch wenn er selbst die Bezeichnung „Aufsatz" verwendete, unterschieden sich die von ihm produzierten Texte von konventionellen ‚wissenschaftlichen' Studien durch jene Inszenierung von *Unmittelbarkeit*, die schon das Buch über den *Dichter als Führer in der deutschen Klassik* geprägt hatte: Ohne Rücksicht auf die Gepflogenheiten der wissenschaftlichen Darstellung, ohne *expliziten* Rekurs auf vorliegende Forschungen führte Kommerell *seinen* Dialog mit der literarischen Überlieferung.³²⁷ Entscheidend für die von ihm seit Mitte der 1930er

---

Dozentenschaft 1937 „vom nationalsozialistischen Standpunkt" scharf ab; vgl. Notker Hammerstein: Die Johann-Wolfgang-Goethe-Universität Frankfurt am Main. Von der Stiftungsuniversität zur staatlichen Hochschule. Bd. I: 1914 bis 1950. Neuwied, Frankfurt/M. 1989, S. 110. Im SD-Bericht über die Lage der Germanistik von 1938/39 wird Kommerell in der Rubrik „Liberale und Reaktionäre" geführt und als „politisch und weltanschaulich negativ" beurteilt; zitiert nach Gerd Simon (Hrsg.): Germanistik in den Planspielen des Sicherheitsdienstes der SS, S. 13 und 15.

324 Dazu jetzt Rainer Kolk: Literarische Gruppenbildung, S. 536f., sehr informativ auch die hier im Anhang (S. 644-658) abgedruckten Gutachten.

325 Ralf Simon: Die Reflexion der Weltliteratur in der Nationalliteratur, S. 74.

326 Die kritische Einstellung der Fachkollegen dazu markierte das Gutachten von Franz Schultz vom 14. Februar 1938. UA Frankfurt/Main, Phil. Fak., PA M. Kommerell; zitiert nach Rainer Kolk: Literarische Gruppenbildung. S. 648: „Nach der Auffassung des Unterzeichneten handelt es sich bei seinen [Kommerells] Arbeiten mehr um eine hochstehende, einfühlsame Essaistik als um eigentlich wissenschaftliche Untersuchungen und Darstellungen, und das Neue an seiner Art, die Dinge zu sehen, erscheint als solches vielfach nur deswegen so, weil er seinen eigenen Weg geht, ohne auf schon vorhandene literarhistorische Erkenntnisse Rücksicht zu nehmen; ferner deswegen, weil seine Arbeiten stets ein originelles und wirksames persönliches Gepräge tragen, dem man nur gelegentlich eine grössere Deutlichkeit wünschen möchte."

327 So schon bemerkt durch Joachim Günther: Von Faust zu Empedokles. In: Das Reich (Berlin) Nr. 34 vom 24.8.1941 (Rezension zu Kommerells Aufsatzsammlung *Geist und Buchstabe der Dichtung*), der Kommerell als „Spätling des Georgekreises" klassifizierte und seinen Texten eine „produktive Zwischenstellung zu Dichtung und Wissenschaft" bescheinigte: „Es sind Essais, die aus bloßer persönlicher, dafür aber umso intensiverer Zwiesprache des Verfassers mit seinem Gegenstande hervorgegangen sind."

Formanalytisch-stiltypologische Ansätze und Interpretationen 285

Jahre praktizierte *Unmittelbarkeit* des Zugangs – und zugleich Bedingung für Distinktionsgewinne und Anschlußmöglichkeiten der Disziplin – war die folgenschwere Umstellung auf der Ebene der Gegenstandskonstitution: Nicht mehr das heroische Individuum und seine Taten, sondern das „dichterische Wort" bildeten nun den Gegenstand einer Betrachtungsweise, deren Differenz zu den Methoden der zeitgenössischen Literaturforschung Kommerell in der Vorbemerkung zu einer Sammlung von Aufsätzen unter dem programmatischen Titel *Geist und Buchstabe der Dichtung* so bestimmte:

> „Bei der Vielheit der ausgebildeten Methoden, die zudem meist von anderen Wissenschaften übernommen worden sind, und bei der so verursachten Willkür und Skepsis, scheint ein Zurückgehen auf das Einfachste, wenn auch nicht Leichteste, rätlich: auf das unbefangene Befragen des Gegenstands. In ihm ist zweierlei sogleich gegeben: Das Werk und das Wort. Form und Text also, wobei zu bedenken ist, daß im deutschen Schrifttum die Gattungen wenig feststehen ... Neben das Verständnis der Form tritt die Auslegung des dichterischen Worts: Sehr naheliegend und selten geübt."[328]

Die Exponierung von „Werk" und „Wort" zu den primären Gegenständen einer Praxis, die auf „Verständnis der Form" und „Auslegung des dichterischen Wortes" zielte, bildete auch die Basis für Kommerells Interpretation der *Hymnen an die Nacht*, deren Distinktionsgewinne im Kontext der vorangegangenen Rezeptionsgeschichte deutlich werden. Hatte die von Novalis' Bruder Karl von Hardenberg und Ludwig Tieck in Umlauf gebrachte und sich – nicht zuletzt durch Diltheys Beglaubigung – hartnäckig haltende Legende von einem unmittelbaren Konnex zwischen dem „Sophien-Erlebnis" des Dichters und den *Hymnen* die Deutungen stets auf direkte Bezügen zur Biographie ausgerichtet und den Blick auf das künstlerische Gebilde verstellt, rückte Kommerell nicht *biographische* Daten, sondern den *symbolischen* Gehalt des zwischen rhythmischer Prosa und Stanzen wechselnden Werkes in den Mittelpunkt. Das Neue an Novalis' Dichtung, sei, so Kommerell im deutlichen Anschluß an Heideggers Erläuterungen zum Wesen der Lyrik, daß hier „ein Weltbild, ein Begreifen des Seins in seinem ganzen Umfang durch ein zusammenhängendes Gedicht ausgesprochen wird [...]".[329] Wie auch Heidegger – wenn auch nicht mit dessen elaborierter Begrifflichkeit – verwies Kommerell auf die Zusammengehörigkeit von Wissen und Dichten, poetischer und philosophischer Welterschließung.[330] In der *symbolischen* Erschließung der verwendeten Bilder und Metaphern gelangte er zu Einsichten, die geradezu eine Umkehrung bisheriger biographischer oder geistesgeschichtlicher Deutungen implizierten. Nicht der von der Forschung bislang

---

[328] Max Kommerell: Geist und Buchstabe der Dichtung. Goethe, Schiller, Kleist, Hölderlin. Zweite durchgesehene und vermehrte Auflage. Frankfurt/M. 1942, Vorbemerkung vom Dezember 1939, S. 7.
[329] Max Kommerell: Novalis: Hymnen an die Nacht' [1943], S. 450.
[330] Ebenda, S. 450 heißt es über den poetischen Entwurf des Weltbildes: „[A]ber dies geschieht so, daß eine Fähigkeit der Seele oder ein Organ, das solchen Begreifens mächtig ist, zugleich mit diesem Weltbild erschlossen wird, und zwar ein neues Organ!"

in den Mittelpunkt gestellte Entschluß des Dichters, der geliebten Braut Sophie von Kühn nachzusterben, sei das Rätsel von Novalis' Existenz, sondern der in der dritten Hymne poetisch reflektierte Umstand, „wie dieser sich selbst dem Tode Weihende, ohne seinen Entschluß aufzugeben, sich noch einmal im Leben bürgerlich einrichtet, sich verlobt, seine Existenz erweitert und fundiert."[331] Die rätselhafte Figur des von Hellas nach Indostan ziehenden Sängers in der fünften Hymne, in verschiedenen Deutungen auf den Apostel Thomas und Diodor von Smyrna,[332] auf die Gestalt der Griechen im Johannes-Evangelium[333] oder auf Paulus und seine Mission in Griechenland[334] zurückgeführt, sei nicht, so Kommerell, durch Reduktion auf „irgendein Überliefertes" zu identifizieren, sondern als die „symbolische Anwesenheit" des Dichters selbst zu interpretieren, der in der Dichtung *bildlich* präsent sei – „so wie ein Maler sich selbst in sein Gemälde hineinmalt".[335] Mit der Interpretation des vielbefragten Sängers als der symbolischen Verklammerung der Gedichthälften und des darin aufgehobenen Zusammenhangs von persönlicher Inspiration am Grabe Sophies und menschheitlicher Initiation am Grab des Erlösers überschritt Kommerells Dichtungsdeutung die Muster biographischer und geistesgeschichtlicher Ableitungen und steigerte das Werk Friedrich von Hardenbergs zu einer „eigenen Christologie", die zeitgleich durch Hölderlin mitbegründet worden sei.[336] Auch wenn diese

---

[331] Max Kommerell: Novalis' ‚Hymnen an die Nacht' [1942], S. 222.
[332] So bei Werner Herzog: Mystik und Lyrik bei Novalis. Stuttgart 1928.
[333] So bei Heinz Ritter: Novalis' Hymnen an die Nacht. Ihre Deutung nach Inhalt und Aufbau auf textkritischer Grundlage. Heidelberg 1930. 2., wesentlich erw. Aufl. mit dem Faks. der Hymnen-Hs. Heidelberg 1974, S. 136f.
[334] So Theodor Haering: Novalis als Philosoph. Stuttgart 1954, S. 239.
[335] Max Kommerell: Novalis' ‚Hymnen an die Nacht' [1942], S. 232. Deutlicher noch in der Fassung von 1943, hier S. 454f.: „Vergebens wollte man diese Gestalt auf irgendein Überliefertes zurückführen. Sie ist Novalis selbst, ist innerhalb der durchaus symbolisierten Heilsgeschichte sein persönliches Symbol, denn sie vollzieht, was Novalis durch die Hymnen an die Nacht vollzieht. [...] Sie sieht also Christus in dem von Novalis geahnten Zusammenhang, ist das in die Vision mit hineingezeichnete Bild des Sehers."
[336] Ebenda, S. 453: „Nicht mit Klopstock, mit Novalis und Hölderlin hebt eine eigene Christologie an, die den Christus der Dichter dem Christus der religiösen und wissenschaftlichen Überlieferung gegenüberstellt, einen nicht hingenommenen, einen aus dem Wandel der Zeit begriffenen, der kommt und kommen wird: was freilich nur möglich ist, indem Kirche und Dogma sowie die Christusworte selbst übergangen werden und der Dichter die Erscheinung von Christus, als wäre nichts über ihn ausgemacht, persönlich und aus eigener Vollmacht aufschließt." – Hier nur hinzuweisen ist auf den Umstand, daß Kommerell der poetischen „Christologie" Hölderlins und Novalis' persönlich zunehmend kritischer gegenüberstand, wie aus der Polemik gegen deren „Eigenwilligkeit" und „Hybris" hervorgeht, vgl. Max Kommerell an Rudolf Bultmann. Brief vom 7. Juni 1944. In: M. Kommerell: Briefe und Aufzeichnungen 1919-1944. Aus dem Nachlass hrsg. von Inge Jens. Olten, Freiburg i. Br.: Walter, 1967, S. 452: „Ist Ihnen die teils indifferente, teils aber tief verehrende Haltung des alten Goethe gegen Christus und die Unmittelbarkeit, mit der er ihn, wo er es vermag, aufnimmt, nicht lieber, im Grund nicht christlicher als die sich doch furchtbar hybrid und eigenwillig an ihm vergreifende Christologie eines Hölderlin, eines Novalis? Ich bin der letzte, der leugnete, daß die bezüglichen Gedichte Hölderlins sprachliche Schätze sind, aber sind sie nicht, wenn man davon absieht, arge und nur bei uns mögliche Greuel? Goethe hätte sich lieber in den Ärmel geschneuzt als so etwas gemacht."

Steigerung und die sprachliche Emphase des Textes an Deutungen der Geistesgeschichte erinnerte, waren doch deren Typisierungen und Ableitungsverfahren durch die Differenzierung symbolischer Bedeutungen abgewiesen und Möglichkeiten für die Interpretation poetischer Gehalte eröffnet.[337]

Auch wenn Kommerells ambitionierte Auslegung vor 1945 nur geringe Resonanz fand – er selbst bekannte in einem seiner letzten Briefe, die Fachgenossen sähen in ihm „mit völligem Recht ihren natürlichen Todfeind"[338] –, vermochten spätere Arbeiten an seine subtilen Distinktionen anzuschließen: So Hans Joachim Mähls Dissertation zur Idee des goldenen Zeitalters bei Novalis, die den Sänger aus der fünften Hymne als „Standort des Dichters schlechthin" deutete,[339] Gerhard Schulz' Interpretation der 5. Hymne, die 1984 erschien,[340] oder der von Hans Jürgen Balmes verfaßte Kommentar zur von Richard Samuel und Hans Joachim Mähl edierten Novalis-Gesamtausgabe.[341]

Angesichts der Vielfalt der formanalytischen Romantikforschungen zwischen 1933 und 1945 ist das Scheitern der Hoffnungen, im Zuge einer „völkischen" Ausrichtung des Faches ästhetische Gegenstände und Wertungsmodi verabschieden zu können, hinreichend deutlich geworden. Auch wenn es den auf Einzelwerke oder Werkgruppen gerichteten Bestrebungen bis auf Ausnahmen nicht gelang, sich in ihren *Ergebnissen* von geistesgeschichtlichen Deutungsmustern zu unterscheiden, entwickelte sich doch ein zunehmend kritisches Bewußtsein gegenüber deren Typologisierungspraxis. Die Mitte der 1930er Jahre verstärkt einsetzende Reflexion der Notwendigkeit, eine distinkte Terminologie zu Beschreibung und Analyse des „Sprachkunstwerks" zu schaffen, bereitete den Boden für eine neue Rezeption der phänomenologischen Ästhetik, von der vor allem Wolfgang Kaysers Buch *Das sprachli-*

---

[337] So rechnete Walther Müller-Seidel 1953 Kommerells Deutung „zu dem Gewichtigsten [..], was über das Werk als Dichtung bisher gesagt wurde" und würdigte nachdrücklich das besondere Interesse Kommerells für „das Dichterische", Walther Müller-Seidel: Probleme neuerer Novalis-Forschung, S. 286.

[338] Max Kommerell an Rudolf Bultmann. Brief vom 7. Juni 1944. In: M. Kommerell: Briefe und Aufzeichnungen 1919-1944, S. 450. Über die Aufnahme des Bandes *Gedicht und Gedanke*, der nach seinem Erscheinen ohne Rezensionen blieb, hieß es hier im Anschluß: „Ein paar Studenten lesen mein Buch, aber unkritisch."

[339] Hans Joachim Mähl: Die Idee des goldenen Zeitalters im Werk des Novalis. Studien zur Wesensbestimmung der frühromantischen Utopie und zu ihren ideengeschichtlichen Voraussetzungen. Heidelberg 1965 (= Diss. Hamburg 1959), 2., unveränderte Aufl. Tübingen 1994, S. 393. Mähl bezeichnete Kommerells Interpretation der fünften Hymne als „subtilste Deutung, gerade auch was das Verhältnis des Novalis zu Schillers Bild der Antike betrifft", wenn auch seine Untersuchung der Beziehung Schiller-Hardenberg zu einem anderen Ergebnis kämen, S. 389.

[340] Gerhard Schulz: „Mit den Menschen ändert die Welt sich." Zu Friedrich von Hardenbergs *5. Hymne an die Nacht*. In: Wulf Segebrecht (Hrsg.): Gedichte und Interpretationen. Bd. 3: Klassik und Romantik. Stuttgart 1984, S. 202-215.

[341] Hans Jürgen Balmes: Kommentar. In: Hans-Joachim Mähl, Richard Samuel (Hrsg.): Novalis. Werke, Tagebücher und Briefe Friedrich von Hardenbergs. München Wien 1987. Bd. 3, S. 67-84.

che Kunstwerk profitieren sollte. Gegenüber den nur marginalen „Interpretationen" romantischer Texte überwogen formanalytische Untersuchungen. Hatten diese sich noch zu Beginn der 1930er Jahre an Heinrich Wölfflins kunstgeschichtliche Stiltypologien orientiert, wandten sie später zunehmend deskriptiv-phänomenologische Instrumentarien an. Mit Max Kommerells Deutung von Novalis' *Hymnen an die Nacht* von 1942 bzw. 1943 entstand eine bemerkenswerte Interpretation, die mit der besonderen Konzentration auf symbolische Gehalte des Textes die Unfruchtbarkeit geistesgeschichtlicher Reduktionen überwand und noch lange danach Anschlüsse gestattete.

7 Die Romantik in Forschung und Lehre am Germanischen Seminar der Berliner Friedrich-Wilhelms-Universität

Das zum Wintersemester 1886/87 nach Planungen Wilhelm Scherers eröffnete Germanische Seminar der Berliner Friedrich-Wilhelms-Universität, dessen Leitung zum Sommersemester 1887 von Erich Schmidt übernommen wurde, gehörte bereits Ende des 19. Jahrhunderts zu den berühmtesten Lehr- und Forschungsstätten der deutschen Philologie.[1] Hier lehrten vor 1933 neben Erich Schmidt u.a. Edward Schröder, Karl Weinhold, Gustav Roethe, Andreas Heusler, Gustav Neckel, Arthur Hübner, Max Herrmann, Julius Petersen und Werner Richter; hier wirkten als Assistenten u.a. Georg Stefansky,[2] Richard Alewyn[3] und Richard Samuel;[4] hier wuchsen in den 1920er und 1930er Jahren Wissenschaftler wie Adolf Beck, Wolfgang Kayser, Fritz Martini, Ulrich Pretzel, Hans Pyritz, Helmut Sembdner oder Erich Trunz heran, die die spätere (west)deutsche Germanistik prägen sollten.

In der nachfolgenden Fallstudie möchte ich die vorangegangenen Ausführungen durch eine mikroskopische Untersuchung zur Romantikrezeption an der Lehr- und Forschungsstätte ergänzen, die bis 1945 als exponiertes Zentrum der deutschen Universitätsgermanistik galt. Die Romantikforschung

---

[1] Zur Geschichte des Seminars vgl. u.a. Werner Richter: Berliner Germanistik vor und nach dem 100jährigen Jubiläum der Friedrich-Wilhelms-Universität. In: Hans Lenssink (Hrsg.): Studium Berolinense. Aufsätze und Beiträge zu Problemen der Wissenschaft und zur Geschichte der Friedrich Wilhelms-Universität. Berlin 1960, S. 490-506; 100 Jahre Germanisches Seminar in Berlin. Internationales Kolloquium. Berlin, 25. und 26. November 1987. HUB Sektion Germanistik; Werner Herden: Zwischen „Gleichschaltung" und Kriegseinsatz. Positionen der Germanistik in der Zeit des Faschismus. In: Weimarer Beiträge 33 (1987), S. 1865-1881; Wolfgang Höppner: Wilhelm Scherer und Erich Schmidt und die Gründung des Germanischen Seminars. In: ZfG 5 (1988), S. 545-557; ders.: Das „Ererbte, Erlernte und Erlebte" im Werk Wilhelm Scherers. Ein Beitrag zur Geschichte der Germanistik. Köln 1993 (= Europäische Kulturstudien 5); ders.: Eine Institution wehrt sich. Das Berliner Germanische Seminar und die deutsche Geistesgeschichte. In: C. König, E. Lämmert (Hrsg.): Literaturwissenschaft und Geistesgeschichte; S. 362-380; Katrin Teetz: Das Germanische Seminar der Berliner Universität von 1933 bis 1945. Eine institutionengeschichtliche Untersuchung. Diplomarbeit Berlin 1992.

[2] Als Oberassistent 1928/29. Vgl. Das Germanische Seminar der Universität Berlin. Festschrift zu seinem 50jährigen Bestehen mit Beiträgen von Alfred Bergeler, Andreas Heusler, Werner Knoch, Franz Koch, Friedrich von der Leyen, Julius Petersen, Robert Petsch, Ulrich Pretzel, Hermann Schneider, Edward Schröder, Franz Schultz. Berlin und Leipzig 1937. Anhang: Verzeichnis der Direktoren des Seminars, der an den Seminarübungen beteiligten Professoren, Dozenten und Lehrkräfte, der Oberassistenten und der wissenschaftlichen Hilfskräfte, S. 60.

[3] Mit Lehrauftrag 1931/32. Vgl. ebenda, S.60.

[4] Als Assistent bzw. Leiter für literarhistorische Proseminare WS 1931/32-SS 1933. Vgl. ebenda, S. 61.

am Berliner Germanischen Seminar gesondert und detailliert zu untersuchen, bietet sich aus mehreren Gründen an. Zum einen wurden hier durch die Professoren Julius Petersen, Franz Koch, Friedrich-Wilhelm Wentzlaff-Eggebert und Hans Pyritz unterschiedliche literaturwissenschaftliche Programme verfolgt, die sich in differierenden Zugängen zur Romantik niederschlugen und die fortgesetzte Pluralität der Forschungslandschaft exemplarisch belegen: Während Petersen in seinen Lehrveranstaltungen weiterhin positivistische Stoffvermittlung betrieb und in seinen Romantik-Vorlesungen 1930/31 und 1937 an ein bereits in den 1920er Jahren entwickeltes „synthetisches" Konzept anknüpfte, projektierte der 1935 nach Berlin berufene Franz Koch in literaturgeschichtlichen Arbeiten und in seinem Oberseminar *Das Volkstumserlebnis der deutschen Romantik* ein Wissenschaftsprogramm, das in der Verbindung von Kolbenheyers „biologischer Metaphysik", Rassentheorie und geistesgeschichtlichen Prämissen literarische Produktionen auf „erbtümliche" Determinanten ihrer personalen Urheber zurückzuführen suchte. Friedrich-Wilhelm Wentzlaff-Eggeberts Lehrveranstaltungen zur Wirkungsgeschichte der deutschen Mystik, die er als außerodentlicher Professor am Seminar anbot, realisierten demgegenüber einen geistesgeschichtlichen Zugriff, der sich seiner Objekte in metahistorischer Perspektive versicherte. Hans Pyritz schließlich, der 1942 die Nachfolge Julius Petersens antrat, setzte in seinen Romantikvorlesungen 1942 und 1943 das synthetische Programm seines Lehrers unter Integration rassentheoretischer Elemente fort. Er und Wentzlaff-Eggebert sicherten die Wirkungskraft der „Berliner Germanistik" über die Zeit der Naziherrschaft hinaus: Als Ordinarius in Hamburg hielt Pyritz mehrfach Lehrveranstaltungen zur romantischen Literaturepoche ab, bezog mit dem Vortrag *Probleme der deutschen Romantikforschung* 1950 Stellung zu aktuellen Entwicklungen und wurde nicht zuletzt als Betreuer der Dissertation Hans-Joachim Mähls auch für die Romantikrezeption der späteren westdeutschen Germanistik bedeutsam.[5] Zum anderen entstanden zwischen 1933 und 1945 am Seminar mehrere Promotionsschriften zur Romantik, deren Auswertung eine präzisere Bestimmung der kognitiven Entwicklungen in der Zeit des Nationalsozialismus ermöglicht. In Analyse der am Seminar eingereichten und verteidigten Dissertationen und ihrer Gutachten sind die bereits gemachten Beobachtungen zu den Veränderungen der Forschung, insbesondere auf Gegenstands- und Wertungsebene, zu überprüfen.

Diesen Erkenntnismöglichkeiten entsprechend, werde ich vorgehen und in einem ersten Schritt die Lehrveranstaltungen an der „Neudeutschen Abteilung" des Seminars unter besonderer Berücksichtigung der Vorlesungen und Seminare zur Romantik auflisten. In einem zweiten Schritt sollen die in Publikationen bzw. Lehrveranstaltungen vertretenen Romantikkonzepte der am Seminar wirkenden Hochschullehrer untersucht und diskutiert werden, ehe

---

5 Vgl. Hans Joachim Mähl: Die Idee des goldenen Zeitalters im Werk des Novalis, Vorwort zur ersten Auflage.

abschließend die zwischen 1933 und 1945 entstandenen Dissertationen zur Romantik zu analysieren sind.

Ohne näher auf Veränderungen in der Organisations- und Personalstruktur der Lehr- und Forschungsstätte zwischen 1933 und 1945 einzugehen,[6] ist an dieser Stelle auf die Folgen der antisemitischen Ausgrenzungsmaßnahmen für den Wissenschaftsbetrieb am Seminar hinzuweisen. Entsprechend dem „Gesetz zur Wiederherstellung des Berufsbeamtentums" wurden 1933 der ordentliche Professor Werner Richter, der Extraordinarius Max Herrmann und der Lektor Carl-David Marcus entlassen. Das Extraordinariat Max Hermanns besetzte 1933/34 vertretungsweise Gerhard Fricke, der mit Ministerialerlaß vom 11. September 1934 zum außerordentlichen Professor ernannt wurde.[7] Im November 1934 berief ihn die Universität Kiel auf eine ordentliche Professur;[8] das nun vakante Extraordinariat besetzte 1935 Franz Koch. 1936 wurde es in eine – von der Zeitungswissenschaft ertauschte – ordentliche Professur umgewandelt.[9] Max Hermanns Zwangsemeritierung im April 1933 zeitigte auch für die Behandlung der Romantik Folgen: Zum Sommersemester 1933 hatte er ein Seminar „Deutsche Romantik" angeboten, das nun nicht stattfinden konnte. Er behielt allerdings das Recht, von ihm betreute Dissertationen begutachten zu dürfen und fungierte als Referent einer 1934 verteidigten Dissertation über romantische Dichterfreundschaften.[10]

7.1 Lehrveranstaltungen zur Romantik

Überblickt man die Titel der Lehrveranstaltungen an der „Neudeutschen Abteilung" des Seminars in der Zeit zwischen 1933 und 1945, fällt vor allem deren Kontinuität zur Zeit vor der Machtergreifung auf. Das Jahr 1933 führte

---

[6] Das Germanische Seminar gliederte sich zum Zeitpunkt der ‚Machtergreifung' in drei Abteilungen: in die „Altgermanisch-nordische Abteilung", die „Altdeutsche Abteilung" und die „Neudeutsche Abteilung". Zum Sommersemester 1935 wurde eine Unterabteilung „Volkskunde", zum Wintersemester 1943/44 eine „Niederdeutsche" als vierte Abteilung eingeführt. Die Leitung des Seminars teilten sich gewöhnlich die Ordinarien der drei Abteilungen; Direktoren waren im WS 1932/33 Petersen, Neckel, Arthur Hübner; im SS 1933 Petersen, Neckel, Werner Richter, Hübner; vom WS 1933/34 bis SS 1936 Petersen, Neckel, Hübner; ab SS 1936 Petersen, Hübner, Koch; nach Hübners Tod 1937 Koch und Petersen; ab 2.Trimester 1940 Koch und Julius Schwietering.
[7] REM an Gerhard Fricke. Brief vom 11. 9. 1934. UA der HUB, Phil. Fak. Nr. 1480, Bl. 57.
[8] REM an Gerhard Fricke. Brief vom 8. 11. 1934. Ebenda, Bl. 59.
[9] UA der HUB. UK, K 203. Personalakte Franz Koch (1935-1945), Bl. 49.
[10] Lilli Jung: Dichterfreundschaft und ihr romantisches Eigenpräge. Saalfeld/Ostpr. 1934 (= Diss. Berlin 1934).

zwar die verstärkte Bearbeitung volkskundlicher Themen[11] sowie „Völkische Arbeitsgemeinschaften" als Formen ideologischer Indoktrination ein;[12] dennoch änderte sich das Vorlesungs- und Seminarangebot nur geringfügig. Wenige Lehrveranstaltungen reagierten unmittelbar auf veränderte politische Umstände und Forschungslagen – so etwa Franz Kochs Oberseminar *Das Volkstumserlebnis der Romantik* vom Sommersemester 1936, aus dem mehrere zu behandelnde Dissertationen hervorgingen, oder dessen Übung *Wehrgeist und Soldatentum in der deutschen Dichtung*, mit der er im zweiten Trimester 1940 auf den Beginn des Krieges antwortete. Ein Novum war die Aufnahme von Gegenwartsliteratur, die zuvor im informellen Rahmen der „Dichterabende" des Seminars eine Rolle gespielt hatte, in das Lehrangebot.[13]

Innerhalb des Vorlesungsbetriebs dominierten Übersichtslektionen, die in zumeist traditioneller Weise literarhistorisches Faktenwissen vermittelten. Petersen bot neben Vorlesungen zur Literaturtheorie und zur Methodologie der Literaturwissenschaft vor allem literaturgeschichtliche Epochenabrisse und Theatergeschichte an.[14] Franz Koch sekundierte mit Übersichtsvorlesungen zur deutschen Klassik, zum 19. Jahrhundert und zur Gegenwartsliteratur.[15] Speziellere Themenstellungen offerierte Friedrich-Wilhelm Wentzlaff-

---

[11] U.a. „Einführung in die deutsche Volkskunde" im WS 33/34; „Volkssprache und Volksdichtung" im SS 1934 „Deutsche Volkskunde I".

[12] U.a. im SS 1936 die „Völkische Arbeitsgemeinschaft: Volk und Vaterland im deutschen Schrifttum" für Hörer aller Fakultäten, angeboten von Prof. Kraeger; ders. mit ‚Völkischer AG' „Das Heroische im Schrifttum und Rosenbergs *Mythus*" für Hörer aller Fakultäten; ders. mit ‚Völkischer AG' „Aus Deutschlands völkischer Geschichte. Literatur und Kunst" WS 1936/37.

[13] So bot Gerhard Fricke im Sommersemester 1934 ein Seminar „Der deutsche Roman der Gegenwart" an; im Wintersemester 1936/37 offerierte Koch „Übungen über Roman und Novelle der Gegenwart".

[14] WS 1933/34: „Geschichte der deutschen Literatur in der Barockzeit", „Das deutsche Nationaltheater"; SS 1934: „Geschichte der deutschen Literatur im Überblick", „Theorie der Dichtung – Poetik und Stilistik"; WS 1934/35: „Die deutsche Dichtung der vorklassischen Zeit – Aufklärung und Sturm und Drang"; WS 1935/36: „Die deutsche Klassik I: Goethe und Schiller"; SS 1936: „Die deutsche Klassik II: Der alte Goethe, Jean Paul, Hölderlin, Kleist"; SS 1937: „Geschichte des deutschen Dramas und Theaters von den Anfängen bis zur Gegenwart", „Goethes Faust"; WS 1936/37: „Methodenlehre der Literaturwissenschaft"; SS 1937: „Die deutsche Romantik"; WS 1937/38: „Geschichte des deutschen Dramas"; SS 1939: „Geschichte der deutschen Literatur im Überblick", „Goethes Faust"; 1. Trimester 1940: „Die deutsche Klassik I (Goethe und Schiller)"; 2. Trimester 1940: „Die deutsche Klassik: Schiller"; 3.Trimester 1940: „Deutsche Klassik II.Teil: Die Zeigenossen der Weimarer Klassiker: Jean Paul, Hölderlin, Kleist"; Trimester 1941: „Geschichte des deutschen Dramas und Theaters"; SS 1941: Geschichte des deutschen Dramas und Theaters"; WS 1941/42: „Geschichte des deutschen Dramas und Theaters von der Romantik bis zur Gegenwart".

[15] SS 1937: „Die deutsche Klassik"; 2. Trimester 1940: „Literatur des Barock", „Deutsche Literatur des 19. Jahrhunderts"; Trimester 1941: „Die Dichtung des Sturm und Drang", „Die deutsche Dichtung in der ersten Hälfte des 19. Jahrhunderts"; SS 1941: „Deutsche Klassik (Goethe und Schiller)"; WS 1942/43: „Vom Barock zum Sturm und Drang", „Volkhafte Dichtung vom Weltkrieg zur Gegenwart"; SS 1943: „Die Dichtung des Sturm und Drang"; WS 1943/44: „Die Dichtung des 19.Jahrhunderts 1.Teil"; WS 1944/45: „Die Dichtung der Aufklärung".

Eggebert,[16] während Petersen-Nachfolger Hans Pyritz in den von Petersen eingeschlagenen Bahnen synthetischer Epochenübersichten verblieb und sich auf die Behandlung Goethes spezialisierte.[17] Im vorletzten Kriegsjahr bot auch Ulrich Pretzel Vorlesungen an.[18]

Die vorlesungsbegleitenden Übungen, in Grund-, Mittel- und Oberseminare gegliedert, wiesen demgegenüber einen höheren Grad an Spezialisierung auf. Julius Petersen ergänzte seine Übersichtsvorlesungen mit Übungen, die entweder Einzelvertretern oder Werkgruppen gewidmet waren.[19] Franz Koch folgte weitgehend dieser Praxis. Auch seine Seminarthemen deckten die Literaturgeschichte vom Barock bis zur Gegenwart ab.[20] Während jedoch Petersen für die seminaristische Behandlung der Romantik Themen wie *Die romantische Lyrik* (WS 1936/37) wählte, reagierte Koch mit seinem Oberseminar *Das Volkstumserlebnis der Romantik* (SS 1936) explizit auf die sich vollziehende „Umwertungs"-Debatte.

In den Themen der Seminare Friedrich-Wilhelm Wentzlaff-Eggeberts und Hans Pyritz' schlugen sich aktuelle Bezüge zum Zeitgeschehen nur marginal

---

[16] SS 1939: „Geschichte der politischen Literatur und Dichtung im Zeitalter der Romantik"; 2. Trimester 1940: „Deutsche Literatur des Reformationszeitalters (15. und 16. Jahrhundert)"; Trimester 1941: „Die deutsche Mystik und ihre Nachwirkungen in der Dichtung zwischen 1300 bis 1800"; „Hauptfragen der deutschen Literaturgeschichte zwischen spätem Mittelalter und neuester Zeit. Mit Aussprache (besonders für Kriegsteilnehmer und Studierende bis zum 4. Semester)".

[17] SS 1941: „Die deutsche Romantik (Frühromantik)"; WS 1941/42: „Deutsche Romantik"; WS 1942/43: „Goethe"; SS 1943: „Der Weimarer Goethe"; WS 1943/44: „Der alte Goethe"; „Schiller, Hölderlin, Kleist"; WS 1944/45: „Die deutsche Literatur im Zeitalter des Humanismus und der Reformation".

[18] SS 1944: „Die deutsche Philologie seit Wilhelm Scherer"; WS 1944/45: „Deutsche Verskunst von den Anfängen bis zur Gegenwart".

[19] Petersens zwischen 1933 und 1941 am Germanischen Seminar angebotene Seminare (Auswahl): WS 1933/34: Grimmelshausen; Stilistische Übungen an deutschen Übersetzungen; Wiener Volksschauspiel von Raimund bis Anzengruber (mit Ass.); SS 1934: Übungen über Methodenlehre der Literaturwissenschaft; Das deutsche Volkslied; Goethes Jugendlyrik (mit Ass.); WS 1934/35: Das Nachleben Goethes im 19. und 20. Jahrhundert; Herders Ideen zur Philosophie der Geschichte der Menschheit; Uhlands Balladen (mit Ass.); SS 1935: Das Nachleben Goethes im 19. und 20. Jahrhundert (Fortsetzung); Schillers dramatischer Nachlaß; Übungen über Stilprobleme der Barocklyrik (mit Ass.); WS 1935/36: Theodor Fontane; Die deutsche Kunstballade (mit Ass.); SS: 1936: Hölderlins Lyrik; Die deutsche Novelle (mit Ass.); WS 1936/37 Übungen über literaturwissenschaftliche Stilprobleme; Romantische Lyrik (mit Ass.); SS 1937: Lessings Hamburgische Dramaturgie; Barocklyrik (mit Ass.); WS 1938: Übungen über das deutsche Geschichtsdrama; SS 1939: Einführung in die literaturwissenschaftlichen Arbeitsmethoden; WS 1941/42 (angekündigt): Übungen über Goethes Wilhelm Meister.

[20] Zu den von Koch abgehaltenen Seminaren zählen WS 1935/36: Grimmelshausens Romane; SS 1936: Das Volkstumserlebnis der Romantik; Das Drama der Aufklärung; SS 1937: Methoden der Literaturwissenschaft; Goethes Lyrik; WS 1937/38: Übungen über Stifter; Einführung in die Methode der Literaturgeschichte; SS 1938: Übungen über Goethes Faust, 2.T.; Übungen über Heinrich von Kleist; SS 1942: Übungen über Goethes Faust; Übungen über den Roman des 19. Jahrhunderts; WS 1943/44: Übungen über Herder; Übungen über Rolke; SS 1944: Übungen über Schillers Lyrik; Übungen über Goethes Romane; WS 1944/45: Übungen über Lessing; Behandlung aktueller Probleme (nur für Doktoranden und persönlich Aufgenommene).

nieder.[21] Scheinbar unbeeinflußt von der politischen Entwicklung und dem Ausbruch des Krieges offerierten sie Übungen zur deutschen Literaturgeschichte, in denen die Romantik eine besondere Rolle spielte.[22] Ein von Hans Pyritz für das Wintersemester 1944/45 angekündigtes Seminar „Stilstudien" zeigt, daß die Wendung zum ‚Werk' und seiner formalästhetischen Beschreibung auch den universitären Lehrbetrieb erreichte.

Einen eigenständigen Beitrag zur Unterstützung der Lehre lieferte die Fachschaftsarbeit von Studenten. Die im Wintersemester 1933/34 aus „Studentischen Arbeitsgemeinschaften" hervorgegangenen „Fachschaften" und ihre Aktivitäten zielten vor allem auf Vermittlung weltanschaulicher Inhalte.[23] Sie wandten sich vornehmlich literarischen Werken zu, „an denen die Studenten ihre Weltanschauung klären, entfalten, vertiefen und in Gemeinschaftsarbeit die Neugestaltung des germanistischen Stoffes, soweit sie ihn beherrschen, im Sinne der Weltanschauung in Angriff nehmen" konnten.[24] Innerhalb der Fachschaftszirkel schlugen sich die gesellschaftlichen und wissenschaftspolitischen Veränderungen am deutlichsten nieder. So konzentrierte sich die Tätigkeit der Fachschaft im Wintersemester 1933/34 auf „die Frage nach den völkisch-rassischen Grundkräften im deutschen Schrifttum."[25] Über die Hälfte der in der Fachschaft vereinten Arbeitsgemeinschaften habe, so der Rechenschaftsbericht Werner Knochs 1937, „das deutsche Wesen in seiner besonderen Ausprägung im deutschen Osten behandelt", speziell die schlesische Mystik, den jungen Herder und die ostpreußische Romantik.[26] Erkennnis „deutschen Wesens" sei ebenfalls Ziel der Arbeitsgemeinschaften *Die deutsche Stellung zum Griechentum seit Winckelmann* und *Bauerntum in der deutschen Literatur* gewesen. Die Neugründung der germanistischen Fachschaft unter Obhut des NSD-Studentenbundes im Wintersemester 1935/36 forcierte die Beschäftigung mit Gegenwartsliteratur.[27]

Zusammenfassend läßt sich sagen, daß es nach 1933 nur wenige offenkundig politisch induzierte Veränderungen in Vorlesungs- und Seminarthemen

---

[21] Verzeichnet ist zwar eine von Wentzlaff-Eggebert im zweiten Trimester 1940 angebotene Übung zu Ernst Moritz Arndt, der insbesondere nach Kriegsbeginn zu einem Zeugen „deutschen Wehrgeistes" instrumentalisiert wurde. Da jedoch nicht eruiert werden konnte, was in diesem Seminar geschah, kann hier kein Urteil über den Eingang politischer Imperative gefällt werden.

[22] Eine Auswahl der von Wentzlaff-Eggebert angebotenen Seminare: 2.Trimester 1940: Übungen über Ernst Moritz Arndt; 3.Trimester 1940: Übungen zur Dichtung der deutschen Frühromantik; SS 1941: Übungen zum deutschen Roman der Neuzeit; WS 1941/42: Das deutsche Lustspiel. – Pyritz bot u.a. an: SS 1941: Übungen zur romantischen Lyrik; WS 1941/42: Übungen zur romantischen Lyrik; Hölderlin; SS 1943: Übungen zur Geschichte der deutschen Ballade; WS 1943/44: Theodor Storm; Der deutsche Künstlerroman; SS 1944: Deutsche Barocklyrik; Das romantische Drama; WS 1944/45: Goethes Dichtung und Wahrheit; Stilstudien.

[23] Vgl. Werner Knoch: Arbeitsgemeinschaften und Fachschaften. In: Das Germanische Seminar der Universität Berlin. Festschrift zu seinem 50jährigen Bestehen, S. 50-54. – Zur universitären Fachschaftsarbeit im Dritten Reich vgl. Volker Losemann: Reformprojekte nationalsozialistischer Hochschulpolitik, hier S. 101-103.

[24] Werner Knoch: Arbeitsgemeinschaften und Fachschaften, S. 51.

[25] Ebenda, S. 52.

[26] Ebenda, S. 52.

[27] Vgl. ebenda, S. 53.

gab – auch wenn noch zu klären sein wird, *was* in den Veranstaltungen geschah. Erworbene Kompetenzen und Standards sowie das Beharrungsvermögen des Wissenschaftssystems sicherten die weitgehend kontinuierliche Fortsetzung des eingespielten Lehrbetriebs; selbst der 1939 entfesselte Weltkrieg war in den Lehrangeboten nur partiell bemerkbar. Hinsichtlich der Präsenz der Romantik in Vorlesungen und Übungen ist ein gegensätzliches Interesse der am Seminar vertretenen Wissenschaftlergenerationen unübersehbar. Julius Petersen las zwischen 1933 und 1941 nur einmal über die Romantik und behandelte sie auch in seinen Seminarangeboten eher stiefmütterlich. Franz Koch, der im Sommersemester 1936 das Oberseminar *Das Volkstumserlebnis der deutschen Romantik* anbot und damit unmittelbar auf die postulierte „Völkisierung" des Faches reagierte, kam danach nicht wieder auf sie zurück. Demgegenüber widmeten die jüngeren Wissenschaftler Friedrich-Wilhelm Wentzlaff-Eggebert und Hans Pyritz der Romantik mehrere Vorlesungen und Übungen.

7.2 Am Seminar vertretene Romantikkonzepte

Nachfolgend stehen die Romantikkonzepte der zwischen 1933 und 1945 am Seminar lehrenden Wissenschaftler im Mittelpunkt, die aus Publikationen und z.T. noch unveröffentlichten Materialien rekonstruiert werden sollen. Die Darstellung stützt sich zum einen auf die im Deutschen Literaturarchiv Marbach aufbewahrten Nachlässe Julius Petersens und Hans Pyritz', zum anderen auf publizierte Arbeiten Petersens, Kochs und Wentzlaff-Eggeberts.

Selbstverständlich kann im Rahmen dieser Untersuchung nicht eine detaillierte Analyse der wissenschaftlichen Positionen und Leistungen der hier wirkenden Germanisten vorgenommen werden. Das würde bereits im Falle Petersens den Rahmen sprengen, dessen Lehrstuhl seit dem Wirken Erich Schmidts als einer „der beiden unbestritten ersten Plätze im Bereich der deutschsprachigen Universitäten, soweit es die Germanistik angeht",[28] galt. Konzentriert auf die am Berliner Seminar entwickelten Romantikdarstellungen sind Gemeinsamkeiten, vor allem aber Unterschiede in den literarhistoriographischen Konzepten herauszupräparieren. Zuerst wird Julius Petersens „synthetisches" Modell vorgestellt, das dieser lange vor 1933 als einen Aus-

---

[28] Gerhard Lohse: Held und Heldentum. Ein Beitrag zur Persönlichkeit und Wirkungsgeschichte des Berliner Germanisten Gustav Roethe (1859 bis 1926). In: Hans-Peter Bayerdörfer, Carl Otto Conrady, Helmut Schanze (Hrsg.): Literatur und Theater im wilhelminischen Zeitalter. Tübingen 1978, S. 399-423, hier S. 400.

gleich divergierender Konzepte und Methoden entworfen hatte und nach 1933 weiter vermittelte. Im Anschluß daran sind die Prämissen von Franz Kochs „organbiologischer" Literaturbetrachtung und dessen Romantikdeutung zu erläutern. Dieser Erläuterung folgt die Darstellung von Wentzlaff-Eggeberts geistesgeschichtlich begründetem Romantikbild, ehe abschließend die konzeptionellen und methodischen Parameter von Hans Pyritz' Romantik-Vorlesungen diskutiert werden.

7.2.1 Das „synthetische" Romantikkonzept Julius Petersens

Julius Petersen, vielseitig agierender „Wissenschaftsmanager auf dem Philologenthron"[29], hatte seit seiner Baseler Antrittsvorlesung eine Re-Integration der in Folge der „geistesgeschichtlichen Wende" ausdifferenzierten Richtungen und Methoden der Literaturgeschichtsschreibung projektiert.[30] Sein 1926, in der Zeit heftigen Methodenstreits vorgelegtes Buch *Die Wesensbestimmung der deutschen Romantik*, das zugleich *Eine Einführung in die moderne Literaturwissenschaft* bieten sollte, demonstrierte auf dem umkämpften Terrain der Romantikdeutungen ein „synthetisches Modell", das die wichtigsten Positionen des zeitgenössischen Diskurses aufnahm und nach ihrer kritischen Reflexion zu einer Definition zusammenzuschließen suchte. Die Aufgabe der Literaturgeschichtsschreibung in der „Bestimmung des Wesens, der geistigen Einheit und der Ausdrucksform einer Altersgemeinschaft, einer literarischen Gruppe oder eines Zeitalters" verortend, hatte Petersen schon 1924 eine „dreidimensionalen Betrachtung" vorgeschlagen, in der das „Volkstum" als Basis und „konservatives Element" die Breite bilden, die „Ideenrichtung der Zeit" die Höhe darstellen und aus der Generationenfolge sich die dritte (zeitliche) Dimension ergeben sollte.[31] Gegen die Ausschließlichkeitsansprüche

---

[29] Vgl. Petra Boden: Julius Petersen: Ein Wissenschaftsmanager auf dem Philologenthron. In: Euphorion 88 (1994), S. 82-102. Petersen war nicht nur ordentlicher Ordinarius für Neuere deutsche Literaturgeschichte und als Direktor des Germanischen Seminars zugleich Mitdirektor des Theaterwissenschaftlichen Institutes (das er 1923 mit Max Herrmann begründet hatte und nach dessen Zwangsemeritierung 1933 allein weiter leitete), sondern auch Mitglied zahlreicher wissenschafts- und kulturpolitischer Gremien: so der Preußischen Akademie der Wissenschaften seit 1922; Senatsmitglied der Preußischen Akademie der Künste seit 1926; Präsident der Goethe-Gesellschaft seit 1927; Mitglied der Berliner Mittwochsgesellschaft seit 1923. Petersens über die Grenzen Deutschlands hinausreichende kulturelle Repräsentanz und immense wissenschaftsorganisatorische Energie ist dokumentiert durch Petra Boden, Bernd Fischer: Der Germanist Julius Petersen (1878-1941). Bibliographie, systematisches Nachlaßverzeichnis und Dokumentation. Marbach 1994 (= Verzeichnisse – Berichte – Informationen Bd. 16).

[30] Dazu Petra Boden: Julius Petersen – Ein Beitrag zur Geschichte der Berliner Germanistik. Diss. Berlin 1983; dies.: Zur Entwicklung der literarhistorischen Konzeption Julius Petersens. In: ZfG 9 (1988), S. 572-586; dies.: Über Julius Petersens Konzept einer Philologie als Geistesgeschichte. In: C. König, E. Lämmert (Hrsg.): Literaturwissenschaft und Geistesgeschichte, S. 381-384.

[31] Julius Petersen: Literaturwissenschaft und Deutschkunde. In: ZfDk 38 (1924); S. 403-415, hier S. 410.

Am Seminar vertretene Romantikkonzepte 297

konkurrierender Deutungsangebote und in Ablehnung von Nadlers und Baeumlers Separationsvorschlägen setzte er 1926 eine Definition, die die Romantik als homogene Generationsbewegung bestimmte, im europäischen Kontext verortete und zugleich ihre spezifisch deutschen Dispositionen berücksichtigte:

> „Die Romantik erweist sich .. als eine infolge umformender Generationserlebnisse einsetzende irrationalistische Steigerung und Aufhebung des klassischen Gleichmaßes, wodurch die Spannung zwischen den Polen unbegrenzt erhöht wird. Sie ist eine europäische Zeiterscheinung, die aber in Deutschland durch den glücklichen Zusammenfall mit der klassischen Höhe eine besonders glückliche und anspruchsvolle Entwicklungsbedingung findet und zur Notwendigkeit wird durch die deutsche Eigenrichtung, den unruhvollen Werdensdrang des deutschen Geistes, der zur Selbstbesinnung gebracht wird unter besonderer Teilnahme der unverbrauchten Jugendlichkeit ostdeutscher Stämme."[32]

Mit der Fundamentierung des literarhistorischen Prozesses im Begriff der „literarischen Generation",[33] die Petersen in Rekurs auf Scherers Formel vom „Ererbten, Erlebten und Erlernten" aus biologischen Anlagen, altersbedingten Reaktionsweisen und dem Einfluß des Zeitgeschehens typologisch zu erfassen suchte, schien ein Konzept gewonnen, das gegenüber den allgemeinen Kontextualisierungen der Geistesgeschichte präzisere Bestimmungen erlaubte. Die von Petersen vorgenommene Binnendifferenzierung der „romantischen Generation" blieb jedoch deutlich geistesgeschichtlichen Typologisierungen und ihren Deduktionsprinzipien verpflichtet. In Untergliederung psychischer Veranlagungen separierte er einen „emotionalen", einen „mittleren" und einen „rationalen Typus", denen entsprechende Vertreter zugeordnet wurden. Friedrich Schlegel und Wackenroder galten aufgrund ihrer emotionalen Disposition als „Vollvertreter des romantischen Geistes" und eigentliche „Generationsführer", denen gegenüber August Wilhelm Schlegel und Ludwig Tieck nur „umgelenkte" „mittlere" Typen darstellten.[34] In der Romantik „unterdrückt", habe der „rationale Typus", der „sinnenfrohe Mensch der Wirklichkeit" mit der Bewegung des „Jungen Deutschland" die romantische Epoche abgelöst.[35]

Auch wenn sich Petersen um eine historische Verortung der Romantik und ihre Einordnung in einen europäischen Kontext bemühte, bleiben problematische Stellen seines Konzepts unübersehbar. Im Anschluß an die geistesgeschichtliche Klassifikation der Romantik als Höhepunkt einer umfassenden irrationalistischen Bewegung fixierte er ein allgemeines Zuordnungsprinzip, das wenig Raum für weitergehende Distinktionen ließ. Divergierende Phänomene wie etwa der hohe rationale Anspruch der Frühromantik wurden ignoriert, historische Ereignisse wie Französische Revolution und Befreiungs-

---

32 Julius Petersen: Die Wesenbstimmung der deutschen Romantik, S. 180.
33 Vgl. Julius Petersen: Die literarischen Generationen. In: Emil Ermatinger (Hrsg.): Die Philosophie der Literaturwissenschaft, S. 130-187; als Separatdruck Berlin 1930.
34 Julius Petersen: Die Wesensbestimmung der deutschen Romantik, S. 146.
35 Ebenda, S. 155f., S. 163.

kriege nur als individuelle Erfahrungen bzw. als Generationsprobleme thematisiert; Erschütterungen des sozioökonomischen Gefüges wie formale Gestaltungsprinzipien der poetischen Werke blieben unterbelichtet.

Nach vorliegenden Quellen läßt sich mit Sicherheit sagen, daß Petersen dieses „synthetische" Konzept eines konzeptionellen und methodischen Ausgleichs auch in seinen Lehrveranstaltungen vermittelte. Die Beibringung immensen Faktenmaterials – für die Studenten hilfreich in umfänglichen Bibliographien zusammengestellt – trug ihm sogar den Ruf ein, „positivistisch" und „langweilig" zu sein.[36] In seinen Seminaren verband er philologisch-genetische Analyse, biographische Durchdringung und geistesgeschichtliche Interpretation, ohne eine spezifische Identität in Theorie und Methodik auszuprägen. Die im Deutschen Literaturarchiv in Marbach erhaltene Nachschrift Annemarie Dahlkes von Petersens Romantik-Vorlesung aus dem Wintersemester 1930/31[37] und die *Bibliographie zu der Vorlesung über Deutsche Romantik* vom Sommersemester 1937[38] erlauben es, die Themenkomplexe und methodischen Perspektiven dieser Lehrangebote zu rekonstruieren. Ausgang seiner Romantikdarstellung in der Vorlesung von 1930/31 war die Ablehnung abstrakter Polaritätskonstruktionen, so des von Wilhelm Worringer geprägten Begriffspaares „Abstraktion" und „Einfühlung" und Fritz Strichs duale Gegenüberstellung von „Vollendung" und „Unendlichkeit", zugunsten einer präziseren literarhistorischen Einordnung. Als einheitliche kulturelle Bewegung zwischen 1797 und 1830 bestehe ein wesentliches Attribut der Romantik in der Ablehnung der rationalen Welterkenntnis der Aufklärung; vorbereitet sei sie durch den Neuplatonismus, die italienischen Renaissancephilosophie, Shaftesbury und nicht näher spezifi-

---

[36] Vgl. Petra Boden: Charlotte Jolles über Julius Petersen. Zum wissenschaftlichen Leben am Germanischen Seminar in den 30er Jahren. In: Wissenschaftliche Zeitschrift der Humboldt-Universität zu Berlin. Gesellschaftswissenschaftliche Reihe 36 (1987), S. 632-639, hier S. 634 und 637: „Ich würde sogar sagen, Petersens Vorlesungen waren durch die Stoffülle etwas trocken. Er breitete das Material systematisch und klar gegliedert vor uns aus, aber ohne inneres Feuer, im Gegensatz zu Arthur Hübner, dessen Vorlesungen sehr lebendig waren. In seinen Reden jedoch, und das ist wichtig, was ich jetzt sage, da war er sehr pathetisch und verwendete eine metaphernreiche Sprache. [...] Die Reden, die seinem Nachruf so schädigend waren, fielen in eine spätere Zeit und wurden nicht an der Universität gehalten. Ich haben noch bis 1934/35 bei ihm Vorlesungen gehört, und die waren noch in der üblichen Art, sind es wohl auch geblieben: reine Stoffülle und Material. Die Vorlesungsangebote und die Seminarthemen weisen keine Veränderungen auf." Ähnlich auch Walther Müller-Seidel: Wissenschaft im 20. Jahrhundert. Vorläufiger Bericht über den Fall des Germanisten Hans Schwerte. In: Marbacher Arbeitskreis für Geschichte der Germanistik 11/12 (1997), S. 1-15, hier S. 6: „Die Vorlesungen Petersens waren 1940, als ich ihn hörte, zum Sterben langweilig, wie sie es wohl immer gewesen sind. Sie waren positivistisch, und ideologische Einsprengsel hätten Überarbeitungen nötig gemacht, für die man sich im allgemeinen nicht die Zeit nahm."

[37] Julius Petersen: Die deutsche Romantik. Vorlesung WS 1930/31. Vorlesungsmitschrift von Annemarie Schmidt, geb. Dahlke. DLA Marbach, A: Schmidt/Petersen, 87.16.66. – Vgl. auch J. Petersen: Bibliographie zur Vorlesung über Deutsche Romantik vom Wintersemester 1930/31. Als Manuskript gedruckt. Berlin 1931.

[38] Bibliographie zu der Vorlesung über Deutsche Romantik von Prof. Dr. Julius Petersen. Sommersemester 1937, <Bearb. von Ulrich Pretzel, Adolf Beck und Annemarie Dahlke> (Als Hs. gedruckt) Berlin 1937.

zierte „Quellen im Osten".[39] Die generationstypologische Gliederung der Romantik weiter spezifizierend,[40] brachte Petersens „Wesensbestimmung" die Romantik auf eine Formel, die geistesgeschichtliche Antinomiekonstrukte und Scherers „Blütezeit"-Theorem zu versöhnen suchte: Die Romantik sei „irrationalistische Übersteigerung und Aufhebung des klassischen Gleichmasses, europäische Zeiterscheinung; in Deutschland gleichzeitig mit Klassik"; ebenso aber auch Ausdruck einer die gesamte deutsche Geschichte durchziehenden periodischen Bewegung zwischen den Amplituden „Daseinsfreude am Endlichen" und „Sehnsucht nach dem Unendlichen", deren „Höhepunkte des Ausgleichs" die Zeit um 1200, um 1500 und um 1800 gewesen seien. Die Reihenfolge der anschließenden personell gegliederten Behandlung der Romantik läßt – und das wird für die später zu betrachtenden Veränderungen in der Vorlesung 1937 wichtig – Rückschlüsse auf angelegte Wertmaßstäbe zu. Für Petersen waren die Brüder Schlegel die wichtigsten Repräsentanten der Romantik. Ihrer ausführlichen Darstellung folgte die Besprechung der Frauen der Frühromantik, die davon ausging, daß die Romantik der „Anfang der modernen Frauenbewegung" war.[41] Die philosophischen und poetologischen Leistungen der Frühromantik würdigte Petersen danach; im Anschluß daran erläuterte er ihre poetischen Exponenten. Die jüngere Romantik stellte für ihn die zweite Generation einer einheitlichen Bewegung dar. Deren Ausgangspunkt sei nicht mehr die Antike, sondern das deutsche Altertum gewesen.[42] Unter den Heidelbergern Romantikern finde sich kein Religionsstifter, wohl aber Sinn für religiöse Gefühle; keine Übersetzerarbeit, dafür Neubelebung vaterländischer Gefühle und Besinnung auf das deutsche Altertum.[43] Ausführlicher ging Petersen auf die Politische Romantik ein, die vor allem in ihrer Stellung zur Französischen Revolution thematisiert wurde. Die Gruppe der Berliner Romantiker (E.T.A. Hoffmann, Adalbert von Chamisso, Franz von Gaudy, Friedrich de la Motte Fouqué, Karl August Varnhagen von Ense) faßte er mit den *Nachtwachen von Bonaventura* zur „Norddeutschen Romantik" zusammen. Die Vorlesung endete nach Behandlung von Freiheits- und Liederdichtung sowie der

---

[39] Julius Petersen: Vorlesung Die deutsche Romantik. WS 1930/31. DLA, A: Schmidt/Petersen 87.16.66, Bl. 2.
[40] Ebenda, Bl. 6-10. Dabei unterschied Petersen zwischen 3 Möglichkeiten der Reaktion einer jungen Generation auf ihre Umwelt: a) „polare Reaktion": die Rebellion der jungen Generation gegen die Eltern, so z.B. im Sturm und Drang gegen die Aufklärung, b) „synthetische Reaktion": wenn eine kulturelle Bewegungsrichtung aus zwei Gegensätzen als eine coincidentia oppositorum hervorgehe; c) „Steigerung" und „Aufhebung" des in der Synthese geschaffenen „harmonischen Gleichgewichts", wie es in der Romantik gegenüber der Klassik eintrete.
[41] Ebenda, Bl. 44.
[42] Vgl. ebenda, Bl. 72. Vor dem § 8 (Heidelberger Romantik) führte Petersen unter der Überschrift „Generation der jüngeren Romantik" grundsätzlich aus: „Starker Einschnitt ist zu merken. Kein Gegensatz zur älteren Romantik, wohl aber etwas Neues. Neues Lebensgefühl bricht durch. Dichter, nicht mehr Denker, stehen im Vordergrund."
[43] Diesen grundsätzlichen Bestimmungen entsprach die Behandlung der einzelnen Dichter und Publizisten der Heidelberger Romantik, denen im Vergleich zur detaillierten Darstellung der Frühromantiker jedoch deutlich weniger Aufmerksamkeit gewidmet wurde.

schwäbischen Kreise mit Erläuterungen zu Rückert, Platen und Immermann.

Die Gliederung der Vorlesung im Sommersemester 1937 revidierte den oben umrissenen Ablauf der Lektionen von 1930/31 in einigen Zügen und behandelte – neuen Forschungslagen folgend – auch bisher nicht berücksichtigte Sachgebiete. Zwar repräsentierten die Brüder Schlegel, in deren Besprechung Petersen auch Dorothea Veit einbezog, weiterhin die wichtigsten Leistungen der Romantik auf dem Gebiet der Ästhetik, Poetologie und Hermeneutik; doch der vormals den Frauen der Frühromantik gewidmete Teil entfiel 1937. An seine Stelle trat der Komplex „Weltliteratur und Übersetzungskunst" – was angesichts der Verengung der Forschung auf die „nationalen" Leistungen der Romantik ein bemerkenswertes Faktum darstellt. Fichte und Schleiermacher als philosophische bzw. religiöse Köpfe der frühromantischen Bewegung blieben auf ihrem Platz, wobei die Bibliographie in diesem Zusammenhang mehrfach das nach 1933 angegriffene *Romantiker*-Buch Friedrich Gundolfs anführte. Die Wiederentdeckung der romantischen Psychologie schlug sich in einer nun erweiterten Darstellung dieses Themenkomplexes nieder.[44] In den umfangreichen Schwerpunkt Frühromantik nahm die Vorlesung des Jahres 1937 einen Paragraphen „Ästhetik und Sprachlehre" auf;[45] die bisherigen Abschnitte zu Ludwig Tieck und Zacharias Werner wurden durch Integration weiterer Romantiker ergänzt.[46] Am deutlichsten machten sich die Veränderungen in der literaturwissenschaftlichen Romantikrezeption nach 1933 in Modifikationen der Vorlesungsteile bemerkbar, die die spätere Phasen der Romantik behandelten. Die vorher eher stiefmütterlich registrierte Heidelberger Romantik bildete jetzt – so legen es die umfangreichen bibliographischen Eintragungen nahe – ein Zentrum; romantische Mythologie und romantische Wissenschaft erhielten eigene Kapitel.[47] Innerhalb des Themenbereichs „Politische Romantik" und „Freiheitsdichtung" erschienen neben Adam Müller und Friedrich von Gentz nun auch Ernst Moritz Arndt, Max von Schenkendorf, Theodor Körner, Friedrich Ludwig Jahn und Friedrich Friesen. Die Regionalisierung literarisch-kultureller Epochen, Konsequenz einer ethnographisch differenzierenden Literaturgeschichtsschreibung á la Nadler, wurde in Petersens Romantik-Vorlesung durch eine weitergehende Aufspaltung der romantischen Bewegung reflektiert: Neben die bereits 1930/31 erläuterte „norddeut-

---

[44] Vgl. Bibliographie zu der Vorlesung über Deutsche Romantik von Prof. Dr. Julius Petersen. Sommersemester 1937. Unter § 4 (Naturphilosophie und Medizin) wurden Schelling, Ritter, Franz von Baader, Henrik Steffens, Gotthilf Heinrich Schubert, Carus, Lorenz Oken, Karl Christian Friedrich Krause und Carl Friedrich Burdach behandelt; zu Carl Gustav Carus enthielt die Bibliographie die reichsten Literaturangaben.
[45] § 7: Ästhetik und Sprachlehre (A.F. Bernhardi, K.W.F. Solger, J. A. Kanne).
[46] § 6: Ludwig Tieck und sein Kreis (mit Sophie Bernhardi und Wackenroder); § 8: Zacharias Werner und das Schicksalsdrama (mit Adolf Müllner und Ernst Chr. Fr. von Houwald).
[47] § 10: Mythologie (Friedrich Creuzer, Joseph Görres, Johann Jakob Bachofen); § 11: Romantische Wissenschaft. Romantische Historiographie und Anfänge der deutschen Philologie (mit reichlichen Angaben zu den Brüdern Grimm, wenig zu Friedrich Heinrich von der Hagen und Friedrich Karl von Savigny).

sche Romantik" traten jetzt „mitteldeutsche", „schwäbische", „bayerische" und „österreichische Romantik".[48]

Trotz der Reaktion auf bestimmte Verschiebungen und Modifikationen der Forschung, die sich in veränderten Ordnungsprinzipien und Schwerpunktverlagerungen ausdrückte, läßt sich Petersens Romantik-Vorlesung von 1937 als weitgehend kontinuierliche Fortführung erworbener Positionen und wissenschaftlicher Standards bezeichnen. Ungeachtet antisemitischer Propaganda führte die Bibliographie zur Vorlesung weiterhin jüdische Autoren und Wissenschaftler an – von Heinrich Heines *Romantischer Schule* bis zu den Werken der emigrierten Forscher Richard Samuel, Georg Stefansky und Käte Hamburger. Beachtung verdient auch die Reflexion der internationalen Forschung, die sich in Hinweisen auf die Werke britischer und französischer Germanisten niederschlug. Die von der Vorlesung 1930/31 abweichende Einbeziehung der romantischen Mythologie und Wissenschaft wie auch die generelle Schwergewichtsverlagerung auf die spätere Romantik belegen, daß der Berliner Ordinarius auf die nach 1933 forcierten Bemühungen einer „Umwertung" der romantischen Literaturepoche reagierte. Demgegenüber markiert das Beharren auf der führenden Position der Brüder Schlegel innerhalb des Frühromantik-Abschnitts eine Verteidigung von Positionen, die vor dem Hintergrund von „Umwertungs"-Debatte und beginnender Diffamierungen Friedrich Schlegels zu würdigen ist: Hatte doch nicht zuletzt Petersens Kollege Franz Koch in seiner 1937 erschienenen *Geschichte deutscher Dichtung* dem Autor der *Lucinde* und Gatten Dorotheas Veits „Literatenhaftigkeit" und „geistiges Rentnertum" vorgeworfen und dessen Unterstützung der Judenemanzipation kritisiert.[49] Die sich in der Bewahrung eines humanistischen Romantikbildes dokumentierende Integrität des Philologen trug zum offenen Mißtrauen wissenschaftspolitischer Beobachter bei; der SD-Lagebericht zur Situation der Germanistik von 1938/39 plädierte unverblümt dafür, Julius Petersen und Philipp Witkop als „politisch und weltanschaulich untragbare Germanisten vorzeitig zu emeritieren".[50]

---

[48] § 14: Norddeutsche Romantik (E.T.A. Hoffmann, Carl Wilhelm Salice Contessa, Adalbert von Chamisso, Helmina von Chezy, Friedrich de la Motte-Foqué, Caroline de la Motte-Foqué, Karl August Varnhagen von Ense, Rahel Varnhagen); § 15: Mitteldeutsche Romantik. (*Nachtwachen von Bonaventura*, Karl Friedrich Gottlieb Wetzel zugeschrieben; Ernst Schulze, Wilhelm von Schütz, Johann Friedrich Kind, Heinrich Clauren, Rheinromantik); § 16: Schwäbische Dichter (Ludwig Uhland, Justinus Kerner, Gustav Schwab, Wilhelm Hauff); § 17: Romantik in Bayern und Österreich (Johann Michael Sailer, Josef von Weber, Johann Nepomuk Ringseis, Leopold von Seckendorf, Joseph Schreyvogel, Joseph Ludwig Stoll, Klemens Maria Hofbauer und Wiener Romantikerkreise).

[49] Franz Koch: Geschichte deutscher Dichtung. Hamburg 1937, S. 169f.

[50] Lage und Aufgaben der Germanistik und deutschen Literaturwissenschaft. Undatiertes Dossier des SD der SS [Ende 1938/ Anfang 1939], hier zitiert nach dem Abdruck in Gerd Simon (Hrsg.): Germanistik in den Planspielen des Sicherheitsdienstes der SS, S. 14. Bereits vorher hieß es im Zusammenhang mit der Entwicklung eines „stark verjudeten" und „kulturell bolschewisierten Literatentums" über Petersen: „Führende, und zum Teil noch heutige tätige Literaturhistoriker wie z.B. Prof. Dr. Julius Petersen, Berlin, der eine zeitlang, auch als Vorsitzender der Deutschen Goethe-Gesellschaft, die Stellung eines gesellschaftlichen Literaturpapstes innehatte, haben dieser Bolschewisierung zumindest tatenlos zugesehen und den modernen grossstädtischen Literaturbetrieb mitgemacht."

7.2.2 Das „organbiologische" Romantikbild Franz Kochs

Franz Koch, der seine wissenschaftliche Laufbahn an der Nationalbibliothek in Wien begonnen hatte und seit 1926 als Privatdozent am Wiener Seminar für Deutsche Philologie wirkte,[51] wurde zum 1. April 1935 als Extraordinarius für Neuere deutsche Literaturgeschichte ans Berliner Germanische Seminar berufen. Vorangegangen war eine Auseinandersetzung zwischen Fakultät und Reichserziehungsministerium, die verdeutlicht, welche Autonomie das Wissenschaftssystem selbst unter den Bedingungen der nationalsozialistischen Diktatur besaß. Auf die Pläne des REM, dem Schmidt-Schüler und erklärten Nationalsozialisten Heinrich Kraeger den vakanten Lehrstuhl für Neuere deutsche Literaturgeschichte zu übertragen,[52] reagierten die Berliner Universitätsprofessoren mit strikter Ablehnung: „[V]ollkommen einig darin, dass die Fakultät der Anregung des Minsters keinesfalls Folge leisten kann", brachten die im Fakultätsrat versammelten Ordinarien ihrerseits Paul Böckmann, Hans Heinrich Borcherdt, Henning Brinkmann, Hermann Gumbel, Max Kommerell, Walther Rehm und Benno von Wiese als Kandidaten ins Gespräch.[53] Auf einer Ausschuß-Sitzung am 19. Dezember 1934 wurde dann Franz Koch vor Paul Böckmann und Benno von Wiese auf Listenplatz 1 gesetzt, wobei die Frage, „ob die Berufung eines österreichischen Gelehrten zurzeit angängig ist, .. dem Ministerium überlassen (werden sollte)".[54] Als der Minister erneut zugunsten Kraegers intervenierte,[55] antwortete die Fakultät mit einem umfangreichen Schreiben, das noch einmal die Ablehnung Kraegers begründete und die von ihr präferierte Dreierliste (Koch – Böckmann – von Wiese) rechtfertigte.[56] Da

---

[51] Koch, 1888 in Attnang-Puchheim (Oberösterreich) geboren, wurde 1912 promoviert und arbeitete seit 1914 als Bibliothekar der Wiener Nationalbibliothek. Nach Habilitation bei Walther Brecht 1925 offererierte er seit dem Sommersemester 1927 Lehrveranstaltungen am Seminar für Deutsche Philologie der Universität Wien.

[52] Vgl. REM an die Philosophische Fakultät der Universität Berlin. Brief vom 24. 10. 1934. UA der HUB, Phil.Fak. Nr. 1480, Bl. 58.

[53] Protokoll der Ausschuss-Sitzung betreffs Neubesetzung der a.o. Professur für deutsche Literaturgeschichte vom 27.11. 1934. Ebenda, Bl. 61.

[54] Protokoll der Ausschuss-Sitzung betr. Neuere deutsche Literaturgeschichte vom 19. 12. 1934. Ebenda, Bl. 68. Laut Wolfgang Höppner stammt der Vorschlag der Fakultät, Koch auf den ersten Listenplatz zu setzen, von Julius Petersen; vgl. W. Höppner: Der Berliner Germanist Franz Koch als „Literaturvermittler", Hochschullehrer und Erzieher. In: Gesine Bey (Hrsg.): Berliner Universität und deutsche Literaturgeschichte. Studien im Dreiländereck von Wissenschaft, Literatur und Publizistik. Frankfurt/M., Berlin, Bern, New York, Paris, Wien 1998 (= Berliner Beiträge zur Wissenschaftsgeschichte 1), S. 105-128, hier S. 105.

[55] REM an die Philosophische Fakultät der Universität Berlin. Brief vom 19. 12. 1934. UA der HUB, Phil.Fak. Nr. 1480, Bl. 69.

[56] Dekan der Philosophischen Fakultät der Universität Berlin an das REM. Brief vom 10. Januar 1935. Ebenda, Bl. 71-74 (Handschriftliche Ausfertigung Petersens) bzw. 75-83 (Amtliche Ausfertigung). Kraegers im Sommersemester 1934 „unter günstigsten Umständen aufgenommene Lehrtätigkeit" habe zu einer „in stetigem Besucherrückgang sich ausdrückenden Enttäuschung der Studierenden und zu einem sowohl für die Person als für die Sache höchst bedauerlichen Mißerfolg geführt". Seine Antrittsvorlesung „Klopstock, Schiller, Bismarck und das Eiserne Kreuz" habe „in ihrer unwissenschaftlichen Fragestellung die Gründe des Mißerfolgs erkennen" lassen.

den Fähigkeiten zur „Deutung der Dichtung in ihren geistesgeschichtlichen Problemen und Stilformen" besondere Bedeutung zukomme,[57] sei Franz Koch zu favorisieren, dessen Arbeiten *Goethe und Plotin* (1925), *Plotin in Schillers philosophischen Schriften* (1926) und *Goethes Stellung zu Tod und Unsterblichkeit* (1932) ihn „in die erste Reihe der heute wirkenden Literarhistoriker" gestellt hätten.[58] Daß Koch letztlich den Zuschlag erhielt und zum 1. April 1935 als außerordentlicher Professor mit den Rechten eines ordentlichen Ordinarius nach Berlin berufen wurde,[59] mag jedoch nicht nur an seiner wissenschaftlichen Reputation gelegen haben. Im Januar 1935 hatte der Direktor des Wiener Seminars für Deutsche Philologie, Anton Pfalz, ein internes Gutachten abgegeben, in dem es hieß, daß Koch ein „national zuverlässiger Mann" sei, der „oft verzweifelt ist wegen der Unmöglichkeit, seiner Gesinnung nach zu wirken. Wo er es aber ohne Gefährdung seiner Existenz tun kann, ist er in unserem Sinne tätig, wie z. B. sein Eintreten für George und Kolbenheyer beweist. Ich kann nur sagen, daß er ein aufrechter deutscher Mann und Gelehrter ist, der alle Förderung von Seite des Reiches verdient. Seine arische Abstammung ist sicher."[60]

Koch, nach der Umwandlung seines Extraordinariats 1936 ordentlicher Ordinarius für Neuere deutsche Literaturgeschichte, machte rasch seine politischen Präferenzen deutlich. Ende 1936 wurde er ehrenamtlicher Hauptlektor für das neu eingerichtete Fachgebiet „Neuere Literatur- und Geistesgeschichte" in der *Dienststelle des Beauftragten des Führers für die gesamte geistige und weltanschauliche Erziehung der NSDAP und der Reichsstelle zur Förderung des deutschen Schrifttums*; zum 1. Mai 1937 trat er in die NSDAP ein.[61] Ohne hier näher auf Kochs (problematische) Stellung am Seminar und seine intriganten Anstrengungen zur Festigung der eigenen Positi-

---

[57] Ebenda, Bl. 77.
[58] Ebenda, Bl. 78. Betont wurden außerdem seine mehrere Epochen der deutschen Literaturgeschichte umspannenden Kenntnisse, seine zuverlässigen bibliographischen Arbeiten wie auch seine Vertrautheit mit der zeitgenössischen Literatur. Seine politische Haltung fand im Gutachten nur sehr allgemein Erwähnung: „Er ist eine gefestigte männliche Persönlichkeit; den ganzen Weltkrieg hat er an der Front mitgemacht, und nach dem Kriege ist er immer für nationale, grossdeutsche Politik eingetreten." (Bl. 80). – Erst nach Darstellung aller drei Kandidaten wurde hinsichtlich der politischen Zuverlässigkeit mitgeteilt, daß Franz Koch vom Führer der Dozentenschaft, Graf von Gleispach, als „ein zweifellos nationalsozialistisch eingestellter Mann" bezeichnet wurde, daß Paul Böckmann als „nationaler Mann" gelte und Benno von Wiese „Nationalsozialist" sei (Bl. 82f.).
[59] REM an Franz Koch. Brief vom 9.5. 1935. Ebenda, Bl. 87.
[60] Anton Pfalz an das Berliner Germanische Seminar. Brief vom 14.1. 1935. Ebenda, Bl. 84. Weiter hieß es: „Eine Berufung Kochs nach Berlin würde von unserem Kreis freudig begrüßt werden und unseren Mut stärken, unsere Zuversicht, daß wir im Reich einen moralischen Rückhalt haben, heben." – Im am selben Tag aufgegebenen Telegramm von Pfalz an Arthur Hübner hieß es lapidar: „empfehle koch waermstens", ebenda.
[61] Vgl. Franz Koch an den Oberbürgermeister der Stadt Berlin. Brief vom 31.12.1945. UA der HUB. Personalakte Franz Koch (1935-1945). UK 203, Bl. 135v., in dem er seine Mitgliedschaft mit dem Glauben rechtfertigte, „gerade dadurch der Sache, der deutschen Wissenschaft und Kultur, nützlicher werden zu können, als wenn das Feld kampflos dem Parteidilettantismus überlassen würde."

on einzugehen, ist das von ihm verfolgte Wissenschaftskonzept und seine Konsequenzen für die Deutung der Romantik zu rekonstruieren. Von besonderem Interesse sind dabei die Bemühungen um eine Synthetisierung differierender Konzepte und Methoden, die Koch unter Aufnahme der stammeskundlichen Literaturgeschichtsschreibung Nadlers und der „biologischen Metaphysik" Erwin Guido Kolbenheyers bereits Mitte der 1920er Jahre projektiert hatte.[62] Zentral für seine Bemühungen um eine theoretische Neufundamentierung der Literaturwissenschaft war die Substitution der von ihm als „individualistisch" und „solipsistisch" bezeichneten Forschungsprogramme durch eine Betrachtungsweise, die gegenüber den auf die Einzelpersönlichkeit rekurrierenden – und damit notwendig kontingenten – Zugängen „überindividuelle Gegebenheiten" zum Ausgangspunkt erhob. Die 1926 verteidigte Ableitung literarischer Äußerungen aus „überindividuellen Gegebenheiten" – mochten sie nach Nadler als Stamm und Landschaft, nach Kolbenheyer als „plasmatische Kapazität" oder später als „Volkstum" und „Rasse" dechiffriert werden – präsentierten nach Koch eine sowohl der Wissenschaftsentwicklung kompatible Tendenz,[63] als auch die Möglichkeit, durch die Schaffung eines „Weltbildes aus völlig neuer Blickrichtung" lebenspraktische Bedeutung für das Fach zurückzugewinnen.[64] Symptomatisch für Kochs Synthese-Versuch war ein Biologismus, der sogar Nadlers Reduktionen überbot.[65] Für ihn bildeten die „erbtümlichen Anlagen" der ursächlichen Träger des historischen Prozesses den letzten Grund literaturwissenschaftlicher Erkenntnis. Auch zur Rechtfertigung seiner Kronzeugen Kolbenheyer und Nadler zog er deren „Bluterbe" und den von ihnen erlebten „Kulturkampf mit fremdem Volkstum" heran.[66] Das Gemisch aus Lebensphiloso-

---

[62] Vgl. Franz Koch: Zur Begründung stammeskundlicher Literaturgeschichte. In: Preußische Jahrbücher 206 (1926), S. 141-158. Hier verband Koch die Würdigung der Stammesethnographie Nadlers mit der „biologischen Metaphysik", die Erwin Guido Kolbenheyer in der Schrift *Die Bauhütte. Elemente einer Metaphysik der Gegenwart* (München 1925) entwickelt hatte. Diese erklärte das Individuum zum „Funktionsexponenten" des „lebendigen Plasmas" und deutete das Bewußtsein „funktionell" als natürliche „Anpassungsreaktion". „Biologische Metaphysik" und stammeskundliche Literaturhistoriographie träfen, so Koch, in der methodischen Zurückstufung des „selbstherrlichen Individuums" zusammen: „[A]uch für Nadler ist das selbstherrliche Individuum vornehmlich aus biologischen Gründen eine idealistische Hypostase, auch für ihn ist es der Funktionsexponent einer überindividuellen Einheit, des Stammes, einer biologischen Individuationsform höherer Ordnung, [...] Was ist Nadlers Literaturgeschichte anderes als an Hand der des zuständigen Objektes, schrifttümlicher Denkmäler, die Deutung dieser Amphobolie, eines individuellen Ausdrucks auf Grund überindividueller Nötigungen." (S. 154).
[63] Vgl. ebenda, S. 154f.
[64] Vgl. ebenda, S. 153.
[65] Vgl. Franz Koch: Stammeskundliche Literaturgeschichte. In: DVjs 8 (1930), S. 143-197. Hier konturierte Koch eine über Nadler hinausgehende stammesbiologische Literaturbetrachtung und postulierte gegen dessen Betonung der „Landschaft" das Primat der „erbtümlichen Uranlagen" als „ausschlaggebend für die Differenzierung des Vorgangs in allen seinen Folgen", ebenda S. 148.
[66] Vgl. ebenda, S. 151: „Auch Kolbenheyer ist, wie Nadler, Deutschböhme, väterlicherseits deutschungarischer Herkunft. Auch ihn hat die Bereitschaft, die dem Deutschen auf Vorpostenstellung im völkischen Grenzkampf anerzogen wird, feinhörig gemacht für die Stimmen des

phie, Gehalt-Gestalt-Lehre, Stammeskunde und „biologischer Metaphysik", das Koch bereits vor 1933 zur geistig-kulturellen „Grenzlandsicherung" angeboten hatte, ließ sich nach der nationalsozialistischen Machtergreifung auch antisemitisch instrumentalisieren – so im Referat *Goethe und die Juden*, mit dem Koch 1937 auf der Münchener Tagung der *Forschungsabteilung Judenfrage* des *Reichsinstituts für die Geschichte des neuen Deutschland* auftrat.[67]

Wenn auch Koch der direkten Applikation von Rassetypologien á la Hans F.K. Günther oder Ludwig Ferdinand Clauss eher skeptisch gegenüberstand,[68] leitete seine „biologisch-organische Denkweise" den literarisch-kulturellen Prozeß ebenfalls aus der biologischen Determination der beteiligten Akteure ab. Anläßlich der 50-Jahr-Feier des Seminars 1937 umriß er ein Wissenschaftsprogramm, das in der Ausrichtung auf die personalen Träger des literarhistorischen Prozesses und deren „arthaft-rassische" Bestimmung die Kontingenz ästhetischer Wertungsprinzipien aufheben und die Kluft zwischen Natur- und Geisteswissenschaften überwinden sollte:

> „Die grundsätzliche Denkrichtung des neuen Deutschland vom Ganzen zum Teil, zum einzelnen, die biologisch-organische Denkweise, die diesen einzelnen als Glied, als Funktion eines lebendigen Wirkungszusammenhanges betrachtet, hat auch einen Wandel literaturgeschichtlicher Forschung und Wertung bewirkt. Wir verabsolutieren die einzelne Dichtung nicht mehr, wir denken vom Dichter, den wir als rassisch und arthaft gebundenes Wesen begreifen, zum Werk und sehen in ihm die letzte Spitzenleistung eines von Urvätern her bedingten Lebens. So selbstverständlich und einfach das klingt, so fruchtbar ist der Gedanke auch in seiner methodischen Auswertung für unsere Wissenschaft. Denn nicht nur ist damit ein neuer Wertmaßstab gegeben, der nicht mehr ausschließlich formale

---

Bluts. Denn eine Metaphysik des Blutes könnte man, wenn nicht auch dies wieder zu romantisch klänge, diese Bauhütte nennen, diesen Versuch, der in fürchterlicher Krise richtungslos herumtaumelnden weißen Menschheit Europas metaphysische Orientierungshilfen zu bieten." – Auch die eigene geistige Disposition führte Koch auf den erlebten Existenzkampf der Deutsch-österreicher gegen die übermächtige Bedrohung durch slawischen Völkerschaften zurück, vgl. Lebenslauf vom 27.6. 1935. UA der HUB. Personalakte Franz Koch UK 203, Bl. 34, in dem es über die Prager Gymnasialzeit heißt: „Frühzeitig wurde ich dort auch mit den Kämpfen vertraut, die das Grenzlanddeutschtum um seinen Bestand zu führen hat."

[67] Vgl. Franz Koch: Goethe und die Juden. Hamburg 1937 (= Schriften des Reichsinstituts für Geschichte des neuen Deutschland), insbesondere mit der Schlußfolgerung S. 34: „Die Judenfrage als ganze ist für Goethe durchaus eine organische, eine solche der Abstammung, also biologischen Erbes gewesen. Seine Ablehnung der Judenemanzipation wurzelt in der Überzeugung, daß die Juden innerhalb des deutschen Volkes einen Fremdkörper bilden, der das Wirtsvolk in seiner Lebensform zu bedrohen beginnt. [...] Seine negative Haltung in dieser Frage, die sich praktisch als Abwehr der Emanzipation, als Abneigung gegen den Typus Jude äußert und den normativen Charakter einer für das ganze deutsche Volk gültigen Lebensmaxime hat, schließt sein Verhalten einzelnen Juden gegenüber nicht aus, sondern ein. Weil er im Juden das, was er Daimon nannte, die artgeprägte Substanz sowohl wie Seele, aufs entschiedenste lebendig, tätig und wirksam sieht, so lebendig, daß es sich durch alle Zeiten rein zu erhalten vermochte, eben darum interessiert ihn der einzelne Jude und bedeutet ihm das Judentum als Ganzes eine Gefahr."

[68] Vgl. Franz Koch: Gutachten zur Dissertation „Karl Philipp Moritz und seine organische Kunstauffassung". UA der HUB, Promotionsakten der Phil. Fak., Vol. 924, Bl. 141 mit der Kritik an der „rassentypischen Bestimmung".

Merkmale zugrundelegt, sondern für den entscheidend ist, was in überindividuellen Lebensbezügen und -gehalten in dem Werk Gestalt geworden ist. Und es ist ohne weiteres einzusehen, daß von hier aus sich auch neue Wege eröffnen, dem Geheimnis der dichterischen Form näher zu kommen. [...] Vielleicht gelingt es ihr, Antwort auf uralte Fragen zu gewinnen, wenn sie an der Erkenntnis festhält, daß Form nicht ablösbar ist von geartetem Leben. Ein neues Feld liegt vor uns, und von der Erkenntnis ‚Rasse ist Stil' führt die Brücke aus dem Gebiet der Biologie in das der Geisteswissenschaft."[69]

In zahlreichen literarhistorischen Arbeiten, insbesondere der 1937 erstmals veröffentlichten und bis 1944 in sieben Auflagen vorliegenden *Geschichte deutscher Dichtung* versuchte Koch dieses Programm einer „organbiologischen" Literaturbetrachtung zu konkretisieren. Seine Literaturgeschichte, Erwin Guido Kolbenheyer gewidmet, stellte sich explizit die Aufgabe, die „erbtümliche Linie" der „arthaften germanischen Male" in der literarischen Überlieferung zu verfolgen und „auch dort sichtbar zu machen, wo sie nicht offen am Tage liegt und nicht bewußt herausgehoben wird."[70] Bewußt verzichtete seine „vom volklichen Standpunkt aus wertende Überschau über unser kostbarstes Erbe" auf Vollständigkeit und philologische Standards, da es nicht darum gehe, aus „bombensicheren Unterständen ein verantwortliches Urteil (zu) wagen", sondern „am Aufbau der neuen geistigen Einheit und Gemeinschaft" mitzuhelfen.[71]

Innerhalb dieser literaturgeschichtlichen Gesamtdarstellung erschien die Romantik, nicht einmal durch eine Überschrift herausgehoben, im Gesamtkomplex der „Goethezeit".[72] In ihrer Behandlung vermengte Koch ohne Reflexion der eigenen methodischen Grundlagen Ergebnisse der Forschung seit Dilthey. Den in den 1920er Jahren geprägten geistesgeschichtlichen Generationenbegriff, die Konstruktion einer fundamentalen Differenz von Aufklärung und Romantik, Baeumlers Entdeckung der „erdgebundenen" Heidelberger Romantik, vor allem aber Nadlers „geopolitische" Perspektive zog er zusammen, um den europäischen Charakter der Romantik zu dementieren und sie zu einem organischen Bestandteil der deutschen Kulturentwicklung zwischen 1770 und 1830 zu erklären.[73] Wie Nadler und Baeumler unterteilte

---

[69] Franz Koch: Blick in die Zukunft. In: Das Germanische Seminar der Universität Berlin. Festschrift zu seinem 50jährigen Bestehen, S. 55-59, hier S. 58.
[70] Franz Koch: Geschichte deutscher Dichtung, S. 9.
[71] Ebenda, S. 10.
[72] Geistesgeschichtlicher Synthetisierung folgend, bildete die ‚Goethezeit' als Einheit von Sturm und Drang, Klassik und Romantik den spezifisch deutschen Einspruch gegen Aufklärung und die nur scheinbare Überwindung des Rationalismus durch Jean-Jacques Rousseau.
[73] Vgl. ebenda, S. 167: „In ihren Anfängen von der Klassik kaum zu unterscheiden, entwickelt eine neue Altersschicht sich bald zu solcher Eigenart, daß die neue Bewegung sich schließlich deutlich als Romantik von der Klassik abhebt. Das soll nicht heißen, daß die Romantik eine völlig neue Epoche einleitet. Wachstümliche Zusammenhänge mit der Klassik bleiben bestehen. Bei aller Eigenartigkeit schwingt in der Romantik doch nur das aus, was mit dem Sturm und Drang als Abkehr von der Aufklärung begonnen hatte. Sturm und Drang, Klassik und Romantik sind nur drei deutlich sich voneinander absetzende Stufen einer einzigen Bewegung, der Goethezeit, des deutschen Idealismus, oder wie immer man die Zeitspanne von 1770 bis 1830 nennen mag."

er die Romantik in zwei divergierende Bewegungen: Der Frühromantik, die „auf ästhetisch programmatischem Wege das Seelentum der Klassik mit einem Feuerwerk des Geistes überspielt"[74] habe, widmete er nur knappe Hinweise, die neben „Literatenhaftigkeit" und „geistigem Rentnertum" auch die Förderung der Judenemanzipation monierten.[75] Der anderen Richtung der Romantik – „ein geschichtlich und blutsmäßig begründeter Vorgang größten Ausmaßes, den Hardenberg als ,Wiedergeburt' und als ,Regeneration' bezeichnete" – räumte die Darstellung wesentlich mehr Platz ein. In ihr vollende sich die vom Sturm und Drang vorbereitete „Rückwendung zur Vergangenheit des eigenen Volkes ... aus der seelischen Lage des Siedellandes heraus, das seine Renaissance nicht wie das Mutterland im antiken Kulturbereich, sondern nur auf dem Boden der arteigenen Vergangenheit erleben konnte."[76] Wackenroder, Novalis, Schleiermacher, Tieck, Josef Görres, Achim von Arnim, die Brüder Grimm beleuchtete der Abriß in ihren Bemühungen um die Wiederbelebung der deutschen Vergangenheit und den Gewinn eines neuen, dem Humanismus entgegengesetzten Volksbegriffs.[77] Die als „Hochromantik" bezeichnete jüngere Phase der romantischen Bewegung feierte Koch als „Durchbruch eines überwältigenden Gefühls vom Sein und Wert des Vergangenen"[78] mit den Worten Alfred Baeumlers.[79] Sie sei die Entdeckerin eines neuen Geschichtsbegriffs; ihr sei Historie nicht mehr „Tatsachenforschung", sondern „Ahnendienst"; sie fühle sich „als Glied eines Ganzen eingeordnet in Überlieferungen des Blutes und der Sippe, in den Kreis der Geburten, .. ihr Volksbewußtsein (entspringt) aus ihrem Ahnenbewußtsein."[80] Im weiteren erfuhren Clemens Brentano, E.T.A. Hoffmann, Zacharias Werner und Joseph von Eichendorff „organbiologische" Klassifikationen, die von der „Last doppelten Bluterbes" (Brentano), aus der Erbschaft „dreifachen, deutschen, polnischen und ungarischen Blutes" (Hoffmann) oder den Überlieferungen des „Ostraums" (Werner) auf künstlerische Qualitäten schlossen.[81]

Kochs „biologisch-organische" Literaturbetrachtung betonte jedoch nicht allein die „völkischen" und nationalen Leistungen von Romantikern, die aus

---

[74] Ebenda, S. 167.
[75] Ebenda, S. 169f.
[76] Ebenda, S. 172.
[77] An dieser Stelle (ebenda, S. 176) versuchte Koch auch Goethe vom mehrfach erhobenen Vorwurf mangelnden Nationalbewußtseins freizusprechen: „Goethe, den biologischen Denker, muß man in Volkstumsfragen auf der Seite Herders suchen. Er hat, seiner Zeit auch hierin voraus, ein eigenes Wort geprägt für jene Werte, die sich andern erst viel später erschlossen, das Wort ,Volkheit', womit er das bezeichnet, was in einem Volke immer dasselbe bleibt, ,vernünftig, beständig, rein und wahr'."
[78] Ebenda, S. 167.
[79] Ebenda, S. 167 hieß es: „In ihr redet eine neue Seele"; bei Alfred Baeumler (Bachofen der Mythologe der Romantik. Einleitung zu J. J. Bachofen: Der Mythus von Orient und Okzident, S. CLXXI): „Eine neue Seele redet, eine erdgebundene, ringende, eine, die der Wirklichkeit verhaftet ist, die erkannt hat, daß im Leben die Arbeit und der Tod mitgesetzt sind."
[80] Franz Koch: Geschichte deutscher Dichtung, S. 175.
[81] Ebenda, S. 177-181.

Erbmasse bzw. „Volkstumserlebnis" abgeleitet wurden. Zugleich bemühte er sich auch um die Eingliederung der Romantik in die Geschichte eines angeblich typisch deutschen „organischen Denkens".[82] Dieses „organische Denken" bestimmte er als eine aus der „leibseelischen Einheit" des deutschen Menschen erwachsende Überwindung des „artfremden" westeuropäischen Rationalismus, dessen Kennzeichen mechanische Kausalerklärung, Logifizierung und Formalisierung seien. Sich dezidiert von der geistfeindlichen Philosophie Ludwig Klages' absetzend,[83] umriß er die Entwicklung eines „organischen Weltbilds", die mit altgermanischer Dichtung und Mystik begonnen, in Paracelsus und Jakob Böhme frühneuzeitliche Vertreter gefunden und in Hamann, Herder und Goethe ihren Höhepunkt erreicht hätte.[84] In die weitgehend durch Schlagworte zusammengehaltene Kontinuitätslinie integrierte er auch das „organische Denken" der Romantik:

> „Unmittelbar danach bricht in einer zweiten, dem Sturm und Drang vergleichbaren Welle der Strom organischen Denkens in der Heidelberger Romantik durch, in den mythisch raunenden Offenbarungen des jungen Görres, der hingebungvollen Sachtreue der Brüder Grimm, der volkhaften Wachheit Arndts und Jahns, der naturhaften Lyrik Eichendorffs und Mörikes."[85]

Als entscheidenden Beitrag der Romantik zum „organischen Weltbild" benannte Koch die von ihr ausgehende Wandlung „im Bau des deutschen Idealismus": Durch die biologische Fassung des Organismusgedankens habe sie den Idealismus von innen her aufsprengen und „das organische Weltbild von idealistischen Schlacken"[86] befreien können.

Damit dürften die Zuweisungspraktiken von Kochs Traktierung der Romantik hinreichend deutlich geworden sein: Für seine „biologisch-organische Denkweise", die im Rekurs auf die personalen Urheber literarischer Äußerungen

---

[82] So u.a. in Franz Koch: Die Entwicklung des organischen Weltbildes in der deutschen Dichtung. In: Helicon 1 (1938). Wieder in: F. Koch: Geist und Leben. Vorträge und Aufsätze. Hamburg 1939, S. 227-239; ders.: Spannungskräfte deutscher Dichtung. In: Gerhard Fricke, Franz Koch, Klemens Lugowski (Hrsg.): Von deutscher Art in Sprache und Dichtung. 5. Bd., S. 285-303; ders.: Der deutsche Idealismus als Weltbild der Deutschen Bewegung (1770-1830). In: NS Monatshefte 15 (1943), S. 491-507.
[83] Franz Koch: Die Entwicklung des organischen Weltbildes in der deutschen Dichtung, S. 228: „Nicht scharf genug kann dabei betont werden, daß es sich hierbei nicht um ein geistfeindliches Weltbild handelt, auch nicht um eines, in dem der Geist als Widersacher der Seele auftritt. Wohl aber verliert der Geist in diesem auf der natürlichen Ordnung gründenden Weltbild, weil er als Funktion des Lebens gesehen wird, jene selbstexistente und substantielle Wesenheit, die ihm das dualistische Weltbild notgedrungen zubilligen muß."
[84] Vgl. ebenda, S. 232 und 234. Hamann stand in Kochs Deutung für die „Wendung vom ichbezogenen, individualistischen Intellektualismus zur überindividuellen Bindung des Einzelnen"; Herder galt als „der eigentliche Ahnherr biologisch-geistesgeschicgtlichen Denkens"; Goethes Dichtung aber sei „die vollkommenste Gestaltung dieses weltanschaulichen Gehalts, das formgewordene Leben selbst".
[85] Ebenda, S. 234.
[86] Ebenda, S. 234.

die Kontingenz des Ästhetischen bewußt ausgrenzte, bildeten nicht mehr literarische Qualitäten und ästhetische Erfahrungen den Forschungsgegenstand. Zum zentralen Objekt seiner Bemühungen erhob Koch einen durch „Bluterbe" und „Volkstumserlebnis" geprägten Geistestypus germanisch-deutscher Provenienz. Seine literaturgeschichtlichen Erläuterungen, geleitet durch die Differenzen „arteigen"-„artfremd", „organisch"-„mechanisch" bzw. „dichterisch"-„literatenhaft" suchten in Texten und Biographien vor allem nach Bestätigung vorgängig gesetzter Behauptungen und boten in ihrer Zirkularität nur geringe Anschlußmöglichkeiten. Auch aus diesem Grunde blieben Kochs literarhistorische Arbeiten wie die bei ihm entstandenen Dissertationen zur Romantik ohne größere Distinktionsgewinne und wurden vom Wissenschaftssystem nur mäßig beachtet.[87]

7.2.3 Friedrich-Wilhelm Wentzlaff-Eggeberts Romantikkonzept

Im Gegensatz zu Kochs „organbiologischer Literaturbetrachtung", die in den später zu beleuchtenden Dissertationen seiner Berliner Schüler ihre z.T. abstrusen Früchte trieb, vertrat der Petersen-Schüler Friedrich-Wilhelm Wentzlaff-Eggebert Positionen der Geistesgeschichte, an die nach 1945 angeknüpft werden konnte. Wentzlaff-Eggebert, der am Berliner Germanischen Seminar studiert und am berühmten Barockseminar Julius Petersens im Wintersemester 1927/28 teilgenommen hatte,[88] wurde 1931 mit einer Arbeit über das Todesproblem in der Lyrik des 17. Jahrhunderts promoviert.[89] Zwischen 1934 und 1941 wirkte er zunächst als wissenschaftliche Hilfskraft, dann als Beamter und a.o. Professor als Chefredakteur der *Deutschen Literaturzeitung* an der Preußischen Akademie der Wissenschaften zu Berlin und bot nach Habilitation und Erteilung der venia legendi seit Oktober 1938 als Privatdozent Lehrveranstaltungen am Seminar an. 1941 erhielt er einen Ruf an die Reichsuniversität Straßburg, an der er von 1942 bis 1944 lehrte.

Am Berliner Germanischen Seminar hielt er zwischen 1938 und 1942 verschiedene Lehrveranstaltungen zur Romantik ab – so im Sommersemester 1939 die Vorlesung „Geschichte der politischen Literatur und Dichtung im Zeitalter der Romantik", im 2.Trimester 1940 „Übungen über Ernst Moritz

---

[87] Zwar erntete die *Geschichte deutscher Dichtung* die erwähnten positiven Rezensionen; ein durchschlagender Erfolg in der wissenschaftlichen Gemeinschaft stellte sich jedoch nicht ein. Als ein Indiz dafür kann gelten, daß die Würdigungen zu Kochs 50. Geburtstag nicht von Fachkollegen, sondern von systemkonformen Schülern verfaßt wurden, so von Paul Stapf: Erkenntnis als Bekenntnis. Zum 50. Geburtstag von Prof. Dr. Franz Koch am 21. März. In: Bücherkunde 5 (1938), S. 140-143.
[88] Dazu jetzt Alexander Honold: Julius Petersens Berliner Barock-Seminar 1927/28 zwischen den Schulen und Zeiten. In: Gesine Bey (Hrsg.): Berliner Universität und deutsche Literaturgeschichte, S. 89-104.
[89] Friedrich-Wilhelm Wentzlaff-Eggebert: Das Problem des Todes in der deutschen Lyrik des 17. Jahrhunderts. Leipzig 1931 (= Palaestra 171 = Diss. Berlin).

Arndt",[90] im 3. Trimester 1940 „Übungen zur Dichtung der deutschen Frühromantik", im Sommersemester 1941 „Übungen zum deutschen Roman der Neuzeit". Weitere Vorlesungen wie „Die deutsche Mystik und ihre Nachwirkungen in der Dichtung zwischen 1300 und 1800" (Trimester 1941) und „Hauptfragen der deutschen Literaturgeschichte zwischen spätem Mittelalter und neuester Zeit" (2. Trimester 1940) gingen zumindest kursorisch auf die romantische Epoche ein. Leider ist es unmöglich, das Romantikkonzept Wentzlaff-Eggebert aus nachgelassenen Aufzeichnungen zu Vorlesungen und Seminare zu eruieren – nach seiner Emeritierung warf der Wissenschaftler im Zuge seines Umzugs von Mainz nach Wasserburg alle Manuskripte und Vorlesungsmitschriften weg.[91] Aufklärung über Wissenschaftsprogramm und Romantikdeutung gewährt jedoch sein 1944 erstmals publiziertes Werk *Deutsche Mystik zwischen Mittelalter und Gegenwart. Einheit und Wandlung ihrer Erscheinungsformen*,[92] das auf einer längeren Entstehungsgeschichte basiert und dessen Positionen wohl auch die im Trimester 1941 angebotene Vorlesung zur Wirkungsgeschichte der Mystik zwischen 1300 und 1800 geprägt haben. Bereits in der öffentlichen Lehrprobe zur Verleihung der Dozentur, in der er am 29. Juni 1938 über *Das Problem der Mystik in der deutschen Geistesgeschichte* referierte, hatte Wentzlaff-Eggebert sein methodisches Prinzip erläutert:

> „Hauptsächlich müsse man die Mystik nicht als starres philosophisches System, sondern als geistige Erneuerungsbewegung sehen, in der sich ein Zug zur außerkirchlichen Frömmigkeitsvertiefung des deutschen Menschen vom Mittelalter an ausprägt. Außerdem sei im historischen Zusammenhange die Mystik im Sinne einer geschichtlichen Kontinuität zu betrachten, in der sich die Einheit der geistigen Bewegung trotz des vielfachen Wechsels der Träger erhält."[93]

Der 1944 in Buchform vorgelegte umfang- und materialreiche Überblick über die Geschichte der deutschen Mystik vom Mittelalter bis zur Romantik realisierte dieses Programm. Er gestattet es im folgenden, den methodischen Zugang und die Ergebnisse einer Betrachtungsweise zu beschreiben, die das Prinzip der geistesgeschichtlichen Typologisierung für rezeptionsgeschichtliche Rekonstruktionen fruchtbar machte und die Romantik explizit an die

---

[90] Über dieses Seminar hieß es in der davon angeregten Dissertation von Gerta Jahn (Das Problem des geistigen Menschen bei Ernst Moritz Arndt. Dresden 1941, S. VII), daß in ihm „von verschiedenen Seiten her der Beweis der Sonderstellung Arndts im Denken seiner Zeit erbracht wurde, die ihn aus der politischen Romantik heraushob und ihn zu einer wichtigen Persönlichkeit während des Überganges von der deutschen Kulturnation zu einem deutschen Nationalstaat werden ließ".

[91] So der Schwiegersohn Friedrich-Wilhelm Wentzlaff-Eggeberts, Dietrich Kafitz, im Brief vom 8. Oktober 1995 an den Verfasser.

[92] Friedrich Wilhelm Wentzlaff-Eggebert: Deutsche Mystik zwischen Mittelalter und Neuzeit. Einheit und Wandel ihrer Erscheinungsformen. Berlin 1944; 2., durchges. Aufl. 1947; 3., erw. Aufl. 1969.

[93] Philosophische Fakultät der Friedrich-Wilhelms-Universität Berlin an das REM. Bericht über die öffentliche Lehrprobe zur Verleihung der Dozentur an Dr. phil. habil. Wentzlaff-Eggebert vom 29. Juni 1938. BA/BDC, Personalakte Friedrich-Wilhelm Wentzlaff-Eggebert, Bl. 10-12, hier Bl. 11.

Mystik anschloß. Zugleich eröffnet diese Arbeit den Blick auf die in den 1930er und 1940er Jahren vielfach praktizierten Expansionen des Begriffs „deutsche Mystik", in deren Verlauf der von Karl Rosenkranz geprägte und auf die Spekulationen Meister Eckharts und seines Kreises angewandte Begriff,[94] den die Philologie des 19. und beginnenden 20. Jahrhunderts literarhistorisch verengt hatte,[95] zu einem Zentralproblem geisteswissenschaftlicher Forschung avancierte.[96]

Den Einstieg in seine historische Darstellung nahm Wentzlaff-Eggebert durch eine konzeptionelle Vorentscheidung, die es gestattete, in der literarischen Überlieferung zwischen 1300 und 1800 eine neuplatonisch-mystische Komponente aufzufinden und damit den Begriff der ‚deutschen Mystik' weit über die historisch-konkrete Erscheinung hinauszudehnen. Scheiterten bisherige Darstellungen der Mystik daran, „daß das Einheitliche ihres Kernes nicht unterschieden wurde von den Wandlungen ihrer Ausprägung im Schrifttum der einzelnen Jahrhunderte",[97] sollte die von ihm gewählte Perspektive einer konfessionell unabhängigen ‚Wesensschau' die Erkenntnismöglichkeit über die „historische" Mystik eines Eckart, Tauler und Seuse hinaus erweitern:

> „Um eine klare wissenschaftliche Unterscheidung dessen zu erreichen, was als mystisches Gedankengut in der deutschen Literatur und Dichtung anzusehen ist, muß sich der einzelne Forscher für einen Standpunkt entscheiden, der einmal so unabhängig wie möglich von konfessionellen Bindungen ist und der andererseits das Wesen der Mystik von ihren Erscheinungsformen im Verlauf der Jahrhundert trennt. Beide Voraussetzungen erhalten erst ihre volle Gültigkeit, wenn die Trennung zwischen Mittelalter und Neuzeit durch die Weite des Blickwinkels völlig überwunden und damit der Blick für das Wachsen einer geistigen Erneuerungsbewegung freigegeben wird."[98]

---

[94] Karl Rosenkranz: Rezension zu Diepenbrocks Seuse-Ausgabe. In: Berliner Jahrbücher für wissenschaftliche Kritik. Bd. I. Berlin 1831, S. 147 ff.

[95] Dazu u.a. Günther Müller: Zur Bestimmung des Begriffs ‚Altdeutsche Mystik'. In: DVjs 4 (1926), S. 97-126; Gottfried Fischer: Geschichte der Entdeckung der deutschen Mystiker Eckhart, Tauler und Seuse im 19. Jahrhundert. Freiburg 1931; Hanfried Krüger: Verständnis und Wertung der Mystik im neueren Protestantismus. München 1938.

[96] Zeugnisse der intensiven Forschung zur deutschen Mystik nach 1933 waren u. a. Erich Seeberg: Meister Eckhart. Tübingen 1934; Herbert Grundmann: Die geschichtlichen Grundlagen der deutschen Mystik. In: DVjs 12 (1934), S. 400-429; ders.: Religiöse Bewegungen im Mittelalter. Untersuchungen über die geschichtlichen Zusammenhänge zwischen Ketzerei, dem Bettelorden und der religiösen Frauenbewegung im 12. und 13. Jahrhundert und über die geschichtlichen Grundlagen der deutschen Mystik. Berlin 1935; Willy Zippel: Die Mystiker und die deutsche Gesellschaft des 13. und 14. Jahrhunderts. Diss. Leipzig 1935; Eleonore Benary: Liedformen der deutschen Mystik im 14. und 15. Jahrhundert. Diss. Greifswald 1936; Ernst Benz: Über den Adel in der deutschen Mystik. In: DVjs 14 (1936), S. 505-535; Dietrich Mahnke: Unendliche Sphäre und Allmittelpunkt. Halle 1937; R. F. Merkel: Die Mystik im Kulturleben der Völker. Hamburg 1941; Edgar Hederer: Mystik und Lyrik. München, Berlin 1941.

[97] Friedrich Wilhelm Wentzlaff-Eggebert: Deutsche Mystik zwischen Mittelalter und Neuzeit. Einheit und Wandel ihrer Erscheinungsformen. Berlin 1944, S. 4.

[98] Ebenda, S. 4.

Von dieser Entdifferenzierung ausgehend, bestimmte Wentzlaff-Eggebert als durchgängiges „Wesen" der Mystik das mit der Formel „unio mystica" umschriebene „Streben nach Vereinigung der seelischen Kräfte des einzelnen Menschen mit Gott".[99] Da sich dieses mystische Vereinigungsverlangen nicht *systematisch* entfalten lasse, bleibe für seine wissenschaftliche Erfassung allein eine gleichsam *historische*, von Fall zu Fall vorgehende Beschreibung: „indem gezeigt wird, wie sich dieser oder jener bestimmte Mystiker zu gewissen, immer wiederkehrenden Erlebnissen und Aufgaben gestellt hat."[100] Die Ausweitung des historisch konkreten Phänomens der Mystik zu einem *existentiellen* Welt- und Gottesbezug bot die Möglichkeit, auch das Gedankengut Schleiermachers, Fichtes und Novalis' zur Konsequenz mittelalterlicher *unio*-Vorstellungen zu erklären und dieses in die problemgeschichtliche Untersuchung einzubeziehen. Entsprechend dieser Perspektive wurde die Romantik als letzter Niederschlag mystischer Frömmigkeit klassifiziert. Ihr wesentliches Charakteristikum wäre nicht – und das hob Wentzlaff-Eggeberts Bestimmung von zahlreichen anderen Deutungen dieser Zeit ab – „organisches Denken" oder „Volkstumsentdeckung", sondern ihre „neue Religiosität und ein neuer Erlösungsgedanke".[101] In den philosophischen und poetischen Leistungen Schleiermachers, Fichtes und Novalis', die auf alte *unio mystica*-Vorstellungen zurückgriffen, sei der Anspruch auf ein unmittelbares Verhältnis zu Gott und Natur wiederbelebt worden. Durch zahlreiche Textstellen fand Wentzlaff-Eggebert seine These bestätigt, daß mystische Vereinigungsideen den romantischen Erlösungsgedanken generiert hätten – ob in Schleiermachers Auffassung der „Religion als mystischem Erleben"[102], in Fichtes Begriff des Ich als einem „ekstatisch-mystischen Erlebnis der inneren Erfahrung"[103] oder in Novalis' „Auflösung der alten *unio*-Vorstellung in einer neuen Synthese von Menschengeist und Gottesgeist".[104] Die den drei Reprä-

---

[99] Ebenda, S. 5. Mystik sei eine „Frömmigkeitsform ..., in welcher die Überwindung der Trennung zwischen der irrationalen Gottheit und der reinen Seele schon in diesem Leben bis zur vollkommenen Wesensvereinigung in der ‚unio mystica' gefordert und erlebt wird", ebenda S. 7.

[100] Ebenda, S. 6.

[101] Ebenda, S. 226.

[102] Ebenda, S. 226.

[103] Ebenda, S. 230. – Vgl. dazu die zahlreichen Arbeiten dieser Zeit, die auf die Zusammenhänge zwischen Meister Eckhart und Fichte hinweisen und denen Wentzlaff-Eggeberts Fassung des Ich-Begriffs als einer „ekstatisch-mystischen Erfahrung" geschuldet war, u.a. Dietrich Mahnke: Ewigkeit und Gegenwart. Eine Fichtische Zusammenschau. Erfurt 1922; Heinz Finke: Meister Eckhart und Fichte, verglichen in ihren religiösen Vorstellungen. Diss. Greifswald 1934; Ernst von Bracken: Fichte und Eckhart. Würzburg 1943; Werner Limper: Fichte und die Romantik. Berlin, Wien, Zürich 1940.

[104] Ebenda, S. 237. – Hier rekonstruierte Wentzlaff-Eggebert in Anlehnung an die Dissertation seiner Straßburger Schülerin Maria Hamich (Über die Wandlungen der mystischen Vereinigungsvorstellungen bei Friedrich von Hardenberg. Diss. Straßburg 1943) eine „mystische Lebenslehre", die der Dichter aus der Verbindung von mystischer Spekulation und Fichtescher Philosophie gewonnen habe. „Innere Einkehr", „produktive Imagination" und Liebe als „willensmäßige Voraussetzung für die auf dem Wege der unio vollzogene Verbindung mit dem absoluten Sein" seien die Kennzeichen einer Vereinigungsvorstellung, die den Deutschen Idealismus und die Mystik verbinde.

sentanten der Frühromantik eigenen Vorstellungen von einer *unio mystica* zeigten exemplarisch „Einheit und Wandel" mystischer Erlebnis- und Denkformen: Trotz der historischen Differenz zwischen Mittelalter und Romantik offenbare sich in der romantischen Vollendung der Mystik eine Identität des deutschen Geistes, die in der „neuen ‚Erlösung' des Lebens" und der „erhöhtesten Erfüllung des Dichtertums überhaupt" das „Formen- und Strukturgesetz jener alten Vorstellung von der unio mystica des menschlichen Geistes mit dem Geist Gottes" bewahrt habe. Wentzlaff-Eggeberts Geschichte der deutschen Mystik schloß mit dem Umriß eines Romantikbildes, das die von ihm demonstrierten Deutungsprinzipien künftigen Forschungen empfahl:

> „Durch eine über Novalis hinausgreifende Darstellung von der Beteiligung der deutschen Romantik an der verwandelnden und neuschöpferischen Wiederbelebung der alten mystischen Erscheinungsformen würde sich das Bild des Weiterwirkens mittelalterlicher Mystik noch vertiefen. Man würde gerade in der Betrachtung der Wandlungen in der Auffassung mystischer Grundformen erkennen, wie sich eine neue geschichtliche Anschauung überall durchsetzt. Eine Fülle neuartiger und doch urverwandter Anschauungen ließe sich bei Josef Görres erkennen, genau so wie bei Franz von Baader, der die abgerissene Verbindung zur Naturmystik wieder herstellt, während der Philosoph Karl Christian Friedrich Krause eine eigene Terminologie und eine neue Lebenslehre nach mystischem Vorbild schafft, die über Deutschlands Grenzen hinaus bis nach Spanien wirkt. Romantische Philosophie und Dichtung vereinigen sich in der Vorstellung von dem einen ewigen Ziel deutscher Mystik: zu einem frei gewählten persönlichen Verhältnis zu Gott und zur Vereinigung mit dem Geiste Gottes in der Welt zu gelangen."[105]

7.2.4 Rassenbiologische Theoreme und synthetisches Konzept: Die Romantikvorlesungen von Hans Pyritz

Als nach dem Tode Julius Petersens im August 1941 dessen verwaister Lehrstuhl neu zu besetzen war, plädierten die Mitglieder des Fakultätsrates für einen 36jährigen Nachwuchswissenschaftler, der erst im Jahr zuvor habilitiert worden war und zur Zeit eine Professur in Königsberg wahrnahm: Hans Pyritz.[106] Er schien nach Meinung der im Fakultätsrat vertretenen Ordinarien

---

[105] Ebenda, S. 245.
[106] Hans Pyritz hatte von 1924 bis 1930 am Berliner Germanischen Seminar studiert und bei Julius Petersen 1931 mit einer Studie zu Paul Flemming promoviert; war 1931-34 wissenschaftlicher Assistent am Deutschen Seminar der Universität Königsberg; 1934-35 Mitarbeiter am *Deutschen Wörterbuch,* 1935-1941 Vorsteher des Handschriftenarchivs der Preußischen Akademie der Wissenschaften. Für seine Arbeit *Goethe und Marianne von Willemer. Eine biographische Studie* (Stuttgart 1941) und die erst 1950 veröffentlichte Edition der „Minneburg" am 12. Juli 1940 habilitiert, wurde er nach einjährigem Kriegsdienst (August 1939 – September 1940) am 23. Dezember 1940 zum Dozenten ernannt, vgl. Vita H. Pyritz. In: Hans Pyritz: Schriften zur deutschen Literaturgeschichte. Hrsg. von Ilse Pyritz. Köln, Graz 1962, S. 219-228.

die philologische Tradition der Berliner Germanistik am besten vertreten zu können.[107] Auf den Listenplätze folgten Ernst Bertram und Josef Nadler.[108] Franz Koch, der die zweite Professur für Neuere deutsche Literaturgeschichte inne hatte und neben Julius Schwietering Direktor des Seminars war, stellte in einem „Seperatvotum" eine Dreierliste älterer Germanisten dagegen: Willy Flemming auf Platz 1, Karl Justus Obenauer auf Platz 2, Paul Böckmann auf Platz 3.[109] Neben deren ausdrücklich betonter Parteizugehörigkeit waren es wohl vor allem Alter und Herkunft aus der Geistesgeschichte, die Koch mit ihnen verband: Die beiden erstgenannten Flemming und Obenauer waren seine Generationsgenossen und hatten sich gleichfalls mit einschlägigen Bemühungen um eine politisch konforme Literaturwissenschaft ausgewiesen. Trotz Kochs eigensinniger Bemühung, die vom Seminar als Eingriff in die übliche Praxis einer gemeinsamen Entscheidungsfindung kritisiert wurde, entsprach das Reichserziehungsministerium dem Vorschlag des Fakultätsrates und berief zum 1. April 1942 Hans Pyritz.[110] Wohl wissend, daß

---

[107] Vgl. Besetzungsvorschläge für den Lehrstuhl des Professor Petersen für „Deutsche Philologie", Anlage 1. UA der HUB, Personalakte Petersen UK 78, Bd. III, Bl. 88 f. [abgefaßt von Julius Schwietering]: „Von den beiden Lehrstühlen für Neuere deutsche Literaturgeschichte an der Universität Berlin ist der eine durch einen Vertreter der geisteswissenschaftlichen Richtung besetzt. So ist es im Sinne der Ergänzung und Bereicherung des Faches der deutschen Literaturgeschichte an der hiesigen Universität erwünscht, daß der auf den Lehrstuhl Petersens zu berufende andere Literarhistoriker die philologische Richtung dieser Wissenschaft vertritt. Über die Belange der Berliner Universität hinaus fordert der wissenschaftliche Gesamthaushalt der Germanistik an deutschen Universitäten, daß der philologische Stützpunkt deutscher Literaturwissenschaft an dieser sichtbaren Stelle erhalten bleibt. Wie die wichtigsten zur Zeit erscheinenden Ausgaben deutscher Dichtertexte von hier aus geleitet wurden, so gibt es zu denken, daß die Generation der eben in ordentliche Professuren eingerückten oder einrückenden Literarhistoriker (Kayser, Pyritz, Trunz, Wentzlaff-Eggebert) sämtlich hier ihre Ausbildung fanden. Nach dieser grundsätzlichen Erwägung muß für die Nachfolge Petersens an erster Stelle der Königsberger Ordinarius Hans Pyritz in Vorschlag gebracht werden."

[108] Vgl. ebenda: „Falls Pyritz unter keinen Umständen zu bekommen wäre, würde man eher auf die philologische Richtung verzichten, als an dieser Stelle zu Zweitrangigen zu greifen. Darum seien für den Fall, daß Pyritz ausscheidet, Ernst Bertram (Köln, geb. 1884 zu Elberfeld) und Josef Nadler (Wien, geb. 1884 zu Neudörfl Böhmen) als überragende Forscher und weithin ausstrahlende Persönlichkeiten genannt, in erster Linie Bertram, weil er unmittelbar und näher zur Dichtung führt und immer wieder der Dichtung dienen will, während Nadler die Dichtungen für seine großzügigen Geschichtskonstruktionen benutzt, zur Erhellung der Dichtung und des Dichterischen oft nur mittelbar beiträgt."

[109] Vorschläge des Prof. Dr. Franz Koch an den Herrn Reichserziehungsminister. Ebenda, Anlage 3, Bl. 81-85.

[110] Zuvor hatte dieser durch Mitteilung eines Parteieintritts seine Loyalität gegenüber dem politischen System deutlich gemacht, vgl. Hans Pyritz an den Kurator der Friedrich-Wilhelms-Universität. Brief vom 8. 8. 1942. UA der HUB, Personalakte Pyritz UK 201, Bd. I, Bl. 49: „Zur Ergänzung meiner Personalakten erlaube ich mir nachzutragen, dass ich der Nationalsozialistischen Deutschen Arbeiterpartei mit Eintrittsdatum vom 1. Juli 1941 angehöre. Meine Mitgliedsnummer ist: 8 902 079. Heil Hitler!" – Nach Kriegsende leugnete Pyritz seine Parteimitgliedschaft, so im Brief an den Rektor der Friedrich-Wilhelms-Universität, Prof. Johannes Stroux, vom 24. 11. 1945, ebenda, Bl. 65, in dem er gegen seine Unterbezahlung als „belasteter" Professor mit 250 RM protestiert: „Und für welches ‚Verschulden' werde ich letzten Endes gegenüber den Kollegen so deklassiert? Ich bin nicht einmal Mitglied der Partei gewesen, sondern Anwärter, seit 1941, einem äußern Zwange folgend. Ich habe nie Gebrauch von

er seine Berufung der Herkunft aus der Schule Petersens verdankte, betonte Pyritz in seiner Antrittsvorlesung im Sommersemester 1942 denn auch den „Vorrang des philologisch-genetischen Verfahrens" vor „geistesgeschichtlichen Schlüssen".[111] Gleichzeitig bekannte er sich zu dem von Petersen entworfenen Konzept einer „synthetischen Vermittlung" – unterschiedlicher Forschungsmethoden. Daß eine so gewonnene „allseitige Gesamtschau" auch Theoreme einer völkischen Literaturbetrachtung zu integrieren vermochte, hatte er bereits während der öffentlichen Lehrprobe im Rahmens seines Dozenturverfahrens 1940 demonstriert. In seinem Vortrag zum Thema „Goethes Volksbewußtsein", bezeichnenderweise von Franz Koch bestimmt,[112] zog er gängige Topoi der „organbiologischen" Literaturbetrachtung heran, um den Dichter zum Propheten „eines Volksgefühls und Geschichtsbildes von damals unerhörter seherischer Tiefe" zu erheben:

> „Der junge Goethe, aus volksfremder Aufklärungstradition kommend, stößt in Straßburg zu einem Volkserlebnis von spezifisch grenzdeutscher Färbung durch, dem dann Herders umstürzende Lehren vom Volkstum Hintergrund und Weite geben. [...] Es zeigt sich, daß Goethe in diesen Notjahren [der Befreiungskriege] einen Volksbegriff erarbeitet hat, der den rassebiologischen Einsichten unserer Gegenwart ganz nahe kommt, und daß er aus solch organisch-biologischem Volksdenken seine ganz besondere, ihm zutiefst gestellte Aufgabe und Verantwortung als Hüter und Mehrer des kulturellen Besitzes der Nation ergriffen und begründet hat. Nicht weniger bedeutet in Wahrheit die Epoche der Freiheitskriege für Goethe, als eine Wiedergeburt des Deutschtumserlebnisses seiner jugendlichen Titanenzeit."[113]

---

dieser mir verhaßten Eigenschaft gemacht, nie eine parteiliche Funktion bekleidet, bin von den örtlichen Parteistellen wie von behördlicher und parteiwissenschaftlicher Seite beargwöhnt, befehdet und geschädigt worden. Ich habe meine radikal ablehnende Gesinnung unerschüttert festgehalten und in meinem gesamten Lebensumkreis bis an die Grenze des Möglichen vertreten. Ich habe die Verbindung mit verfemten Verwandten und Fachgenossen bis zuletzt gewahrt und vor allem meine Forschungs- und Lehrtätigkeit so eindeutig auf Abwehr der Parteieinflüsse ausgerichtet, daß ich vielleicht – wenn man geistige Wirkungen gebührlich einschätzt – mehr als mancher äußerlich Unbelastete gegen das Hitlerwesen geleistet habe." Vgl. ebenfalls Hans Pyritz: „Erklärung über mein Verhältnis zur NSDAP" vom 15. 12. 1945, ebenda, Bl. 73, in der er betonte, 1941 nur unter Zwang Parteianwärter und nie „eigentliches Mitglied" geworden zu sein: „...habe weder Mitgliedsbuch noch Mitgliedskarte erhalten, auch keinen Parteieid geleistet".

[111] Hans Pyritz: Gedenkworte auf Julius Petersen. Einleitend gesprochen in der Berliner Antrittsvorlesung des Sommersemesters 1942. In: H. Pyritz: Schriften zur deutschen Literaturgeschichte, S. 102-107, hier S. 104.

[112] Pyritz selbst hatte in seinem Gesuch an den Dekan der Philosophischen Fakultät vom 12.8. 1940 folgende Themen für die öffentliche Lehrprobe vorgeschlagen: 1. Goethes Volksbewußtsein; 2. Die Wege der literarischen Barockforschung; 3. Das Biedermeier-Problem in der deutschen Literatur. Franz Koch, der als einer der Direktoren des Germanischen Seminars den Brief an den Dekan weiterleitete, bat, daß erste Thema zu wählen; UA der HUB, Personalakte Pyritz UK 201, Bd. II, Bl. 32.

[113] „Goethes Volksbewußtsein". Öffentliche Lehrprobe, gehalten an der Berliner Universität von Dr. habil. Hans Pyritz am 12., 13. und 16.9. 1940. UA der HUB, Personalakte Pyritz UK 201, Bd. II, Bl. 37f. – Nach erfolgreicher öffentlicher Lehrprobe wurde Hans Pyritz am 23.12. 1940 die Lehrbefugnis für Deutsche Philologie verliehen und er unter Berufung in das Beamtenverhältnis zum Dozenten ernannt; vgl. REM an Hans Pyritz. Brief vom 23. Dezember 1940. Ebenda, Bl. 54.

Pyritz, der bis zum August 1944 am Seminar lehrte und im Juli 1947 nach Bemühungen seines Berliner Kommilitonen und Kollegen Ulrich Pretzel Ordinarius in Hamburg wurde,[114] widmete in seiner nur kurzen Berliner Zeit der Romantik überdurchschnittliche Aufmerksamkeit. Neben Vorlesungen zur Romantik im Sommersemester 1941 und Wintersemester 1941/42 bot er mehrere Seminare an, die direkt oder teilweise auf sie eingingen – so „Übungen zur romantischen Lyrik" im Sommersemester 1941, die im folgenden Wintersemester fortgesetzt wurden, „Übungen zur Geschichte der deutschen Ballade" im Sommersemester 1943, „Der deutsche Künstlerroman" im Wintersemester 1943/44, „Das romantische Drama" im Sommersemester 1944.[115] Seine Vorlesungsskripte und Seminarpläne sind in hand- und maschinenschriftlicher Fassung im Deutschen Literaturarchiv in Marbach erhalten.[116] Sie stellen die Basis für die nachfolgende Rekonstruktion dar, die sich primär auf die Gliederungsprinzipien und Strategien des Theorieaufbaus konzentriert. Besondere Aufmerksamkeit richtet sich auf Pyritz' Auseinandersetzung mit dem Forschungsstand.

In seiner Vorlesung entwickelte Pyritz, gestützt auf ein immenses bibliographisches Material, nach umfangreichen einleitenden Bemerkungen einen Aufriß der romantischen Bewegung, der nicht nur bekannte Dichtern und Theoretiker einbezog, sondern auch fast vergessene Poeten und Poetessen, Naturphilosophen und Dramatiker vorstellte.[117] Die besondere Ausführlichkeit, mit der er sich der Romantik widmete, ergab sich aus ihrer Bedeutung

---

[114] Dazu Christa Hempel-Küter, Hans-Harald Müller: Zur Neukonstituierung der Neueren deutschen Literaturwissenschaft an der Universität Hamburg 1945. In: W. Barner, C. König (Hrsg.): Zeitenwechsel, S. 19-34.

[115] Auch im Seminar „Die deutschen Volksbücher des 16. Jahrhunderts", das Pyritz im Sommersemester 1942 anbot, spielte die Romantik eine Rolle. Für die rezeptionsgeschichtliche Behandlung der Volksbücher waren u. a. die Themenkomplexe „Ludwig Tieck und die deutschen Volksbücher", „Görres und seine Anschauungen vom Volksbuch", „Der Fortunatus-Stoff in der deutschen Romantik" vorgesehen, vgl. unnumeriertes Blatt „Die deutschen Volksbücher des 16. Jahrhunderts" in der Mappe „Themen für Seminare und Seminararbeiten", DLA A: Pyritz.

[116] Hans Pyritz: Die deutsche Frühromantik. Vorlesung SS 1941. Handschriftliches Ms. DLA A: Pyritz.

[117] Vgl. ebenda, Bl. 1, Gliederung der Vorlesung: I. Einleitung: Das wissenschaftliche Bild der deutschen Romantik; II. Der philosophische Wegbereiter: Johann Gottlieb Fichte; III. Der künstlerische Wegbereiter: Wilhelm Wackenroder; IV. Der romantische Universalpoet: Ludwig Tieck; V. Die romantischen Programmatiker: 1. August Wilhelm Schlegel, 2. Friedrich Schlegel; VI. Die Frauen der Frühromantik: 1. Caroline, 2. Dorothea Veit, 3. Henriette Herz, 4. Rahel Levin, 5. Sophie Bernhardi, 6. Maria Alberti, 7. Dorothea Tieck, 8. Sophie Mereau, 9. Helmina von Chezy, VII. Theologische und philosophische Systembildungen der Frühromantik: 1. Friedrich Schleiermacher, 2. Friedrich Wilhelm Schelling; VIII. Frühromantische Naturphilosophie: 1. August Ludwig Hülsen, 2. Franz von Baader, 3. Henrik Steffens, 4. Johann Wilhelm Ritter, 5. Lorenz Oken, 6. Gotthilf Heinrich Schubert, 7. Gottfried Reinhold Treviramus; IX. Frühromantische Ästhetik: 1. August Ferdinand Bernhardi, 2. Philipp Otto Runge; 3. Ferdinand Solger; X. Die dichterische Erfüllung der Frühromantik: Novalis; XI. Das Schicksalsdrama: 1. Zacharias Werner, 2. Adolf Müllner; 3. Ernst von Houwald; XII. Der Epiker der romantischen Epoche: Jean Paul; XIII. Abklänge und Übergänge: 1. Friedrich Gottlob Wetzel, 2. Friedrich Heinrich von der Hagen.

für literaturwissenschaftliche Erklärungsansprüche: Als das „vieldeutigste und schillerndste Phänomen der deutschen Geistesgeschichte" sei sie ein Zentralproblem der literarhistorischen Bemühungen; „Prüfstein und Kampfplatz aller wissenschaftlichen Methoden; ja schließlich Anlaß zu grundsätzlichen Fragen der geschichtlichen Erkenntnismöglichkeiten überhaupt."[118] Nach terminologischer Bestimmung ihres Begriffs gab Pyritz eine Einführung in den Wandel ihrer Definitionen im 19. Jahrhundert, um im Anschluß daran die Forschungsrichtungen seit der Jahrhundertwende genauer zu erörtern. Für die philologische Tatsachenforschung seit Haym konstatierte er eine Vielzahl von Einzeluntersuchungen, „oft freilich positivistischen Charakters", und beklagte gleichzeitig die „heutige Abkehr von philologischer Tatsachenarbeit" als „ernste Gefahr".[119] Es fehle an modernen Gesamtausgaben und an wissenschaftlich zureichenden Biographien; auch die „große tatsachenmäßige Gesamtdarstellung, der moderne ‚Haym'" stehe noch aus. Blühend stelle sich die geistesgeschichtliche Forschung dar, wenn auch deren ausschließliche Blickrichtung auf die irrationalistischen Momente die rationalen Leistungen der Romantik vernachlässige. Scharf wies er die „geschichtsfremden Konstruktionen" Max Deutschbeins, Georg Stefanskys und Friedrich Gundolfs zurück.[120] Die stilgeschichtliche Forschung habe unter dem „verhängnisvollen Einfluß der Kunstwissenschaft" deren Polaritätskonstrukte auf die Literaturgeschichte übertragen und das Verhältnis Klassik-Romantik auf den Gegensatz „Vollendung – Unendlichkeit" reduziert, was vor allem die Schuld der „einseitigen Wölfflin-Jünger" Theodor Spoerri und Fritz Strich gewesen sei.[121] Wenig hätten sozialgeschichtliche und soziologische Forschung ergeben, die Pyritz kurz als „erledigt" abfertigte. Den stärksten sozialen Faktor der romantischen Bewegung stellten die geselligen Verbindungen in Jena und Berlin dar, wobei die jüdischen Salons als „verhängnisvolle gesellschaftliche Einflüsse" zu werten seien.[122] Der durch Haym und Dilthey verwendete Generationenbegriff habe als geschichtliches Erklärungsprinzip für die Bestimmung des Verhältnisses von Klassik und Romantik, früher und späterer Romantik an Gewicht gewonnen. Mit der Berücksichtigung von „Anlage" und „Bildungserlebnis" und der Untersetzung durch Ergebnisse der Jugendpsychologie bilde der von Petersen und Pinder geprägte geistesgeschichtliche Generationsbegriff einen „Grundriß",

---

[118] Ebenda, Bl. 1.
[119] Ebenda, Bl. 9.
[120] Hans Pyritz: Deutsche Romantik, Vorlesungsmanuskript Bl. 10f. – Stefanskys *Wesen der deutschen Romantik* von 1923 sei eine „Verbindung von Deutschbein und Nadler"; zu Gundolf hieß es: „keine Gesamtkonzeption; Blick auf die Einzelgestalt, aber im freien Raum einer absoluten Ästhetik; Verwerfungsurteil über die Romantiker vor dem Forum eines kanonischen, an Goethe und George gebildeten Kunstideals".
[121] Ebenda, B. 12. Dazu Pyritz, Bl. 13: „Blendende, aber völlig abwegige und gefährliche Konstruktion". Es könne keine Rede von polarem Gegensatz Klassik-Romantik sein, vielmehr sei die Romantik Weiterbildung der Klassik und Goethe selbst eine vielschichtige Erscheinung, kein Marmorbild „klassischer Vollendung".
[122] Ebenda, Bl. 14.

der weiterer „Klärung und Ausfüllung" bedürfe.[123] Nadlers „Rückführung geistes- und literaturgeschichtlicher Kräfteprozesse auf Stamm und Landschaft als Urgegebenheiten" bescheinigte Pyritz zwar „Kühnheit der Ideen, glänzende Sprache, Überredungskunst" doch seien die Schwächen der Konzeption „heute erkannt": Die Übertragung naturwissenschaftlicher Gesetze auf geistige Sachverhalte sei „fragwürdig"; Blut, Landschaft und Kulturraum stellten wechselnd gebrauchte Gesichtspunkte einer Deutung dar, die kein Verhältnis zur künstlerischen Einzelerscheinung entwickle und ästhetische Werte ausblende.[124] Wegweisend und bleibend an der stammesethnographischen Literaturgeschichtsschreibung sei „eine Erkenntnis von entscheidendem Gewicht: Bedingtheit der Geisteskultur durch gruppenbiologische Voraussetzungen".[125] Die irrtümlichen naturwissenschaftlichen Kausalerklärungen Nadlers würden durch Franz Kochs „organbiologische Betrachtungsweise" korrigiert: Diese setze „die irrationale Dynamik der schöpferischen Persönlichkeit und Einzelleistung in ihre Rechte wieder ein", wende den Blick „vom Gruppenbiologischen zum Volksbiologischen" und mache so „die Selbstgestaltung des germanisch-deutschen Volkscharakters sichtbar". Im Bemühen, „den Wachstumsvorgang des volkhaften Erbplasmas freizulegen", würden sich „Organismuslehre und Ideengeschichte zu völkischer Artkunde" verbinden.[126] Pyritz Assimilation an aktuelle (und ideologisch konforme) Wissenschaftsprogramme ging jedoch noch weiter: Neben der „Rassen- und Rassenseelenforschung" zur „gültigen Klärung der naturhaften Grundlagen des Geistigen, über Nadler hinaus und auf anderem Wege"[127] sah er auch die „Erkenntnis der Rolle des Judentums in der Romantik" als „riesige Aufgabe" an, von der „wichtige Aufschlüsse" zu erwarten seien.[128]

Die nachfolgende Bestimmung der romantischen Bewegung – geleitet duch das explizit formulierte Ziel, nicht eine „umfassende Formel", sondern „Einsicht in die Existenzwirklichkeit des romantischen Menschen" zu gewinnen[129] – versuchte eine Synthese der eingangs erläuterten Deutungsansätze. Eine entscheidende Rolle spielten dabei geistesgeschichtliche Klassifika-

---

[123] Ebenda, Bl. 15f.
[124] Ebenda, Bl. 17. Weiter hieß es: „[N]ur Strategie der Massenbewegungen; der schöpferische Mensch nur zufälliger Exponent dieser Bewegungen, Kreuzungspunkt und Ausdruck von Raumkräften; Verzeichnung der Neuzeit durch Goethe-Antipathie und katholisierende Tendenzen".
[125] Ebenda, Bl. 19.
[126] Ebenda, Bl. 19. – Umrisse dazu existierten bis jetzt, so Pyritz, nur in Franz Kochs *Geschichte deutscher Dichtung*.
[127] Ebenda, Bl. 20.
[128] Vgl. ebenda, Bl. 20: „Abgesehen von Graus eindringenden Untersuchungen über Wilhelm von Humboldt und die Juden (auch die Geschichte der Romantik berührend) nur erst bescheidene Anfänge: Paul Busch, Friedrich Schlegel und das Judentum. Diss. Münster 1939; Hans Karl Krüger, Berliner Romantik und Berliner Judentum. Bonn 1939. Das sind Themen, die über Diss.-Rahmen hinausgehen und vollen Einsatz reifer Gelehrtenkraft erfordern. Wichtige Aufschlüsse noch zu erhoffen."
[129] Ebenda, Bl. 22.

tionen, die die romantische Weltanschauung auf einen durch die Mystik des Mittelalters, Jakob Böhme und Franz Hemsterhuis vermittelten Neuplatonismus zurückführten,[130] zum anderen biologistische Reduktionen, die etwa aus der adligen Herkunft einzelner Romantiker auf die „feinnervige Offenheit gegenüber kulturellen Traditionswerten" und das „neue geschichtliche Bewußtsein" der gesamten Bewegung schlossen.[131] Die geistesgeschichtliche Überzeugung von der Einheit der klassisch-romantischen Literaturepoche war auch für Pyritz verbindlich. Zwischen Klassik und Romantik bestehe kein polarer Gegensatz; Goethe selbst sei „einer der Väter der Romantik".[132] In der Frage des umstrittenen Verhältnisses von früherer und späterer Romantik taktierte er: „Zweifellos wegweisende Aufschlüsse, entscheidende Einsichten durch Baeumler; und mangelndes Organ Walzels für die neuen Werdekräfte jenseits des ästhetischen Bereichs (für die uns heute der Sinn aufgegangen ist). Aber deshalb keine Zerreißung des Romantik-Vorgangs notwendig. Der nicht wegzuleugnende lebens- und geistesgeschichtliche Zusammenhang übergreift die Stufen und Gegensätze der zeitlichen Entfaltung."[133] Daran anschließend würdigte Pyritz die romantische Ironie als „fruchtbares Prinzip, insofern es von aller Befangenheit in Dogmen und Lehrmeinungen befreite"[134] – durchaus nicht selbstverständlich, wenn man sich an die Verdikte Walther Lindens oder Franz Kochs erinnert. Andererseits kolportierte er gängige Urteile in der Bewertung Friedrich Schlegels und Tiecks, wenn er sie zu „Naturen ohne starke innere Substanz" abstempelte

---

[130] Vgl. ebenda, Bl. 30: „In dieser gemeinsamen Wurzel das Verbindende von Sturm und Drang, Klassik und Romantik sinnfällig: die abendländische Tradition des Irrationalismus als besondere Aufgabe des deutschen Geistes." In Klammern dahinter: „Unter dem Gesichtspunkt dieses Eindeutschungs- und Selbstfindungsprozesses von Kindermann der glückliche, alle drei Stufen zusammenfassende Begriff der ‚Deutschen Bewegung' geschaffen." – Noch 1950 plädierte Pyritz für eine Weiterverwendung des belasteten Begriffes, vgl. Hans Pyritz: Probleme der deutschen Romantikforschung. In: H. Pyritz: Studien zur deutschen Literaturgeschichte, S. 73-93, hier S. 77: „Und man wird den Nohlschen Terminus ruhig weiter gebrauchen dürfen, wenn man ihn streng geschichtlich definiert, in dem Sinne, daß er den deutschen Anteil an der gesamteuropäischen Geisteswende des 18. und 19. Jahrhunderts meint. Er würde erst dann gefährlich werden und Schaden stiften, wenn man mit ihm die Vorstellung verbände, die Deutschen hätten ihre klassische Literatur allein aus den Tiefen der eigenen Seele aufgebaut, unter Absonderung aus dem abendländischen Lebensgefüge oder gar unter Protest gegen den westeuropäischen Geist. Es gab Wirrköpfe, die das behaupteten und so die Ergebnisse der ernsthaften Forschung diskreditierten. Aber auch hier gilt das alte Wort: abusus non tollit usum."
[131] Ebenda, Bl. 26. – Friedrich von Hardenberg, Achim von Arnim, Kleist, Eichendorff, die Günderode seien „deutscher Uradel"; Clemens und Bettina Brentano, Fouqué, Chamisso „romantischer Uradel".
[132] Ebenda, Bl. 33.
[133] Ebenda, Bl. 36. – Die Überzeugung von der Einheitlichkeit der romantischen Bewegung schlug sich auch in den Ausführungen im § 7 (Die künstlerische Welt der Romantik) nieder: „Der Stilcharakter der romantischen Dichtung weitgehend durch das Prinzip der romantischen Ironie bestimmt, von den Anfängen bis zur Spätromantik hin". (Bl. 92 f.) Das im *Athenäum* publizierte Programm einer „progressiven Universalpoesie" sei für Novalis, den frühen Tieck und Friedrich Schlegel ebenso bestimmend wie für die Dichtungen der „Hochromantik".
[134] Ebenda, Bl. 77.

und ihre Poetologien als „schillernde Standpunktlosigkeit" und „dichterische Spiegelfechterei" disqualifizierte.[135] Emphatisch würdigte er dagegen die großen Leistungen der Romantik auf dem Gebiet der Theologie, der Ethik, der Sprach- und Naturphilosophie. Sowohl die Entdeckung der geschichtlichen Welt des Mittelalters und des Orients und die damit verbundene Geburt des historischen Bewußtseins als auch der „Durchbruch zur Volkstumsidee"[136] seien durch sie vollzogen worden. In diesem Kontext schrieb Pyritz dem früh verstorbenen Wackenroder eine bahnbrechende Rolle zu. Dessen „Blickwendung auf das Volksmäßige in Kunst und Dichtung" habe, von Tiecks Rückgriff auf die Volksbücher sekundiert, „die verschütteten Quellen des deutschen Volkstums auf allen Gebieten wieder freigelegt".[137] Die „Hochromantik" – so Pyritz in Aufnahme von Walther Lindens Begriffsprägung – führe das von Herder und der frühen Romantik Vorbereitete zur Blüte:

> „Nun, in der Heidelberger Romantik, ein jubelndes Ergreifen, Heraufheben, Lebendigmachen des volkhaften Kulturerbes auf der ganzen Linie: Volksbücher, als Naturpoesie verstanden (Görres); Volkslied (Arnim und Brentano); Volksrecht (Savigny, Grimm) usw. Der Herder-Goethische Organismusgedanke mündet ein in die romantische Lehre vom Volksgeist als dem schöpferischen Urgrund aller nationalen Kultur. Und aus diesem vertieften Verständnis völkischer Kulturleistungen als organischer Wachstumsvorgänge, aus der Arbeit der Brüder Grimm, Savignys und Adam Müllers, entwickelt sich schließlich die ‚Historische Schule', d.h. jene Geisteswissenschaft des 19. Jahrhunderts, die Leben als Geschichte begreift und aus kritisch-historischer Quelleninterpretation mit gelehrter Methodik vergangenes Leben wiederherzustellen sucht. – Andererseits entdeckt die Hochromantik (Creuzer) den Mythos als Urform des religiösen Erlebnisses und bereitet damit über Bachofen bis zu Nietzsche und weiter bis zur Gegenwart die Bahn für die moderne Symbolforschung und Religionswissenschaft."[138]

Auch die Spätromantik erfuhr Pyritz' Beifall als kontinuierliche Weiterentwicklung des romantischen Geistes – primär jedoch nicht für ästhetische Leistungen, sondern für ihre politische und religiöse Gehalte:

> „Das politische Denken der Spätromantik vollzieht, auf dem Grunde der hochromantischen Volksgeistlehre und des hochromantischen Geschichtserlebnisses, die Wendung zum Konservatismus. [...] Die katholische Glaubensform, in der Frühromantik Wunschbild ungestillter existentieller Sehnsüchte oder Rettungsmittel für seelische Zerrissenheit oder gelegentlich auch nur Objekt eines ästhetischen Spiels: jetzt als logische Folge einer organischen Geschichts- und Staatsauffassung begründet; als die einzige geistige Macht, die eine systematische Bewältigung und Sinngebung der geschichtlich-staatlichen Wirklichkeit vermag."[139]

---

[135] Ebenda, Bl. 78.
[136] Ebenda, Bl. 88.
[137] Ebenda, Bl. 88.
[138] Ebenda, Bl. 89.
[139] Ebenda, Bl. 91f. – Anerkannt wurden aber auch die „kräftigen Ansätze eines sozialen Verständnisses und sozialen Denkens bei der alten Bettina von Arnim" sowie der „demokratische

Der weitere Aufriß gliederte sich personell, da für Pyritz allein diese Darstellungsform „eine geschlossene und wirklich einprägsame Anschauung von den Trägern des romantischen Geistes und von den entwicklungsgeschichtlichen Werkzusammenhängen" zu vermitteln vermochte. Bereits die Abfolge der Lektionen machte Gemeinsamkeiten und Unterschiede zur Romantikdarstellung Julius Petersens deutlich. Diesem ähnlich, ordnete auch Pyritz die Behandlung der historischen Akteure nach den von ihnen eingebrachten Leistungen und markierte eine Reihenfolge, die durch spezifische Wertungsprinzipien begründet war. Während für Petersen die Brüder Schlegel an erster Stelle standen, galten in Pyritz' Vorlesung Fichte und Wackenroder als „Wegbereiter", denen August Wilhelm und Friedrich Schlegel als „romantische Programmatiker" nachgeordnet wurden. Diese Verschiebung ergab sich aus Veränderungen auf der Wertungsebene, die in der Begründung der Erstrangigkeit Fichtes und Wackenroders näher expliziert wurden. Hätte noch die *Wissenschaftslehre* des frühen Fichte zur frühromantischen Übersteigerung der Subjektivität geführt, leite seine spätere Wendung zum Gemeinschafts- und Nationalgedanken in die geistige Welt der „Hochromantik" hinüber, „eine zweite Welle der Wirkung auslösend, und nun einer reinen und gesunden, zutiefst aufbauenden Wirkung".[140] Wackenroder, als „künstlerischer Wegbereiter" neben Fichte gestellt, habe durch seine *Herzensergießungen eines kunstliebenden Klosterbruders* und den *Phantasien über die Kunst* die „spezifisch romantische Atmosphäre begründet und alle großen Themen der Romantik vorgebildet, alle ihre weltanschaulich-geschichtlichen Tendenzen vorgeformt".[141] Tieck und den Brüdern Schlegel schrieb Pyritz die Schuld zu, Wackenroders großen Gedanken einer „Reformation der Kultur" auf eine „Reform der Literatur" verengt zu haben. Die Einheit des von Wackenroder persönlich erfahrenen und künstlerisch gestalteten Geschichts- und Volkstumserlebnisses habe sich dadurch in verschiedene Richtungen gespalten und sei erst in der „Hochromantik" wieder vereinigt worden. Tieck, „der romantische Universalpoet", figurierte als der „eigentliche Begründer

---

Nationalismus der Schwaben, besonders Uhlands, in dem sich revolutionärer Freiheitsglaube und Freiheitswille mit dem Einheitstraum der deutschen Patrioten verbindet", ebenda, Bl. 92. Die in der Spätromantik weiterverfolgte Naturspekulation führte einerseits in den Okkultismus (so bei Kerner u.a.), befruchtete andererseits aber auch eine Beobachtungs- und Erfahrungswissenschaft, die besonders auf dem Gebiet der biophysischen Zusammenhänge und der „reinen Seelenkunde" weitreichende Ergebnisse (z.B. in Carus' Werk) gezeitigt habe – ein Hinweis darauf, daß Pyritz die intensive Rezeption der „romantischen Seelenkunde" genau beobachtet hatte.

[140] Ebenda, Bl. 121.
[141] Vgl. ebenda, Bl. 122f.: „Beide [Fichte und Wackenroder] von unabsehbarer Bedeutung für die Romantik; beide von fruchtbarster Wirkung, aber auch von gefährlicher, insofern beide einem verführerischen Mißverständnis verfielen: Fichte dem des Subjektivismus, Wackenroder dem des Krypto-Katholizismus. Der frühromantische Ichkult einerseits, die fromme Gesinnungsmalerei der Nazarener andererseits sind die Folgen dieser Mißverständnisse." – Über die *Herzensergießungen* hieß es: „Für die werdende Romantik ist das Buch von einer unabsehbar großen, wenn auch zumeist unterirdischen Folgewirkung geworden, ja ihre Grundoffenbarung: als Erziehung zur Kunstfrömmigkeit, und (durch Tiecks Beigabe) als Verlockung zu religiös-konfessioneller Kunst und zum Konvertitentum" (Bl. 145).

einer romantischen Dichtung", der die romantische Theorie noch vor ihrer publizistischen Propagierung durch die Brüder Schlegel poetisch realisiert habe.[142] Mit deren Hochschätzung räumte Pyritz in Rekurs auf Nadlers Argumentation ebenfalls auf: Führer seien sie nur zeitweise, Begründer keineswegs gewesen; vielmehr wären beide erst später zur bereits vorhandenen romantischen Ideenwelt gestoßen und hätten die Philosophie Fichtes wie die Dichung Wackenroders und Tiecks in den Bereich ihrer ästhetischen Programmbildung hineingezogen. Allein im organisatorischen Zusammenschluß der romantischen Bewegung bestehe ihre Leistung. Der ihnen „im Blut liegende Hang zum Abenteuer"[143] erkläre die Rastlosigkeit ihrer Lebenswege wie auch ihre geistigen Wandlungen. Ihre Eigenschöpfungen fanden in der Lektion wenig Raum; gewürdigt wurden dagegen ihre Übersetzungsleistungen als „wahrhafte Eindeutschungen"[144]. Als ihren größten Ruhmestitel verzeichnete Pyritz die Entdeckung Goethes.[145] Nicht zu vergessen sei ihre Rolle bei der Begründung der literarischen Geselligkeit – „dies allerdings in bedenklicher Wechselwirkung mit den Berliner jüdischen Salons".[146] August Wilhelms Schlegels Haus in Jena, in dem zwischen 1799 und 1800 auch Bruder Friedrich und Dorothea Veit, Ludwig Tieck mit Frau wohnten und sich die Freunde Novalis, Schelling, Brentano versammelten, sei das verwirklichte Ideal der romantischen Geselligkeit gewesen, bis „das anmaßende und taktlose Wesen der Rassefremden, Dorotheas, die sich mit Tieck nicht vertrug und auch mit der feinempfindlichen Caroline hart aneinander geriet"[147] das Verhältnis sprengte. Antisemitisch imprägniert war die nachfolgende Schilderung der Verbindung Friedrich Schlegels mit Dorothea Veit. Dem „geistig labilen, menschlich haltlosen, egozentrischen" Friedrich Schlegel diagnostizierte Pyritz aufgrund seiner Beziehung zur Tochter Moses Mendelssohn „Instinkt- und Wurzellosigkeit des reinen Bildungsmenschen und geschmeichelte Ichliebe".[148] Dorothea wurde mit antisemitischen Klischees belegt: „An sich grob, aber erst einmal anpassungsfähig. Beschränkt, gehässig, aber Schlegel sklavisch hingegeben, abgöttisch anbetend, alle Wege mitgehend, alle seine Einseitigkeiten noch übersteigernd, Spiegel und Echo, und damit ihn bis zuletzt fesselnd. Nicht Ursache, sondern Ausdruck seines Schicksals".[149]

---

[142] Ebenda, Bl. 262. Die Frage nach dem raschen Vergessen Tiecks beantwortete Pyritz mit einem bezeichnenden Hinweis auf den labilen Charakter des Poeten: „Ein Ästhet aus Trieb, mit der Sehnsucht nach letzter Erfüllung in einer lebendigen Gemeinschaft; die organischen Zusammenhänge nationaler Kultur erwitternd, die Tiefen volkhaften Daseins ahnend, aber noch nicht in ihnen existierend".
[143] Ebenda, Bl. 265.
[144] Ebenda, Bl. 270.
[145] Ebenda, Bl. 272: „Sie zuerst haben Goethes weltliterarischen Rang erfaßt, ihm die überzeitliche Stellung zugewiesen, die er seither im Bewußtsein seines Volkes und der Menschheit besitzt."
[146] Ebenda, Bl. 272.
[147] Ebenda, Bl. 294.
[148] Ebenda, Bl. 5*.
[149] Ebenda, Bl. 5*. – Im maschinenschriftlichen Typoskript der Vorlesung „Deutsche Romantik", Sommersemester 1942 erschienen die Urteile wieder: „Diese Wahl nur erklärbar durch die

Novalis, „dichterische Erfüllung der Frühromantik", sei auch durch Friedrich Schlegels „Mephisto-Natur" trotz stärkster Einwirkungen nicht aus seinem „seelischen Gleichgewicht" und „persönlichem Wachstumsgesetz" zu locken gewesen. Ihn pries Pyritz als „dritten großen deutschen Gedankenschöpfer des visionär-intuitiven Typus (neben Böhme und Hamann)"; sein Werk sei „ebenso problemreich für jedes ergründende Bemühen."[150] Im Durchgang durch Novalis' Werke rückte Pyritz die Fragmentsammlung *Glaube und Liebe* in einen ideengeschichtlichen Zusammenhang, der den frühromantischen Universalismus mit dem hochromantischem Nationalismus der antinapoleonischen Befreiungskriege verklammerte:

> „Noch kein eigentliches Volkserlebnis (wie in der Hochromantik), aber Staatsbegriff schon voll völkischer Wärme, ähnlich Fichte. Und wie bei Fichte Nationalgedanke mit weltbürgerlich-humanen Idealen vereinigt (Deutschtum Träger eines ideellen Auftrags an die Welt). So Novalis einer der Mitschöpfer des neuen preußisch-deutschen, politisch-kulturellen, human-volkheitlichen Staatsgefühls, das die Freiheitskriege und die nationale Bewegung des 19. Jahrhunderts hervortreibt."[151]

Die naturwissenschaftlichen Fragmente von Hardenbergs integrierte Pyritz in die Entwicklunglinie einer organisch-ganzheitlichen Weltanschauung, die dem kausal-mechanischen Weltbild der Aufklärung diametral entgegengesetzt sei und über Herder, Hemsterhuis und Jakob Böhme bis zu Plotin zurückreiche. Diese bislang unterbewertete Naturschau erkenne man jetzt – so Pyritz 1942 – als geniale Intuition, die Zusammenhänge erahnt habe, „die erst die heutige Naturwissenschaft nach Ueberwindung des mechanistischen 19. Jahrhunderts neu zu erfassen und zu erweisen beginnt".[152] Diese Einordnung reagierte offenkundig auf die Anläufe zur Rehabilitation der „organisch-ganzheitlichen" Naturphilosophie der Romantik, die in wissenschaftsgeschichtlichen Bemühungen seit Beginn der 1920er Jahre verfolgt wurden und in den Jahren nach 1933 einen Höhepunkt erreichten.[153] Ohne näher darauf einzugehen, wechselte Pyritz zur Behandlung des *Ofterdingen*, dem er außerordentliche Aufmerksamkeit widmete. Er erzählte das Romanfragment

---

Instinkt- und Wurzellosigkeit des reinen Bildungsmenschen, der Schlegel im tiefsten Grunde war. Eigentliches Motiv: geschmeichelte Ichliebe. Dorothea an sich ein grober Charakter, ungeistig; aber erstaunlich anpassungsfähig, wo persönlich interessiert. Wirkliches inneres Verständnis beschränkt; gegen alles Nichtbegriffene gehässig, aber Schlegel sklavisch hingegeben, abgöttisch anbetend, alle Wege mitgehend, all seine Einseitigkeiten noch übersteigernd, Spiegel und Echo seiner Existenz, und damit den Wandelbaren bis zuletzt fesselnd" (Bl. 150).

[150] Ebenda, Bl. 173. Da das handschriftliche Manuskript zur Vorlesung „Die deutsche Romantik (Frühromantik)", aus dem Sommersemester 1941 nach § 5 (Die romantischen Programmatiker) abbricht, wird im folgenden aus dem Typoskript zitiert, das sich in drei Teile gliedert: (1) Das wissenschaftliche Bild der deutschen Romantik, (2) Die Frühromantiker, (3) Die Hochromantiker. Teil (2) enthält Abschnitte zu Fichte, Wackenroder, Tieck, den Brüdern Schlegel und Novalis, Teil (3) den Brentano-Abschnitt.

[151] Ebenda, Bl. 186.

[152] Ebenda, Bl. 189.

[153] Vgl. dazu Teil 2, Kapitel 2. 4. 1: Die Rehabilitation der romantischen Naturphilosophie: Wissenschaftsgeschichtliche Rekonstruktionen der ‚deutschen Naturschauung'.

nach, erläuterte den architektonischen Aufbau des Romans in musiktheoretischen Termini, ging auf den Sprachstil ein und würdigte ihn abschließend hymnisch als „ein völlig Neues in der deutschen Literatur".[154]

Beim Übergang von der frühen zur späteren Romantik betonte Pyritz noch einmal seinen Standpunkt von der Einheitlichkeit der romantischen Bewegung und legte die eigene Konzeption einer organischen Entwicklung der deutschen Literatur des klassisch-romantischen Zeitalters dar:

> „...die Hochromantik weder blosse Ausbildung frühromantischer Ansätze (Walzel) oder gar epigonenhaft-verflachender Abgesang der frühromantischen Schöpferzeit (R. Huch); noch Gegenschlag, Ueberwindung, Aufbruch zu neuen Zielen (Baeumler). Vielmehr beides: engster Zusammenhang (lebens- und ideengeschichtlich), Einheit des Gesamtvorgangs, aber nun auf neuer Werdestufe in abgewandelten Erscheinungsformen sich verwirklichend. Die Hochromantik als Bewegung zu verstehen aus demselben historischen Auftrag, der die Frühromantik hervortrieb (die goethezeitliche Selbstentfaltung des deutschen Geistes durch Wiederhereinnahme der unterdrückten Sturm- und Drang-Motive zu vollenden; das humane Existenzgefühl der klassischen Menschlichkeit um die Dimension der unterbewussten Seelengründe und um die Dimension der überbewussten Ahnungsräume zum seinshaften Allgefühl zu erweitern)." [155]

Trotz dieser Betonung einer – im „historischen Auftrag des deutschen Geistes" verankerten – Einheit der romantischen Bewegung differenzierte Pyritz nachfolgend zwischen früher und späterer Phase der Romantik mit Argumenten, die weitgehend der 1933 einsetzenden „Umwertungs"-Debatte entlehnt waren. Die spätere romantische Bewegung habe Kultur und Geschichte

---

[154] Ebenda, Bl. 216: „Der ‚Ofterdingen' seiner Form nach ein völlig Neues in der deutschen Literatur (als Versuch, in jedem irdischen Vorgang immer zugleich den überirdischen Sinn sagbar zu machen, in jedem Begriff seine unbegriffliche und unbegreifliche Wesenheit mitschwingen zu lassen); seinem geistigen Wollen nach seit Wolframs ‚Parzival' der erste Ansatz, die beiden Reiche der Natur und der Uebernatur in schöpferischer Synthese zu versöhnen. (Hier die innerste Beziehung von Novalis' kulturreformatorischen Willen zum deutschen Mittelalter sichtbar.) Nicht nur Symbole schaffend (als Künstler), sondern einen neuen kosmischen Mythos erstellend (als gläubiger Visionär). Tragische Fügung, dass Fragment geblieben. Es wäre keine Verkündung für Volk und Welt geworden wie ‚Faust'; aber der wunderbare Seelentraum eines einmaligen, begnadeten Geistes, aus den Schächten deutscher Innerlichkeit. Auch so, wie es ist, die genialste Leistung der deutschen Frühromantik, das vollkommmenste Spiegelbild romantischer Triebe und Sehnsüchte".

[155] Ebenda, Bl. 301. Die Einheit der romantischen Bewegung leitete Pyritz dabei primär aus übereinstimmenden weltanschaulichen Parametern ab: „Geschichte und Staat als Erscheinungsformen wachstümlicher Mächte; das Mittelalter als Traumland der romantischen Seele, als idealer Entfaltungsraum alles höheren Lebens, aber auch (mit realistischer Wendung) als historischer Wurzelgrund der Gegenwart; die Idee des Volksgeistes als Urprinzips aller geschichtlichen, kulturellen, künstlerischen Entwicklung; die Volkspoesie als Grundform und Höchstform der Dichtkunst; das Bekenntnis zur Nation, zur völkischen Gemeinschaft, und zum politischen Handeln im Dienst ihrer organischen Werdenotwendigkeiten; die Entdeckung von Mythos und Symbol als Urformen des religiösen Weltverständnisses; die Begegnung mit den dämonischen Geheimniskräften in Natur- und Seelenleben; die Entdeckung parapsychologischer Vorgänge und Zusammenhänge, die auf die geist-leibliche Einheit des Gesamtdaseins hindeuten (dieses romantisches Zentralerlebnis, das auch der gesamten Hochromantik den Stempel aufdrückt)."

ausschließlich aus irrationalen Gründen abgeleitet, „aus dem unbewussten Seelenvollzug und der metaphysischen Seinsgesetzlichkeit (während das frühromantische Weltbild rationale und irrationale Motive zu binden sucht)".[156] Zum zweiten trete die Wendung vom weltanschaulichen Subjektivismus zur „Hingabe an die überpersönlichen Seinsordnungen"[157] entscheidend hervor und ermögliche so die zukunftsträchtigen Entdeckungen von Volk, Staat, Geschichte. Drittens richteten die produktiven Kräfte der späteren Romantik sich weniger auf philosophische Spekulation und ästhetische Theoriebildung, sondern auf dichterische Gestaltungen und historische Forschungen. Das hochromantische Existenzgefühl beruhe auf frühromantischen Voraussetzungen, „aber inniger sich einwiegend in die irrationale Melodie des Seins; tiefer eingebettet in die Gemeinschaftsformen des menschlich-geschichtlichen Lebens; aufgeschlossener allen historischen Werdekräften; williger und fähiger, sich ohne gedankliche Zwischenschaltung in künstlerischen Symbolen auszudrücken".[158]

Als Schnittstelle zwischen Früh- und Hochromantik exponierte Pyritz Clemens Brentano, dem er eine ausführliche Darstellung widmete – das ihn behandelnde Kapitel umfaßte 92 engzeilig beschriebene Seiten. Die besondere Beachtung Brentanos ergab sich aus dessen Eignung für eine „synthetische" Deutung unter Einschluß aktueller Methoden: Zum einen gestattete er eine geistesgeschichtliche Deutung der romantischen Existenz, zum anderen die Applikation rassenbiologischer Erklärungsmuster. Psychische Disposition und poetische Qualitäten leitete Pyritz „nach erbbiologischen Normen" aus der deutsch-italienischen „Blutmischung" ab:

„Die ausserordentliche Reizbarkeit (Quelle seiner schöpferischen Phantasiekraft wie seiner Seelenleiden) Mitgift des Mischlings aus (beiderseits hochgezüchtetem) deutschem und italienischem Blut. Dadurch Potenzierung der Anlagen, nach erbbiologischen Normen: deutsche Gemütsinnigkeit und italienische Leidenschaft, beide einander aufs höchste steigernd und befruchtend. Aber auch, nach den denselben Normen, Zersetzung der vitalen Widerstandskräfte und Lenkungsinstinkte. Wohl Deutschland der Atemraum der Seele (und begnadete Fähigkeit, verschüttete Werte deutschen Volkstums ans Licht zu erwittern und ans Licht zu heben); wohl die Rheinlandschaft geliebteste Heimat (und in ihrer symbolischen Deutschheit von Brentano geradezu entdeckt); wohl Frankfurt die Zuflucht, immer wieder Antäus-Kräfte schenkend. Aber – der tragische Preis – das Blut heimatlos; seine verschiedenvölkischen Elemente nicht zu organischer (d.h. wachstümlich gerichteter) Struktur zusammenschliessbar."[159]

Soziale Ursachen der Haltlosigkeit Brentanos – ungeregelte Erziehung, Leben ohne Beruf, Scheitern von Bindungen – erwähnte Pyritz nur am Rande. Es dominierte der Rekurs auf biologische Dispositionen.[160] Die Ausführun-

---

[156] Ebenda, Bl. 303.
[157] Ebenda, Bl. 304.
[158] Ebenda, Bl. 304.
[159] Ebenda, Bl. 307f.
[160] So auch in der Einordnung von Brentanos besonderer Stellung in der Romantik, die aus seiner „rassenseelisch" bedingten Subjektivität erwachsen sei und ihn befähigt habe, „verborgene

gen über die Werke hoben die künstlerischen Gestaltungsmöglichkeiten des Dichters heraus, insbesondere den volksliedhaften Klang der Lyrik, wobei Brentanos *Lore Lay* von 1800 gegen Heines Dichtung ausgespielt wurde. Die Liedersammlung *Des Knaben Wunderhorn* identifizierte Pyritz als unmittelbares Ergebnis einer Volkspoesie-Erfahrung, die von Herder kommend und durch die Frühromantik vermittelt, von nationalen Impulsen verstärkt worden sei. In ihr habe sich der „gesamtheitliche Volksbegriff der Hochromantik" herauskristallisiert, der das „poetische Bildnervermögen" der „niederen Volksschichten" als „die unverbrauchte volksbiologische Wurzelkraft" für die „politisch-kulturelle Zukunft des Gesamtvolkes" fruchtbar machte.[161] Den in Liedern und Gedichten sich aussprechenden Volksgeist „zu fassen und in reiner Gestalt sichtbar zu machen"[162] sei eine Aufgabe des Sammlers Brentano gewesen; eine andere habe darin bestanden, „seine Wachstumskräfte dem Volkskörper wieder zuzuleiten; edelstes Erbgut der Nation als lebendige Wirkungsmacht in die Gegenwart hineinzustellen, und damit seinem ursprünglichen Daseinszweck zurückzugeben; den sittlichen und patriotischen Sinn an ihm zu bilden; Begeisterung am Reichtum deutschen Wesens zu wecken, die in erschlafften Gemütern den Willen zur Erhebung aus unwürdigen moralischen und politischen Zuständen, zur Widergewinnung alter Lauterkeit und Größe entzündet".[163] Darum hätten Clemens Brentano und Achim von Arnim die Texte nicht philologisch konserviert, sondern sie „in zeitgemässer Weise" verjüngt, „ästhetisch geniessbar für den Gegenwartsmenschen" zubereitet.[164] Von Brentanos scharfen Attacken gegen Aufklärung und Philister beutete Pyritz vor allem deren antijüdischen Züge aus. Eingehende Erläuerungen zu den *Romanzen vom Rosenkranz* und den aus der Begegnung mit Katharina Emmerich hervorgegangenen Publikationen bildeten den Abschluß der Brentano-Darstellung, mit der auch das Typoskript der Vorlesung abbrach.[165]

Ingesamt hinterlassen die Romantik-Lektionen von Hans Pyritz einen zwiespältigen Eindruck: Beherrschen einerseits sachliche und immenses Faktenma-

---

Goldadern deutscher Innerlichkeit freizulegen und im nachschaffenden Wort aufglänzen zu lassen; bestimmt, an der grossen geschichtlichen Aufgabe der Erweckung eines deutschen Volksbewusstseins entscheidend mitzuwirken; berufen, der Nation ihre volksmässigen Ueberlieferungen als begeisterndes und verpflichtendes Erlebnis vor die Seele zu stellen; und damit Ausgangspunkt einer literarischen Entwicklung, die innerhalb der Individualkunst wieder den blutsmässigen, bindenden, erneuernden Mächten der Gemeinschaftsdichtung Raum gibt." Ebenda, Bl. 313.

[161] Ebenda, Bl. 338.
[162] Ebenda, Bl. 339.
[163] Ebenda, Bl. 339.
[164] Ebenda, Bl. 339.
[165] Dem maschinenschriftlichen Vorlesungsplan ist zu entnehmen, daß Pyritz in folgender Reihung mit der biographischen Behandlung der Hochromantik fortzufahren beabsichtigte: Arnim – Görres – Brüder Grimm – Savigny – Creuzer – Bachofen – Carus – Bettina – Günderode – Eichendorff – Loeben – Wilhelm Müller – E.T.A. Hoffmann – Contessa – Foqué – Chamisso. Der Vorlesungsplan verzeichnet auch noch einen IV. Teil, in dem Pyritz die politischen Denker der Romantik und der Zeit der Befreiungskriege aufführte: Adam Müller – Gentz – Arndt – Jahn – Schenkendorff – Körner.

terial verarbeitende Darlegungen zu Biographien und Werken über weite Strecken das Geschehen, finden sich andererseits häufig biologistische Erklärungsmuster sowie antisemitische Diffamierungen, die neben der jüdischen Kultur im Zeitalter der Romantik auch jüdische Romantikforscher der Gegenwart verunglimpften.[166] Das von Petersen praktizierte Prinzip einer Verschränkung verschiedener Interpretationsmuster auf der Basis einer imponierenden Stoffülle leitete auch Pyritz' Vorlesung. Den Deutungen, die zumeist geistesgeschichtliche Positionen mit Prinzipien der Formanalyse, aber auch der Rassentheorie synthetisierten, war die Ausbreitung einer gewaltigen Menge philologischer Fakten und Details vorgeschaltet. Daß diese Deutungen stark von den kognitiven Verschiebungen und Umorientierungen des Faches nach 1933 geformt wurden, ist evident. Die Prämierung der weltanschaulich-philosophischen und politisch-historischen Leistungen der Romantik, insbesondere die ihr zugeschriebene Volkstums-Entdeckung wie auch die Hypostasierung der klassisch-romantischen Kultur zum Signum eines kulturellen ‚deutschen Sonderweges' bestimmte die Ebene der Darstellung wie der Wertung.

Auch in seinen Seminar-Angeboten vereinigte Pyritz ein weitgefächertes Spektrum von Zugängen. Insbesondere die Pläne für Übungen zur romantischen Literaturepoche zeigen, daß poetische Texte für ihn nicht nur hinsichtlich ihrer weltanschaulich-philosophischen oder politisch-„volkhaften" Gehalte von Interesse waren.[167] So umfaßten die im Sommersemester 1941 angebotenen „Übungen zur romantischen Lyrik", die Pyritz im Wintersemester 1941/42 fortsetzte, ein breites Spektrum von Themen, deren methodische Bearbeitung von philologischer Textkritik über Problemgeschichte bis zu Formanalyse reichte.[168] Bemerkenswert wird die Konzentration auf *Texte*

---

[166] Vgl. ebenda, Bl. 50 mit dem abfälligen Urteil über Heines *Romantische Schule*: „Das erste Buch über die Romantik; keine Darstellung, sondern eine Kampf- und Schmähschrift im Stil des von Heine und Börne begründeten jüdischen Journalismus"; die Kennzeichnung des Novalis-Forschers Richard Samuel als „Jd." und die Zurückweisung der „geschichtsfremden Konstruktionen" Gundolfs, Deutschbeins und Stefanskys, ebenda, Bl. 10f. In nachgelassenen handschriftlichen Notizen zu Rahel Levin und Henriette Herz dominierten ebenfalls abwertende Charakteristika, so wenn Rahel als berechnende, durchtriebene Schauspielerin geschildert wurde, die sich den Gästen ihres Salons heuchlerisch genähert habe, um ihre privaten Ziele durchzusetzen.
[167] Vgl. die Mappe „Themen für Seminare und Seminararbeiten", DLA, A: Pyritz, ohne Signatur.
[168] Vgl. „Romantische Lyrik", ebenda, unnumeriert, mit folgenden Themen: August Wilhelm Schlegel als Lyriker (Formkunst und Bildungserlebnis); Romanische Versformen in romantischer Lyrik; Friedrich Schlegels Lyrik (Welt und Geist); Lyrische Ausdrucksformen romantischer Liebesauffassung; Romantische Zentralmotive in Tiecks Lyrik; Tiecks allegorische Gedichte; Tiecks „Reisegedichte" (Form und Gehalt); Tiecks „Minnelieder"; Lyrische Formauflösung bei Tieck; Die Welt der Farben in Tiecks Lyrik; Synaesthesie in romantischer Lyrik; Das Erlebnis der Nacht in romantischer Lyrik; Novalis' geistliche Lieder; Das Todeserlebnis in romantischer Lyrik; Ueberlieferung und Eigenschöpfung in „Des Knaben Wunderhorn"; Der Volksliedton in der romantischen Lyrik; Arnims lyrischer Subjektivismus; Die Entwicklungsstufen von Brentanos Lyrik; Geist und Ton des Volksliedes in Brentanos Lyrik; Brentanos Erosmystik; Die Spannung von Weltinnigkeit und Transzendenz in Brentanos Lyrik; Begriff und Klang in Brenta0s Lyrik; Die deutsche Landschaft in romantischer Lyrik; Romantische Rheinlyrik; Sehnsucht und Unendlichkeit als romantische Zentralmotive; Gegenwart und Vergangenheit in romantischer Lyrik; Romantische und klassische Züge in der Lyrik

und der Verzicht auf vordergründige Aktualisierungen in den „Übungen zur romantischen Lyrik", wenn man den Seminarplan mit den Eckdaten des von Pyritz im Sommersemester 1942 angebotenen Kleist-Seminars vergleicht, das die Dramen Kleists vorrangig unter politisch-historischer Optik beleuchtete.[169] Auch in den „Uebungen zur Geschichte der deutschen Ballade", die Hans Pyritz im Sommersemester 1943 veranstaltete, standen Balladen von Brentano (*Auf dem Rhein, Lore Lay*), Eichendorff (*Das zerbrochene Ringlein*) und Uhland (*Das Schloss am Meer, Schwäbische Kunde, Das Glück von Edenhall*) für „mündliche Interpretationen" auf dem Plan. Für ein Referat war das Thema „‚Des Knaben Wunderhorn' und seine Bedeutung für die Geschichte der deutschen Ballade" vorgesehen. Das für das Wintersemester 1943/44 verzeichnete Oberseminar „Der deutsche Künstlerroman" konzentrierte sich nach Untersuchung des Künstlerbildes in der deutschen Aufklärung und in Werken Heinses und Goethes auf epische Texte der Romantik; Themen waren „Wackenroders Kunsterlebnis", „Wesen und Weg des Künstlers in Tiecks *Sternbald*", „Die metaphysische Sendung des Künstlers im *Ofterdingen* des Novalis", „Künstlertragik in E.T.A. Hoffmanns Kreislergeschichten" und „Romantisches Poetentum in Eichendorffs *Dichter und ihre Gesellen*".[170] Auch das Seminar „Das romantische Drama" vom Sommersemester 1944 verfuhr im wesentlichen philologisch-genetisch: Jedes der zu erörternden Theaterstücke wurde entsprechend der Komplexe „Entstehung und Wirkung", „Inhalt und Gehalt", „Form und Aufbau" analysiert.[171] Einen umfangreichen Posten im Seminarablauf nahmen nach Pyritz' Planung die romantischen Schicksalstragödien ein.[172]

Die an den Seminarprojekten ablesbare Gewichtung der Einzelwerke und die in diesen Lehrveranstaltungen gepflegte Verbindung von philologischer

---

der Karoline von Günderrode; Eichendorffs Naturlyrik; Ich und Natur in romantischer Lyrik; Romantische Stoffe und Formen in Chamissos Lyrik; Uhlands Lieder als Ausdruck schwäbischer Romantik; Romantisches Grundgefühl in Kerners Lyrik; Romantisches in Waiblingers italienischer Lyrik; Anakreontisches und Romantisches bei Mörike; Mörikes Lyrik und das Volkslied; Mörikes lyrisches Naturgefühl; Mörikes Liebesdichtung; Mörikes Idyllendichtung; Ich und Gemeinschaft in romantischer Lyrik. – Handschriftlich rechts oben der Vermerk: „Sommer 1941 (Unterstufe)".

[169] Vgl. „Kleist", ebenda, unnumeriert, mit den Seminarthemen „Kleists ‚Robert Guiskard' und sein geschichtliches Urbild"; „Geschichte und Gegenwart in Kleists ‚Hermannsschlacht'", „Die preußische Idee in Kleists ‚Friedrich von Homburg'", „Kleists politische Ideenwelt" u.a.

[170] Vgl. „Der deutsche Künstlerroman", ebenda, unnumeriert. Im Anschluß wurden Mörikes *Maler Nolten*, Kellers *Grüner Heinrich*, Kolbenheyers *Lächeln der Penaten* und Kluges *Zaubergeige* erörtert

[171] Vgl. unnumeriertes Blatt „Das romantische Drama" in Mappe „Themen für Seminare und Seminararbeiten". Behandelt wurden folgende Dramen: Friedrich Schlegel: Alarcos; Ludwig Tieck: Der gestiefelte Kater; ders.: Genoveva (hier die o.g. Gesichtspunkte der Interpretation erweitert um Charaktere, geistiger Gehalt, literarhistorische Bedeutung); ders.: Octavianus (erweitert um eine gesonderte Interpretation des Prologs); Zacharias Werner: Martin Luther; Achim von Arnim: Halle und Jerusalem (mit spezieller Fragestellung nach dem Gesamtsinn des Doppeldramas); Clemens Brentano: Ponce de Leon; ders.: Die Gründung Prags; Joseph von Eichendorff: Die Freier; Eduard Mörike und Ludwig Bauer: Orplid-Dramen.

[172] Hier sah Pyritz die Untersuchung von Werken Müllners, Houwalds und Grillparzers unter Einbeziehung von Platens Satire *Die verhängnisvolle Gabel* vor.

Grundlagensicherung und geistesgeschichtlicher Deutung belegt, daß Pyritz seiner universitären Sozialisation in der Schule Petersens verpflichtet blieb. Die Aufnahme rassentheoretischer Phrasen in seine Vorlesungsrhetorik läßt sich jedoch nicht als eine von den Zeitumständen erzwungene Assimilation an gängige Topoi der nationalsozialistischen Ideologie abtun. Wie Ernst Osterkamp in einem Vergleich der Klassikkonzepte Walther Rehms und Hans Pyritz' darlegte, wurzelte auch Pyritz' projektiertes, doch nach 1945 nicht mehr ausgeführtes Goethe-Buch in der Bereitschaft, rassenbiologische und völkische Denkfiguren aufzunehmen und zu synthetisieren.[173] In seinem Streben nach Integration biologischer Erklärungsmuster erwies sich der nachmalige Hamburger Ordinarius weniger als Schüler Julius Petersens, der in seiner unvollendeten methodologischen Summe *Die Wissenschaft von der Dichtung* einen Ausgleich zwischen den Grundbegriffen „Blut" und „Geist" vorgeschlagen hatte.[174] Eher noch wird man seine Romantik-Vorlesung als eine (zumindest partielle) Applikation der „organbiologischen" Literaturbetrachtung Franz Kochs bezeichnen können, durch die nicht zuletzt auch Pyritz' Goethe-Bild wesentliche Anstöße empfing.

7.3 Dissertationen zur Romantik zwischen 1933 und 1945

Zwischen Januar 1933 und Mai 1945 wurden an der „Neudeutschen Abteilung" des Germanischen Seminars insgesamt 107 Dissertationen eingereicht.[175] Von diesen Arbeiten – 42 von Frauen, 65 von Männern – führten nur vier nicht zur Promotion; in der überwiegenden Mehrzahl der Fälle wurde das Prädikat „cum laude", 19 mal „magna cum laude" verliehen.

Im folgenden stehen die Promotionsarbeiten zur Romantik im Mittelpunkt. Zu klären sind vor allem Fragen, die die Art und Weise der Ver-

---

[173] Vgl. Ernst Osterkamp: Klassik-Konzepte. Kontinuität und Diskontinuität bei Walther Rehm und Hans Pyritz. In: W. Barner, Chr. König (Hrsg.): Zeitenwechsel, S. 150-170. „Leitlinien" der Pyritzschen Goethe-Interpretation waren nach Osterkamp die Verwerfung der Humanitätsidee, eine „organische und biologische Weltauffassung", die „Abweisung der kosmopolitisch-antiken Kulturtradition zugunsten des national-völkischen Kulturzusammenhangs" sowie ein „unter dem Generaltitel des ‚Metaphysischen' proklamierter Irrationalismus in der Weltbetrachtung und Kunstauffassung" (S. 161).

[174] Julius Petersen: Die Wissenschaft von der Dichtung. Mit einem Beitrag aus dem Nachlaß hrsg. von Erich Trunz. Berlin ²1944, S. 49: „Wenn es auch manchmal den Anschein hat, als sollte die Vormacht des Geistes durch einen anderen hypostatischen Begriff, durch den des Blutes, verdrängt werden, so ist doch eine Aufhebung des Gegensatzes möglich in einem organischen Weltbild, für das Blut und Geist eines sind."

[175] Im Vergleichszeitraum 1920 bis 1932 waren es 60 Promotionen. Die Zahlen entstammen Wolfgang Höppner: Der Berliner Germanist Franz Koch als „Literaturvermittler", Hochschullehrer und Erzieher, S. 124, der sie als Indiz dafür ansieht, daß das „wissenschaftliche Leben in der Berliner Germanistik" auch unter der nationalsozialistischen Diktatur „durchaus intakt gewesen ist".

mittlung wissenschaftlicher Positionen betreffen: Wie schlugen sich die beschriebenen Konzepte und Methoden der „Lehrer" in den Arbeiten ihrer „Schüler" nieder? Welche Differenzen lassen sich in Gegenstandswahl und methodischer Ausrichtung der Promotionsschriften feststellen? Waren die am Berliner Seminar entstandenen Dissertationen exemplarisch für die literaturwissenschaftliche Romantikforschung im nationalsozialistischen Deutschland oder existierten spezifische Unterschiede? Zur Beantwortung dieser Fragen soll zuerst das Verhältnis der Romantik-Dissertationen zur Gesamtmenge der am Seminar eingereichten Promotionsschriften erörtert werden, um daran anschließend die der Romantik gewidmeten Arbeiten näher zu analysieren. Dabei stehen nicht nur die konzeptionellen und methodischen Orientierungen der Promotionsarbeiten zur Debatte; einbezogen werden ebenso die Gutachten der Betreuer, deren Evaluierungspraktiken Rückschlüsse auf die Konzeptualisierung und die Durchsetzung eigener Einstellungen zulassen.

Betrachtet man die Themen der zur Neueren deutschen Literatur verfaßten Dissertationen, die zwischen 1933 und 1945 eingereicht wurden, fallen mehrere Schwerpunkte auf. Während die nachlassende Bearbeitung der Aufklärung nicht weiter verwunderlich scheint,[176] überrascht das geringe Interesse an der deutschen Klassik, zu der nur wenige Arbeiten entstanden.[177] Mehrere Promotionsarbeiten widmeten sich Kleists dramatischem und publizistischem Werk;[178] Hölderlin blieb marginales Thema.[179]

---

[176] Zumeist wurde die Zeit der Aufklärung im Kontext vorhergehender bzw. folgender Entwicklungen behandelt, so bei Kurt Vogtherr: Die Geschichte des Wortes „deutsch" von Luther bis zur Aufklärung. Weimar 1937 (= Diss. vom 17. Febr. 1937); Isabella Papmehl-Rüttenauer: Das Wort Heilig in der deutschen Dichtersprache von Pyra bis zum jungen Herder. Weimar 1937 (= Diss. vom 15. Dez. 1937); Jutta Keferstein: Herders Gedanken über religiöse Bildung. Berlin 1939 (= Diss. vom 18. April 1939); Hermann Schonder: Johann Elias Schlegel als Übergangsgestalt. Würzburg 1940 (= Stadion 7 = Diss. vom 17. Dez. 1940); Harald Henry: Herder und Lessing. Umrisse ihrer Beziehung. Würzburg 1941. (= Stadion 9 = Diss. vom 4. März 1941); Doris Köhler: Karl Philipp Moritz und seine organische Kunstauffassung. Würzburg 1941 (= Stadion 8 = Diss. vom 11. Juli 1941); Gisela Ulrich: Herders Entwicklung zur Deutschkunde. Unter besonderer Berücksichtigung seiner literaturwissenschaftlichen Theorie. Würzburg 1943 (= Stadion 11 = Diss. vom 27. Nov. 1942). – Die angegebenen Daten bezeichnen den Tag der Verleihung der Promotionsurkunde.

[177] Bernhard Kopp: Das Wort ‚Kultur' in der deutschen Klassik. Ein Beitrag zur Wortgeschichte im Zusammenhang mit der Entstehung der modernen Wortbedeutung. (= Diss. vom 16. Mai 1941); Käte Erfurth: Die Gestalten des Helden im Drama Schillers, erläutert am „Don Carlos", „Wallenstein" und „Wilhelm Tell". o.O. 1943 [Maschinenschr.] (= Diss. vom 2. Juli 1943); Heinz Richard Kalisch: Das katholische Publikum Goethes. o.O. [Maschinenschr.] (= Diss. vom 15. Dez. 1944).

[178] Jens Heimrich: Das Komische bei Heinrich von Kleist. (= Diss. vom 20. Okt. 1937); Helmut Sembdner: Die Berliner Abendblätter Heinrich von Kleists, ihre Quellen und ihre Redaktion. Baruth i. Mark 1939, auch Berlin 1939 (= Schriften der Kleist-Gesellschaft 19 = Diss. vom 11. Juli 1939); Werner Psaar: Schicksalsbegriff und Tragik bei Schiller und Kleist. Berlin 1940 (= Germanische Studien 228 = Diss. vom 1. Febr. 1940); Wilhelm Zilius: Die Bewegung als innere Form bei Kleist. (= Diss. vom 1. Febr. 1940); Mariane Bock: Die sprachlichen Audruckswerte in den drei Fassungen der „Penthesilea". o.O. 1944 [Maschinenschr.] (= Diss. vom 26. Mai 1944).

[179] Dietrich Seckel: Hölderlins Sprachrhythmus. Weimar 1937 (= Diss. vom 17. Febr. 1937).

Dissertationen zur Romantik 331

Die Mehrzahl der Dissertationen konzentrierte sich auf die Literatur des 19. Jahrhunderts,[180] wobei Hebbel,[181] Stifter[182] Wilhelm Raabe[183] und Jeremias Gotthelf[184] besondere Aufmerksamkeit galten. Das von Petersen geschätzte Werk Theodor Fontanes wurde in mehreren Dissertationen bearbeitet.[185] Zur Literatur des beginnenden 20. Jahrhunderts sowie zur unmittelbaren Gegenwartsliteratur entstanden ebenfalls einige Arbeiten.[186]

---

[180] U.a. Gerhard Gräfe: Die Gestalt des Literaten im Zeitroman des 19. Jahrhunderts. Berlin 1936 (= Germanische Studien 185 = Diss. vom 10. Dez. 1936); Ernst Reichmann: Die philosophischen Anschauungen des jungen Zschokke. Ein Beitrag zur Lebensgeschichte Hermann Zschokkes. Borna-Leipzig 1936 (= Diss. vom 29. Okt. 1936); Marieluise Steinhauer: Fanny Lewald die deutsche George Sand. Ein Kapitel aus der Geschichte des Frauenromans im 19. Jahrhundert. Charlottenburg 1937 (= Diss. vom 30. Juni 1937) Theodor Schultz: Platens Venedig-Erlebnis. Berlin 1940 (= Germanische Studien 227 = Diss. vom 17. Dez. 1940); Gerhard Schüler: Die Novelle des Jungen Deutschland. Düsseldorf 1941 (= Diss. vom 4. März 1941); Heinz Germann: Grabbes Geschichtsauffassung. o.O. 1941 [Maschinenschr.] (= Diss. vom 16. Mai 1941); Gisela Soll: Die Entwicklung der Erzählkunst Eduard Mörikes in den Jahren 1833-1853. o.O. 1942. [Maschinenschr.] (= Diss. vom 27. Nov. 1942); Hans Joachim Klutmann: Die Gesellschaft und die Freie Bühne in ihrem Verhältnis zum Naturalismus, 1885-1895. o.O 1942 (= Diss. vom 23. Juni 1942); Erika Schmidt: Der Kontinuitätsgedanke bei Gustav Freytag. o.O. 1945 [Maschinenschr.] (= Diss. vom 2. März 1945); Dorothee Dovifat: Mörikes Landschaft. o.O. 1945 [Maschinenschr.] (= Diss. vom 20. April 1945).

[181] Lisbeth Wittig: Friedrich Hebbel als Gestalter seines Selbst. Berlin 1937 (= Diss. vom 17. Febr. 1937); Johannes Meuser: Hebbels Anschauungen über die deutsche Literatur der nachklassischen Zeit. Berlin 1940 (= Diss. vom 21. Mai 1940); Margarete Schuster: Die mythischen Elemente in Hebbels Weltanschauung und Dramen. o.O. 1943 [Maschinenschr.] (= Diss. vom 2. Juli 1943).

[182] Paul Stapf: Jean Paul und Stifter. Studien zur Entwicklungsgeschichte des jungen Stifter. Berlin 1939 (= Germanische Studien 208 = Diss. vom 18. April 1939); Anneliese Märkisch: Das Problem des Schicksals bei Adalbert Stifter. Berlin 1941 (= Germanische Studien 233 = Diss. vom 11. Juli 1941).

[183] Fritz Martini: Die Stadt in der Dichtung Wihelm Raabes. Greifswald 1934 (= Diss. vom 28. Febr. 1934); Maria Luise Diesing: Das Verständnis des Menschen bei Wilhelm Raabe. Dresden 1941 (= Diss. vom 12. Dez. 1941).

[184] Hans Joachim Reimann: Die Familie in Jeremias Gotthelfs Dichtungen. Würzburg 1939 (= Stadion 4 = Diss. vom 7. Nov. 1939); Heinrich Hundertpfund: Das antiidealistische Weltbild bei Jeremias Gotthelf. o.O. 1943 [Maschinenschr.] (= Diss. vom 2. Juli 1943); Hanna Rabert: Die Frauengestalten in Jeremias Gotthelfs Romanen. o.O. 1945 [Maschinenschr.] (= Diss. vom 2. März 1945).

[185] Charlotte Jolles: Fontane und die Politik. Ein Beitrag zur Wesensbestimmung Theodor Fontanes. Bernburg 1936 (= Diss. vom 17. Febr. 1937); Christiane Wandel: Die typische Menschendarstellung in Theodor Fontanes Erzählungen. Weida 1938 (= Diss. vom 26. Okt. 1938); Hans Gerhard Wegner: Theodor Fontane und der Roman vom märkischen Junker. Gräfenhainichen 1938, auch Leipzig 1938 (= Palaestra 214 = Diss. vom 26. Okt. 1938); Ernst Kohler: Die Balladendichtung im Berliner „Tunnel über der Spree". Berlin 1940 (= Germanische Studien 223 = Diss. vom 15. Nov. 1939); Jutta Fürstenau: Fontane und die märkische Heimat. Berlin 1941 (= Diss. vom 16. Mai 1941).

[186] Günther Taube: Die Rolle der Natur in Gerhart Hauptmanns Gegenwartswerken bis zum Anfang des 20. Jahrhunderts. Berlin 1936 (= Diss. vom 18. Juni 1936); Mariane Sievers: Die biblischen Motive in der Dichtung Rainer Maria Rilkes. Berlin 1938 (= Germanische Studien 202 = Diss. vom 5. Mai 1938); Franz Kleitsch: Der „Phantasus" von Arno Holz. Würzburg 1940 (Stadion 6 = Diss. vom 17. Dez. 1940); Joachim Kröll: Reinhard Johannes Sorge. Studien zu seiner inneren Entwicklung. Düsseldorf 1941 (= Diss. vom 17. März 1942); Frieda Röhrig:

Nur wenige Promotionsarbeiten bemühten sich um literaturtheoretische Fragestellungen.[187] Der für das Berliner Seminar typischen Verflechtung von Literaturwissenschaft und Theatergeschichte entsprangen mehrere einschlägige Dissertationen.[188]

Zur Romantik bzw. zu Einzelvertretern entstanden 11 Dissertationen, die hier in chronologischer Folge aufgeführt werden. In eckigen Klammern sind die Betreuer bezeichnet.

- Lilli Jung: Dichterfreundschaft und ihr romantisches Eigengepräge. Saalfeld Ostpreußen 1934 (= Diss. vom 14. Dez. 1934) [Max Hermann]
- Friedrich Römer: Varnhagen von Ense als Romantiker. Köln 1934 (= Diss. vom 14. Dez. 1934) [Petersen]
- Gisela Jahn: Studien zu Eichendorffs Prosastil. Weimar 1936. (Auch Leipzig 1937 = Palaestra 206 = Diss. vom 10. Dez. 1936) [Petersen]
- Hertha von Ferber: Das Volkstumserlebnis des Joseph Görres. Würzburg 1938 (= Stadion 1 = Diss. vom 14. Dez. 1938) [Koch]
- Elisabeth Achterberg: Henrich Steffens und die Idee des Volkes. Würzburg 1938 (= Stadion 2 = Diss. vom 14. Dez. 1938) [Koch]
- Gustav-Adolf Brandt: Herder und Görres. 1798 - 1807. Ein Beitrag zur Frage Herder und die Romantik. Würzburg 1939 (= Stadion 3 = Diss. vom 7. Nov. 1939) [Koch]
- Kurt Willimczik: E.T.A. Hoffmann. Die drei Reiche seiner Gestaltenwelt. Berlin 1939. = Neue deutsche Forschungen. Abt. Neuere deutsche Literaturgeschichte 19 = Diss. vom 14. Febr. 1939) [Petersen]

Weltbild und Dichtung im Werke Erwin Guido Kolbenheyers. o. O. 1942. [Maschinenschr. autogr.] (= Diss. vom 27. Nov. 1942); Giovanni Bruno Erné: Die schwebende Betonung als Kunstmittel in der Lyrik. Untersuchung an den Gedichten Rainer Maria Rilkes. o.O. [1944] [Maschinenschr.] (= Diss. vom 15. Dez. 1944); Ingeborg Neubert: Ethische Probleme des Werkes von E.G. Kolbenheyer o.O. 1945 [Maschinenschr.] (= Diss. vom 25. April 1945).

[187] Hellmut Rosenfeld: Das deutsche Bildgedicht. Seine antiken Vorbilder und seine Entwicklung bis zur Gegenwart. Aus dem Grenzgebiet zwischen bildender Kunst und Dichtung. Weimar 1935 (= Diss. vom 10. Mai 1935); Gerhard Eckert: Gestaltung eines literarischen Stoffes in Tonfilm und Hörspiel. Berlin 1936. (= Neue deutsche Forschungen, Abt. Neuere deutsche Literaturgeschichte 6 = Diss. vom 6. Mai 1936); Eva Friederich: Der Ruf, eine Gattung des geistlichen Volksliedes. Berlin 1936 (= Germanische Studien 174 = Diss. vom 6. Mai 1936); Hans Achim Ploetz: Die Theorie der Dichtung. Kritische Beiträge zur gegenwärtigen Poetik. Berlin 1936 (= Diss. vom 10. Dez. 1936).

[188] Günther Skopnik: Das Straßburger Schultheater. Sein Spielplan und seine Bühne. Gelnhausen 1934. (= Diss. vom 28. Febr. 1934); Lotte Labus: „Minna von Barnhelm" auf der deutschen Bühne. Berlin 1936 (= Diss. vom 18. Juni 1936); Wilhelm Bethke: Die dramatische Dichtung Pommerns im 16. und 17. Jahrhundert. Stettin 1938, auch Greifswald 1938 (= Pommernforschung Reihe 3, H. 6 = Diss. vom 16. Febr. 1938); Renata von Stoephasius: Die Gestalt des Pilatus in den mittelalterlichen Passionsspielen. Würzburg 1938 (= Diss. vom 16. Febr. 1938); Elisabeth Frenzel: Die Gestalt des Juden auf der neueren deutschen Bühne. Bühl-Baden 1940, auch u.d.T.: Judengestalten auf der deutschen Bühne. München 1940 (= Diss. vom 21. Mai 1940); Rüdiger Rupprecht Knudsen: Der Theaterkritiker Theodor Fontane. Berlin 1942 (= Schriften der Gesellschaft für Theatergeschichte 55 = Diss. vom 16. Mai 1941); Elsie G. Billmann: Johann Christian Hallmanns Dramen. Würzburg 1942 (= Diss. vom 23. Juni 1942); Ingeborg Strudthoff: Georg Büchner und das deutsche Theater (= Diss. vom 2. März 1945).

- Gertrud Grambow: Bettinas Weltbild. o.O. 1941. [Maschinenschr.] (= Diss. vom 12. Dez. 1941) [Koch]
- Gerta Jahn: Das Problem des geistigen Menschen bei E.M. Arndt. Dresden 1941. (= Diss. vom 17. März 1942) [Wentzlaff-Eggebert]
- Edith Lohmann: Das Problem der Wirklichkeit bei Clemens Brentano. o. O. 1942. [Maschinenschr.] (= Diss. vom 17. März 1942) [Wentzlaff-Eggebert]
- Ingeborg Meyer, geb. Lüdtke: Helmina von Chézys Stellung in der Pseudoromantik. o.O. 1944 [Maschinenschr.] (= Diss. vom 26. Mai 1944) [Wentzlaff-Eggebert]

Angesichts dieser Titel läßt sich sagen, daß die Romantik am Berliner Germanischen Seminar einen Schwerpunkt wissenschaftlicher Qualifikationsarbeiten bildete – zumindest hinsichtlich der Dissertationen. Während mehr als ein Zehntel der zur neueren Literaturgeschichte entstandenen Promotionsschriften romantische Themen bearbeiteten, spielten diese in den zwischen 1933 und 1945 angenommenen Habilitationsschriften keine Rolle.[189] Deutlich ist, daß die für die Forschung nach 1933 spezifischen Verschiebungen auch die Berliner Doktorarbeiten prägen: Bei den zwischen 1933 und 1945 entstandenen Dissertationen lag das Schwergewicht auf der späteren Romantik; bevorzugt wurden weltanschaulich-philosophische Komplexe sowie das romantische „Volkstums-Erlebnis" bearbeitet. Die frühe Romantik schwand jedoch nicht sofort aus dem Blickfeld, wie die 1934 verteidigte Promotionsarbeit Lilli Jungs zur romantischen Dichterfreundschaft belegt. Diese Dissertation, noch unter Anleitung Max Hermanns fertiggestellt und von diesem begutachtet, soll als erste der am Seminar entstandenen Promotionsschriften betrachtet werden, ehe im Anschluß daran die Arbeiten der Petersen- und Kochschüler zu analysieren sind.

Lilli Jung, die von 1927 bis 1934 in Berlin Germanistik, Geschichte und Religionswissenschaften studiert hatte,[190] versuchte in ihrer Dissertation nach eigenen Worten „das Wesen der romantischen, im besonderen der

---

[189] Die eingereichten Habilitationsschriften waren: Richard Beitl: Zur Begriffsbestimmung von Sage und Märchen (= Habil.-Schrift vom 2. März 1933); Robert Stumpfl: Der Ursprung des Fastnachtsspiels (= Habil.-Schrift vom 20. Nov. 1933); Wolfgang Kayser: Geschichte der deutschen Ballade. Berlin 1936 (= Habil.-Schrift vom 20. Dez. 1936); Friedrich Wilhelm Wentzlaff Eggebert: Dichtung und Sprache des jungen Gryphius. Die Überwindung der lateinischen Tradition und die Entwicklung zum deutschen Stil. Berlin 1936 (= Abhandlungen der Preußischen Akademie der Wissenschaften. Phil.-hist. Kl. Jg. 1936, Nr. 7 = Habil.-Schrift vom 23. März 1938); Hans Pyritz: Goethe und Marianne von Willemer. Eine biographische Studie. Stuttgart 1941 (= Habil.-Schrift vom 12. Juli 1940); Wilhelm Emrich: Die Symbolik von Faust II. Sinn und Vorformen. Berlin 1943. (= Habil.-Schrift vom 7. Dezember 1944); Ernst Friedrich Ohly: Untersuchungen zur Geschichte der abendländischen Auslegung des Hohen Liedes bis zum Ende des 12. Jahrhunderts (= Habil.-Schrift vom 5. Juni 1944).

[190] Lebenslauf von Lilli Jung. UA der HUB. Promotionsakten der Philosophischen Fakultät. Vol. 766, Bl. 117.

frühromantischen Freundschaft aufzuzeigen. [...] Wird, so lautet die Frage, in der Romantik, die als Hochstufe in der Pflege von Liebe und Freundschaft gilt, auch die Hochstufe schöpferischer Freundschaft erreicht?"[191] In Gegenstand und Methodik deutlich der älteren Forschung verhaftet, konzentrierte sich ihre Untersuchung vorwiegend auf Vertreter der Frühromantik (Friedrich Schlegel, Friedrich von Hardenberg, Tieck, Wackenroder, Schleiermacher); von den späteren Romantikern wurden allein das Freundespaar Arnim-Brentano und E.T.A. Hoffmann herangezogen. Noch vor der näheren Betrachtung von Briefwechseln und ausgewählten Werken hatte sie den rationalen Momenten der Romantik die Schuld am Scheitern von authentischen Freundschaftsbeziehungen zugewiesen:

> „Das rationale Element in der Romantik, die Neigung zur eigenen und fremden Wesenszergliederung zerstören die Möglichkeit einer reinen Hingabe, die nur eine in sich selbst ruhende Seligkeit wäre".[192]

In der problemgeschichtlichen Behandlung ausgewählter Textstellen aus Korrespondenzen und Schriften fand sie ihre These bestätigt: Die romantische Freundschaft sei zwar eine „vom Eros getragene Gemeinschaft" und gewinne durch ihre Verbindung mit der romantischen Weltanschauung eine entscheidende Bedeutung für den einzelnen; eine „Höchstform des seelischen Erlebnisses" sei sie nicht.[193] Bezeichnend für die methodische Durchführung waren fortlaufende Typologisierungen: „*Der Romantiker* hat eine Idee ‚Freundschaft', die die Gesinnung, aus der heraus er handelt, bestimmt, und die ihn dazu bewegt, sie zu suchen und zu schließen"[194]; „*der Romantiker* hungert nach Fülle und Mannigfaltigkeit, die ihm von außen begegnen soll"[195]; „*der Romantiker* stirbt meist sehr jung, oder er wird wahnsinnig, oder wenn er das Alter erreicht, dann hat er sich von der Romantik entfernt".[196] Die häufig wiederkehrenden Nomina – neben „Freundschaft", „Liebe" „Eros" waren die Begriffe „Seele", „Geist", „Erlebnis" auf jeder Seite präsent – markierten die Ausrichtung an einer von Dilthey geprägten Geistesgeschichte. Max Hermann bewertete die Dissertation am 18. März 1934 mit „laudabile".[197]

---

[191] Lilli Jung: Dichterfreundschaft und ihr romantisches Eigengepräge. Saalfeld/Ostpreußen 1934, S. 9.
[192] Ebenda, S. 41.
[193] Ebenda, S. 120. Zusammenfassend heißt es: „Die zu Anfang dieser Arbeit gestellte Frage: wird in der Romantik, die als die Hochstufe in der Pflege von Freundschaft und Liebe gilt, in der Tat die Höchststufe der Freundschaft erreicht? kann nun aus diesem Ergebnis heraus, nachdem sowohl das romantische Freundschaftsleben als auch seine Gestaltung im Werk betrachtet worden ist, beantwortet werden. Die Schlußfolgerung fällt negativ aus. [...] Die letzte Tiefe einer Gemeinschaft, die nur ein Spannungsverhältnis zwischen zwei, nicht aber mehreren Menschen sein kann, fehlt. Ihre Äußerungsformen auf dem Empfindungsgebiet findet sie daher – abgesehen von den erwähnten Gefühlsmomenten – allein in der Aggressivität und der Sehnsucht nach Erlebnisgemeinschaft."
[194] Ebenda, S. 43, Hervorhebung von mir, R.K.
[195] Ebenda, S. 47, Hervorhebung von mir, R.K.
[196] Ebenda, S. 49, Hervorhebung von mir, R.K.
[197] UA der HUB, Promotionsakten der Phil. Fak. Vol. 766, Bl. 104.

7.3.1 Promotionsarbeiten aus Petersens und Wentzlaff-Eggeberts Schülerkreis

Julius Petersen betreute als akademischer Lehrer am Germanischen Seminar in der Zeit zwischen 1933 und 1941 drei Dissertationen, die sich der romantischen Literaturepoche widmeten: Neben einer biographisch-werkgeschichtlichen Darstellung des jungen Karl Varnhagen von Ense, die bereits vor 1933 fertiggestellt, doch erst 1934 verteidigt und gedruckt wurde,[198] entstand mit Gisela Jahns 1936 vorgelegten *Studien zu Eichendorffs Prosastil* eine bemerkenswerte formanalytische Arbeit, die sogar Aufnahme in die Bibliographie von Wolfgang Kaysers Buch *Das sprachliche Kunstwerk* fand.[199] Eine Promotionsschrift über E.T.A. Hoffmanns literarische Gestalten bemühte sich um deren typologische Klassifikationen, wurde jedoch, wie auch Petersens Gutachten diagnostizierte, dem eigenen Anspruch nicht gerecht. Friedrich-Wilhelm Wentzlaff-Eggebert begleitete als Mentor und Gutachter bis 1944 drei Promotionsschriften zur Romantik, die im Anschluß an die Dissertationen der Petersen-Schüler beleuchtet werden.

Gisela Jahn, 1910 in Berlin-Charlottenburg geboren, studierte seit 1929 an der Berliner Universität Germanistik, Geschichte und Philosophie, hauptsächlich bei Julius Petersen, Arthur Hübner, Fritz Hartung, Erich Caspar und Eduard Spranger.[200] Angeregt durch eine Seminarübung Petersens über romantische Märchendichtung, arbeitete sie seit 1932 an einer Dissertation über Eichendorffs Prosastil, die sie im Frühjahr 1935 abschloß.[201] Ihre formanalytische Untersuchung, die philologische Genauigkeit und Konzentration auf die Texte verband, demonstrierte die auch nach 1933 verbliebenen Möglichkeiten wissenschaftlichen Arbeitens jenseits völkischer Theoreme und ideologisch induzierter Sinnzuweisungen. Nach einer Einleitung, die den Stand der literarischen Stilforschung in Deutschland kennzeichnete und einen kurzen Überblick über die Eichendorff-Forschung gab, analysierte die Autorin ausgewählte Prosatexte, vorwiegend aus dem Jugendwerk. Während die frühe Romantik, namentlich durch Tieck und Novalis, Eichendorffs Lyrik aufs stärkste bestimmt hätte, sei ein Einfluß auf dessen Prosa nicht festzustellen. Als deren individuelle Eigentümlichkeit erkannte Gisela Jahn die Verbindung von „Stereotypität" und „unerschöpflicher Variation", die wechselnd zur Stimmungserregung gebraucht würden. Die Forderung der Autorin nach Ausarbeitung spezifischer Termini zur Beschreibung formaler Gestaltungsprinzipien und die in diesem Zusammenhang vorgebrachte Kritik an der bisherigen Stilforschung signalisierte Distanz zu den Synthesen einer Geistesgeschichte und gestattete Distinktionsge-

---

[198] Friedrich Römer: Varnhagen von Ense als Romantiker. Köln 1934 (= Diss. vom 14. 12. 1934). Petersens Einfluß wurde bei der generationstypologischen Einordnung Varnhagens deutlich, den Römer als „umgelenkten Generationstypus" bestimmte, ebenda, S. 172.
[199] Wolfgang Kayser: Das sprachliche Kunstwerk. 2., erg. Aufl. Bern 1951, S. 415.
[200] Lebenslauf vom 15. Mai 1935. UA der HUB, Promotionsakten der Phil. Fak., Vol. 834, Bl. 93.
[201] Gisela Jahn: Studien zu Eichendorffs Prosastil. Leipzig 1937 (= Palaestra 206), Vorwort.

winne,[202] die Petersen in seinem Gutachten vom 13. 9. 1935 lobend anerkannte. „In Bezug auf die positiven Werte des Eichendorffschen Stils, die Musikalität in Rhythmus und Melodik hätte man sich gerne ein weiteres Eindringen gewünscht. Unter Verzicht auf diese Seite ist aber der Aufgabe alles abgewonnen, was zu leisten war", wertete er und empfahl das Prädikat „laudabile".[203]

Um geistesgeschichtliche Generalisierungen bemühte sich die Promotionsarbeit Kurt Willimcziks, die unter dem Titel *Die drei Reiche in E.T.A. Hoffmanns Gestaltenwelt* das Figurenensemble in Hoffmanns literarischen Werken typologisch zu ordnen und zugleich die Prinzipien von dessen Selbstdarstellung, Erlebnisgestaltung und intuitiver Seelenkunde durchsichtig zu machen suchte. Willimczik, 1907 in Hagen in Westfalen geboren, studierte von 1926 bis 1935 in Berlin Germanistik, Musik- und Kunstwissenschaft, Philosophie, Theologie und Anglistik. Wichtiger als die Universität schienen ihm jedoch ehrenamtliche Aktivitäten gewesen zu sein, die ihn das Studium vernachlässigen ließen, so daß seine 1935 eingereichte Dissertation aufgrund einer nicht bestandenen Prüfung in Neuerer Musikgeschichte erst nach einer ihm eigens eingeräumten schriftlichen Klausur und mehreren Verlängerungen des Verfahrens zur Promotion am 14. Februar 1939 führte.[204] In der von Hoffmann im *Ritter Gluck* entwickelten „Lehre von drei Reichen" glaubte Willimczik ein heuristisches Prinzip zur Typologisierung seiner literarischen Gestalten gefunden zu haben. Dem „ersten Reich" entpreche der Alltag, in dem der Bürger, der Philister und der Aufklärer zu Hause seien; das „zweite Reich" sei das Land der Träume, in dem dämonisch gespaltene Naturen vor einer zerrissenen Wirklichkeit ständen; das „dritte Reich" stelle die Heimat der Wahrheit dar, die von „Meistern der Seelenkenntnis" beherrscht werde. Dieses Gliederungsprinzip legte der Autor jedoch nicht nur an die gestalteten literarischen Charaktere, sondern auch an die Persönlichkeit Hoffmanns an. So begann die Darstellung biographisch-entwicklungsgeschichtlich, indem der „Übergang" Hoffmanns vom *Ritter Gluck* zum *Goldenen Topf* als „Durchbruch zum Künstlertum" beschrieben und das heuristische Gliederungsprinzip der „drei Reiche" abgeleitet wurde. In der sich anschließenden systematischen Darstellung wurde Hoffmanns weiteres Werk „nach dem Gesichtspunkt der drei Reiche ge-

---

[202] Vgl. dazu Kapitel 6.4: Formanalytische und stiltypologische Romantikforschungen – Impulse für die „werkimmanente Interpretation"?

[203] Gutachten von Prof. Julius Petersen zur Dissertation von Gisela Jahn. UA der HUB, Promotionsakten der Phil. Fak., Vol. 834, Bl. 96, Rückseite.

[204] Vgl. Lebenslauf des cand. phil. Pg. Kurt Willimczik vom 4. Juni 1935. UA der HUB, Promotionsakten der Phil. Fak., Vol. 879, Bl. 64f.; Briefwechsel des Direktors des Musikhistorischen Seminars mit dem Dekan der Philosophischen Fakultät. Ebenda, Bl. 78ff. Willimczik wirkte als Lektor im Reichspropagandaministerium und bei der Reichsjugendführung, engagierte sich in der *Reichsstelle zur Förderung des deutschen Schrifttums* als Lektoratsleiter der Deutschen Studentenschaft und war kulturpolitischer Mitarbeiter der *Berliner Börsen-Zeitung*. Zugleich war er Mitglied der *Paul-Ernst-Gesellschaft* und bereits vor 1933 Mitglied des *Kampfbundes für deutsche Kultur*.

ordnet in vier Reihen"205 auseinandergelegt und die abschließend behandelten Märchen zum „Wiedergewinn eines beseelten Alltags" und Höhepunkt der künstlerischen Entwicklung erklärt. Antisemitische Einschübe, die aus Hoffmanns Beobachtungsgabe und „blutmäßiger Rückwirkung" eine „zwangsläufige Judengegnerschaft"206 ableiteten, und deutschtümelnde Heroisierungen literarischer Figuren207 schlossen explizit an ideologische Imperative und Vorleistungen des Wissenschaftssystems an, ohne jedoch Erfolg zu zeitigen. Erstgutachter Petersen konstatierte angesichts der 422 Seiten starken Arbeit lakonisch: „Weniger wäre mehr gewesen, wenn der Verfasser bei der Stange geblieben und wenn er nicht die Analysen der einzelnen Werke zu Inhaltsangaben hätte werden lassen, die in ihrer Monotonie ermüden".208 Aufgrund einer „sprunghaften" und „leicht zu beeindruckenden musikalischen Natur, die an Problemen und Einfällen reich, aber in diskursivem Denken logisch wenig diszipliniert ist", habe es Willimczik nicht leicht gehabt, mit dem Thema fertig zu werden, brachte Petersen gleichsam zur Entschuldigung seines Promovenden vor: „Ich bin in der Beobachtung seiner zur Gedankenflucht neigenden Arbeitsweise oft verzweifelt und schließlich doch überrascht und erfreut über das Ergebnis, wenn auch eine ganze Reihe von Einzeluntersuchungen noch zu keiner geschlossenen Einheit verschmolzen ist." Darum plädiere er trotz zahlreicher Einwände für das Prädikat „laudabile".209

Ähnlich wie sein Lehrer Petersen legte auch Friedrich-Wilhelm Wentzlaff-Eggebert als Betreuer von Doktorarbeiten Wert auf eine Synthese philologischer Standards und geistesgeschichtlicher Einordnung. Die von ihm betreute Dissertation Gerta Jahns210 *Das Problem des geistigen Menschen bei Ernst Moritz Arndt*, durch ein von ihm 1940 abgehaltenes Seminar ange-

---

[205] Kurt Willimczik: E.T.A. Hoffmann. Die drei Reiche seiner Gestaltenwelt. Berlin 1939 (= Neue deutsche Forschungen. Abt. Neuere deutsche Literaturgeschichte 19 = Phil. Diss. vom 14. Febr. 1939), S. 36.

[206] Ebenda, S. 206: „In Wahrheit hatte Hoffmann in dem letzten Erlebnis – der Beobachtungen in der Gesellschaft seiner Zeit und Umgebung noch ungeachtet – eine ganz eigene Quelle nicht eines ‚herzlich naiven Antisemitismus', wie Harich meint, sondern einer Judengegnerschaft, die sich aus Grunderlebnis und blutmäßiger Rückwirkung zwangsläufig ergab."

[207] Vgl. u.a. ebenda, S. 277 die Charakteristik des Geigenbauers Krespel aus den *Serapionsbrüdern*: „Es ist das erste Mal, daß Hoffmann die dichterische Wesenszeichnung, wie er sie bei Anselmus übte, und die völkische Richtung, wie sie seine politischen Geschichten zeigten, vereinigt zu einer v o l k s t ü m l i c h e n d e u t s c h e n G e s t a l t. Gewiß ist auch Anselmus eine deutsche Gestalt, aber dieser Träumer ist nur ein geistiger und in seinem Tun gehemmter Mensch. Der junge Krespel ist ein Mensch der Tat. Er befreit sich selbst – gewiß nach einer langen Zeit der Geduld – durch einen plötzlichen und umwälzenden Willensausbruch aus denselben fremden Einflüssen, aus denen Anselmus erst geführt werden mußte." (Sperrung im Original.)

[208] J. Petersen: Gutachten zur Dissertation: „Die drei Reiche in E.T.A. Hoffmanns Gestaltenwelt". UA der HUB. Promotionsakten der Phil. Fak. Vol. 879, Bl. 75f.

[209] Ebenda, Bl. 76.

[210] Gerta Jahn, geboren am 5. Oktober 1919 in Straßburg in der Uckermark, studierte von 1938 bis 1942 Germanistik, Geschichte und Kunstgeschichte in Leipzig, Tübingen und Berlin; vgl. Gerta Jahn: Lebenslauf. UA der HUB. Promotionsakten der Phil. Fak., Vol. 929, Bl. 127.

regt,²¹¹ entsprach in ihrer sachlichen Kombinationstätigkeit ganz dem von Wentzlaff-Eggebert gesteckten Ziel, „das einseitige Bild des ‚Freiheitsdichters' Arndt nach der allgemeinen geistesgeschichtlichen Richtung hin zu ergänzen, um die Vielseitigkeit seiner Wirkungen als Zeitkritiker klarer erkennen zu können".²¹² Im Unterschied zu der nach 1933 katalysierten Vereinnahmungsrhetorik, die Arndt als „ewigen Deutschen" und Vorbild eines „neuen Heidentums" reklamierte, erschien der kritische Publizist in der Promotionsarbeit Gerta Jahns zwar als „Erwecker" gleichgesinnter Patrioten wie Friedrich Ludwig Jahn, von Stein und Gneisenau, doch stets unter Berücksichtigung der Historizität, Unvollkommenheit und Einseitigkeit seiner Geschichtsauffassung. Aus polemischer Distanz habe Arndt in *Germanien und Europa* von 1803 und im seit 1806 erschienen Hauptwerk *Geist der Zeit* „die geistige Situation der Zeit und ihrer Menschen aus dem Geschichtsablauf, den er unter bestimmten Gesichtspunkten betrachtet", erklären wollen.²¹³ Ohne Versuche ideologischer Aktualisierung konstatierte die Autorin Arndts Kritik an den Wirkungen von Aufklärung und Frühromantik sowie seine Ablehnung der kosmopolitischen Ideen der Klassik.²¹⁴ Frei von völkischer Emphase war auch die Darstellung von Arndts Menschenbild. Für ihre Arbeit erhielt sie das Prädikat „gut".

Die von Edith Lohmann²¹⁵ bei Wentzlaff-Eggebert verfaßte Dissertation *Das Problem der Wirklichkeit bei Clemens Brentano* gab – so der Mentor in seinem Gutachten – „zum ersten Mal in der Brentano-Forschung einen Überblick über die Wandlungen in der Wirklichkeitsauffassung Clemens Brentanos und zeigt innerhalb dieser Entwicklung deutlich das Suchen des Romantikers nach einer geistig begründeten Lebensmöglichkeit".²¹⁶ Gestützt

---

²¹¹ Vgl. Gerta Jahn: Das Problem des geistigen Menschen bei Ernst Moritz Arndt. Dresden 1941, S. VII.
²¹² Friedrich Wilhem Wentzlaff-Eggebert: Gutachten zur Dissertation „Das Problem des geistigen Menschen bei Ernst Moritz Arndt". UA der HUB. Promotionsakten der Phil. Fak., Vol. 929, Bl. 124.
²¹³ Gerta Jahn: Das Problem des geistigen Menschen bei Ernst Moritz Arndt, S. 3.
²¹⁴ Vgl. ebenda, S. 57f. die Ausführungen zu Arndts Verhältnis zur frühen Romantik: „Die Frühromantik stellte das Gefühl in den Vordergrund – Arndt sieht sie deshalb in engem Zusammenhang mit der Empfindsamkeitsepoche – und stößt mit seiner Hilfe unter Aufgabe jeglicher Realität ins Irrationale, Metaphysische vor. Die eine Richtung der neuen Bewegung zielt zunächst auf die Anerkennung des von der Aufklärung abgeleiteten an sich Unfaßbaren. Aber sie geht über diese Anerkennung hinaus, indem sie eine Erkenntnis erreichen will; zwar keine reale, rational-empirische, sondern eine metaphysische, irrational-geistige, eine im Sinne der Frühromantik, nicht im Sinne Arndts vernünftige. [...] Der zweiten Richtung der frühromantischen Bewegung, der naturphilosophischen, auf Schelling fußenden, die versucht, Subjekt und Objekt, Natur und Geist wieder zu vereinigen, gehört die Sympathie E. M. Arndts. Er erkennt echt Mystisches in ihrem Charakter, eine Hingegebenheit an das All der Natur, die sie das Unendliche im Endlichen erkennen läßt und Gegensätze zur Ganzheit verbindet. Die Naturphilosophie ist so gewissermaßen die Synthesis zu Thesis und Antithese von Aufklärung und Vernunftidealismus."
²¹⁵ Edith Lohmann, 1918 in Hannover geboren, studierte von 1937 bis 1942 Germanistik und Kunstgeschichte in Leipzig und Berlin, vgl. E. Lohmann: Lebenslauf. UA der HUB. Promotionsakten der Phil. Fak., Vol. 929, Bl. 176.
²¹⁶ Friedrich-Wilhelm Wentzlaff-Eggebert: Gutachten zur Dissertation „Das Problem der Wirklichkeit bei Clemens Brentano", ebenda, Bl. 173.

auf Briefe, Selbstzeugnisse und Dichtungen des Poeten, unternahm die Autorin eine problemgeschichtliche Rekonstruktion von Brentanos Verhältnis zu den „Wirklichkeiten" Liebe, Poesie und Religion. Dabei beschrieb sie in erster Linie die zerrissene Existenz des Dichters, die, dem „Dämon der Verlockung" folgend, aus dem Taumel zwischen sinnlicher Abhängigkeit und religiöser Sehnsucht schließlich zurück in die Arme der katholischen Kirche geflüchtet sei. Die Rückführung dieser Lebensumstände auf Brentanos deutsch-italienisches „Mischblut" knüpfte deutlich an Erklärungsmuster an, die auch Hans Pyritz in seiner Romantik-Vorlesung verwendet hatte:

> „Erklären kann man sich vieles an seinem zwiespältigen Wesen durch die Mischung von deutschem und lateinischem Blut. Das eine gab ihm den unbändigen Reichtum von lebendiger Vorstellungskraft, verbunden mit einer südlichen Sinnlichkeit; das andere ließ ihn sich weniger dieses inneren Reichtums als des Fluches, der damit verbunden war, bewußt werden."[217]

Neben dieser Anleihe bei rassenbiologischen Reduktionen bestimmten geistesgeschichtliche Klassifikationen die Arbeit. Insbesondere die Erläuterungen zum Problem der romantischen Subjektivität markierten deren ungebrochenen Einfluß. Die frühromantische Verabsolutierung des Ich hätte schon frühzeitig zu dem „unglücklichen Wahn" geführt, „das Unendliche erreichen und das Universum in sich ergreifen zu können", postulierte die Autorin, um aus der Vergeblichkeit dieser Bestrebungen und der notwendigen Kollisionen mit der „natürlichen Wirklichkeit" eine Spaltung der Romantik zu diagnostizieren.[218] Die Anwendung dieser Deutungsmuster ergab für den Gutachter Wentzlaff-Eggebert „ein klares Bild von der bisher wohl geahnten aber noch nicht bewiesenen Eigengesetzlichkeit und Widerspruchsfülle in der Dichtung Brentanos. Das Problem des vielschichtigen Wirklichkeitserlebnisses wird hier einmal für einen romantischen Dichter mit Vorsicht und gutem Einfühlungsvermögen vom Biographischen und Formkünstlerischen her betrachtet. Es ergibt sich dabei das Bild des gequälten und doch reifen schöpferischen Geistes, der in unaufhörlichem Suchen die Reiche seiner Wirklichkeit erlebt." Moniert wurde von ihm allein die ungenügende „philosophische Unterbauung des Themas"; Edith Lohmanns Arbeit erhielt das Prädikat „gut".[219]

Noch auf eine Anregung Julius Petersens, „der gerade dieses Beispiel für die Pseudo-Romantik herausgestellt wissen wollte",[220] ging eine dritte bei

---

[217] Edith Lohmann: Das Problem der Wirklichkeit bei Clemens Brentano. o.O. [Maschinenschr.] Berlin, Phil. Diss. vom 17. März 1942, S. 7.
[218] Vgl. ebenda, S. 4f.: „Eine Synthese zwischen beiden [dem Unendlichen und der Wirklichkeit] herzustellen, lehnten die einen ab. Sie wählten für sich das Todeserlebnis als Einmündung im Universum, ein absichtsvolles Verlöschen des Lebens schon in früher Jugend. Die andern glaubten an die Möglichkeit einer Synthese und fanden sie, indem sie aus dem Universum heraus sich zum christlichen Gottesreich kehrten."
[219] F.-W. Wentzlaff-Eggebert: Gutachten zur Diss. „Das Problem der Wirklichkeit bei Clemens Brentano", Bl. 173.
[220] Friedrich-Wilhelm Wentzlaff-Eggebert: Gutachten zur Dissertation „Helmina von Chézys Stellung in der Pseudoromantik". UA der HUB. Promotionsakten der Phil. Fak., Vol. 929, Bl. 185.

Wentzlaff-Eggebert verfaßte Dissertation zurück, die Helmina von Chézy behandelte. Die Arbeit Ingeborg Meyers[221] beabsichtigte, am Beispiel von Persönlichkeit und Werk der spätromantischen Autorin die Differenzen zwischen „echter" und „Pseudo-Romantik" herauszupräparieren. Dazu erläuterte sie am Beispiel von Lyrik, Kleinepik und Singspielen Helmina von Chézys, wie romantisches Ideengut zwar aufgegriffen, doch weder eigentlich verstanden noch vertieft worden sei. Die lyrischen Werke der Helmina von Chézy zeigten das erschreckend ärmliche Bild einer unkünstlerischen und geradezu sentimentalen Gelegenheitsdichtung; die Erzählungen und Dramen bestätigten diesen Eindruck. Zwar gebe es in Biographie und Werk Übereinstimmungen mit Motiven bzw. stilistischen Zügen der Romantik, da ihr jedoch tiefere Emotionen und eigenes Denken verschlossen blieben, gelang ein Durchbruch zu schöpferischen Leistungen nicht.[222] Im Schlußabschnitt trug die Dissertation Urteile von Zeitgenossen zusammen, um zu bestätigen, daß Helmina von Chézy nicht der Romantik, sondern eindeutig der „Pseudoromantik" zuzurechnen sei.[223] Ohne näher auf die (weitgehend unbestimmt bleibende) Kategorie der „Pseudoromantik" einzugehen, sei an dieser Stelle auf die vorgebrachten Bestimmungen der „eigentlichen" Romantik hingewiesen, an denen sich Wirkungen von Petersen Romantikkonzept ablesen lassen. Dessen Hochschätzung August Wilhelm und Friedrich Schlegels aufnehmend, sprach Ingeborg Meyer von der „Führerschaft der Gebrüder Schlegel"; die von ihnen begründete „romantische Kritik" würdigte sie als „bedeutsam".[224] Auch Petersens Auffassung einer differenzierten Kontinuität von früherer und späterer Romantik führte sie fort und beharrte auf dem höheren theoretischen Niveau der Frühphase.[225] – In seinem Gutachten bemängelte Wentz-

---

[221] Ingeborg Meyer, geboren am 4. 10. 1916 in Hohensalza, studierte von 1937 bis 1942 in Greifswald und Berlin Germanistik, Nordisch (Schwedisch) und Englisch. Als Lehrer nannte sie in ihrem Lebenslauf die Professoren Schwietering, Koch, Kuhn, Neckel, Schirmer und Wentzlaff-Eggebert. Letztgenanntem verdanke sie besondere Förderung und die Anregung zu ihrer Dissertation; vgl. Ingeborg Meyer, geb. Lüdtke: Lebenslauf. UA der HUB. Promotionsakten der Phil. Fak., Vol. 937, Bl. 179.

[222] Vgl. Ingeborg Meyer: Helmina von Chezys Stellung in der Pseudoromantik. o.O. [Maschinenschr.] Diss. vom 26. 5. 1944, S. 90: „Helmina hätte eine typische Vertreterin der Spätromantik werden können, wenn nicht ihre Oberflächlichkeit und die geringe Tiefe ihres Fühlens sie daran gehindert hätten. Man muss ihr in der Tat echte Phantasie, ursprünglichen Gefühlsreichtum und wahrhafte Naivität absprechen. Phantasie und Gefühl sind sehr häufig durch ihre angeborene Nüchternheit und kleinliche Pedanterie gehemmt. Dafür treten aber Schwulst und Überschwenglichkeit auf." Der Mangel an „Ursprünglichkeit und Wahrheit" sowie die „allzu pathetische oder allzu empfindsame" Gewandung ihrer Dichtungen wurden dabei als „aufklärerisches Erbe und zugleich als Merkmal der Pseudoromantik" gekennzeichnet, ebenda, S. 94.

[223] Vgl. ebenda. S. 156: „Die heutige Forschung zählt Helmina von Chézy zu der Gruppe von Schriftstellern, die durch ihr Wirken unwissentlich zum Niedergang der Romantik beitrugen und somit den Gegnern dieser Bewegung eine willkommene Angriffsfläche und einen geeigneten Ausgangspunkt boten. Aus ihrem Leben, ihren Schriften und ihrer weltanschaulichen Einstellung ergibt sich eindeutig ihre Zugehörigkeit zur Pseudoromantik."

[224] Ebenda, S. 88.

[225] Vgl. ebenda, S. 88f.: „In der Spätromantik traten vor allem die künstlerischen Leistungen in den Vordergrund. Phantasie und ursprüngliches Empfinden wurden von allen Fesseln befreit. Die Werte des Gemüts traten an erste Stelle. [...] Das Verständnis für Philosophie ging der

laff-Eggebert die seiner Meinung nach nicht deutlich genug gemachte „Abhebung von der großen Leistung der romantischen Lyrik". Die künstlerische Unselbständigkeit Helmina von Chézys sei in der Analyse der Gedichte nicht scharf genug herausgehoben und gekennzeichnet worden. Die dennoch als „methodisch sicher" gelobte Dissertation bewertete er mit dem Prädikat „gut".[226]

7.3.2 Dissertationen von Koch-Schülern

Franz Koch bemühte sich nach Kräften, die eigene „organbiologische" Literaturbetrachtung auch schulbildend durchzusetzen. Dazu begründete er in Verabredung mit dem auf Dissertationsdrucke spezialisierten Würzburger Verlag Konrad Triltsch die Schriftenreihe *Stadion*, die zwar laut Titel „Arbeiten aus dem Germanischen Seminar der Berliner Universität" bringen sollte, jedoch allein Werke seiner Schüler veröffentlichte.[227] Im Vorwort zum ersten Band der Reihe schwor Koch die hier zu publizierenden Arbeiten auf sein „organbiologisches" Wissenschaftsprogramm ein:

> „Es wird das Ziel der im Stadion auftretenden Kämpfer sein, die sicheren Gewinne germanistischer Wissenschaft mit jenen methodischen und sachlichen Forderungen in Einklang zu bringen, die das neue Deutschland an die Wissenschaft stellt, um so eine Richtung begründen zu helfen, die aus der Überzeugung von der organischen Einheit und Ganzheit der deutschen Lebenswirklichkeit hervorgeht und Geistiges biologisch zu fassen sucht."[228]

Als erster Band erschien 1938 die Dissertation Hertha von Ferbers *Das Volkstumserlebnis des Joseph Görres*, die aus Kochs Oberseminar *Das Volks-*

---

jüngeren Künstlergeneration ab, so dass ihre Zeitschriften stark an Gehalt einbüssten, zumindest besass sie nicht mehr das hohe geistesgeschichtliche Niveau der Frühromantik. Die wissenschaftlichen Anregungen der Frühromantik wurden jedoch aufgenommen. Neben den spätromantischen Dichtern erstand eine Generation von Philologen, Naturwissenschaftlern und Ärzten, die zur Anwendung der frühromantischen Ideen überging."

[226] Friedrich-Wilhelm Wentzlaff-Eggebert: Gutachten zur Dissertation „Helmina von Chézys Stellung in der Pseudoromantik", Bl. 185.

[227] Stadion. Arbeiten aus dem Germanischen Seminar der Universität Berlin. Hrsg. von Franz Koch. Würzburg 1938-1943. Folgende Bände erschienen: Bd. 1: Hertha von Ferber: Das Volkstumserlebnis des Josef Görres (1938); Bd. 2: Elisabeth Achterberg: Heinrich Steffens und die Idee des Volkes (1938); Bd. 3: Gustav Adolf Brandt: Herder und Görres 1798 - 1807 (1939); Bd. 4: Hans Joachim Reimann: Die Familie in Jeremias Gotthelfs Dichtungen (1939); Bd. 5: Hans Hermann Schulz: Das Volkstumserlebnis des Arbeitens in der Dichtung von Gerrit Engelke, Heinrich Lersch und Karl Bröger (1940); Bd. 6: Franz Kleitsch: Der „Phantasus" von Arno Holz (1940); Bd. 7: Hermann Schonder: Johann Elias Schlegel als Übergangsgestalt (1941); Bd. 8: Doris Koehler: Karl Philipp Moritz und seine organische Kunstauffassung (1941); Bd. 9: Harald Henry: Herder und Lessing (1941); Bd. 10: Hilde Poepping: Der Typus des Deutschen im Werke Karl Kluges (1942); Bd. 11: Gisela Hildegard Ulrich: Herders Beitrag zur Deutschkunde (1943).

[228] Franz Koch: Vorwort des Herausgebers. In: Hertha von Ferber: Das Volkstumserlebnis des Joseph Görres, o.S.

tumserlebnis der Romantik vom Sommersemester 1936 hervorgegangen war.[229] Die als Tochter eines Rittmeisters 1912 in Ratibor/Oberschlesien geborene Hertha von Ferber hatte von 1932 bis 1937 Germanistik und Geschichte in Göttingen, Königsberg und Berlin studiert. Parteigenossin seit 1932, galt ihr besonderes Interesse nach eigenen Worten „den geistigen Grundlagen der deutschen Gegenwart, der geistigen Welt des alten Nordens sowie den Fragen der Rassenseelenkunde".[230] Der Rassenkunde entstammte denn auch die Ausgangshypothese ihrer Promotionsschrift: Görres' deutsch-italienisches „Bluterbe" bzw. „sein doppeltes Rasseerbe"[231] bilde die Ursache eines in ihm stets virulenten Dualismus von „organisch-biologischem" und theologisch-heilsgeschichtlichem Denken.[232] Die apodiktische Feststellung einer „rassenseelisch" bedingten Dualität folgte einer zweifachen Zielstellung: Einmal ließ sich Görres' Erlebnis von „Volk" und „Volkstum" als spezifisch deutsche Leistung klassifizieren, zum anderen seine katholische Spätphase als Ausdruck einer erbbiologischen Abweichung von „nordischen Rassezügen" erklären.[233] Diesem Szenario folgend, wurde zuerst Görres' „Volkstumserlebnis" herausgearbeitet. Leitend dafür waren Bedeutungszuweisungen, die spekulative Gedankengänge zu politischen Manifestationen erhoben: Görres habe organisches Leben in der Wirklichkeit des Volkstums erlebt;[234] Organismusvorstellungen und Polaritätsgedanke seien von ihm aus dem „Lebensgesetz des Volkes" entwickelt worden. „Als Sprecher der Landschaft" habe Görres eine „für uns wesentliche, politische Note dieses Heimatbegriffs" geprägt; aus der Vaterlandsliebe der Jugendzeit sei ihm nach 1800 das „bewußte Bekenntnis zur politischen Landschaft" erwachsen. Im Bekenntnis zur „freien Erde" habe er den Rhein zum „S i n n -

---

[229] Ebenda, Nachwort, S. 168.
[230] Hertha von Ferber: Lebenslauf. UA der HUB, Promotionsakten der Phil. Fak. Vol. 873, Bl. 3.
[231] Hertha von Ferber: Das Volkstumserlebnis des Joseph Görres, S. 3.
[232] Ebenda, S. 3f.
[233] Vgl. ebenda S. 11 den zwischen Görres und der Romantik hergestellten Konnex auf der Basis „rassenseelischer" Gemeinsamkeiten: Görres' Zugehörigkeit zur Romantik ergebe sich aus dem gleichartigen Mangel an gestaltender Formkraft und der Unfähigkeit zur „Objektivierung", aus der Unmöglichkeit, Phantasie und Wirklichkeit zu trennen. „Die Frage drängt sich auf, inwieweit dieses ‚romantische' Verhältnis zu den Dingen im Zwiespalt der Rasseseelen begründet sei, und wie weit diese Erlebnisweise dem ‚Poesie' tatsächlich dem Süden angehört, dem Görres sie im allgemeinen zuordnet." – Ausführlich dann ebenda, S. 162: „In Görres Leben zeigt sich darüber hinaus ein gerade für die Romantik, aber auch für die Gegenwart brennendes Problem: die Frage der Rasse. Görres könnte als mahnendes Beispiel genannt werden, wo immer sich Zweifel erheben an der Berechtigung des nordischen Gedankens. Wohl erweist sein Leben und Wirken die große seelische Spannweite eines Menschen, der Möglichkeiten verschiedener Arten in sich trägt. Doch es erweist sich in noch stärkerem Maße die entscheidende Wichtigkeit des gestaltenden Prinzips, modern gesagt, die Ausrichtung am bewußten oder unbewußten deutschen Ideal. Selbst Görres war schon der Erkenntnis nah, daß dieses Ideal wesentlich nordische Rassezüge trägt."
[234] Vgl. ebenda, S. 20: „Die größte Wirklichkeit aber, in der Görres das Naturgesetz überwältigend erlebte, hieß: Volk. [...] Alles organische Leben, das Naturgesetz selbst, ist für den Naturphilosophen Gottesoffenbarung. Volkstum aber ist Naturgesetz. Damit wird das Erlebnis des Volkstums zur unmittelbaren Offenbarung der Gottheit und der Panentheismus zu einer Grundlage völkischen Denkens."

bild der deutschen Lebensbehauptung auf dieser Welt" erhoben.²³⁵ Im dritten Kapitel („Volk und Rasse in der Geschichte") apostrophierte Hertha von Ferber den katholischen Denker zum Propagandisten einer rassenkundlichen Geschichtsbetrachtung, in dem sie – der Rhetorik Ludwig Schemanns analog – Gedanken über kulturelle Differenzierungsprozesse direkt in rassentheoretische Überzeugungen übersetzte. Da Rasse für Görres „nicht in erster Linie naturwissenschaftliche, sondern geistesgeschichtliche Tatsache" gewesen sei, hätten seine Überlegungen zu den Unterschieden zwischen den Kulturstufen „die Grundlage rassischer Erkenntnis in gültiger Form gezeichnet".²³⁶ Görres nehme „mit selbstverständlichem Herrenanspruch für seine Rasse das Recht in Anspruch, sich als der Stärkste in der Welt durchzusetzen"; es sei „ihm selbstverständlich, daß seiner Rasse die Weltherrschaft gebührt".²³⁷ Das vierte Kapitel („Volkstum und Religion") versuchte Görres' angeblich biologischen Volks-Begriff und seine religiösen Bemühungen zu vereinigen und stilisierte den Romantiker zum Verkünder eines „Evangeliums des Volkstums". Er habe einen „deutschen Mythos" geschaffen, der einer „sekundären Heiligung durch Rom oder durch eine christliche Sendung"²³⁸ nicht mehr bedürfe.

Die Umdeutung des katholischen Romantikers zum Vordenker einer völkisch-rassenbiologischen Weltanschauung vermochte die historischen Fakten jedoch nicht zu revidieren. Das hatte wohl auch die Autorin eingesehen, die nun dem in den Schoß des Katholizismus zurückgekehrte Görres vorwarf, seinen „naturhaften Volkstumsbegriff" dem Dogma „geopfert" und den Sinn des Lebens im Glauben verankert zu haben. Darum fällte sie den Richtspruch: „Wer der magischen Weltanschauung verfallen ist, wird der Natur und der deutschen Erde so wenig Herr werden können, wie es Görres in seiner Mystik gelang"²³⁹. In der abschließenden Wertung „Der Name Görres als Symbol" wurden die Widersprüche zwischen Görres' „organischer Bindung an die Erde" und christlicher Jenseitsbejahung noch einmal präzisiert und direkt auf die Gegenwart bezogen. Görres sei keinesfalls Sinnbild für die „geforderte Einheit von Deutschtum und Katholizismus"; vielmehr offenbare sich in ihm „erschütternd die Tragik des unversöhnlichen Kampfes zwischen der deutschen Seele und Rom."²⁴⁰ Ihren an Alfred Rosenbergs *Mythus des 20. Jahrhunderts* erinnernden Kulturkampf schloß Hertha von Ferber mit einer Mahnung an die Zeitgenossen:

„Görres Schicksal bleibt auch uns Symbol, und seine Gestalt sollte mehr als bisher mahnend und warnend an den Kreuzwegen deutscher Entscheidung stehen.

---

235 Ebenda, S. 57 f., Sperrung im Original.
236 Ebenda, S. 90.
237 Ebenda, S. 91 f. Vgl. ebenda: „Die Neger sind für Görres das unterste Rassenelement. [...] Ich weiß nicht, ob die indische Gleichsetzung ‚varna' = schwarz = schlecht im rassischen Sinne ihm bekannt gewesen ist, gefühlsmäßig eignet sie ihm bestimmt. [...] Görres ist ein ausgesprochener Gegner jeder Mischung des Blutes oder der Kultur."
238 Ebenda, S. 150.
239 Ebenda, S. 55.
240 Ebenda, S. 162.

> Denn es beweist uns, daß der Weg nach Rom für Deutsche kein Heimweg ist, und daß kein Deutscher erlöst werden kann vom Unfrieden des ewigen Ringens um die deutsche Wahrheit."[241]

Franz Koch konnte mit seiner Schülerin zufrieden sein, hatte doch Hertha von Ferber in der Vermengung von völkischer Rhetorik, rassentheoretischen Deduktionen und geistesgeschichtlicher Spekulation einen Beitrag geliefert, der als eine gelungene Assimilaton an die eklektische Weltanschauung des Nationalsozialismus gelten konnte. Auch wenn sich Koch der Problematik bestimmter Schlüsse durchaus bewußt war – so hatte er das erste Kapitel, das einen Volkstumsbegriff in Görres naturphilosophischen Spekulationen nachzuweisen suchte als das „schwächste, weil schwierigste" bewertet – schlug er dennoch das Prädikat „sehr gut" vor und stellte in seinem Gutachten heraus:

> „Als Ganzes kann die Arbeit als ein Gewinn nationalsozialistischer Wissenschaft gebucht werden. Sie deckt die nordisch-germanische Linie im Wesen und Werk von Görres auf, macht aber auch überall ihre Grenzen sichtbar."[242]

Eine weitere Frucht von Kochs Oberseminar *Das Volkstumserlebnis der Romantik* war Elisabeth Achterbergs Dissertation *Henrich Steffens und die Idee des Volkes*, die als zweiter Band der Reihe *Stadion* erschien.[243] Explizit ausgesprochenes Ziel der Arbeit war es, den romantischen Naturwissenschaftler Steffens zu einem geistigen Ahnherren des „völkischen Weltbildes" zu erheben und dessen „organisches Denkens" für die Gegenwart fruchtbar zu machen.[244] Mit dieser Absicht rekonstruierte die Verfasserin nach einem biographischen Abriß Steffens „Volks-Idee" in den drei Kapiteln „Menschenbild und Menschenbildung", „Das Volk in Steffens Schau" und „Das Volk im Staat". Die eingangs formulierten Zielstellungen bildeten die Basis für Beutungszuweisungen, die sich auch durch konträre Einzelbefunde nicht irritieren ließen. Als besondere Leistung verbuchte sie die Anwendung naturwissenschaftlicher

---

[241] Ebenda, S. 163. Sperrung im Original.
[242] Gutachten Franz Kochs zur Dissertation „Das Volkstumserlebnis des Joseph Görres". UA der HUB, Promotionsakten der Phil. Fak., Vol. 873, Bl. 10.
[243] Elisabeth Achterberg, geb. von Pusch, 1913 in Münster geboren, studierte von 1933 bis 1938 Germanistik, Geschichte, Religion in Kiel, Göttingen und Berlin. Ihre Fächerwahl, die sich nach dem Wechsel an die Berliner Universität zugunsten deutscher Literatur, Altgermanisch-Nordisch und Vorgeschichte änderte, wurde nach eigenen Worten durch ihr politisches Engagement bestimmt: Seit dem Wintersemester 1934/35 in der parteipolitischen Schulung tätig, wuchs sie „in die Fragestellungen der nationalsozialistischen Wissenschaft hinein", Elisabeth Achterberg: Lebenslauf. UA der HUB. Promotionsakten der Phil. Fak., Vol. 872, Bl. 3.
[244] Elisabeth Achterberg: Henrich Steffens und die Idee des Volkes. Würzburg 1938 (= Stadion 2), Vorwort: „Daß Steffens aber das Volk als eine von der Natur bestimmte Gruppe von Menschen ansah, daß er sein Leben und Wachstum nicht nur mit dem der Pflanze verglich, wie so viele ‚organische' Denker, sondern daß er das Volk als eine lebendige Erscheinungsform des Naturlebens erkannte, daß er alle Folgerungen aus dieser Erkenntnis zog für das ruhige und naturverbundene Wachsen dieses Volkes in allen seinen Gliedern, das macht seine Bedeutung für unsere Zeit aus." Sperrung im Original.

Methoden auf anthropologische und geisteswissenschaftliche Fragestellungen; Steffens Menschenbild sei „besonders dadurch so bedeutsam, daß er als **N a -**
t u r f o r s c h e r an den Menschen herangeht".[245] Seine Natur- und Gesellschaftsauffassung antizipierten „unsere – auf dem Boden einer Wissenschaft stehende – biologische Sicht. Steffens steht ganz auf einer Linie mit Herder und Goethe, auch für ihn sind die Grundwerte des Menschenlebens von der Natur bestimmt."[246] Auch wenn nur keimhafte Ansätze eines „Rassenwissens" und keine deutlichen Stellungnahmen zur „Judenfrage" zu konstatieren waren,[247] beschrieb die Verfasserin in immer neuen Variationen Steffens von der „naturgegebenen Eigentümlichkeit" von Volk und Staat ausgehende Sicht. Sein „biologisches Denken" habe im Staat einen Organismus erblickt, „der einen lebendigen, nicht in der Zeit entstandenen Keim in sich trägt und sich ebenso wie alle natürlichen Organismen entwickelt".[248] Deshalb sei die von ihm vertretene ständische Gliederung des Staates „organisch"; entgegen den Vertragstheorien der Aufklärung schaffe für ihn eine „verbindende Gesinnung" den Staat; „Arbeit am Staat" sei „religiöse Pflicht eines jeden Bürgers"[249]. Die abschließende „Würdigung" betonte noch einmal die Aktualität von Steffens „biologischem Denkens", das erst in der nationalsozialistischen Gegenwart Verständnis und politische Umsetzung erfahren habe:

> „Von einer tiefen Sehnsucht nach der Einheit alles Lebens kommt Steffens zu einem Weltbild, das Natur und Menschenwelt zu einer Ganzheit zusammenschließt. [...] Aber diese Einheit können wir erst heute ganz durchschauen, erst heute können wir wieder ganz verstehen, was es heißt, das naturgegebene Lebensgesetz zur Grundlage des politischen Denkens zu machen. [...] **W i r**
> **s u c h t e n e i n e n V o l k s t u m s b e g r i f f u n d w i r h a b e n e i n o r g a n i -**
> **s c h e s W e l t b i l d g e f u n d e n . U n d w i r w o l l e n d i e s e n M a r k s t e i n**
> **a m d e u t s c h e n W e g e n u n a u c h n i c h t m e h r m i s s e n , w e n n a u c h**
> **d e r W e g o h n e i h n d e r g l e i c h e g e w e s e n w ä r e ."**[250]

Franz Koch bewertete die Arbeit trotz einiger Einwände gegen zu starke Harmonisierungen als „entscheidenden Fortschritt auf dem Wege einer volksbewußten Geisteswissenschaft"[251] Ohne zu reflektieren, daß die zirkuläre Ar-

---

[245] Ebenda, S. 34. Sperrung im Original.
[246] Ebenda, S. 46. Da eine eigene „Rassenwissenschaft" bei Steffens nicht zu rekonstruieren war, erklärte Elisabeth Achterberg dessen Auffassung von der „Naturbestimmtheit jedes einzelnen Menschen" zur Antizipation „unseres heutigen rassischen Empfindens", ebenda, S. 45ff.
[247] Vgl. ebenda, S. 62f.: „Wir sehen also: ganz unverbunden steht das Rassenwissen nicht neben dem Volksbegriff, wenn auch die Beziehungen mehr geahnt als wissenschaftlich erforscht sind. An dem einzigen Punkt aber, wo sich ein wirkliches Rassegefühl hätte offenbaren können, in der Judenfrage, wird dieses von christlichen Gedanken überdeckt, durch die es nur gelegentlich hindurchbricht."
[248] Ebenda, S. 74.
[249] Ebenda, S. 96.
[250] Ebenda, S. 98 f., 102, Sperrung im Original.
[251] Franz Koch: Gutachten zur Dissertation: „Henrich Steffens und die Idee des Volkes". UA der HUB, Promotionsakten der Phil. Fak., Vol. 872, Bl. 16. Das Gutachten vermerkte die „feste nationalsozialistische Überzeugung" der Verfasserin, von der aus sie „ihre Ergebnisse immer auch in Beziehung zur lebendigen Gegenwart" setze.

gumentation nur zuvor gemachte Behauptungen bestätigte, lobte Gutachter Koch, daß hier „ein entscheidendes Stück in der Geschichte des werdenden deutschen Volksbewußtseins" erhellt worden sei und vergab das Prädikat „gut".[252]

Als dritten Band der Reihe *Stadion* durfte Gustav-Adolf Brandt 1939 seine Dissertation *Herder und Görres 1798 - 1807. Ein Beitrag zur Frage Herder und die Romantik* publizieren, die sich mit dem kulturellen Umbruch um 1800 beschäftigte.[253] In dieser Zeit, so die Ausgangsthese, sei die „gewaltige Saat Herders", „eines der ältesten Ahnherrn völkischer Erneuerungsbewegung", aufgegangen.[254] Hätten bisherige Forschungen lediglich die Beziehungen der Jenaer und Berliner Romantik zu Herder thematisiert, wolle seine Arbeit den Einfluß Herders auf Görres und die Heidelberger Romantik nachweisen. Da persönliche Beziehungen zwischen Herder und Görres nicht bestanden, konzentriere sich die Untersuchung „allein auf die Aufdeckung der allgemeinen geistesgeschichtlichen Zusammenhänge, auf eine genaue Vergleichung der Werke im einzelnen und auf die wenigen unmittelbaren Hinweise oder Selbstbekenntnisse, in denen Görres zu seinem großen Vorgänger Stellung genommen hat".[255] Zur Realisierung dieses Vergleichs konstruierte Brandt zuerst aus der vielfältigen Ideenwelt Herders ein System, das unter Vernachlässigung der zeitlichen Entwicklung und Kontexte eine Trias von These, Antithese und Synthese aufstellte und aus dem Humanisten Herder einen Wahrer des „völkischen Erbes" und Apologeten nationaler Rangfolgen zurechtstutzte.[256] Dieses Gedankensystem habe sich Joseph Görres in drei Stufen angeeignet. In einer ersten, mit den *Resultaten meiner Sendung nach Paris* und der Ersetzung eines „moralischen" durch einen „völkischen" Kulturgedanken abgeschlossen, habe er nach den Enttäuschungen der Französischen Revolution und unter dem deutlichen Einfluß Herders eine Historisierung des „an sich ungeschichtlichen" Humanitätsideals vorgenommen. Görres habe den abstrakten humanistischen Gedanken „vergeschicht-

---

[252] Ebenda, Bl. 16. – Mit ihrer Dissertation hatte sich Elisabeth Achterberg für eine Mitarbeit an den von Alfred Rosenberg herausgegebenen *Nationalsozialistischen Monatsheften* qualifiziert. Für diese verfaßte sie einschlägige Artikel und Rezensionen, u.a. Wege zum organischen Denken. In: NS Monatshefte 9 (1938), S. 844-845.

[253] Gustav Adolf Brandt, geboren 1914 in Hamburg, studierte von 1933 bis 1938 in Berlin Germanistik, Philosophie, Kunstgeschichte und Pädagogik; vgl. G.-A. Brandt: Lebenslauf. UA der HUB, Promotionsakten der Phil. Fak., Vol. 895, Bl. 79.

[254] Gustav-Adolf Brandt: Herder und Görres 1798-1807. Ein Beitrag zur Frage Herder und die Romantik. Würzburg 1939 (= Stadion 3), S. 1.

[255] Ebenda, S. 2.

[256] Die Technik dieser „Systematisierung" bestand darin, konträre Äußerungen ohne Berücksichtigung ihrer Kontexte miteinander zu kombinieren und entsprechend der gewünschten Aussage zu gewichten. Äußerungen Herders zur Gleichheit des Menschengeschlechts konfrontierte Brandt mit einem Zitat aus den *Briefen zur Beförderung der Humanität*, daß von den Differenzen zwischen einzelnen Kulturen sprach und folgerte, Herders Denken habe die Besonderheit der Nationen vor ihre Gleichheit gestellt, den Nationalcharakter vor der Humanität betont, das Volk vor die Menschheit gerückt. So ergebe sich, daß das „völkische Erbe" für Herder mehr zähle als „Bildung"; die „Volksgemeinschaft" höher stehe als der Staat; die Idee der geschichtlichen Metamorphose wertvoller sei als die Fortschrittslehren der Aufklärung.

licht", indem er ihn in „nationale Erscheinungsformen" auflöste und damit „**den menschheitlichen Fortschrittsgedanken durch eine völkische Kulturkreislehre**" ersetzte.[257] In einer zweiten Stufe habe Görres sein „organisches Denken" vertieft und die Idee der „geschichtlichen Metamorphose" zur Reife gebracht, die ihn – wiederum auf Herders Spuren – zum Begriff des Mythos führte.[258] Auf der dritten Stufe sei es zur Verschmelzung von „Volk" und „Mythos" gekommen: Nach dem „Urgrund" historischer Metamorphosen forschend, habe Görres zu Volkssage und Volkslied gefunden; das deutsche Volkstum sei ihm dabei zur „Offenbarung" geworden. An diese Konstrukte anschließend, entfaltete Brandt den in Einleitung und Nachwort der *Teutschen Volksbücher* niedergelegten „Volksbegriff", um unter Heranziehung entsprechender Herderscher Zitate „äußere Beziehung" wie innere „Verwandschaft" zwischen den beiden Geistern „unwidersprechlich (zu) erweisen"[259]. Äußerungen von Herder und Görres parallelisierend, entwickelte er Gemeinsamkeiten zwischen beiden Denkern, die deutlich auf Schlagworte aus der politischen Umwelt referierten: Volk sei für Herder wie für Görres „eine ursprüngliche und organische Einheit, die ihre Lebensmitte im einigen ‚Volksgeist' besitzt"[260]; dieser „Volksgeist" kenne „die künstliche Differenz der Stände nicht, denn sein natürliches Wesen ist Einheit"[261]; seine „ursprünglichen Schöpfungen" sei die „Naturpoesie", die es „mit allen Kräften heilig zu halten und zu bewahren gilt".[262] Damit verwirklichte auch Brandt das von seinem Lehrer vorgebene Prinzip, vorgängig feststehende Behauptungen auf Texte und Textgruppen zu applizieren bzw. diese durch Integration in veränderte Kontexte zur Bestätigung vorgefaßter Thesen zu benutzen. Gutachter Franz Koch wertete die Promotionsschrift am 13. März 1939 denn auch unter Betonung der „Klarheit der gedanklichen Führung" und der „Sicherheit der Methode, die Philologie und Geistesgeschichte zu vereinigen weiß" mit dem Prädikat „sehr gut".[263]

Als letzte Dissertation zur romantischen Literaturepoche entstand bei Franz Koch 1941 die Arbeit *Bettinas Weltbild* von Gertrud Grambow.[264] Sie stellte sich das anspruchsvolle Ziel, das „Weltbild" Bettina von Arnims – das laut Kochs Gutachten „gleichsam die Summe der Goethezeit zieht"[265] – sy-

---

[257] Ebenda, S. 24, Sperrung im Original.
[258] Vgl. ebenda, S. 45. – Ebenda, S. 41 auch der Seitenhieb gegen Friedrich Schlegel: „**Herder, nicht Friedrich Schlegel hat den Weg zum indischen Mythos erschlossen.**" (Sperrung im Original).
[259] Ebenda, S. 56.
[260] Ebenda, S. 56.
[261] Ebenda, S. 57.
[262] Ebenda, S. 58f.
[263] Franz Koch: Gutachten zur Dissertation „Herder und Görres". UA der HUB, Promotionsakten der Phil. Fak., Vol. 895, Bl. 87.
[264] Gertrud Grambow, geboren am 15. Juni 1918 in Berlin, studierte von 1937 bis 1941 Deutsche Literaturgeschichte und Englisch in Tübingen und Berlin; vgl. Gertrud Grambow: Lebenslauf. UA der HUB. Promotionsakten der Phil. Fak. Vol. 927, Bl. 5.
[265] Franz Koch: Gutachten zur Dissertation „Bettinas Weltbild". UA der HUB. Promotionsakten der Phil. Fak. Vol. 927, Bl. 1.

stematisch zu erfassen und in ein konsistentes Gedankengebäude zu bringen. Der Geistesgeschichte entlehnt waren die Kategorien und die Methode, mit denen die Autorin Äußerungen Bettinas typologisierte. Mit Hilfe der Begriffe „Geist", „Genius", „Mensch und Mitmensch", „Natur" und „Religion" sollte die inkohärente Gedankenwelt der Romantikerin geordnet und auf Bettinas Persönlichkeitsstruktur zurückgeführt werden.[266] In den Versuch der Schematisierung mischten sich die für Kochs Schülerkreis üblichen Aktualisierungen, etwa wenn Bettinas „Lehre vom Genius" als „Triumph des Instinkts" in seiner Bedeutung für die „heutige Zeit"[267] hervorgehoben oder ihr Wort von „wurmstichigen, galligen, salamandrischen Judenseelen" als Zeugnis eines schon in der Romantik herrschenden Antisemitismus angeführt wurden.[268] Resultat der Kompilationsbemühungen war die Behauptung, Bettinas Denken sei Ausdruck eines „Lebens", dessen „innere Einheit" die überströmende Fülle der Gedanken verbinde und den Schlüssel für bislang unverstandene Äußerungen liefere. Ohne den verwendeten Lebensbegriff näher zu explizieren, wurden poetische und poetologische Leistungen aus der „besonderen Lebensnähe Bettinas, einer gesteigerten Bewußtheit aller Lebensvorgänge und Lebensgesetze"[269] abgeleitet. Doktorvater Franz Koch lobte an der Arbeit „das feine Verständnis für Bettinas Eigenart" und die daraus resultierenden „trefflichen Beobachtungen und Sätze", monierte jedoch das Manko einer präziseren geisteshistorischen Einordnung. Ihm fehlten Bezüge zu Plato und Jakob Böhme; auch die Nähe zu Goethes Weltanschauung sei zu selten erkannt und dargestellt. Als Gewinn der Arbeit erkannte er an, daß „das zusammenhanglose Gewirr von Gedanken und zuweilen spielerisch anmutenden Vorstellungen Sinn und und Zusammenhang gewonnen (hat), Bettinens weltanschauliche Verbundenheit mit dem Ausgang der Romantik und dem Sturm und Drang vor allem gesichert (ist)" und bewertete die Arbeit mit dem Prädikat „gut".[270]

---

[266] Vgl. Gertrud Grambow: Bettinas Weltbild. o.O. [Maschinenschr.] Diss. vom 12. Dezember 1941, S. 8f.

[267] Vgl. ebenda, S. 54: „Bettinas Lehre vom Genius ist ein Triumph des Instinkts. Es gibt wenig Weltanschauungen, in denen die Notwendigkeit der Instinktsicherheit im Leben so erkannt und gefordert wird wie hier. Bettina hat gerade mit diesem Teil ihrer Gedanken der heutigen Zeit noch etwas zu sagen.". Vgl. auch S. 56f. die Behauptung, „der tiefste und geheime Kern aller Gedanken Bettinas" und das „höchste Gesetz, unter dem alles steht, ist das L e b e n", mit der Bettina zur Vordenkerin der organbiologischen Weltanschauung des zuvor zitierten Erwin Guido Kolbenheyer gemacht werden sollte.

[268] Vgl. ebenda, S. 107.

[269] Ebenda, S. 153. Weiter heißt es: „So stehen an Stelle aller anderen Maßstäbe bewußt oder unbewußt hinter jeder Gesinnung und Forderung die Rechte des Lebens. Betttinas Vorliebe für das Schöpferische, Geniale, Dynamische in allen Dingen gegenüber dem Formalen, Gesetzlichen, Statischen ist hieraus zu erklären. Die Sehnsucht nach möglichster Lebensnähe läßt sie Bildung und Kultur verachten. Sie zieht das Einfache dem Komplizierten vor. Lebensmächtigkeit hat vor Verfeinerung den Vorrang. Der durch den Instinkt sprechenden Lebensnähe hat Bettina auch die Ausgewogenheit ihrer inneren Haltung zu verdanken, die in allen Äußerungen spürbar wird."

[270] Franz Koch: Gutachten zur Dissertation „Bettinas Weltbild", Bl. 2.

Übersieht man die am Berliner Seminar entstandenen Promotionsarbeiten zur Romantik sowie die in den Lehrveranstaltungen vermittelten Konzepte der hier wirkenden Germanisten, läßt sich die Existenz zweier Wissenschaftsprogramme konstatieren, für die exemplarisch die Namen der Ordinarien Julius Petersen und Franz Koch stehen.

Vorlesungen und Seminaren wie auch den Dissertationen, die von Petersen und seinem Schülern Friedrich-Wilhelm Wentzlaff-Eggebert abgehalten bzw. betreut wurden, eignete eine für die „Berliner Schule" spezifische Verbindung unterschiedlicher Deutungsansätze unter besonderer Berücksichtigung philologischer Grundlagensicherung. Auch wenn Petersen und Wentzlaff-Eggebert in Lehre und Forschung auf Kurswechsel innerhalb der literaturwissenschaftlichen Romantikrezeption nach 1933 reagierten und sich in der von Petersen betreuten Promotionsschrift Kurt Willimcziks ideologisch induzierte Wertungen fanden, verblieben sie und ihre Schüler doch weitgehend in den Bahnen einer sachlichen, auf die literarhistorischen Prozesse konzentrierten Praxis. Im Unterschied zu ihnen realisierten Franz Koch und sein Schüler-Kreis ein Wissenschaftsprogramm, das bewußt nicht auf literarische Texte und ästhetische Erfahrungen rekurrierte, sondern weltanschauliche Dimensionen – insbesondere das Erlebnis von „Volk" und „Volkstum" – thematisierte und diese aus der (zumeist biologisch gefaßten) Determination ihrer personalen Träger ableitete. Doch unterschieden sich die von Koch und seinen Schülern verfaßten Texte nicht allein in der Gegenstandswahl von den Arbeiten Petersens, Wentzlaff-Eggeberts und deren Promovenden. In der zum großen Teil explizit gemachten Bereitschaft, literarische Zeugnisse auf ihre Gestaltung „völkischer" Werte hin zu befragen und für kulturpolitische Bedürfnisse der Gegenwart nutzbar zu machen, funktionalisierten sie Topoi und Denkfiguren der Romantik zur geistigen Antizipation nationalsozialistischen Ideengutes.

Die Differenzen zwischen den am Seminar bestehenden „Lagern" manifestierten sich nicht zuletzt in Leistungsbezug und Bewertungssprache der Gutachten. Formulierte Koch als höchstes Kriterium den von Dissertationen erbrachten „Gewinn nationalsozialistischer Wissenschaft"[271] bzw. ihren „Fortschritt auf dem Wege einer volksbewußten Geisteswissenschaft"[272] und bezog so den wissenschaftlichen Ertrag unmittelbar auf Anforderungen der politischen Umwelt, schätzen Petersen und Wentzlaff-Eggebert in ihren Expertisen vorrangig Methodik und erzielte Distinktionsgewinne ab. Wenn auch das Beharren Petersens und Wentzlaff-Eggeberts auf die Fortführung erworbener Standards nicht als Widerstand gegen das Regime zu interpretieren ist und politisch induzierte Wandlungen von Wissenschaftskonzepten vor allem in den Romantikdeutungen Franz Kochs und seines Schülerkreises wie auch in der umfänglichen Romantikvorlesung von Hans Pyritz virulent waren, belegt doch die fortgesetzte Pluralität der am Seminar vertretenen Konzeptionen und germanistischen Praktiken, daß die Hoffnungen des Jahres

---
[271] Franz Koch: Gutachten zur Dissertation „Das Volkstumserlebnis des Joseph Görres", Bl. 10.
[272] Franz Koch: Gutachten zur Dissertation: „Henrich Steffens und die Idee des Volkes", Bl. 16.

1933, das Fach monoparadigmatisch „gleichschalten" zu können, Illusion blieben.

Bei allen Unterschieden zwischen den am Seminar existierenden „Fraktionen" sind Annäherungen und wechselseitige Beeinflußungen zwischen wissenschaftlichen Programmen und den Romantikkonzepten nicht zu übersehen. Der Ausgang von einem stark enthistorisierten und sozialen Konnotationen entkleideten Literaturbegriff fixierte Konzepte, in denen die Romantik nicht mehr als konkrete literarhistorische Epoche beschrieben wurde, sondern als integraler (und teilweise nicht einmal eigens abgegrenzter Abschnitt) der „organischen" Entwicklung des „deutschen Geistes" galt. Sowohl in Kochs *Geschichte der deutschen Dichtung* als auch in Pyritz' umfangreichen Romantikvorlesungen figurierten Klassik und Romantik als Höhepunkt der „Deutschen Bewegung" vor dem „liberalistischen Zerfall".[273] Pyritz' Romantikkonzeption zeigte zugleich, welche Konsequenzen die für die sogenannte „Berliner Schule" charakteristische Integration verschiedener konzeptioneller und methodischer Ansätze hatte: In der Aufnahme rassentheoretischer Zuweisungsverfahren und antisemitischer Disqualifikationen näherte sich der Nachfolger Petersens aktuellen und vom politischen Umbruch scheinbar profitierenden Wissenschaftsprogrammen, die historische Prozesse auf die (biologische) Determination ihrer personalen Träger zurückzuführen suchten – und zumindest partiell nationalsozialistischen Ideologemen an.

---

[273] Hans Pyritz: Vorlesung Deutsche Romantik, Bl. 33: „Unter dem umfassenden Gesichtspunkt der Selbstentfaltung des deutschen Geistes schließen sich Klassik und Romantik zu höherer Einheit zusammen, als letzte organische Gesamtkultur der deutschen Geschichte vor dem liberalistischen Zerfall."

Literaturwissenschaftliche Romantikforschung im nationalsozialistischen Deutschland: Fazit

Zwischen 1933 und 1945 gab es, so zeigte die materialgestützte Rekonstruktion der literaturwissenschaftlichen Romantikrezeption, eine intensive Beschäftigung mit der romantischen Literaturepoche. In ihr begegneten sich gegensätzliche Rezeptionshaltungen, die zu divergierenden Resultaten führten: Von philologischen Standards getragene Forschung existierte zugleich mit ideologischer Instrumentalisierung; Bemühungen um die Wahrung von Sachlichkeit und historischer Distanz standen neben der bedenkenlosen Aufnahme politischer Imperative, etwa wenn es den „jüdischen Anteil" an der romantischen Bewegung antisemitisch zu denunzieren galt. Unterschiedlich wie die Rezeptionshaltungen waren auch die in der literaturwissenschaftlichen Forschung verwendeten Konzepte und Methoden: Geistesgeschichtliche Synthesen wurden praktiziert wie stammesgeschichtliche Reduktionen und rassenkundliche Schematisierungen; formanalytische und stiltypologische Klassifikationen behaupteten sich und Max Kommerells „Interpretation" der *Hymnen an die Nacht* demonstrierte schon 1942 die innovativen Möglichkeiten eines Programms, das in der (westdeutschen) Nachkriegsgermanistik zu einer dominierenden Richtung innerhalb des Faches aufsteigen sollte.

Angesichts der fortbestehenden Heterogenität in der literaturwissenschaftlichen Romantikforschung zwischen 1933 und 1945 ist das von bisherigen rezeptionsgeschichtlichen Darstellungen als reibungslose Anpassungsleistung an Imperative des politischen Systems gezeichnete Bild der Wissenschaftslandschaft partiell zu revidieren – im besonderen die von ideologiekritischen Übersichten vorgetragenen, auf die politische Opportunität der beteiligten Akteure rekurrierenden Diagnosen. Hatte schon Wilhelm Voßkamp auf den auch nach der nationalsozialistischen Machtergreifung virulenten Methodenpluralismus innerhalb der Neueren deutschen Literaturwissenschaft aufmerksam gemacht und die Gleichzeitigkeit kontinuierlicher und diskontinuierlicher Entwicklungen betont, wiesen neuere Untersuchungen – namentlich von Holger Dainat, Rainer Kolk und Marcus Gärtner – auf die Komplexität der disziplinären Entwicklungen im Dritten Reich hin. Konzentriert auf *Konzepte* und *Methoden* und unter Berücksichtigung zahlreicher unveröffentlichter Dokumente kann die vorliegende Untersuchung den Befund einer komplexen, von Kontinuitäten *und* Brüchen geprägten Forschungslandschaft bestätigen und weiter präzisieren:

Die Neuere deutsche Literaturwissenschaft als der universitär institutionalisierte Produzent wissenschaftlich gesicherten Wissens über die romantische Literaturepoche operierte auch unter den Bedingungen der nationalsozialistischen Diktatur als funktional differenziertes und eigensinniges Teilsystem, obwohl die *doppelte* Referenz – auf Ansprüche der politischen Umwelt *und* auf Imperative des Wissenschaftssystems – zu spezifischen Deformationen führte. Die rekursive Operationsweise des Wissenschaftssystems wie auch seine Differenz zur politischen Umwelt blieb trotz strategischer Bekennerschreiben und der in ihnen postulierten Aufhebung der Grenzen zwischen ‚Wissenschaft' und ‚Leben' erhalten. Maßgaben der Politik vermochten die Selbststeuerung und den Eigensinn des Wissenschaftssystems nur partiell aufzuheben: Die vom politischen System favorisierte Rassentheorie stieg nicht zur Leitdisziplin der geisteswissenschaftlichen Fächer auf; institutionell geförderte und propagandistisch verwertbare Forschungen etwa zur „jüdischen Infektion" der deutschen Romantik, die vom Antisemitismus der politischen Umwelt profitierten und diesen bedienten, brachten ihren Urhebern nur geringe Reputationsgewinne ein. Reputation, wesentliches Element der Selbststeuerung des Wissenschaftssystems,[1] konnte weder durch Assimilation an ideologische Rhetorik noch durch Parteizugehörigkeit errungen werden, wovon nicht zuletzt die Berufungspolitik – vor allem nach 1938 – deutliches Zeugnis ablegt.[2] Dennoch gelang der politischen Umwelt ein folgenreicher Eingriff in die Autonomie von universitär verankerter Forschung und Lehre: Die juristisch sanktionierte Ausgrenzung und Vertreibung jüdischer und politisch nicht konformer Wissenschaftler sowie die Versuche dirigistischer Eingriffe in die Personalpolitik zogen nicht nur Konsequenzen für Forschungsprogramme nach sich – etwa in der Abwertung literatursoziologischer oder sozialhistorischer Fragestellungen – , sondern schufen erst die Bedingungen für die beobachtete Eigensinnigkeit der Wissenschaftsentwicklung in der Zeit des Nationalsozialismus.[3] Vertreibung, Kontrolle und politische Disziplinierung, aber auch das systemkonforme Verhalten der in Deutschland verbliebenen Wissenschaftler sind stets mitzubedenken, wenn die komplexen Veränderungen der Forschungslandschaft in ihrer Eigenlogik beschrieben werden sollen.

Erst vor dem Hintergrund der unter den Bedingungen einer Diktatur spezifisch verstärkten Doppelreferenz des Wissenschaftssystems auf interne wie externe Imperative finden die beschriebenen konzeptionellen und methodischen Weichenstellungen in der Romantikforschung eine Erklärung. Sie lassen sich zum einen als Resultat der als „Irritationen" erfahrenen Umbrüche in der politischen Umwelt, zum anderen als rekursive Operationen des Wis-

---

[1] Vgl. Niklas Luhmann: Selbststeuerung der Wissenschaft. In: N. Luhmann: Soziologische Aufklärung 1. Aufsätze zur Theorie sozialer Systeme. [6] Opladen 1991, S. 232-252.

[2] Vgl. Holger Dainat: Zur Berufungspolitik in der Neueren deutschen Literaturwissenschaft 1933-1945, S. 15f., der 1938 als den Zeitpunkt einer Zäsur markiert, nach der die Initiative für Berufungen eindeutig von der disziplinären Gemeinschaft ausging und nicht mehr von REM oder Parteiinstanzen torpediert werden konnten.

[3] Holger Dainat (ebenda, S. 16) bringt diesen Umstand in Bezug auf die Berufungspolitik auf den Punkt: „Schon die Idee, einen Fritz Strich oder Richard Alewyn, einen Martin Sommerfeld oder Werner Milch, gar eine Käte Hamburger oder Melitta Gerhard in einem Berufungsgutachten auch nur in Erwägung zu ziehen, erscheint völlig abwegig. Vor diesem Hintergrund sind aber solche Listen aus dem Jahre 1943 zu sehen, die wie die Freiburger mit Walther Rehm-Benno von Wiese-Paul Böckmann oder wie die Gießener mit Friedrich Beißner-Wolfgang Kayser-Heinz Otto Burger so oder ähnlich auch zehn oder fünfzehn Jahre später hätten verabschiedet werden können."

senschaftssystems selbst interpretieren, das vorangegangene Distinktionen aufnahm, diskutierte, festschrieb oder verwarf. So markierten Walther Lindens im Frühjahr 1933 publizierte „Umwertungs"-Forderungen einerseits die Bereitschaft zur Umstellung der Forschung auf ideologisch verwertbare Referenzen („Volk" und „Volkstum", „organische Gemeinschaftsformen"); andererseits aber auch den Anschluß an Theorieangebote der 1920er Jahre, deren Leistungen explizit herausgestellt wurden. Nicht nur zur autoritativen Sicherung seiner Position, sondern auch in Rücksicht auf den Eigensinn eines Wissenschaftssystems, das allein eigene Operationen als Anlässe für Zustandsänderungen anerkennt, griff Linden auf die Romantikkonzeptionen Nadlers und Baeumlers zurück. Die von ihm zeitgleich mit der nationalsozialistischen Machtergreifung auf die Tagesordnung gesetzte Revision der Forschungslandschaft, die eine Ausrichtung der Forschung auf die „Hochromantik" und deren Entdeckung von „Volkstum" und „Volksgeist" verlangte, stellte nicht allein eine Anpassungsleistung an Imperative der politischen Umwelt dar, sondern war darüber hinaus das Resultat komplexer fachinterner Bewegungen, die wiederum vielfach – etwa in der nationalpädagogischen Kompensation realhistorischer Defizite durch die Deutschkunde-Bewegung oder in der Bereitstellung ganzheitlicher Sinnangebote durch die Geistesgeschichte – auf Erschütterungen im lebensweltlichen Kontext reagiert hatten.

Favorisiert schienen nach 1933 Konzepte, die zumindest verbal nationalsozialistischen Ideologemen entgegenkamen: Nadlers stammesethnographische Literaturbetrachtung etwa oder Alfred Baeumlers Separation von ‚ästhetisch-literarischer' Früh- und ‚erd'- und ‚blutbestimmter' späterer Romantik. Gleichwohl profitierten die Aktivisten eines revidierten Romantikbildes nur marginal von den Veränderungen der Wissenschaftslandschaft, die auf ihre Weise die politischen „Irritationen" bewältigte. Auch wenn die Disziplin mit der forcierten Erforschung des romantischen „Volkstumserlebnisses" auf deren Forderungen sowie auf Ansprüche der politischen und kulturellen Umwelt zu reagieren schien, gewannen Nadlers, Baeumlers oder Lindens Konzeptionen nicht hegemoniale Bedeutung. Insbesondere Nadlers stammeskundliches Konzept, schon in den zwanziger Jahren von der Disziplin mißtrauisch beobachtet, wurde nun zwar verbal anerkannt, doch mit der rhetorischen Stilisierung zu einer neuen, „in statu nascendi befindlichen Wissenschaft"[4] faktisch aus dem literaturwissenschaftlichen Diskurs ausgeschlossen.

Nicht nur mit diesem Ausschluß – der nach 1945 als Beweis für eine angebliche Immunität des Faches gegenüber ‚völkischen' Deutungsmustern herhalten mußte – zeigte die literaturwissenschaftliche Romantikforschung ein Beharrungsvermögen, das – bei weitem davon entfernt, Widerstand gegen das Regime zu signalisieren – Differenz zur politischen Umwelt wahrte und deren Imperative nicht direkt in forschungsinterne Regulative übersetzte. Die literaturwissenschaftliche Romantikforschung nach 1933 schloß bei allen beschriebenen Veränderungen auf der Ebene der Gegenstandskonstitution

---

[4] Gisela von Busse: Auch eine Geschichte des deutschen Volkes, S. 281.

und in den Thematisierungsweisen an den Methodenpluralismus seit der „geistesgeschichtlichen Wende" an. Wie stark etwa noch immer geistesgeschichtliche „Synthesen" die literaturwissenschaftliche Praxis bestimmten, zeigten die seit Mitte der 1930er Jahre veröffentlichten Gesamtdarstellungen der klassisch-romantischen Literaturepoche aus der Feder renommierter Ordinarien und fachexterner Publizisten, die – nach 1945 wieder und mehrfach aufgelegt – Wissensstand und Problemstellungen konservierten und z.T. bis in die 1960er Jahre bestimmen sollten. Diese Werke standen in der Traditionslinie einer Literaturbetrachtung, die sich seit ihren Anfängen mit Dilthey und Unger um eine sinnvolle Ordnung literarhistorischer Detailkenntnisse bemüht hatte und Orientierungsbedürfnisse zu befriedigen versprach. Die Wirkungen des aus antipositivistischen Affekten hervorgegangenen Integrationsprogramms ‚Geistesgeschichte' prägten in exemplarischer Weise auch die Romantikforschung über die politische Zäsur des Jahres 1933 hinaus: Der Schwerpunkt literaturwissenschaftlichen Arbeitens verschob sich weiter von der philologischen Analyse zur Synthese, von der Forschung zur Darstellung, von der Arbeit am Detail zur Produktion von Sinnzusammenhängen. Diese Verschiebungen, die bereits in der Blütezeit der Geistesgeschichte zwischen 1915 und 1925 das besondere Interesse für metaphysische und weltanschaulich-religiöse Fragestellungen belebt und den nach 1933 weiterwirkenden Prestigeverlust der Überlieferungstätigkeit befördert hatten, mündeten in schwerwiegende Defizite – insbesondere was die später näher zu untersuchende editorische Erschließung und Bereitstellung von Texten betraf. An dieser Stelle sei lediglich darauf hingewiesen, daß zwischen 1933 und 1945 keine historisch-kritische Gesamtausgabe eines Romantikers begonnen wurde; von den vor 1933 in Angriff genommenen Ausgaben wurden allein die von der Görres-Gesellschaft unterstützte Edition der Werke Joseph Görres' sowie die noch von August Sauer und Wilhelm Kosch begonnene Eichendorff-Ausgabe fortgeführt.[5] Defizitär blieben ebenfalls Detailforschungen, die neues Material bereitstellten. Der fortgesetzte Bedeutungsverfall der Editionsphilologie und philologischer Prinzipien war unübersehbar und bestimmte die weitgehend ablehnende Haltung gegenüber aufreibender Quellenarbeit. Archivalische Recherchen, die Entdeckung und Auswertung unpublizierter Quellen bildeten eine Ausnahme, die von akribischen Forschern wie Josef Körner oder Wilhelm Schellberg geleistet wurden.

Manifestierte sich Kontinuität vor allem in den präferierten Arbeitsfeldern und den ihnen korrespondierenden Konzepten und Methoden, waren diskontinuierliche Momente nicht zu übersehen. Die nach 1933 verstärkte Forschung zum romantischen „Volkstums-Erlebnis" modifizierte zumeist das von Dilthey ausgehende Programm der Geistesgeschichte nach ideologisch konformen Maßgaben, ohne die damit verbundenen Erwartungen einlösen zu können. Die Rückführung des literarischen Produktionsprozesses auf biologische Determinanten seiner personalen Träger, bereits in Nadlers *Literatur-*

---

[5] Dazu detailliert Teil 3, Kapitel 2: Die Editionspraxis romantischer Texte.

geschichte der deutschen Stämme und Landschaften praktiziert, erfuhr im Rückgang auf „rassische Prägung" und rassentypologische Klassifikationen ihre Radikalisierung, ohne daß sich diese Programme oder Nadlers revidierte *Literaturgeschichte des deutschen Volkes* als anschluß- und durchsetzungsfähig erwiesen. Innovativ *und* erfolgreich war dagegen ein Programm, welches das leitende Erkenntnisinteresse vom „Geist" auf den „Buchstaben" der Dichtung ausrichtete und eine neue Ära der literaturwissenschaftlichen Praxis einläutete: Der Interpretation des literarischen Kunstwerks als eines ästhetisch maximierten und anderen Kontextualisierungen vorausgehenden Gegenstandes gelang, befördert von intensiven Bemühungen um Textanalyse und Stilkritik, noch vor 1945 in Max Kommerells Novalis-Auslegung eine Leistung, an die mehrfach angeschlossen werden konnte.

Zugleich führte die Situation des Faches unter den Bedingungen der nationalsozialistischen Diktatur – der internen Logik der Forschung zu folgen und zugleich die Bedürfnisse der politischen Umwelt im Auge zu behalten – zu Deformationen der Wissenschaftskultur, die sich direkt auf die wissenschaftliche Beschäftigung mit der klassisch-romantischen Literaturepoche auswirkten. Neben dem Abbau des Wissenschaftssystems, der in verheerendem Maße auch die Germanistik betraf, führte vor allem das diskussionserstickende Klima staatlich-parteiamtlicher Kontrolle zu einer Fragmentierung der wissenschaftlichen Öffentlichkeit, die sich im weitgehenden Fehlen *offener*, d.h. publik gemachter Auseinandersetzungen um Konzepte und Methoden ausdrückte. Deutlich wurden diese Verzerrungen der wissenschaftlichen Kommunikation in der Debatte um die von Walther Linden 1933 erhobenen Forderungen nach einer „Umwertung der Romantik", deren gewichtigster Beitrag – der umfangreiche Aufsatz Oskar Walzels für die *Deutsche Vierteljahrsschrift für Literaturwissenschaft und Geistesgeschichte* – erst nach redaktionell verlangten Milderungen erscheinen konnte. Vielfach erfüllten Wissenschaftler aber auch in vorauseilendem Gehorsam Ansprüche, die als solche von politischen Funktionsträgern noch gar nicht formuliert worden waren, so etwa Hermann Pongs und Julius Petersen, die 1934 die Zeitschrift *Euphorion* mit dem politisch konformen Titel *Dichtung und Volkstum* versahen oder Heinz Kindermann und Paul Kluckhohn, die 1933 verhinderten, daß Josef Körner innerhalb der Romantik-Reihe des Editionsprojekts *Deutsche Literatur in Entwicklungsreihen* ein Notizheft Friedrich Schlegels herausgeben durfte.[6]

Die Bereitschaft von Fachvertretern, sich an die Bedingungen und Regeln einer „gleichgeschalteten" und zunehmend militanteren Gesellschaft anzupassen und diese unter Umständen durch wissenschaftliche Beiträge legitimierend zu unterstützen, verweist noch einmal darauf, daß die beschriebenen „Freiräume" innerhalb der Forschungslandschaft nicht als bewußte Wider-

---

[6] Vgl. Paul Kluckhohn an Heinz Kindermann. Brief vom 30. 5. 1933. DLA Marbach A: Kluckhohn, Zugang 68.654; Heinz Kindermann an Paul Kluckhohn. Brief vom 1.6.1933. DLA Marbach A: Kluckhohn, Zugang 68.800/106. Dazu detailliert Teil 3, Kapitel 2: Die Editionspraxis romantischer Texte.

standsleistungen zu bewerten sind. Aktiven Widerstand gegen das Regime und seine verbrecherische Politik hat von den hier erwähnten Wissenschaftlern wohl niemand geleistet; mit Ausnahme Rudolf Fahrners, der im Freundeskreis der Brüder Stauffenberg ein Manifest ausarbeitete, das die grundsätzliche Orientierung eines von Hitler befreiten Deutschland formulierte.[7] Die beobachteten Differenzen zwischen den im wissenschaftlichen Diskurs erhobenen Geltungsansprüchen und politischen Imperativen erwuchsen zum einen aus der Distanz der durch bürgerlich-humanistische Sozialisation geprägten Gelehrten gegenüber dem eklektischen Ideenhaushalt der Nationalsozialisten, zum anderen (und in weit stärkerem Maße) aus der systemimmanenten Resistenz einer Wissenschaftsentwicklung, die, vom Beharrungsvermögen der Institutionen und dem Fehlen einer stringenten NS-Forschungspolitik profitierend, ihren Eigensinn wenigstens partiell zu bewahren verstand.

---

[7] Siehe Rainer Kolk: Literarische Gruppenbildung, S. 533.

Teil 2

Romantische Theoreme in weltanschaulich-ideologischen und wissenschaftstheoretischen Diskursen

Einleitung

> „Ich hatte und habe das ganz bestimmte Wissen um die engste Verbundenheit zwischen Nazismus und deutscher Romantik in mir; ich glaube, er hätte zwangsläufig aus ihr erwachsen müssen, auch wenn es niemals den französischen Wahlgermanen Gobineau gegeben hätte, dessen Germanenverehrung übrigens viel mehr den Skandinaviern und Engländern gilt als den Deutschen. Denn alles, was den Nazismus ausmacht, ist ja in der Romantik keimhaft enthalten: die Entthronung der Vernunft, die Animalisierung des Menschen, die Verherrlichung des Machtgedankens, des Raubtiers, der blonden Bestie..."[1]

Als der Romanist Victor Klemperer diese Zeilen niederschrieb, waren ihm die Erfahrungen der nationalsozialistischen Unrechtsherrschaft noch unmittelbar gegenwärtig. Während bzw. kurz nach dem Zusammenbruch Hitlerdeutschlands entstanden, zehrten seine Analyse der *Lingua Tertii Imperi* von der Präsenz des Erlebten und verliehen dem Vorwurf der romantischen Ursprünge der nazistischen Ideologie besondere Überzeugungskraft.

Mit seiner Deutung der romantischen Wurzeln des Nationalsozialismus stand Klemperer nicht allein. Bereits in den 1930er und frühen 1940er Jahren hatten sich kultur- und mentalitätsgeschichtliche Erklärungen um eine Rückführung des nazistischen Gedankengutes auf Ideen der deutschen Romantik bemüht. Diese Versuche französischer und englischer Historiker und Germanisten unternahmen es von je unterschiedlichen Ausgangspunkten, das Gedankengebäude des Nationalsozialismus aus einer in der deutschen Real- oder Geistesgeschichte begründeten Disposition abzuleiten. Erste, noch in den 1930er Jahren erschienene Deutungsversuche erklärten die Alterität der deutschen Entwicklung und das als enigmatisch empfundene ‚deutsche Wesen' durch Ahnenreihen, die über Bismarck und Friedrich II. bis zu Luther reichten und verschiedentlich zum Germanenführer Arminius verlängert wurden.[2] Nach der schon erwähnten Formel *post hoc, ergo propter hoc* galt der Nationalsozialismus als Verschärfung und Modifikation des Wil-

---

[1] Victor Klemperer: LTI. Notizbuch eines Philologen. Leipzig 1975, S. 150.
[2] U.a. Edmond Vermeil: L'Allemagne du Congrès de Vienne à la Revolution Hitleriénne. Paris 1934; Louis L. Snyder: From Bismarck to Hitler: The background of modern German nationalism. Williamsport 1935; ders.: German Nationalism: The Tragedy of a People. Extremism contra liberalism in modern German history. Harrisburg 1952, Reprint 1969; ders.: Hitler and Nazism. New York 1961; William Montgomery McGovern: From Luther to Hitler. The history of fascist-Nazi Political Philosophy. Boston 1941, Reprint 1973; Peter Viereck: Metapolitics. From the Romantics to Hitler, a historical and psychological analysis of modern Germany. New York 1941; Rohan D'O Butler: The Roots of National Socialism. New York 1942. – Gegen die englischen Pressestimmen zur Ausstellung *The Romantic Spirit in German Art*, die noch 1995 eine direkte Verbindungslinie zwischen Romantik und Nationalsozialismus erkannten, wandte sich Christoph Vitali in einem *Spiegel*-Interview: „Entsetzliche Verdrehung". Christoph Vitali über eine umstrittene Romantik. In: Der Spiegel vom 30. Januar 1995, S. 156-158; mit deutlichen Worten auch Helmut Simon: Glücklich, wer einen Herrn gefunden hat. Zur englischen Polemik gegen die „deutschen" Wurzeln des Faschismus. In: Frankfurter Allgemeine Zeitung vom 4.4. 1995, S. 44.

helminismus, dieser als Umformung des romantischen Nationalismus, der seinerseits notwendige Folge des neuhumanistischen Kosmopolitismus am Ende des 18. Jahrhunderts gewesen sei. Zu diesem sei es letztlich auf Grund einer Religiosität gekommen, die durch Luther geprägt und somit eine spezifisch deutsche Erscheinung wäre. – Eine ähnliche, wenn auch anders akzentuierte Konstruktion spezifisch deutscher Wurzeln des Nationalsozialismus unternahmen emigrierte deutsche Schriftsteller und Philosophen. Während Helmuth Plessner und Thomas Mann in der „deutschen Innerlichkeit" als dem Erbe der Reformation die entscheidende Grundlage eines Sonderwegs zur Moderne erkannten,[3] erklärten Kommunisten wie Georg Lukács, Johannes R. Becher, Hans Günther oder Alexander Abusch die realpolitischen Verspätungen Deutschlands im Gefolge einer verfehlten bürgerlichen Revolution zur Ursache von „Reaktion" und nationalsozialistischer Barbarei.[4] Hatte Thomas Mann in der deutschen Romantik noch eine „irisierende Doppeldeutigkeit" erkannt und sie vor der nazistischen Vereinnahmung schützen wollen,[5] markierten insbesondere die im Moskauer Exil entstandenen Arbeiten Georg Lukács' die Romantik als verhängnisvollen „Wendepunkt" der deutschen Geistesgeschichte. Durch die „bürgerliche Lebensphilosophie" des

---

[3] Thomas Mann: Deutschland und die Deutschen. [1945] In: Th. Mann: Gesammelte Werke in zwölf Bänden. Berlin (Ost) 1965. Bd. XII, S. 554-576. – Ein Jahrzehnt vor der Washingtoner Rede Thomas Manns hatte Helmuth Plessner die ideengeschichtliche Studie *Das Schicksal deutschen Geistes im Ausgang seiner bürgerlichen Epoche* (Zürich 1935) vorgelegt, die jedoch erst nach ihrer Neuauflage unter dem veränderten Titel *Die verspätete Nation. Über die politische Verführbarkeit bürgerlichen Geistes* (Stuttgart 1959) zu wirken begann. Als „innerweltliche Weltfrömmigkeit" habe der säkularisierte Protestantismus die Kultur zu einem Religionsersatz erhoben, die den Menschen zum „höchsten Glück der Gotteskinder dieser Welt" verhelfen und die Idee der „vollkommenen Persönlichkeit" verwirklichen wollte; Helmuth Plessner: Die verspätete Nation, S. 60. Die neuzeitliche Aufklärung und ihre rationale Zurichtung der Welt sollten letztlich so aufgehoben werden, daß die von Staat und Kirche nicht mehr zu gewährenden Entfaltungsräume in der „Kultur der Persönlichkeit" faßbar würden und die krisenhaften Staatsordnungen der Moderne durch eine neue nationale „Volksgemeinschaft" ablösen könnten. Der Nationalsozialismus erschien in Plessners Deutung als extremer Versuch, das Programm einer inneren Kultur der deutschen Gesellschaft in die geschichtliche Außenwelt umzusetzen, um in Form einer „Volksgemeinschaft" den in der Moderne verlorenen identischen Glaubensraum in radikaler Weise wiederzugewinnen.

[4] Johannes R. Becher: Erziehung zur Freiheit. Berlin (DDR) 1950; Hans Günther: Der Herren eigener Geist. Berlin (DDR) 1982.

[5] Thomas Mann: Deutschland und die Deutschen, S. 574. Die Romantik, so Mann, sei im selben Moment „Verherrlichung des Vitalen gegen das bloß Moralische" und zugleich „Todesverwandtschaft" und gerate so stets in die Gefahr, in „hysterische Barberei, in einen Rausch und Kampf von Überheblichkeit und Verbrechen" umzuschlagen; ebenda, S. 573f. Der so entbundenen Gewalt eigne Irrationalität in dem Maße, in dem Realgeschichte auf Grund des vorausgesetzten und absoluten Wahrheitsanspruchs der Innerlichkeit empirisch unerreichbar und unkontrollierbar werde. Die der Romantik eigene „dunkle Mächtigkeit und Frömmigkeit ..., welche sich den chthonischen, irrationalen und dämonischen Kräften des Lebens, das will sagen: den eigentlichen Quellen des Lebens nahe fühlt und einer nur vernünftigen Weltbetrachtung und Weltbehandlung die Widersetzlichkeit tieferen Wissens, tieferer Verbundenheit mit dem Heiligen bietet", habe die Deutschen zum „Volk der romantischen Gegenrevolution gegen den philosophischen Intellektualismus und Rationalismus der Aufklärung" gemacht; ebenda, S. 571.

ausgehenden 19. und beginnenden 20. Jahrhunderts radikalisiert, habe romantisches Gedankengut dem nazistischen Irrationalismus direkt vorgearbeitet.[6] Auch Alexander Abusch, KPD-Funktionär und späterer Kulturpolitiker in der DDR, verbuchte die Romantik in seinem Buch *Der Irrweg einer Nation* als „Dienerin der Reaktion" auf der negativen Seite der deutschen Geistesentwicklung.[7]

An dieser Stelle kann nicht näher auf die ideengeschichtlichen Deutungsversuche der „deutschen Katastrophe" in den 1940er und 1950er Jahren sowie die seit den 1960er Jahren virulente Debatte um den ‚deutschen Sonderweg' zur Moderne eingegangen werden.[8] Auch die Frage nach den Motiven und Methoden dieser Traditionskonstruktionen muß unbeantwortet bleiben, konzentriert sich die anschließende Untersuchung doch nicht auf die retrospektive Ableitung des nationalsozialistischen Ideenkonglomerats aus geistesgeschichtlichen Vorläufern, sondern auf eine materialgestützte Analyse der Aneignung und Integration romantischer Theoreme in weltanschauliche und ideologische Diskurse in der Zeit des Nationalsozialismus. Auf der Grundlage historischer Quellen gilt es, die Denkfiguren und Argumentationszusammenhänge zu rekonstruieren, derer sich ideologieverwaltende Institutionen, Publizisten und Wissenschaftler zwischen 1933 und 1945 in Aneignung und Verwendung romantischer Theoreme bedienten. Eine so formulierte Aufgabenstellung kann dem komplexen Gegenstand – den vielfältigen Beziehungen zwischen romantischem Ideengut und ihrer handlungsorientierenden Rezeption in der Zeit des Nationalsozialismus – gerecht werden.

Der Komplexität des Gegenstandes korrespondiert eine Vielzahl von Fragestellungen: In welcher Weise gingen romantische Begriffe und Ideen in völkisch-konservative, nationalistische und antidemokratische Theorieentwürfe ein, die in noch zu klärender Weise den eklektischen Ideenhaushalt des

---

[6] Vgl. Georg Lukács: Wie ist die faschistische Philosophie in Deutschland entstanden? [1933] In: G. Lukács: Zur Kritik der faschistischen Ideologie. Berlin, Weimar 1989, S. 7-217, hier vor allem S. 99-101 (Phasen der Renaissance der Romantik); ders.: Fortschritt und Reaktion in der deutschen Literatur. Berlin 1954. – Zur „monomanischen Besessenheit" dieser Kritik an der deutschen Geistesgeschichte vgl. Werner Jung: Georg Lukács. Stuttgart 1989, S. 134f.; zur komplexen Beziehung von Georg Lukács zur Romantik jetzt Peter Uwe Hohendahl: Reappraisals. Shifting Alignments in Postwar Critical Theory. Ihaca, London 1991, hier das Kapitel Neoromantic Anticapitalism. Georg Lukács's Search for Authentic Culture, S. 21-52.

[7] Alexander Abusch: Der Irrweg einer Nation. Ein Beitrag zum Verständnis deutscher Geschichte. Neubearbeitete Ausgabe mit einem Nachwort des Autors. Berlin 1949, S. 155.

[8] Zur Debatte um den „deutschen Sonderweg" vgl. u.a. Deutscher Sonderweg – Mythos oder Realität? Kolloquium des Instituts für Zeitgeschichte. München 1982; Helga Grebing: Der „deutsche Sonderweg" in Europa 1806-1945. Eine Kritik. Stuttgart 1986; Hans-Ulrich Wehler: „Deutscher Sonderweg" oder allgemeine Probleme des westlichen Kapitalismus? Zur Kritik an einigen „Mythen deutscher Geschichtsschreibung". In: Merkur (1981), S. 478-487; Hermann August Winkler: Der deutsche Sonderweg. Eine Nachlese. Ebenda, S. 793-804; Jürgen Kocka: Der „deutsche Sonderweg" in der Diskussion. In: German Studies Review 5 (1982), S. 365-379.

Nationalsozialismus strukturierten? Welche Interpretationen und Umdeutungen erfuhren romantische Begriffsprägungen wie „Volkstum" und „Volksgemeinschaft" sowie der Topos der „organischen Ganzheit" in weltanschaulich-ideologischen und wissenschaftstheoretischen Diskursen zwischen 1933 und 1945? Welche Institutionen waren an der Diskussion und ideologischen Verwertung romantischer Theoreme beteiligt? Welche Differenzen entstanden hinsichtlich der ‚richtigen' Interpretation der Romantik zwischen konkurrierenden Ideologie-Instituten und wie wurden sie ausgetragen?

Zur Beantwortung dieser Fragen sind Präzisierungen erforderlich, die den verwendeten Ideologiebegriff und seine Konnotationen sowie die Explikationsbasis betreffen. Selbstverständlich muß auf eine umfassende Erklärung der nationalsozialistischen Ideologie verzichtet werden. Es kann nicht ausbleiben, daß Fragen nach Kohärenz und Systematik der nationalsozialistischen Weltanschauung zu beantworten sind, dennoch ist eine Rekonstruktion der aus biologischen Rassentheorien, Germanenkult, mythischer Heldenverehrung, Führerprinzip, kollektiven Allmachtsphantasien und positivistischer Technikgläubigkeit gemischten Ideologie nicht angestrebt, zumal Spezialuntersuchungen dazu vorliegen.[9] Auch ihre propagandistische Verwertung muß unberücksichtigt bleiben.[10] Unerläßlich ist allerdings eine Konkretisation der basalen Begriffe meiner Untersuchung, die neben der Rezeption romantischer Theoreme und Begriffe durch Ideologen und ideologieverwaltende Institutionen des Nationalsozialismus parallele und z.T. konträre Rezeptionsbemühungen in divergierenden Diskursen in den Blick nimmt.

In Anlehnung an Dietrich Busse und Wolfgang Teubert seien unter *Diskursen* virtuelle Textkorpora verstanden, deren Zusammenhang durch im weiten Sinne semantische Kriterien bestimmt wird. Ein Diskurs setzt sich aus Texten zusammen, die

- sich auf einen Gegenstand, ein Thema, ein Konzept beziehen, untereinander semantische Beziehungen aufweisen und/oder in einem gemeinsamen Aussage-, Kommunikations- oder Funktionszusammenhang stehen,

---

[9] U.a. George L. Mosse: Ein Volk; ein Reich; ein Führer. Die völkischen Ursprünge des Nationalsozialismus. Königstein/Taunus 1979; Hans Jürgen Glowka: Deutsche Okkultgruppen 1875-1937. München 1981; Friedrich Wilhelm Haack: Wotans Wiederkehr. Blut-, Boden- und Rassereligion. München 1981; Eberhard Jäckel: Hitlers Weltanschauung. Stuttgart 1981; Joachim Petzold: Die Demagogie des Hitlerfaschismus. Die politische Funktion der Naziideologie auf dem Weg zur faschistischen Diktatur. Berlin (DDR) 1982; Thomas Klepsch: Nationalsozialistische Ideologie. Eine Beschreibung ihrer Struktur vor 1933. Münster 1990 (= Studien zum Nationalsozialismus 2 = Diss. Bonn 1989); George L. Mosse: Die völkische Revolution. Über die geistigen Wurzeln des Nationalsozialismus. Frankfurt/M. 1991.

[10] Vgl. dazu u.a. Ernest K. Bramstedt: Goebbels und die nationalsozialistische Propaganda 1925-1945. Frankfurt/M. 1971; Jörg Bohse: Inszenierte Kriegsbegeisterung und ohnmächtiger Friedenswille. Meinungslenkung und Propaganda im Nationalsozialismus. Stuttgart 1988; Ulrich Nill: Die „geniale Vereinfachung". Antiintellektualismus in Ideologie und Sprachgebrauch bei Joseph Goebbels. Frankfurt/M., Bern, New York, Paris 1991 (= Sprache in der Gesellschaft 18).

- durch spezifische Parameter (Zeitraum, Areal, Texttypik etc.) eingegrenzt werden können,
- sowie durch explizite oder implizite (text- oder kontextsemantisch erschließbare) Verweisungen aufeinander Bezug nehmen und so einen intertextuellen Zusammenhang bilden.[11]

Ohne näher auf die Vielzahl von Begriffsbestimmungen des Terminus *Ideologie* einzugehen,[12] ist es notwendig, einen für die nachfolgende Untersuchung verbindlichen Ideologie-Begriff festzulegen und mit dem oben explizierten Begriff des *Diskurses* zu verbinden. Dem von Terry Eagleton entwickelten Instrumentarium zu einer sich schrittweise verengenden Definition folgend,[13] läßt sich *Ideologie* in einem ersten Zugriff als Prozeß der Produktion von Ideen, Überzeugungen und Werten des gesellschaftlichen Lebens bestimmen. Diese politisch und epistemologisch neutrale Definition tangiert einen erweiterten Kulturbegriff, in dem Ideologie einen Komplex sinngebender Praxis und symbolischer Prozesse in einer Gesellschaft darstellt. Diese sehr allgemeine Bestimmung konkretisierend, läßt sich der Begriff der Ideologie zum zweiten auf den Korpus von Ideen und Überzeugungen, Lebensbedingungen und -erfahrungen einer spezifischen gesellschaftlichen Klasse oder Gruppe beziehen. Diese Bestimmung nähert sich dem Begriff der *Weltanschauung*, die mit Fragen gemeinsamer lebensweltlicher Orientierung befaßt ist, während Ideologie hier eher als eine Art kollektiver symbolischer Selbstdarstellung erscheint. Schließlich und drittens stellt Ideologie ein *Feld von Diskursen* dar, auf dem gesellschaftliche Kräfte ihre Konflikte über Fragen der Reproduktion gesellschaftlicher Macht austragen. *Ideologisch* sind in dieser Bedeutung besondere „handlungsorientierte" *Diskurse*, in denen es um die theoretische Legitimation von partikulären Interessen und Machtansprüchen geht. Wenn *Ideologie* als *Feld* von (divergierenden) *Diskursen* zu untersuchen ist, kommt es auf die Ermittlung *argumentativer* bzw. *rhetorischer* Strategien an, die zur Signifikation und Durchsetzung eigener

---

[11] Vgl. Dietrich Busse, Wolfgang Teubert: Ist Diskurs ein sprachwissenschaftliches Objekt? Zur Methodenfrage der historischen Semantik. In: D. Busse, F. Hermanns, W. Teubert (Hrsg.): Begriffsgeschichte und Diskursgeschichte. Methodenfragen und Forschungsergebnisse der historischen Semantik. Opladen 1994, S. 10-28.

[12] So kann unter Ideologie (a) die prozeßhafte Produktion von Bedeutungen, Zeichen und Werten im gesellschaftlichen Leben, (b) ein Korpus von Ideen, der für eine bestimmte soziale Klasse oder Gruppe charakteristisch ist oder (c) Vorstellungen, die dazu beitragen, eine herrschende politische Macht zu legitimieren, verstanden werden. Die im wesentlich aus dem marxistischen Denken stammenden Definitionen schreiben (zumeist pejorativ) ideologischen Vorstellungen eine illusionierende, verzerrende und mystifizierende Funktion zu, indem sie Ideologie als Erzeugung eines ‚falschen Bewußtsein' zur Legitimation politischer Macht definieren bzw. als systematisch verzerrte Kommunikation auffassen. Dagegen nehmen soziologisch orientierte Ideologiedefinitionen weniger den Wahrheitsgehalt der Vorstellungen als ihre gesellschaftliche Funktion in den Blick und erklären Ideologie als ein Medium, in dem gesellschaftlich handelnde Personen eine sinnvolle Welt gestalten bzw. handlungsorientierende Überzeugungen in komplexer Form relationiert werden.

[13] Terry Eagleton: Ideologie. Eine Einführung. Stuttgart 1993, S. 7.

Geltungsansprüche (und damit zur Rechtfertigung von Herrschaftsverhältnissen) benutzt werden – also etwa die *Propagierung* verwandter Überzeugungen und Werte, die *Universalisierung* von Einstellungen, die *Disqualifikation* konkurrierender Standpunkte, vor allem aber die *Konstruktion von Traditionen*, die die eigene Position *historisch* beglaubigen.

Diese sehr allgemeinen Bestimmungen sind zu spezifizieren und auf die Ideologieproduktion und -kommunikation in der Zeit des Nationalsozialismus anzuwenden. Im Mittelpunkt stehen dabei die rhetorischen und argumentativen Mechanismen, die zur Integration romantischer Theoreme und Topoi in unterschiedliche Diskursfelder verwendet wurden. Besondere Aufmerksamkeit gilt den Differenzen zwischen den auch während der nationalsozialistischen Diktatur existierenden Interessengruppen, die je eigene Vorstellungen zu legitimieren und durchzusetzen suchten.

Die Definition von Ideologie als Komplex von Diskursen gestattet einerseits, dem inkohärenten Charakter der „nationalsozialistischen Ideologie" gerecht zu werden, andererseits die auf Einzelpersönlichkeiten fixierten Erklärungen des nationalsozialistischen Ideenhaushaltes zu vermeiden und die unterschiedlichen am Ideologiebildungsprozeß beteiligten Institutionen in den Blick zu nehmen. Dazu sind neben den parteiamtlichen und staatlichen ideologieproduzierenden bzw. -verwaltenden Institutionen weitere Felder der weltanschaulich-ideologischen Reflexion in ihrer sozialen und institutionellen Infrastruktur voneinander abzugrenzen und in Bezug zu den Formen ihrer Ideologieproduktion zu bringen.[14] Von besonderer Bedeutung ist dabei die Analyse der für die nationalsozialistische „Ausdrucksideologie" (Kurt Lenk) spezifischen *Konzeptschlagworte*.[15] Unter *Konzeptschlagworten* seien im folgenden strukturierende „Knoten" der aus disparaten Konglomeraten zusammengesetzten nationalsozialistischen Ideologie verstanden – zumeist emotional aufgeladene und propagandistisch verwertbare Begriffe wie *Volk* und *Volkstum*, *Volksgemeinschaft*, *Leben*, *Ganzheit*, *organisches Ganzes* etc., deren Spezifik und Funktion in der ideologischen Kommunikation später noch genauer zu klären sein werden.

Das nachfolgende rekonstruktive Vorgehen konzentriert sich auf die Aufnahme und Integration von *Konzeptschlagworten*, die auf Begriffsbildun-

---

[14] Bereits an dieser Stelle ist darauf hinzuweisen, daß es im NS-Staat keine zentrale Einrichtung der Ideologieproduktion und -verwaltung gab; im „Ämterchaos" des polykratischen Führerstaates existierten vielmehr unterschiedliche, ‚offiziöse' Institutionen, die sich als Sachwalter des nationalsozialistischen Ideenhaushalts verstanden, so der *Stellvertreter des Führers* mit seinen *Beauftragten für kulturelle Fragen* und der *Parteiamtlichen Prüfungskommission*, das *Reichsministerium für Volksaufklärung und Propaganda*, die *Dienststelle für die gesamte geistige und weltanschauliche Erziehung der NSDAP* mit den Ämtern Kunstpflege, Schrifttum, Weltanschauliche Information, die *Reichspropagandaleitung* mit dem *Amt Kultur, Hauptstelle Schrifttum*, die Kulturämter der SA, SS, HJ und des NSDStB, die SS-eigene *Studiengesellschaft für Geistesgeschichte (Deutsches Ahnenerbe)*, das *Reichsinstitut für Geschichte des Neuen Deutschland*.

[15] Der Begriff „Ausdrucksideologie" folgt Kurt Lenk: Volk und Staat. Strukturwandel politischer Ideologien im 19. und 20. Jahrhundert. Stuttgart 1971, S. 35. Weiteres dazu im folgenden Kapitel.

Romantische Theoreme (Einleitung)

gen bzw. spezifische Begriffsverwendungen aus der Zeit der Romantik zurückgriffen: Zum einen auf die von Friedrich Ludwig Jahn geprägte Vokabel „Volkstum" mit ihrem Derivat „Volksgemeinschaft"; zum anderen auf die vielschichtige und mehrfach dimensionierte Metapher des „Organischen", die in spezifischer Umprägung der schon von Aristoteles verwendeten Kategorie in romantischer Ästhetik, Gesellschafts- und Rechtslehre als Sinnbild für das „Gewachsene" und „Natürlich-Wachstümliche" im Gegensatz zum Mechanisch-„Gemachten" ein Maximum harmonischer Beziehungen (Teil-Ganzes, Außen-Innen etc.) symbolisierte und Rettung vor den Dissoziationenserscheinungen der Moderne versprach. Fokussieren die punktuellen Ausführungen zu Aufnahme und Bedeutungswandel der Termini „Volkstum" und „Volksgemeinschaft" vor allem die Aneignung des Begriffs durch ideologieverwaltende Institutionen, um so die gleichsam ‚offizielle' Rezeption romantischer Begriffsprägungen im Kontext der inkohärenten Ideologiebildungsprozesse zu verdeutlichen, widmet sich die detaillierte Untersuchung des „Organischen" auch staatstheoretischen, philosophischen und naturwissenschaftlichen Diskursen. Insbesondere in den Naturwissenschaften nutzte man den Topos des „Organischen", um mit der Konstruktion einer spezifisch deutschen, „ganzheitlich-schauenden" Naturbetrachtung bestimmte Differenzierungsleistungen der modernen Wissenschaftsentwicklung wie Mathematisierung und Formalisierung zurückzuweisen und „gestalthafte" Konzepte durchsetzen zu können. Nicht zu unterschätzen sind in diesem Zusammenhang aber auch die Divergenzen in weltanschaulichen und wissenschaftstheoretischen Fragen, die in Rekurs auf die Kategorie des *Organischen* ausgetragen wurden. Als Opposition zum *Mechanischen* waren die Kategorie des *Organischen* und ihre Verteidiger im Vorteil, da dieser Begriff die Eigendynamik des so bezeichneten Bereichs betonte, während ‚mechanistische' Erklärungen stets kausale Abhängigkeiten nachweisen mußten und sich der – zumindest verbalen – Disqualifikation von Seiten ideologieproduzierender Institutionen und Teilen des Wissenschaftssystems gegenübersahen. Der Bezug auf das *Organische* gestattete aber auch, die Eigenständigkeit bestimmter Teilbereiche vor instrumentellen Eingriffen zu schützen und verteidigte mit der Akzeptanz *eigensinniger* Entwicklungen Differenzierungsleistungen, die ein Signum der Moderne darstellten. Insofern besaß ‚organisches Denken', wie es etwa von Vertretern des Hallenser *Gestalt*-Kreises zur Begründung ihrer „morphologischen" Natur- und Wissenschaftskonzeptionen verwendet wurde, durchaus ein Widerstandspotential gegen nationalsozialistische Politik – was nicht zuletzt durch die mißtrauische Beobachtung dieses Kreises durch das *Amt Rosenberg* bestätigt zu werden schien.

Den erläuterten Erkenntniszielen entsprechend, ist in einem ersten Schritt die Integration romantischer Volkstums-Spekulationen in das heterogene Ideengefüge des ‚geistigen Nationalsozialismus' zu beleuchten, um im Anschluß daran die Aufnahme und Diskussion des *Organischen* in unterschiedlichen Diskursformationen zu untersuchen. Das abschließende dritte Kapitel rekonstruiert Auseinandersetzungen, die im Rekurs auf die Romantik und ihre ‚richtige' Interpretation zwischen Reichspropagandaminister Joseph Goebbels und „Weltanschauungs-Beauftragten" Alfred Rosenberg bzw. dem *Amt Rosenberg* und dem Klages-Kreis ausgetragen wurden.

1 Romantische Theoreme in der nationalsozialistischen „Ausdrucksideologie"

Die Analyse der Aufnahme und Integration romantischer Denkfiguren und Theoreme in die nationalsozialistische Ideologie sieht sich einem doppelten Problem gegenüber, das spezifischer Reduktionen bedarf: Zum einen der Komplexität und Uneindeutigkeit des romantischen Denkens, das sich einer durchgängigen Systematisierung entzieht; zum anderen der Inkohärenz und begrifflichen Unschärfe des ‚geistigen Nationalsozialismus', der von unterschiedlichen, z.T. rivalisierenden Institutionen „verwaltet" und dessen Charakter je nach Interessenlage als theorielose „Kampfbewegung" oder geschlossene „Weltanschauung" definiert wurde. Bereits die Deutung der publizistisch und medial verbreiteten „nationalsozialistischen Ideologie" durch Theoretiker und Funktionsträger des Regimes selbst trug zwiespältige Züge, die zu einem zentralen Problem der nachfolgenden Forschung wurden und an dieser Stelle anzudeuten sind, um die nachfolgend gewählte Untersuchungsperspektive zu plausibilisieren. Während Alfred Rosenberg und seine in der *Dienststelle für die gesamte weltanschauliche und politische Schulung der NSDAP* versammelten Mitarbeiter wie Alfred Baeumler, Heinz Härtle oder Walther Groß die Existenz einer konsistenten „nationalsozialistischen Weltanschauung" behaupteten und diese theoretisch zu fundieren suchten, bekannte sich Propagandaminister Joseph Goebbels zu einem theorielosen Aktionismus, der keiner „ideologischen Haarspaltereien" bedürfe:

> „Wenn man nun unter Sozialismus nur ein theoretisches Programm versteht, dann allerdings müssen wir gestehen, daß wir in dieser Beziehung über keinerlei Vorrat verfügen. [...] Wir haben nicht viel geredet, keine Theorien gesponnen, keine ideologischen Haarspaltereien betrieben, sondern wir haben praktisch gehandelt. Wir wissen kein Programm vorzuweisen, theoretische Leitsätze unseres Sozialismus, ein großes wissenschaftliches Werk unseres Theorismus."[1]

Der Konflikt von aktionistischer Praxis und legitimierender Theorie bewegte nicht nur die ideologischen Propagandisten des Nationalsozialismus, son-

---

[1] Joseph Goebbels: Eröffnung des Wahlkampfes für die Ergänzungswahlen zum Großdeutschen Reichstag. Rede am 19.11.1938 in Reichenberg. In: Helmut Heiber (Hrsg.): Goebbels-Reden. Düsseldorf 1971. Bd. 1, S. 309-331, hier S. 324. Symptomatisch auch Hans Schmidt-Leonhardt [Ministerialrat im RMfVP]: Kultur und Staat im Recht des neuen Reichs. Textentwurf vom 26. Juni 1935. BA 50.01/162, Bl. 258: „Wir, über die sich die gewaltige Kraft des Nationalsozialismus umgestaltend und neugestaltend ergießt, wir, die im Kampf um ihn stehen, sind nicht fähig und nicht berufen, seine Lehre in Worte zu fassen. Die Apostel haben keinen Katechismus geschrieben und keine Theologie geschaffen. Wir müssen uns darauf beschränken, das, was geschehen ist und was wir erlebt haben, so gut als möglich zu sagen und zu begreifen. Nicht ein Gedankensystem ist es, von dem wir ausgehen müssen, sondern ein Wille und eine Tat..."

dern wurde auch durch zeitgenössische Beobachter wahrgenommen. Albrecht Erich Günther, neben Wilhelm Stapel Herausgeber der völkisch-konservativen Zeitschrift *Deutsches Volkstum*, bejahte 1933 zwar die Existenz einer „nationalsozialistischen Wissenschaft", registrierte aber zugleich das Fehlen einer konsisten weltanschaulichen Grundlage: „Es gibt zwar eine nationalsozialistische Wissenschaft, die dem neuen Lebenswillen entspringt, aber keinen wissenschaftlichen Nationalsozialismus, wie es einen wissenschaftlichen Marxismus gab".[2] Anstrengungen, eine konsistente Weltanschauung des Nationalsozialismus zu konstruieren und deren Vorläufer in der deutschen Geistesgeschichte aufzufinden, führten zu Kollisionen, die durch die postulierte ‚Gleichschaltung' von Wissenschaft und Öffentlichkeit zusätzlich verschärft wurden.[3] 1935 konstatierte Eduard Spranger vor der Berliner Mittwochsgesellschaft die Differenzen innerhalb des nationalsozialistischen Ideenhaushalts und das verhängnisvolle Defizit einer kritischen Diskussion:

> „Daß der Nationalsozialismus, soweit er sich theoretisch formuliert, trotzdem nicht problemlos ist, beweist der schroffe Gegensatz Carl Schmitt – Köllreuter, Bäumler – Krieck (beide = Aktivismus contra erneuerte organische Romantik) und der ungelöste Kontrast zwischen Rassenideologie (übrigens künstlicher!) und Rassen**wissenschaft**. In der Sache drängt sich also entschieden der Wesensunterschied zwischen gläubiger, aktivistischer politischer Ideologie und kritischer, zugleich wirklichkeitsnaher Wissenschaft auf. Die Auseinandersetzung zwischen beiden, seit Urzeiten gegeben, könnte fruchtbar sein, **wenn** sie zugelassen würde."[4]

Die Inkonsistenz des zwischen 1933 und 1945 als „nationalsozialistische Ideologie" oder „nationalsozialistische Weltanschauung" verbreiteten Ideenkonglomerats schlug sich in konträren Positionen der nachfolgenden Forschung nieder. Während eine Richtung der Ideologiegeschichtsschreibung eine kohärente Struktur des nationalsozialistischen Gedankengebäudes in Abrede stellte und dieses weitgehend auf demagogische und propagandisti-

---

2 Albrecht Erich Günther: Gibt es eine nationalsozialistische Wissenschaft? In: Deutsches Volkstum 15 (1933), S. 761-767, hier S. 765f.
3 Deutlich etwa in Ernst Krieck: Zur Ideengeschichte des Dritten Reiches, S. 324 und der hier vorgbrachten Kritik an Julius Petersens *Die Sehnsucht nach dem Dritten Reich in deutscher Sage und Dichtung*. – Kritik am „gefährlichen Historismus" der ideengeschichtlichen Erstellung von Traditionslinien, „die uns zu betrachtender Rückschau verleiten könnte, statt uns zum zukunftsgerichteten Handeln einsichtiger zu machen", artikulierte auch Ludwig Kiehn: Nationalsozialismus als Geistesbewegung. In: ZfdB 10 (1934), S. 509-514, hier S. 509. Die historische Deutung des NS geschehe „sinnvollerweise nur, um die ‚Gegenwart' mit ihrer historischen Tiefendimension, in der wir stehen, phänomenologisch deutend zu klären und um die ‚Zukunft', die noch ungestaltet vor uns liegt und zu deren Gestaltung wir gerufen sind, aus bestimmten Ideen heraus zu formen."
4 Eduard Spranger: Gibt es eine „liberale" Wissenschaft? Vortrag auf der 924. Sitzung der Berliner Mittwochsgesellschaft am 17.4. 1935. In: Uwe Henning, Achim Leschinsky: Enttäuschung und Widerspruch. Die konservative Position Eduard Sprangers im Nationalsozialismus. Analysen – Texte – Dokumente. Weinheim 1991, S. 174-176, hier S. 175, Hervorhebungen im Original.

sche Rhetorik reduzierte,[5] erkannten andere Deutungen im Ideenhaushalt des Nationalsozialismus ein geistiges System, das verschiedene Stränge der deutschen und europäischen Geistesgeschichte zusammengeführt und eine geistige Revolution besonderer Art vollzogen habe. So diagnostizierte Herbert Marcuse 1934 als Kernpunkt der nationalsozialistischen Ideologie einen „organizistischen Universalismus", der durch Rückbindung des Subjekts an Entitäten wie „Natur", „Blut und Boden", „Volkstum" und „Ganzheit" die neuzeitliche Rationalitätskultur radikal zu entwerten versuchte;[6] für Karl Raimund Popper war der im Nationalsozialismus dominierende Irrationalismus Ausdruck einer Sehnsucht nach Harmonie und Konfliktfreiheit, die zu einer „geschlossenen Gesellschaft" und der Zerstörung individueller Freiheiten durch kollektiv verbindliche Normen führen mußte.[7] Mittel und Stimulanz dieser Gegenwartsflucht sei ein geschlossenes Erkenntnissystem, das auf alle Fragen eine von empirischer Erfahrung unabhängige Antwort gewähre. Resultat dieser Wirklichkeitsverweigerung wäre zuletzt der „romantische Glaube an die Existenz einer ausgewählten Schar, an die Teilung der Menschen in natürliche Herren und Sklaven".[8]

---

[5] So frühe Deutungen, die den Nationalsozialismus als nihilistischen „Aufstand der Massen" und „Massen-Machiavellismus" beschrieben, u.a. Hermann Rauschning: Die Revolution des Nihilismus. Kulisse und Wirklichkeit im Dritten Reich. Zürich, New York 1938; Max Picard: Hitler in uns selbst. Zürich 1946; Friedrich Meinecke: Die deutsche Katastrophe. Betrachtungen und Meinungen. Wiesbaden 1946; Ernst Niekisch: Das Reich der niederen Dämonen. Hamburg 1953; Erwin Faul: Der moderne Machiavellismus. Köln, Berlin 1961.

[6] Herbert Marcuse: Der Kampf gegen den Liberalismus in der totalitären Staatsauffassung [1934]. In: H. Marcuse: Schriften. Bd. 3: Aufsätze aus der Zeitschrift für Sozialforschung 1934-1941. Frankfurt/M. 1979, S. 7-44, S. 19.

[7] Karl R. Popper: Die offene Gesellschaft und ihre Feinde. Bd. 2: Hegel, Marx und die Folgen. Bern [6]1980, S. 231.

[8] Ebenda, S. 285. – Die beobachtbare Entmachtung der Empirie in den Gedankengebäuden führender nationalsozialistischer Politiker, der Hang des Herrschaftssystems zur irrationalen Verklärung von Tatsachen und der mehrfach postulierte Anspruch, radikal mit der bisherigen historischen Entwicklung zu brechen, führte denn auch zu Deutungsmustern, die im Nationalsozialismus Elemente der parusietischen Gnosis wiedererkannten, deren Ziel es sei, „die als unvollkommen und ungerecht erfahrene Seinsordnung zu zerstören und durch eine vollkommene und gerechte Ordnung aus menschlicher Schöpferkraft zu ersetzen", so Erich Voegelin: Wissenschaft, Politik und Gnosis. München 1965, S. 65. Aus den pseudoreligiösen Versatzstücken nationalsozialistischer Selbstdarstellungen folgerte Voegelin bereits 1939, man müsse „die Bewegungen unserer Zeit nicht nur als politische, sondern auch, und vor allem als religiöse" und die ihnen inhärenten Ideologien als „politische Religionen" deuten, Erich Voegelin: Die politischen Religionen. Hrsg. und mit einem Nachwort versehen von Peter J. Opitz. München 1993 (= Periagoge), S. 11. Ähnlich auch Norman Cohn: Das Ringen um das tausendjährige Reich. Bern 1960; James M. Rhodes: The Hitler Movement. A Modern Millenarian Revolution. Stanford 1980, hier S. 18: „It will maintain, that the Hitler movement was a millenarian-gnostic revolution, that is, that the Nazis believed, that their reality was dominated by fiendish powers and that they experienced revelations or acquired pseudoscientific knowledge about their historical situation that made them want to fight a modern battle of Armageddon for a wordly New Jerusalem." – Auseinander gingen die Meinungen der Interpreten vor allem in der Frage, ob der Nationalsozialismus die theologischen Motive eines säkularisierten mittelalterlichen Gnostizismus neu besetzt habe – so Robert Pois in *National Socialism and the Religion of Nature* (New York 1986) – oder ob ihr axiologischer Gehalt einem Neopaganismus

Ohne näher auf die hier nur fragmentarisch dargestellten, weitgehend durch Introspektion gewonnenen Erläuterungen zu Struktur und Geschichte der nationalsozialistischen Ideologie einzugehen, soll eine gleichsam „von außen" vorgehende Perspektive eingenommen werden, die es gestattet, ideologische Diskurse zu klassifizieren und zu vergleichen. In der Konfrontation verschiedener Ideologietypen erkannte Kurt Lenk im Ideenhaushalt des Nationalsozialismus eine den sogenannten „Hochideologien" wie Liberalismus und Sozialismus entgegengesetzte „Ausdrucksideologie", deren spezifisches Merkmal die Absage an eine systematische und rational fundierte Wirklichkeitsanalyse sei. Theoretische Differenzierung und argumentative Folgerungen ersetze sie durch emotionale Appellationen „an jene sozialen Triebschichten, die jenseits und vor der Rationalität gelegen sind".[9] Neben inhaltlichen Fixpunkten wie der Beschwörung eines mythischen Gemeinschaftsideals oder der Konstruktion von Freund-Feind-Oppositionen sei sie durch strukturelle *Offenheit* gegenüber divergierenden Überlieferungssträngen geprägt. Die Vereinheitlichung disparater Ideologeme geschehe auf der Ebene der propagandistischen Verwertung durch Bildung sogenannter „Begriffsfetische" – „propagandistisch zugkräftige, massenwirksame Parolen mit hohem emotionalen und geringem Erkenntniswert".[10] Was Lenk als „Begriffsfetische" bezeichnete (und weitgehend auf den agitatorischen Gebrauch bezog), wird nachfolgend (über den Bereich der Propaganda hinausgehend) mit dem bereits erwähnten Begriff des *Konzeptschlagworts* beschrieben: Ein variabel einsetzbares terminologisches Konglomerat, das durch Integration unterschiedlicher Bedeutungen und Bedeutungskontexte differierende Erfahrungen bzw. Überzeugungen kompatibel machte und eine weitgehend *symbolische* Kommunikation erlaubte. In *Konzeptschlagworten*, so die These, verdichteten sich in zumeist unreflektierter Weise Theoriebausteine unterschiedlicher Herkunft zu fundamentalen Topoi, die je nach Bedürfnis kombiniert, mit veränderten Bedeutungen aufgeladen bzw. aufgerufen werden konnten. Innerhalb dieser *Konzeptschlagworte* spielten auch bestimmte romantische Überlieferungen eine Rolle. Wie, d.h. mit welchen rhetorischen Strategien die Integration romantischer bzw. im Zeitalter der Romantik geprägter Begrifflichkeiten vollzogen wurde, soll am Beispiel der Begriffe „Volkstum" und „Volksgemeinschaft" illustrativ deutlich gemacht werden.

---

entstamme, der in einem der jüdisch-christlichen Überlieferung entgegengesetzten Naturideal seinen Ursprung habe, wie es Ernst Bloch in *Erbschaft dieser Zeit* (erstmals Zürich 1935) behauptet hatte. Auch neuere Erklärungen unternehmen es, den Nationalsozialismus als Revolte gegen den europäischen Nihilismus und die neuzeitliche Unterwerfung der Natur zu interpretierten; prononciert etwa Jochen Kirchhoff: Nietzsche, Hitler und die Deutschen. Die Perversion des neuen Zeitalters. Vom unerlösten Schatten des Dritten Reiches. Berlin 1990.

[9] Kurt Lenk: Volk und Staat. Strukturwandel politischer Ideologien im 19. und 20. Jahrhundert, S. 35.
[10] Ebenda, S. 35.

1.1 Romantische Volkstums-Spekulationen und ihre nationalsozialistische Rezeption

Der in der Zeit der Romantik geprägte, in Friedrich Ludwig Jahns Werk *Deutsches Volksthum* 1810 erstmals begrifflich fixierte Terminus „Volkstum" kann als exemplarisch für ideologisch induzierte Modifikationen einer romantischen Begriffsprägung gelten. Im Verbund mit seinem Derivat „völkisch" – das um 1875 als Verdeutschung von ‚national' aufkam und bereits in dieser Zeit als Gegenbegriff zum disqualifizierten ‚international' die Bedeutung rassisch und „blutmäßig" bedingt enthielt[11] – und dem erstmals von Schleiermacher gebrauchten Begriff der „Volksgemeinschaft" symbolisierte er in schlagwortartiger Verdichtung eine die sozialen und politischen Differenzierungsleistungen der Moderne aufhebende Gemeinschaft aller Klassen und Schichten. Als in zahlreichen kultur- und wissenschaftspolitischen Diskursen virulenten und mehrfach dimensionierten *Konzeptschlagworten* kam den Begriffen „Volkstum", „völkisch" und „Volksgemeinschaft" eine rhetorische Maximierungsfunktion zu: Sie bezeichneten die biologisch verbürgte und staatlich sanktionierte Einheit gleichgearteter Individuen; gestatteten Inklusion bzw. Exklusion und korrespondierten in singularisierter Form („Ein Volk") den quasi-metaphysischen Letztwerten „Reich" und „Führer". Die mythisierten und geschickt in öffentlichkeitswirksame Bilder transformierten Vokabeln „Volk", „Reich", „Führer" versprachen, die Komplexität und Widersprüchlichkeit der modernen Welt aufzuheben, in dem sie mit einem vorgeblich sicheren Koordinatensystem der Werte neuen Sinn erschlossen und so phantasmagorisch Modernisierungsschäden kompensierten. Geichzeitig sicherte ihre betonte Zusammengehörigkeit zumindest propagandistisch die Integration divergierender politischer Bewegungen des rechten Spektrums. Die zur Volksabstimmung über den Anschluß Österreichs 1938 geprägte und danach weiter in Umlauf gehaltene Formel „Ein Volk, ein Reich, ein Führer" einte in ihrer prägnanten Verknappung virtuell sowohl die regressiven Utopien der „Völkischen", die sich in die germanische Vorzeit zurücksehnten und dieser ihre teils biologistischen, teils spiritistischen Leitbilder entlehnten, als auch die Erwartung eines „Dritten Reichs" seitens der „Jungkonservativen", die der völkischen Blutmystik distanziert gegenüberstanden und sich an der ständischen Verfassung des christlichen Mittelalters orientierten. Im Symbol des „Führers" ließen sich nicht zuletzt archaische Gefolgschaftsstrukturen mit den heroisch-soldatischen Idealen der „Nationalrevolutionäre" verbinden.[12]

---

[11] Karl-Heinz Brackmann, Renate Birkenhauer: NS-Deutsch. „Selbstverständliche" Begriffe und Schlagwörter aus der Zeit des Nationalsozialismus. Straehlen/Niederrhein 1988, S. 194.
[12] Zum divergierenden Spektrum antiliberaler Bewegungen vor 1933 siehe Kurt Sontheimer: Antidemokratisches Denken in der Weimarer Republik, hier S. 244-250 zum Volksbegriff als „einer der wesentlichsten und politisch trächtigsten" Begriffe unter den grundlegenden Termini des antidemokratischen Denkens, S. 222-243 zum „politischen Mythos" des Reichsbegriffs

Auf Rangfolge und variable Kombination der Leitmythen ist an dieser Stelle nicht näher einzugehen;[13] vielmehr will ich punktuell auf wesentliche Parameter der Konzeptschlagworte „Volkstum" und „Volksgemeinschaft" innerhalb des nationalsozialistischen Ideenhaushalts hinweisen und die folgenschweren Veränderungen gegenüber ursprünglichen Verwendungskontexten herausstellen, die vornehmlich in der zweiten Hälfte des 19. Jahrhunderts einsetzten.

Historische Ermittlungen zu den Begriffen „Volk", „Volkstum" und „Volksgemeinschaft" in den legitimatorischen Diskursen verfuhren unterschiedlich und selten historisch genau. Allgemein galt die Romantik in ihrer antinapoleonischen Phase als Geburtshelferin des Begriffs „Volkstum", des öfteren wurde aber auch bei Luther oder im Wortschatz der Germanen nach seinem Ursprung gesucht. Weitgehend ausgeblendet wurde die Rezeptionsgeschichte des Terminus „Volksgemeinschaft", der, von Schleiermacher und Adam Müller geprägt, durch die Zivilisationskritiker der ‚Konservativen Revolution' wiederaufgenommen worden war.[14] Gerade er wurde für die ideologische Rhetorik nationalsozialistischer Politiker konstitutiv, ließ sich doch im Begriff der „Volksgemeinschaft" ein Leitideologem der national-konservativen Bewegung mit den regressiven Utopien der „Völkischen" und deren biologistischen Konzeptionen rhetorisch amalgamieren.[15] Seit Ferdinand Tönnies' Gegenüberstellung der Begriffe in der für die Ausbildung der modernen Soziologie folgenreichen Schrift *Gemeinschaft und Gesellschaft. Grundbegriffe der reinen Sociologie* von 1886, die einen „ursprünglichen" Naturzustand der Einheit in Opposition zur zivilisatorischen Zerstreuung konstruiert hatte, galt ‚Gemeinschaft' als Fundamentalgegensatz zu ‚Gesellschaft'.[16] In den antimodernen Bewegungen nach 1890, vor allem aber seit Beginn der 1920er Jahre erlebte der Gemeinschaftsbegriffs eine verhängnisvolle Renaissance, auf deren Folgen Helmuth Plessner bereits 1924 hingewiesen hatte. Die Konsequenzen der Gemeinschaftsideologie, so Plessner,

---

und seiner verschiedenartigen Verwendungen; S. 214-222 zur Sehnsucht nach dem „Führer". Eine Analyse der Grundbegrifflichkeiten antiliberaler Bewegungen unter Betonung ihrer heterogenen Züge findet sich auch in Stefan Breuer: Anatomie der Konservativen Revolution. Darmstadt 1993, hier S. 78-86 zu den Topoi „Nation" und „Volk", S. 104-114 zur Idee des „Reiches".

[13] Dazu Peter Reichel: Der schöne Schein des Dritten Reichs. Faszination und Gewalt des Faschismus. Frankfurt/M. 1993, S. 108-113.

[14] So hatte Hugo von Hofmannsthal 1927 in der Vorrede für den Band *Wert und Ehre deutscher Sprache, in Zeugnissen* formuliert: „Die Sprache ist ein großes Totenreich, unauslotbar tief; darum empfangen wir aus ihr das höchste Leben. Es ist unser zeitloses Schicksal in ihr, und die Übergewalt der Volksgemeinschaft über alles Einzelne." Hugo von Hofmannsthal: Gesammelte Werke in 10 Einzelbänden. Reden und Aufsätze III. Frankfurt/M. 1980, S. 128-133, S. 132.

[15] Vgl. Harro Müller: Einige Verwendungsweisen des Gemeinschaftsbegriffs in der Moderne. In: H. Müller: Giftpfeile. Zur Theorie und Literatur der Moderne. Bielefeld 1994, S. 130-142, hier S. 136f.

[16] Dazu René König: Die Begriffe Gemeinschaft und Gesellschaft bei Ferdinand Tönnies. In: Kölner Zeitschrift für Soziologie und Sozialpsychologie 7 (1955), S. 348-420, in erheblich erweiterter Fassung wieder in René König: Soziologie in Deutschland. München und Wien 1987; Karl Siegbert Rehberg: Gemeinschaft und Gesellschaft – Tönnies und wir. In: Micha Brumlik (Hrsg.): Gemeinschaft und Gerechtigkeit. Frankfurt/M. 1993, S. 19-48.

Romantische Volkstums-Spekulationen und ihre Rezeption 373

bestanden in der Verschleierung lebensnotwendiger Differenzen zwischen den Einzelgliedern einer geschlossen gedachten Ganzheit und der Projektion interner Konflikte nach außen; in einem auf Unerfüllbarkeit angelegten Ideal der „Echtheit" und „Authentizität" und einem letztlich jede Individualität ruinierenden Fundamentalismus.[17]

Die Biologisierung der Topoi „Volk" und „Volkstum", die den ursprünglichen sprach- und kulturgeschichtlichen Verwendungskontext der Begriffe in der Romantik bedeutend veränderte und die Zugehörigkeit zur „Volksgemeinschaft" aus dem gemeinsamen Blut ableitete, hatte gleichfalls am Ende des 19. und zu Beginn des 20. Jahrhunderts eingesetzt. Die großenteils antisemitisch eingestellten „Völkischen", versammelt in der Münchener Thule-Gesellschaft, in den Wiener Lesegemeinden um Guido von List und Jörg Lanz von Liebenfeld oder der Ludendorff-Bewegung, projizierten ihre Vorstellungen von nordischer Rasse, Sprache, Landschaft auf einen Volksbegriff, der den Begriffen „Staat" und „Nation" vorgeschaltet und mit biologisch konnotierten Bedeutungen aufgeladen war. Das Adjektiv „völkisch" markierte eine letztlich biologisch verankerte Zusammengehörigkeit und stellte zugleich leitende Differenzen klar, die auch in das Begriffslexikon des Nationalsozialismus eingingen: „Völkisch" bildete den Gegenpol zu den Attributen der Moderne „international" und „individualistisch", die wiederum den „fremdrassigen" Juden zugeschrieben werden konnten.

An diese Leitdifferenzen schloß der nationalsozialistische Legitimationsdiskurs unmittelbar an – wenn auch direkte Berufungen auf die Leistungen völkischer Vordenker eher selten waren. Die Konstruktion von Polaritäten wie „völkisch – international" oder „völkisch – individualistisch" wurde nun unmittelbar in politische Rhetorik übersetzt – so durch Joseph Goebbels, der im März 1933 vor den Intendanten und Direktoren der Rundfunkgesellschaften die begonnene Epoche des Nationalsozialismus als „völkisches Zeitalter" deklarierte, das endgültig die „Zeit des Individualismus" ablöse:

> „Wenn ich den politischen Umbruch auf seinen einfachsten Nenner bringe, dann möchte ich sagen: Am 30. Januar ist endgültig die Zeit des Individualismus gestorben. Die neue Zeit nennt sich nicht umsonst Völkisches Zeitalter. Das Einzelindividuum wird ersetzt durch die Gemeinschaft des Volkes. Wenn ich in meiner politischen Betrachtung das Volk in den Mittelpunkt stelle, dann lautet die nächste Konsequenz daraus, daß alles andere, was nicht Volk ist, nur Mittel zum Zweck sein kann. Wir haben also in unserer Betätigung wieder ein Zentrum, einen festen Pol in der Erscheinungen Flucht ... das Volk als Ding an sich, das Volk

---

[17] Vgl. Helmuth Plessners: Grenzen der Gemeinschaft. Eine Kritik des sozialen Radikalismus [1924]. In: H. Plessner: Gesammelte Schriften. Frankfurt/M. 1981. Bd. V, S. 7-133. Gegen die Bilder einer geschlossenen ‚Gemeinschaft' als einer „ungesonderten Einheit" setzte Plessner das Bild einer ‚Gesellschaft', die als ein „offenes System von Verkehrsformen" einander fremder Menschen durch „Wertferne" gekennzeichnet sei. Die Interaktionen mit Anderen führten zwar zu Gewalt und Feindseligkeiten – die durch Entwicklung künstlicher Strukturen des Umgangs minimiert würden – ermöglichten aber auch zunehmende „Spielmöglichkeiten" für den Einzelnen.

als den Begriff der Unantastbarkeit, dem alles zu dienen und dem sich alles unterzuordnen hat."[18]

Der hier demonstrierte Umgang mit Kontexten und Termini zeigte, daß der Begriff des „Volkes", dessen grundlegende Bedeutung der propagandistische Apparat des nationalsozialistischen Staates beständig wiederholte, problemlos allenfalls als agitatorisches Schlagwort verwendet werden konnte. Differenzen traten offen zu Tage, sobald eine präzisere Bestimmung des Begriffs oder seine Vermittlung im Wissenschaftssystem auf der Tagesordnung stand. So führte seine inflationäre Verwendung in den Geisteswissenschaften schon 1933 zu Differenzen, die sich an der Frage der „realistischen" bzw. „idealistischen" Fundierung ihrer ‚völkischen' Reorganisation entzündeten. Während Ernst Krieck „völkische Bildung" als radikalen Bruch mit der geistigen Tradition des deutschen Idealismus verwirklicht wissen wollte,[19] beharrten andere Fraktionen auf Positionen des Idealismus, denen Vorbildfunktion für die anstehende Reform des Geisteslebens zugesprochen wurde.[20] Die Unbestimmtheit des „Volks"-Begriffs und seine divergierenden Traditionen schlugen sich auch in Kollisionen innerhalb der universitären Literaturwissenschaft nieder: Der Rückgriff auf Herders Formel „Volk ist Sprachvolk" und die mit ihr verbundenen romantischen Anfänge der Literaturwissenschaft barg Dissenz zu Auffassungen, die den „Volksgeist" nicht aus Sprache und Dichtung, sondern aus den biologischen „Urgründen" Blut und Rasse ableiten wollten, wie etwa Hermann Pongs, der gegen die Überzeugung eines sprachlich verfaßten „Volksgeistes" vorsprachliche Entitäten zu den wesentlichen Merkmalen der „Volksseele" erklärte. Dem von Stamm, Rasse, Blut, Erde und Landschaft determinierten Einzelnen seien, so Pongs, „Volkstum" und „Volksgeist" *vor* allem sprachlichen Bewußtsein, als „Ideen ohne Worte" gegeben.[21]

Zu Konfusionen und Zwistigkeiten kam es auch in Diskursen, deren Teilnehmer in Übereinstimmung mit den politischen Zielen des Nationalsozialismus bewußt Weltanschauungsfunktionen übernahmen. Ihre divergierenden Auffassungen der „völkischen" Grundlagen des Dritten Reichs manifestierten sich nicht zuletzt in einer konträren Bewertung der romantischen Volkstums-Spekulationen. Opponenten auf diesem Feld waren der Philosoph und Erziehungs-

---

[18] Joseph Goebbels: Die zukünftige Arbeit und Gestaltung des deutschen Rundfunks. Ansprache an die Intendanten und Direktoren der Rundfunkgesellschaften vom 25.3.1933. In: Helmut Heiber (Hrsg.): Goebbels-Reden. Bd. 1, S. 82-107, hier S. 82.

[19] Vgl. Ernst Krieck: Völkische Bildung. In: Volk im Werden 1 (1933), S. 2-12, hier S. 2: „Mit der Wendung vom Idealismus, der eine Flucht vor der Wirklichkeit in die leeren Räume reiner Geistigkeit war, zum völkisch-ganzheitlichen Realismus, werden Bildung und Kultur eintreten in das geschichtliche Werden als gestaltende Kräfte, wird der Schwerpunkt des Geistes zurückverlegt ins Lebendige."

[20] Symptomatisch dafür Friedrich Alfred Beck: Der Nationalsozialismus als universales geistiges Lebensprinzip. In: Die Neue Deutsche Schule 7 (1933), S. 345-363, der gegen eine empirisch-„realistische" eine organisch-„idealistische" Weltanschauung beschwor.

[21] Hermann Pongs: Anmerkung zu Heinrich Zillich: Schicksal und Sendung des Auslandsdeutschtums. In: DuV 35 (1934), S. 289.

theoretiker Ernst Krieck mit seinem Schülerkreis und eine quer durch verschiedene Lager gehende Front gegen ihn, der u.a. der völkisch-konservative Publizist Wilhelm Stapel, aber auch das *Amt Rosenberg* angehörten. Krieck, der im Auftakt-Artikel für seine im März 1933 gegründete Zeitschrift *Volk im Werden* den Sieg der Nationalsozialisten als Stunde der „Volkwerdung" gefeiert hatte,[22] formulierte in Verknüpfung der Termini ‚Volk' und ‚Ganzheit' ein „ganzheitliches Lebensgesetz", das auf der Basis eines neuen „völkisch-ganzheitlichen Realismus" die geistig konstruierte Welt des Idealismus und der Romantik verabschieden und in Überwindung der alten Dualismen von Natur und Geist, Wirklichkeit und Kultur, Leib und Seele eine „neue Einheit und Ganzheit" schaffen sollte.[23] Zwar verdanke man Idealismus und Romantik das „denkbar gewaltigste geistige Erbe" sowie die Installation eines deutschen Nationalbewußtseins, doch hätten diese in ihrer „Flucht vor der unbewältigten Wirklichkeit" tiefe „Klüfte im Volkskörper" aufgerissen.[24] Gegen Kriecks Angriffe opponierten völkisch-konservative Theoretiker aus dem Kreis um Wilhem Stapel. Sie erklärten den nationalsozialistischen „Neuen Staat" zur Verwirklichung des von Herder und der Romantik vorgeprägten „deutschen Volksgedankens", der eine historische Alternative zum französischen Nationalstaatsgedanken darstelle.[25] Ungeachtet der früh einsetzenden Polemik verfolgten Krieck und seine Schüler ihre Attacken gegen die Romantik und den deutschen Idealismus weiter. In der romantischen Volkstums-Entdeckung erkannten sie verderbliche Züge eines „organologischen", und darum ‚passiven' Idealismus und Liberalismus.[26] Als deutsche Reaktion auf die Französische Revolution habe die Romantik das „völkische Bewußtsein" zwar aktiviert, sei jedoch in ideologischer Versponnenheit und einseitiger Kultivierung des Geistes verblieben und damit gleichzeitig Ausdruck wie Ursache politischer Ohnmacht.[27] Immer wieder attestierte Krieck der Romantik, mit ihrer Lehre vom ‚gewachsenen Volk' nicht zu einem innovativen Weltanschauungs- und Gestaltungsprinzip durchgedrungen zu sein.[28] Ihr Einspruch gegen die Naturrechtslehren der Aufklärung und die Französische Revolution sei nicht mehr als ein „völkischer Einschlag",

---

[22] Vgl. Ernst Krieck: Die große Stunde Deutschlands. In: Volk im Werden 1 (1933), S. 1.
[23] Ebenda, S. 7f.
[24] Ebenda, S. 8.
[25] So Albrecht Maria Günther: Die europäische Bedeutung des Nationalsozialismus. In: Deutsches Volkstum 15 (1933), S. 715-719, hier S. 718: „Schon seit dem Auftreten Herders steht der deutsche Volksgedanke im Wettkampf mit der französischen Nationalstaatsidee, und sein ungeheurer Einfluß etwa auf die weitgestreckte Staatenwelt des slawischen Ostens beweist, daß dem Volk der Dichter und Denker große politische Kräfte eignen." – Ähnlich auch Wilhelm Stapel: Rettung der Mystik und Romantik. In: Deutsches Volkstum 15 (1933), S. 934-939. Im Umkehrschluß wurde von der romantischen Entdeckung des Deutschtums auf den „romantischen Charakter" des deutschen Volkes geschlossen und die Hörigkeit der Deutschen gegenüber dem „Führer und Reichskanzler" zum integralen Bestandteil der „ewigen deutschen Romantik" erklärt, so bei Wilhelm Stapel: Der zwölfte November. In: Deutsches Volkstum 15 (1933), S. 1004.
[26] So Andreas Pfennig: Zur Soziologie der Volksidee. In: Volk im Werden 8 (1940), S. 22-31, hier S. 25-27.
[27] Ebenda, S. 25f.
[28] Ernst Krieck: Geburt des Rechts aus der Volksgemeinschaft. In: Volk im Werden 8 (1940), S. 50-54.

der dem konservativen Flügel des deutschen Bürgertums ideologische Munition geliefert habe.[29] Insbesondere die organologischen Vorstellungen der Romantik – und damit auch diverse Versuche ihrer Wiederbelebung im Dritten Reich – verfielen seiner rigiden Ablehnung: Der Glaube an „organisch Wachsendes" und „organische Entwicklung" sei, so Krieck, „zuletzt, zumal vor allem im Geschichtlich-Politischen, quietistisch: er verführt zur unpolitischen, passiven Haltung".[30] In dezidierter Abwehr von Versuchen, den Begriff der „Volksgemeinschaft" im Ideellen zu begründen, sie als „Werte-" oder juristische „Rechtsgemeinschaft" von den Individuen und ihrer „Lebenswirklichkeit" abzuheben, wandten sich Krieck und seine Adepten gegen die organologischen Spekulationen der Romantik und die von ihnen befruchteten Staatstheorien.[31] Hätte die Romantik über einer atomisierten Gesellschaft einen „idealistischen Baldachin" konstruiert, der die „fehlende völkisch-soziale Gemeinschaftsgrundlage" ersetzen sollte,[32] sei dieses Verhältnis nun radikal umzukehren. Den Schlüssel dazu liefere ein Modell, das die ‚organische Ganzheit' von Volk und Staat auf die biologischen Determinanten seiner personalen Träger zurückführte und die ‚organische' Verbindung der Einzelindividuen nicht mehr aus gemeinsamer Sprache und Kultur, sondern dem einheitlich biologischen Erbe ableitete. Resultat dieser Modifikation waren nicht zuletzt erneute Schuldzuweisungen an die Adresse der Romantik: Manifestiere sich in romantisch-idealistischen Vorstellungen ein vom ‚völkischen Lebenszusammenhang' abgelöster „Geist", erkenne der Nationalsozialismus die „rassisch-völkischen Erbströme" als entscheidende geschichtsbildende Faktoren: „In dem Selbstbehauptungs- und Selbstverwirklichungswillen dieser Erbströme und ihrer fortwährenden Auseinandersetzung mit der Umwelt vollzieht sich das geschichtliche Leben."[33] Allein die gemeinsame Rassezugehörigkeit verbürge die Identität der Gemeinschaftsglieder; die idealistische oder universalistische Verankerung der staatlichen Gemeinschaft in einem „Kulturkreis" bedeute eine unzulässige Vermengung rassisch differenter Menschengruppen. Der Unterschied zu romantischen Volkstumsvorstellungen wurde explizit herausgestellt:

---

[29] Vgl. ebenda, S. 52: „Was die Romantik an Einsicht in die historische Wirklichkeit vom Werden und Leben des Rechts dem Naturrecht gegenüber gewann, büßte sie mit ihrer Beschaulichkeit ein an Kraft politischen Willens und Bewegens. Sie wurde zur bloßen Bremse gegenüber den treibenden und revolutionären Kräften des bürgerlichen Zeitalters."
[30] Ernst Krieck: Erlebter Neuidealismus. Heidelberg 1942, S. 23.
[31] Vgl. Andreas Pfennig: Revolution, Staatslehre und Rechtsdogmatik. In: Volk im Werden 4 (1936), S. 57-67, hier S. 61 die Angriffe gegen die romantische Volksgeistlehre Savignys, die „sittliche Idee" des Konservativismus und die Lehre von der „Gemeinschaft der Notwendigkeit" bei Lorenz von Stein. Ähnlich auch Andreas Pfennig: Staatswissenschaft und Revolution. Leipzig 1935 (= Weltanschauung und Wissenschaft); Reinhard Höhn: Rechtsgemeinschaft und Volksgemeinschaft. Hamburg 1935, der forderte, daß der Begriff der Volksgemeinschaft als „völkisch-politische Ganzheit" zum Grundstein der staatsrechtlichen Dogmatik und der Begriff der „juristischen Staatsperson" durch ihn substituiert werden müsse; vgl. ders.: Der individualistische Staatsbegriff und die juristische Rechtsperson. 1935; ders.: Volk, Staat und Reich. In: Volk im Werden 4 (1936), S. 370-375.
[32] Andreas Pfennig: Revolution, Staatslehre und Rechtsdogmatik, S. 61.
[33] Ebenda, S. 62.

„Das Willensziel derartiger aktiver Gemeinschaften und damit die ausrichtende Kraft ist nämlich kein bloß geistig-kulturelles, sondern ein völkisch-politisches. Es geht nicht um Entfaltung einer geistig-kulturellen Ganzheit oder einer universalen Ordnung der menschlichen Gesellschaft schlechthin. [...] Volksgemeinschaft in diesem Sinne ist also ein politischer Begriff, der nichts zu tun hat mit der liberalen Harmonievorstellung der jüngsten Vergangenheit, auch nichts mit einer kleinbürgerlichen Sentimentalität, geschweige denn mit einer romantischen Idylle."[34]

Auf Kriecks Anstrengungen zur Begründung eines völkisch-rassischen Gemeinschaftsbegriffs, die sich nach Kriegsbeginn noch radikalisierten,[35] reagierten die ideologieverwaltenden Institutionen des NS-Staates jedoch mit Mißtrauen. Neben dem nur metaphorischen Gebrauch biologischer Erklärungsmuster wurde moniert, daß in seinem Theoriegebäude „irgendeine ‚organische Einheit' immer wieder die Gegensätze ‚überwölbt'".[36]

Die Versuche, den Dilemmata einer unklaren und widersprüchlichen Begriffsbildung und -verwendung zu entgehen, waren ebenso diffus wie die hier angerissenen Diskussionen selbst. Zwar machten sich innerhalb der Debatten um die „völkischen" Grundlagen der nationalsozialistischen Staatsauffassung keine parteiamtlichen Eingriffe notwendig, wie es 1937 und 1943 in den Auseinandersetzungen um die moderne Physik geschah – dazu blieben die zumeist im Bezirk der Publizistik angesiedelten Diskussionen zu unbedeutend –; doch waren weltanschauliche Differenzen auf diesem Feld aufgrund ihrer politischen Implikationen für beteiligte Akteure nicht ungefährlich.[37] Programmatisch für die „Lösung" weltanschaulicher Konflikte wurde ein Rück-

---

[34] Ebenda, S. 65 und 63.
[35] Nun erklärte er alle bisherigen Ansätze der Staats- und Rechtsvorstellungen für obsolet und wies selbst den Begriff des „Staates" als Konstrukt des bürgerlichen Zeitalters zurück. „Reich" und „Rasse" seien die Fundamente einer neuen „Lehre von den „politischen Mächten", die vor allem den funktionalen Zusammenhang zwischen „rassischer Selbstbewußtheit und Selbstbestimmung" und der Konstitution des „Reiches" aufzuzeigen suchte, vgl. Ernst Krieck: Rasse und Staat. In: Volk im Werden 9 (1941), S. 153-159; ders.: Das Zeitalter des Staates. In. Volk im Werden 10 (1942), S. 121-127, ders.: Der Mensch in der Geschichte. Geschichtsdeutung aus Zeit und Schicksal. Leipzig 1941; ders.: Das Reich als Träger Europas. Leipzig 1942.
[36] Vertrauliches Gutachten des Amtes *Wissenschaftsbeobachtung und -wertung* der *Dienststelle zur Überwachung der gesamten politischen und weltanschaulichen Erziehung der NSDAP* zu Ernst Kriecks *Völkisch-politische Anthropologie* und anderen Schriften. BA NS 15/216, Bl. 98-114, hier Bl. 111. Der Vorwurf der „organischen Überwölbung von Gegensätzen" bezog sich explizit auf Ernst Krieck: Erziehung im nationalsozialistischen Staat. Berlin 1935, wo es S. 21 hieß: „Diese völkische Weltanschauung, die das völkisch Gemeinsame über die trennenden Konfessionen, Stämme, Klassen, Bildungsschichten erhebt, soll das deutsche Volk zu seiner letzten Einheit und Sinnerfüllung führen. Sie ist indessen nicht eine schematische, sondern eine organische Einheit, die der Eigenart aller, auch der Konfessionen Raum gewährt."
[37] Nicht zufällig war unter den Toten des 30. Juni 1934 auch Edgar Julius Jung, einer der Wortführer der „Jungkonservativen", der 1933 die Ablösung des Nationalstaates durch ein „völkerverbindendes Reich" und eine „christliche Revolution" gegen den europäischen Liberalismus gefordert hatte, siehe E. J. Jung: Das Reich. In: Deutsche Rundschau 59 (1933), S. 142-145. Jung verfaßte 1933 auch Papens *Appell an das Gewissen* und dessen Marburger Rede vom 17. Juni 1934, die ein offenes Bekenntnis zur Opposition war; zu Jungs auch nach der Machtergreifung artikulierter Kritik am Nationalsozialismus sowie zum Verhältnis von ‚Konservativer Revolution' und NS siehe Kurt Sontheimer: Antidemokratisches Denken in der Weimarer Republik, S. 279-316.

zug aus dem „Theoretisieren" auf das „Wort" oder die „Wirklichkeit des Führers", den Gerhard Fricke schon 1933 gewiesen hatte.[38] Hitlers Definitionen bestimmten denn auch weitgehend die offiziösen Fassungen der Fundamentalbegriffe *Volk* und *Volksgemeinschaft*; seine biologistische Bestimmung des „völkischen Organismus"[39] und einer „im Blute fundiert[en], durch ein tausendjähriges Leben zusammengefügt[en], durch das Schicksal auf Gedeih und Verderb verbunden[en] .. soziale[n] Einheit der deutschen Menschen"[40] prägten die während der Naziherrschaft erstellten Lexikon-Artikel. Definierte der *Grosse Brockhaus* 1934 die „Volksgemeinschaft" noch als eine „auf innerer Verbundenheit, d.h. auf gemeinsamem Schicksal und gemeinsamem politischen Glauben beruhende Lebensgemeinschaft eines Volkes"[41], war sie in späteren Auflagen „Schicksals-, Wehr- und Blutsgemeinschaft"[42]

Literaturwissenschaftliche Versuche, einen biologisch verengten Volksbegriff in den Volkstums-Spekulationen der Romantik aufzusuchen bzw. auf diese zurückzuführen, blieben wie gezeigt weitgehend ohne die erhofften Resultate. So mußten die unter Anleitung Franz Kochs am Berliner Germanischen Seminar entstandenen Dissertationen zum „Volkstumserlebnis" der Romantik trotz erheblicher Anstrengungen zur Rekonstruktion „völkischer Weltbilder" eingestehen, daß ein „Rassenwissen" als *das* Kriterium einer „organbiologischen" Anschauung „mehr geahnt als wissenschaftlich erforscht" vorhanden war;[43] Untersuchungen zu den politischen Aktivitäten der von einem vorgeblich überragenden „Volkstumserlebnis" inspirierten Berliner Romantik konstatierten zumeist deren Scheitern und mußten sich um eine „psychologische" Erklärung des Widerspruchs zwischen völkisch „instinktiver" Judenfeindschaft und gleichzeitigem Verkehr in jüdischen Salons bemühen.[44]

---

[38] Gerhard Fricke: Über die Aufgabe und Aufgaben der Deutschwissenschaft, S. 497: „Der Nationalsozialist hat zunächst gar nicht das Bedürfnis, die Gewißheit, die ihn bewegt und aus der er handelt, begrifflich zu bestimmen. [...] Er bedarf keiner Formeln, denn er hat die lebendige Wirklichkeit des Führers." Ähnlich Ludwig Kiehn: Nationalsozialismus als Geistesbewegung, S. 509, der erklärte, daß der Kampf durch das „gesprochene Wort und seine Magie sowie mit Hilfe der Tagespresse" und nicht mit „theoretischen Grundlegungen" entschieden werde.

[39] Adolf Hitler: Mein Kampf. Zwei Bände in einem Band. 56. Aufl. München 1933, S. 165. Der Staat als „völkischer Organismus" gründe in den „Instinkten der Erhaltung der Art" und stifte eine „Gemeinschaft physisch und seelisch gleicher Lebewesen zur besseren Ermöglichung der Fortpflanzung ihrer Art".

[40] So definierte Adolf Hitler 1940 den Begriff „Volksgemeinschaft", zitiert nach Horst Heidtmann: Art. Volksgemeinschaft. In: Christian Zentner, Friedemann Bedürftig (Hrsg.): Das grosse Lexikon des Dritten Reiches. München 1985, S. 611.

[41] Art. Volksgemeinschaft. In: Der große Brockhaus. 15.Leipzig 1934, 19. Bd., S. 658. Vgl. auch die Lexikonartikel „Volksstaat","Volksorganisch", „Volksrecht", ebenda.

[42] Art. Volksgemeinschaft. In: Der Neue Brockhaus. Allbuch in vier Bänden und einem Atlas. Leipzig 1936/38 und 1941/42, hier zitiert nach Karl-Heinz Brackmann, Renate Birkenhauer: NS-Deutsch, S. 195.

[43] Elisabeth Achterberg: Henrich Steffens und die Idee des Volkes, S. 62f.

[44] Vgl. die erwähnten Dissertationen zum „Volkstumserlebnis" der Romantik, insbesondere Hans-Uffo Lenz: Das Volkserlebnis bei Ludwig Achim von Arnim; Philip Eberhard: Die politischen Anschauungen der christlich-deutschen Tischgesellschaft; Hans Karl Krüger: Berliner Romantik und Berliner Judentum.

Die letztliche Erfolglosigkeit von Unternehmen, die „völkischen" Grundlagen des Nationalsozialismus unmittelbar an romantische Überlegungen anzuschließen, resultierte aus den bereits angedeuteten Veränderungen der ursprünglichen Begriffsverwendung. Die Differenzen zwischen dem in der Romantik entwickelten, auf eine Sprach- und Kulturgemeinschaft rekurrierenden Volksbegriff und der im Nationalsozialismus propagierten Volkstumsideologie bestanden in drei Modifikationen, die eine politische Topik mit systemstabilisierenden Funktionen konstruierten: Zum ersten in der mythischen Überhöhung und Verklärung des Volksbegriffs; zum zweiten in der Einführung einer hierarchischen Stufung („Führer-Gefolgschaft") innerhalb einer als „organisch" postulierten „Ganzheit"; zum dritten in der biologischen Reduktion der Sprach- und Kulturgemeinschaft auf eine vorsprachliche Einheit des Blutes, die der Einführung des Rassegedankens den Weg ebnete.

Geschah die mythische Überhöhung des Volksbegriffs vor allem in medial vermittelten Inszenierungen der Einheit von „Volk", „Reich" und „Führer", um *performativ* soziale Gegensätze und Interessenunterschiede zu überspielen, richtete die Hierarchisierung von „Führern" und „Gefolgschaft" das „Volksganze" an Befehlsstrukturen aus, die archaische Treueverhältnisse restituieren und kritischer Hinterfragung entziehen sollten. Das folgenschwerste Novum bildete jedoch die theoretisch diffuse, doch in ihrer antisemitischen Praxis verheerende rassenbiologische Fundierung des Begriffs: Er sanktionierte instrumentelle Eingriffe des politischen Systems in den „Volkskörper" zum Ausschluß „rassefremder Elemente". Die *Kombination* dieser modifizierten Bestimmungen in einem schlagwortartig verdichteten Begriff und seine Integration in eine politische Doktrin hatte mit romantischen Volkstumsspekulationen und den Bemühungen um Volkspoesie und Überlieferungssammlung nicht mehr viel zu tun. Seine Benutzer eigneten sich die Bedeutungsvielfalt und -geschichte des Terminus vielmehr an, um eigene politische Machtansprüche unter Rekurs auf im kulturellen Gedächtnis verankerte Wertvorstellungen legitimieren zu können.

Auch wenn an dieser Stelle keine Rechtfertigung der Romantik unternommen werden soll, ist doch darauf hinzuweisen, daß diese nicht für die Verbrechen im Dritten Reich verantwortlich gemacht werden kann. Zu stark unterschieden sich romantische Vorstellungen von Volk und Volkstum von den aktivistischen, auf „Führerwort" und „Führerbefehl" fixierten Allmachtsphantasien des Nationalsozialismus.[45] Den zwischen 1933 und 1945 mehrfach unternommenen Versuchen, den nationalsozialistischen Antisemitismus auf

---

[45] Diese Differenz wird auch nationalsozialistischen Aktivisten bewußt gewesen sein, die gegen den naturhaft-wachsenden Volksbegriff der Romantik opponierten wie Ernst Krieck: Geburt des Rechts aus der Volksgemeinschaft, S. 54: „Es gibt zwar im Volk ein still, naturhaft und von selbst Wachsendes in Ansätzen, Bedürfnissen, Bedrängnissen und Sehnsüchten. Das kommt aber von sich aus nicht zur Gestalt, zur Vollendung und Erfüllung, nicht zur geschichtsbildenden Bewegung. Es ist das Eigentliche und Geheimnisvolle des echten Führungswortes und Führungsbefehls, daß es die inneren wachsenden Notwendigkeiten ergreift, erfüllt, in die Gestalt der Wirklichkeit und die Motorik der geschichtlichen Bewegung erhebt."

den romantischen Antijudaismus zurückzuführen, standen bereits in der Zeit der nationalsozialistischen Herrschaft wissenschaftliche Recherchen gegenüber, die auswiesen, daß es im Zeitalter der Romantik den vorausgesetzten biologischen Rassengedanken noch nicht gegeben hatte. Die offensichtliche Unmöglichkeit, die politische Praxis an die Romantik anzuschließen, führte bis in die Kriegsjahre zu Angriffen gegen den „verhehlten Humanismus", mit dem Romantik, Neuromantik und Neoklassizismus identifiziert wurden.[46]

Noch neuere historische Untersuchungen zum nationalsozialistischen Völkermord an den europäischen Juden, die dem romantischen Antijudaismus eine Urheberrolle des modernen Antisemitismus zuschreiben, blenden die Inkohärenz der romantischen Bewegung wie auch ihre inkonsistente, selektive und instrumentelle Rezeption in ideologischen Diskursen während der NS-Herrschaft weitgehend aus.[47] Die hier punktuell vorgestellten Zeugnisse der widersprüchlichen Integration romantischer Begrifflichkeiten in den inkohärenten Ideenhaushalt des Nationalsozialismus zeigen, daß Bedeutungsverschiebungen und Modifikationen, insbesondere aus den völkischen Diskursen der Jahrhundertwende gespeist, weit stärker als die originären Quellen die Konstruktion der Konzeptschlagworte „Volkstum" und „Volksgemeinschaft" bestimmten. Trotz zahlreicher problematischer Züge kann die Romantik nicht retrospektiv zu einer hinreichenden Bedingung der „völkischen" Fundamente des Nationalsozialismus und seiner Verbrechen erklärt werden.[48]

---

[46] So z.B. bei Wilhelm Schäfer: Wider die Humanisten. München 1943, S. 17.

[47] So Peter G. J. Pulzer: The rise of political Anti-Semitism in Germany and Austria. New York 1964, S. 33-36; Raul Hilberg: Die Vernichtung der europäischen Juden. Die Gesamtgeschichte des Holocaust. Berlin 1982, S. 11-27, Daniel Jonah Goldhagen: Hitlers willige Vollstrecker. Ganz gewöhnliche Deutsche und der Holocaust. Berlin 1996, S. 76ff. Nach Pulzer wurzelte der Antisemitismus in Deutschland und Österreich in religiösen Vorurteilen des Mittelalters und wurde durch antiwestlich-naturalistische Tendenzen im nationalistischen Denken der deutschen Romantik ‚modernisiert'. Die deutsche Romantik hätte Errungenschaften der Französischen Revolution wie individuelle Freiheitsrechte als für Deutschland ungeeignet abgelehnt und dagegen eine idealisierte Vision des mittelalterlichen Deutschen Reiches gesetzt.

[48] Deutlich Eckart Kleßmann: Die deutsche Romantik und ihre Folgen. In: Dieter Struss (Hrsg.): Deutsche Romantik. Geschichte einer Epoche. München, Gütersloh 1986, S. 219-233, hier S. 228: „Bei aller romantischen Todesmystik: Kein deutscher Romantiker hätte sich auch nur annähernd vorstellen können, was sich einhundert Jahre später in Deutschland abspielen würde [...] und auch die Antisemiten unter den Romantikern hätten dem hundert Jahre später praktizierten Ausrottungswahn mit fassungslosem Entsetzen zugesehen, und wohl noch mehr hätte es sie geschaudert, als geistige Väter des Massenmords bezichtigt zu werden." – In Abwehr der 1995 zur Ausstellung *Der Geist der Romantik in der deutschen Kunst 1790-1990* in Großbritannien erneut geäußerten Vorwürfe, der Nationalsozialismus sei eine Radikalisierung romantischer Ideale und Projektionen, stellten die Organisatoren der Münchener Ausstellungsetappe Christoph Vitali, Hubertus Gaßner klar: „Der Geist der Romantik darf nicht für den Ungeist der Nazis verantwortlich gemacht werden. Die eingangs beschriebene Sehnsucht des Individuums nach der Geborgenheit in der menschlichen Gemeinschaft und der Einheit mit der Natur wird in der romantischen Kunst stets als ‚unauflöslicher Widerstreit' und als ‚ewig unerreichbare Koinzidenz' (Friedrich Schlegel) dargestellt. Diese idealistische Utopie verkommt nach 1933 zum pingelig ausgepinselten, spießig-miefigen Glück im Winkel im alleinseligmachenden NS-Staat, schlimmer noch: in der Aufgehobenheit im vom arischen Rassenwahn zusammengeschmiedeten Männerbund von SA und SS." Einführung in die Ausstellung in München, S. 11.

2 Die Metapher des „Organischen" in weltanschaulich-ideologischen und wissenschaftstheoretischen Diskursen

„Organisches Denken", „organische Weltanschauung", „organische Vermittlung von Natur und Technik" und andere mit der Metapher des *Organischen* verbundene Begriffskombinationen avancierten zwischen 1933 und 1945 zu vielfach verwendeten Schlagworten in ideologischen und weltanschaulichen Diskursen. Die herausgestellte Bedeutung des *Organischen* und seine propagandistische Auszeichnung in den Medien des Dritten Reiches führten denn auch zu Deutungen, die in diesem Begriff das alle Rätsel erklärende „Zauberwort" des Nationalsozialismus erkannten.[1] Victor Klemperer, der sich nach eigenem Zeugnis vergeblich um ein tieferes Verständnis von Alfred Rosenbergs „delphischer Kernlehre von der ‚organischen Wahrheit'" bemüht hatte,[2] identifizierte im Begriff des *Organischen* das Erbteil der Romantik, das vor allen anderen auf den nationalsozialistischen Ideenhaushalt gewirkt habe und schloß damit an Traditionskonstruktionen an, die bereits während der NS-Zeit bemüht worden waren und lange fortwirken sollten.[3]

Dabei war „organisches Ganzheitsdenken" lange vor den weltanschaulichen und ideologischen Debatten im nationalsozialistischen Deutschland virulent. Die metaphorisch gebrauchte Kategorie des *Organischen*, bereits in der Antike verwendet und insbesondere seit dem späten 18. Jahrhundert mit einer Vielzahl von Bedeutungen zur Beschreibung eines natürlich gewachsenen Ganzen und seiner harmonischen Beziehungen aufgeladen,[4] wurde lan-

---

[1] So Ernst Loewy: Literatur unterm Hakenkreuz. Das Dritte Reich und seine Dichtung. Eine Dokumentation. Frankfurt/M. 1990 (= athenäums taschenbuch 160), S. 77: „Das *Organische* wird nun zum Zauberwort, das alles ‚erklärt'."

[2] Victor Klemperer: LTI. Notizbuch eines Philologen, S. 107.

[3] Ebenda, S. 107f. Wie stark die Vorstellungen eines Traditionszusammenhangs zwischen romantischem und nationalsozialistischem Organismus-Denken fortwirkten, belegt das Diktum bei Michael H. Kater: Das „Ahnenerbe" der SS 1935-1945. Ein Beitrag zur Kulturpolitik des Dritten Reiches. 2., um ein ausführliches Nachwort ergänzte Auflage. München 1997 (= Studien zur Zeitgeschichte 6), S. 49: „Denn es war ein Spezifikum nicht unbedingt jeder totalitären, wohl aber der nationalsozialistischen Wissenschaftsauffassung, sich nach einem strengen organischen Weltbild zu orientieren, das im wesentlichen an die organische Weltanschauung der deutschen Romantiker des 19. Jahrhunderts erinnert." – Auch Ernst Loewy klassifizierte die Beschwörungen des „Organisch-Gewachsenen" als „Bodensatz der Romantik"; Ernst Loewy: Literatur unterm Hakenkreuz, S. 37.

[4] Aristoteles hatte als „organische Wesen" innerlich zweckmäßige, beseelte bzw. belebte Naturformen definiert, deren ungleichartige Teile dem Zweck des Ganzen als Werkzeuge dienten. Die „organischen Wesen" bildeten eine Stufenfolge von der Pflanze zum Tier und von da zum

ge vor 1933 in Kunst und Wissenschaft als Rettung vor den Diskontinuitäten einer mechanisch-gemachten Moderne mobilisiert.⁵ Ihre intensive Traktierung in weltanschaulichen und wissenschaftstheoretischen Diskursen zwischen 1933 und 1945 macht sie für die angestrebte Rekonstruktion der Aneignung romantischer Theoreme zu einem besonders aufschlußreichen Gegenstand.

Vor Aufnahme der Untersuchung sind Einschränkungen zu treffen. Wie schon erklärt, können an dieser Stelle weder der Ursprungsdiskurs des *Organischen* noch dessen begriffs- und bedeutungsgeschichtliche Modifikationen an der Wende vom 18. zum 19. Jahrhundert rekonstruiert werden.⁶ Des weiteren ist es unmöglich, das gesamte Spektrum organologischer und organizistischer Projektionen in Weltanschauungsdiskursen während der nationalsozialistischen Herrschaft zu entfalten. Auch die Vermittlungsinstanzen innerhalb der unübersichtlichen Diskussionen um das *Organische* vor 1933 können nicht näher analysiert werden. Die nachfolgende Analyse konzentriert sich deshalb auf ausgewählte Aspekte der Integration der von der Romantik spezifisch aktualisierten Metapher in weltanschaulich-ideologischen und theoretischen Debatten zwischen 1933 und 1945: Zum einen auf Diskurse, in denen Fragen der Legitimation von Macht- und Herrschaftsverhältnissen rhetorisch zur Disposition standen, zum anderen auf Diskussion organologischer Konzepte in der Philosophie und den Naturwissenschaften. Neben den Bestimmungen des *Organischen* durch nationalsozialistische Theoretiker und den Auseinandersetzungen um den „organischen" Staatsaufbau werden Angriffe gegen Organologien der Romantik und Reformprojekte für romantisch inspirierte „ganzheitlich-gestalthafte" Wissenschaftskonzepte vorgestellt und analysiert.

Menschen. Für Kant war das „organische Wesen" ein seine Gattung fortpflanzendes, sich selbst als Individuum im Wachstum fortbildendes Naturprodukt, dessen Teile sich gegenseitig erhalten. Beide Philosophen gründeten den Begriff des „Organischen" auf die Parameter Naturzugehörigkeit, Selbsternährung, Wachstum, gegenseitige Abhängigkeit der Teile, innere Zweckmäßigkeit. Metaphorisch verwendet, symbolisierte der Terminus „organisch" insbesondere seit Ende des 18. Jahrhunderts ein gleichsam natürlich gewachsenes Ganzes, das durch Autopoiesis und Wechselwirkung gekennzeichnet sei; mit der Aufnahme des Begriffs zur Beschreibung von Kunstwerken durch die philosophische Ästhetik setzte eine folgenschwere Bedeutungserweiterung ein, die zur Rede von „organischen Verhältnissen" des Staates, der Gesellschaft, der Wissenschaften, der Sprache etc. führte.

5 Vgl. die Beiträge in Hartmut Eggert, Erhard Schütz, Peter Sprengel (Hrsg.): Faszination des Organischen. Konjunkturen einer Kategorie der Moderne. München 1995.
6 Siehe dazu A. Meyer: Artikel „Organismus" in: Joachim Ritter, Karlfried Gründer (Hrsg.): Historisches Wörterbuch der Philosophie. Darmstadt 1984. Bd. IV, Sp. 1354-1358; ders.: Mechanische und organische Metaphorik politischer Philosophie. In: Archiv für Begriffsgeschichte 13 (1969), S. 128-199; Walter Gebhard: „Der Zusammenhang der Dinge". Weltgleichnis und Naturverklärung im Totalitätsbewußtsein des 19. Jahrhunderts. Tübingen 1984.

2.1 Das „Organische" in kanonischen Texten des Nationalsozialismus

Der Nationalsozialismus als eine erst nach dem Ersten Weltkrieg aus vielfältigen Strömungen formierte politische Bewegung besaß nur wenige kanonische Texte. Neben dem von Gottfried Feder formulierten *Parteiprogramm der N.S.D.A.P.* galt allein Hitlers *Mein Kampf* als verbindliche ideologische Basis; Rosenbergs *Mythus des 20.Jahrhunderts* zählte trotz seiner Verbreitung nicht zum „parteiamtlichen Schrifttum".[7] Der theoretisch formulierte Nationalsozialismus erfuhr seine propagandistische Verbreitung vor allem durch das gesprochene Wort und eine Vielzahl von Tages- und Wochenzeitungen sowie durch Propagandabroschüren, die sich vornehmlich dem aktuellen politischen Geschehen widmeten.

So uneinheitlich und diffus wie das Gemenge aus antikapitalistischen Schlagworten und rassistischen Ressentiments in den Grundlagentexten des theoretischen Nationalsozialismus war auch die in ihnen verwendete Bestimmung des *Organischen*. Undifferenziert und ohne kategoriale Bestandteile wie *System*, *Teil*, *Glied*, *Ganzes* zu unterscheiden, zogen diese Texte den Begriff des *Organischen* metaphorisch heran, um die Vorstellung einer harmonischen und natürlich gewachsenen Ganzheit zu suggerieren, die Rettung vor den als chaotisch beschriebenen Diskontinuitäten der modernen Welt verhieß. Bereits das von Gottfried Feder verfaßte Programm der NSDAP versprach, der Nationalsozialismus werde „die aus den Fugen geratene Welt ... wieder in Ordnung bringen" und „das Chaos organisch" ordnen, um „aus der bloßen Masse" das „sinnvoll gegliederte Ganze" der Volksgemeinschaft zu formen.[8] Hitler stellte 1925 die Weichen für die später entscheidende Verengung des Organismus-Gedankens auf biologistische und rassenhygienische Vorstellungen. Er behauptete in seinem in Millionenauflage verbreiteten Buch *Mein Kampf*, daß die politische Doktrin des Nationalsozialismus „dem innersten Wollen der Natur entspreche", stelle sie doch „jenes freie Spiel der Kräfte" wieder her, „das zu einer dauernden gegenseitigen Höherzüchtung führen muß, bis endlich dem besten Menschentum, durch den erworbenen Besitz dieser Erde, freie Bahn gegeben wird zur Betätigung auf Gebieten, die teils über, teils außer ihr liegen werden".[9]

---

[7] Zwar gehörte das Buch in das Lehr- und Prüfungsprogramm der „Adolf-Hitler-Schulen", der „Nationalpolitischen Erziehungsanstalten" und sämtlicher Schulungseinrichtungen der NSDAP und das *Amt Rosenberg* konnte unwidersprochen erklären, der *Mythus* sei neben Hitlers *Mein Kampf* „das wichtigste Buch des Nationalsozialismus" (Das Werk Alfred Rosenbergs. Eine Bibliographie, bearbeitet von Karl Heinz Rüdiger. Berlin 1941 (= Schrifttumsbeiträge zur weltanschaulichen Schulungsarbeit 6)); dennoch erschien es seit 1930 mit dem Vermerk, daß es allein persönliche Bekenntnisse, nicht Programmpunkte der politischen Bewegung enthalte; vgl. Reinhard Bollmus: Das Amt Rosenberg und seine Gegner, S. 25f.; Joachim Petzold: Die Demagogie des Hitlerfaschismus, S. 192f.

[8] Gottfried Feder: Das Programm der N.S.D.A.P. und seine weltanschaulichen Grundgedanken. 326.-350.Tsd. München 1932, S. 26, 28.

[9] Adolf Hitler: Mein Kampf. Zwei Bände in einem Band. 56. Aufl. München 1933, S. 165.

Der Staat sei „ein völkischer Organismus und nicht eine wirtschaftliche Organisation", denn er gründe in den „Instinkten der Erhaltung der Art"[10] und stifte eine „Gemeinschaft physisch und seelisch gleicher Lebewesen zur besseren Ermöglichung der Fortpflanzung ihrer Art"[11].

Eine extensive Bedeutungserweiterung und folgenschwere Instrumentalisierung erfuhr der Begriff des *Organischen* durch Alfred Rosenberg, der als einer der wenigen Nazi-Führer auf eine gewisse philosophische Bildung zurückblicken konnte und bereits vor der Machtergreifung als Instanz in Weltanschauungsfragen galt. In einer programmatischen Grundsatzrede auf dem Nürnberger Parteikongreß 1929 bestimmte Rosenberg den „organischen Geist" der nationalsozialistischen Bewegung in Abgrenzung sowohl von der „mechanistischen" Moderne als auch von zeitgenössischen Reformbestrebungen: In der Verwirklichung eines deutschen Sonderwegs gegen „westlichen Geist" und „russischen Charakter" vermittle der Nationalsozialismus die Gegensätze von „Individualismus" und „Universalismus" auf „organische" Weise.[12] Als „organische Verbindung" von Nationalismus und Sozialismus wurzele er im Zeitalter des romantischen Nationalismus und in dessen „großen Aufflammen in den Freiheitskriegen, nach seiner tiefsten Begründung durch Fichte, nach seinem explosiven Auftreten durch Blücher und den Freiherrn vom Stein und Ernst Moritz Arndt und in seiner militärischen Tatkraft durch Scharnhorst und Gneisenau verkörpert."[13]

Seine „Lehre" von der „organischen Wahrheit" entwickelte Rosenberg in seinem 1930 erstmals erschienenen Elaborat *Der Mythus des 20. Jahrhunderts*, das bis Ende 1944 eine Auflage von 1,1 Millionen Exemplaren erreichte. Im letzten Kapitel entfaltete Rosenberg unter der Überschrift „Die Einheit des Wesens" das Konzept einer „organischen Wahrheit", das den Erkenntnisprozeß unmittelbar an die biologische Determination des erkennenden Subjekts band. Als „organische Wahrheit" galt hier die „rassengebundene", jede rationale Erkenntnis übersteigende Einsicht in das Wesen der Dinge. Erkenntnisse manifestierten sich zwar in Verstand und Vernunft und würden symbolisch in Kunst und religiösem Mythos präsentiert, letztlich aber hingen sie

---

[10] Ebenda, S. 168.
[11] Ebenda, S. 164.
[12] Alfred Rosenberg: Vom Wesensgefüge des Nationalsozialismus. (Rede auf dem Parteikongreß am 21. August 1929 zu Nürnberg.) In: NS Monatshefte 1 (1930), S. 12-29, hier S. 18f. Gegen den von Othmar Spann vertretenen „Universalismus", der „unlöslich verbunden mit der geschichtlichen Erscheinung des kirchlich-politischen Universalismus in Europa" sei und von „sogenannten letzte[n] Ganzheiten" aus „Schicksal und Lebensaufbau der verschiedenen Völker" bestimme, konstruierte Rosenberg eine „organische" Polarität von Individuum und Volk, ebenda, S. 22: „Organisch gegenüber stehen sich das Ich und das blutbedingte Volk, welches unter ihm gemäßen Gesellschaftsformen sich sein Leben und seine Geschichte zu gestalten trachtet."
[13] Ebenda, S. 23.- Auf Seite 28 hieß es zu den Ideologen und militärischen Führern der Befreiungskriege: „In den Freiheitskriegen von 1813 und seinen Männern sehen wir den Begriff einer ganz neuen deutschen Geschichtsgestaltung auftauchen, und wir Nationalsozialisten von heute knüpfen an die Führer dieser Freiheitskriege an als die ersten Gründer eines neuen Staatsgedankens und eines neuen Lebensgefühls."

vom „Erleben eines Blutstroms" ab.[14] Kriterium der „organischen Wahrheit" sei, „ob sie Gestalt und innere Werte dieses Rasse-Volkstums steigern, es zweckmäßiger ausbilden, es lebensfähiger gestalten"[15] könne:

> „Was es nun zu erkennen gilt und was den Kern der neuen Welt- und Staatsanschauung des 20. Jahrhunderts ausmacht, ist, daß die organische Wahrheit in sich selbst ruht und an der Zweckmäßigkeit der Lebensgestalt abzulesen ist. [...] Zweckmäßigkeit bedeutet Aufbau eines Lebewesens, Unzweckmäßigkeit seinen Untergang; zugleich liegt hier das Mittel, die Gestalt zu veredeln, oder eine Verkrüppelung herbeizuführen. Noch tiefer gefaßt, bedeutet eine solche Verhinderung der Gestaltausbildung eine doppelte Sünde: eine Sünde wider die Natur und eine Sünde wider die aufstrebenden inneren Kräfte und Werte. Die in sich ruhende organische Wahrheit umfaßt also die logischen, die anschaulichen und die willensmäßigen Ebenen in geradezu dreidimensionaler Weise; Gestalt und Zweckmäßigkeit sind dabei die faßbaren Wertmesser nicht ‚eines Teiles der ewigen Wahrheit', sondern sind stets die Wahrheit selbst, soweit sich diese innerhalb unserer Anschauungsformen überhaupt manifestieren kann."[16]

Den Begriff des „Organischen" wandte Rosenberg nicht nur auf erkenntnistheoretische Fragen, sondern auch auf die Beziehung von Individuum und Gemeinschaft an. Dem westeuropäischen „Mechanizismus" stellte er eine vorgeblich spezifisch deutsche, natürlich „organische" Fassung des Problems gegenüber. Leibniz als „ahnungsvoller und doch schon hellbewußter Verkünder" habe entgegen dem „mechanistischen Atomismus etwa eines Hobbes" und in Abgrenzung von der „absolutistischen Lehre vom Vorhandensein abstrakter ‚ewiger' Formgesetze und Schemen" erkannt, daß die Verknüpfung von Einzelnem und Allgemeinem „in der Einzelpersönlichkeit sich vollziehe, sich gestaltend vollende in einer lebensvollen, einzigartigen Weise".[17] Die bei Leibniz noch getrennten Entitäten „Seele" und „All" seien durch Herder und die Romantik vermittelt worden. Diese hätten das „nationale Gemeinsamkeitsbewußtsein als lebenfüllendes Erlebnis" zwischen Einzelindividuum und Allgemeinheit gestellt.[18] Der „Mittelpunkt" des organischen Ganzen, das die „blutvolle" Einheit von Mensch und Volk bilde, sei Gegenstand vielfacher Bemühungen seit der Herderschen Entdeckung des Volkes gewesen. Während die Romantiker den „Volksgeist als das Wesentliche unseres Lebens"[19] be-

---

[14] Alfred Rosenberg: Der Mythus des 20. Jahrhunderts. Eine Wertung der seelisch-geistigen Gestaltenkämpfe unserer Zeit. 67-70 München 1935, S. 684f.
[15] Ebenda, S. 684.
[16] Ebenda, S. 683f.
[17] Ebenda, S. 687f. Vgl. auch ebenda, S. 689: „Einem mathematischen Schematismus des logisch aufgefaßten unwandelbaren Seins wurde die Erkenntnis des Werdens eines geheimnisvoll sich ausgestaltenden Seins abgerungen: der Wert dieses Werdens liegt danach gerade im Bewußtsein der möglichen Vervollkommnung durch Selbstverwirklichung. Die durch Atomismus, Mechanismus, Individualismus und Universalismus geforderte Lösung einer gestellten Schulaufgabe des Daseins wird verneint und umgewandelt in eine vorwärtsstrebende Annäherung – zu sich selbst."
[18] Ebenda, S. 690.
[19] Ebenda, S. 691.

zeichneten, habe Nietzsche „das Wahre in der Einzelpersönlichkeit" und in dessen Streben nach Steigerung des Lebens gesehen. Diese Bemühungen ständen der bisherigen westeuropäischen Wissenschaftstradition konträr gegenüber und seien deshalb „wahrer", weil sie „wuchshaft", „organisch" seien.[20]

Welche Wirkungen das von Rosenberg inflationär gebrauchte Label des *Organischen* auf die sich formierende nationalsozialistische Ausdrucks-Ideologie hatte, zeigten Texte noch vor 1933. So erschienen 1931 *Drei Stücke über nationalsozialistische Weltanschauung* aus der Feder des Historikers Ernst Anrichs, die unter Rückgriff auf romantisch Topoi auch Bestimmungen des „Organischen Denkens" entfalteten.[21] Ebenso frühzeitig entdeckten Theoretiker der „organischen Wirtschaftslehre" des Nationalsozialismus die suggestive Kraft der Metapher. Unter Berufung auf den Romantiker Adam Müller projektierte man eine gegen „westlichen Liberalismus" und „marxistischen Kollektivismus" gerichtete „organische" Wirtschaftsverfassung. Hans Buchner, Wirtschaftsredakteur des *Völkischen Beobachter,* würdigte 1931 die Gesellschaftslehren der Romantik dafür, „scharf erkennbare Grenzen gegen die Verschwommenheit und Unzulänglichkeit von Begriffen universalistischer Erstarrung wie auch individualistischer Aufflockerung gezogen" und als „Verbindungsprinzip beider polarer Anschauung die Nation, das Volk" gesetzt zu haben.[22] Besondere Bedeutung komme Adam Müller zu, der die alten Formen der Familien- und Körperschaftsrechte in den Vordergrund gestellt und gegen die modernen bürgerlichen Ökonomen Adam Smith und David Ricardo verteidigt habe. In seiner Ablehnung der gesamten vormarxistischen Arbeitswertslehre, der Naturrechtstheorie und der „individualistischen Wirtschaftsauffassung" gelte er als Vordenker einer „organischen Beziehungssetzung zwischen der zur Eigenentwicklung strebenden Persönlichkeit und der durch pflichtbestimmte Ein-

---

[20] Vgl. ebenda, S. 691: „Das ist der andere – ‚wahrere' – Strom des echt wuchshaften (organischen) Wahrheitssuchens entgegen dem scholastisch-logisch-mechanischen Ringen nach ‚absoluter Erkenntnis'. Aus dem Erleben des ‚Mittelpunkts der Glückseligkeit' die vollste Selbstentfaltung, und das heißt in der Sprache dieses Buches: aus dem erlebten Mythus der nordischen Rassenseele heraus in Liebe der Volksehre dienen."

[21] Ernst Anrich: Drei Stücke über nationalsozialistische Weltanschauung. Stuttgart 1931, 2., überarbeitete Auflage 1934 (= Kulturpolitische Schriftenreihe 2). Neben dem Aufsatz „Organisches Denken" enthielt der Band auch die Texte „Bildungs- und Kulturbegriff" und „Forderungen aus der nationalsozialistischen Bewegung an die Kirchen". – Zu Anrichs wechselvoller Karriere, die den Begründer der religiös-militanten Gilde „Ernst Wurche" innerhalb der „Deutsch-Akademischen Gildenschaft" 1928 in den NS-Studentenbund und 1930 in die NSDAP sowie zu einem (mit Parteiausschluß endenden) Konflikt mit Baldur von Schirach führte, siehe Helmut Heiber: Universität unterm Hakenkreuz. Teil 1: Der Professor im Dritten Reich, S. 417-421. Trotz Parteiausschluß und schwacher wissenschaftlicher Leistung konnte Anrich im universitären Betrieb aufsteigen; seine wiederholten Gesuche um Wiederaufnahme in die Partei bezahlte der 1941 an die Reichsuniversität Straßburg Berufene allerdings mit dem erneuten Unwillen von Schirachs, was zum Verlust aller Straßburger Ämter und „Frontbewährung" führte.

[22] Hans Buchner: Adam Müller. In: NS Monatshefte 2 (1931), S. 33-34, hier S. 33.

gliederung derselben gewährleisteten Volksgesamtheit".[23] Auf romantische Vorläufer stützte sich auch Buchners *Grundriß einer nationalsozialistischen Volkswirtschaftstheorie*, die im selben Jahr erschien.[24] Ziel des Nationalsozialismus sei es, den einzelnen „aus der Übersteigerung des Individualismus zu erlösen, ihn aber auch aus der Verflachung und Einebnung im Massenchaos eines Menschengemengsels herauszuheben", um so die Freiheit des Individuums im „bewußten, willensmäßigen Sicheingliedern in das organische Volkstum" zu gewährleisten.[25] Buchners Entwurf einer neuformierten Gesellschaft und einer „organisch unterbauten" Volkswirtschaft erhob „das Volk" zur höchsten Gemeinschaftsform; der Staat sei das Organ, das die „völkischen Gesamtkräfte" ihrer inneren und äußeren Bestimmung zuführe und auf politischem, kulturellem und sozialem Gebiet die „beziehungshafte Ausgleichung zwischen der persönlichen Einzelheitlichkeit und dem überpersönlichen Verbandsorganismus der Volksgemeinschaft" zu gewährleisten habe.

Im begrifflich undifferenzierten Gebrauch des *Organischen* boten die vor 1933 erschienenen theoretischen Texte des Nationalsozialismus Anschlußmöglichkeiten für unterschiedliche Fraktionen und Kreise, die sich vorrangig in der Ablehnung der Weimarer Parteiendemokratie einig waren. Bereits im Jahr der Machtergreifung machten zahlreiche publizistische Beiträge deutlich, daß die Vorstellungen von *organischer Ganzheit* sowohl zur Homogenisierung unterschiedlicher gesellschafts- und kulturpolitischer Entwürfe dienen, als auch der Auseinandersetzung um den Aufbau des „Neuen Staates" einen begrifflichen Rahmen bieten konnten. Vor allem die Diskussionen innerhalb des „Legitimationsdiskurses", die mit den Ereignissen vom 30. Juni 1934 ihr gewaltsames Ende fanden, zogen mehrfach organologische Staatskonzepte der Romantik heran. Die Rhetorik dieser Berufungen ist nachfolgend zu analysieren.

---

[23] Ebenda, S. 34. – Diese Würdigung Adam Müllers fand sich in Heft 10 der *Nationalsozialistischen Monatshefte* vom Januar 1931, das den thematischen Schwerpunkt „Neues Wirtschaftsdenken" hatte und neben Beiträgen von Alfred Rosenberg (Voraussetzungen, S. 1-3) und Gottfried Feder (Brechung der Zinsknechtschaft, S. 27-33) einen weiteren Beitrag Hans Buchners (Abbruch der Wirtschaftsdemokratie, S. 3-24) enthielt.

[24] Hans Buchner: Grundriß einer nationalsozialistischen Volkswirtschaftstheorie. München 1931 (= Nationalsozialistische Bibliothek 16). Auf romantische Vorläufer, namentlich Adam Müller und die ‚Historische Schule' berief sich auch Erwin Wiskemann: Nationalsozialistische Volkswirtschaftslehre. In: Volk im Werden 1 (1933), H. 2, S. 35-45, hier S. 39.

[25] Neben Versatzstücken aus der Romantik knüpfte Buchners Entwurf einer nationalsozialistischen Volkswirtschaftslehre nach eigenem Zeugnis auch an Kants kategorischen Imperativ, Fichtes Anschauung einer höheren, über die bloße Nützlichkeit hinausgehenden Solidarität der Staatsglieder und die romantische Lehre von der schöpferischen „Ganzheit der Gemeinschaft" an.

2.2 „Organische Staatsauffassung" vs. „Universalismus" und „Absolutismus": Differenzen innerhalb des „Legitimationsdiskurses"

> „Organisch' ist einst zur antirevolutionären Losung der Konservativen und Rückschauenden geworden. Man kann sich nun nicht genug wundern, wie ihre Nachkommen, ob sie nun gegen oder für die Revolution Adolf Hitlers waren, die Taten der Revolution und den Aufbau des neuen Reiches mit ihrer ewigen Melodie von organisch, entwickeln, wachsen glaubten begleiten und deuten zu sollen. Die braven bürgerlichen Romantiker des Organischen waren vor der geschehenden Wirklichkeit ebenso taub und blind wie die ihnen nahe verwandten Spätheggelinge. Sie lebten eben nicht aus der Wirklichkeit, sondern lebten aus angestammten Theorien und geltenden Meinungen genau an Geschehen und Wirklichkeit vorbei."[26]

Als Ernst Krieck sich polemisch gegen die fortwährenden Beschwörungen des *Organischen* wandte, waren die Auseinandersetzungen um „organischen", „ständisch-korporativen" oder „totalen" Staatsaufbau bereits im Abklingen. Gleichwohl belegte seine Kritik anschaulich die Heterogenität der ideologischen Standortbestimmungen nach 1933, die unter affirmativem, aber auch ablehnendem Rekurs auf romantische Überlegungen die Legitimität eigener Vorstellungen zu erweisen suchten. Zu einem Schlüsselproblem ideologischer Debatten nach der nationalsozialistischen Machtübernahme avancierte nicht zufällig die Frage, welche Prinzipien leitend für die Organisation des ‚neuen Staates' werden sollten. Bereits ein Blick auf die im Jahr der nationalsozialistischen Machtergreifung veröffentlichten Wortmeldungen in Zeitschriften und rasch produzierten Publikationen läßt erkennen, wie stark die Positionen in dieser Frage differierten. Die Führer der nationalsozialistischen Bewegung hatten es glänzend verstanden, die Machtübertragung als „Revolution" herauszustellen, die zu den verschütteten Wurzeln traditionaler Gemeinschaftlichkeit und vormoderner Geborgenheiten zurückführe und so die krisenhaften Dissoziationen der Gegenwart therapiere. Die propagandistisch herausgestellte Einigung sozialer Gegensätze durch die Abkehr von Differenzierungsleistungen der Moderne, die Appellation an nicht reflektierte Zusammengehörigkeitsgefühle und deren Beglaubigung durch das Charisma einer vom „Führer" geleiteten „Volksgemeinschaft" weckten sowohl bei konservativen Gelehrten, aber auch bei nationalrevolutionären Intellektuellen und Technikern die Bereitschaft zum Engagement. Verschiedene intellektuelle Kreise sahen im Nationalsozialismus eine Kraft, die ihre Hoffnungen auf harmonische Reintegration der dissoziierenden gesellschaftlichen Subsysteme zu erfüllen schien. Universitätsprofessoren wie Martin Heidegger und Hans Freyer, Vertreter der

---

[26] Ernst Krieck: Erlebter Neuidealismus. Heidelberg 1942, S. 24.

„Konservativen Revolution" und Angehörige des George-Kreises projizierten 1933 zumindest zeitweilig eigene Vorstellungen einer *organischen* Vermittlung der krisenhaft zersplitterten Gesellschaft auf die symbolische Politik der Nationalsozialisten.

Vorrangiger Gegenstand der 1933/34 geführten Diskussionen in Zeitschriften und Schriften und intensiv bedientes Projektionsfeld intellektueller Hoffnungen war das Problem einer Neugestaltung des Staates mitsamt den damit verbundenen Fragestellungen wirtschaftlicher, gesellschaftspolitischer und kultureller Transformation. Dieses Diskursfeld, nachfolgend als „Legitimationsdiskurs" bezeichnet, wurde durch unterschiedliche, in ihren Auffassungen und Zielstellungen z.T. konträre Kräfte strukturiert. In ihm bewegten sich zum einen jungkonservative Intellektuelle, die im *Tat*-Kreis und in der Zeitschrift *Deutsche Rundschau* ihre Plattform fanden und dort Kritik am Nationalsozialismus artikulierten, zum anderen völkisch-konservative Vordenker wie der Publizist Wilhelm Stapel und die in seiner Zeitschrift *Deutsches Volkstum* veröffentlichenden Autoren. Neben dem nationalsozialistischen Aktivisten Ernst Krieck und dessen Schülern meldeten sich hier auch die zunehmend ausgegrenzten Verteidiger von Othmar Spanns Konzept eines „organischen Ständestaates" zu Wort, das trotz scheinbarer Nähe zu nationalsozialistischen Vorstellungen als „universalistisch" kritisiert und vor allem von Alfred Rosenberg und seinen Mitarbeitern bekämpft wurde. Nicht zuletzt vollzog sich innerhalb dieses Diskurses die Abgrenzung gegenüber dem „absolutistischen" Staatskonzept des italienischen Faschismus, dem der „organische Charakter" eines spezifisch „deutschen Staatsgedankens" entgegengesetzt wurde.

Es verwundert nicht, daß in den Diskussionen um „organische Staatsauffassung", „organischen Ständestaat" und „totalen Staat" 1933/34 mehrfach auf das organologische Denken der Romantik zurückgegriffen wurde. Hans Bogner, Verfasser des vielbeachteten Buches *Die verwirklichte Demokratie*, veröffentlichte 1933 in Wilhelm Stapels Zeitschrift *Deutsches Volkstum* einen Aufsatz *Adam Müllers theologische Staatsauffassung*, in dem er die wiederkehrende Aktualität der Staatslehre Müllers herausstellte.[27] Dieses habe mit dem liberalistischen Denken des frühen 19. Jahrhunderts rückhaltlos gebrochen und sei aufgrund seiner positiv-christlichen Fundamentierung und dem damals wie „heute" virulenten Gegensatz zu den „Ideen von 1789" besonders aktuell.[28] Der Rückgriff auf die organische Staats- und Gesellschaftslehre Adam Müllers, bereits in den 1920er Jahren durch Othmar Spann und Jakob Baxa vorbereitet und nach 1933 forciert, bediente zum einen den propagandistisch immer wieder herausgestellten Topos, der gegenwärtige ‚Umbruch' richte sich in seiner Abkehr von der Parteiendemokratie

---

[27] Hans Bogner: Adam Müllers theologische Staatsauffassung. In: Deutsches Volkstum 15 (1933), S. 194-199.
[28] Dabei enthielt sich Bogner jeder Kritik am politischen Wirklichkeitsschwund von Müllers romantischer Verklärung patriachalisch-mittelalterlicher Verhältnisse, was von systemkonformen Rezensenten sofort moniert wurde, so bei Ludwig Kiehn: Zeitschriftenschau. In: ZfdB 9 (1933), S. 652-654, hier S. 654.

westeuropäischer Prägung gegen die „Ideen von 1789".[29] Hinter diesen Traditionszuweisungen standen jedoch interne Auseinandersetzungen um den Aufbau des ‚Neuen Staates', die sich in einer Flut publizistischer Äußerungen manifestierten. Dabei ging es vor allem um die Frage, ob das ‚Neue Deutschland' als „völkerverbindendes Reich" (Edgar Julius Jung) zu einer vorneuzeitlichen Konstitution zurückkehren und so die Idee des Nationalstaates verabschieden solle,[30] als „organischer Ständestaat" romantisch inspirierte Konzepte oder aber die italienische Idee des „totalen Staates" zu verwirklichen habe. Noch 1943 verwies Ernst Rudolf Huber auf den organischen Staats- und Verfassungsbegriff der Romantik, der „bis in die unmittelbare Gegenwart die staatstheoretische Diskussion bewegt hat"[31].

Neben dem Rekurs auf den „Reichs"-Begriff, der sich entweder an Moeller van den Brucks Gedankengut anlehnte[32] oder aber von katholischer Position aus die Politisierung ursprünglich religiöser Vorstellungen kritisierte[33], gab es einen dissonanten Chor von Stimmen, die den romantischen Gedanken eines organischen Staatsaufbaus favorisierten.[34] Organologischen Entwürfen gegenüber verabschiedeten die Projektanten eines „totalen Staates" radikal alle Vorstellungen des 19. Jahrhunderts, vor allem die Idee der Rechtsstaatlichkeit.[35] Ihre Entwürfe hatten sich dabei zunehmend gegen die

---

[29] Vgl. dazu die (diffuse) Übersicht über die Diskussion bei Gerhard Stobrawa: Vom organischen zum völkischen Staatsdenken. Untersuchungen über Adam Müller, Fichte, Hegel und ihre Bedeutung für die Staatsphilosophie der Gegenwart. o.O. 1942 (Maschinenschr.) (= Diss. Breslau).

[30] Vgl. Edgar Julius Jung: Das Reich. In: Deutsche Rundschau 59 (1933), S. 142-145. Die Ablösung des Nationalstaates durch das „völkerverbindende Reich" könne, so Jung, für Mitteleuropa nur durch Deutschland und eine ‚christliche Revolution' geschehen; im Kampf gegen den europäischen Liberalismus habe der Nationalsozialismus bis jetzt nur den ersten Schritt getan. Das im katholischen Italien mögliche und sinnvolle Ideal des „totalen Staates" sei für Deutschland abzulehnen.

[31] Ernst Rudolf Huber: Adam Müller und der preußische Staat. In: Zeitschrift für Deutsche Geisteswissenschaft 6 (1943), S. 162-180, hier S. 163.

[32] Wilhelm Stapel etwa betonte mehrfach die Bedeutung der lutherischen Reformation für die Wiedergeburt des Reichsgedankens, wogegen sich Protest von katholischer Seite erhob; vgl. Albert Mirgeler: Reich und Reformation. In: Deutsches Volkstum 15 (1933), S. 189-194. Protestantische Reichs-Vorstellungen kamen auch von Josef Magnus Wehner (Das unsterbliche Reich. In: Völkische Kultur 1 (1933), S. 4-16), der den Reichsgedanken aus den Kraftquellen „Macht und Innerlichkeit" ableitete und auf eine „volkhaft deutsche Urkraft" zurückführte.

[33] So insbesondere die in der katholischen Zeitschrift *Hochland* publizierten Aufsätze von Karl Muth: Das Reich als Idee und Wirklichkeit – einst und jetzt. In: Hochland 30 (1933), S. 481-492; Heinrich Getzeny: Wie weit ist die politische Theologie des Reiches heute noch sinnvoll? In: Hochland 30 (1933), S. 556-558.

[34] U.a. Georg Weippert: Das Reich als deutscher Auftrag. Tübingen 1934; ders.: Umriß der neuen Volksordnung. Hamburg 1934 (mit der Begründung eines Ständestaates aus dem Vergleich Deutschlands mit den sozialen Ordnungen Rußlands und Italiens); Dietrich Klagges: Idee und System. Leipzig 1933; Ernst Anrich: Volk und Staat als Grundlagen des Reiches. Stuttgart 1934 (= Kulturpolitische Schriftenreihe 5).

[35] U.a. Carl Schmitt: Staat, Bewegung, Volk – Die Dreigliederung der Politischen Einheit. Hamburg 1933; Ernst Forsthoff: Der totale Staat. Hamburg 1933. Im Unterschied zum Staat des 19. Jahrhunderts, der sich in einer Rechts- und Ämterordnung „existentiell erschöpft" habe, bestehe der totale Staat aus „Herrschaftsordnung" und „Volksordnung", die durch eine metaphysisch legitimierte Rangordnung gegliedert seien.

Argumentionen völkischer, aber auch konservativer Vordenker zu wehren, die in ihnen eine mehr oder weniger bewußte Anknüpfung an Theorme des Absolutismus sahen und sie als Rudimente des „Individualismus" aus dem Diskurs auszuschließen suchten. Zwar akzeptierte man die Verdienste der Überlegungen zum „totalen Staat", die zu einer Überwindung des Liberalismus beigetragen hätten, doch könne das Konzept aufgrund seiner negativen und polemischen Natur niemals Grundlage des Neuaufbaus werden.[36] Die theoretische Zurückweisung der Formel von der „Totalität des Staates" wurde durch die offiziellen Sachwalter der Ideologieproduktion und -verbreitung gestützt: Weil die Idee eines ‚totalen Staates' dem „gesamtvölkischen Charakter des Nationalsozialismus" widerspreche, erklärte Goebbels sie 1934 für schädlich[37]; Rosenberg sekundierte mit einer Polemik unter dem Titel *Totaler Staat?* gegen Schmitt und Forsthoff im *Völkischen Beobachter*.[38]

In bewußter Abgrenzung von den Konzepten eines „totalen Staates" artikulierten sich im Legitimationsdiskurs nach 1933 Stimmen, die einen „organischen Staatsgedanken" zum „Ausdruck einer typisch deutschen Staatsauffassung" erklärten und diesen nicht nur den westlichen Demokratien, sondern auch dem italienischen Korporationsstaat gegenüberstellten. Als emotionale, vorbewußte Verbundenheit des einzelnen mit der „Ganzheit" überindividueller Gemeinschaftsformen sei der „organische Staatsgedanke" eine spezifisch deutsche Errungenschaft und in Romantik und deutschem Idealismus erstmals formuliert worden:

> „Aus dieser gesinnungsmäßigen Zuwendung heraus erwächst der organische Staatsgedanke, der erstmalig seine Prägung in der Romantik und dem deutschen Idealismus gefunden hat, in jener Geistesbewegung also, die recht eigentlich auf Deutschland beschränkt geblieben ist. Damals wurde in den großen Systemen unserer Philosophen der organische Staatsgedanke entwickelt, und er ist es, der seitdem in der Staatsbetrachtung und in der Staatslehre das Verbundenheitsgefühl aller Volksgenossen und das Verantwortungsbewußtsein gegenüber der Ganzheit in immer neuen Wendungen zum Ausdruck gebracht hat."[39]

Der „organische Staatsgedanke" wurde dabei fundamental von der Lehre vom „Staat als Organismus" unterschieden. Während staatstheoretische ‚Organis-

---

[36] Vgl. Heinrich Muth: Das Reich als Rechtsbegriff und die deutsche Staatslehre. In: Volk im Werden 4 (1936), S. 175-182, hier S. 176-178.
[37] Joseph Goebbels: Wesen und Gestaltung des Nationalsozialismus. Berlin 1934, S. 18.
[38] Alfred Rosenberg: Totaler Staat? In: Völkischer Beobachter vom 9. Januar 1934. Zur Debatte um den „totalen Staat" nach 1933 vgl. Monika Leske: Philosophen im ‚Dritten Reich'. Studie zu Hochschul- und Philosophiebetrieb im faschistischen Deutschland. Berlin 1990, S. 76-79.
[39] Walther Melchior: Der organische Staatsgedanke als Ausdruck einer typisch deutschen Staatsauffassung. In: ZfdB 11 (1935), S. 346-352, hier S. 346. Sei in Frankreich der Begriff der „Staatssouveränität" als „Offenbarung französischen Seelentums" entstanden, der die Staatslehre auf die Statuierung einer zentralistischen und mechanistischen Regierungsgewalt beschränkte, habe sich in Deutschland unter den Bedingungen des kleinstaatlichen Partikularismus ein verinnerlichtes Staats- und Gemeinschaftsdenken entwickelt, das an das „sittliche und staatspolitische Gewissen aller Volksgenossen im deutschen Reiche" appelierte, um „aus dem Deutschland der Schwäche ein Deutschland der Größe und des Stolzes zu machen", ebenda, S. 348.

mus'-Konzepte – zu denen vor allem Othmar Spanns universalistisches Modell, aber auch diverse geopolitische Ansätze zählten – den Bürger zu einem bloßen Funktionselement eines naturhaften Gebildes degradierten, ermögliche der „organische Staatsgedanke" des Nationalsozialismus eine „existentielle" Bindung des einzelnen an das „staatliche Ganze".[40] Als Entdecker einer „existentiell-organischen" Staatsauffassung würdigte man die Romantik und den deutschen Idealismus;[41] die Adepten Kriecks zogen dagegen den Juristen und Rechtsphilosophen Otto von Gierke als den „Begründer der neueren organischen Staatslehre" heran.[42] Die nationale Besonderheit des „organischen" Staatsdenkens wurde jedoch nicht nur in der Abgrenzung zum „westeuropäischen Individualismus", sondern auch durch den Vergleich mit dem italienischen Staatsabsolutismus fixiert. Auch der italienische Faschismus bediente sich im Artikel 1 der *Carta del Lavoro* des Organismus-Begriffs – doch galt Mussolinis Deklaration des Staates zum Höchst- und Letztwert des gesellschaftlichen Lebens als „zentralistisch" und „mechanistisch", der gegenüber die „organische Staatsidee" deutscher Prägung eine Alternative darstellte:

> „Wölbt sich im Faschismus von oben herab die Einheit uniformierend über die Summe aller Bürger, so läßt der Nationalsozialismus den Staat durch das Verantwortungsbewußtsein eines organisch zusammengeschlossenen Volksganzen erstehen. Diese nationalsozialistischen Gedanken und Ziele sind Ausdruck einer organischen Staatsauffassung. So findet der organische Staatsgedanke durch die nationalsozialistische Weltanschauung in der Gegenwart erneut seine typisch deutsche Prägung."[43]

Die Differenz von nationalsozialistischer und faschistischer Staatstheorie leitete man aus unterschiedlichen geistesgeschichtlichen Traditionen, vor allem aus der angeblich deutschen Verwurzelung in vorpolitischen Zusammenhängen ab: „Volk" sei für die Deutschen ein „metaphysischer", „Staat" ein „politischer" Begriff[44], während in Mussolinis Italien „Volk" ein bloß „naturalistischer Begriff" und damit der „metaphysische Geltungsanspruch des Volkstums" verkannt sei.[45] Um die „metaphysische" Dimension der deutschen

---

[40] Ebenda, S. 349.
[41] Vgl. ebenda, S. 351f.; ähnlich auch Waldtraut Eckhard: Das nationale und politische Erwachen in der deutschen Romantik. In: Volk im Werden 9 (1941), S. 8-16, hier vor allem S. 10f.; dies.: Novalis als Urheber der organischen Staatsidee. In: Ebenda, S. 100-107.
[42] U.a. Reinhard Höhn: Otto von Gierkes Staatslehre und unsere Zeit. o.O. 1936; Heinrich Muth: Die Außenseiter des 19. Jahrhunderts und unsere Zeit. In: Volk im Werden 5 (1937), S. 311-319, hier S. 313-319.
[43] Walther Melchior: Der organische Staatsgedanke als Ausdruck einer typisch deutschen Staatsauffassung, S. 352. Über den italienischen Staatsbegriff hieß es ebenda: „Darum macht der ‚Organismus' des faschistischen Staates mehr den Eindruck eines ‚Mechanismus', weil er von oben herab rein zentralistisch alles regelt und leitet und mit seiner Zwangsgewalt in die letzten Bezirke des völkischen Lebens eingreift. Vom faschistischen Bürger erwartet der faschistische Staat weniger das Gefühl der Verbundenheit als das Gefühl der Verehrung."
[44] Alfred Metter: Mussolini und die deutsche Staats- und Volkslehre. In: Volk im Werden 1 (1933), H. 2, S. 71-74, hier S. 71.
[45] Ebenda, S. 71.

Volkstums-Idee herauszustellen, wurden vorzugsweise das „organische" Erbe der Romantik und Fichtes *Reden an die deutsche Nation* herangezogen.[46]

Doch hatte sich der „organische Staatsgedanke" nationalsozialistischer Provenienz nicht nur vom ‚absolutistischen' Staatsdenken des italienischen Faschismus und den Konzepten des ‚totalen Staates' abzugrenzen. Einen Schwerpunkt des Legitimationsdiskurses nach 1933 bildete ebenfalls die Auseinandersetzung mit der universalistischen Staatstheorie Othmar Spanns, dessen Konzept eines „organischen Ständestaats" sich ebenfalls explizit auf romantische Vorläufer berief.[47] Bereits früh hatte der Wiener Philosoph und Soziologe insbesondere die Staats- und Gesellschaftstheorien Adam Müllers als Vorbereitung der eigenen Überlegungen reklamiert. 1923 sprach er von der „Romantik, die ein großer Anfang zu alledem war", was er selbst an neuen Auffassungen vortrage.[48] In seiner *Gesellschaftslehre* berief er sich ebenfalls explizit auf romantische Vorgänger: „Für den Universalismus muß man vornehmlich auf die Romantiker (besonders Adam Müller, Elemente der Staatskunst) zurückgehen".[49] 1934 würdigte er Adam Müller dafür, mit seinen *Elementen der Staatskunst* „das erste nicht-individualistische, nämlich organische, universalistische Lehrgebäude"[50] begründet zu haben. Die eigene Theorie sah Spann als Weiterentwicklung romantischer Organologien, vor allem aber als Widerlegung von Liberalismus und Marxismus an. Die von ihm entworfene „organische Ständeordnung" sollte theoretisch die marxistische Klassenlehre substituieren und in praxi zu einer harmonischen, auf dem scholastischen Ordo-Gedanken basierenden Gliederung von Gesellschaft zurückführen. Dazu differenzierte Spann zwischen „geistigen" und „handelnden Gemeinschaften" und wies den „geistigen Gemeinschaften" das Primat zu.[51] Das „Wertschätzungssystem" des gesellschaftlichen Organismus

---

[46] Ebenda, S. 74. Bezeichnend auch Ernst Krieck: Eine nötige Feststellung. In: Volk im Werden 1 (1933), H. 6, S. 74: „Nationalsozialismus heißt: Volk und Staat, heißt: das organisch gegliederte, völkisch-politische Gemeinwesen der Deutschen. Faschismus ist absolutistisch und einpolig, Nationalsozialismus ist organisch und zweipolig."

[47] Zu Spann vgl. u.a. Martin Schneller: Die universalistische Staatslehre Othmar Spanns: Ihr Verhältnis zu Romantik und Nationalsozialismus. Kiel 1969 (= Diss. Kiel); als Buch u.d.T.: Zwischen Romantik und Faschismus. Der Beitrag Othmar Spanns zum Konservatismus in der Weimarer Republik. Stuttgart 1970; Klaus-Jörg Siegfried: Universalismus und Faschismus. Das Gesellschaftsbild Othmar Spanns. Zur politischen Funktion seiner Gesellschaftslehre und Ständestaatskonzeption. Wien 1974; Joachim Petzold: Konservative Theoretiker des deutschen Faschismus. Jungkonservative Theoretiker in der Weimarer Republik als geistige Wegbereiter der faschistischen Diktatur. Berlin (DDR) 1978, S. 177ff.

[48] Othmar Spann: Der wahre Staat. Vorlesungen über Abbruch und Neubau der Gesellschaft. 2, durchges. Aufl. Leipzig 1923, S. 106. Ebenda, S. 94 hieß es: „Aber die Romantik stirbt nicht ganz. Auch wir zählen uns zu diesem Geschlecht."

[49] Othmar Spann: Gesellschaftslehre. Leipzig 1923, S. 183.

[50] Othmar Spann: Gesellschaftsphilosophie. München 1934 (= Handbuch der Philosophie IV), S. 181.

[51] Vgl. ebenda, S. 75. Zu den „zielgebenden" „geistigen Gemeinschaften" zählte Spann Wissenschaft, Kunst und Religion; zu den handelnden „Genossenschaften" rechnete er die mittelbeschaffenden (Wirtschaft), die hilfshandelnden (Familie, Kirche, Staat) und die hilfshandelnden höherer Ordnung (Politik und Krieg).

müsse sich, so Spann, am jeweiligen „Gehalt an Geistigkeit"[52] orientieren, um ein Gefüge „geistiger Führung und Nachfolge" zu garantieren.[53] Die „gliedhafte" Einbindung hierarchisch geordneter „Gemeinschaften" in einen geistigen Kosmos erhebe die partikulären Elemente zu integralen Bestandteilen einer organischen Ganzheit: „Die Stände sind die Schößlinge einer Stammeseinheit, die sich in vereinzelt-selbständigen Organen differenziert."[54]

Der katholische Hintergrund des Spannschen „Universalismus" beschwor noch vor der Machtergreifung die Kritik der nationalsozialistischen Ideologieverwalter herauf. Insbesondere nach dem Verlust der Unterstützung durch Gottfried Feder, der in seiner Erläuterung des Parteiprogramms noch eine „universalistische Gesellschaftsordnung" gefordert hatte, verstärkten sich Rosenbergs Angriffe gegen den Wiener Professor. Spanns Entwurf einer ständischen Gemeinschaft, auf dem Weimarer Parteikongreß von 1926 noch als theoretische Basis des Nationalsozialismus bezeichnet und von Spann 1928 in einer Veranstaltung von Rosenbergs *Kampfbund für deutsche Kultur* vorgetragen,[55] wurde im *Mythus des 20. Jahrhunderts* als „neuscholastische" und „theokratische" Lehre zurückgewiesen:

> „Rein abstrakt wird eine Stufenleiter des Geistigen errichtet, schematisch wird eine Neukonstruktion des Weltbildes begonnen, um auf Grund der alten platonischen Einsicht, daß Gattung vor Art komme, folgenden ‚geistigen Stufenbau der geschichtlichen Menschheitsgesellschaft' aufzustellen: Menschheit – Kulturkreis – Völkerkreis – Volkstum – Stammestum – Heimatkreis – Volksglied."[56]

Gegen diese „rein intellektualistische Rangstufenordnung"[57] setzte Rosenberg „unsere Betrachtungsweise ... als eine von unten w a c h s e n d e" und die von ihr entwickelte „lebensgesetzliche Gliederung: 1. Rassenseele, 2. Volkstum, 3. Persönlichkeit, 4. Kulturkreis, wobei wir nicht an eine Stufenleiter von unten nach oben denken, sondern an einen durchpulsten Kreislauf."[58] Zentrum und Ausgangspunkt von Rosenbergs Ganzheitsvorstellung war die „organische" Reduktion der „Lebenstotalität" auf ihre „blut-seelischen Urgründe", um entgegen relativistischen Rekursen auf „wesenlose

---

[52] Ebenda, S. 221.
[53] Othmar Spann: Gesellschaftslehre, S. 132.
[54] Ebenda, S. 246.
[55] Vgl. Joachim Petzold: Die Demagogie des Hitlerfaschismus, S. 200ff.; Rosenbergs bereits damals ablehnende Haltung ist dokumentiert durch seine von Petzold ausgewertete maschinenschriftliche Aufzeichnung „Wie der Mythus entstand" vom November 1935, die sich im Bundesarchiv (NS 8/22, Bl. 33-74) befinden; zu Spann hier Bl. 65-68.
[56] Alfred Rosenberg: Der Mythus des 20. Jahrhunderts, S. 695.
[57] Ebenda, S. 696. Hier auch die Kritik an Spenglers Zyklentheorie, an die sich ein weiterer Einwand gegen Spann anschloß: „Wenn Oswald Spengler die Gestaltengeschichte als merkwürdige, sich vom abstrakten Himmel herniedersenkende ‚Kulturkreise' als erste Gegebenheiten konstruieren wollte, so verwässerte Othmar Spann als moderner Wortführer des katholischen Mittelalters diese noch mit der scheinbar überlegenen Haltung des ‚von oben' organisierenden Denkers."
[58] Ebenda, S. 696f.

Kulturkreise" und „blutlose Menschheitskombinationen" ein biologisch gesichertes Koordinatensystem der Werte aufzurichten:

> „Demgegenüber erklärt die neugeborene Weltanschauung unserer Zeit: die rassegebundene Volksseele ist das Maß aller unserer Gedanken, Willenssehnsucht und Handlungen, der letzte Maßstab unserer Werte. Damit fällt ein für allemal sowohl der materialistische rasselose Individualismus wie auch der naturfremde Universalismus in allen seinen Spielarten als römische Theokratie oder freimaurerische Humanitas, aber auch die gesamte ‚allgemeine' Ästhetik der letzten zwei Jahrhunderte."[59]

Differenzen zwischen dem „organischen Staatsdenken" des Nationalsozialismus und den universalistischen Vorstellungen eines „organischen Ständestaates" bestanden auch nach der Machtergreifung weiter. Besonders das „Amt Rosenberg" entwickelte beträchtliche Aktivitäten, den Wiener Philosophen aus dem Diskurs auszugrenzen – obwohl dieser seinerseits die Illusion hegte, nun zur Verwirklichung seiner theoretischen Überlegungen zu schreiten. Unmittelbar nach der Machtübertragung unternahm Spann eine Reise nach Berlin, um sich als Vordenker des neuen Staates zu präsentieren und veröffentlichte im Februar 1933 ein Programm für den Aufbau des universalistischen Ständestaates im nationalsozialistischen Deutschland. Seine Anhänger und er publizierten weiterhin im Dritten Reich, auch nachdem die Angriffe ideologieverwaltender Institutionen nicht zuletzt aufgrund der spannungsgeladenen Beziehungen zu Österreich zunahmen.[60] Die von Dollfuß 1934 eingeführte Verfassung des „christlich-deutschen Bundesstaates auf ständischer Grundlage", die auf Überlegungen Spanns zurückging, rief das besondere Mißtrauen der Nationalsozialisten wach, die *ihre* Vorstellungen einer „Ständeordnung" durchsetzen wollten und sich vom „katholischen Dogma" der österreichischen Nachbarn zu unterscheiden suchten. 1936 kritisierte Rosenberg in seiner Grundsatzrede *Weltanschauung und Wissenschaft* die „universalistische Schule aus Wien" für deren Versuch, sich als Interpret „unserer Weltanschauung und unserer Gesellschaftslehre auszugeben".[61] Gegen die Konstruktion einer „Stufenleiter der Werte", die von einem abstrakten Menschheitsbegriff ausgehe und über Volk und Stamm zum Individuum ge-

---

[59] Ebenda, S. 697.
[60] In Deutschland erschienen u.a. Othmar Spann: Philosophenspiegel. Die Hauptlehren der Philosophie begrifflich und lehrgeschichtlich dargestellt. Leipzig 1933; ders.: Geschichtsphilosophie. Jena 1933; ders.: Kämpfende Wissenschaft. Jena 1934; ders.: Erkenne dich selbst. Jena 1935 sowie das aus seinem Kreis stammende *Katholisch-soziale Manifest. Veröffentlicht von der Studienrunde katholischer Soziologen in Wien* (Mainz 1933). 1934 veröffentlichte der Leipziger Armanen-Verlag in zweiter Auflage eine Einführung in Grundbegriffe und Lehre Spanns von Gottlieb Leibbrandt u.d.T. *Umbruch durch Othmar Spann. Ein Spiegelbild seines Gedankenbaus*. Weitere Schriften waren: Hans Räber: Othmar Spanns Philosophie des Universalismus. Darstellung und Kritik. Jena 1937; ders.: Universalistische Wechselrede. In: Ständisches Leben 7 (1937), S. 195-199; H. Müller: Gedanken zum Universalismus Othmar Spanns. Ebenda, S. 60-56.
[61] Alfred Rosenberg: Weltanschauung und Wissenschaft. Rede auf der 3. Reichstagung der Reichsstelle zur Förderung des deutschen Schrifttums. In: NS Monatshefte 7 (1936), S. 1067-1076, hier S. 1073.

lange, betonte Rosenberg erneut das biologistische Credo, alle kulturellen Objektivationen als Ausdruck der „Rassenseele" zu betrachten.[62] Auch Rosenbergs Mitarbeiter in der *Reichsstelle für die gesamte politische und weltanschauliche Schulung der NSDAP* sowie Ernst Krieck und seine Anhänger warfen sich in die Bresche, um die Inkompatibilität von nationalsozialistischem und universalistischem Ganzheitsbegriff zu erweisen. Diese Stellungnahmen markierten noch einmal grundlegende Differenzen zwischen der Begriffsverwendung durch Spann und den biologischen Reduktionen der Weltanschauungswächter im Dritten Reich. Wenn Krieck die „rassisch-völkisch-politische Lebensganzheit der Deutschen" als „schroffen Gegensatz zu jeder Art von ,Universalismus'" bezeichnete, da jene nicht im „Geist", sondern in „Blut und Boden" begründet und darum die „höchste, die letzte, ja die einzige ,Ganzheit'" sei,[63] maximierte er bewußt die *biologischen* Konnotationen des mit mehrfachen Bedeutungen aufgeladenen Topos. In dieser Bestimmung des *Organischen* – die das romantische Konzept einer harmonische Einheit und gelingende System-Umwelt-Beziehungen intendierenden geistig-kulturellen Ganzheit biologisch umprägte – trafen selbst so unterschiedliche Diskursteilnehmer wie der gegen den deutschen Idealismus opponierende Ernst Krieck und der Kieler Philosophieprofessor Ferdinand Weinhandl zusammen.[64] Nach der Disqualifikation verschiedener „organi-

---

[62] In einem weiteren Angriff auf die von ihm sogenannte „Wiener Universalistische Schule" bezeichnete Rosenberg Spanns Lehre als „verspätete Scholastik im 20. Jahrhundert" und „rein intellektualistische Betrachtungsweise, die mit dem Glaubens- und Lebensprozeß unserer Zeit nichts mehr zu tun hat", Alfred Rosenberg: Gestalt und Leben. Rede des Reichsleiters in der Universität Halle am 27. April 1938. In: NS Monatshefte 9 (1938), S. 386-402, hier S. 387. Der „dem heutigen Leben doch etwas fremd gewordenen Stufen- und Wertleiter" des Universalismus stellte Rosenberg seine rassenbiologische Kulturkreis-Lehre gegenüber: „Der Mensch tritt uns stets konkret als Rasse und Volk entgegen, mit den bestimmten Eigenschaften einer bestimmten Rasse und eines Volkstums. Unserem Glauben nach besteht der geistig-seelische Schöpfungsprozeß darin, daß aus der Rassenseele ein Volkstum entsteht; das Volkstum zeugt als höchste Blüte die große Persönlichkeit und alles zusammen bildet das, was wir einen Kulturkreis nennen. Hier handelt es sich also nicht um eine sich verflüchtigende Stufenleiter, sondern um das Erkennen eines blutdurchpulsten sich stets erneuernden Kreislaufs."

[63] Ernst Krieck: Ist der Nationalsozialismus „universalistisch"? In: Volk im Werden 2 (1934), S. 184-186, hier S. 185. Wörtlich hieß es: „Sie [die rassisch-völkisch-politische Lebensganzheit der Deutschen] umschließt und bestimmt das Leben der Volksgenossen total; sie ist die höchste, die letzte, ja die einzige ,Ganzheit'." In Kriecks Zeitschrift erschienen außerdem: Walter von Kielpinski: Der Einbruch des Katholizismus in die Wissenschaft. In: Volk im Werden 5 (1937), S. 12-27, hier S. 16-18; Kurt Hancke: Von der Weisheit Othmar Spanns. In: Volk im Werden 6 (1938), S. 591-599. Noch 1942 erschien aus der Feder des Krieck-Schülers Justus Beyer: Die Ständeideologien der Systemzeit und ihre Überwindung. Darmstadt 1942 (= Forschungen zum Staats- und Verwaltungsrecht).

[64] Ferdinand Weinhandl: Organisches Denken. In: Bücherkunde 4 (1937), S. 193-199. Weinhandl, seit 1927 außerordentlicher, ab 1935 ordentlicher Professor für Philosophie in Kiel und militanter Parteigänger der Nationalsozialisten, versuchte das Denken Hegels und Goethes Gestalt-Begriff für eine neu zu schaffende „nationalsozialistische Wirklichkeitsphilosophie" zu retten; vgl. dazu Monika Leske: Philosophen im Dritten Reich, S. 188-202; Weinhandls Stellungnahmen gegen den Positivismus beleuchtet Lutz Danneberg: Logischer Empirismus in Deutschland. In: Rudolf Haller, Friedrich Stadler (Hrsg.): Wien – Berlin – Prag. Der Aufstieg der wissenschaftlichen Philosophie. Wien 1993, S. 320-361, hier S. 338f.

scher Weltanschauungen", die sich explizit gegen die „aristotelisch-scholastische Begriffspyramide" á la Spann und die „holistische Romantik" Jan Christian Smuts' und Adolf Meyers wandte, definierte Weinhandl *organisches Denken* als „ganzheitlich, weil es von den Bildern und Gestalten der Natur ausgeht und sie in ihrer inneren Gesetzmäßigkeit durchsichtig macht". Grundvoraussetzung eines solcherart spezifizierten organischen Denkens sei die Erkenntnis des „erbkonstanten Bauplans": „Damit ist nichts anderes als der Primat des Erbbildes für den Gesamtbereich des organischen Lebens ausgesprochen."[65] Mit der rassentheoretischen Fundierung des „organischen Lebens" und seiner Applikation auf den Begriff des Volkes, das als „Gemeinschaft des gleichen Bluts" definiert wurde, konnte *organischem Denken* eine politische Funktion zugewiesen werden:

> „Der Nationalsozialismus hat erkannt, daß stärker als aller Unterschiede der Bildung, des Besitzes, der sozialen Stellung und der besonderen Begabung ein zutiefst Gemeinsames ist: die Zugehörigkeit zum gleichen Volk, die Gemeinschaft des gleichen Bluts, derselben rassischen Zusammensetzung. [...] Damit überwinden wir nicht nur das Klassendenken jeder Art, den Klassengeist der einen, die Klassenkampfgesinnung der anderen. Wir haben auf dem Wege organischen Denkens den Weg zum wahren Sozialismus, den Weg zur Volksgemeinschaft gefunden."[66]

Das für die Wächter der „nationalsozialistischen Weltanschauung" entscheidende Differenzkriterium zu der auf organologischen Vorstellungen der Romantik basierenden „Ständestaat"-Utopie Spanns war damit fixiert. Spanns Ablehnung der Rassenlehre als „Blut-Materialismus" beweise, so ein Mitarbeiter Rosenbergs abschließend, „daß es zwischen den Theorien Spanns und der nationalsozialistischen Weltanschauung keine Verständigung geben kann."[67]
Der ideologischen Ausgrenzung des Wiener Staatstheoretikers vorangegangen waren politische Maßnahmen zur Verwirklichung einer „organischen Ständeordnung", die unmittelbar nach der Machtergreifung mit der Zerschlagung der freien Gewerkschaften und der Schaffung der *Deutschen Arbeitsfront* im Mai 1933 einsetzten. Eine Reihe von Gesetzen – darunter das „Gesetz zur Vorbereitung des organischen Aufbaus der deutschen Wirtschaft", das „Reichskulturkammergesetz", das „Schriftleitergesetz", das „Reichnährstandsgesetz", vor allem aber das „Gesetz zur Ordnung der nationalen Arbeit" vom 20. Januar 1934 sowie die Neuordnung der *Deutschen Arbeitsfront* auf betriebsorganisatorischer Grundlage im Januar 1934 – stellten die so-

---

[65] Ebenda, S. 198.
[66] Ebenda, S. 198. Ähnlich auch Elisabeth Achterberg: Wege zum organischen Denken. In: NS Monatshefte 9 (1938), S. 844-845, die als das substantiell Neue der nationalsozialistischen „organischen Weltanschauung" ihre rassentheoretische Begründung anführte.
[67] Heinrich Härtle: Neugestalter oder Reaktionär. In: Bücherkunde 4 (1937), S. 525- 529, hier S. 527. – Zu Härtles Pamphlet *Vom Ständestaat zur Priesterherrschaft. Eine Abrechnung mit Othmar Spann* und der vom SD iniitierten Verfolgung des Spann-Kreises in Deutschland und Österreich vgl. Walter Becher: In den Fängen des Dritten Reiches. Othmar Spann und Reinhard Heydrichs „Geheime Kommandosache" 1936. In: Jahrbuch zur Konservativen Revolution. Köln 1994, S. 251-263.

zioökonomische Basis der Gesellschaft auf „ständische Grundlagen", die mit Spanns Entwürfen allerdings nur den Namen gemein hatten.[68] Die neue „nationalsozialistische Ständeordnung", so Wilhelm Rößle in Rosenbergs *Nationalsozialistischen Monatsheften* 1935, habe mit „Vorstellungen einer gewissen ständischen Romantik, die vielleicht noch in manchen Köpfen spuken mögen", nichts zu tun; sie ziele vielmehr auf „1. Beseitigung des Klassenkampfes, 2. organische Ordnung der Wirtschaft, 3. Herausnahme des Bauerntums aus den kapitalistischen Zusammenhängen, 4. besondere organisatorische Disziplinierung der kulturellen Berufe".[69] Die von Robert Ley entwickelte Neuordnung der *Deutschen Arbeitsfront* folge keineswegs den universalistischen Vorstellungen Spanns; sie sei vielmehr im bewußten Gegensatz zu den Leitlinien eines „Ständestaats" organisiert.[70]

Als am 13. Juni 1939 der *Stellvertreter des Führers* die Verwendung des – auf Joachim di Fiori zurückgehenden, durch Moeller van den Bruck aktualisierten – Terminus „Drittes Reich" in einem nicht zur Veröffentlichung bestimmten Rundschreiben untersagte,[71] wurde die ideologische Inkompatibilität von konservativen *Reichs*-Ideen mit der politischen Praxis des Führer-Staates offensichtlich. Nun verwendete Termini wie „Germanisches Reich deutscher Nation" oder „Großgermanisches Reich" manifestierten nicht allein das geopolitisch-militante Selbstverständnis eines Eroberstaates, sondern auch die Distanz zu organisch-ständischen Gesellschaftsvorstellungen der Romantik, die über die Zeit eines idealisierten Mittelalters nicht hinausgegangen waren.

---

[68] Dazu Albrecht Ritschl: Wirtschaftspolitik im Dritten Reich – Ein Überblick. In: Karl-Dietrich Bracher, Manfred Funke, Hans-Adolf Jacobsen (Hrsg.): Deutschland 1933-1945. Neue Studien zur nationalsozialistischen Herrschaft. Düsseldorf 1992, S. 118-134.

[69] Wilhelm Rößle: Nationalsozialistische Ständeordnung. In: NS Monatshefte 6 (1935), S. 73-80, hier S. 74.- Rößle, schon in den 1920er Jahren als Herausgeber der Reihe *Gott-Natur* am Jenaer Diederichs-Verlag aktiv, profilierte sich nach 1933 mit diversen Politikentwürfen (Ständestaat und politischer Staat. Tübingen 1934 (= Recht und Staat in Geschichte und Gegenwart 113); ders.: Heroische Politik. Jena 1934) und trat weiterhin als Editor in Erscheinung, so für die bei Eugen Diederichs verlegte *Deutsche Reihe*: Paul de Lagarde: Bekenntnis zu Deutschland. Aus seinen Schriften ausgew. von Wilhelm Rößle. Jena 1933 (= Deutsche Reihe 1); Wilhelm H. Riehl: Deutscher Volkscharakter. Aus den Schriften W. H. Riehls ausgew. von Wilhelm Rößle. Jena 1934. (= Deutsche Reihe 12).

[70] Ebenda. – Daß der Kreis um Spann sich mit dem Ausschluß aus weltanschaulichen und staatstheoretischen Debatten allerdings nicht abfinden wollte und in zahlreichen Publikationen, Organisationen und Industriezweigen nach Einflußmöglichkeiten suchte, vermerkten nationalsozialistische Kritiker noch 1938, als der „Kampf um den geistigen Anschluß Österreichs" zugleich zum „Vernichtungskampf gegen den Spannschen Universalismus und seine Träger" erklärt wurde, so Heinrich Härtle: Othmar Spann, der Philosoph des Christlichen Ständestaates. In: NS Monatshefte 9 (1938), S. 690-698, hier S. 692. – Ungebrochene Feindschaft gegenüber dem „Universalismus" bekommt noch 1942 der Nationalökonom Wilhelm Andreae zu spüren, der im November 1933 von Graz auf ein Ordinariat in Giessen berufen worden war und nach SD-Überwachung zum 1. Dezember 1942 als „Spann-Schüler" entlassen wird; dazu Rainer Kolk: Literarische Gruppenbildung, S. 534.

[71] Rundschreiben des Stellvertreters des Führers Nr. 127/39 vom 13. Juni 1939, hier zitiert nach Reinhard Bollmus: Das Amt Rosenberg und seine Gegner, S. 326: „Der Führer wünscht, daß die Bezeichnung und der Begriff ‚Drittes Reich' nicht mehr verwendet werden."

2.3 Zwischen Kritik und Affirmation: Romantische Organologien in der philosophischen Diskussion

> „Die Philosophie ist in der jetzigen Zeit verdächtig geworden. In einer Bewegung, die darauf gerichtet ist, den isolierten Einzelnen zur Gemeinschaft des Volkes und des Glaubens zurückzuführen, wenn nötig, zurückzuzwingen, ist ein Tun wie das des Philosophen, das den Einzelnen in der Freiheit und Eigenständigkeit seines Denkens auf sich selbst zurückwirft, absondert, verständlicherweise beargwöhnt. Weit über die Kreise der studentischen Jugend hinaus steht man der Philosophie als akademischem Lehrfach und als Weise menschlicher Einstellung zum Leben mit Mißtrauen gegenüber. Ist doch nicht abzusehen, wohin die ihrer unbeschränkten Freiheit überlassene, denkende Besinnung des Einzelnen führen kann, ob ihr Ergebnis nicht die Auflösung dessen ist, was heute die Staatsmänner mit Mühe aufbauen."[72]

Diese Reflexion aus dem Jahr 1933 macht deutlich, daß die durch den politischen Wandel ausgelösten ‚Irritationen' ebenfalls den philosophischen Diskurs betrafen. In Wortmeldungen und Projektentwürfen versuchten nun auch Philosophen, Anschluß an den „Umbruch" in der politischen Umwelt zu finden – mußten sie sich doch ebenfalls dem mehrfach gegen die Geisteswissenschaften erhobenen Vorwurf stellen, in szientistischer Isolierung „lebensfremd" geworden zu sein und an den Problemen der Gegenwart vorbeizugehen. Im Bemühen, die Entfremdung von „Geist" und „Leben" zu überwinden, entstanden verschiedene, hier nicht detailliert aufzuführende Programmentwürfe zu einer Neuorientierung der Philosophie, zu deren kognitiven Parametern Begriffe wie „Bindung", „Ganzheit" und „Gemeinschaft" aufrückten.

An dieser Stelle kann es nicht darum gehen, die verschiedenen, auch untereinander rivalisierenden Neuansätze im philosophischen Diskurs nach 1933 nachzuzeichnen.[73] Vielmehr konzentriert sich die nachfolgende Darstellung auf philosophische Diskussionen, in denen romantisches Ideengut thematisiert wurde, im besonderen auf die Argumentationsfiguren, mit denen das organologische Denken der Romantik in diskursiven Stellungnahmen *affirmiert* bzw. *kritisiert* wurde. Denn nur auf den ersten Blick scheint es, als hätten sich philosophierende Vordenker des Nationalsozialismus extensiv im Ideenhaushalt der Romantik bedient.[74] Zwar gab es Anläufe, die romantische

---

[72] Ludwig Landgrebe: Der Philosoph im korporativen Staat. In: Deutsches Volkstum 15 (1933), S. 738-740, hier S. 738.
[73] Dazu u.a. Wolfgang Fritz Haug (Hrsg.): Deutsche Philosophen 1933. Hamburg 1989 (= Ideologische Mächte des deutschen Faschismus 3); Thomas Laugstien: Philosophieverhältnisse im deutschen Faschismus. Hamburg 1990 (= Ideologische Mächte des deutschen Faschismus 4); Monika Leske: Philosophen im ‚Dritten Reich', S. 65-202; Ilse Korotin (Hrsg.): ‚Die besten Geister der Nation': Philosophie im Nationalsozialismus. Wien 1994.
[74] So beispielsweise behauptet von Georg Lukács: Wie ist die faschistische Philosophie in Deutschland entstanden?, S. 82-113; S. 190-217.

Rückkehr zu „organischen Gemeinschaftsformen" in philosophische Diskurse zur ideologischen Legitimation des Nationalsozialismus zu integrieren. Diesen gegenüber standen die mit enormer publizistischer Intensität geführten Gefechte *gegen* die Romantik und das romantische Organismusdenken, das mitsamt der Philosophie des deutschen Idealismus als „Fiktion" und „Erkrankung" (Ernst Krieck) disqualifiziert wurde. Dabei profilierten sich vor allem der bereits erwähnte Philosoph und Erziehungstheoretiker Ernst Krieck und sein Schülerkreis, die in zahlreichen Publikationen und Beiträgen für die von Krieck herausgegebene Zeitschrift *Volk im Werden* einen „völkisch-ganzheitlichen Realismus" propagierten und die radikale Abkehr von den Positionen der deutschen idealistischen Philosophie und der Romantik anstrebten. Doch auch Alfred Baeumler, der wie Krieck eine Führungsrolle innerhalb der Bemühungen um eine philosophisch-weltanschauliche Begründung des Nationalsozialismus beanspruchte, verabschiedete 1933 die in der Bachofen-Einleitung noch für ihre Entdeckung des Mythos gewürdigte Romantik zugunsten einer „aktivistischen" Haltung und „soldatischen Erziehung".[75]

Wenn nachfolgend unterschiedliche Positionen zu romantischen Organismuskonzepten vorgestellt werden sollen, sind Einschränkungen unabdingbar. In Konzentration auf die Polemik Ernst Kriecks *gegen* die romantischen Entwürfe organischer Systeme und die von unterschiedlichen Lagern artikulierte Apologetik dieser Projekte werden Gegensätze herauspräpariert, die unter Rekurs auf Traditionen artikuliert wurden und in der mehrfach dimensionierten Debatte stets auch politische Implikationen aufweisen. Nicht ohne Grund konturierte Krieck sein aktivistisch-„heroisches Weltbild" in bewußter Opposition zum „organischen Weltbild" einer idealistischen Romantik, als dessen Defizite er „Passivität" und „Fatalismus" benannte:

> „Es gibt hier nun deutlich zwei weltanschauliche Richtungen, die vorerst noch schroff und unversöhnlich gegeneinander stehen: auf der einen Seite die Vertreter und Vorkämpfer des organischen Weltbildes, auf der anderen die Künder und Träger der heroischen Haltung. Das organische oder ganzheitliche Weltbild, dessen philosophische Durchbildung heute nach den verschiedensten Richtungen und Möglichkeiten hin erfolgt, behält sein volles Recht darin, daß es ein höheres Ganzes über dem Einzelmenschen kennt und anerkennt, ein Ganzes, das nicht von dem einzelnen herkommt, und nicht um ihrer Zwecke willen vorhanden ist, sondern souverän über allen anderen einzelnen steht als ihr Lebens- und Schicksalsraum. [...] Dieses Weltbild trägt in sich indessen noch die Schwächen des deutschen Idealismus, dem es ja entstammt, sofern man die Romantik als eine Sonderform des Idealismus hinzurechnet. Hier setzt Kritik und Gegnerschaft von der heroischen Haltung her ein. Das idealistisch-organische Weltbild vertraut

---

[75] Alfred Baeumler: Antrittsvorlesung in Berlin am 10. Mai 1933. In: A. Baeumler: Männerbund und Wissenschaft. Berlin 1934, S. 123-138, hier S. 129 das nachdrückliche Diktum: „Wir können und wollen nicht zurück – wir wollen vorwärts, auch im Geistigen. Wir sind keine Romantiker, wir gehen den Weg zum Worte, und der Weg zum Wort ist der Weg zur Klassik..." – Zu Baeumlers Auseinandersetzung mit dem sich dezidiert auf die Romantik berufenden Klages-Kreis siehe Teil 2, Kapitel 3: Weltanschauungskämpfe im Zeichen der Romantik.

dem bloßen Wachsen, dem stillen Werden, dem Geschehen aus der Spontanität der Triebkräfte allein. Es kennt und anerkennt nicht die heldische Tat, das schöpferische Handeln, die Empörung des Einzelnen gegen eine geschichtlich gewordene Lage oder Richtung. Mit anderen Worten: im organischen Weltbild gibt es keinen Raum für die politische Revolution, und damit fehlt ihm der eigentliche Ansatz für eine geschichtliche Dynamik."[76]

Gegen das „idealistisch-organische Weltbild" setzte Krieck

„ein unserer Lage und Aufgabe, unserer Wirklichkeit und Not durchaus angemessenes Weltbild, das nicht mehr in die leeren Räume reiner Geistiger und Idealität hinaufweist, das also die Schwächen des Idealismus abstreift, indem es in seinen Mittelpunkt das Handeln, die Willensbildung, die heroische Haltung ansetzt und diese Mächte zu einer Sinnerfüllung im Bereich des wirklich geschichtlichen Lebens hinweist. Der Sinn dieses Weltbildes ist nicht mehr Bildung des Geistes, sondern Erziehung des Willens, Formung des Charakters, Rechtfertigung der Tat im Dienste des völkisch-geschichtlichen Werdens. Dieses Weltbild wird umschrieben durch die Begriffe: organisch – völkisch – ganzheitlich – heroisch – politisch – geschichtlich."[77]

Die Anstrengungen Kriecks um eine ‚aktivistische' Fassung des „organischen Weltbilds" korrespondierten seinen intensiven Bemühungen um eine „ganzheitliche Wissenschaftslehre", die den Erkenntnisprozeß an das erkennende, rassisch und völkisch determinierte Subjekt zurückbinden, den disziplinären Differenzierungs- und Spezialisierungsprozeß der modernen Wissenschaftsentwicklung und letztlich auch die Spaltung von Natur- und Geisteswissenschaft überwinden sollte.[78] Als entscheidenden Gegner seiner wissenschaftstheoretischen und -politischen Vorstellungen begriff Krieck die auf Positionen des deutschen Idealismus beharrende Universitätsphilosophie, die dem reduktionistischen Rückgang auf biologische Determinanten eher skeptisch gegenüberstand und in Kriecks Hausblatt *Volk im Werden* in immer neuen Wendungen als „liberalistische Reaktion" angefeindet wurde.[79] Die

---

[76] Ernst Krieck: Der deutsche Idealismus zwischen den Zeitaltern. In: Volk im Werden 1 (1933), H. 3, S. 1-6, S. 5.
[77] Ebenda, S. 5f.
[78] Vgl. u.a. Ernst Krieck: Zehn Grundsätze einer ganzheitlichen Wissenschaftslehre. In: Volk im Werden 1 (1933) H. 6, S. 6-9; ders.: Die Lehrerschaft und die politische Entscheidung. In: Volk im Werden 1 (1933), H. 1, S. 32-35; ders.: Die neuen Aufgaben der Universität. In: Volk im Werden 1 (1933), H. 4, S. 24-29; ders.: Die gegenwärtige Problemlage der Wissenschaft. Antrittsvorlesung in Heidelberg. In: Volk im Werden 2 (1934), S. 220-226; ders.: Front Junge Wissenschaft. In: Volk im Werden 2 (1934), S. 245-246. – Dazu die instruktive, doch von verklärender Apologetik geprägte Arbeit von Gerhard Müller: Ernst Krieck und die nationalsozialistische Wissenschaftsreform. Motive und Tendenzen einer Wissenschaftslehre und Hochschulreform im Dritten Reich. Weinheim, Basel 1978 (= Studien und Dokumentationen zur deutschen Bildungsgeschichte 5 = Diss. Freiburg 1976); zu Kriecks Rektorat sowie seinen hochschulpolitischen Bemühungen siehe Helmut Heiber: Universität unterm Hakenkreuz. Teil 2: Die Kapitulation der Hohen Schulen. Das Jahr 1933 und seine Themen. Bd. 1, S. 450-480.
[79] Vgl. u.a. Andreas Hohlfeld: „Politische Universität" – ist das alles? In: Volk im Werden 2 (1934), S. 249-250; hn [Reinhard Höhn]: Unbewußte Reaktion. In: Volk im Werden 2 (1934), S. 428-430; ders.: Die unsichtbare Instanz. In: ebenda, S. 433f.; Ernst Krieck: Revolte der liberalen Reaktion. In: Volk im Werden 3 (1935), S. 47-50.

Angriffe Kriecks gegen den deutschen Idealismus und die Romantik radikalisierten sich in dem Maße, in dem seine wissenschaftspolitischen Projektentwürfe in Aussichtslosigkeit versandeten, so im Schlußwort auf dem Soziologentag 1934 in Jena,[80] oder im Entwurf eines „rassisch-völkisch-politischen Geschichtsbildes"[81], das er 1936 zu einer umfassenden „völkisch-politischen Anthropologie" ausweitete.[82] Dabei konzentrierte er seine Angriffe nicht mehr nur auf den deutschen Idealismus und die Romantik, sondern weitete sie zu einer Generalabrechnung mit der „Kathederphilosophie" überhaupt aus.[83] Seit ihrer vorgeblichen Blütezeit in der klassisch-romantischen Epoche sei diese mit verhängnisvollen Folgen aus einer unbewältigten Wirklichkeit in die Region des „reinen Geistes" geflohen.[84] Tragisch hätten vor allem romantische Vorstellungen von einer „organischen" Entwicklung in Kultur und Gesellschaft nachgewirkt: Sie trügen die Schuld, daß um 1800 nicht die Deutschen, sondern Napoleon die politische Landkarte umgestaltet habe; das auf sie zurückzuführende Versagen der „Professoren, Historiker und Dichter der Paulskirche" hätte die Hoffnungen der Befreiungskriege endgültig vereitelt.[85] Die romantische Idee vom „Volksgeist" und seiner organischen Entwicklung verurteilte Krieck als von der Wirklichkeit abgelöste „Fiktion", von der aus zur „ganzheitlichen Anschauung" der Wirklichkeit „durchgestoßen" werden müsse.[86] In den von Krieck geführten Kampf gegen den deutschen Idealismus und die Romantik reihten sich seine Schüler ein, die in Kriecks Zeitschrift *Volk im Werden* eine Plattform fanden. Hier wurde nicht nur Johann Georg Hamanns Kritik am neuzeitlichen Rationalismus als gegenwartsnahe Stellungnahme zu den Fragen gewürdigt, „die uns auch heute in unserem Kampf um die eigene Form unseres Denkens an-

---

[80] Vgl. Justus Beyer: Die Tagung der deutschen Soziologen in Jena und die Aufgabe der Wissenschaft im neuen Staate. In: Volk im Werden 2 (1934), S. 193-197.
[81] Ernst Krieck: Das rassisch-völkisch-politische Geschichtsbild. In: Volk im Werden 2 (1934), S. 287-298.
[82] Ernst Krieck: Völkisch-politische Anthropologie. 3 Bde. Leipzig 1936-1938.
[83] Vgl. Ernst Krieck: Nationalsozialistische Philosophie? In: Volk im Werden 2 (1934), S. 311-312; ders.: Wissenschaft, Weltanschauung, Hochschulreform. Leipzig, Frankfurt/M. 1934; ders.: Der Substanz-Aberglaube, auch Metaphysik genannt. In: Volk im Werden 9 (1941), S. 189-192; ders.: Fichtes Feindschaft gegen die Natur. In: Volk im Werden 10 (1942), S. 36-39; ders.: Ist der rationale Universalismus deutsch? In: Volk im Werden 10 (1942), S. 39-41; ders.: Der formalistische Idealismus hebt Heldentum und Tragik auf. In: Volk im Werden 10 (1942), S. 105-108; ders.: Philosophie gegen Geschichte. In: Volk im Werden 10 (1942), S. 113-118.
[84] Ernst Krieck: Der politische und der unpolitische Deutsche. In: Volk im Werden 2 (1934), S. 377-381.
[85] Ebenda, S. 378 und 380.
[86] Ernst Krieck: Durchstoß aus der Fiktion zur Wirklichkeit. In: Volk im Werden 4 (1936), S. 51-53, hier S. 52: „‚Volksgeist' wurde geschaffen von Romantik und deutschem Idealismus als eine unwirkliche Idealwelt für alle, deren Existenz auf der Wissenschaft, auf der Theorie, auf dem ‚Geist' aufgebaut ist: im ‚Volksgeist' finden sie ihre Gemeinsamkeit, ihre Ebene – immer noch hoch über der Wirklichkeit, der Leibhaftigkeit Volk. Werden wir ‚Geistigen' allesamt endlich wieder in diese Wirklichkeit herabsteigen aus unsern leeren Räumen, in ihr wurzeln und gestalten können? Die Wirklichkeit wird nicht ergriffen im Begriff, nicht im ‚Geist' oder der Idee, sondern in der ganzheitlichen Anschauung."

gehen"⁸⁷. Der Königsberger Denker und Antipode des ‚deutschen Idealismus' sollte auch für die „Selbstbesinnung g e g e n w ä r t i g e n wissenschaftlichen Denkens" fruchtbar gemacht werden.⁸⁸ Andere Beiträge attakierten in Kriecks Diktion das „Versagen" der „idealistisch-klassizistischen Wissenschaftslehre, der es so sehr an politischem Instinkt und an Willenskraft mangelte" und entwarfen eine neue „Wissenschaft mit Voraussetzungen"⁸⁹. Kriecks Mitstreiter Franz Böhm veröffentlichte 1938 eine Abrechnung mit dem neuzeitlichen Rationalismus unter dem bezeichnenden Titel *Anti-Cartesianismus*, auf die jedoch selbst das Rezensionsorgan des „Weltanschauungs-Beauftragten" Rosenberg mit einer vernichtenden Kritik reagierte.⁹⁰ Auch Willi Kunz trug 1939 in der von Krieck herausgegebenen Buchreihe *Weltanschauung und Wissenschaft* einen Angriff auf Idealismus und Universalismus vor. In seinem Abriß der deutschen Geistesgeschichte zwischen 1780 und 1820 stellte er jedoch nicht nur die Zerstörung der „Lebenswirklichkeit" durch Kant und den „Idealrationalisten" Hegel dar, sondern listete demgegenüber auch Positionen eines „Lebensrealismus" auf, den er bei Hamann, Goethe und verschiedenen Romantikern aufgefunden haben wollte.⁹¹ Krieck

---

87 W[erner] R[udolph]: J.G. Hamann und die deutsche Gegenwart. In: Volk im Werden 2 (1934), S. 324-326, hier S. 325. Ähnlich auch Karl August Götz: Hamann und das Geheimnis des Lebens. In: Volk im Werden 8 (1940), S. 145-154; Walter Grundmann: „Magus in Norden oder doch in Europa". Zu Johann Georg Hamanns grundsätzlicher Bedeutung. In: Volk im Werden 10 (1942), S. 213-228.
88 W[erner] R[udolph]: J.G. Hamann und die deutsche Gegenwart, S. 325. Sperrung im Original.
89 Vgl. Fritz Bran: Junge Wissenschaft. Umrisse der neuen Hochschule. In: Volk im Werden 2 (1934), S. 391-400, hier S. 394; Robert Winkler: Neue Wissenschaft. In: Volk im Werden 4 (1936), S. 14-23; Hans J. Beyer: Tradition und Revolution in der deutschen Erziehung. In: Volk im Werden 4 (1936), S. 280-289; Georg Wieder: Die neue Erziehungswissenschaft. In: Volk im Werden 10 (1942), S. 159-164; Andreas Hohlfeld: Geschichte und Erziehung. In: Volk im Werden 10 (1942), S. 168-173.
90 Franz Böhm: Anti-Cartesianismus. Deutsche Philosophie im Widerstand. Leipzig 1938; ders.: Ewiger Cartesianismus? in: Volk im Werden 5 (1937), S. 555-562. Die Kritik im Schrifttums-Anzeiger des „Amtes Rosenberg" wandte sich in scharfen Worten vor allem gegen den „kindischen Haß gegen alles strenge, in rationaler Zucht gebundene Denken" und verteidigte den von Böhm verteufelten Rationalismus, freilich aus pragmatischen Gründen, vgl. Gerhard Günther: Unverständige Philosophie. In: Bücherkunde 5 (1938), S. 416: „Heute werden alle Mittel der Technik, also kälteste Rationalität, um politischer Ziele willen eingesetzt, und jeder naturwissenschaftlichen Entdeckung zwingt man in angespanntestem Wachsein ihre letzten Realisationsmöglichkeiten ab. Herr Böhm aber scheint nicht zu wissen, daß die modernen Naturwissenschaften und Techniken gerade auf dem Cartesischen-Leibnizschen Rationalismus aufgewachsen sind und aus ihm noch heute ihre geistigen Antriebe ziehen." Deutlich auch Alfred Rosenberg: Coppernicus und Kant. Rede anläßlich der Kant-Coppernicus-Woche der Königsberger Albertus-Universität am 19.2. 1939. In: A. Rosenberg: Tradition und Gegenwart. Reden und Aufsätze 1936-1940. München 1941, S. 232-244, hier S. 237: „Wir denken auch nicht daran, den großen Descartes – wie es ebenfalls geschieht – uns als einen Popanz auszumalen, den wir nun als ein Menschenschemen oder als Beispiel eines fremden westlichen Geistes bekämpfen müßten, sondern sehen in ihm einen der originalsten Naturforscher Europas überhaupt, für den die Logik nur eine Randerscheinung, die freie Anschauung des Universums aber, die Erforschung des Lichtes und seiner Gesetze das lebendige Leben waren."
91 Willi Kunz: Gestaltwirklichkeit und Lebensgestaltung. Zur Geschichte des deutschen Idealismus. Leipzig 1939 (= Weltanschauung und Wissenschaft 8).

selbst griff zu immer radikaleren Methoden, um die verderblichen Züge der Romantik herauszustellen. Diffamierenden Charakter trugen Ausfälle, die sich gegen katholische Tendenzen in der Romantik wandten. 1939 veröffentlichte er in *Volk im Werden* einen Artikel, der im „modischen Katholisieren und Konvertieren" des 18. Jahrhunderts den Ausgangspunkt der Romantik erkannte und diesen in der Fürstin Gallitzin personifiziert fand.[92] Die Vorwürfe gegen die Romantik und ihre organologisch begründete „Passivität" steigerten sich 1940 in der Anschuldigung, diese seien Ausfluß eines „asiatischen Manichäismus":

„Spiritismus, Geisterspuk, Geisterzwang, der magische und theurgische Materialismus sind Begleiterscheinungen oder technische Mittel der manichäisch-kabbalistischen Welt. Sie mögen gewissen Rassen als artgemäß entsprechen, den nordischen Menschen machen sie krank, zerstören seine Wurzeln und seinen Willen, wo sie von außen andringen, und wo sie von ihm selbst ausgehen, wie vielfach in der Romantik, sind sie Ausdruck seiner Erkrankung. Neben der Vormacht der Frauen, dahinter meist der Priester oder der Magier auftaucht, ist die Romantik diesseits und jenseits des Rheines dadurch gekennzeichnet, daß krankes Menschentum, insbesondere geistig Kranke, in ihr die Führung erlangt haben: ihr Gesicht ist mit den hippokratischen Zügen der Geistersehereí, des Spiritismus und der Magie geprägt."[93]

Gegen diesen bizarren Angriff intervenierten selbst die in puncto Verbalinjurien gewiß nicht zimperlichen Ideologieverwalter des *Amtes Rosenberg*: Nachdem der Aufsatz in Einvernehmen mit der Pressestelle des Reichspropagandaministeriums einen Unbedenklichkeitsvermerk erhalten hatte und in Philipp Bouhlers *NS-Bibliographie* aufgenommen worden war, wandte sich die *Dienststelle Rosenberg* mit Kritik an das RMfVP, das daraufhin Kriecks Darstellung als „kulturpolitisch gesehen nur zersetzend" einstufte und eine andere Haltung gegenüber dem Erbe anmahnte: „Es muß erwartet werden, daß den großen kulturellen Leistungen der Vergangenheit mit Ehrfurcht begegnet wird"[94]. Von Aufrufen zur Mäßigung ließ Krieck sich jedoch wenig beeindrucken. Seine Ausbrüche gegen die klassische deutsche Philosophie

---

[92] Ernst Krieck: Was ist mit der Romantik? In: Volk im Werden 7 (1939), S. 276: „Die Fürstin Amalie ist der eigentliche Urheber der Wendung zur Romantik, und der Ort, von dem die Bewegung ausgeht, ist Münster in Westfalen. Münster in Westfalen ist durch die Gallitzin Urzelle des politischen Katholizismus, dessen Mittelpunkt dann um die Zeit des Wiener Kongresses durch den Pater Hofbauer, einen Slaven, in die Donaumetropole verlegt ist. Die Achse der Romantik verläuft von Münster nach Wien. [...] Ihr [der Fürstin Gallitzin] Einsatz hatte zur Folge, daß in der Romantik die Frauen zur geistigen Überherrschaft kamen, seien es Göttinger Professorentöchter oder Berliner Jüdinnen gewesen."

[93] Ernst Krieck: Das manichäische Fünfblatt: Juden, Jesuiten, Illuminaten, Jakobiner und Kommunisten. In: Volk im Werden 8 (1940), S. 122-136, hier S. 125f.

[94] RMfVP an Ernst Krieck. Brief vom 21.6. 1940, zitiert nach Gerhard Müller: Ernst Krieck und die nationalsozialistische Wissenschaftsreform, S. 146f. – Laut Helmut Heiber (Universität unterm Hakenkreuz. Teil 2: Die Kapitulation der Hohen Schulen. Das Jahr 1933 und seine Themen. Bd. 1, S. 474f.) suchte Ernst Krieck daraufhin beim Reichserziehungsministerium Schutz vor der „ministeriellen Dogmatik" des Propagandaministeriums und empörte sich in einem Schreiben an das REM darüber, daß der jüdische Einfluß nun „unter den besonderen Schutz Reichspropagandaministeriums gestellt" werde.

und namentlich gegen Hegel steigerten sich so sehr, daß er diesen als „Spinozisten" und „Judenfreund" denunzierte und dessen „tiefgründigen Haß" allem Deutschen und dem ‚Reich' gegenüber zitatreich zu belegen suchte.[95]
Seit 1941 – Krieck fungierte nicht mehr als Herausgeber – erschienen in der Zeitschrift *Volk im Werden* nunmehr Apologien der Romantik, die den Vorwurf ihrer organologisch motivierten „Passivität" zu entkräften suchten. Waldtraut Eckhard, eine Heidelberger Schülerin Kriecks, betonte entgegen den Verdikten ihres Lehrers das „nationale und politische Erwachen" der Romantik und verurteilte allein den Legitimismus der Spätphase:

> „Immer waren die Romantiker zum letzten Einsatz für Volk und Staat bereit, wurden sie von einem gemeinsamen politischen Willen geleitet, so daß sie sich der Verfemung und Verfolgung der reaktionären Ära aussetzen mußten und zum großen Teil als Demagogen ihrer Ämter enthoben oder sonst schikaniert und verfolgt wurden. [...] Ihre Gesamthaltung ist durch und durch aktiv und bleibt es ihr Leben lang, nur daß ihre lautere, offene Gesinnung übertönt wird und untergeht im Lärm der sich neu bildenden Parteien. Die vielberedete romantische Passivität ist weltanschaulich nicht mehr gleich Romantik, sondern deren erstarrte Form, ihre letzte Konsequenz im Beharren auf dem ‚Gewordenen', Gewachsenen, ist Epigonentum, ausgegangen von der bewegten Zeit der Erhebung, die dann passiv, beschauend geworden und dann festgefahren ist auf dem Standpunkt der ‚fixité', der Sekurität, der Furcht, des Gefühls der Unsicherheit vor allem Revolutionären."[96]

Offenbar erzwangen die Unfruchtbarkeit bisheriger Schuldzuweisungen und verstärkte Legitimationsbedürfnisse eine neue Haltung. Die Wertungsmuster der vorrangig in ihren politischen Dimensionen gewürdigten Romantik ließen deutlich erkennen, welchen Intentionen sich die nun hymnisch vorgetragenen Würdigungen verdankten: Ernst Kriecks emphatische Preisrede auf den Dänen Hans Christian Oersted, der den Elektromagnetismus entdeckt hatte, trug der nationalsozialistischen Europa-Ideologie Rechnung, indem die Wirkung des romantischen Geistes im „germanischen Norden" explizit als Vorbild einer neuen, kriegsentscheidenden Zusammenarbeit nahegelegt wurden;[97] Novalis' religiöse Spekulationen galten als „völkisch und arisch-mystisch geprägte Christlichkeit", der „doppelte Bedeutung für die Verinnerlichung und Ausweitung des religiös-christlichen Lebensverständnisses"

---

[95] Ernst Krieck: Hegel und die Juden. In: Volk im Werden 9 (1941), S. 199f.; ders.: Hegel gegen das Reich. In: Volk im Werden 9 (1941), S. 237-249.
[96] Waldtraut Eckhard: Das nationale und politische Erwachen in der Romantik. In: Volk im Werden 9 (1941), S. 8-16, hier S. 11.
[97] Vgl. Ernst Krieck: Oersted der Däne. Der deutsche Geist und der germanische Norden. In: Volk im Werden 9 (1941), S. 56-62, hier 61: „Erhebt sich der deutsche Geist aus der Revolution wie ein junger Adler zur Befreiung und rassischen Selbstbestimmung, so wird ihm der Norden folgen. Auch auf dem Weg zum Reich der germanischen Volks- und Völkergemeinschaft. Doch nicht ohne die Kunst und die aus germanischem Rassetum wiedergeborene Wissenschaft, auf welchem Weg Deutschland und der Norden vor einem Jahrhundert schon einmal zusammengefunden haben. Denn das wird auch für die Nordgermanen die Befreiung aus den Fesseln des Westens und Asiens zur Selbstfindung und rassischen Selbsterneuerung bedeuten."

zukomme.⁹⁸ Angesichts der „Neugestaltung des Großdeutschen Reiches" bemühte sich Waldtraut Eckart um die Wiederentdeckung „gleichgestimmter Menschen vergangener Zeiten", um so ein „neues Verhältnis zu der Zeit des politischen und nationalen Erwachens in der Romantik" zu gewinnen.⁹⁹ Den Hegel-Gegner Jakob Friedrich Fries würdigte sie für seine „Überwindung der beschaulichen Haltung"¹⁰⁰ und dessen angebliche Auffassung von Geschichte „als Ausdruck schöpferischen Rassetums"¹⁰¹, obwohl sie früher noch das Fehlen einer Rassentheorie konstatiert hatte.¹⁰² Auch Friedrich Rühs, der 1816 die berüchtigte Streitschrift *Über die Ansprüche der Juden an das deutsche Bürgerrecht* veröffentlicht hatte, wurde zu einem Vordenker „deutschen Reichsbewußtseins" im Zeitalter der Romantik deklariert.¹⁰³ Die antinapoleonischen Befreiungskriege avancierten zur Geburtsstunde einer tiefgehenden nationalen Aufbruchsbewegung, deren Ziel in der „Wiedergeburt des Reiches" bestanden habe.¹⁰⁴

1943 legte Waldtraut Eckhard ihre umfangreiche Habilitationsschrift *Deutsche Weltanschauung im Zeitalter der Romantik* vor. Diese Arbeit, nach Worten des Betreuers und Gutachters Ernst Krieck erstes Produkt der dem Heidelberger „Volks- und Kulturpolitischen Institut" gestellten Gesamtaufgabe, die „Geschichte der deutschen Weltanschauung" zu erschließen, unternahm es, „die gemeinsame, aus den unbewußten Untergründen heraufwirkende Weltanschauung zu erfassen, die sowohl geschichtliche Bewegung und politische Haltung bestimmt wie auch auf allen Gebieten der Kultur deren einzelne Werke trägt."¹⁰⁵ In Realisierung dieses Programms und gestützt auf zahlreiche anonyme Quellen suchte die Autorin nachzuweisen, daß zwischen 1800 und 1830 nicht der philosophische Idealismus dominierte, sondern „mindestens im gebildeten Bürgertum eine gleichartige und gleichsinnige Weltanschauung vorhanden war, .. die keineswegs aber aus der Aufklärung, also aus der Bildung des vorhergehenden Zeitraums abgeleitet werden kann, sondern dazu in der Hauptsache in schroffem Gegensatz steht."¹⁰⁶ Der dem

---

[98] Heinz Erich Eisenhuth: Das Lebensverständnis bei Novalis und in der deutschen Romantik. In: Volk im Werden 11 (1943), S. 2-24, hier S. 23.

[99] Waldtraut Eckhard: Jakob Friedrich Fries, ein Vorkämpfer für Volk und Reich. In: Volk im Werden 9 (1941), S. 160-167, hier S. 160.

[100] Ebenda, S. 161.

[101] Ebenda, S. 164.

[102] Vgl. Waldtraut Eckhard: Das nationale und politische Erwachen in der deutschen Romantik. S. 13: „Blutsauger, Schmarotzer, Pensionäre unseres Volkes nennt Fries die Juden. Die Erkenntnis einer blutsmäßigen Verschiedenheit der Rassen ist allerdings noch nicht vorhanden, deshalb glaubt man noch an eine Erziehung und ‚Reformierung' des Judentums und ein allmähliches Aufgehen im deutschen Volk."

[103] Ernst Krieck: Zur Geschichte des Deutschbewußtseins. In: Volk im Werden 9 (1941), S. 181-185.

[104] Waldtraut Eckhard: Die Idee des Reiches im Zeitalter der Freiheitskriege. In: Volk im Werden 9 (1941), S. 225-236, hier S. 225.

[105] Ernst Krieck: Gutachten über die Habilitationsarbeit von Dr. Waldtraut Eckhard, „Deutsche Weltanschauung im Zeitalter der Romantik". BA/BDC, Personalakte Waldtraut Eckhard, Bl. 10.

[106] Ebenda, Bl. 11.

zweiten Band angefügte Schlußteil charakterisierte in Anlehnung an Kriecks Thesen die „orientalische Überfremdung" der Romantik. Bezeichnenderweise aber riet der Zweitgutachter Odenwald von einer Publikation dieses Kapitels ab – die Rückführung problematischer Züge der romantischen Bewegung auf einen „asiatischen Manichäismus" war offenkundig auch ihm mehr als fragwürdig.[107]

Kriecks fundamentale Ablehnung des deutschen Idealismus und der romantischen Organologien blieb bis zum Zusammenbruch des Dritten Reiches ungebrochen. Wenn er sich für seine Traditionskonstruktionen eines „deutschen Natursehens" auf naturphilosophische Spekulationen der Romantik berief, trennte er sie mit einer später noch genauer zu betrachtenden Argumentation explizit von ihren „idealistischen" Konnotationen. Seine Bestrebungen zielten auf eine totale Substitution der bisherigen, an begriffliche Rationalität gebundenen Philosophie durch eine „Weltanschauungslehre".[108] Bewußt verzichtete er darauf, für diese einen kategorialen Apparat bereitzustellen.[109] Legitimiert sah er sich durch Goethe, Hamann und Herder, Ernst Moritz Arndt und einzelne Romantiker, die er als „schroffe Gegner der abstrakten Begriffsphilosophie"[110] zu einer Ahnengalerie kompilierte.[111]

In seinem Kampf um die Ersetzung der Philosophie durch eine „deutsche Weltanschauungslehre" erhielt Krieck zwar Unterstützung durch gleichgesinnte Schüler; von Seiten des Wissenschaftssystems und parteiamtlichen Stellen erntete er jedoch nur Skepsis bzw. offene Ablehnung.[112] Bereits 1934

---

[107] Theodor Odenwald: Gutachten über die Habilitationsarbeit von Dr. Waldtraut Eckhard, „Deutsche Weltanschauung im Zeitalter der Romantik". BA/BDC, Personalakte Waldtraut Eckhard, Bl. 13: „Man spürt den deutschen Prozeß des Einverleibens und Abstoßens, man sieht, wo Überfremdung vorliegt. Trotzdem rate ich ab, den angefügten Schlußteil in seiner jetzigen Form zu drucken." – Waldtraut Eckhard wurde nach Verteidigung und Probevorlesung am 18. Februar zur Dozentin für Philosophie und Pädagogik ernannt, vgl. REM an Waldtraut Eckhard. Brief vom 18. Februar 1944. BA/BDC, Personalakte Waldtraut Eckhard, Bl. 15.

[108] Vgl. Ernst Krieck: Von der Philosophie zur Weltanschauung. In: Volk im Werden 9 (1941), S. 249-255, vor allem S. 254f.: „Darum erhebt sich jetzt die Weltanschauung gegen die Philosophie und vernichtet sie, indem sie den Unfug des absoluten Begriffes in seiner wichtigtuenden, durch Naturverneinung und Geschichtsleugnung weltschöpferischen, weltumwandelnden, im Grund und Ziel also nihilistischen Hohlheit und unendlichen Leere darstellt. Die kleinen Epigonen auf den Lehrstühlen der Begriffsschaumschlägerei werden angesichts der neuen Wirklichkeit und Weltanschauung der Deutschen die Philosophie nicht vor dem wohlverdienten Untergang retten."

[109] Vgl. ebenda, S. 250: „Denn Weltanschauung ist als Lebenswirklichkeit zum Teil gewachsen, naturbedingt, individuell, und insofern nicht rationalisierbar, also nicht begrifflich restlos zu fassen, zu übertragen und zu lehren. [...] Der Einsame braucht vor der Natur nicht das Wort, nicht das Bild, nicht den Begriff, um zum Erkennen zu kommen: aus der Lebendigkeit und Unmittelbarkeit des Anschauens und Erlebens gewinnt er jede Art von Erkennen, das ihm aus Selbsttätigkeit überhaupt möglich ist."

[110] Ebenda, S. 251.

[111] Ernst Krieck: Über den frühen Gebrauch des Wortes Weltanschauung. In: Volk im Werden 9 (1941), S. 260-263; ders.: Ursprung und ursprünglicher Sinn des Wortes Weltanschauung. In: Volk im Werden 10 (1942), S. 47f.

[112] Vgl. Gerhard Müller: Ernst Krieck und die nationalsozialistische Wissenschaftsreform, S. 132-139.

stellte Reichspressechef Otto Dietrich in seiner Rede zur Eröffnung der neuen Universität in Köln eine Front von Philosophen auf, die direkt oder vermittelt einer nationalsozialistischen Weltanschauung vorgearbeitet hätten und benannte neben Alfred Rosenberg und Paul Krannhals auch Othmar Spann und Johannes Rehmke zu Vordenkern, klammerte Krieck jedoch aus.[113] Dieser schäumte vor Wut – vor allem über den Kommentar der *Kölnischen Zeitung*, die Dietrichs Kanon als „Überwindung" einer bisherigen, allein „auf Verneinung angewiesenen Kampfhaltung" verstand und die „organische Korrektur" mit einem besonderen Seitenhieb auf Krieck lobend kommentierte.[114] Ein Indiz für die „parteiamtliche" Ablehnung Kriecks waren auch die in der *Dienststelle für die gesamte politische und weltanschauliche Erziehung der NSDAP* angefertigten Gutachten zu Kriecks Werken wie die in Rosenbergs Hauspostille geführte Diskussion „Weltanschauung oder Wissenschaft?", in der mit Wendung gegen Krieck philosophische Reflexionen zu einem wesentlichen Bestandteil der nationalsozialistischen Ideen erklärt wurden. Die internen Expertisen der *Dienststelle Rosenberg* monierten die radikale Negation des deutschen Idealismus und die „gewalttätige" Konstruktion eines panvitalistischen Monismus.[115] Dabei strebten die Verteidiger wissenschaftlich-technischer Rationalität aus dem *Amt Rosenberg* keineswegs eine sachbezogene und wertfreie Auseinandersetzung an. Auch ihnen ging es um die Durchsetzung eigener Deutungs- und Wertungsmuster, vor allem aber um die Verteidigung der „zum Ausdruck nordischen Menschentums" erklärten Wissenschaft und Technik, der insbesondere unter den Bedingungen des Krieges entscheidende Bedeutung zukam.[116]

---

[113] Otto Dietrich: Die philosophischen Grundlagen des Nationalsozialismus. Ein Ruf zu den Waffen deutschen Geistes. Mit einem Nachwort von Alfred-Ingmar Berndt. Breslau 1935.

[114] Polis und Geist. In: Kölnische Zeitung vom 16.11. 1934: „Diese Aufhebung der oft nur polemischen Dualismen und antithetischen Stellungen – man denke an Krieck und seine Prophezeiung, die Philosophie in Deutschland sei tot und erledigt und seine Beurteilung Platos, die durch die Rede Dietrichs schon ad absurdum geführt wird – , diese Aufhebung, wie sie Dietrich versucht, möchten wir als eine organische Korrektur von einseitigen Ideologien betrachten."

[115] Vgl. Gutachten des Amts Wissenschaftsbeobachtung und -wertung in der Dienststelle zur Überwachung der gesamten politischen und weltanschaulichen Erziehung der NSDAP zu Ernst Krieck: Leben als Prinzip der Weltanschauung und Problem der Wissenschaft. BA NS 15/216, Bl. 115-118, hier Bl. 117: „Es hat in der deutschen Philosophie schon immer das Suchen nach der coincidentia oppositorum gegeben. Es ist unschwer festzustellen, dass jede der früheren Leistungen an Grösse, Exaktheit des Denkens und Leidenschaft der Ernst Kriecks bei weitem überlegen war. Es ist ganz unverständlich, wie man Adam Müller und Hegel in dieser Weise behandeln kann, wenn man nach der deutschen Gegensatzlehre sucht, die nun endlich, von den Schlacken zweitausendjähriger Irrlehre befreit, ein leuchtendes Gesetz über die Welt des Deutschen schreiben soll. [...] Es ist ja nichts damit gewonnen, wenn man von einem starren Monismus zu einem anderen hinüberwechselt und der Natur dadurch Gewalt antun muss."

[116] So Alfred Klemmt: Weltanschauung statt Philosophie? In: NS Monatshefte 12 (1941), S. 1008-1012, hier S. 1011, der sich gegen die Ablehnung begrifflich-rationalen Denkens durch „Lebensphilosophen aller Schattierungen" richtete und nach Würdigung der neuzeitlichen Wissenschaft unter nachdrücklichem Einschluß Galileis, Descartes, Newtons und Kants erklärte: „Wie sollte wohl die traditionelle europäische Naturwissenschaft eine technische Beherr-

Kriecks fundamentale Angriffe gegen Hegel und das organologische Denken der Romantik vermochten nicht, die grundsätzliche Ausrichtung der deutschen Universitätsphilosophie an Traditionen des deutschen Idealismus in Frage zu stellen – was Krieck selbst in seinem umstrittenen Beitrag zur „Festgabe der deutschen Wissenschaft" zu Hitlers 50. Geburtstag eingestehen mußte.[117] Neben dem kontinuierlich fortlaufenden Lehr- und Forschungsbetrieb, in dessen Rahmen die von Krieck angegriffenen philosophischen Systeme weiterhin behandelt wurden,[118] existierten auch Versuche, Hegel und die Romantik als gemeinsamen Ausgangspunkt für ein dem Nationalsozialismus konformes Denken zu retten.[119] Außer Carl Schmitt, der zwar nach 1933 offiziell auf Distanz zu Hegel ging,[120] sich in seinen Schriften jedoch weiterhin auf dessen Staatsphilosophie berief und deshalb von Otto Koellreutter heftig angegriffen wurde, waren es die Rechtsphilosophen Karl Larenz und Julius Binder, die Hegel und die Romantik für ihre Entdeckung von ‚Volkstum' und „idealistisch-organischem Naturbegriff" würdigten.[121] Larenz' und Binders Bemühungen um eine nationalsozialistische

---

schung der Natur möglich machen, wenn die allgemeine Gesetzlichkeit, die ihre Grundlage bildet, nicht in weitestem Umfang die Gesetzlichkeit der Wirklichkeit selber wäre? Die über alle Maßen großartig entwickelte Technik ist doch wohl der Beweis für die Wirklichkeitsmächtigkeit der in Bausch und Bogen verdammten Wissenschaft und Philosophie der Natur. Zudem ist die Technik ganz und gar kein Erzeugnis ‚bürgerlichen Sekuritätsbedürfnisses', sondern vielmehr Ausdruck eines unvergleichlich dynamischen und energiegeladenen heroischen Willens nordischen Menschentums."

[117] Vgl. Ernst Krieck: Philosophie. In: Deutsche Wissenschaft. Arbeit und Aufgabe. Leipzig 1939, S. 29-31. Rosenberg sah in Kriecks Polemik gegen die „Kant- und Hegelepigonen" auf den Philosophie-Lehrstühlen eine Denunziation der deutschen Wissenschaft und bemühte sich vergeblich, das Sammelwerk zurückzuziehen bzw. Kriecks Beitrag tilgen zu lassen; vgl. Gerhard Müller: Ernst Krieck und die nationalsozialistische Wissenschaftsreform, S. 143f.; zur Konkurrenz Baeumler-Krieck und den Reaktionen des Wissenschaftssystems auch Monika Leske: Philosophen im „Dritten Reich", S. 230-233.

[118] Vgl. Monika Leske: Philosophen im „Dritten Reich", S. 160-165; aufschlußreich auch die Aufführung der Lehrveranstaltungen Alfred Baeumlers an der Berliner Universität zwischen 1933 und 1945, in denen der deutsche Idealismus überdurchschnittlich präsent war, ebenda, S. 306f.

[119] Vgl. dazu (mit Vorsicht) Hubert Kiesewetter: Von Hegel zu Hitler. Eine Analyse der Hegelschen Machtstaatsideologie und der politischen Wirkungsgeschichte des Rechtshegelianismus. Hamburg 1974, der wie sein Lehrer Ernst Topitsch eine vorgeblich von Hegel produzierte „Machtstaatsideologie" zur Wurzel von Marxismus und Nationalsozialismus erklärt, sich dabei aber im wesentlichen nicht auf den originären Hegel, sondern seine Interpretation durch den Neuhegelianismus nach 1900 bezieht.

[120] Carl Schmitt: Staat, Bewegung, Volk – Die Dreigliederung der Politischen Einheit, S. 31f.

[121] Vgl. Karl Larenz: Rechts- und Staatsphilosophie der Gegenwart. Berlin 1935, S. 128: „Der entscheidende Wendepunkt dieser Entwicklung ist der Einbruch der romantischen Denkweise, die Abkehr von den abstrakten Allgemeinbegriffen und die Hinwendung zum Konkret-Allgemeinen als dem Individuellen. In Hegel, dessen Verständnis am sichersten aus seinen politischen, rechtsphilosophischen und ethischen Jugendschriften zu gewinnen ist, vereinigt sich der Sinn der Romantik für das Konkrete mit der Energie eines rastlosen Erkenntniswillens und der Strenge der geistigen Anforderung." Ähnlich auch Julius Binder: Der deutsche Volksstaat. Tübingen 1934; ders.: Philosophie und Staat. Berlin 1935; ders.: Die Rechtsphilosophie als Lebensphilosophie. In: Archiv für Rechts- und Sozialphilosophie 32 (1938/39), S. 280-403.

Rechtsphilosophie zogen explizit romantische Volkstumsspekulationen zur Legitimation der eigenen Theorie heran: Da jene den Staat als „völkische Lebensform" erkannt und in den Mittelpunkt rechtsphilosophischer Überlegungen gestellt hätten, müsse auch die Staatsphilosophie der Gegenwart auf einer romantisch antizipierten „Philosophie des Volkstums" fußen. Die Romantik habe als erste geistige Bewegung die „Einheit und Ganzheit" des Volkes erwiesen, da sie die Erscheinungsformen des „Volksgeistes" in Recht, Kunst, Staatsverfassung und der Wissenschaft aufzeigte.[122] Vom „idealistisch-romantischen Naturbegriff" aus könne auch der Rassegedanke „in seiner metaphysischen Bedeutung richtig gewürdigt werden".[123]

Diese punktuellen Hinweise verdeutlichen, in welch selektiver und konträrer Weise mit dem romantischen Erbe im philosophischen Diskurs umgegangen wurde. Auch die gleichfalls zu beobachtende Integration der Romantik in den Kampf *gegen* den „Geistidealismus" selektierte und funktionalisierte *ausgewählte* Züge der romantischen Bewegung weitgehend ohne kritische Reflexion des eigenen Vorgehens.[124] Zugleich manifestierten die polemischen Angriffe auf organologische Konzepte der Romantik nicht nur fortbestehende Heterogenitäten innerhalb des Wissenschaftssystems, sondern auch die unterschiedlichen Dimensionen der Kategorie des *Organischen* in weltanschaulichen Diskursen. Die Argumente gegen die „Passivität" und den „Fatalismus" organologischer Vorstellungen markierten die Beweggründe für eine Ablehnung der Romantik auf deutliche Weise: Einem „aktivistischen", auf „Wirklichkeit", „Eingriff" und „Tat" zielendem Wissenschafts- und Weltanschauungskonzept mußte die Verteidigung eigensinnig-wachsender Prozesse ein Dorn im Auge sein, wie sie sich etwa in den Überlegungen zur deutschen Rechtsentwicklung bei Savigny oder den Grimms ausgesprochen hatte. Kriecks Projekt einer „aktivistischen", auf den *personalen* Träger des Erkenntnisprozesses und seine biologische Prägung zurückgehenden „Weltanschauungslehre", die in ihrer radikalisierten Form sogar begriffliche Reflexionen verabschieden zu können glaubte, scheiterte aber am Widerstand der *scientific community* und kollidierte letztlich auch mit ideologieverwaltenden Instanzen, die aus pragmatischen Gründen die rationalen Grundlagen von Wissenschaft und Technik gewahrt wissen wollten.[125]

---

[122] Karl Larenz: Rechts- und Staatsphilosophie der Gegenwart, S. 130f.

[123] Ebenda, S. 132.

[124] Deutlich etwa in der Publizistik des Klages-Kreises sowie bei Karl Schwarze: Ernst Moritz Arndt und sein Kampf gegen den Geistesidealismus. Mit einem Nachwort von Erich R. Jaensch: Gegen das Weltanschauungsmonopol des Geistesidealismus – auch heute. Marburg 1938 (= Abhandlungen und Monographien zur Philosophie des Wirklichen 9).

[125] Kriecks Scheitern offenbarte sich nicht zuletzt im Bankrott seiner wissenschaftspolitischen Hoffnungen. Sein Projekt einer *Dozentenakademie* wurde institutionell ausgebremst; das im Sommer 1939 nach jahrelangem Ringen eröffnete *Volks- und Kulturpolitische Institut* an der Heidelberger Universität mußte unmittelbar nach Kriegsbeginn schließen. Ende 1942 gab Krieck auch die Leitung seiner Zeitschrift *Volk im Werden* nach einem neuerlichen Zwischenspiel als Herausgeber endgültig ab: „Mit Rücksicht auf die herrschenden Verhältnisse" hatte sich Rosenberg entschlossen, das Periodikum in ein „Organ zur religionswissenschaftlichen Forschung umzuwandeln", so Dr. Kürzel (Hauptreferat Wissenschaft im RMfVP) an den

2.4 Anläufe zu einer „deutschen Naturanschauung": Metaphoriken des „Organischen" in den Naturwissenschaften

Als Bernhard Bavink, Leiter des Kepler-Bundes und seit 1920 Herausgeber der „Illustrierten Zeitschrift für Naturwissenschaft und Weltanschauung" *Unsere Welt* 1933 die zahlreichen Stellungnahmen zum politischen „Umbruch" durchmusterte, bemerkte er, daß in den zahlreichen Ergebenheitsadressen und Projektentwürfen „kaum jemals auch nur mit einer Silbe" von dem Bestandteil der Kultur die Rede war, der seit einem halben Jahrhundert nicht nur die deutsche, sondern die europäische Entwicklung bestimmt hatte und mit dem 60% der Deutschen im Berufsleben unmittelbar oder vermittelt zu tun hätten: den Naturwissenschaften.[126] Inmitten der allgemeinen Aufbruchstimmung erfahre das naturwissenschaftliche Denken nur periphere Aufmerksamkeit – und dies zumeist mit einem unfreundlichen Verweis auf das technisch-industrielle Zeitalter mit seinem mechanistischen Denken, „woran sich die Forderung anzuschließen pflegt, daß es nun mit diesem zu Ende sein und wir wieder zum ‚deutschen Idealismus' zurückkehren müßten".[127] Diese öffentliche Mißachtung der Naturwissenschaften ignoriere jedoch die Realität: „Es kann gar keinem Zweifel unterliegen, daß zunächst einmal eine Naturwissenschaft, nämlich die B i o l o g i e , schon überhaupt die G r u n d l a g e d e r g e s a m t e n n e u e n S t a a t s a u f f a s s u n g b i l d e t ."[128] Zum einen entstamme der Gedanke der „organischen Ganzheit" der von romantischen Vorstellungen befruchteten Biologie des 19. Jahrhunderts; zum anderen bilde die Vererbungslehre einen wesentlichen Bestandteil der neuen Staats- und Gesellschaftstheorien und fundiere wissenschaftlich politische Zielstellungen. Dennoch sei mit einer biologischen Grundlegung des ‚Neuen Staates' die Bedeutung der Naturwissenschaften nicht erschöpft. Vor allem

---

Leiter der Abteilung Zeitschriften/Presse des RMfVP. Brief vom 11.2. 1943. BA, R 50.01/915, Bl. 11), nachdem eine seit 1939 vom Amt Rosenberg geplante Zeitschrift „Religionswissenschaft" an der Papierkontingentierung gescheitert war, vgl. H. Härtle (Hauptamt Wissenschaft in der *Dienststelle Rosenberg*) an Dr. Kürzel (RMfVP). Brief vom 15.1. 1942, ebenda, Bl. 5; Aktennotiz Dr. Kürzel vom 24.1. 1942 und vom 24.3. 1942, ebenda, Bl. 7 und 8. – Das Amt Rosenberg wollte mit der vorgeblich „innerlich unabhängigen" religionswissenschaftlichen Zeitschrift in die seit Kriegsbeginn „dem Auge des Laien kaum als Kämpfe erkennbaren" Auseinandersetzungen zwischen Staat und Kirche eingreifen. Als das Projekt an Papierzuweisungsproblemen zu scheitern drohte, war erst an eine Übernahme des Kontingents des *Philosophischen Jahrbuchs der Görresgesellschaft* gedacht worden, ehe Kriecks Zeitschrift kassiert wurde. Ab März 1943 führte der Hallenser Religionswissenschaftler Wilhelm Brachmann – Leiter der Aussenstelle Halle der *Hohen Schule* – Kriecks ehemaliges Hausblatt als *Zeitschrift für Geistes- und Glaubensgeschichte* weiter, bevor es Ende 1943 endgültig eingestellt wurde.

[126] Bernhard Bavink: Die Aufgabe der Naturwissenschaften. In: Volk im Werden 1 (1933) H. 3, S. 67-70, S. 67.
[127] Ebenda, S. 67.
[128] Ebenda, S. 68, Sperrung im Original.

im „Kampf zwischen Glauben und Unglauben, zwischen bolschewistischer Gottlosenpropaganda und neuer deutscher Religiosität" wachse den Naturwissenschaften eine neue, bislang ungeahnte Wertigkeit zu. Die „Überwindung" der drohenden Gefahr eines „theoretischen und praktischen Materialismus" müsse „von innen her", von den naturwissenschaftlichen Disziplinen selbst geschehen – und nie sei eine Zeit dafür so günstig gewesen „als die unsrige, in der in den weitesten Kreisen der Naturwissenschaften selbst, aus rein innerwissenschaftlichen Motiven, der Zweifel an der Richtigkeit und Zuverlässigkeit des die letzten 300 Jahre beherrschenden rein mechanistischen Weltbildes sich erhoben hat, so daß ein allgemeines Suchen und Fragen nach ganz neuen Grundlagen sich erhoben hat, ja auch der Ruf nach einer ‚Biologisierung' sogar der nüchternsten und technischsten aller Naturwissenschaften, der Physik, zustande gekommen ist."[129]

Die hier artikulierten Erwartungen, die nicht nur ein bezeichnendes Licht auf den Ausgangspunkt der Wissenschaftsentwicklung nach 1933 werfen, sondern zugleich auch in nuce die kommenden Dilemmata ‚organisch-ganzheitlicher' Wissenschaftskonzeptionen enthielten, boten unterschiedliche Anschlußmöglichkeiten. Dem Wissenschaftssystem offerierte Bavink die Überwindung der internen Konkurrenzkämpfe zwischen „Mechanisten" und „Vitalisten" durch eine „organismische Biologie"; die postulierte gemeinsame Frontstellung naturwissenschaftlicher Disziplinen im Kampf gegen den von Rußland ausgehenden „Unglauben" und die Warnung vor einer neuen „materialistisch-atheistischen Welle" appellierte an eine einheitstiftende Weltanschauungsfunktion, die neben den Bedürfnissen der Öffentlichkeit durchaus auch Ansprüchen des politischen Systems entgegenkam. Dabei betonte Bavink, der den Materialismus und seine naturwissenschaftlichen Ableger nach eigenen Worten bereits dreißig Jahre als „Todfeind unseres deutschen Volkslebens" bekämpft und „die große Aufgabe der Eugenik" verteidigt hatte,[130] die „rein innerwissenschaftlichen Motive" der gegenwärtigen Umwälzung in der Naturwissenschaft. Die Rückkehr zu einer idealistisch-ganzheitlichen Naturanschauung sei *nicht* auf Veränderungen des politischen Systems zurückzuführen, sondern resultiere aus dem endgültigen Zusammenbruch eines bislang dominierenden „mechanischen" Weltbilds:

> „Eine fast dreihundertjährige Periode fast ausschließlich mechanischen Denkens in ihr scheint zu Ende zu gehen; und diese Umwälzung geht – das ist besonders hervorzuheben – gerade von derjenigen Naturwissenschaft aus, die durch diese ganzen 300 Jahre Muster und Vorbild alles naturwissenschaftlichen Arbeitens und Denkens gewesen ist: der theoretischen Physik. Sie setzt sich aber fort bis in die Biologie und Psychologie hinein, in der ersteren ist man heute in weitestem Umfange darum bemüht, eine Position zu finden, die ‚jenseits von Mechanismus und Vitalismus' (den alten Schlagworten) eine ‚organismische' Biologie ermöglicht, d.h. eine solche, die endgültig darauf verzichtet, dem mechanisti-

---
[129] Ebenda, S. 68f.
[130] Bernhard Bavink: Die Naturwissenschaften im Dritten Reich. In: Unsere Welt 25 (1933), S. 225-236, S. 226.

schen Idol nachzujagen, aber auch nicht, wie das der bisherige ‚Vitalismus' immer tat, wissenschaftlich undefinierbare und unkontrollierbare Begriffe wie die ‚Entelechien' und dergleichen als dei ex machina in die Lücken der mechanistischen Erklärung einzuschieben. Das ganze hat jedoch zur Folge, daß heute innerhalb der Kreise der Naturwissenschaften eine Bereitwilligkeit herrscht, die Fäden von dieser Wissenschaft aus zu allen höheren Werten des Menschenlebens, zu Gott und Seele, Willensfreiheit und sittlicher Verantwortung wieder ehrlich anzuknüpfen, die zeitweise so gut wie abgerissen schienen, eine Bereitwilligkeit, wie sie seit 100 Jahren nicht mehr vorhanden war. Daß sich diese Umwälzung gerade im gegenwärtigen Augenblick vollziehen muß, ist eine ‚Duplizität der Ereignisse', die wiederum fast an ein Wunder grenzt, denn an sich hat sie mit den politisch-sozialen Umstellungen rein gar nichts zu tun; sie ist ganz offensichtlich aus rein wissenschaftlichen Motiven entstanden, und das ist gut so, denn sonst würde sie – als nur von außen an die Wissenschaft herangetragene Modeströmung – gar keine Bedeutung haben."[131]

Wenn im folgenden die spezifische Aufnahme und Integration organologischer Vorstellungen der Romantik in naturwissenschaftliche und wissenschaftsgeschichtliche Diskurse zwischen 1933 und 1945 umrissen werden, ist die Entwicklung der Naturwissenschaften seit dem Ende des 19. Jahrhunderts zu berücksichtigen. Lange vor der politischen Zäsur des Jahres 1933 zeigten sich einschneidende Veränderungen, die auch die disziplinübergreifende Rezeption des *Organischen* in der Zeit des Nationalsozialismus mitprägen sollten: Zum einen der dramatische Verlust von Weltanschauungsfunktionen durch Formalisierung, Quantifizierung und Mathematisierung in der modernen Physik, der einen seit Beginn der 1920er Jahre beobachtbaren Aufschwung organisch-ganzheitlichen Denkens begünstigte und die Biologie in die Position einer „Grundlagenwissenschaft" katapultierte; zum anderen die überragende Bedeutung der Naturwissenschaften für die materielle Produktion, was sich in der Symbiose von Wissenschaft und Technik niederschlug und vielfältige Auswirkungen, vor allem auf das Selbstverständnis der Wissenschaftler zeitigte. In der Zeit des Nationalsozialismus gewannen sowohl die materiell-technische Verwertung als auch die Weltanschauungsfunktion der Naturwissenschaften an Bedeutung. Hinsichtlich der technischen Umsetzung wissenschaftlicher Resultate wurde das in der Entwicklung einer Forschungssteuerung deutlich, die in Grundzügen seit 1870 existierte und im Dritten Reich perfektioniert wurde.[132] Die Einbindung naturwissen-

---

[131] Ebenda, S. 231.
[132] So waren die bedeutsamsten außeruniversitären Forschungseinrichtungen wie die Kaiser-Wilhelm-Gesellschaft, die Physikalisch-Technische Reichsanstalt und die Institutionen der Forschungsförderung (Notgemeinschaft der deutschen Wissenschaft und die von der Industrie getragene Helmholtz-Gesellschaft) bereits im Kaiserreich bzw. in den Anfangsjahren der Weimarer Republik entstanden. Nach 1933 bildeten sie eine wichtige Stütze der traditionellen Naturwissenschaft, vgl. Ulrich Troitzsch: Technisches Schulwesen, Wissenschaftsorganisation und Wissenschaftspolitik in Deutschland (1850-1914). Literaturbericht. In: Technikgeschichte 42 (1975), S. 35-43; Steffen Richter: Wirtschaft und Forschung. Ein historischer Überblick über die Förderung der Forschung durch die Wirtschaft in Deutschland. In: Technikgeschichte 46 (1979), S. 20-44. Zur Tätigkeit der DFG als der größten Forschungsförderungseinrichtung siehe jetzt Notker Hammerstein: Die Deutsche Forschungsgemeinschaft 1920-1945. München 1999.

schaftlicher Erkenntnisse in weltanschaulich-ideologische Diskurse – die als kulturelle Funktion der Wissensproduktion heuristisch von sachbezogenen Forschungsleistungen zu trennen ist – geschah auf verschiedenen Feldern. Hier praktizierten neben philosophierenden Forschern und außeruniversitär agierenden Wissenschaftlern auch in den Naturwissenschaften dilettierende Weltanschauungsspezialisten wie Ernst Krieck und sein Schülerkreis. Alle diese Teilnehmer verschiedener Diskurse, deren Unübersichtlichkeit und Heterogenität nicht genug betont werden kann, beuteten wissenschaftliche und wissenschaftsgeschichtliche Tatsachen zur Konstruktion von Sinnzusammenhängen und zur Stiftung von (legitimierenden) Traditionen aus – freilich auch mit dem Interesse, sich durch öffentliche Reputation umfangreichere Ressourcenzuteilungen zu sichern. Ideologische Funktionen erfüllten diese Diskurse, insofern sie interessengeleiteten Zwecken wissenschaftliche Objektivität zu verleihen und wissenschaftstheoretische oder kulturpolitische Vorstellungen durch fundamentierende Weltbilder zu untermauern hatten. Die forcierte Übernahme von Weltanschauungsfunktionen und die (ideologisch konforme) Rückbindung wissenschaftlicher Erkenntnisse an die nationale bzw. biologische Determination ihrer personalen Urheber führten zu Resultaten wie der berüchtigten „deutschen Physik", zu „deutscher Mathematik" und „deutscher Chemie".[133] In diesen – innerhalb des Wissenschaftssystems nur wenig erfolgreichen – Exklusionsbestrebungen trafen länger vorbereitete Vor- und Fehlurteile, forschungsinterne Bedürfnislagen und politisches Kalkül in noch zu klärender Weise aufeinander.

Untrennbar verbunden mit der Wiederbelebung des „Organischen" in wissenschaftstheoretischen Entwürfen war die Renaissance eines Konzepts, das seine moderne Geburtsstunde ebenfalls in der klassisch-romantischen Kulturepoche erlebt hatte und im Zuge der antipostivistischen Bewegung zu Beginn des 20. Jahrhunderts von Vertretern der Natur- und Kulturwissenschaftlern wiederentdeckt worden war: der *Gestalt*. Seit der frühen Neuzeit zur

---

[133] Zur „deutschen" bzw. „arischen" Physik vgl. Andreas Kleinert: Von der Science allemande zur Deutschen Physik. Nationalismus und moderne Naturwissenschaft in Frankreich und Deutschland zwischen 1914 und 1940. In: Francia 6 (1978), S. 509-527; Alan D. Beyerchen: Physiker im Dritten Reich. Mit einem Vorwort von K. D. Bracher. Köln 1980 [amerikan. Originalausgabe u.d.T. Scientists under Hitler: Politics and the Physics Community in the Third Reich. New Haven 1977]; Steffen Richter: Die ‚Deutsche Physik'. In: Herbert Mertens, Steffen Richter (Hrsg.): Naturwissenschaft, Technik und NS-Ideologie. Beiträge zur Wissenschaftsgeschichte des Dritten Reiches. Frankfurt/M. 1980, S. 116-141; Karl von Meyenn: Theoretische Physik in den dreißiger Jahren. Die Entwicklung einer Wissenschaft unter ideologischen Zwangsbedingungen. In: Gesnerus 39 (1982), S. 417-435; zur „deutschen Mathematik" vgl. Helmut Lindner: ‚Deutsche' und ‚gegentypische' Mathematik. Zur Begründung einer ‚arteigenen Mathematik' im ‚Dritten Reich' durch Ludwig Bieberbach. In: Herbert Mertens, Steffen Richter (Hrsg.): Naturwissenschaft, Technik und NS-Ideologie, S. 88-115; zur „deutschen Chemie" siehe Martin Bechstedt: ‚Gestalthafte Atomlehre'. Zur ‚Deutschen Chemie' im NS-Staat. In: Herbert Mertens, Steffen Richter (Hrsg.): Naturwissenschaft, Technik und NS-Ideologie, S. 142-165; Markus Vonderau: ‚Deutsche Chemie'. Der Versuch einer deutschartigen, ganzheitlich-gestalthaft schauenden Naturwissenschaft in der Zeit des Nationalsozialismus. Marburg 1994 (= Diss. Marburg).

Bezeichnung spezifisch geformter Umweltausschnitte im Gebrauch, figurierte der *Gestalt*-Begriff in der Goethe-Zeit und verstärkt nach 1900 als projektives Ideal, dem Ganzheitlichkeit, Kohärenz und gelingende Selbstreproduktion zugeschrieben wurde und das wie die schillernde Metapher des „Organischen" den Fragmentierungserfahrungen der modernen Gesellschaft und ihrer diversifizierten Wissensbestände gegenübergestellt werden konnte. In einem Aufsatz von Friedrich Wolters, erschienen im Organ der um Stefan George gruppierten Künstler und Gelehrten, die eine Alternative zu überkommenen Sozial- und Bildungsformen suchten und als wichtigstes Feld dieser Konfrontation die Kulturwissenschaften verstanden, hieß es 1911: „Gestalt lehrt nicht aber bildet doch mehr als jede Lehre, begründet nicht aber richtet schärfer als jedes recht, ist höchste richte und leztes urteil für tat und werk und schau, indem sie unberührt und unbeirrt den strahligen goldreif ihrer blüte trägt, kein ziel bekennt, nur ihr bild im All-Einen spiegelnd selber spiegel des gleichen ist: *denn ihr sein ist auch ihr sinn*."[134] Diese emphatische Designation fand sich 1940 bei den Naturwissenschaftlern Wilhelm Troll und Karl Lothar Wolf – den Initiatoren des zwischen 1941 und 1945 an der Hallenser Universität tagenden *Gestalt-Kolloquiums* – wieder: Ihre Programmschrift *Goethes morphologischer Auftrag* schloß in Aufnahme der von Friedrich Wolters im *Jahrbuch für die geistige Bewegung* formulierten Bestimmungen: „So scheint die Idee von Gestalt und Urbild heute bestimmt, im Bereich der gesamten Wissenschaft schöpferischer Arbeit diejenige Mitte zu geben, die durch keine andere Arbeit gewonnen werden kann. Denn ‚Gestalt lehrt nicht aber bildet noch mehr als jede Lehre, begründet nicht aber richtet schärfer als jedes Recht, ist höchste Richte und letztes Urteil für Tat und Werk und Schau'."[135]

Bereits für die Angehörigen des George-Kreises und namentlich für die hier versammelten Wissenschaftler hatte der Gestalt-Begriff aufgrund seiner *maximierenden* und *integrativen* Funktionen zentrale Bedeutung gewonnen. Mit der Erhebung der *Gestalt* (eines Kunstwerkes, einer Lebensgeschichte, natürlicher Entitäten) zum Inbegriff der gleichsam *plastischen* Erfahrbarkeit einer organisch gewachsenen Ganzheit verbanden sich mehrfache Bedeutunsgzuweisungen: Gegenüber dem ‚mechanisch' Konstruierten und seiner Kontingenz verwies *Gestalt* auf die gleichsam natürliche Notwendigkeit eines Ganzen, das sich und seine Umweltbeziehungen autopoietisch hervor und zur Geltung brachte. Die Auszeichnung der *Gestalthaftigkeit* maximierte Einheitlichkeit und Kohärenz der so bezeichneten Phänomene und verband diese zugleich mit einer spezifischen Zugangsweise – *Gestalthaftes* konnte nicht analytisch zerlegt und kausal erklärt, sondern mußte in seiner Einheit und Ganzheit *geschaut* und *gedeutet* werden. Als Beispiel und Garant für eine solch gestalthaft-schauende Darstellung und Deutung figurierte schon in

---

[134] Friedrich Wolters: „Gestalt". In: Jahrbuch für die geistige Bewegung 2 (1911), S. 137-158, hier S. 150, Orthographie und Hervorhebung im Original.
[135] Wilhelm Troll, Karl Lothar Wolf: Goethes morphologischer Auftrag: Versuch einer naturwissenschaftlichen Morphologie. 2., durchges. Aufl. Halle/S. 1942 (= Die Gestalt 1). S. 58f.

den 1910er und 1920er Jahren Goethe – als höchste Verkörperung der Einheit von Leben und Werk etwa in der ‚Gestaltbiographie' Friedrich Gundolfs (die im Verzicht auf Anmerkungen und bibliographischen Apparat auch in der Darstellungsform den Bruch mit dem abgelehnten Positivismus demonstrierte);[136] als Begründer einer morphologischen Naturforschung Vorbild und Beglaubigung für die seit Beginn der 1920er Jahre ventilierten „gestalthaften" Wissenschaftskonzepte von Naturwissenschaftlern.

Diese Vorstöße, die sich dezidiert gegen ‚unanschauliche' und ‚formelhafte' Wissenschaftskonzepte (namentlich der modernen Physik und des sich auf sie berufenden Logischen Empirismus) wandten, partizipierten an der Diskussion um eine Umkehr zu synthetischen, den ‚Positivismus' überwindenden und weltanschauliche Funktionen wiedergewinnenden Forschungs- und Darstellungsprinzipien, die Ernst Troeltsch 1921 in seiner Auseinandersetzung mit wissenschaftlichen Positionen des George-Kreises als „Revolution in der Wissenschaft" beschrieben und in Konnex zur historischen Romantik gebracht hatte.[137] Innerhalb der inhomogenen und z.T. untereinander rivalisierenden Diskurse, die eine im weitesten Sinne naturphilosophisch-ganzheitliche Neuorientierung der Wissenschaft anstrebten, bewegten sich so unterschiedliche Akteure wie der Wissenschaftshistoriker Rudolf Zaunick, der als Verteidiger von Carl Gustav Carus gegenüber den enthistorisierenden Zugriffen des Klages-Kreises bereits in den 1920er Jahren aktiv geworden war und als Leiter der Zeitschrift *Sudhoffs Archiv* auch in den 1930er und 1940er Jahren weiter in diesem Sinne wirkte, der *Kepler-Bund*, in dessen Auftrag Bernhard Bavink die Zeitschrift *Unsere Welt* herausgab, sowie Ernst Krieck und seine Schüler, die sich nach 1933 um die Zeitschrift *Volk im Werden* sammelten.[138] Für eine ‚gestalthafte' Naturforschung und die philosophische Deutung ihrer Ergebnisse wirkte neben dem Botaniker Wilhelm Troll, der mit einer illustrierten Edition von Goethes naturwissenschaftlichen Schriften 1926 einen Anstoß für die Renaissance morphologischer Ideen gegeben hatte,[139] und sich als 1932 an die Hallenser Universität berufener Or-

---

[136] Programmatisch Friedrich Gundolf: Goethe. Berlin 1916 (= Werke der Wissenschaft aus dem Kreis der Blätter für die Kunst), S. 1: „Das nachfolgende Buch ist betitelt ‚Goethe', ohne weiteren Zusatz. Es ist daraus schon zu entnehmen worauf es wesentlich ankommt: auf die Darstellung von Goethes gesamter *Gestalt*, der größten Einheit worin deutscher Geist sich verkörpert hat."

[137] Siehe dazu vorliegende Arbeit, Teil 1, Kapitel 1: Die Renaissance der Romantik.

[138] Zu Bavink, der bis 1939 Schriftleiter der Zeitschrift *Unsere Welt* des 1907 als Gegenbewegung zu Haeckels *Deutschem Monisten-Bund* gegründeten *Kepler-Bundes* war und bereits 1914 eine bis 1949 neunmal aufgelegte *Einführung in die heutige Naturphilosophie* vorgelegt hatte, vgl.: Karola Otte: Bernhard Bavink. In: Mathematisch-physikalische Semesterberichte 1 (1950), S. 13-30; Klaus Hentschel: Bernhard Bavink (1879-1947): Der Weg eines Naturphilosophen vom deutschnationalen Sympathisanten der NS-Bewegung bis zum unbequemen Non-Konformisten. In: Sudhoffs Archiv 77 (1993), S. 1-32; Hinweise auch bei Lutz Danneberg: Logischer Empirismus in Deutschland, S. 337f.

[139] Goethes Morphologische Schriften. Ausgew. und eingel. von Wilhelm Troll. Jena 1926 (= Gott-Natur. Schriftenreihe zur Neubegründung der Naturphilosophie. Hrsg. von Wilhelm Rößle. Bd. 1), 2. Aufl. 1932. Mit anthroposophischer Intention hatte auch Rudolf Steiner eine Kompilation der von ihm herausgegebenen naturwissenschaftlichen Schriften Goethes unternommen

dinarius intensiv für eine „Wiedergeburt der Morphologie aus dem Geiste deutscher Wissenschaft" einsetzte,[140] insbesondere ein von Stefan George und dem Ideal einer *nuova scienza* inspirierter Wissenschaftler-Kreis, der sein Zentrum zwischen 1933 und 1936 in Kiel besaß und dem neben Geisteswissenschaftlern wie Carl Petersen und Kurt Hildebrandt auch Naturwissenschaftler wie der Chemiker Karl Lothar Wolf angehörten.[141] Einen institutionellen Kristallisationspunkt fanden die um ‚gestalthafte' Wissenschaftsprogramme bemühten Forscher in der 1935 von Karl Lothar Wolf, Kurt Hildebrandt, Karl Beurlen und Alfred Benninghoff begründeten *Zeitschrift für die gesamte Naturwissenschaft*, in deren Redaktionskollegium neben Wilhelm Troll u.a. auch der prominente Umweltforscher Jakob von Uexküll, der holistische Biologe Adolf Meyer, die Philosophen Martin Heidegger und Hans Georg Gadamer sowie der Mathematiker Ludwig Bieberbach vertreten waren. Zentrale Bedeutung für den transdisziplinären Austausch der Ideen für eine ‚morphologische' Neuausrichtung der Natur- und Geisteswissenschaften gewann das von Wilhelm Troll und Karl Lothar Wolf zwischen 1941 und 1945 am Hallenser Institut für physikalische Chemie organisierte

---

(Rudolf Steiner (Hrsg.): Goethes naturwissenschaftliche Schriften. Dornach 1926), woraufhin seine Anhänger der von Wilhelm Troll veranstalteten Ausgabe vorwarfen, ein Plagiat von Steiners Edition zu sein; vgl. Hermann Poppelbaum: Neue Strömungen in der Naturdeutung als Symptome für die Lage der Anthroposophischen Bewegung. In: Die Drei 6 (1926), S. 845-853; ders.: Nochmals Dr. Trolls Plagiat an Rudolf Steiners Goetheausgabe. In: Die Drei 7 (1927/28), S. 232-235.

[140] Wilhelm Troll: Die Wiedergeburt der Morphologie aus dem Geiste deutscher Wissenschaft. In: Zeitschrift für die gesamte Naturwissenschaft 1 (1935/35), S. 349-356. – Zu Troll vgl. Lottlisa Behling: Der geisteswissenschaftliche Aspekt der Naturwissenschaften. Zum Gedenken an den Botaniker Wilhelm Julius Georg Hubertus Troll. In: Berichte der Bayerischen Botanischen Gesellschaft 50 (1979), S. 119-126; Martin Müllerott: Wilhelm Troll (1897-1978). In: Hoppea, Denkschrift der Regensburgischen Botanischen Gesellschaft 50 (1991), S. 571-600; Gisela Nickel: Wilhelm Troll (1897-1978). Eine Biographie. Halle/Saale 1996 (= Acta historica Leopoldina 25); Hans Werner Ingensiep: Metamorphosen der Metamorphosenlehre. Zur Goethe-Rezeption in der Biologie von der Romantik bis in die Gegenwart. In: Peter Matussek (Hrsg.): Goethe und die Verzeitlichung der Natur. München 1998, S. 259-275, hier insbesondere der Abschnitt „Wilhelm Troll – Goethe als deutscher Gestaltforscher", S. 268-270.

[141] Die Wirkungen Georges und seines Kreises auf die Naturwissenschaften sind noch immer ein Desiderat der Forschung. Hinweise finden sich bei Hans-Georg Gadamer: Stefan George (1868-1933). In: Hans-Joachim Zimmermann (Hrsg.): Die Wirkung Stefan Georges auf die Wissenschaft. Heidelberg 1985 (= Supplemente zu den Sitzungsberichten der Heidelberger Akademie der Wissenschaften, Philosophisch-historische Klasse 4), S. 39-50, hier S. 42f. zu dem „gestalthaften Sehen" des George-Kreises und seiner Legitimationskraft für morphologische Wissenschaftskonzepte in Chemie, Mineralogie, Geologie und Biologie. Ausführlichere Informationen gibt Markus Vonderau: ‚Deutsche Chemie'. Der Versuch einer deutschartigen, ganzheitlich-gestalthaft schauenden Naturwissenschaft während der Zeit des Nationalsozialismus, zu K. L. Wolf und dessen Verbindung mit dem Kieler George-Kreis hier S. 83-126. Detaillierter erforscht sind dagegen die Wirkungen und Einflüsse Georges und seines Kreises auf die Philologien und die Philosophie, jetzt umfassend dargestellt durch Rainer Kolk: Literarische Gruppenbildung, zu Karl Lothar Wolfs Programm einer Reintegration von Geistes- und Naturwissenschaften und dessen Bemühungen um die Berufung von George-Jüngern an die Kieler Christian-Albrechts-Universität hier S. 526-532.

Gestalt-Kolloquium, das Vertretern unterschiedlicher Disziplinen und Wissenschaftskulturen einte.

Die verschiedenen universitären und außeruniversitären Anläufe zu einer „gestalthaft-schauenden" Ausrichtung der Naturwissenschaften stellen einen noch weitgehend unerforschten Bezirk in der Geschichte der Naturwissenschaften dar. Trotz verbaler Nähe zu Topoi der nationalsozialistischen Ideologie waren diese Diskurse alles andere als homogen und institutionellen Stellen wie dem „Amt Rosenberg" außerordentlich suspekt, was beispielsweise zum Herausgeber- und Verlagswechsel der *Zeitschrift für die gesamte Naturwissenschaft* und zur Bespitzelung des Hallenser „Gestalt-Kolloquiums" führte. Einigkeit innerhalb dieser Versuche zur Neubegründung der Naturwissenschaften auf der Basis „ganzheitlicher", „gestalthaft-schauender" oder auch „organischer" Anschauung bestand allein in der dezidierten Ablehnung dessen, was als „Positivismus" und „Mechanismus" bezeichnet und dem die Traditionen einer spezifisch deutschen, zuweilen auch bis auf Platon zurückgeführten Naturphilosophie gegenübergestellt wurde.[142]

Eine detaillierte Rekonstruktion der zwischen 1933 und 1945 verfolgten Bemühungen um eine Reorganisation der Naturwissenschaften auf „organischer" Grundlage ist in diesem Rahmen nicht zu leisten. Ohne an dieser Stelle den Ursprungsdiskurs gestalttheoretisch-morphologischer Konzepte in der Goethezeit explizieren zu können,[143] sollen Diskussion und Rezeption des *Ge-*

---

[142] Deutlich vor allem bei Kurt Hildebrandt: Positivismus und Natur. In: Zeitschrift für die gesamte Naturwissenschaft 1 (1935/36), S. 1-22; ders.: Positivismus und Vitalismus. In: Ebenda, S. 242-248; ders.: Kopernikus und Kepler in der deutschen Geistesgeschichte. Halle/S. 1944 (= Die Gestalt 14). – Zur Auseinandersetzung mit dem ‚Positivismus' der modernen Naturwissenschaft während der NS-Zeit unter besonderer Berücksichtigung der Kontroverse Hildebrandt – Pascual Jordan vgl. Lutz Danneberg: Logischer Empirismus in Deutschland, S. 330-339; instruktiv auch M. Norton Wise: Pascual Jordan: quantum mechanics, psychology, and National Socialism. In: Monika Rennberg, Mark Walkers (Eds.): Science, Technology and National Socialism. Cambridge 1994, pp. 224-254.

[143] Dazu Dorothea Kuhn: Empirische und ideelle Wirklichkeit. Studien über Goethes Kritik des französischen Akademiestreites. Graz 1967 (= Neue Hefte zur Morphologie); dies.: Grundzüge der Goetheschen Morphologie. In: Goethe-Jahrbuch 95 (1978), S. 199-211; dies.: ‚Welt- und Naturgeschichte rast jetzt recht bei uns': Goethes Engagement für die Morphologie. In: Kolloquium zur Wissenschaftsgeschichte: Georg Uschmann zum 65. Geburtstag gewidmet. Halle/S. 1980 (= Acta Historica Leopoldina 13); Adolf Meyer-Abich: Die Vollendung der Morphologie Goethes durch Alexander von Humboldt. Ein Beitrag zur Naturwissenschaft der Goethezeit. Göttingen 1970 (= Veröffentlichung der Joachim-Jungius-Gesellschaft der Wissenschaften Hamburg).; Robert M. Maniquis: The Puzzling Mimosa. Sensitivity and Plant Symbols in Romanticism. In: Studies in Romanticism 8 (1969), pp. 129-155; Charles August Culotta: German Biophysics, Objective Knowledge, and Romanticism. In: Historical Studies in the Physical Sciences 4 (1974), S. 3-38; Bernd-Olaf Küppers: Natur als Organismus. Schellings frühe Naturphilosophie und ihre Bedeutung für die moderne Biologie. Frankfurt/M. 1992 (= Philosophische Abhandlungen 58); Ilse Jahn: On the Origin of Romantic Biology and Its further Development at the University of Jena between 1790 and 1850. In: Stefano Poggi; Maurizio Bossi (Eds.): Romanticism in Science. Science in Europe, 1790-1840. Dordrecht 1994 (= Boston Studies in the Philosophy of Science 152), pp. 75-89; Stefano Poggi: Neurology and Biology in the Romantic Age in Germany. Carus, Burdach, Gall, von Baer. In: Ebd., pp. 143-160; Onno Dag Oerlemans: ‚The Meanest Thing that Feels'. Anthropomorphizing Animals in Romanticism. In: Mosaic 27 (1) 1994, S. 1-32.

stalt-Begriffs im Rahmen wissenschaftstheoretischer und wissenschaftshistorischer Überlegungen der 1930er und 1940er Jahre nachgezeichnet werden, die von vielfältigen Diskussionen in natur- und geisteswissenschaftlichen Disziplinen seit dem 19. Jahrhundert vorbereitet waren.[144] Der Schwerpunkt liegt dabei auf der Rezeption des romantischen Organismus-Denkens innerhalb wissenschaftstheoretischer und wissenschaftshistoriographischer Bemühungen sowie in der Biologie.

Die Bemühungen um eine „deutschartige", „gestalthaft schauende" Ausrichtung der Naturwissenschaften profitierte von den nach 1933 mit verstärkter Intensität unternommenen Anstrengungen von Naturforschern, in der Geschichte ihrer Disziplinen Alternativen zu Quantifizierung und Formalisierung – den abgelehnten Signaturen der modernen Wissenschaftsentwicklung – zu entdecken. Hier waren mit Wilhelm Troll, Karl Lothar Wolf, dessen Schüler Rembert Ramsauer und anderen ‚morphologisch' orientierten Wissenschaftler interdisziplinär interessierte Forscher beteiligt, die sich vor allem auf das Erbe Goethes beriefen. Die um eine Reform des Wissenschaftssystems bemühten Aktivisten um Ernst Krieck trugen durch rege Publizistik ihrerseits zu einer Wiederentdeckung der romantischen Naturphilosophie bei. Nachfolgend sind in einem ersten Zugriff die wissenschaftsgeschichtlichen Rekonstruktionsbemühungen um eine „deutsche Naturschauung" in der Zeit des Nationalsozialismus zu beschreiben; die besondere Konzentration gilt vorrangig den Bezügen auf organologische Vorstellungen der Romantik. In einem zweiten Schritt werden verschiedene Anläufe zur Integration des *Organischen* in der zur ‚Grundlagenwissenschaft' aufgestiegenen Biologie betrachtet.

---

[144] Die Vermittlungsleistungen im 19. und frühen 20. Jahrhundert können hier natürlich nicht einmal andeutungsweise nachgezeichnet werden; zu gestalttheoretischen Vorstellungen vorrangig in der Biologie vgl. u.a. William Coleman: Morphology between Type Concept and Descent Theory. In: Journal of the History of Medicine and Allied Sciences 31 (1976), S. 149-175; Lynn Nyhart: The Disciplinary Breakdown of German Morphology, 1870-1900. In: Isis 78 (1987), S. 365-389; ders.: Biology takes Form. Animal Morphology and the German Universities, 1800-1900. Chicago 1995; Rudie Trienes: Type Concet Revisited. A Survey of German Idealistic Morphology in the First Half of the 20th century. In: History and Philosophy of the Life Sciences 11 (1989), S. 23-42; zur Gestaltpsychologie instruktiv Mitchel G. Ash: The Emergence of Gestalt theory: Experimental Psychology in Germany 1890-1920. Diss. Harvard University 1982; ders.: Gestalttheorie. In: Lutz Danneberg, Andreas Kamlah, Lothar Schäfer (Hrsg.): Hans Reichenbach und die Berliner Gruppe. Braunschweig, Wiesbaden 1994, S. 87-100; ders.: Gestalt Psychology in German Culture 1890-1967: Holism and the Quest for Objectivity. Cambridge, New York 1995.

2.4.1 *Gestalt und Urbild:* Morphologische Wissenschaftskonzepte und die Rehabilitierung der Naturphilosophie der Goethezeit

Wie erwähnt, betraten wissenschaftstheoretische Bemühungen zur Restitution einer „organisch-ganzheitlichen" oder auch „gestalthaften" Naturanschauung nach 1933 kein Neuland. Bereits seit Beginn des 20. Jahrhunderts, verstärkt nach 1920, strebten unterschiedliche Forscher und Zirkel unter Berufung auf klassisch-romantische Überlegungen nach einer Wiederbelebung morphologischer Wissenschaftskonzepte. Fragt man nach den Bedingungen, unter denen die Konzeptionen eines *qualitativen,* von „Ganzheit" und „Synthese" ausgehenden Forschens als disziplinübergreifende Problemlösungsvorschläge seit dem ersten Jahrzehnt des 20. Jahrhunderts generiert wurden, stößt man auf eine Gemengelage wissenschaftsexterner und –interner Determinanten, als deren gemeinsamer Nenner ein durch fortschreitende Differenzierung und Komplexitätszuwachs bedingter Verlust von *Anschaulichkeit* und *Integrationsfähigkeit* bezeichnet werden kann. Die *Formalisierung* wissenschaftlicher Erklärungs- und Darstellungskonzepte durch Mathematisierung und Logifizierung koppelten den Zugang zu und das Verstehen von wissenschaftlichem Wissen an höhere Voraussetzungen, so daß Kommunikationsstörungen auftraten und Anschlußmöglichkeiten gefährdet wurden. In den bislang durch die Physik dominierten Naturwissenschaften, in denen die Entdeckungen von Radioaktivität und Relativitätsprinzip eine krisenhafte Erschütterung erkenntnistheoretischer Grundlagen ausgelöst hatten, demonstrierten Relativitäts-, Quanten- und Wellentheorie des Lichts die Ablösung von Modellvorstellungen durch mathematisierte und formalisierte Darstellungsprinzipien.[145] Das führte nicht

---

[145] Dazu Arthur I. Miller: Visualization Lost and Regained: The Genesis of the Quantum Theory in the Period of 1913-1927. In: Judith Wechsler (Ed.): On Asthetics in Science. Cambridge, London 1978, pp. 73-102; ders.: Imagery in Scientific Thought: Creating 20th Century Physics. Boston, Basel, Stuttgart 1984; Paul Forman: Weimar culture, causality, and quantum theory: adaption by German physicists and mathematicians to a hostile intellectual environment. In: Historical Studies in the Physical Sciences 3 (1971), pp. 1-115; ders.: Kausalität, Anschaulichkeit und Individualität. Oder: Wie Wesen und Thesen, die der Quantenmechanik zugeschrieben, durch kulturelle Werte vorgeschrieben wurden. In: Nico Stehr, Volker Meja (Hrsg.): Wissenssoziologie. Opladen 1981. (= Kölner Zeitschrift für Soziologie und Sozialpsychologie Sonderheft 22), S. 393-406 (auch in Englisch als: Kausalität, Anschaulichkeit and Individualität, or How Cultural Values Prescribed the Charakter and the Lessons Ascribed to Quantum Mechanics. In: Nico Stehr, Volker Meja (Eds.): Society and Knowledge: Contemporary Perspectives in the Sociology of Knowledge. New Brunswick 1984, pp. 333-347); Klaus T. Volkert: Die Krise der Anschauung. Eine Studie zu formalen und heuristischen Verfahren in der Mathematik seit 1850. Göttingen 1986 (= Studien zur Wissenschafts-, Bildungs- und Sozialgeschichte der Mathematik 3); ders.: Zur Rolle der Anschauung in mathematischen Grundlagenfragen: Die Kontroverse zwischen Hans Reichenbach und Oskar Becker über die Apriorität der euklidischen Geometrie. In: L. Danneberg, A. Kamlah, L. Schäfer: Hans Reichenbach und die Berliner Gruppe, S. 275-293. – Paul Formans provokante Arbeiten zur Geburt der Quantenmechanik aus dem Geist der Weimarer Republik sind, durch Beiträge zeitgenössischer Akteure ergänzt, zusammengefaßt erschienen in: Karl von Meyenn (Hrsg.): Quantenmechanik und Weimarer Republik. Braunschweig, Wiesbaden 1994.

nur zum dramatischen Verlust von Weltbild-Funktionen der Physik und dem Aufstieg einer sich als „ganzheitlich" und „organisch" gerierenden Biologie zur weltanschaulich attraktiven Leitdisziplin, sondern auch zur Artikulation von Einspruch aus unterschiedlichen Wissenschaftlerzirkeln. In naturwissenschaftlichen Disziplinen richteten sich Forderungen auf den Wiedergewinn von Anschaulichkeit und weltanschaulicher Kompetenz; in den Kulturwissenschaften, namentlich in der Neugermanistik opponierten Vertreter des nachfolgend als „Geistesgeschichte" bezeichneten Integrationsprogrammes gegen philologische Mikrologie und die als ‚positivistisch' disqualifizierte Einrichtung des Faches – ebenfalls mit dem Anspruch, durch Deutung von „Gehalt und Gestalt" forschungsinterne Innovationspotentiale freisetzen und „Ethikangebote" (Rainer Kolk) offerieren zu können.

Punktuelle Bemerkungen zu Wilhelm Troll und Karl Lothar Wolf als zwei wichtigen Akteuren innerhalb des „morphologischen" Diskurses in den Naturwissenschaften müssen genügen, um die Bedingungen für Aufnahme und Applikation des *Gestalt*-Begriffs in wissenschaftstheoretischen Konzeptionen zu präzisieren. Der Botaniker Wilhelm Troll, bei Karl Goebel, dem Begründer einer morphologischen „Organographie" in München universitär sozialisiert, wurde nach eigenen Angaben durch Vorlesungen des Literaturwissenschaftlers Roman Wörner über Goethes *Faust* im Wintersemester 1921/22 und einer davon inspirierten Lektüre der naturwissenschaftlichen Schriften Goethes auf die Möglichkeiten einer gestalthaft-ganzheitlichen Naturforschung aufmerksam.[146] Vom Philosophen Erich Becher, der 1921 eine methodische Grundlegung von Natur- und Geisteswissenschaften projektiert und die Frage nach der Zweckmäßigkeit organischer Formen herausgestellt hatte,[147] für eine erkenntnistheoretische Fundierung der Biologie sensibilisiert und in Rekurs auf die typologische Morphologie Goethes formulierte Troll seit Mitte der 1920er Jahre ein Wissenschaftskonzept, das seinen Niederschlag in der Einführung zu den von ihm herausgegebenen naturwissenschaftlichen Schriften Goethes und zahlreichen biologietheoretischen und botanischen Abhandlungen fand. In dezidierter Abgrenzung von kausal erklärenden und empirisch-deskriptiven Wissenschaftskonzepten sollte die von ihm projektierte morphologisch-typologische Naturforschung nicht eine „restlose kausal-mechanische Auflösung des organischen Geschehens in physikalische Kräfte",[148] sondern die *anschauende, deutende, vergleichende* Erkenntnis lebender Formen leisten. Da deren „Gestalt" nicht als ein materieller Form-Funktions-Zusammenhang zu erklären, sondern als eine übermateriell-ideale Einheit allein „urbildlich" zu schauen sei,[149] versagten vor ihr

---

[146] Wilhelm Troll: Autobiographische Darstellung, zitiert in Gisela Nickel: Wilhelm Troll, S. 32.
[147] Erich Becher: Geisteswissenschaften und Naturwissenschaften. Untersuchungen zur Theorie und Einteilung der Realwissenschaften. München, Leipzig 1921; zur Zweckmäßigkeitsforschung in den Naturwissenschaften hier S. 301ff. – Bei Becher bestand Troll am 30. Juni 1921 das Philosophie-Examen seines Rigorosums; vgl. Gisela Nickel: Wilhelm Troll, S. 21.
[148] Wilhelm Troll: Gestalt und Gesetz. Versuch einer geistesgeschichtlichen Grundlegung der morphologischen und physiologischen Forschung. In: Flora N.F. 18/19 (1925), S. 536-565, S. 562.

kausalanalytisch fragmentierende Zugänge: Morphologie als Lehre von der „Gestalt" frage nicht nach den Ursachen natürlicher Formen,[150] sondern erschließe deren Ganzheit durch „Anschauung"[151] und „typologischen Vergleich"[152]. Der *Typus* als ein durch Anschauung aus „virtuellen Formen" gewonnenes „hochgradig abstraktes Schema" bildet nach Troll den bereits von Goethe entwickelten methodischen Mittelpunkt und „Hauptbegriff" aller vergleichend morphologischen Forschung.[153] Ihm komme Gesetzeskraft zu – wobei unter Gesetz nicht eine wissenschaftliche Aussage, sondern die Regulation natürlich-organischer Vorgänge zu verstehen sei.[154]

---

[149] Vgl. Wilhelm Troll: Organisation und Gestalt im Bereich der Blüte. Berlin 1928 (= Monographien aus dem Gesamtgebiet der wissenschaftlichen Botanik 1), S. 7: „[D]ie Gestalt kann ... nicht als Funktion ihres materiellen Substrates und der sich in ihr abspielenden kausalen Prozesse verstanden werden, sondern nur als eine diesen übergeordnete Einheit, welche ... den Mechanismus der Natur (die Kausalität) selbst benutzt, um an und durch ihn in Erscheinung zu treten. Gestalt wäre somit eine Totalität oder Ganzheit, die über der Kausalitätsebene liegt und deshalb ursächlich (physiologisch) weder hinreichend kennengelernt noch auch erklärt werden kann." – Ähnlich auch W. Troll, K. L. Wolf: Goethes morphologischer Auftrag, S. 25: „Gestalt ist stets mehr, als was sich an ihr der bloß sinnlichen Beobachtung darbietet. Sie bringt zugleich ein Urbild zur Darstellung, das in ihr enthalten ist, obgleich es als solches nicht unmittelbar in Erscheinung zu treten braucht und in der von ihm beherrschten Mannigfaltigkeit meist in ‚Verkleidung' auftritt."

[150] Vgl. Wilhelm Troll: Gestalt und Gesetz, S. 551; ähnlich auch ders.: Gestalt und Urbild: Aufsätze zu den Grundfragen der organischen Morphologie. Halle/S. 1941 (= Die Gestalt 2), S. 54: „So bedeutsame Aufschlüsse uns die kausalanalytische Betrachtungsweise des Organismus über die gegenseitigen Beziehungen seiner Teile und ihre wechselseitige Abhängigkeit zu geben vermag: Die Gestalt als Ganzes vermag sie nicht durchsichtig und verständlich zu machen. Dies gerade aber ist die Aufgabe der Morphologie."

[151] Der von Troll verwendete Begriff der „Anschauung" rekurrierte auf die platonische Vorstellung einer durch die „Augen des Geistes" vollzogenen Kontemplation, die vom äußerlichen Konkretum abstrahiere und ein geistiges Modell der „wesentlichen Gestaltbeziehungen" entstehen liesse, vgl. Wilhelm Troll: Gestalt und Gesetz, S. 558: „Es muß gewissermaßen ein virtuelles Bild des Organismus im Geiste entstehen, das nur mehr seine wesentlichen Gestaltbeziehungen enthält, in dem alles Zufällige, will sagen von außen Bedingte der Einzelerscheinung ausgeschaltet ist, so daß diese nur mehr die allgemeinen Verhältnisse ihrer Gestalt zeigt."

[152] Vgl. Wilhelm Troll: Organisation und Gestalt im Bereich der Blüte, S. 25: „Das morphologische Verfahren besteht darin, die Einzelformen, die allein der unmittelbaren Anschauung zugänglich sind, so zu ordnen, daß der Typus hinter ihnen sichtbar wird und aufleuchtet."

[153] Ebenda, S. 18; zur Methode der morphologischen Typologie auch ders.: Gestalt und Gesetz, S. 558: „Die anschaulich festgehaltenen ‚Schemen' (Goethe) treten hintereinander, um das ‚Zusammenschauen' ihrer Vielfalt zu ermöglichen. Dabei erfahren sie abermals eine Vereinheitlichung, wenn sie durch Bau- und Strukturähnlichkeiten verbunden sind. Die virtuellen Bilder decken sich unter dieser Voraussetzung und die Anschauung nimmt daraus ein schon hochgradig abstraktes Schema ab, das aber als Beziehungsgestalt für die Formen, aus denen sie hervorging, die unerläßliche Voraussetzung ist für die Ermittlung der Homologien der Teile, der Einzelformen. Das ist der Goethesche Typus [...] Er ist schlechthin der Hauptbegriff aller vergleichend-morphologischen Forschung, die es mit Ganzheiten oder Gestalten zu tun hat, die im Formenschatz der organischen Natur eine ähnliche Stellung wie die Naturgesetze im Anorganischen, im Ablauf der rein stofflich-energetischen Prozesse einnehmen."

[154] Ebd., S. 558: „Wie das Gesetz, wenn man will, über oder vor dem physikalischen Vorgang ist und ihm die Richtung vorschreibt, so leitet die typische Gestalt das Formwerden der Organismen."

Trolls Entwurf eines sich auf Goethe und die romantische Naturphilosophie berufenden, die *Anschauung* von *Gestalt*, *Typus*, *Urbild* wiederbelebenden Forschungs- und Darstellungskonzepts und dessen Attraktivität für die Biologie der 1920er und 1930er Jahre resultierte aus fortgesetzten Konflikten, die ihre Wurzeln in dem sich am Ende des 19. und zu Beginn des 20. Jahrhunderts vollziehenden Umbruch in den biologischen Wissenschaften hatten und in dessen Verlauf die letzten Bestände naturphilosophisch-spekulativer Forschungs- und Beschreibungsverfahren durch experimentell-kausalanalytische Methoden abgelöst wurden. In der Botanik manifestierte sich der programmatische Wandel im Gegensatz zwischen einer idealistisch-typologischen Morphologie (Wilhelm Hofmeister) und einer kausalanalytisch vorgehenden Physiologie (Julius Sachs), auf den bereits Trolls Lehrer Karl von Goebel mit einer von ihm selbst als „Organographie" bezeichneten „kausalen Morphologie" reagiert hatte.[155] Nachhaltig beeinflußt wurden diese Auseinandersetzungen von den fortgesetzten Debatten zwischen „Mechanisten" und „Vitalisten" über das Problem der „organischen Formen" und die wissenschaftstheoretische Basis der Biologie. Seit der Jahrhundertwende agierten „Vitalisten" wie Hans Driesch, der bereits 1909 eine zweibändige *Philosophie des Organischen* vorgelegt hatte, und der Umweltforscher Jakob von Uexküll gegen eine physiologisch-funktionelle Erklärung der Lebensvorgänge, die in Wilhelm Roux' „Entwicklungsmechanik" bzw. Julius Schultz' „Maschinentheorie des Lebens" ihre Darstellung gefunden hatte. Innerhalb dieser Diskussionen positionierten sich unterschiedliche Ansätze zur Erklärung der spezifischen Formbildungsprozesse in der belebten Natur: Während die funktionelle (entwicklungsmechanische) Morphologie organische Formen als angepaßte Werkzeuge betrachteten, bestimmte die von Ernst Haeckel begründete phylogenetische Morphologie lebendige Formen als Resultate stammesgeschichtlicher Entwicklungen, d.h. als Abwandlungen und Rudimente paläontologischer Ahnenreihen. In Opposition zu physiologischen Erklärungen, die die Ausbildung organischer Formen auf unterschiedliche Wachstumsgeschwindigkeiten und chemische Wachstumsordnungen zurückführten, erkannte die typologisch-idealistische Morphologie Trolls organische Formen als Realisationen eines „idealen Bauplans" im Sinne Goethes. Dieser Rückgriff auf einen Typus-Begriff, der als ontisch antezedente Entität die Entwicklung organischer Formen leiten sollte, wird allein vor dem Hintergrund des damaligen Wissensstandes plausibel: Da gesicherte Kenntnisse der genetischen Codierung von Wachtsumsprozessen fehlten und physiologische Untersuchungen nicht klären konnten, an welcher Stelle die

---

[155] Dazu George Karsten: Karl Goebel. In: Berichte der Deutschen Botanischen Gesellschaft 50 (1932), S. 132-162; Martin Müllerott: Karl von Goebel. In: Neue deutsche Biographie. Bd. 6, Berlin 1964, S. 504f.; William Owen James: Karl Goebel. In: Dictionary of Scientific Biography. Band 5. New York 1972, S. 437-439; Klaus Napp-Zinn: Zwei Lebermoose für eine Maß Hofbräu – Karl von Goebel und seine Schule. In: Harald Lorenzen (Hrsg.): Beiträge zur neueren Geschichte der Botanik in Deutschland. Stuttgart 1988 (= Berichte der Deutschen Botanischen Gesellschaft 100 (1987), Sonderausgabe), S. 327-340; Gisela Nickel: Wilhelm Troll, S. 28-31.

Insertion der jeweiligen chemischen Aufbauordnung und die Regulation der Aufbaugeschwindigkeiten einsetzt, schien die Annahme einer inserierenden und regulierenden Gesetzlichkeit diese Leerstelle auszufüllen. Die Erklärung eines „Typus" bzw. „idealen Bauplanes" zu einem gesetzmäßig wirkenden Regulativ der Entwicklung organischer Formen bildete das Gründungsfundament der morphologischen Typologie als der Wissenschaft, die diese Gesetzlichkeit auf- und nachwies; die Morphologie sollte die Ordnung des Morphogenetischen systematisch darstellen.

Der Skepsis der *scientific community* gegenüber der „idealistischen Morphologie", vor allem in heftigen Angriffen des Paläobotanikers Walter Zimmermann artikuliert,[156] begegnete Troll durch verstärkte Anstrengungen um die historische Legitimation seines Wissenschaftsprogramms. 1932 erschien seine Ausgabe von Goethes morphologischen Schriften zum zweiten Male, in deren Einleitung Troll schon 1926 das „tiefere Leben des deutschen Geistes" und seine Befreiung aus den „quälenden Fesseln, die ihm das flache Denken der Westvölker in einer schwachen Stunde angelegt hatte", postulierte und Goethes naturphilosophische Ideen für die unmittelbare Gegenwart fruchtbar zu machen suchte: „[H]eute ist die Zeit gekommen, das Erbe von Goethes naturwissenschaftlichem Werke anzutreten und daraus zu schöpfen, was unendlich ist, den Geist gestaltender Synthese, der nach neuen Prägungen verlangt."[157]

In der Ablehnung von Formalisierung und Quantifizierung wie auch in der Konstruktion einer Opposition von westeuropäischem Rationalismus und „tieferem Leben des deutschen Geistes" zur Beglaubigung seines gestalthaft-schauenden Wissenschaftsprogramms traf sich Troll mit einem Forscher, der nach Promotion auf dem Gebiet der theoretischen Chemie bei Arnold Sommerfeld, Assistenz am astrophysikalischen Observatorium des Einsteinturms in Potsdam und Habilitation bei Hans Meerwein in Königsberg bereits im Alter von 29 Jahren einen Ruf als ordentlicher Professor für physikalische Chemie an die Universität Kiel erhalten hatte: Karl Lothar Wolf.[158] Schon im Wintersemester 1928/29, als Wolf eine Lehrstuhlvertretung an der Christian-Albrechts-Universität wahrnahm, und seit Oktober 1930 als Ordinarius unterhielt er über den Freund und Kollegen Carl Petersen Kontakte zu dem um Friedrich Wolters und Julius Landmann versammelten Kreis von George-Jüngern in Kiel, den auch der ‚Meister' mehrfach

---

[156] Vgl. Walter Zimmermann: Die Phylogenie der Pflanzen. Jena 1930, hier S. VI und S. 8f. die Angriffe gegen die „irrationalen Geistesströmungen, welche als ‚Typologie', als ‚Idealistische' Morphologie, als phänomenologisch orientierte ‚Gestaltlehre' usw. in zahllosen Abschattierungen ähnliche Stoffgebiete bearbeiten wie die Phylogenetik"; ders.: Arbeitsweise der botanischen Phylogenetik und anderer Gruppierungswissenschaften. In: Emil Abderhalden (Hrsg.): Handbuch der biologischen Arbeitsmethoden. Abt. IX, T. 3, 2. Hälfte. Berlin, Wien 1937; ders.: Evolution. Die Geschichte ihrer Probleme und Erkenntnisse. Freiburg/München 1953, S. 486-491. – Zu Zimmermann und botanischer Phylogenie siehe Michael J. Donughue, Joachim W. Kadereit: Walter Zimmermann and the Growth of Phylogenetic Theory. In: Systematic Biology 41 (1992), S. 74-85.

[157] Wilhelm Troll: „Geleitwort". In: Goethes Morphologische Schriften, S. 11.

[158] Vgl. Markus Vonderau: ‚Deutsche Chemie', S. 83f.

besucht hatte.¹⁵⁹ Zwischen 1933 und 1935 Rektor der Kieler Universität, betrieb Wolf u.a. die Berufung Kurt Hildebrandts als Nachfolger Julius Stenzels auf den nach dessen zwangsweiser Beurlaubung vakanten Lehrstuhl für Philosophie¹⁶⁰ – erkannte er doch in den philosophischen und wissenschaftstheoretischen Vorstellungen Hildebrandts die Basis für eine partnerschaftliche Kooperation, die von der kollektiven Herausgeberschaft der *Zeitschrift für die gesamte Naturwissenschaft* bis zu gemeinsamen Lehrveranstaltungen über Atomlehre und Naturphilosophie reichen sollte.¹⁶¹ Wie Hildebrandt, der nach eigenen Worten am Ende seines Medizinstudiums die Unmöglichkeit einer „mechanistischen Metaphysik" erkannt und von dieser Einsicht aus den Weg zu einer „Philosophie vom Ganzen" gefunden zu haben glaubte,¹⁶² sah auch Wolf in einer zweckrational operierenden und formalistisch verengten Naturforschung den Gegenpart des eigenen Wissenschaftsprogramms. Wenn auch positive Bestimmungen der eigenen, von ihm als „schöpferischer Realismus" bezeichneten Denkart nicht besonders klar auffielen – was Wolf damit rechtfertigte, daß „diese geistige Richtung dem Versuch einer Systematisierung widerstrebt"¹⁶³ – , lassen sich doch zumindest drei Momente herauspräparieren, die sowohl als Grundlagen einer „organischen" Naturbetrachtung als auch für deren wissenschaftsgeschichtliche Legitimation verbindlich wurden: (1) Im Gegensatz zu mechanistischen und vitalistischen Konzeptionen sei Natur weder ein toter Mechanismus noch ein zweckmäßiges System, sondern lebendige, harmonische Einheit; (2) Mensch und Natur ständen in einem unmittelbaren und unlösbaren Verhältnis zueinander: der Mensch sei weder objektiver Beob-

---

159 Friedrich Wolters lehrte von 1923 bis zu seinem Tod 1930 in Kiel; seit 1927 unterrichtete auch der bislang in Basel lehrende Julius Landmann Wirtschaftsgeschichte und Nationalökonomie an der Kieler Universität, vgl. Ludwig Thormaehlen: Erinnerungen an Stefan George. Hamburg 1962, S. 226.
160 Die Bemühungen Wolfs und Carl Petersens um seine Berufung schildert Kurt Hildebrandt: Ein Weg zur Philosophie. Bonn 1962, S. 68; ders.: Erinnerungen an Stefan George und seinen Kreis. Bonn 1965, S. 242; die näheren Umstände der Berufung des nicht habilitierten Kurt Hildebrandt auf das Kieler Ordinariat erläutert Rainer Kolk: Literarische Gruppenbildung, S. 527-529 und belegt sie mit den im Anhang zugänglich gemachten Archivdokumenten, ebenda, S. 621-632. Wolfs Rektorat in Kiel wird auch dokumentiert in Helmut Heiber: Universität unterm Hakenkreuz. Teil 2: Die Kapitulation der Hohen Schulen. Das Jahr 1933 und seine Themen. Bd. 1, S. 442-450.
161 Vgl. Kurt Hildebrandt: Goethes Naturerkenntnis. Hamburg 1947, S. 375; ders.: Erinnerungen an Stefan George und seinen Kreis, S. 243f.
162 Kurt Hildebrandt: Goethes Naturerkenntnis, S. 375. Charakteristisch für diese ganzheitliche Natur- und Wissenschaftsphilosophie sei, so Hildebrandt ebenda, daß sie „die exakte, mechanistische Naturforschung unverkürzt, aber mit Verneinung ihres Totalitätsanspruches, nach dem Vorbilde von Leibniz und Platon in ihr Gefüge einbaut", vom Gedanken eines sinnhaft geordneten Kosmos ausgehe und wissenschaftliche Erkenntnisse nicht zum Zweck einer instrumentellen Beherrschung der Natur gewinne.
163 Rembert Ramsauer, Karl Lothar Wolf: Zur Geschichte der Naturanschauung in Deutschland I. In: Zeitschrift für die gesamte Naturwissenschaft 1 (1935/36), S. 131-149, hier S. 139; ähnlich Rembert Ramsaucr: Die Atomistik des Daniel Sennert als Ansatz zu einer deutschartigschauenden Naturforschung und Theorie der Materie im 17. Jahrhundert. Kiel 1935, S. 5.

achter noch Beherrscher, sondern höchstes Glied der natürlichen Ordnung; (3) die Aufgabe der Naturforschung bestehe nicht in der Beschreibung und Systematisierung, sondern in der Erkenntnis der Ordnung und der sie bewegenden Kräfte.[164]

Wolf, der 1934 seine venia legendi von der physikalischen Chemie auf die Geschichte der Naturwissenschaften hatte erweitern lassen, suchte seit Mitte der 1930er Jahre nach einem publizistischen Organ für seine Bemühungen um eine gestalthaft-ganzheitliche Fundamentierung der Wissenschaft. Nachdem er im März 1935 in einem internen Gutachten für das Reichserziehungsministerium die als Organ der *Kaiser-Wilhelm-Gesellschaft* und der *Gesellschaft der Naturforscher und Ärzte* erscheinende Zeitschrift *Die Naturwissenschaften* als „Bannerträger des reinsten internationalen und rasselosen Positivismus" denunziert hatte,[165] gründete er 1935 gemeinsam mit Alfred Benninghoff, Karl Beurlen und Kurt Hildebrandt die *Zeitschrift für die gesamte Naturwissenschaft, einschließlich Naturphilosophie und Geschichte der Naturwissenschaft und Medizin*, in deren Redaktionskollegium wie erwähnt Ludwig Bieberbach, Adolf Meyer, Paul Pfeiffer, Wilhelm Troll, Jakob von Uexküll sowie Martin Heidegger und Hans Georg Gadamer vertreten waren. In Aufsätzen zu Einzelproblemen naturwissenschaftlicher Disziplinen, vor allem aber in wissenschaftsgeschichtlichen Abhandlungen suchten die Beiträger der *Zeitschrift für die gesamte Naturwissenschaft* die Herrschaft des ‚Positivismus' durch den historischen Rekurs auf die deutsche Tradition einer zweckfreien, an die Anschauung gebundenen Naturforschung

---

[164] „Erkenntnis der bewegenden Kräfte" bedeutete jedoch nicht Ursachenforschung im Sinne von Kausalitätsnachweisen. Ausgangspunkt der Kritik an der „mechanistischen" Naturforschung war auch für Wolf der Vorwurf, *Qualitäten* in *quantitativ* meßbare Größen aufgelöst und den unendlichen Reichtum der Natur auf abstrakte Formeln verengt zu haben. Den Hauptgegner bildete die Physik, namentlich in ihrer seit Newton existierenden, auf dem Kausalitätsprinzip beruhenden Form, auf die sowohl Chemie als auch Biologie reduziert zu werden drohten. Daraus erklären sich die scharfen Angriffe gegen Wilhelm Ostwald, der von Wolf mehrfach für die Entstehung der „physikalischen Chemie" und die wirtschaftliche Nutzung chemischer Erkenntnisse verantwortlich gemacht wurde, vgl. W. Troll, K. L. Wolf: Goethes morpholgischer Auftrag, S. 8, 61f.

[165] Karl Lothar Wolf an das REM. Brief vom 23. März 1935. UA Halle, PA 17240, hier zitiert nach Markus Vonderau: Deutsche Chemie, S. 85. In den Beiträgen des Jahrgangs 1932 verurteilte Wolf insbesondere die in ihnen zum Ausdruck kommende „Verehrung von Einstein" und Pascual Jordans „Positivismus, der in der materialistischen Auffassung alles Seelische als sinnlose Hypothese aus der Wissenschaft ausschaltet". Über die Jahrgänge nach 1933 hieß es: „Die letzten Hefte des Jahrgangs 1934 und die vorliegenden des Jahres 1935 zeigen, dass in der Gesinnung ein Wandel nicht eingetreten ist. Jordan ist nur noch extremer Positivistisch. [...] Es ist selbstverständlich, dass die exakte Forschung ihren Weg gehen musste und und dass hier nur über die hinter dem Spezialistentum verborgen zur Wirkung kommende Gesinnung zu urteilen ist. Wer aber die Naturwissenschaften liest, der kann nicht übersehen, dass diese Zeitschrift eine unheilvolle zersetzende Wirkung ausüben muss, weil sie mit seelenlosem Intellektualismus bewusst jeder völkischen Kultur entgegenarbeitet." – Schon am 6. Oktober 1934 hatte Wolf in einem Brief an das REM Jordan für einen in der Zeitschrift *Die Naturwissenschaften* publizierten Aufsatz „zur Rettung des Positivismus" angeschwärzt, siehe Helmut Heiber: Universität unterm Hakenkreuz. Teil 2: Die Kapitulation der Hohen Schulen. Das Jahr 1933 und seine Themen. Bd. 1, S. 446.

zu untergraben. Eine besondere Rolle spielte die von Karl Lothar Wolf und seinem Schüler Rembert Ramsauer maßgeblich gestaltete Reihe *Zur Geschichte der Naturanschauung in Deutschland*, die eine Umwertung bisheriger Auffassungen der frühneuzeitlichen Wissenschaftsentwicklung liefern wollte und dabei den physikalischen Atomismus Daniel Sennerts und Joachim Jungius' wiederentdeckte.[166] Programmatisch verklammerte die wissenschaftsgeschichtliche Serie die Kritik an der neuzeitlichen Ausdifferenzierung von Wissenssystemen mit der emphatischen Hoffnung, in Aufnahme eines morphologischen Wissenschaftskonzepts zu „gestalthafter Anschauung" als dem basalen Prinzip eines ganzheitlichen „schöpferischen Realismus" zurückzukehren: Ihren Versuch zur Wiederbelebung einer auf Platons Ideenlehre zurückgehenden „qualitativen Atomlehre", die seit dem Ende des 17. Jahrhunderts durch eine westeuropäische, mechanistisch-rationalistische Verengung auf quantitativ meßbare Eigenschaften der Materie zurückgedrängt worden sei, gründeten Wolf und Ramsauer in Verschränkung der von Wolters 1927 gelieferten Zustandsbeschreibung eines fragmentierten Wissenschafts- und Kulturbetriebes[167] und der – charakteristisch abgewandelten – Aufforderung Trolls zu „organischem Denken" auf der Gewißheit, „[h]eute ... das Erbe deutscher Naturanschauung anzutreten und daraus zu schöpfen, was unendlich ist: den Geist gestaltender Synthese, der nach neuen Prägungen verlangt."[168]

Trotz verbaler Nähe zu Topoi des nationalsozialistischen Ideenkonglomerats und der Hoffnung, von politischen Stellen im Kampf gegen den ‚Positivismus' unterstützt zu werden,[169] ernteten gestalthaft-ganzheitliche Program-

---

[166] Rembert Ramsauer, Karl Lothar Wolf: Zur Geschichte der Naturanschauung in Deutschland I; dies.: Daniel Sennert und seine Atomlehre. Zur Geschichte der Naturanschauung in Deutschland II. In: Zeitschrift für die gesamte Naturwissenschaft 1 (1935/36), S. 357-380; dies.: Johann Joachim Becher, Leben und Gestalt. Zur Geschichte der Naturanschauung in Deutschland III. Ebenda, S. 494-511; R. Ramsauer: Johann Joachim Becher, Werk und Wirkung. Zur Geschichte der Naturanschauung in Deutschland IV. In: Zeitschrift für die gesamte Naturwissenschaft 2 (1936/37), S. 132-152; Kurt Hildebrandt: Die Bedeutung von Leibniz in der deutschen Naturphilosophie. Zur Geschichte der Naturanschauung in Deutschland V. Ebenda, S. 169-185; R. Ramsauer: Joachim Jungius und Robert Boyle. Das Schicksal der deutschen Atomlehre. Zur Geschichte der Naturanschauung in Deutschland VI. Ebenda, S. 373-388.

[167] Vgl. Rembert Ramsauer, Karl Lothar Wolf: Daniel Sennert und seine Atomlehre, S. 357f. das über die gekennzeichneten Auslassungen hinweg gekürzte Zitat aus Friedrich Wolters: Vier Reden über das Vaterland. Breslau 1927 (= Werke der Schau und Forschung aus dem Kreise der Blätter für die Kunst), S. 155f.

[168] Ebenda, S. 358. Die charakteristische Modifikation bestand in einer nicht kenntlich gemachten Erweiterung der Berufungsrhetorik: Hieß es in Trolls Einleitung zu Goethes morphologischen Schriften: „...heute ist die Zeit gekommen, das Erbe von Goethes naturwissenschaftlichem Werke anzutreten", nahmen Wolf und Ramsauer in Veränderung des Zitats „das Erbe deutscher Naturanschauung" in Anspruch.

[169] Karl Lothar Wolf verstand sich selbst als energischer Gegner des „formal-thermodynamischen Positivismus" und hatte seinen Kampf gegen die „Ostwald-Euckenschen Schule" gegenüber dem REM als „Ausdruck nationalsozialistischer Anschauungen" deklariert, vgl. Karl Lothar Wolf an das REM. Brief vom 2.3. 1937. BA/BDC, PA K. L. Wolf, zitiert nach Markus Vonderau: ‚Deutsche Chemie', S. 84.

me und ihre Berufungsrhetorik von Seiten wissenschafts- und ideologieverwaltender Institutionen wie dem REM und dem *Amt Rosenberg* Skepsis, wenn nicht gar Mißtrauen. Auch universitäre Instanzen vermochten sich mit den wissenschaftsreformatorischen Bestrebungen nicht anzufreunden. Als Karl Lothar Wolfs Stellung in Kiel aufgrund des Skandals, den sein Verhältnis mit der Tochter Carl Petersens hervorgerufen hatte, endgültig erschüttert wurde, nutzte der Rektor Georg Dahm die Gelegenheit, sich beim Reichserziehungsministerium über den mißliebigen Kollegen und dessen Verkehr im „aristokratischen" George-Kreis zu beschweren.[170] Dahms Angriffe hatten Erfolg: Wolf mußte Kiel verlassen und wirkte nach einem Intermezzo in Würzburg von September 1937 bis zum Frühjahr 1945 als Inhaber des Lehrstuhls für physikalische Chemie an der Universität Halle.[171] Wissenschaftspolitische Interventionen führten ebenfalls zum Herausgeber- und Verlagswechsel der *Zeitschrift für die gesamte Naturwissenschaft*: Seit Heft 2/3 des 3. Jahrgangs (1937/38) erschien das Periodikum als *Organ der Reichsgruppe Naturwissenschaft der Reichsstudentenführung* unter Federführung Fritz Kubachs im Ahnenerbe-Verlag.[172] Entsprechend der neuformulierten Aufgabenstellung[173] erschienen nun zahlreiche Artikel zur „rassisch-völkischen Gegebenheit" von Wissenschaft.[174]

Befördert durch die in Halle wirkende *Deutsche Akademie der Naturforscher* (Leopoldina), in die Troll 1933, Wolf 1940 aufgenommen worden waren, suchten die untereinander befreundeten Wissenschaftler nach einer neuen Plattform zur Verbreitung und Diskussion ihres morphologischen Wissenschaftsprogramms. Offiziell seit dem Sommersemester 1942 luden sie gemeinsam mit dem ebenfalls an der Hallenser Universität lehrenden Theologen Friedrich Karl Schumann zum sogenannten *Gestalt-Kolloquium* ein – einer mehrmals pro Semester stattfindenden Veranstaltung, zu der Wissenschaftler aus ganz Deutschland anreisten, um in Vorträgen Überlegungen zur Applikation des *Gestalt*-Begriffs auf ihre Disziplinen vorzu-

---

[170] Georg Dahm an das REM. Brief vom 19. Februar 1936. UA Halle, PA Karl Lothar Wolf; abgedruckt in Markus Vonderau: ‚Deutsche Chemie', S. 86 sowie bei Rainer Kolk: Literarische Gruppenbildung, S. 531.

[171] Vgl. Helmut Heiber: Universität unterm Hakenkreuz. Teil 2: Die Kapitulation der Hohen Schulen. Das Jahr 1933 und seine Themen. Bd. 1, S. 447ff.

[172] Wolf machte später Johannes Stark und die Reichsstudentenführung für die „keinesfalls freiwillige" Abgabe der Zeitschrift verantwortlich, die nach seinen Worten „nie als politische Zeitschrift, sehr wohl aber als Kampfschrift gegen den zunehmenden Positivismus gedacht war", Karl Lothar Wolf an den Dekan der naturwissenschaftlichen Fakultät der Universität Mainz. Brief vom 13. November 1950. UA Mainz, Bestand 14/274, hier zitiert nach Markus Vonderau: ‚Deutsche Chemie', S. 90.

[173] Mitteilung an die Leser. In: Zeitschrift für die gesamte Naturwissenschaft 3 (1937/38), S. 41.

[174] U.a. Friedrich Requard: Rassisch-völkische Gegebenheit und exakte Naturwissenschaft. In: Zeitschrift für die gesamte Naturwissenschaft 3 (1937/38), S. 193-201; ders.: Wissenschaftliche Strenge und Rasse. In: Zeitschrift für die gesamte Naturwissenschaft 4 (1938/39), S. 342-353; Ludwig Glaser: Juden in der Physik: Jüdische Physik. In: Zeitschrift für die gesamte Naturwissenschaft 5 (1939), S. 272-275; Wilhelm Müller: Jüdischer Geist in der Physik. Ebenda, S. 162-175. Zu den Umständen des Herausgeberwechsels und den veränderten Inhalten der Zeitschrift vgl. Markus Vonderau: ‚Deutsche Chemie', S. 87-91, 183-189.

stellen.¹⁷⁵ Als disziplinübergreifende Veranstaltungsserie angelegt und im Vorlesungsverzeichnis zum Sommersemester 1942 angekündigt, fand die erste Veranstaltung bereits am 1. Februar 1941 statt: Der Mathematiker Max Steck sprach über *Mathematik als Begriff und Gestalt*, Wilhelm Troll über das *Compositenphänomen als Gestaltproblem*.¹⁷⁶ Zur Dokumentation der Zusammenkünfte des Kolloquiums hatten Karl Lothar Wolf und Wilhelm Troll gemeinsam mit dem Kunsthistoriker Wilhelm Pinder die Publikationsreihe *Die Gestalt – Abhandlungen zu einer allgemeinen Morphologie* initiiert. Programmatischer Auftakt war die von Wolf und Troll verfaßte Schrift *Goethes morphologischer Auftrag*, die bereits 1940 in Band 41 des *Botanischen Archivs* und gesondert in der Akademischen Verlagsgesellschaft Leipzig erschienen war und im Mai 1942 als Heft 1 die Reihe eröffnete.¹⁷⁷ Auf das erste Erscheinen von Goethes *Versuch über die Metamorphose der Pflanzen* im Jahre 1790 verweisend, erhob die Programmschrift den Anspruch, die Grundlagen für eine disziplinen- und wissenschaftskulturenübergreifende „urbildliche Betrachtung" zu legen und „richtungsweisendes erstes Heft" einer gestalthafter Neuorientierung des gesamten Wissenschaftssystems zu werden.¹⁷⁸

Redaktionskollegium und Autoren der Schriftenreihe rekrutierten sich weitgehend aus den im Rahmen des *Gestalt-Kolloquiums* auftretenden Wissenschaftlern. Unter Leitung der drei Herausgeber Wilhelm Pinder (der jedoch nicht als Verfasser in Erscheinung trat), Wilhelm Troll und Karl Lothar Wolf wirkten im editorial board neben dem Gestaltpsychologen Johannes von Allesch, dem Mathematiker und Kepler-Herausgeber Max Caspar, dem Züricher Botaniker Albert Frey-Wyssling, dem Mineralogen Paul Niggli,

---

¹⁷⁵ Vertreter der Universität Halle waren neben den Initiatoren Troll, Wolf und Schumann der Agrarzoologe Ulrich Gerhardt, der Mathematiker Heinrich Brandt, der Paläontologe Oskar Kuhn sowie interessierte Dotoranden und wissenschaftliche Mitarbeiter, u.a. Dorothea Kuhn, später Mitarbeiterin an der Leopoldina-Ausgabe von Goethes naturwissenschaftlichen Schriften.
¹⁷⁶ Wilhelm Troll: Tagebucheintrag vom 1. Februar 1941, hier nach Gisela Nickel: Wilhelm Troll, S. 98.
¹⁷⁷ Wilhelm Troll, Karl Lothar Wolf: Goethes morphologischer Auftrag. Zum 150. Jahr des Erscheinens von Goethes Versuch über die Metamorphose der Pflanzen. In: Botanisches Archiv 41 (1940), S. 1-71; u.d.T. Goethes morphologischer Auftrag: Versuch einer naturwissenschaftlichen Morphologie. Leipzig: Akademische Verlagsgesellschaft 1940; 2., durchges. Aufl. Halle/S.: Niemeyer 1942; 3., durchges. Aufl.Tübingen: Neomarius 1950 (= Die Gestalt 1).
¹⁷⁸ Im Vorwort zur ersten Auflage hieß es: „Der vorliegende – langjährigen, gemeinsamen Bemühungen entsprungene – Versuch einer naturwissenschaftlichen Morphologie [...] soll in Verfolgung von Goethes 1790 veröffentlichtem Versuch über die Metamorphosen der Pflanzen die Grundlagen entwickeln für die urbildliche Betrachtung im Gesamtbereich der Naturwissenschaft und berührt so nicht nur die Biologie, sondern alle naturwissenschaftlichen Disziplinen, insbesondere die Chemie und darüberhinaus auch die Geisteswissenschaft." Das Vorwort zur zweiten Auflage markierte deutlich den programmatischen Charakter der Publikation, indem es nach Hinweis auf den Erstdruck „im 150. Jahr des Erscheinens von Goethes Metamorphose der Pflanze" postulierte: „Da er [der Versuch einer naturwissenschaftlichen Morphologie] alle naturwissenschaftlichen Disziplinen und darüber hinaus auch die Geisteswissenschaften anspricht, wurde er später der Schriftenreihe ‚Die Gestalt' als richtungsweisendes erstes Heft eingereiht."

dem Biologiehistoriker Emil Ungerer, dem Chemiker Conrad Weygand und dem Biologen Richard Woltereck u.a. die Philosophen Hans Georg Gadamer und Kurt Hildebrandt, der Jurist Ernst von Hippel, der Philologe Walter Friedrich Otto, der Thomas-Kantor Günther Ramin, der Theologe Friedrich Karl Schumann und der Kunsthistoriker Hans Sedlmayr.[179] Ab 1950 waren Friedrich Karl Schumann, Wilhelm Troll und Karl Lothar Wolf die Herausgeber der Reihe, in der bis 1958 insgesamt 29 Titel erschienen.[180]

---

[179] Im ‚editorial board' des ersten Bandes waren weiter genannt: K. Spangenberg (Breslau), A. Speiser (Zürich), H. Staudinger (Freiburg), Max Steck (München), Carl Troll (Bonn), (Karlsruhe), Friedrich Wagner (München), Friedrich Waaser (Ulm), (Leipzig), W. Wolf (Leipzig), E. Becksmann (Heidelberg), F. Boehm (Straßburg), F. Büchner (Freiburg i. Br.), M. Clara (Leipzig), Julius Evola (Rom), H. Heimpel (Straßburg), K. Heß (Berlin), A. Koegel (München), E. Langlotz (Bonn), Hans Naumann (Bonn), G.V. Schulz (Freiburg).

[180] Wilhelm Troll, K. Lothar Wolf: Goethes morphologischer Auftrag : Versuch einer naturwissenschaftlichen Morphologie. Leipzig: Akademische Verlagsgesellschaft 1940, 2. Durchges. Aufl. Halle/S.: Niemeyer 1942; 3., durchges. Aufl.Tübingen: Neomarius 1950 (= Die Gestalt 1); Wilhelm Troll: Gestalt und Urbild. Gesammelte Aufsätze zu Grundfragen der organischen Morphologie. Leipzig: Akademische Verlagsgesellschaft 1941, 2. Durchges. Aufl. Halle/S.: Niemeyer 1942 (= Die Gestalt 2); Johannes G. von Allesch: Die Wahrnehmung des Raumes als psychologischer Vorgang. – Max Steck: Wissenschaftliche Grundlagenforschung und die Gestaltkrise der exakten Wissenschaften. Leipzig: Akademische Verlagsgesellschaft 1941 (= Die Gestalt 3); Paul Niggli: Von der Symmetrie und den Baugesetzen der Kristalle. Leipzig: Akademische Verlagsgesellschaft 1941 (= Die Gestalt 4); Max Steck: Über das Wesen des Mathematischen und die mathematische Erkenntnis bei Kepler. Halle: Niemeyer 1941 (= Die Gestalt 5); Friedrich Karl Schumann: Gestalt und Geschichte. Halle: Niemeyer 1941 (= Die Gestalt 6); Victor von Weizsäcker: Gestalt und Zeit. Halle: Niemeyer 1942 (= Die Gestalt 7); Friedrich Waaser: Gestalt und Wirklichkeit im Lichte Goethescher Naturanschauung. Halle: Niemeyer 1942 (= Die Gestalt 8); Ernst von Hippel: Rechtsgesetz und Naturgesetz. Halle: Niemeyer 1942, 2., verb. Aufl. Tübingen: Neomarius 1949 (= Die Gestalt 9); Conrad Weygand: Deutsche Chemie als Lehre vom Stoff. Halle: Niemeyer 1942 (= Die Gestalt 10); Hans Weigert: Das Kapitell in der deutschen Baukunst des Mittelalters. Halle: Niemeyer 1943 (= Die Gestalt 11); Max Steck: Mathematik als Begriff und Gestalt. Halle: Niemeyer 1942 (= Die Gestalt 12); Günther Müller: Die Gestaltfrage in der Literaturwissenschaft und Goethes Morphologie. Halle/S. 1944 (= Die Gestalt 13); Kurt Hildebrandt: Kopernikus und Kepler in der deutschen Geistesgeschichte. Halle: Niemeyer 1944 (= Die Gestalt 14); Robert M. Müller: Über die Entfaltungsordnung und den Stammbaum der chemischen Grundstoffe. Halle: Niemeyer 1944 (= Die Gestalt 15); Lottlisa Behling: Gestalt und Geschichte des Masswerks. Halle: Niemeyer 1944 (= Die Gestalt 16); Ulrich Gerhardt: Sexualbiologie und Morphologie. Halle: Niemeyer 1944 (= Die Gestalt 17); Friedrich Waaser: Mensch und Tier. Eine pädagogische Betrachtung auf urbildlicher Grundlage. Halle: Niemeyer 1945, 2., durchges. Aufl. Tübingen: Neomarius 1950 (= Die Gestalt 18); Otto Julius Hartmann: Die Gestaltstufen der Naturreiche und das Problem der Zeit. Halle/S. 1945 (= Die Gestalt 19); Herbert Koch: Winckelmann und Goethe in Rom. Tübingen: Neomarius 1950 (= Die Gestalt 20); Franz Altheim: Sein und Werden in der Geschichte Tübingen: Neomarius 1950 (= Die Gestalt 21); Roland Hampe: Die Gleichnisse Homers und die Bildkunst seiner Zeit. Tübingen: Niemeyer 1952 (= Die Gestalt 22); Dorothea Kuhn, Karl Lothar Wolf: Gestalt und Symmetrie. Eine Systematik der symmetrischen Körper. Tübingen: Niemeyer 1952 (= Die Gestalt 23); Bernhard Schweitzer: Vom Sinn der Perspektive.Tübingen: Niemeyer 1953 (= Die Gestalt 24); Bernhard Schweitzer: Platon und die bildende Kunst der Griechen. Tübingen 1953 (= Die Gestalt 25); Herbert Koch: Von ionischer Baukunst. Köln Graz: Böhlau 1956 (= Die Gestalt 26); Friedrich Wagner: Wissenschaft in unserer Zeit. Köln Graz: Böhlau 1957 (= Die Gestalt 27); Wolf von Engelhardt: Der Mensch in der technischen Welt. Köln Graz: Böhlau 1957 (= Die Gestalt 28); Rupprecht Matthaei: Zur Morphologie des Goetheschen Farbenkreises. Köln Graz: Böhlau 1958 (= Die Gestalt 29).

Die Nummern 22 bis 29, zwischen 1952 und 1959 gedruckt, trugen zusätzlich die Bezeichnung *Colloquium Palatinum* – den Namen eines zweiten, sich nach 1945 konstituierenden interdisziplinären Wissenschaftlerkreises mit morphologisch-ganzheitlicher Ausrichtung. Unter der Bezeichnung *Colloquium Palatinum* tagte zwischen 1950 und 1959 in Deidesheim/Pfalz und auf Schloß Guttenberg/Franken eine locker verbundene Gruppe von Forschern, der neben Vertretern des Hallenser *Gestalt-Kolloquiums* wie Wilhelm Troll, Karl Lothar Wolf und Dorothea Kuhn u.a. der Literaturwissenschaftler Friedrich Beißner, der Altphilologe Walter Friedrich Otto, der Physiologe Rupprecht Matthaei, der Mineraloge Wolf von Engelhardt, der Philosoph Friedrich J. von Rintelen und der Sprachwissenschaftler Jost Trier angehörten. Auch dieses Forum wollte explizit dem Austausch zwischen den Wissenschaftskulturen und der grenzüberschreitenden Diskussion morphologischer Forschungsprogramme dienen – nicht zuletzt durch die Einbeziehung ausländischer Wissenschaftler wie des Baseler Zoologen Adolf Portmann, der mit einschlägigen Arbeiten zur Tiergestalt auf sich aufmerksam gemacht hatte.[181] Die Arbeiten der im *Colloquium Palatinum* versammelten Forscher erschienen zwischen 1950 und 1952 in der von Wilhelm Troll und Karl Lothar Wolf herausgegebenen Reihe *Gesetz und Urbild. Abhandlungen zur Pflege realistischen Denkens in der Wissenschaft* im Stuttgarter Metzler-Verlag; nach 1952 in der Reihe *Die Gestalt*.[182]

Einigende Grundlage der in Halle vorgestellten und publizierten Beiträge war die Frontstellung gegen eine als „mechanistisch" und „positivistisch" qualifizierte Konzeption von Wissenschaft, die nicht allein für die Formalisierung und Technisierung von Forschungs- und Darstellungsprinzipien, sondern auch für die verhängnivolle Differenzierung, des Wissenschaftssystems verantwortlich gemacht wurde. Demgegenüber bejahten durchgehend alle Teilnehmer das Prinzip einer „gestalthaften", „ganzheitlichen" *Anschauung* als der fundamentalen Basis eines fächerübergreifenden Wissenschaftsprogramms, das die abgelehnten Signaturen der modernen Wissenschaftsentwicklung durch drei korrespondierende Leistungszuweisungen aufzuheben versprach: Mit der Anerkennung einer *gestalthaft* gegebenen Wirklichkeit und der damit verbundenen Maximierung von Ganzheitlichkeit und Kohärenz sollte die Notwendig-

---

[181] Adolf Portmann: Die Biologie und das Phänomen des Geistigen. In: Eranos-Jahrbuch 14 (1946), S. 521-567; ders.: Die Tiergestalt. Studien über die Bedeutung der tierischen Erscheinung. Basel 1948; ders.: Probleme des Lebens. Eine Einführung in die Biologie. Basel 1949. – Zur interdisziplinären Ausrichtung des *Colloquium Palatinum* vgl. die bei Gisela Nickel (Wilhelm Troll, S. 183) abgedruckte Aussage des bereits am *Gestalt-Kolloquium* beteiligten Wolf von Engelhardt.

[182] Ernst von Hippel: Die Krise des Staatsgedankens und die Grenzen der Staatsgewalt. Stuttgart 1950 (= Gesetz und Urbild. Abhandlungen zur Pflege realistischen Denkens in der Wissenschaft); Joseph Müller-Blattau: Gestaltung – Umgestaltung. Studien zur Geschichte der musikalischen Variation. Stuttgart 1950 (= Gesetz und Urbild); Karl Lothar Wolf: Das Urbild des elementaren Atoms. Stuttgart 1950 (= Gesetz und Urbild); Herbert Koch: Der griechisch-dorische Tempel. Stuttgart 1951 (= Gesetz und Urbild); Walter Friedrich Otto: Gesetz, Urbild und Mythos. Stuttgart 1951 (= Gesetz und Urbild); Joseph Müller-Blattau: Das Verhältnis von Wort und Ton in der Geschichte der Musik. Stuttgart 1952 (= Gesetz und Urbild).

keit *qualitativer* Betrachtungs- und Forschungsprinzipien erwiesen und die Auflösung qualitativer Entitäten in abstrakte Quantitäten erkenntnistheoretisch abgewiesen werden.[183] Die *Anschauung* gestalthafter Phänomene setzte der technischen Zurichtung und Nutzung von Wissenschaft das Ideal platonischer Kontemplation entgegen.[184] Schließlich sollte eine „urbildliche" Erforschung der unter den Begriff der *Gestalt* subsumierten natürlichen und kulturellen Erscheinungen explizit auch die Spezialisierung wissenschaftlicher Disziplinen überwinden und eine Integration der Wissenssysteme vorantreiben.[185]

Zur Legitimation dieses Wissenschaftsprogramms griff man u.a. auf die Annahmen national eigenständiger Wissenschaftsstile zurück, die seit der Jahrhundertwende gegen die Internationalität von Wissenschaft ins Feld geführt worden waren.[186] In Rekurs auf Traditionskonstrukte, die von disparaten Autoren wie Wissenschaftlern aus dem George-Kreises, dem mehrfach erwähnten Wilhelm Troll, dem Kepler-Editor Max Caspar oder Karl Lothar Wolfs Schüler Rembert Ramsauer entwickelt worden waren, begriff man die eigene morphologische Perspektive als Wiedergewinn einer ‚deutschartigen' Naturforschung, die ihre erste Blüte in der Zeit zwischen Cusanus und Daniel Sennert und ihren vorläufig letzten Gipfelpunkt in Goethe und der romantischen Naturphilosophie erlebt hätte.[187] Die Szenarien, die die Genese einer

---

[183] Prägnant die Kritik am cgs-System bei Wilhelm Troll, Karl Lothar Wolf: Goethes morphologischer Auftrag, S. 4-11; aufgenommen im Hinweis Günther Müllers (Die Gestaltfrage in der Literaturwissenschaft, S. 10f.), daß das Entscheidende der „morphologischen Betrachtungsweise" darin bestehe, „daß sie die Gestalten nicht in Formeln verwandelt, die als das Eigentliche hinter oder unter den Erscheinungen ständen, daß sie vielmehr gerade und nur in den gestalthaften Erscheinungen selbst das Walten der ewigen Kräfte, das Erscheinen des Lebendigen sucht und in seiner Gesetzhaftigkeit zu durchdringen trachtet."

[184] So schon R. Ramsauer, K. L. Wolf: Zur Geschichte der Naturanschauung in Deutschland I, S. 141: „Alle Forschung kann den Menschen nur zur Erkenntnis seiner selbst und zur Erkenntnis seiner Stellung im Kosmos bringen..."

[185] Deutlich bei W. Troll, K. L. Wolf: Goethes morphologischer Auftrag, S. 57f.; Günther Müller Die Gestaltfrage in der Literaturwissenschaft, S. 2f., 8 u.ö.

[186] Zu den seit Pierre Duhem gegen die Internationalität von Wissenschaft ins Feld geführten Argumenten instruktiv und mit reichen Literaturangaben Lutz Danneberg, Jörg Schönert: Zur Transnationalität und Internationalisierung von Wissenschaft. In: Lutz Danneberg, Friedrich Vollhardt (Hrsg.): Wie international ist die Literaturwissenschaft? Methoden- und Theoriediskussion in den Literaturwissenschaften: kulturelle Besonderheiten und interkultureller Austausch am Beispiel des Interpretationsproblems (1950-1990). Stuttgart, Weimar 1995, S. 7-85, hier S. 15-23.

[187] Wie problematisch die Erhebung Goethes zum Gewährsmann einer spezifisch deutschen, „gestalthaft-schauenden", „organischen" Wissenschaft war, zeigt schon ein Blick auf die lange vor 1933 aktiven Interpreten. Mit idealistisch-naturphilosophischen Intentionen operierten u.a. Adolf Meyer: Das Wesen der idealistischen Biologie und ihre Beziehungen zur modernen Biologie. In: Archiv für Geschichte der Mathematik, der Naturwissenschaften und der Technik 11 (1929), S. 149-178; ders.: Goethes Naturerkenntnis, ihre Voraussetzungen in der Antike, ihre Krönung durch Carus. In: Jahrbuch des Freien Deutschen Hochstifts 1929, S. 196-233; Johannes Walther (Hrsg.): Goethe als Seher und Erforscher der Natur. Untersuchungen über Goethes Stellung zu den Problemen der Natur. Leipzig 1930; Goethes naturwissenschaftliches Denken und Wirken. Drei Aufsätze hrsg. von der Schriftleitung der Zeitschrift Die Naturwissenschaften. Berlin 1930; Hans André: Goethes Naturanschauung in ihrer Bedeutung für die moderne Biologie. In: Literaturwissenschaftliches Jahrbuch der Görres-Gesellschaft 7 (1932), S. 65-104; ders.: Stilgesetze pflanzlicher Formgestaltung im Lichte Goethescher Natur-

spezifisch deutschen, ‚gestalthaften' Naturbetrachtung und deren Zersetzung durch einen von Westeuropa eindringenden „entwirklichenden Rationalismus" nachstellten, ähnelten sich. Schon bald nach Keplers Tod habe sich „der mechanistisch-materialistische Rationalismus Descartesscher Prägung mit dem vorzüglich im England Robert Boyles und Isaac Newtons entsprungenen systematisierenden Empirismus zu einem stoffgläubigen, mathematisch-formalen Mechanismus" verbunden und eine Natur- und Wissenschaftsauffassung zur Geltung bringen können, „die durch ihre Blindheit für alle sich der Quantifizierung entziehenden Eigenschaften der Welt – und zu diesen gehört auch die Gestalt in allen ihren Formen – gekennzeichnet ist."[188] Im Widerstreit zwischen „stoffgläubig-mechanistischer" und „schöpferisch-realistischer Naturlehre" wären die „schöpferisch-realistischen" Deutschen seit dem 17. Jahrhundert unterlegen; Sinnbild für die Niederlage sei der vergebliche Kampf Goethes gegen Newton gewesen. Jetzt jedoch biete sich die Chance, mit der Rückkehr zu Organismus und Gestalt nicht nur die „unselige Scheidung von Mechanismus und Vitalismus" sondern zugleich auch die Abirrungen von „jeder natürlichen Anschauung baren Theorien wie der HEISENBERG-BORNschen Quantenmechanik" zu überwinden.[189]

Trotz der mit nationalistischer Emphase vorgebrachten wissenschaftsgeschichtlichen Konstrukte und der regen Bemühungen, den *Gestalt*-Begriff über programmatische Postulate hinaus zu einem tragfähigen Konzept codifizierten Lehrbuchwissens zu erheben,[190] vermochten die „Morphologen" we-

---

anschauung. In: Der Kunstwart 45 (1931/32), S. 292-299; ders.: Goethes Metamorphosenlehre, ihr Sinn und ihre Bedeutung für die heutige Biologie. In: Medizinische Klinik 29 (1933), S. 1411-1413; Georg Uschmann: Der morphologische Vervollkommnungsbegriff bei Goethe und seine problemgeschichtlichen Zusammenhänge. Jena 1939. Daneben existierten völkisch-rassentheoretische Berufungen, so durch Erwin Guido Kolbenheyer: Goethes Denkprinzipien und der biologische Naturalismus. In: Der Ackermann aus Böhmen 6 (1937), S. 157-162, 207-210; ders.: Der Einzelne und die Gemeinschaft. Goethes Denkprinzipien und der biologische Naturalismus. 2 Reden. München 1939; Hans H. Weber: Goethes Totalitätsgesetz. In: Forschungen und Fortschritte 16 (1940), S. 127-128; Walther Linden: Weltbild, Wissenschaftslehre und Lebensaufbau bei Alexander von Humboldt und Goethe. In: Goethe 7 (1942), S. 82-100.

[188] Wilhelm Troll, Karl Lothar Wolf: Goethes morphologischer Auftrag, S. 2f.

[189] Ebenda, S. 3, 62. Im Zusammenhang mit der Polemik gegen die „jeder natürlichen Anschauung baren Theorien wie der HEISENBERG-BORNschen Quantenmechanik" findet sich auch einer der eher seltenen rassentheoretisch argumentierenden Ausfälle, vgl. ebenda, S. 62: „Von da an ging eine Flut von Theorien vorwiegend jüdischer und amerikanischer Provinienz über die Chemie nieder, welche, indem sie die Unbestimmtheit als Prinzip setzend mit ‚exakter Methode' Teilfragen in ‚Näherungen' gelöst zu haben behaupteten, dem Wesen chemischer Betrachtung immer fremd bleiben mußten. Dabei ist zu beachten, daß diese Quantenmechanik meist mit der Einsteinschen Relativitätstheorie vergesellschaftet ist, die – darin mit der Atotheorie der arabischen Mutakallimun verwandt – jeden Zeitbegriff letztlich leugnet. Von daher scheint die Vorliebe für diese Art von Naturwissenschaft bei Amerikanern und Juden verständlich, von denen die einen keine Geschichte, die anderen keinen Sinn für Geschichte haben."

[190] U.a. Wilhelm Troll: Vergleichende Morphologie der höheren Pflanzen. Bd. I, T. 1 Berlin 1935, 2.-3. Lieferung 1937, T. 2 Berlin 1938, 2.-4. Lieferung 1939, T. 3 Berlin 1942, 4. Lieferung 1943; ders.: Allgemeine Botanik. Ein Lehrbuch auf vergleichend-biologischer Grundlage. Stuttgart 1948; Karl Lothar Wolf: Theoretische Chemie. Eine Einführung vom Standpunkt einer gestalthaften Atomlehre. T. 1: Das Atom. Leipzig 1941, T. 2: Das Molekül. Leipzig 1942, T. 3: Das gebundene Molekül. Leipzig 1943.

der in der *scientific community* noch bei wissenschafts- und ideologieverwaltenden Institutionen zu reüssieren.[191] Im Gegenteil: Gestalthaft-ganzheitliche Ansätze wie auch der Holismus verfielen zunehmend der Kritik. Den auf „Darstellung und Entfaltung unserer eigenen völkischen Kräfte in der Naturforschung"[192] konzentrierten Nachwuchswissenschaftlern um Fritz Kubach, die im Mai 1937 die Redaktion der *Zeitschrift für die gesamte Naturwissenschaft* übernommen hatten, galten „nicht nur der Holismus Ad[olf] Meyerscher Prägung, nicht nur die Schriften Trolls oder Dacqués, nicht nur die ohnehin schon von scholastischem Geist erfüllten Werke Andrés, sondern vor allem auch der Neovitalismus mit seinem ganzen Anhang idealistischer Typologien als Schrittmacher für den Einbruch des Dogmas in die Naturwissenschaften".[193] Von ähnlichem Mißtrauen gegenüber den an seiner Universität veranstalteten Zusammenkünften der Morphologen geprägt war auch der Bericht des Hallenser Universitätsrektors Johannes Weigelt an Paul Ritterbusch, der den „Kriegseinsatz der deutschen Geisteswissenschaften" koordiniert hatte und nun im Auftrag des REM die Wissenschaftslandschaft überwachte. Im März 1942 schrieb Weigelt über das *Gestalt-Kolloquium*, in dem er eine Wiederbelebung des Kieler George-Kreises vermutete,[194] nach Berlin:

„Jedenfalls sind irgendwie kirchliche Interessen mit hineinverflochten in diese naturwissenschaftlichen Bestrebungen, und zwar nicht so, daß man jedem einzelnen so etwas nachsagen könnte. Ich bin tief erschrocken über die scholastische Denkweise, die sich auf breiter Basis offenbart, und mir schwebt immer der Faden vor: Plato – christlicher Dogmatismus – Aristoteliker – Scholastiker – Baruch Spinoza – der Goethe-Ausleger Schelling – Troll und Wolf geben die naturwissenschaftlichen Schriften GOETHES heraus – Hallische Gestaltler. Dabei ist besonders gefährlich und zu beachten: platonisch, goethisch, also gut deutsch, also in Ordnung. Galilei u.a. werden mit der gleichen Formel als undeutsch, westlich usw abgelehnt; ein gefährliches Spiel, wie sich jeder das, was ihm liegt,

---

[191] Die wissenschaftsinterne Ablehnung wird deutlich im Urteil von Peter Adolf Thiessen, Direktor des Kaiser-Wilhelm-Instituts für Physikalische Chemie, über Karl Lothar Wolf, hier zitiert nach Helmut Heiber: Universität unterm Hakenkreuz. Teil 2: Die Kapitulation der Hohen Schulen. Das Jahr 1933 und seine Themen. Bd. 1, S. 449: Es sei „immer außerordentlich schwer zu entscheiden", ob eine wissenschaftliche Arbeit Wolfs „in vollem Umfange ernst zu nehmen" sei; manches würde in spiritistischen Kreisen wohl besser verstanden als in wissenschaftlichen.

[192] Mitteilung an die Leser. In: Zeitschrift für die gesamte Naturwissenschaft 3 (1937/38), S. 41.

[193] Hermann Weber: Theoretische Biologie und Scholastik. In: Zeitschrift für die gesamte Naturwissenschaft 3 (1937/38), S. 85-88, hier S. 86.

[194] Vgl. Johannes Weigelt an Paul Ritterbusch [REM]. Brief vom 31. März 1942, UA Halle, Rep 4, Nr. 198, hier zitiert nach Gisela Nickel: Wilhelm Troll, S. 97f.: „Zu diesem Kolloquium, zu dessen Besuch man gewisse weltanschauliche Verpflichtungen musste, luden gemeinsam ein: der Theologe Schumann, der Botaniker Troll und der (phys.) Chemiker Lothar Wolf, der frühere Rektor von Kiel. [...] Es ist eine grosse Bewegung geworden, bei der die Triebkräfte im Verborgenen und die Mitläufer stärkste Beachtung finden. [...] Es stellt sich da weiterhin heraus, dass dieser Hallische Kreis offenbar aus dem früheren Kieler Bereiche des Herrn Wolf infiziert war. Es handelt sich besonders auch bei den auswärtigen um dieselben Personen, so daß Halle eigentlich nur ein zweites Aufleben der gleichen Erscheinungen sieht."

zurecht macht. [...] Soweit die Herren in ihrem Fach bleiben, sind sie meist gute Wissenschaftler. Das hier Gesagte bezieht sich auf das, was sie als Metaphysiker ausserhalb ihres Faches leisten wollen. Sie arbeiten damit – eine Metaphysik haben die anderen Naturwissenschaftler auch, aber eine schlechte, eine mechanistische, materialistische, eine kausalitätsmäßige usw. Wir aber haben eine gute Metaphysik, wir haben die wahre Bildung, wir stehen turmhoch über diesen anderen Leuten. Es wird sich empfehlen, dafür zu sorgen, dass diese Bäume nicht in den Himmel wachsen. Es wäre aber ganz falsch, aus dieser sich selbst ausserordentlich stark überschätzenden Bewegung gar so etwas wie Märtyrer zu machen. Es ist eine Zeitströmung, die nicht fühlt, wie altmodisch sie eigentlich ist."[195]

Der hier deutlich artikulierte Argwohn gegenüber den „Gestaltlern" führte nicht nur dazu, daß Schumann, Troll und Wolf von einer Mitarbeit an der geplanten Paracelsus-Ausgabe der Leopoldina ausgeschlossen wurden,[196] sondern auch zur Bespitzelung des *Gestalt-Kolloquiums* durch die in Halle besonders aktive Dienststelle Alfred Rosenbergs.[197] – Doch auch ernstzunehmende Beobachter der Wissenschaftslandschaft wie Bernhard Bavink äußerten unverhohlen ihre Ablehnung programmatischer Entwürfe, die in der rigiden Verfemung aller außerdeutschen Forschungsleistungen vor allem die Errungenschaften der positiven Naturforschung des 19. Jahrhunderts diffamierten. In seiner Kritik des ersten Jahrgangs der *Zeitschrift für die gesamte Naturwissenschaft* ging Bavink schonungslos mit den wissenschaftsgeschichtlichen Separatisten ins Gericht:

„Ich kann mich des Eindrucks nicht erwehren, daß wir hier vor einer gefahrdrohenden Restauration eines bloß spekulativen Naturphilosophierens stehen, das den mühsamen Weg der empirischen und kausalen (analytischen) Einzelforschung verachtet, weil dieser ihm nicht ‚geistig' genug erscheint, darüber aber vergißt, daß nur auf diesem Wege der riesenhafte Aufschwung der heutigen Naturerkenntnis zustande kommen konnte und gekommen ist. [...] Wenn nun noch gar jeder Empirismus in Bausch und Bogen als der deutschen Art fremd, als ‚französisch' und ‚englisch' gebrandmarkt werden soll, und eine Naturphilosophie Goetheschen Stils als echt deutsch entgegengestellt werden soll, so muß m.E. davor aufs dringlichste gewarnt werden, denn das hieße, das Unzulängliche als deutsch, das erwiesenermaßen Erfolgreiche und Bewährte als ‚fremdartig' abstempeln. Abgesehen davon, daß im 19. Jahrhundert sehr bald die Deutschen die

---

[195] Ebd., S. 104.
[196] Vgl. Sybille Gerstengarbe, Heidrun Hallmann, Wieland Berg: Die Leopoldina im Dritten Reich. In: Christoph J. Scriba (Hrsg.): Das Verhältnis von Akademien und ihrem wissenschaftlichen Umfeld zum Nationalsozialismus. Leipzig, Berlin, Heidelberg 1995 (= Acta Historica Leopoldina 22), S. 167-212, hier S. 195ff.
[197] Vgl. die Erklärung Dorothea Kuhns vom 29. Juni 1945, Universitätsarchiv Mainz, Bestand 14/274, zitiert nach Markus Vonderau: ‚Deutsche Chemie', S. 89: „Dieser Gefahren für Prof. Wolf wurde ich mir besonders bewusst, ... als ich ein Kolleg besuchte, das von der Aussenstelle der Hohen Schule Rosenbergs in Halle gehalten wurde und fast ausschließlich in Polemik gegen das von Prof. Wolf und Troll gehaltene ‚Gestaltkolloquium' gerichtet war. Wozu noch zu sagen ist, dass dieses Kolloquium wie auch das Institut für physikalische Chemie dauernd von Parteiseite bespitzelt wurden."

Führung in der vielgeschmähten ‚mechanistischen' Naturforschung gehabt haben, nachdem sie von Schelling-Hegelschen Irrwege glücklich zurückgekommen waren – abgesehen auch davon, daß eine Abwendung von der bewährten Erkenntnismethode nur zur Folge haben würde, daß wir ins Hintertreffen kämen und – den nächsten Krieg verlören – wir Deutschen haben ... tatsächlich uns vor keinem Fehler mehr zu hüten als vor unserer Neigung zu unfruchtbarer metaphysischer Spekulation, zum ‚Doktrinarismus' und allem dergleichen."[198]

Neben morphologisch orientierten Naturforschern unternahmen auch Ernst Krieck und seine um die Zeitschrift *Volk im Werden* versammelten Mitarbeiter seit Ende der 1930er Jahre zahlreiche Vorstösse in die Geschichte der Naturwissenschaften. Krieck, der wohl endgültig das Scheitern seiner wissenschafts- und hochschulpolitischen Reformbemühungen eingesehen hatte, suchte sich nun auf einem Feld zu profilieren, das stärkere Resonanz versprach; zugleich hoffte er, die eigene „Weltanschauungslehre" eines „völkisch-ganzheitlichen Realismus" in Rekurs auf die historischen Wurzeln einer originär „deutschen Naturanschauung" stützen zu können. In der Zeitschrift *Volk im Werden* erschienen nun zahlreiche Beiträge zur Geschichte der Naturwissenschaften, die die Separation von ‚deutscher Naturschau' und ‚westeuropäischem Positivismus' aufnahmen und naturphilosophische Spekulationen des 17. und 18. Jahrhunderts in diese Oppositionskonstruktion integrierten.[199] Prägend für diese Beiträge waren drei Leistungsbestimmungen, die der deutschen Naturforschung einen privilegierten Rang in der neuzeitlichen Wissenschaftsgeschichte zuwiesen:

1) Deutsche Naturwissenschaftler hätten in der Zeit zwischen Nikolaus Cusanus und Johannes Kepler die Fundamente der neueren Naturwissenschaft gelegt; alle entscheidenden Anstöße in Astronomie und Physik, Chemie, Biologie und Pharmazie seien von ihnen ausgegangen.

2) In den auf Kepler folgenden zwei Jahrhunderten hätten deutsche Beiträge zu Chemie, Biologie und Pharmazie, zu Psychologie und Psychotherapie einen den Leistungen englischer und französischer Forscher zumindest ebenbürtigen Anteil gehabt.

---

[198] Bernhard Bavink: Rezension Zeitschrift für die gesamte Naturwissenschaft. In: Unsere Welt 28 (1936), S. 346-348, hier S. 347.

[199] U.a. Ernst Krieck: Friedrich Christoph Oetinger (1702-1782). Ein vergessener Verkünder des Lebensprinzips. In: Volk im Werden 7 (1939), S. 37-39; ders.: Deutsche Naturanschauung und Naturphilosophie. In: Volk im Werden 7 (1939), S. 49-57; ders.: Möglichkeit der Geschichte der Naturwissenschaften. In: Volk im Werden 7 (1939), S. 221-228; Franz Böhm: Deutsche Naturanschauung im Mittelalter. In: Volk im Werden 7 (1939), S. 209-221; Die Natur und die Welt der Dinge. In: Volk im Werden 7 (1939), S. 268-271; Herbert Flemming: Johann Joachim Becher als Naturphilosoph. Verschollenes deutsches Gedankengut. In: Volk im Werden 7 (1939), S. 406-417; Ernst Krieck: Lamarckismus. In: Volk im Werden 7 (1939), S. 417-420; ders.: Nikolaus von Cues, ein germanisches Problem. In: Volk im Werden 8 (1940), S. 75-84; Waldtraut Eckhard: Karl Ernst von Baer über das Problem des Lebens. In: Volk im Werden 8 (1940), S. 85-93; dies.: Völkisches Arzttum. Dargestellt an Dietrich Georg Kiefer. In: Volk im Werden 9 (1941), S. 201-210; dies.: Jakob Friedrich Fries und Newton. In: Volk im Werden 9 (1941), S. 269-271; dies.: Auf den Spuren des Paracelsus. In: Volk im Werden 10 (1942), S. 30-34.

3) Die in Goethe und der romantischen Naturphilosophie gipfelnde Besonderheit der deutschen Wissenschaftsentwicklung manifestiere sich im empirischen, ganzheitlich-schauenden und gestalthaften Charakter des produzierten Wissens, während die westeuropäische Wissenschaft als ein rassisch begründeter „Gegentypus" die Wirklichkeit positivistisch fragmentiert und in einer „All-Mechanistik" aufgelöst habe.

Durchgehende rhetorische Figur der wissenschaftsgeschichtlichen Beiträge Kriecks und seiner Schüler war die Oppositionierung einer „westlichen", als „artfremd" bestimmten „All-Mechanistik" und einem deutschen, „arteigenen" und „rassegemäßen" „Prinzip All-Leben", als dessen letzte Stufe Krieck sein eigenes weltanschauliches System verstand. In meist häufig wiederkehrenden Wendungen würdigte Krieck die Verdienste der deutschen Naturanschauung, die nach Goethes Tod durch „positivistische Verdummung" abgelöst worden sei:

> „Der geschichtliche Ausweis erbringt unwiderleglich die Tatsache, daß die radikal mechanistische Naturdeutung der neueren Zeit nicht aus Deutschland stammt, sondern in Deutschland importiert wurde. Sie hat als etwas Artfremdes in Deutschland stets Widerstand gefunden. Ihre Väter und Erzeuger waren Galilei, Descartes und Newton. Bezeichnend genug: soweit Kant Mechanist war, hing er von Newton ab, und soweit Goethe vom Prinzip All-Leben gegen die Mechanistik protestierte, stand er im Protest gegen Newton. Das arteigene, rassegemäße Naturerkennen und Naturdeuten führt den Deutschen stets zum Prinzip All-Leben und zum Protest gegen die All-Mechanistik. Der Positivismus in der zweiten Hälfte des 19. Jahrhunderts war in Deutschland, Überfremdung, Abhängigkeit vom Westen." [200]

Dem ‚deutschen Wesen' entpreche eine ganzheitliche Naturanschauung, die von der Einsicht in die „Lebendigkeit der Welt" getragen sei. Die Anerkennung des nebulösen „Prinzip All-Leben" als dem unhintergehbaren Fundament aller Erkenntnisprozesse sei im germanischen Mythos vorgeahnt und in einer Linie von Paracelsus über Böhme, Kepler, Leibniz, Dippel und Oetinger zu Goethe und den romantischen Naturforschern Blumenbach, Kielmeyer, Treviranus, Burdach vermittelt worden. Da Leben sich allein als Gestalt offenbare und jede Einzelgestalt nur aus dem „lebendigen Urgrund" zu verstehen sei, wären alle großen deutschen Naturanschauer „Morphologen" gewesen.[201]

---

[200] Ernst Krieck: Das Naturbild des Technikers und des Arztes. In: Volk im Werden 9 (1941), S. 134-138, hier S. 137. Ähnlich auch ders.: Vom Sinn der Naturwissenschaft. In: Volk im Werden 10 (1942), S. 69-72, hier S. 71: „Vielmehr hat Deutschland lange schon eine große, einzigartige, ihrer deutschen Art voll bewußte, auf Naturanschauung festbegründete Naturwissenschaft erzeugt, die sich im Rang der einzigartigen deutschen Musik im gleichen Zeitraum an die Seite stellt. Die großen Schöpfer und Meister dieser deutschen Naturwissenschaft heißen Cusanus, Paracelsus, Coppernikus [sic], van Helmont, Kepler, Leibniz, Goethe. Um diese Sonnen kreisen große Planeten in reicher Zahl in allen vier Jahrhunderten, nicht zuletzt noch im Zeitalter Goethes. Sie alle stehen und kämpfen gegen die analytischen oder mechanistischen Verdreher der Natur und der Naturwissenschaft vom Schlage des Descartes und Newtons, des westlichen Positivismus, der als Vorkämpfer des westlichen Imperialismus seit 1830, also etwa mit Goethes Tod, über den deutschen Geist Herr gworden ist."

[201] Waldtraut Eckhard: Deutsche Naturanschauung. In: Volk im Werden 10 (1942), S. 173-178, hier S. 174.

Hatte Krieck bereits früher das Primat der Weltanschauung vor der Wissenschaft postuliert, weitete sein 1941 vorgelegtes Buch *Natur und Naturwissenschaft* diese Forderung auch auf den Bereich der Naturwissenschaften aus und folgerte aus dem Fakt, daß Naturforschung wie alle Wissenschaft „Schöpfertat des erkennenden Menschen" sei, ihre „rassische Prägung". Im Umkehrschluß entwarf seine historische Retrospektive auch hier das Szenario zweier konträrer Linien innerhalb der neuzeitlichen Wissenschaftsentwicklung: Der deutschen, „die anschaubare Naturgestalt und Bewegung in ihrem Urbild und Urphänomen" aufsuchenden Betrachtungsweise ständen diametral ein englischer (mechanistischer) und französischer (mathematisch-ontologischer) Wissenschaftsstil gegenüber. In den Weltanschauungskämpfen des 17. Jahrhunderts sei die deutsche Art der Naturforschung immer mehr verdrängt worden, um nach 1830 ganz zu verschwinden. Nachdem die Naturwissenschaften in Deutschland geistiger Fremdherrschaft verfallen wären, habe das Judentum Fuß fassen und durch die Entfaltung eines formalen und mathematisierten Wissenschaftsverständnisses die „Krise der Physik" hervorrufen können. Diese Krise, die alle moderne Naturwissenschaften betreffe, könne jedoch „nicht durch Ausmerzen des Einsteinismus, sondern allein durch wirksame Auseinandersetzung mit der klassischen Physik und einer entsprechenden neuen Grundlegung aus der Anschauung lebender Naturgestalt und Naturbewegung behoben werden". Da nicht Einstein, sondern Newton der große Gegenspieler einer deutschen, gestalthaften Naturauffassung sei, stelle die Auseinandersetzung Goethes und der Romantik mit dessen mechanizistischer Begründung der klassischen Physik ein Sinnbild für die anstehende „weltanschauliche Klärung der Gegenwartsfragen" dar.[202]

Von dieser Funktionszuweisung her wird die eminente Bedeutung der romantischen Naturphilosophie für Krieck verständlich. In seinen wissenschaftsgeschichtlichen Exkursen bildete sie die letzte Form einer spezifisch deutschen und von der „All-Lebendigkeit" alles Seins ausgehenden Naturforschung. Von Nikolaus Cusanus bis zu Goethe und der Romantik spanne sich eine „eigenständige Atomistik großartigsten Stils", die mittels einer „Wesensschau" die Äquivalenzen des unendlich Großen und unendlichen Kleinen erkannt habe.[203] Die mit Cusanus, Paracelsus und Jakob Böhme beginnende Tradition einer deutschen Natur- und Lebensphilosophie ließe sich, so Krieck, „lückenlos" bis in die Romantik nachweisen. Mit deren Ende in der Mitte des 19. Jahrhunderts reiße die „eigendeutsche Tradition" ab und werde mit dem Sieg des Positivismus „vom westlichen Weltanschauungsprinzip überwältigt".[204] Um die ganzheitliche Naturforschung der Romantik trotz der erwähnten Kritik an „Passivität" und „Fatalismus" ihrer „organischen Vorstellungen" retten zu können, separierte Krieck ihre „orga-

---

[202] Ernst Krieck: Natur und Naturwissenschaft. Leipzig 1942, S. IVf.
[203] Ernst Krieck: Deutsche Naturanschauung und Naturphilosophie. In: Volk im Werden 7 (1939), S. 49-57, S. 52f.
[204] Ebenda, S. 53f.

nologische" und ihre „physiologische Seite", zerschnitt die Verbindungen zur Philosophie des deutschen Idealismus und stilisierte die „Auseinandersetzung zwischen Idealismus und Romantik" zu einer „Entscheidung zwischen Himmel und Erde, Licht und Dunkel, Oben und Unten, Geist und Natur"[205]. Emphatisch würdigte er den dänischen Entdecker des Elektromagnetismus Hans Christian Oersted, der aus dem Erlebnis romantischer Naturspekulation zur Überzeugung von einer „all-lebendigen Natur" gekommen sei und auf der Suche nach einem „universalen Prinzip" eine neue Form der Elektrizität gefunden habe.[206] Die Würdigung Oersteds explizierte das postulierte Prinzip einer weltanschaulich fundierten Naturforschung noch einmal in deutlicher Weise und markierte zugleich die Differenz zur „gestalthaften Atomistik" Karl Lothar Wolfs und Rembert Ramsauers, die sich ebenfalls durch Oerstedts Entdeckung des Zusammenhangs von Elektrizität und Magnetismus bestätigt sah: Nicht durch von anschaulichen Tatsachen abgehobene Experimente und Formeln habe Oerstedt Einsicht in die bislang verborgene Wirklichkeit elektromagnetischer Felder gewonnen, sondern durch eine vom „Prinzip All-Leben" geleitete Beobachtung und Spekulation. Das Postulat eines in der gesamten Natur wirkenden Panvitalismus, das als unhintergehbares Weltanschauungsprinzip aller Detailforschung vorauszugehen habe, trug Krieck schon früh den Widerspruch des Wissenschaftssystems ein. Die Aufhebung der Trennung von Belebtem und Unbelebtem im „Prinzip All-Leben" wies der Marburger Zoologe Friedrich Alverdes mit dem Argument zurück, Krieck verwende die Begriffe „organisch" und „lebendig" synonym und übersehe dabei ihre fundamentale Differenz.[207]

Die vollmundigen Berufungen Kriecks und seiner Schüler auf die Traditionen einer „deutschen" und weltanschaulich geleiteten Naturforschung konnten nicht verbergen, daß originäre Innovationen ausblieben und sie immer stärker mit den Erkenntnissen der sachbezogenen Forschung kollidierten. In Beiträgen zu Einzelproblemen umstrittener Disziplinen wie der Physik[208] oder der Biologie[209] zeigte sich, daß Krieck und sein Schülerkreis die Differenzierungs- und Spezialisierungsleistungen der modernen

---

[205] Ernst Krieck: Leben als Prinzip der Weltanschauung und Problem der Wissenschaft. Leipzig 1938 (= Weltanschauung und Wissenschaft 7), S. 123.
[206] Ernst Krieck: Oersted der Däne, S. 56f.
[207] Friedrich Alverdes: Zwiegespräch über völkisch-politische Anthropologie und biologische Ganzheitsbetrachtung. In: Die Biologie 6 (1937), H. 2, S. 49-55, S. 50f.: „Doch ist z.B. die ‚organische Chemie' nicht schon die Chemie des Lebendigen, die ‚organischen' Verbindungen sind nicht bereits belebt, vielmehr hält der Biologe sie an sich für ebenso leblos wie die ‚anorganischen'. Nur das Organismische zeigt Leben, aber nicht die einzelne ‚organische' Verbindung."
[208] Vgl. Ernst Krieck: Krisis der Physik. In: Volk im Werden 8 (1940), S. 55-62; ders.: Newton als weltanschaulicher Führer in Deutschland. In: Volk im Werden 8 (1940), S. 98-100; Hermann Fricke: Ätherphysik und Schwerkraft. Neue Gedanken zu alten Problemen. In: Volk im Werden 9 (1941), S. 93-100.
[209] Vgl. Ernst Krieck: Was ist „All-Leben"? In: Volk im Werden 9 (1941), S. 115-117; ders.: System der Natur. In: Volk im Werden 9 (1941), S. 138-143.

Wissenschaftsentwicklung allein durch die Beschwörung eines unbestimmt bleibenden „Prinzip All-Leben" aufzuheben suchten.[210] Die fortgesetzten Anstrengungen, den Formalisierungs- und Mathematisierungsprozeß durch Vorschaltung eines panvitalistischen Weltanschauungsprinzips umzukehren, blieben ohne Erfolg. Als 1942 in Kriecks ehemaligem Hausblatt *Volk im Werden* ein ausgewogener Artikel zur *Atomlehre der modernen Physik* aus der Feder Carl Friedrich von Weizsäckers erschien, der überzeugend die hier bislang heftig befehdeten Erkenntnismittel der modernen Physik verteidigte, war die Niederlage von Kriecks Wissenschaftskonzept offenkundig.[211] Die ablehnenden Reaktionen auf Kriecks „deutsches Naturschauen" und seinen „Panbiologismus" von seiten der scientific community[212] und der Ideologie-Verwalter, wie auch der zum Verlagswechsel führende Eklat wegen des Elaborats *Natur und Naturwissenschaft* verwiesen ebenfalls auf die Schwäche einer Position, die sich der

---

[210] So meldete sich in der Kontroverse Krieck – Alverdes auch der Krieck-Schüler Walther von Kielpinski zu Wort, der unter dem Titel *Die Ganzheit von Leben und Welt. Ein Wort zur Klärung* in Zustimmung zu Ernst Kriecks *Völkisch-politischer Anthropologie* behauptete: „Leben ist urgegeben und uranfänglich. Niemals stammt Lebendiges aus Totem. Im All-Leben und aus ihm vollzieht sich der immerwährende Gestalt-Wandel, in dem ‚Tod' nur eine ausgezeichnete Stelle des Übergehens, der Verwandlung ist, wie denn auch Geburt, Wachsen, Reifen, Stoffwechsel und alle Arten des Tuns und des Bewußtseins Phasen, Erscheinungsformen und Stufen im Gestaltwandel des Lebendigen sind." (In: Volk im Werden 5 (1937), S. 181-185, hier S. 184).

[211] Carl Friedrich von Weizsäcker: Die Atomlehre der modernen Physik. Eine kritische Betrachtung ihrer Grundlagen. In: Volk im Werden 10 (1942), S. 95-105. Auf S. 104 hieß es programmatisch: „Uns aber bleibt nach dem Verzicht auf das mechanische Modell keineswegs eine unmittelbare Anschauung vom Atom zurück, sondern die abstrakte Mathematik der ψ-Funktion. Diesen Verzicht müssen wir als die natürliche Folge des Unternehmens verstehen, das die Naturwissenschaft der Neuzeit darstellt. [...] Die Wissenschaft hat diesen Weg nicht leichtfertig beschritten. Die in der Anschauung unmittelbar gegebene Welt läßt sich, ‚geheimnisvoll am lichten Tag', nicht vollständig aus sich selbst heraus deuten. Immer wieder drängt sie uns Fragen auf, die über die Grenzen des Anschaubaren hinausführen. Um diese Fragen wenigstens einen Schritt weiterverfolgen zu können, schaffen wir uns ‚mit Hebeln und mit Schrauben', mit Höchstspannungsanlagen und mit Ultramikroskopen eine Welt früher unbekannter, künstlicher Erlebnisse. Der abstrakte Charakter der Erkenntnis, welche diese Welt uns vermittelt, ist das treue Abbild des Weges, der zu ihr führt." – Charakteristisch für die (nicht zuletzt durch die Kriegsentwicklung erzwungene) Verabschiedung von rassistischen Diskreditierungen der Ergebnisse der modernen Naturwissenschaft und die zunehmende politische Distanz gegenüber der von Lenard und Stark propagierten ‚Deutschen Physik' waren auch die in der Wochenzeitung *Das Reich* publizierten Würdigungen Max Plancks (am 11. April 1943) und Werner Heisenbergs (am 14. Mai 1944), die beide an auffälliger Seite auf der Titelseite erschienen. Hier wurde auf Heisenbergs bahnbrechende Erarbeitung der Quantenmechanik und deren Äquivalenz mit der Wellenmechanik Schrödingers – der Deutschland 1933 verlassen hatte – hingewiesen; Bohr, Jordan und Dirac wurden genannt, nur Max Born blieb unerwähnt. Heisenberg konnte 1943 auch öffentlich für die Relativitäts- und Quantentheorie eintreten (Die Bewertung der „modernen theoretischen Physik". In: Zeitschrift für die gesamte Naturwissenschaft 9 (1943), S. 201-212); wurde im anschließend abgedruckten Aufsatz Hugo Dinglers (Über den Kern einer fruchtbaren Diskussion über die „moderne theoretische Physik". Ebenda, S. 212ff.) dafür jedoch angegriffen.

[212] Charakteristisch etwa F. Gessner: Ernst Krieck, Völkisch-politische Anthropologie. In: Zeitschrift für die gesamte Naturwissenschaft 7 (1941), S. 48-50.

"Abwehrfront aus der sogenannten Naturwissenschaft"[213] durchaus bewußt war.

Wenn auch die bereits erwähnten Beiträge Karl Lothar Wolfs und seines Schülers Rembert Ramsauer *Zur Geschichte der Naturanschauung in Deutschland* in der *Zeitschrift für die gesamte Naturwissenschaft* ein etwas differenzierteres Bild der „deutschartig-schauenden Naturforschung" und ihrer Traditionen zeichneten, suchten doch auch diese und andere Texte von „morphologischen" Naturwissenschaftlern die Herrschaft des Positivismus durch den historischen Rekurs auf die Traditionen einer zweckfreien, an die Anschauung gebundenen Naturforschung zu untergraben. In den naturwissenschaftlichen Arbeiten Goethes und der Romantik fanden sie ebenfalls Vorbilder zur Lösung gegenwärtiger Probleme: So berief sich Karl Lothar Wolf in seiner „gestalthaften" Atomistik auf die romantische Idee von der Einheit der Naturkräfte, deren Richtigkeit durch Hans Christian Oersteds Entdeckung des Zusammenhangs von Elektrizität und Magnetismus 1820 bestätigt worden sei.[214] Karl Beurlen führte zur Legitimation seiner Kritik des Aktualismus in der Geologie die mit Goethe und der Romantik einsetzende „unmittelbare Stellung zu der Naturwirklichkeit" an, wobei er auch die unabhängig voneinander geschehene Begründung der aktualistischen Geologie durch den Deutschen Karl von Hoff und den Engländer Charles Lyell erwähnte.[215] Die gegenüber dem Weltanschauungsaktivisten Ernst Krieck demonstrierte sachliche Darstellung und Wertung, in erster Linie wohl aber fachliche Kompetenz sicherten diesen Projektanten einer ‚gestalthaften' Naturbetrachtung Wirkungsmöglichkeiten über das Jahr 1945 hinaus – wenn auch die Mehrzahl der Naturwissenschaftler dem morphologischen Weltbild skeptisch gegenüberstand. Karl Lothar Wolf mußte zwar sein Einführungswerk *Theoretische Chemie* für die zweite Auflage 1948 umarbeiten; den Begriff der „gestalthaften Atomlehre" behielt er jedoch bis zur vierten, 1959 in

---

[213] Ernst Krieck: Erlebter Neuidealismus, S. 53; bezeichnend auch im Vorwort zur zweiten Auflage von *Natur und Naturwissenschaft* (2., verm. Auflage, Dortmund o.J. [1943], S. VI): „Wie erwartet, hat dieses Buch einen Einschlag bedeutet. Ob Rezensionen erscheinen oder nicht und wie sie beschaffen sind, ist reichlich bedeutungslos geworden. Private Äußerungen ebenso unbedingter Zustimmung wie wütender Ablehnung habe ich zur Kenntnis genommen, auch Zeichen der Repression aller Art."

[214] Vgl. Rembert Ramsauer: Joachim Jungius und Robert Boyle. Das Schicksal der deutschen Atomlehre, S. 373; Karl Lothar Wolf: Theoretische Chemie. Eine Einführung vom Standpunkt einer gestalthaften Atomlehre. Teil 1: Das Atom. Leipzig 1941, S. 2.

[215] Karl Beurlen: Bedeutung und Aufgabe geologischer Forschung. Zur Kritik des Aktualismus. In: Zeitschrift für die gesamte Naturwissenschaft 1 (1935/36), S. 23-36; zu Goethe S. 23f.; zu den geologischen Forschungen der Romantik S. 26: „Die den Aufklärungsrationalismus ablösende Romantik stellte sich viel unmittelbarer zu der Naturwirklichkeit und so zeigt sich schon im Plutonismus ein allmähliches Zurücktreten der materialistischen Deduktion zugunsten unmittelbarer Naturbeobachtung. Werner war noch ausgesprochener Rationalist, der die ganze Geologie fast ohne jede Beobachtung systematisch am Schreibtisch entwickelte. L. v. Buch sammelte Beobachtungsmaterial in den verschiedensten Gebieten. Diese unmittelbare Einstellung auf die Natur führte zu einem vollkommen neuen Ansatz in der Geologie mit der Lehre des Aktualismus, die unabhängig in Deutschland durch v. Hoff und in England durch Lyell entwickelt wurde."

Leipzig erschienenen Auflage bei.²¹⁶ Auch nach dem Ende des Dritten Reiches wurden Terminologie und Konzeption der der morphologisch-ganzheitlichen Naturforschung ungebrochen weiter verwendet.²¹⁷

2.4.2 „Wiedergeburt der Morphologie" und „Deutsche Staatsbiologie": Extrapolationen des „Organischen" in der Biologie

Die vielfältigen zwischen 1933 und 1945 beobachtbaren Versuche, die Naturwissenschaften auf ganzheitlich-morphologischer Grundlage zu organisieren, daneben aber auch die Suggestivkraft ‚organischer' Vorstellungen für die Gesellschafts- und Geisteswissenschaften verstärkten die Bedeutung der Biologie in besonderem Maße. Bereits die von Bernhard Bavink 1933 vorgelegte Zustandsbeschreibung der naturwissenschaftlichen Fächer hatte explizit verkündet, daß die Biologie zur weltbildstiftenden „Grundlagenwissenschaft" des ‚neuen Staates' berufen sei.²¹⁸ Insbesondere der aus der romantischen Biologie stammenden Idee von der „organischen Ganzheit" und der modernen Vererbungslehre billigte man überragendes Gewicht als „Grundlage der gesamten neuen Staatsauffassung" zu. Das Theorem der „organischen Ganzheit" habe seine fruchtbarste Anwendung in der biologischen Systematisierung gefunden, die, so Bavink,

> „uns z.B. in dem Aufbau eines Individuums aus Zellen, in den die Individuen übergreifenden Bildungen der Tierstöcke, Tierstaaten, Biozönosen und Symbiosen überall das die organische Natur beherrschende Grundgesetz vor Augen führt, daß immer wieder die lebendigen Einheiten selbst wieder Teile oder Glieder einer höheren Einheit sind, die als solche wiederum ein Eigenleben, religiös gesprochen: einen neuen, besonderen Schöpfungsgedanken repräsentieren. Nur auf dieser Basis kann überhaupt das Verhältnis des einzelnen Menschen zu seinem Volk als der wichtigsten ihn umfassenden höheren Einheit (im kleinen sind solche: Ehe, Familie, Sippe, Stand u.a.) richtig erfaßt werden."²¹⁹

In einer Zeit, in der „in den weitesten Kreisen der Naturwissenschaften selbst, aus rein innerwissenschaftlichen Motiven, der Zweifel an der Richtig-

---

[216] Karl Lothar Wolf: Theoretische Chemie. Eine Einführung vom Standpunkt einer gestalthaften Atomlehre. 2., umgearbeitete Aufl. Leipzig 1948; 4., umgearbeitete Aufl. Leipzig 1959.
[217] U.a. in Karl Lothar Wolf: Symmetrie, Harmonie und Bauplan in Mathematik und Naturwissenschaft. In: Beiträge zur christlichen Philosophie 3 (1948), S. 23-55; ders.: Das Urbild des elementaren Atoms. Stuttgart 1950 (= Gesetz und Urbild. Abhandlungen zur Pflege realistischen Denkens in der Wissenschaft); ders.: Urbildliche Betrachtung. In: Studium generale 4 (1951), S. 365-375.
[218] Bernhard Bavink: Die Aufgabe der Naturwissenschaften, S. 68. Ähnlich auch Ernst Lehmann: Biologie im Leben der Gegenwart. München 1933; Hermann Weber: Lage und Aufgabe der Biologie in der deutschen Gegenwart. In: Zeitschrift für die gesamte Naturwissenschaft 1 (1935/36), S. 95-106.
[219] Bernhard Bavink: Die Aufgabe der Naturwissenschaften, S. 68.

keit und Zulässigkeit des die letzten dreihundert Jahre beherrschenden rein mechanistischen Weltbildes sich erhoben hat", konstatierte Bavink den Ruf nach einer ‚Biologisierung' selbst der Physik[220] – ein Hinweis auf die Attraktivität der Weltanschauungskompetenzen der Biologie für die formalisierten und quantifizierten Disziplinen. Die seit 1890 registrierte „Krise der Physik", um die Jahrhundertwende zu einer „Krisis der europäischen Wissenschaften" (Husserl) ausgeweitet, hatte gezeigt, daß die physikalisch-mathematischen Disziplinen kein verbindliches Weltbild mehr anbieten konnten. Sie sicherten allenfalls fachlichen Eliten ein technokratisches Bewußtsein. Dagegen schienen insbesondere im ganzheitlich-vitalistischen Diskurs der Biologie Weltanschauungsmomente enthalten, die bereits im 19. Jahrhundert folgenreich zur Erklärung gesellschaftlicher Erscheinungen extrapoliert wurden. Schon in der zweiten Hälfte des 19. Jahrhunderts entwarf die Biologie im Anschluß an romantische Vorläufer Sozialmodelle in Analogie zur Natur.[221] Eine starke Analogisierung von Natur und Gesellschaft verwirklichte der Sozialdarwinismus, dessen Grundideen bereits vor Darwins Werk in der Sozialphilosophie Herbert Spencers entstanden waren.[222] Mit der Radikalisierung innerer und äußerer Widersprüche schien das „Naturgesetz" vom *survival of the fittest* imperiale Herrschaftsansprüche wissenschaftlich zu legitimieren; im Verbund mit der Vererbungslehre schuf es die Grundlagen für Rassenhygiene und Eugenik.[223]

Die fundamentale Bedeutung biologischer Konzepte für die weltanschaulichen und ideologischen Diskurse unmittelbar vor und während der nationalsozialistischen Herrschaft erkannten bereits im Exil entstandene Polemiken.[224] Die Affinität einer „ganzheitlichen", weltbildstiftenden Biologie zur eklektischen „Ausdrucksideologie" des Nationalsozialismus stand im Mittelpunkt verschiedener ideologiegeschichtlicher Arbeiten, die sowohl in den Ideen Ernst Haeckels und seines Monisten-Bundes als auch in den eugenischen Konzepten erbbiologischer Herkunft verhängnisvolle Schnittstellen entdeckten.[225] Dabei –

---

[220] Ebenda, S. 68f.
[221] Vgl. u.a. Gunter Mann (Hrsg.): Biologismus im 19. Jahrhundert. Stuttgart 1979.
[222] Vgl. u.a. Hedwig Conrad-Martius: Utopien der Menschenzüchtung. Der Sozialdarwinismus und seine Folgen. München 1955; Hans Joachim W. Koch: Der Sozialdarwinismus. Seine Genese und sein Einfluß auf das imperialistische Denken. München 1973; Hans Günther Zmarzlik: Der Sozialdarwinismus in Deutschland als geschichtliches Problem. In: Vierteljahresschrift für Zeitgeschichte 11 (1963), S. 246-273; auch in: ders.: Wieviel Zukunft hat unsere Vergangenheit? München 1970, S. 56-85.
[223] Vgl. Loren R. Graham: Sciences and Values: The Eugenics Movement in Germany and Russia in the 1920s. In: The American Historical Review 82 (1977), S. 1133-1164.
[224] U.a. Julius Schaxel: Deutsche Staatsbiologie. In: Unter dem Banner des Marxismus 9 (1935), S. 261-274; ders.: Faschistische Verfälschung der Biologie. In: Emil Julius Gumbel (Hrsg.): Freie Wissenschaft. Ein Sammelbuch aus der deutschen Emigration. Straßburg 1938, S. 229-245; H. Friesen: Genetik und Faschismus. In: Unter dem Banner des Marxismus 9 (1935), S. 583-595.
[225] Vgl. u.a. Ernst Lehmann: Irrweg der Biologie. Stuttgart 1946; Georg Melchers: Biologie und Nationalsozialismus. In: Andreas Flitner (Hrsg.): Deutsches Geistesleben und Nationalsozialismus. Eine Vortragsreihe an der Universität Tübingen. Tübingen 1965, S. 59-72; Daniel Gasman: The Scientific Origins of National Socialism: Social Darwinism in Ernst Haeckel and the German Monist League. London 1971.

doch das nur am Rande – bildet auch die Rezeption Haeckels im Nationalsozialismus ein komplexes und widersprüchliches Kapitel. Bereits 1927 hatte Alfred Rosenberg den Materialismus Haeckels kritisiert und den Monismus als „kritikloses Hinüberspringen in einen religions- und philosophielosen Aberglauben, der sich dem alten Fetischismus würdig zur Seite stellte"[226], bezeichnet. Auch wenn nach 1933 diverse Beiträge Haeckel zum „Vorkämpfer naturgesetzlichen Staatsdenkens" erklärten und vor allem seine Abstammungslehre als Zeugnis einer ‚aristokratischen' Eugenik ausdeuteten,[227] blieb energischer Widerspruch dazu nicht aus. Sowohl der vom protestantischen Standpunkt aus argumentierende Bernhard Bavink wie der völkische Aktivist Ernst Krieck wiesen energisch die Anstrengungen zurück, Haeckel zu einem Vorkämpfer des Nationalsozialismus zu machen.[228] Der erklärte Haeckel-Gegner Krieck betonte mit der Absicht, Haeckels Verdienste zu schmälern, mehrfach die romantische Entdeckung des „phylogenetischen Grundgesetzes", das 1811 durch den romantischen Biologen Meckel formuliert worden sei.[229]

---

[226] Alfred Rosenberg: Houston Stewart Chamberlain als Verkünder und Begründer einer neuen deutschen Zukunft. München 1927, S. 22.

[227] U.a. Heinz Brender: Ernst Haeckel, der Wegbereiter biologischen Staatsdenkens. In: NS Monatshefte 6 (1935), S. 1088-1098; Heinz Brücher: Ernst Haeckels Blut- und Geisteserbe. München 1937.

[228] Vgl. Bernhard Bavink: Haeckel redivivus. In: Unsere Welt 29 (1937), S. 65-73, hier S. 71: „Nun ist außer Zweifel der im engeren Sinne ‚biologische' Grundgedanke des Nationalsozialismus in allererster Linie dieser, daß ein Volk – im Gegensatz zu der liberalistischen Lehre – keine bloße Summe einzelner ‚Bürger', d.h. Individuen, sondern eine ‚organische Ganzheit' ist [...] Wenn man also unter den Biologen früherer Tage Ausschau nach wirklichen ‚Propheten' des Nationalsozialismus halten will, so muß man schon fragen, wo denn nun diese selbstredend echt biologischen Grundgedanken am klarsten und unzweideutigsten zum Ausdruck gekommen sind. Und da zeigt sich denn ohne jeden Zweifel, daß gerade Haeckel der allerletzte wäre, bei dem man sie zu suchen hätte, denn sein ‚biologischer Mechanismus' wendet sich ja gerade gegen diese ‚ganzheitliche' Auffassung, die vielmehr das Charakteristikum seiner ‚vitalistischen' Gegner, wie Naegeli, Reinke, Driesch usw. ist." Für Bavink war die Berufung auf Haeckel nichts anderes als der Versuch, in Gestalt einer neuen „Volksreligion" oder „lebensgesetzlichen Frömmigkeit" den Kampf gegen das Christentum fortzusetzen, was für den nationalsozialistischen Staat eine „völlig untragbare Belastung mit ‚Propheten' bedeutet, die in der ganzen gebildeten Welt als die leidenschaftlichsten Vorkämpfer des atheistischen Materialismus bekannt sind. Wir christlich gesinnten Nationalsozialisten warnen davor, sich auf diese Glorifikationen Haeckels wie anderer früherer Antichristen einzulassen." – Ähnlich, wenn auch mit konträrer Intention Ernst Krieck: Ernst Haeckel als Vorläufer des Nationalsozialismus. In: Volk im Werden 5 (1937), S. 164-166, hier S. 164: „Es ist in dieser Zeitschrift mehrfach schon vor dem Unfug gewarnt worden, jede beliebige Gestalt aus der Vergangenheit heraufzuholen und sie – am Ende gar verpflichtend – zum Vorläufer des Nationalsozialismus zu proklamieren. Der Nationalsozialismus fängt bei Adolf Hitler an, sonst bei niemand, und darum verpflichtet der Nationalsozialismus auch zu keiner einzigen Gestalt aus der Vergangenheit, nicht zu Meister Eckehart, nicht zu Luther, nicht zu Goethe oder Nietzsche, und erst recht nicht zu Haeckel." Krieck wiederholte auch die Behauptung, das „sogenannte biogenetische Grundgesetz" sei lange vor Haeckel in anderen Wissenschaftszweigen wie Geschichtsphilosophie und Pädagogik als heuristisches Prinzip virulent gewesen und durch Meckel in die romantische Biologie übertragen worden.

[229] Vgl. Ernst Krieck: Die Idee des Dritten Reiches in der Geistesgeschichte. In: Volk im Werden 2 (1934), S. 137-141, hier S. 138; ders.: Ernst Haeckel als Vorläufer des Nationalsozialismus, S. 65f. Später erklärte er Treviranus zum Entdecker des phylogenetischen Grundgesetzes, vgl. Ernst Krieck: All-Leben und biogenetisches Grundgesetz. In: Volk im Werden 10 (1942), S. 45f.

Auf biologische Spekulationen der deutschen Romantik bezogen sich mehrere, z.t. rivalisierende Ansätze innerhalb der sich als „ganzheitlich" oder „gestalthaft" verstehenden Weltanschauungs- und wissenschaftstheoretischen Entwürfe. Für die Legitimation eigener Positionen, insbesondere des weltanschaulichen „Prinzips All-Leben" beriefen sich Ernst Krieck und sein Schülerkreis auf Traditionen einer „deutschen Biologie", deren Anfänge sie in das Zeitalter der Romantik datierten. Die Etablierung der Biologie als „selbständige Wissenschaft" in die Zeit zwischen 1800 und 1830 sei die letzte originäre Leistung einer „ganzheitlich-schauenden" Naturforschung vor dem „positivistischen Zerfall", wurde in Kriecks Zeitschrift *Volk im Werden* und in einschlägigen Publikationen seinen Schüler mehrfach verkündet.[230] Die zeitgleich durch Lamarck, Cuvier und Johannes Müller begründete „positivistische Biologie" galt dagegen als in der Rasse verwurzelter „Gegentyp deutscher Naturanschauung", die die originären Erfolge der ganzheitlich-schauenden Biologen als ‚romantische Naturphilosophie' in Verruf gebracht hätte. Bei der verhängnisvollen Wendung von einer naturphilosophisch-schauenden zur mechanisch-erklärenden Naturforschung kämen insbesondere Johannes Müller und dessen Schülern eine Schlüsselrolle zu – sie hätten „von dieser deutschen Leistung den Rahm abgeschöpft und den Ruhm auch in Deutschland davongetragen: sie haben das, wovon sie zehrten, in Verachtung und Verruf gebracht."[231] Allein die ganzheitliche Anschauung und die Ausrichtung am weltanschaulich fundamentalen Begriff des „Lebens" habe die Ausgestaltung der Biologie zu einer selbständigen Wissenschaftsdisziplin ermöglicht. Immer wieder betonte Krieck die Entdeckung des „Prinzips Leben" als „entscheidende Leistung" der romantischen Naturphilosophie, um durch Konstruktion einer bis in die arische Mythologie zurückreichenden Tradition den eigenen „Panbiologismus", der keine Unterschiede zwischen belebter und unbelebter Natur machte, zu stützen.[232] Mit dem erkenntnistheoretischen Ausgang vom „lebendigen All" und dem „Gestaltungsprinzip Leben" hätten die Biologen der Romantik das Bemühen der Physik, von Ein-

---

[230] U.a. Ernst Krieck: Wer hat die Biologie als selbständige Wissenschaft geschaffen? In: Volk im Werden 8 (1940), S. 255-259; ders.: Cuvier und das nationale Prinzip in der Naturwissenschaft. In: Volk im Werden 8 (1940), S. 244-249; ders.: Die Frühgeschichte der deutschen Biologie. In: Volk im Werden 10 (1942), S. 41-45; Waldtraut Eckhard: Houston Stewart Chamberlains Naturanschauung. Leipzig 1941 (= Weltanschauung und Wissenschaft 10). Hier wurde Chamberlains Protest gegen den Positivismus um 1900 in eine Reihe mit Goethe, Blumenbach, Treviranus, Döllinger und Burdach gestellt. Der von ihm und seinem Freund Jakob von Uexküll vertretene „Neovitalismus" sei durch Rückbesinnung auf Goethe und Treviranus und die Wendung zum Prinzip „All-Leben" in der radikal biologischen Weltanschauung Ernst Kriecks überwunden worden.

[231] Ernst Krieck: Wer hat die Biologie als selbständige Wissenschaft gcschaffcn?, S. 258.

[232] Vgl. ebenda, S. 59: „Die entscheidende Leistung der Naturphilosophie aber wurde die Ausgestaltung der Biologie zur selbständigen Wissenschaft nach dem selbständigen Prinzip Leben. Von da auf den Bahnen Goethes weiterschreitend, gewann das Weltbild die allen arischen Mythen zugrunde liegende Einsicht von der Welt als einem All-Leben, an dem sämtliche Kräfte mechanischer, physikalischer und chemischer Art Teilkräfte, Einzelkräfte sind."

zelkräften her ein All- und Urprinzip zu gewinnen, „geradezu sieghaft umgekehrt: nicht werden Leben und All von Einzelkräften, sondern die Einzelkräfte vom lebendigen All und einem Gestaltungsprinzip Leben her begriffen."[233]

Als Ernst Krieck 1939 die Aufforderung veröffentlichte, sich endlich wieder der „bedenklich darniederliegenden" Geschichte der Naturwissenschaften zuzuwenden, demonstrierte er in der Darstellung der Leistungen des romantischen Biologen Carl Friedrich Kielmeyer, wie er sich eine weltanschaulich geleitete und vom „Prinzip All-Leben" fundierte Biologie vorstellte.[234] Kielmeyer, dessen Werk trotz des engen Zusammenhangs mit Goethes biologischen Überlegungen bislang selbst den „motten- und regenwürmersammelnden Goethe-Philologen"[235] gänzlich verborgen geblieben sei, wurde zum Gipfel einer dem „Prinzip All-Leben" verpflichteten Perspektive exponiert, die als eine „mit Art und Charakter des deutschen Volkes verbundene Naturanschauung ..., in geschlossener lückenloser Tradition von Paracelsus bis in die romantische Naturphilosophie sich erstreckend, auch nach rückwärts wohl über Cusanus bis zu Albert von Bollstädt verfolgbar" wäre.[236] Die von ihm entwickelte „organische Typenlehre" frage nicht nach Ursprüngen und generativen Gliedern der Arten, sondern konzentriere sich auf die organische Korrelation des Gesamtzusammenhangs. In seiner Erforschung von Infusionstierchen und Schmarotzern, die existentiell und bereits im Entstehungsprozeß mit anderen organischen Formen zusammenhingen, sei Kielmeyer zu einem großen „sinnhaften Zusammenhang" und zur Annahme einer „Urmaterie" gelangt, die Matrix aller Organismen sei. Damit habe er sich dem genähert, was in den Spekulationen Okens als „Urschleim" wiederkehrte und Priestley als „grüne Materie" bezeichnet hatte. Im Gegensatz zur Ableitungen von Artenreihen aus einem mythischen Anfang habe Kielmeyer nach der Basis organischer Bildungen und deren Entwicklungsgesetz gesucht, dabei die Thesen von Urzeugung und Mutation verworfen und die Neuentstehung eines Organismus letztlich aus der Abzweigung der „organischen Gestalt" aus verschiedenen Generationsreihen erklärt. Von ebenso großer Bedeutung seien Kielmeyers Bestrebungen zur Formulierung exakter Entwicklungsgesetze der Organismen, wie sie Galilei, Kepler und Newton für die mechanische Bewegung aufgestellt hatten. Von Goethe mit Interesse wahrgenommen, sei dieser „hochbedeutsame Anlauf" durch den von Lamarck, Darwin und Haeckel in die Biologie eingeführte „Schematismus" vergessen worden.[237] Die nachfolgende Ausdifferenzierung und fortschreitende Spezialisierung seien Resultate eines positivistischen Wissenschaftsverständnisses,

---

[233] Ebenda, S. 59.
[234] Ernst Krieck: Zur Geschichte der Naturwissenschaft. In: Volk im Werden 7 (1939), S. 184-186.
[235] Ebenda, S. 185.
[236] Ebenda, S. 184.
[237] Ebenda, S. 186.

das die „Zusammenhänge des Werdens" gänzlich aus dem Blick verloren habe.

Mit dieser Würdigung des romantischen Biologen stand Krieck nicht allein – wenn er auch die wohl weitreichendsten Folgerungen aus dessen Beobachtungen und Spekulationen zog. Erst 1938 war Kielmeyers Bedeutung öffentlichkeitswirksam herausgestellt worden, als die von Laurenz Oken gegründete *Versammlung deutscher Naturforscher und Ärzte* während ihrer der deutschen Wissenschaftsgeschichte gewidmeten 95. Tagung in Stuttgart eine Gedenktafel für den lange vergessenen Forscher einweihte. In seiner Rede zur Enthüllung der Tafel nahm Max Rauther auch Stellung zu den Debatten um die erkenntnistheoretische Neuausrichtung seines Faches und stellte die Zurückhaltung Kielmeyers gegenüber metaphysischen Grundlegungen als vorbildlich heraus:

> „Gegenwärtig setzt sich weitgehend die Einsicht durch, daß wir Biologie im Grunde nur als eine Lehre von körperlich-seelischen Ganzheiten betreiben können; aber auch die, daß Ganzheit nur durch die Erforschung der Beziehungen der Teile erfaßt werden kann und daß unsere Erkenntnis nichts an Würde und Tiefe gewinnt durch die Einführung imaginärer Zweckursachen, Pläne oder ‚ganzmachender Faktoren'. Wenn wir mit den noch in unabsehbarem Ausbau begriffenen mikroskopischen und chemischen Hilfsmitteln in den Feinbau der organisierten Körper immer tiefer eindringen, und wenn wir immer umfassender die Feinbeziehungen der Organe aller Grade und der Organismen untereinander kennenlernen, so weitet und bereichert sich vor unserem inneren Auge überwältigend und ehrfurchtgebietend das Bild des geordneten Gefüges der belebten Natur; aber umso besser verstehen wir auch die weise Zurückhaltung Kielmeyers vor Fragen, die den Naturforscher ins Metaphysische verlocken möchten."[238]

Mit der Kritik an der „Einführung imaginärer Zweckursachen, Pläne oder ‚ganzmachender Faktoren'" zielte Rauther nicht nur auf Neovitalisten um Hans Driesch, sondern auch auf die bereits dargestellten Versuche, die von Goethe und der romantischen Naturphilosophie geprägten Kategorien „Gestalt", „Typus" und „Urbild" für eine Ablösung einer „amorphologischen, rein funktionellen"[239] Biologie zu nutzen. Die Renaissance einer auf Goethes naturwissenschaftliche Schriften zurückgehenden „Morphologie", bereits in den 1920er Jahren begonnen, gestaltete sich nach 1933 alles andere als einheitlich. Während etwa Wilhelm Troll an der Goetheschen Morphologie festhielt und die Formenwelt der Organismen als „Abbild und Entfaltung urbildlicher Gegebenheit" zu „höherer Anschauung" bringen wollte,[240] verabschiedeten Forschungen zum Form-Funktions-Problem die Typus- und Metamorphose-Vorstellungen zugunsten eines „Lebens"-Begriffs, der die

---

[238] Max Rauther: Carl Friedrich Kielmeyer zu Ehren. Worte bei der Enthüllung einer Gedenktafel in der Württembergischen Naturaliensammlung zu Stuttgart am 18. September 1938. In: Sudhoffs Archiv 31 (1938), S. 345-350, hier S. 349.
[239] Karl Beurlen: Das Gestaltproblem in der organischen Natur. In: Zeitschrift für die gesamte Naturwissenschaft 1 (1935/36), S. 445-457, hier S. 445.
[240] Wilhelm Troll: Die Wiedergeburt der Morphologie aus dem Geiste deutscher Wissenschaft, S. 355f.

„organische Gestalt" als Resultat autopoietischer Auseinandersetzungen mit der Umwelt auffaßte.[241]

Die in den biologischen Forschungsfeldern beobachtbare Rückbesinnung auf die ‚gestalthafte' Naturanschauung Goethes und der Romantik, die bereits vor 1933 immer auch weltanschaulich konnotiert war, stellte eine Variante zur Beilegung der fortgesetzten Kontroversen zwischen „Mechanisten" und „Vitalisten" um die wissenschaftstheoretische Basis der Biologie dar. Wie bereits erwähnt, agierten „Neovitalisten" wie Jakob von Uexküll und Hans Driesch seit der Jahrhundertwende gegen die ‚mechanistische' Ausrichtung ihrer Disziplin. Die inflationäre Herausstellung von Termini wie „Leben", „Ganzheit", „Organismus" im nationalsozialistischen Ideenkonglomerat schien ihre Lehren zum Grundstein einer nun ‚ganzheitlichen' Biologie zu prädestinieren, doch der Schein trog. Drieschs schon 1930 artikulierte Verwahrung gegen eine Politisierung des Ganzheitsbegriffs, seine Zwangsemeritierung zum Wintersemester 1933/34, die nicht zuletzt wegen seiner Unterstützung für Emil Gumbel und Theodor Lessing geschah,[242] wie auch sein – vor allem durch Ernst Krieck in bösartiger Absicht herausgestellter – Pazifismus bereiteten einer Aufwertung des vitalistischen Ganzheitsdenkens Schwierigkeiten.[243] Drieschs uneindeutige Haltung gegenüber dem ‚Positivismus' beförderte zudem die Skepsis der neuidealistisch und dezidiert antipositivistisch eingestellten ‚Morphologen'.[244] Die 1939 erschienene „philosophisch-naturwissenschaftliche Theorie des Organischen" Oscar Feyerabends unter dem Titel *Das organologische Weltbild* signalisierte mit Aufnahme und Verwertung des von Driesch zur Erklärung naturwissenschaftlicher Phänomene verwendeten Entelechie-Begriffs den fortgesetzten Dissenz zwischen ‚Vitalisten' und ‚Mechanisten'.[245] Die von ‚Vitalisten' vertretene Annahme einer in organischen Formen wirkenden „Lebenskraft", die letztlich ein geistiges Prinzip zum gestaltenden Faktor von Natur und Gesell-

---

[241] Vgl. Karl Beurlen: Das Gestaltproblem in der organischen Natur, S. 456: „Die organische Gestalt ist also nicht ein Ergebnis von Umwelteinflüssen, nicht ein Zufallsergebnis aus der Einpassung und Anpassung an die Umwelt; die organische Gestalt ist vielmehr das Werk der schöpferischen Wirklichkeit Leben, aber wiederum nicht zufällige Häufung von Mutationen, sondern das Ergebnis einer Auseinandersetzung mit der Umwelt, indem unter Ausnutzung der Notwendigkeit zur Umweltanpassung, welche nicht Triebkraft und Ziel, sondern Mittel zum Zweck ist, immer weitere Umweltbereiche in den Organismus eingegliedert und beherrscht werden."

[242] Vgl. Hans Driesch: Lebenserinnerungen. Aufzeichnungen eines Forschers und Denkers in entscheidender Zeit. München, Basel 1951, S. 270-272.

[243] Von der auch durch Konkurrenz geprägten Ablehnung Drieschs und seines Neovitalismus zeugten die Passagen bei Ernst Krieck: Leben als Prinzip der Weltanschauung und Problem der Wissenschaft, S. 104-119; in ähnlicher Diktion auch Ferdinand Weinhandl: Organisches Denken, S. 194.

[244] Vgl. Karl Beurlen: Besprechung von Hans Driesch, Die Maschine und der Organismus, Leipzig 1935 (= Bios 4). In: Zeitschrift für die gesamte Naturwissenschaft 1 (1935/36), S. 301f. – Hinweise auf Drieschs Nähe zum Logischen Empirismus gibt Lutz Danneberg: Logischer Empirismus in Deutschland, S. 328.

[245] Oscar Feyerabend: Das organologische Weltbild. Philosophisch-naturwissenschaftliche Theorie des Organischen. Berlin 1939.

schaft erklärte, kollidierte mit den Vorstellungen staatlicher und parteiamtlicher Weltanschauungs- und Ideologieverwalter; nicht zuletzt deshalb hatte Driesch sich einer Umarbeitung seines Theoriegebäudes im Sinne nationalsozialistischer Ganzheitsvorstellungen beharrlich widersetzt.[246]

Weitgehender Konsens zwischen den Fraktionen bestand jedoch in der dichotomischen Trennung des „deutschen Geistes" vom „positivistischen Wissenschaftsideal der Westvölker"[247]. Wenn man auch den internationalen Charakter von Wissenschaft konzidierte, wurde doch immer wieder die „nationale Gebundenheit der Forschung" hinsichtlich der „höchsten und letzten Fragen um den Ursprung alles organischen und geistigen Daseins"[248] betont. Charakteristisch für „deutsches Denken" und „deutsche Naturschau" sei „nicht so sehr seine Gründlichkeit als seine Tiefe, die Tatsache, daß es, um im faustischen Bilde zu reden, zu den ‚Müttern' herabsteigt."[249] Neben Goethes Einsichten – den ‚gestalthaft schauenden' Naturwissenschaftlern um Wilhelm Troll und Karl Lothar Wolf die „bisher höchste Erfüllung deutschen Erkenntniswollens"[250] – waren es die vom romantischen Naturforscher Karl Friedrich Burdach formulierten Ziele einer morphologischen Naturschau, an die man anknüpfte. Die Rückführung der Mannigfaltigkeit organischer Formen auf ein gemeinsames „Urbild", als dessen variierte Manifestationen die empirisch gegebenen Einzelformen erschienen, erklärte Wilhelm Troll zum leitenden Prinzip einer erneuerten morphologischen Naturbetrachtung. Der Begriff des „Typus" – „zentrale Idee der gesamten organischen Formenlehre"[251] – liege seit den naturwissenschaftlichen Bemühungen Goethes und der Romantik vor und könne nach der restlosen Überwindung der „mechanistischen Denkweise" durch eine „in platonisch-goethischer und deutscher Naturanschauung wurzelnden Grundauffassung" zur Basis eines neuen Wissenschaftsprogramms werden.[252] Trotz unermüdlicher Aktivitäten, den *Gestalt*-Begriff zur weltanschaulichen Grundlage der Naturwissenschaft zu erheben, konnten die „morphologische Biologie" der Vererbungslehre und ihrem Ableger Rassentheorie nicht den Rang ablaufen. Wie schon zitiert, galten die „idealistischen Typologien" als „Einbruch des Dogmas in die Naturwissenschaften"[253]; das „weltanschauliche Kampfgebiet Biologie" wurde

---

246 So widerstand Driesch dem Plan Otto Heinichens, Beziehungen zwischen seiner Ganzheitslehre und der nationalsozialistischen Ideologie herzustellen ebenso wie dem Ansinnen, den Begriff der Volksgemeinschaft als biologische Ganzheit zu definieren; dazu Reinhard Mocek: Wilhelm Roux – Hans Driesch. Zur Geschichte der Entwicklung der Physiologie der Tiere. Jena 1974, S. 137f.; ders.: Neugier und Nutzen. Blicke in die Wissenschaftsgeschichte. Berlin 1988, S. 198-218; Monika Leske: Philosophen im „Dritten Reich", S. 199ff.
247 Wilhelm Troll: Die Wiedergeburt der Morphologie aus dem Geiste deutscher Wissenschaft, S. 350.
248 Ebenda, S. 350.
249 Ebenda, S. 351.
250 Ebenda, S. 351.
251 Ebenda, S. 353.
252 Ebenda, S. 355.
253 Hermann Weber: Theoretische Biologie und Scholastik, S. 86.

von bekennenden Nationalsozialisten mit scharfer Rhethorik gegen „morphologische" und „holistische" Interventionen verteidigt.[254]

Die hier umrissenen Positionen wie auch die früher angeführten Stellungnahmen zeitgenössischer Beobachter zu den wissenschaftsgeschichtlichen Traditionskonstruktionen belegen, welche Widerstände der Rückgang auf organische, „gestalthafte" Wissenschaftsprogramme und die metaphysische Deutung wissenschaftlicher Ergebnisse selbst unter den Bedingungen wissenschaftspolitischer Gleichschaltung provozierte. Sie markieren zugleich die weiterhin existierende polyparadigmatische Verfassung der zur ‚Grundlagenwissenschaft' erklärten Biologie, in der in den 1930er und 1940er Jahren eine Vielzahl von Lösungsvorschlägen zur Klärung erkenntnistheoretischer Probleme und der weiterhin umstrittenen Auffassung organischer Formen gemacht wurden. Hier sei nur auf die Debatten um die Problematik des organismischen Lebens verwiesen, an denen neben Biologen wie Ludwig von Bertalanffy und Erich Ungerer, Richard Woltereck und Friedrich Alverdes auch der Physiker Pascual Jordan, der Philosoph Nicolai Hartmann und der Umweltforscher Jacob von Uexküll teilnahmen. Vorstössen, eine Kontinuitätssystematik des Lebendigen aufzustellen und die Verbindung von Anorganischem, Organischem und Seelischem aufzuweisen, wie es Richard Woltereck, Pascual Jordan oder Otto Stöcker unternahmen;[255] standen Bestrebungen gegenüber, die Spezifik des Organischen durch Klassifikation und Stratifikation zu erfassen und die eigengesetzlichen Züge von Anorganischem und Organismischen durch Schichtung und Stufung zu ermitteln – eine Strategie, wie sie (mit sehr disparaten Ausgangspunkten und Ergebnissen) etwa Ludwig von Bertalanffy und Wilhelm Troll, auf philosophischer Ebene

---

[254] Werner Dittrich: Weltanschauliches Kampfgebiet Biologie. In: Politische Erziehung 6 (1938), S. 20-30.

[255] Richard Woltereck: Ontologie des Lebendigen. Stuttgart 1940 (= Philosophie der lebendigen Wirklichkeit 2); Pascual Jordan: Quantenphysikalische Bemerkungen zu Biologie und Psychologie. In: Erkenntnis 4 (1934), S. 215-252; ders.: Ergänzende Bemerkungen über Biologie und Quantenmechanik. In: Erkenntnis 5 (1935), S. 348-352; ders.: Atomvorgänge im biologischen Geschehen. In: Bremer Beiträge zur Naturwissenschaft 5 (1939) Heft 3, S. 61-72; ders.: Die Physik und das Geheimnis des organischen Lebens. Braunschweig 1941 (= Die Wissenschaft 95); Otto Stöcker: Das biologische Weltbild. Grundprobleme der Biologie. Bremer Beiträge zur Naturwissenschaft. Band 6, Heft 3. 1940. – Gegen Wolterecks teleologische Reduktionen äußerten sich bereits zeitgenössische Beobachter, so Friedrich Alverdes: Philosophie der lebendigen Wirklichkeit. In: Zentralblatt für Psychotherapie 13 (1941), S. 252-253; K. Frank: Rezension, Ontologie des Lebendigen. In: Scholastik 16 (1941), S. 408-410; K. Friederichs: Rezension, Ontologie des Lebendigen. In: Deutsche Literaturzeitung 62 (1941), S. 914-918; Ludwig Landgrebe: Rezension, Ontologie des Lebendigen. In: Geistige Arbeit 3 (1941), S. 14-15; Erich Ungerer: Rezension, Ontologie des Lebendigen. In: Zeitschrift für die gesamte Naturwissenschaft 7 (1941), S. 118-121. Auch Pascual Jordans Ausflüge in die Biologie erfuhren bereits in den 1930er Jahren Widerspruch aus unterschiedlichen Lagern, so u.a. durch Moritz Schlick: Über den Begriff der Ganzheit. In: Erkenntnis 5 (1935), S. 178-179; Edgar Zilsel: P. Jordans Versuch, den Vitalismus quantenmechanisch zu retten. In: Erkenntnis 5 (1935), S. 56-64; Otto Neurath: Jordan, Quantentheorie und Willensfreiheit. In: Erkenntnis 5 (1935), S. 179-181; Kurt Hildebrandt: Positivismus und Natur, S. 8.

[256] Vgl. Ludwig von Bertalanffy: Das Gefüge des Lebens. Leipzig, Berlin 1937; Nicolai Hartmann: Der Aufbau der realen Welt. Berlin 1940; ders.: Möglichkeit und Wirklichkeit. Berlin 1938.

Nicolai Hartmann verfolgten.²⁵⁶ Vor dem Hintergrund dieser Erklärungsansätze, vor allem im Vergleich zu der zeitgleich von Ludwig von Bertalanffy entwickelten „dynamischen Morphologie", gewinnen die *regressiven* Züge des von den ‚Morphologen' um Troll und Wolf praktizierten Rückgangs auf Goethes Typus-Idee weiter an Plastizität. Überwand von Bertalanffy in seiner *Theoretischen Biologie* die Gegensätze von ‚Mechanismus' und ‚Vitalismus' durch eine mathematisch formalisierte Deutung der als „Fließgleichgewichte" begriffenen offenen Systeme organismischen Lebens (und gab so erste Anstösse für die spätere Systemtheorie),²⁵⁷ gingen „gestalthafte" Wissenschaftsentwürfe nach eigenem Eingeständnis auf eine Position zurück, in der „die Kontroverse Mechanismus – Vitalismus gar nicht existiert" hatte.²⁵⁸

Während ‚Morphologen' sich auf die „gestalthafte" und am Begriff des „Typus" orientierte Begründung von Forschungsprogrammen für Botanik, Anatomie und Paläontologie konzentrierten, extrapolierten andere Fraktionen die Biologie zur Grundlagenwissenschaft von Staats- und Gesellschaftsaufbau. Die nach 1933 zu Vorleistungen einer nationalsozialistischen Wissenschaftsauffassung erklärten „Staatsbiologien" knüpften in der Übertragung biologischer Erklärungsmuster auf staatliche und politische Zusammenhänge zumeist nur terminologisch an Prägungen der Romantik an. Beispiel für ein erfolgreiches Konzept war das Werk Jakob von Uexkülls, das nach einer zeitgenössischen Würdigung „der richtungslosen Trümmerwelt der mechanistischen Naturwissenschaft die Welt als biologische Ganzheit in ihrer überindividuellen Planhaftigkeit" gegenübergestellt habe.²⁵⁹ Verstärkt erschienen seine Werke und einschlägige Würdigungen; seine *Staatsbiologie* von 1920 erfuhr bezeichnenderweise im Jahr der Machtergreifung eine Neuauflage.²⁶⁰

Die biologistischen Erklärungen von Staat und Gesellschaft maximierten den Begriff der „organischen Ganzheit" bis zur Identifikation mit dem Topos der „Volksgemeinschaft", um so die untergeordnete Stellung des Einzelindividuums begründen und mit einer explizit als „politisch" postulierten Wis-

---

²⁵⁷ Ludwig von Bertalanffy: Theoretische Biologie. 2 Bde. Berlin 1933 und 1942. Vgl. dazu die lobende Rezension von Bernhard Bavink: Theoretische Biologie. In: Blätter für Deutsche Philosophie 17 (1943), S. 398-404.
²⁵⁸ Friedrich Waaser: Goethes Typus-Idee und die Idee der organischen Form. In: Zeitschrift für die gesamte Naturwissenschaft 6 (1940), S. 6-16, hier S. 7.
²⁵⁹ Albrecht Erich Günther: Gibt es eine nationalsozialistische Wissenschaft?, S. 766; ähnlich Ernst Krieck: Leben als Prinzip der Weltanschauung und Problem der Wissenschaft, S. 88f.; Waldtraut Eckhard: Deutsche Naturanschauung bei Jakob von Uexküll. In: Volk im Werden 8 (1940), S. 155-165.
²⁶⁰ Jakob von Uexküll: Staatsbiologie. Anatomie – Physiologie – Pathologie des Staates. Hamburg 1933 (1. Aufl. Berlin 1920 = Sonderheft der *Deutschen Rundschau*). – Zur Publizistik Uexkülls und seiner Mitarbeiter am Hamburger Instituts für Umweltforschung vgl. Friedrich Brock: Verzeichnis der Schriften Jakob Johann von Uexkülls und der aus dem Institut für Umweltforschung zu Hamburg hervorgegangenen Arbeiten. In: Sudhoffs Archiv 27 (1934), S. 204-212; zur „Oikologie" in der NS-Zeit vgl. Günther Küppers, Peter Lundgreen, Peter Weingart: Umweltforschung – die gesteuerte Wissenschaft? Frankfurt/M. 1978, S. 67-86.

senschaft instrumentelle Eingriffe rechtfertigen zu können.[261] Charakteristisch dafür waren etwa die 1934 vom Kieler Professor Paul Brohmer unter dem Titel *Mensch-Natur-Staat* vorgelegten *Grundlinien einer nationalsozialistischen Biologie*.[262] Während im ersten Kapitel „die liberalistische und die heutige Natur- und Lebensauffassung" gegenübergestellt und im zweiten Kapitel *Der Mensch als Glied der Natur* „Vererbungsbeziehungen" und „Rasse-Bindungen" dargelegt wurden, fundamentierte Kapitel 3 unter der Überschrift *Der Mensch als Glied des Volksorganismus* den Staat im biologischen Zusammenhang des gemeinsamen Blutes. Nach Abhandlung des Staates als „Organismus" und „Lebensgemeinschaft", schloß die Abhandlung mit Erläuterungen über „Krankheiten des Volksorganismus und ihre Heilung".[263] Die Überbietung organologischer Deutungsmuster wurde in charakteristischen Analogisierungen deutlich, etwa wenn die „biologische Ganzheit" des Volkes wahlweise als „Leib" („Volksleib") oder „Gartenbeet" beschrieben und seine „Konstitution" untersucht wurden.[264] Sie nährten den Eindruck, daß die auf ganzheitlich-organischen Grundlagen stehende Biologie zu einer Basis ideologischer Diskurse arriviert sei – ohne daß von einer konzeptionell und methodisch homogenen Disziplin und einer einheitlichen weltanschaulichen Interpretation ihrer Ergebnisse auch nach 1933 die Rede sein konnte.[265]

---

[261] So bei Hermann Weber: Lage und Aufgabe der Biologie in der deutschen Gegenwart. In: Zeitschrift für die gesamte Naturwissenschaft 1 (1935/36), S. 95-106, hier S. 106: „Denn wie die Organismen und die Lebensgemeinschaften, mit denen die Biologie zu tun hat, Ganzheiten darstellen, die mehr sind als die Summen ihrer Teile, so ist auch die Volksgemeinschaft, wie wir sie sehen, so ist die Nation mehr als ein Kollektiv, mehr als die Summe der Einzelmenschen, die sie zusammensetzen. Biologie lehrt den, der überhaupt lernen will, für das Leben in der Gemeinschaft ganzheitlich, organismisch denken, sie ist daher auch, was man heute von der Wissenschaft überhaupt fordert, im höchsten, im durchaus neuen Sinn *politische Wissenschaft*." Sperrung im Original.

[262] Paul Brohmer: Mensch-Natur-Staat. Grundlinien einer nationalsozialistischen Biologie. Frankfurt/M. 1934.

[263] Dabei leitete man aus dem ganzheitlichen Charakter des Staates seine Autonomie gegenüber den Einzelgliedern ab und sprach ihm die Pflicht zu, nicht ‚artgemäße' Teile zu liquidieren, so u.a. bei Eugen Fischer: Der völkische Staat, biologisch gesehen. Berlin 1933; Wilhelm Voß: Die lebensgesetzlichen Grundlagen des Nationalsozialismus. Frankfurt/M. 1934; Erwin Schroeter: Volksbiologische Auswirkung der Siedlung. Leipzig 1936 (= Beiheft zum Archiv für Bevölkerungswissenschaften und Bevölkerungspolitik VI); Erich Mühle: Der menschliche Staat als Problem der vergleichenden Biologie. Beitrag zur organistischen Staatsauffassung im Anschluß an E.G. Kolbenheyer. Leipzig 1937 (= Studien und Bibliographien zur Gegenwartsphilosophie 23).

[264] So Adolf Helbock: Volk als biologische Ganzheit. In: Volk im Werden 5 (1937), S. 196-207.

[265] Hier kann neben den erwähnten Divergenzen zwischen ‚Mechanisten' und ‚Vitalisten' nur auf weitere Kontroversen hingewiesen werden, etwa auf die in der Zeitschrift *Unsere Welt* geführte Auseinandersetzung zwischen Bernhard Bavink und Victor Julius Franz im Anschluß an Franz' Buch *Der biologische Fortschritt. Die Theorie der organismisch-geschichtlichen Vervollkommnung* (Jena 1935). Gegen die Thesen des Jenaer Professor für phylogenetische Zoologie, der seit 1935 das Ernst-Haeckel-Haus leitete und dieses zur *Anstalt für Geschichte der Zoologie* erweitert hatte, beharrte Bavink auf Differenzierung und Vervollkommnung als wissenschaftlichen Kategorien und erteilte den auf pragmatische Nutzanwendung gerichteten Wissenschaftskonzepten eine Abfuhr, vgl. Unsere Welt 27 (1935), S. 350-351; Unsere Welt 28 (1936), S. 62-64, 92-96, 191-192. hier S. 96: „Die technische Anwendbarkeit ist erst eine

Trotz vorhandener Differenzen konnten so konträre Theoretiker wie Bernhard Bavink und Ernst Krieck die Biologie zur neuen Leitdisziplin der Naturforschung bzw. des Wissenschaftssystems überhaupt erklären. Während Bavink jedoch in moderatem Ton das „organische Denken" der Biologie zur berechtigten Überwindung „mechanistischer" und „atomistischer" Vorstellungen erklärte,[266] steigerte Krieck deren Bedeutung zum basalen Ausgangspunkt einer neuen „völkisch-politischen Anthropologie".[267] Ihre gegensätzlichen Wissenschaftskonzepte – die verbal im Streben nach Überwindung des Natur-Geist-Dualismus durch eine ‚ganzheitliche' Betrachtungsweise übereinstimmten – machen die tiefgehenden Diskrepanzen in weltanschaulich-ideologischen Diskursen in der NS-Zeit noch einmal exemplarisch deutlich. Akzeptierte der promovierte Chemiker Bavink die funktionalen Differenzierungsleistungen der modernen Wissenschaftsentwicklung, im besonderen die Ergebnisse der vielfach verfemten „mechanistischen" Naturforschung des 19. Jahrhunderts, unternahm der Volksschullehrer Krieck einen in diffamierender Polemik endenden Feldzug gegen den „artfremden" Positivismus. Verteidigte Bavink auch nach 1933 die Unabhängigkeit wissenschaftlicher Einsichten vom subjektiven Standort des Erkennenden und betonte im Vorwort zur fünften Auflage seiner *Ergebnisse und Probleme der Naturwissenschaften* vom März 1933, daß ein Urteil über wissenschaftliche Leistungen nur nach fachlicher Qualifikation und nicht nach persönlichen oder politischen Einstellungen zu fragen habe,[268] steigerte sich Kriecks Rückführung von Erkenntnisprozessen auf weltanschauliche Prinzipien und biologische Determination ihres Trägers bis zur Verunglimpfung zeitgenössi-

---

sekundäre Folge der erlangten Wahrheitserkenntnis. [...] Die moderne Technik ist gerade dadurch erst überhaupt möglich geworden und dort am höchsten aufgeblüht, wo man am reinsten sich nur der theoretischen Erkenntnis gewidmet hat, vorzüglich bei uns in Deutschland. [...] Eben darum hat aber auch der die lebende Welt untersuchende Biologe sich davor zu hüten, diesen biologischen Nutzeffekt mit seinem Grunde, der ‚Vervollkommnung' selber, zu verwechseln."

[266] Bernhard Bavink: Religion als Lebensfunktion. In: Unsere Welt 28 (1936), S. 257-263, hier S. 257: „Unsere Zeit steht im Zeichen der Biologie. ‚Biologisch denken' heißt die Losung, die heute überall ausgegeben wird. [...] Wir sehen heute auf allen möglichen Gebieten unseres Geisteslebens wieder organische Einheit, oder wie man gewöhnlich sagt: Ganzheit da, wo eine verflossene Periode der europäischen und insbesondere auch der deutschen Geistesgeschichte nur ein an sich sinnloses, von blinden Kräften rein mechanisch hin und hergetriebenes Spiel einzelner Atome, Individuen usw. sah."

[267] Prägnant in Ernst Krieck: Der Wandel der Wissenschaftsidee und des Wissenschaftssystems im Bereich der nationalsozialistischen Weltanschauung. Rede bei der Einweihung des Lenard-Instituts in Heidelberg. In: Volk im Werden 4 (1936), S. 378-381.

[268] Bernhard Bavink: Ergebnisse und Probleme der Naturwissenschaften. Eine Einführung in die heutige Naturphilosophie. 5. neu bearbeitete und erweiterte Aufl. Leipzig 1933, Vorwort. Hier hieß es über die Wertschätzung gegenüber Einstein und Sommerfeld: „Von diesen Urteilen etwas abzustreichen, sehe ich keinen Grund, auch wenn solche Forscher ihr Ansehen dazu mißbrauchen, daß deutsche Volk in der Welt zu verunglimpfen." Gegen den „Rasserelativismus" von Wissenschaft wandten sich weitere Wortmeldungen, so sein Aufsatz *Rasse und Kultur* (in: Unsere Welt 26 (1934), S. 97-114, 161-190) sowie sein Vortrag auf der 95. Versammlung deutscher Naturforscher und Ärzte 1938 in Stuttgart: Vom Sinn und Ethos der Wissenschaft; abgedruckt in: Unsere Welt 40 (1938), S. 241-265.

scher deutscher Wissenschaftler.[269] Beharrte Bavink auf der wissenschaftlich erwiesenen (und im Herbst 1936 auch durch die Deutsche Philosophische Gesellschaft als „unwiderruflich" anerkannten) Trennung von anorganischer und organismischer Welt und erklärte Leben zur aktiven Realisation eines metaphysischen Prinzips, wies Krieck die Trennung von ‚belebter' und ‚unbelebter' Welt wie auch idealistische Ausdeutungen radikal zurück und projektierte mit dem „Prinzip All-Leben" ein Weltanschauungsprinzip, das die funktionalen Differenzierungsleistungen des Wisssenschaftssystems radikal einebnen sollte.

Die hier aufgeführten Hinweise dürften deutlich gemacht haben, daß die in der Zielstellung scheinbar einige Front des Kampfes gegen „Mechanismus" und „Positivismus" tiefgehende Gegensätze und Spannungen barg. Auf der einen Seite standen Fachwissenschaftler, die empirische Forschung und metaphysisch-systematisierende Deutungen favorisierten; auf der anderen Seite arbeiteten Weltanschauungsaktivisten wie Ernst Krieck und sein Schülerkreis, die aus ihrer Abwehrstellung gegen alle Spielarten des ‚Idealismus' keinen Hehl machten und ihn aus dem Diskurs auszuschließen suchten. Um ihre Auffassungen durchzusetzen, erbaten sowohl Vertreter des Wissenschaftssystems als auch selbsternannte Weltanschauungskapazitäten wie Krieck bei ideologie- und wissenschaftsverwaltenden Institutionen Unterstützung. Doch war deren Verhältnis zu wissenschaftstheoretischen und -geschichtlichen Grundlagendiskursen uneinheitlich; insbesondere die Haltung der Ideologiewächter der *Dienststelle Rosenberg* gegenüber den Entwicklungen in den Naturwissenschaften blieb diffus. Forderten Rosenberg und seine Mitarbeiter einerseits eine politisch ausgerichtete und rassentheoretisch fundierte Wissenschaft; sah man andererseits früh die Gefahr einer nebulösen, Exaktheit und Klarheit aufgebenden Mystik. Die (auch aus ökonomischen Gründen notwendige) Akzeptanz eines differenzierten und eigengesetzlich operierenden Wissenschaftssystems verlangte ideologische Zugeständnisse: Hatte Rosenberg im November 1936 noch die in Deutschland verbliebenen Vertreter der theoretischen Physik zum „gewissenhaften Experiment" zurückgerufen,[270] verzichtete er ein Jahr später in einer „parteiamtlichen

---

[269] Symptomatisch war dabei die Unterstellung eines „jüdischen" Denktypus, die neben Hegel und den Romantikern auch Heidegger traf, vgl. Ernst Krieck: Germanischer Mythos und Heideggersche Philosophie. In: Volk im Werden 2 (1934), S. 247-249, hier S. 248: „Der Sinn dieser [Heideggers] Philosophie ist ausgesprochener Atheismus und metaphysischer Nihilismus, wie er sonst vornehmlich von jüdischen Literaten bei uns vertreten worden ist, also ein Ferment der Zersetzung und Auflösung für das deutsche Volk."
[270] Vgl. Alfred Rosenberg: Weltanschauung und Wissenschaft. Rede auf der dritten Reichsarbeitstagung des Amtes Schrifttumspflege. In: hier zitiert nach dem Wiederabdruck in A. Rosenberg: Tradition und Gegenwart. Reden und Aufsätze 1936-1940, S. 41-57, hier S. 45. „In den letzten Jahren hat es nicht an Romantikern gefehlt, welche glaubten, dieses Gebiet [der exakten wissenschaftlichen Forschung] verlassen zu können und in allen Zonen zu schwärmen. Wir sind dagegen der Überzeugung, daß das gewissenhafte Experiment schon in den vergangenen Jahrzehnten verhinderte, daß die europäische Wissenschaft sich in dem geistigen Nebel einer Phantasterei verlor. Man hörte in den letzten Jahren manchesmal, das mecha-

Stellungnahme" ausdrücklich auf ein Deutungsmonopol der Partei in naturwissenschaftlichen Fragestellungen.[271] Trotz verbaler Erklärungen über die parteiamtliche Neutralität in wissenschaftlichen Grundsatzfragen, die sich in kritischer Kriegslage und angesichts der verfehlten Wissenschaftspolitik noch verstärkten,[272] blieb die *Dienststelle Rosenberg* äußerst wachsam – insbesondere wenn es um die weltanschauliche Fundierung von Wissenschaftskonzepten bzw. die weltanschauliche Deutung ihrer Ergebnisse ging. Zwei Bemerkungen zur Reaktion der *Dienststelle Rosenberg* auf Versuche, den Begriff „Ganzheit" zur Grundlage weltanschaulicher bzw. wissenschaftstheoretischer Systematisierungen zu machen, sollen noch einmal zeigen, daß die offiziellen Weltbildverwalter zumindest wußten, was „ganzheitlich" und „organisch" *nicht* bedeutet.

Wie erwähnt, registrierte das *Amt Wissenschaftsbeobachtung und -wertung* in Rosenbergs Dienststelle Ernst Kriecks Versuche zur Begründung einer „Weltanschauungslehre" und dessen Polemik gegen das Wissenschaftssystem genau. An Kriecks Postulat einer zum fundamentalen Weltanschauungsprinzip erweiterten „Gesamt-Biologie" monierten interne Gutachten die bloß „gleichnishafte" Begriffsverwendung biologischer Erklärungsmuster, die mit der „biologischen Wirklichkeit" nichts zu tun habe:

---

nistische Zeitalter der Wissenschaft sei gestorben, der Kausalitätsbegriff sei überwunden und durch andere ersetzt worden. Wenn wir das hören, so müssen wir dem Bekenntnis zur exakten Wissenschaft genau so stark das Bekenntnis zu einer strengen Erkenntniskritik hinzufügen. Denn die Fragen nach der Ursächlichkeit auf allen Gebieten sind ein Urgesetz unseres Daseins und Denkens."

271 Alfred Rosenberg: Für die Freiheit der Forschung. Erklärung vom 7.12. 1937. In: Deutsche Allgemeine Zeitung vom 9. Dezember 1937, hier zitiert nach Walther Groß: Nationalsozialismus und Wissenschaft. In: NS Monatshefte 14 (1943), S. 4-23, S. 19: „Aus gegebenem Anlaß gibt der Beauftragte des Führers für die gesamte geistige und weltanschauliche Erziehung und Schulung der NSDAP., Reichsleiter Rosenberg, folgende parteiamtliche Stellungnahme bekannt: Verschiedene Probleme der Kosmosphysik, der experimentellen Chemie und der vorzeitlichen Erdkunde wurden in letzter Zeit durch eine größere Anzahl von Veröffentlichungen in den Vordergrund des Interesses gerückt. Vom nationalsozialistischen Standpunkt aus stellen die behandelten Fragen naturwissenschaftliche Probleme dar, deren ernsthafte Prüfung und wissenschaftliche Untersuchung jedem Forscher frei steht. Die NSDAP kann eine weltanschauliche dogmatische Haltung zu diesen Fragen nicht einnehmen; daher kann kein Parteigenosse gezwungen werden zu diesen Problemen der experimentellen und theoretischen Naturwissenschaften eine Stellungnahme als parteiamtlich anerkennen zu müssen. In der Schulung der gesamten Bewegung, soweit diese Themen überhaupt behandelt werden, ist diese Haltung mit allem Nachdruck zu berücksichtigen."

272 Vgl. ebenda, S. 17f. Gegen die Berufung von Wissenschaftlern auf die nationalsozialistische Weltanschauung erklärte Groß: „Wohl hat man sich gelegentlich in solchen methodologischen Auseinandersetzungen auf politische Gesichtspunkte und auf die Weltanschauung des Nationalsozialismus berufen. Es muß aber festgehalten werden, daß das dann von Seiten einzelner Eiferer in eigener Sache geschah, von geltungssüchtigen Gelehrten, die sich der Politik bedienen, um ihre eigene Schule durchzusetzen. Dieser Typus des eifernden und auch mit außerwissenschaftlichen Mitteln kämpfenden Gelehrten ist ja keine Erfindung unserer Tage. Die Wissenschaft darf ihn, als charakteristisches Produkt ihrer eigenen Reihen, nicht der Partei an die Rockschöße hängen, wie sich andererseits die Partei unter keinen Umständen zum Büttel solcher Gelehrtenstreite machen darf."

"Die neuen Möglichkeiten [der Erbbiologie] werden von ihm nicht ausgeschöpft, ja nicht einmal in ihrer Tragweite erkannt, und die Grenzen der Biologie überschreitet er dadurch, dass er das Biologische gleichnishaft anwendet. Wenn das Volk beispielsweise als ‚ganzheitlicher' Organismus bezeichnet wird, so ist eben der Sinn ein anderer, als wenn von der biologischen Ganzheit Einzelmensch gesprochen wird. Die Konstruktion einer biologischen Volksganzheit entspricht bei keinem Volk der Wirklichkeit. Ist für Krieck das Biologische nur ein Gleichnis, auf dem sein gesamtes Werk beruht, so ist es das für uns keineswegs, denn für uns ist das Biologische Wirklichkeit. Wenn dieser fundamentale Unterschied einmal klar geworden ist, so ist damit dem Werk Kriecks die wesentliche Grundlage entzogen; der Inhalt ist dann ein völlig unbiologischer, ja er ist antibiologisch. [...] Der Anspruch Kriecks auf ‚Biologie' kann also keineswegs ernst genommen werden. Das Ergebnis dieser unbiologischen Denkweise, die die exaktwissenschaftlichen Grundlagen vermissen läßt, kann denn auch nicht anders als höchst unklar, verschwommen und widerspruchsvoll sein, wie ein Blick auf die Philosophie Kriecks beweist."[273]

War in dieser Kritik an Kriecks vom „Prinzip All-Leben" geleiteten „Weltanschauungslehre" die eigene Position vorrangig in Abgrenzung formuliert worden, so dominierten auch in der Auseinandersetzung mit dem Holismus Bestimmungen *ex negativo*. Die von dem südafrikanischen Politiker und Philosophen Jan Christian Smuts 1926 mit dem Buch *Holism and Evolution* begründete ganzheitliche Weltanschauung bemühte sich in Anknüpfung an Aristoteles und Thomas von Aquin um eine universale Betrachtungsweise, die die Widersprüche von ‚Mechanismus' und ‚Vitalismus' mit einer „simplifizierenden Deduktion" aufzuheben versprach.[274] In Deutschland wurde der Holismus als eine „von komplexen Ganzheiten" ausgehende Wissenschaftstheorie vor allem durch den Hamburger Biologen Adolf Meyer verbreitet, der bis zum Herausgeberwechsel dem Redaktionskollegium der *Zeitschrift für die gesamte Naturwissenschaft* angehörte und das neue Erkenntnisideal des Holismus für die Biologie fruchtbar zu machen suchte.[275] Als „wirklich überlegene Synthese von Mechanismus und Vitalismus", so Meyer, überwinde der Holismus die dogmatischen Übertreibungen beider Erklärungsprinzipien ab und vereine allein deren positive Seiten, so die Anerkennung von Ableitungsbeziehungen zwischen Organischem und Physischem und der Autonomie des Organismischen.[276] Wie die gestalthaft-morphologischen An-

---

[273] Vertrauliches Gutachten des Amtes Wissenschaftsbeobachtung und -wertung in der Dienststelle zur Überwachung der gesamten politischen und weltanschaulichen Erziehung der NSDAP: Ernst Krieck und seine Philosophie. BA NS 15/290, Bl. 3-48, hier Bl. 23f.

[274] In Opposition zu Mechanismus und Vitalismus definierte der Holismus die komplex gegliederte Wirklichkeit als Gesamtheit einer „organismisch gegliederten Stufenfolge", in der „die jeweils einfachere Wirklichkeit in der jeweils komplexeren in qualitativer Verwandlung und Hinaufstufung synthetisch eingebaut und aufgehoben ist, so daß sie nur durch holistische Simplifikation aus ihr wieder entwickelt werden kann. Die Natur als Ganzes ist daher weder eine Einheit (mechanistischer Monismus) noch eine Vielheit", Adolf Meyer: Naturphilosophie auf neuen Wegen. Stuttgart 1948, S. 159f.

[275] Vgl. u.a. Adolf Meyer: Ideen und Ideale der biologischen Erkenntnis. Leipzig 1934 (= Bios 1); ders.: Krisenepochen und Wendepunkte des biologischen Denkens. Jena 1935.

[276] Adolf Meyer: Das Leib-Seeleproblem in holistisch-biologischer Beleuchtung. In: Zeitschrift für die gesamte Naturwissenschaft 1 (1935/36), S. 106-121, Zitat hier S. 106.

sätze Wilhelm Trolls und Karl Lothar Wolfs, denen sich Meyer durch die gemeinsame Nähe zur Naturforschung Goethes verbunden fühlte, stieß auch der ‚Holismus' auf das Mißtrauen der „Weltanschauungs-Beauftragten" in der *Dienststelle Rosenberg*. Meyer selbst sah sich und seine Wissenschaftstheorie in der historischen Rückschau „schon 1935 offiziell in Acht und Bann getan"[277] und machte dafür die Intrigen von „Mechanisten" aus dem Reichspropagandaministerium und dem *Amt Rosenberg* verantwortlich.[278] 1936 signalisierte Rosenberg in der Grundsatzrede *Weltanschauung und Wissenschaft* öffentlich seine Ablehnung gegenüber wissenschaftlichen Bestrebungen, die eine biologisch dominierte Hierarchie als systemkonforme Weltanschauung anbot. Nach scharfer Kritik der universalistischen Ganzheitstheorie Othmar Spanns erklärte er mit Blick auf den Holismus:

> „Oder es kommt eine andere Schule, diesmal weniger von der soziologischen Seite als von der biologischen, und stellt ebenfalls eine Stufenleiter auf, mit der wir uns zu befassen haben. Sie stellt als das Unterwertigste das Mechanische hin, etwas höher steht schon das Biologische und wieder höher das Psychologische, und am Ende kommt dann das Theologische. Wir sind überzeugt, daß die alte Scholastik wieder auf Gummisohlen über Gesellschaftslehren und Meta-Biologien hinweg bei uns Eingang finden möchte, und ich glaube, es täte gut, wenn wir feine Ohren haben, um diese Schritte zu hören. [...] Sie sollen ruhig schreiben, was sie wollen. Sie sollen das bloß nicht als nationalsozialistisch ausgeben, sondern als das, von wo sie gekommen sind und was sie wirklich meinen."[279]

---

[277] Adolf Meyer: Naturphilosophie auf neuen Wegen, S. 25.

[278] Vgl. Adolf Meyer: Naturphilosophie auf neuen Wegen, S. 12: „Während des Naziregimes war der Holismus für die sich im Amte Rosenberg und im Propagandaministerium tummelnden Nazimechanisten ‚ein gerissener Trick der römisch-katholischen Wissenschaft gegen deutsche Tatsachenforschung, exakte Naturwissenschaft und die Grundlagen unserer Rassenlehre' (Rosenbergs ‚Vertrauliche Mitteilungen zur weltanschaulichen Lage' Jg. 2, Nr. 41, vom 27. November 1936)." – Doch waren nicht nur „Mechanisten" in den Kampf gegen den Holismus involviert. Auf die deutsche Übersetzung von Smuts Werk *Die holistische Welt*, das mit einem Vorwort Adolf Meyers erschien, reagierte auch Ernst Krieck mit scharfer Kritik. Zwar sei der holistische Kampf gegen Positivismus und Mechanistik berechtigt, doch etabliere dieser im Anschluß an Aristoteles, Thomas von Aquin und Hegel ein rationales Begriffsgefüge und damit „ein universalistisches oder holistisches Begriffs- und Stufensystem, das alle Wirklichkeit verdunkelt und vernebelt", Ernst Krieck: Der holistische General. In: Volk im Werden 7 (1939), S. 132-133., hier S. 132. Krieck erkannte im Holismus den Monismus Haeckels wieder, dessen „positivistischem Brei" nur „noch einige kleine neovitalistische Gewürze" beigemengt seien, ebenda, S. 132.

[279] Alfred Rosenberg: Weltanschauung und Wissenschaft, hier zitiert nach dem Wiederabdruck in A. Rosenberg: Tradition und Gegenwart, S. 53. Schärfer noch Werner Dittrich: Weltanschauliches Kampfgebiet Biologie, der den „diametralen Gegensatz" von Holismus und der „lebensgesetzlichen Einstellung des Nationalsozialismus" zitatreich belegte. – Zur Auseinandersetzung um den Holismus in der NS-Zeit siehe auch Adolf Meyer: Naturphilosophie auf neuen Wegen, S. 12, 25; zu Berührungspunkten zwischen Holismus und dem gestalthaft-morphologischen Wissenschaftsprogramm von Troll und Wolf vgl. Biologie der Goethezeit. Klassische Abhandlungen über die Grundlagen und Hauptprobleme der Biologie von Goethe und den großen Naturforschern seiner Zeit: Georg Forster, Alexander von Humboldt, Lorenz Oken, Carl Gustav Carus, Karl Ernst von Baer und Johannes Müller. Hrsg., geistesgeschichtlich eingeleitet und erläutert, sowie mit einer Schlußbetrachtung über Goethes Kompensationsprinzip und seiner Bedeutung für die kommende Biologie versehen von Adolf Meyer. Stuttgart 1949, S. 5.

Fragt man nach Gründen für die zumeist polemisch artikulierten Bestimmungen der eigenen Position durch nationalsozialistische Theoretiker, ist wohl in erster Linie auf die spezifische Struktur des als „Ausdrucksideologie" bezeichneten Ideenhaushaltes hinzuweisen. Die Vernetzung disparater Konzepte und Schlagworte, die dem Vokabular unterschiedlicher politischer, kultureller oder wissenschaftlicher Diskurse entnommen wurden, setzte zwar Attraktions- und Bindungsenergien frei, führte stets aber auch zur Notwendigkeit, sich gegenüber den ursprünglichen Ideenlieferanten abzugrenzen. Divergierende Stellungnahmen zu den als Quellen und Bestandteilen der eigenen Tradition verstandenen Diskursformationen mündeten insbesondere hinsichtlich der Definition des „organischen Ganzen" in fortgesetzte Dissonanzen zwischen den ideologieverwaltenden Institutionen des NS-Staates. Erklärte etwa Reichspressechef Otto Dietrich noch 1934 die Ideen Othmar Spanns und Paul Krannhals' als geistige Antizipation des Dritten Reichs und würdigte namentlich Krannhals' Werk *Das organische Weltbild* als ersten vom Standpunkt des Nationalsozialismus unternommenen Versuch, die „organische Weltauffassung deutscher Art" wissenschaftlich darzustellen, lehnte die *Dienststelle Rosenberg* die Übernahme seines Nachlasses und die Einrichtung eines Krannhals-Archivs aus bezeichnenden Gründen ab.[280]

Nur in Umrissen entwickelten die Argumente, die *gegen* verschiedene Fassungen des *Organischen* vorgebracht wurden, Verwendungsregeln, die eine präzisere (nationalsozialistische) Definition der schillernden Metapher gestatten. Daß es in erster Linie um die Bereitstellung von Kriterien für den Ausschluß alternativer Ganzheitskonzeptionen ging, zeigte der bereits erwähnte Text *Organisches Denken* Ferdinand Weinhandls, der, im Schrifttumsanzeiger der *Dienststelle Rosenberg* veröffentlicht, sich ebenfalls polemisch mit gängigen Ganzheitsvorstellungen auseinandersetzte.[281] In Abgrenzung von aristotelisch-thomistischen, im Universalismus Othmar

---

[280] Vgl. Heinrich Härtle an Fritz Wächtler. Brief vom 6. Mai 1939. BA NS 15/216, Bl. 8: „Ich weiss die Bedeutung Krannhals' für die ersten Versuche einer philosophisch-wissenschaftlichen Grundlegung unserer Zeit zu würdigen, halte es jedoch nicht für empfehlenswert, dass sich die Partei auf diese Versuche festlegt. Aus einer Übernahme des Nachlasses würden in der Öffentlichkeit notwendige Folgerungen gezogen werden, die im Interesse der Einheit unserer Weltanschauung vermieden werden müssen." – Rosenberg selbst verbot parteiintern eine Verwendung von Dietrichs Traditionskanon für Schulungszwecke, vgl. Hans-Günther Seraphim (Hrsg.): Das politische Tagebuch Alfred Rosenbergs aus den Jahren 1934/35 und 1939/49. München 1964, Eintrag vom 26.12. 1934, S. 64.

[281] Weinhandls Beitrag erschien innerhalb der 1937 in der *Bücherkunde* geführten Diskussion „Sozialismus oder Kollektivismus?", die im Anschluß an August Winnigs Beitrag *Vom deutschen Arbeiter* (Bücherkunde 4 (1937), S. 52-56) entbrannt war und sich an der Formulierung des Schriftstellers vom „deutschen Arbeiter an sich" sowie dessen Plädoyer für eine sozial differenziertere Betrachtung entzündete. Hans Hagemeyer (Sozialismus oder Kollektivismus? In: Bücherkunde 4 (1937), S. 178-182), Wolf Braumüller (Vom Arbeiter zum Volksgenossen. Ebenda, S. 182-184) und W. Wichmann (Familie, Rasse, Staat. Ebenda, S. 257-268) widersprachen vehement und behaupteten, der Nationalsozialismus habe „das wahre Gesicht eines organischen Sozialismus, einer organischen Volksgemeinschaft gezeigt, und in diese gehört ein Arbeiter genau so wie ein Bauer, ein Bürger und ein Krieger", Hans Hagemeyer: Sozialismus oder Kollektivismus, S. 181.

Spanns bzw. in der „holistischen Romantik" Jan Christian Smuts gipfelnden Ganzheitsvorstellungen, die als logisch konstruierende bzw. quantifizierende Verfahren abgewiesen wurden, bestimmte Weinhandl „organisches Denken" als „qualitative" Anschauung, die „in den Erscheinungen selbst verankert" sei und „bis in den Bereich des Anorganischen, des Klimas, der Landschaft hinein den *Charakter* gelten" lasse.[282] Dieses „natürliche" Denken begründe und fordere die Erkenntnis der konstanten *biologischen* Gestalt der Erscheinungen.[283] Erst die Anerkennung eines rassenbiologischen Gestaltbegriffs jenseits der Opposition von erkenntnistheoretischem Idealismus und Realismus markiere die für den geistigen Nationalsozialismus spezifische Bestimmung von Ganzheit und erlaube es, nicht konforme Vorstellungen auszuschließen.[284]

Doch konnten auch diese und weitere ‚Präzisierungen' des inflationär gebrauchten Begriffs nicht verhindern, daß die fortgesetzten Debatten allmählich ins Groteske ausuferten. 1939 stellte Krieck zum Terminus *Ganzheit* fest, daß „der heutige Tanz um diesen Formalbegriff langsam in die Region der Lächerlichkeit eingetreten ist".[285] Während die Vertreter des ‚Holismus' ihn nur ekstatisch und mit gleichsam „heiligem Augenaufschlag" gebrauchten, wirke er auf andere – und hier meinte Krieck Rosenberg und dessen Mitarbeiter – „wie das rote Tuch auf den Stier, als trete hier der Teufel oder der politische Katholizismus leibhaftig hervor".[286] Demgegenüber gelte es, sich an die pragmatische Bestimmung des Ganzheitsbegriffs zu erinnern und Pathos wie Hysterie abzulegen.[287] Und polemisch schloß Krieck, der in seinen Büchern und Artikeln den Begriff immer wieder auch selbst benutzt hatte: „Wird der sinnlose Wortzauber um ‚Ganzheit' bald entzaubert sein?"

---

[282] Ferdinand Weinhandl: Organisches Denken, S. 194 und 196.
[283] So auch Ferdinand Weinhandl: Der Gestaltgedanke in der Philosophie des neuen Deutschland [1938]. In: F. Weinhandl: Philosophie – Werkzeug und Waffe. Neumünster in Holstein 1940, S. 1-8.
[284] Vgl. Ferdinand Weinhandl: Organisches Denken, S. 193f.: „Gegen atomistisches, mechanistisches, materialistisches Denken Front machen, heißt noch lange nicht, mit der Anerkennung des Rassegedankens im materiellen und geistigen Leben der Völker und in den praktischen Folgerungen aus dieser Erkenntnis zusammengehen. Darum kommt man dem Gegensatz, um den es heute weltanschaulich geht, auch nicht dadurch auf die Spur, daß man atomistisches und ganzheitliches Denken gegenüberstellt."
[285] Ernst Krieck: Ganzheit. In: Volk im Werden 7 (1939), S. 133f., hier S. 133.
[286] Ebenda, S. 133.
[287] Vgl. ebenda, S. 134: „Wenn wir heute Volk als Ganzheit bezeichnen, so ist das ein abgekürzter Inbegriff für seine Autarkie, Autonomie und Souveränität, sonst nichts. Nur Narren machen daraus ein pathetisches Mysterium oder eine Gefahr."

3 Welche Romantikinterpretation gilt? Weltanschauungskämpfe im Zeichen der Romantik

Das abschließende Kapitel zur Rezeption der Romantik in weltanschaulich-ideologischen Diskursen der NS-Zeit untersucht Auseinandersetzungen, die aus differierenden Interpretationen bzw. unterschiedlichen Bezügen auf die Romantik entbrannten. Im Mittelpunkt stehen Kollisionen, die außerhalb des Wissenschaftssystems mit explizitem Anspruch auf weltanschaulich-ideologische Geltung ausgetragen wurden und so auch politische Relevanz gewannen. An ihnen waren mit Alfred Rosenberg und Joseph Goebbels Personen bzw. Institutionen beteiligt, die direkt mit Ideologieproduktion und deren propagandistischer Verbreitung betraut waren. In ihnen spielte der *Begriff* der Romantik als ein mit spezifischen Bedeutungen aufgeladenes *Konzeptschlagwort* eine nun näher zu untersuchende funktional-legitimative Rolle: War Romantik für den „Weltanschauungs-Beauftragten" Alfred Rosenberg gleichbedeutend mit der Entdeckung archaisch-chthonischer „Untergründe" der Kultur und korrespondierte den eigenen Vorstellungen einer Restitution vormoderner Gemeinschaftsformen, diente ihr Begriff in Kombination mit dem Adjektiv „stählern" vor allem Reichspropagandaminister Joseph Goebbels und seinen Mitarbeitern zur rhetorischen und propagandistisch verwertbaren Synthetisierung von Ganzheitsutopien und avancierter Technisierung. Unter Berufung auf romantische Ursprünge suchte schließlich auch der dezidiert rationalitäts- und technikfeindliche Klages-Kreis im Dritten Reich nach öffentlicher Wirksamkeit, was wiederum die *Dienststelle Rosenberg* zu einer partiellen Verteidigung von Differenzierungsleistungen der Moderne zwang.

In der Rekonstruktion der sich an diesen konträren Begriffsverwendungen entzündenden Auseinandersetzungen stehen vor allem die divergierenden *Belegungsausdrücke* im Mittelpunkt. Dazu gilt es, die Bedeutungen herauszupräparieren, die dem *Begriff* der Romantik zugewiesen wurden und sie im Kontext weltanschaulich-ideologischer Auseinandersetzungen zu analysieren. In einem ersten Zugriff werden die gegensätzliche Verwendung des Begriffs durch Alfred Rosenberg und Joseph Goebbels gekennzeichnet. Danach sind die Bemühungen des sich prononciert auf die Romantik berufenden Klages-Kreises zur publizistischen Verbreitung seiner fundamentalen Modernitätskritik und dessen mißtrauische Beobachtung durch das *Amt Rosenberg* zu beleuchten. Eine Schlüsselstellung nehmen dabei die explizit oder implizit vorgetragenen *Aktualisierungen* historischer Gehalte ein. Der Rekurs auf den mehrfach dimensionierten Begriff der Romantik, so die im Anschluß zu belegende und weiter zu präzisierende These, diente in Äußerungen von nationalsozialistischen Theoretikern und Propagandisten wie in den publizistischen Verlautbarungen der Klages-Jünger stets zur Artikulation von Stellungnahmen zu Differenzierungsleistungen der Moderne und bot so einen Rahmen für die Legitimation eigener weltanschaulicher bzw. politischer Konzepte. Die nachfolgende Analyse der Belegungsstrategien, die sich in Begriffskombinationen wie „artverbundene Romantik" (Rosenberg) oder „stählerne Romantik" (Goebbels) schlagwortartig verdichtete, soll zeigen, daß es in den Berufungen auf die Romantik weniger um historische Deutungen als um aktuelle Wertungen und Konzeptionen ging.

3.1 „Artverbundene" vs. „Stählerne Romantik": Auseinandersetzungen um Modernitätskonzepte

Für Alfred Rosenberg und Joseph Goebbels spielte die deutsche Romantik z.T. lange vor der Machtergreifung eine Rolle: Der spätere Reichspropagandaminister war 1921 bei Max von Waldberg in Heidelberg mit einer Dissertation über den romantischen Dramatiker Wilhelm von Schütz promoviert worden und hatte in einem 1922 gehaltenen Vortrag über die Literatur der Gegenwart explizit eine Parallele zwischen Expressionismus und Romantik hergestellt;[1] der nachmalige „Beauftragte des Führers für die Überwachung der gesamten geistigen und weltanschaulichen Schulung der NSDAP" berief sich nicht erst im *Mythus des 20. Jahrhunderts* von 1930 zur Beglaubigung eigener Überlegungen auf die Romantik.[2] Ohne näher auf Goebbels' Promo-

---

[1] Joseph Goebbels: Wilhelm von Schütz als Dramatiker. Ein Beitrag zur Geschichte des Dramas der Romantischen Schule. Diss. Heidelberg 1921. – Dazu Gerhard Sauder: Positivismus und Empfindsamkeit. Erinnerung an Max von Waldberg (mit Exkursen über Fontane, Hofmannsthal und Goebbels). In: Euphorion 65 (1971), S. 368-408; Hans-Dieter Müller: Der junge Goebbels. Zur ideologischen Entwicklung eines politischen Propagandisten. Diss. Mannheim 1974, S. 36-55. Goebbels' persönliche Hochschätzung für seinen „halbjüdischen" akademischen Lehrers Max von Waldberg sowie seine Verehrung für Friedrich Gundolf betont Ralf Georg Reuth: Glaube und Judenhaß als Konstanten im Leben des Joseph Goebbels. In: Ralf Georg Reuth (Hrsg.): Joseph Goebbels Tagebücher. Bd. 1. München, Zürich 1992, S. 20-46, hier S. 28f. Den durch Goebbels am 30. Oktober 1922 in seiner Heimatstadt Rheydt gehaltenen Vortrag *Ausschnitte aus der deutschen Literatur der Gegewart* untersucht Thomas Mathieu: Kunstauffassungen und Kulturpolitik im Nationalsozialismus. Studien zu Adolf Hitler – Joseph Goebbels – Alfred Rosenberg – Baldur von Schirach – Heinrich Himmler – Albert Speer – Wilhelm Frick. Saarbrücken 1997, S. 85-101.
[2] Zu den kunst- und kulturtheoretischen Überlegungen Rosenbergs seit 1918, in denen die Romantik als Beispiel für einen „germanischen Persönlichkeitsstil" figurierte, siehe Thomas Mathieu: Kunstauffassungen und Kulturpolitik im Nationalsozialismus, S. 164-175. – Rosenberg hatte schon 1929 in Anlehnung an Vorstellungen Arndts und Jahns den Begriff „eherne Romantik" geprägt und diesen für die Auseinandersetzungen der Gegenwart fruchtbar zu machen gesucht, vgl. Alfred Rosenberg: Der neuen Romantik entgegen. In: Der Weltkampf. Mai 1929,

tionsschrift und Rosenbergs Entwürfe einer rassentheoretisch fundierten Ästhetik einzugehen, sind die divergierenden Romantikdeutungen in ihren weltanschaulich-ideologischen bzw. politischen Stellungnahmen zu untersuchen und die sich in ihnen manifestierenden unterschiedlichen Positionen zur Moderne auszuzeichnen.

Alfred Rosenbergs Würdigung der Romantik innerhalb seines weltanschaulichen Grundlagenwerkes *Der Mythus des 20. Jahrhunderts* folgte den Deutungsmustern, die Alfred Baeumler in seiner 1926 veröffentlichten Einleitung der Bachofen-Ausgabe Manfred Schroeters bereitgestellt hatte. Im ersten Kapitel „Rasse und Rassenseele" unterschied der spätere Chefideologe des NS-Staates zwei konträre Zugänge zum hellenischen Erbe innerhalb der deutschen Geistesgeschichte. Hätten „formalästhetische" und „psychologische" Erklärungen das Wesen des Griechentums ins gleichsam „Blutlose" verdünnt, bestehe die besondere Leistung der „großen deutschen Romantik" in der Wiederentdeckung der ‚erd-' und ‚blutbestimmten' Urgründe der antiken Kultur:

> „Um die Deutung des Griechentums haben wir jetzt zweihundert Jahre bewußt gerungen. Von Winckelmann über die deutsche Klassik bis zu Preller und Voß geht die Anbetung des Lichten, Weltoffenen, Anschaulichen, wobei diese Linie des Forschens aber immer weiter herabsinkt, ihre Kurve flacher und flacher wird. Denker und Künstler werden bald von Blut und Boden losgelöste Einzelwesen, vom Ich allein, von ‚Psychologie' aus versuchte man die attische Komödie zu ‚erklären' oder zu kritisieren; Homer wurde nur formalästhetisch begriffen und der hellenistische Spätrationalismus mußte seinen Segen geben für eine blutlose professorale dickbändige Tagesschriftstellerei. Die andere – romantische – Strömung versenkte sich in die am Ende der Ilias bei den Totenfeiern oder in die bei Äschylos durch das Wirken der Erinnyen hervortretenden seelischen Unterströmungen, dringt ein in die Seelen der chthonischen Gegengötter des olympischen Zeus, verehrt, vom To d e und seinen Rätseln ausgehend, die Muttergötter mit der Demeter an der Spitze und schließlich lebt sie sich aus im Gott der Toten – in Dionysos. [...] Mit Schaudern der Verehrung erfühlt die große deutsche Romantik, wie immer dunklere Schleier vor die lichten Götter des Himmels gezogen werden und taucht tief unter in das Triebhafte, Gestaltlose, Dämonische, Geschlechtliche, Ekstatische, Chthonische, in die Mutterverehrung."[3]

Die Romantiker, so Rosenberg in explizitem Bezug auf Baeumler weiter, hätten die Affinität der griechischen Kultur zum Denken in Polaritäten sowie den in der Gegenwart wieder aktuellen Gedanken einer Rückkehr zu „Mutter", „Nacht", „Erde" und „Tod" erstmals ausgesprochen.[4] Ihre „tiefe Ein-

---

wieder in: A. Rosenberg: Kampf um die Macht. Aufsätze 1921-1932. München 1937, S. 670-675, hier S. 674f.: „Aber auch unsere Zeit hat ihre Romantik, eine Romantik allerdings, die nicht von Ludwig Richter und Moritz von Schwind ist, wohl aber an Jahn und Arndt gemahnt, an die rauschenden Burschenfahnen der Freiheitskriege und an den tiefen Ernst von 1914. Die stählerne Zeit hat ihre eherne Romantik geboren."

[3] Alfred Rosenberg: Der Mythus des 20. Jahrhunderts, S. 37.

[4] Vgl. ebenda, S. 38: „Görres war es, der (wie Baeumler nachweist) als erster bewußt eine weltgeschichtliche Polarität auf die Spannung zwischen Männlichem und Weiblichem zurückführte, Bachofen jedoch der große Aus- und Durchbildner dieses Gedankens, der heute in der Zeit

sicht" in das „Innerste aller Seelenkämpfe und alles geistigen Ringens der späteren abendländisch-germanischen Kultur" bilde das entscheidende Gegengewicht zur europäischen Aufklärung und des von ihr behaupteten Gleichheitspostulats aller Menschen und Völker. Alfred Baeumlers Würdigung einer „erdgebundenen" Romantik, die das „Rauschen des Blutes" vernommen habe, bog Rosenberg rassentheoretisch um und forderte zur Widerlegung der christlich-humanistischen Gleichheitsidee die Rückkehr zu einer „artverbundene Romantik":

> „Das Beschämende ist aber, daß im Gefolge einerseits einer nur allchristlichen, dann einer späthumanistischen Einstellung diese Aufgabe der Geschichte [die germanischen Werte von allen anderen zu scheiden] immer mehr in den Hintergrund, das Dogma einer angeblich ,allgemeinen Entwicklung der Menschheit' aber in den Vordergrund gerückt wurde. Ein abstrakter Gedanke begann, verschiedenartig umhüllt, das Leben zu entwurzeln; die Reaktion in der deutschen Romantik war deshalb wohltätig wie ein Regen nach langer Dürre. Aber gerade in unserer Zeit der Massen-Internationalen auf allen Gebieten gilt es, diese artverbundene Romantik bis auf ihren rassischen Kern zu verfolgen und sie von gewissen ihr noch anhaftenden nervösen Verzückungen zu befreien."[5]

Gründeten die Termini, mit denen Rosenberg die „chthonischen" Züge der Romantik würdigte, in der intensiven Bachofen-Rezeption seit der Jahrhundertwende, so war seine Begriffsprägung einer „artverbundenen Romantik" ein Novum. Verschiedene Gruppen und Zirkel – hier ist im besonderen an die um Alfred Schuler, Ludwig Klages und Ludwig Derleth in München versammelten „Kosmiker" zu denken – hatten schon vor dem Ersten Weltkrieg eine romantisch inspirierte Rückkehr zu „Mutter", „Nacht" und „Erde" projektiert und die Restitution archaischer Gemeinschaftsformen als Therapie für eine krisengeschüttelte Moderne empfohlen.[6] Rosenbergs Schluß von der

---

des Zergehens aller Formen und Gestalten seine Auferstehung feiert. Die Mutter, die Nacht, die Erde und der Tod, das sind die Elemente, die sich der romantisch-intuitiven Forschung als die Untergründe angeblich ,altgriechischen' Lebens offenbaren."

[5] Ebenda, S. 40.

[6] So hatte der ebenfalls durch die Lektüre Bachofens inspirierte Alfred Schuler aus christlich-gnostischen Lehren, okkulten Freimaurer-, Rosenkreuzer- und Theosophenschriften ein metaphysisches System verfertigt, das er während des Ersten Weltkrigs unter dem Titel *Wesen der ewigen Stadt* u.a. im Hause des Verlegers Hugo Bruckmann vortrug, in dem später auch Hitler und Rosenberg verkehrten. Nach Schuler wurde eine prähistorische, von „telesmatischem Licht" durchwogte „Urperiode" abgelöst durch das Zeitalter der „Entlichtung", d.h. durch eine Periode der Entfremdung, des Zwanges, der Kasten- und Klassenbildung. Das ursprünglich „offene Leben" sei einem „geschlossenen" gewichen, in dem Vaterrecht, Privateigentum, Arbeit, Askese und Mammonismus regierten; ein rastloser Aktivismus verwandele die Erde in eine Mondlandschaft. Zeichen für eine Wiederkehr des Lichtreichs seien zunächst die Toten als Verkörperungen des „quintessentiellen Lebens", Kindheit und Jugend sowie einzelne „Sonnenkinder" als direkte Abkömmlinge einer „Magna Mater", einer sich selbst befruchtenden, durch keinen Mann befleckten Mutter, vgl. Alfred Schuler: Fragmente und Vorträge aus dem Nachlaß. Mit einer Einführung von Ludwig Klages. Leipzig 1940. – Zu Schuler und ‚Kosmischer Runde' instruktiv Gerhard Plumpe: Alfred Schuler. Chaos und Neubeginn. Zur Funktion des Mythos in der Moderne. Berlin 1978; ders.: Alfred Schuler und die „Kosmische Runde". In: Manfred Frank: Gott im Exil. Vorlesungen über die Neue Mythologie. II. Teil. Frankfurt/M. 1988, S. 212-256; vgl. auch Stefan Breuer: Ästhetischer Fundamentalismus, S. 95-100.

romantischen Entdeckung des „erdgebundenen" Lebens auf rassische „Artverbundenheit" und die Deklaration ihrer Aktualität angesichts der „Massen-Internationalen auf allen Gebieten" markierte eine entscheidende Differenz gegenüber jenen weitgehend spiritistischen Projektionen. Ohne eigens für den Übergang vom „Erdgebundenen" zum „Artverbundenen" zu argumentieren, integrierte er die Romantik in ein modernitätskritisches Szenario, das von einer „rassisch reinen" hellenisch-germanischen Vorzeit als dem Vorbild für eine Heilung der Verwerfungen des Zivilisationsprozesses ausging. Die germanischen Werte und Ideale seien durch das christlich-humanistische Diktum von der Gleichheit der Menschen zerstört worden; die romantische Rückwendung zum ,Leben' und zur eigenen ,Art' stellte demgegenüber die Renaissance ursprünglicher Einsichten – den „wohltätigen Regen nach langer Dürre" – dar.

Die im *Mythus des 20. Jahrhunderts* entworfene Aufhebung von Errungenschaften der Moderne, die Rückkehr zu germanisch-vorchristlichen Idealen, vor allem aber die phantasmagorische Vorstellung, die neuzeitlichen Differenzierungsprozesse durch ,rassische Reinheit' therapieren zu können, sollten auch für die Aktivitäten des Weltanschauungswächters im NS-Staat leitend werden – ohne daß sich Rosenbergs Programm eines rassentheoretisch fundamentierten Antimodernismus politisch durchzusetzen vermochte. Zwar schuf er sich als *Beauftragter des Führers für die Überwachung der gesamten geistigen und weltanschauliche Schulung und Erziehung der NSDAP* seit dem Januar 1934 ein stetig expandierendes „Amt" mit emsig agierenden Mitarbeitern und publizistischen Organen zur Verbreitung weltanschaulicher Stellungnahmen, wie die von ihm herausgegebenen *Nationalsozialistischen Monatshefte*, die offiziell als „die einzige zentrale parteiamtliche politische und wissenschaftliche Zeitschrift"[7] galten oder den von Hans Hagemeyer geleiteten und in einer Auflage von monatlich 9000 Exemplaren verbreiteten „Schrifttumsanzeiger" *Bücherkunde*.[8] Dennoch blieben seine

---

[7] Bekanntmachung des Reichsleiters für die Presse, Max Amann, vom 4. November 1933. In: NS Monatshefte 5 (1934), o.S.

[8] Das *Amt/Hauptamt Schrifttum* in Rosenbergs Dienststelle, das seine Arbeit als „Abteilung Schrifttumspflege" 1934 mit 23 Hauptlektoren begonnen hatte, beschäftigte im Jahr 1940 1400 ehrenamtliche Lektoren in 50 Hauptlektoraten. 1938 begutachtete es nach eigenen Angaben etwa 8000 bis 10000 Druckschriften und überprüfte „laufend" etwa 1000 verschiedene Zeitschriften. Die Resultate dieser Prüfungen wurden in der monatlich erscheinenden Zeitschrift *Bücherkunde* veröffentlicht; die monatlich und jährlich herausgegebenen Gutachtenanzeiger, die eine Auflistung ,empfohlenen', ,mit Einschränkung empfohlen' bzw. ,negativ' bewerteten Schrifttums enthielten, waren dagegen „streng vertraulich" und nur für den internen Dienstgebrauch bestimmt; vgl. Uwe K. Ketelsen: Deutsche Literatur und Drittes Reich, S. 291; Jan Pieter Barbian: Institutionen der Literaturpolitik im „Dritten Reich". In: Günther Rüther (Hrsg.): Literatur in der Diktatur. Schreiben im Nationalsozialismus und DDR-Sozialismus. Paderborn, München, Wien, Zürich 1997, S. 95-129, hier S. 110. Barbian weist auch darauf hin, daß diese „wohl umfassendste Kontrolle der gesamten deutschsprachigen Literatur" trotz ihrer aufwendigen Tätigkeit keine verbindlichen Befugnisse (wie etwa Reichsschrifttumskammer oder Propagandaministerium) besaß: „Weder auf die Zulassung der auf dem Gebiet der Literatur tätigen Berufsgruppen noch auf die Buchzensur erlangte die Rosenbergsche Schrifttumsstelle jemals bestimmenden Einfluß."

großen Hoffnungen – so die Neuordnung des Wissenschaftssystems auf der Basis einer „germanischen Wertlehre"[9] und der Aufbau der sogenannten „Hohen Schule" als einer politischen Universität – weitgehend unrealisiert.[10] Auch in der Führungsspitze des Regimes wurde Rosenberg wenig geschätzt; von Goebbels sogar mit offenem Spott bedacht. Geringschätzig bezeichnete ihn dieser als „Reichsphilosophen" und nannte den 1930 erschienenen *Mythus des 20. Jahrhunderts* einen „philosophischen Rülpser".[11] Wenn Rosenberg das Sagen hätte, „gäbe es kein deutsches Theater mehr, sondern nur noch Thing, Kult, Mythos und ähnlichen Schwindel".[12] Rosenbergs Anstrengungen zur politischen Durchsetzung eines Programms, das den Vorrang des Ideologischen vor Wissenschaft und Politik postulierte und die eigensinnige Entwicklung gesellschaftlicher Subsysteme rigoros einzuschränken suchte, führten zu kulturpolitischen Kollisionen, in die Hitler regulierend eingreifen mußte.[13] Als Rosenberg 1940 endlich selbst dessen „positivistischen" Pragmatismus registrierte, war er nach eigenem Zeugnis unangenehm überrascht.[14]

Die weitgehende Erfolglosigkeit Rosenbergs bei der politischen Realisierung seiner regressiven Utopien resultierte nicht zuletzt aus den Bestrebungen anderer Fraktionen innerhalb des polykratischen Herrschaftssystems, *partiell* Errungenschaften der Moderne zu bewahren und trotz völkisch-rückgewandter Rhetorik weiterzuentwickeln. Ihr Ziel bestand nicht in der Wiederaufrichtung agrarisch-vormoderner Strukturen, sondern in der Fortsetzung der industriellen Entwicklung unter Freisetzung sozialer Dynamik und Mobilität.[15] Um den offenkundigen Widerspruch zwischen der propagandistisch herausgestellten Rückkehr zu Übersichtlichkeit, Harmonie und Komplexitätsreduzierung einerseits und forcierter Rationalisierung andererseits zu überbrücken, bedienten sich auch die ‚Modernisten' unter den nationalsozialistischen Führern des Begriffs der Romantik – freilich in einer Kombination, die zumindest *rhetorisch* eine Versöhnung der Gegensätze zwischen Gemein-

---

[9] Alfred Rosenberg: Weltanschauung und Wissenschaft, S. 48.
[10] Vgl. Reinhard Bollmus: Zum Projekt einer nationalsozialistischen Alternativ-Universität. Alfred Rosenbergs „Hohe Schule". In: Manfred Heinemann (Hrsg.): Erziehung und Schulung im Dritten Reich. Teil 2: Hochschule, Erwachsenenbildung. Stuttgart 1980, S. 125-152.
[11] Albert Speer: Erinnerungen. Frankfurt/M., Berlin, Wien 1969, S. 139.
[12] Joseph Goebbels: Tagebucheintrag vom 13. 4. 1937, zitiert nach Ralf Georg Reuth (Hrsg.): Joseph Goebbels Tagebücher. Bd. 3: 1935-1939, S. 1076. Unmittelbar zuvor hieß es: „Göring läßt sich scharf gegen Rosenberg aus. Er ist ein sturer Theoretiker und vermasselt uns die ganze Tour."
[13] Vgl. Reinhard Bollmus: Das Amt Rosenberg und seine Gegner, S. 71ff.; Ernst Piper: Nationalsozialistische Kunstpolitik. Ernst Barlach und die Aktion „Entartete Kunst". Eine Dokumentation. München 1987, S. 14; Peter Reichel: Der schöne Schein des Dritten Reiches, S. 94-98.
[14] Vgl. Hans-Günther Seraphim (Hrsg.): Das politische Tagebuch Alfred Rosenbergs aus den Jahren 1934/35 und 1939/49, S. 121 (Tagebucheintrag vom 7. 2. 1940).
[15] Vgl. dazu (mit gebotener Vorsicht) Rainer Zitelmann: Hitler. Selbstverständnis eines Revolutionärs. Stuttgart 1987, S. 7, 92f., 227, 326ff.; ders., Michael Prinz (Hrsg.): Nationalsozialismus und Modernisierung. Darmstadt 1991.

schaftsutopie und technischer Modernität versprach. Das Schlagwort von der „stählernen Romantik", von Goebbels u.a. in einer vielbeachteten Rede vor den Theaterintendanten am 8. Mai 1933 sowie zur Eröffnung der Reichskulturkammer am 15. November 1933 gebraucht, verband die im Begriff der Romantik enthaltenen Bedeutungen mit der emphatischen Affirmation der Gegenwart:

> „Es ist eine Art von stählerner Romantik, die das deutsche Leben wieder lebenswert gemacht hat: eine Romantik, die sich nicht vor den Härten des Daseins versteckt oder ihr in blaue Fernen zu entrinnen trachtet, – eine Romantik vielmehr, die den Mut hat, den Problemen gegenüberzutreten und ihnen fest und ohne Zucken in die mitleidslosen Augen hineinzuschauen. Diese neue Gesinnung gibt Deutschland ein Tempo und eine Durchschlagkraft seiner aufbauenden Arbeit, wie sie bis dahin für unmöglich gehalten wurden. Nur ein künstlerisches und kulturelles Bestreben, das sich von ihnen willig und widerstandslos erfüllen läßt, wird von Dauer sein und die Zukunft gewinnen."[16]

Die Differenzen zwischen Rosenbergs und Goebbels' Begriffsverwendungen manifestierten sich in den unterschiedlichen Attribuierungen des Terminus: Würdigte der Vorkämpfer der ‚Völkischen' die Romantik für ihre Entdeckung archaisch-chthonischer „Urgründe", um aus deren Anerkennung das eigene Konzept einer biologisch determinierten Kulturentwicklung abzuleiten und die Restitution „rassischer Reinheit" zu fordern, betonte Goebbels' Begriffskombination mit geradezu revolutionärem Pathos die Zuwendung zu Problemen der Gegenwart. Für Rosenberg bestand die Leistung der Romantik im historischen Rückgang auf das „Triebhafte, Gestaltlose, Dämonische, Geschlechtliche, Ekstatische, Chthonische", letztlich also in der Regression in *vorbewußte* ‚Tiefen', während Goebbels die „neue Romantik" in einer *bewußten* Haltung gegenüber „den Härten des Daseins" und der aktiven Teilnahme an der „aufbauenden Arbeit" der Gegenwart verortete. Die Unterschiede zwischen den Verwendungen des Begriffs ‚Romantik' durch die beiden Protagonisten des Regimes werden noch deutlicher, wenn man die Textgrundlage erweitert und Goebbels Rede zur Eröffnung der Auto-Ausstellung von 1939 unter Berücksichtigung der hier ausgesprochenen Stellungnahme zur Technik heranzieht:

> „Wir leben heute im Zeitalter der Technik. Das rasende Tempo unseres Jahrhunderts wirkt sich auf alle Gebiete unseres Lebens aus. Es gibt kaum noch einen Vorgang, der sich der starken Beeinflussung durch die moderne Technik entziehen könnte. Es entsteht damit auch zweifellos die Gefahr, daß die moderne Technik den Menschen seelenlos macht. Und darum war es eine der Hauptaufgaben des Nationalsozialismus, die Technik, die von uns nicht verneint oder gar

---

[16] Joseph Goebbels: Die deutsche Kultur vor neuen Aufgaben. Rede zur Eröffnung der Reichskulturkammer am 15.11. 1933. In: Völkischer Beobachter vom 16.11. 1933, wieder abgedruckt in: J. Goebbels: Signale der neuen Zeit. München 1934, S. 323-333, hier zitiert nach Helmut Heiber (Hrsg.): Goebbels-Reden. Düsseldorf 1971. Bd. 1, S. 131-141, hier S. 137. Siehe auch Rede des Propagandaministers Dr. Joseph Goebbels vor den Theaterleitern am 8. Mai 1933. In: Das deutsche Drama 5 (1933), S. 28-40.

bekämpft wird, sondern bewußt bejaht wird, innerlich zu beseelen und zu disziplinieren und sie in den Dienst unseres Volkes und seines hohen Kultur- und Lebensniveaus zu stellen. Es ist einmal in der nationalsozialistischen Publizistik das Wort von der stählernen Romantik unseres Jahrhunderts geprägt worden. Dieses Wort hat heute noch seine volle Bedeutung. Wir leben in einem Zeitalter, das zugleich romantisch und stählern ist, das seine Gemütstiefe nicht verloren, andererseits aber auch in den Ergebnissen der modernen Erfindung und Technik eine neue Romantik entdeckt hat. Während die bürgerliche Reaktion der Technik fremd und verständnislos, wenn nicht ablehnend gegenüberstand, während moderne Skeptiker in ihr überhaupt die Ursache des Verfalls unserer europäischen Kultur erblicken zu müssen glaubten, hat der Nationalsozialismus es verstanden, der Technik ihr seelenloses Gepräge zu nehmen und sie mit dem Rhythmus und dem heißen Impuls unserer Zeit zu erfüllen."[17]

Betrachtet man die von Goebbels gelieferten Zustandsbeschreibungen des modernen Lebens näher und bringt sie in Verbindung mit dem erneut verwendeten Schlagwort von der „stählernen Romantik", wird deutlich, daß Goebbels hier direkt in die während der NS-Zeit intensiv geführten Auseinandersetzungen um die Konsequenzen der modernen Technik eingriff.[18] Auf diesem Diskursfeld bewegten sich nicht nur Techniker, Ingenieure und Publizisten, die den Nationalsozialismus und technische Modernität zusammenführen wollten,[19] sondern auch Technikkritiker wie etwa der erwähnte völkisch-konservative Protestant Wilhelm Stapel, der unter bezeichnendem Rückgriff auf die Romantik noch Ende 1933 vor einer instrumentellen Organisation und Aushöhlung des ‚Lebens' durch eine heraufkommende „totale Technik" gewarnt hatte.[20] Begriffe und Topoi dieses Diskurses aufneh-

---

[17] Joseph Goebbels: Rede zur Eröffnung der Automobilausstellung Berlin am 17.2. 1939. In: Deutsche Technik, März 1939. Zitiert nach Jeffrey Herf: Der nationalsozialistische Technikdiskurs. Die deutschen Eigenheiten des reaktionären Modernismus. In: Wolfgang Emmerich, Carl Wege (Hrsg.): Der Technikdiskurs in der Hitler-Stalin-Ära. Stuttgart, Weimar 1995, S. 72-93, hier S. 87.

[18] Siehe dazu Karl-Heinz Ludwig: Technik und Ingenieure im Dritten Reich. Königstein 1979; Jeffrey Herf: Reactionary Modernism. Technology, Culture and Politics in Weimar and the Third Reich. New York 1984, S. 192ff.; Karl-Heinz Sieferle: Konservative Revolution, Technokratie und Nationalsozialismus. In: K. H. Sieferle: Gesichter der Konservativen Revolution. 5 biographische Skizzen. Frankfurt/M. 1994, S. 198-222.

[19] Etwa Peter Schwerber: Nationalsozialismus und Technik. Die Geistigkeit der nationalsozialistischen Bewegung. München 1930 (= Nationalsozialistische Bibliothek); Wilhelm Stortz: Der Weg der deutschen Technik. Stuttgart 1937; Fritz Nonnenbruch: Technik, Politik und Geist. 1939; ders.: Die dynamische Wirtschaft. München 1936, [6]1944; Anton Zischka: Erfinder brechen die Blokade. Berlin 1940.

[20] Vgl. Wilhelm Stapel: Die Wahrheit als processus vitae. In: Deutsches Volkstum 15 (1933), S. 753-761, hier S. 760: „Aber unvermeidlich wird (jetzt schon beginnend, man denke an Jüngers ‚Arbeiter') die Technisierung alles Lebens, die ‚totale Technik' heraufziehen. Geschichte wird es nicht mehr geben außerhalb der Museen. Die Kunst wird auf dem Wege des Konstruktivismus völlig zur Technik geworden sein. Das Vergnügen wird in Normaldosierungen, psychotechnisch festgestellt und gesäubert von allen Schädigungen eugenischer Staatsanforderungen, an völlig durchorganisierten Vergnügungsstätten geliefert werden. Die Wirtschaft wird zu einer produktiven und konsumtiven Präzisionsorganisation durchgebildet werden. Und die Religion – wird zu einer Bedürfnisbefriedigung schäbiger Seelenreste in den noch nicht restlos erfaßten Seelenwinkeln der ‚Kleinbürger', diesem Spott aller Zeitgemäßen, welche die

mend, affirmierte Goebbels in bilderreicher Sprache das Zeitalter umfassender Technisierung und bot den nicht verstummenden Kritikern der modernen Rationalitätskultur einen Ausgleich an, dessen Spezifik sich durch einen näheren Blick auf die zur Beschreibung der modernen Technik und ihrer Bemeisterung durch den Nationalsozialismus herangezogenen Metaphorik enthüllt. Nüchtern benannte Goebbels' Rede zuerst die Signaturen einer Modernität, deren zentrales Merkmal die Unterordnung unter die Imperative der Technik sei. Deren „rasendes Tempo" wirke sich „auf alle Gebiete unseres Lebens" aus; als „seelenlos" drohte sie auch „den Menschen seelenlos" zu machen – bis der sie bewußt bejahende Nationalsozialismus sie „innerlich beseelt", „diszipliniert" und „in den Dienst unseres Volkes und seines hohen Kultur- und Lebensniveaus" gestellt habe. Die gleichzeitige *Beseelung* und *Disziplinierung* von Wissenschaft und Technik, die Bewahrung von „Gemütstiefe" bei gleichzeitiger Förderung „moderner Erfindung und Technik" verbürge jene „stählerne Romantik", die der technischen Welt ihr „seelenlose Gepräge" nehme und sie „mit dem Rhythmus und dem heißen Impuls unserer Zeit" erfülle. Derart angereichert, verband die Metaphernkombination „stählerne Romantik" zwei vielfältig aufgeladene Topoi zu einem Bedeutungskomplex, der in radikaler Weise die bisherigen Denotationen der Einzeltermini überschritt: Sie koppelte das Attribut industrieller Produktion und militärischer Stärke mit dem vieldeutig schillernden Begriff der Romantik und setzte mit der ostentativen Verbindung divergierender Herkunftsbereiche (Literatur/Literatursystem und Technik/Militär) einen von Henrik Birus und Anna Fuchs als „struktureller ‚Mehrwert'" bezeichneten Bedeutungsüberschuß frei, der auf dem eigentümlichen Changieren der Bereichsdifferenzen zwischen den verklammerten semantischen Feldern beruhte.[21] Während „Romantik" für emotional verinnerlichtes Weltempfinden

---

Romantik (als nämlich die Brüder Grimm, Fichte, Schleiermacher, Novalis, des Knaben Wunderhorn, Schwind, Runge, Caspar David Friedrich und ähnliche Kleinbürger) hinter sich getan und den ‚nüchternen Blick' gewonnen haben. Die Religion bedarf nicht mehr der ‚Gottesdienste', Radio und Film schaffen Kirchenersatz. (Paramount-Christentum. Schallplatten berühmter Kanzlerreden der Vergangenheit. Das germanische Gotteserlebnis, durch Lauptsprecher den Frömmigkeitsbedürftigen in den Morgenkaffee hinein oder als Zeitvertreib beim Rasieren übermittelt.) Es wird alles nur Technik sein."

[21] Vgl. Hendrik Birus, Anna Fuchs: Ein terminologisches Grundinventar für die Analyse von Metaphern. In: Christian Wagenknecht (Hrsg.): Zur Terminologie der Literaturwissenschaft. Akten des IX. Germanistischen Symposiums der DFG. Stuttgart 1986, S. 157-174, hier S. 163 die Definition des metaphorischen Sprechens als „Divergieren von lexikalischer Bedeutung und ‚ad-hoc-Inhalt' sprachlicher Zeichen ..., wobei ein Zeichen (bzw. ein Zeichenkomplex) in einem bestimmten Äußerungszusammenhang eine Denotation hat, die nicht in den üblichen Bedeutungsspielraum des bzw. der hierbei verwendeten Sprachzeichen(s) gehört, sondern nach Maßgabe des Kontexts (unter Einschluß situativer Faktoren und des ‚gemeinsamen Wissens') und der rekonstruierbaren Sprecherintention aus einem Teil seiner Inhaltselemente erschlossen werden muß." Wesentlich ist der Unterschied zu anderen Tropen wie Metonymie, Synekdoche, Hyperbel und Ironie: Bei der Metapher gehörten „uselle Bedeutung (bzw. die durch Monosemierung selegierte Lesart) des Sprachzeichens" und das „ad hoc Denotierte" verschiedenen „Begriffsbereichen" an und seien durch eine unterstellte Ähnlichkeitsrelation miteinander verbunden; ebenda.

und „Sehnsucht nach etwas Höherem und Besserem", aber auch für „Opposition gegen alles Hergebrachte" und Innovationsgeist stand,[22] drückte die Metapher „stählern" die Potenzen technisch-industrieller Naturbeherrschung mitsamt den zugehörigen Attributen Macht, Aktivität, Stärke aus.[23] Die Pointe, d.h. der für die Aussagekraft metaphorischer Zeichenverwendung ausschlaggebende *Ähnlichkeitsgesichtspunkt* zwischen den scheinbar unvereinbaren Semantiken von „stählern" und „Romantik" manifestierte sich in der Zuschreibung eines geschichtsbildenden Heroismus, der in Verknüpfung mit einem irrationalistischen Lebens-Vokabular nicht nur Rationalität und Technik zu vitalen Kräften erhob, sondern zugleich auch die Attitüden der ‚Konservativen Revolution' mit dem Fortschrittspathos der ‚Modernisierer' innerhalb des NS-Regimes amalgamierte. Die solcherart formulierten Bestimmungen des ‚Romantischen' schienen zwar im deutlichen Kontrast zu der von Alfred Rosenberg und seinen Mitarbeitern gehegten Gemeinschaftsutopie einer „artverbundenen Romantik" zu stehen, waren jedoch wie diese rein funktionaler Natur. Das Schlagwort „Stählerne Romantik", mit dem der promovierte Germanist Goebbels operierte, hatte mit der historischen Kulturbewegung zwischen 1790 und 1830 nicht mehr viel gemein. Die Kombination der im kulturellen Gedächtnis verankerten und mehrfach dimensionierten Bedeutungen des Romantischen mit einer Metapher der technischen Modernität diente der rhetorischen (und letztlich propagandistisch verwertbaren) Integration einer harmonischen Ganzheitsutopie in Modernisierungsbestrebungen, deren *partieller* Charakter an dieser Stelle noch einmal zu betonen ist. Denn für Goebbels und andere pragmatische Protagonisten in der Führungsspitze des Reiches bedeutete Modernität keineswegs den Anschluß an den Kanon universaler Menschenrechte, die Anerkennung von Individualrechten oder die Orientierung an den Normen von Demokratie und Rechtsstaatlichkeit. Die *partielle* Anerkennung und Weiterentwicklung *funktionaler* Differenzierungsleistungen – im besonderen in den gesellschaftlichen Subsystemen, in denen technisches Wissen produziert und angewandt wurde – schloß die Akzeptanz *normativer* Errungenschaften

---

[22] Diese Bestimmungen der Romantik entstammten Goebbels' am 30. Oktober 1922 in Rheydt gehaltenen Vortrag *Ausschnitte aus der deutschen Literatur der Gegewart*, in den Resultate seiner literarhistorischen Beschäftigung mit der Romantik eingingen und in dem der gerade promovierte Germanist direkte Parallelen zwischen Expressionismus und Romantik zog; hier zitiert nach Thomas Mathieu: Kunstauffassungen und Kulturpolitik im Nationalsozialismus, S. 97f. Romantik und Expressionismus seien durch eine „fast bis in Krankhafte gesteigerte Geistigkeit, eine fast bis zur Siedehitze hinaufgesteigerte Glut und Sehnsucht nach etwas Höherem und Besserem" gekennzeichnet; in ihrer „Opposition gegen alles Hergebrachte" hätten sich beide Epochen von Tradition und klassischen Regeln entfernt. An die Stelle von „Erfüllung, Ausgleich, Ruhe, Harmonie" sei „ein Durcheinanderwogen von neuen Gedanken und Ideen getreten"; zitiert nach ebenda, S. 98.

[23] Spätestens seit den Materialschlachten des Ersten Weltkriegs waren auch militärische Auseinandersetzungen nicht mehr ohne den massierten Einsatz von moderner Technik zu denken; Ernst Jüngers *In Stahlgewittern* lieferte die literarische Ausgestaltung eines durch Goebbels nicht explizit ausgesprochenen, wohl aber implizit mitgedachten Bedeutungsbestandteils des Adjektivs „stählern".

des okzidentalen Modernisierungsprozesses aus. Dieses selektive Verhältnis zur Moderne dokumentierten nicht zuletzt technopolitische Zeitschriften wie die monatlich erscheinende *Deutsche Technik*, deren Autoren in Anlehnung an Behauptungen Hitlers postulierten, Wissenschaft und Technik seien genuin deutsche bzw. germanische Leistungen und von Persönlichkeiten der vorindustriellen Ära wie Goethe anerkannt worden.[24] Dem Nationalsozialismus käme das Verdienst zu, die Gefahr der „Entmenschlichung" durch die Maschine gebannt und die „amerikanisch-jüdische Zerstörung der deutschen Natur" verhindert zu haben.[25] Charakteristisch für die nationalsozialistische Haltung zur Technik sei ein in allen Aktivitäten wirkender „Ganzheitsgedanke", der mit „gemeinnützig ausgerichteter Normierung und Typisierung" zusammenwirke.[26] Im Kontext dieser Stellungnahmen zur modernen Technik lassen sich weitere Bedeutungsgehalte des Propaganda-Schlagwortes „Stählerne Romantik" erkennen. Mit der Berufung auf eine Romantik, die als spezifisch *deutscher* Einspruch gegen westeuropäische Rationalisierung und Mechanisierung des Lebens galt, wurde zum einen implizit die *Internationalität* von Wissenschaft und Technik suspendiert; die mit organologischem Vokabular deklarierte ‚Romantisierung' der vormals „seelenlosen Technik" durch ihre Erfüllung „mit dem Rhythmus und dem heißen Impuls unserer Zeit"[27] implementierte zum anderen technische Modernität in den ‚völkischen Lebensprozeß'.

Auch wenn Unterschiede zwischen Rosenbergs und Goebbels' Attribuierungen der Romantik bestanden, war die Funktionalisierung des vorwiegend schlagwortartig gebrauchten Begriffs für beide verbindlich. Sowohl die regressive Utopie Rosenbergs als auch Goebbels' Begriffsprägung bezog sich auf einen nicht näher explizierten Bedeutungsgehalt, der zu Begründung und Rechtfertigung eigener politischer Vorstellungen eingesetzt wurde. Die während des Krieges fortgesetzte Beschwörung der „stählernen Romantik" durch Goebbels und seine Mitarbeiter ließ keinen Zweifel, daß die Verwendung des Begriffs instrumentellen Zwecken unterlag. Als der Reichspropagandaminister sich im Juli 1943 auf einer Kundgebung der Reichsstudentenführung in Heidelberg zum Thema „Der geistige Arbeiter im Schicksalskampf des Reiches" äußerte, wandte er sich mit erneutem Rekurs auf den Begriff der Romantik an Wissenschaftler und Techniker und beschwor sie, das Regime durch Hochleistungen zu stützen:

---

[24] Vgl. Adolf Hitler: Mein Kampf, S. 318. Hier wurde die arische Kultur als Synthese aus „hellenischem Geist und germanischer Technik" definiert.
[25] Ferdinand Fried: Die Soziale Revolution. Der Pakt mit der Technik – Die industrielle Revolution. In: Deutsche Technik 10 (1942), S. 410-413. In der Verbindung von Technikaffirmation und Antisemitismus ähnlich Herwart von Renessen: Zur biologischen Ausrichtung der Technik. In: NS Monatshefte 10 (1939), S. 442-444; Kurt Wagner: Neuausrichtung der Technik in Europa. In: NS Monatshefte 12 (1941), S. 229-237.
[26] Walter Ostwald: NS-Technik. Was die nationalsozialistische Revolution aus der deutschen Technik gemacht hat. In: Deutsche Technik 11 (1943), S. 48-50, hier S. 49.
[27] Joseph Goebbels: Rede zur Eröffnung der Automobilausstellung Berlin am 17.2. 1939, S. 87.

„Jede Zeit hat ihre Romantik, das heißt: ihre poetische Vorstellung vom Leben, auch die unsere. Diese ist härter und grausamer als die vergangene, aber *romantisch* ist sie wie diese. Die stählerne Romantik unserer Zeit manifestiert sich in berauschenden Leistungen und in einem *rast*losen Dienst an einer großen nationalen Sache, in einem Pflichtgefühl, das zum unumstößlichen Prinzip erhoben wird: Wir *alle* sind mehr oder weniger Romantiker in einer neuen deutschen Geltung vor uns selbst und vor der Welt. Das Reich dröhnender Motoren, himmelstürmender technischer Erfindungen, grandioser industrieller Schöpfungen, *weiter*, fast *unerschlossener* Räume, die wir für unser Volkstum besiedeln müssen, – *das ist das Reich unserer Romantik.*"[28]

Diesem Reich der „stählernen Romantik" wurde von Goebbels ausdrücklich Wissenschaft und Forschung zugerechnet: „*Hier* hat die Wissenschaft und Forschung ihr Feld."[29] In kritischer Kriegslage forderte der Propagandaminister den verstärkten Einsatz der Wissenschaftler:

„Dieser Krieg in den Instituten und Laboratorien spielt sich nicht auf einem Nebenschauplatz ab. Er ist oft und oft von entscheidender Bedeutung für den Sieg. [...] Muß ich noch Worte verschwenden, um der akademischen Jugend angesichts dieser Aufgabenstellungen ihre Pflicht vor Augen zu führen? Hier liegt die Romantik ihres neuen Lebens, hier hat der Lehr-, Lern- und Forschungsauftrag der deutschen Universitäten einen zeitgemäßen, in seinem Drang zwar beziehungslosen, in seinem Zweck aber streng gebundenen Ausdruck gefunden. Hier entwickelt sich das neue Bildungsideal unserer Zeit: hart, spartanisch, fernab jeder falschen und süßlichen Romantik und nur noch hingewandt auf die große Zielsetzung unserer geschichtlichen Stunde und der Aufrichtung eines Großreiches der deutschen Nation, frei von allen Fesseln und nur dem Leben und der Zukunft des eigenen Volkes geweiht."[30]

Die Gleichsetzung des Romantischen mit einer zeitspezifischen „poetischen Vorstellung vom Leben" diente auch hier dem *suggestiven* Aufruf zu Höchstleistungen in Wissenschaft und Forschung. Die Verbindung von kriegerischer Technik und militanter Gesinnung, verklammert durch den Begriff der „stählernen Romantik", verschleierte die Expansionsabsichten des Regimes nicht, sondern sprach sie offen aus – und markierte auf diese Weise noch einmal in drastischer Weise den Gegensatz zur historischen Romantik, die als ein europäisches Phänomen und im friedlichen Austausch zwischen europäischen Kulturnationen ihre größte Wirkung entfaltet hatte.

---

[28] Joseph Goebbels: Der geistige Arbeiter im Schicksalskampf des Reiches. Rede anläßlich einer Sondertagung der Reichsstudentenführung am 9.7.1943 in Heidelberg. In: Helmut Heiber (Hrsg.): Goebbels-Reden, Bd. 2, S. 240-257, hier S. 253, Hervorhebungen im Original. – Thema der Tagung, an der neben Studentendelegationen auch Wissenschaftler als Vertreter der Universitäten und alle Hochschulrektoren teilnahmen, waren die durch den Krieg hervorgerufenen Probleme mit dem akademischen Nachwuchs. Auf der Kundgebung in der Heidelberger Stadthalle sprach neben Goebbels auch Reichserziehungsminister Rust.
[29] Ebenda, S. 253, Hervorhebung im Original.
[30] Ebenda, S. 254.

3.2 Klages-Jünger im Kampf um die „biozentrische Lebenswissenschaft"

„Wenn wir in der deutschen Erneuerungsbewegung, soweit sie eine Kulturrevolution darstellt, einen Aufstand der aus ‚Blut und Boden' erwachsenen Urkräfte eines wurzelechten Lebens gegen willkürliche art- und wesensfremde Lebensformen und -Wertungen sehen dürfen, so nimmt es nicht wunder, daß die völkische und seelische Erhebung ein gut Teil ihrer kulturellen Ziele und Werte dem Gedankengut deutscher Romantik entnimmt."[31]

Mit solchen und ähnlichen Sätzen versuchten nach 1933 die im nationalsozialistischen Deutschland publizistisch überaus aktiven Jünger des Philosophen Ludwig Klages ihre „biozentrische Lebenswissenschaft" an die Veränderungen in der politischen Umwelt anzuschließen und ihre Interpretationen der deutschen Romantik kulturpolitisch fruchtbar zu machen. Nachfolgend sind die regen Aktivitäten dieses Kreises zur Propagierung seiner romantisch inspirierten Modernitätskritik und die ihm dezidiert entgegenarbeitenden Bemühungen des *Amtes Rosenberg* nachzuzeichnen. Im Zentrum stehen dabei weniger die bereits dargestellten Romantik-Deutungen der Klages-Jünger, die von ihnen zur Legitimation einer fundamentalen Modernitäts- und Rationalitätskritik genutzt wurden, sondern vor allem die gegen sie gerichteten Ausgrenzungsmanöver des *Amtes Rosenberg* – läßt sich auf diese Weise doch deutlich machen, unter welchen Bedingungen selbst ein Exponent der völkischen „Rückwärtse" wie Alfred Rosenberg zu einem Verteidiger von Rationalität und funktionalen Differenzierungsleistungen der Moderne werden konnte.

Wie bereits erläutert, hatte die von Ludwig Klages artikulierte Rationalitätskritik, die alle Verwerfungen der Moderne auf den diametralen Gegensatz von „Geist" und „Leben" zurückführte, seit den 1920er Jahren eine „biozentrische" Traktierung der deutschen Literatur- und Geistesgeschichte inspiriert. Klages-Jünger begründeten im Juni 1933 den *Arbeitskreis für biozentrische Forschungen* (AKBF) und probten in zahlreichen Büchern und Zeitschriftenbeiträgen eine Umdeutung der klassisch-romantischen Kulturepoche mit den Instrumentarien der dichotomisch operierenden „Lebenswissenschaft".[32] Trotz der verbalen Übereinstimmung im Kampf gegen „zersetzenden Logos" und „zerstörerischen Kapitalismus" waren die Reaktionen des ideologisch heterogenen Nationalsozialismus auf Ludwig Klages' kompromißlose Wissenschafts- und Technikkritik bereits vor 1933 geteilt. Auch wenn die fundamentale Ablehnung von rationaler Geldwirtschaft und Mas-

---
[31] Carl Alexander Pfeffer: Venus und Maria. Eine Eichendorff-Studie als Beitrag zur Wesenerkenntnis des Dichters Berlin 1936 (= Das deutsche Leben 3), S. 6.
[32] Vgl. dazu vorliegende Arbeit, Teil 1, Kapitel 5: Jenseits der universitären Forschung: Die „biozentrische Lebenswissenschaft" des Klages-Kreises und die Romantik.

senkultur den Utopien des ‚völkischen' Flügels in der NSDAP entgegenzukommen schien, signalisierte Alfred Rosenberg 1929 vor dem Nürnberger Parteikongreß unmißverständliche Skepsis:

> „Es treten in der heutigen Zeit starke Strömungen auf, welche im Geiste an sich den Feind des Lebens erblicken, welche aus sehr verständlichen organischen Regungen heraus einen starken Kampf gegen den Rationalismus, d.h. gegen die Herrschaft des rein Verstandesmäßigen entfacht haben. [...] Wir begrüßen diesen Kampf, soweit er sich gegen eine Verstandesdiktatur wendet... Nicht können wir dagegen zugeben, daß ‚der Geist' als solcher irgendwie an sich natur-, lebens- und blutsfeindlich sein müsse..."[33]

Aufschlußreich ist in diesem Zusammenhang die Argumentation, die Rosenberg gegen Klages' Kritik an den Differenzierungsleistungen der Moderne vorbrachte. Unter expliziter Berufung auf die „große erkenntniskritische Tat Immanuel Kants" und dessen Trennung von Wissenschaft und Moral wies er den Versuch zurück, zu einem vorbegrifflichen, „kosmischen" Ur-Zustand zurückzukehren. Ein „organisch gegliedertes Weltbild" sei Produkt „germanischer Wissenschaft" und als solches unverzichtbar.[34]

Auch im *Mythus des 20. Jahrhunderts* formulierte Rosenberg Einwände gegen die von Klages und seinen Jüngern vertretene Fundamentalkritik an Errungenschaften der Moderne. Wenn er auch noch vorsichtig von „echten, neuen Kräften unserer Zeit, mit denen wir uns vielfach sympathisch berühren", sprach, war die Ablehnung doch unübersehbar: Klages' Konstruktion eines diametralen Gegensatzes von Geist und Leben sei „universalistisch", seine rückgewandten Hoffnungen auf einen mythischen Urzustand unerfüllbar, Wissenschafts- und Technikfeindlichkeit letztlich destruktiv; vor allem aber fehle ein biologisches Rasseverständnis. In diesem Zusammenhang verwendete Rosenberg den Begriff „Romantik" in einer Weise, die schlaglichtartig die Motive seiner Verteidigung von Rationalität und die eigenen Vorstellungen einer „artverbundenen Romantik" beleuchtet:

> „Eine fruchtbare Sendung wird für diese Bewegung nur dann erstehen können, wenn sie aus dem verschwimmenden Universalismus, ‚der Natur', die Gestalten, die Rassen herauslöst, ihren Taktschlag des Lebens erkennt, jene Bedingungen erforscht, inmitten deren sie schöpferisch gewesen sind und unter welchen Umständen Verfall, bzw. Minderung der echten seelischen Stoßkraft eintrat. Dann aber wird die neue naturalistische Romantik Abschied nehmen müssen sowohl von einem abstrakten Universalismus – als Reaktion gegenüber einem hemmungslosen rationalistischen Individualismus – als auch vom grundsätzlichen Haß gegen den Willen und die Vernunft. Es gilt somit das tiefste Gesetz jeder

---

[33] Alfred Rosenberg: Vom Wesensgefüge des Nationalsozialismus. Rede auf dem Parteikongreß am 21. August 1929 zu Nürnberg. In: NS Monatshefte 1 (1930), S. 12-29, S. 16f., Sperrungen im Original.

[34] Ebenda, S. 17. Vor allem aber wandte sich Rosenberg gegen eine politische Realisierung der Ideen des Klages-Kreises: „Wir glauben, daß eine Strömung, welche sich heute gegen den sogenannten Geist, gegen den Rationalismus, gegen die Technik an sich wendet, im Falle ihres Sieges nicht einen lebenskräftigen Mechanismus hervorbringen, sondern erst recht gestaltenzerstörend und chaotisch wirken wird."

echten Kultur zu erkennen: **sie ist Bewußtseinsgestaltung des Vegetativ-Vitalen einer Rasse.**"[35]

Damit war schon vor der Machtergreifung deutlich, daß sich Klages' romantisch inspiriertes Ideengebäude nicht unmittelbar in die nationalsozialistische Ideologie integrieren ließ. Auch das Wissenschaftssystem, das 1933 zumindest verbal die Aufhebung der Grenzen von ‚Geist' und ‚Leben' postulierte, hatte mit Klages und seinen Jüngern Schwierigkeiten. Zwar wurde der Philosoph in die Deutsche Akademie gewählt und übernahm 1933 eine zweisemestrige Gastprofessur in Berlin, doch zum Philosophentag „Geist und Seele" 1935 zog man ihn nicht hinzu. Klages lud sich daraufhin als „ältester und erster Erforscher" des Themas selbst ein und kündigte ein Strafgericht in Form eines Schlußworts an. Daraufhin verschob man den Philosophentag erst einmal auf 1936.[36] Seine Anhänger zeigten sich in ihren Karrieren ebenfalls nicht erfolgreicher: Werner Deubel, der sich bereits 1930 in das Dorf Affolterbach im Odenwald zurückgezogen hatte, verfaßte neben „biozentrischen", von der Universitätsgermanistik weitgehend abgelehnten Schiller- und Goethe-Deutungen Novellen und Dramen, die es allerdings nur zu bescheidener Resonanz brachten.[37] Der publizistisch überaus aktive Hans Kern, der sich auf die „biozentrische" Interpretation der Romantik spezialisiert hatte, erhielt trotz vielfacher Bemühungen und Unterstützung seitens der Philosophie-Fachschaft keinen Lehrauftrag an der Berliner Friedrich-Wilhelms-Universität. Als Volkshochschullehrer und Sachbearbeiter für Graphologie und Ausdruckswissenschaften in der „Beratungsstelle Verlage" der Reichsschrifttumskammer widmete er seine gesamte Kraft der Verbreitung der „biozentrischen Lebenswissenschaft". Dabei kam es seit Mitte der 1930er Jahre zu verstärkten Kollisionen mit Rosenbergs *Dienststelle für die Überwachung der gesamten geistigen und weltanschauliche Schulung und Erziehung der NSDAP*. Das *Amt Rosenberg* hatte bereits die Aktivitäten des *Arbeitskreises für biozentrische Forschungen* mißtrauisch beobachtet; ein internes Gutachten Alfred Baeumlers war nach Mutmaßungen Kerns für die behördliche Auflö-

---

[35] Alfred Rosenberg: Der Mythus des 20. Jahrhunderts, S. 140.
[36] Vgl. Hans Eggert Schröder: Ludwig Klages. Geschichte seines Lebens. Bd. II. 2. Bonn 1992, S. 1252. Zu der dann im September 1936 stattfindenden Philosophentagung hatte Klages ebenfalls seine Teilnahme angekündigt, aus Gesundheitsgründen jedoch telegrafisch abgesagt. Dazu Hans Kern an Ludwig Klages. Brief vom 24.9.1936. DLA Marbach A: Klages, Zugang 61.10292/30: „Die psychologischen Auswirkungen der gesamten Situation waren jedenfalls die allergünstigsten! Standen doch die Herren Vortragenden vor Eintreffen des Telegramms immerwährend unter dem schweren Druck der Möglichkeit Ihres plötzlichen Erscheinens. Man wagte es daher nicht, die beinahe ununterbrochenen Angriffe auf Sie unverblümt vorzutragen; vielmehr machten die meisten Redner wenigstens zuvor einige mehr oder minder tiefe Verbeugungen. Sogar Spranger nannte Sie zunächst den ‚Meister der Ausdrucksforschung', ehe er mit erhobener Kanzelstimme erklärte, dass, wer den Geist verneine, sich am Geiste der neuen deutschen Gemeinschaft versündige (!!!). Es klang fast wie ein Ruf nach dem Staatsanwalt!"
[37] Werner Deubel: Das Glück von Tukulor. Novellen. Berlin 1938; ders.: Die Geschwister von Korsika. Schauspiel in 4 Akten. Berlin 1941; ders.: Die letzte Festung. Schauspiel. Berlin 1942.

sung des *Arbeitskreises* 1935 verantwortlich.[38] Um dennoch Würdigungen des „Meisters" Ludwig Klages und Darstellungen seiner „Lebenswissenschaft" in Zeitungen und Zeitschriften zu lancieren, nutzte der Kreis Animositäten und Kompetenzstreitigkeiten zwischen unterschiedlichen NS-Dienststellen und ihren Führern aus. Vor allem auf Reichsjugendführer Baldur von Schirach und das HJ-Organ *Wille und Macht* setzte man Hoffnungen. 1936 schrieb Kern über Angebote der Reichsjugendführung an Klages:

> „Man will vorstoßen und auch in Kreisen höherer Pgs Aufmerksamkeit erregen. [..] Kommt hinzu, dass die Schriftleitung damit nicht zuletzt auch gegen Prof. ‚Bäumlein' [Alfred Baeumler] indirekt polemisieren möchte. [...] Der Schriftleitung liegt daran, dass das Grundmotiv Ihres Denkens deutlich wird und vor allem das, was mit den tieferen Bestrebungen des heutigen Deutschland Hand in Hand geht. Ferner sollen die üblichsten Missverständnisse beseitigt werden und gelegentliche Zitate aus Ihren Werken die Herzen der Leser erwecken. Kleine Hiebe gegen das Professorentum sind erwünscht."[39]

Die Auseinandersetzungen zwischen Klages-Kreis und dem *Amt Rosenberg* erreichten 1937/38 ihren Höhepunkt. Anläßlich von Klages' 65. Geburtstag kulminierten die Bemühungen seiner Anhänger, das Werk des umstrittenen Philosophen öffentlichkeitswirksam herauszustellen sowie durch Aufnahme in die *NS-Bibliographie* quasi-offiziell in den Ideenhaushalt des Nationalsozialismus zu integrieren.[40] Dagegen lief Rosenberg Sturm. Vorerst schickte er seinen Adlatus Baeumler ins Rennen, der gegen die Klassifikation von Kant und Fichte als ‚Logozentriker' prostestierte. Im Mai 1937 erklärte er während der Feier zum 175. Geburtstag Fichtes an der Berliner Universität:

> „Wenn Klages und seine Schüler heute mit Kant und Fichte rechten, dann handelt es sich nicht um eine zukunftsvolle Auseinandersetzung innerhalb des deut-

---

[38] Vgl. Hans Kern an Ludwig Klages. Brief vom 18.5. 1936. DLA, A: Klages, 61.10292/21.

[39] Hans Kern an Ludwig Klages. Brief vom 14.8. 1936. DLA Marbach, A: Klages, Zugang 61.10292/25. – Nur am Rande zu erwähnen ist, mit welchen Schwierigkeiten Kerns Publikationsabsichten verbunden waren: Ein erster Text wurde von den Redakteuren als „viel zu schwierig" abgelehnt; er solle einen Text schreiben, der „ganz einfach gehalten sein und nur vom ‚Erlebnis' ausgehen" sollte, „ohne die geistesgeschichtlichen Zusammenhänge zu erörtern". Ferner sollte unbedingt dargestellt werden, wie sehr Klages von den „Juden der Republik" angegriffen worden sei, vgl. Hans Kern an Ludwig Klages. Brief vom 14.9. 1936. Ebenda, Zugang 61.10292/29.

[40] An publizistischen Würdigungen durch Klages-Schüler erschienen u.a. Hans Kern: Das Werk von Ludwig Klages. In: Zeitschrift für Menschenkunde 13 (1937), S. 169f.; ders.: Ludwig Klages zum 65. Geburtstag am 10. Dezember 1937. In: Rhythmus 15 (1937), S. 277-305; Hans Eggert Schröder: Das Werk von Ludwig Klages. In: Rhythmus 16 (1938), S. 1-41. Im Februar 1938 erschien dann im Organ der Reichsjugendführung eine emphatische Würdigung: Wir stehen zu Ludwig Klages. In: Wille und Macht 6 (1938), H. 2, S. 1-9, in der es hieß: „Von uns aus gesehen ist Ludwig Klages – dessen Werk aus einer anderen Zeitlage stammt – in entscheidenden Punkten unser Kampfgenosse. [...] Und darum werden wir die Stimme von Ludwig Klages nicht überhören, der heute an seinem Lebensabend das Glück besitzt, eine dynamische Bewegung in unserem Volk zu erleben, die auch nach Gesetzen handelt, zu deren Gültigkeit und Wert er als Philosoph und Wissenschaftler gelangte, als es unpopulär war, derartige Erkenntnisse in der Welt der Wissenschaften auszusprechen."

schen philosophischen Denkens, sondern um einen Sektiereraufstand abseitiger Schwärmer gegen die gewaltige Leistung derer, die das von Luther begonnene Werk der Befreiung vollendet haben."[41]

Ausdrücklich wandte Baeumler sich gegen einen in der Zeitschrift *Politische Erziehung* veröffentlichten Aufsatz Hans Kerns, der unter der Fragestellung „Fichte oder Arndt?" den deutschen Idealismus in den Orkus der Geschichte verbannt und Klages' Lebensphilosophie als Alternative zu dessen „logozentrischer Verwirrung" herausgestellt hatte.[42] Dagegen erklärte Baeumler:

> „Unsere Pflicht kann es nicht sein, als Nutznießer der Romantik Kant und Fichte aufklärerischer Tendenzen zu überführen, sondern wir haben als Erben der Romantik und des Idealismus – und damit zugleich als Erben Luthers – dieselbe Aufgabe wie an einer anderen Stelle der deutschen Geschichte, und deshalb bedeutet das Werk des philosophischen Idealismus für uns schlechthin den verpflichtenden Ausgangspunkt. Sich aus dieser Verpflichtung lösen – das hat eben erst wieder ein gegen Fichte gerichteter Aufsatz des ‚Biozentrikers' Hans Kern gezeigt – heißt, sich aus der geschichtlichen Kampflinie zurückziehen."[43]

Im Januar 1938 erschien dann in Rosenbergs *Nationalsozialistischen Monatsheften* ein Aufsatz Ferdinand Weinhandls, der noch einmal alle Momente von Klages Lehre auflistete, die zum Nationalsozialismus in Widerspruch standen. Ursprünglich für die Zeitschrift *Bücherkunde* vorgesehen, die ihn aufgrund „der vielen bei uns eingegangenen Anfragen nach dem Schrifttum und der Bedeutung des Philosophen Ludwig Klages" in Auftrag gegeben hatte, wurde er auf Rosenbergs Anweisung in seinem Hausblatt abgedruckt.[44] Der Kieler Ordinarius für Philosophie monierte erneut die Fundamentalopposition von „Geist" und „Leben", die radikale Technikkritik sowie das Fehlen eines biologischen Rassegedankens. Zwar räumte er ein, daß sich Klages' Lehre „in ihrer ganzheitlichen und antiintellektualistischen Grundausrichtung" mit der „nationalsozialistischen Haltung" berühre.[45] Doch verbleibe sie mit der apodiktischen Gegenüberstellung Natur und Kultur in einem Wissenschafts- und Technikverständnis, das nichts anderes als „rückwärts gewandte Romantik, Rousseauismus und Idyllik" sei.[46]

---

[41] Alfred Baeumler: Fichte und wir. Gedächtnisrede zur Feier seines 175. Geburtstages. Gehalten an der Universität Berlin am 27. Mai 1937. In: NS Monatshefte 8 (1937), S. 482-489, hier S. 483f.
[42] Hans Kern: Fichte oder Arndt? In: Politische Erziehung 5 (1937), S. 132-141.
[43] Ebenda. – Kern vermutete freilich, daß nicht sein Aufsatz *Fichte oder Arndt?* sondern eine ebenfalls in der *Politischen Erziehung* abgedruckte Klages-Würdigung aus seiner Feder das Motiv für Baeumlers harsche Kritik war, vgl. Hans Kern an Ludwig Klages. Brief vom 18.7.1937. DLA Marbach A: Klages, Zugang 61.10293/11.
[44] Mitteilung des Amtes Schrifttumspflege. In: Bücherkunde 5 (1938), S. 4.
[45] Ferdinand Weinhandl: Ludwig Klages. In: NS-Monatshefte 9 (1938), S. 33-40, hier S. 40.
[46] Ebenda, S. 36. Ähnlich auch Erich Zilian: Zur Lebensphilosophie der Gegenwart, insbesondere Auseinandersetzung mit Klages. In: Rasse 5 (1938), S. 298-299.

Angesichts dieser Ablehnung versuchten die Klages-Jünger nun alles, die Werke Ludwig Klages' in die *NS-Bibliographie* ideologisch konformen Schrifttums aufnehmen zu lassen.[47] Doch blieben ihre Bestrebungen vorerst ergebnislos. Reichsleiter Philipp Bouhler zeigte in einem privaten Brief an Kern vom 21. Januar 1938 zwar Interesse, da in Rosenbergs *Nationalsozialistischen Monatsheften* jedoch soeben die Polemik Weinhandls erschienen sei und er den Eindruck einer Auseinandersetzung parteiamtlicher Zeitschriften vermeiden wollte, müsse eine Aufnahme aller Klages-Werke vorerst zurückgestellt werden. Die einstweilige Ablehnung traf die Klages-Schüler hart, mußten sie doch fürchten, daß diese parteiamtliche Disqualifikation weitere Ausgrenzungen aus einer ohnehin deformierten Öffentlichkeit nach sich ziehen würde.[48] Das Befürchtete traf ein: Auf Baeumlers Veranlassung wurde der geplante Fest-Vortrag Werner Deubels auf der Schopenhauer-Veranstaltung der Stadt Frankfurt am Main am 19. Februar 1938 abgesagt; kurze Zeit später wies das *Amt Rosenberg* Schriftleitungen und Vortragsstellen an, Veröffentlichungen und Auftritte Deubels „auf ein tragbares Mass" zu beschränken.[49] Im April 1938 berichtete Kern Klages: „Monterosa [Rosenberg] und vor allem Bäumling [Baeumler] arbeiten zur Zeit mit allen Mitteln. Eins ist sicher: es muss in diesen Wochen zu einer klaren Entscheidung für unsere Sache kommen."[50]

Zur Entscheidung kam es allerdings – doch nicht in der von den Klages-Jüngern gewünschten Weise. Zwar wurden im Februar 1938 fünf Bücher von Ludwig Klages in die *NS-Bibliographie* aufgenommen,[51] doch griff Ro-

---

[47] Vgl. die Ankündigung des für die *NS-Bibliographie* geplanten Textes durch Hans Kern an Ludwig Klages. Brief vom 7.1.1938. DLA Marbach A: Klages, Zugang 61.10294/1: „Mein Aufsatz in der ‚Bibliographie' wird bei Monterosa [Rosenberg] und B.[aeumler] viel böses Blut machen; es wird nämlich zur gleichen Zeit in Montes Monatsblättern [Nationalsozialistische Monatshefte], so erfuhr ich, ein sehr scharfer Aufsatz gegen Ihr Werk erscheinen, geschrieben von einem Kieler Prof. (dessen Namen ich nicht kenne). Auch hier ist B[aeumler] der Hintermann. Der betr. Aufsatz soll einen ‚entscheidenden' Schlag bedeuten."

[48] Vgl. Hans Kern an Ludwig Klages. Brief vom 26.1.1938. DLA Marbach A: Klages, Zugang 61.10294/8: „Wenn also jetzt ein Kampf um Ihr Werk entbrannt sei, so sei das entschieden zu begrüssen, – wofern wirklich Gelegenheit geboten sei, die Sachlage zu klären. Wenn dagegen ein Organ wie das von Monter [NS Monatshefte Alfred Rosenbergs] einen Artikel voll törichter Missverständnisse und böswilliger Unterstellungen bringe, dann sei die Situation sehr viel schwieriger und verwickelter. Denn es sei doch tatsächlich so, dass solche Veröffentlichungen oft genug Folgerungen zeitigten, die weit über das hinausgingen, was er eine ‚geistige Auseinandersetzung' nenne, da die Meinung zahlloser nichtunterrichteter Gutgläubiger nunmehr ‚festgelegt' werde. Wieviele Zeitschriften oder Zeitungen, in denen man sonst eine ‚geistige Auseinandersetzung' hätte einleiten können, glauben sich in derartigen Fällen sperren zu müssen, weil sie es scheuen, in einen Meinungskampf einzugreifen, zu dem eine als ‚amtlich' empfundene Verlautbarung vorliegt!"

[49] Hans Kern an Ludwig Klages. Brief vom 17.4.1938. Ebenda, Zugang 61.10294/23.

[50] Ebenda.

[51] Vgl. NS-Bibliographie 3 (1938), H. 2, S. 14 (Nr. 24-29). Erklärend hieß es dazu: „Im Nachstehenden geben wir eine Zusammenstellung der wichtigsten Schriften von Ludwig Klages. Veranlassung hierzu bietet die in der Öffentlichkeit vor kurzem erfolgte umfangreiche Auseinandersetzung mit ihm. Es kann keinem Zweifel unterliegen, daß Ludwig Klages zu den bedeutendsten Erscheinungen unserer Zeit gehört und sein Werk einer wissenschaftlichen,

senberg im April persönlich in die Debatte ein. In seiner Grundsatzrede „Gestalt und Leben" an der Universität Halle wies er den Kreis der Klages-Jünger in die Schranken, der „außerordentlich geschäftig" den Philosophen als theoretischen Führer der „großen deutschen Kulturrevolution ausgibt und in Reden und Aufsätzen sich bemüht, diesem Gedanken fortschreitend Eingang in die nationalsozialistische Bewegung zu verhelfen".[52] Auf seine Argumentation im *Mythus* zurückgreifend, kritisierte er, daß die projektierte Restitution eines „kosmischen" Urzustandes „ein Zurücksinken in gestaltlose rassenchaotische und seelenchaotische Zustände" bedeute.[53] Die Notwendigkeit wissenschaftlicher Rationalität und moderner Technik stehe auch für die Nationalsozialisten fest.[54] Noch im selben Monat erging in Rosenbergs Auftrag eine Anweisung, daß die publizistisch aktivsten Klages-Jünger Hans Kern, Werner Deubel und Hans Eggert Schröder künftig „weder als Vortragsredner noch für Schulungsaufgaben herangezogen werden dürfen".[55]

Mit der Apologetik einer völkisch-rassisch bestimmten Wissenschaft und Technik hatte der „Weltanschauungsbeauftragte" die Grenzen abgesteckt, die

---

kulturellen und politischen Neubesinnung unserer Lebensgrundlagen bahnbrechende Dienste erwiesen hat." Gleichzeitig wurden in die *NS-Bibliographie* der schon erwähnte kritische Aufsatz Weinhandls aus den *NS-Monatsheften* und die Würdigung aus der HJ-Zeitschrift *Wille und Macht* aufgenommen, ebenda, S. 50. Für den Klages-Kreis bedeutete das eine immense Hilfe, so jedenfalls Hans Kern an Ludwig Klages. Brief vom 11.4.1938. DLA Marbach A: Klages, Zugang 61.10294/22: „Wenn dies nach allem Voraufgegangenem unseren Erwartungen allerdings nicht entsprechen kann, so ist jedoch eins nunmehr zweifellos Tatsache [...]: Ihr Werk gehört nach amtlicher Erklärung von Seiten des NS zu den für ihn wichtigen Schrifttum. Darauf dürfen Deubel, Schröder und ich im gegenwärtigen kulturpolitischen Kampf natürlich Bezug nehmen. Es bedeutet eine Stärkung unserer Stellung."

[52] Alfred Rosenberg: Gestalt und Leben. Rede des Reichsleiters in der Universität Halle am 27. April 1938. In: NS Monatshefte 9 (1938), S. 386-402, hier S. 388.

[53] Ebenda, S. 391.

[54] Vgl. ebenda, S. 399: „Der Geist ist eben nicht, wie Klages sagt, als außer-raum-zeitliche kosmische Macht in ein paradiesisches Idyll hereingebrochen, sondern ist ein entscheidender Bestandteil unseres, ich betone unseres Gesamtlebens." Ähnlich auch Ferdinand Weinhandl: Ludwig Klages, S. 40: „Der Geist, den die Entdeckungen und Erfindungen von Leibniz, Newton, Watson bekunden, ist nach unserer Auffassung nicht ein lebensfeindliches Zersetzungsprodukt, sondern ureigenster Rassenausdruck und schöpferische Höchstleistung der nordischen Seele."

[55] Hauptstelle Kulturpolitisches Archiv in der Dienststelle zur Überwachung der gesamten politischen und weltanschaulichen Schulung der NSDAP an die Reichsstudentenführung. Brief vom 29. April 1938. BA NS 15/59, Bl. 15. Bereits im April 1936 hatte ein Gutachten der Dienststelle Rosenberg den Einsatz Deubels als Vortragsredner zurückgestellt, vgl. Hauptstelle Kulturpolitisches Archiv in der Dienststelle zur Überwachung der gesamten politischen und weltanschaulichen Schulung der NSDAP an die Abteilung Vortragswesen der Dienststelle zur Überwachung der gesamten politischen und weltanschaulichen Schulung der NSDAP. Brief vom 29. April 1936. BA NS 15/256, Bl. 59: „Vorläufig besteht keine Möglichkeit Deubel einzusetzen, da Reichsleiter Rosenberg wegen der weltanschaulichen Grundhaltung Deubels, die sich in wesentlichen Punkten von unserer Auffassung trennt, nichts von Deubel wissen will." Am 26. September 1936 wurde Deubel dann doch Unbedenklichkeit bescheinigt, vgl. ebenda, Bl. 172: „Gegen die Verwendung Werner Deubel als Vortragsredner ist nichts einzuwenden."

für die Auseinandersetzung mit den fundamentalistischen Ideen des Klages-Kreises verbindlich bleiben sollten. Die Behandlung des Philosophen auf einer Tagung seiner Dienststelle zum Thema „Geistige Sektenbildung der Gegenwart" markierte erneut die wachsenden Spannungen innerhalb des ideologisch heterogenen NS-Staates; daß Klages hier neben Spengler und dem George-Kreis, aber auch in einer Reihe mit Astrologie und Okkultismus behandelt wurde, verwies auf die diffusen Exklusionsbemühungen der Weltanschauungswächter um Rosenberg.[56]

Daß auch andere ideologieproduzierende Institutionen die Tätigkeit des Klages-Kreises aufmerksam beobachteten, zeigte der Fall des Religionshistorikers Otto Huth. Der 1932 in Bonn mit einer Arbeit über altrömische Mythologie promovierte Huth,[57] Gründungsmitglied des *Arbeitskreises für biozentrische Forschungen* und Autor eines in der Schriftenreihe *Das deutsche Leben* publizierten Buches unter dem bezeichnenden Titel *Die Fällung des Lebensbaumes*,[58] war seit März 1937 Mitarbeiter der SS-Forschungseinrichtung *Deutsches Ahnenerbe*.[59] Anfang Mai 1938 – nur kurze Zeit nach den Interventionen Rosenbergs und seiner Dienststelle – wurde er vor die Wahl gestellt, sich entweder für Klages oder für das *Ahnenerbe* zu entscheiden, „da die Weltanschauung Klages' nicht die unsere" sei.[60] Huth entschied sich für die SS – und konnte daraufhin seine Karriere fortsetzen, die bis zur Leitung der „Abteilung für indogermanische Geistesgeschichte" im *Ahnenerbe* und zur Habilitation in Tübingen führte.[61]

„Abgrenzung – aber nicht Verketzerung", formulierte in einem Würdigungsartikel dagegen Ernst Krieck, der mit seiner „Weltanschauungslehre" nach dem „Prinzip All-Leben" gern selbst die Rolle der maßgeblichen Kapazität in ideologischen Fragen eingenommen hätte.[62] In der im selben Jahr erschienenen Schrift *Leben als Prinzip der Weltanschauung und Problem*

---

[56] Vgl. Werner Bökenkamp: Beispiele sektiererischen Denkens. Bericht über den dritten Lehrgang des Amtes Schrifttumspflege. In: Völkischer Beobachter vom 7. Juni 1938.

[57] Otto Huth: Janus. Ein Beitrag zur altrömischen Religionsgeschichte. Bonn 1932.

[58] Otto Huth: Die Fällung des Lebensbaumes. Berlin-Lichterfelde 1936 (= Das deutsche Leben 2).

[59] Zu Huths Biographie und Tätigkeit im *Ahnenerbe* siehe Michael H. Kater: Das „Ahnenerbe" der SS 1935-1945, S. 74f., 96, 206f. u. ö.

[60] Aktennotiz von Joseph Otto Plaßmann (Leiter der Abteilung für Märchen- und Sagenkunde) vom 3. Mai 1938, hier zitiert nach Michael H. Kater: Das „Ahnenerbe" der SS 1935-1945, S. 72.

[61] Vgl. ebenda, S. 95; die Habilitation erfolgte mit der Schrift: Vesta: Untersuchungen zum indogermanischen Feuerkult. Leipzig 1943 (= Archiv für Religionswissenschaft, Beihefte 2, zugl. Universität Tübingen, Habil.-Schrift 1939). – Daß es fortbestehende Beziehungen Huths zum Klages-Kreis gegeben haben muß, belegen seine weiterhin im Berlin-Lichterfelder Widukind-Verlag publizierten Arbeiten, die nun auch z.T. das Label des *Ahnenerbes* trugen, so Otto Huth: Der Lichterbaum: germanischer Mythos und deutscher Volksbrauch. Berlin-Lichterfelde 1938 (= Deutsches Ahnenerbe / B / Arbeiten zur indogermanischen Glaubensgeschichte 1), 2. Aufl. 1940; ders.: Sagen, Sinnbilder, Sitten des Volkes. Berlin 1942.

[62] Ernst Krieck: Abgrenzung – aber nicht Verketzerung. In: Volk im Werden 6 (1938), S. 286. Als „besonders unheilvolle Verwirrung" bezeichnete Krieck die Aktivitäten seiner „sektiererischen Schüler".

der Wissenschaft reihte er Klages in die „organologische" Bewegung der Romantik ein, die zwar die „lebendige Einheit von Leib und Seele" entdeckt, doch in einer „unpolitischen und antitechnischen Willenlosigkeit" verblieben sei.[63] Als er sich dann 1939 noch einmal zum Thema *Vergottete und verteufelte Technik* äußerte, trennte er Klages' geist- und technikfeindliche Philosophie von ihren romantischen Vorläufern und erklärte allein letztere zu einer „berechtigten Opposition gegen Rationalismus und Technizismus". Hamann, Goethe und die „echte" Naturphilosophie der Romantik seien keineswegs technikfeindlich gewesen, sondern hätten Natur und Leben aus „Unterdrückung und Vergewaltigung" zu erlösen und in ihrer „ursprünglichen Existenz" wieder zu restaurieren gesucht – doch nicht, um den „Geist" zu negieren, sondern um „sein gesundes Fundament wieder zu gewinnen."[64]

Auf die Ausgrenzung aus dem weltanschaulichen Diskurs reagierten Klages und seine Schüler mit der Flucht nach vorn. Mit der Verschärfung eines frühzeitig latenten Antisemitismus paßte man sich an Imperative der politischen Umwelt an.[65] Klages selbst, der den Einbruch des „Geistes" anfänglich als Invasion außerirdischer Mächte beschrieben und diese später als „Moloch" und „Jahwe" identifiziert hatte, steigerte den Dualismus von „Geist" und „Leben" bis zur Gegenüberstellung von „Ariern" und „Semiten". In seiner 1940 von der Parteiamtlichen Prüfungskommission abgesegneten Schuler-Ausgabe waren „Völkerversklavungspläne Judas" an allem Unheil der Weltgeschichte schuld; Liberalismus, Amerikanismus, Bolschewismus und Weltkrieg galten als direkter Ausdruck der „jüdischen Weltverschwörung".[66] Wohl auch aus diesem Grunde konnten Bücher und Aufsätze von Klages und seinen Anhängern weiterhin erscheinen – so noch 1944 Rudolf Ibels *Weltschau deutscher Dichter* und eine Kompilation früher Kla-

---

[63] Ernst Krieck: Leben als Prinzip der Weltanschauung und Problem der Wissenschaft, S. 23: „Die Romantiker bis auf Klages sind ihm [Goethe] darin gefolgt, indem sie allem Wollen, Planen, Machen das Wachsende, das von selbst sich Vollziehende entgegenstellen. Gewinnen sie damit auf der einen Seite die lebendige Einheit von Leib und Seele, so trennen sie dafür den ‚Geist' als Prinzip vom Verstand und Willen, vom Machen und Können durch eine um so schärfere Kluft wieder ab und landen in einem neuen Dualismus – um der Beschauung, um der unpolitischen und antitechnischen Willenlosigkeit, allenfalls um der Ekstase willen."

[64] Vgl. Vergottete und verteufelte Technik. In: Volk im Werden 7 (1939), S. 468-471, hier S. 469.

[65] Vgl. Klages' 1904 vorgelegte Abrechnung mit dem George-Kreis, die unter dem Titel *Typische Ausdrucksstörungen und das Wesen der Hysterie* antisemitische Klischees versammelte; wieder in: L. Klages: Sämtliche Werke. Bonn 1968, Bd. 3, S. 83-96. 1927 ‚entlarvte' er dann Stefan George als den nach Wagner wichtigsten Agenten einer „fortschreitenden Semitisierung", vgl. L. Klages: Der Fall Nietzsche-Wagner in psychologischer Bedeutung. In: L. Klages: Sämtliche Werke. Bonn 1971, Bd. 8, S. 577ff.

[66] Vgl. Ludwig Klages: Einführung des Herausgebers. In: Alfred Schuler: Fragmente und Vorträge aus dem Nachlaß. Leipzig 1940, S. 1-119. – Zu diesem Komplex siehe jetzt Heinz-Peter Preußer: Antisemiten aus Kalkül? Über Alfred Schuler, Ludwig Klages und die Instrumentalisierung des rassischen Ressentiments im Nationalsozialismus. Erscheint in: Juni. Magazin für Kultur und Politik. Heft 30 (1999).

ges-Texte unter dem Titel *Rhythmen und Runen*.[67] In diesem letzten im nationalsozialistischen Deutschland veröffentlichten Band, der zum überwiegendenden Teil frühere Aufzeichnungen und Fragmente versammelte, breitete Klages noch einmal und ohne Rücksicht auf die gegen ihn erhobenen Anschuldigungen seitens nationalsozialistischer Ideologieverwalter seine apokalyptische Sicht auf eine rational beherrschte und technisch zugerichtete Welt aus.[68] Die Ableitung der katastrophischen Situation aus dem Antagonismus zwischen dem „bildlose[n] Juda" und dem „kosmischen" Germanien[69] transformierten die Topoi einer Modernitäts- und Dekadenzkritik in einen antisemitischen Rassismus, der insbesondere in der verwendeten Metaphorik seine Nähe zum nationalsozialistischen Sprachgebrauch verriet.[70] Die Einwände gegen eine rational entzauberte und zur Mega-Maschine zugerichteten Welt endeten in wütenden Angriffen gegen das „semitische Gift", das „arischen Herrengeist" unterworfen habe.[71]

Dennoch trug auch diese Assimilation an den politisch konformen Antisemitismus nicht zu einer breiteren Akzeptanz von Klages' Rationalitätskritik bei. Signale der Distanzierung prägten selbst die Stellungnahmen, die von scheinbar übereinstimmenden Kombattanten kamen. Kurt Hildebrandt, im

---

[67] Rudolf Ibel: Weltschau deutscher Dichter. Goethe, Schiller, Hölderlin, Kleist. Hamburg 1944; Ludwig Klages: Rhythmen und Runen. Nachlaß, hrsg. von ihm selbst. Leipzig 1944. – Neben der „biozentrischen" Auslegung der deutschen Literaturgeschichte hatte Ibel im selben Jahr auch eine von Klages' Ideensystem fundierte Poetologie vorgelegt, die im März/April 1944 in der von Heinrich Ellermann herausgegebenen Lyrik-Zeitschrift *Das Gedicht* erschien; R. Ibel: Das dichterische Bild im Gedicht. In: Das Gedicht 10 (1944), 6./7. Folge. Dichtung wurde hier als bildhafte Erscheinungsform einer naturhaft-kosmischen Wirklichkeit gefeiert, die höher stehe als begriffliche Erkenntnis; Aufgabe des Dichters sei, „das Naturleben, die Weltseele, ihre Wirkungen und Beziehungen zum menschlichen Seelenleben (zu erspüren)", ebenda, S. 5 und 7. Zu Ibels poetologischem Konzept jetzt aufschlußreich Uta Beiküfner: Naturauffassung und Geschichtlichkeit im Kontext der Zeitschrift *Das Gedicht. Blätter für die Dichtung* (1934 bis 1944). In: Walter Delabar, Horst Denkler, Erhard Schütz (Hrsg.): Banalität mit Stil. Zur Widersprüchlichkeit der Literaturproduktion im Nationalsozialismus. Bern, Berlin, Frankfurt/Main, New York, Paris, Wien 1999 (= Zeitschrift für Germanistik, Beiheft 1), S. 199-216, hier S. 212f.

[68] Ludwig Klages: Rhythmen und Runen, S. 341: „Wir sehen heute im Gesamtbereich der ‚Zivilisation' sich begeben, was sich ähnlich bereits in Hellas zutrug: die Personwerdung des Selbstsinnes. Der Egoismus hat die Phase verbrecherischen Ausschweifens hinter sich und gewinnt ‚Stil'. Herzenskälte ist selbstverständliches Element der ‚Bildung' geworden. Das schöpferische Pathos verlor seinen Gegenstand: die Ferne entglitt ihm. Der Mensch hat Allwissenheit (Telephon), Allgegenwart (Automobil), Allmacht (Dynamit) erlangt. Vom Brodem der Urwelt ist die geistig trockene Athmosphäre ganz ‚gereinigt' und statt aus dem Mutterleibe als schmutziger Säugling wird der zukünftige Mensch als Homonkulus aus der Retorte steigen."

[69] Ebenda, S. 266.

[70] So in der Konstruktion einer Oppposition von „germanisch-kosmischem Urzustand" und „*krankhafter* Exaltation der orientalischen Seele" (ebenda, S. 249, Hervorhebung im Original), der Rückführung der Dekadenz des 19. Jahrhunderts auf den „Sieg Molochs und Judas" (ebenda, S. 307) und der Beschreibung von „Entartung" und „Blutsvergiftung" der Gegenwart (ebenda, S. 377).

[71] Ebenda, S. 381.

Redaktionskollegium der *Zeitschrift für die gesamte Naturwissenschaft* aktiv an der Polemik gegen eine ‚positivistische', unanschauliche und auf bloße Nützlichkeit prätendierende Wissenschaftskonzeption beteiligt, konstatierte 1941 eine weitreichende Verwirrung in Klages' Denken.[72] Bezeichnend für die Artikulation einer kritischen Auseinandersetzung mit Rationalitätskonzepten war auch hier wieder der Rekurs auf die klassisch-romantische Literaturepoche – in diesem Falle auf Goethe, dessen Pantheismus von Klages als der „größte Unsinn" verworfen worden war.[73] Der Streit um die ‚richtige' Deutung von Goethes Weltbild eröffnete in einer Situation, in der direkte Bezüge auf die Gegenwart fatale Folgen haben konnten, mögliche Diskussionsfelder um „Logozentrismus", Ich-Identität und Individuationsprinzipien – und bildete innerhalb des konflikterstickenden Klimas der „Volksgemeinschaft" eine (freilich deformierte) Enklave des Disputs um die Grundlagen der Moderne.

Innerhalb der hier nur fragmentarisch umrissenen Auseinandersetzungen zwischen dem Klages-Kreis und dem *Amt Rosenberg* kristallisierte sich die Heterogenität weltanschaulich-ideologischer Rekurse auf romantische Begrifflichkeiten und Überlegungen deutlich heraus. Wenn auch der fundamentalistische Antimodernismus des Klages-Kreises den regressiven Utopien zumindest des ‚völkischen' Flügels der Nationalsozialisten durchaus entgegenzukommen schien, ist es doch angesichts der vorliegenden Zeugnisse unstrittig, daß sich beide als inkompatibel erwiesen. Im Konflikt mit dem Klages-Kreis verliefen die Fronten in scheinbar direkter Umkehrung des vorher festgestellten und von der historischen Forschung mehrfach beschriebenen Gegensatzes Rosenberg-Goebbels. Galt der Reichspropagandaminister (zumindest in der Machtergreifungs- und zu Beginn der Konsolidierungsphase) aufgrund seines partiellen Einsatzes für die künstlerische Avantgarde und wegen seiner Begriffsprägung „Stählerne Romantik" als Garant einer *sektoralen* Modernisierung und sein Antipode Rosenberg als der „kulturkämpferische Repräsentant des völkisch-antisemitischen Flügels, mit einem Hang zum antichristlichen Mystizismus"[74], so nahmen in der Auseinandersetzung mit dem Antimodernismus des Klages-Kreises Rosenberg und seine Mitarbeiter entgegengesetzte Positionen ein. Negierten die Vertreter der „biozentrischen Lebenswissenschaft" Rationalität und moderne Technik radikal, wirkten Rosenberg und der ihm sekundierende Alfred Baeumler unbewußt (oder besser: unwillentlich) als Verteidiger funktiona-

---

[72] Vgl. Kurt Hildebrandt: Goethe. Seine Weltweisheit im Gesamtwerk. Leipzig 1941; 2. Aufl. 1942, 3. Aufl. 1943, S. 572: „Um die Wende des Jahrhunderts hat Klages eine notwendige Wirkung ausgeübt durch seinen Kampf für ein anschauliches Denken gegen eine abstrakte Begrifflichkeit, für lebendige Natur gegen Mechanismus und im besonderen auch gegen die jüdische Rasse. Dann haben die Kehrseiten seiner Verneinungen, die Bekämpfung des Geistes, des Willens, der Macht, des Männlichen weithin das Denken verwirrt." – Zu beachten bleibt allerdings, daß Hildebrandt als Angehöriger des George-Kreises auch die Ausgrenzungsbemühungen der Georgeaner gegenüber Klages zu unterstützen hatte.
[73] Ludwig Klages: Goethe als Seelenforscher. 2. Aufl. Leipzig 1940, S. 55.
[74] Peter Reichel: Der schöne Schein des Dritten Reichs, S. 85.

ler Differenzierungsleistungen und damit bestimmter Errungenschaften der Moderne. Die Verteidigung von bestimmten Aspekten der Moderne darf jedoch nicht über deren Motiv hinwegtäuschen: Nicht zufällig bildeten Klages' Ablehnung eines aktivistischen Tathandelns und das Fehlen eines biologischen Rassengedankens die grundlegenden und immer wieder monierten Defizite, die einer weitergehenden Anerkennung seiner Philosophie im Dritten Reich im Wege standen.

Romantische Theoreme in weltanschaulich-ideologischen und wissenschaftstheoretischen Diskursen: Fazit

Die vorliegende rekonstruierende Untersuchung zeigte, daß die Rezeption und Integration romantischer Ideen in weltanschauliche und ideologische Diskurse in der Zeit des Nationalsozialismus alles andere als widerspruchsfrei verlief: Während Alfred Rosenberg sie für ihre Wiederentdeckung autochthon-mythischer Urgründe würdigte und eine „artverbundene Romantik" zur Rettung vor den Diskontinuitäten der Moderne propagierte, verband Joseph Goebbels den Begriff der Romantik mit dem zeitgenössischen Technik-Diskurs und schuf mit der terminologischen Kombination „Stählerne Romantik" ein propagandistisch verwertbares Schlagwort, das *rhetorisch* die Versöhnung von Ganzheitsutopien und technischer Modernisierung versprach. Zugleich belegten aber auch die Stellungnahmen des *Amtes Rosenberg* gegen den sich prononciert auf die Romantik berufenden Klages-Kreis die Bereitschaft, *partiell* Errungenschaften der modernen Wissenschaftsentwicklung gegenüber ihren rigorosen Kritikern zu verteidigen. Innerhalb des vielstimmigen Chores der für eine „gestalthafte", „ganzheitliche" und „organische" Ausrichtung ihrer Disziplinen plädierenden Naturwissenschaftler existierten unterschiedliche Fraktionen, die die verbale Kampfansage des Nationalsozialismus gegen den ‚Positivismus' zur Durchsetzung eigener Konzepte zu nutzen suchten, doch sowohl konzeptionell konkurrierten, als auch in ihren Berufungen auf „organisches Denken" und „Ganzheit" von nationalsozialistischen Ideologie-Instituten skeptisch, wenn nicht mißtrauisch beobachtet wurden.

Die durch heterogene Begriffsverwendungen hervorgerufenen Konflikte und Kollisionen demonstrierten einmal mehr, daß sich weltanschaulich-ideologische Diskurse in der Zeit des Nationalsozialismus und namentlich die nationalsozialistische Ideologie nicht als kohärente und systematisch entwickelte Begriffsgebäude entfalten, sondern nur als vernetzte Konglomerate von Konzepten und Konzeptschlagworten rekonstruieren und begriffsgeschichtlich inventarisieren lassen. Wie jede andere Ideologie schuf sich auch der Nationalsozialismus ein eigenes Vokabularium von Begrifflichkeiten und bediente sich dabei in besonderer Weise aus dem Fundus der modernitätskritischen Bewegungen des 19. und 20. Jahrhunderts. Der Anschluß an einen seit der Romantik geführten Diskurs um die Grundlagen und Folgen des modernen Wandels manifestierte sich in den von systemkonformen Theoretikern und Propagandisten verbreiteten „Parolen und Kennworten nationalsozialistischer Lebensauffassung"[1] wie *Leben*, *Ganzheit* und *Ganzheitsbetrachtung*, das *Organische*, *Volk* und *Nation* etc. Diese Begriffe gingen in

---

[1] Heinz L. Matzkat: Oswald Spenglers Lehre. In: Bücherkunde 5 (1938), S. 339-353, hier S. 339.

heterogener Weise in diskursive Auseinandersetzungen ein. Diskussionen um das Verhältnis zu den Differenzierungsleistungen der Moderne unter Bezug auf die von der Romantik (mit)geschaffenen Begriffe und Theoreme, an der Rezeption ihrer Volkstums-Spekulationen, des *Organischen* und den von differierenden Begriffsbelegungen ausgelösten Weltanschauungskämpfen demonstriert, begleiteten die Debatten um kultur- und wissenschaftspolitische Entscheidungen seit der Machtergreifung: Waren es in der Phase des „Legitimationsdiskurses" unmittelbar nach 1933 Fragen des „organischen" Staatsaufbaus, die sich an der Alternative „ständisch-korporativ" versus „total" entzündeten, gewannen angesichts des Bedeutungszuwachses der Naturwissenschaften die Debatten um deren „ganzheitliche" Ausrichtung zunehmend an Brisanz. Diskussionen um den Staatsaufbau und seine theoretische Grundlegung setzten sich aber auch nach der Konsolidierung der nationalsozialistischen Herrschaft fort: Bis 1938 verteidigten Othmar Spann und seine Anhänger ihr romantisch inspiriertes Projekt eines „organischen Ständestaats", das nicht nur dem Weltanschauungsbeauftragten Alfred Rosenberg ein Dorn im Auge war. Gegenüber den Bemühungen von Rechtsphilosophen wie Karl Larenz und Julius Binder, die Volkstumsspekulationen Hegels und der Romantik zu einer systemkonformen „Machtstaatsideologie" (Hubert Kiesewetter) umzubiegen, entwarfen Ernst Krieck und sein Schülerkreis eine auf dem „biologischen Erbzusammenhang" des Volkes gründende ‚Reichs'-Theorie, die sich dezidiert gegen die „Passivität" romantischer Organologien wandte. Die konkurrierenden Staats- und Gesellschaftsvorstellungen wie die differierenden Bemühungen um eine „ganzheitliche" oder „gestalthafte" Ausrichtung der Naturwissenschaften bezogen sich in unterschiedlicher Weise auf das Erbe der Romantik, das sowohl emphatisch affirmiert als auch dezidiert zurückgewiesen wurde.

Die an dieser Stelle noch einmal in Erinnerung gerufene Vielfalt und Heterogenität in der Rezeption romantischer Theoreme innerhalb weltanschaulicher und ideologischer Diskurse wirft die Frage auf, wie eine solche, unter den Bedingungen einer Diktatur paradox anmutende *Pluralität* von Bedeutungszuweisungen zu interpretieren ist. Eine erste Vermutung könnte das polykratische Herrschaftssystem des Nationalsozialismus für differierende und konkurrierende ideologische Positionsbestimmungen verantwortlich machen. Gestützt würde eine solche Vermutung durch die bereits vorliegenden Forschungen zu ideologieproduzierenden Instanzen und deren Auseinandersetzungen mit rivalisierenden Institutionen. Doch liegen die Gründe für divergierende Berufungen auf das romantische Erbe nicht allein in der Konkurrenz zwischen unterschiedlichen, auch organisationsgeschichtlich disparaten Institutionen der Ideologieproduktion und -verwaltung, sondern vielmehr auch in der Konstitution der ideologisch-weltanschaulichen Diskursformationen in der Zeit der nationalsozialistischen Herrschaft, die sich durch je spezifische Haltungen zu den Differenzierungsleistungen der Moderne unterschieden. Wie erwähnt, bedienten sich die unterschiedlichen ideologischen Diskurse während des Nationalsozialismus willkürlich und exzessiv aus dem Fundus der modernitätskritischen Diskurse des 19. und 20.

Jahrhunderts. In der älteren Forschungsliteratur wurde denn auch zwischen Nationalsozialismus und Antimodernismus ein direkter Konnex hergestellt: Grundzug der nationalsozialistischen Ideologie sei ein tiefgehender „fundamentalistischer" Einspruch gegen die Auflösung vormodern-traditionaler Lebensformen und Erfahrungshorizonte.[2] Im Zeichen dieser antimodernen, antizivilisatorischen und antiwestlichen Attitüde hätte die Renaissance der Romantik nach 1900 gestanden, die ihre Instrumentalisierung zwischen 1933 und 1945 vorbereitete: Der „romantische Antikapitalismus" (Georg Lukács) mit seinem Einspruch gegen Maschinerie und Zweckrationalität mutierte zu Technikfeindlichkeit und Antirationalismus; die Hoffnung auf die Rückkehr zu nichtentfremdeten Lebensformen und Komplexitätsreduzierung führte zum exklusiven Projekt einer biologisch homogenen „Volksgemeinschaft"; die Ablehnung von Geldwirtschaft, Industrie und Kreditwesen mündete in einen mörderischen Antisemitismus.

Doch verweist die hier vorgelegte Untersuchung der Romantikrezeption in ideologisch-weltanschaulichen Diskursen wie auch die Forschungsliteratur jüngeren Datums darauf, daß sich der Nationalsozialismus nicht allein als rigide Ablehnung der Moderne begreifen läßt. Nach Deutungen der sechziger und siebziger Jahre, die vor allem die regressiv-antimodernen Aspekte des Nationalsozialismus betonten, sind seit Beginn der achtziger Jahre dessen ambivalente Beziehungen zu Technik und Modernisierung in den Blick genommen und detailliert beschrieben worden.[3] So interpretierte Jeffrey Herf das Programm des Nationalsozialismus als *reaktionären Modernismus*, dessen Grundzug in einer Vereinigung antimoderner, romantischer und irrationaler Ideen mit technischer Rationalität bestanden habe. Mit seiner Begriffsprägung versuchte Herf die Verflechtung regressiver Utopien *und* modern-vorwärtsgewandter Vorstellungen terminologisch zu erfassen, die er

---

[2] Vgl. Talcott Parsons: Democracy and Social Structure in Pre-Nazi Germany. In: Essays in Sociological Theory. New York 1964, S. 123; Robert Koehl: Feudal Aspects of National Socialism. In: Henry Ashby Turner (Ed.): Nazism and the Third Reich. New York 1972, S. 151-175; Henry J. Turner: Fascism and Modernization. In: H.J. Turner: Reappraisals in Fascism. New York 1975, S. 117-139. „Fundamentalismus" wird hier verstanden in dem allgemeinen Sinn, wie er durch Talcott Parson bestimmt wurde: Als „Aufstand gegen die rationalistische Tendenz in der westlichen Welt insgesamt und zugleich gegen ihre tiefsten institutionalisierten Grundlagen", Talcott Parsons: Soziologische Theorie. Darmstadt/Neuwied 1973, S. 281. Vgl. dazu Thomas Meyer: Fundamentalismus. Aufstand gegen die Moderne. Reinbek 1989.

[3] U.a. Jeffrey Herf: Reactionary Modernism. Technology, Culture and Politics in Weimar and the Third Reich. New York 1984; Rainer Zitelmann, Michael Prinz (Hrsg.): Nationalsozialismus und Modernisierung. Darmstadt 1991; Michael Burleigh, Wolfgang Wippermann: The Racial State. Germany 1933-1945. Cambridge 1991; Zygmunt Baumann: Dialektik der Ordnung. Die Moderne und der Holocaust. Hamburg 1992; ders.: Moderne und Ambivalenz. Hamburg 1992; Götz Aly, Susanne Heim: Vordenker der Vernichtung. Auschwitz und die Pläne für eine neue europäische Ordnung. Frankfurt/M. 1993; Detlev J.K. Peukert: The Genesis of the ‚Final Solution': From the Spirit of Science. In: Thomas Childers, Jane Caplan (Hrsg.): Reevaluating the Third Reich. New York 1993, S. 234-252. – Eine Übersicht über die Diskussion gibt Anson Rabinbach: Nationalsozialismus und Moderne. Zur Technikinterpretation im Dritten Reich. In: Wolfgang Emmerich, Carl Wege (Hrsg.): Der Technikdiskurs in der Hitler-Stalin-Ära, S. 94-113.

in den Arbeiten antidemokratischer Intellektueller wie Oswald Spengler, Ernst Jünger, Carl Schmitt, Hans Freyer, Werner Sombart, aber auch in den Ansichten von Nationalsozialisten wie Hitler und Goebbels und technikbegeisterter Ingenieure wie Fritz Todt und Albert Speer ausgesprochen fand. Als originäre Leistung dieses Konzepts wertete Herf die Integration der bislang skeptisch betrachteten Technik, die als wesentliche Komponente der westlichen „Zivilisation" in der Weltanschauungsliteratur der 1910er und 1920er Jahre zumeist radikal abgelehnt wurde, in eine emphatisch affirmierte „deutsche Kultur". Die Negation von liberaler Demokratie und rationalistischer Aufklärung hinderte den Nationalsozialismus nicht, so Herf, die moderne Technik der zweiten industriellen Revolution zu akzeptieren und für seine Zwecke zu instrumentalisieren.

Vor der Folie dieser – durch Fraktionskämpfe innerhalb des polykratischen Herrschaftssystems noch verschärften – *Ambivalenz* in der Haltung zur Moderne läßt sich die in unterschiedlichen Diskursen realisierte Rezeption romantischer Termini in ihrer Widersprüchlichkeit erfassen. Vor allem in der „fundamentalistischen" Reaktion auf die Differenzierungsleistungen der Moderne – Rationalisierung, Versachlichung und Entpersönlichung der Lebensverhältnisse – berief man sich auf ein im kulturellen Gedächtnis verankertes, nicht selten unbestimmtes Erbe der Romantik. Gegen die Differenzierung der Gesellschaft in eigengesetzliche Subsysteme mit je unterschiedlichen Ethiken entwarf man Gegenstrategien, die eine Rückkehr zu einfachen, auf Interaktion beruhenden Sozialsystemen (Kreisen, Ständen) propagierten und komplexe, durch Organisation regulierte Beziehungen ablehnten. Romantisch inspiriert und an Fichtes *Geschlossenen Handelsstaat* erinnernd, forderte der fundamentalistische Protest ökonomische Autarkie und lehnte geldvermittelten Tausch, Kapitalismus und Weltmarkt ab. In der politisch-rechtlichen Sphäre wies er verfahrensförmige Regelungen und Prozeduren zurück und propagierte statt dessen Meister-Jünger- und Führer-Gefolgschaft-Verhältnisse, Beziehungen der Unterordnung, Hierarchie und Heteronomie. In ihrer Stellung zur Moderne negierten die beschriebenen Diskursformationen deren Errungenschaften jedoch nicht *in toto* sondern *partiell* – und auch das unter bezeichnendem (und Konflikte hervorrufendem) Rückgriff auf Denkfiguren und Begriff der Romantik.

Errungenschaften der Moderne, so zeigten das Propagandaschlagwort „Stählerne Romantik" oder auch die konflikträchtige Begriffskombination „organische Ganzheit", wurden innerhalb der inkonsistenten Diskursformationen nur partiell in der Sphäre des politischen Pluralismus und der Individualrechte abgelehnt. Diese stellten ihrerseits keine eigengesetzlichen Entwicklungsprodukte des neuzeitlichen Rationalisierungsprozesses dar, sondern verdankten sich einzigartigen und unwiederholbaren historischen Konstellationen, zu denen außerdem ein besonderer politischer Wille hinzutrat. Die offenkundige Technikbegeisterung des nationalsozialistischen Deutschland, die Förderung sachbezogener und ergebnisorientierter Forschung sowie die Programme zur Ästhetisierung der Arbeits- und Lebenswelt verwiesen auf moderne Züge eines Staates, der sich selbst als Korrektiv der bisherigen modern-demokratischen Entwicklung Europas verstand.

Diese Zwiespältigkeit des Verhältnisses zu Errungenschaften der Moderne prägte auch den inkonsistenten nationalsozialistischen Ideenhaushalt sowie die Rezeption romantischer Theoreme in unterschiedlichen weltanschaulich-ideologischen Diskursen. Die Art und Weise dieser Rezeption war primär selektiver Natur; ihre Resultate blieben bis zuletzt inkohärent und widersprüchlich. Bestimmend für die weltanschaulich und ideologisch relevante Thematisierung romantischer Theoreme blieb ihre funktionale Zielstellung: Romantische Topoi waren entweder Berufungsinstanzen, die näherer Prüfung nicht bedurften oder aber abzulehnende Gegenbilder. Es verwundert nicht, daß interpretative Rückgänge auf romantische Texte innerhalb ideologisch-weltanschaulicher, aber auch wissenschaftsgeschichtlicher Diskurse fast vollständig ausblieben. Im Verzicht auf Interpretation trafen sich die weltanschaulich-ideologischen Instrumentalisierungen der Romantik mit literaturwissenschaftlichen Bemühungen, die in der romantischen Entdeckung „organischer Gemeinschaftsformen" Volk, Staat, Geschichte einen letztlich in Schlagworten versandenden Gegenstand entdeckten.

Teil 3

Die Präsenz der Romantik in der kulturellen Öffentlichkeit

Einleitung

Gegenstand dieses Teils der Untersuchung ist die Präsenz der deutschen literarischen Romantik in der kulturellen Öffentlichkeit zwischen 1933 und 1945. Sie konzentriert sich auf die Formen ihrer Darstellung und Vermittlung im schulischen Deutschunterricht, im Buch- und Verlagswesen und in inszenierten Gedenkveranstaltungen.

Eine Rekonstruktion der schulischen, medialen und performativen Präsentation der Romantik thematisiert nicht nur Formen des kulturellen Lebens und der Kulturpolitik im nationalsozialistischen Deutschland, sondern bezieht auch die bislang zurückgestellten Zusammenhänge der Vermittlung literaturwissenschaftlicher Forschungsergebnisse sowie weltanschaulich-ideologischer Debatten im öffentlichen Raum ein. Damit sollen zum einen der Bezug der universitätsgermanistischen Romantikforschung zu kultureller Praxis und Erbeaneignung herauspräpariert, zum anderen Wirkungen und Gegenwirkungen ideologischer Lenkungsansprüche im kulturellen Leben rekonstruiert werden. Methodisch knüpfe ich an Überlegungen Uwe K. Ketelsens an, der bereits zu Beginn der 1980er Jahre auf die Notwendigkeit einer *nichtinstrumentalistischen* Interpretation von Kulturpolitik und kulturellem Leben im nationalsozialistischen Deutschland hinwies. Gegen eine unifizierende Erklärung kulturpolitischer Entwicklungen als organisierte Maßnahmen zur Mobilisierung von Massenloyalität plädierte Ketelsen für eine differenzierende Untersuchung, die vor allem die Bedürfnisse sozial verunsicherter klein- und bildungsbürgerlicher Träger- und Adressatenschichten in den Blick nehmen sowie die Differenzen und Gegensätze zwischen parteiamtlichen, staatlichen und öffentlichen Institutionen berücksichtigen sollte.[1]

Diese Überlegungen aufnehmend und präzisierend, sind im folgenden Aneignungs- und Präsentationsformen des romantischen Erbes in der kulturellen Öffentlichkeit des nationalsozialistischen Deutschland zu untersuchen. Den zu Grunde gelegten Begriff von Öffentlichkeit verwende ich in der von Jürgen Habermas 1961 entwickelten und 1990 präzisierten Bestimmung. In Anlehnung daran läßt sich Öffentlichkeit als medial vermittelte Kommunikation beschreiben, die als Resultat der Transformation eines zunächst bildungsbürgerlich und literarisch formierten Zirkel- und Vereinswesens zu ei-

---

[1] Uwe K. Ketelsen: Kulturpolitik des III. Reiches und Ansätze zu ihrer Interpretation. In: Text&Kontext 8 (1980), S. 217-242, leicht überarbeitet wieder in Uwe K. Ketelsen: Literatur und Drittes Reich. 2., durchges. Aufl. Vierow 1994, S. 286-304. Ketelsen schlug vor, die vielfältigen Divergenzen in der nationalsozialistischen Kulturpolitik, die zu mehr oder weniger offenen Konflikten führten, nicht als „Feldzüge des monolithischen politischen Apparats gegen einen oppositionellen Widerstand" zu verstehen, sondern zugleich als kulturpolitische Auseinandersetzungen, die aus Interessendivergenzen innerhalb der nationalsozialistischen Bewegung selbst entsprangen. Diese Differenzen resultierten zum einen aus den konkurrierenden Aktivitäten des institutionalisierten Machtapparats, zum anderen aus divergierenden Vorstellungen der 1933 „gleichgeschalteten" Gruppen und Verbände, die unter den Bedingungen des NS-Staates weiterwirkten.

ner massenmedial beherrschten Sphäre entstand.² In diesem durch Bildungsinstanzen, Verlagswesen, Massenmedien und freie Zirkel organisierten Raum vollziehen sich Interaktionen, deren Träger und Adressat das nicht durch Zugangsrechte reglementierte Publikum ist. Den modernen, in die Integration von Staat und Gesellschaft eingebetteten „Strukturwandel der Öffentlichkeit" markierte Habermas an Veränderungen der Infrastruktur des kulturellen Lebens, deren signifikante Merkmale eine professionalisierte, auf neue Leserschichten eingestellte Buchproduktion und Zeitungs- und Zeitschriftenpresse, der Aufstieg elektronischer Massenmedien und die zunehmende Fusion von Information und Unterhaltung waren. Mit der Kommerzialisierung und Verdichtung des Kommunikationsnetzes, dem wachsenden Kapitalaufwand für die und dem steigenden Organisationsgrad von publizistischen Einrichtungen würden, so Habermas, Kommunikationswege kanalisiert und die Zugangschancen zur öffentlichen Kommunikation einem immer stärkeren Selektionsdruck ausgesetzt: „Die durch Massenmedien zugleich vorstrukturierte und beherrschte Öffentlichkeit wuchs sich zu einer vermachteten Arena aus, in der mit Themen und Beiträgen nicht nur um Einfluß, sondern um eine in ihren strategischen Intentionen möglichst verborgene Steuerung verhaltenswirksamer Kommunikationsflüsse gerungen wird."³

Die hier aufgeführten Parameter einer „vermachteten" Öffentlichkeit können unter näher zu erläuternden Spezifizierungen für eine Analyse der Infrastruktur des kulturellen Lebens in der Zeit des Nationalsozialismus nutzbar gemacht werden. Ohne Zweifel schufen die zwischen 1933 und 1945 initiierten Konzentrations- und Selektionsprozesse, durch propagandistische Bemühungen um Komplexitätsreduzierung und die Einebnung sozialer und politischer Widersprüche verstärkt, eine „vermachtete Öffentlichkeit", die sich nicht zuletzt aufgrund der radikalen und mit terroristischer Gewalt durchgesetzten Aufhebung demokratischer Grundrechte von den in sozialstaatlichen Massendemokratien praktizierten Öffentlichkeitsformen unterschied. Zugleich mit der durch formaljuristische Exklusionen und offenen Terror vollzogenen Homogenisierung der „Volksgemeinschaft" drängte das Regime auf die Ausschaltung von konkurrierenden Öffentlichkeiten. Dennoch gelang es dem politischen System nicht, die kulturelle Öffentlichkeit als Komplex medial vermittelter Interaktionen völlig „gleichzuschalten" und Differenzierungen innerhalb des Publikums gänzlich zu nivellieren. Unter Berücksichtigung struktureller Unterschiede und Gemeinsamkeiten von moderner Gesellschaft und nationalsozialistischer Diktatur lassen sich folgende basale Parameter kultureller Öffentlichkeit im Dritten Reich feststellen:

(1) Konstitution und Regulation der kulturellen Öffentlichkeit als einer medial vermittelten Kommunikationssphäre änderten sich unter den Bedingungen der politischen Diktatur nachhaltig, ohne daß kommunikative Inter-

---

² Jürgen Habermas: Strukturwandel der Öffentlichkeit. Untersuchungen zu einer Kategorie der bürgerlichen Gesellschaft. Mit einem Vorwort zur Neuauflage 1990. Frankfurt/M. 1990.
³ Ebenda, S. 28.

aktionen gänzlich nach Imperativen des politischen Systems ausgerichtet oder zum Verschwinden gebracht werden konnten.

(2) Das politische System strebte nach Konstitution eines hegemonialen Diskurses unter Ausschluß konkurrierender Öffentlichkeiten. Dazu sollten kritische, selbstgesteuerte und von schwachen Institutionen getragene Kommunikationsprozesse gleich- bzw. ausgeschaltet und die Funktionen der Einflußnahme auf die Teilnehmer der Öffentlichkeit durch massenmediale Intervention zentralisiert werden.

(3) In einer von der historischen Forschung bereits mehrfach untersuchten Melange aus symbolischer Politik, Terror und massenmedialer Manipulation sollten die systemischen Schranken zwischen Politik, Öffentlichkeit und Privatsphäre mit dem Ziel aufgehoben werden, Resistenz und kritisches Potential eines in seinen kulturellen Gewohnheiten plural differenzierten und noch weitgehend in Klassenmentalitäten befangenen Publikums aufzulösen.

(4) Trotz weitgehender Reglementierung existierte auch im Nationalsozialismus eine fragmentierte und deformierte Öffentlichkeit. Zwar gelang es dem politischen System durch Gesetzgebung, Gewalt und Einschüchterung, eine kritische Gegenöffentlichkeit zu verdrängen und einen scheinbar hegemonialen Diskurs zu installieren; eine ausschließlich auf funktionale Legitimationsbeschaffung ausgerichtete Kommunikation – darauf haben neuere Forschungen nachdrücklich aufmerksam gemacht – ließ sich nicht durchsetzen. Die Unmöglichkeit, eine allein auf die Erfüllung systemischer Imperative ausgerichtete Lenkung des kulturellen Lebens und der kulturellen Öffentlichkeit zu verwirklichen, resultierte zum einen aus dem Eigensinn kommunikativer Prozesse, zum anderen aus der bereits mehrfach erwähnten Polykratie des Herrschaftssystems im Dritten Reich.[4]

Leitend für die anschließende Rekonstruktion ist deshalb die These, daß trotz der Bemühungen um eine vollständige Lenkung und Kontrolle der kulturellen Öffentlichkeit im nationalsozialistischen Deutschland keine stringenten Muster der kulturpolitischen Erbeaneignung existierten. Diese zu verifizie-

---

[4] Voraussetzung für eine „nationalsozialistische Öffentlichkeit" bzw. „nationalsozialistische Kulturpolitik" wäre auch das Vorhandensein mehr oder weniger klarer Konzepte für die funktionale Steuerung und Reglementierung der gesellschaftlichen Subsysteme gewesen, in denen sich die Reproduktion kultureller Habitusformen und kulturellen Kapitals vollzog – also für Bildungswesen, Wissenschaft, Buch- und Verlagsproduktion etc. Daß es weder im Wissenschaftssystem noch in zentralen Medien der kulturellen Öffentlichkeit wie dem Buch- und Verlagswesen zur Durchsetzung eines unangefochtenen Konzepts kam, belegen u.a. Ralf Schnell (Hrsg.): Kunst und Kultur im deutschen Faschismus. Stuttgart 1978 (= Literaturwissenschaften und Sozialwissenschaften 10); Hans Dieter Schäfer: Das gespaltene Bewußtsein. Über deutsche Kultur und Lebenswirklichkeit 1933-1945. München, Wien 1981; Hans-Ulrich Thamer: Verführung und Gewalt. Deutschland 1933-1945. Berlin (West) 1986 (= Die Deutschen und ihre Nation 5); eine synoptische Zusammenfassung gibt Peter Reichel: Der schöne Schein des Dritten Reichs. Faszination und Gewalt des Faschismus. Frankfurt/M. 1993. Rivalitäten im Buch- und Verlagswesen rekonstruieren Jan Peter Barbian: Literaturpolitik im „Dritten Reich". Institutionen, Kompetenzen, Betätigungsfelder. Frankfurt/Main 1993; Siegfried Lokatis: Hanseatische Verlagsanstalt. Politisches Buchmarketing im „Dritten Reich". Frankfurt/M. 1995.

rende und näher zu präzisierende Vorannahme ermöglicht es, den kulturellen Umgang mit dem romantischen Erbe in der Zeit des Nationalsozialismus nicht-funktionalistisch zu interpretieren und die Heterogenitäten und Widersprüche innerhalb der Prozesse herauszuarbeiten.

Dazu untersuche ich in einem ersten Zugriff die Vermittlung romantischer Texte im Deutschunterricht. Auf die statistischen Recherchen Karin Lauf-Immesbergers zum Lektürekanon der höheren Schule im Dritten Reich zurückgreifend,[5] vor allem aber unter Heranziehung der in den Zeitschriften der schulischen Deutschlehrer publizierten didaktischen Überlegungen sollen Kontinuitäten und Veränderungen der Behandlung der Romantik im Deutschunterricht nachgezeichnet werden.

Das zweite Kapitel analysiert die Editionspraxis romantischer Werke zwischen 1933 und 1944. In der Differenzierung unterschiedlicher editorischer Praktiken wird nach den Determinanten eines kulturellen Feldes gefragt, das zwischen Bedürfnislagen der Leser, Entwicklungen in der Forschung und Lenkungsversuchen durch das offiziöse Buchmarketing vermitteln mußte.

Gegenstand des dritten Kapitels sind die Zeugnisse der publizistischen und performativen Präsentation der deutschen Romantik in der kulturellen Öffentlichkeit, die hinsichtlich der in ihnen verwendeten rhetorischen bzw. inszenatorischen Strategien zu analysieren sind. Ausgewertet werden publizistische Äußerungen in Zeitungen und Zeitschriften, die nicht-wissenschaftlichen Charakter trugen und insbesondere zu Jubiläen an Romantiker erinnerten, organisierte Gedenkveranstaltungen sowie die Praxis von Gesellschaften, die sich der Pflege von Romantikern widmeten. Im Rahmen dieses Kapitels wird ebenfalls näher auf die Romantiker-Biographien namhafter deutscher Schriftsteller (Ina Seidel, Werner Bergengruen, Bernard von Brentano u.a.) eingegangen, die Ende der 1930er, Anfang der 1940er Jahre erschienen und in belletristischer Form zur Vermittlung der deutschen literarischen Romantik in der breiten Öffentlichkeit beitrugen.

Eine abschließende Fallstudie untersucht die öffentliche Repräsentation Eichendorffs im Spannungsfeld politischer Lenkungsansprüche, die in der Übernahme der *Deutschen Eichendorff-Stiftung* durch die Gauleitung Oberschlesien, den „Reichsdramaturgen" Rainer Schlösser und dessen Mitarbeiter aus dem Reichsministerium für Volksaufklärung und Propaganda im Jahre 1941 ihren sichtbaren Ausdruck fanden.

---

[5] Karin Lauf-Immesberger: Literatur, Schule und Nationalsozialismus. Zum Lektürekanon der höheren Schulen im Dritten Reich. St. Ingbert 1987 (= Saarbrücker Beiträge zur Literaturwissenschaft 16).

1 Die Vermittlung der Romantik im schulischen Deutschunterricht

„Die deutsche Romantik, jene wundersame Regung, die in ihrer Ausweitung zu einer mächtigen Kulturbewegung auf allen Gebieten des geistigen Lebens einen neuen Aufschwung hervorrief, findet in der heutigen deutschen Schule im allgemeinen nicht jene Anerkennung, die ihr eigentlich gebühren würde: sowohl, was die Lehrbücher, als auch, was die Schüler anbetrifft. Denn die gewaltigen Gestalten der deutschen Dichterfürsten Goethe und Schiller lassen naturgemäß die neben und vor der Romantik herlaufende Bewegung des Neuhumanismus, der Klassik in viel hellerem Licht erscheinen. Andererseits hat die deutsche Jugend zum Teil nichts mehr für den inneren Gehalt dieser Zeit und für ihre Poesie übrig, die sie vielleicht als ‚Reimgeklingel' abtut, wie jene Berliner Gymnasiasten, von denen das Eichendorff-Sonderheft des ‚Oberschlesiers' berichtet."

Mit dieser Klage eröffnete Ernst Görlich seine 1933 im „Romantischen Almanach" *Aurora* veröffentlichte Betrachtung *Eichendorff und die deutsche Schule*.[1] Die mangelnde Präsenz der Romantik im schulischen Unterricht, so der Autor weiter, manifestiere in geradezu sinnbildlicher Weise den allgemeinen Kulturverfall, der mit der „Geschäftigkeit des modernen Großstadttumultes" und „Geschmacksverrohung" einhergehe.[2] In dieser Situation hätten Eichendorff und die Dichtung der Romantik der deutschen Schule „viel zu sagen" – was sich jedoch nicht durch „literarkritische Zerpflückung", sondern allein durch Hinführung zum „Gefühl für das Schöne" und zum „Erlebnis des Einfachen und Stillen" vermitteln lasse[3]. Die schulische Vermittlung romantischer Texte müsse über das „mechanische Behandeln" hinausgehen und neben der Erarbeitung des „Lernstoffs" die „übrigen Fähigkeiten der Seele und auch des Körpers" einbeziehen.[4] Die Zeilen aus dem Jahre 1933 belegen, welche Hoffnungen Deutschlehrer an die Vermittlung romantischer Dichtungen im schulischen Unterricht knüpften: In Opposition zu den bedrohlich empfundenen sozialen Verwerfungen sollte die poetische Gestaltung von Natur und Landschaft emotionale Sicherheit bieten. Zugleich – und darin stimmte Görlich mit den Schulmännern und Philologen aus der Deutsch-

---

[1] Ernst Görlich: Eichendorff und die deutsche Schule. In: Aurora 3 (1933), S. 108-111, hier S. 108.
[2] Ebenda, S. 108f. Gleichzeitig konstatierte Görlich eine den Modernisierungstendenzen konträre Gegenbewegung, in deren Gefolge „die Romantik aus ihrem scheinbaren Aschenbrödelschlaf doch wieder erwachen" werde: „Der erste Anbruch dieser neuen Zeit war zu Beginn der zwanziger Jahre dieses Jahrhunderts die deutsche Jugendbewegung, deren Ausläufer noch heute unter uns sind. Sie haben mit ihrer Rückkehr zur Natur, zu Volksspiel und Volkstanz wieder heim zum Volk und zur Heimat gefunden." (S. 109).
[3] Ebenda, S. 109.
[4] Ebenda, S. 110.

kunde-Bewegung überein, die 1933 Hitlers Machtantritt emphatisch begrüßten – sollte die Beschäftigung mit deutscher Dichtung „Verbundenheit mit dem heimatverwurzelten Volkstum"5, „Bodenständigkeit und Heimatlichkeit"6 vermitteln.

Trotz der Erwartungen, die große Teile der Lehrerschaft mit der nationalsozialistischen Machtergreifung verbanden, profitierte der schulische Deutschunterricht nur geringfügig von den bildungspolitischen Veränderungen nach 1933: Im Spannungsfeld politischer Lenkungsansprüche und angesichts der erklärten Priorität von Körperertüchtigung und weltanschaulicher Erziehung verloren sowohl humanistische als auch deutschkundliche Bildungsinhalte an Bedeutung. Der schon vor Beginn der nationalsozialistischen Herrschaft beklagte Bedeutungsverlust romantischer Texte innerhalb des schulischen Deutschunterrichts setzte sich weiter fort: Der 1938 eingeführte reichseinheitliche Lehrplan für die höheren Schulen marginalisierte die Behandlung der Romantik stark; in den nach ihm ausgerichteten Schulbüchern waren romantische Autoren nur geringfügig vertreten.

Ohne an dieser Stelle detailliert auf Bildungspolitik und Pädagogik während des Nationalsozialismus einzugehen,7 sollen Schwerpunkte und didaktische Prinzipien der Behandlung der Romantik im schulischen Deutschunterricht zwischen 1933 und 1945 nachgezeichnet werden. Nach einer kurzen Vorbemerkung zu programmatischen Änderungen des schulischen Deutschunterrichts und des Lektürekanons in der Zeit des Nationalsozialismus stehen vor allem die Präsenz romantischer Texte und didaktische Überlegungen zur Vermittlung der Romantik im schulischen Deutschunterricht im Mittelpunkt. Von besonderem Interesse sind dabei die Wirkungen und Gegenwirkungen nationalsozialistischer Lenkungsansprüche hinsichtlich des gymnasialen Deutschunterrichts, der im Zuge der „reichseinheitlichen" Neuordnung des höheren Schulwesens erst 1938 nach einem für alle Schultypen verbindlichen Lehrplan reglementiert wurde. Im Spannungsfeld zwischen Aufwertungsbestrebungen des Deutschunterrichts und dem diffusen, doch verheerenden Abbau des Bildungssystems hatten, wie zu zeigen sein wird, durchaus konträre Positionen der Romantikvermittlung in der Schule eine Chance – auch wenn mit dem „Reichslehrplan" von 1938 und den neuen Schulbüchern, deren Kontrolle ab 1940 von der Parteiamtlichen

---

5 Ebenda, S. 110.
6 Ebenda, S. 110.
7 Dazu u.a. Rolf Eilers: Die nationalsozialistische Schulpolitik. Eine Studie zur Funktion der Erziehung im natioanlsozialistischen Staat. Köln, Opladen 1963; Jürgen Heinßen: Das Lesebuch als politisches Führungsmittel. Ein Beitrag zur Publizistik im Dritten Reich. München 1964; Karl Christoph Lingelbach: Erziehung und Erziehungstheorien im nationalsozialistischen Deutschland. Ursprünge und Wandlungen der 1933 - 1945 in Deutschland vorherrschenden erziehungstheoretischen Strömungen; ihre politischen Funktionen und ihr Verhältnis zur außerschulischen Erziehungspraxis des „Dritten Reiches". Weinheim 1970; Norbert Hopster, Ulrich Nassen: Literatur und Erziehung im Nationalsozialismus. Deutschunterricht als Körperkultur. Paderborn u.a. 1983 (= Informationen zur Sprach- und Literaturdidaktik 39) ders.: Ausbildung und politische Funktion der Deutschlehrer im Nationalsozialismus. In Peter Lundgreen (Hrsg.): Wissenschaft im Dritten Reich. Frankfurt/M. 1985, S. 113-139.

Prüfungskommission (PPK) ausgeübt wurde, eine selektive und kulturpolitisch diktierte Behandlungsstrategie durchgesetzt wurde und romantische Texte nur noch eine sehr untergeordnete Rolle innerhalb des Unterrichts spielten.

1.1 Der Deutschunterricht im Spannungsfeld politischer Lenkungsansprüche

Das Bildungs- und Erziehungssystem galt den Nationalsozialisten als besonders intensiv genutzte Projektionsfläche ihrer Ideen von der Formierung eines neuen, „Reich" und „Führer" bis zur Selbstaufopferung treu ergebenen Menschentypus. Trotz der immensen Bedeutung, die der Umgestaltung des Bildungswesens bereits in Hitlers programmatischen Überlegungen vor der Machtübernahme und in Verlautbarungen und Maßnahmen ab 1933 zugemessen wurde, war die Durchsetzung einheitlicher Vorstellungen im Schulwesen langwierig und mit Schwierigkeiten verbunden: Nachdem mit dem „Gesetz über den Neuaufbau des Reiches"[8] vom 30. Januar 1934 die Aufhebung der Länderkompetenzen im Bildungswesen juristisch fixiert und schulpolitische Befugnisse ebenso wie die Zuständigkeit für Erwachsenenbildung, Jugendverbände, wissenschaftliches Büchereiwesen und andere Bereiche der Wissenschaft am 1934 errichteten Reichsministerium für Wissenschaft, Erziehung und Volksbildung unter Bernhard Rust zentralisiert wurden, dauerte die Erarbeitung reichseinheitlicher Regelungen für die Schul- und Lehrerbildung bis 1937. Wilhelm Frick, Reichsminister des Innern und um Erlangung schulpolitischer Kompetenzen bemüht, hatte zwar schon im Frühjahr 1933 vor der Kultusministerkonferenz eine reichseinheitliche Schulreform angekündigt und mit Vorarbeiten dazu begonnen,[9] hielt es aber „nicht für erforderlich, die unbrauchbaren Verfassungsbestimmungen [der Weimarer Republik] über die Schule ausdrücklich außer Kraft zu setzen"; vielmehr sollte „im Einzelfalle das Nötige zu veranlassen sein".[10] Damit wurden für die erste Phase der nationalsozialistischen Schulpolitik, die bis zur Einführung reichseinheitlicher Schultypen und eines „Reichslehrplans" im Jahre 1937 dauerte, ad-hoc-Entscheidungen bestimmend. Das REM überließ den Ländern die Initiative zur inhaltlichen Umgestaltung der einzelnen Unterrichtsfächer, die ihrerseits zum größten Teil Richtlinien, Lehrpläne und Lehrmittel der Weimarer Republik übernahmen und durch Ergänzungen und zusätzliche Bestimmungen den neu-

---

[8] Reichsgesetzblatt 1934 I, S. 75.
[9] Wilhelm Frick: Kampfziel der deutschen Schule. Ansprache am 9. Mai 1933. Langensalza 1933, S. 7f.
[10] Ebenda, S. 18.

en Erfordernissen anzupassen suchten. 1937 begann die administrative Reglementierung des Schulwesens nach „reichseinheitlichen" Gesichtspunkten. Neben Verkürzung der Schulzeiten und der Reduktion unterschiedlicher Schultypen durch die Neuordnung der höheren Schule[11] trat die Einführung eines für die Oberschulen verbindlichen „Reichslehrplans".[12] 1940 lagen dann für alle Schularten reichseinheitlich ausgerichtete Bildungspläne vor.[13]

Rascher verlief die „Gleichschaltung" des Lehrkörpers: Im Anschluß an die Besetzung der Kultusministerien durch aktive Nationalsozialisten schuf das „Gesetz zur Wiederherstellung des Berufsbeamtentums" die juristischen Grundlagen zur Durchsetzung einer restriktiven Personalpolitik in der Schulverwaltung und der Lehrerschaft. Juden und Kommunisten wurden sofort entlassen; nachdem die SPD zur landesverräterischen Partei erklärt worden war, mußten ihre Mitglieder, um weiter im Schuldienst arbeiten zu dürfen, innerhalb von drei Tagen eine schriftliche Distanzierungserklärung abgeben.[14] Vor der weiteren Wahrnehmung ihres Lehramtes hatten sich Beamte Loyalitätsprüfungen zu unterziehen und bzw. oder eidesstattliche Erklärungen über ihre arische Abstammung abzugeben.[15] Die politische „Reinigung", die verherrende Folgen für den Schulbetrieb nach sich zog,[16] wurde durch Maßnahmen zur „Umschulung" des weiterbeschäftigten Personalbestands und Rekrutierung eines politisch konformen Lehrernachwuchses flankiert.[17]

Doch auch die 1938 erfolgte Neuordnung des höheren Schulwesens, die die Vielfalt der Schultypen auf geschlechterspezifisch getrennte Oberschulen und allein von Jungen besuchte Gymnasien reduzierte, führte nicht zur vollständigen Gleichschaltung pädagogischer und bildungspolitischer Vorstellungen. Implizierte die Forderung von Parteikreisen nach einer politischen Aus-

---

[11] Vgl. Übergangsbestimmungen zur Vereinheitlichung des höheren Schulwesens. Erlaß vom 20.3. 1937. In: Amtsblatt des REM 3 (1937), S. 155f. und Neuordnung des höheren Schulwesens. Erlaß vom 29.1. 1938. In: Amtsblatt des REM 4 (1938), S. 46-56.

[12] Erziehung und Unterricht in der höheren Schule. Amtliche Ausgabe des Reichs- und Preußischen Ministeriums für Wissenschaft, Erziehung und Volksbildung. Berlin 1938.

[13] Für Mittel- bzw. Volksschulen geregelt durch die Lehrpläne: Erziehung und Unterricht in der Mittelschule. Berlin 1939; Erziehung und Unterricht an Volksschulen. Berlin 1940.

[14] Erlaß des Reichsministers des Innern vom 24.7. 1933. In: Zentralblatt für die gesamte Unterrichtsverwaltung in Preußen 75 (1933), S. 216.

[15] Vgl. Durchführungsverordnung des Reichsministers des Innern zum Gesetz zur Wiederherstellung des Berufsbeamtentums. In: Zentralblatt für die gesamte Unterrichtsverwaltung in Preußen 75 (1933), S. 168-170; vgl. auch Rolf Eilers: Die nationalsozialistische Schulpolitik, S. 71.

[16] Nach Eilers (Die nationalsozialistische Schulpolitik, S. 70f.) waren die Entlassungen im Mittel- und Volksschulwesen so einschneidend, daß der Unterricht zu Beginn des Schuljahres 1933/34 nicht pünktlich aufgenommen werden konnte. Im höheren Schulwesen wurden vor allem Schulleiter entlassen, während man an den Hochschulen für Lehrerbildung 60% der Lehrkräfte auswechselte.

[17] So wurde die Ausbildung der Volksschullehrer an den in „Hochschulen für Lehrerbildung" umbenannten Pädagogischen Akademien durch weltanschauliche Fächer wie Vererbungslehre, Rassen- und Volkskunde ergänzt. Auch die Prüfungsanforderungen für Pädagogen der mittleren und höheren Schulen sowie für Volksschullehrer beinhalteten den Nachweis von Kenntnissen der nationalsozialistischen Weltanschauung; vgl. Richtlinien für die Ausbildung für das Lehramt an höheren Schulen. Erlaß vom 16.7. 1937. In: Amtsblatt des REM 3 (1937), S. 363.

richtung der Schule und der Herstellung sozialer Gerechtigkeit eine Absenkung des Bildungsniveaus,[18] zielten die in den Richtlinien für die höheren Schulen festgelegten Forderungen dagegen auf Elitebildung und wurden von der Mehrzahl der Philologen unterstützt. Vorsichtig, doch hinreichend deutlich formulierte der Herausgeber der *Zeitschrift für Deutschkunde* Max Vanselow, die höhere Schule solle Menschen bilden,

> „die durch die Formen und Dogmen eines bloß der Gegenwart verhafteten Lebens vorzudringen wissen zu der Substanz, die hinter diesen Formen lebt. [...] Unter diesem Gesichtspunkt ist es die Aufgabe der höheren Schule, Führer heranzubilden, natürlich nicht gottbegnadete Führer – die muß ein gütiges Schicksal schenken – , sondern die Führer irdischen Ausmasses, die ein Volk aber nicht entbehren kann."[19]

Zur Ausbildung einer „Führungselite" aber hatten staatliche und parteiamtliche Institutionen bereits diverse Sonderschulen geschaffen. Die Nationalpolitischen Erziehungsanstalten, von Bernhard Rust zum 20. April 1933 ins Leben gerufen, waren Sonderformen der achtjährigen Oberschule und basierten auf deren Lehrplan.[20] Demgegenüber entstand mit den Adolf-Hitler-Schulen zum Schuljahresbeginn 1937/38 eine Bildungseinrichtung, die allein der Partei und keinen staatlichen Institutionen mehr unterstellt war. Von Robert Ley, dem Reichsorganisationsleiter der NSDAP und Führer der Deutschen Arbeitsfront, und Reichsjugendleiter Baldur von Schirach geschaffen, gehörten diese Schulen verwaltungsrechtlich zur HJ und führten nach sechs Jahren Volksschule in sechs Jahren zum Abitur.[21]

---

[18] Programmatisch dafür die Position von Hans Schemm, der als ehemaliger Volksschullehrer und Leiter des *Nationalsozialistischen Lehrerbundes* jede Schule zumindest symbolisch zu einer „Volksschule" reduzieren wollte, vgl. Hans Schemm spricht. Seine Reden und sein Werk. Bearbeitet von Gertrud Kahl-Furthmann. Bayreuth [12]1942, S. 224: „Vom Kindergarten bis zur Universität kann und darf es in Deutschland nur eine Schulart geben: alle Schulen müssen im besten Sinne des Wortes Volksschulen sein und den Ehrgeiz haben, das Höchste für das Vaterland zu leisten. Ich möchte dem Begriff der Volksschule den Beigeschmack des untergeordneten Schultyps nehmen. Alle deutschen Lehrer, auch der Hochschulprofessor, müssen immer Volksschullehrer sein."

[19] Max Vanselow: Die höhere Schule im neuen Staat. In: Das Dritte Reich. Kleine Schriften zum neuen Staat und Volk. Leipzig 1934, S. 18 und 21. – Vgl. auch Heinrich Weinstock: Die Höhere Schule im deutschen Volksstaat. Versuch einer Artbestimmung und Sinngebung. Berlin 1936, S. 29, der die Notwendigkeit einer Eliteschule für Länder mit so „hochgetriebener Zivilisation" wie Deutschland betonte.

[20] Vgl. Bernhard Rust: Erziehung zur Tat. Rede vom 22.4. 1942. In: Deutsche Schulerziehung. Jahrbuch des Deutschen Zentralinstituts für Erziehung und Unterricht 1943, S. 3-12. – Typisch für die NAPOLAs war die extensive körperliche Ausbildung, die Betriebspraktika (8 bis 10 Wochen Arbeit in einem Bergwerk und in landwirtschaftlichen Betrieben) sowie regelmäßige Deutschland- und Auslandsfahrten. Die Schüler waren in Internaten untergebracht und in von 6.45 Uhr bis 22 Uhr verplanten Tagen dem erzieherischen Zugriff ausgesetzt.

[21] Vgl. Hannes Klauke: Die Adolf-Hitler-Schulen. In: Deutsche Schulerziehung 1943, S. 70-76. Während Leibeserziehung und Wehrertüchtigung noch dominierender waren als in den NAPOLAs, wurden Geschichte, Deutsch, Erdkunde, Politische Gegenwartskunde und Religionskunde zusammen mit dem „Unterrichtsprinzip Rassenkunde" dem Arbeitsgebiet „Volkskunde" subsumiert; für die Naturwissenschaften existierte das Arbeitsgebiet „Naturkunde mit Mathematik"; drittes Arbeitsgebiet waren Fremdsprachen. Da die Adolf-Hitler-Schulen von den Lehrplänen der Kultusministerien abwichen, benutzten sie eigene Lehrbücher, die im Rahmen dieser Untersuchung nicht ausgewertet werden können.

Besonders schwerwiegend wirkte sich nach 1933 die von Hitler und seinen Paladinen frühzeitig postulierte Priorität der Leibeserziehung und Charakterbildung aus.[22] Die mehrfach betonte Ablehnung einer auf umfassende Wissensvermittlung zielenden Schule[23] führte zu einer Abwertung der traditionellen Bildung und einer systematischen Zurückstellung der humanistischen Fächer. Der reichseinheitliche Lehrplan von 1938 schrieb dementsprechend für die von Jungen besuchten Oberschulen und Gymnasien 5 Wochenstunden Sport vor, für die höheren Mädchenschulen zwischen 2 und 5 Stunden – bei einer Gesamtstundenzahl zwischen 32 in den unteren und 36 in den oberen Klassen ein extensives Pensum, hinter dem der Deutschunterricht deutlich zurücktrat.[24] Auf die Intellekt- und Bildungsfeindlichkeit der nationalsozialistischen Führung und die Forderung nach dem Primat von Wehrerziehung und systemkonformer Erziehung reagierte die Pädagogik zwiespältig: Zum einen mit divergierenden Projekten einer „deutschen Bildung", die die „intellektualistische Schule der Vergangenheit" verabschiedete und „die Überfülle und das Vielerlei der Lehrstoffe" zu beseitigen suchte,[25] zum anderen mit der Verteidigung und Bewahrung bisheriger Bildungs- und Lehrinhalte.

Doch nicht allein die konträren Anstrengungen parteiamtlicher Aktivisten, eine systemkonforme und primär körperlich ertüchtigte „Führungs-Elite" anstelle einer „Bildungs-Elite" zu schaffen, und das Beharren von konservativen Philologen auf bewährten Standards der Wissensvermittlung bedingten eine fortgesetzte Heterogenität in schul- und bildungspolitischen Fragen. Für die uneinheitliche Entwicklung des schulischen Deutschunterricht zwischen 1933 und 1945 ebenso verantwortlich waren die Differenzen zwischen divergierenden und untereinander rivalisierenden pädagogischen Vorstellungen von Nationalsozialisten, die z.T. offen mit Prinzipien der an den höheren Schulen wirkenden Gymnasiallehrer kollidierten. Significant dafür waren die gegensätzlichen Auffassungen etwa Ernst Kriecks und des Berliner Ministerialrats Friedrich Alfred Beck hinsichtlich der Grundlagen des Bildungsgedankens im neuen Staat,[26] das Scheitern der auf eine Reformierung der Lehrerbildung zielenden Initiativen Kriecks und nicht zuletzt die seit Kriegsbeginn vollzogene Rückkehr zu den von der traditionellen Pädagogik vertre-

---

[22] Vgl. u.a. Adolf Hitler: Mein Kampf, S. 451f., ders.: Rede vor der HJ am 14.9. 1935 auf dem Reichsparteitag in Nürnberg. In: Max Domarus: Hitler. Reden und Proklamationen 1932-1945. Kommentiert von einem deutschen Zeitgenossen. Würzburg 1962. Bd. 1, S. 533; Alfred Rosenberg: Der Mythus des 20. Jahrhunderts, S. 624.
[23] Aufschlußreich dafür u.a. Henry Picker: Hitlers Tischgespräche im Führerhauptquartier. Vollst. überarb. und erw. Neuausgabe. Stuttgart 1977, S. 120f.
[24] Vgl. Erziehung und Unterricht in der höheren Schule. Amtliche Ausgabe des Reichs- und Preußischen Ministeriums für Wissenschaft, Erziehung und Volksbildung. Berlin 1938, S. 26ff.
[25] Max Stoll: Höhere Schule. In: Ders., Hans Schemm u.a. (Hrsg.): Deutsche Schule und deutsche Erziehung in Vergangenheit, Gegenwart und Zukunft. Stuttgart 1934, S. 157.
[26] Vgl. Ernst Krieck: Völkische Bildung. In: Volk im Werden 1 (1933) H.1, S. 2-12; Friedrich Alfred Beck: Der Nationalsozialismus als universales geistiges Lebensprinzip. In: Die Neue deutsche Schule 7 (1933), S. 345-363; ders.: Geistige Grundlagen der neuen Erziehung, dargestellt aus der nationalsozialistischen Idee. Osterwieck 1933.

tenen Bildungsinhalten.²⁷ Die rivalisierenden Bemühungen der bildungs- und schulpolitische Kompetenz beanspruchenden Institutionen trugen zusätzlich zur Undurchsichtigkeit der Verhältnisse bei. Der Dualismus zwischen staatlichen Instanzen und Parteiämtern, eine Vielzahl von Institutionen innerhalb des Erziehungsbereichs sowie die nicht eindeutig voneinander abgegrenzten Kompetenzen führten zu Überschneidungen und Funktionsschwächen. Versuche von Parteistellen, dirigistisch in die dem Staat zugewiesenen Aufgaben der Bildungsvermittlung einzugreifen, waren aufgrund der labilen Position Rusts teilweise von Erfolg gekrönt. So konnte zwar Rosenberg trotz seines Wunsches nicht die Zensur der in den Schulen verwendeten Lehrmittel übernehmen; dafür jedoch schaltete sich Reichsleiter Philipp Bouhler, Leiter der Parteiamtlichen Prüfungskommission zum Schutz des NS-Schrifttums, in die vom Deutschen Zentralinstitut für Erziehung und Unterricht durchgeführte Lehrmittelkontrolle ein und erhielt durch Erlaß Hitlers 1940 die gesamte Schulbuchkontrolle übertragen.²⁸ Im Gegensatz zu diesen erfolgreichen Einbrüchen der Partei in Domänen des REM konnte Rust einen Eingriff des Nationalsozialistischen Lehrerbundes in die fachliche Fortbildung der Lehrer verhindern. Sie verblieb weiterhin in der Verantwortung des Deutschen Zentralinstituts für Erziehung und Unterricht, während der NSLB die weltanschauliche Schulung der Lehrerschaft übernahm.²⁹

1.2 Randständige Existenz: Die Romantik im neugeregelten Deutschunterricht

Wie erwähnt, nahm die Schaffung neuer, reichseinheitlicher Lehrpläne und Lesewerke für den schulischen Deutschunterricht mehrere Jahre in Anspruch. Zwischen 1933 und 1937 lag die Initiative für die durch Verfügungen und Anordnungen geregelte Gestaltung der Unterrichtsinhalte bei den Kultusverwaltungen der Länder, da das REM erst zum 1. Mai 1934 eingerichtet wurde und Rust in schulischen Belangen den Ländern auch danach freie Hand ließ. Während Württemberg und Hamburg neue Lehrpläne für den Deutschunterricht erstellten,³⁰ führten die anderen Länder lediglich Er-

---

²⁷ Vgl. Karl Chr. Lingelbach: Erziehung und Erziehungstheorien im nationalsozialistischen Deutschland, S. 160.
²⁸ Bouhler richtete für seine neue Aufgabe die Reichsstelle für das Schul- und Unterrichtsschrifttum ein, vgl. Rudolf Benze: Das Deutsche Zentralinstitut für Erziehung und Unterricht. In: Deutsche Schulerziehung 1940, S. 345-354, hier S. 347; Hansulrich Horn: Die Neuordnung des Schulbuchwesens und Schulbuchfragen im Kriege. In: Deutsche Schulerziehung 1943, S. 77-88, hier S. 77ff.
²⁹ Vgl. Rolf Eilers: Die nationalsozialistische Schulpolitik, S. 134.
³⁰ Erlaß der Landesunterrichtsbehörde Hamburg über politische Erziehung im deutschen Unterricht. In: Deutsches Philologenblatt 42 (1934), S. 30-32 (auch als Entwurf zu einem Erlaß der

gänzungen zu bestehenden Lehrplanwerken ein. Erst 1937 begann mit Einführung der vom REM herausgegebenen Richtlinien zur Gestaltung von Unterricht und Erziehung die zentrale Reglementierung des Schulwesens. 1938 erschien der Reichslehrplan „Erziehung und Unterricht in der höheren Schule", der für die umstrukturierten Oberschulen bzw. Gymnasien verbindlich war. In ähnlich langwieriger Weise gestaltete sich die Einführung neuer Lesebücher: Zunächst übernahm man die vorliegenden Lesewerke und komplettierte sie durch „Ergänzungshefte", um „die aus der nationalen Erneuerung sich ergebende unterichtlich-stoffliche Umgestaltung auch jetzt schon in den Schulen in genügender Weise" durchzusetzen.[31] 1935 erschien als erstes im Dritten Reich entstandenes deutsches Unterrichtswerk das Reichslesebuch für die Volksschulen.[32] Die Einführung neuer Lesebücher für die höheren Schulen verzögerte sich noch weiter: Erst 1939 erschienen im Amtsblatt des REM Listen der zugelassenen Lesebücher, die künftig an den höheren Schulen des Reiches zu benutzen waren.[33] Die auf Regionen und Schulen zugeschnittenen Lesebücher sollten „erst nach längerer Bewährung im Unterricht" genehmigt werden.[34]

Das bis 1938/40 währende Fehlen reichseinheitlicher Regelungen für den Deutschunterricht an den höheren Schulen und die Übernahme der in der Weimarer Republik geltenden Lehrpläne und Lehrmittel unter länderabhängigen und durch „Richtlinien" geregelten Modifikationen rief Schulmänner und Philologen auf den Plan, die sich in publizistischen Äußerungen zur Umgestaltung von Lektürekanon und didaktischen Prinzipien äußerten. Das Spektrum der vertretenen Meinungen war alles andere als homogen; Pädagogen national-konservativer Provinienz äußerten sich ebenso wie um Profilierung bemühte Nationalsozialisten.[35] In der Diskussion um „deutsche Bildung" und „deutschen Unterricht" artikulierten sich nicht nur rücksichtslose Neuerer wie der Studienrat Arno Mulot, sondern auch in der Tradition der geistesgeschichtlichen Literaturbetrachtung stehende Gymnasiallehrer wie

---

Landes-Unterrichtsbehörde Hamburg über politische Erziehung im deutschen Unterricht, ausgearbeitet von Rudolf Ibel unter Beratung eines Fachausschusses. In: ZfdB 9 (1933), S. 452-456); Richtlinien und praktische Anweisung zur Gestaltung des Unterrichts an den höheren Schulen Württembergs. In: Unterricht und Forschung. Stuttgart 1936, S. 19-26.

[31] Vgl. Erlaß des Reichsministers des Innern vom 31.1. 1934. In: Zentralblatt für die gesamte Unterrichtsverwaltung in Preußen 76 (1934), S. 53: „Damit jedoch die aus der nationalen Erneuerung sich ergebende unterrichtlich-stoffliche Umgestaltung auch jetzt schon in den Schulen in genügender Weise berücksichtigt werden kann, beabsichtige ich, die Verwendung einzelner Ergänzungshefte zu den bisher genehmigten Schulbüchern zu gestatten."

[32] Es besaß einen für das ganze Reich verbindlichen „Kernteil" und nach Regionen gegliederte „Heimatteile".

[33] Ministerialerlaß vom 23.5. 1939, vom 14.8. 1939 und vom 15.12. 1939. In: Amtsblatt des REM 5 (1939), S. 324-326; S. 458f.; ebenda 6 (1940), S. 53f.

[34] Amtsblatt des REM 5 (1939), S. 325.

[35] Vgl. u.a. Johann Georg Sprengel: Vorschläge für die Neugestaltung des deutschen Unterrichts an höheren Schulen im nationalen Staat. In: ZfdB 9 (1933), S. 575-583; Ludwig Kiehn: Nationalsozialistische Erziehung und deutscher Bildungsgedanke. In: ZfDk 49 (1935), S. 177-187.

Joachim Müller oder Dietrich Bruns. Gravierende Differenzen hinsichtlich der Neugestaltung des schulischen Deutschunterrichts im allgemeinen und der Bewertung des romantischen Erbes im besonderen markierten u.a. die programmatischen Erklärungen Arno Mulots und Dietrich Bruns' aus dem Jahr 1934: Während Mulot eine *Nationalsozialistische Literaturgeschichte im Deutschunterricht* projektierte,[36] suchte Bruns unter dem Titel *Erbe und Anfang des neuen Deutschunterrichts* „Wege zu neuer deutscher Menschlichkeit" aufzuweisen und ein von der Geistesgeschichte vermitteltes Bild deutscher Kultur zu bewahren.[37]

Explizit an Ernst Kriecks „wegweisendem Buch" *Nationalpolitische Erziehung* orientiert, formulierte Mulot sechs Konsequenzen der neuen Hauptaufgabe, „Literaturgeschichte gemäß den Bedürfnissen und Notwendigkeiten einer nationalpolitischen Erziehung"[38] zu vermitteln. Entsprechend der axiomatisch herausgestellten Bestimmung, nur „verpflichtende" und „völkische Wertzusammenhänge" vermittelnde Dichtung habe Platz an der Schule, hierarchisierte Mulot den „literaturgeschichtlichen Aufbau" entsprechend der Abfolge „politischer", „volkstümlicher", „heroischer" und „religiöser Dichtung". Da „alle völkische Wirklichkeit" an das Vorhandensein eines „völkischen Lebensraums" gebunden sei, gebe „die Geschichte dieses Lebensraums die letzte entscheidende Zusammenfassung in der Geschichte und dem Schicksal der Nation". Im politischen Schrifttum vollende sich die Einordnung der Literatur „in die Lebensrichtung der Nation" und führe darum „zur eigentlich literaturgeschichtlichen Betrachtung", während „für die volkstümliche, heroische und religiöse Dichtung die historische Folge kein konstitutives Element bedeutet. Literaturgeschichte erscheint hier in der Form des Literaturzusammenhangs."[39] – Mulots Vorschlag für einen neuen Literaturunterricht rubrizierte die Romantik in der Kategorie „volkstümliche Dichtung", in deren Darstellung es gelte, „die uns allen unmittelbar gemeinsame Grundlage völkischen Daseins ins Bewußtsein zu heben"[40]. Neben Volkslied und Volksbuch, Lutherbibel, dem *Simplicissimus* und dem Werk Schillers gelte den Romantikern „unser dankbarer Blick", da diese „uns das alte Volksgut gerettet (Görres, Brentano, Arnim) und die deutsche Märchenherrlichkeit erschlossen haben (Brüder Grimm)"[41]. Was die deutschkundliche Romantikforschung seit Mitte der 1920er Jahre betont hatte, gewann in diesem Plan konstitutive Bedeutung: Prämiert wurden romantische Überlieferungsleistungen, die eine „Traditionslinie deutscher Art" – von germanischen Heldenliedern bis hin zur „germanisch-deutschen Renaissance" zwi-

---

[36] Arno Mulot: Nationalsozialistische Literaturgeschichte im Deutschunterricht. In: ZfdB 10 (1934), S. 474-485
[37] Dietrich Bruns: Erbe und Anfang des neuen Deutschunterrichts. Wege zu neuer deutscher Menschlichkeit im Deutschunterricht der Oberstufe der Höheren Schule. In: Volk im Werden 2 (1934), H. 1, S. 49-56.
[38] Arno Mulot: Nationalsozialistische Literaturgeschichte im Deutschunterricht, S. 476.
[39] Ebenda, S. 476.
[40] Ebenda, S. 476.
[41] Ebenda, S. 477.

schen 1770 und 1830 – vollendet hätten.[42] Demgegenüber wurden sowohl das intellektuell-emanzipatorische als auch das modern-phantastische Potential der Romantik ausgegrenzt. Aufgewertet wurde die Romantik durch Einordnung in das „politische Schrifttum" als dem „große[n] ‚Tagebuch der Nation', [...] auf dessen Seiten die Kunde vom Schicksal des Deutschen Reiches eingetragen ist."[43] Mit der romantischen „Wiedereroberung" der „ganzen deutschen Vergangenheit von der Urzeit bis zur Reformation" wie der durch sie vorbereiteten „Besinnung auf die Grundlagen nationaler Lebens- und Staatsgestaltung" in den Werken Arndts, Jahns und Kleists sei die „bodenlose Spielerei" der Weimarer Klassik überwunden worden.[44]

Im Vergleich dieser Konzeption mit dem Entwurf von Dietrich Bruns fallen starke Differenzen auf. Unter Aufnahme geistesgeschichtlicher Prinzipien erklärte Bruns Dichtungsbetrachtung zur „Auseinandersetzung mit weltanschaulichen Fragen", deren Eigentümlichkeit in der „erlebenden Schau" der „Ganzheit ‚deutsche Seele', ‚deutscher Mensch'" bestehe.[45] Spezifisch deutsch, so der Autor, sei die Überwindung einer rationalen und materialistischen Weltsicht, die zur durchgehenden Kausalerklärung des Seins und einer damit verbundenen Entzauberung der Welt geführt habe. Als Überwinder dieser einseitig rationalistisch-materialistischen Moderne fühle sich der deutsche Mensch „mit den Tiefen seines eigenen Seins, die ihm Rätsel aufgeben, mit dem Irrationalen, Unfaßbaren, Unberechenbaren verbunden, von dem aus er neue Maßstäbe zur Gestaltung des Daseins und der Wirklichkeit holt".[46] Ein geistesgeschichtlich ausgerichteter Deutschunterricht hätte das Wesen des „deutschen Menschen" an Luther und Paracelsus, Grimmelshausen und Jakob Böhme, Hamann und Herder, Goethe und Hölderlin, Novalis und Brentano, Tieck und Wackenroder, Fichte und Schelling, Hebbel und Raabe, Nietzsche, Lagarde und dem Rembrandtdeutschen aufzuweisen. Auch wenn dieser Entwurf mehrfach die bekannten Verdikte gegen den (westeuropäischen) Rationalismus beschwor und einen geistigen „deutschen Sonderweg" entwarf, signalisierte nicht allein das Fehlen völkischer Termini einen Unterschied zu den von Mulot und anderen vorgelegten Entwürfen. Die Herausstellung einer zu individueller Lebensbewältigung befähigenden Literatur widersprach zumindest implizit den Erziehungsutopien nationalsozialistischer Theoretiker, die eine „rassisch-politische Gesamterziehung" durch die „Le-

---

[42] Vgl. ebenda, S. 478: „Die ganze Größe dieser Tat [die romantische Rückbesinnung auf ‚Volksgut' und ‚deutsche Märchenherrlichkeit'] wird uns allerdings erst später aufgehen, wenn wir diese Romantiker als Mitträger der großen germanisch-deutschen Renaissance sehen lernen."
[43] Vgl. ebenda, S. 481.
[44] Vgl. Ebenda, S. 483: „Und so gebührt der Dank der Nation nicht den Männern, die zu irgendwelcher Idealität fortschritten, sondern denen, die entschlossen die Wendung zur Realität staatlicher Notwendigkeiten vollzogen." Ähnlich motiviert war auch die Abwehr von Goethes Humanitätsideal, das „bei aller Zucht die innere Zusammengehörigkeit von Ausgangspunkt und Ziel zerbrach" (S. 483) sowie der bisherigen Behandlung des *Faust* als „Mittelpunkt des deutschen Schrifttum überhaupt" (S. 480): „Es ist an der Zeit, die Formel vom faustischen Menschen als deutschem Menschen überhaupt zu überprüfen."
[45] Dietrich Bruns: Erbe und Anfang des neuen Deutschunterrichts, S. 49f.
[46] Ebenda, S. 52.

bensordnungen" Staat, Partei, SA, Arbeitsdienst und Arbeitsfront projektierten und Bildung einer „totalen Erziehung" unterordneten,[47] durch die der einzelne befähigt würde, der Gemeinschaft zu „dienen" und in diesem „Dienst" Vollendung zu finden.[48] Die von Bruns eingeklagte Thematisierung weltanschaulicher Aspekte stand der Forderung nach Unterrichtung „unter völkischsittlichen Gesichtspunkten, nicht wie bisher [...] unter rein literarischen, philosophisch-geschichtlichen Blickrichtungen"[49] zwar nicht diametral entgegen, markierte aber dennoch eine Differenz, die auch von anderen Gegenstimmen zum Chor „völkischer" Neuordner artikuliert wurde. So würdigte der Heidelberger Gymnasiallehrer Franz Josef Brecht in seinem Vortrag *Über alte und neue Wissensformen* eingehend das Erbe von Klassik, Romantik und deutschem Idealismus, das im 19. Jahrhundert von Materialismus, Positivismus und Spezialistentum aufgezehrt worden sei.[50] Das Bekenntnis zu Paul York von Wartenburg, Nietzsche und Stefan George offerierte einen Bildungskanon, der trotz verbaler Nähe zu Verlautbarungen nationalsozialistischer Ideologie-Institute mit einer auf nordischer Vorgeschichte und Germanentum ausgerichteten „Deutschkunde" nicht viel zu tun hatte.

Die Diskussionen um die Neugestaltung des Deutschunterrichts kulminierten 1938, als im Zuge der institutionellen Neuordnung der höheren Schulen der „Reichslehrplan" eingeführt wurde. Noch bevor die Prinzipien für Auswahl und Behandlung literarischer Texte im deutschen Unterricht reichseinheitlich festgelegt wurden, hatten sich Vertreter der Lehrerschaft mit unterschiedlichen Entwürfen zu Wort gemeldet. In ihren Beiträgen zur künftigen Gestaltung von Lehrplan und Lektürekanon wurde deutlich, wie stark Schlagworte der nationalsozialistischen „Erziehungs"-Idolatrie in das Gedankengut der Pädagogen eingedrungen waren. Max Vanselow betonte in seinem Vortrag auf der 16. Deutschkundlichen Woche in Danzig über *Grundfragen des neuen Deutschunterrichts* die zentrale Funktion der „Erziehungs"- und „Führungs"-Aufgabe, der gegenüber der „Bildungs"-Auftrag zurückzutreten habe. Objekt und Subjekt des Deutschunterrichts seien überindividueller Natur: „In seinem Mittelpunkt steht nicht der einzelne Mensch, sondern das Volk".[51] Die Orien-

---

[47] So Ernst Krieck: Volkhafte Bildung. In: Die neue deutsche Schule 9 (1935), S. 2-7.
[48] Vgl. F. Klappenbach: Überwindung der Fächerung. In: Die neue deutsche Schule 9 (1935), S. 23-32, der eine Konkretisierung des von Krieck entworfenen ganzheitlichen Erziehungsprojekts versuchte und die Idee des Gesamtunterrichts verteidigte. Zur Rechtfertigung „ganzheitlicher" Erziehungskonzepte wurde auch die Romantik herangezogen, so bei Friedrich Schreiber: Der Geschichtsunterricht als Gliedganzes der völkischen Erziehung. In: Neue Bahnen 45 (1935), S. 305-312.
[49] Rudolf Benze: Der Aufbau der deutschen Schule. In: Volk im Werden 1 (1933), H. 2, S. 29-40, hier S. 33.
[50] Franz Josef Brecht: Über alte und neue Wissensformen. In: Das humanistische Gymnasium 46 (1935), S. 13-26.
[51] Max Vanselow: Grundfragen des neuen Deutschunterrichts. In: ZfDk 51 (1937), S. 81-97, hier S. 81. Hier auch: „Der neue Deutschunterricht trachtet weniger nach der Bildung als nach der Erziehung des Schülers; er wird wieder bewußt führen. Und er wird führen nach den Zielen des Nationalsozialismus; er wird – im Verein mit den anderen Schulfächern – der politischen Willensbildung zu dienen haben."

tierung auf Volk und Volkstum bestimmte auch die Überlegungen zu den Inhalten des neuen Lehrplans und Lektürekanons. Ins Zentrum rückte die Vermittlung „arteigener Charakterwerte", die vorzugsweise aus der älteren deutschen Literatur sowie aus Weltkriegs- und Gegenwartsliteratur herauspräpariert werden sollten. Die Diskriminierung einer individuell-ästhetischen Rezeption schlug sich auch in der von Deutschlehrern projektierten Behandlung der klassisch-romantischen Literaturepoche nieder: Während in konkreten Vorschlägen für den neuen Deutschunterricht an höheren Schulen politisch deutbare Texte Fichtes, Arndts und Kleists vertreten waren, fehlten Werke romantischer Dichter nicht selten gänzlich.[52]

Der 1938 verabschiedete Lehrplan „Erziehung und Unterrricht in der höheren Schule" legte sowohl allgemeine Richtlinien als auch konkrete Einzeltexte des nunmehr „reichseinheitlichen" Deutschunterrichts fest. Im Unterricht zu behandeln seien literarische Texte, in denen „die im deutschen Menschen keimhaft angelegten großen Leitbilder" und der „deutsche Mensch, der sein Volkstum wesenhaft verkörpert", sichtbar würden; zu verzichten sei auf Stoffe, „die deutschem Fühlen widersprechen oder notwendige Kräfte der Selbstbehauptung lähmen".[53] Seien in der Behandlung der älteren deutschen Literatur „das Zeitbedingte und die Eigengesetzlichkeit des Kunstwerks" zu berücksichtigen, sollte an Texten der Gegenwart hauptsächlich herausgearbeitet werden, inwieweit sie „in der Geistesrichtung des neuen Deutschland liegen, die neue Weltanschauung haben vorbereiten helfen oder ihrem innersten Willen beispielhafte Gestalt verliehen haben."[54]

Damit war der Kanon weitgehend durch weltanschauliche Kriterien determiniert, wenn auch – besonders in der Vermittlung der älteren Literatur – ästhetische oder literarhistorische Fragestellungen durchaus möglich waren. Da den überwiegenden Anteil an den zur Pflichtlektüre erhobenen Texten literarische Zeugnisse vergangener Epochen bildeten und aus der Gegenwartsliteratur in der fünften und sechsten Klasse jeweils nur ein Werk, für die siebte und achte Klasse je zwei Werke gefordert wurden, bestanden gewisse Freiräume, die auch für die – durch den Lehrplan stark marginalisierte – Behandlung der Romantik genutzt werden konnten.

Innerhalb der vom Lehrplan vorgeschriebenen Lektürepläne für den Deutschunterricht der höheren Schulen spielten romantische Texte eine nur unbedeu-

---

[52] Bernhard Schwarz: Versuch der Aufstellung eines Mindestplanes für den Deutschunterricht an den höheren Schulen aus der Praxis für die Praxis. In: ZfDk 51 (1937), S. 240-253; Wilhelm Todt: Plan für den deutschen Lesestoff in den Oberklassen: In: ZfDk 51 (1937), S. 63-66; Alfred Grötz: Gestaltung des Leseplans in Prima. In: ZfDB 13 (1937), S. 230-235; Ernst Holler: Vom Werden des deutschen Volkstums. Entwurf eines Lehrplans für die Obersekunda. In: ZfDB 13 (1937), S. 88-97; Karl Hunger: Zur Neugestaltung des Deutschunterrichts. In: ZfDB 15 (1939), S. 89-90. – Dagegen empfahl ein Vorschlag zur Gestaltung des Deutschunterrichts an mittleren Schulen Romantik und Freiheitsdichtung als „Höhepunkt und Ausgang der deutschen Bewegung" ausdrücklich zur Behandlung und verwies im besonderen auf Texte Eichendorffs, Uhlands und Körners; Rudolf Kardel: Das deutsche Schrifttum in der Mittelschule. In: ZfDB 17 (1941), S. 90-95, hier S. 94.
[53] Erziehung und Unterricht in der höheren Schule, S. 48f.
[54] Ebenda, S. 49.

tende Rolle.⁵⁵ Während Goethe und Schiller mit je mehreren Werken vertreten waren, wurden von den Romantikern lediglich Eichendorff – mit dem *Taugenichts* und Gedichten – und Jacob Grimm – mit ausgewählten Sentenzen über Volk und Sprache – zu unterrichtsrelevanten Autoren erhoben.⁵⁶ Zur Pflichtlektüre erklärte der Lehrplan weiterhin Texte Fichtes, Arndts, Jahns und Wilhelm von Humboldts.⁵⁷ Auch in den ab 1939 unter Vorbehalt genehmigten Lesebuchreihen für die höheren Schulen war die romantische Literatur marginal präsent. Folgt man Karin Lauf-Immesbergers Auswertung von 106 der insgesamt 117 in der Zeit des Nationalsozialismus produzierten Lesebücher, waren Texte Goethes und Schillers quantitativ am stärksten kanonisiert;⁵⁸ ihnen folgten die Märchen der Brüder Grimm, Texte von Hermann Löns und Heinrich von Kleist.⁵⁹ Nach Homer, zwischen Johann Gottfried Herder und Ernst Moritz Arndt, belegte Adolf Hitler den neunten Platz auf der Liste der in den Lesebücher vertretenen Autoren. Die Dichtungen Ludwig Uhlands (insgesamt 134 Seiten in 106 Lesebüchern) und Joseph von Eichendorffs (insgesamt 103 Seiten) fanden von Werken der Romantik noch den quantitativ größten Eingang in Lesebücher. Die Jenaer Frühromantiker, im Lehrplan nicht genannt, waren in den Lesebüchern mit nur insgesamt 14 Seiten vertreten. Auch die Geschwister Brentano erschienen nicht im Lehrplan und waren in den Lesebüchern nur geringfügig – Bettina in zwei Büchern mit insgesamt einer halben Seite, Clemens mit fünf Seiten in fünf Büchern – präsent. Achim von Arnims Aufsatz *Von Volksliedern* – die theoretische Begründung der Volksliedersammlung *Des Knaben Wunderhorn* – wurde dagegen in sechs Lehrbüchern für den Deutschunterricht der achten Klasse abgedruckt. Die von Arnim und Brentano gesammelten Lieder wurden ebenfalls in zahlreichen Lesebüchern aller Klassenstufen – auf insgesamt 134 Seiten – abgedruckt.

Der nur geringen Präsenz romantischer Texte in Lehrplan und Lehrwerken gegenüber stand die offenkundige Hochschätzung von Dichtern und Theoretikern aus der Zeit der antinapoleonischen Befreiungskriege, deren Texte umfangreich und in zahlreichen Lesebüchern vertreten waren. Neben dem hochgradig kanonisierten Kleist wurden Texte Arndts, Fichtes und Jahns stark favorisiert. Hinzu kamen Gedichte Theodor Körners, Friedrich Rückerts, Max von Schenkendorfs sowie Sentenzen und Reflexionen der politischen Reformer Neidhardt von Gneisenau, Freiherr vom Stein und Gerhard von Scharnhorst.

---

55 Zugrunde liegt die statistische Auswertung von Karin Lauf-Immesberger: Literatur, Schule und Nationalsozialismus, Tabelle I, S. 66ff.
56 *Aus dem Leben eines Taugenichts* war empfohlene Lektüre in Klasse 7, Gedichte Pflichtlektüre in Klasse 8. Die Auswahl aus Jakob Grimms Schriften war Pflichtlektüre in Klasse 7.
57 Fichtes *Reden an die deutsche Nation* – insbesondere die achte Rede – war Pflichtlektüre in Klasse 8; von Arndt, Jahn und Wilhelm von Humboldt wurden ausgewählte Stücke über Volkstum und Sprache in Klasse 7 gelesen.
58 Goethe mit insgesamt 1227 Seiten in sämtlichen untersuchten Schulbüchern; Schiller mit 946.
59 Die Brüder Grimm vereinigten aufgrund der abgedruckten Märchen 491 Seiten auf sich; Hermann Löns brachte es auf 479, Heinrich von Kleist auf 476.

Die in den Daten von Lehrplan- und Lesebuchpräsenz manifesten Schwerpunktverlagerungen der schulischen Vermittlung der Romantik können zum einen als Resultat der erläuterten literaturwissenschaftlichen „Umwertungs"-Debatte gelten; zum anderen als Ausdruck einer selektiven und funktionalistischen Erbe-Aneignung und Verbreitung, die sich literarischer Werke hauptsächlich zur Traditionsstiftung bediente. Verfolgt man die Selektionsstrategien und die in Fachzeitschriften publizierten didaktischen Hinweise zur Darstellung der Romantik im schulischen Deutschunterricht genauer, ist die Radikalisierung der Vereinnahmungsrhetorik unübersehbar. Hatten V. Steege und Hans Rochocz in den Fachorganen der Deutschlehrer 1933 noch sachbezogene Überlegungen zur Differenzierung der Begriffe „romantisch" bzw. „Aufklärung und Romantik" vorgetragen,[60] wandelten sich Ton und Gestus rasch. Die im Jahr der Machtergreifung vom renommierten deutschkundlichen Pädagogen Johann G. Sprengel artikulierte Forderung nach einer Neubewertung der „Deutschen Bewegung" bezog sich explizit auf die Rückkehr der „deutschen Sehnsucht zu den eigenen volkhaften Ursprüngen" und postulierte eine revidierte Sicht der „Goethezeit", die die sich aus „volkhaft staatsbewußter, gegenwartsbetonter Blickrichtung" ergeben müsse.[61] Das von der universitären Literaturwissenschaft nach 1933 in den Mittelpunkt gestellte „Volkstumserlebnis" der Romantik prägte zunehmend auch die Rhetorik pädagogischer Verlautbarungen. Die wortreiche Stilisierung der Romantik zum Durchbruch einer volkhaften oder „arteigenen" Gesinnung fokussierte die „völkischen" Züge der komplexen Kulturbewegung und machte sie zum Gegenstand eines sich in Phrasen erschöpfenden Kultes.[62]

Jenseits der öffentlich herausgestellten und in immer gleichen Phrasen ventilierten Hochschätzung der Romantik regierte jedoch Dissens. In der Bewertung der romantischen Literaturepoche herrschten auch innerhalb der Lehrerschaft konträre Ansichten. So erschien im Organ des Nationalsozialistischen Lehrerbundes *Deutsches Bildungswesen* 1935 ein forcierter Angriff auf die Romantik, der insbesondere die Jenaer Frühromantik als „jüdisch infiziert" denunzierte.[63] Auch andere Pädagogen disqualifizierten die romanti-

---

60 V. Steege: Zur Bedeutungslehre des Wortes „romantisch" in Oberprima. In: ZfDk 47 (1933), S. 659-666, Hans Rochocz: Aufklärung und Romantik. In: ZfdB 9 (1933), S. 20-24.

61 Johann Georg Sprengel: Vorschläge für die Neugestaltung des deutschen Unterrichts an höheren Schulen im nationalen Staat, S. 580.

62 Insbesondere der Nationalsozialistische Lehrerbund inszenierte Feiern des kulturellen und literarischen Erbes, in dessen Rahmen deutsche Romantiker zu Vordenkern „arteigenen Glaubens" erhoben wurden, so z.B. auf der Akademischen Woche des NSLB Sachsen vom 2. bis 5. Mai 1934 zum Thema „Deutsche Selbstbesinnung". Hier trat neben Hans Freyer, der zum Thema *Volk und Staat* referierte, auch Heinz-Erich Eisenhuth auf und legte den Lehrern *Schleiermachers deutsche Frömmigkeit* ans Herz, vgl. Heinz-Erich Eisenhuth: Schleiermachers deutsche Frömmigkeit. In: Deutsche Selbstbesinnung. Sonderbeilage der Politischen Erziehung 2 (1934).

63 Karl Blessinger: Wesen und Erscheinung der deutschen Romantik. In: Deutsches Bildungswesen 3 (1935), S. 633-648. – Zur programmatischen Ausrichtung der seit Juni 1933 vom Reichsleiter des NSLB und bayrischen Kultusminister Hans Schemm herausgegebenen Monatsschrift vgl. die Leitworte des Herausgebers im ersten Heft (S. 1) sowie dessen „Weiherede" an die Münchener Lehrerschaft am 3. April 1933 u.d.T. *Gedanken zur Erziehung im nationalsozialistischen Sinne* (S. 2-8).

sche Dichtung, deren ästhetisch-subjektivistische Züge nicht in ihr Konzept einer „nationalpolitischen Erziehung" zu integrieren waren.[64] Demgegenüber betonten Oberschullehrer immer wieder die „Gegenwartswerte der deutschen Romantik" oder wiesen auf das in der Romantik verwurzelte Erbe der Deutschkunde hin. Der Studienassesor Wolfgang Gerlach pries in der Lehrerzeitung *Die deutsche Höhere Schule* die Romantik als „eine gesunde, durch die politischen Verhältnisse bedingte Reaktion der völkischen Kräfte gegen die Herrschaft der volksfremden Eindringlinge" und die „artfremde" Französische Revolution.[65] In Übereinstimmung mit der literaturwissenschaftlichen „Umwertung" der Romantik prämierte auch er die volkhaft-gemeinschaftsgebundene spätere Romantik und verurteilte die „Keime eines ungesunden, dem Deutschen völlig fremden Weltbürgertums, die der Frühromantik in bescheidenem Maße eigen waren."[66]

Trotz verbaler Wertschätzung, die sich in hymnischen Einleitungen zu den Romantikteilen der Lesebücher fortschrieb,[67] bedeutete der 1938 in Kraft getretene Reichslehrplan eine Marginalisierung der Romantik, die auch den Deutschlehrern nicht verborgen blieb. Die vom Reichslehrplan einkalkulierten Freiräume nutzte man darum u.a. auch für eine Vermittlung der nicht obligatorischen romantischen Literatur und berichtete darüber in den Fachzeitschriften.[68] 1940 legte Joachim Müller – damals noch Studienrat an der Wirtschaftsoberschule und Öffentlichen Höheren Handelslehranstalt in Leipzig – in der Reihe *Die Werkstatt der Höheren Schule* umfangreiche didaktische Überlegungen zur Behandlung der Romantik in der 7. und 8.Klasse vor.[69] Diese Handreichung wie auch die Reflexionen von den Deutschlehrern Jutta Hecker und August Langen zu Lektüreauswahl und Vermittlungsprinzipien im schulischen Unterricht, die nun näher beleuchtet werden sollen, werfen einerseits ein bezeichnendes Licht auf Möglichkeiten der Romantikbehandlung, die trotz verbindlichen Lehrplans und festgelegter Lesebücher bestanden. Sie offenbaren aber auch, mit welchen Deutungsmustern romantische Dichtungen vermittelt und in welchem Maße ideologische Ansprüche internalisiert wurden.

Der 1939 in der *Zeitschrift für Deutschkunde* publizierte Aufsatz Jutta Heckers zur Behandlung der Romantik in der Schule exponierte das dichterische Werk Friedrich von Hardenbergs, um den Schülern „organisch an einer

---

[64] So z.B. Severin Rüttgers: Nordisches Schrifttum in der nationalpolitischen Erziehung. In: Deutsche Volkserziehung 3 (1936), S. 9-14.
[65] Wolfgang Gerlach: Die Gegenwartswerte in der deutschen Romantik. In: Die deutsche Höhere Schule 3 (1936), S. 408-414; hier 408 und 414.
[66] Ebenda, S. 411; vgl. auch Wilhelm Schoof: Jacob Grimm und die Deutschkunde. In: ZfDk 49 (1935), S. 32-37.
[67] Vgl. Ewiges Volk. Ein Lehrbuch für höhere Schulen. Hrsg. von E. Sablotny und A. Schmudde. Leipzig 1940. Bd. 8, S. 136f. mit dem einleitenden Text von Wilhelm Schäfer.
[68] Jutta Hecker: Novalis. Ein Beitrag zur Behandlung der Romantik in der Schule. In: ZfDk 53 (1939), S. 233- 241; August Langen: Eichendorffs „Taugenichts". Bemerkungen zu seiner Behandlung in der 7.Klasse. In: ZfDB 16 (1940), S. 126-134.
[69] Joachim Müller: Die Behandlung der Romantik in der 7. und 8. Klasse. Berlin 1940, ²1942 (= Die Werkstatt der höheren Schulen. Schriftenreihe zur Gestaltung des Unterrichts 109).

Persönlichkeit jene große völkisch-religiöse Bewegung des deutschen Geistes" zu demonstrieren.[70] Das Streben nach Vereinigung der in der Neuzeit auseinander getretenen Vernunftvermögen und die Sehnsucht nach Restitution einer verlorenen „Ganzheit" synthetisierte sie zu einer „Wesensbestimmung" der Romantik, die ihren „organischen" Charakter betonte und aus diesem politische Konsequenzen zog:

> „Dies aber ist das Wesentliche der Romantik, wie es uns Novalis zeigt: Aus der Erkenntnis, daß Natur und Geist, daß Endlichkeit und Universum zu der ursprünglichen Einheit wieder zusammenzuschmelzen seien, erwächst die Überzeugung, daß auch Mensch und Gesellschaft oder Individuum und Staat ein untrennbares, lebendig gewachsenes Gebilde sind, in dem der eine Teil nicht denkbar ist ohne den anderen. Nur aus der Einsicht: das Weltall ist eine gegliederte, lebendige Schöpfung in ewigem Werden, erwächst die Gewißheit: jede Gemeinschaftsform, sei es Natur oder Kunst oder Staat, ist ein Lebensträger des Ganzen. [...] Nur so ist der Boden gesichert, auf dem dann die jüngere Romantik die völkische Tat ihrer Forschungen und ihres politischen Kampfes aufbauen konnte."[71]

Für die Hinführung der Schüler zum Werk des frühverstorbenen Romantikers schlug sie ein triadisches Modell vor, das alle Themen seines Dichtens und Denkens integrieren sollte. Nacheinander und durch Beispiele der bildenden Kunst ergänzt, sollten die *Lehrlinge zu Sais*, die *Hymnen an die Nacht* und ausgewählte Fragmente der Sammlung *Glauben und Liebe* besprochen und interpretiert werden. Der Einfluß ideologischer Imperative offenbarte sich in der Begründung und Präzisierung der Behandlung. Die hierarchische Gliederung der zu betrachtenden Werke und der im Unterricht herauszuarbeitenden Inhalte – Naturphilosophie, Kunstphilosophie und politische Philosophie – bedeutete zugleich eine Wertung. Sollte die Lektüre der *Lehrlinge zu Sais* das philosophisch reflektierte Naturerlebnis vermitteln und die Interpretation der *Hymnen an die Nacht* den kunstphilosophischen Organismusgedanken herausarbeiten, habe die Behandlung der Fragmentsammlung *Glauben und Liebe* zum romantischen Volks- und Gemeinschaftserlebnis zu führen und diese als „geniale Vorausschau der erst durch die Neuzeit entwickelten Regierungsform des Führerstaats" zu erweisen.[72] Derartige Aktualisierungen fanden sich nicht nur an dieser Stelle, sondern etwa auch in der Anregung, den Volksbegriff der Aufklärung, der Romantik und des Nationalsozialismus zu vergleichen.[73]

Den im Reichslehrplan von 1938 enthaltenen kurzen Hinweis für die Behandlung von Eichendorffs *Taugenichts* nahm August Langens didaktische Erläuterung in der *Zeitschrift für deutsche Bildung* 1940 auf. Die Einordnung der Ganzschrift in das Stoffgebiet „Die Selbstbefreiung des deutschen Geistes" und die Bemerkung des Lehrplans, „der Drang ins Unendliche steht ne-

---

[70] Jutta Hecker: Novalis. Ein Beitrag zur Behandlung der Romantik in der Schule, S. 234.
[71] Ebenda, S. 234.
[72] Ebenda, S. 239f.
[73] Vgl. ebenda, S. 239.

ben tiefer Liebe zur Heimat"⁷⁴, belege, so Langen, daß sich in dem scheinbar so unbeschwerten, lyrisch-heiteren Geschehen „Gefährdung und Rettung deutschen Wesens" manifestierten und zugleich eine „verborgene, aber unüberhörbare Mahnung zur Selbstbesinnung, die es sichtbar zu machen gilt."⁷⁵ Doch entgegen einer an dieser Stelle erwartbaren wortreichen Umkreisung „deutschen Wesens" konzentrierten sich die didaktischen Fingerzeige in sachlicher Weise auf inhaltliche und formale Gestaltungsprinzipien der Erzählung, die die Schüler an romantische Prosawerke heranführen sollte. Zwar signalisierten auch in diesem Beitrag Klischees und konventionalisierte Deutungsmuster des „deutschen Wesens", dessen Grundzüge hier als „Sehnsucht und Unendlichkeitsdrang"⁷⁶, „lyrische Zartheit und versonnene Innerlichkeit"⁷⁷ beschrieben wurden, den Gestus des deutschkundlichen Philologen; dennoch dominierten sachbezogene Erläuterungen zur poetischen Formung von Landschaft, Naturgefühl und Figuren. Auch die eingangs in die Dichtung projizierte „Mahnung zur Selbstbesinnung" wurde durch betonte Einbettung in die historische Situation zumindest relativiert.⁷⁸

Das von Joachim Müller 1940 vorgelegte und 1942 in erweiterter zweiter Auflage erschienene Methodenwerk zur Behandlung der Romantik im Deutschunterricht der höheren Schulen kann als wohl umfänglichste methodische Handreichung für die Arbeit des Lehrers gelten.⁷⁹ Müllers Bemühungen zielten darauf ab, der im Lehrplan unterrepräsentierten romantischen Literatur Terrain zurückzugewinnen. Auch wenn die Romantik im neuen Lehrplan nur einmal – und zwar in den einleitenden Ausführungen über „Erziehung durch das Schrifttum" – erscheine, sei sie als geschlossener Abschnitt der literarhistorischen Entwicklung zu vermitteln. Aus der organischen Entwicklung der deutschen Literatur und ihrer dichterischen Fixierung „deutschen Wesens" begründete Müller die eigenständige Behandlung der romantischen Literaturepoche sowie die Legitimität der von ihm präferierten geistesgeschichtlichen Methode:

„Denn obwohl ‚eine rein literatur- und motivgeschichtliche Folge' bei der Behandlung des Schrifttums abgelehnt wird und damit die aufreihende, bloß referierende, auf möglichste Lückenlosigkeit bedachte Literaturhistorie der Namen und Daten, der Schulen und Einflüsse, der Richtungen und Epochen endgültig

---

⁷⁴ Erziehung und Unterricht in der höheren Schule, S. 35.
⁷⁵ August Langen: Eichendorffs „Taugenichts". Bemerkungen zu seiner Behandlung in der 7.Klasse, S. 126.
⁷⁶ Ebenda, S. 126.
⁷⁷ Ebenda, S. 129.
⁷⁸ Vgl. ebenda, S. 130: „Das Symbol der lockenden fremden Stadt und der Frau Venus, der singenden Zauberin im Garten in schwüler Sommernacht des Südens ist zu verstehen aus den zeitgenössischen Strömungen und Strebungen als eine ernste Mahnung des Dichters an eine Gegenwart, die oft sich und ihr Eigenstes nicht zu bewahren wußte, als Warnung zur Verteidigung der nationalen Kräfte vor den Einflüssen fremden Wesens."
⁷⁹ Vgl. dazu die positive Kritik Rudolf Ungers (ZfDk 51 (1941), S. 82f.) sowie dessen Lob der zweiten Auflage (ZfDk 56 (1942), S. 69) als „sorgfältig durchgesehen und besonders in den Abschnitten über das Gesamtbild der deutschen Romantik, über Novalis und im Schrifttumsverzeichnis der fortschreitenden Forschung entsprechend ergänzt".

aus dem Unterricht verbannt ist, sollen doch die einzelnen Dichtungen nicht etwa zusammenhanglos in ästhetischer Isolierung betrachtet werden. Vielmehr sollen sie nach ihrer inneren Zusammengehörigkeit in bestimmte Gruppen zusammengefaßt werden, die sich aus der den Deutschunterricht durchdringenden Hauptaufgabe ergeben, an den dichterischen Zeugnissen ‚das die Zeiten überdauernde deutsche Wesen' in all seiner weiten und tiefen Spannung, den Begriff des Volkes als lebendigen Organismus unaufdringlich erleben zu lassen. Der neue Deutschunterricht muß also zwischen der Scylla der alten Literaturgeschichte und der Charybdis des Ästhetizismus hindurchkreuzen und das Werk in seiner eigentümlichen einmaligen geprägten Form, aber zugleich als Sinnbild nationalen Wesens, als überpersönlichen Ausdruck völkischen Gedankengutes sichtbar machen. Die großen geschichtlichen Kräfte, aus dem es wuchs und die es tragen, müssen lebendig werden. So läßt sich die geistesgeschichtliche Betrachtung ohne Zwang mit der übergeschichtlichen Gruppierung der großen dichterischen Werke nach ihrer inneren Gleichartigkeit vereinen."[80]

Mit der Absicht, „ein anschauliches Bild in großen Zügen, ein Gesamtbild in klarer Gliederung und mit einprägsamen Einzelheiten zu geben"[81], entwickelte Müller Richtlinien, die, über den Lehrplan hinausgehend, neben den dort aufgeführten Eichendorff, Arndt, Jahn und Grimm auch „die einzige große dichterische Gestalt des frühromantischen Kreises, Novalis"[82] einbezogen. Auf Erläuterungen zu den „großen Einsamen" Kleist und Hölderlin wie auch zu Jean Paul und E.T.A. Hoffmann verzichtet,[83] empfahl er ein synthetisches Gesamtbild erst für die 8. Klasse: Nach Lektüre von Fichtes *Reden an die deutsche Nation*, der *Wunderhorn*-Gedichte und Eichendorffs ließen sich die Fäden zu einer Einheit verknüpfen:

„In dieses Gesamtbild wird dann alles, was an romantischen Erscheinungen bis dahin begegnete, eingebaut, so daß die Forderungen der Lehranweisung, in den einzelnen Dichtungen lebendige Sinnbilder deutschen Wesens, geprägte Formen deutschen Schicksals zu sehen, zugleich aber das ‚innerlich Zusammengehörige als Einheit zu behandeln' und für die völkische Entwicklung besonders wichtige Zeitabschnitte geschlossen darzustellen, so am besten erfüllt werden können."[84]

In seiner anschließenden Demonstration eines „Gesamtbildes der deutschen Romantik" bemühte sich Müller, der komplexen und widerspruchsvollen Gestalt der romantischen Literaturepoche gerecht zu werden, blieb jedoch stark den Traditionen geistesgeschichtlicher Dichotomisierung verhaftet und übernahm sogar die nach 1933 wiederholt erhobenen antisemitisch motivierten Diffamierungen Friedrich Schlegels. In Anlehnung an Korffs *Geist der*

---

[80] Joachim Müller: Die Behandlung der Romantik in der 7. und 8. Klasse. Berlin 1940, S. 5.
[81] Ebenda, S. 6.
[82] Ebenda, S. 9. Müller rechtfertigte seine Erweiterung unter Hinweis auf den Minimalcharakter des Lehrplans: „[D]enn die Lehranweisung will als Mindestlehrplan verstanden sein und der unterrichtlichen Ausgestaltung wie der Initiative des Deutschlehrers durchaus genügenden Raum geben."
[83] Ebenda, S. 8. Erstgenannte würden „auch bei einer unterrichtlichen Behandlung eines größeren Zusammenhangs den Rahmen zerbrechen und nur von ihrer eigenen Gestalt und und von ihrem in sich geschlossenen Werk aus dem Verständnis der Jugend nahegebracht werden können."
[84] Ebenda, S. 9.

Goethezeit definierte er die Romantik als „das Wirken zweier Generationen deutscher Dichter, Schriftsteller, Maler, Musiker, Philosphen, Prediger, politischer Publizisten und Forscher, von denen die erste Hälfte in den neunziger Jahren des 18. Jahrhunderts, die zweite ein bis zwei Jahrzehnte später auf der Bühne des geistigen und kulturellen Lebens Deutschlands erscheint".[85] Trotz einzelner Gegensätze zur Weimarer Klassik sei sie als „Vollendung, Erfüllung, Vertiefung und Erweiterung des deutschen Idealismus" mit ihr in der „Frontstellung gegen den westlichen Aufklärungsrationalismus" einig: „Die Romantik kämpft gegen die Geschwätzigkeit und Oberflächlichkeit der französischen Aufklärer, wie gegen die gleichmacherischen, geschichtsblinden, religions- und seelenfeindlichen Ideen der französischen Revolution und ihrer deutschen Nachahmer und Bewunderer, zu denen freilich zeitweise einige Romantiker selbst gehörten. [...] Sie ruft, hier die Klassik weit hinter sich lassend, die Kraft des Geistes, die Tiefe der Seele, die Fülle des Herzens, das Geheimnis des Blutes gleichermaßen an."[86] Neben der so herausgestellten Opposition von Romantik und Aufklärung bediente Müller weitere Klischees, die von der Romantikforschung seit Mitte der 1920er Jahre produziert worden waren und in der Literaturgeschichtsschreibung nach 1933 gleichsam kanonisiert wurden: Die wesentliche Leistung der Romantik bestehe in ihrer Entdeckung der „völkischen Wirklichkeit" und der „deutschen Seele"[87]; die Jenaer Frühromantik sei vorrangig eine literarisch-ästhetische Bewegung gewesen, der gegenüber der „jüngere Kreis der Romantik" die „entscheidende Wendung zum Volkhaften, zum Wirklichkeits- und Blutgebundenen" vollzogen habe.[88] Die seit Alfred Baeumlers Verdikten virulenten Disqualifikationen der Frühromantik ergänzte Müller durch ihre Kontrastierung mit der „volksverwurzelten" und antijüdischen Haltung Achim von Arnims und führte das „ästhetisch-intellektuelle Genießen" des in Jena versammelten Romantikerkreises auf das „gefährlich vom deutschen Boden gelöste" Wesen Friedrich Schlegels zurück.[89]

Zur eingehenderen unterrichtlichen Behandlung schlug der Leipziger Studienrat zwei Dichter vor, die seiner Meinung nach das Vermächtnis der Romantik am stärksten verkörperten: Novalis und Eichendorff. Diese Wahl erklärte er nicht nur mit der ästhetischen Gestaltungskraft der Poeten, sondern aus der von ihnen verwirklichten Synthese zwischen Kunst und Leben: Trotz

---

[85] Ebenda, S. 11.
[86] Ebenda, S. 11.
[87] Ebenda, S. 12.
[88] Ebenda, S. 15ff.
[89] Ebenda, S. 15f.:„Die Fragwürdigkeit der literarisch-ästhetischen Haltung Fr. Schlegels wird darin besonders deutlich, daß er schließlich der jüdischen Atmosphäre der Berliner Salons erlag und in der Ehe mit der Jüdin Dorothea Veit sein eigenes Wesen verriet. [...] Arnim ist geradezu der Gegenpol zu Fr. Schlegel: gegenüber seiner männlichen Verschlossenheit, seinem Einsatz für eine volksverwurzelte Kunst, seinem ausgeprägten Sinn für ethische Werte wirkt Fr. Schlegels Wesen geschwätzig, unverbindlich, seine künstlerische und allgemeingeistige Auffassung gefährlich gelöst vom deutschen Boden. Bezeichnend ist, daß Arnim, wie Brentano, ausgesprochen antijüdisch eingestellt war, während Fr. Schlegels projüdische Sympathie in seiner Ehe mit einer Jüdin sichtbaren Ausdruck fand."

ihres Wissens um die Gefahren der Tiefe wie um die Verlockungen des universalen Geistes seien sie zu einem „schönen menschlichen und künstlerischen Ausgleich gelangt, weil ihr Wesen in einem festen und schlichten Glauben wurzelte".[90] Die folgenden Interpretationen von Novalis' *Hymnen an die Nacht* und Eichendorffs *Taugenichts* unterschieden sich wesentlich von der vorausgegangenen Übersichtsdarstellung. In ihrer Maximierung textueller Bedeutungsgehalte verwiesen sie auf das Programm der nach Kriegsende wirkungsmächtigen „werkimmanenten Interpretation" – wenn auch Müller die seit Mitte der 1930er Jahre verstärkten formanalytischen Forschungen zu Eichendorffs Stilistik explizit verwarf und statt dessen einen „aus dem Grunde des Herzens kommenden Blick, der über alle sinnlich greifbaren Einzelheiten hinwegsieht",[91] favorisierte. Die das Novalis-Kapitel abschließende Deutung des Dichters – überzeugt davon, daß dieser „jenseits aller Zeitbedingtheit unserer Jugend etwas zu sagen hat" – enthielt sich weitgehend direkter ideologischer Sinnzuweisungen und kolportierte das Bild des tiefreligiösen Poeten, wie es Martin Beheim-Schwarzbach in seiner Novalis-Biographie von 1939 gezeichnet hatte.[92] Den textbezogenen und sachlich ausgewogenen Erläuterungen zu den poetisch-imginativen Werken Novalis' und Eichendorffs folgte im letzten Kapitel eine kurze Explikation der „völkischen Gedanken der Romantik".

Damit hatte Müller, seit 1937 auch Mitherausgeber der *Zeitschrift für Deutschkunde*, ein in mehrfacher Hinsicht bemerkenswertes Zeugnis für die komplizierte und widerspruchsvolle Vermittlung der Romantik im schulischen Deutschunterricht unter den Bedingungen politischer Lenkungsansprüche vorgelegt. Die Beharrung auf den von der geistesgeschichtlichen Romantikforschung bereitgestellten Erklärungsmustern und die weitgehend an den Texten orientierten Interpretationen von Novalis *Hymnen an die Nacht* und Eichendorffs *Taugenichts* schützten ihn vor rassenkundlichen Reduktionen, was den Fachorganen der Deutschlehrer durchaus nicht selbstverständlich war.[93] Die

---

[90] Ebenda, S. 19f.
[91] Ebenda, S. 35. Müller lehnte dabei vor allem die gegen Eichendorff erhobenen Vorwürfe, nur wenige allgemeine und schablonisierte Naturbegriffe und Gestaltungsmittel zu benutzen, ab und wandte sich damit implizit gegen die Dissertationen Gisela Jahns und Ingeborg Dustmanns, vgl. dazu Teil 1, Kapitel 6.4: Formanalytische und stiltypologische Romantikforschungen.
[92] Ebenda, S. 27: „Novalis hat mit gläubigem Herzen und tiefster Gottesverbundenheit verkündet, daß die Kraft der menschlichen Seele das Innere der Welt wie des Menschen zu erschließen vermag; er hat sich mit der liebevollen Andacht des ahnenden Gemüts in die Geheimnisse der Natur versenkt, ohne sie dem überhellen Licht des sezierenden und wahres Leben tötenden Verstandes auszuliefern. Novalis war erfüllt von Ehrfurcht vor den Wundern, die Natur, Leben und Menschenseele bergen. Auf diesem Weg nach Innen begegnete er Gott und überwand er den Tod und mit ihm die Nacht der menschlichen Existenz, an deren unzerstörbaren leuchtenden Kern er glaubte."
[93] Vgl. dazu einschlägige Beiträge in ZfDk und ZfDB, u.a. Paul Brohmer: Was heißt Rasse? In: ZfDB 10 (1934), S. 337-346; Hans Eduard Hengstenberg: Über den Wesenszusammenhang von rassischer Grundlage und völkischer Kultur. In: ZfDB 11 (1935), S. 9-17; Guido Cladder: Die ostische Rasse im Unterricht. ZfDk 51 (1937), S. 617-626; Max Glatzel: Rassenpsychologie und Dichtung. In: ZfDk 51 (1937), S. 626-630.

Aufnahme und unkritische Weitergabe antisemitisch induzierter Disqualifikationen Friedrich Schlegels offenbarte aber auch die Anfälligkeit des Philologen für die seit 1933 forciert unternommenen „Umwertungs"-Bestrebungen, die die modern-subjektivistischen Ursprünge der Romantik radikal von ihren späteren Metamorphosen zu separieren suchten. Diese Melange aus Kontinuität und Veränderung prägte noch das Literaturverzeichnis der 1. Auflage von Müllers Handreichung: Rudolf Hayms *Romantische Schule* von 1870 wurde hier als wichtigste Gesamtdarstellung an erster Stelle genannt und bezeugte so (unfreiwillig?) die Unfruchtbarkeit der Anläufe, einen gültigen neuen Abriß der Geschichte der Romantik zu produzieren. Neben dem Verweis auf die Neuauflage der *Bachofen-Einleitung* Alfred Baeumlers in dessen *Schriften zur deutschen Geistesgeschichte* führte Müller auch Beheim-Schwarzbachs Novalis-Biographie an, die 1939 – nur wenige Monate vor der Emigration des Autors nach England – erschienen war. In dieser Bibliographie fand sich ebenfalls Friedrich Stählins Eichendorff-Aufsatz aus der *Zeitschrift für Deutschkunde* von 1938, der deutlichen Widerspruch gegen die instrumentelle Eichendorff-Aneignung angemeldet hatte.

Angesichts der vorgestellten Daten und Informationen zu Präsenz und Vermittlungsprinzipien der Romantik im schulischen Deutschunterricht zwischen 1933 und 1945 fällt vor allem die tiefgehende Diskrepanz zwischen der propagandistisch herausgestellten Bedeutung des romantischen Erbes und seiner tatsächlichen Behandlung in der Schule ins Auge. Der 1938 eingeführte Lehrplan für die reichseinheitlich neugeordneten höheren Schulen marginalisierte die Beschäftigung mit romantischen Texten innerhalb des Deutschunterrichts weiter. Der selektive Zugriff des Lehrplanes favorisierte literarische Zeugnisse aus der Zeit der antinapoleonischen Befreiungskriege, deren Äußerungen zu „Volk" und „Volkstum" kompiliert wurden und einen hohen Kanonisierungsgrad erreichten. Freiräume, die der als Mindestanforderung verstandene Lehrplan ließ, wurden durch Deutschlehrer zur Einführung in die romantische Literaturepoche genutzt. Gerade aber die freiwillig erbrachten didaktischen Überlegungen und Empfehlungen zu Lektüreauswahl und Unterrichtsgestaltung bei der Vermittlung romantischer Texte offenbarten, in wie starkem Maße sich sowohl kontinuierlich fortwirkende Deutungsmuster geistesgeschichtlicher Provinienz als auch ideologische Imperative und Änderungen der literaturwissenschaftlichen Forschung niederschlugen.

2 Die Editionspraxis romantischer Texte

Wie die in der Bibliographie chronologisch geordneten Editionen romantischer Werke in der Zeit des Nationalsozialismus zeigen, bildeten die Herausgabe und Verbreitung von Texten einen wesentlichen Faktor der Vermittlung des romantischen Erbes an die Öffentlichkeit. Nachfolgend sollen die von universitären Fachvertretern wie von außeruniversitären Publizisten erbrachten Editionsleistungen klassifiziert und die wichtigsten der im Dritten Reich erschienenen Romantiker-Ausgaben unter dem Gesichtspunkt editorischer Praktiken geordnet werden, um so das Verhältnis von editionsphilologischen Traditionen, geistesgeschichtlichen Synthetisierungen und populären Vermittlungsbemühungen klären zu können.

Im Mittelpunkt stehen auch hier Fragen nach der Kontinuität und den sich in spezifischen Schwerpunktverlagerungen manifestierenden Veränderungen der verlegerischen Praxis, die ihrerseits auf Verschiebungen innerhalb wissenschaftlicher und ideologischer Diskurse reagierten und Rückschlüsse auf fachinterne und kulturpolitische Entwicklungen erlauben: Während die weiterhin marginale Erstellung historisch-kritischer Gesamt- bzw. wissenschaftlich nutzbarer Studienausgaben dem anhaltenden Bedeutungsverfall der Editionsphilologie seit der „geistesgeschichtlichen Wende" entsprach und eine seit den 1920er Jahren beobachtbare Entwicklung fortschrieb, manifestierte die zwischen 1933 und 1940 fast vollständig erstellte Romantik-Reihe innerhalb des seit 1929 vom Leipziger Reclam-Verlag herausgegebenen Großunternehmens *Deutsche Literatur in Entwicklungsreihen* nicht nur die Konsequenzen der editorischen Anwendung geistesgeschichtlicher Kategorien, sondern auch die Reaktionen der Literaturwissenschaft auf Imperative der politischen Umwelt. Der nachfolgende Abriß wird die Editionen romantischer Werke, Briefwechsel und Anthologien nach (a) historisch-kritischen, Studien- und im weitesten Sinne wissenschaftlich nutzbaren Einzel- und Gesamtausgaben, (b) Reiheneditionen und (c) Anthologien romantischer Texte und Korrespondenzen gliedern und als integralen Bestandteil der kulturellen Repräsentation der Romantik untersuchen.

2.1 Historisch-kritische, Studien- und Gesamtausgaben

An die ersten umfassenden, noch vor der Jahrhundertwende von Philologen wie Erich Schmidt und Jakob Minor vorgelegten Romantikerausgaben,[1] deren Ergänzung und Weiterführung der Erste Weltkrieg erheblich be-, wenn nicht gänzlich verhinderte, schlossen nach 1918 nur wenige Fortsetzungen an.[2] Die antipositivistischen Affekte des Methodenstreits innerhalb der Disziplin und die nachfolgende Dominanz geistesgeschichtlicher „Synthesen" ließen das Interesse an Editionsphilologie merklich abfallen, so daß die Erstellung historisch-kritischer Ausgaben wie auch die germanistische Editionswissenschaft bereits vor 1933 ein peripherer Arbeitsbereich nur weniger Fachvertreter war. Die Machtergreifung der Nationalsozialisten bedeutete für die schon vorher marginalisierte Editionspraxis wissenschaftlicher Gesamtausgaben keinen wesentlichen Einschnitt: Die bereits 1912 von Wilhelm Schellberg projektierte und seit 1926 im Kölner Bachem-Verlag erscheinende Joseph-Görres-Ausgabe lief bis 1942 kontinuierlich weiter; die 1908 von Wilhelm Kosch, August Sauer und Philip A. Becker im Regensburger Habbel-Verlag begonnene historisch-kritische Ausgabe der „Sämtlichen Werke des Freiherrn Joseph von Eichendorff" wurde 1939 um einen Band ergänzt. Die Verweigerung gegenüber der Arbeit an wissenschaftlichen Ausgaben, inbesondere an historisch-kritischen Editionen, entsprang zum einen dem Selbstverständnis der postpositivistischen Wissenschaftlergeneration.[3] Zum anderen mangelte es in der Zeit des rigiden Umbaus des Wissenschaftssystems an der finanziellen Absicherung solch aufwendiger Unternehmungen – monetäre Unterstützung fanden allenfalls prestigeträchtige Edtionen wie die von Julius Petersen konzipierte Schiller-Nationalausgabe und die 1943 begonnene historisch-kritische Hölderlin-Ausgabe (Große Stuttgarter Ausgabe). Die dennoch in der Zeit der nationalsozialistischen Diktatur erstellten Gesamt- bzw. wissenschaftlich nutzbaren Ausgaben romantischer Texte bzw. Korrespondenzen waren das Werk verdienstvoller Philologen, von denen hier an erster Stelle Wilhelm Schellberg und Josef Körner zu nennen sind. Schellberg, der bereits 1903 mit einer Ar-

---

[1] U.a.: Novalis: Schriften. Hrsg. von Jakob Minor. 4 Bde. Jena 1907, ²1923; Friedrich Schlegel: Schriften. Hrsg. von Jakob Minor. Wien 1887; Friedrich Schlegels Briefe an seinen Bruder August Wilhelm. Hrsg. von Oskar F. Walzel. Berlin 1890; Caroline. Briefe aus der Frühromantik. Nach Georg Waitz vemehrt hrsg. von Erich Schmidt. 2 Bde. Leipzig 1913. 1908 wurde durch Maaßen die E.T.A.Hoffmann-Ausgabe, 1912 von Schüddekopf die historisch-kritische Brentano-Augabe begonnen.

[2] U.a.: Briefe von und an Friedrich und Dorothea Schlegel. Ges. und erl. durch Josef Körner. Berlin 1926; Briefe von und an August Wilhelm Schlegel. Ges. und erl. durch Josef Körner. 2 Bde. Zürich, Leipzig, Wien 1930; Ludwig Tieck und die Brüder Schlegel. Briefe mit Einl. und Anm., hrsg. von H. Lüdecke. Frankfurt/M. 1930; Novalis: Schriften. Im Verein mit Richard Samuel hrsg. von Paul Kluckhohn. Nach den Handschriften ergänzte und neugeordnete Ausgabe. 4 Bde. Leipzig 1929. Zu den Romantikereditionen der zwanziger Jahre vgl. Paul Kluckhohn: Neue Romantiker-Ausgaben. In: DVjS 2 (1924), S. 665-671.

[3] Vgl. Norbert Oellers: Editionswissenschaft um 1945. In: W. Barner, C. König (Hrsg.): Zeitenwechsel, S. 103-118, hier S. 106f.: „Daß die Universitätsgermanistik von der Möglichkeit, sich aus politischen Gründen in Editions-Nischen einzurichten, so wenig Gebrauch machte, hatte einfache Gründe: Es war nicht ihres (öffentlichen) Amtes, zurückgezogen zu forschen, und es fehlte die Überzeugung, daß die Besorgung von Editionsgeschäften, die als bloße Kärrnerarbeit galten, für eine Professorenexistenz besonders ehrenvoll sei. So ging es in den dreißiger Jahren weiter, wie es in den zwanziger Jahren der Brauch gewesen war."

beit über Clemens Brentano promoviert worden war,[4] widmete sich als leitender Herausgeber der Görres-Gesamtausgabe und Editor mehrerer romantischer Briefcorpora insbesondere der späteren Romantik, während der Prager Romantikforscher Josef Körner mit seinen Editionen der philosophischen Arbeiten Friedrich Schlegels und insbesondere der von ihm auf Schloß Coppet aufgefundenen Korrespondenzen die Kenntnis der „Krisenjahre der Frühromantik" entscheidend bereicherte.

Die 1912 von Wilhelm Schellberg projektierte[5] und auf 20 Bände berechnete Gesamtausgabe der Schriften von Joseph Görres stellte ein besonderes Beispiel für die von politischen Brüchen weitgehend unbeirrte Fortführung editorischer Bemühungen dar. Auch dieses Editionsprojekt konnte, verzögert durch den Ersten Weltkrieg und Inflation, erst 1926 – im Jahr des 150. Geburtstags des Romantikers – begonnen werden. Bis 1942 erschienen unter Leitung Schellbergs und unter Mitwirkung zahlreicher Fachgelehrter mehr oder weniger regelmäßig immerhin zehn Bände; nach 1945 wurde die Ausgabe durch Leo Just fortgeführt.[6] Die von der Görres-Gesellschaft in Auftrag gegebene und „dank der opferwilligen Unterstützung" zahlreicher Stellen zustande gekommene Ausgabe folgte den von Görres autorisierten Druckfassungen, die zur besseren Lesbarkeit behutsam korrigiert und von offensichtlichen Druck- und Schreibfehlern bereinigt wurden. Die im Anmerkungsapparat beigegebenen Lesarten sollten Rechenschaft über diese Änderungen ablegen.[7] Besonders wertvoll war die Ausgabe durch die Publikation bislang unbekannter Zeugnisse, so durch den vollständigen Abdruck der vom jungen Görres herausgegebenen Revolutionszeitschriften, der erstmaligen Veröffentlichung des (von Schellberg entdeckten) *Naturwissenschaftlichen Taschenbuchs* aus den Jahren 1793-1795 und der lange verschollenen *Exposition d'un Systéme Sexuel d'Ontologie*, die Schellberg nach intensiven Recherchen in Paris und London wiederentdeckt hatte. Letztgenannte Texte erschienen in dem 1934 durch den Volkskundler Robert Stein betreuten zweiten Band, der die frühen naturwissenschaftlichen und philosophischen Studien enthielt.[8] Zugleich enthielt der Band die *Exposition der Physiologie* von 1805 sowie seine Beiträge zur *Jenaer Literaturzeitung* und den *Heidelberger Jahrbüchern*. In der Einleitung Robert Steins ließ der Ver-

---

[4] Wilhelm Schellberg: Untersuchung des Märchens „Gockel, Hinkel und Gackeleia" und des „Tagebuchs der Ahnfrau" von Clemens Brentano. Phil. Diss. Münster 1903.
[5] Wilhelm Schellberg: Zum Plan einer Gesamtausgabe der Schriften von Joseph Görres. Vereinsschrift Köln 1912.
[6] Joseph Görres: Gesammelte Schriften. Hrsg. im Auftrag der Görres-Gesellschaft von Wilhelm Schellberg in Verbindung mit Max Braubach, Adolf Dyroff, Karl d'Ester, Heinrich Finke, Philipp Funk, Joseph Grisar, Leo Just, Willibald Kirfel, Sebastian Mekle, Günther Müller, Karl Alexander von Müller, Franz Xaver Seppelt, Robert Stein, Günther Wohlers. Köln: Bachem 1926ff.
[7] Wilhelm Schellberg: Vorwort. In: Joseph Görres: Gesammelte Schriften. Bd. 3: Geistesgeschichtliche und literarische Schriften I (1803-1808). Hrsg. von Günther Müller. Köln 1926.
[8] Joseph Görres: Gesammelte Schriften. Hrsg. im Auftrag der Görres-Gesellschaft von Wilhelm Schellberg. Bd. 2: Naturwissenschaftliche und philosophische Schriften II. <1793-1810> Hrsg. von Robert Stein. Köln 1934.

weis auf die Görres-Deutung des katholischen Philosophen Alois Dempf[9] aufhorchen, führten doch dessen schon früh artikulierten Stellungnahmen gegen den Nationalsozialismus 1938 zu seiner Amtsenthebung vom Wiener Lehrstuhl. Gegen eine historische Wertung des Görres'schen Gedankengutes plädierte Stein für deren „Fruchtbarmachung für uns heutige Menschen", wie sie Dempf exemplarisch demonstriert habe; insbesondere seien die zentralen Kategorien von Görres' Natur- und Geschichtsphilosophie „organisch" und „polar" wie auch sein Gedanke einer vermittelnden Versöhnung der Gegensätze „für die Gegenwart" zu erschließen.[10]

Der Bonner Indologe Willibald Kirfel betreute den fünften Band, der 1935 erschien und mit der *Mythengeschichte der asiatischen Welt* eines der wichtigsten, aber auch problematischsten Werke des romantischen Polyhistors offerierte.[11] Kirfel sorgte durch einleitende Erläuterungen über Görres' Theorie einer einheitlichen Uroffenbarung und durch eine Gliederung für die bessere Verständlichkeit der in der Erstfassung ohne sichtbare Zäsuren durch zwei Bände fortlaufenden Darstellung. Hilfreich waren auch ein Verzeichnis der vom Autor benutzten Primärquellen sowie der auftretenden Namen und Begriffe; die beigefügten Aufsätze und Rezensionen aus den *Heidelberger Jahrbüchern* zwischen 1809 und 1819 trugen ebenfalls zur Aufhellung des Werkes bei.

1936 und 1939 folgten in zwei Teilen Görres' Beiträge zu den unter seiner Federführung gegründeten *Historisch-politischen Blättern*.[12] Die umfängliche Einleitung des Herausgebers Götz von Pölnitz bot eine aufschlußreiche Darstellung der in München und Wien konzentrierten reaktionären Spätromantik mit besonderer Rücksicht auf Görres' Anteil an der Begründung und Entwicklung ihrer katholischen Zeitschrift.[13] Nach dem Tode des leitenden Herausgebers Wilhelm Schellberg führte der Bonner Universitätsprofessor Adolf Dyroff die Ausgabe weiter. Im dritten Kriegsjahr erschien in Redaktion von Willibald Kirfel mit dem *Heldenbuch von Iran* der vorerst letzte Band.[14]

Schritt die historisch-kritische Görres-Ausgabe – unterstützt durch die Görres-Gesellschaft und begleitet von einer regen Forschung – auch nach 1933 relativ kontinuierlich voran, verzögerte sich die 1908 von Wilhelm

---

[9] Alois Dempf: Görres spricht zu unserer Zeit. Freiburg 1933.
[10] Robert Stein: Einleitung zu Joseph Görres: Gesammelte Schriften, Bd. 2: Naturwissenschaftliche und philosophische Schriften II, S. XII.
[11] Joseph Görres: Gesammelte Schriften. Bd.5: Mythengeschichte der asiatischen Welt. Mit einem Anhang: Beiträge aus den Heidelberger Jahrbüchern. Hrsg. von Willibald Kirfel. Köln 1935
[12] Joseph Görres: Gesammelte Schriften. Bd. 16: Aufsätze in den Historisch-politischen Blättern. T. 1: 1838-1845. Hrsg. von Götz Freiherr von Pölnitz. Köln 1936; T. 2: 1845-1848. Köln 1939.
[13] 1936 erschien diese Einleitung als separate Veröffentlichung: Götz Freiherr von Pölnitz: Joseph Görres und die Pressepolitik der deutschen Reaktion. Ein Beitrag zur Görres-Forschung. Köln 1936.
[14] Joseph Görres: Gesammelte Schriften. Hrsg. im Auftrag der Görres-Gesellschaft von Adolf Dyroff. Bd. 12: Das Heldenbuch von Iran aus dem Schah Nameh des Firdussi. Hrsg. von Willibald Kirfel. Köln 1942.

Kosch, August Sauer und Ph. A. Becker im katholischen Habbel-Verlag begonnene, seit 1924 unterbrochene Eichendorff-Ausgabe weiterhin. 1939 erschien als der einzige in der NS-Zeit vorgelegte Band Eichendorffs Reiferoman *Dichter und ihre Gesellen*.[15] Der um die Eichendorff-Forschung verdiente Ewald Reinhard fügte sorgfältige Erläuterungen und Register und eine umfangreiche Einleitung bei, die die komplizierte Entstehungsgeschichte des durch vier Fassungen gegangenen Werkes auf Grund des Sedlnitzer Handschriftenfundes entwirrte. Die intensive Beschäftigung mit dem schlesischen Romantiker führte neben zahlreichen später zu beleuchtenden Einzel- und Gesamtausgaben seiner Werke auch zu einigen der philologischen Neuentdeckungen zwischen 1933 und 1945.[16]

Während das Defizit an historisch-kritischen Romantiker-Editionen unübersehbar war und auch von der zeitgenössischen Forschung mehrfach beklagt wurde, bemühten sich philologisch versierte Forscher um die Erstellung wissenschaftlich nutzbarer Textausgaben bzw. die sachgerechte Edition neuen Materials. Dabei erwarb sich insbesondere der schon mehrfach erwähnte Prager Germanist und Romantikforscher Josef Körner bleibende Verdienste: 1934 erschienen die von Körner zusammengestellten philosophischen Schriften Friedrich Schlegels, die die rege und trotz der „Umwertungs"-Bemühungen nicht abreißende Diskussion um den romantischen Theoretiker mit neuem Material versorgten.[17] Der von Rudolf Unger als „wichtige quellenmäßige Bereicherung unserer Romantik-Kenntnis und -Erkenntnis aus den glücklichen Ergebnissen langjähriger spürsinniger Forschungstätigkeit des Herausgebers"[18] gewürdigte Band enthielt bedeutsame, z.T. erstmals publizierte und bislang übersehene Texte zur philosophisch-religiösen Entwicklung Schlegels – so den frühen Ästhetik-Entwurf *Von der Schönheit in der Dichtkunst* von 1795, eine Vorlesungsnachschrift der von Schlegel in Jena angebotenen Lektionen über Transzendentalphilosophie und eine französische Skizze zu einem Vortrag für Madame de Staël auf Schloß Acosta bei Aubergenville vom Winter 1806/07. Die Wiener Spätzeit repräsentierte die Rezension zu Jacobis

---

[15] Freiherr Joseph von Eichendorff: Sämtliche Werke. Historisch-kritische Ausgabe. 4. Bd.: Dichter und ihre Gesellen. Hrsg. von Ewald Reinhard. Regensburg 1939.
[16] U.a. Unstern. Ein unveröff. Novellenfragment Joseph von Eichendorffs. Mitget. von Hubert Pöhlein. In: Aurora 3 (1933), S. 87-103, auch in: Der Oberschlesier 14 (1933), S. 610-625; Ungedruckte Handschriften Eichendorffs. Mitgeteilt von Karl von Eichendorff. In: Der Oberschlesier 16 (1935), S. 438-445; dass. in: Aurora 5 (1935), S. 9-17; Karl von Eichendorff: Aus oberschlesischen Stammbüchern. In: Aurora 5 (1935), S. 75-84; Ein bisher unbeachteter Eichendorff-Aufsatz. Mitget. von Ewald Reinhard. In: Aurora 4 (1934), S. 102f. Auch die Danziger Dissertation von Walter Hildenbrandt: Eichendorff. Tragik und Lebenskampf in Schicksal und Werk (Danzig 1937) brachte im Anhang unveröffentlichte poetische Entwürfe und Fragmente zum Abdruck.
[17] Friedrich Schlegel: Neue philosophische Schriften. Erstmals in Druck gelegt, erläutert und mit einer Einleitung in Fr. Schlegels philosophischen Entwicklungsgang versehen von Josef Körner. Mit einer Faks.Reprod. von Schlegels Habilitationsgesuch an die Universität Jena. Frankfurt/Main 1935 (Ausgabe 1934).
[18] Rudolf Unger: Wissenschaftliche Bibliographie des Jahres 1934. VII. Deutsche Literatur: Romantik. In: ZfDk 49 (1934), S. 292.

Schrift *Von den göttlichen Dingen und ihrer Offenbarung*, die 1812 im ersten Band des *Deutschen Museums* erschienen war und die ausführliche *Anmerkung* zu einer anonymen Rezension von Jacobis Werken aus den Wiener *Jahrbüchern der Literatur* von 1822. Einleitung und Erläuterungen Körners nahmen etwa die Hälfte des voluminösen Bandes ein und betteten die neuen Dokumente in ein umfangreiches Bild von Schlegels geistigen Metamorphosen ein. Dabei suchte Körner den gegen Schlegel erhobenen Vorwurf des philosophischen Dilletantismus zu entkräften und ihn als Wegbereiter einer modernen Lebens- und Existenzphilosophie zu erweisen. Gegen die These vom katholischen Bruch in Schlegels Entwicklung behauptete er den allmählichen Durchbruch einer anfangs noch durch Bildungseinflüsse aufgehaltenen Religiosität. Somit erschien die Konversion als zwar nicht notwendiges, doch mögliches Ergebnis einer geistigen Entwicklung, die Schlegel und andere seiner Zeitgenossen vom Individualismus zum Irrationalismus geführt hatte.

1936 und 1937 erschienen dann in zwei Bänden die von Körner auf Schloß Coppet am Genfer See aufgefundenen romantischen Korrespondenzen unter dem Titel *Krisenjahre der Frühromantik*,[19] die sofort ein intensives Echo im In- und Ausland fanden.[20] Der 1938 im Manuskript vorliegende Erläuterungsband konnte infolge der politischen Ereignisse nicht mehr gedruckt werden und erschien erst nach Körners Tod im Jahre 1958.[21]

Neben Körner widmete sich auch der Görres-Herausgeber Wilhelm Schellberg der editorischen Erschließung romantischer Briefcorpora. Schellberg hatte noch kurz vor seinem Tode 1937 die Übergabe des gesamten Briefnachlasses Friedrich Karl von Savignys aus dem Savigny'schen Familienarchiv an die Preußische Staatsbibliothek zu Berlin vermittelt. Nachdem er aus diesem Fundus bereits in der katholischen Zeitschrift *Hochland* eine Auswahl unbekannter Gedichte und Briefe des jungen Clemens Brentano veröffentlicht hatte,[22] bereitete er die Veröffentlichung der zahlreichen Briefe Clemens Brentanos an Savigny und dessen Frau – Brentanos Schwester

---

[19] Josef Körner (Hrsg.): Krisenjahre der Frühromantik. Briefe aus dem Schlegelkreis. 2 Bde. Brünn, Wien, Leipzig 1936/37, Neudruck Bern 1969.

[20] Vgl. die Rezensionen von W. Kalthoff (Zeitschrift für Ästhetik 31 (1937), S. 314f. und 32 (1937), S. 354-357), K. A. Meißinger (Hochland 34 II (1937), S. 259f.), Walther Rehm (ZfdPh 63 (1938), S. 324-326; Benno von Wiese (Literaturblatt für germanische und romanische Philologie 60 (1939), Sp. 100-102). Würdigende Stimmen kamen auch aus dem Ausland, u.a. von Eduard Castle (Chronik des Wiener Goethe-Vereins 42 (1937), S. 54f. und 43 (1938), S. 59), J. Rouge (Revue germanique 28 (1937), S. 411-413), E.H. Zeydel (MLN 52 (1937), S. 369-371), E. Peterson: Neue Romantikerbriefe (Schweizer Rundschau 37 (1937/38), S. 426-430).

[21] Dazu Körners bitterer Kommentar im Brief an Käte Hamburger vom 5. Februar 1946, DLA A: 77.151/2: „Ein Unstern stand auch über meiner großen Quellenpublikation ‚KRISENJAHRE DER FRÜHROMANTIK'; der III. Band, der Kommentar und Register bringen sollte, war schon 1938 druckfertig, durfte aber nicht mehr gedruckt werden, obwohl ohne ihn die vorangegangenen Textbände unverständlich und wissenschaftlich unbenützbar sind. Trotzdem hat der Verlag bis 1944 ca. 250 Exemplare verkauft, die Restauflage aber ist in den Kämpfen um Brünn mit dem gesamten Verlagsmagazin vernichtet worden. Wo findet sich heut (oder morgen) ein Verleger, der das Riesenwerk zu übernehmen wagte?"

[22] Unbekannte Gedichte und Briefe des jungen Clemens Brentano. Mitgeteilt und eingeleitet von Wilhelm Schellberg. In: Hochland 34 I (1936), S. 47-56.

Gunda – vor. Nach seinem Tod führte der vormalige *Hochland*-Schriftleiter Friedrich Fuchs die Ausgabe zu Ende, die 1939 erschien.[23] Die im Savigny-Archiv befindlichen Briefe Brentanos an die frühverstorbene Lieblingsschwester Sophie wurden ebenso einbezogen wie Epistel an Großmutter Laroche, den Vater, Bruder Franz und Schwester Bettina, so daß insgesamt 210 Mitteilungen den Lebensweg des Dichters von den Knabentagen bis zur Höhe seines Schaffens und der Glaubenskrise seiner katholischen Rekonversion illustrierten. Josef Körner erteilte dem „hochbedeutsamen Quellenwerk einer ganzen Epoche" und der Arbeit der Herausgeber „das höchste Lob". Schellberg und Fuchs folgten nicht dem Vorbild Reinhold Steigs, der in seinen Brief-Editionen von Romantikern die Original-Texte mit eigenen Erläuterungen zu zusammenhängenden Lebensgeschichten kompiliert hatte. Sie boten mit knappen, durch Petitdruck von den Texten abgehobenen Überleitungen von Nummer zu Nummer einen Kommentar, der, so Körner, „dabei aber mit so profunder Sachkenntnis und so scharfer Genauigkeit geleistet ist, daß über die vorliegenden Dokumente hinaus an der gesamten Brentano-Briefliteratur Korrektur geübt, insbesondere manche falsche Datierung aus den Büchern von Steig und Stoll gebessert werden konnte."[24] 1942 folgte eine weitere Frucht der Entdeckungen Wilhelm Schellbergs im Savigny-Nachlaß: Unbekannte Briefe Bettina von Arnims an den Schwager Savigny und die Schwester Gunda aus den Jahren 1796 bis 1855.[25] Der 184 Briefe enthaltende Band beleuchtete nahezu das gesamte Leben Bettinas und ging weit über familiäre Zusammenhänge hinaus. Die Ausgabe, die einen Mittelweg zwischen Interlinearkommentierung und Verschmelzung von Dokument und Erläuterung beschritt, wurde von Josef Körner als „nach Umfang und Inhalt das bisher bedeutendste Quellenwerk für Bettina Arnim-Brentano, die Editionen von Steig und Bergemann übertreffend", gewürdigt.[26] – Doch behoben diese Anstrengungen um Brentano und seinen Kreis, zu denen auch die von Karl Viëtor revidierte Fassung des *Wunderhorn*,[27] die wiederaufgelegte dreibändige Märchenausgabe von Guido Görres[28] und die erneute Edition des Briefwechsels mit Sophie Mereau[29] zählten, nicht den Mangel

---

[23] Clemens Brentano: Das unsterbliche Leben. Unbekannte Briefe. Hrsg. von Wilhelm Schellberg und Friedrich Fuchs. Jena: Diederichs 1939.
[24] Josef Körner: Marginalien, S. 17f.
[25] Die Andacht zum Menschenbild. Unbekannte Briefe von Bettina Brentano. Hrsg. von Wilhelm Schellberg und Friedrich Fuchs. Jena: Diederichs 1942
[26] Josef Körner: Marginalien, S. 20.
[27] Ludwig Achim von Arnim, Clemens Brentano: Des Knaben Wunderhorn. Alte deutsche Lieder. Textrevision von Karl Vietor. 3 Teile. T. 3. Leipzig: Insel Verlag 1934 (= Druck der Mainzer Presse).
[28] Clemens Brentano: Märchen und Romanzen. Nach der von Guido Görres und Christian Brentano veranstalteten Ausgabe neu hrsg. von Hans Löwe. 3 Bde. Meersburg, Leipzig 1936.
[29] Briefwechsel zwischen Clemens Brentano und Sophie Mereau. Nach den Handschriften hrsg. von Heinz Amelung. Neue Ausgabe. Potsdam: Rütten und Loening 1939. Der bereits 1907 von Heinz Amelung für eine zweibändige Ausgabe des Insel-Verlags edierte Briefwechsel erschien in dieser Ausgabe bei Rütten und Loening vermehrt um einige Briefe und unter Berücksichtigung der seither erfolgten Brentano-Forschung.

einer historisch-kritischen Gesamtausgabe seiner Schriften und Briefe, die 1912 durch Schüddekopf begonnen, doch nicht abgeschlossen worden war.

Bislang unveröffentlichte Briefe und Selbstzeugnisse stellten das Material für eine Vielzahl weiterer Editionen bereit. Neben den Tagebüchern Zacharias Werners, die in bereinigter und philologisch gesicherter Form durch Oskar Floeck ediert wurden,[30] erschienen die Korrespondenzen Philipp Otto Runges[31], in gesonderter Form dessen Briefwechsel mit Goethe.[32]

Richteten sich die in Buchform veröffentlichten Ausgaben romantischer Korrespondenzen und Selbstzeugnisse an die breite kulturelle Öffentlichkeit, waren die von Germanisten oder interessierten Laien in disziplinären Publikationsorganen mitgeteilten Brief- und Nachlaßfunde zumeist an die wissenschaftliche Gemeinschaft bzw. an ein spezielleres Publikum adressiert. Bislang unveröffentlichte Epistel erschienen u.a. von August Wilhelm Schlegel,[33] Mitgliedern des Brentanokreises,[34] von späte-

---

[30] Die Tagebücher des Dichters Zacharias Werner. Hrsg. und erl. von Oskar Floeck. Leipzig 1939. I. Bd. Texte, II. Bd. Erläuterungen (= Bibliothek des literarischen Vereins in Stuttgart, Sitz Tübingen, Publikation 289, 290). – Die von F.K.J. Schütz 1841 in den Bänden XIV und XV der *Ausgewählten Schriften* Werners veröffentlichte „Original-Mitteilung aus Z.Werners handschriftlichen Tagebüchern" bereinigte der als Werner-Editor bekannte Floeck ohne das weitgehend verschwundene Manuskript von Druckfehlern und Verlesungen. Mit Hilfe zeitgenössischer Brief- und Memoirenliteratur, Handbüchern und „rühmenswertem philologischen Scharfsinn" (Josef Körner: Marginalien, S. 24) rekonstruierte er eine Vielzahl verstümmelter Namen von Personen, Orten und Kunstwerken und bereicherte den Text durch neue, von ihm aufgefundene Aufzeichnungen.

[31] Philipp Otto Runge: Briefe in der Urfassung. Hrsg. von Karl Friedrich Degner. Berlin 1940 (= Bekenntnisse deutscher Kunst 1). Diese Edition brachte alle in der Urfassung noch vorhandenen und erreichbaren Briefe des Malers in extenso ohne die Eingriffe und Kürzungen, die seinerzeit Runges Bruder Daniel bei seiner Ausgabe der „Hinterlassenen Schriften" vorgenommen hatte und fügte 177 bisher unbekannte Briefe hinzu.

[32] Philipp Otto Runges Briefwechsel mit Goethe. Hrsg. von Hellmuth Freiherr von Maltzahn. Weimar 1940 (= Schriften der Goethe-Gesellschaft 51).

[33] Drei Briefe A.W. Schlegels an Mathias De Noel. Mitgeteilt von Willi Kahl. In: Jahrbuch des Kölnischen Geschichtsvereins 15 (1933), S. 130-134; Josef Körner: Ein unehelicher Sohn A.W. Schlegels? In: Ebenda, S. 120-129 (mit dem Brief A.W. Schlegels über eine diesbezügliche Verleumdung beim Tod des von ihm unterstützten Malers P. Busch); Paul Kaufmann: Auf den Spuren A.W. Schlegels. In: Preußische Jahrbücher 234 (1933), S. 226-243 (Behandelte unter Abdruck unbekannter Briefe Schlegels Ehe mit Sophie Paulus); Ein unbekannter Brief A.W. Schlegels an seinen Verleger. Mitgeteilt von Johannes Hennig. In: GRM 25 (1937), S. 464-466; Josef Körner: Friedrich Tieck und A.W. Schlegel über Gottlieb Schick. In: Württembergische Vierteljahrsschrift für Landesgeschichte 41 (1936), S. 118-127.

[34] Briefe aus dem Brentanokreis. Mitgeteilt von Ernst Beutler. Jahrbuch des Freien Deutschen Hochstift 1934/35, S. 367-455; Alfred Bergmann: Ungedrucktes aus der Sammlung Kippenberg II. Vier Briefe von Philipp Otto Runge und ein Brief von dessen älterem Bruder Johann Daniel an Clemens Brentano. In: Jahrbuch der Sammlung Kippenberg 10 (1935), S. 229-245; Zehn ungedruckte Briefe von Bettina und Achim von Arnim an Ludwig Emil Grimm. Hrsg. von Raimund Pissin. In: Preußische Jahrbücher 240 (1935), S. 109-127; Clemens Brentano: Ungedruckte Verse. Aus dem Nachlaß. In: Bücherwurm 22 (1936), S. 90f.; Unbekannte Briefe der Karoline von Günderrode

ren Romantikern wie Adam Müller,[35] Joseph Görres[36] oder den Nazarenern.[37] Auch regional aktive Literatur- und Heimatforscher publizierten aufgefundene Materialien.[38]

Werkausgaben Wackenroders, Novalis' und Eichendorffs, die den Mangel an historisch-kritischen Editionen nur unzureichend substituierten, wurden von Literaturwissenschaftlern für Verlage mit überwiegend bildungsbürgerlichem Lesepublikum vorbereitet. Während der Frankfurter Ordinarius Franz Schultz die Dichtungen Friedrich von Hardenbergs im Leipziger Insel-Verlag edierte,[39] ordnete und erläuterte Otto Mann dessen Fragmente in einer Ausgabe des Dieterich-Verlages.[40] 1938 erschien eine Neuauflage der 1910 von Friedrich von der Leyen besorgten zweibändigen Wackenroder-Ausgabe in einem Band – ohne allerdings den ursprünglichen Herausgeber zu nennen, der 1937, dem drohenden Berufsverbot zuvorkommend, um vorzeitige Versetzung in den Ruhestand gebeten hatte.[41] Hinzugefügt waren einige kleinere, seitdem veröffentlichte oder hier zum ersten Mal publizierte Stücke, so Reiseberichte aus dem Erlanger Sommer 1793, Gedichte, ein Fragment *Über die Minnesänger* und drei Briefe an Wackenroders Lehrer E. J. Koch. Auch wenn diese Edition keinesfalls wissenschaftlichen Standards genügte, galt sie doch aufgrund ihrer Vollständigkeit nach Meinung

---

an Friedrich Creuzer. Mitgeteilt von Paul Pattloch. In: Hochland 35 I (1937/38), S. 50-59; Kurt Rossmann: Versuch einer Geschichte des Heidelberger Schlosses von Clemens Brentano. In: Neue Heidelberger Jahrbücher 1941, S. 59-75; Clemens Brentano: Der arme Raimodin. Ein unbekanntes Fragment. Veröffentlicht von Friedrich Fuchs. In: Neue Rundschau 55 (1944), S. 107-117.

[35] Paul Hoffmann: Ein vergessenes Jugendwerk Adam Müllers. In: Ständisches Leben 3 (1933), S. 164-169; Jakob Baxa: Ein unbekanntes Schreiben Adam Müllers. In: Wächter 26/27 (1944/45), S. 46-48.
[36] Robert Stein: Unbekannte Briefe von Görres. In: Germania 27.2. 1935 (Nr. 59).
[37] Unbekannte Briefe von Nazarenern und Romantikern. Mitget. von Johann Georg Herzog zu Sachsen. In: Wächter 17 (1935), S. 49-57, 145-151.
[38] Göbel: Vier ungedruckte Briefe der Brüder Contessa. In: Der Wanderer im Riesengebirge 53 (1933), H. 3, S. 42f.; E.T.A. Hoffmann über Mozarts „Don Juan". Eine verschollene Berliner Opernkritik aus dem Jahre 1820. Aufgefunden und Mitgeteilt von Felix Hasselberg. In: Berliner Blätter 1 (1934), S. 73-78; Adalbert von Chamisso: Zwei Gedichte. Zum Besten der alten Waschfrau. Faksimile des Einblattdruckes von 1838. Erläutert von Felix Hasselberg. Berlin 1937 (= Sondergabe des Vereins für die Geschichte Berlins); Friedrich Gottlob Wetzel: Magischer Spiegel. Von der Herrlichkeit unseres Reiches edler deutscher Nation. Bearb. und neu hrsg. von Kristian Kraus. Leipzig 1939 (= Sammeltisch deutscher literarischer Seltenheiten in kleinen Ausgaben); Ein Brief von Richard Wagners Oheim, Adolph Wagner, an Friedrich de la Motte Fouqué. In: Der Autographensammler 6 (1942), S. 122-124.
[39] Novalis: Dichtungen. Hrsg. von Franz Schultz. Leipzig: Insel Verlag 1936.
[40] Novalis: Romantische Welt. Die Fragmente. Geordnet und erl. dargeboten von Otto Mann. Leipzig: Dieterich 1939 (=Sammlung Dieterich 21).
[41] Wilhelm Heinrich Wackenroder: Werke und Briefe. Berlin 1938. Im selben Jahr erschienen Wackenroders Reisebriefe, mit Abbildungen, Einführung und Erläuterungen hrsg. von Heinrich Höhn (Berlin 1938). 1942 brachte der Leipziger Weber-Verlag eine Separatausgabe der *Herzensergiessungen* mit einem Nachwort von Hermann August Korff (= Weberschiffchen-Bücherei 57).

Rudolf Ungers als „für den allgemeineren Gebrauch sehr empfehlenswerte Gesamtausgabe".[42]

Selbst nach Beginn des Krieges stockte die Edition romantischer Texte nicht. 1940 erschien im Leipziger Insel-Verlag eine zweibändige Dünndruckausgabe der Werke Eichendorffs, die die von Franz Schultz 1910 bearbeitete und lange vergriffene zweibändige Edition ersetzen sollte.[43] Die Verwendung von Dünndruckpapier gestattete eine beträchtliche Umfangserweiterung, so daß die Novellenauswahl durch die satirische Erzählung *Auch ich war in Arkadien* ergänzt werden konnte und Band 2 neben den beiden Romanen und autobiographischen Fragmenten auch das für die Bühne wiederentdeckte Lustspiel *Die Freier* enthielt. Die Einleitung Rudolf Bachs zeichnete Eichendorff als lichten Lyriker vor dem dunklen Hintergrund nächtlich-chaotischer Strebungen der Romantik. Auch in Eichendorff seien diese Züge in bewältigter Gestalt zu erkennen. Die von Richard Benz hervorgehobene Rolle der Musik in der romantischen Bewegung machte Bach für die Behandlung der spezifischen Musikalität Eichendorffs fruchtbar und verband dessen Novellen mit dem Opernschaffen Mozarts. Die Ausgabe, die sich in die Reihe der wiederaufgenommenen Klassiker-Editionen des Insel-Verlages einordnete, wurde vom Schrifttumsbericht des Eichendorff-Jahrbuchs *Aurora* als „eine der schönsten Gaben der letzten Jahre zur deutschen Romantik"[44] gewürdigt. In einer voluminösen einbändigen Ausgabe brachte der Insel-Verlag 1942 auch die Werke und Briefe von Novalis – wiederum eingeleitet von Rudolf Bach – auf den Markt;[45] 1943 erschien in Berlin eine noch umfangreichere, von Ewald Wasmuth betreute Novalis-Ausgabe in drei Bänden.[46]

Eine besondere Rolle bei der Edition romantischer Texte, vor allem auch naturphilosophischer und mythologischer Werke, spielte der in Berlin ansässige Verlag Wolfgang Keipers, auf dessen Produktionen an dieser Stelle näher eingegangen sein soll. Der 1937 aus einem seit 1932 bestehenden Antiquariat hervorgegangene Verlag veröffentlichte in der Reihe „Schöpferische Romantik", die seit 1940 unter dem Titel „Dokumente zur Morphologie, Symbolik und Geschichte" herausgegeben wurde, selten oder seit ihrer ersten Auflage nicht mehr edierte Werke der Romantik.[47] Unter Mitwirkung

---

[42] Rudolf Unger: Schrifttumsbericht Deutsche Romantik, ZfDk 53 (1939), S. 185.
[43] Joseph von Eichendorff: Werke. 2 Bde. Eingel. von Rudolf Bach. Leipzig: Insel Verlag 1940 und 1944.
[44] Neue Eichendorff-Literatur. In: Aurora 11 (1942), S. 82-84, hier S. 83.
[45] Novalis: Werke und Briefe. Hrsg. von Rudolf Bach. Leipzig: Insel Verlag 1942 (Einbändige Ausg., 767 S.)
[46] Novalis: Briefe und Werke. Hrsg. von Ewald Wasmuth. 3 Bde. 1.: Briefe und Tagebücher, 2.: Die Dichtungen, 3.: Die Fragmente. Berlin: Schneider 1943.
[47] Zur Verlagsgeschichte vgl. den von Wolfgang Keiper im August 1945 ausgefüllten „Fragebogen zur Erfassung der Verlage in Groß-Berlin" und die ihm beigefügten Anlagen. Landesarchiv Berlin, Rep. 120, Magistrat von Berlin/ Volksbildung, 992 (W. Keiper Verlag 1945-47). Der seit 1928 als Buchhändler und Verleger tätige Wolfgang Keiper gab als präferierte Fachgebiete Literatur, Kunst und Wissenschaftsgeschichte an und nannte als ständige Mitarbeiter

von A. Buchenau, Friedrich von der Leyen, Julius Schuster und anderen Gelehrter erschienen u.a. *Gesammelte Schriften* von Johann Jakob Bachofen (mit der Urfassung des *Mutterrechts* nach dem Erstdruck von 1857 und der *Unsterblichkeitslehre*)[48] sowie umfängliche Ausgaben der Schriften von Carl Gustav Carus[49], Karl Friedrich Kielmeyer[50] und Lorenz Oken.[51] In dieser Reihe erschienen auch Johann Wilhelm Ritters erstmals 1806 in München gedrucktes Fragment *Physik als Kunst* sowie Johann Arnold Kannes Erinnerungen *Aus meinem Leben* (Erstdruck Leipzig 1817).[52] Daneben edierte der Keiper-Verlag bedeutende Werke wie Cusanus' *Globusspiel* von 1463, Keplers Schrift *Vom Sechseckigen Schnee*, die 1611 in Frankfurt/Main erschienen war, Paracelsus' *Philosophia Mystica* von 1618 und dessen *Sermonum In Antichristos* aus dem Jahre 1619.[53] Noch 1945 wurde hier ein Reprint von Jacob Grimms Darstellung seiner Göttinger Entlassung aufgelegt.[54] In seinem Antrag auf Wiederzulassung vom 6. August 1945 verwies Keiper auf die Ideologiefreiheit seiner verlegerischen Arbeit und betonte, „daß die faschistische Scheinkonjunktur bewußt gemieden wurde und die Verlagsarbeit auf keiner materialistischen Grundlage beruhte." [55] Gegen Keipers Versicherungen gelangte das Gutachten des Referats Verlage in der

---

A. Buchenau, H. Körnchen, Friedrich von der Leyen, Herman Nohl, Fritz Kirchhoff und Julius Schuster, die – so Keiper – „aus weltanschaulichen Gründen meist nach 1933 pensioniert" wurden. Als gelegentliche Mitarbeiter führte er Max Planck, Max von Laue, Hans Pfitzner, Eduard Spranger, A. Mittasch und Will-Erich Peukert auf.

[48] Johann Jakob Bachofen: Gesammelte Schriften. Berlin: Keiper 1938. (= Schöpferische Romantik).

[49] Carl Gustav Carus: Gesammelte Schriften. Hrsg. von R. Zaunick und W. Keiper. Berlin: Keiper 1938 (= Schöpferische Romantik); Carl Gustav Carus: Friedrich der Landschaftsmaler. Berlin: Keiper 1944 (= Dokumente zur Morphologie, Symbolik und Geschichte).

[50] Karl Friedrich von Kielmeyer: Gesammelte Schriften. Hrsg. von Fritz-Heinz Holler. Unter Mitwirkung von Julius Schuster nach den Handschriften zum erstenmal veröffentlicht. 3 Bde. Berlin: Keiper 1938 (= Schöpferische Romantik).

[51] Laurentius Oken: Gesammelte Schriften. Hrsg. von Julius Schuster. Berlin: Keiper 1939 (= Schöpferische Romantik).

[52] Johann Wilhelm Ritter: Physik als Kunst. Ein Versuch. Neudruck, hrsg. von Karl Graf von Klinkowstroem. Berlin: Keiper 1941 (= Dokumente zur Morphologie, Symbolik und Geschichte); Johann Arnold Kanne: Aus meinem Leben. Neudruck, hrsg. von Karl Schmitt. Berlin: Keiper 1941 (= Dokumente zur Morphologie, Symbolik und Geschichte).

[53] In der Reihe „Dokumente zur Morphologie, Symbolik und Geschichte" erschienen ebenfalls eine durch Herman Nohl betreute Ausgabe von Gottfried Sempers *Schmuck als Kunstsymbol*; der Komponist Hans Pfitzner veröffentlichte 1944 Aufzeichnungen zu *Philosophie und Dichtung in meinem Leben*. Die persönlichen Erinnerungen Max Plancks unter dem Titel *Zur Geschichte der Auffindung des physikalischen Wirkungsquantums* blieben infolge der Kriegseinwirkungen Projekt – wie auch manch andere der von Wilhelm Keiper als „bisherige Produktion" deklarierten Titel im Krieg verlorengingen, siehe W. Keiper: Anlage 1 zum „Fragebogen zur Erfassung der Verlage in Groß-Berlin". Landesarchiv Berlin, Rep. 120, 992.

[54] Jacob Grimm: Über meine Entlassung. Reprint der Ausgabe Basel 1938. Mit Dokumenten, 1 Frontispiz und 1 Faksimile. Berlin: Keiper 1945.

[55] Brief W. Keiper an den Magistrat der Stadt Berlin vom 6. August 1945. Landesarchiv Berlin, ebenda, Bl. 5. Weiter hieß es: „Zu der laufenden umfangreichen Produktion sei ordnungshalber

Magistratsabteilung für Volksbildung jedoch zu der Einschätzung, daß das Gründungsdatum des Velages 1937 „verfänglich" sei, „denn die Nazis haben niemand zu dieser Zeit zum Verlegerberuf neu zugelassen, der nicht in ihrem Sinne zuverlässig war. Das würde aber eine Zuverlässigkeit im heutigen Sinne ausschließen."[56]

2.2 Die Romantik-Reihe des Editionsprojektes
Deutsche Literatur in Entwicklungsreihen

Während historisch-kritische Ausgaben von Romantikern auch nach 1933 weitgehend ausblieben und Gesamtausgaben repräsentativer Autoren wie Wackenroder, Novalis und Eichendorff zumeist für ein bildungsbürgerliches Publikum produziert wurden, verhalf die Romantik-Reihe des vom Leipziger Philipp-Reclam-Verlag getragenen Editionsprojektes *Deutsche Literatur. Sammlung literarischer Kunst- und Kulturdenkmäler in Entwicklungsreihen* unbekannteren bzw. lange nicht mehr veröffentlichten Texten zu neuer Wirksamkeit. Schon 1929 hatte der Reclam-Verlag[57] eine 1928 von Her-

---

angemerkt, daß die Papierbeschaffung ohne das ehemalige Propagandaministerium erfolgte und mit den Referenten dieser Institution auch keine anonyme Beteiligungsbasis bestand. Der Verlag glaubt daher ohne Umstellung nicht nur die Voraussetzungen für eine Weiterarbeit zu erfüllen, sondern seine Initiative erst jetzt voll entfalten zu können. Dabei sind die Planungen zunehmend auf internationale Wechselwirkung und Einschaltung in die geistige Neuordnung der alten und neuen Welt bedacht. Der Verlag fügt sich so durch einen wichtigen Beitrag in den deutschen Wiederaufbau organisch ein." – Im vorgelegten Exposé des geplanten Projektes „Das Dokument. Annalen-Archiv zur Geschichte der Wissenschaften und Künste", das als Mitarbeiter prominente Wissenschaftler wie Max von Laue, Max Planck, Ferdinand Sauerbruch, Eduard Spranger, Fritz Kirchhoff und Paul Wegener nannte, sah Keiper die Erweiterung der bisherigen auf die deutsche Wissenschafts- und Kulturgeschichte beschränkten Perspektive vor, um „somit zur pragmatischen Gesundung des europäischen Denkens und Empfindens" beizutragen, ebenda.

[56] Magistrat der Stadt Berlin: Beurteilung W. Keiper Verlag vom 8. 2. 1946. Landesarchiv Berlin, ebenda, Bl. 11. Nach der vom Magistrat empfohlenen Ablehnung seines Antrags bemühte sich Keiper erfolgreich um separate Lizenzen: Die Militärverwaltung des britischen Sektors erteilte ihm am 3. 7. 1946 die Verlagslizenz, nachdem ihm schon am 4. 6. 1946 die Franzosen eine Veröffentlichungsgenehmigung für die geplante Annalen „Das Dokument" gewährt hatten. Magistrat von Berlin, Abteilung Volksbildung, Referat Verlage: Brief an Gouvernement Militaire Francaise vom 24. 9. 1946. Landesarchiv Berlin, ebenda, Bl. 21.

[57] Zur Verlagsgeschichte vgl. u.a. Ernst Saegenschnitter: Der Verlag Philipp Reclam jun. In: Leipziger Jahrbuch 1940, S. 165-172; Annemarie Meiner: Reclam. Eine Geschichte der Universal-Bibliothek zu ihrem 75jährigen Bestehen. Leipzig: Reclam 1942; dies.: Reclam. Geschichte eines Verlages. 1. Auflage Stuttgart: Reclam 1958; 2., überarb. und erg. Auflage 1961; Hans Marquardt (Hrsg.): 100 Jahre Reclams Universalbibliothek 1867-1967. Beiträge zur Verlagsgeschichte. Leipzig: Reclam 1967; Dietrich Bode (Hrsg.): 150 Jahre Reclam. Daten, Bilder und Dokumente zur Verlagsgeschichte 1828-1978. Stuttgart o.J. [1978].

mann Böhlaus Nachf. und dem Österreichischen Bundesverlag für Unterricht, Wissenschaft und Kunst in Wien begonnene und zunächst auf 250, dann auf 300 Bände berechnete Reihenedition übernommen, die die vom Positivismus des 19. Jahrhunderts geprägte Sammlung „Kürschners Nationalliteratur" ablösen sollte. In der von Walther Brecht, Dietrich von Kralik und Heinz Kindermann geleiteten Edition, deren Prinzipien von der geistesgeschichtlichen Literaturbetrachtung geprägt waren, erschienen zwischen 1929 und 1945 110 Bände.[58] Die auf 20 Bände veranschlagte Reihe „Klassik" (Herausgeber Emil Ermatinger), die Reihe „Irrationalismus / Sturm und Drang" (20 Bde. geplant, Herausgeber Heinz Kindermann) und die Reihe „Eroberung der Wirklichkeit" (40 Bde. geplant, Herausgeber Kindermann) wurden kaum begonnen. Auch andere Reihen wie „Ältere Mystik" (5 Bde. geplant, Herausgeber Josef Quint), „Neuere Mystik und Magie" (7 Bde. geplant, Herausgeber Held), „Erneuerung des griechischen Mythos" (5 Bde. geplant, Herausgeber Wolfgang Schadewaldt), „Nationalpolitische Prosa von der Französischen Revolution bis zur deutschen Erhebung" (6 Bde. geplant, Herausgeber Rainer Schlösser) blieben Projekt. Abgeschlossen wurden dagegen die Reihen „Barocklyrik" (3 Bde., Herausgeber Herbert Cysarz), „Barockdrama" (6 Bde., Herausgeber Willy Flemming), „Aufklärung" (15 Bde., Herausgeber Fritz Brüggemann) und „Romantik" (24 Bände, Herausgeber Paul Kluckhohn).

Aufgrund der alliierten Bombenangriffe auf Leipzig, die das Verlagshaus in der Inselstraße am 4. Dezember 1943 schwer beschädigten, sind interne Informationen zur Sammlung „Deutsche Literatur in Entwicklungsreihen" nur unvollständig in Form der im DLA Marbach lagernden Briefwechsel zwischen Hauptherausgeber Heinz Kindermann, dem Verantwortlichen der Reihe „Romantik" Paul Kluckhohn und dem Leipziger Reclam-Verlag erhalten. Doch gewähren die vor 1944 erschienenen 23 Bände mit z.T. sehr umfangreichen Einleitungen Aufschluß über Editionspraktiken und angelegte Deutungsmuster. In der Reihe „Romantik", deren 1.Band zuletzt 1950 in Stuttgart erschien und damit das Gesamtprojekt abschloß,[59] wurden literarische Werke, philosophisch-theoretische Texte wie auch Auszüge aus Briefen und Tagebüchern; z.T. erstmals nach den inzwischen längst vergriffenen Erstauflagen veröffentlicht. Der nachfolgend wiedergegebene Überblick belegt die der Editionsreihe zugrundeliegenden Ordnungsprinzipien:

---

[58] Walther Brecht war bis zu seiner Zwangsemeritierung 1937 Mitglied der Herausgebergemeinschaft; in den nach 1938 aufgelegten Bänden wurde er nicht mehr als Mitherausgeber aufgeführt.

[59] Band 1 der Reihe war Ende 1943 bereits gesetzt; der Satz wurde jedoch während des Luftgriffs auf Leipzig im Dezember 1943 zerstört und konnte trotz Kluckhohns Engagements vor der endgültigen Einstellung der Verlagstätigkeit im August 1944 nicht wiederhergestellt werden. Vgl. Paul Kluckhohn an Philipp Reclam jun. Briefe vom 11.8.1943, 25.1.1944, 18.7.1944, 1.8.1944. DLA Marbach A: Kluckhohn Zugang 68.677.

> ## Überblick über die Reihe Romantik
> Herausgegeben von
> Universitäts-Professor Dr. Paul Kluckhohn, Tübingen
>
> Band 1: Einleitung. — Romantiker im Urteil der Freunde und Gegner.
>
> ### Abteilung I.
> ### Ideenwelt und Dichtung der Frühromantik
> Band 2: Vorbereitung: Vorläufer (Herder, Jean Paul u. a.). Fichte. — Aus frühen Schriften A. W. und F. Schlegels. — Goethes Märchen. — Frühe Dichtungen Tiecks.
> Band 3: Kunstanschauung der Frühromantik (Wackenroder und Tieck, F. Schlegel, Novalis, Schelling, A. W. Schlegel).
> Band 4: Lebenskunst (Persönliche Sittlichkeit: Schleiermacher, Monologen u. a.; Fr. Schlegel; Novalis. — Geselligkeit und Freundschaft: Novalis; Fr. Schlegel; Schleiermacher; Tieck; Sophie Bernhardi, Lebensansicht. — Frauen, Liebe, Ehe: Caroline; Fr. Schlegel, Lucinde u. a.; Schleiermacher; Tieck; Steffens; Novalis. — Magischer Idealismus: Novalis.)
> Band 5: Weltanschauung (Natur, Religion. „Heinrich von Ofterdingen").
> Band 6: „Franz Sternbalds Wanderungen".
> Band 7: „Florentin" u. a. Erzählungen.
> Band 8: Brentano, „Godwi".
> Band 9: Genoveva und andere romantische Dichtungen Tiecks.
>
> ### Abteilung II. Fortbildung der Ideenwelt
> Band 10: Deutsche Vergangenheit und deutscher Staat (Novalis, F. und A. W. Schlegel, Tieck, Arnim, Görres, Grimm, A. Müller, Kleist u. a.).
> Band 11: Lebenslehre und Weltanschauung (Runge, Brentano, Bettina, Arnim, Schleiermacher u. a. — F. Schlegels späte Schriften, Baader, Görres. — Naturphilosophen).
> Band 12: Kunstlehre (Jean Paul, Brentano, Arnim, Bettina, G. H. Schubert, Görres, Adam Müller, Kleist, Runge, Friedrich, F. Schlegels Schriften zur bildenden Kunst, Solger, Hoffmann, Robert Schumann).
> Band 13: Wissenschaft: Historiker und Juristen; Germanisten und Literarhistoriker; Mythologen; Naturforscher und Ärzte.
>
> ### Abteilung III. Dichterische Ernte
> Band 14—15: Märchen (Runge, Bettina, Brüder Grimm, Brentano, Fouqué, Chamisso, Hoffmann, Contessa, Eichendorff).
> Band 16—19: Erzählungen (Brentano, Bonaventura, Kleist, Arnim, Hoffmann, Eichendorff, Tieck).
> Band 20—21: Dramen (Arnim, Werner, Kleist).
> Band 22: Komödien (Brentano, Kleist, Arnim, Eichendorff, Büchner).
> Band 23: Lyrik (Brentano bis Eichendorff).
> Band 24: Satiren und Parodien (A. W. Schlegel, Tieck, Schelling, Brentano, Görres).

Seit 1931 erschienen nach einer längeren Vorbereitungsphase die Titel der „Romantik"-Reihe, für die Paul Kluckhohn verantwortlich zeichnete. Hatte dieser anfänglich noch eine gattungsspezifische Gliederung vorgeschlagen[60]

---

[60] Vgl. Paul Kluckhohn an Heinz Kindermann. Brief vom 14.2.1925. DLA Marbach. A: Kluckhohn, Zugang 68.654. In diesem Brief machte Kluckhohn einen „groben Voranschlag" für die „mindestens 15-20 Bände": „Lyrik 2, Märchen und Erzählungen 6-7, Dramen 3, Philosophie

und war erst nach Einspruch Kindermanns und der anderen Reihenleiter zu einer stärker chronologischen Ordnung übergegangen,[61] realisierten die endgültigen Bände eine Synthese aus genrespezifischer und zeitlicher Strukturierung. Die einzelnen Bände faßten Texte unterschiedlicher Autoren zusammen, die teils aus größeren Werken gelöst, teils als ganze übernommen und unter geistesgeschichtlichen Kategorien rubriziert wurden.[62]

Den 1933 erschienenen Bänden 6 und 7, die unter dem Titel *Frühromantische Erzählungen* vollständige bzw. Auszüge frühromantischer Prosawerke enthielten, waren Reaktionen auf politische Veränderungen oder Modifikationen der Deutungs- und Wertungsperspektive noch nicht anzumerken. Band 6 brachte Ludwig Tiecks Roman *Franz Sternbalds Wanderungen* in der Fassung von 1798 vollständig zum Abdruck; Band 7 enthielt Auszüge aus Brentanos *Godwi*, den ersten Neudruck seit der 1801 veröffentlichten Erstauflage des Romans *Florentin* von Dorothea Veit sowie zwei Märchennovellen Tiecks.[63] Kluckhohns Einleitung in beide Bände charakterisierte historische Genese und Wesen der romantischen Romanexperimente in ihrer Abhängigkeit von Goethes *Wilhelm Meister* und ihren Distinktionsversuchen gegen das übermächtige Vorbild, die ihren Ausdruck in einem betonten Subjektivismus gefunden hätten. Die von der Literaturgeschichtsschreibung des 19. Jahrhunderts als Hybris des selbstherrlichen Individuums mißdeutete ro-

---

des Lebens und der Kunst 2, Religion 1, Geschichtsauffassung 1, Literaturgeschichte 1, Staatsauffassung 1".

[61] Vgl. Heinz Kindermann an Paul Kluckhohn. Briefe vom 7.2.1925, 20.2.1925 und 15.4.1925. DLA Marbach A: Kluckhohn, Zugang 68.800/5-12 sowie Paul Kluckhohn an Heinz Kindermann. Brief vom 31.12.1925. DLA Marbach. A: Kluckhohn, Zugang 68.654. Nun schlug Kluckhohn vor, die Reihe chronologisch entsprechend den einzelnen Perioden der Romantik zu strukturieren (I. Vorbereitung, II. Frühromantik, III. Jüngere Romantik, IV. Spätromantik), gab aber zu bedenken: „Diese oder eine ähnliche Anordnung hätte aber den Nachteil, dass sie eine Einanderreihung der Dichter a la Kürschner viel näher kommt als mein ursprünglicher Plan, so wie den, dass das typisch Romantische in der Gedankenwelt und in der Kunstform weniger scharf herauskommt."

[62] So gliederte der von Kluckhohn herausgegebene und eingeleitete Band *Lebenskunst* (Leipzig 1931 (= DLE. Reihe (17) Romantik, Bd. IV)) nach einer knappen Einleitung die Zeugnisse der „romantischen Lebenstheorie" in vier Abteilungen: „Persönliche Sittlichkeit" (mit Fragmenten und nachgelassenen Aphorismen von Novalis sowie Schleiermachers *Monologen* und dem *Versuch einer Theorie des geselligen Betragens*); „Geselligkeit und Freundschaft" (mit verschiedenen Fragmenten über Witz und Ironie sowie Sophie Bernhardis *Lebensansicht*); „Frauen, Liebe, Ehe" (mit Auszügen aus Briefen der Karoline und Friedrich Schlegels *Lucinde*); „Magischer Idealismus" (mit Bruchstücken aus Novalis' Aufzeichnungen). Der von Andreas Müller bearbeitete Band *Neue Wege der Erzählung* (Leipzig 1930 (= DLE. Reihe (17) Romantik, Bd. 16)) vereinte die *Nachtwachen von Bonaventura*, Brentanos *Chronika eines Fahrenden Schülers* und vier Erzählungen Heinrich von Kleists – eine willkürlich anmutende Zusammenstellung, die die Einführung dadurch rechtfertigte, indem sie den pseudonymen Autor der *Nachtwachen* als romantischen, in sich selbst zerrissenen Pessimisten, Brentano als leidenden und leidüberwindenden und Kleist als menschengestaltenden Dichter zusammenfaßte.

[63] Frühromantische Erzählungen. Hrsg. und eingel. von Paul Kluckhohn. Leipzig 1933 (= DLE. Reihe (17) Romantik, Bd. 6 und 7). Der vollständige Abdruck von Tiecks Romanfragment *Franz Sternbalds Wanderungen* in der Fassung der Erstauflage von 1798 war deshalb verdienstvoll, da sie die für die zweite Auflage von 1843 fortgelassenen Lieder und die gekürzten, weil unter der Wirkung Heinses geschriebenen Partien wieder enthielt.

mantische Ironie bestimmte Kluckhohn als ästhetische Erscheinungsform des Konflikts zwischen subjektivem Kunstwollen und darstellerischer Objektivität. Tiecks *Sternbald* sei im Gegensatz zum vorromantischen, den Briefromanen des 18. Jahrhunderts verpflichteten *Lovell* der Prototyp einer lyrisch zerfließenden Erzählweise, in der sich persönliches Erleben, Emphase für altdeutsche Kunst und das durch Goethes *Wilhelm Meister* bereitgestellte „Gerüst des ästhetischen Bildungsromans, das Aufwärtsgeführtwerden durch mancherlei Verirrungen" vereinten.[64] Brentanos „verwilderter Roman" *Godwi* bilde den Gipfel subjektivistischer Einseitigkeit. Doch obwohl der Dichter „allem Gemeinschaftserleben und -empfinden" ferngestanden und gegen Erziehung, Ehe und Staat eine geradezu feindliche Haltung eingenommen habe, klinge im *Godwi* zuerst jener Ton an, „der eine der wirkungsvollsten dichterischen Errungenschaften und Vermächtnisse der Romantik werden sollte und von Heidelberg aus in ,Des Knaben Wunderhorn' die ganze deutsche Welt erobert hat: der Volksliedton."[65] Dorothea Veits Roman *Florentin*, der innerhalb der Romantik-Reihe seine erste Wiederveröffentlichung nach der von Friedrich Schlegel 1801 besorgten ersten Auflage erfuhr, wurde von Kluckhohn noch nicht mit den Invektiven bedacht, die spätere literarhistorische Darstellungen gegenüber dem Buch der Mendelssohn-Tochter in Anschlag brachten – eine Leistung, auf die Kluckhohn 1946 verwies, als nach der historischen Zäsur des Jahres 1945 die nationalistischen und antisemitischen Attitüden des Editionsprojekts „Deutsche Literatur in Entwicklungsreihen" ins Blickfeld gerieten.[66]

Der Antisemitismus der Nationalsozialisten hatte sich schon 1933 auch auf die „Romantik"-Reihe ausgewirkt: Nach den ersten antisemitischen Aktionen des Regimes verzichteten Herausgeber und Verlag auf die Edition eines Notiz-Heftes von Friedrich Schlegel, das der Prager Romantikforscher Josef Körner aufgefunden und zum Druck vorbereitet hatte und das nun von Hauptherausgeber Kindermann aus dem Programm der Reihe gestrichen wurde.[67] In einem Brief an Kluckhohn betonte Kindermann, daß in der Absage das

---

[64] Ebenda, S. 8.
[65] Ebenda, S. 9. Mit der Feststellung des Gegensatzes von Individualismus und Egoismus in Leben und Werk Brentanos einerseits und den formvollendeten, volksliednahen Gedichten andererseits traf Kluckhohn einen Punkt, der später immer wieder rassenkundlich inspirierte Interpretationen reizte: Als Individuum habe Brentano an seinem deutsch-italienischen „Mischblut" gekrankt, doch gerade deshalb eine besondere Sensibilität für volkstümliche Töne entwickelt. Vgl. Teil 1, Kapitel 9: Anläufe zu rassenkundlichen Romantikforschungen.
[66] Vgl. Paul Kluckhohn an Philipp Reclam jun. Brief vom 23.2. 1946. DLA Marbach A: Kluckhohn, Zugang 68.677.
[67] In einem Brief an Kluckhohn im Juni 1932 hatte Kindermann die Edition der Notizen Friedrich Schlegels durch Körner noch begrüßt und sich in diesem Sinne bei Verleger Philipp Reclam um eine Erweiterung der Reihe verwendet, vgl. Heinz Kindermann an Paul Kluckhohn. Brief vom 17.6.1932. DLA Marbach A: Kluckhohn, Zugang 68.800/86. Im Frühjahr 1933 verwarf man dann das Vorhaben wegen Körners jüdischer Herkunft; Kluckhohn wollte die Absage nicht selbst übermitteln und bat Philipp Reclam, dem Prager Romantikforscher aus formellen Gründen zu kündigen, da es ihm nach eigenen Worten nicht liege, „Briefe zu schreiben, in denen das entscheidende Motiv nicht genannt wird", vgl. Paul Kluckhohn an Heinz Kindermann. Brief vom 30. 5. 1933. DLA Marbach A: Kluckhohn, Zugang 68.654.

„entscheidende Motiv" für die Ablehnung – Körners jüdische Herkunft – nicht genannt werden sollte.[68]

Der 1934 vorgelegte Band *Kunstanschauung der Jüngeren Romantik* signalisierte, wie rasch die editorische Praxis auf die politischen Irritationen und die fachinternen Forderungen nach einer „Umwertung der deutschen Romantik" reagierte.[69] Neu war nicht allein die scharfe Akzentuierung der Unterschiede zwischen älterer und jüngerer Romantik, die in den vorangegangenen Bänden durch Zusammenstellung von Texten aus beiden Phasen der romantischen Bewegung beinah gänzlich verwischt wurden, sondern auch die völkische Rhetorik in der Einführung Andreas Müllers. In der „I d e e d e r V o l k h e i t", so Müller, wurzele die hochromantische Hochschätzung des Werkes, das „einer natürlich gewachsenen Gemeinschaft entstammt";[70] das in der jüngeren Romantik erwachte „Volksbewußtsein" fundiere ein politisch aktives Kunstverständnis:

> „Wenn die Ältere Romantik die Kunst letzthin in das Gebiet philosophischer Spekulationen und damit zu einem metaphysischen Erkenntnisakt erhöhte, so sieht jene [die Jüngere Romantik] sie als g e s t a l t e n d e H a n d l u n g eingeordnet in e i n k u l t u r p o l i t i s c h e s P r o g r a m m , das aus eindeutig n a t i o n a l e m u n d c h r i s t l i c h e m Geiste gebildet ist und auf eine Lösung der in der geschichtlich erwachsenen Volksgemeinschaft gegebenen schöpferischen Kräfte zielt."[71]

Radikal trennte Müller zwischen früher und späterer Phase der Romantik: Führte die philosophisch-ästhetische Ausrichtung der Frühromantik zu einer übersteigerten Konzentration auf das Wortkunstwerk, hätte die „kulturpolitische Tendenz" der späteren Romantik ihren Blick auf Malerei und andere Kunstgattungen gelenkt bzw. stark auf bildende Künstler und Musiker gewirkt. Um diese Feststellung zu stützen, die nicht nur die frühromantische Hochschätzung der Malerei etwa bei Wackenroder und Tieck, sondern auch die bedeutende Rolle der Musik für Wackenroder, Tieck und Novalis ausblendete, versammelte der Band neben ästhetischen Reflexionen von Poeten der jüngeren Romantik auch Manifeste der Maler Caspar David Friedrich,

---

[68] Vgl. Heinz Kindermann an Paul Kluckhohn. Brief vom 1.6.1933. DLA Marbach A: Kluckhohn, Zugang 68.800/106: „Die Offenheit ist eine Tugend, die innerhalb unserer deutschen Angelegenheiten von Mann zu Mann gewiß so weit als irgend möglich gepflegt werden müsste. Die wird aber zur Gefahr, wenn außerdeutsche Kreise mitberührt werden. Leider hat Deutschland in seinem diplomatischen Verkehr dieses zwischen Innen und Außen nicht immer genügend erkannt, und sich dadurch unnützen Schaden zugezogen. Schreiben wir an Herrn K[örner] einen Brief, in dem das entscheidende Motiv offen angeführt wird, dann ist dieser Brief im nächsten Augenblick eine möglicherweise gegen Deutschland gerichtete Waffe. Ich kenne leider Herrn K[örner] noch aus Zeiten, in denen man Farbe bekennen mußte. Da ich glaube, daß wir als Deutsche feste Geister sind, andrerseits aber die Zukunft der ganzen Sammlung durch diesen Band von K[örner] möglicherweise gefährden würden, bleibt nur ein Weg über: der der Diplomatie."

[69] Kunstanschauung der Jüngeren Romantik. Bearb. von Andreas Müller. Leipzig 1934 (= DLE. Reihe (17) Romantik. Bd.12).

[70] Ebenda, S. 7, Sperrung im Original.

[71] Ebenda, S. 10; Sperrungen im Original.

Philipp Otto Runge und Ferdinand Olivier sowie musiktheoretische Aufsätze E.T.A. Hoffmanns.[72]

Ein Jahr später erschien der von Paul Kluckhohn vorbereitete Band *Deutsche Vergangenheit und deutscher Staat*, der einen Querschnitt durch das geschichts- und staatsphilosophische Denken der Romantik bieten sollte.[73] Einleitung und Auswahl der Texte zu den vier Themenkomplexen „Vom Sinn der Geschichte", „Deutsche Vergangenheit", „Die Idee des Staates" und „Im Kampf ums Vaterland" reagierten markant auf die 1933 erneut angefachte Debatte um die Abgrenzung von früherer „individualistischer" und späterer, „volkhafter" und „gemeinschaftsgebundener" Romantik. Mit deutlichen Worten verwahrte sich Herausgeber Kluckhohn gegen Darstellungen, die die zweite Phase der Romantik als „germanische Renaissance" und „Wiedererweckung des Mythos" verabsolutierten und als „das Wesen der Romantik überhaupt" von den frühromantischen Anfängen abzukoppeln suchten: Das „Erleben der Volksgemeinschaft" sei durch die Geschichtsauffassung von Hardenbergs und Friedrich Schlegels vorbereitet worden; Volkslied- und Volksbuchentdeckungen der Heidelberger Romantik gingen auf Tiecks Erneuerungen alter Volksbücher zurück; Novalis' Fragmente enthielten Adam Müllers Staatsphilosophie in nuce.[74] Die Einheit der romantischen Bewegung leitete Kluckhohn aus ihrem fundamentalen und für alle Phasen verbindlichen Gegensatz zu den Ideen der Aufklärung und der Französischen Revolution ab. Den Mustern der national verengten Literaturgeschichtsschreibung folgend, entwarf er ein Szenario, das die romantischen Projekte einer emotionalen Rückbindung des einzelnen an Gemeinwesen, Vergangenheit, Staat vor dem dunklen Hintergrund „atomistischer" und „mechanistischer" Vertragstheorien der französischen Aufklärung in hellem Lichte erstrahlen ließ. Auch wenn sich seine Einführung unmittelbarer Traditionszuweisungen und Aktualisierungen enthielt, nahm die Lobpreisung der romantischen Ideen von „Wert und lebendiger Wirkung der Vergangenheit und des organischen Staates"[75] Topoi einer Legitimationsrhetorik auf, mit der die deutsche Literaturwissenschaft die Umbrüche in der politischen Umwelt begleitete. Die Textauswahl wahrte Parität zwischen Vertretern der früheren und der späteren Romantik und vermittelte mit einem Auszug aus Eichendorffs Abhandlung *Preussen und die Konstitution* von 1830 auch Einblick in den Legitimismus der Spätromantik.

Weitere, den philosophisch-weltanschaulichen bzw. wissenschaftlichen Texten der Romantik gewidmete Teile der Reihe erschienen unter Leitung des Kluckhohn-Schülers Wilhelm Bietak 1936 und 1940 unter den Titeln *Le-*

---

[72] Als „Anhang" wurden dem Band Auszüge aus Jean Pauls *Vorschule der Ästhetik* mit der Begründung mitgegeben, Jean Paul und die jüngere Romantik träfen in einem gemeinsamen „ethisch-pädagogische[n] Gestaltungswille[n]" zusammen, „als dessen letztes Ziel die sittliche Erziehung einer Volksgemeinschaft und zur Volksgemeinschaft anzusehen ist." Ebenda, S. 15.

[73] Deutsche Vergangenheit und deutscher Staat. Bearbeitet von Paul Kluckhohn. Leipzig 1935 (= DLE. Reihe (17) Romantik, Bd. 10).

[74] Ebenda, Einführung, S. 6.

[75] Ebenda, S. 24.

benslehre und Weltanschauung der Jüngeren Romantik bzw. *Romantische Wissenschaft*.[76] Der von Bietak zusammengestellte und eingeleitete Band *Lebenslehre und Weltanschauung der Jüngeren Romantik* von 1936 trug zwar der gesteigerten Aufmerksamkeit gegenüber der späteren Romantik Rechnung, enthielt sich jedoch direkter Reaktionen auf Veränderungen im Wissenschaftsbetrieb. In seiner Einführung akzentuierte Bietak die für die spätere Romantik charakteristische „Lösung von der Philosophie des deutschen Idealismus",[77] dessen Unendlichkeitsstreben und Universalitätsanspruch die Jenaer Romantik geprägt habe, und betonte die „Wende von der systemfrohen Kraft der Frühromantik .. zu jener gegenüber Systemen skeptisch gewordenen .. Kritik am Zeitgeist"[78], die in Adam Müllers (vollständig abgedruckter) *Lehre vom Gegensatz* sichtbar werde. Die anschließende Kompilation der Texte und Textauszüge folgte den Leitbegriffen „Lebensgefühl und Lebensphilosophie", „Liebe", „Natur und Geist", „Erziehung und Ethik", „Katholischer Glaube" – wobei Bietaks Einführung die häufig pejorativ beschriebenen romantischen Konversionen (speziell die Friedrich Schlegels) als „Glied jenes unendlichen Lösungsvorganges der romantischen Lebensproblematik" wertete und zum „höchste[n] Sinn der Lebenslehre und Weltanschauung in der Jüngeren und Späten Romantik" erklärte.[79] – Der im zweiten Kriegsjahr vorgelegte und vorerst letzte Band der Reihe unter dem Titel *Romantische Wissenschaft* versammelte Textauszüge in den Rubriken „Mythologie", „Germanistik" und „Naturphilosophie und Naturwissenschaften" und bezog u.a. auch Werke Leopold von Rankes, Franz Horns und Dietrich Georg Kiefers ein. In seiner umfangreichen Einleitung stellte Wilhelm Bietak die an Baeumlers Bachofen-Einleitung orientierte These auf, romantische Wissenschaft sei aus dem Geist der Mythologie geboren worden.[80] Aus dem „Berührtwerden des Menschen von einem solchen ganzheitlichen Leben durch Überlieferung, Brauchtum, Ahnenkult, Sprache, Geschichte, Recht, Volk, Menschheit, Heroen, Mythen" habe die Romantik den Schritt „zur planmäßigen Offenbarung Gottes und seines Willens im Worte, im Logos, in all den Sinnbildern, Zeichen, Chiffren, Hieroglyphen des ganzheitlichen Lebens" vollzogen.[81] „Romantische Wissenschaft" gipfele im „Verstehen des göttlichen Wortes"; ihre Entwicklung sei darum gleichbedeutend mit dem „Schritt vom Mythischen zur Religion" und „Annäherung an das höchste göttliche Wissen".[82] „Mythisch" sei das „Bewußtsein der mütterlichen

---

[76] Lebenslehre und Weltanschauung der Jüngeren Romantik. Bearb. von Wilhelm Bietak. Leipzig 1936 (= DLE. Reihe (17) Romantik. Band 11); Romantische Wissenschaft. Bearb. von Wilhelm Bietak. Leipzig 1940. (= DLE. Reihe (17) Romantik. Bd. 13).
[77] Lebenslehre und Weltanschauung der Jüngeren Romantik. Einführung von Wilhelm Bietak, S. 6.
[78] Ebenda, S. 6.
[79] Ebenda, S. 28 und 30.
[80] Romantische Wissenschaft. Einführung von Wilhelm Bietak, S. 40.
[81] Ebenda, S. 5.
[82] Ebenda, S. 5f. Vgl. auch S. 7: „Geistesgeschichte kann nichts anderes sein als die Geschichte der Wege und Irrwege des menschlichen Denkens zur Wahrheit der göttlichen Offenbarung zurück."

Erde", dessen sich besonders die Mythologen der Romantik versichert hätten, um nach dieser Selbstbesinnung herauszutreten in eine Wissenschaft, „deren Sinn und Ziel aber jene höchste Abstraktion, jene Vergeistigung, jener Sieg des Vatergeistes über die mütterliche Natur, jene höchste Formung, Ordnung und Erleuchtung der ursprünglich dunklen, chaotischen und dumpfen Ahnung Gottes ist, die mit dem Mythos beginnt und, nach Anschauung der Romantik, mit der Religion des Christentums ihren Gipfel erreicht."[83] Eine „mythische Wurzel" fand Bietak sowohl in Beiträgen der romantischen Germanistik als auch in der romantischen Naturphilosophie: Romantische Schrifttums- und Sprachforschung habe „die aufflackernde Flamme der Begeisterung für die deutsche Vergangenheit zur warmen steten Leuchte der Erkenntnis des eigenen völkischen Lebens" geläutert und mythologische sowie sprach- und literaturgeschichtliche Forschungsstränge vereint.[84] Auch die romantische Naturphilosophie habe den Entwicklungsgang vom „mythischen Ahnen" zum bewußten Beobachten, Erkennen und Wissen durchlaufen.[85] Ihr Gegenstand sei ebenfalls der „höchste und umfassendste, den je eine Wissenschaft sich gestellt hat, das Leben".[86] „Leben" aber sei in allen Äußerungen, Erscheinungen, Gegensätzen nur durch geschichtliche Forschung und Darstellung zugänglich. Romantische Geistes- wie Naturgeschichte hätten in der Überzeugung von der Historizität aller kulturellen Erscheinungen ihren Ursprung:

> „Geschichte des Volkes, der Menschheit, des Rechtes, der Sprache usw. – Geschichte der Natur, der Erde, der Organismen, der Zeugung, der Krankheit, der Seele: nur die Geschichte vermag den Darstellungsgang der Idee des Lebens, das Weitergeben der Idee der Menschheit von Volk zu Volk, das Weitergeben des Urbildes von Gattung zu Gattung, von einem individuellen Organismus zum andern, zu vermitteln. Das Streben nach der vollkommnen Verwirklichung des Lebens, des Urbildes, weckt die Sehnsucht nach der Wiedergeburt des reinen Daseins, nach der Wiedergeburt des Ursprungs, in dem Schöpfung und Offenbarung zusammenfallen. [...] Erst in der Besinnung auf diesen Augenblick, da Schöpfungsstunde und erstes menschheitliches Leben möglichst nahe zusammengerückt erscheinen .. erwacht dann in der Romantik die beglückende Einsicht, daß dieses Erleben ursprünglicher Einheit sich wieder schenkt durch die

---

[83] Ebenda, S. 16.
[84] Ebenda, S. 17 Vgl. auch S. 29 die Würdigung der romantisch inspirierten Historischen Schule: „Sie kreisen alle um diejenige Zelle, die lebendige Untersuchungseinheit der romantischen historischen Wissenschaften gewesen ist: das Volk – und zeugen auch dort, wo es sich um fremde Nationen handelt, von den beglückenden Erlebnissen am erwachten Bewußtsein am eigenen Volkstum."
[85] Ebenda, S. 30.
[86] Ebenda, S. 39. Weiter hieß es: „Was in der Geistesgeschichte als Volksgeist die immer wiederkehrende Wiederholung der Idee eines Volkes in seinen Taten und Schöpfungen ausdrückt und in der Spannung mit dem Geist anderer Völker sich zur Idee der Menschheit erhebt, es ist nichts anderes als die Idee der individuellen Organismen, deren Gesamtheit erst die Idee der Gattung verwirklicht, durch deren allseitige Mannigfaltigkeit wieder erst die Darstellung des Gesamtorganismus möglich wird."

Versenkung in die Artgerechtheit und Eigentümlichkeit des nationalen Volkstums, ja das jede Volkheit in einzig und allein nur ihr eigneder Weise für Gottheit und Menschentum mit ihrem Myhos, ihrem Glauben, ihrer Wissenschaft, ihrer Kunst, ihrem Schrifttum, ihrer Geschichte zu zeugen fähig ist. Aus der Besinnung auf den Orient als das Ursprungsland des reinen Denkens erwächst die germanische Renaissance. In ihr gründet die geistesgeschichtliche Stellung der historischen Wissenschaften der Romantik."[87]

Bedienten die Editionen philosophisch-weltanschaulicher Texte in Auswahlprinzipien und vorangestellten Einführungen partiell Ansprüche der politischen Umwelt, indem sie Topoi des nationalsozialistischen Ideenkonglomerats aufnahmen bzw. aus romantischen Spekulationen ableiteten, blieben die Bände mit poetischen Werken von Aktualisierungsbestrebungen weitgehend frei und leisteten mit dem Abdruck einiger seltener Texte einen wichtigen Beitrag zur Überlieferungssicherung. So enthielt der 1935 veröffentlichte Band *Die Gegenwart im Roman* Achim von Arnims Roman *Armut, Reichtum, Schuld und Busse der Gräfin Dolores*, der seit seiner zweiten Auflage in Arnims sämtlichen Werken von 1840 nur in der sehr verkürzten Ausgabe Reinhold Steigs erschienen war.[88] Die 1935 aufgelegten *Satiren und Parodien* beinhalteten neben satirischen Stücken Ludwig Tiecks und August Wilhelm Schlegels auch Schellings *Epikureisch Glaubensbekenntnis Heinz Widerporstens* und Clemens Brentanos *Philister*-Abhandlung sowie im Anhang einen Ausschnitt aus Kotzebues gegen die Brüder Schlegel gerichtetem „drastischem Drama" *Der hyperboreische Esel oder Die heutige Bildung* von 1799.[89] Den in diesem Band versammelten Gedichten und Prosatexten sprach Andreas Müller in seiner Einführung zwar das Recht ab, „reine Dichtungen" und „gleichberechtigte Geschwister der in den vorausgehenden Bänden mitgeteilten Werke" zu sein, billigte ihnen jedoch einen gewissen „ästhetischen Reiz" zu.[90] Die versammelten Polemiken gegen die Aufklärung deutete Müller als Kämpfe einer Jugend, „die hier ihr siegreiches Recht gegen ein sterbendes Zeitalter verficht" und darum auch „ehrfurchtslos" gegen Schiller und „oft maßlos im Hasse" sein mußte.[91] Im 1936 vorgelegten Band *Dramen der Frühromantik* edierte Paul Kluckhohn Ludwig Tiecks Dramen *Ritter Blaubart* und *Leben und Tod der Heiligen Genoveva* sowie Friedrich

---
[87] Ebenda, S. 40.
[88] Achim von Arnim: Armut, Reichtum, Schuld und Busse der Gräfin Dolores. Bearb. von Andreas Müller. Leipzig 1935 (= DLE. Reihe (17) Romantik, Bd. 17). Der Band war auf Wunsch vieler Subskribenten durch den Verlag modifiziert worden. Ursprünglich sah der Plan der Herausgeber den Abdruck zweier Prosawerke vor: einen Auszug aus Achim von Arnims *Gräfin Dolores* und Eichendorffs Hauptwerk *Ahnung und Gegenwart*. Da Eichendorffs Roman jedoch in zahlreichen Neudrucken vorlag, verzichtete Reclam auf eine neuerliche Publikation und brachte statt dessen vollständig Arnims Roman, vgl. ebenda, S. 372.
[89] Satiren und Parodien. Bearb. von Andreas Müller. Leipzig 1935 (= DLE. Reihe (17) Romantik, Bd. 9).
[90] Ebenda, S. 5.
[91] Ebenda, S. 6.

Schlegels *Alarcos* nach den Erstdrucken.[92] Die Neueditionen romantischer Erzählwerke wurden 1936 mit Band 18 *Phantasiestücke* und 1937 mit Band 19 *Auf dem Wege zum Realismus* fortgesetzt.[93]

Verdienstvoll war ebenfalls die Dramenreihe des editorischen Projekts, die 1937 durch Stücke Zacharias Werners mit umfangreicher Einleitung eröffnet wurde.[94] In der Einführung, die zugleich umfassend die Dramenbände der Reihe vorstellen sollte, erläuterte Herausgeber Kluckhohn in Anlehnung an Ergebnisse seines Schülers Robert Ulshöfer[95] die Spezifik des romantischen Dramentypus als „religiöses Erlösungs- oder Gnadendrama".[96] Zur Abgrenzung der Dramatik der deutschen Romantik namentlich von französischen Bühnenwerken berief sich Kluckhohn auf die Berliner und Wiener Vorlesungen August Wilhelm Schlegels, in denen „der Weg des französischen Klassizismus als ein Irrweg erwiesen, seine Kunst als eine mechanische im Gegensatz zur wahren organischen gebrandmarkt, und die nationale (wir würden heute sagen: rassische) Bedingtheit des Theaters und Dramas hervorgehoben" worden seien.[97] Dramen Achim von Arnim beinhaltete der 1938 veröffentlichte Band 21 der Reihe;[98] während Joseph von Eichendorffs Deutschordens-Drama *Der letzte Held von Marienburg* als Band 22 im selben Jahr erschien.[99] Von Paul Kluckhohn herausgegeben, brachte Band 23 *Lustspiele der Romantik*: Brentanos *Ponce de Leon* sowie Achim von Arnims fast vergessene Komödien *Das Loch Oder Das wiedergefundene Paradies* und *Die Kapitulation von Oggersheim*, die seit ihrem Erstdruck in Arnims *Sämmtlichen Werken* von 1840 nicht mehr aufgelegt worden waren.[100]

---

[92] Dramen der Frühromantik. Hrsg. von Paul Kluckhohn. Leipzig 1936 (= DLE. Reihe (17) Romantik, Bd. 8.

[93] Phantasiestücke. Bearb. von Andreas Müller. Leipzig 1936 (= DLE. Reihe (17) Romantik. Band 18. Erzählungen 3); Auf dem Wege zum Realismus. Bearb. von Andreas Müller. Leipzig 1937 (= DLE. Reihe (17) Romantik. Bd. 19. Erzählungen 4) – Ohne Einleitung, dafür mit reichhaltigem Anmerkungsapparat brachte Band 18 Carl Wilhelm Salice Contessas *Magister Rösslein*, Achim von Arnims *Isabella von Ägypten*, vier Erzählungen E.T.A. Hoffmanns sowie Eichendorffs *Taugenichts*. Band 19 brachte ohne Einleitung, doch mit umfänglichen Anmerkungen Clemens Brentanos *Geschichte vom braven Kasperl und dem schönen Annerl*, Achim von Arnims *Der tolle Invalide auf dem Fort Ratonneau* und Ludwig Tiecks *Des Lebens Überfluss*. Von Arnim war außerdem der erste Band des umfänglichen Romans *Die Kronenwächter* vertreten.

[94] Dramen von Zacharias Werner. Bearb. von Paul Kluckhohn. Leipzig 1937 (= DLE. Reihe (17) Romantik, Bd. 20). Enthielt *Das Kreuz an der Ostsee* und *Wanda, Königin der Sarmaten* sowie E.T.A. Hoffmanns Bericht über den geplanten zweiten Teil von Werners *Kreuz an der Ostsee*.

[95] Robert Ulshöfer: Die Theorie des Dramas in der deutschen Romantik. Berlin 1935 (= Neue deutsche Forschungen 29; Abt. Neuere deutsche Literaturgeschichte 1 = Diss. Tübingen).

[96] Dramen von Zacharias Werner. Einführung von Paul Kluckhohn, S. 9.

[97] Ebenda, S. 5.

[98] Achim von Arnim: Dramen. Hrsg. von Paul Kluckhohn. Leipzig 1938 (= DLE. Reihe (17) Romantik. Bd. 21). Enthielt *Halle und Jerusalem*, *Der Auerhahn*, *Die Vertreibung der Spanier aus Wesel* und *Die Appelmänner*.

[99] Joseph von Eichendorff: Dramen. Hrsg. von Paul Kluckhohn. Leipzig 1938 (= DLE. Reihe (17) Romantik. Bd. 22).

[100] Lustspiele der Romantik. Hrsg. von Paul Kluckhohn. Leipzig 1938 (= DLE. Reihe (17) Romantik, Bd. 23).

Dieser kurze Überblick über die Einzeltitel der Romantik-Reihe vermittelt einen Eindruck von den widerstreitenden Tendenzen innerhalb des Editionsprojekts. Der schon vor 1933 dem editorischen Unternehmen eingeschriebene eklektische Charakter der Textkompilationen resultierte aus der geistesgeschichtlichen Ausrichtung an „synthetischen" Übersichtsdarstellungen; ihn behielt das Projekt auch nach der politischen Zäsur des Jahres 1933 bei. Reaktionen auf die nationalsozialistische Machtergreifung manifestierten sich in der Ausgrenzung Josef Körners aus dem Editionsprojekt sowie in den vorangestellten Einführungen, die z.T. mit dem Vokabular der politischen Umwelt operierten, um den abgedruckten Texten Aktualität zu verleihen. Andreas Müllers Einleitung zum Band *Kunstanschauung der Jüngeren Romantik* von 1934 war ebenso wie Wilhelm Bietaks umfangreiche Einführung in den Band *Romantische Wissenschaft* von 1940 ein prägnantes Beispiel für die Neigung zum Pathos, den Mangel an nüchterner Rationalität und eine für die literaturwissenschaftliche Romantikforschung charakteristische Heroisierung und Mythisierung literarischer und wissenschaftlicher Produktionen. Zugleich aber gelangten durch den Wiederabdruck innerhalb der Romantik-Reihe Texte an die Öffentlichkeit, die in einigen Fällen seit ihrer Erstauflage „verschollen" waren – und nicht nur aus der von der Forschung präferierten Spätphase der Romantik. Der beobachtbaren Aufwertung weltanschaulich relevanter Texte aus der Zeit der späteren Romantik standen Abdrucke von dramatischen und Prosawerken der Frühromantik gegenüber, die als verdienstvoll anzusehen sind. Das ambivalente Ergebnis seiner editorischen Leistung zwischen 1933 und 1940 wird auch Herausgeber Kluckhohn bewußt gewesen sein, als er im Februar 1946 an Philipp Reclam jun. schrieb: „Daß manches in der Sammlung ‚Deutsche Literatur' heute als nicht mehr tragbar erscheint und Schwierigkeiten machen wird, glaube und fürchte ich auch."[101]

2.3 Populäre Editionen: Anthologien, Auswahlausgaben, Memoiren

„Die Romantik ist in unserer Gegenwart so stark in den Brennpunkt des allgemeinen Interesses gerückt, daß sich die Gedanken vieler Menschen, die im allgemeinen nicht gewohnt sind, sich mit künstlerischen Dingen zu beschäftigen, auf diese Epoche des deutschen Geistes richten. Es ist nicht nur die romantische Malerei, von der anschauliche Beispiele auf eine schöne und eindringliche Art die tiefste Sehnsucht unseres Volkes offenbaren, sondern jene die bildenden Künste, Dichtung und Musik im Ganzen gleichermaßen umgreifende Erhebung des Lebens gegen die Glätte und Konvention eines stark mit englischen und französi-

---

[101] Paul Kluckhohn an Philipp Reclam jun. Brief vom 23.2. 1946. DLA Marbach A: Kluckhohn, Zugang 68.677.

schen Zügen gemischten Verstandeskultes, die den Frühlingssturm im deutschen Geistesleben am Ende des 18. Jahrhunderts herauftrieb, und die seit dieser Zeit Grundlage und Norm des deutschen geistigen und kulturellen Lebens bildet. Nicht isolierte geniale Menschen, Künstler, Dichter oder Philosophen, zeigen sich in jenen Tagen als Wegbereiter eines Neuen, sondern eine ganze Generation von Männern der Kunst und Wissenschaft, fast alle zwischen 1760 und 1790 geboren, werden von dieser mächtigen Woge emporgetragen, die in ihrem Verlauf zu einer entscheidenden Tat der deutschen Seele wird und das geistige Gesicht des gesamten Abendlandes verändert."[102]

Als Willi August Koch 1937 seine für den Leipziger Dieterich-Verlag zusammengestellte Auswahl von Briefen deutscher Romantiker mit dem gegenwärtigen „allgemeinen Interesse" an der Romantik begründete, wußte er, wovon er sprach: Die Produktion populärer Romantikerausgaben und Anthologien war – im Gegensatz zur Arbeit an historisch-kritischen Ausgaben – nie ganz abgerissen und schien nach 1933 von der verstärkten öffentlichen Aufmerksamkeit gegenüber der „Deutschen Bewegung" um 1800 zu profitieren. Ohne Vollständigkeit anzustreben, sei an dieser Stelle auf einige populäre Romantikereditionen und ihre Prinzipien verwiesen. 1934 erschien Paul Kluckhohns Anthologie *Die Idee des Volkes im Schrifttum der deutschen Bewegung*, die vor allem Texte von Romantikern zum zeitgemäßen Thema „Volk" und „Volkstum" versammelte;[103] 1935 Willi A. Kochs Blütenlese *Die Blaue Blume*, die Auszüge aus Vers- und Prosadichtung, Briefen und philosophischen Entwürfen unter Begriffen wie „Eins und Alles", „Sprache", „Mann und Weib", „Abenteuerliche Begegnungen" zusammenstellte.[104] Für die Bibliophilen-Zeitschrift *Imprimatur*, die der Romantik ein gesamtes Heft widmete, stellte Rudolf Bach eine Anthologie romantischer Lyrik zusammen.[105] In der „Deutschen Reihe" des Jenaer Diederichs-Verlages gab Ernst Vincent 1938 Reise- und Wanderberichte von Hölderlin bis Ludwig Richter unter dem Titel *Reisen deutscher Romantiker* heraus und deutete in seinem Nachwort die Reiseleidenschaft als bezeichnende Äußerung romantischer Lebensform.[106] Ebenfalls 1938 edierte Hans Kern im Berliner Widukind-Verlag eine personell geordnete Anthologie aus dem Schrifttum der Romantik, die mit der Herausstellung spätromantischer Texte sowie in Vorwort und biographischen Notizen deutlich den Einfluß von Ludwig Klages verriet.[107] Die von Ernst Bertram, August Langen und Friedrich von der Leyen im Insel-Verlag zu Leipzig herausgegebene mehrbändige Anthologie *Das Buch Deutscher Dichtung* wurde 1939 mit dem Band *Die Zeit der Romantik* fortgesetzt. Richtlinie dieser Edition war die „Wesensschau deut-

---

[102] Willi A. Koch: Briefe deutscher Romantiker. Leipzig 1938 (= Sammlung Dieterich 4), S. IX.
[103] Paul Kluckhohn (Hrsg.): Die Idee des Volkes im Schrifttum der deutschen Bewegung von Möser und Herder bis Grimm. Berlin 1934.
[104] Willi A. Koch (Hrsg.): Die blaue Blume. Romantische Zeugnisse. Berlin 1935 (= Die Erneuerung 1).
[105] Eine Anthologie romantischer Lyrik. Zusammengestellt von Rudolf Bach. Beilage für Imprimatur 6 (1935).
[106] Ernst Vincent: Reisen deutscher Romantiker. Jena o.J. [1938] (= Die deutsche Reihe 75).
[107] Hans Kern (Hrsg.): Geheimnis und Ahnung. Die deutsche Romantik in Dokumenten. Berlin 1938.

scher Dichtung" entlang ihrer „Ahnenreihe";[108] die Wiederentdeckung der altdeutschen Vergangenheit stellte denn auch Ernst Bertrams emphatische Einleitung als bedeutendste Leistung der Romantik heraus. An seine Herder-Vorlesung von 1933, die die Romantik als „deutscheste Geisterbewegung seit der Reformation" gefeiert und zum integralen Bestandteil des „Aufstands gegen lebensfeindliche ratio, zerstörerische Aufklärung, volksfremde politische Dogmatik, gegen jede Art ‚Ideen von 1789', gegen alle widergermanischen Tendenzen und Überfremdungen"[109] stilisiert hatte, knüpfte Bertram an, wenn er der Romantik nationalgeschichtliche Verdienste zuschrieb:

> „Unsre deutsche Romantik ist wohl das wunderbarste und gewissermaßen unwahrscheinlichste Beispiel für die mächtige Selbstreinigungskraft und den Selbstverjüngungswillen in unserem Volke, das größte seit den Tagen der Reformation bis an die Schwelle der Gegenwart. [...] Und was immer auch einzelne romantische Theorien und Süchte zu verraten scheinen, der tätige Leitgedanke der Romantik ist der des fruchtbaren Bündnisses mit großer Vergangenheit, vor allem mit jeder höchsten Ahnenschaft des eignen Volkes, zur Heraufführung einer stärkeren Zukunft, – an welchem Bündnis wir alle großen Entscheidungszeiten der Geistesgeschichte erkennen."[110]

Eine deutlich negativere Bewertung der Romantik lieferte Kurt Hildebrandt, der in Reclams Universalbibliothek 1942 die Textsammlung *Vom deutschen Genius. Dokumente der Deutschen Bewegung* herausgab und in der Einführung die im George-Kreis entwickelten Normen zur Deutung der Beziehungen Schellings zur „Deutschen Bewegung" anwandte.[111] – Mit einer em-

---

[108] Ernst Bertram, August Langen, Friedrich von der Leyen (Hrsg.): Das Buch deutscher Dichtung. Leipzig 1939. Bd. 1. Geleitwort, S. 12.

[109] Ernst Bertram: Eröffnung der Herder-Vorlesung Sommersemester 1933 am 3.Mai 1933, u.d.T. „Deutscher Aufbruch" in: Kölnische Zeitung vom 4. Juni 1933, hier zitiert nach: Klassiker in finsteren Zeiten, Bd. 1, S. 245f.

[110] Ernst Bertram, August Langen (Hrsg.): Das Buch deutscher Dichtung. 5. Bd.: Die Zeit der Romantik. Leipzig 1939. Einleitung von Ernst Bertram, S. 12.

[111] Schelling-Goethe: Vom deutschen Genius. Dokumente der deutschen Bewegung. Mit einer Einführung „Schelling und die deutsche Bewegung" hrsg. von Kurt Hildebrandt. Leipzig 1942. – In Hildebrandts umfangreicher Einführung wurden Schelling und Goethe als Protagonisten einer „Geistespolitik" bzw. einer „großdeutschen Politik" (S. 35) einer subjektivistischen und letztlich im Katholizismus endenden Romantik gegenübergestellt: „Der Romantik fehlt sowohl die Ehrfurcht wie die Verantwortung vor der Wirklichkeit: in dieser Hinsicht trennt sich Schelling von der Romantik und gehört zu Goethe" (S. 6). Deutlich an Max Kommerells Monographie *Der Dichter als Führer in der deutschen Klassik* von 1928 angelehnt war auch die Hochschätzung Carolines (S. 21f.), die Verklärung Herders zum „dämonischen Erwecker der deutschen Volkheit" und die Qualifikation Schillers als „Geistkämpfer", der kein „volles Verständnis für das naturhaft wachsende Deutschtum bei Herder" aufbringen konnte (S. 29). Aktuelle Ansprüche befriedigte dagegen die Verteidigung Goethes vor dem Vorwurf, die antinapoleonischen Befreiungskriege abgelehnt zu haben: „Goethe sah das nationale Chaos. Sollte sich Preußen im Bunde mit dem eher asiatischen Rußland, dem europafeindlichen England, dem despotischen, außerdem noch zaudernden Österreich gegen die europäische Vormacht Frankreich, gegen die mittleren deutschen Staaten sich verbünden und die russischen Horden in Mitteleuropa sich einnisten lassen? Konnte nicht die preußische Erhebung die Einheit des deutschen Volkes auch im Geistigen zersetzen? Er sah die Gefahren für Freiheit, für die Kultur, ja hellsichtig für die Rasse. So ist es immerhin verständlich, daß er der Erhebung kühl gegenüberstand." (S. 37).

phatischen Würdigung der romantischen Antizipation tiefenpsychologischer und „biozentrischer" Erkenntnisse wartete dagegen eine vom Klages-Jünger Hans Kern zusammengestellte und eingeleitete Carus-Anthologie auf, die noch kurz vor der endgültigen Einstellung der Buchproduktion aufgrund der „totalen Mobilmachung" im Leipziger Reclam-Verlag erschien.[112]

Als von Anpassung an den Zeitgeist weitgehend frei erwiesen sich die Ausgaben religiöser Zeugnisse der Romantik, die vorwiegend von konfessionell gebundenen Verlegern herausgebracht wurden.[113] Auch die im Leipziger Insel-Verlag und im (damals noch Berliner) Suhrkamp-Verlag veranstalteten kleinen Ausgaben oder Auslesen aus romantischen Œuvres, die vorzugsweise zu Jubiläen erschienen, verrieten nichts von Imperativen der politischen Umwelt – es sei denn im Bezug auf eine Innerlichkeit, zu der man aus dem Feldgeschrei des Alltags fliehen konnte. Zu Bettina von Arnims 150. Geburtstag 1935 veröffentlichte der Insel-Verlag eine Auswahl ihrer Briefe;[114] des 100. Todestages Brentanos 1942 wurde vom Suhrkamp-Verlag mit *Ausgewählten Gedichten* gedacht;[115] auch der 155. Geburtstag Eichendorffs war der Anlaß für eine Edition ausgewählter Gedichte.[116] Das gestiegene Interesse an Wackenroder bedienten die zweimal in der Insel-Bücherei aufgelegten *Herzensergiessungen* wie auch eine von Richard Benz edierte Auswahl im Jenaer Diederichs-Verlag.[117]

Neben diesen Blütenlesen und bibliophilen Editionen kam es zu Wieder- bzw. Neuauflagen romantischer Memoirenliteratur. Willi A. Koch gab 1938 die wohl wichtigsten, im Original 10 Bände umfassenden Erinnerungen an das romantische Zeitalter heraus: Henrich Steffens Lebensbeschreibung *Was ich erlebte*.[118] Der Originaltext erfuhr durch den Editor eine starke Verdichtung, in der die einzelnen Abschnitte durch knappe Überleitungen verbunden und Jenaer Frühromantik und antinapoleonische Befreiungskriege als wesentliche Lebensabschnitte hervorgehoben wurden. Die Neuausgabe war not-

---

[112] Carl Gustav Carus: Geheimnis am lichten Tag. Von der Seele der Menschen und der Welt. Hrsg. und eingel. von Hans Kern. Leipzig 1944.
[113] U.a. Joseph Görres: Mystiker-Miniaturen. Hrsg. und eingel. von Alois Dempf. Berlin 1934 (= Greifbücherei 5); Das Leben und Leiden unseres Herrn Jesu Christ und seiner hl. Mutter. Nach den Gesichten der gottseel. Anna Katarina Emmerick aus den Tagebüchern von Clemens Brentano. Hrsg. von Dietrich Kurt Büche. Neue Ausg. München 1937; Clemens Brentano: Leben lebt allein durch Liebe. Eine Auswahl, darunter bisher Ungedrucktes. Hrsg. von Karl Rauch. Leipzig 1937 (= Bücher der Besinnung 6).
[114] Bettina in ihren Briefen. Ausgewählt von Hartmann Goertz. Leipzig 1935.
[115] Clemens Brentano: Ausgewählte Gedichte. Zum 100. Todestage unter Benutzung des handschriftlichen Nachlasses neu hrsg. von Sophie Brentano und Rudolf Alexander Schröder. Berlin 1943.
[116] Joseph von Eichendorff: Gedichte. Ausgewählt und eingel. von Will-Erich Peuckert. Berlin: Suhrkamp 1943 (= Pantheon-Ausgabe).
[117] Wilhelm Heinrich Wackenroder: Herzensergiessungen eines kunstliebenden Klosterbruders. [Hrsg. von R. Bach] Leipzig 1938 (= Insel-Bücherei 534), ²1939; Wilhelm Heinrich Wackenroder: Die Botschaft der Kunst. Ausgewählt und eingeleitet von Richard Benz. Jena 1938 (= Deutsche Reihe 67).
[118] Henrich Steffens: Was ich erlebte. Hrsg. von Willi A. Koch. Leipzig o.J. (1938) (= Sammlung Dieterich 12).

wendig geworden, da die von Friedrich Gundolf 1908 im Jenaer Diederichs-Verlag bearbeitete Fassung vergriffen war und sich nicht mehr gut in den zahlreichen Arbeiten zu Steffens zitieren ließ. – Aus Selbstzeugnissen, Briefen und Berichten wurde auch ein Lebensbild Philipp Otto Runges rekonstruiert.[119] Die etwa 160 umfangreichen Briefe, die August Wilhelm Schlegel zwischen 1804 und 1817 an Madame de Staël, deren Tochter, Bruder Friedrich und Freunde geschrieben hatte, bildeten die Materialbasis für die Nachzeichnung der „schicksalhaften Begegnung" zwischen deutscher Romantik und französischem Geist. Pauline Gräfin de Pange, die Ururenkelin der Madame de Staël, hatte die Briefe im väterlichen Familienarchiv auf Schloß Broglie in der Normandie wiederentdeckt und zu einem Buch kompiliert, das 1940 in deutscher Übersetzung erschien.[120] Der Band, der das Material in eine zusammenhängende Darstellung verwob und ein umfassendes und reich dokumentiertes Bild des Zeitgeschehens bot, enthielt ebenfalls bis dahin unveröffentlichte Briefe von Friedrich Schlegel, Friedrich Heinrich Jacobi, Friedrich Wilhelm Joseph Schelling, Friedrich von Gentz und Zacharias Werner.

Trotz der sichtbaren Heterogenität der verlegerischen Praxis hinsichtlich romantischer Texte lassen sich Zusammenhänge zwischen kulturpolitischen Entwicklungen, literaturwissenschaftlichen Vermittlungsbemühungen und editorischen Unternehmungen feststellen. Das spürbare Defizit an historisch-kritischen Ausgaben bei gleichzeitig zunehmender Präsenz populärer „Blütenlesen" korrespondierte einer (Fehl-)Entwicklung innerhalb der disziplinären Literaturwissenschaft zwischen 1933 und 1945, die ihrerseits an fachinterne Verschiebungen seit der „geistesgeschichtlichen Wende" anschloß: Philologisch-editorische Detailarbeit trat zurück; demgegenüber favorisierte die Verlagspraxis „synthetische" Auswahlausgaben, die in der Kompilation unterschiedlicher, z.T. fragmentierter Texte unter bestimmten Schwerpunkten auch kulturpolitische Funktionen erfüllten. Die Publikumswirksamkeit solcher Zusammenstellungen läßt sich daran ablesen, daß sie trotz knapper Ressourcen bis zur weitgehenden Einstellung der Buchproduktion im August 1944 in den Programmen der einschlägigen Verlage vertreten waren.[121] Die von Germanisten für Verlage mit überwiegend bildungsbürgerlichem Publikum bearbeiteten Gesamtausgaben repräsentativer romantischer

---

[119] (Karl Privat:) Philipp Otto Runge. Sein Leben in Selbstzeugnissen, Briefen und Berichten. Berlin: Propyläen Verlag 1942 (Mit 76 Abb. im Text und auf Tafeln, 1 Stammtafel).
[120] Pauline Gräfin de Pange: August Schlegel und Frau von Stael. Eine schicksalhafte Begegnung. Nach unveröff. Briefen erzählt. Deutsche Ausgabe von Willy Grabert. Hamburg 1940.
[121] Noch im Frühjahr 1945 erschien in der Reihe „Auswahlklassiker" des Bibliographischen Instituts Leipzig als „Frontbuchhandelsausgabe für die Wehrmacht" der Band: E.T.A. Hoffmann. Auswahl aus seinen Werken unter Benutzung der neuesten Forschung zusammengestellt und herausgegeben von Paul Smolny. – Die Anthologie, deren Vorwort die Datierung „Leipzig, im Januar 1945" trug, sollte laut Klappentext „das wesentliche klassische Schrifttum, so, wie es in unserer Zeit Front und Heimat braucht [sic], in einer Auswahlreihe auf knappsten Raum" darbieten.

Autoren wie Novalis und Eichendorff sowie die von Josef Körner und Wilhelm Schellberg publizierten Materialfunde vermochten zwar nicht, das Defizit an historisch-kritischen Gesamtausgaben zu kompensieren, bewahrten dafür jedoch die Romantik im Bildungskanon ausgewählter Adressatengruppen und stellten Anschlußmöglichkeiten für nachfolgende Forschung bereit.

Charakteristisch für das in zahlreichen Einleitungen bzw. Textzusammenstellungen gezeichnete Bild der Romantik war ihre gezielte Verengung zu einer spezifisch deutschen Kulturerscheinung, die primär aus der Differenz zu den Ideen von Aufklärung und Französischer Revolution erklärt wurde. Von dieser Perspektive geprägt waren vor allem die an den Prinzipien der geistesgeschichtlichen Literaturbetrachtung orientierten Romantik-Bände des Editionsprojekts *Deutsche Literatur in Entwicklungsreihen*, die bis 1940 im Leipziger Reclam-Verlag erschienen. Mit den Editionen von weltanschaulich-philosophischen und wissenschaftlichen Texten der späteren Romantik unterstützte die Romantik-Reihe die nach 1933 verstärkt einsetzenden „Umwertungs"-Bemühungen innerhalb der Neueren deutschen Literaturwissenschaft; zugleich sicherte sie durch verdienstvolle Wiederabdrucke frühromantischer Werke wie Dorothea Veits *Florentin* oder Friedrich Schlegel *Alarcos* deren weitere Präsenz innerhalb einer zunehmend auf die Spätphase der Romantik fixierten öffentlichen und fachinternen Aufmerksamkeit. Auf die längerfristig vorbereiteten und durch die politischen Veränderungen katalysierten Interessenverschiebungen reagierte ebenfalls die im Berliner Keiper-Verlag edierte Reihe „Schöpferische Romantik", in deren Rahmen vorrangig naturphilosophische, mythologische und wissenschaftsgeschichtlich relevante Texte der späten Romantik wiederveröffentlicht wurden. Insgesamt, so läßt sich nach diesem Überblick konstatieren, begleitete die Editionspraxis romantischer Texte die Bewegungen der (fragmentierten und politisch irritierten) wissenschaftlichen und kulturellen Öffentlichkeit rasch und energisch – nicht zuletzt durch die Ausgrenzung verdienstvoller jüdischer Philologen wie Eduard Behrend und Josef Körner, die spätestens nach 1938 keine Chancen zur Fortsetzung ihrer editorischen Bemühungen mehr erhielten.

3 Muster der publizistischen und performativen Präsentation der Romantik

Darstellung und öffentlichkeitswirksame Repräsentation der deutschen Kunst und Literatur bildeten einen wesentlichen Bestandteil der propagandistischen Inszenierung nationalsozialistischer Kulturpolitik. Auch wenn die von Walter Benjamin bereits 1935 konstatierte und in neueren Forschungen detailliert rekonstruierte „Ästhetisierung des politischen Lebens"[1] durch den Nationalsozialismus besonders die Medien favorisierte, die eine propagandistische Manipulation breiter Bevölkerungskreise ermöglichten und sich deshalb zur Transmission suggestiver und emotionsgeladener Symbole und Effekte primär performativer Medien wie Film, Musik und Theater bediente, sanken die deutsche Literatur und das literarisch-kulturelle Erbe keineswegs in die Bedeutungslosigkeit ab. Ihre mediale Repräsentation und Funktionalisierung zur Befriedigung geistig-kultureller Legitimationsbedürfnisse schlug sich in Publizistik, inszenierten Gedenkveranstaltungen und den Aktivitäten literarischer Gesellschaften und Organisationen nieder. Doch im Unterschied zu den öffentlichkeitswirksam inszenierten und mit (parteiamtlich bzw. staatlich finanzierten) Festwochen begangenen Würdigungen Kleists, Grabbes, Schillers und Hölderlins verblieben publizistische Erinnerungen und Veranstaltungen zu Ehren von Romantikern in kleinerem Rahmen. Während der 150. Geburtstag Schopenhauers 1938, die Königsberger Kant-Kopernikus-Woche im selben Jahr, Nietzsches 100. Geburtstag 1944 sowie die Schiller- und Hölderlin-Feiern 1936 bzw. 1943 im großen Stil „aufgezogen" wurden, beschränkte sich die öffentliche Präsentation von Romantikern weitgehend auf Aktivitäten ortsgebundener Gesellschaften. Selbst die später gesondert zu betrachtende Pflege des zum „Sänger des deutschen Waldes" stilisierten Joseph von Eichendorff durch die *Deutsche Eichendorff-Stiftung* blieb bis zur „Übernahme" durch Vertreter des Reichspropagandaministeriums 1941 und ihrer Ausweitung zur „Reichsangelegenheit" vorrangig auf die Anstrengungen schlesischer Studienräte und Provinzialbeamter begrenzt.

Nachfolgend sind unterschiedliche Form der Präsentation der Romantik in Publizistik, öffentlichen Gedenkveranstaltungen, Preisstiftungen und populären Biographien zu rekonstruieren. In der Tätigkeit von Gesellschaften und Vereinen, Publizisten und Schriftstellern zur Vermittlung des romantischen Erbes entfalteten sich – wenn auch fragmentiert und deformiert – Kommunikationsfelder einer kulturellen Öffentlichkeit, die näher bestimmt

---

[1] Walter Benjamin: Das Kunstwerk im Zeitalter seiner technischen Reproduzierbarkeit. In: W. Benjamin: Gesammelte Schriften. Hrsg. von Rolf Tiedemann und Hermann Schweppenhäuser. Bd. 1, Teil 2. Frankfurt/M. 1974, Zitat in der ersten Fassung S. 467, in der zweiten Fassung S. 506.

und analysiert werden sollen. Dazu untersuche ich die Muster und Strategien medial vermittelter Darstellungen, die unter den spezifischen Bedingungen einer „vermachteten" Öffentlichkeit operierten: Würdigungen in den Feuilletons von Tageszeitungen und Zeitschriften; Aktivitäten von Gesellschaften und Organisationen, die sich der Romantikerpflege widmeten oder diese für ihre Zwecke zu nutzen suchten sowie populäre Romantiker-Biographien aus der Feder zeitgenössischer Schriftsteller. An Texten, die in Zeitungen und nicht-wissenschaftlichen Zeitschriften erschienen, ist die Rhetorik der Würdigungen exemplarisch nachzuzeichnen; anschließend folgt ein kursorischer Überblick über die Aktivitäten der 1938 in Bamberg gegründeten E.T.A.-Hoffmann-Gesellschaft und der 1942 in Kassel wieder ins Lebens gerufenen Brüder-Grimm-Gesellschaft. Neben der Stiftungs- und Verleihungspraxis von nach Romantikern benannten Kunst- und Kulturpreisen wird in diesem Zusammenhang auch auf die öffentliche Erinnerung an romantische Naturforscher hingewiesen. Der dritte Abschnitt widmet sich Beiträgen zur öffentlichen Vermittlung der Romantik, die den widersprüchlichen Charakter der Erbepflege im nationalsozialistischen Deutschland in besonderer Weise hervortreten ließen – den Romantiker-Biographien aus der Feder renommierter deutscher Schriftsteller. Neben Bernard von Brentano und Martin Beheim-Schwarzbach, die Deutschland 1933 bzw. 1939 verließen, verfaßten Werner Bergengruen, Georg Schwarz und Ina Seidel für die Reihe *Die Dichter der Deutschen* im Stuttgarter Cotta-Verlag Lebensdarstellungen romantischer Dichter, die im Kontext der um „Volk" und „Volkstum" kreisenden Romantikdeutungen der Literaturwissenschaft zu analysieren sind. Zu fragen wird sein, ob bestimmte Züge dieser Romantiker-Deutungen, insbesondere die bei W. Bergengruen anzutreffende Hervorhebung des romantischen Protests gegen ein „vielfältig geschändetes Dasein"[2] eine versteckte Kritik an den herrschenden Verhältnissen des NS-Staates enthielten und inwieweit sich diese Texte dem literarischen Feld „Innere Emigration" zuordnen lassen.

In der Rekonstruktion der publizistischen und performativen Vermittlungsformen des romantischen Erbes stehen vorrangig Muster und Strategien der Repräsentation kultureller Werte unter den Bedingungen einer „vermachteten" kulturellen Öffentlichkeit im Mittelpunkt. Aus den zahlreichen publizistischen Äußerungen zur Romantik und zu einzelnen Romantikern in den Feuilletons der Tageszeitungen und nichtwissenschaftlichen Zeitschriften bzw. den Bemühungen literarisch-kultureller Gesellschaften sind Stellungnahmen auszuwählen, die einen möglichst repräsentativen Querschnitt der öffentlichen Romantikdarstellungen bieten. Die so gewonnenen Erkenntnisse über Bedingungen und Strukturen der Erbepflege werden in der abschließenden Fallstudie zur Eichendorff-Repräsentation zwischen 1933 und 1945 durch detaillierte Informationen und Auswertung bislang unpublizierter Materialien ergänzt.

---

[2] Werner Bergengruen: E.T.A. Hoffmann. Stuttgart 1939 (= Die Dichter der Deutschen, Folge 3), S. 81.

3.1 Die Rhetorik der Romantikdarstellungen im Feuilleton

Trotz der Bedeutung, die der Propagandaapparat des Regimes „neuen Medien" wie dem Rundfunk und Kino bzw. inszenierten Massenveranstaltungen zumaß, blieb das geschriebene Wort kulturpolitisch überaus bedeutsam. Schon die Existenz der zahlreichen (und untereinander konkurrierenden) parteiamtlichen und staatlichen Instanzen der Schrifttumspflege und -kontrolle verweist auf die Rolle, die die Buchproduktion im Rahmen kulturpolitischer Entscheidungen spielte.[3] Signifikant für die Bedeutung des geschriebenen Wortes war auch die große Zahl der zwischen 1933 und 1945 in Deutschland verlegten Tageszeitungen und Zeitschriften, deren quantitativer Umfang trotz deutlichen Rückgangs beachtlich blieb.[4]

An dieser Stelle kann nicht der Versuch unternommen werden, die politisch gelenkte und trotzdem von partiellen Freiräumen geprägte Presselandschaft in der Zeit des Nationalsozialismus näher zu beleuchten, in der neben zahllosen Organen der Partei und ihrer Gliederungen nonkonforme Zeitungen wie die liberale *Frankfurter Zeitung*, die katholischen Zeitschriften *Hochland* und *Stimmen der Zeit* oder das „janusköpfige" literarische Periodikum *Das innere Reich* existieren konnten.[5] Konzentriert auf die publizistischen Würdigungen der Romantik bzw. einzelner ihrer Vertreter in den Feuilletons von Tageszeitungen und in nicht-wissenschaftlichen Zeitschriften soll zunächst zwischen Äußerungen in der parteiamtlichen Zeitung *Völkischer*

---

[3] Als wohl umfang- und materialreichste Untersuchung zu diesem Thema vgl. die Dissertation von Jan-Pieter Barbian: Literaturpolitik im „Dritten Reich". Institutionen, Kompetenzen, Betätigungsfelder. In: Archiv für Geschichte des Buchwesens 40 (1993), S. 1-394, aktualisierte und überarbeitete Ausgabe München 1995. Eine prägnante Übersicht liefert auch Jan Pieter Barbian: Institutionen der Literaturpolitik im „Dritten Reich". In: Günther Rüther (Hrsg.): Literatur in der Diktatur. Schreiben im Nationalsozialismus und DDR-Sozialismus. Paderborn, München, Wien, Zürich 1997, S. 95-129.

[4] Hatte es am Ende der Weimarer Republik ca. 4700 Zeitungen gegeben, sank ihre Zahl innerhalb kurzer Zeit auf 2500; von den über 10000 Zeitschriften vor 1933 überlebten bis Kriegsbeginn nur knapp die Hälfte, vgl. Peter Reichel: Der schöne Schein des Dritten Reiches, S. 174.

[5] Zu den Entwicklungen im Zeitungs- und Zeitschriftenwesen zwischen 1933 und 1945 liegen inzwischen einige allgemeine Beiträge und zahlreiche Fallstudien zu einzelnen Periodika vor, u.a. Karl-Dietrich Abel: Presselenkung im NS-Staat. Eine Studie zur Geschichte der Publizistik in der nationalsozialistischen Zeit. Berlin 1968; Jürgen Hagemann: Die Presselenkung im Dritten Reich. Bonn 1970; Henning Storek: Dirigierte Öffentlichkeit. Die Zeitung als Herrschaftsmittel in den Anfangsjahren der NS-Regierung. Opladen 1972; Fred Hepp: Der geistige Widerstand im Kulturteil der „Frankfurter Zeitung" gegen die Diktatur des totalen Staates. 1933-1943. Diss. München 1950; Günther Gillesen: Auf verlorenem Posten. Die Frankfurter Zeitung im Dritten Reich. Berlin 1987; Konrad Ackermann: Der Widerstand der Monatsschrift Hochland gegen den Nationalsozialismus. München 1965; Horst Denkler: Janusköpfig. Zur ideologischen Physiognomie der Zeitschrift ‚Das Innere Reich'. In: Horst Denkler, Karl Prümm (Hrsg.): Die deutsche Literatur im Dritten Reich. Themen – Traditionen – Wirkungen. Stuttgart 1976, S. 382-405; Marion Mallmann: „Das Innere Reich". Analyse einer konservativen Kulturzeitschrift im Dritten Reich. Bonn 1978.

Beobachter und „freien" Zeitschriften differenziert werden. Vorrangig werden die zu Geburts- oder Todestagen publizierten Erinnerungs- und Gedenktexte herangezogen, um aus ihnen rhetorische Muster herauszuarbeiten.

Die Tageszeitung *Völkischer Beobachter*, 1920 von Hitler gegründetes und bis zum 28. April 1945 von Alfred Rosenberg herausgegebenes „Kampfblatt der national-sozialistischen Bewegung Groß-Deutschlands", verbreitete schon in der Zeit der Weimarer Republik die Stellungnahmen der NSDAP zu aktuellen Fragen der Kultur- und Literaturpolitik. In feuilletonistischen Äußerungen zur klassisch-romantischen Kulturepoche dominierte die Wertung von dezidert „völkischem" Standpunkt, die nicht selten durch antisemitische Einschläge ergänzt wurde. Paradigmatisch für die Klärung des Verhältnisses zu Klassik und Romantik war der 1934 veröffentlichte Beitrag Julius Haupts unter der Überschrift *Klassik, Romantik und Nationalsozialismus*, der entsprechend der von Walther Linden 1933 geforderten „Umwertung der Romantik" eine jüdisch infizierte „Literaten-Romantik" von „deutscher Volkstumsromantik" separierte und erstere für ihren angeblich „arbeits- und pflichtenlosen Individualismus" scharf verurteilte.[6] Die Konstruktion einer „rassenseelischen" Opposition zielte auf die Denunziation der ästhetischen Moderne: Zurückgewiesen wurde die für die „Literaten-Romantik" charakteristische „vollständigste und ungehemmteste Entfaltung der Persönlichkeit" sowie deren „ungebundene universale Tendenz, wie sie etwa im Begriff der Weltliteratur sich findet".[7] Dem „wurzellosen" Individualismus der frühen Romantik stellte dieses Szenario die „Entdeckung des Volksgeistes" gegenüber, die von einer „anderen", „deutschen" Romantik geleistet worden sei.[8] In Umkehrung von Goethes Formel vom Klassisch-Gesunden und Romantisch-Kranken brachte Haupt die neue Evaluation der Romantik vom Standpunkt des Nationalsozialismus auf den Punkt:

> „Über die Literaten-Romantik geht der Nationalsozialismus, wie über alles Krankhafte, zur Tagesordnung über. Die deutsche Volkstumsromantik ist ihm aber wie jede völkische Bewegung ein Versuch zur Gestaltung der klassischen deutschen Form aus der Mitte der völkischen Substanz. Diese Romantik ist für uns durchaus das Gesunde. Sie ist der Weg des deutschen Volkstums zu seiner klassischen Form."[9]

---

[6] Julius Haupt: Klassik, Romantik und Nationalsozialismus. In: Völkischer Beobachter vom 5. 8. 1934. Mit charakteristischer Verlängerung in die Gegenwart hieß es hier: „Die Literaten-Romantik fand ihren Mittelpunkt in den jüdischen Berliner Salons der Dorothea Veit und der Rahel Levin. Ihr gehörten an die Brüder Schlegel, Varnhagen von Ense, E.T.A. Hoffmanns jüdischer Freund Hitzig und eine ganze Reihe von jüdischen und deutschen Intellektuellen, deren Geistigkeit vom ersten literarischen Auftreten des Judentums in Berlin, von Mendelsohn und Nicolai über die jüdischen Salons der Romantik zu Heine, Börne zu den jüdischen Possen- und Lustspieldichtern der Gründerzeit und schließlich bis zu Alfred Kerr in einer zusammenhängenden Entwicklung reicht."

[7] Ebenda.

[8] Ebenda: „Diese andere Romantik lehrt nicht den Individualismus und Universalismus. Sie lehrt nicht die artistische und literarische Isolierung des geistigen Menschen, nicht den frei schwebenden Geist, der mit den Dingen und ihrem Ernst nur spielen konnte."

[9] Ebenda.

Die nebulöse Bestimmung der „Volkstumsromantik" und ihre Aufwertung zu einem Bestandteil der „klassischen Epoche des deutschen Geisteslebens" stellte rhetorisch einen direkten Konnex von romantischer und nationalsozialistischer Bewegung her: Als der „gründlichste und weitreichendste Versuch, .. das dem deutschen Wesen zugrundeliegende Urbild zu entdecken und zu gestalten" sei die Romantik im eigentlichen Sinne „klassisch" – wie auch der Nationalsozialismus.[10]

Die hier demonstrierten Muster der Auswahl und Aktualisierung durchzogen weitere Darstellungen der Romantik. In den zu Geburts- oder Todestagen romantischer Autoren publizierten Würdigungen dominierte die Herausstellung politisch konformer Aspekte. Zum 100. Todestag Schleiermachers gedachte man des „ersten großen Denkers der Organismustheorie" und „Vorkämpfers der völkischen Staatsidee"[11]; anläßlich des 75. Todestags von Ernst Moritz Arndt erläuterte Eduard Heyck die Haltung des „großen Volksmannes" zur „Judenfrage" und hob anhand eines bislang anonymen Beitrags Arndts für die *Cottasche Allgemeine Zeitung* „das richtig völkische und rassische Denken" des Publizisten hervor, der damit in seiner Zeit noch allein gestanden hätte.[12] Hymnisch und an die Konstrukte einer Fundamentalopposition von deutscher Romantik und europäischer Literaturentwicklung anknüpfend, feierte der Lyriker Rudolf Paulsen im November 1937 den 80. Todestag Joseph von Eichendorffs: „Die Romantik an sich stirbt in Deutschland nie", leitete er seinen Artikel ein, „da sie im Kampf gegen Weltbürgertum, Bildungsästhetizismus und Klassengeist in der Literatur ewig das Deutsche vertritt, wie es aus dem Volke wächst und zum Volke zurückfindet".[13] Anschließend stellte er den Autor des *Taugenichts* als heroischen Poeten heraus, dessen kämpferischer Charakter bislang übersehen worden sei und vermittelte so das von der Literaturwissenschaft neu entworfene Bild des „tragisch-tiefen" Eichendorff an das Publikum. Neben eindeutig von ideologischen Imperativen diktierten Würdigungen veröffentlichte das Feuilleton des *Völkischen Beobachter* aber auch Memorabilia, die ohne direkte

---

[10] Vgl. ebenda: „Wenn also die deutsche Romantik ein Versuch des deutschen Geistes war, eine für unser Volkstum endgültige und und vorbildliche, d.h. dem Urbild entsprechende Form zu finden, dann ist sie als eine klassische Epoche des deutschen Geisteslebens zu bezeichnen. [...] Die deutsche Romantik ist ein eigener und ursprünglicher Weg zur klassischen Form und ist damit in höherem Maße als klassisch zu bezeichnen als der Humanismus des alten Goethe. [...] Der Nationalsozialismus bedeutet in der deutschen Geistesgeschichte eine durchaus klassische Bewegung."
[11] Heinz-Adolf Freiherr von Heintze: Schleiermacher als Denker des Staates. In: Völkischer Beobachter vom 13. Februar 1934, S. 7.
[12] Eduard Heyck: Ernst Moritz Arndt über die Judenfrage. Eine unbekannte Schrift des großen Volksmannes. In: Völkischer Beobachter vom 31. Januar 1935, S. 5. Eyck, der die Autorschaft Arndts bereits 1897 ermittelt und dessen Text bereits in der *Täglichen Rundschau* vom 28./29. Januar 1898 veröffentlicht hatte, bediente nun noch einmal den staatstragenden Antisemitismus. Eine verspätete Würdigung Arndts enthielt der Artikel von Hans Höll: Die Bauernordnung E. M. Arndts. In: Völkischer Beobachter vom 5. April 1935, S. 7.
[13] Rudolf Paulsen: Eichendorff – der Romantiker des Volkes. Zur 80. Wiederkehr seines Todestages. In: Völkischer Beobachter vom 25. November 1937, S. 5.

politische Sinnzuweisungen auskamen: So erinnerte Paulsen anläßlich des 110. Todestags Wilhelm Hauffs an dessen Märchen;[14] ein Artikel zum 150. Geburtstag von Carl Gustav Carus hob dessen psychologische Erkenntnisse, insbesondere des Unterbewußten, heraus.[15] Das Fehlen unmittelbarer politischer Aktualisierungen in diesen Artikeln bedeutete jedoch nicht, daß die charakteristischen Vereinseitigungen aufgegeben wurden: Auch sie zeichneten die Romantik als spezifisch deutsche Kulturleistung, die in Auseinandersetzung mit Aufklärung und Französischer Revolution das eigene „deutsche Wesen" entdeckt hätte. Daß der in allen Beiträgen virulente Nationalismus steigerbar war, bewies der am 13. März 1943 im *Völkischen Beobachter* publizierte Artikel *Romantik und Judentum* von E.K. Wiechmann, der an antisemitische Verunglimpfungen in der Rede Wilfrid Bades zum 154. Geburtstag Eichendorffs am 10. März 1942 in Ratibor anschloß.[16] Dem Mitarbeiter des Reichspropagandaministeriums z.T. bis in die Formulierungen folgend, wurde Eichendorff hier als der Held gefeiert, der „in der Zeit des Einbruchs des Judentums in das Reich deutschen Geistes die wahre Romantik gerettet" habe, die jüdischen Salons dagegen als bösartige Deformation diffamiert: Sie seien für die Verzerrung der romantischen Bewegung zu einer „jüdischen, menschheitsverbrüdernd maskierten Revolte" verantwortlich.[17]

Zur selektiven und bewußt zur Legitimationsbeschaffung eingesetzten Rhetorik des *Völkischen Beobachter* gab es durchaus Alternativen. Zeitungen und Zeitschriften nutzten weiterhin bestehende Freiräume, romantisches Dichten und Denken jenseits der offiziösen Lesart darzustellen oder sogar zu versteckter Kritik an den herrschenden Zuständen einzusetzen. Ausgewogene bzw. politikferne Würdigungen von Romantikern fanden sich in Zeitschriften, die sich an ein bildungsbürgerliches Publikum wandten wie Rudolf Pechtels *Deutsche Rundschau* oder in der 1890 von Samuel Fischer begründeten *Neuen Rundschau*, die trotz nervenaufreibender Konflikte mit NS-Instanzen bis 1944 erscheinen konnte.[18] Die Erinnerung an die romantische

---

[14] Rudolf Paulsen: Wilhem Hauff, der Klassiker der Jugend. Zur 110. Wiederkehr seines Todestages am 18. November. In: Völkischer Beobachter vom 17. November 1937, S. 5.

[15] L. Kühle: Ein großer Arzt, ein ganzer Mann, einer der universalsten deutschen Romantiker! Zum 150. Geburtstag von Carl Gustav Carus. In: Völkischer Beobachter vom 3. Januar 1939, S. 5.

[16] Wilfrid Bade: Eichendorff und der deutsche romantische Geist. Rede, gehalten am 10. März 1942 in Ratibor. In: Aurora 12 (1943), S. 18-29.

[17] E.K. Wiechmann: Romantik und Judentum. In: Völkischer Beobachter vom 13. März 1943, S. 6.

[18] Zur Situation der *Neuen Rundschau* im Dritten Reich siehe Falk Schwarz: Die gelenkte Literatur. Die „Neue Rundschau" im Konflikt mit den Kontrollstellen des NS-Staates und der nationalsozialistischen ‚Bewegung'. In: Horst Denkler, Karl Prümm (Hrsg.): Die deutsche Literatur im Dritten Reich, S. 66-82; an Beiträgen zur Romantik erschienen in der *Neuen Rundschau* u.a. Wilhelm Lehmann: Clemens Brentano. In: Neue Rundschau 47 (1936) S. 1143-1164; Max Bense: Johann Jacob Bachofen. Die Wendung zum Symbol. In: Neue Rundschau 48 (1937), S. 507-518; Hermann Stresau: Die romantische Sphinx. In: Neue Rundschau 50 (1939), S. 297-306; Rudolf Alexander Schröder: Clemens Brentano. Zu seinem hundertjährigem Todestag am 28. Juli. In: Neue Rundschau 53 (1942), S. 332-340; Alfred Mohrhenn: Novalis. In: Neue Rundschau 55 (1944), S. 97-107.

Kulturepoche in diesen Publikationsorganen bot die Chance, die nationalsozialistischen Berufungsgesten mit einem anderen Bild der historischen Wirklichkeit zu konfrontieren und Ablehnung plump vereinnahmender Praktiken zu signalisieren – so wie es die 1940 verbotene *Deutsche Rundschau*, aber auch Werner Bergengruens E.T.A.-Hoffmann-Biographie von 1939 demonstrierten.[19] In der von Reinhold Grimm als Beispiel für eine widerständige „Sklavensprache" im Dritten Reich mehrfach angeführten *Deutschen Rundschau* erschienen einige der Romantik gewidmete Texte.[20] Auch die protestantische Literaturzeitschrift *Eckart*, eines der Residuen innerhalb der „vermachteten" Öffentlichkeit, veröffentlichte Beiträge zur Romantik, die ohne völkische und antisemitische Topoi auskamen.[21] In dieser Zeitschrift erschien noch 1939 ein Aufsatz Martin Beheim-Schwarzbachs über Novalis, der den Dichter – wie in seiner ebenfalls 1939 veröffentlichten und noch zu besprechenden Biographie – religiös verklärte.[22]

Die erinnernden Texte zu Geburts- und Todestagen von Romantikern in Tageszeitungen und Zeitschriften manifestierten Differenzen, die an dieser Stelle an ausgewählten Beispielen deutlich gemacht werden sollen. Sie belegen, daß sich in den publizistisch verbreiteten Romantikdarstellungen zwar die Veränderungen in der politischen Umwelt wie auch die Verschiebungen der literaturwissenschaftlichen Romantikforschung deutlich niederschlugen, die von den Nationalsozialisten verlangte „Gleichschaltung" der Presselandschaft jedoch nicht zur vollständigen Durchsetzung eines hegemonialen Diskurses führte. Die publizistischen Erinnerungen an die Leistungen von Romantikern wiesen keinen einheitlichen Tenor auf. So konnte Margarete Susmann noch 1933 in der *Literarischen Welt* an Rahel Varnhagens 100. Todestag erinnern,[23] während gleichzeitig schon martialischen Töne zu Ehren

---

[19] Zum Prinzip dieser kritischen Publizistik vgl. Rudolf Pechtel: Deutscher Widerstand. Erlenbach-Zürich 1947, S. 287. Kennzeichnend für die Beiträge seiner Zeitschrift, so Pechtel, sei die Vereinigung von „Kritik an Gewaltherrschern und begangenem Unrecht" mit der Würdigung humaner Ideen und Ziele gewesen, um „dem Leser die daraus zu ziehenden Schlüsse zu überlassen."

[20] Vgl. Reinhold Grimm: Innere Emigration als Lebensform. In: Reinhold Grimm, Jost Hermand (Hrsg.): Exil und Innere Emigration. Frankfurt/M. 1972, S. 31-87, hier S. 57ff. – Beiträge in der *Deutschen Rundschau*, die die deutsche Romantik bzw. Romantiker behandelten, waren Arvid Brodersen: Henrik Steffens und der deutsche Freiheitskampf. In: Deutsche Rundschau 235 (1933), S. 85-89; Fritz Behrend: Schleiermacherforschung einst und jetzt. In: Deutsche Rundschau 242 (1934), S. 187-191; Friedrich Seebass: Carl Gustav Carus in seinem Verhältnis zum Christentum. In: Deutsche Rundschau 251 (1937), S. 15-20 (wieder in F. Seebass: Christentum und deutscher Geist. Zehn Aufsätze zur neueren Literaturgeschichte. München 1947, S. 68-78); Richard Benz: Von der romantischen Vollendung des Barock. In: Deutsche Rundschau 262 (1940), S. 104-110.

[21] Richard Benz: Klassisch-romantische Harmonie. In: Eckart 13 (1937), S. 334-338; Wolfgang Sucker: Eichendorff – ein deutscher Tröster. In: Eckart 13 (1937), S. 465 – 472; Karl Buchheim: Der Ursprung der Romantik. In: Eckart 16 (1940), S. 128-132; Erich Ruprecht: Achim von Arnim. In: Eckart 17 (1941), S. 186-190.

[22] Martin Beheim-Schwarzbach: Das letzte Jahr des Novalis. In: Eckart 15 (1939), S. 213-220.

[23] Margarete Susmann: Rahel Varnhagen von Ense. Zu ihrem 100. Todestag. In: Literarische Welt 9 (1933), Nr. 10, S. 7f.; Nr. 11/12, S. 11f.

des „Freiheitskämpfers" Ernst Moritz Arndt zu vernehmen waren.[24] Ein Jahr später prägte eine heroisierende Aneignungsrhetorik die Würdigungen zu Schleiermachers 100. Todestag am 12. Februar 1934: Seine Religionsauffassung sei wie seine Volks- und Staatstheorien prophetisch und unbeschadet durch Romantik und Idealismus voll heroischer Entschlossenheit.[25] Doch während völkisch imprägnierte Preisungen die „Erdgebundenheit" und das „Gemeinschaftempfinden" Schleiermachers vom Weltbürgertum seiner Zeit abgrenzten,[26] verwiesen Würdigungen aus dem theologischen Lager auf sein romantisches Streben zur Synthese und sein personhaft-dynamisches Denken.[27] Auch die 1935 publizierten Würdigungen zum 150. Geburtstag Bettina von Arnims und zum 75. Todestag Ernst Moritz Arndts waren durch Dissonanzen geprägt. Richard Benz veröffentlichte im Münchener Piper-Verlag eine hymnische Monographie über die „Seherin wesenhafter Geisteswirklichkeit" und verteidigte in diversen Zeitschriftenaufsätzen mit zuweilen gewagten Thesen die Romantikerin gegen mißgünstige Beurteilungen durch den George-Kreis.[28] Zu Ehren Bettinas meldeten sich auch schriftstellernde

---

[24] So etwa Heinrich Laag: Der Freiheitskampf des Greifswalder Dozenten Ernst Moritz Arndt. Rede bei der Feier anläßlich der Verleihung des Namens Ernst-Moritz-Arndt-Universität am 28. Juni 1933. Greifswald 1933 (= Greifswalder Universitätsreden 37), insbesondere S. 15f. Hier hieß es unter Hinweis auf den am 28. Juni 1919 unterzeichneten „Schandvertrag von Versailles", der „bis zu dem heutigen Tage wie eine Bergeslast auf unserem deutschen Volke liegt": „Niemals wäre dieses Schandwerk unterschrieben worden, wenn im Jahre 1919 der Geist E. M. Arndts im deutschen Volke lebendig gewesen wäre, niemals solch ein Vertrag auch nur möglich gewesen, wenn das deutsche Volk in der größten Stunde seiner Geschichte, während des Weltkrieges von dem Verantwortungsgefühl und der Glaubenskraft eines E. M. Arndt getragen gewesen wäre. [...] Noch lastet der Schandvertrag auf unserem Deutschen Volke. Wir alle, liebe Komilitonen, sind dazu berufen, die Fesseln zu sprengen. Niemals wird das ein Volk erreichen, das nicht tief in der Heimat verwurzelt ist, das egoistisch denkt, das sich nicht auch im allerkleinsten verantwortlich weiß, das glaubensmatt dem Alltag verfällt. Nur dann wird es dem deutschen Volk gelingen und uns an unserem bescheidenen Teil, wenn wir so denken, fühlen, handeln und glauben wie E. M. Arndt. Nur wenn wir so denken, werden wir auch im Sinne des Führers unseres Volkes handeln, der es immer von neuem bezeugt hat, daß für den Aufstieg Deutschlands nicht in erster Linie Wirtschaftsprogramme, Organisationsfragen und äußerliche Dinge entscheiden, sondern daß Deutschland nur dann einer besseren Zukunft entgegengeführt werden kann, wenn eine geistige Erneuerung das Volk erfaßt."

[25] So Viktor Grüner: Schleiermachers geistige Grösse. In: Baltische Monatshefte 3 (1934), S. 265-282.

[26] So Hermann Dreyhaus: Die politische Sendung Schleiermachers. In: Nationale Erziehung 15 (1934), S. 47-51.

[27] Vgl. Georg Wehrung: Schleiermacher unser Zeitgenosse. In: Christliche Welt 48, Sp. 240-244. Ähnlich auch Wilhelm Lütgert: Schleiermacher. Gedächtnisrede zu seinem 100. Todestage bei der Gedenkfeier der Friedrich-Wilhelms-Universität Berlin. Berlin 1934; Reinhold Seeberg: Zum Gedächtnis Schleiermachers. In: Forschungen und Fortschritte 10 (1934), S. 61f.

[28] Richard Benz: Bettina – das Kind, die Frau, die Seherin – schaut, erlebt, verkündet. Weibliches Wissen, Wesen, Wirken in ihrem Werk. München 1935. Benz beschuldigte hier die universitäre Literaturwissenschaft, ihr Werk verleumdet oder totgeschwiegen zu haben und würdigte ihre von „romanischer Sprache" und „deutscher Geistigkeit" getragene, unter dem „Doppelgestirn Goethe-Beethoven" stehende Gestalt als höchste Verkörperung geistig schöpferischer Weiblichkeit. Ähnlich ders.: Bettina. Gestalt und Werk. In: Deutsche Frauenkultur 39 (1935), S. 63f.; ders.: Die Bettina. Zu ihrem 150.Geburtstag am 4. April. In: Deutsches Wort 14 (1935) 10, S. 4f.

Frauen zu Wort, die ihre Persönlichkeit als „menschgewordene Poesie" und „ursprünglichste Natur" lobten.[29] Einen offenkundigen Kontrast zu diesen emphatischen, doch poetisch gemilderten Gedenkworten bildeten die Äußerungen zum 75. Todestag von Ernst Moritz Arndt am 29. Januar 1935, die besondere Brisanz aufgrund der von neuheidnischen Kreisen geführten Debatte um den zeitkritischen Publizisten gewannen. Editionen und Gedenkartikel, die von Mitgliedern des Klages-Kreises stammten, feierten Arndt als „tellurisch" geprägte Führergestalt, die 70 Jahre vor Nietzsche die deutsche Revolution der Gegenwart vorbereitet habe.[30] Aktivistische Deutungen, die Arndt gegen die vorgebliche „Passivität" der Romantik ausspielten, wurden jedoch nicht nur von publizistischen Eiferern des Klages-Kreises hervorgebracht. So betonte ein 1935 veröffentlichtes „Lebensbild" in einer Gedichtedition, daß Arndts Lyrik im Gegensatz zur Romantik vorwiegend der Tat gelte und ähnlich der Luthers Gemeinschaftskunst sei;[31] andere Beiträge würdigten Arndt als politischen Kämpfer für volkhaftes Deutschtum, Bauerntum und wehrhafte Opferbereitschaft.[32]

Der Anteil, den kulturpolitische und ideologieverwaltende Institutionen am ehrenden Gedenken für Persönlichkeiten der romantischen Literaturepoche nahmen, war gering. Ein Grund für die weitgehende Ignoranz gegenüber dem literarischen Erbe der Romantik lag zum einen in der erwähnten Priorität kollektiv wirksamer Kunstformen, der gegenüber die Bedeutung individuell wirkender Literatur zurücktrat. Zum anderen dienten öffentliche Feiern für Dichter und Denker hauptsächlich der Befriedigung repräsentativer Bedürfnisse staatlicher und parteiamtlicher Stellen, die ihre Wahl auch nach aktuellen Erfordernissen trafen. So wurde etwa der 175. Geburtstag Johann Gottlieb Fichtes am 23. Mai 1937 mit einer feierlichen Gedenkstunde in Rammenau begangen, zu der Rosenberg persönlich anreiste – um in einer Rede sein Interpretationsmonopol für die nationalsozialistische Weltanschauung zu behaupten und Konkurrenten in die Schranken zu weisen.[33] Der 100.

---

[29] So Marga von Rentzell: Bettina von Arnim. Ein Gedenkwort zu ihrem 150. Geburtstage am 4. April. In: Der Türmer. Deutsche Monatshefte 37 (1935) II, S. 81f.; siehe auch Magda Fuhrmann: Bettina von Arnim. Zum 150. Geburtstag am 4. April 1935. In: Wächter 17 (1935), S. 129f.; Hildegard von Veil: Bettina von Arnim. In: Propyläen 32 (1935), S. 204f.

[30] So Hans Kern: Ernst Moritz Arndt. In: Süddeutsche Monatshefte 32 (1935), S. 537-541; ders.: Ernst Moritz Arndt. In: Willy Andreas, Wilhelm von Scholz (Hrsg.): Die großen Deutschen. Berlin 1935. Bd. 2, S. 503-523; Ernst Moritz Arndt: Die Ewigkeit des Volkes. Ausgewählt von Hans Kern. Jena 1935 (= Deutsche Reihe 20).

[31] Oskar Anwand: Lebensbild. In: Ernst Moritz Arndt: Gedichte. Berlin-Leipzig 1935, S. 1-9.

[32] So Odo Schinke: Ernst Moritz Arndt, des Volkes Seher und getreuer Eckart. Zum 75. Todestag. In: Der nationalsozialistische Erzieher 3 (1935), S. 34-36; auch in: Pommersche Blätter 59 (1935), S. 14-16. Ähnlich Kurt Reich: Ernst Moritz Arndt. Zu seinem 75.Todestage. In: Burschenschaftliche Blätter 49 (1935), S. 134-136; Hermann Ulbrich-Hannibal: „Er wird bald vorüber sein." Zum 75. Todestag E. M. Arndts am 29. Januar 1935. In: Ostdeutsche Monatshefte 15 (1935), S. 676f.; Gerhard Budde: Ernst Moritz Arndt als Erzieher. Zu seinem 75. Todestage am 29. Hartung 1935. In: Völkische Schule 13, S. 33-35.

[33] Alfred Rosenberg: Fichte, ein Kämpfer für die geistige Einheit der Nation. Rede anläßlich Fichtes 175. Geburtstags, gehalten am 23. Mai in einer feierlichen Gedenkstunde in Rammenau. In: A. Rosenberg: Tradition und Gegenwart, S. 58-70.

Todestag Adalbert von Chamissos am 24. September 1938 spielte offiziell dagegen keine Rolle.[34]

Erinnernde Artikel zu Ehren von Romantikern wurden dagegen mehr oder weniger erfolgreich von Publizisten und Literaten für die Propagierung eigener Überzeugungen genutzt. Bevor sich am 3. Januar 1939 der Geburtstag von Carl Gustav Carus zum 150. Mal jährte, versandte der „biozentrische" Romantikforscher Hans Kern an mehrere Zeitungen und Zeitschriften Aufsätze – „sämtlich mit Hinweis auf den Entdecker dieses Mannes" Ludwig Klages.[35] In zwei Zeitungen erschienen seine Texte: In den *Münchener Neuesten Nachrichten* mit dem Verweis auf Klages,[36] in der *Berliner Börsen-Zeitung* ohne diesen.[37]

In der Kriegszeit erreichten die publizistischen und performativen Würdigungsakte der deutschen Literatur einen Höhepunkt. Wenn den Dichtern und Denkern der Romantik auch nicht solche Ehrungen widerfuhren wie Friedrich Hölderlin, zu dessen 100. Todestag am 7. Juni 1943 Festakte in Lauffen, Tübingen und Stuttgart stattfanden sowie eine Gedenkschrift und der erste Band der *Großen Stuttgarter Ausgabe* erschienen, so zog doch beispielsweise Clemens Brentanos 100. Todestag am 28. Juli 1942 einige Aufmerksamkeit auf sich. Neuausgaben ausgewählter Gedichte und gedenkende Artikel in diversen Zeitschriften zeugten davon, daß der unstete Dich-

---

[34] Eruiert werden konnte nur Fritz Otto Hermann Schulz: Ein Deutscher aus Herzensgrund. Zum 100. Todestage Adalbert von Chamissos. In: Propyläen 35 (1937/38), S. 369f.

[35] Hans Kern an Ludwig Klages. Karte vom 7.1.1939. DLA Marbach A: Klages Zugang 61.10295/3.

[36] Hans Kern: Der Kopernikus der Seelenkunde. Zum 150. Geburtstag von Carl Gustav Carus. In: Münchener Neueste Nachrichten vom 3. Januar 1939, S. 4. Hier hieß es einleitend: „Die Gegenwart bringt der Geistesrichtung der deutschen Romantik wieder ein Verständnis entgegen; es ist ihr klar geworden, daß die deutsche Romantik den Versuch unternommen hat, die grundsätzliche Frage der Stellung des Menschen im Kosmos neu und auf eine wesenhaft deutsche Art zu beantworten. Die Romantik hat zuerst wieder den Blick für ‚Ganzheiten' gehabt, hat gesehen, daß alles Lebendige geprägte Form ist, Gestalt." Nach Auflistung von Carus' universalen Bestrebungen und Leistungen („Entdeckung des unbewußten Seelenlebens", „Begründung der wissenschaftlichen Physiognomik", Aufdeckung des „von Cuvier nur geahnten Blutkreislaufes der Insekten", „Landschaftsmaler und Theoretiker der romantischen Landschaftsmalerei") wurde seine bedeutendste Tat an exponierter Stelle mit Klages' verknüpft: „Seine entscheidende Leistung indessen (deren Aufdeckung wir Klages verdanken) ist seine Neugestaltung der Psychologie. Gewiß war er hier nicht ganz ohne Vorläufer – Herder und Goethe wären als die wichtigsten zu nennen – , dennoch gebührt ihm der Ruhm, gleichsam der Kopernikus der neuzeitlichen Seelenforschung geworden zu sein." Das von Carus entdeckte „Unbewußtsein" sei nicht „etwas bloß Negatives, eben das Fehlen des Bewußtseins", sondern „zugleich immer ein Positives: das (organische) Leben! ‚Unbewußtes', Seele, Leben sind für ihn im tiefsten ein und dasselbe." Damit hätte Carus die „überlieferte Schulpsychologie" überwunden und „Erkenntnisse gewonnen, an die die Lebenswissenschaft der Gegenwart wesentlich anknüpft."

[37] Hans Kern: Statthalter des goethischen Geistes. Zu Carl Gustav Carus' 150. Geburtstag am 3. Januar. In: Berliner Börsenzeitung vom 3. Januar 1939, Unterhaltungsbeilage. Hier wurden allein Carus' biographische Entwicklung und die Nähe seiner persönlichen und geistigen Bildung zu Goethes Bestrebungen nachgezeichnet; das „Geheimnis dieses sicheren Lebensweges" führte Kern auf „Carus' Charakter" zurück, der eine „ausgesprochene goethische Prägung" aufweise.

ter seine Heimstatt im Herzen eines vornehmlich bildungsbürgerlichen Publikums gefunden hatte.[38]

Die im November 1942 unter reger medialer Anteilnahme in Neisse und Kattowitz veranstaltete *Deutsche Eichendorff-Woche*, sekundiert von Feiern in Berlin, Danzig und weiteren Städten, bildete einen Höhepunkt der öffentlichkeitswirksamen Würdigung der Romantik in der Zeit der NS-Herrschaft und wird im folgenden Kapitel detailliert beleuchtet. Auch wenn die Eichendorff-Pflege nach der Übernahme durch Kulturbürokraten der Gauleitung Oberschlesiens und des Reichspropagandaministeriums 1941 zur „Reichsangelegenheit" avancierte und von Instanzen der politischen Macht gelenkt wurde, blieben die Würdigungen seiner Persönlichkeit und der Romantik weiterhin von der typischen Zerrissenheit zwischen öffentlicher Repräsentation und verinnerlichter Erbauung geprägt. Weitere Zeugnisse dieses für die Wirklichkeit des nationalsozialistischen Deutschland mehrfach konstatierten „gespaltenen Bewußtseins" waren publizistische Erinnerungen an Romantiker, die in der Kriegszeit erschienen.[39]

3.2 Gesellschaften, Preise, Gedenktafeln: Performative Aktivitäten zur Präsentation der Romantik

Zur öffentlichen Erbeaneignung und -pflege gehörten die über den publizistischen Rahmen hinausgehenden Aktivitäten von Gesellschaften und Organisationen, die sich der Erforschung und Verbreitung einzelner Repräsentanten der romantischen Kulturepoche widmeten und dazu Veranstaltungsaktivitäten entfalteten oder Preise und Auszeichnungen stifteten. Verständlicherweise ist

---

[38] Vgl. die zahlreichen Gedenkartikel und -schriften, u.a. Wilhelm Kosch: Clemens Brentano. Sein Leben und Schaffen. Würzburg, Brünn 1943 (= Der Wächter 25, 2/3); Rudolf Alexander Schröder: Clemens Brentano. Zu seinem hundertjährigem Todestag am 28. Juli. In: Neue Rundschau 53 (1942), S. 332-340; Friedrich Otto Hermann Schulz: Des Knaben Wunderhorn. Clemens Brentano zum 100. Todestag am 20. Juli 1942. In: Der deutsche Schriftsteller 7 (1942), S. 78f.; G. Voigt: Clemens Brentano. In: Geist der Zeit 20 (1942), S. 504-516; Otto Doderer: Clemens Brentano und der Rhein. In: Moselland 1942, H. 3, S. 36-42; Wilhelm Schoof: Aus Clemens Brentanos Sturm- und Drangzeit. Ein Gedenkwort zu seinem 100. Todestag. In: Hessenland 1942, S. 50-52; ders.: Clemens Brentano und der Rhein. In: Die neue Schau 4 (1942), S. 87f.; ders.: Clemens Brentano und Thüringen. Zu seinem 100. Todestag am 28. Juli. In: Das Thüringer Fähnlein 11 (1942), S. 89f.; Ina Seidel: Clemens Brentanos Münchener Jahre. Zum 100. Todestag des Dichters. Propyläen 39 (1942), S. 81f.

[39] U.a. Franz Schultz: Wilhelm von Humboldts deutscher Weg. Zu seinem 175. Geburtstage am 22. Juni 1942. In: Deutsche Kultur 17 (1942), S. 1-17; D. von der Schulenburg: Die Romantik. Max von Schenkendorf und Friedrich de la Motte Fouqué zum Gedächtnis. In: Deutsches Adelsblatt 60 (1942), Nr. 23, S. 296-298; E. Buschbeck: August Wilhelm Schlegel. Zum 175. Geburtstag. In: Der Augarten 7 (1942), S. 391-394.

es in diesem Rahmen nicht möglich, sämtliche Aktivitäten zur öffentlichkeitswirksamen Präsentation der Romantik darzustellen und zu erläutern.[40] Darum beschränke ich mich auf die Bemühungen von kulturellen Gesellschaften zur Pflege des Erbes der literarischen Romantik, auf die Vergabepraxis von Literatur- und Kulturpreisen, die Namen von Romantikern trugen und auf Gedenkveranstaltungen zu Ehren romantischer Naturforscher, die eine seit den 1920er Jahren beobachtbare Rehabilitierung ganzheitlich-gestalthafter Wissenschaftskonzepte performativ begleiteten.

Neben der 1931 gegründeten *Deutschen Eichendorff-Stiftung*, deren wechselvolle Geschichte im Dritten Reich in einer nachfolgenden Fallstudie gesondert rekonstruiert wird, wirkten zwischen 1933 und 1945 verschiedene literarisch-kulturelle Organisationen wie die am 14. Juni 1938 in Bamberg ins Leben gerufene E.T.A.-Hoffmann-Gesellschaft oder die 1942 in Kassel wiedergegründete Brüder-Grimm-Gesellschaft.[41]

Die Vorgeschichten dieser kulturellen Vermittlungsinstitutionen reichten z.T. lange zurück. Die *E.T.A.-Hoffmann-Gesellschaft*, die sich der Vermittlung des romantischen Erbes und insbesondere des Werkes E.T.A. Hoffmanns verpflichtet sah, wurzelte in der bereits in den 1920er Jahren in Bamberg zwanglos zusammentretenden *Tafelrunde der Freunde E.T.A. Hoffmanns*, der u.a. der Verlagsbuchhändler Wihelm Ament und der Bildhauer Hans Leitherer angehörten und die sich der Sammlung von Erinnerungen an den Künstlers verpflichtet fühlte.[42] Auch als *Gesellschaft der Freunde E.T.A. Hoffmanns* auftretend, besorgte der Freundeskreis 1927 die Umgestaltung des Poetenstübchens zum „Undine-Zimmer" sowie die Einrichtung weiterer Museumsräume, die 1930 eingeweiht wurden.[43]

Nachdem die Teilnehmer des „Bamberger Dichtertreffens" während einer Zusammenkunft am 31. Mai 1937 in Hoffmanns einstiger Poetenstube die Gründung einer Hoffmann-Gesellschaft angeregt hatten, wurde die Gesell-

---

[40] Erinnert sei hier an die im März und April 1937 in Hamburg stattfindende Ausstellung *Nordische Romantik*, die Bilder Philipp Otto Runges, Caspar David Friedrichs und Carl Gustav Carus zeigte, oder an das am 30. April 1937 im Berliner Schloß veranstaltete *Romantikerfest*, auf dem Werke romantischer Komponisten erklangen. Die hier zu Gehör gebrachten Vertonungen Heinrich Heines riefen am 3. Juni 1937 einen polemischen Artikel unter dem Titel *Was will die einsame Träne* im SS-Organ *Das schwarze Korps* hervor.

[41] Eine Darstellung der Geschichte der Brüder Grimm-Gesellschaft gibt Bernhard Lauer: Die Brüder Grimm-Gesellschaft Kassel e.V. und das Brüder Grimm-Museum Kassel. Anmerkungen zu Geschichte, Leistungen und Aufgaben. Typoskript 1994; die Geschichte der Bamberger E.T.A. Hoffmann-Gesellschaft dokumentiert Hans-Dieter Holzhausen: Chronologie der E.T.A. Hoffmann-Gesellschaft. Ms. Berlin 1990. – Ich danke Bernhard Lauer und Hans-Dieter Holzhausen für die freundliche Überlassung der Manuskripte.

[42] Hans-Dieter Holzhausen: Chronologie der E.T.A. Hoffmann-Gesellschaft, S. 2f.

[43] Wenn in § 1 der Satzung der E.T.A. Hoffmann-Gesellschaft vom 23. 11. 1968 das Jahr 1928 als Gründungsjahr der Gesellschaft bezeichnet wird, läßt sich das – Hans-Dieter Holzhausens Chronologie der E.T.A. Hoffmann-Gesellschaft, S. 3 folgend – auf die in der Gestaltung des Hoffmann-Museums gipfelnden Bemühungen der *Gesellschaft der Freunde E.T.A. Hoffmanns* zwischen 1927 und 1930 beziehen; eine exakte Datierung der Gründung dieser Gesellschaft ist nicht möglich.

Performative Aktivitäten zur Präsentation der Romantik in der Öffentlichkeit 559

schaft am 14. Juni 1938 in der Form eines freien – d.h. nicht im Vereinsregister eingetragenen – Vereins im Rahmen der „Gaukulturwoche des Gaues Bayerische Ostmark" offiziell ins Leben gerufen.[44] Nachdem im Vorfeld die Erlaubnis der Reichsschrifttumskammer eingeholt worden war, konnte der Bamberger Oberbürgermeister Zahneisen den Gründungsakt vollziehen; geschäftsführender Vorsitzender wurde Wilhelm Ament (später auch Vereinsleiter genannt), sein Stellvertreter der Staatsarchivrat Michael Hofmann. Ihre Aufgaben, die nicht in einer förmlichen Satzung, sondern im ersten Heft des Vereinsorgans fixiert wurden, sah die *E.T.A. Hoffmann-Gesellschaft* in der

„Pflege des künstlerischen Nachlasses des Dichters, Musikers und Malers E.T.A. Hoffmann durch Veranstaltung von Vorträgen und Vorlesungen, dichterischen und musikalischen, Theateraufführungen, einzeln und in Festwochen, in der Pflege der Erinnerungsstätten, besonders des E.T.A. Hoffmann-Hauses in Bamberg und der darin begründeten Sammlung, in der Herausgabe von ‚Mitteilungen der E.T.A. Hoffmann-Gesellschaft' als geistigem Band unter den Mitgliedern."[45]

Hoffmann, der zwischen 1808 und 1813 Musikdirektor, Theaterkomponist und Dekorationsmaler am Bamberger Theater gewesen war, galt den um den Buchhändler Wilhelm Ament versammelten Mitgliedern der E.T.A.-Hoffmann-Gesellschaft als „einer der eigenartigsten und eigenwilligsten, vielleicht der Größte"[46] unter den deutschen Romantikern. Entsprechend emphatisch äußerten sich die Beiträger in den bis Frühjahr 1943 in vier Folgen erschienenen, dann eingestellten und 1958 neubegründeten *Mitteilungen der E.T.A. Hoffmann-Gesellschaft*.[47] Die Aktivitäten der E.T.A. Hoffmann-Gesellschaft, die sich auf Bamberg beschränkten, wandten sich vorrangig an das literarisch interessierte Publikum: Dichterlesungen, namentlich von Mitgliedern des „Bamberger Dichterkreises",[48] Vorträge von Lehrern und Literaturwissenschaftlern sowie Konzerte und gemeinsame Lektüreabende prägten das Programm. Neben dem mit musikalischen Darbietungen aufwartenden Komponisten Hans Pfitzner, der bereits im Mai 1939 Ehrenmitglied der Gesellschaft geworden war, traten u.a. Ernst Ludwig Schellenberg mit einem Vortrag „Die deutsche Romantik" und Paul

---

[44] Wilhelm Ament: E.T.A. Hoffmann und E.T.A. Hoffmann-Gesellschaft. In: Mitteilungen der E.T.A. Hoffmann-Gesellschaft 1 (1938/39), S. 3-7, hier S. 7.
[45] Ebenda, S. 7.
[46] Ebenda, S. 3.
[47] Vgl. u.a. Wilhelm Ament: Das E.T.A.-Hoffmann-Haus in Bamberg ud seine Sammlung. In: In: Mitteilungen der E.T.A. Hoffmann-Gesellschaft 1 (1938/39), H. 1, S. 8-24; Julius Lothar Schücking: Ernst Theodor Amadeus Hoffmann und der deutsche Geist. In: Mitteilungen der E.T.A. Hoffmann-Gesellschaft 1 (1938/39), H.1, S. 25-31; Lukas Böttcher: Das Rätsel E.T.A. Hoffmann. In: Mitteilungen der E.T.A. Hoffmann-Gesellschaft 1 (1938/40), S. 36ff.; Wilhelm Ament: Bamberg und die deutsche Romantik im Lichte neuerer Quellen. In: Mitteilungen der E.T.A.-Hoffmann-Gesellschaft 1 (1938/40), H.2/3, S. 39-64.
[48] Dazu Wulf Segebrecht (Hrsg.): Der Bamberger Dichterkreis 1936-1943. Frankfurt/M. u.a. 1987 (= Helicon. Beiträge zur deutschen Literatur 6).

Stöcklein mit einer Würdigung „Carl Gustav Carus, ein Gelehrter und Künstler der Romantik" auf.[49]

Auch die am 14. April 1942 auf Initiative des Verlegers und Buchhändlers Karl Vötterle und mit fördernder Unterstützung des damaligen Oberpräsidenten Prinz Philipp von Hessen gegründete *Brüder Grimm-Gesellschaft* konnte auf eine längere Vorgeschichte zurückblicken. Bereits im Januar 1897 war die *Kasseler Grimm-Gesellschaft* gegründet worden, die sich laut Satzung die Aufgabe stellte, „das Andenken an die Brüder Grimm in einer ihrer hohen Bedeutung entsprechenden Weise zu ehren" – durch Sammlung von „Erinnerungen aller Art an die Brüder, an ihren Verwandten- und an ihren Freundeskreis", durch Veranstaltung von Vorträgen, durch Unterstützung und Herausgabe von wissenschaftlichen Arbeiten, durch Verbreitung ihrer Schriften und nicht zuletzt durch die Finanzierung eines Grimm-Denkmals in Kassel.[50] Nachdem bis zum Ersten Weltkrieg eine ansehnliche Grimm-Sammlung zusammengetragen worden war, versiegten in der Zwischenkriegszeit die Aktivitäten, bis es im April 1942 zur Gründung der *Brüder Grimm-Gesellschaft* kam. Die Umstände dieser Gründung werfen ein bezeichnendes Licht auf die diffusen Bemühungen politischer Instanzen, sich durch aktionistische Gesten als örtliche Kulturstifter aufzuspielen: Nachdem Karl Vötterle trotz erheblicher politischer Schwierigkeiten die Begründung eines Kasseler Zweiges der *Neuen Schütz-Gesellschaft* durchgesetzt und sich zur Schaffung eines literarischen Pendants der Unterstützung Prinz Philipps von Hessen versichert hatte,[51] trug der hessische Gauleiter Karl Weinrich ohne vorherige Verständigung und für alle Teilnehmer überraschend im Anschluß an einen Märchen-Abend mit Angelika Merkelbach-Pinck im Murhard-Saal Vötterles Plan zum Aufbau einer Brüder Grimm-Gesellschaft vor. Dieser war ihm durch den stellvertretenden Gaukulturreferenten Fritz Metz bekannt geworden.[52] Die Leitung der Gesellschaft wurde dem stellvertretenden Gauleiter Max Solbrig übertragen; weitere Vorstandsmitglieder waren Karl Kaltwasser als Geschäftsführer und Rudolf Alexander Fleischer. Karl Vötterle, eigentli-

---

[49] Vgl. Wilhelm Ament: Bericht über die Tätigkeit der E.T.A. Hoffmann-Gesellschaft von der Gründung Juni 1938 bis März 1940. In: Mitteilungen der E.T.A.Hoffmann-Gesellschaft 1 (1938/40), S. 97-98; A[ment]: Bericht über die Tätigkeit der E.T.A. Hoffmann-Gesellschaft April 1940 bis März 1943. In: Mitteilungen der E.T.A. Hoffmann-Gesellschaft 2 (1941/43), S. 41-43. – Die in den *Mitteilungen* aufgeführten Veranstaltungen fanden zumeist in Verbindung mit der NS-Gemeinschaft *Kraft durch Freude* der *Deutschen Arbeitsfront* und der Volksbildungsstätte Bamberg statt; innerhalb der KdF gründeten Wilhelm Ament und Friedrich Deml, ein Bamberger Studienrat und Mitglied des „Bamberger Dichterkreises", im Februar 1940 auch eine sog. *Literarische Tafelrunde bei E.T.A. Hoffmann*, zu der man sich in vierwöchigem Turnus im Hoffmann-Haus versammelte, romantische Texte las und angeregt besprach, vgl. Hans-Dieter Holzhausen: Chronologie der E.T.A. Hoffmann-Gesellschaft, S. 5.

[50] Satzung der Kassler-Grimm-Gesellschaft, verabschiedet am 16. März 1897; hier zitiert nach Bernhard Lauer: Die Brüder Grimm-Gesellschaft Kassel e.V. und das Brüder Grimm-Museum Kassel, S. 3.

[51] Vgl. Karl Vötterle: Haus unterm Stern. Kassel 1963, S. 128.

[52] Brüder Grimm-Museum Kassel: Katalog der Ausstellung im Palais Bellevue. Kassel o.J., S. 10.

cher Initiator, wurde als nicht stimmberechtigtes Mitglied in den Vorstand aufgenommen.[53] Ihre „volkstümlich aufgefaßten Aufgaben" sah die Gesellschaft in der Veröffentlichung einer neuen Grimm-Ausgabe und einer neuen Biographie der Brüder, in der alljährlichen Verleihung des von der Landes-Universität Marburg vergebenen Grimm-Preises sowie in der Veranstaltung von Bühnenaufführungen der Grimmschen Märchen.[54] Die von der Gesellschaft avisierte, von „berufenen Gelehrten" zu betreuende Neuausgabe der Werke Jacob und Wilhelm Grimms kam allerdings nicht zustande; weitere Aktivitäten der Gesellschaft scheiterten an der fast vollständigen Zerstörung der Kasseler Innenstadt durch den alliierten Luftangriff vom 22. Oktober 1943, der auch zahlreiche unwiederbringliche Stücke der Grimm-Sammlung vernichtete.

Zur Strategie der Propagierung zeitgenössischer Kunst- und Kulturleistungen im Dritten Reich zählte auch die Vergabe von Preisen, die die Namen bedeutender Persönlichkeiten trugen und nicht selten hoch dotiert waren. Gab es im 19. Jahrhundert in Deutschland ganze dreizehn Ehrungen für Literatur- und Kulturschaffende, stieg ihre Zahl in den 1920er Jahren sprunghaft an: Bis 1933 gab es über 60 Auszeichnungen (einschließlich der im deutschsprachigen Ausland vergebenen).[55] Bereits in dieser Zeit wurde die Preisvergabe zum medial vermittelten Ereignis, das im Verleihungsakt mit Laudatio, Dankrede und Musik dem Stifter Anlaß bot, sich durch Wahl und Inszenierung öffentlich selbst darzustellen. Dieser Möglichkeiten bedienten sich die kulturpolitischen Institutionen des nationalsozialistischen Staates in geradezu exzessiver Weise: In den Jahren zwischen 1933 und 1945 gab es fast 150 Preisstiftungen – nicht zuletzt deshalb, weil sich jeder Gauleiter durch Auslobung einer eigenen Auszeichnung zum „Kulturträger" aufzuschwingen suchte. Eine unvollständige (!) Verlautbarung der Pressestelle der Reichsschrifttumskammer listete 1936 folgende Kultur- und Literaturpreise auf:[56]

---

[53] Nach Kriegsende wurde Vötterle zum Vorsitzenden gewählt, vgl. ebenda, S. 10f.
[54] O.V.: Brüder Grimm-Gesellschaft gegründet. In: NS Monatshefte 15 (1944), S. 262. – Noch ehrgeiziger war das in *Die Neue Schau* 4 (1942/43), S. 176 veröffentlichte Programm, hier zitiert nach Brüder Grimm-Museum Kassel: Katalog der Ausstellung im Palais Bellevue, S. 10: „Regelmäßige mehrtägige Brüder Grimm-Tagungen in Kassel. Neuherausgabe der Werke der Brüder Grimm, ihres Briefwechsels usw. Herausgabe und Neuherausgabe von Werken aus dem Arbeitsgebiet der Gesellschaft. Herausgabe eines Brüder Grimm-Jahrbuches. Herausgabe einer Zeitschrift. Förderung der Forschung auf dem Arbeitsgebiet der Gesellschaft. Förderung der Grimm-Forschung. Förderung in Hessen lebender Dichter und Schriftsteller, sofern ihr Schaffen für das Arbeitsgebiet der Gesellschaft von Bedeutung ist."
[55] Zur Geschichte der literarischen Preise in Deutschland vgl. Eva Dambacher: Literatur- und Kulturpreise 1859-1949. Eine Dokumentation. Marbach a. Neckar 1996 (= DLA, Verzeichnisse-Berichte-Informationen 19); Hanna Leitgeb: Der ausgezeichnete Autor. Städtische Literaturpreise und Kulturpolitik in Deutschland 1926-1971. Berlin, New York 1994 (= European Cultures 4).
[56] Die Pressestelle der Reichsschrifttumskammer über ständige Literaturpreise. BA R 56 V/ 91, Bl. 76. Vgl. auch die beiden vom Reichspropagandaministerium 1938 bzw. 1942 erstellten Listen deutscher Kulturpreise, abgedruckt in: Helga Strallhofer-Mitterbauer: NS-Literaturpreise für österreichische Autoren. Eine Dokumentation. Wien, Köln, Weimar 1994, S. 117-133.

Preis	Dotation	Stiftungsjahr; Vergabe
Adlerschild (des Reichsministers des Innern)		
Bayrischer Maximilian-Orden für Wissenschaft und Kunst		
Literaturpreis der Stadt Breslau	1000,– RM	1935; jährlich
Bremischer Literaturpreis		
Dietrich-Eckart-Preis (ehem. Lessing-Preis der Hansestadt Hamburg)	5000,– RM	1929; jährlich
Stefan-George-Preis (Nationalpreis des RMfVP)	12000,– RM	1935; jährlich
Goethe-Medaille		
Goethe-Preis der Stadt Frankfurt	10000 RM	1927; jährlich
Literaturpreis der Provinz Hannover	2500 RM	1935; jährlich
Hebel-Preis des Badischen Unterrichtsministeriums	3000 RM	1935; jährlich
Jenaer Kunst- und Literaturpreis	500 RM	1934; jährlich
Dichterpreis der Stadt München	3000 RM	jährlich (?)
Preis der NSDAP für Kunst und Wissenschaft	20000 RM	1935; jährlich
Preis der Raabe-Stftung		1931; jährlich
Rheinischer Literaturpreis	2500 RM	1935; jährlich
Sächsischer Staatspreis für Literatur		jährlich
Schillerpreis des Preußischen Kultusministeriums	7000 RM	1859; alle 6 Jahre
Volksdeutscher Schrifttumspreis der Stadt Stuttgart und des Auslandsinstituts	2000 RM	1935; jährlich
Westfälischer Literaturpreis	2500 RM	1934; alle 2 Jahre
Dichterpreis der Westmark	3000 RM	1935; jährlich
Von der Hansischen Stiftung gestiftete Preise: – Rembrandt-Preis – Shakespeare-Preis – Henrik-Steffens-Preis	 10000 RM 10000 RM 10000 RM	 1935; jährlich 1935; jährlich 1935; jährlich
Volksdeutsche Preise für Literatur und Kunst – Eichendorff-Preis (Universität Prag) – Görres-Preis (Universität Bonn) – Herder-Preis (Universität Königsberg) – Mozart-Preis (Universität München) – Steinbach-Preis (Universität Freiburg)	 5000 RM 5000 RM 5000 RM 10000 RM 10000 RM	 1935 auf 10 Jahre; jährlich 1935 auf 10 Jahre; jährlich 1935 auf 10 Jahre; jährlich 1935 auf 10 Jahre; jährlich 1935 auf 10 Jahre; jährlich

Besondere Beachtung verdienen in diesem Zusammenhang die von dem Deutschamerikaner Ernst Toepfer und seinem Bruder, dem Hamburger Großkaufmann Alfred C. Töpfer und ihrer Stiftung F.V.S. 1935 ausgesetzten Literaturpreise, die u.a. die Namen von Romantikern trugen und in der Liste der Reichsschrifttumskammer als „Volksdeutsche Preise für Literatur und Kunst" bzw. „Von der Hansischen Stiftung gestiftete Preise" erschienen.[57] Ohne Nennung des Stifters sollten sie für „ausserordentliche Leistungen in der Dichtkunst, Musik, Malerei und der angewandten Kunst, vornehmlich aber der Dichtkunst" zur Stärkung des Grenz- und Auslandsdeutschtums vorrangig an Auslandsdeutsche vergeben werden.[58] Eine undatierte Aktennotiz der Pressestelle der Reichsschrifttumskammer betonte die politischen Intentionen dieser Preisstiftung:

> „Durch diese Preise soll die lebendige geistige Verbindung mit den deutschen Volksgruppen jenseits der Grenze stärker gefestigt und zugleich die Dichtung, in besonderen Fällen auch künstlerische Leistungen auf anderen Gebieten, innerhalb und außerhalb der Grenzen angeregt und gefördert werden."[59]

Während der mit 10000 RM ausgestattete „Mozart-Preis" für Vertreter aus Österreich und den deutschsprachigen Gebieten Südosteuropas und Italiens vorgesehen war, verlieh man den ebenfalls mit 10000 RM dotierten „Erwin-von-Steinbach-Preis" an Dichter und Schriftsteller aus dem alemannischen Sprachgebiet einschließlich der Schweiz und dem Elsaß.[60] Der mit 5000 RM ausgestattete **„Josef-von-Görres-Preis"** für Verdienste um das deutsche Volkstum in Luxemburg, Lothringen, Belgien, Holland und den linksrheinischen Gebieten ging 1936 an den Pfarrer Louis Pinck, 1940 an den Volkskundler Nikolas Warker. Den für Verdienste um das deutsche Volkstum in der Tschechoslowakei verliehenen **„Eichendorff-Preis"** erhielt 1936 der sudetendeutsche Erzähler Gustav Leutelt, 1937 der Bildhauer Wilhelm Srb-Schlossbauer, 1938 Herbert Cysarz, 1939 Hans Watzlik, 1940 Felix Petyrek, 1941 Walter Henschel, 1942 Erich Gierach, 1943 Emil Lehmann.[61] Auch die

---

[57] Der Namensgeber Toepfer schwankte zwischen „Friedrich-von-Schiller-" und „Freiherr-vom-Stein-Stiftung" und entschied sich für die Abkürzung F.V.S., vgl. Barbara Petsch, Wilhelm Sinkovicz: Wer will Grillparzer? Deutscher „Sponsor" für den Preis. In: Die Presse vom 24.12. 1990; zur wechselvollen Geschichte der Stiftung F.V.S. im Dritten Reich vgl. Helga Strallhofer-Mitterbauer: NS-Literaturpreise für österreichische Autoren, S. 31-47 sowie jetzt die auf seiner Magisterarbeit beruhende Darstellung von Jan Zimmermann: Ein Niederdeutscher und Österreich: zum kulturpolitischen Programm des Hamburger Kaufmanns Alfred Toepfer und seiner Stiftung F.V.S. vor 1945. In: Uwe Baur, Karin Gradwohl-Schlacher, Sabine Fuchs (Hrsg.): Macht Literatur Krieg. Österreichische Literatur im Nationalsozialismus. Wien, Köln, Weimar 1998 (= Fazit. Ergebnisse aus germanistischer und komparatistischer Literaturwissenschaft 2), S. 145-162.
[58] Vereinbarung zwischen der Reichsschrifttumskammer und der Stiftung F.V.S. BA R 56 V/ 91, Bl. 300.
[59] Undatierte Aktennotiz der Pressestelle der Reichsschrifttumskammer. BA R 56 V/ 91, Bl. 123.
[60] Preisträger des „Mozart-Preises" waren 1935 Heinrich Ritter von Srbik, 1936 Josef Weinheber, 1937 Max Mell, 1938 Franz Nabl und Josef Pöll, 1939 Hans Kloepfer und Suitbert Lobisser, 1940 Josef Wenter und Rudolf Stolz, 1941 Josef Nadler, 1943 Hans Pirchegger, vgl. Helga Strallhofer-Mitterbauer: NS-Literaturpreise für österreichische Autoren, S. 41.
[61] Vgl. Helga Strallhofer-Mitterbauer: NS-Literaturpreise für österreichische Autoren, S. 46.

von Alfred Töpfer gestifteten „Hansischen Preise" (Shakespeare-, Rembrandt- und Henrik-Steffens-Preis) dienten dem Ziel, „die geistige Verbindung mit den uns artverwandten Völkern" – gemeint waren Engländer, Holländer und Skandinavier – zu fördern und „lebendiger und pfleglicher"[62] zu gestalten. Der mit 10000 RM dotierte **„Henrik-Steffens-Preis"**, vergeben von der Universität Hamburg für „hochwertige dichterische Leistungen" aus den skandinavischen Ländern, wurde erstmals 1937 an den isländischen Dichter Gunnar Gunnarson vergeben, 1938 erhielt ihn Olav Duun, 1940 der schwedische Germanist Erik Gustaf Teodor Rooth. 1941 ging er an den dänischen Schriftsteller und Dramatiker Svend Boberg.[63]

Die mit der Preisvergabe verbundenen politischen Interessen führten nicht selten zu Komplikationen, die in der schwierigen Suche nach geeigneten Preisrichtern bzw. Mitgliedern ihren Ausdruck fanden.[64] Das von mehreren kulturpolitischen Instanzen beanspruchte Vorschlags- und Entscheidungsrecht hinsichtlich der Kultur- und Literaturpreise machte diese Auszeichnungen zu uneinheitlich gebrauchten Steuerungsinstrumenten des kulturellen Lebens. Zwar legte die Satzung der Stiftung die Entscheidung über die Vergabe der Preise in die Hände von Universitäten, des Stifters und der Reichsschrifttumskammer, doch bestimmte das Reichsministerium für Volksaufklärung und Propaganda Zeitpunkt und Form der Veröffentlichung und drängte – insbesondere nach der erzwungenen Integration der Hansischen Stiftung in das *Hauptamt Volksdeutsche Mitteldeutsche* – auf Mitsprache.[65]

---

[62] Ebenda, Bl. 124.

[63] Neben den bereits genannten Preisen stiftete die Stiftung F.V.S. auch den Johann-Gottfried-Herder-Preis (zur Festigung des Deutschtums in Danzig, Ostpreußen, den baltischen Staaten, Polen und Rußland; ab 1938 nur noch für für die baltischen Staaten, Danzig und Ostpreußen; vergebende Einrichtung war die Universität Königsberg); 1937 kamen der Nikolaus-Coppernicus-Preis [sic] für das Deutschtum in Polen (vergeben durch die Universität Breslau) und der Prinz-Eugen-von Savoyen-Preis für das Deutschtum in Südosteuropa (vergeben durch die Universität Wien) hinzu; dazu Jan Zimmermann: Ein Niederdeutscher und Österreich: zum kulturpolitischen Programm des Hamburger Kaufmanns Alfred Toepfer und seiner Stiftung F.V.S. vor 1945, S. 160.

[64] So geriet Herbert Cysarz wegen seiner Tätigkeit im Vergabegremium des Eichendorff-Preises in Konflikt mit tschechoslowakischen Regierungsstellen, vgl. Kurt Krieger (RSK) an Alfred Töpfer. Brief vom 3.6. 1936. BA R 56 V/ 91, Bl. 117. – Bei der Frage nach dem zukünftigen Präsidenten der zur Stiftung F.V.S. gehörenden Johann-Wolfgang-Goethe-Stiftung dachte Krieger zum einen an Julius Petersen – da durch die Verbindung mit der Goethe-Gesellschaft der Stiftung „viel von ihrem politischen Odium" genommen werden könnte, zum anderen an den Heidelberger Germanisten Friedrich Panzer. Eine vorgeschlagene Präsidentschaft Hans Grimms käme dagegen „gerade aus politischen Gründen ... nicht in Frage", ebenda.

[65] Dazu Helga Strallhofer-Mitterbauer: NS-Literaturpreise für österreichische Autoren, S. 38ff. Ursprünglich bestand das Preisrichter-Kollegium aus je zwei Vertretern der verantwortlichen Universität (Prag, Freiburg, Bonn, Hamburg und der Deutschen Akademie München) und des Stifters sowie einem Vertreter der RSK. Die Initiatoren planten für spätere Zeiten auch eine propagandistische Inszenierung der Preisvergabe: „Zu einem politisch günstigen Zeitpunkt" sollten „volksdeutsche" und „hansische" Preise alljährlich zu Goethes Todestag am 22. März in Weimar verliehen werden, vgl. undatierte Aktennotiz der Pressestelle der Reichsschrifttumskammer. BA R 56 V/ 91, Bl. 124. Jan Zimmermann (Ein Niederdeutscher und Österreich: zum kulturpolitischen Programm des Hamburger Kaufmanns Alfred Toepfer und seiner Stiftung F.V.S. vor 1945, S. 152f.) zieht angesichts der Vergabepraxis und der mit den Preisverlei-

Neben diese Aktivitäten zur Präsentation und Würdigung des romantischen Erbes traten die öffentlichen Würdigungen der romantischen Naturforschung und Naturphilosophie, die die regen Diskussionen um eine veränderte Naturwissenschaftsauffassung in den dreißiger Jahren publizistisch und performativ begleiteten. Dem gesteigerten Interesse für eine spezifisch deutsche, „gestalthaft-schauende" Wissenschaftskonzeption entsprachen historische Bemühungen, in den Ganzheitskonzepten Goethes und der Romantik den Höhepunkt einer Tradition zu entdecken, die von Nikolaus Cusanus über Jakob Böhme und Johannes Kepler bis in die ersten Jahrzehnten des 19. Jahrhunderts geführt habe und durch die von Westeuropa eindringende Logifizierung und Formalisierung jäh unterbrochen worden sei. Die wissenschaftsgeschichtliche „Besinnung auf das Eigene und Deutsche", wie es ein Beitrag in *Sudhoffs Archiv* über die von Lorenz Oken organisierte Gründung der *Versammlung deutscher Naturforscher und Ärzte* formulierte,[66] führte zur verstärkten Beschäftigung mit der romantischen Naturphilosophie und schlug sich in öffentlichkeitswirksamen Gedenkveranstaltungen nieder. 1936 stand die 94. Tagung der *Gesellschaft deutscher Naturforscher und Ärzte*, die vom 20. bis 23. September in Dresden stattfand, ganz im Zeichen von Carl Gustav Carus.[67] Dank der Spenden seitens der *Dresdner Gesellschaft für Natur- und Heilkunde* (deren Mitbegründer Carus 1818 gewesen war), der Carus-Familienstiftung und der *Naturforscher-Versammlung* konnte Rudolph Zaunick den Dresdener Bildhauer Johannes Ernst Born mit der Anfertigung einer Gedenktafel beauftragen, die am 20. September 1936 an Carus' Sterbehaus in der Carusstrasse 18 enthüllt wurde. Die Einweihung der Tafel fand nach der von Zaunick im benachbarten Kreuzgymnasium gehaltenen Vorlesung *Carl Gustav Carus und sein Dresdener Kreis* statt und wurde durch den renommierten Mediziner Ferdinand Sauerbruch vorgenommen:

> „Wesen, Werden und Werk des Naturforschers und Arztes CARL GUSTAV CARUS sind heute – nahezu 70 Jahre nach seinem Tode hier in diesem Hause – in würdiger Gedenkstunde in uns lebendig geworden. [...] Leistung soll in unserem Staate den Wert der Menschen bestimmen. Der Sinn dieser Stunde aber ist, daß wir, Glieder eines neu erwachten, arbeitsamen und strebsamen Volkes, C.G. CARUS für Leistung

---

hungen verbunden Inszenierungen mit Recht das Fazit, daß die größte Bedeutung der Stiftung in der „kommunikativen Vernetzung geistiger Eliten der auslandsdeutschen Gebiete mit denen des Deutschen Reiches" bestand und daß in den Stiftungen Alfred Toepfers ein „geistiger Beitrag zur Expansionspolitik des Dritten Reiches zu sehen (ist)".

[66] Nelly Böhne: Nationale und sozialpolitische Regungen auf den Versammlungen Deutscher Naturforscher und Ärzte bis zum Revolutionsjahr 1848. In: Sudhoffs Archiv 27 (1934), S. 87-130, hier S. 87. Die Autorin aus dem Berliner Institut für die Geschichte der Medizin und der Naturwissenschaft brachte bislang unpublizierte Akten des Preußischen Kultusministeriums zum Abdruck, um die „nationalpolitische Tendenz" und den „großdeutschen Gedanken" der romantischen Naturwissenschaft nachzuweisen. Programmatisch S. 122: „Von der ersten bis zur letzten Tagung durchweht sie der großdeutsche Gedanke, die Sehnsucht nach einem einigen Deutschland; ihr dient ihre idealistische und realistische Wissenschaft, ihre Synthese und ihr in Sektionen aufgelöster Spezialismus."

[67] Vgl. Carl Gustav Carus zu Ehren. In: Sudhoffs Archiv 30 (1937), S. 113f., Anm. von Rudolph Zaunick, S. 113f.

und Führung danken und seine Persönlichkeit ehren. Möge über diese Stunde hinaus sein Vorbild wirksam bleiben an unserem Volke – zum Segen Deutschlands."[68]

Vom forcierten wissenschaftshistorischen Interesse und dem Aufstieg der Biologie zu einer Grundlagenwissenschaft profitierten auch lange vergessene Naturforscher der Romantik wie Gottfried Reinhold Treviranus und Carl Friedrich Kielmeyer. Zum 100. Todestag des romantischen Biologen Treviranus am 16. Februar 1937 erschien in *Sudhoffs Archiv* eine umfängliche Zusammenstellung seines Nachlasses, der in der Staatsbibliothek Bremen aufbewahrt wurde.[69] Traditionssuche und öffentlichkeitswirksame Repräsentation der romantischen Biologie vereinigten sich 1938, als während der der deutschen Wissenschaftsgeschichte gewidmeten 95. Tagung der *Versammlung deutscher Naturforscher und Ärzte* in Stuttgart eine Gedenktafel für Carl Friedrich Kielmeyer enthüllt wurde. Gleichzeitig öffnete eine von Fritz-Heinz Holler vorbereitete *Kielmeyer-Gedächtnis-Ausstellung* in der Württembergischen Naturaliensammlung, die neben Bildnissen des Gelehrten Urkunden, Vorlesungsnachschriften und Dissertationen seiner Schüler zeigte sowie einen Überblick über die neuere Kielmeyer-Forschung bot. In seiner Ansprache bei Enthüllung der Gedenktafel betonte der Stuttgarter Biologie-Professor Max Rauther die bleibende Bedeutung Kielmeyers, dessen Werk gerade „gegenwärtig... wieder Gegenstand eindringlicher Untersuchungen ist"[70]. Wenn auch von der Beschäftigung mit der Wissenschaftsgeschichte keine unmittelbare Förderung der Gegenwartsaufgaben zu erwarten sei, so Rauther, „grüßen wir gern die weitblickenden Geister der Vergangenheit und fühlen uns beglückt im Erkennen der dauernden Linien, die sich im Werden unserer völkischen Kultur ausprägen." Gegenüber diesen markigen Worten war die am 18. September 1938 in der Württembergischen Naturaliensammlung Stuttgart enthüllte Gedenktafel sachlichen Charakters.[71] – Die von wissenschaftsgeschichtlichen Untersuchungen dieser Zeit konstruierte Opposition national verschiedener Wissenschaftsstile prägte weitere öffentlichen Würdigungen. Julius Schuster, Mitherausgeber der 1938 im Berliner Keiper-Verlag wiederveröffentlichten *Gesammelten Schriften* Kielmeyers,[72] würdigte in seinem

---

[68] Ferdinand Sauerbruch: Worte bei der Enthüllung einer Gedenktafel am CARUS-Haus zu Dresden am 20. September 1936. In: Sudhoffs Archiv 30 (1937), S. 113f. Hervorhebung im Original.

[69] Ilse Schunke: Der Nachlaß von Gottfried Reinhold Treviranus in der Staatsbibliothek Bremen. In: Sudhoffs Archiv 30 (1937), S. 115-132. – Treviranus, der zwischen 1806 und 1822 eine sechsbändige *Biologie* verfaßt und 1832/33 ein zweibändiges Werk *Die Erscheinungen und Gesetze des organischen Lebens* vorgelegt hatte, galt insbesondere Ernst Krieck und seinen Schülern als Begründer der Biologie als eigenständiger Wissenschaft.

[70] Max Rauther: Carl Friedrich Kielmeyer zu Ehren. Worte bei der Enthüllung einer Gedenktafel in der Württemnbergischen Naturaliensammlung zu Stuttgart am 18. September 1938. In: Sudhoffs Archiv 31 (1938), S. 345-350, hier S. 347.

[71] Unter einer Porträtsilhouette Kilemeyers befand sich die Inschrift: „CARL FR. KIELMEYER – Künder des Entwicklungsgedankens. 1791-95 Vorsteher des Naturalienkabinets, 1796-1816 Professor in Tübingen, 1817-1839 Direktor der wissenschaftlichen Sammlungen"; ihr folgte ein Zitat von Carl Friedrich Philipp von Martius: „Kielmeyer gehörte zu den Genien. Er besass das Einzelne und stempelte es zu einem Ganzen."

Vortrag auf der 31. Jahresversammlung der *Deutschen Gesellschaft für Geschichte der Medizin, Naturwissenschaft und Technik* die Verdienste des schwäbischen Naturforschers und deutschen Begründers einer allgemeinen Biologie, wobei er vor allem die Differenzen zwischen Kielmeyer und George Cuvier herausstellte.[73]

Auf diese Weise reagierten die Würdigungen romantischer Naturforscher ebenso wie die Aktivitäten literarisch-kultureller Gesellschaften zur öffentlichen Vermittlung der Romantik und die Preisvergabepraxis auf die kultur- und wissenschaftspolitischen Veränderungen nach 1933. Wenn die auf öffentliche Wirkung zielenden Akte zur Verbreitung des romantischen Erbes an dieser Stelle auch nur skizziert werden konnten, sind doch Charakter und Ausrichtung dieser Bemühungen hinreichend deutlich geworden. Die staatlich bzw. parteiamtlich ausgeübte Kontrolle der kulturellen Organisationen wie auch der vorauseilende Gehorsam und die Opportunität der beteiligten Akteure schufen ein Klima politischer Konformität, ohne daß eine restlose Fremdsteuerung durchgesetzt wurde. Politikferne Nischen, die in der Beschäftigung mit und der Würdigung von Romantikern zu beobachten waren, existierten im Tätigkeitsbereich kulturell-literarischer Vermittlungsinstitutionen wie in wissenschaftlichen Organisationen und prägten deren durchaus zwiespältige Funktion innerhalb der „vermachteten" Öffentlichkeit des nationalsozialistischen Deutschland. Sich hier eröffnende Freiräume waren einerseits durch die Präsenz konservativer Eliten, andererseits auch durch die Ignoranz der politischen Führung bestimmt – und zugleich weit von Opposition oder gar bewußtem Widerstand entfernt: Als etwa die Preußische Akademie der Wissenschaften im Dezember 1934 durch das Reichserziehungsministerium aufgefordert wurde, den bevorstehenden 150. Geburtstag Jakob Grimms durch eine öffentliche Festsitzung zu würdigen, verband man damit die Hoffnung, das Ansehen Grimms wie auch die Reputation der Akademie für die Ausstellung der nationalsozialistischen Wissenschaftspolitik nutzen zu können.[74] Nach generalstabsmäßiger Planung und Einladung zahlreicher Persönlichkeiten aus Politik und Gesellschaft führte die Akademie am 4. Januar 1935 eine feierliche Sitzung zu Ehren des romantischen Germanisten durch, an dessen öffentlicher Würdigung ihr insbesondere aufgrund der aufwendigen Fortführung des *Deutschen Wörterbuchs* gelegen war.[75] Die einge-

---

[72] Carl Friedrich Kielmeyer: Gesammelte Schriften. Hrsg. von F.-H. Holler. Unter Mitwirkung von J. Schuster nach den Handschriften zum erstenmal veröffentlicht. Berlin 1938 (= Schöpferische Romantik).
[73] Deutsche Wissenschaftsgeschichte auf der Naturforschertagung 1938. In: Volk im Werden 6 (1938), S. 531.
[74] REM an die Preußische Akademie der Wissenschaften. Brief vom 11. Dezember 1934. Archiv der Berlin-Brandenburgischen Akademie der Wissenschaften. Akten der Preußischen Akademie der Wissenschaften (1812-1945), II-V, 193, Bl. 74.
[75] Vgl. Protokoll der außerordentlichen Sekretariatssitzung der Preußischen Akademie der Wissenschaften am 18. Dezember 1934 (ebenda, Bl. 75f.), die Einladungslisten (ebenda, Bl. 77-81) sowie die Dringende Mitteilung der Akademie an ihre Mitarbeiter (ebenda, Bl. 89), in der es hieß: „Der Kreis der geladenen Gäste wird bei dieser Veranstaltung ein anderer sein als sonst: Vertreter der Reichs-, Staats- und Kommunalbehörden, Leiter großer Institute, Diplo-

ladenen Repräsentanten des Regimes Hitler, Goebbels, Frick, Lammers, Rosenberg, Rust und Lutz von Schwerin-Krosigk ließen sich jedoch durchweg entschuldigen;[76] Ernst Heymann und Arthur Hübner hielten ihre Ansprachen hauptsächlich vor Mitarbeitern der Akademie und zahlreich erschienenen Angehörigen des Diplomatischen Corps, dessen unerwartet rege Teilnahme nachfolgend zu Einschränkungen in der Einladungspolitik führte.[77] Weitgehend frei von aktualisierenden Bezügen auf die Gegenwart des nationalsozialistischen Staates würdigte Arthur Hübner nach einleitenden Worten des Sekretärs der philosophisch-historischen Klasse Ernst Heymann in seinem Festvortrag das von der Romantik inspirierte Werk der Grimms und benannte auch die – ebenfalls romantisch bedingten – Irrtümer des älteren Grimm-Bruders.[78] Ein deutliches Zugeständnis an die nationalistische Verklärung des Grimm-Bildes bedeutete jedoch die von Hübner vorgetragene Stufung der Wirkungen Grimms auf die Nachwelt: Zwar seien die „breitesten Wirkungen" vom „Romantiker Grimm" und seiner Märchensammlung ausgegangen, die nach Übersetzung in zahlreiche europäische Sprachen der Beschäftigung mit der Volksüberlieferung einen wichtigen Anstoß gegeben hätten; auch die „tiefsten Wirkungen" des „Historikers Grimm" machten ihn zu einer „Gestalt von europäischer Reichweite" – doch der „heute" gefeierte Grimm sei „der deutsche Jacob Grimm und gilt uns am höchsten um dessentwillen, was innerhalb seines Volkes aus einer wissenschaftlichen Mitte heraus, aber schließlich weit über das Wissenschaftliche hinaus in fortgesetztem Wellenschlag aus seinem Leben entsprungen ist."[79] Die abschließende Reminiszenz an die Gegenwart verband dann in charakteristischer Formelhaftigkeit den politischen Umbruch des Jahres 1933 mit dem Ideengut der Romantik: „Wir dürfen mit dankbarem Herzen in diesen Jahren einen großen Ruck in der mühseligen Geschichte der deutschen Volkwerdung erleben. Vieles ist daran sich zu verwirklichen, was die deutsche Romantk an politischen Ideen geschaffen oder gepredigt hat. Mit doppeltem Grunde feiert darum das neue Deutschland Jacob Grimm als einen der größten Wohltäter unseres Volkes."[80]

---

matisches Korps usw., voraussichtlich nur Herren. [...] Mit Rücksicht auf den repräsentativen Charakter der Veranstaltung, die auch dem Ansehen der Akademie nach außen dient, wird um möglichst vollzähliges Erscheinen gebeten. Wie üblich: Frack."

[76] Vgl. ebenda, Bl. 98, 100, 101, 103, 104.

[77] Vgl. Auszug aus dem Protokoll der Sekretariatssitzung vom 10. Januar 1935, ebenda, Bl. 124: „Der Vorsitzende bespricht die Frage, ob zu den Festsitzungen der Akademie auch künftig das Diplomatische Korps einzuladen und dessen Vertretern der Platz auf der 1. Reihe der Zuhörer anzuweisen sei." sowie Auszug aus dem Protokoll der Sekretariatssitzung vom 9. Mai 1935, ebenda, Bl. 125: „Es wird beschlossen, von einer Einladung des Diplomatischen Korps zu der bevorstehenden Leibniz-Sitzung abzusehen." – Zur Feier und zu den Ansprachen von Heymann und Hübner vgl. Sitzungsberichte der Preussischen Akademie der Wissenschaften. Jg. 1935, S. XXIIff.

[78] Arthur Hübner: Festvortrag auf der Außerordentlichen öffentlichen Sitzung zur Feier der 150. Wiederkehr des Geburtstages von Jacob Grimm am 4. Januar 1935. In: Sitzungsberichte der Preussischen Akademie der Wissenschaften. Jg. 1935. Physikalisch-Mathematische Klasse. Berlin 1935, S. XXVIII-XXXIX.

[79] Ebenda, S. XXXIX, Sperrung im Original.

[80] Ebenda, S. XXXIX.

Ähnlich formelhafte Berufungen auf die gewandelten politischen Umstände fanden sich auch in den Initiativen zur Begründung literarisch-kultureller Organisationen, die unter den Bedingungen einer reglementierten Öffentlichkeit eine nicht unbedeutende Rolle bei der Vermittlung des romantischen Erbes spielten. So beschwor Wilhelm Ament in seinen Ausführungen zur Gründung der Bamberger *E.T.A. Hoffmann-Gesellschaft* 1938 die Wende zu einer nationalen Selbstbesinnung und den nationalen Umbruch, durch den der Gedanke einer festen Vereinigung der Hoffmann-Freunde begünstigt worden sei.[81] Die mit Unterstützung der Gauleitung und nach Genehmigung durch die Reichsschrifttumskammer gegründete *E.T.A. Hoffmann-Gesellschaft* widmete sich im provinziellen Rahmen dann in durchaus eigenständiger Weise der Erbepflege, ohne daß eine lückenlose Überwachung und Lenkung existierte: Nur so läßt sich erklären, daß innerhalb des für die Gesellschaft so wichtigen „Bamberger Dichterkreises" neben dem engagierten Nationalsozialisten Heinrich Zerkaulen auch Stefan Andres wirksam werden konnte. In diesen Konstellationen stellten literarische Gesellschaften kulturelle Angebote – vornehmlich für ein bildungsbürgerliches Publikum – bereit, die selbst in der Zeit des Krieges die Illusion von Normalität wahrten. Gerade aber in der Vorspiegelung eines schönen Scheins wirkten diese scheinbar politikfernen Bemühungen um die Romantik systemstabilisierend.

3.3 Anpassung oder Verweigerung? Populäre Romantiker-Biographien von zeitgenössischen Schriftstellern

Zwischen 1939 und 1944 erschienen im Stuttgarter Cotta-Verlag in der Reihe *Die Dichter der Deutschen* mehrere Biographien von Romantikern aus der Feder renommierter deutscher Schriftsteller: Der 1935 zum Katholizismus konvertierte und dem Nationalsozialismus distanziert gegenüberstehende Werner Bergengruen verfaßte eine Lebensbeschreibung E.T.A. Hoffmanns; der 1939 nach England emigrierende Martin Beheim-Schwarzbach beschrieb Novalis, der schwäbische Heimatdichter Georg Schwarz porträtierte seinen Landsmann Ludwig Uhland und die Erfolgsschriftstellerin Ina Seidel, nach eigenen Worte „für einige Zeit der Suggestion der nationalsozialistischen Parolen erlegen"[82], legte Darstellungen der verschwisterten bzw. verschwägerten Romantiker Clemens Brentano, Bettina und Achim von Ar-

---

[81] Wilhelm Ament: E.T.A. Hoffmann und E.T.A. Hoffmann-Gesellschaft. In: Mitteilungen der E.T.A. Hoffmann-Gesellschaft 1 (1938/39), S. 3-7, hier S. 4 und 6.
[82] Ina Seidel an Paul Wiegler, hier zitiert nach Christian Ferber: Die Seidels. Geschichte einer bürgerlichen Familie 1811-1977. Stuttgart 1979, S. 308.

nim vor.[83] Außerhalb dieser Reihe, doch ebenfalls im Stuttgarter Cotta-Verlag erschien 1943 Bernard von Brentanos August Wilhelm Schlegel-Biographie *Die Geschichte eines romantischen Geistes*.[84]

Angesichts dieser Folge von Titeln, die bis in die kritische Kriegslage des Jahres 1944 veröffentlicht wurden, stellen sich natürlich Fragen ein: Wodurch erklärt sich die Hinwendung Ina Seidels, Martin Beheim-Schwarzbachs, Werner Bergengruens, Georg Schwarz' und Bernhard von Brentanos zu Dichtern der Romantik? Läßt sich die Themenwahl der Autoren als Indiz für einen Rückzug aus der unmittelbaren Gegenwart interpretieren oder als Versuch, an die öffentliche und kulturpolitisch forcierte Wertschätzung der deutschen Romantik anzuknüpfen? Waren die entstandenen Romantiker-Biographien ein Auftragswerk des Cotta-Verlages oder Frucht unterschiedlicher und nur zufällig thematisch gleichgerichteter Eigeninitiativen? Wie gelangte der Verlag zu Druckgenehmigungen und Papierzuteilungen für die Bücher Bernard von Brentanos und Werner Bergengruens, die nicht Mitglieder der Reichsschrifttumskammer waren?

Die literarhistorische Zuordnung Werner Bergengruens und Martin Beheim-Schwarzbachs zum vieldiskutierten kulturellen Feld „Innere Emigration", die problematische Bewertung Ina Seidels und Georg Schwarz' wie auch die kontroverse Diskussion um den „Emigranten" Bernard von Brentano erschweren eine rasche und eindeutige Klassifikation ihrer biographischen Texte, deren Vergleich für die hier untersuchte öffentliche Vermittlung der Romantik aufschlußreiches Material birgt. Deshalb versuche ich, diese Biographien im Kontext der öffentlichen und literaturwissenschaftlichen Romantikaneignung unter besonderer Berücksichtigung der ihnen eingeschriebenen Anpassungs- und Widerstandssignale zu lesen.[85] In chronologisch nach dem Erscheinen der Bücher geordneter Folge werden Gestaltungsprinzipien und wesentliche Resultate erläutert, um die Fragen nach Autorintention und kulturpolitischer Funktion beantworten zu können. Zuerst sind die in der Rei-

---

[83] Martin Beheim-Schwarzbach: Novalis. <Friedrich von Hardenberg.> Stutgart 1939 (= Die Dichter der Deutschen Folge 3); Werner Bergengruen: E.T.A. Hoffmann. Stuttgart 1939 (= Die Dichter der Deutschen Folge 3); Georg Schwarz: Ludwig Uhland. Stuttgart 1940 (= Die Dichter der Deutschen Folge 4); Ina Seidel: Achim von Arnim. Stuttgart 1944 (= Die Dichter der Deutschen); Ina Seidel: Bettina von Arnim. Stuttgart 1944. (= Die Dichter der Deutschen); Ina Seidel: Clemens Brentano. Stuttgart 1944 (= Die Dichter der Deutschen).

[84] Bernard von Brentano: August Wilhelm Schlegel. Geschichte eines romantischen Geistes. Stuttgart 1943.

[85] Aus verständlichen Gründen kann ein Abriß der komplexen literarischen Felder „Exil" und „Innere Emigration" an dieser Stelle nicht unternommen werden; auch auf eine Übersichtsdarstellung des Forschungsstandes muß verzichtet werden. Dazu u.a. Harald von Königswald: Die Gewaltlosen. Dichtung im Widerstand gegen den NS. Herborn 1962; Reinhold Grimm, Jost Hermand (Hrsg.): Exil und Innere Emigration. Frankfurt/M. 1972; Peter Uwe Hohendahl, E. Schwarz (Hrsg.): Exil und Innere Emigration II. Frankfurt/M. 1973; Ralf Schnell: Literarische Innere Emigration. Stuttgart 1976; Lutz Winckler (Hrsg.): Antifaschistische Literatur. Programme. Autoren. Werke. 2 Bde. Kronberg/Ts. 1977; Wolfgang Breckle: Schriftsteller im antifaschistischen Widerstand 1933-1945 in Deutschland. Berlin, Weimar 1985; Claus Dieter Krohn, E. Rotermund, Lutz Winkler, Wulf Koepke (Hrsg.): Aspekte der künstlerischen ‚Inneren Emigration'. München 1994.

he *Die Dichter der Deutschen* erschienenen Lebensbeschreibungen romantischer Autoren darzustellen; danach soll auf die 1943 veröffentlichte August Wilhelm Schlegel-Biographie Bernard von Brentanos eingeganten werden.[86]

3.3.1 Die Romantiker-Biographien der Buchreihe *Die Dichter der Deutschen*

Initiatorin und Herausgeberin der von der *Deutschen Akademie* München unterstützten Buchreihe *Die Dichter der Deutschen* war die Lektorin des Cotta-Verlages Kläre Buchmann, die Ende der 1930er Jahre die Idee hatte, namhafte zeitgenössische Schriftsteller um kleinere Monographien über Dichter ihrer Wahl zu bitten.[87] So entschied sich der Urenkel von Matthias Claudius, Hermann Claudius, für seinen Vorfahren; der Mecklenburger Erzähler Fritz Griese schrieb über Fritz Reuter und damit über einen Klassiker seiner Heimat.[88] Auch die Wahl, die Ina Seidel, Werner Bergengruen, Martin Beheim-Schwarzbach und Georg Schwarz trafen, war durch offenkundige persönliche Sympathien begründet. Martin Beheim-Schwarzbach etwa, der Ende der 1920er Jahre mit dem Novellenband *Die Runen Gottes* und dem Roman *Die Michaelskinder* auf sich aufmerksam gemacht hatte und vorzugsweise allegorische und religiöse Stoffe, insbesondere Mysterienerlebnisse gestaltete, wählte Novalis und zeichnete in seiner Biographie das Bild eines „Engelhaften" mit dem erklärten Anspruch, „in der Zartheit und Frömmigkeit seiner Gemütsart die mystische Nähe der andern Welt zu ahnen und das Wunder auf sich wirken zu lassen, wie das Dort und das Hier sich in diesem Dichterleben zu einem sichtbaren Schicksalsgebilde verschlingt."[89] Ina Seidel verfaßte ihre Darstellungen der verschwisterten bzw. durch Heirat verbundenen

---

[86] Andere populäre Romantiker-Biographien wie die 1942 im Leipziger Reclam-Verlag veröffentlichte und mit 376 Seiten umfängliche Lebensgeschichte Caroline Schlegel-Schellings von Thekla von Düring (Caroline. Ein Lebensbild aus der Romantik) werden nicht berücksichtigt.
[87] Für diese Information danke Jochen Meyer von der Handschriftenabteilung des DLA Marbach.
[88] In der ersten Folge der Reihe *Die Dichter der Deutschen* erschienen neben den erwähnten Lebensbeschreibungen von Matthias Claudius (Hermann Claudius), Fritz Reuter (Friedrich Griese) noch die Biographien Grillparzers (Robert Hohlbaum), Lessings (Edgar Maass) und Friedrich Hebbels (Josef Magnus Wehner). Die zweite Folge brachte die Biographien Wolfram von Eschenbachs (Gertrud Bäumer), Mörikes (Albrecht Goes), Liliencrons (Hans Leip), Annete von Droste-Hülshoffs (Tamara Ramsay) und Wilhelm Buschs (Peter Scher). In der dritten Folge erschienen neben den Biographien von Novalis und E.T.A. Hoffmann aus der Feder Martin Beheim-Schwarzbachs bzw. Werner Bergengruens die monographischen Darstellungen Grimmelshausens (Hermann Eris Busse), Kleists (Bernt von Heiseler) und Stifters (Emil Merker). In der vierten Folge wurden die Porträts Schillers (Veit Bürkle), Theodor Storms (Hans Heitmann), C.F. Meyers (Eberhard Meckel), Uhlands (Georg Schwarz) und Theodor Fontanes (Heinrich Wolfgang Seidel) veröffentlicht.
[89] Martin Beheim-Schwarzbach: Novalis. 2., erw. Aufl. Stuttgart 1948, S. 6. – Bereits vorher hatte sich M. Beheim-Schwarzbach mit der Person Novalis' beschäftigt und zwei Aufsätze veröffentlicht: Geheimnis der Hoffnung. In: Hamburger Fremdenblatt vom 14.8. 1935; Das letzte Jahr des Novalis. In: Eckart 15 (1939), S. 213-220.

Romantiker Clemens Brentano, Bettina und Achim von Arnim nicht nur aufgrund der Bewunderung für deren poetische Leistungen, sondern auch wegen einer implizit geltend gemachten Verwandschaft mit dem familiär tradierten Dichtertum der Brentanos.[90] Der bekennende Schwabe Georg Schwarz dagegen fühlte sich dem von ihm porträtierten Ludwig Uhland mit einer „von Jugend an lebendigen Verehrung" auf landsmannschaftlich-stammesgenossenschaftliche Art verbunden und entwarf in seiner Biographie das Bild eines äußerlich weitgehend ereignislosen, doch innerlich reichen Lebens in der Landschaft und Tradition Südwestdeutschlands.[91]

Die solcherart motivierte Nähe zu den porträtierten Dichtern bestimmte weitgehend die Praxis der Beschreibung und Wertung. Ob im religiös ergriffenen Porträt Friedrich von Hardenbergs, das Beheim-Schwarzbach in weihevollen Worten umriß oder in der „Schwäbische Kunde" vermittelnden Uhland-Biographie Georg Schwarz' – die Dispositive des auktorialen Erzählers bildeten durchgängig die Basis der Biographien. Dabei gingen sowohl Versatzstücke der offiziellen Propaganda als auch Topoi der literaturwissenschaftlichen Romantikforschung in die Dichterporträts ein: Unmittelbar etwa in Ina Seidels Lob der *Christlich-deutschen Tischgesellschaft* für ihren Kampf gegen „franzosen- und judenfreundliche Haltungen"[92] oder in Georg Schwarz' hymnische Darstellung von Uhlands „wahrer und großer" Haltung zur österreichischen Frage, die, „uns Deutschen von heute erst jetzt auf(geht), da sich dieses Kapitel der Geschichte dank dem Ereignis vom Jahre 1938 ruhmvoll geschlossen hat."[93] Als Resultat einer biologistischen Literaturbetrachtung á la Nadler wirkten die von Georg Schwarz und Ina Seidel herangezogenen Reduktionen der Individualentwicklung auf familiengeschichtliche bzw. stammestümlich-landschaftliche Konstanten, die sich insbesondere in der Traktierung des „romanischen Bluterbes" Clemens Brentanos und Bettina von Arnims bemerkbar machten. Dennoch wiesen die zwischen 1939 und 1944 veröffentlichten Romantiker-Porträts tiefgehende Unterschiede auf. Martin Beheim-Schwarzbachs 1939 erschienene Novalis-Biographie, die zu seinen letzten in Nazi-Deutschland aufgelegten Büchern gehört,[94] erwuchs

---

[90] Vgl. Ina Seidel: Drei Dichter der Romantik. Clemens Brentano. Bettina. Achim von Arnim. Stuttgart: Deutsche Verlags-Anstalt o.J. [1956], S. 5f. Seit der Romantik ließen sich literarisch ambitionierte Geschwister- und Ehepaare beobachten – nach den Brentanos, Arnims, Schlegels und Grimms auch die Familien Hauptmann, Huch, Mann, Jünger und Seidel. Die in Ina Seidels Lebensbeschreibungen anzutreffenden Erklärungen biographischer und poetischer Entwicklungen aus genealogischen und ethnischen Dispositionen rührten aus dieser Überzeugung vom schicksalhaften Einfluß familiären Bluterbes.

[91] Georg Schwarz: Uhland, S. 91. Schwarz widmete sich auch der Propagierung Mörikes und anderer Heimatdichter, wovon die Sammlung schwäbischer Dichterporträts u.d.T. *Die ewige Spur. Dichterprofile eines deutschen Stammes* (München 1946) zeugte.

[92] Ina Seidel: Achim von Arnim, S. 65.

[93] Georg Schwarz: Uhland, S. 76f.

[94] Martin Beheim-Schwarzbach, am 27. April 1900 in London geboren und bis zu seinem Tode britischer Staatsbürger, emigrierte Anfang September 1939 nach England. In London arbeitete er in einer Fabrik; später bei der Psychological-Warfare-Division der britischen Aufklärung. 1946 kehrte als Control Officer nach Hamburg zurück und war von 1957 bis 1969 Vizepräsident und Vorsitzender der Klasse für Literatur der Akademie der freien Künste Hamburg.

aus der christlich-humanistischen und anthroposophisch beeinflußten Grundhaltung des Verfassers.[95] Wie erwähnt, suchte seine Darstellung den persönlichen und poetischen Entwicklungsweg des Dichters als Inkarnation einer engelhaft-himmlischen Existenz zu begreifen.[96] Ausführlich schilderte Beheim-Schwarzbach dazu die Liebe Friedrich von Hardenbergs zu Sophie von Kühn und die innige Verbundenheit mit dem Bruder Erasmus, um beider Tod zum Initiationserlebnis des Dichters Novalis zu verklären.[97] Mit dieser Deutung, die Novalis' Denken und Dichten in Anlehnung an geistesgeschichtliche und anthroposophische Erklärungen primär auf das „Sophien-Erlebnis" zurückführte, enthob sich der Autor weitgehend zusätzlicher Mühen, den künstlerischen Entwicklungsprozeß zu beschreiben und die hervorgebrachten Werke zu interpretieren. Aus einer gleichsam schicksalhaften Wendung seines Lebens habe Friedrich von Hardenberg die „unbeirrbare Richtung" gefunden: „[D]ie willige Richtung auf dieselbe Nacht hin, in der er die Geliebte wiederzufinden hofft, auf die lichte, selige Nacht des Todes und der neuen Geburt; auf die Ewigkeit, die er anbetet als die Heimat der Braut; und der Gang dorthin, der nur kurze Zeit dauern soll, wird von einem poetischen Werk von seltsamer, geheimnistrunkener Lichtdurchlässigkeit begleitet."[98] Die so inspirierten Dichtungen seien in erster Linie Zeugnisse einer Erweckung, die dem Dichter endlich „einen andern, verklärteren, aber auch näheren Christus entdeckt als den seiner dogmatischen Väter."[99] Tagebuchaufzeichnungen und Fragmente belegten, daß in Novalis „mehr und mehr die Lauterkeit, die tiefe Innerlichkeit, die tiefe Spiritualität seines Christentums zum ausschließlichen Durchbruch gelangten"[100]. – Die von religiösem Pathos getragene Darstellung, die eine ausgesprochen positive Würdigung in der von Eugen Mündler geleiteten Wochenzeitschrift *Das Reich* fand,[101] wurde 1948 gleich zweimal wiederaufgelegt.[102] Daß diese christli-

---

[95] Vgl. dazu Dirk Getschmann: Aus 70 Jahren. Studien zu Leben und Werk von Martin Beheim-Schwarzbach. Magisterarbeit München 1986, S. 21f., 29ff.
[96] Martin Beheim-Schwarzbach: Novalis, S. 6.
[97] Vgl. ebenda, S. 51: „Mit diesem Zeitpunkt aber beginnt für die Seele nach dem Mysterium des Schmerzes die Einweihung. Mit einer Plötzlichkeit, als habe nicht die Trauer, sondern eine große Erkenntnis ihn überfallen, richtet Friedrichs gebeugter Nacken sich auf, wendet sein tränennasser Blick sich in die Höhe."
[98] Martin Beheim-Schwarzbach: Novalis, S. 52f.
[99] Ebenda, S. 57.
[100] Ebenda, S. 83.
[101] Herbert Fritsche: Novalis. Rezension des Buches von Martin Beheim-Schwarzbach. In: Das Reich vom 29. September 1940. Der Rezensent würdigte die Darstellung für die „spirituelle Porträtähnlichkeit, die ergreift und überzeugt", überging jedoch die christlichen und anthroposophischen Züge: „Einer Persönlichkeit wie Novalis kann nur gerecht werden, wer mit zartester Ehrfurcht und zugleich stärkster Spiritualität ernst zu nehmen vermag, was dieses Menschen Wirklichkeit war. Martin Beheim-Schwarzbach hat das Novalis-Buch geschrieben, das, frei von literarhistorischen Platzanweisungen und tiefenpsychologischer Klugrednerei, äußeres und inneres Leben des Genius zu ewiger Gegenwart werden läßt."
[102] Martin Beheim-Schwarzbach: Novalis. Stuttgart 2., erw. Aufl. 1948 Stuttgart: Cotta 1948; Martin Beheim-Schwarzbach: Novalis. 2., erw. Aufl. Hamburg: Marion von Schröder Verlag 1948.

che Deutung (mit anthroposophischen Zügen) im kirchenfeindlichen Klima Hitlerdeutschland gedruckt werden durfte, scheint erstaunlich, zeigt jedoch die Freiräume innerhalb eines Kulturbetriebs, in dem aus vielfältigen Gründen nicht alle geistigen Produktionen kontrolliert bzw. unterdrückt werden konnten – zumal wenn sie in ihrem Rückzug auf eine religiös-spirituelle Innerlichkeit die nationalsozialistische Gegenwart nicht einmal „zwischen den Zeilen" in Frage stellten.[103]

Werner Bergengruens E.T.A.-Hoffmann-Biographie, die gleichfalls 1939 erschien, stellte dem religiösen Pathos Beheim-Schwarzbachs gegenüber ein Zeugnis sachlich-ausgewogener Lebens- und Werkbeschreibung dar und enthielt zugleich deutliche, „zwischen den Zeilen" lesbare Widerstandssignale. Der Autor, der dem Nationalsozialismus aufgrund seiner traditionsbewußten und christlich-humanistischen Gesinnung ablehnend gegenüberstand, war 1936 wegen seines Romans *Der Grosstyrann und das Gericht* aus der Reichsschrifttumskammer ausgeschlossen und mit Publikationsverbot belegt worden, das man später durch eine „jederzeit widerrufliche Sondergenehmigung" aufhob.[104] Trotz des Mißtrauens parteiamtlicher Dienststellen, das sich nach seiner Übersiedlung nach Solln bei München verstärkte,[105] konnte Bergengruen weiter veröffentlichen.[106] Die Hoffmann-Biographie aus dem Jahre 1939 realisierte sein Programm, dem „Furchtzeitalter" der Gegenwart ein „Wort des Trostes, der Aufrichtung, der Absage an die Furcht"[107] entgegenzusetzen. In der von Sympathie und Wärme getragenen Schilderung von Hoffmanns verschlungenem Lebensweg, das die künstlerische Existenz weder dämonisierte noch wissenschaftlich-distanziert analysierte, wurde der vielseitige, zwischen Staatsdienst und Künstlertum zerrissene Zeichner, Komponist und Literat als ein Vorbild bewahrter Humanität herausgestellt. Voll Parteinahme für den scharfsichtigen Beobachter des preußischen Beamtenstaates und satirischen Kritiker des Zensurwesens deutete Bergengruen dessen vielfältige künstlerische Produktionen als Werke, die aus der Konfrontation mit widri-

---

[103] Anders dagegen der 1943 von Reinhold Schneider im Heidelberger Kerle-Verlag veröffentlichte Essay-Band *Der Dichter vor der Geschichte*, der neben dem Aufsatz *Hölderlins Deutschlandbild* auch eine Abhandlung über Novalis' Auffassung des christlichen Heilsplans enthielt und dessen theologische Geschichtsauffassung implizit als Gegensatz zu den manipulativen Zukunftsvorstellungen des Nationalsozialismus beschrieb, dazu Tea-Wha Chu: Nationalsozialismus und Verantwortung der christlichen Literatur: Zur Poetologie des Zwischen-den-Zeilen-Schreibens der christlichen Dichter in der Inneren Emigration 1933-1945. Augsburg 1993, S. 139-141.

[104] Werner Bergengruen: Von Riga nach anderswo oder Stationen eines Lebens. Hrsg. und mit einleitenden Texten von N. Luise Hackelsberger. Zürich 1992, S. 134.

[105] Bergengruen verkehrte nach der Übersiedlung nach Solln bei München vor allem mit seinem Nachbarn Carl Muth, dem Gründer und Herausgeber der katholischen Kulturzeitschrift *Hochland*, im Kreis um Theodor Haecker und mit den Scholls. Das Mißtrauen gegenüber dem als „politisch nicht zuverlässig" eingeschätzten Schriftsteller ist dokumentiert durch das „Gesamturteil" des Ortsgruppenleiters von München-Solln vom 4. Juni 1940, in: Joseph Wulf: Kultur im Dritten Reich. Bd. 2: Literatur und Dichtung im Dritten Reich, S. 519f.

[106] Vgl. die chronologisch geordnete Liste der Werke Bergengruens in: Werner Bergengruen: Von Riga nach anderswo oder Stationen eines Lebens, S. 329-332.

[107] Werner Bergengruen: Schreibtischerinnerungen. Zürich 1961, S. 129.

gen äußeren Umständen ein ästhetisches Refugium schufen.[108] Neu und im Vergleich zu den auf ideelle Gehalte fixierten Romantikdeutungen der Geistesgeschichte innovativ war die Herausstellung der formalen Gestaltungsmittel unter besonderer Würdigung des Phantastischen. Die *Nachtstücke* bezeichnete Bergengruen als „glänzend erzählt"; die *Elexiere des Teufels* waren ihm „mit ihrer atemlähmenden Spannung, mit der Brillanz ihrer Erzählweise der glühendste Roman der Epoche".[109] Mehrfach betonte er die von Hoffmann erfahrene „doppelgängerische Zerklüftung des Lebendigen", die ihm „zum Abbild eines das ganze Weltgefüge durchziehenden Risses" und gleichzeitigem Hinweis auf deren transzendente Einheit geworden sei.[110] Die vorzugsweise gestaltete Figur des Künstlers wie auch die Freude an Sonderlingen symbolisiere den romantischen Protest gegen den Alltag und die philiströse Bürgerlichkeit einer Gegenwart, aus deren Enge allein Kunst und Glaube herausführten. Vor allem die metaphernreichen Darstellungen von Hoffmanns Leiden an seiner Zeit ließen Parallelen zur Gegenwart des nationalsozialistisch beherrschten Deutschland erkennen. Die in diesen Zustandsbeschreibungen verwendeten Bilder eines „vielfältig geschändeten Daseins" konnte ein geübter Leser unschwer auf die herrschenden Verhältnisse im NS-Staat beziehen: Die „pedantische Gespreiztheit höfischen Zeremoniells" erinnerte an die Aufmärsche und Großkundgebungen; die „trübe Finsterschicht erdgeisthafter Dämonen" evozierte die propagandistischen Beschwörungen von Blut und Boden; die „Welt kleiner Bürger und subalterner Beamter" war die beschränkte Welt einer sich nach außen abschließenden Gemeinschaft.[111]

Von den bei Bergengruen zu entdeckenden Widerstandssignalen war in der 1940 veröffentlichten *Uhland*-Biographie des schwäbischen Schriftstellers Georg Schwarz nichts zu spüren – auch wenn dieser später in einer Straf- und Arbeitskompanie dienen mußte und sich in seinem Roman *Makarius* von 1950 kritisch mit der NS-Zeit auseinandersetzte. Schwarz folgte nicht nur auf seinen Jugendwanderungen, sondern auch in seinem schriftstellerischen Œuvre romantischen Vorbildern: In Lyrik und Prosa thematisierte er unter betont antiurbaner Frontstellung ein „romantisches" Erlebnis der Natur; als Editor und Biograph fühlte er sich den Dichtern seiner schwäbischen Heimat verpflichtet.[112]

---

[108] Vgl. Werner Bergengruen: E.T.A. Hoffmann, S. 65 über die 1813 in Dresden begonnene und 1814 in Leipzig vollendete Erzählung *Der goldene Topf*: „Diese Dichtung war das wunderbare Reich, das sich ihm mitten unter den ärgsten Drangsalen erschlossen hatte, die zaubervolle Tröstung über die Unvollkommenheit der Welt, die von dem mißgeschickten Studenten Anselmus überwunden wird. Mitten aus dem Alltag der Dresdener Bürgerwelt wächst das liebliche Wunder, hinter der bizarren Außenseite des Archivarius Lindhorst flammt die königliche Salamandernatur. Die Welt wird magisch gedeutet in einer der phantasiereichsten, tiefsinnigsten und heitersten Dichtungen unserer Sprache, voll musikalischer Leichtigkeit und unvergänglicher Jugendfrische."

[109] Ebenda, S. 70.

[110] Ebenda, S. 78f.

[111] Vgl. ebenda, S. 81.

[112] So in den Gedichtbänden *Totentanz* (München 1929), *Froher Gast am Tisch der Welt* (Tübingen 1940), *Die Apfelranke* (München 1972) sowie in den von ihm betreuten Editionen von ausgewählten Werken Mörikes (Bergen 1948/49) und Wilhelm Waiblingers Gedichten (Urach 1948).

Seine Uhland-Biographie, für deren „Schwabismen" er sich im Schlußwort bei „Andersstämmigen" entschuldigte,[113] folgte dem Prinzip, poetische Produktionen aus der stammestümlich-landschaftlichen Herkunft des Dichters und der ihn tragenden Überlieferung abzuleiten. Uhlands Dichterpersönlichkeit, so Schwarz, formte sich nicht durch ein besonderes Erlebnis oder Schulung, sondern sei vielmehr plötzlich und vollkommen entwickelt vorhanden, „es wuchs wie von selbst nach dem Gesetz seiner Anlage, seines Formates und hat sich auch später einer sogenannten Entwicklung oder Wandlung nicht unterwerfen müssen."[114] Nach Herkunft und poetischer Leistung gehöre er zur „Tübinger Romantik", die sich von einer „gefährlich schwankenden" norddeutschen Romantik durch stärkeres „Stammes- und Volksbewußtsein", „Diesseitigkeit" und „Gesundheit" unterschieden hätte.[115] Uhland sei es zu danken, daß diese „Tübinger Romantik" einen „gesunden, weltoffenen und volksnahen Weg" genommen habe, verkündete Schwarz und übersah dabei die immensen Leistungen anderer romantischer Zirkel zur Beförderung des kulturellen Austauschs mit anderen Kulturen und Völkern.[116] Ähnlich einseitig würdigte er Uhlands Volksnähe und lebenslanges Suchen nach dem „Quellpunkt der deutschen Poesie, der Väterkunde und -urkunde"[117]. Nach Interpretationen der Heimatgedichte und Balladen erläuterte Schwarz ausführlich Uhlands politische Tätigkeit als Abgeordneter und Politiker; die auch hier zu konstatierende Ereignisarmut wurde aus seinen stammestümlichen Eigenschaften als „reinster Typus des Schwaben" abgeleitet. Das liberale Engagement seines Protagonisten innerhalb der schwäbischen Demokratie-Bewegung ausklammernd, betonte Schwarz dessen spätere Umkehr zur Idee des Wahlkaisertums, die als Legitimation des Führer-Gedankens verstanden werden konnte und ausführlich zitiert wurde. Sein „großdeutsches" Plädoyer fand ebenfalls als längeres Zitat Eingang und wurde zu direkter Aktualisierung genutzt.[118] Dem staatlich sanktionierten Antisemitismus sekundierte Schwarz mit einer diffamierenden Äußerung über Heines Besuch bei Uhland in Tübingen.[119]

---

[113] Georg Schwarz: Uhland, S. 91.
[114] Ebenda, S. 12.
[115] Ebenda, S. 19f.: „Die Tübinger Romantik als die spätere unterschied sich aber von der norddeutschen, früheren durch ein kräftiger betontes Stammes- und Volksbewußtsein, durch stärkere Diesseitigkeit und – Gesundheit. Das exzentrische Wesen mancher norddeutscher Geister, die, gefährlich schwankend zwischen wollüstiger Todessehnsucht und mondscheinduseligem Eiopopeia (einer romantisch wiedergekehrten Schäferpoesie wie bei Tieck), hin und her gerissen zwischen bedenklichem Nerven- und Sinnenrausch und seelenzerstörender Ironie, schließlich dem literarischen Katholizismus in die Arme getrieben, blieb den im Kern gesunden, weltfesten, humorigen Schwaben fremd. Der süddeutsche Boden, der von älterer Kultur ist, erzeugt eine erdnahe Menschlichkeit."
[116] Ebenda, S. 20.
[117] Ebenda, S. 28.
[118] Vgl. ebenda, S. 76: „Wie wahr und groß Uhland über die österreichische Frage gedacht hat, geht uns Deutschen von heute erst so richtig auf, da sich dieses Kapitel der Geschichte dank dem Ereignis vom Jahre 1938 ruhmvoll geschlossen hat."
[119] Vgl. ebenda, S. 83: „Eines Tages erscheint auch, nach letztem Pariser Schick gekleidet, Monsieur Harry Heine, ergebenste Schmeicheleien plappernd – um einige Jahre später in seinem Buch über die ‚Romantische Schule' Uhland gespäßig von oben her abzukanzeln."

Die in Georg Schwarz' Uhland-Biographie virulente Methode, Leben und Werk des Dichters aus Stammeserbe und regionaler Überlieferung zu erklären, verstärkte sich in Ina Seidels Romantiker-Biographien deutlich. Mehrfach und selbst in der Nachkriegsauflage nicht getilgt, führte Ina Seidel in ihrem Lebensabriß Clemens Brentanos die zerstörerische Gewalt der „Blutzusammenhänge" bzw. seiner „romanisch-deutschen Blutmischung" als „letzten Grund" seiner Persönlichkeit an;[120] Achim von Arnims realistische Erzählperspektiven wurde aus dessen Verwurzelung in der „sparsamen, nüchternen märkischen Erde"[121] abgeleitet. In den einleitenden Sätzen zur Biographie Clemens Brentanos – dem trotz „seiner zu zwei Dritteln außerdeutschen Abstammung doch volles Bürgerrecht"[122] eingeräumt wurde – begründete die Autorin die Notwendigkeit einer genealogischen Betrachtung. Leben und Werk der Brentanos ließen sich nicht deuten, „ohne daß man sich zuvor eingehend mit ihrer Herkunft, mit dem Zustandekommen der vielfältigen Blutmischung, aus der ihre Begabung sich nährte, beschäftigt hätte"[123].

Ina Seidel – schon vor 1933 Erfolgsautorin, dann Mitglied der gleichgeschalteten Preußischen Akademie der Künste und „getreues Spiegelbild der deutschen Bürgerseele"[124] – hatte sich bereits länger für die Romantik interessiert: 1940 erschien ihr Roman *Unser Freund Peregrin*, in dem sie Novalis ein fiktionales Denkmal setzte;[125] zum 100. Todestag Clemens Brentanos 1942 veröffentlichte sie in den *Propyläen* einen Aufsatz über dessen Münchener Jahre.[126] In ihrer 1944 veröffentlichten Brentano-Biographie folgte sie nicht

---

[120] Ina Seidel: Drei Dichter der Romantik. Clemens Brentano. Bettina. Achim von Arnim. Stuttgart: Deutsche Verlags-Anstalt o.J. [1956], S. 11, 61, 77. – Aufschlußreich hier auch die biologischen Metaphern, die Ina Seidel zur Beschreibung der Verbindung von Pietro Antonio Brentano mit Maximiliane von La Roche verwendete: Mit der 1774 geschlossenen Ehe wurde „dies Kulturerbe dem deutschen Volk naturhaft lebendig einverleibt, um in der folgenden Generation einen Überschwang an Blüte und Frucht zu zeitigen" (ebenda, S. 14); Maxi von La Roche sei das „Gefäß, in dem sich das starke einheitliche Brentanosche Blut mit den aus verzweigten Quellen aufsteigenden Kräften der eigenen Herkunft vermischen und neue Gestalt bilden konnte", ebenda, S. 20f.
[121] Ina Seidel: Achim von Arnim. Stuttgart 1944, S. 88; dies.: Drei Dichter der Romantik, S. 274.
[122] Ina Seidel: Drei Dichter der Romantik, S. 11.
[123] Ebenda, S. 11.
[124] Klaus Harprecht: Auf chronische Weise deutsch. In: Frankfurter Allgemeine Zeitung vom 14.11. 1980. – Ina Seidels ambivalentes Verhalten in der Zeit des Nationalsozialismus kann als beispielhaft für das „gespaltene Bewußtsein" bildungsbürgerlicher Kreise gelten: Als Mitglied der gleichgeschalteten Preußischen Dichterakademie, Verfasserin von zwei Elogen zum 50. Geburtstag Hitlers 1939 und Mitherausgeberin der Kriegsbriefe von Nachrichtenhelferinnen (Dienende Herzen. Berlin 1942) kann sie schwerlich als Vertreterin der „Inneren Emigration" bezeichnet werden, auch wenn ihr Roman *Lennacker. Das Buch der Heimkehr* (Stuttgart 1938) mit seinem Bekenntnis zu einem christlich-humanistischen Weltbild bei der NS-Literaturkritik auf Widerspruch stieß. Die in Romanen wie *Brömseshof* (Stuttgart 1928) und *Das Wunschkind* (Stuttgart 1930) demonstrierte Heroisierung des Mütterlichen kam den Intentionen der nationalsozialistischen Schrifttumsinstanzen nahe; die Stellungnahmen gegen den Krieg fanden jedoch Ablehnung.
[125] Ina Seidel: Unser Freund Peregrin. Aufzeichnungen des Jürgen Brook. Stuttgart Berlin 1940. Dazu Walther Rehm: Vitus Peregrinus. Ein Novalis-Erlebnis. In: DVjs 23 (1949), S. 33-70.
[126] Ina Seidel: Clemens Brentanos Münchener Jahre. Zum 100. Todestag des Dichters. In: Propyläen 39 (1942), S. 81f.

akribisch dessen unsteten Lebensweg, sondern erzählte nach Ausbreitung der italienischen und deutschen Familiengeschichte der Brentanos in zahlreichen Rückblenden und poetologischen Reflexionen die Lebens- und Leidensgeschichte eines Poeten, der „weniger das Bewußtsein hatte, ein Dichter zu sein, als Dichtung zu leben".[127] Dem am Ideal der „progressiven Universalpoesie" entwickelten Roman *Godwi* wie auch den Lustspielen stand sie ohne tieferes Verständnis gegenüber; gelobt wurden dagegen die von Brentano und Achim von Arnim gesammelten Volkslieder und die religiösen *Romanzen vom Rosenkranz*.[128] – Im Vergleich zur zerrissenen poetisch-triebhaften Existenz Clemens Brentanos stellte das von ihr ebenfalls nachgezeichnete Leben der Schwester Bettina den scheinbar polaren Gegensatz dar. Auch in dieser Biographie erschienen die romanisch-deutschen Erbanlagen als ausschlaggebende Determinanten der Entwicklung.[129] Wie alle Brentano-Kinder hätte Bettina eine Art „kultivierter Natürlichkeit .. als bestes Erbteil ihrer italienischen Herkunft mitbekommen";[130] zum anderen verbürge das „Erbe an deutschem Seelentum" ihr Hingabe- und Vorstellungsvermögen sowie eine „tiefe Naturfrömmigkeit".[131] Entscheidend für die Formierung ihres Charakters aber war nach Ina Seidel die aus dem italienischen Blutanteil resultierende Fähigkeit zur Reflexion.[132] Dieses „romanische Element", so Ina Seidel weiter, bedingte die Aufgeschlossenheit Bettinas gegenüber dem von französischen Emigranten vermittelten „Einfluß einer vom deutschen Bildungswesen stark unterschiedenen Geisteswelt", in deren Ergebnis sie „unmerklich und fast naturhaft mit den westlichen rationalistischen und revolutionären Ideen und Grundsätzen durchtränkt wurde, für die der Name Mirabeau ihr zur Formel ward und die sich bis in die sozialen und demokratischen Bestrebungen und Denkschriften ihres Alters auswirkten."[133] Die Aufnahme französischen Ideengutes mußte jedoch relativiert werden: Aufgrund der Verarbeitung „durch ihre weibliche, mütterliche Natur, dann durch ihre dichterische Phantasie und endlich durch ihre Abhängigkeit von der romantischen Bewegung" sei letztlich etwas „in mehr als einem Sinne völlig Deutsches zustande" gekommen.[134] In der Erklärung des späteren sozialen Engagements – als „fehlgreifendes und von Zeitströmungen irregeleitetes Eintreten für politische Ideale und soziale Gerechtigkeit"[135]

---

[127] Ina Seidel: Drei Dichter der Romantik, S. 29.
[128] Vgl. ebenda, S. 53f.
[129] Hier betonte sie die Bedeutung des „gemeinsamen Bluterbes" für die innige Beziehung der Geschwister, ebenda, S. 126; die sechs von Bettina geborenen Kinder galten als „Beweis von der ungebrochenen Kraft des ihr überkommenen Blutes, an dessen Zusammensetzung die Brentanosche Seite doch wohl den stärksten Anteil hatte, und das völlig unangekränkelt durch ihre geistige Entfaltung geblieben, vielmehr durch seinen tiefstem Naturgrunde entquellenden Strom dieser bis in die höchste und zarteste Ausläufer lebendigsten Geistigkeit erst die nährende Voraussetzung bot."
[130] Ebenda, S. 115.
[131] Ebenda, S. 118.
[132] Ebenda, S. 118.
[133] Ebenda, S. 141.
[134] Ebenda, S. 141.
[135] Ebenda, S. 176.

gewertet – griff Ina Seidel erneut auf biologistische Erklärungsmuster zurück, nun jedoch deutsches „Blut" gegen französischen „Geist" ausspielend:

> „Bettinens enthusiastische Welt- und Menschenliebe ist, wie schon angedeutet wurde, frei von jeder religiösen Mystik, ihr Pathos ist durch ein Raisonnement gestützt, das seinen Ursprung aus den Idealen der Französischen Revolution nicht verleugnet; ihr Eintreten für Freiheit und Duldsamkeit, für die Rechte der Unterdrückten und Armen, der Verachteten und Verfolgten trägt alle Vorzeichen der Aufklärung [...]. Was in Bettine romantisch ist, ist nicht der Geist, sondern das Blut, über das der Geist nicht Herr zu werden vermag und mit dem er jenen sonderbaren Waffenstillstand abschließt, der in seinen Auswirkungen eine einmalige, ganz auf Bettine beschränkte Spielart der deutschen Romantik ergibt. Je älter sie aber wird, je ruhiger dies Blut sich gebärdet, desto eindeutiger bekundet der Geist seine nur noch durch eine fast kindliche Gutgläubigkeit als romantisch anzusprechende, dem Fortschritt und einer allgemeinen Weltbeglückung verschworene Richtung."[136]

Auch in Ina Seidels Lebensbeschreibung Achim von Arnims dominierten Raster, die einer biologistisch erklärenden und auf „Volk" und „Volkstum" zentrierten Literaturbetrachtung entnommen waren: Prämiert wurden Arnims „Dienst am Volkstum"[137] und wirklichkeitsbewußte Erzählstrukturen; kritisiert dagegen die Entdeckungen des Phantastischen, Momentanen, Diskontinuierlichen, die seine Prosa zu Zeugnissen erster moderner Erfahrungen werden ließen. Im Unterschied zu Bergengruens ausgewogener und ohne Franzosenhaß auskommender Schilderung der Besetzung Deutschlands und der Befreiungskriege griff Ina Seidel auf das Klischee vom „westlichen Eroberer" Napoleon zurück,[138] zu dessen Bekämpfung Arnim und Görres „den in der Asche glimmenden Funken der Freiheitsliebe und des vaterländischen Stolzes neu anzufachen und diese Flamme mit unermüdlichen Hinweisen auf die unvergängliche Würde und Größe des deutschen Geistes zu nähren"[139] suchten – eine Leistung, die als nationale Erweckungstat und „angewandte Romantik" gepriesen wurde.[140] Nationalistisch und an den Antisemitismus der politischen Umwelt angepaßt waren auch die Worte des Lobes, die die Autorin für die christlich-deutsche Tischgesellschaft und ihre „Bekämpfung einer franzosen- und judenfreundlichen Haltung" fand.[141] Der Vergleich von Arnims Dramatik und Prosa mit Goethes Werk gipfelten in der Diagnose einer reichen, doch letztlich unbefriedigenden poetischen Leistungsfähigkeit,

---

[136] Ebenda, S. 183f. – Entsprechend galt das 1843 veröffentlichte Werk *Dies Buch gehört dem König* als „Raisonnement, von so ausgesprochen lehrhafter Absicht getragen, daß es für uns kaum noch lesbar ist".

[137] Ina Seidel: Achim von Arnim. Stuttgart 1944, S. 30; wieder in dies.: Drei Dichter der Romantik, S. 219.

[138] Ina Seidel: Achim von Arnim, S. 55.

[139] Ebenda, S. 55.

[140] Ebenda, S. 56.

[141] Ebenda, S. 65. – Das Lob für die „Bekämpfung einer franzosen- und judenfreundlichen Haltung" wurde in der Nachkriegsausgabe durch eine Formulierung ersetzt, die der Tischgesellschaft nun die Abwehr einer „als unwürdig empfundenen Haltung" attestierte; Ina Seidel: Drei Dichter der Romantik, S. 252.

deren spezifischer Charakter aus Bluterbe und Überlieferung erklärt wurde.[142] Damit zeigte die Arnim-Biographie wie die Darstellungen Bettinas und Clemens Brentanos, wie stark das normative Ideal einer klassischen Poetik die Wertungsebene bestimmte und in welcher rigiden Weise die Gewinne des Phantastischen, Diskontinuierlichen, Momentanen ausgeblendet wurden. Vor allem in der Konfrontation mit Goethes harmonischer Versöhnung von Leben und Werk, gesellschaftlicher und künstlerischer Existenz erschienen romantische Künstlerexistenz und literarische Moderne als Negativum. Ästhetische Innovationen der Romantik wie auch ihre kulturelle Dimension als poetische Reflexion neuer Wirklichkeitserfahrungen verfielen abwertenden Urteilen oder wurden ignoriert. Signifikant wurden diese Diskriminierungen in den Werturteilen über Friedrich Schlegels *Lucinde* – „dieses aus der geistig-sinnlichen Erotik einer saturierten Epoche geborenes Werk, das zeitweise zum nicht ungefährlichen Brevier der romantisierenden Jugend wurde"[143] – oder über Arnims Prosawerk, dessen „unvermeidliche Überspannung der phantastischen Elemente"[144] verworfen wurde.

In der Affirmation einer klassisch-gebändigten Kunst wie der Zurückweisung ihrer gesellschaftlichen Funktion knüpften Ina Seidel Romantiker-Biographien an die 1938 von Hans Carossa entwickelten Topoi eines überzeitlichen Erbeverständnisses an.[145] Der Rückzug auf ‚ewige' Werte und klassische Formen, für Carossa verkörpert durch die „geistig-seelische Weltmacht"[146] Goethe, bot nicht nur einen Weg in machtumschlossene Innerlichkeit, sondern entsprach zumindest partiell den antimodernistischen Fundamenten einer Kulturpolitik, die auf das Bildungsbürgertum Rücksicht nahm und von diesem toleriert wurde.

3.3.2 Zwischen Heimat und Exil: Die August-Wilhelm-Schlegel-Biographie Bernard von Brentanos

1943 erschien im Stuttgarter Cotta-Verlag unter dem Titel *Die Geschichte eines romantischen Geistes* eine umfängliche Biographie August Wilhelm Schlegels – zweifellos die in dieser Zeit bedeutendste publizistische Würdigung des durch die Literaturwissenschaft nur marginal behandelten Repräsentanten der romantischen Bewegung.[147] Sie stammte aus der Feder des Essayisten und Romanciers Bernard von Brentano, der in den 1920er Jahren

---

[142] Vgl. Ina Seidel: Achim von Arnim, S. 94.
[143] Ina Seidel: Drei Dichter der Romantik, S. 40.
[144] Ebenda, S. 84.
[145] Hans Carossa: Wirkungen Goethes in der Gegenwart. Leipzig 1938
[146] Ebenda, S. 16.
[147] Bernard von Brentano: August Wilhelm Schlegel. Die Geschichte eines romantischen Geistes. Stuttgart: Cotta 1943. 2., durchges. und erw. Aufl. 1949. 1986 wurde das Buch im Insel-Verlag Frankfurt/Main veröffentlicht.

als Autor der *Frankfurter* Zeitung und des *Berliner Tageblatt* hervorgetreten war, im Frühjahr 1933 in die Schweiz emigrierte und von dort seit 1940 mehrfach nach Deutschland reiste, was nach 1945 zu einer heftigen Kontroverse führte.[148] Während sein großer Familienroman *Theodor Chindler* (Zürich 1936) in Deutschland nicht veröffentlicht wurde, erschien seine August-Wilhelm Schlegel-Biographie 1943 in Stuttgart. Doch wurde das Buch nur in die Schweiz ausgeliefert, während man im Reich die Restauflage beschlagnahmte und verbot.[149] Die näheren Umstände, die das Erscheinen des Werkes in Deutschland ermöglichten, sind bislang ungeklärt.[150]

Brentanos Interesse an Leben und Werk August Wilhelm Schlegels wurde nach eigenen Worten während eines Aufenthalts auf Schloß Coppet und durch den zufälligen Kauf einer zweibändigen Aufsatzausgabe der Schlegel-Brüder geweckt.[151] Den endgültigen Anstoß für die Verfassung einer Schlegel-Biographie aber lieferte die Edition des Briefwechsels zwischen Madame de Staël und August Wilhelm Schlegel, der 1940 auch in deutscher Übersetzung erschienen war.[152] Innere Beweggründe für die Thematisierung gerade dieses Romantikers gab es ebenfalls: Bereits in seinem Roman *Theodor Chindler* hatte Brentano den künstlerischen Produktionsprozeß als permanente Umsetzung von passiver in aktive Rezeption reflektiert. Reproduzierende Literaturrezeption bildete für ihn einen unabdingbaren Bestandteil des literarischen Lebens; August Wilhelm Schlegels Übersetzungen, Kritiken und literarhistorische Arbeiten standen beispielhaft dafür. Die Schlegel-Biographie stellte darum die bedeutenden Vermittlungsleistungen des Übersetzers und romantischen Theoretikers vor dem Hintergrund einer bewegten

---

[148] Bernard Brentano hatte von 1925 bis 1930 in der Berliner Redaktion der *Frankfurter Zeitung* gearbeitet, wechselte dann zum *Berliner Tageblatt* und veröffentlichte hier wie in anderen Berliner Tageszeitungen Literatur- und Filmkritiken, Ausstellungsbesprechungen und Berichte über das städtische Leben der Hauptstadt. Ohne unmittelbar bedroht zu sein, verlegte Brentano 1933 seinen Wohnsitz in die Schweiz; 1935 wurden die meisten seiner Bücher auf die Liste „schädlichen und unerwünschten Schrifttums" gesetzt. Seit 1940 erhielt er Visa des deutschen Generalkonsulats und reiste wiederholt nach Deutschland, wofür er nach 1945 von Manuel Gasser und in Schweizer Zeitungen angegriffen wurde; vgl. Bernard Brentano: Du Land der Liebe. Bericht von Abschied und Heimker eines Deutschen. Tübingen und Stuttgart 1952, S. 101; Ulrike Hessler: Bernard von Brentano – Ein deutscher Schriftsteller ohne Deutschland. Tendenzen des Romans zwischen Weimarer Republik und Exil. Frankfurt/M. 1984 (= Diss. München), S. 67-70.

[149] Ulrike Hessler: Bernard von Brentano – Ein deutscher Schriftsteller ohne Deutschland, S. 56.

[150] Ulrike Hessler (ebenda, S. 56) führte das Erscheinens des Buches in Stuttgart auf „Zufälle und eine nicht ganz zu erhellende Umgehung der als Präventivzensur wirkenden Papiergenehmigung" zurück. Da der Sohn des Schriftstellers, Prof. Peter von Brentano, trotz meiner Bitte bislang nicht die Erlaubnis zur Einsichtnahme in den als Depositum im DLA Marbach verwahrten Nachlaß Bernard von Brentanos erteilte, können hier keine weiteren Angaben zu den Umständen der Veröffentlichung gemacht werden.

[151] Bernard von Brentano: August Wilhelm Schlegel. Geschichte eines romantischen Geistes. Vorwort, S. 7f.

[152] Vgl. Bernard von Brentano: Du Land der Liebe, S. 121ff. – Bei der erwähnten Edition handelte es sich um Pauline Gräfin de Pange: August Schlegel und Frau von Staël. Eine schicksalhafte Begegnung. Nach unveröff. Briefen erzählt. Deutsche Ausgabe von Willy Grabert. Hamburg 1940.

Zeit in den Mittelpunkt: Neben der geistigen Entwicklung Schlegels erläuterte sie die theoretischen Grundlagen der Übersetzungspraxis gebundener Sprache, würdigte den Einsatz der Romantik für Goethe und benannte die Verkennung Hölderlins. Vor allem aber betonte sie die europäische Geisteshaltung des Protagonisten und spiegelte in den Zügen des Romantikers so das eigene schriftstellerisches Selbstverständnis. Gleichzeitig stellte der in der Schweiz lebende Brentano die Leiden des in Europa umhergetriebenen Schlegel dar und zeichnete ein bitteres Bild der eigenen Befindlichkeit im selbstgewählten Exil.[153]

Auf Mängel und Verzeichnungen der Lebensbeschreibung hat Hans Mayer anläßlich ihrer Neuauflage 1986 hingewiesen. Neben der ungerechtfertigt kurzen Erwähnung Dorothea Veits, die als Lebensgefährtin Friedrich Schlegels zum innersten Kreis der Frühromantik zählte und von Brentano mit abfälligen Nebensätzen bedacht wurde, monierte er vor allem das abfällige Urteil Brentanos über Georg Forster und das „substantielle" Fehlen von Schlegels Schüler Heinrich Heine.[154] Die Gründe für die Disqualifikation des deutschen Jakobiners und die Ausgrenzung jüdischer Persönlichkeiten können an dieser Stelle nur vermutet werden. Neben Brentanos bekannt unfreundlicher Haltung gegenüber den Juden motivierte wohl auch Anpassungsbereitschaft an die politischen Verhältnisse in Deutschland diese Entstellungen – schließlich sollte das Buch in Stuttgart erscheinen.[155] Ungeachtet dieser Defizite bildete die *Geschichte eines romantischen Geistes* ein beachtenswertes Zeugnis der für ein breites Publikum verfaßten Romantikerbiographien. Auch in formaler Hinsicht stellte Brentanos Buch eine Besonderheit dar: Während das Exil vielfach konservierend wirkte und in historischen Romanen epische Erzählmuster des 19. Jahrhunderts restituierte, wies die literarische Technik Brentanos durchaus innovative Züge auf und schuf in der Verflechtung von Biographik und Essayistik ein Palimpsest aus Beschreibung, Reflexion und literarischen Zitaten.[156]

---

[153] Vgl. Bernard von Brentano: August Wilhelm Schlegel. Geschichte eines romantischen Geistes, vor allem das Kapitel *Der Auslandsdeutsche*, implizite Verweise auf die (eigene) Situation des Exils hier S. 132-139.

[154] Vgl. Hans Mayer: Nachwort. In: Bernard von Brentano. Geschichte eines romantischen Geistes. Frankfurt/M. 1986, S. 277-286, hier S. 284f.

[155] Bezeichnend für Brentanos Antisemitismus sind die Tagebucheintragungen Thomas Manns aus dem Frühjahr 1936, vgl. Thomas Mann: Tagebücher 1935-1936. Hrsg. von Peter de Mendelsohn. Frankfurt/M. 1978, S. 276f., 306f., 341; dazu auch Ulrike Hessler: Bernard von Brentano – Ein deutscher Schriftsteller ohne Deutschland, S. 66.

[156] Vgl. Konrad Feilchenfeldt: Nachwort. In: Bernard von Brentano: Die drei Prälaten. Wiesbaden 1974, S. 135-180, der konstatierte, daß sich Brentanos biographische Texte seit Ende der dreißiger Jahre immer mehr von traditionellen Erzählmustern entfernten, indem sie ein assoziatives Geflecht aus Text und Zitat ausbildeten. Bereits zeitgenössische Rezensenten konstatierten, daß die *Geschichte eines romantischen Geistes* über die Schranken von Biographie und literarhistorischer Abhandlung hinausging, so Maria Bindschedler: Bernard von Brentano, August Wilhelm Schlegel. In: Neue Schweizer Rundschau N.F. 12 (1944/45), S. 558-560.

Die biographische Darstellung von Romantikern und ihrer literarischen Leistungen durch in Deutschland verbliebene bzw. weiterhin verbundene Schriftsteller war, so läßt sich zusammenfassend feststellen, sowohl formal als auch hinsichtlich der angelegten Selektions- und Wertungsprinzipien alles andere als einheitlich. Signifikant wurde diese Heterogenität in unterschiedlichen Erklärungen des literarischen Produktionsprozesses und in den angelegten Wertmaßstäben, vor allem im Verhältnis zur Modernität der Romantik. Während etwa Werner Bergengruen die Entdeckungen des Phantastischen, Momentanen und Diskontinuierlichen in den Erzählungen E.T.A. Hoffmanns lobte, wies Ina Seidel die Momente des Phantastischen bei Clemens Brentano und Achim von Arnim als „verspannt" zurück und würdigte letzteren primär für seine realistischen Erzählweisen.

Die Frage nach Anpassungs- und Widerstandssignalen läßt sich nicht eindeutig für alle hier in Rede stehenden Texte beantworten. Die von Werner Bergengruen, Martin Beheim-Schwarzbach, Bernard von Brentano, Georg Schwarz und Ina Seidel praktizierte Rückbesinnung auf Autoren der klassisch-romantischen Literaturepoche bereits per se als Indiz für eine „innere Emigration" zu werten, wäre zweifellos eine Simplifizierung: Denn die Wendung zu Vertretern der klassisch-romantischen Literatur war zugleich eine Abkehr von der – kulturpolitisch zurückgewiesenen – Moderne, deren Repräsentanten Deutschland zumeist verlassen hatten. Auch die Erinnerung an die literarisch-kulturelle Blütezeit um 1800 führte nicht zwangsläufig zu einem Vergleich mit der Gegenwart und deren Defiziten gegenüber dem klassisch-romantischen Humanitätsideal. In den Romantiker-Biographien mischten sich vielmehr gegensätzliche Tendenzen: Rückzug und Anpassung, versteckte Systemkritik und Befriedigung legitimatorischer Bedürfnisse. Selbst Bergengruens E.T.A. Hoffmann-Monographie, aus der sich bei gutem Willen Signale der Opposition gegen geistige Unterdrückung, Einschränkung der Meinungsfreiheit und Zensur herauslesen lassen, wirkte auf zeitgenössische Leser unverfänglich, wie eine Rezension in der Wochenzeitschrift *Das Reich* belegte. Diese monierte nur prinzipiell die Unzulänglichkeit der Schriftsteller-Biographien, die in der Reihe *Die Dichter der Deutschen* erschienen.[157] Kategorien wie „Mehrdeutigkeit", „Esoterik" und „Eskapismus", bereits von Reinhold Grimm als „bequeme Schablonen"[158] im Um-

---

[157] Vgl. Joachim Ritter: Dichter über Dichter. E.T.A. Hoffmann von W. Bergengruen, Stifter von Emil Merker, Kleist von Bernt von Heiseler. In: *Das Reich* vom 21. Juli 1940: „Denn bei aller Sympathie für den Gedanken [Schriftsteller der Gegenwart über deutsche Dichter der Vergangenheit schreiben zu lassen] und manche seiner Gestaltungen, fragt man sich bei den obigen zuletzt erschienenen drei Bänden doch mit einer gewissen Ratlosigkeit, wer solche Bücher wohl kaufen und lesen mag. Die Leser Bergengruens oder E.T.A. Hoffmanns? [...] Eine eigentliche Biographie können alle drei Bändchen nicht ersetzen. Auf sich allein stehende und den Gegenstand bloß durch die Darstellung belebende Essays sind es aber auch nicht geworden. Bei Bergengruen, dem bedeutendsten Falle, spürt man wohl den vorzüglichen Hoffmannkenner heraus (und das will bei diesem dunkelsten und widersprüchlichsten Romantiker gewiß viel sagen); wollte man jedoch dem Verfasser die Hand aufs Herz legen und ihn fragen, ob er das Büchlein auch ohne den ehrenvollen Auftrag geschrieben hätte?? ... nun, wir ersparen uns die Antwort."
[158] Reinhold Grimm: Innere Emigration als Lebensform, S. 61.

gang mit den Texten der nichtfaschistischen Literatur kritisiert, genügen nicht, um die Komplexität dieser poetischen Rezeptionsversuche zu erfassen. Ergebnis der Untersuchung der zwischen 1939 und 1944 erschienenen Romantiker-Biographien von Schriftstellern ist darum in erster Linie ein sensibilisiertes Bewußtsein für die Schwierigkeiten und Gefährdungen der künstlerischen Existenz unter den Bedingungen kulturpolitischer Repression. Gerade in dem, was sie verschwiegen, offenbaren die im nationalsozialistischen Deutschland verfaßten und veröffentlichten Romantikerdarstellungen die Zwänge einer politisch beherrschten Öffentlichkeit, die sich ihres literarisch-kulturellen Erbes auf selektive Weise versicherte.

4 Der „deutscheste der deutschen Dichter" im Dritten Reich: Eichendorff-Pflege zwischen „Grenzlandskampf" und „Reichsangelegenheit"

Wohl kein anderer romantischer Dichter fand in den Jahren des Dritten Reiches eine derartige öffentliche Aufmerksamkeit wie Joseph von Eichendorff. Der „deutscheste der deutschen Dichter"[1] und „Sänger des deutschen Waldes" – so Formulierungen in öffentlichen Huldigungsreden im 1935 gegründeten *Deutschen Eichendorff-Museum* in Neisse, in Verlautbarungen der *Deutschen Eichendorff-Stiftung* oder auf Schloß Lubowitz, das 1939/40 zu einer zentralen Gedenkstätte umgebaut wurde – zog aus verschiedenen Gründen intensive Aufmerksamkeit auf sich: Zum einen hatte die Ende des 19. Jahrhunderts einsetzende Jugend- und Wandervogel-Bewegung seine Naturemphase und Wald- und Wanderlieder wiederentdeckt; zum anderen boten sein Leben und Werk willkommene Anschlußmöglichkeiten für landsmannschaftliche und konfessionelle Berufungsrhetorik. Als kulturelle Symbolfigur Schlesiens nach 1919 vor allem von nationalistischen Stellungnahmen in Zeitungen und Zeitschriften der deutschen Bevölkerungsgruppe beschworen, stand sein Name für eine trotz Teilung behauptete Einheit und Zugehörigkeit zum Deutschen Reich. Sein Wirken im preußischen Staatsapparat wie auch sein Einsatz für den Wiederaufbau der Marienburg galten als vorbildlich für die politische und religiöse Einigung deutschen Volkstums über die Reichsgrenzen hinaus. Nicht zuletzt schien Eichendorffs Werk in seiner emotional nachzuempfindenden, z.T. stereotypen Konstruktion den Identifikationswünschen der Rezipienten eher entgegenzukommen als die intellektuell anspruchsvolleren Texte anderer Romantiker. Sein Lustspiel *Die Freier*, zum „deutschen Sommernachtstraum" verklärt,[2] gelangte nach langer Zeit des Vergessens in der NS-Zeit mehrfach zur Aufführung, u.a. während der unter Goebbels' Schirmherrschaft 1938 ablaufenden „Reichsfestspiele" in Heidelberg. Nicht zuletzt trugen Dramatisierungen und radiophone Bearbeitungen in der Zeit des Nationalsozialismus zur weiteren Popularisierung Eichendorffs bei: Frank Thiess verfaßte 1935 das

---

[1] Die Klassifikation Eichendorffs als „deutschester der deutschen Dichter" findet sich erstmals bei Wilhelm Kosch: Vorwort. In: W. Kosch, A. Sauer (Hrsg.): Sämtliche Werke des Freiherrn Joseph von Eichendorff. Historisch-kritische Ausgabe. Bd. 1.1: Gedichte. Regensburg 1923, S. VII-XXV, hier S. VIII.

[2] Joseph von Eichendorff: Die Freier. Hrsg. von Ernst Leopold Stahl. Leipzig 1939. Nachwort des Herausgebers, S. 74.

"romantische Spiel" *Der ewige Taugenichts*, das nach diversen Querelen im Rahmen der *Deutschen Eichendorff-Woche* 1942 seine Premiere erlebte; Günter Eich arbeitete 1935 Eichendorffs Novelle *Die Glücksritter* zu einem Drama um und Willibald Köhler kompilierte aus autobiographischen Zeugnissen Eichendorffs das Hörspiel *Der Schatten*, das 1935 über alle deutschen Sender ausgestrahlt wurde.

Trotz der scheinbar unproblematischen Funktionalisierbarkeit des schlesischen Romantikers für die inszenatorischen Ansprüche des Regimes war dessen kulturelle Aneignung und Vermittlung im Dritten Reich bei weitem vielschichtiger und komplexer, als es die jetzt erschienene Dissertation Martin Hollenders nahelegt.[3] Die detaillierte und differenzierende Erforschung von Eichendorffs Wirkungsgeschichte – insbesondere in der Zeit des Nationalsozialismus – bleibt angesichts dieser zwar materialreichen, doch instrumentalistisch interpretierenden und ideologiekritisch urteilenden Arbeit ein Desiderat.[4] Auf die Wiederentdeckung Eichendorffs durch die Jugend- und Wandervogelbewegung und seine lange vor 1933 einsetzende Stilisierung zum „deutschesten Dichter" ist hier nicht näher einzugehen; vielmehr sollen die kulturelle Aneignung und Vermittlung Eichendorffs zwischen 1933 und 1945 in ihrer Vielschichtigkeit und Komplexität nachgezeichnet werden. Im Zentrum der Fallstudie stehen dabei die Aktivitäten der 1931 gegründeten *Deutschen Eichendorff-Stiftung*, die in dem seit 1929 jährlich erscheinenden „romantischen Almanach" *Aurora* ihr publizistisches Organ fand und sich u.a. durch Gründung des Eichendorff-Museums in Neisse und die Restaurierung von Schloß Lubowitz öffentlichkeitswirksam in Szene setzte. Von besonderem Interesse ist in diesem Zusammenhang der mehrfach konstatierte und bislang ungeklärte Bruch in der Entwicklung der Stiftung während des

---

[3] Martin Hollender: Die politische und ideologische Vereinnahmung Joseph von Eichendorffs. Einhundert Jahre Rezeptionsgeschichte in der Publizistik (1888-1988). Frankfurt/M., Berlin, Bern, New York, Paris, Wien 1997 (= Diss. Düsseldorf 1996).

[4] Hollender (ebenda, S. 15-21) beklagt zu Recht das Defizit an rezeptionsgeschichtlichen Untersuchungen. Ausnahmen existieren in Eberhard Lämmerts immer wieder angeführter Studie *Zur Wirkungsgeschichte Eichendorffs in Deutschland* (in: Herbert Singer, Benno von Wiese (Hrsg.): Festschrift für Richard Alewyn. Köln, Graz 1967, S. 346-378; u.d.T. Eichendorffs Wandel unter den Deutschen. Überlegungen zur Wirkungsgeschichte seiner Dichtung wieder in: Hans Steffen (Hrsg.): Die deutsche Romantik. Poetik, Formen und Motive. Göttingen 1967, S. 219-252) sowie in einigen kleineren Arbeiten wie Wolfgang Frühwald: Eichendorff und die Deutschen. Zur Rezeption eines Klassikers in finsteren Zeiten. In: Helmut Kreutzer, Dieter Zerlin (Hrsg.): Verfolgung und Widerstand. München 1989, S. 102-112; Judith Purver: ‚Der deutscheste der deutschen Dichter': Aspects of Eichendorff-Reception 1918-1945. In: German Life and Letters 42 (1989), S. 296-311; Hartwig Schultz: Da draußen stets betrogen... Joseph von Eichendorff unter den Deutschen. Zum 200. Geburtstag des Dichters. In: Aurora 48 (1988), S. 19-26. – Die jetzt vorliegende, außerordentlich materialreiche Dissertation Martin Hollenders kann als wohl umfassendste Darstellung der Eichendorff-Rezeption in der Publizistik zwischen 1888 und 1988 gelten, wenn auch die ausschließliche Konzentration auf die politisch-ideologische Instrumentalisierung des Dichters wesentliche Momente der Wirkungsgeschichte ausblendet. Ein weiteres Manko dieser Arbeit ist der Verzicht auf die Eruierung archivalischer Quellen, die die Hintergründe der 1941 erfolgten Übernahme der *Eichendorff-Stiftung* durch Mitarbeiter des RMfVP erhellen könnten; in die vorliegende Fallstudie werden diese soweit wie möglich einbezogen.

Nationalsozialismus: Wurden die Stiftungsaktivitäten und die jährlichen Gedenkfeiern in Neisse und Lubowitz bis 1941 weitgehend von schlesischen Kulturschaffenden getragen, avancierte die Eichendorff-Pflege mit der Übernahme der Stiftung durch Angestellte des Reichsministerium für Volksaufklärung und Propaganda 1941 zur „Reichsangelegenheit"[5], die nun von „Reichsdramaturg" Rainer Schlösser angeleitet wurde. Die *Deutsche Eichendorff-Woche* 1942, als deren Schirmherr der Wiener Gauleiter Baldur von Schirach fungierte, bot ein Beispiel für die inszenierte Erbe-Aneignung im Dritten Reich, das näher zu beleuchten ist. Ohne die von Willibald Köhler und Karl Schodrok nach Kriegsende verbreiteten Rechtfertigungen der schlesischen Eichendorff-Pioniere und ihre Schuldzuweisungen an die Adresse der Berliner Bürokraten unkritisch zu übernehmen sowie in Distanz zu den pauschalen Verdikten der ideologiekritischen Untersuchung Martin Hollenders möchte ich am Beispiel der diskontinuierlichen Stiftungsgeschichte Wirkungen und Gegenwirkungen kulturpolitischer Lenkungsansprüche im Umgang mit Eichendorff differenziert untersuchen und darstellen.[6] Dazu soll zwischen einer ersten, vorwiegend von schlesischen Eichendorff-Enthusiasten getragenen Phase der öffentlichen Dichterpflege und einer zweiten, ab 1940/41 durch politische Instanzen verwalteten Etappe unterschieden werden. Die in beiden Zeitabschnitten praktizierten Strategien der Erbeaneignung sind ebenso zu untersuchen wie Heterogenitäten und Divergenzen innerhalb dieser Phasen. Ein abschließendes Kapitel widmet sich kursorisch der Präsenz von Eichendorff-Stücken auf der Bühne und geht auf Versuche zur Dramatisierung Eichendorffs ein.

4.1 Erbepflege in der Provinz: Die *Deutsche Eichendorff-Stiftung* bis 1941

Erforschung und Pflege von Leben und Werk Joseph von Eichendorffs besaßen seit den ersten Jahrzehnten des 20. Jahrhunderts einen institutionalisierten Platz in der deutschen Kultur- und Wissenschaftslandschaft: Bereits im April 1913 wurde in Gleiwitz die *Deutsche Eichendorff-Gesellschaft* gegründet, im September 1917 entstand in München der *Eichendorff-Bund*, im Herbst 1931 konstituierte sich im oberschlesischen Oppeln die *Deutsche Ei-*

---

5 So Karl Schodrok: Nachruf auf Adolf Dyroff. In: Aurora 12 (1943), S. 92-93, hier S. 93.
6 Für Informationen zur Geschichte der *Deutschen Eichendorff-Stiftung* danke ich an dieser Stelle Meinrad Köhler (Eichendorff-Museum Wangen), Peter Horst Neumann (Erlangen), vor allem aber Franz Heiduk (Würzburg), der wertvolle Hinweise auf unveröffentlichtes Quellenmaterials gab.

chendorff-Stiftung, die nach Wiederbegründung 1952 als *Eichendorff-Gesellschaft* (seit 1969) weiterhin und international aktiv ist.[7]

Frühzeitig kristallisierten sich Muster einer Aneignung und Pflege heraus, die Eichendorffs Erbe im Sinne eigener kulturpolitischer Ambitionen verwalteten. Großdeutsche Propagandisten aus Oberschlesien reklamierten seit der Jahrhundertwende den Dichter als „Stimme des deutschen Ostens" und Identifikationsfigur nationalen Einheitswillens. Insbesondere nach der Teilung Oberschlesiens infolge der Versailler Vertragsbestimmungen beschwor man das Werk Eichendorffs als Ausdruck unverbrüchlicher Verbundenheit mit der deutschen Kultur.[8] In der vom Lehrer und späteren Oppelner Schulrektor Karl Sczodrok (nach 1940: Schodrok[9]) herausgegebenen Monatsschrift *Der Oberschlesier* war Eichendorff symbolischer Nenner regionaler Heimatverbundenheit und nationaler Emphatik. Neben der nationalistischen Berufung auf den Dichter existierten weitere Formen seiner kulturellen Funktionalisierung, so in der um Rudolf Jokiel und dessen Neisser *Eichendorff-Verlag* versammelten katholischen Jugendbewegung, die den Poeten zum Schutzpatron für ihre Bemühungen um die Bewahrung katholischen Volkstums erkor oder in der um Wilhelm Kosch und dessen Zeitschrift *Der Wächter* zentrierten neuromantisch-völkischen Gesinnungsgemeinschaft, die sich seit der Zeit des Ersten Weltkriegs gegen Liberalismus und Parteienpluralismus wandte.

Über die Grenzen Oberschlesiens hinausgehende Aktivitäten von Eichendorff-Enthusiasten führten Ende der 1920er Jahre zu einer überregionalen Konzentration der Bemühungen: Seit 1929 erschien in Karl Sczodroks Verlag *Der Oberschlesier* der „romantische Almanach" *Aurora*, der die Fortsetzung des eingestellten *Eichendorff-Kalenders* bildete.[10] Unter Leitung des

---

[7] Instruktiv Franz Heiduk: Zur Geschichte der *Eichendorff-Gesellschaft*. In: Joseph Freiherr von Eichendorff 1788-1857. Leben. Werk. Wirkung. Eine Ausstellung des Hauses Oberschlesien und des Landschaftsverbandes Rheinland in Zusammenarbeit mit der Eichendorff-Gesellschaft. Köln, Dülmen 1983, S. 207-219.

[8] Vgl. Karl Schodrok: Zur Geschichte der Deutschen Eichendorff-Stiftung. In: Aurora 11 (1942), S. 79-81, S. 79: „Unter dem Namen Eichendorffs sammelten sich die oberschlesischen Schriftsteller und Heimatkundler, alle die Stillen im Lande, die gar nicht anders sein konnten als deutsch und die ohne Vorbehalte bereit waren, für dieses ihr Deutschtum alles und das Letzte hinzugeben. [...] Wir wiesen nach, daß Joseph von Eichendorff bluts- und gesinnungsmäßig ein echter Oberschlesier gewesen sei, und es erschien uns ... wie ein Symbol, daß Joseph von Eichendorff, im oberschlesischen Walde geboren, der Sänger des deutschen Waldes geworden war."

[9] Meine Darstellung folgt der 1940 vollzogenen Namensänderung, insofern sie für die Quellenangaben aus der Zeit von vor 1940 die Schreibung „Sczodrok", aus der Zeit nach 1940 die Schreibung „Schodrok" verwendet.

[10] Aurora. Ein romantischer Almanach. Hrsg. von Karl Freiherr von Eichendorff in Zusammenarbeit mit Adolf Dyroff und Karl Sczodrok. 1 (1929) -12 (1943). Jg 3 (1933) – 11 (1942) als Jahresgabe der deutschen Eichendorff-Stiftung bis 1940 im Verlag „Der Oberschlesier" Oppeln, darauf im Schlesien-Verlag Breslau-Kattowitz, 1943 im Volk und Reich-Verlag Prag. – Zu den Hintergründen der Jahrbuchgründung und den Publikationsmodi der Beiträge, die einmal in einem Heft von Sczodroks Monatsschrift *Der Oberschlesier*, zum anderen in erweiterter Form im Jahrbuch *Aurora* erschienen, vgl. Franz Heiduk: Zur Geschichte der Eichendorff-Gesellschaft, S. 209f.

Dichterenkels Karl von Eichendorff, des Bonner Universitätsprofessors Adolf Dyroff und Karl Sczodroks wollte der jährlich erscheinende Almanach „Äußerungen romantischen Lebensgefühls" und „wissenschaftliche Studien" vereinen und erfuhr bereits 1932 Anerkennung durch den *Völkischen Beobachter*.[11] Er wurde Publikationsorgan der 1931 gegründeten *Deutschen Eichendorff-Stiftung*, die „der Erforschung der Romantik und der Pflege der Eichendorff-Erinnerungen"[12] durch Unterstützung von wissenschaftlichen und propagandistischen Bemühungen dienen wollte. Das eigentliche Ziel der Stiftung aber formulierte Karl Sczodrok in einem privaten Brief gegenüber Adolf Dyroff: „Es kommt mir an auf die Werbung für unser Eichendorff-Land Oberschlesien".[13]

Erster Vorsitzende der *Deutschen Eichendorff-Stiftung* wurde Karl Freiherr von Eichendorff; Mitglied der Geschäftsführung war neben Karl Sczodrok der Oppelner Oberpräsident Hans Lukaschek, der später im Kabinett Adenauer als der erste Bundesminister für Vertriebene wirken sollte. „Werbung für unser Eichendorff-Land Oberschlesien" bestimmte zum großen Teil die Stiftungsaktivitäten sowie die im *Oberschlesier* und nachfolgend in der *Aurora* publizierten Beiträge. Bereits im 1929 erschienenen ersten Band der *Aurora* bezog Herausgeber Karl Sczodrok den „Dichter des deutschen Waldes" und dessen literarisches Erbe in den kulturellen „Grenzlandkampf" ein. Die „unnatürliche neue Grenze", die Oberschlesien durch das Versailler Friedensdiktat und die nachfolgenden Entscheidungen in „zwei blutende Hälften" zerrissen hätte, zerschneide nicht nur „die wundervolle Einheit des oberschlesischen Industriegebietes, sondern geht auch mitten durch den oberschlesischen Wald. Wir dürfen und wollen nicht müde werden, für das deutsche Oberschlesien und seine große Grenzlandnot zu werben."[14] Im Gründungsaufruf der Deutschen Eichendorff-Stiftung hieß es:

---

[11] Vgl. Karl Schodrok: Zur Geschichte der Deutschen Eichendorff-Stiftung [1942], S. 79. In der von Schodrok zitierten Würdigung des *Völkischen Beobachters* vom 18. Februar 1932 hieß es: „Diesen ... Almanach sollte jeder Deutsche, der auf Erhaltung rein deutschen Kulturgeistes Wert legt, in seiner Bibliothek stehen haben. Hier vollzieht sich die Ehrenrettung der Romantik und insbesondere seines bedeutendsten Repräsentanten, des Dichters Eichendorff, in einer solch hohen wie auch künstlerischen Form, daß sich alle üblichen Anpreisungen als hinfällig erweisen."

[12] Die Deutsche Eichendorff-Stiftung. In: Aurora 2 (1932), o.S. Weitere Ziele der Stiftungsarbeit waren „die Herausgabe von Werken dieser Forschung und die Werbung für die Werke Eichendorffs und der Romantik" sowie die Förderung von Schriftstellern, insbesondere von jungen, „die im Geiste Eichendorffs und in der Richtung einer gesunden, zukunftsfrohen Romantik und Grenzlandgesinnung schaffen." – Gründungsmitglieder der Stiftung waren u.a. Hans Brandenburg, Carl Lange, Josef Nadler, Rudolf Pechel, Franz Ranegger und Leo Weissmantel.

[13] Karl Sczodrok an Adolf Dyroff. Brief vom 17.2. 1930. ULB Bonn, Nachlaß Dyroff. S 2834, unpaginiert: „Es wäre ein Tat ohnegleichen, wenn es gelingen würde, unsere verehrten Eichendorff-Führer in Deutschland auf der von mir angeregten Basis zusammenzubringen. Ich bin daran aus den gleichen Motiven interessiert wie bei der Herausgabe des ,Oberschlesiers'. Es kommt mir an auf die Werbung für unser Eichendorff-Land Oberschlesien. Daneben bin ich, wie ich auch in dem beigefügten Briefe an Professor Kosch andeutete, von Haus aus Eichendorffisch infiziert und begeistert."

[14] Karl Sczodrok: Vergeßt nicht Eichendorffs Heimat! In: Aurora 1 (1929), S. 146.

"In unserer heutigen Grenzlandsnot ist uns Eichendorff ein Führer; denn in der Brust des südostdeutschen Grenzlandmenschen Eichendorff mischen sich norddeutsche Strenge und süddeutsch-österreichische heitere Gelassenheit, formbildende Vernunftgewalt des Westens und grenzenlose Gefühlsinbrunst des Ostens."[15]

Doch knüpfte die *Deutsche Eichendorff-Stiftung* nicht nur an die Verbindung Eichendorffs mit seiner schlesischen Heimat an, um daraus Kapital für den „Grenzlandskampf" zu schlagen. In modernitätskritischer Intention berief man sich ebenso auf die romantische Entdeckung von Volkstum und Geschichte, um angesichts der gegenwärtigen Maschinisierung und Versachlichung des Lebens die „neuzeitliche Umwelt" erneut „verseelen" zu können.[16]

Das Jahr 1933 bedeutete für die *Deutsche Eichendorff-Stiftung* keinen wesentlichen Einschnitt. Wenn sich auch die Rahmenbedingungen änderten und der politische Umbruch die Aktivisten der Eichendorff-Pflege zu verstärkten Behauptungsbemühungen zwang, konnte Karl Sczodrok im Juni 1933 „gute Aussichten" für „unsere Eichendorffarbeit" konstatieren.[17] In der Hoffnung, für ihre „so richtig aus Blut und Boden" kommende Dichterpflege staatliche Hilfe zu erlangen, planten Sczodrok und Dyroff bereits 1933 ein Gesuch an den Reichspropagandaminister Joseph Goebbels.[18] Wenn auch im Jahre 1933 die erhoffte Hilfe aus Berlin ausblieb und Sczodrok sich mehrfach über ungünstige Bedingungen der Stiftungsarbeit beklagte,[19] konnten die Aktivitäten ausgeweitet werden. Noch im Jahr der Machtergreifung zählte die Stiftung nach eigenen Angaben über 100 Mitglieder. Sie ermöglichte die Edition des jährlich publizierten „romantischen Almanachs" *Aurora*, der fast ausschließlich Eichendorff gewidmete Beiträge wissenschaftlicher und heimatkundlicher Provinienz, aber auch Essays von Schriftstellern und literarische

---

[15] Die Deutsche Eichendorff-Stiftung. In: Aurora 2 (1932), o.S.
[16] Ebenda. Weiter hieß es: „Arbeitslos und seelisch träge hat die Maschine uns gemacht, die Aufhebung dieser Knechtschaft wird uns Aufgabe und Ziel. Wir wollen nicht mehr in dem einen Zimmer uns einengen, das da heißt Gegenwart. Uns verlangt zurück nach der Geräumigkeit der Dreizimmerwohnung: Vergangenheit, Gegenwart, Zukunft."
[17] Karl Sczodrok an Adolf Dyroff. Brief vom 2.6. 1933. ULB Bonn, S 2834 (Nachlaß Dyroff), unpaginiert. – Daß die Arbeit im ‚Neuen Staat' allerdings nicht problemlos begann, belegen Sczodroks Zeilen: „Allerdings hatte ich in den letzten Wochen und Monaten grosse Sorge, und ich werde auch in der nächsten Zeit sehr aufpassen und stark dahinter sein müssen, dass wir auch unter den neuen Zeitverhältnissen unsere Stellung behaupten und sie noch weiter ausbauen." Am 19.8. 1933 beklagte sich Sczodrok: „Wir wären schon weiter, wenn nicht inzwischen der nationale Umbruch gekommen wäre. Zunächst hatten natürlich die neuen Leute und Führer andere Aufgaben. Inzwischen habe ich mit ihnen ganz gute Fühlung bekommen und finde willige Ohren für unsere Eichendorffdinge ebenso, wie für meine Oberschlesierarbeit, die ja sowieso so richtig aus Blut und Boden kommt."
[18] Vgl. Karl Sczodrok an Adolf Dyroff. Briefe vom 2.6. 1933, 9.8. 1933, 19.8. 1933, ebenda.
[19] Vgl. Karl Sczodrok an Adolf Dyroff. Brief vom 3.11. 1933, ebenda: „Mit unserer Eichendorff-Stiftung kamen wir natürlich in der letzten Zeit nicht besonders vorwärts. Immer wieder neue Leute in den massgeblichen Stellen. Aber ich kämpfe mit Zähigkeit für unser Werk weiter und denke, die Mühe wird endlich belohnt werden." – Der Personalwechsel traf auch den Oberpräsidenten von Oberschlesien Hans Lukaschek, der nun keine Unterstützung für die Eichendorff-Stiftung mehr gewähren konnte.

Texte enthielt.[20] 1934 erschien in der *Aurora* in Reaktion auf die nationalsozialistische Machtergreifung eine Erklärung *Unserm Eichendorff*, die unter Hinweis auf den überzeugten Katholiken Eichendorff und dessen Freundschaft mit dem evangelischen Oberpräsidenten von Preußen, Heinrich Theodor von Schön, erklärte: „Gerade im neuen Deutschland brauchen wir Eichendorffgesinnung"[21]. Daß diese programmatischen Erklärung von 1934 weitgehend Erklärungen aus der 1932 veröffentlichten Satzung der *Deutschen Eichendorff-Stiftung* zitierte, verwies auf eine bewußt hergestellte Kontinuität – man mußte seine Positionen nicht revidieren, da die Geschichte selbst sie zu rechtfertigen schien. Abgedruckt wurden nun Texte, die den Dichter zum poetischen Ahner und Künder des Dritten Reiches stilisierten.[22]

Neben der Herausgabe der *Aurora* konzentrierte sich die Stiftungsarbeit auf publizistische und performative Aktivitäten zur Popularisierung Eichendorffs: Für die Schulen bereitete sie einen Lesebogen unter dem Titel *Der unsterbliche Eichendorff* vor, der im Oktober 1933 erschien; im Rahmen der jährlichen *Schlesischen Kulturwoche* und zu Jubiläen organisierte sie öffentliche Veranstaltungen, von denen in der *Aurora* stolz berichtet wurde.[23] Auf Planungen Sczodroks aus dem Jahre 1933 zurückgehend, initiierte die *Deutsche Eichendorff-Stiftung* die Gründung des *Deutschen Eichendorff-Museums* in Neisse, das 1935 eröffnet wurde. Der 1934 in Alten-Beuern in Oberbayern verstorbene Karl von Eichendorff hatte, dem Vorschlag Sczodroks folgend, seine umfassende Sammlung von Eichendorff-Erinnerungen zum Grundstock des Museums bestimmt, das in dem von der *Eichendorff-Stiftung* und der Stadt Neisse angekauften Sterbehaus des Dichters in der

---

[20] Noch 1933 veröffentlichte die *Aurora* Thomas Manns Betrachtungen *Eichendorffs „Taugenichts"*, in denen der Held der Novelle als „exemplarisch deutsch" bezeichnet wurde; vgl. Thomas Mann: Eichendorffs „Taugenichts". In: Aurora 3 (1933), S. 77-81, hier S. 81.
[21] Die Schriftleitung (d.i. Karl Sczodrok): Unserm Eichendorff. In: Aurora 4 (1934), S. 1-2, hier S. 1. – Bereits im Mai 1933 hatte sich *Der Oberschlesier* gleichgeschaltet, im Oktober 1933 legte der Reichsverband deutscher Schriftsteller, Gau Oberschlesien unter seinem Gauführer Karl Sczodrok auf seiner Jahresversammlung ein „ehrliches Bekenntnis zur nationalsozialistischen Bewegung" ab und präsentierte sich als bewußter Vorkämpfer des neuen Staates, vgl. o.V.: Mitteilungen des Reichsverbandes deutscher Schriftsteller im Gau Oberschlesien. In: Der Oberschlesier 15 (1933), S. 597-598, hier S. 597: „Den meisten Mitgliedern dürfte die Umschaltung nicht schwer gefallen sein, weil unsere Gemeinschaft sich seit Jahren schon für viele jener Ideale eingesetzt hat, die die junge nationalsozialistische Bewegung auf ihre Fahne geschrieben hat."
[22] U.a. Rainer Schlösser: Das einfältige Herz. Eichendorff als Geschichtsschreiber unseres Inneren. In: Aurora 5 (1935), S. 3-7, wieder in: Der Deutsche Schriftsteller 7 (1942), S. 2-5; Willibald Köhler: Eichendorff im Dienst der Grenzlandkunde. In: Aurora 5 (1935), S. 111-113; Alfons Hayduk: Eichendorff als Mythos. Umriß einer Legendenbildung. In: Aurora 7 (1937), S. 3-11; Wolfgang Förster: Oberschlesien ehrt Eichendorff. Das Bekenntnis des nationalsozialistischen Deutschland zu seinem großen Dichter anläßlich der Eichendorff-Tage des Gaues Oberschlesien. In: Aurora 11 (1942), S. 6-9.
[23] Vgl. Weihe des Eichendorffgedenksteins in Lubowitz. In: Aurora 7 (1937), S. 137-141 mit Berichten über die Enthüllung eines Taugenichts-Denkmals in Neu-Titschein im Rahmen der 7. Schlesischen Kulturwoche 1932, den Eichendorff-Abend im Rahmen der 8. Schlesischen Kulturwoche 1933 in Ratibor und die Einweihung eines Eichendorff-Gedenksteins auf dem Alten Lubowitzer Friedhof im September 1936.

Neisser Friedrichstadt eingerichtet wurde. Bruno H. Tschierschke übernahm die Leitung des Museums; ihm folgte 1936 der von Oppeln nach Neisse versetzte Studienrat Willibald Köhler; Hans Willi Moser wurde am 1. Juli 1937 Kustos. Die Einweihung des Museums am 29. November 1935 gestaltete sich zu einem Beispiel inszenierten Gedenkens, das nicht mehr den Dichter und sein Werk, sondern seine kulturelle Funktion für die Gegenwart herausstellte. Joseph Goebbels hatte telegraphische Glückwünsche übermittelt und äußerte seine Freude, „daß es Ihnen gelungen ist, einem unserer volksverbundenen Dichter eine würdige Gedenkstätte in der Landschaft zu bereiten, die mit diesem Werk sich selbst ehrt."[24] Der schlesische Gauleiter Josef Wagner würdigte in seiner Festrede Eichendorffs Einsatz für die Wiederherstellung der Marienburg, das von „deutschester Art und höchstem Opfersinn" zeuge und nahm den „boden- und heimatverbundenen Dichter und Deutschen" für die nationalsozialistische Gegenwart in Besitz.[25]

Ein Höhepunkt der Stiftungs-Aktivitäten war der Aufbau der Eichendorff-Gedenkstätte in Lubowitz, dem Geburtsort des Dichters, in den Jahren 1939 und 1940. Die Einrichtung der Gedenkstätte im Schloß der Eichendorffs war nach den Worten des beauftragten Bauleiters Heinz Hallermann, zumal sie in der Kriegszeit entstand, „der beste Beweis des nationalsozialistischen Aufbauwillens, der an keiner notwendigen kulturellen Tat vorbeigeht".[26] Am 26. November 1940 – Eichendorffs Todestag – wurde sie eröffnet. In seiner Ansprache würdigte der ehemalige Erste Landesrat und Landeskämmerer der Provinz Niederschlesien, Karl Werner, den Dichter, der nicht der verspielte und verträumte Romantiker sei, zu dem ihn eine „oberflächliche Kunstkritik" stempeln wolle, sondern ein „Vorbild deutscher kämpferischer Entschlossenheit".[27]

Die Eichendorff-Gedenkstätte in Lubowitz und das *Deutsche Eichendorff-Museum* in Neisse arbeiteten unermüdlich für die Propagierung von Leben und Werk des Dichters.[28] Die Besucherzahl des *Eichendorff-Museums* hielt

---

[24] Zitiert nach: Die Weihe des Deutschen Eichendorff-Museums. In: Aurora 6 (1936), S. 152.

[25] Vgl. ebenda, S. 152: „Joseph von Eichendorff ist als Dichter und Mensch auf immer in den Tempel der Unsterblichkeit deutscher Größer eingegangen, weil er zutiefst das wahre Wesen des einfachen Deutschen in seinen Gedichten und Werken zu Ausdruck gebracht hat. Unsere Zeit ahnt und versteht diesen boden- und heimatverbundenen Dichter und Deutschen besser als das Geschlecht, in dem er schuf und wirkte. Darum setzen wir ihm in diesem Hause der Stadt Neisse ein Denkmal durch die Schöpfung eines Eichendorff-Heimatmuseums, das ich hiermit eröffne."

[26] Heinz Hallermann: Die neue Eichendorff-Gedenkstätte in Lubowitz. In: Aurora 10 (1941), S. 16-20, S. 16.

[27] Zitiert nach Karl Schodrok: Zur Weihe der Eichendorff-Gedenkstätte in Lubowitz. In: Aurora 10 (1941), S. 59-61, S. 60.

[28] Vgl. Bruno G. Tschierschke: Das Deutsche Eichendorff-Museum. Der erste Jahresbericht. In: Aurora 7 (1937), S. 131-133; Das deutsche Eichendorff-Museum in Neisse. In: Aurora 8 (1938), S. 155f.; Karl Willi Moser: Das „Deutsche Eichendorff-Museum" zur Reisezeit. In: Aurora 8 (1938), S. 157-159; ders.: Das Jahr 1939 im Deutschen Eichendorff-Museum. In: Aurora 9 (1940), S. 55-57; ders.: Jahresbericht des Deutschen Eichendorff-Museums 1940. In: Aurora 10 (1941), S. 57-59; ders.: Jahresbericht der Deutschen Eichendorff-Stiftung und des Deutschen Eichendorff-Museums 1941. In: Aurora 11 (1942), S. 70-78; ders.: Kurzbericht des Deutschen Eichendorff-Museums 1942. In: Aurora 12 (1943), S. 89f.

Erbepflege in der Provinz: Die Deutsche Eichendorff-Stiftung bis 1941   593

sich mit jährlich nicht einmal 2000 Gästen allerdings in engen Grenzen – und selbst diese kamen vor allem durch Schülergruppen, HJ-Scharen und Reichsarbeitsdienst-Verpflichtete zusammen, was von Kustos Karl Willi Moser als Indiz für die enge Kooperation von parteinahen Organisationen und Museum angesehen wurde.[29] Der vom Museum als Ersatz für die 1939 nicht erschienene *Aurora* edierte Faksimile-Druck des *Taugenichts* erlebte nach einer Besprechung in der *Frankfurter Zeitung* eine solche Nachfrage, daß die vorhandenen Exemplare zur Deckung nicht ausreichten.[30] Nach Kriegsbeginn gingen die Besucherzahlen zurück; die wenigen Soldaten, die den Weg ins Museums fanden, galten als „Beweis von der Kulturhöhe des deutschen Soldaten"[31]. Die Veranstaltungen – Lesungen, Gesangsabende etc. – wurden fortgeführt und fanden weiterhin Resonanz.[32]

Eichendorff-Würdigung und -Ehrung ließen sich ohne Schwierigkeiten mit aktuellen politischen Forderungen verknüpfen. So gestalteten sich die Enthüllung eines Eichendorff-Denkmals in Neutitschein 1932 und die Einweihung einer „Eichendorff-Bank" in Jauernigk 1937 nach Aussage Karl Sczodroks zu „Kundgebungen des Sudetendeutschtums und seiner Sehnsucht, heimzukehren ins Reich, und wer dabei sein konnte, der wird diese Bekenntnisse deutschen Kulturwillens sein Leben lang nicht vergessen."[33]

Anläßlich des 80. Todestages des Dichters im November 1937 und seines 150. Geburtstages im März 1938 kulminierten Gedenkfeiern und mediale Würdigungen im gesamten Reichsgebiet. „Wahrhaftig! F e i e r n ü b e r a l l !", jubelten Willibald Köhler und Karl Sczodrok in der *Aurora*, und boten eine Übersicht der in verschiedenen Landesteilen veranstalteten Gedächtnisstunden sowie einen Querschnitt durch die dem Dichter gewidmeten Pressestimmen.[34] Die Feiern, die vor allem an Orten mit einer Verbindung zu Eichendorff veranstaltet wurden wie in Rohrbach bei Heidelberg[35] oder am Matthiasgymnasium in Breslau[36], wie auch die Würdigungen in Tageszeitungen und Zeitschriften konnten Differenzen zwischen einem unpolitisch-ver-

---

[29] Vgl. Karl Willi Moser: Das Jahr 1939 im Deutschen Eichendorff-Museum, S. 55f.
[30] Joseph Freiherr von Eichendorff: Aus dem Leben eines Taugenichts. Nachdr. der Hs. im Deutschen Eichendorff-Museum Neisse: Eichendorff-Stiftung 1939.
[31] Karl Willi Moser: Das Jahr 1939 im Deutschen Eichendorff-Museum, S. 57.
[32] Karl Willi Moser: Jahresbericht des Deutschen Eichendorff-Museums 1940. In: Aurora 10 (1941), S. 57-59.
[33] Karl Schodrok: Zur Geschichte der Deutschen Eichendorff-Stiftung, S. 81. – Zum Eichendorff-Wochenende in Jauernigk anläßlich des 80. Todestages des Dichters (27./28. November 1937) vgl. auch Karl Sczodrok: Eichendorff im Sudetenschlesien. In: Aurora 8 (1938), S. 154f.
[34] Willibald Köhler, Karl Sczodrok: Die deutsche Tagespresse bekennt sich zu Eichendorff. In: Aurora 8 (1938), S. 168-174, hier S. 168, Sperrung im Original. Die Autoren referierten 40 Pressestimmen.
[35] Vgl. Die Eichendorff-Feier in Rohrbach. Singspiel um das Käthchen und den „Kühlen Grund". In: Volksgemeinschaft (Heidelberg) vom 9.5. 1938, S. 7.
[36] Diese Internatsschule hatte Eichendorff 1801-1804 besucht. Im Rahmen der Eichendorff-Feier 1938 wurde ein Wanderboot auf den Namen des Dichters getauft, vgl. Johannes Hesse: Rudern. In: 300 Jahre Matthiasgymnasium zu Breslau 1638-1938. Eine Erinnerungsschrift. Breslau 1938, S. 190-195, hier S. 194f.

innerlichten Eichendorff-Bild und einer kulturpolitischen Zielstellungen entsprechenden Heroisierung nicht ganz verbergen. So würdigte Rudolf Paulsen im *Völkischen Beobachter* Eichendorff als kämpferischen Heroen[37]; die *Schlesische Tageszeitung*, Organ der NSDAP in Schlesien, schrieb dem Dichter „beispielhafte Deutschheit" zu, „die das Fichte-Wort bestätigt, daß Charakter haben und Deutschsein ohne Frage gleichbedeutend sei".[38] Demgegenüber standen Lobworte, die sich auf Eichendorffs lyrisches Schaffen bezogen, wie etwa in Beiträgen in der *Jenaischen Zeitung* oder im *Berliner Tageblatt*.[39] Einspruch gegen die Funktionalisierung Eichendorffs artikulierte dagegen der Münsteraner Ordinarius für evangelische Theologie Wilhelm Stählin in seinem Gedenkartikel zum 150. Geburtstag des Dichters, der in der *Zeitschrift für Deutschkunde* erschien. Seine Ablehnung der Praxis, Eichendorff ex post zu einem poetischen Führer und prophetischen Künder des völkischen Staates zu erheben, war unmißverständlich:

> „Es gibt neuerdings Literaturbetrachter, die nach einem besonderen Verfahren Dichter, gleichviel ob lebende oder tote, vor ihren Richterstuhl ziehen und von ihnen Rechenschaft fordern auf die Frage: Ist euer Werk auf einer fest gegründeten Anschauung von Gott und Welt aufgebaut? Habt ihr es also verstanden, als Dichter eurer Mit- und Nachwelt zu Führern zu werden, ihnen das Gefühl für die Werte eines geschlossenen Weltbildes lebendig zu machen, kurz, wart ihr imstande, ihnen durch die Fragwürdigkeit und Wirrnisse des Lebens einen Weg zu weisen?
> Man kann wohl einen Augenblick sich vorzustellen versuchen, wie etwa Eichendorff vor einem solchen Inquisitor sich verantworten würde. Gewiß er war kein Seher, kein Künder deutschen Schicksals, keiner der Wege wies, keiner der den Zwiespalt zwischen den realen Gegebenheiten und den Traumbildern seiner Sehnsucht, zwischen Leben und Dichten in kraftvoll einheitlicher Lebensgestaltung überwand, kein Führer also – nur einer der aus deutscher Landschaft und deutschem Wesen heraus dichtete."[40]

Stählins Würdigung Eichendorffs bezog sich primär auf die poetischen Naturbeschreibungen, ohne die inzwischen üblichen Klischees vom männlich-entschlossenen „Kämpfer" und „Seher" zu bedienen. Zwar war auch für ihn Eichendorffs Leben und Schaffen „in einem besonderen, so nur einmal verdichteten Sinne d e u t s c h"[41], doch sowohl der Hinweis auf die Bedeutung der Heidelberger Begegnung mit Joseph Görres als auch die mehrfache Betonung des naturhaft-gewachsenen Charakters seines Werkes widersprachen den nach 1933 virulenten Bildern eines germanisch-heidnischen Volksdichters. Wenn Stählin Eichendorffs Lyrik „ein Musterbeispiel organischer, von

---

[37] Rudolf Paulsen: Eichendorff – der Romantiker des Volkes. Zur 80. Wiederkehr seines Todestages. In: Völkischer Beobachter vom 25. November 1937, S. 5.
[38] Zitiert nach W. Köhler, K. Sczodrok: Die deutsche Tagespresse bekennt sich zu Eichendorff, S. 169, 173.
[39] Vgl. ebenda, S. 172f.
[40] Friedrich Stählin: Eichendorff. Zu seinem 150. Geburtstag. In: ZfDk 52 (1938), S. 357-361, hier S. 357.
[41] Ebenda, S. 357, Sperrung im Original.

innen her bestimmter, deutscher Formgestaltung"[42] nannte, signalisierte das implizit Dissens zu den instrumentellen Konzepten einer auf ‚Bluterbe' und ‚Tat' rekurrierenden Literaturbetrachtung. Hier zeigte sich einmal mehr, daß die Berufung auf das „Organische" durchaus Widerstandspotential gegen politische und aktivistische Deutungsmuster barg. – Doch auch andere feuilletonistische Würdigungen aus dem Frühjahr 1938 manifestierten einen fortbestehenden Zwiespalt zwischen der offiziösen Eichendorff-Idolatrie und einer gleichsam poetisch verinnerlichten Rezeption: Während zahlreiche Beiträge die familiären und kulturellen Verbindungen Eichendorffs zu Österreich offen zur Apologetik der Angliederung der „Ostmark" an das Reich gebrauchten, fanden sich ebenfalls politikferne und sachlich-ausgewogene Darstellungen, denen sogar die ideologiekritische Untersuchung Martin Hollenders Objektivität und Integrität bestätigt.[43]

Die innen- und außenpolitische Radikalisierung des Regimes seit Mitte der 1930er Jahre machte sich auch in Selbstverständnis und Praxis der in der kulturellen Öffentlichkeit wirkenden Eichendorff-Stiftung bemerkbar. 1938 wurde die Stiftung in einen eingetragenen Verein umgewandelt und dem oberschlesischen Landeshauptmann Josef Joachim Adamczyk unterstellt.[44] Hatte die Stiftung in ihrer Satzung vom 23. Juni 1938 bereits festgelegt, daß die Mitgliedschaft nur von „Frauen und Männern arischer Abstammung" beantragt werden dürfe,[45] bedeuteten die auf der Jahresversammlung 1939 po-

---

[42] Ebenda, S. 360.
[43] Vgl. Martin Hollender: Die politische und ideologische Vereinnahmung Joseph von Eichendorffs, S. 198f.: „Selbst in überregionalen Blättern, repräsentativen Organen aus der Reichshauptstadt Berlin, parastaatlichen Literaturmagazinen und offiziellen Parteiblättern wie dem *Völkischen Beobachter* finden sich Eichendorff-Aufsätze, die nicht einmal faschistische Zungenschläge enthalten, die auch in den Jahren der massiven staatlichen Gängelung der Kirche, der diktatorisch verfügten Eliminierung des Religiösen aus dem deutschen Gemeinwesen, Eichendorff weiterhin biographisch adäquat als katholischen Christen mit ebensolchem Vorbildcharakter zu würdigen wissen." Als Beispiele für sachliche und wertneutrale Feuilletonbeiträge sind hier aufgeführt: o.V.: O Täler weit, o Höhen. Zum 150. Geburtstag Josephs von Eichendorff am 10. März. In: Weltstimmen 12 (1938/39), S. 116-117; Friedrich Hussong: Das junggebliebene Herz. Zum 150. Geburtstag Josef von Eichendorffs. In: Berliner Lokalanzeiger vom 9. März 1938, Unterhaltungsbeilage, 2. Beiblatt; Walter Schwerdtfeger: Der Sänger deutscher Lieder. Ein Gedenkblatt für Eichendorff. In: Chemnitzer Tageblatt und Anzeiger vom 13. März 1938, Beilage; F.: „Es schienen so golden die Sterne.." Joseph Freiherr von Eichendorff, dem Dichter der deutschen Romantik zum 150. Geburtstag am 10. März. In: Berliner Tageblatt vom 11. März 1938, 2. Beiblatt; Walter Wehe: Herbst der Romantik. Zu Josef von Eichendorffs 150. Geburtstag am 10. März. In: Berliner Börsenzeitung vom 10. März 1938, Unterhaltungsbeilage; Curt Hohoff: Josef von Eichendorff. zum 150. Geburtstag am 10. März. In: Germania. Zeitung für das deutsche Volk vom 10. März 1938, Beilage; Rudolf Bach: Josef von Eichendorff. Zum 150. Geburtstag: 10. März. 1938. In: Frankfurter Zeitung Nr. 125/126 1938, gekürzt auch in: Die Literatur 40 (1938), S. 482; Gerhard Heine: Es rauschten leis die Wälder... Zum 150. Geburtstag Eichendorffs am 10. März 1938. In: Völkische Frauenzeitung, Nr. 10 des Jahres 1938.
[44] Vgl. Karl Sczodroks Notiz innerhalb des Beitrags von H. Rode: An der Geburtsstätte Josephs von Eichendorff. In: Der Oberschlesier 20 (1938), S. 632-635, hier S. 632.
[45] Vgl. Die Deutsche Eichendorff-Stiftung. In: Aurora 9 (1940), S. 58f. Laut Franz Heiduk (Zur Geschichte der Eichendorff-Gesellschaft, S. 212) war es Adamczyk, der den Arierparagraphen einfügte.

stulierten neuen Ziele der Stiftungstätigkeit eine noch weitergehende Assimilation an Imperative der politischen Umwelt. Alfons Hayduk, im umgebildeten Stiftungsbeirat für die Organisation der Feiern zuständig, trat öffentlich dafür ein, Eichendorff nicht mehr nur als ‚letzten Ritter der Romantik', sondern den Gegenwartspflichten entsprechend als „Sprecher des Grenzlandes" und „kämpferischen Dichter des deutschen Ostraums" herauszustellen[46]. Der Charakter des Dichters sei verstärkt auf die Wesensmerkmale einer „bis ins Altgermanische zurückreichenden Deutschheit" zu untersuchen und dem Publikum zu vermitteln. Vor Hayduks Auftritt hatte Willibald Köhler in seinem Rechenschaftsbericht *Im Dienste Eichendorffs* darauf hingewiesen, „daß die Bedeutung Eichendorffs nicht nur als Romantiker, sondern auch als Künder deutscher, germanischer Weltanschauung immer mehr erkannt wird".[47]

Entsprechend dieser Zielstellung änderten sich die in der *Aurora* versammelten Texte. Hatten in den ersten Jahrgängen noch Darstellungen geistesgeschichtlicher Wechselbeziehungen zwischen Eichendorff und seinen Zeitgenossen und essayistisch-belletristische Annäherungen an den Dichter dominiert, die durch Mitteilungen von Überlieferungsfunden und Verlautbarungen der Stiftung ergänzt wurden, bestimmte zunehmend die mythisierende Erhebung des Heimat- und Landschaftsdichter zum germanischen Naturgläubigen und „Sänger des deutschen Waldes" die Beiträge. Der oberschlesische Lehrer und Heimatautor Alfons Hayduk, der als Bearbeiter Eichendorffscher Dramen und Verfasser heimatverbundener Prosa hervorgetreten war,[48] besang „Eichendorff als Mythos".[49] Walter Hildenbrandt, der 1936 eine von Heinz Kindermann betreute Dissertation zu Eichendorffs *Tragik und Lebenskampf* angefertigt hatte, erklärte den Dichter zu einem „der entschlossensten und mutigsten Streiter seiner Zeit", dessen „Ringen stets ein Kampf um die deutsche Seele war, gegen die herrschenden Mächte des 19. Jahrhunderts, gegen Liberalismus, Kosmopolitismus, Materialismus, Kommunismus und Nihilismus".[50] Die Enthistorisierung und Mythisierung Eichendorffs unterstützten auch prominente Vertreter der universitären Literaturwissenschaft – so etwa Franz Schultz, der Eichendorffs Dichtung aus einem „mythisch sich offenbarenden Seinsgrund des Volkes" ableitete und sie auf einen „aus einem immer vorhanden gewesenen und bleibenden Sein kommenden Lebensstrom" bezog.[51] Daneben aber erschienen in der *Aurora*

---

[46] Zitiert nach: Die deutsche Eichendorff-Stiftung. [Bericht über die Jahresversammlung für 1939] In: Aurora 9 (1940), S. 59f.
[47] Ebenda, S. 59.
[48] 1932 hatte Alfons Hayduk *Kasperl und Anna, ein Märchenspiel nach Eichendorff* vorgelegt; zwischen 1933 und 1945 bearbeitete er Eichendorff-Dramen (Die Freier, 1936, UA 1936 Oberschlesisches Landestheater Beuthen; Der letzte Held von Marienburg, 1942), edierte 1944 eine *Eichendorff-Lese* und verfaßte die Eichendorff-Novelle *Strom des Lebens* (1939).
[49] Alfons Hayduk: Eichendorff als Mythos. Umriß einer Legendenbildung. In: Aurora 7 (1937), S. 3-11; ähnlich auch Gerhard Koßmann: Schlesisches und deutsches Wesen im Leben und Werk Eichendorffs. In: Aurora 9 (1940), S. 13-28.
[50] Walter Hildenbrandt: Lebenskampf bei Eichendorff. In: Aurora 7 (1937), S. 12-18, hier S. 15f.
[51] Franz Schultz: Klassik und Romantik der Deutschen. Bd. 2, S. 67ff.

weiterhin ausgewogene Abhandlungen zu Eichendorff und der Romantik, wie etwa Friedrich Kainz' Studie *Die Sprachästhetik der Frühromantik*, die auch auf Eva Fiesels an Fritz Strich anschließende Untersuchung zur romantischen Sprachphilosophie verwies.[52]

Nachdem aus finanziellen Gründen 1939 kein Band der *Aurora* erschienen war,[53] setzte der im Kriegsjahr 1940 publizierte neunte „Almanach" bereits auf den ersten Seiten Signale. Unter der Überschrift *Von Opfern, Kampf und echtem Führertum* versammelte ein „Eichendorff-Brevier für unsere Tage" Spruchweisheiten und Gedichtzeilen aus dem Œuvre des Dichters, die offenkundig der „geistigen Wehrhaftmachung" dienen sollten. Auch des Kampfes des deutschen Ordens gegen die heidnischen Pruzzen im 13. Jahrhundert und Eichendorffs Einsatz für den Wiederaufbau der davon zeugenden Marienburg wurde gedacht; nicht ohne die historische Entwicklung „bis in unsere allerjüngste Vergangenheit, ja bis in unsere kämpfende und blutende Gegenwart hinein"[54] zu verlängern.

Willibald Köhler, Leiter des Deutschen Eichendorffs-Museums in Neisse, Sekretär der Eichendorff-Stiftung und Mitglied des Herausgebergremiums der *Aurora*, demonstrierte in einem Artikel zu Eichendorffs 83. Todestag 1940 die rhetorischen Muster einer Erbaneignung, die Leben und Werk des Dichters zur Legitimation großdeutscher Machtansprüche mißbrauchte. Unter dem Titel *Lubowitz in deutscher Wirklichkeit* verfolgte er den Lebensweg Eichendorffs und die Geschichte von Schloß Lubowitz in Parallele zur historischen Entwicklung Deutschlands seit der Niederlage von Jena und Auerstädt.[55] Die durch die „unbarmherzige Faust des Eroberers" Napoleon verhängte „Nacht über Preußen" hätte Eichendorff in den Dienst für „das Reich und seine Freiheit" geführt; das in den Befreiungskriegen erkämpfte Deutschland sei jedoch nicht das erträumte und ersehnte „Großdeutsche Reich" geworden.[56] Bismarcks kleindeutsche Lösung sei – Eichendorffs Hoffnungen ebenso unerfüllt lassend – ebenfalls untergegangen und habe Schloß Lubowitz als Sinnbild unerfüllter Sehnsüchte „auf östlichstem verlorenem Posten" hinterlassen.[57] In der Gegenwart jedoch, da „dem Reich wie dem Schlosse der Retter erschienen" sei, ständen „blauen Berge fern hinter Strom und Stadt wie auch das Schloß vereint mitten im Großdeutschen Reich".[58]

Von der Beschwörung großdeutscher Machtansprüche in Eichendorffs Namen bis zur direkten verbalen Integration des Dichters in kriegerische Aktio-

---

[52] Friedrich Kainz: Die Sprachästhetik der deutschen Frühromantiker. In: Aurora 7 (1937), S. 116-127; der Hinweis auf Eva Fiesels Buch *Die Sprachphilosophie der Romantik* (Tübingen 1927) hier S. 116.
[53] Vgl. Karl Sczodrok an Adolf Dyroff. Brief vom 14.12. 1938. ULB Bonn, Nachlaß Dyroff. S 2834, unpaginiert.
[54] Wolfgang Federau: Eichendorff und die Marienburg. In: Aurora 9 (1940), S. 30-38, hier S. 30.
[55] Willibald Köhler: Lubowitz in deutscher Wirklichkeit. In: Aurora 10 (1941), S. 12-15, hier S. 14.
[56] Ebenda, S. 14.
[57] Ebenda, S. 15.
[58] Ebenda, S. 15.

nen war es nur ein kleiner Schritt. 1942 – die Leitung der *Eichendorff-Stiftung* war bereits an politische Funktionsträger aus der oberschlesischen Gauleitung und dem Reichspropagandaministerium übergegangen – veröffentlichte Adolf Dyroff als seine letzte Wortmeldung in der *Aurora* den Aufsatz *Eichendorff und der Krieg* und folgerte aus antinapoleonischen Äußerungen des Dichters:

> „Wenn Eichendorff heute noch lebte, würde er, das ist sicher, mit heißem Atem sich einem der drei Wehrmachtsteile angeschlossen haben. Er würde im jähen Zusammenbruch Frankreichs eine gerechte Strafe für Ungerechtigkeit und Siegerübermut erkennen. Er würde mit starker Verbissenheit auf die Niederringung des perfiden Albion warten."[59]

4.2 Eichendorff-Pflege als „Reichsangelegenheit": Die Übernahme der *Eichendorff-Stiftung* durch das RMfVP

Die nach Kriegsbeginn verstärkten Anstrengungen zur Konzentration und Kontrolle des kulturellen Lebens betrafen auch die öffentliche Vermittlung Eichendorffs: Nachdem die *Deutsche Eichendorff-Stiftung* 1940 unter den Schirm der *Stiftung Oberschlesien* gestellt worden war, übernahm im November 1941 Rainer Schlösser, Ministerialdirigent und Leiter der Abteilung XII (Theater) im Reichsministerium für Volksaufklärung und Propaganda, die Präsidentschaft der Stiftung, was nachfolgend zur weitgehenden Ausschaltung der schlesischen Pioniere und forcierter ideologischer Funktionalisierung führte. In einem von Karl Schodrok nach Kriegsende vorgelegten Rückblick, der die schlesischen Eichendorff-Freunde vor dem Vorwurf einer instrumentellen Dichter-Vereinnahmung schützen und alle Schuld den Technokraten des RMfVP zuweisen sollte, las sich die Geschichte dieser „feindlichen Übernahme" so:

> „Auf Anordnung des Gauleiters von Oberschlesien beschlagnahmte die von der Provinzialverwaltung gegründete ‚Oberschlesische Stiftung' auch unsere Eichendorffbestrebungen. Präsident der Eichendorffstiftung wurde der Reichsdramaturg Dr. Rainer Schlösser, der vom Machtrausch geblendet das verhängnisvolle Wort prägte ‚Unsere romantischen Burgen stehen auf den Höhen des Kaukasus'. Die schlesischen Wortführer traten mehr und mehr in den Hintergrund. Die Erklärung der Eichendorffstiftung zu einer ‚Reichsangelegenheit' geschah aus propagandistischen Gründen. Den alten Vorkämpfern für Eichendorff

---

[59] Adolf Dyroff: Eichendorff und der Krieg. In: Aurora 11 (1942), S. 13-23, hier S. 23.

ging es wider das Gefühl, daß man unsern Dichter der Stille und der besinnlichen Einkehr in das grelle Licht der üblichen nationalsozialistischen Propaganda stellte und viele der ‚Stillen im Lande' zogen sich mehr und mehr mit Wehmut zurück."[60]

Auch Willibald Köhler, der nach 1945 die Zusammenarbeit mit Schodrok beendete und diesem als „alte Partcinummer"[61] einen Teil der Verantwortung für die politische Vereinnahmung des Dichters zuzuschieben suchte, unternahm in seinen autobiographischen Büchern mehrfache Anläufe, sich als ehrenamtlich dienenden Idealisten und Opfer des Regimes darzustellen.[62] Sein Sohn Meinrad Köhler erklärt heute ebenfalls, die Ablösung der schlesischen Eichendorff-Pioniere sei auf den Widerstand Willibald Köhlers gegen die Plünderung eines jüdischen Geschäfts durch SA-Angehörige zurückzuführen.[63] Dabei war es nach Aussage Karl Willi Mosers kein anderer als Köhler, der das 1941 sichtbar werdende Eichendorff-Interesse der Berliner Instanzen wachrief.[64] Auch den nachträglichen Selbstbeschreibungen Köhlers als im Stillen wirkender Widerstandskämpfer muß mit Vorsicht begegnet werden: Bestätigte doch die „Politische Beurteilung" durch den Gaustabsamtsleiter 1943 die „einwandfreie politische Zuverlässigkeit" des Parteigenossen und stellte dessen „Eingehen auf das nationalsozialistische Gedankengut" im Wirken für Eichendorff heraus.[65]

---

[60] Karl Schodrok: Das Erbe Eichendorffs. In: Rudolf Jokiel (Hrsg.): Schlesien – unverlierbare Heimat. Was sie uns gab und was sie von uns fordert. München o.J. [nach 1947], S. 21-24, hier S. 23.

[61] Willibald Köhler: Im Dienste Eichendorffs in Neisse. Augsburg 1966, S. 61f.

[62] Vgl. W. Köhler: In der weißen Stadt. Augsburg 1964; ders.: Im Dienst Eichendorffs in Neisse. Augsburg 1966.

[63] So im Brief Meinrad Köhlers an den Verfasser vom 7. Juli 1997, in dem es heißt: „Mein Vater, bis 1933 Vorsitzender des Schutzverbandes deutscher Schriftsteller in Oberschlesien, wurde auf diesem Posten von Schulrat Karl Schodrok abgelöst. Ihm wurde nahegelegt, 1935 das in Neisse im Sterbehaus des Dichters gegründete Eichendorff-Museum zu übernehmen. Der Grund: Der Mitbewohner unseres Hauses Moltkestr. 25, Inhaber des Konfektionsgeschäftes Schüftan, wurde von SA erschossen, als diese im Laden Anzüge u.a. kostenlos mitnehmen wollten und er sich dagegen verwahrte. Darüber hatte sich mein Vater wahnsinnig aufgeregt und seine Meinung öffentlich kundgetan. Wir mußten Oppeln 1936 für immer verlassen, um nach Neisse zu ziehen. Ich nehme an, daß das u.a. mit der Ausschaltung der ‚Eichendorff-Pioniere' zusammenhängt."

[64] Vgl. Karl Willi Moser: 40 Jahre Eichendorff-Museum. Zur Geschichte des Deutschen Eichendorff-Museums Neisse O/S und Wangen im Allgäu. In: Neisser Heimatblatt Nr. 135, Weihnachten 1975, S. 15-17, hier S. 16: „Seiner [Köhlers] Geschicklichkeit war es zu danken, daß der 150. Geburtstag Eichendorffs die Resonanz der höchsten Parteistellen bis zum Propagandaministerium in Berlin und der gesamtdeutschen Presse fand." Ähnlich auch: Willibald Köhler †. In: Nachrichtenblatt der Eichendorff-Gesellschaft, Dezember 1976, S. 9-11, S.10, wo Köhler die Überführung der *Eichendorff-Stiftung* in die *Stiftung Oberschlesien* zugeschrieben wurde.

[65] Der Gaustabsamtsleiter an den Oberpräsidenten der Provinz Oberschlesien. Politische Beurteilung des Studienrats Willibald Köhler in Neisse/OS, 3. März 1943. BA/BDC, Personalakte W. Köhler, Bl. 1: „Bereits vor der Machtübernahme sympathisierte er mit der Bewegung, wurde im Jahre 1937 Parteimitglied und ist Leiter der Ortsgruppe Neisse des Deutschen Schriftstellerverbandes und Kreishauptstellenleiter für Schrifttum. [...] Als Erzieher wird Köhler nicht immer geschätzt, weil ihm trotz guter Kenntnisse das Lehrgeschick abgeht. Dafür hat er

Es kann im Rahmen dieser Rekonstruktion nicht um zweifelsfreie Indizien und Schuldzuweisungen gehen – zumal archivalische Hinweise, die Aufschluß über das plötzliche Interesse des RMfVP für die Bemühungen der *Eichendorff-Stiftung* und die Ersetzung der schlesischen Aktivisten gewähren könnten, als verloren gelten müssen. Große Teile der Altregistratur des Reichspropagandaministeriums sowie bereits an das Reichsarchiv abgegebene Akten wurden bei Luftangriffen 1944 und 1945 vernichtet; kriegsbedingte Verlagerungen und planmäßige Aktenvernichtungen noch in den letzten Kriegstagen führten zu weiteren schwerwiegenden Verlusten.[66] Auch die Überlieferungslage der dem Propagandaministerium unterstellten Reichstheaterkammer, als deren Präsident bzw. Vizepräsident Schlösser fungierte, ist aufgrund der vollständigen Zerstörung der Diensträume durch den Bombenangriff vom 28. November 1943 sehr dürftig.[67] Angesichts der nur spärlichen Materialien und Dokumente über die Geschichte der *Eichendorff-Stiftung* nach 1939 ist es schwer möglich, ein vollständiges Bild des komplexen Geschehens nachzuzeichnen und zu bewerten; deshalb wird aus den vorhandenen Quellen der Ablauf der Ereignisse eruiert, die als administrative Maßnahmen zur Zentralisierung des kulturellen Lebens die öffentliche Eichendorff-Pflege auf eine neue Grundlage stellten.

Politische Aktionen zur Konzentration des Kultur- und Zeitschriftenwesens, der auch Karl Sczodroks Monatsschrift *Der Oberschlesier* zum Opfer fallen sollte, hatten bereits im Dezember 1939 eingesetzt. Die schlesische Gauleitung plante nach dem siegreichen Polen-Feldzug, die in der Provinz erscheinenden kulturellen Monatsschriften in einer von Landesrat Georg Kate herausgegebenen gesamtschlesischen Zeitschrift mit Sitz in Breslau zu konzentrieren.[68] In der nach Eroberung Ostoberschlesiens neu errichteten Provinz Oberschlesien wurden unter Führung Kates die literarisch-kulturellen Organisationen in der *Stiftung Oberschlesien* konzentriert, in die man auch die *Deutsche Eichendorff-Stiftung* eingliederte. Die neue Provinzialverwaltung in Kattowitz betrieb die weitergehende „Neuordnung" der *Eichendorff-Stiftung*, in dem sie deren alte Führung ausschaltete: Am 17. Juni 1941 wurde Landesrat Kate zum neuen

---

jedoch als Leiter des Eichendorff-Museums in Neisse Ausserordentliches geleistet und besitzt als Schriftsteller und Dichter einen über die Grenzen Oberschlesiens hinausgehenden Ruf. Sein Schrifttum lässt ein starkes Eingehen auf das nationalsozialistische Gedankengut erkennen. Für den Vorschlag zur Berufung in den Provinzialrat waren maßgeblich diese schriftstellerische und dichterische Tätigkeit des Parteigenossen Köhler und seine Verdienste in der Betreuung und Sammlung des Lebenswerks Eichendorffs, weniger seine Funktionen als Studienrat."

[66] Vgl. Findbuch Reichsministerium für Volksaufklärung und Propaganda 1933-1945. BA Berlin, S. 4.
[67] Vgl. Wolfram Werner: Reichskulturkammer und ihre Einzelkammern. Bestand R 56. Koblenz 1987 (= Findbücher zu Beständen des Bundesarchivs 31), S. 67.
[68] Vgl. Karl Sczodrok an Adolf Dyroff. Brief vom 1.12. 1939. ULB Bonn, S 2834 (Nachlaß Dyroff), unpaginiert: „Es spricht natürlich sehr vieles, von meinem Standpunkt aus alles, gegen eine derartige Auffassung und Zentralisierung. Aber es scheint, daß hier die staatspolitische Führung bereits feste Entschlüsse gefaßt hat. Wahrscheinlich wird es also dazu kommen, daß mein Lieblingskind, eben ‚Der Oberschlesier', der heuer im 21. Jahrgang erscheint, das Zeitliche segnet."

Vorsitzenden der Stiftung gewählt; auf einer außerordentlichen Tagung am 28. November 1941 – zu der nur ausgewählte Mitglieder geladen waren – übernahm Rainer Schlösser die „Präsidentschaft" eines nun gebildeten „Senats".[69] „Zweiter Präsident" wurde Kate, der danach strebte, Landeshauptmann von Oberschlesien zu werden.[70] Karl Sczodrok, der jahrelang unter z.T. erheblichen Anstrengungen die Stiftungsarbeit angeleitet und die Herausgabe der *Aurora* finanziert hatte, sah sich verdrängt – vor allem durch Willibald Köhler, der „Hilfsstellung" für die „Neuordnung" geleistet hatte und als neuer Sekretär der Stiftung 1943 den Titel eines Provinzialrates erhalten sollte.[71] Gegenüber Adolf Dyroff äußerte Schodrok seine tiefe Verbitterung:

> „Ich trage auch den neuen Kulturbringern es nicht nach, daß man mich auch hier, wie auch auf andern Gebieten meines kulturellen Schaffens in Oberschlesien, so richtig stiefmütterlich behandelte. Die Welt vergißt ja so schnell, und die neuen Männer in Oberschlesien, die Land und Leute erst kennenlernen wollen, können ja gar nicht beurteilen, unter welchen Schwierigkeiten und mit welcher Zähigkeit wir früher hier arbeiteten, als O/S noch gefährdetes Grenzland war. Aber ich muß doch annehmen, daß auch etwas böser Wille im Spiele ist, Eifersucht, Geltungsfimmel, Machthunger, Voreingenommenheit gegen die einheimische Bevölkerung überhaupt – was weiß ich! Denn sonst hätte man doch einen Weg finden müssen, mich in anständiger Weise zu verabschieden und für die Arbeit in der Zukunft einzuordnen. So macht mich stutzig, daß man mich zum mindesten nicht auch in den Senat der Stiftung berufen hat, und es ist für mich außerordentlich peinlich, immer wieder befragt zu werden, warum ich denn so abgehängt sei. Willibald Köhler, den ich um Auskunft bat, meinte, er hätte meinen Namen auch in Vorschlag gebracht, aber er müsse in Kattowitz oder Berlin gestrichen worden sein."[72]

Im krassen Gegensatz zur Enttäuschung, die Sczodrok privat äußerte, stand seine Stellungnahme in der *Aurora*: 1942 begrüßte er die Überführung der *Deutschen Eichendorff-Stiftung* in die *Stiftung Oberschlesien* und empfand die Zuwendung des Propagandaministeriums als „Lohn" für bisherige Mühe um Eichendorff.[73]

Die administrative Übernahme der *Eichendorff-Stiftung* durch Instanzen der politischen Macht ließ die öffentliche Dichter-Pflege zunehmend zu einer An-

---

[69] Vgl. Franz Heiduk: Zur Geschichte der Eichendorff-Gesellschaft, S. 212; Karl Schodrok an Adolf Dyroff. Brief vom 18.12. 1941. ULB Bonn, S 2834 (Nachlaß Dyroff), unpaginiert.
[70] Karl Schodrok an Adolf Dyroff. Brief vom 3.12. 1941. ULB Bonn, S 2834 (Nachlaß Dyroff), unpaginiert.
[71] Vgl. Karl Schodrok an Adolf Dyroff. Brief vom 18.12. 1941, ebenda: „Von uns alten Eichendorffvorkämpfern war nur Willibald Köhler, soweit man eine sachliche Unterrichtung brauchte, zur Hilfsstellung herangezogen worden und Köhler wurde in der Neuordnung ja auch der Sekretär der Stiftung."
[72] Karl Schodrok an Adolf Dyroff. Brief vom 3.12. 1941.
[73] Vgl. Karl Schodrok: Zur Geschichte der Deutschen Eichendorff-Stiftung [1942], S. 81: „Im November 1941 nun fand unsere Arbeit für Eichendorff ihren Lohn, indem auf Anordnung des Gauleiters der neuen Provinz Oberschlesien die Oberschlesische Stiftung unter Landesrat Kate auch die Eichendorff-Stiftung in ihre Obhut nahm, die Stiftung eine Neuordnung erfuhr und in Ministerialdirektor Dr. Rainer Schlösser einen Präsidenten erhielt, der als bewährter Eichendorff-Freund und als einer der führenden Männer des Reichspropagandaministeriums die Gewähr einer fruchtbaren und weitausgreifenden Entwicklung gibt."

gelegenheit der staatlichen Lenkung werden. Wie das vor sich ging, wurde rasch sichtbar. Als Schirmherr der *Stiftung Oberschlesien* rief Gauleiter Fritz Bracht 1941 die *Eichendorff-Festwoche* ins Leben, die künftig alljährlich in Kooperation mit dem Reichsministerium für Volksaufklärung und Propaganda durchgeführt werden sollte. Die am 25. und 26. November 1941 veranstalteten *Eichendorff-Tage des Gaues Oberschlesien* hatten mit hochkarätiger Besetzung „das eindeutige Bekenntnis des nationalsozialistischen Deutschland zu Eichendorff" abzulegen und die Verbreitung seines Werkes als „reichswichtige Aufgabe" herauszustellen.[74] Neben „Reichsdramaturg" Rainer Schlösser und seinen Mitarbeitern vom RMfVP reiste auch das Ensemble des Berliner Schiller-Theaters nach Kattowitz, um dort Eichendorffs Lustspiel *Die Freier* zur Aufführung zu bringen. In seiner Ansprache bei der Eröffnungsfeier im Festsaal der Provinzialverwaltung Kattowitz pries Schlösser Eichendorff als den Dichter des deutschen Waldes und deutscher Innerlichkeit, dessen Werk schon im Ersten Weltkrieg der geistigen Stärkung der deutschen Soldaten gedient habe:

> „Was wäre der deutsche Wald, wenn Eichendorff ihn nicht besungen, Carl Maria von Weber ihn nicht vertont, und Schwind ihn nicht gemalt hätte! Es sind die großen Künstler, die uns zu den Dingen jenseits des rationalen Seins führen. [...] Es war nicht von ungefähr, daß die Weltkriegssoldaten neben Goethes ,Faust' und Nietzsches ,Zarathustra' auch Eichendorffs ,Taugenichts' im Tornister mitführten. Er war uns im Trommelfeuer der Materialschlachten die Besinnung auf die deutsche Heimat und auf das deutsche Gemüt."[75]

Am 26. November 1941 trat im Eichendorff-Museum in Neisse die *Deutsche Eichendorff-Stiftung* zusammen, in deren Verlauf Schlösser zum neuen Präsidenten der Stiftung ernannt wurde. Schlösser überbrachte Grüße von Goebbels, Baldur von Schirach und Reichsjugendführer Axmann, die sich nach seinen Worten „mit der Arbeit der Eichendorff-Stiftung verbunden fühlen und sie nach Kräften fördern werden".[76] Als wichtigste Aufgaben bezeichnete er die Fortführung der historisch-kritischen Eichendorff-Ausgabe, die Forschungsförderung, vor allem aber die „Lebendigmachung seiner Dichtungen im deutschen Volke selbst."[77] Das publizistische Echo auf die *Oberschlesischen Eichendorff-Tage* in zahlreichen Tageszeitungen wiederholte die pathetische Botschaft Schlössers, wonach die „Errettung unseres Reiches vor den Mächten der Zerstörung" zugleich auch „die Errettung Eichendorffs für Deutschland" sei.[78]

---

[74] Wolfgang Förster: Oberschlesien ehrt Eichendorff. Das Bekenntnis des nationalsozialistischen Deutschland zu seinem großen Dichter anläßlich der Eichendorff-Tage des Gaues Oberschlesien. In: Aurora 11 (1942), S. 6-9, S. 7.
[75] Zitiert nach ebenda, S. 7.
[76] Zitiert nach ebenda, S. 9.
[77] Zitiert nach ebenda, S. 9.
[78] Schlesische Tageszeitung vom 27.11.1941, hier zitiert nach Karl Willi Moser: Jahresbericht der Deutschen Eichendorff-Stiftung und des Deutschen Eichendorff-Museums für 1941. In: Aurora 11 (1942), S. 70-78, S. 77. Siehe auch Kurt Mandel: Eichendorffs Gegenwart. Veranstaltungen in Oberschlesien – Dr. Schlösser über die Ziele der Eichendorff-Stiftung. In: Berliner Börsenzeitung vom 27.11.1941, Abendausgabe; o.V.: Der Dichter des deutschen Heimwehs. In: Dresdener Nachrichten vom 28.11.1941; Str.: Im Zeichen Eichendorffs. Kulturarbeit in Oberschlesien. In: Krakauer Zeitung vom 30.11.1941.

Die Übernahme der Stiftung durch politische Instanzen und die Ausweitung der öffentlichen Vermittlungsaktivitäten zu einer „Reichsangelegenheit" führten zu Veränderungen, die in den Kreisen der „alten Eichendorff-Freunde" registriert und intern mißbilligt wurden.[79] Die bisherigen Träger, allen voran der deutschnational eingestellte Karl Schodrok, wurden nach und nach aus der Leitung gedrängt; mediale Inszenierungen ersetzten die provinzielle und bildungsbürgerlich-konservativ begründete Dichter-Pflege.

Unter Schirmherrschaft Baldur von Schirachs und frequentiert von prominenten Gästen demonstrierte die *Deutsche Eichendorff-Woche 1942* vom 25. bis 30. November 1942 öffentlich noch einmal die Gestik inszenierter Erbaneignung und -vereinnahmung. Der Ablauf der Woche folgte ritualisierten Feierformeln: Eröffnet durch eine von Fackelschein erhellte Kranzniederlegung auf dem Friedhof in Neisse, fortgesetzt durch Festreden, Vorträge, Theater- und Konzertaufführungen – in deren Rahmen Frank Thiess' Stück *Der ewige Taugenichts* endlich seine Premiere erlebte – und gekrönt von einer militärisch straffen Jahrestagung der *Deutschen Eichendorff-Stiftung*, vermittelten die Veranstaltungen auf den ersten Blick den Eindruck umfassender und restloser Funktionalisierung.[80] Dennoch artikulierten die einzelnen Festansprachen und Vorträge durchaus unterschiedliche Rezeptionshaltungen. Während die Protagonisten des Regimes Baldur von Schirach, Rainer Schlösser und Wilfrid Bade das Klischee vom „Dichter des deutschen Waldes" bedienten, die „stählerne Romantik" des Nationalsozialismus mit Eichendorff verbanden oder „deutschen und jüdischen Geist reinlich zu scheiden"[81] suchten, verblieben die auftretenden Wissenschaftler in bemerkenswert sachlichen Bahnen. Selbst die Ansprachen der staatlichen Würdenträger waren ohne einheitlichen Tenor. Baldur von Schirach vermittelte in seiner Festrede *Der Seele ein Friede* weitgehend bekannte Klischees und schloß mit dem Satz: „Der Wälder sind viele im weiten Deutschen Reich, aber es gibt nur einen deutschen Wald, den des Josef Freiherr von Eichendorff."[82] Rainer Schlösser dagegen kontrastierte die technisch-motorisierte Kriegsführung der Gegenwart mit den Imaginationen der Romantik, um – an Goebbels' Begriffsprägung anschließend – die „stählerne Romantik" des Nationalsozialismus als Verbindung von Traum und Tat, Idee und Wirklichkeit, Erinnerung und Zukunftsbewußtsein herauszustellen. Die rhetorische Kon-

---

[79] Vgl. Karl Schodrok an Adolf Dyroff. Brief vom 3.12.1941: „In Oberschlesien wurden jetzt im November in sehr vielen Orten Eichendorff-Feiern abgehalten und es rauschte in der Presse von Eichendorff. Uns alten Eichendorff-Freunden war dieses laute Getue, wenn es auch gut gemeint gewesen sein mag, beinahe etwas zuviel. Auch glauben wir, daß das Bild Eichendorffs bei dieser lauten Propaganda etwas verzerrt wurde."

[80] Vgl. Karl Willi Moser: Deutsche Eichendorff-Woche 1942 und ihr Widerhall in der Presse. In: Aurora 12 (1943), S. 75-81; Deutsche Eichendorff-Woche. Kattowitz: Stiftung Oberschlesien 1942.

[81] Wilfrid Bade: Eichendorff und der deutsche romantische Geist. Rede, gehalten am 10. März 1942 in Ratibor. In: Aurora 12 (1943), S. 18-29, hier S. 23.

[82] Baldur von Schirach: Eichendorff – Der Seele ein Friede. Ansprache, gehalten am 26.11.1942 in Kattowitz. In: Aurora 12 (1943), S. 5-10, hier S. 10.

frontation einer „nur rückblickenden" mit „unserer auch auf Zeit und Ewigkeit gerichteten Romantik" mündete in eine Entwertung der historischen Romantik:

> „Der Romantik verdanken wir viel, der Romantik des Reiches, wie wir formuliert haben, mehr. Die Romantiker nannten sich eine Freischar; darin liegt Ungebundenheit und Unverbindlichkeit. Die Romantik des Reiches ordnete jeden ein und half so die nationalsozialistischen Bataillone der Zucht zu formieren. Die ersten Romantiker versanken in sinnende Betrachtung, ,als gäbe es nichts Gemeines in der Welt'; währenddessen versank die Welt ins Gemeine. Die erzene Romantik sah diesen Zusammenhang und kämpft gegen ihn an; sie besiegt das Gemeine. Die Erben der Romantik flüchteten aus dem Volk in die Abseitigkeit der Schlösser; die stählerne Romantik eroberte sich jene Plätze, auf welchen sich die Nation zusammenfand, und besetzt heute alle Vorposten Europas zur Rettung der Kultur. [...] Die gewaltigere, das Einzelerlebnis der Romantik überhöhende Tat des Nationalsozialismus ist es, daß er unter den Trümmer eines ganzen Jahrhunderts seine Weltanschauung nicht nur fand, sondern auch durchsetzte."[83]

Wilfrid Bade, Ministerialrat im Propagandaministerium, hatte dagegen in seiner Ansprache zum 154. Geburtstag Eichendorffs am 10. März 1942 die Romantik als die Zeit des „ersten großen Einbruchs des Judentums in das Reich des deutschen Geistes" beschrieben und in einer von antisemitischen Invektiven geprägten Rede alle ihre Widersprüchlichkeiten und Gegensätze auf eine „Infektion" mit jüdischem Geist zurückgeführt.[84] Die Romantik gerann in Bades Szenario zu einem von „jüdischem Kosmopolitismus", „allgemeiner Weltbürgerstimmung" und „krassem Individualismus" erfüllten Verhängnis, demgegenüber Eichendorff den „deutschen Geist" verteidigt habe.[85] Das mediale Echo auf Bades Redes verstärkte dessen rigorose Unterscheidung von „deutschem" und „jüdischem" Geist in der Romantik noch. Alfons Hayduks in der *Kölnischen Zeitung* abgedruckter Bericht unter dem Titel *Im Zeichen Eichendorffs. Romantik und Judentum* legte die „vom Nationalsozialismus her" vorgehende „neue Sicht der Romantik" einer Hymne auf Eichendorff und die „wahre deutsche Romantik" zu Grunde – erst durch „die politische Wertrelation" ergebe sich „das rechte Bild der romantischen Auseinandersetzung in Beziehung zu unserer nationalen und sozialistischen Neuformung der

---

[83] Rainer Schlösser: Von Traum und Tat. Rede, gehalten am 25. November 1942 in Neisse. In: Aurora 12 (1942), S. 11-17, hier S. 15f. Ähnlich ders.: Eichendorff und die Romantik. In: Wille und Macht 11 (1943), S. 8-12.

[84] Wilfrid Bade: Eichendorff und der deutsche romantische Geist, S. 22.

[85] Ebenda, S. 27. Die Vorwürfe, die hier gegen die „jüdisch infizierte" Romantik vorgebracht wurden, lehnten sich an die z.T. von der literaturwissenschaftlichen Forschung bereitgestellten Disqualifikationsmuster an, so etwa wenn Bade postulierte: „[D]ie Weisheitssehnsucht der Romantik (ließ sich) mit jüdisch-spekulativem Mystizismus erfüllen, das jüdische Unvermögen, wirkliche Kunstwerke zu schaffen, als typisch-romantische Originalität ausgeben, der geistreiche Einfall als romantischer Gedankenreichtum vorführen und der jüdische Haß gegen vollkommene Schöpfungen sowie die typisch jüdische Eigenschaft der Selbstpersiflage als romantische Ironie kaschieren. So wurde aus der Dichtung Literatenhohlheit, aus der Wissenschaft ein System paradoxer Konversation."

Welt in revolutionärem Kampfe".[86] Hayduk radikalisierte Bades Szenario und dessen Pejorativa gegenüber den internationalen Dimensionen der Romantik weiter: Als ein „für Europa neues Element" habe sich im Zeitalter der Romantik der „Liberalismus englischer Provenienz gemischt, und das Judentum konnte sich anschicken, sich während der Bildung eines neuen Bürgertums in Deutschland frei und ungehindert zu bewegen, die in ihm vorhandenen Ausdrucksformen zu benutzen, zu mißbrauchen und mit undeutschem Geiste zu infizieren. So kam es unter Ausnutzung aller wirtschaftlichen Positionen, die damals das Judentum an sich riß, zum Aufbau geistiger Zentren, zu denen die künstlerische Elite Deutschlands zu einem nicht geringen Teile und unter vollständiger Verständnislosigkeit rassischer Zusammenhänge sich hingezogen fühlte, dazu noch durch das von den Juden betriebsam geknüpfte Band der Freimaurerei immer fester an das jüdische Machtstreben gekettet wurde."[87] Demgegenüber stände die „wahre deutsche Romantik, die die schönsten und tiefsten Gefühle in uns erweckt, weit entfernt, mit ihnen zu spielen oder gar zu ironisieren, wie es jüdische Art war". Die mit Tieck, Uhland und Eichendorff identifizierte „lebendige Romantik" charakterisierte Hayduk als „unsere nationale Dichtung, und in ihrem Zeichen wird auch heute Deutschlands Kampf geführt. Denn die Weltoffenheit der deutschen Romantik steht in unabdingbarem Gegensatz zu dem jüdischen Kosmopolitismus, der in der romantischen Bewegung des vorigen Jahrhunderts eine günstige Gelegenheit erspäht hatte, durch Begriffsverwirrung einer allgemeinen Weltbürgertumsstimmung das Wort zu reden."[88]

Vor dem Hintergrund dieser antisemitischen Ausfälle lassen sich Mut und Redlichkeit von Richard Benz ermessen, der in seinem Vortrag im Rahmen der Eichendorff-Woche Friedrich Schlegel in ausdrücklicher Einheit mit seiner Frau Dorothea Veit als einen „klugen literarisch-ästhetischen Kenner und Richter" bezeichnete und Dorotheas Anteil an der Fertigstellung von *Ahnung und Gegenwart* lobend hervorhob.[89]

Veranstaltungen zu Ehren Eichendorffs fanden im November 1942 jedoch nicht nur in Kattowitz und Neisse statt; Festakte gab es ebenfalls in Berlin,

---

[86] Alfons Hayduk: Im Zeichen Eichendorffs. Romantik und Judentum. Ein Vortrag Wilfrid Bades. In: Kölnische Zeitung vom 16. März 1943. – Für den freundlichen Hinweis auf diesen Artikel danke ich Erhard Schütz.

[87] Ebenda.

[88] Ebenda. – Hayduks Darstellung von Bades Vortrag in Ratibor im Rahmen der Feierstunde, auf der auch Staatsschauspieler Werner Hinz Lyrik und Prosa Eichendorffs rezitiert hatte, schloß emphatisch: „Die Stiftung Oberschlesien, in deren Rahmen die Deutsche Eichendorff-Stiftung das Erbe des Dichters pflegt, und der Oberbürgermeister der Stadt Ratibor haben dadurch, daß sie Ministerialrat Bade für diese Eichendorff-Ehrung gewannen, ein Weiteres auf dem Wege der Nahebringung Eichendorffs an das deutsche Volk und die Gegenwart getan, in Fortführung jener klaren Linie, die gekennzeichnet ist durch die vorjährigen Eichendorff-Reden von Baldur von Schirach in der Gauhauptstadt Kattowitz und von Reichsdramaturg Dr. Schlösser in Neisse, der Sterbestadt des Dichters."

[89] Richard Benz: Eichendorff und die deutsche Romantik. Vortrag, gehalten am 30. November 1942 in Kattowitz. In: Aurora 12 (1943), S. 30-48, die positiven Urteile über Friedrich Schlegel und Dorothea hier S. 36f.

Danzig sowie zahlreichen Orten Oberschlesiens. Während auf der Eichendorff-Feier des Berliner Bibliophilen-Vereins im Berliner Schillertheater am 21. November 1942 Rainer Schlösser mit einer Gedenkrede unter dem Titel „Von der Einfalt des Herzens" auftrat, sprachen in Oberschlesien die regionalen Propagandisten des Dichters: Karl Schodrok in Oppeln, Alfons Hayduk in Bensburg, Gleiwitz und Grottkau-Hindenburg, Willibald Köhler in Cosel.

Der Bruch, den die staatlich gelenkte *Deutschen Eichendorff-Woche 1942* mit der vorangegangenen Erbepflege vollzog, wurde von beteiligten Akteuren selbst empfunden und in späteren Erinnerungen als Beleg einer ambivalenten Beziehung zu Eichendorff angeführt.[90] Ein ähnlicher Dualismus, symptomatisch für das „gespaltene Bewußtsein" dieser Zeit, prägte auch die publizistischen Äußerungen der schlesischen Eichendorff-Pioniere. So veröffentlichte Willibald Köhler in der Zeit einer radikalisierten Funktionalisierung des Dichters diverse Aufsätze, die Martin Hollender als ideologiefreie „liebenswürdige Dichtercharakterisierung" einstuft.[91]

Im November 1943 fand letztmalig eine *Deutsche Eichendorff-Woche* statt; von Willibald Köhler mit einem trotzigen „Dennoch!" verkündet.[92] Ein Jahr später hatten sowjetische Truppen die frühere Grenze zu Polen überschritten und näherten sich den deutschen Ostprovinzen. Mit der Zerstörung von Eichendorffs Geburtshaus Schloß Lubowitz und seines Sterbehauses in Neisse endeten die Aktivitäten der *Deutschen Eichendorff-Stiftung*. Der Zusammenbruch des Regimes traf sowohl die schlesischen Eichendorff-Pioniere wie die seit 1941 tonangebenden Technokraten: Während Rainer Schlösser und Wilfrid Bade in den Kämpfen um Berlin verschollen, der schlesische Gauleiter Fritz Bracht im Mai 1945 Selbstmord beging und Baldur von Schirach zu zwanzig Jahren Haft verurteilt wurde, setzten sich Karl Schodrok, Willibald Köhler, Alfons Hayduk und Karl Willi Moser im Frühjahr 1945 in die westlichen Besatzungszonen ab und führten hier die Dichter- und Heimatpflege fort.[93]

---

[90] So beschrieb der Regensburger Verleger Josef Habbel, in dessen Verlag 1939 der einzige im Dritten Reich edierte Band der historisch-kritischen Gesamtausgabe Eichendorffs erschienen war, den Festakt in Kattowitz als gespalten zwischen weinseliger Emphase der Macht und stiller Einkehr der eigentlichen Dichterfreunde, vgl. Josef Habbel: Meine Begegnungen mit Eichendorff. In: Der Zwiebelturm 12 (1957), S. 245-248, hier S. 245: „Die damals Mächtigen feierten Eichendorff mit Wein, aber Eichendorff saß mit uns Abseitigen – Richard Benz, Franz Ranegger, Karl Schodrok, meiner Frau und mir – in der Stille."

[91] Martin Hollender: Die politische und ideologische Vereinnahmung Joseph von Eichendorffs, S. 526. Hollender bezog sich auf Willibald Köhlers Texte: Landschaften Eichendorffs. In: Kölnische Zeitung vom 28. November 1942; Joseph von Eichendorff. Die wirkliche hinter Eichendorffs deutscher Seelenlandschaft. In: Die Pause (Wien) 8 (1943) H. 2, S. 29-31, 34.

[92] Willibald Köhler: Dennoch! Deutsche Eichendorff-Woche 1943. In: Kölnische Zeitung vom 15. November 1943. Vgl. auch Hannelore Orlopp: Romantik um Eichendorff. In: Fränkischer Kurier (Nürnberg) vom 5. Dezember 1943; Mitteilungsblatt der Stiftung Oberschlesien 1 (1943).

[93] Karl Schodrok begründete 1952 das *Kulturwerk Schlesien e.V.* und die *Eichendorff-Stiftung* unter Anschluß des *Eichendorff-Bundes* neu und gab ab 1953 wieder den romantischen Almanach *Aurora* heraus. Willibald Köhler baute seit 1952 in Wangen im Allgäu ein neues Eichendorff-Museum auf, das 1954 eröffnet wurde, dazu Martin Hollender: Die politische und ideologische Vereinnahmung Joseph von Eichendorffs, S. 533f.

Erklärungen für die sichtbaren Diskontinuitäten und Diskrepanzen in der Geschichte der *Deutschen Eichendorff-Stiftung* zu finden, fällt schwer. Ebenso schwierig scheint es, Motive für die staatliche Übernahme der Eichendorff-Stiftung und die Inszenierung der 1942 veranstalteten Gedenkwoche zu ermitteln, ohne in die pauschalen Verurteilungen einer ideologiekritischen Abrechnung zu verfallen. Nach den vorliegenden Dokumenten bleiben Zweifel an einer Deutung, die das komplexe und in seinen Hintergründen noch unaufgeklärte Geschehen allein als „Optimierung der faschistischen Vereinnahmung mit effizienteren Methoden"[94] interpretiert. Wäre tatsächlich eine reibungslose „Optimierung" der politischen Instrumentalisierung angestrebt worden, hätten sachbezogene und ausgewogene Erläuterungen wie Richard Benz' Rede mit der Würdigung Friedrich Schlegels und Dorothea Veits wohl kaum Eingang in das offizielle Programm der *Deutschen Eichendorff-Woche 1942* gefunden. Auch die Aufführung des von Kulturbürokraten lange skeptisch beurteilten und nicht für die Bühne zugelassenen Stücks von Frank Thiess *Der ewige Taugenichts*, das im Rahmen der *Deutschen Eichendorff-Woche* 1942 seine Uraufführung erlebte, stellt eine funktionalistische Erklärung des Geschehens in Frage.

Bis zur Auffindung weiterer Dokumente müssen die Hintergründe der Übernahme der *Deutschen Eichendorff-Stiftung* in die Obhut staatlicher Instanzen Gegenstand von Vermutungen bleiben. Auch die Fragen nach Planung, Vorbereitung und Finanzierung der inszenierten Gedenkveranstaltungen sind noch zu klären. Sicher ist, daß sich die oberschlesischen Eichendorff-Pioniere gegen die Übernahme ihrer Stiftung durch staatliche Instanzen nicht zur Wehr setzten – zumal sie für ihr Ausscheiden aus den Führungspositionen entsprechende Abfindungen empfingen.[95] Eingebettet in die Zwänge einer „vermachteten Öffentlichkeit", steht die gebrochene Geschichte der *Deutschen Eichendorff-Stiftung* exemplarisch für das Schicksal anderer literarisch-kultureller Gesellschaften im Dritten Reich: Zwischen nationalistischer Dichterverehrung und politischer Anpassung, Heimatliebe und Chauvinismus, Repräsentationsbedürfnis und Verinnerlichung schwankend, wurde sie letztlich durch Institutionen einer politischen Macht vereinnahmt, die aus der Erbepflege symbolisches Kapital zu schlagen suchte.[96]

---

[94] Martin Hollender: Die politische und ideologische Vereinnahmung Joseph von Eichendorffs, S. 213.
[95] Alfons Hayduk wurde 1943 Landesleiter der Reichsschrifttumskammer, Gau Oberschlesien; Willibald Köhler wurde am 19.4. 1944 zum Preußischen Provinzialrat ernannt. Karl Schodrok erhielt für den kurzfristigen Verzicht auf Herausgabe des *Oberschlesiers* von Landesrat Kate eine ansehnliche finanzielle Abfindung, vgl. Willibald Köhler: Im Dienste Eichendorffs in Neisse, S. 112f.
[96] Eine Paralleluntersuchung wert wäre das Schicksal der in Wien wirkenden *Adalbert-Stifter-Gesellschaft*, die im Zuge kulturpolitischer Zentralisierungsbestrebungen 1939 dem Reichswerk „Buch und Volk" eingegliedert wurde und einen hohen SS-Chargen als Vorsitzenden erhielt. Für diese Information danke ich Franz Heiduk.

4.3 „In gegenwartsverbundenem Geiste": Eichendorff auf der Bühne und im Radio

1935 veröffentlichte der „nationalrevolutionäre Erfolgsautor" Frank Thiess[97] ein von Eichendorff inspiriertes „romantisches Spiel" unter dem Titel *Der ewige Taugenichts*.[98] Die geplante Aufführung am Württembergischen Landestheater stieß jedoch aufgrund des Mißtrauens parteiamtlicher Stellen gegenüber Thiess auf Schwierigkeiten, worauf sich der Schriftsteller im Januar 1936 an den Staatssekretär im Reichspropagandaministerium Hans Hinkel wandte und um dessen Intervention bei „Reichsdramaturgen" Rainer Schlösser bat.[99] Thiess legte Hinkel eindringlich eine Lektüre seines Stückes ans Herz: „Vielleicht sehen Sie dann, dass ich damit Ihrem einst mir gegenüber geäusserten Wunsche, auch meinen Teil zu einer Belebung des deutschen Schrifttums in einem gegenwartsverbundenen Geiste beizutragen, nahe gekommen bin."[100] Trotz Hinkels Befürwortung und mehrerer Anläufe zu seiner Inszenierung auf verschiedenen Bühnen verzögerte sich die Uraufführung des Dramas bis 1942. Erst im Rahmen der *Deutschen Eichendorff-Woche 1942* hatte das Stück am 25. November 1942 in Neisse Premiere. – Thiess' Dramatisierung der bekanntesten Eichendorff-Novelle blieb nicht die einzige Bearbeitung seines Werkes für die Bühne. Neben diesem Versuch gab es weitere Anläufe, das dramatische Kapital der Romantik und insbesondere Eichendorffs Stücke für theatralische Bedürfnisse nutzbar zu machen. Sowohl die dramatischen Bearbeitungen von Eichendorffs Œuvre als auch die unter verschiedenen Umständen stattfindenden Aufführungen wiesen den bereits mehrfach festgestellten Dualismus zwischen kulturpolitischer Inszenierung und bewahrter ästhetischer Autonomie auf, wie ihn einschlägige Untersuchungen zum Theater der NS-Zeit konstatieren.[101]

---

[97] Erhard Schütz: Lebensführer zum Gott-Tier. Frank Thiess – Skizze eines nationalrevolutionären Erfolgsautors. In: ZfG N. F. 8 (1998), S. 65-82.
[98] Frank Thiess: Der ewige Taugenichts. Romantisches Spiel in drei Akten (nach Eichendorff). Theaterabteilung Paul Zsolnay Verlag Berlin, Wien, Leipzig 1935.
[99] Frank Thiess an Hans Hinkel. Brief vom 30.1. 1936. BA/BDC, Personalakte Frank Thiess: „Der Intendant des Württembergischen Landestheaters hatte das Lustspiel einer Reihe von Persönlichkeiten vorgelegt, die sich alle für seine Annahme ausgesprochen haben, auch er selber wünscht, es zu spielen, möchte aber in Ansehung der über meinem Namen schwebenden Nebelwolke des Misstrauens auch von Seiten offizieller Kreise aus gesichert sein, was ich durchaus verstehen kann. Bitte helfen Sie ihm dazu mit einem Wort an Dr. Schlösser." – Für den Hinweis auf diesen Brief und die freundliche Bereitstellung einer Kopie danke ich Erhard Schütz.
[100] Ebenda. – Der Brief trägt Hinkels handschriftlichen Vermerk: „Stück einwandfrei habe betr[effs] Th[iess] mit Dr. S.[chlösser] gesprochen, der f[ür] gerechte Behandlung ist".
[101] Zur Bewahrung ästhetischer Autonomie im Theater der NS-Zeit vgl. Erich Lüth: Hamburger Theater 1933-1945. Ein theatergeschichtlicher Versuch. Hamburg 1962, S. 15, der für das Hamburger Theater zum Schluß kommt, daß kontinuierlich weiter Theater gemacht wurde – „fast so gutes Theater, als ob das Regime des Ungeistes außerstande wäre, das Niveau zu senken. Merkwürdig genug, ja beklemmend, ja makaber, daß sich während des Naziregimes .. die

Ohne die komplexen Entwicklungen in Theater und Rundfunk zwischen 1933 und 1945 auch nur kursorisch nachzeichnen zu können, möchte ich an dieser Stelle signifikante Momente der performativen Eichendorff-Aneignung im Dritten Reich markieren. Von besonderem Interesse sind hier die unterschiedlichen Ansätze, Eichendorffs Werke für die Bühne bzw. das neue Medium Radio zu adaptieren. Denn wenn auch die Bühnenpräsenz Eichendorffs wie auch die anderer romantischer Dramatiker weit hinter der Dominanz der klassischen „Hochstil-Dramatik" zurückblieb,[102] prägten Aufführungs- und Bearbeitungspraktiken seiner Stücke dennoch einen nicht zu unterschätzenden Teil der öffentlichen Rezeption. Die „Ausgrabung" seiner lange vergessenen dramatischen Werke wirft nicht zuletzt ein bezeichnendes Licht auf die Zwänge eines Theaterbetriebs, der aufgrund staatlicher Repression und enttäuschter Erwartungen auf eine publikumswirksame nationalsozialistische Dramatik zu klassisch-romantischen Traditionen und Stücken des 18. und 19. Jahrhunderts zurückkehrte.

Charakteristisch für die zwischen Repräsentation und Erbauung changierende Kulturlandschaft des nationalsozialistischen Deutschland wurde die Bühnengeschichte von Eichendorffs Lustspiel *Die Freier*. Zwar blieben die Aufführungen dieses Stücks weit hinter den meistgespielten Klassikern Goethe und Schiller und den neuentdeckten Grabbe und Hebbel zurück, doch bedeuteten die zwischen 1933 und 1944 stattfindenden Inszenierungen die Renaissance eines Werkes, das erst in den 1920er Jahren für die Bühne entdeckt worden war.[103] Bereits die Aufführung der *Freier* in den Hamburger Kammerspielen im Jahre 1923 war von der zeitgenössischen Kritik als Symptom für das „in unseren Zeitläuften wieder einmal aktuelle Verlangen nach urdeutscher Kost"[104] gedeutet worden. Dieses Bedürfnis sollte auch die Inszenierung des Lustpiels während der „Reichsfestspiele" 1938 in Heidelberg leiten. Nach seiner Erstaufführung am 31. Juli 1938 wurde es in die Liste der ständigen Darbietungen dieser „reichswichtigen" und von Goebbels

---

,Autonomie der Bühnenkunst' bestätigt hat." Ähnlich auch Friedericke Euler: Theater zwischen Anpassung und Widerstand. Die Münchener Kammerspiele im Dritten Reich. In: Martin Broszat (Hrsg.): Bayern in der NS-Zeit. München 1979, Bd. 2, S. 91-173; Boguslaw Drewniak: Das Theater im NS-Staat. Szenarium deutscher Zeitgeschichte 1933-1945. Düsseldorf 1983.

[102] Vgl. B. Drewniak: Das Theater im NS-Staat, S. 167ff. Zu dramaturgischen Debatten, die sich am Gegensatz von romantisch-shakespeareschem Schauspieler-Theater und klassisch-weimarischem „Hochstildrama" entzündeten, vgl. Günther Rühle: Zeit und Theater 1933-1945. Bd. V: Diktatur und Exil. Frankfurt/M., Berlin 1980, S. 47ff.

[103] Die Uraufführung des Lustspiels *Die Freier* fand zu Lebzeiten des Dichters am 2. Dezember 1849 in Graudenz statt und blieb bis 1908, als ein literarischer Zirkel in Münster es wieder auf die Bühne brachte, die einzige theatralische Umsetzung. Erst seit 1923, als *Die Freier* in Hamburg und in Berlin wiederaufgeführt wurden, läßt sich eine Bühnengeschichte verfolgen, vgl. dazu Rudolf Bach: Rezension Joseph von Eichendorff, Die Freier, Faksimile-Wiedergabe des Erstdrucks, Emsdetten i.W. 1939. In: Frankfurter Zeitung vom 3. 11. 1940.

[104] Walther Victor: „Die Freier", Lustspiel von Eichendorff. In: Hamburger Echo vom 1. März 1923, wieder in ders.: Freund und Feind. Kritiken aus fünf Jahrzehnten. Hrsg. von Herbert Greiner-Mai. Berlin und Weimar ²1985, S. 37-39, hier S. 37.

beschirmten Veranstaltung aufgenommen.[105] Vor der ersten Aufführung hielt Herbert Cysarz eine Ansprache, die Eichendorffs Poesie zu einem völkischen Mythos verklärte.[106] Aus Eichendorffs „dinarisch-nordischer Rasse" und seinem gleichzeitigen Anteil an der „ostisch-schlesischen Seele" schloß Cysarz auf den für seine Dichtung typischen „Drang zum ganzen Deutschland" und integrierte den Dichter rhetorisch in die geistige Ahnenreihe des endlich zusammengewachsenen „Goßdeutschland":

> „Gesamtdeutsch alles, was er aus dem mütterlichen Boden zieht; was immer aus schlesischer Heimaterde emporsteigt, wird zur umfassenden Botschaft und Bürgschaft deutscher Art. Wie alle hohe deutsche Kunst zeugt Eichendorffs Dichtung, in ihrer vollbürtigen Besonderung, für die Einheit und Ganzheit des deutschen Wesens, das sich noch niemals im Wald seiner Stämme und Stände, in den Drahtverhauen von Kirchen und gar von undeutschen Staaten verloren hat."[107]

Die ideologische Vereinnahmung des Lustspiels im Rahmen der Heidelberger „Reichsfestspiele" war jedoch nur ein Teil der Bühnenpräsenz des Werkes im Dritten Reich. Daneben gab es durchaus politikfreie Aufführungen, auch durch renommierte Bühnen wie dem Berliner Schiller-Theater, das Eichendorffs Lustspiel in der Bearbeitung von Ernst Leopold Stahl seit 1940 im Programm hatte. Mit der an Shakespeare und der italienischen Comedia dell'arte orientierten Inszenierung, in der u.a. Will Quadflieg als Graf Leonhard spielte, gastierte das Ensemble während der *Eichendorff-Tage des Gaues Oberschlesien* am 25. November 1941 in Kattowitz. 1939 kam es zu einer erfolgreichen, von Carl Niessen geleiteten Inszenierung der *Freier* am Theaterseminar der Universität Köln. Zum 1. Oktober 1941 bereitete der Kölner Theaterhistoriker am Oberschlesischen Landestheater Beuthen eine erstmalig lückenlose Aufführung der Eichendorffschen *Freier* vor.[108] Eine Neubearbei-

---

[105] Die deutsche Eichendorff-Stiftung. [Bericht über die Jahresversammlung für 1939] In: Aurora 9 (1940), S. 59. Neben dem Lustspiel wurden in Heidelberg auch verschiedene Puppenspiele Eichendorffs aufgeführt.

[106] Vgl. Herbert Cysarz: Eichendorff und das große Deutschland. Ansprache vor der Erstaufführung der „Freier" auf den Reichsfestspielen in Heidelberg am 31.Juli 1938. In: Aurora 9 (1940), S. 6-12, hier S. 9: „Sie [Eichendorffs mythische Erzählung der Geschichte] richtet die Augen, die Herzen in einen unendlichen Zug des Fühlens und Wollens, der volklichen Selbstverwirklichung von den Ursprüngen her nach der Ewigkeit hin. Sie speit das Laue, das Halbe fort. Ihr Gericht scheidet Echtheit und Schein, Wahrheit und Trug; die Lüge gilt immer nur unter besonderer Perspektive, was unter jeder der immerzu wechselnden Perspektiven gilt, nur das hat Wahrheit, Güte, Vollkommenheit in sich. Solche Geschichte – das gerade Gegenteil des Warenhauses, das der spätere Historismus stapelt – hütet so blanke Kindlichkeit wie aufrecht Männlichkeit. Sie keltert die unveraltbaren Säfte des Volkstums, sie läutert das gemeinschaftliche Volksgut zu demantfestem Bestand."

[107] Ebenda, S. 10.

[108] Nach Meinung Kurt Mandels im *Oberschlesischen Kurier* gelang ihm „in klingenden Reimen, romantisch liebenswerten Bildern und organischer Zwischenaktmusik (im Stil der Eichendorff-Romantik von Franz Josef Zimmerhof) ein ganz aus dem Geist des ‚letzten Ritters der Romantik' wiedergeborenes Kleinod von poetischer Taufrische. Die Aufführung bedeutete namentlich für die Stammlande Eichendorffs eine ebenso werkgetreue wie tief eindrucksvolle Dichterehrung", zitiert nach Karl Willi Moser: Jahresbericht der Deutschen Eichendorff-Stiftung und des Deutschen Eichendorff-Museums für 1941. In: Aurora 11 (1942), S. 70-78, hier S. 73f.

tung des Eichendorffschen Lustspiels durch den oberschlesischen Heimatdichter Alfons Hayduk, die sich in Gefühlsbetontheit und Pathos wesentlich von Ernst Leopold Stahls Adaption unterschied, trug zur weiteren Verbreitung des Stückes bei. In der Provinz und an Orten mit einer Verbindung zu Eichendorff aufgeführt, wurden Inszenierungen der *Freier* nicht selten mit performativen Dichter-Ehrungen verknüpft. In Hayduks Bearbeitung brachte das Staatstheater des Generalgouvernements in Krakau im Oktober 1941 *Die Freier* auf die Bühne. Der Premiere am 12.10. 1941 voraus ging eine einführende Eichendorff-Feierstunde mit Lesung biographischer Texte, Sprüchen und Gedichten sowie dem Vortrag von Liedern Robert Schumanns und Hugo Wolfs. Seit Ende Mai 1941 standen *Die Freier* in Hayduks Bearbeitung auch auf dem Spielplan der Städtischen Bühnen Litzmannstadt, und, wie die *Deutsche Theaterzeitung* vom 7. August 1941 vermerkte, sehr erfolgreich. Hayduks dramaturgische Straffung der ständig wechselnden Schauplätze zu vier Bildern hätte „der Bühnenwirksamkeit des köstlichen Werkes gedient" und eine „nachhaltige und tiefe Wirkung erzielt".

Einen Höhepunkt der Wiederentdeckung von Eichendorffs Lustspiel stellte die Erstaufführung der *Freier* in flämischer Sprache am 25. Oktober 1941 in Antwerpen dar. Die durch Eichendorff-Feiern in Antwerpen, Brügge, Kontrijk und Brüssel vorbereitete Premiere fand auch im *Völkischen Beobachter* lobende Erwähnung:

> „Da die Romantik im deutschen Sinne der flämischen Literatur als Epoche fehlt, bedeuten die ‚Freier' ungewöhnliche Eindrücke, so daß die Aufführung zu der ‚seit Jahren am meisten diskutierten' wurde. Als Dank für die starken Anregungen, welcher dieser geglückte Versuch der Einbürgerung Eichendorffs in Flandern bedeutet, ließ Direktor Joris Diels an der Büste des Dichters am Deutschen Eichendorff-Museum in Neisse eine schöne Schleife niederlegen, welche die Erinnerung an die schöne Gastinszenierung wachhalten soll."[109]

Von der gewachsenen öffentlichen Aufmerksamkeit gegenüber dem lange vergessenen Lustspiel zeugte auch die im September 1941 eröffnete, speziell den *Freiern* gewidmete Ausstellung im Deutschen Eichendorff-Museum in Neisse, die die Rezeptionsgeschichte des Werkes „von seinen Anfängen, seinen Wandlungen und seiner glanzvollen Wiedererweckung in unseren Tagen"[110] präsentierte.

Auch nach Kriegsbeginn riß die Tendenz, vergessene romantische Bühnenwerke Eichendorffs aufzuführen, nicht ab.[111] In der Vorspiegelung von Normalität und der Befriedigung von Ablenkungs- und Entspannungsbedürfnissen traf sich hier nationalsozialistische Kulturpolitik mit dem Interesse bildungsbürgerlicher Schichten, dem vermachteten Alltag in das Reich romantischer Innerlichkeit zu entfliehen.

---

[109] Völkischer Beobachter vom 29.11. 1941, zitiert nach Karl Willi Moser: Jahresbericht der Deutschen Eichendorff-Stiftung und des Deutschen Eichendorff-Museums für 1941, S. 74.
[110] Ebenda, S. 72f.
[111] Vgl. Eichendorff auf der Bühne. In: Aurora 12 (1943), S. 55-64.

Eichendorff und sein Werk wurden jedoch nicht nur auf den Theaterbühnen des Reiches präsentiert, sondern auch im neuen und von den Nationalsozialisten hoch geschätzten Medium Rundfunk vermarktet. So schuf Hermann Gaupp im Auftrag des Reichssenders Breslau das „Hörwerk" *Eichendorff, ein deutscher Dichter aus Schlesien*, das nach Uraufführung im schlesischen Rundfunk als „Reichssendung" 1935 über alle deutschen Sender ging. Lyrik und Prosa, Lieder, Briefe und Tagebuchaufzeichnungen sowie fiktionale Szenen wurden von Gaupp zusammengefügt, um einen repräsentativen Querschnitt durch Leben und Werk des Romantikers zu bieten. Wiederkehrendes Leitmotiv bildete Eichendorffs Verbundenheit mit seiner schlesischen Heimat.[112] Der Reichssender Breslau produzierte am 17. September 1936 im Neisser Eichendorff-Museum eine Wachsplattenaufnahme mit der Enkelin des Dichters, Margarete Freifrau von Sedlnitzky-Eichendorff, Hans Spelsberg und Museumsdirektor Bruno G. Tschierschke, die im Rahmen der Reportage *Aus einer alten Bischofsstadt* am 22. September 1936 ausgestrahlt wurde. Der Sender Gleiwitz plante, ab Oktober 1936 im regelmäßigen Turnus an Eichendorff zu erinnern. Als erste Vorträge waren Ausführungen Willibald Köhlers über „Neuerwerbungen des Deutschen Eichendorff-Museums" sowie Bruno Tschierschkes Erläuterungen zum Thema „Der heitere Eichendorff" vorgesehen.[113] Anläßlich des 150. Geburtstags des Dichters wurde im März 1937 das Hörspiel *Der Schatten* von Willibald Köhler uraufgeführt, das, aus Eichendorffs Tagebüchern, Erinnerungen und Werken schöpfend, die Jugend des Romantikers schilderte. Mit dem „Schatten" war Napoleon gemeint, dessen imperiale Gewalt das Idyll von Lubowitz zerstört und die Brüder Eichendorff zu kämpferischen und volkstumsbewußten Männern geformt hätte.[114] 1938 veröffentlichte die Zeitschrift *NS-Funk* unter dem Titel *Sänger des Herzens, Stimme des Waldes* einen ehrenden Artikel und bot eine Übersicht über deutsche Rundfunkproduktionen zu Eichendorffs 150. Geburtstag.

Trotz vereinzelter Forderungen nach einer neuen, volkstümlichen Verfilmung des *Taugenichts* blieb das 1922 entstandene Werk Carl Fröhlichs die einzige filmische Adaption des romantischen Romans vor seiner DEFA-Realisation durch Celino Bleiweiß. Der Abstinenz der Filmschaffenden gegenüber standen vielfache Anläufe, das wohl populärste Werk der Romantik bzw. andere Novellen Eichendorffs für die Bühne zu bearbeiten. Eine dramatische Adaption des berühmtesten Eichendorff-Werkes legte 1935 Frank Thiess mit dem bereits erwähnten „romantischen Spiel" *Der ewige Taugenichts* vor. Der Erfolgsautor der 1920er und 1930er Jahre variierte jedoch weniger die Originalvorlage, sondern schrieb ein weitgehend neues Stück, in dem veränderte

---

[112] Hermann Gaupp: Eichendorff im Rundfunk. In: Aurora 6 (1936), S. 136.
[113] Vgl. Bruno G. Tschierschke: Das Deutsche Eichendorff-Museum. Der erste Jahresbericht. In: Aurora 7 (1937), S. 131-133, hier S. 132. Ob diese Produktionen zustandekamen und ausgestrahlt wurden, konnte nicht ermittelt werden.
[114] Als Buch Willibald Köhler: Der Schatten. Oppeln 1938 (= Dichterbüchelreihe).

Figuren und Handlungsstränge dominierten.[115] Das der Bearbeitung zugrunde gelegte Romantikverständnis offenbarte deutlich die Distanz, die Thiess sowohl gegenüber der historischen Romantik als auch den Versuchen ihrer willkürlichen Aktualisierung einnahm:

> „Dieses ‚Romantische' – was verstehen wir darunter? Zweifellos nicht dasselbe wie die Generation, für die Eichendorff schrieb. Damals war Romantik eine ästhetische Mode und zugleich eine Weltschau aus reiner Gefühlseinstellung. Für uns bedeutet sie ein Stück goldenen Zeitalters, etwas, das weder je gelebt werden kann, noch je gelebt wurde, eine Welt seliger Träumerei, heiteren Glücksverlangens, spielerischer Verknüpfungen von Dingen, die sonst einander feindlich sind. Ich riskiere den Zorn aller Philologen und Literaturhistoriker und blieb nicht in scheuer Ehrfurcht vor Eichendorffs Schöpfung stehen, sondern formte aus ihrem Stoff und unserer gegenwärtigen romantischen Sehnsucht etwas Neues, ein turbulentes Spiel wechselnder Bilder, verträumt, lächerlich, grotesk, melodisch und ironisch."[116]

Da Thiess als Manko der bisherigen Dramatisierungsversuche des *Taugenichts* die zu enge Bindung an das Original zu erkennen glaubte, modifizierte er Eichendorffs Werk stark: Die Gräfin verwandelte er in eine energische alte Dame, die stets das Verkehrte wollte und dabei das Richtige schaffte; aus der Aurelie machte er nach eigenen Worten „ein tapferes Mädel, das unserer Zeit angehören könnte"[117]; zusätzlich erfand er zwei komische Banditen, die die Spannung der Handlung erhöhen sollten. Aus dem Taugenichts wurde „Hans, ein Müllersohn"[118], den Thiess als deutsche Symbolfigur charakterisierte.[119] Als Thiess' „romantisches Spiel" nach diversen kulturpolitischen Querelen im Rahmen der *Deutschen Eichendorff-Woche* 1942 endlich aufge-

---

[115] Vgl. Frank Thiess über sein Stück *Der ewige Taugenichts*, zitiert nach Willibald Köhler: Eichendorff im neueren und neuesten deutschen Schrifttum. In: Aurora 11 (1942), S. 55-64, hier S. 56f.: „Als ich nun meinerseits den Versuch anstellte, dieses Kronstück der deutschen Romantik für die Bühne zu bearbeiten, merkte ich bald, daß mit einer ‚Bearbeitung' das Problem nicht zu lösen war. Ich mußte mit Einführung neuer Personen und einer teilweise veränderten dramatischen Verflechtung der Geschehnisse einen neuen ‚Taugenichts' schreiben. Je weiter ich mich dabei von Eichendorff entfernte, umso wohler wurde mir, um so festeren Boden fühlte ich unter meinen Füßen. Bei Eichendorff bleibt die Erzählung durchaus im Geiste der Romantik fragmentarisch, ihr Ende ist nebulos skizziert, ja, eigentlich hat sie überhaupt keins, sondern bricht in einer verdämmernden Undeutlichkeit ab. Die Bühne aber verlangt Kontur, Spannung und sinnfälligen Schluß. Was bei Eichendorff gerade die undefinierbare Grazie seiner Erzählung ausmacht, das formlose Spiel mit Figuren und Ereignissen, war in dieser Art für die Bühne nicht zu retten. Das Romantische in ihr mußte verwandelt werden, um augenfällig zu werden."
[116] Ebenda, S. 57.
[117] Ebenda, S. 57.
[118] Frank Thiess: Der ewige Taugenichts, Personenverzeichnis, S. 7.
[119] Vgl. Frank Thiess über sein Stück *Der ewige Taugenichts*, zitiert nach Willibald Köhler: Eichendorff im neueren und neuesten deutschen Schrifttum, S. 57: „Er erhielt vielleicht etwas von Heinz Rühmann, der ja die eigentliche romantische Figur unter unseren Schauspielern ist, aber damit durfte es nicht sein Bewenden haben. Mir wurde immer klarer, wie deutsch dieser Taugenichts ist, wie symbolisch sein Nicht-erkannt-werden, sein Unverstandensein. Wie typisch für damals und für heute sein Erwachen zum Selbstbewußtsein aus verschlafener Träumerei."

führt wurde,[120] vermochte jedoch auch die als „einfallsreich" vermerkte Spielleitung von Intendant Hurrle nicht, das Stück zu retten. Für Karl Willi Moser bewies dies erneut die Unmöglichkeit, den *Taugenichts* dramatisch zu adaptieren; die vorangegangene Rede von Reichsdramaturg Rainer Schlösser galt ihm als „das Erhebendste des Abends"[121].

Neben Thiess versuchten sich auch andere Autoren an Eichendorff: Der Münchener Schriftsteller Konrad Karkosch transformierte die zehn Kapitel des *Taugenichts* in ein fünfaktiges Drama, das von Laienschauspielern im Sommer 1937 in München aufgeführt werden sollte.[122] Günter Eich verarbeitete Eichendorffs Novelle *Die Glücksritter* zu einem Lustspiel, das im März 1935 am Gerhart-Hauptmann-Theater in Breslau aufgeführt wurde, nach nur mäßigem Erfolg jedoch rasch vom Spielplan abgesetzt wurde.[123] Der Heidelberger Stadtbibliothekar Georg Zink unternahm es 1938, das von Eichendorff 1840 geschaffene und in mehreren fragmentarischen Fassungen erhaltene Puppenspiel *Das Incognito* zu einem spielbaren Bühnenstück zu vereinheitlichen.[124] Durch die Charakteristik der Figur des Paphnutius als „Hofjuden" mit den Kennzeichen „Judennase, Glatze, dicker Bauch, Plattfüße, kurze krumme Beine [...] Ringe an den Fingern"[125] und der kontrastierenden Zeichnung seines „nichtjüdischen Mündels" Philis („nettes Jungmädel, blond, im hellen, geblümten Biedermeierkleid"[126]) sowie durch frei erfundene Zusätze erhielt diese Stückfassung einen betont antisemitischen Gestus.

---

[120] Folgt man den Jahresberichten der Eichendorff-Stiftung, so hatte 1940/41 auch das Stadttheater Neisse das Lustspiel geprobt, um es am 10. März 1941 – dem 153. Geburtstag Eichendorffs – zu zeigen; verzeichnet wurden ebenfalls Aufführungsbemühungen an den Städtischen Bühnen Königsberg. Vgl. Karl Willi Moser: Jahresbericht der Deutschen Eichendorff-Stiftung und des Deutschen Eichendorff-Museums 1941. In: Aurora 11 (1942), S. 70-78.

[121] Karl Willi Moser: Deutsche Eichendorff-Woche 1942 und ihr Widerhall in der Presse, S. 75.

[122] Alfons Hayduk: „Der Taugenichts". Ein Spiel mit Gesang und Tanz in 5 Akten von Konrad Karkosch. Grundsätzliches und Beiläufiges anläßlich einer Dramatisierung. In: Aurora 6 (1936), S. 126-127. Zur Qualität hieß es ebenda, S. 127: „Für Vereinsaufführungen ist die Bearbeitung von Konrad Karkosch daher ohne weiteres zu empfehlen, und wo man Eichendorff-Abende veranstaltet, wird sie gewiß Spielern und Zuschauern Freude machen."

[123] Vgl. Eichendorffs „Glücksritter" als Schauspiel. In: Aurora 6 (1936), S. 127f. – Günter Eichs umfangreiche literarische Produktion in der NS-Zeit beleuchtet Axel Vieregg: Der eigenen Fehlbarkeit begegnen? Günter Eichs Verstrickung im „Dritten Reich". In: Günther Rüther (Hrsg.): Literatur in der Diktatur. Schreiben im Nationalsozialismus und DDR-Sozialismus. Paderborn, München, Wien, Zürich 1997, S. 173-194; die Diskussion um Eichs Engagement zwischen 1933 und 1945, durch die 1993 in einem Kloster bei Prag aufgefundene Schallplattenaufzeichnung des verschollen geglaubten anti-englischen Propagandahörspiels *Die Rebellion in der Goldstadt* von 1940 neu angefacht, ist dokumentiert durch Axel Vieregg (Hrsg.): Unsere Sünden sind Maulwürfe. Die Günter-Eich-Debatte. Amsterdam, Atlanta 1996.

[124] Ein Puppenspiel Eichendorffs. (Das Incognito oder Die lange Nase). Für die Freunde der Kleinen Bühne ausgearbeitet von Georg Zink. Im Auftrage der Deutschen Eichendorff-Stiftung in Neisse dargeboten von Karl Schodrok. Oppeln 1938 (vorbereitet) bzw. 1940 (ausgeliefert).

[125] Ebenda, S. 36.

[126] Ebenda, S. 36.

Die öffentliche Vermittlung der Romantik im Dritten Reich: Fazit

Die vorgelegten Zeugnisse der vielfältigen Bemühungen, das Erbe der deutschen literarischen Romantik im schulischen Deutschunterricht und in der kulturellen Öffentlichkeit publizistisch und performativ zu vermitteln, zeigen offenkundige Divergenzen und Widersprüche und verlangen eine Erklärung. Im Umgang mit dem romantischen Erbe offenbarten sich einmal mehr Kontraste und Gegensätze einer Öffentlichkeit, die trotz erklärter politischer und kultureller „Gleichschaltung" nicht total in den administrativ vorgegebenen kulturpolitischen Vorstellungen und Festlegungen aufging – zumal diese selbst von tiefgehenden Interessenkonflikten geprägt waren. Die funktionale Differenzierung gesellschaftlicher Teilsysteme und deren Eigenlogik konnten trotz zuwiderlaufender Bestrebungen nicht gänzlich aufgehoben werden, was nicht zuletzt auf das weitgehende Fehlen eines konsistenten Reglementierungskonzepts hinsichtlich der Erbeaneignung und -vermittlung zurückzuführen ist. Auch in der kulturellen Öffentlichkeit – hier untersucht als gesellschaftliche Teilsysteme, die kulturelles Kapital produzieren und nicht durch exklusive Zugangsrechte nur einem Teil der Bevölkerung offenstehen wie Akademien und Universitäten – gelang es trotz Anstrengungen nicht, die monolithische Geschlossenheit zu erreichen, die der nationalsozialistische Staat nach außen demonstrierte.

In der öffentlichen Vermittlung der Romantik konnte ein hegemonialer Diskurs weitgehend durchgesetzt werden, der im retrospektiven Blick die mediale Repräsentation des romantischen Erbes zwischen 1933 und 1945 als vereinnahmende Instrumentalisierung und Funktionalisierung erscheinen läßt. Kennzeichnend für das publizistisch und performativ vermittelte Romantikbild waren rhetorische Muster, welche die literarisch-kulturelle Überlieferung aus dem Kontext ihres Entstehens herauslösten und in explizite Beziehung zur unmittelbaren Gegenwart des Dritten Reiches setzten. Diese Form der Erbeaneignung wies eindeutige Züge einer instrumentellen Vereinnahmung auf: Sie funktionalisierte literarische Äußerungen zur Legitimation politischer Interessen durch Behauptung geistig-kultureller Kontinuitäten, Analogiebildungen, Rechtfertigung aktueller Freund-Feind-Schemata durch scheinbar historische Beglaubigungen.

Demgegenüber existierten aber auch in der Zeit der nationalsozialistischen Diktatur Bemühungen, das literarische Erbe aus den Bedingungen seiner Entstehungszeit heraus zu erklären und zu würdigen. Die Bedeutung einer sachlich-angemessenen Pflege der romantischen Überlieferung läßt sich im kontrastiven Vergleich diametral entgegengesetzter Romantik-Deutungen ermessen, wie sie z.B. im Rahmen der *Deutschen Eichendorff-Woche* 1942 – einer politisch inszenierten Veranstaltung – öffentlich vorgetragen wurden. Als hilfreich für eine weitergehende Differenzierung und Interpretation erweist sich die nähere Betrachtung der Träger- und Adressatengruppen, die sich für die öffentliche Vermittlung der Romantik engagierten: Gegenüber dem relativen Desinteresse, das der administrative kulturpolitische Apparat der öffentlichen Romantikerpflege – zumindest bis Kriegsbeginn – entgegenbrachte, profilierten sich in diversen Gesellschaften zur Förderung und Verbreitung des romantischen Erbes vorrangig Vertreter des Bildungsbürgertums. Von Schriftstellern, Publizisten, Lehrern und Studienräten stammten denn auch die meisten Wortmeldungen in einschlägigen Zeitschriften und Almanachen. An das bildungsbürgerliche Publikum wandten sich kulturelle Monatsschriften wie die *Deutsche Rundschau* oder *Die Neue Rundschau*, die politikferne Texte zur Romantik publizierten; an Schullehrer richteten sich didaktische Vorschläge zur Darstellung der Romantik im gymnasialen Deutschunterricht, die sich der Marginalisierung der Romantik im „Reichslehrplan" von 1938 widersetzten. Bildungsbürgerliche Kreise waren auch der Adressat der zwischen 1939 und 1944 im Stuttgarter Cotta-Verlag veröffentlichten Romantiker-Biographien aus der Feder namhafter deutscher Schriftsteller wie Werner Bergengruen, Ina Seidel oder Bernard von Brentano, die anders als das auf „Volk" und „Volkstumsentdeckung" zentrierte Romantik-Bild der Literaturwissenschaft auch poetische Erfahrungen ihrer Protagonisten in den Mittelpunkt stellten. Sowohl in der Bamberger *E.T.A. Hoffmann-Gesellschaft* als auch in der *Deutschen Eichendorff-Stiftung* sammelten sich provinzielle Honoratioren und Bildungsbürger, die in ihren Bemühungen um Popularisierung und öffentlichkeitswirksame Verbreitung des romantischen Erbes zwischen der Bedienung national(istisch)er Klischees und Verinnerlichung changierten.

Wie fragil indes die von bildungsbürgerlichen Schichten zwischen 1933 und 1945 gepflegte „Innerlichkeit" war, die sich mit einer zeitlos-entrückten Idealisierung des klassisch-romantischen Erbes verband, bewies die Übernahme der *Deutschen Eichendorff-Stiftung* durch kulturpolitische Technokraten der oberschlesischen Gauleitung und des Reichspropagandaministeriums 1941: Die inszenierte *Deutsche Eichendorff-Woche* 1942 gerann zu einer kulturpolitischen Performance, in der das romantische Erbe primär zur Legitimation politischer Imperative benutzt wurde. Dennoch – und auch das wurde in der Rekonstruktion dieser administrativ gelenkten Maßnahmen deutlich – bestanden selbst innerhalb der Veranstaltungen gewisse Freiräume, in denen entgegen einer funktionalisierenden Vereinnahmung sachlich-ausgewogene Würdigungen der Romantik vorgebracht werden konnten.

Trotz der verbalen Hochschätzung des romantischen Erbes und seiner Funktionalisierung blieben ernsthafte editorische und wissenschaftliche Bemühungen fatalerweise aus. Exemplarisch dafür war die von Wilhelm Kosch und August Sauer begonnene historisch-kritische Eichendorff-Ausgabe, die entgegen lautstarker Würdigungen des Dichters zwischen 1933 und 1945 um nur einen Band vermehrt wurde. Die umfassende Eichendorff-Bibliographie, die Karl von Eichendorff 1925 begründet hatte, konnte nicht fortgesetzt werden; auch die Edition einer „allen Ansprüchen genügenden Volksausgabe"[1] blieb aus.

---

[1] Karl Schodrok: Zur Geschichte der Deutschen Eichendorff-Stiftung, S. 81.

Der kritisch mit der Geschichte der *Deutschen Eichendorff-Stiftung* ins Gericht gehende Franz Heiduk – dem neben Hermann Kunisch das Verdienst gebührt, daß aus der von Karl Schodrok 1952 wiedergegründeten *Eichendorff-Stiftung* schließlich die *Eichendorff-Gesellschaft* als eine bedeutende literatur- und kulturwissenschaftliche Vereinigung hervorging und sich die *Aurora* zu einem respektablen wissenschaftlichen Jahrbuch der Forschungen zur klassisch-romantischen Literaturepoche entwickelte – brachte die Crux der Romantik-Pflege im Dritten Reich am Beispiel Eichendorffs auf den Punkt:

> „Als besonders verhängnisvoll zeigt sich auf die Dauer die enge Bindung an die Staatsbehörden, das Hinwegsehen über den eigentümlichen Charakter von Parteileuten, um einer vermeintlich gemeinsamen Heimatgesinnung willen. Am allerschlimmsten aber bleibt die Tatsache, daß die Leitung des Eichendorff-Museums in Neisse Dilettanten anvertraut wurde, die es als ihre Hauptaufgabe ansahen, ‚Grenzlandarbeit' zu treiben und dabei versäumten, das Notwendige zu tun: die Bestände zu archivieren, zu katalogisieren und zu verfilmen. Heimatliebe, die nicht sachgemäß handeln läßt, wirkt am Ende zerstörerisch, selbstzerstörerisch."[2]

Aneignung, Pflege und Tradierung des romantischen Erbes in der kulturellen Öffentlichkeit zwischen 1933 und 1945 lassen sich so als Ausdruck einer unaufhebbaren Dualität interpretieren, die aus den – letztendlich vergeblichen – Bemühungen des Regimes um eine Entdifferenzierung von Politik und Kultur erwuchs. Die publizistische und performative Vermittlung der Romantik in der Öffentlichkeit folgte den Umorientierungen der Kultur- und Wissenschaftslandschaft, die ihrerseits auf „Irritationen" durch das politische System reagierten. Zum anderen wahrten öffentliche Vermittlungsinstitutionen unter den Bedingungen einer „vermachteten" Öffentlichkeit zumindest partiell Eigenständigkeit und Autonomie; die Resistenz gegenüber der Installation eines hegemonialen Diskurses konnte weder mit schönem Schein noch durch Repression *ganz* gebrochen werden. Die für uns Nachgeborene so widersprüchlichen Äußerungen legen davon Zeugnis ab.

---

[2] Franz Heiduk: Zur Geschichte der Eichendorff-Gesellschaft, S. 213.

Schlußbemerkung

Auf die historische Zäsur des Jahres 1945 reagierte die Rezeption der Romantik bereits in geteilter Weise: Während in der Sowjetischen Besatzungszone 1946 Georg Lukacs' Werk *Die Romantik als Wendepunkt in der deutschen Literatur* erschien, dessen Verdikte die Romantikforschung in der späteren DDR bis in die 1960er Jahre prägen sollten, schrieben die in den westlichen Besatzungszonen veröffentlichten Beiträge zumeist Deutungsmuster der Geistesgeschichte fort, nun jedoch die bislang spezifisch ‚deutschen' Dispositionen der romantischen Bewegung durch humanistische bzw. auf das christliche Abendland rekurrierende Topoi substituierend.[1] Die zeitlos-humanistischen Ideale der Klassik hatten Konjunktur, was sich in sprechenden Titeln der neuen Auswahlausgaben und Darstellungen niederschlug;[2] die Romantik galt demgegenüber als „Verführerin zum allzu Gefahrvollen" und „deutsches Schicksal".[3] Die 1948 an der Universität Tübingen gehaltenen Vorträge zur Romantik schlossen ohne Reflexion des Gewesenen an Forschungspositionen der Vorkriegszeit an.[4] Wenn die Rezeption der deutschen literarischen Romantik im nationalsozialistischen Deutschland zur Sprache kam, thematisierten die beteiligten Akteure selten die eigene Verantwortung, sondern suchten vor allem nach den Verfehlungen anderer. So wies der nun in Hamburg lehrende Hans Pyritz die Schuld an der verhängnisvollen Romantikidolatrie des Nationalsozialismus dem nach Spruchkammerverfahren als „belastet" geltenden Alfred Baeumler zu.[5] Im selben Atemzug plädierte der ehemalige Berliner Ordinarius für eine Weiterverwendung des Begriffs „Deutsche Bewegung" und verwahrte sich gegen den „Trieb, um der aktuellen Anklage oder Selbsterkenntnis willen die Vergangenheit vor Gericht zu

---

[1] Dazu Marcus Gärtner: Kontinuität und Wandel in der neueren deutschen Literaturwissenschaft nach 1945, S. 240-250.

[2] So etwa Paul Kluckhohn: Die Idee des Menschen in der Goethezeit. Stuttgart 1946; Hermann August Korff (Hrsg.): Edel sei der Mensch. 2 Bde. Leipzig 1947/48 (= Weisheit und Dichtung der Weltliteratur); Joachim Müller: Die völkerverbindende Kraft der Weltliteratur. Die klassische Humanitätsidee. 2 Vorträge, Leipzig 1948.

[3] Ferdinand Lion: Romantik als deutsches Schicksal. Stuttgart und Hamburg 1947, S. 12; ähnlich auch Walther Rehm: Kierkegaard und der Verführer. München 1949.

[4] Theodor Steinbüschel (Hrsg.): Romantik. Ein Zyklus Tübinger Vorlesungen. Tübingen, Stuttgart 1948, hier insbesondere Paul Kluckhohn: Voraussetzungen und Verlauf der romantischen Bewegung, S. 11-26.

[5] Hans Pyritz: Probleme der deutschen Romantikforschung, S. 86f.: „Und zweifellos ist Baeumler einer der Hauptschuldigen an jenen deutschtümelnden Romantik-Auslegungen, die zeitweilig der romantischen Bewegung – erst zu ihrem Ruhm, dann zu ihrer Schande – den sehr unverdienten Ruf eintrugen, eine Wiege nationalsozialistischen Ideengutes gewesen zu sein". In dessen Bachofen-Einleitung, so Pyritz jetzt, spüre man „schon etwas von dem Pathos voraus, mit dem sich Baeumler später, als politischer Philosoph des Dritten Reiches, zum Anwalt der Rosenbergschen ‚Weltanschauung' gemacht hat".

ziehen".[6] Andere Fachvertreter demonstrierten durch z.T. nicht oder nur wenig veränderte Neuauflagen ihrer zwischen 1933 und 1945 erschienenen Gesamtdarstellungen der romantischen Bewegung Kontinuität. Geahndet wurden allenfalls allzu unverhüllte Fortsetzungsversuche der im Dritten Reich gepflegten diskursiven Praxis – wie im Falle der 1943 eingereichten Freiburger Habilitationsschrift Erich Ruprechts *Der Aufbruch der romantischen Bewegung*, die, als sie 1948 gedruckt vorlag, Mißachtung bzw. harsche Kritik erntete.[7]

Den Entlastungs- und Ausweichmanövern der deutschen Germanisten gegenüber stand die Bitterkeit der jüdischen Opfer, die in der Romantik nun einen Ursprung für die Verbrechen des Dritten Reiches erkannten. „In der romantischen Bewegung, deren Dienst ich drei Jahrzehnte meines Lebens gewidmet habe, sehe ich heute das Verhängnis des deutschen und die Hauptkrise des europäischen Geistes, [...] den Hauptherd aller Reaktion und Rebarbarisierung"[8], schrieb Josef Körner 1943 und traf sich in dieser Anklage mit Viktor Klemperer und Fritz Strich, die sich nach 1945 ebenfalls von der Romantik distanzierten.[9]

Meine Untersuchung wird diese bitteren Vorwürfe an die Adresse der deutschen Romantik nicht entkräften können. Doch in der Aufklärung ihrer Rezeption in den Jahren der nationalsozialistischen Diktatur hat sie, wie ich hoffe, einen Beitrag zur Aufhellung des dunkelsten Kapitels ihrer Wirkungsgeschichte geleistet.

---

[6] Ebenda, S. 77 und 80.
[7] Vgl. Marcus Gärtner: Kontinuität und Wandel in der neueren deutschen Literaturwissenschaft nach 1945, S. 247-249.
[8] Josef Körner an Walther Küchler. Brief vom 20. 9. 1943. ULB Bonn, Nachlaß Josef Körner. S 2913/4b, unnummeriert.
[9] Vgl. Viktor Klemperer: LTI. Notizbuch eines Philologen. Leipzig 1975, S. 147-150; Fritz Strich: Vorwort [zur 4. Auflage]. In: F. Strich: Deutsche Klassik und Romantik oder Vollendung und Unendlichkeit. Fünfte Aufl. Bern, München 1962, S. 9-17, hier S. 9 die Aussage, „daß mich die Entwicklung der Geschichte dazu geführt hat, in der deutschen Romantik eine der großen Gefahren zu erkennen, die dann wirklich zu dem über die Welt hereingebrochenen Unheil führten."

Bibliographie zur Romantikrezeption in Deutschland 1933 - 1945

Das bibliographische Verzeichnis ist systematisch gegliedert und gibt den aktuellen Informationsstand wieder; Vollständigkeit in der bibliographischen Erfassung ist nicht angestrebt. Aufgenommen wurden alle Titel, die in reichsdeutschen Verlagen und Zeitschriften erschienen, auch wenn sie von Ausländern stammten; nicht aufgenommen wurden Beiträge deutscher Autoren, die im Ausland erschienen und für deutsche Rezipienten nicht greifbar waren.

Editionen (in chronologischer Folge des Erscheinens)

Frühromantische Erzählungen. Hrsg. und eingel. von Paul Kluckhohn. Leipzig: Reclam 1933 (= DLE, Reihe [17] Romantik, Bd. 6 und 7)

Arndt, Ernst Moritz: Deutsche Volkwerdung. Sein politisches Vermächtnis an die deutsche Gegenwart. Kernstellen aus seinen Schriften und Briefen. Hrsg. von Carl Petersen und Paul Hermann Ruth. Breslau 1934 (= Hirts deutsche Sammlung. Literarische Abteilung. Gruppe IX. Bd. 12), durchgesehener Neudruck Breslau 1940

Arndt, Ernst Moritz: Die Ewigkeit des Volkes. Ausgewählt von Hans Kern. Jena: Diederichs 1934 (= Deutsche Reihe 20)

Ernst Moritz Arndt: Volk und Staat. Seine Schriften in Auswahl hrsg. von Paul Requadt. Leipzig 1934 (= Kröners Taschenausgabe 117)

Arnim, Ludwig Achim von; Brentano, Clemens: Des Knaben Wunderhorn. Alte deutsche Lieder. Textrevision von Karl Viëtor. 3 Teile. T. 3. Leipzig: Insel Verlag 1934 (= Druck der Mainzer Presse)

Die Idee des Volkes im Schrifttum der deutschen Bewegung von Möser und Herder bis Grimm. Hrsg. von Paul Kluckhohn. Berlin 1934 (= Literarhistorische Bibliothek 13)

Görres, Joseph: Gesammelte Schriften. Hrsg. im Auftrag der Görres-Gesellschaft von Wilhelm Schellberg. Bd. 2, Hälfte 2: Naturwissenschaftliche und philosophische Schriften 1793-1810. Hrsg. von Robert Stein. Köln: Bachem 1934

Görres, Joseph: Mystiker-Miniaturen. Hrsg. und eingel. von Alois Dempf. Berlin: Thomas Verlag 1934 (= Greifbücherei 5)

Kunstanschauung der Jüngeren Romantik. Bearbeitet von Andreas Müller. Leipzig: Reclam 1934 (= DLE, Reihe [17] Romantik, Bd.12)

Eine Anthologie romantischer Lyrik. Zusammengestellt von Rudolf Bach. Glücksstadt: Augustin 1935 Beilage zu: Imprimatur. Ein Jahrbuch für Bücherfreunde 6 (1935)

Arndt, Ernst Moritz: Gedichte. Mit einem Lebensbild Arndts von Oskar Anwand. Berlin, Leipzig 1935

Arndt, Ernst Moritz; Riehl, Wilhelm Heinrich: Vom deutschen Bauernstand. Ausgew. und eingel. von Engelbert Pülke. Paderborn, Wien, Zürich 1935 (= Der deutsche Quell 217)

Die Grundlagen des neuen Deutschlands. Eine Auswahl aus den Schriften Ernst Moritz Arndts. Besorgt u. erl. Von Erich Gülzow. Berlin-Schöneberg 1935 (= Langenscheidts deutsche Lesehefte 119)
Arnim, Achim von: Armut, Reichtum, Schuld und Buße der Gräfin Dolores. Bearbeitet von Andreas Müller. Leipzig: Reclam 1935 (= DLE, Reihe [17] Romantik, Bd. 17)
Bettina in ihren Briefen. Ausgewählt von Hartmann Goertz. Leipzig: Insel-Verlag 1935
Eichendorffs Werke in zwei Bänden. Hrsg. und mit einer biographischen Einleitung versehen von Walther Linden. Leipzig: Reclam 1935
Die blaue Blume. Romantische Zeugnisse. Gesammelt und hrsg. von Willi A. Koch. Berlin: Holle 1935 (= Die Erneuerung 1)
Deutsche Vergangenheit und deutscher Staat. Bearbeitet von Paul Kluckhohn. Leipzig: Reclam 1935 (= DLE, Reihe [17] Romantik, Bd. 10)
Görres, Joseph: Gesammelte Schriften. Hrsg. im Auftrag der Görres-Ges. von Wilhelm Schellberg. Bd. 5: Mythengeschichte der asiatischen Welt. Hrsg. von Willibald Kirfel. Köln: Bachem 1935
Satiren und Parodien. Bearbeitet von Andreas Müller. Leipzig: Reclam 1935 (= DLE, Reihe [17] Romantik Bd. 9)
Schlegel, Friedrich: Neue philosophische Schriften. Erstmals in Druck gelegt, erläutert und mit einer Einleitung in Fr. Schlegels philosophischen Entwicklungsgang versehen von Josef Körner. Frankfurt a. M.: Schulte-Bulmke 1935

Arndt, Ernst Moritz: Nordische Volkskunde. Hrsg. und mit einem Nachwort von Otto Huth. Leipzig 1936 (= Reclams Universalbibliothek 7318), 2. Aufl. 1942
Ernst Moritz Arndt, Herold und Waffenträger der Deutschheit. Eine Auswahl aus seinen Schriften und Gedichten von Dietrich Bruns. Paderborn, Wien, Zürich 1936 (= Der deutsche Quell. Schöninghs Textausgaben 216)
Brentano, Clemens.: Märchen und Romanzen. Nach der von Guido Görres und Christian Brentano veranstalteten Ausg. neu hrsg. von Hans Löwe. 3 Bde. Meersburg, Leipzig: Hendel 1936
Brüder Grimm: Vom Wesen der Volkheit. Ausgewählte Stücke aus ihren Schriften. Hrsg. von Ernst Vincent. Jena: Diederichs 1936 (= Deutsche Reihe 40)
Carus, Carl Gustav: Die Lebenskunst nach den Inschriften des Tempels zu Delphi. Neu hrsg. und eingel. von Carl Haeberlin. Hamburg: Saucke 1936
Dramen der Frühromantik. Hrsg. von Paul Kluckhohn. Leipzig: Reclam 1936 (= DLE, Reihe [17] Romantik, Bd. 8)
Görres, Joseph: Gesammelte Schriften. Hrsg. im Auftrag der Görres-Gesellschaft von Wilhelm Schellberg. Bd. 16: Aufsätze in den Historisch-politischen Blättern. Hrsg. von Götz Freiherr von Pölnitz. T. 1: 1838-1845. Köln 1936; T. 2: 1845-1848. Köln 1939
Humboldt, Wilhelm von: Gesammelte Schriften. Hrsg. von der Preußischen Akademie der Wissenschaften. Berlin, Leipzig: Behr 1936. Bd. 17, Abt. 4: Politische Briefe. Hrsg. von Wilhelm Richter. Bd. 2: 1813-1835
Lebenslehre und Weltanschauung der jüngeren Romantik. Bearbeitet von Wilhelm Bietak. Leipzig: Reclam 1936 (= DLE, Reihe [17] Romantik, Bd. 11)
Phantasiestücke. Bearbeitet von Andreas Müller. Leipzig: Reclam 1936 (= DLE, Reihe [17] Romantik, Bd. 18)
Novalis: Dichtungen. Hrsg. von Franz Schultz. Leipzig: Insel 1936

Arndt. Hrsg. von Hans Kern. Berlin-Lichterfelde: Widukind 1937 (= Deutsche Bekenntnisse 4) [Auszüge aus: Fragmente über Menschenbildung, Geist der Zeit, Germanien und Europa]

Auf dem Wege zum Realismus. Bearbeitet von Andreas Müller. Leipzig: Reclam 1937 (= DLE, Reihe [17] Romantik, Bd. 19)
Bettina von Arnim und Rudolf Baier: Unveröffentlichte Briefe und Tagebuchaufzeichnungen. Hrsg. von Kurt Gassen. Greifswald: Bamberg 1937 (= Aus den Schätzen der Universitätsbibliothek zu Greifswald 11)
Das Leben und Leiden unseres Herrn Jesu Christ und seiner heiligen Mutter. Nach den Gesichten der gottseeligen Anna Katarina Emmerick aus den Tagebüchern von Clemens Brentano. Hrsg. von Dietrich Kurt Büche. Neue Ausgabe. München: Kösel-Pustert 1937
Brentano, Clemens: Leben lebt allein durch Liebe. Eine Auswahl, darunter bisher Ungedrucktes. Hrsg. von Karl Rauch. Leipzig: Amthor 1937 (= Bücher der Besinnung 6)
Brüder Grimm: Märchen. Mit 70 Zeichnungen von Werner Luft. Leipzig: Reclam 1937
Carus, Carl Gustav: Briefe über Goethes Faust. Hrsg. von Hans Kern. Hamburg: Saucke 1937
Hoffmann, E.T.A.: Erzählungen. Mit 50 Zeichnungen von Fritz Fischer. Leipzig: Reclam 1937
Krisenjahre der Frühromantik. Briefe aus dem Schlegelkreis. Hrsg. von Josef Körner. 2 Bde. Brünn, Wien, Leipzig: Rohrer 1937
Ludwig Tieck und Ida von Lüttichau in ihren Briefen. Texte hrsg. und erkl. von Otto Fiebinger. Dresden 1937 (= Mitteilungen des Vereins für die Geschichte Dresdens 32)
Vorbereitung. Bearbeitet von Paul Kluckhohn. Leipzig Reclam 1937 (= DLE, Reihe [17] Romantik, Bd. 2)
Werner, Zacharias: Dramen. Bearbeitet von Paul Kluckhohn. Leipzig: Reclam 1937 (= DLE, Reihe [17] Romantik 20)

Arnim, Achim von; Eichendorff, Joseph von: Dramen. Hrsg. von Paul Kluckhohn. Leipzig: Reclam 1938 (= DLE, Reihe [17] Romantik, Bd. 22)
Briefe deutscher Romantiker. Hrsg. von Willi August Koch. Leipzig: Dietrich 1938 (= Sammlung Dieterich 4)
Geheimnis und Ahnung. Die deutsche Romantik in Dokumenten. Hrsg. von Hans Kern. Berlin: Widukind 1938
Neues aus Wilhelm Hauffs Lebenskreis. Gelegenheitsgedichte, Briefe, Urkunden. Mit einer Einleitung von Karl Stenzel. Stuttgart 1938 (= Veröffentlichungen des Archivs der Stadt Stuttgart, Sonderheft)
Lustspiele der Romantik. Hrsg. von Paul Kluckhohn. Leipzig: Reclam 1938 (= DLE, Reihe [17] Romantik, Bd. 23)
Wackenroder, Wilhelm Heinrich: Werke und Briefe. Berlin: L. Schneider 1938
Wackenroder, Wilhelm Heinrich: Reisebriefe. Mit Abb., e. Einf. und Erl. hrsg. von Heinrich Höhn. Berlin: Schneider 1938
Bachofen, Johann Jakob: Gesammelte Schriften. Berlin: Keiper 1938-39 (= Schöpferische Romantik). 5: Die Unsterblichkeitslehre der orphischen Theologie auf den Grabdenkmälern des Altertums. 1938; 8: Antiquarische Briefe vornehmlich zur Kenntnis der ältesten Verwandschaftsbegriffe. Bd. 1: Die Briefe 1-22. 1938; Bd.: 2: Die Briefe 23-41. 1939
Brentano, Clemens; Arnim, Achim von: Dramen. Hrsg. von Paul Kluckhohn. Leipzig 1938 (= DLE, Reihe [17] Romantik, Bd. 21)
Carus, Carl Gustav: Gesammelte Schriften. Hrsg. von R. Zaunick und W. Keiper. Berlin: Keiper 1938 (= Schöpferische Romantik)

Carus, Carl Gustav: Symbolik der menschlichen Gestalt. Ein Handbuch zur Menschenkenntnis. Unveränderte Ausgabe der 2., vom Verfasser vielfach verm. Aufl. vom Jahre 1858. Radebeul: Rohrmoser 1938
Kielmeyer, Karl Friedrich von: Gesammmelte Schriften. Hrsg. von Fritz-Heinz Holler. Unter Mitwirkung von Julius Schuster nach den Handschriften zum erstenmal veröffentlicht. 1-3. Berlin: Keiper 1938 (= Schöpferische Romantik)
Runge, Philipp Otto: Schriften, Fragmente, Briefe. Unter Zugrundelegung der von Daniel Runge hrsg. hinterlassenen Schriften besorgt von Ernst Forsthoff. Berlin: Vorwerk 1938
Steffens, Henrich: Was ich erlebte. Hrsg. von Willi A. Koch. Leipzig: Dietrich 1938 (= Sammlung Dieterich 12)

Brentano, Clemens: Das unsterbliche Leben. Unbekannte Briefe. Hrsg. von Wilhelm Schellberg und Friedrich Fuchs. Jena: Diederichs 1939
Briefwechsel zwischen Clemens Brentano und Sophie Mereau. Nach den Hss. hrsg. von Heinz Amelung. Potsdam: Rütten und Loening 1939
Carus, Carl Gustav; Martius, Carl Friedrich Philipp von: Eine Altersfreundschaft in Briefen. Hrsg. von Günther Schmid. Halle/Saale: Niemeyer 1939 (= Veröffentlichung des Halleschen Bibliophilen-Abends 2)
Das Buch deutscher Dichtung. Hrsg. von Ernst Bertram und August Langen. Bd. 5: Die Zeit der Romantik. Leipzig: Insel Verlag 1939
Eichendorff, Joseph Freiherr von: Sämtliche Werke. Historisch-Kritische Ausgabe. Bd. 4: Dichter und ihre Gesellen. Ein Roman. Hrsg. von Ewald Reinhard. Regensburg: Habbel 1939
Eichendorff, Joseph Freiherr von: Die Freier. Hrsg. von Ernst Leopold Stahl. Leipzig: Reclam 1939 (= Reclams Universal-Bibliothek 7434)
Eichendorff, Joseph Freiherr von: Aus dem Leben eines Taugenichts. Nachdruck der Handschrift im Deutschen Eichendorff-Museum Neisse: Eichendorff-Stiftung 1939
Eichendorff, Joseph von: Die Freier. Faksimile-Wiedergabe des Erstdrucks in einer einmaligen Auflage von 800 Stück. Emsdetten i.W.: Verlag H. und J. Lechte 1939 (= Druck des Theatermuseums in Köln)
Novalis: Romantische Welt. Die Fragmente. Geordnet und erläutert dargeboten von Otto Mann. Leipzig: Dietrich 1939 (= Sammlung Dieterich 21)
Oken, Laurentius [Lorenz Oken]: Gesammelte Schriften. Hrsg. von Julius Schuster. 1-3. Berlin: Keiper 1939 (= Schöpferische Romantik)
Friedrich Karl von Savigny. Ein Bild seines Lebens mit einer Sammlung seiner Briefe. Von Adolf Stoll. 3. Bd. Berlin: Heymann 1939
Schleiermacher, Friedrich: Briefe an einen Freund. Weimar: Deutsche Christen 1939
Wetzel, Friedrich Gottlob: Magischer Spiegel. Von der Herrlichkeit unseres Reiches edler deutscher Nation. Bearbeitet und neu hrsg. von Kristian Kraus. Leipzig 1939 (= Sammeltisch deutscher literarischer Seltenheiten in kleinen Ausgaben)

Arndt, Ernst Moritz: Germanien und Europa. Ein Buch an der Schwelle unseres Zeitalters. System, Bedeutung, Einordnung in die Zeit. Hrsg. von Ernst Anrich. Stuttgart, Berlin: Kohlhammer 1940 (Kulturpolitische Schriftenreihe 1)
Arndt, Ernst Moritz: Erinnerungen aus dem äußeren Leben. Breslau: Korn 1940 (= Die Kornkammer)
Carus, Carl Gustav: Gedanken über große Kunst. Mit einem Nachwort von Paul Stöcklein. Leipzig: Insel Verlag 1940 (= Insel-Bücherei 96)
Eichendorff, Joseph von: Werke. 2 Bde. Eingel. von Rudolf Bach. Leipzig: Insel Verlag 1940 und 1944

Wilhelm von Humboldts Briefe an Christian Gottfried Körner. Hrsg. von Albert Leitzmann. Berlin: Ebering 1940 (= Historische Studien 367)
Romantische Wissenschaft. Bearbeitet von Wilhelm Bietak. Leipzig: Reclam 1940 (= DLE, Reihe [17] Romantik. 13)
Runge, Philipp Otto: Briefe in der Urfassung. Hrsg. von Karl Friedrich Degner. Berlin: Nicolaische Verlagsbuchhandlung 1940 (= Bekenntnisse deutscher Kunst 1)
Philipp Otto Runges Briefwechsel mit Goethe. Hrsg. von Hellmuth Freiherr von Maltzahn. Weimar 1940 (= Schriften der Goethe-Gesellschaft 51)
Die Tagebücher des Dichters Zacharias Werner. Erläuterungen von Oswald Floeck. Leipzig: Hiersemann 1940 (= Bibliothek des Literarischen Vereins in Stuttgart, Sitz Tübingen 290)
Eichendorff, Joseph von: Aus dem Leben eines Taugenichts. Mit einem Nachwort von Erich Gülzow. Paderborn: Ferdinand Schöningh 1941
Kanne, Johann Arnold: Aus meinem Leben. Neudruck, hrsg. von Karl Schmitt. Berlin: Keiper 1941 (= Dokumente zur Morphologie, Symbolik und Geschichte)
Novalis. Der Hüter der Schwelle. Von Weisheit und Liebe in der Geisteswelt des Novalis. Ausgewählt und eingeleitet von Waldemar Bonsels. München: Münchner Buchverlag 1941
Ritter, Johann Wilhelm: Die Physik als Kunst. Ein Versuch. Neudruck, hrsg. von Karl Graf von Klinkowstroem. Berlin: Keiper 1941 (= Dokumente zur Morphologie, Symbolik und Geschichte)
Wetzel, Karl Friedrich Gottlob: Gesammelte Werke. Als Handschrift gedruckt. Dresden 1941/42 (= Karl Krause-Schriftkreis. Sondersende 7)
Brentano, Bettina: Die Andacht zum Menschenbild. Unbekannte Briefe. Hrsg. von Wilhelm Schellberg und Friedrich Fuchs. Jena: Diederichs 1942
Carus, Carl Gustav: Betrachtungen und Gedanken vor auserwählten Bildern der Dresdner Galerie 1867. Besorgt von Rudolph Zaunick. Berlin: Keiper 1942 (= Dokumente zur Morphologie, Symbolik und Geschichte)
Vom deutschen Genius. Dokumente der Deutschen Bewegung. Mit einer Einführung: „Schelling und die deutsche Bewegung" hrsg. von Kurt Hildebrandt. Leipzig: Reclam 1942 (= Reclams Universalbibliothek 7522-7523)
Eichendorff, Joseph von: Aus dem Leben eines Taugenichts. Mit einer Einführung von Rainer Schlösser. Stuttgart: Verlag Deutsche Volksbücher 1942
Eichendorff, Joseph von: Aus dem Leben eines Taugenichts. Gütersloh: Bertelsmann 1942 (=Kleine Feldpostreihe)
Görres, Joseph von: Gesammelte Schriften Hrsg. im Auftrag der Görres-Gesellschaft von Adolf Dyroff. Bd. 12: Das Heldenbuch von Iran aus dem Schah Nameh des Firdussi. Hrsg. von Willibald Kirfel. Köln: Bachem 1942
Novalis: Werke und Briefe. Hrsg. von Rudolf Bach. Leipzig: Insel Verlag 1942
Philipp Otto Runge. Sein Leben in Selbstzeugnissen, Briefen und Berichten. Bearbeitet von Karl Privat. Berlin: Propyläen Verlag 1942
Wackenroder, Wilhelm Heinrich: Herzensergiessungen eines kunstliebenden Klosterbruders. Mit einem Nachwort von Hermann August Korff. Leipzig: Weber 1942 (= Weberschiffchen-Bücherei 57)
Arndt, Ernst Moritz: Mein Vaterland. (Auswahl von Alfred Gerz.) Potsdam: Rütten und Loening 1943 (= Volk und Staat)
Brentano, Clemens: Ausgewählte Gedichte. Zum 100. Todestage unter Benutzung des handschriftlichen Nachlasses neu hrsg. von Sophie Brentano und Rudolf Alexander Schröder. Berlin: Suhrkamp 1943

Carus, Carl Gustav: Gedanken über grosse Kunst. Leipzig: Insel 1943 (= Insel Bücherei 96)
Carus, Carl Gustav: Von den Naturreichen. Berlin: Keiper 1943 (= Dokumente zur Morphologie, Symbolik und Geschichte)
Eichendorff, Joseph von: Gedichte. Ausgewählt und eingel. von Will-Erich Peuckert. Berlin: Suhrkamp 1943 (= Pantheon-Ausgabe)
Auswahl aus Eichendorffs Werken. 3 Bde. Bearbeitet von Willibald Köhler. Leipzig: Verlag Otto Janke 1943
Eichendorff, Joseph von: Die Glücksritter. Das Schloß Dürande. Leipzig: Insel 1943 (= Insel-Bücherei 196; Feldpostausgabe)
Eichendorff, Joseph von: Trost der Welt. Eine Auswahl von Gedichten. Bearbeitet von Alfred Gerz. Potsdam: Rütten und Loening 1943
Novalis: Briefe und Werke. Hrsg. von Ewald Wasmuth. Berlin: Schneider 1943. 3 Bde. – 1. Bd.: Briefe und Tagebücher, 2. Bd.: Die Dichtungen, 3. Bd.: Die Fragmente

Arndt, Ernst Moritz: Du mein Vaterland! Worte und Gedichte. Leipzig 1944 (= Reclams Reihenbändchen 41)
Carus, Carl Gustav: Geheimnis am lichten Tag. Von der Seele der Menschen und der Welt. Hrsg. und eingel. von Hans Kern. Leipzig: Reclam 1944
Carus, Carl Gustav: Friedrich der Landschaftsmaler. Berlin: Keiper 1944 (= Dokumente zur Morphologie, Symbolik und Geschichte)

Grimm, Jacob: Über meine Entlassung. Reprint der Ausgabe Basel 1938. Mit Dokumenten, 1 Frontispiz und 1 Faksimile. Berlin: Keiper 1945
Hoffmann, E.T.A.. Auswahl aus seinen Werken unter Benutzung der neuesten Forschung zusammengestellt und herausgegeben von Paul Smolny. Leipzig: Bibliographisches Institut 1945 (= Auswahlklassiker des Bibliographischen Instituts; Frontbuchhandelsausgabe für die Wehrmacht)

Bibliographien, Literatur- und Forschungsberichte (in chronologischer Folge des Erscheinens)

Requadt, Paul: Deutsche Romantik. Literaturbericht. In: Archiv für Kulturgeschichte 24 (1933) S. 254-271
Böckmann, Paul: Ein Jahrzehnt Romantikforschung. In: ZfdB 9 (1933), S. 47-53
Bosch, Karl: Friedrich Schlegels Gestalt in der neueren Forschung. In: Hochland 30 (1933), S. 379-81
Mallon, Otto: Bettina-Bibliographie. Imprimatur 4 (1933), 141-156
Unger, Rudolf: Wissenschaftliche Bibliographie des Jahres 1933. VII. Deutsche Literatur: Romantik. In: ZfDk 48 (1934), S. 350-352
Unger, Rudolf: Wissenschaftliche Bibliographie des Jahres 1934. VII. Deutsche Literatur: Romantik. In: ZfDk 49 (1935), S. 292-295
Behrend, Fritz: Schleiermacherforschung einst und jetzt. In: Deutsche Rundschau 242 (1934), S. 187-191
Hoffmeister, Johannes: Bericht über neue Hegel-Literatur. In: Kant-Studien 39 (1934), S. 84-97
Mulert, H.: Neuere deutsche Schleiermacher-Literatur. In: Zeitschrift für Theologie und Kirche 15 (1934), S. 256-73

Schröter, Manfred: Historische Übersicht über die Schellingliteratur. In: Idealismus. Jahrbuch für idealistische Philosophie Bd. 1. Zürich 1934, S. 219-227
Weber, Hugo: Sailer im Spiegel der Sailer-Literatur. Eine Übersicht nach dem Jahrhundertgedächtnis. In: Zeitschrift für katholische Theologie 58 (1934), S. 571
Eppelsheimer, Hanns W.: Deutsche Romantik. Eine Literaturschau. In: Imprimatur 6 (1935), S. 138-158
Unger, Rudolf: Wissenschaftliche Bibliographie des Jahres 1935. VII. Deutsche Literatur: Romantik. In: ZfDk 50 (1936), S. 287-291
Bibliographie zu der Vorlesung über Deutsche Romantik von Prof. Dr. Julius Petersen Sommersemester 1937. Bearbeitet von Ulrich Pretzel, Adolf Beck und Annemarie Dahlke. Berlin: Ebering 1937
Michaeli, Otto: Neue Eichendorffiana. In: Der Wächter 18 (1937), S. 97-101
Siebert, Wernher: Zur Brentano-Forschung. In: GRM 25 (1937), S. 275-286
Unger, Rudolf: Schrifttumsbericht Deutsche Romantik. In: ZfDk 51 (1937), S. 273-279
Wiese, Benno von: Forschungsbericht zur Romantik. In: DuV 38 (1937), S. 65-85
Böckmann, Paul: Die Romantiker in der neueren Forschung. Ein Literaturbericht. In: ZfdB 14 (1938), S. 236-241
Obenauer, Karl Justus: Literaturbericht Goethe-Romantik. In: ZfdB 14 (1938), S. 439-441, 493-498, 535-540
Sczodrok, Karl: Neues Schrifttum um Eichendorff. Aurora 8 (1938), S. 174-176
Unger, Rudolf: Schrifttumsbericht Deutsche Romantik. In: ZfDk 52 (1938), S. 250-257, 330-336
Wiese, Benno von: Ergänzender Bericht zur Reihe „Romantik" in der Sammlung „Deutsche Literatur" In: DuV 39 (1938), S. 512-514
Stopp, E. C.: Wandlungen des Tieck-Bildes. Ein Literaturbericht. In: DVjs 17 (1939), S. 252-276
Unger, Rudolf: Schrifttumsbericht Deutsche Romantik. In: ZfDk 53 (1939), S. 184-191
Hang, Adelheid: Zur deutschen Romantik. In: Westmark 7 (1940), S. 539-541
Unger, Rudolf: Schrifttumsbericht Deutsche Romantik. In: ZfDk 54 (1940), S. 85-89
Gülzow, Erich; Ruth, Paul Hermann: Neue Arndt-Literatur. In: Baltische Studien 42 (1940), S. 380-392
Huth, Otto: Ernst Moritz Arndt und unsere Zeit. Bericht über das neuere Arndt-Schrifttum. In: Weltliteratur. Neue Folge 16 (1941); S. 49-51
Obenauer, Karl-Justus: Neue Forschung zur deutschen Romantik I. In: ZfdB 17 (1941), S. 107-111
Obenauer, Karl-Justus: Neue Forschung zur deutschen Romantik II. In: ZfdB 17 (1941), S. 197-200
Unger, Rudolf: Schrifttumsbericht Deutsche Romantik. In: ZfDk 55 (1941), S. 82-87
Unger, Rudolf: Schrifttumsbericht Deutsche Romantik. In: ZfDk 56 (1942), S. 69-73
Schmid, Günther: Chamisso als Naturforscher. Eine Bibliographie. Leipzig 1942

Monographische Gesamtdarstellungen

Alvarado-Dupuy, Blanche: Barocke Elemente in der Lyrik der Romantik. Wien 1943 (= Diss. Wien)

Bach, Rudolf: Tragik und Grösse der deutschen Romantik. Ein Umriß. München 1938
Becher, Hubert: Die Kunstanschauung der spanischen Romantik und Deutschland. Münster 1933 (= Spanische Forschungen der Görres-Gesellschaft, 1. Reihe, Bd. 4)
Benz, Richard: Geist der romantischen Malerei. Dresden 1934
Benz, Richard: Die deutsche Romantik. Geschichte einer geistigen Bewegung. Leipzig 1937
Benz, Richard: Klassik und Romantik. Vom Ursprung und Schicksal eines deutschen Dualismus. Berlin 1938
Benz, Richard; Schneider, Arthur von: Die Kunst der deutschen Romantik. München 1939
Richard Benz: Goethe und die romantische Kunst. München 1942
Berl, Heinrich: Baden-Baden im Zeitalter der Romantik. Die literararische und musikalische Romantik des 19. Jahrhunderts. Baden-Baden 1936
Berndt, Albrecht: Die Bedeutung der Frau in der Dichtung deutscher Romantiker. Würzburg 1937 (= Diss. Königsberg)
Blome, Hermann: Der Rassengedanke in der deutschen Romantik und seine Grundlagen im 18.Jahrhundert. München, Berlin 1943 (=Schriften des Reichsinstituts für Geschichte des neuen Deutschlands = Diss. Göttingen)
Borger, Ludwig H.: Das Recht in der Literatur der deutschen Romantik. o.O. 1943 (Maschinenschr.) (=Diss. Erlangen)
Buck, Rudolf: Rousseau und die deutsche Romantik. Berlin 1939 (= Neue deutsche Forschungen 233 = Diss. Tübingen)
Deusch, Werner R.: Malerei der deutschen Romantiker und ihrer Zeitgenossen. Berlin 1937
Dürler, Josef: Die Bedeutung des Bergbaus bei Goethe und in der deutschen Romantik. Frauenfeld Leipzig 1936 (= Wege zur Dichtung 24)
Eberhard, Philip: Die politischen Anschauungen der christlich-deutschen Tischgesellschaft. Untersuchungen zum Nationalgefühl A. von Arnims, Baron de la Motte-Fouqués, H.von Kleists und Adam Müllers. Erlangen 1937 (= Erlanger Arbeiten zur deutschen Literatur = Diss. Erlangen)
Engel, Carlo: Studien zum Dichterbegriff und zur poetischen Anschauung der Heidelberger Romantiker. Würzburg 1934 (= Diss. Frankfurt)
Eucker, Stephan: Das Dürerbewusstsein in der deutschen Romantik. Marburg 1936 (= Diss. Marburg 1939)
Fahrner, Rudolf: Die religiöse Bewegung in der deutschen Romantik. Halle/Saale 1934
Feuchte, H.: Theodor Storm und die Romantik. Hamburg 1940 (= Diss. Hamburg)
Finsterbusch, Lore Maria: „Bilden" und „Bildung" im Klassizismus und in der Romantik. o.O. 1943 (= Diss. Wien)
Fischer, Anita: Die Buchillustration der deutschen Romantik. Berlin 1933 (= Germanische Studien 145)
Franz, Alfred: Der pädagogische Gehalt der deutschen Romantik. Zur erziehungswissenschaftlichen Würdigung des romantischen Romans. Leipzig 1937 (= Erziehungsgeschichtliche Untersuchungen 6 = Diss. TH Dresden)
Fricke, Gerhard: Die Entdeckung des Volkes in der deutschen Geistesgeschichte vom Sturm und Drang bis zur Romantik. Hamburg 1937 (= Kieler Universitätsreden N.F. 8)
Fuchs, Clara-Charlotte: Dante in der deutschen Romantik. Weimar 1933 (= Diss. Marburg 1932)
Gauhe, Eberhard: Spengler und die Romantik. Berlin 1937 (= Diss. München)

Grote, Ludwig: Die Brüder Olivier und die deutsche Romantik. Berlin 1940
Günsburger, Elsbeth: Stileigenheiten der Romantik. Bonn 1933 (= Diss. Bonn 1932)
Güttinger, Fritz: Die romantische Komödie und das deutsche Lustspiel. Frauenfeld, Leipzig 1940 (= Wege zur Dichtung 34)
Haller, Rudolf: Die Romantik in der Zeit der Umkehr. Die Anfänge der jüngeren Romantik 1800-1808. Bonn 1941 (= Habil.-Schrift Tübingen)
Hauser, Guido: Das Generationenproblem der Romantik. Diss. Wien 1938
Hedderich, Hans Felix: Die Gedanken der Romantik über Kirche und Staat. Gütersloh 1941 (= Beiträge zur Förderung christlicher Theologie 43, 1 = Diss. Heidelberg)
Herglotz, Herta: Die Romantik und das Dritte Reich. Diss. Wien 1940
Jan, Eduard von: Beziehungen zwischen Spanien und Deutschland im Zeitalter der Romantik. Ein Vortrag. Leipzig: Deutsch-Spanische Gesellschaft 1943 (= Schriften Der Deutsch-Spanischen Gesellschaft, Zweigstelle Leipzig 1)
Jung, Lili: Dichterfreundschaft und ihr romantisches Gepräge. Saalfeld/Ostpreußen 1934 (= Diss. Berlin)
Kern, Hans: Die Seelenkunde der Romantik. Berlin 1937 (= Das deutsche Leben. Folge 2, Bd. 3)
Kern, Hans: Vom Genius der Freundschaft. Frauenschicksale der Romantik. Leipzig 1939; 2. Aufl. 1940 – Dass. auch Berlin 1944
Kind, Hansgeorg: Das Kind in der Ideologie und der Dichtung der deutschen Romantik. Dresden 1936 (= Diss. Leipzig)
Klemann, Elisabeth: Die Entwicklung des Schicksalsbegriffs in der deutschen Klassik und Romantik. Würzburg 1936 (= Diss. Heidelberg)
Kluckhohn, Paul: Das Ideengut der deutschen Romantik. Halle/S. 1941; 2. Aufl. 1942 (= Handbücherei der Deutschkunde 6)
Klugen, Alexander von: Die Absage an die Romantik in der Zeit nach dem Weltkriege. Zur Geschichte des deutschen Menschen. Berlin 1938 (= Neue Forschung. Arbeiten zur Geistesgeschichte der germanischen und romanischen Völker 33 = Diss. Göttingen)
Kobé, Eva: Die Idee eines dritten Reiches im deutschen Idealismus. Diss. Wien 1939
König-Flachsenfeld, Olga Freiin von: Wandlungen des Traumproblems von der Romantik bis zur Gegenwart. Mit einem Geleitwort von C.G. Jung. Stuttgart 1935 (= Diss. München u.d.T.: Wandlungen der Auffassungen des Traumproblems)
Korff, Hermann August: Geist der Goethezeit. Versuch einer ideellen Entwicklung der klassisch-romantischen Literaturgeschichte. Bd. 3: Frühromantik. Leipzig 1940
Krüger, Hans Karl: Berliner Romantik und Berliner Judentum. Mit zahlreichen bisher unbekannten Briefen und Dokumenten. Bonn 1939 (= Diss. Bonn)
Lang, Oskar: Deutsche Romantik in der Buchillustration. München 1940
Leibbrand, Werner: Romantische Medizin. Hamburg, Leipzig o. J. [1937], 2. Auflage 1942
Meinecke, Friedrich: Die Entstehung des Historismus. Bd. 2: Die deutsche Bewegung. München und Berlin 1936
Micknat, Gisela: Das Symbol „Traum und Erwachen" in der deutschen Romantik und seine geistesgeschichtlichen Voraussetzungen. o.O. 1943 (Maschinenschr.) (= Diss. Köln 1944)
Möllenhoff, Else: Dichtung und Musik in Robert Schumanns Klavierlied. Ein Beitrag zum Wort-Ton-Problem der Romantik. o.O. 1942 (Maschinenschr. mit eingeklebten Notenbeispielen) (= Diss. Köln)
Moritz, Karl Philipp: Satire und Parodie der Frühromantik. o.O. 1944 (Maschinenschr.) (= Diss. Münster)

Müller, Gabriele Ingeborg: Der Garten in der romantischen Dichtung. o.O. 1942 (Maschinenschr.) (= Diss. Wien 1943)
Müller, Joachim: Die Behandlung der Romantik in der 7. und 8. Klasse. Berlin 1939, 2. Aufl. 1942 (= Die Werkstatt der höheren Schulen 109)
Müller, Ursula: Die Gestalt Lucifers in der Dichtung vom Barock bis zur Romantik. Berlin 1940 (= Germanische Studien 229 = Diss. Gießen)
Probst, Karl: Die epische Dichtung der deutschen Freiheitskriege. Diss. Wien 1940
Rave, Paul Ortwin: Gärten der Goethezeit. Vom Leben in Kunst und Natur. Leipzig 1941
Reffert, Fritz: Die Idee der Gemeinschaft bei den Romantikern. o.O. 1943 (Maschinenschr.) (= Diss. Greifswald)
Ruprecht, Erich: Der Aufbruch der romantischen Bewegung. Habil.-Schrift Freiburg i. Br. 1943; als Buch München 1948
Ruschka, Anny Christine: Die Gestalt des Bürgers in der Dichtung der Romantik. Diss. Wien 1940
Schellenberg, Ernst-Ludwig: Das Buch der deutschen Romantik. 2. neubearb. Aufl. Bamberg 1943
Schmidt, Otto Eduard: Die Romantik in Sachsen. Dresden 1940
Schmitz, Günther: Der Seelenaufschwung in der deutschen Romantik. Gütersloh 1935 (= Diss. Münster)
Scholz, Georg: Die Balladendichtung der deutschen Frühromantik. Breslau 1935 (=Diss. Breslau)
Schütze, G.: Mörikes Lyrik und die Überwindung der Romantik. Münster 1940 (= Diss. Münster)
Schultz, Franz: Klassik und Romantik der Deutschen. Bd. 1: Die Grundlagen der klassisch-romantischen Literatur. Stuttgart 1935 (= Epochen der deutschen Literatur 4, 1)
Schultz, Franz: Klassik und Romantik der Deutschen. Bd. 2: Wesen und Form der klassisch-romantischen Literatur. Stuttgart 1940 (= Epochen der deutschen Literatur 4, 2)
Schultz, Franz: Die deutsche Romantik. Köln 1940 (= Schriften zur völkischen Bildung)
Selhorst, Stephan: Die Problematik des Individualismus in der Romantik. Eine künstlerpsychologische Untersuchung. Wattenscheid 1942 (= Diss. Münster)
Slanina, Elfriede: Die Rollendichtung in der romantischen Lyrik. Villach 1941 (= Diss. Wien)
Stange, Alfred: Die Kunst der Goethezeit. Bonn 1942 (= Kriegsvorträge der Rheinischen Friedrich-Wilhelms-Universität Bonn 82)
Steinacker, Karl: Abklang der Aufklärung und Widerhall der Romantik in Braunschweig. Braunschweig 1939 (= Werkstücke aus Museum, Archiv und Bibliothek der Stadt Braunschweig 10)
Steude, H.: Die Wiederentdeckung Grimmelshausens durch die Romantik und ihre deutsche Bedeutung. Würzburg 1939 (= Diss. Würzburg)
Stobrawa, Gerhard: Vom organischen zum völkischen Staatsdenken.Untersuchungen über Adam Müller, Fichte, Hegel und ihre Bedeutung für die Staatsphilosophie der Gegenwart. o.O. 1942 (Maschinenschr.) (= Diss. Breslau)
Sulz, Edith: Das Wunderbare im romantischen Kunstmärchen. Hamburg 1943 (Maschinenschr.) (= Diss. Hamburg)
Tiegel, Eva: Das Musikalische in der romantischen Prosa. Analysen ausgewählter romantischer Prosawerke, in Verbindung mit einem einheitlichen Überblick über die romantische Musikästhetik. Coburg 1934 (=Diss. Erlangen)

Tschepl, Gustav: Das Goethebild der Romantik. Diss. Wien 1940
Ulshöfer, Robert: Die Theorie des Dramas in der deutschen Romantik. Berlin 1935 (= Neue deutsche Forschungen. Abt. Neuere deutsche Literaturgeschichte 29 = Diss. Tübingen)
Vincent, Ernst: Reisen deutscher Romantiker. Jena o.J. [1938] (= Die deutsche Reihe 75)
Wehnelt, Bruno: Die Pflanzenpathologie der deutschen Romantik als Lehre vom kranken Leben und Bilden der Pflanzen, ihre Ideenwelt und ihre Beziehungen zu Medizin, Biologie und Naturphilosophie historisch-romantischer Zeit. Bonn 1944 (= Habil.-schrift Köln)
Wiendl, Barbara: Die Märchennovelle der Romantik. Ein Beitrag zur Frage ihrer inneren Form. o.O. 1944 (Maschinenschr.) (= Diss. Erlangen)
Wiese, Benno von: Volk und Dichtung von Herder bis zur Romantik. Rede gehalten vor der Universität Erlangen am 30. Januar 1938. Erlangen 1938 (= Erlanger Universitätsreden 21)

Gesamtdarstellungen in Periodika und Sammelwerken

Akerman, Achim von: Von der geheimnisvollen Doppelseele der deutschen Romantik. In: Deutsches Wort 10 (1934), Nr. 31, S. 2-4
Ament, Wilhelm: Bamberg und die deutsche Romantik im Lichte neuerer Quellen. In: Mitteilungen der E.T.A.Hoffmann-Gesellschaft 1, H. 2/3 (1940), S.39-64
Arnold, August: Die Theologie der Romantik. In: Hochland 38 (1940/41), S. 408-411
Auerbach, Erich: Romantik und Realismus. In: Neue Jahrbücher für Wissenschaft und Jugendbildung 9 (1933), S. 143-153
Bach, Rudolf: Tragik und Grösse der deutschen Romantik. Ein Umriß. In: Imprimatur 6 (1935), S. 9-32
Becher, Hubert: Das Volkhafte in der Romantik und in der Gegenwart. In: Stimmen der Zeit 127 (1934), S. 90-102
Benz, Ernst: Immanuel Swedenborg als geistiger Wegbahner des deutschen Idealismus und der deutschen Romantik. In: DVjs 19 (1941), S. 1-32
Benz, Richard: Die altdeutsche Wendung. Wiederentdeckung und Wiedergeburt. In: Imprimatur 6 (1935), S. 33-52
Benz, Richard: Romantik und Barock. In: Deutscher Almanach für das Jahr 1936, S. 149-56
Benz, Richard: Romantik und Mystik. In: R. Benz: Genius und Wort. Von deutschem Dichten und Denken. Jena 1936 (= Deutsche Reihe 42), S. 26-37
Benz, Richard: Klassisch-romantische Harmonie. In: Eckart 13 (1937), S. 334-338
Benz, Richard: Das Gesamtbild der Romantik. In: Deutscher Almanach 1937, S. 89-12
Benz, Richard: Lebensgesetz und Kulturbedeutung der deutschen Romantik. In: Die Literatur 40 (1937/38), S. 666-668
Benz, Richard: Von der romantischen Vollendung des Barock. In: Deutsche Rundschau 262 (1940), S. 104-110
Benz, Richard: Der Anteil der Schweiz an der romantischen Bewegung. In Schweizer Monatshefte 21 (1941/42), S. 142-162
Benz, Richard: Ursprung der Rheinromantik. In: Rheinische Blätter 19 (1942), S. 17-22
Blessinger, Karl: Wesen und Erscheinung der deutschen Romantik. In: Deutsches Bildungswesen 3 (1935), S. 633-648

Borries, Kurt: Das Weltbild und Lebensgefühl der deutschen Romantik. In: Die Welt als Geschichte 6 (1940), S. 193-205
Buchheim, Karl: Der Ursprung der Romantik. In: Eckart 16 (1940), S. 128-132
Buchheim, Karl: Die Thronbesteigung der Romantik. In: Hochland 37 (1940), S. 339-348
Buck, August: Italienische Renaissance und deutsche Romantik. In: Italien-Jahrbuch 1 (1938), S. 67-84
Buck, August: Die Sonderart der italienischen Romantik. In: Zeitschrift für Deutsche Geisteswissenschaft 1 (1938/39), S. 354-366
Busch, Ernst: Die Idee des göttlichen Seins und seine Entfaltung in der Welt nach der romantischen Naturmystik. In: DVjs 19 (1941), S. 33-69
Diehl, Otto: Die deutsche Romantik und das 19. Jahrhundert. In: Geist der Zeit 20 (1942), S. 470-475
Doderer, Otto: Der Ursprung rheinischer Romantik. In: Moselland 1942, H. 4, S. 15-17
Doderer, Otto: Die rheinische Romantik und ihr nationales Erwachen. In: Rheinische Blätter 17 (1940), S. 407-412
Doderer, Otto: Rheinische Romantik und Rheinromantik. In: Westmark 7 (1940), S. 501-506
Eckhard, Waldtraut: Das nationale und politische Erwachen in der Romantik. In: Volk im Werden 9 (1941), S. 8-16
Eckhard, Waldtraut: Die Idee des Reiches im Zeitalter der Freiheitskriege. In: Volk im Werden 9 (1941), S. 225-236
Emrich, Wilhelm: Begriff und Symbol der „Urgeschichte" in der romantischen Dichtung. In: DVjs 20 (1942), S. 273-304
Finke, E.: Die Deutsche Romantik. In: Der Augarten 7 (1942), S. 204-214
Fricke, Gerhard: Die Entdeckung des Volkes in der „deutschen Bewegung". In: Monatsschrift für höhere Schulen 36 (1937), S. 81-93
Friedemann, Käte: Das Wesen der Liebe im Weltbilde der Romantik. In: Philosophisches Jahrbuch der Görresgesellschaft 48 (1935), S. 342-355
Gerlach, Wolfgang: Die Gegenwartswerte in der deutschen Romantik. In: Die deutsche Höhere Schule 3 (1936), S. 408-414
Gmelin, H.: Die Entdeckung der spanischen Literatur in der deutschen Romantik. In: Geist der Zeit 18 (1940), S. 80-87
Gröhl, Richard: Religion und Volkstum bei den führenden deutschen Romantikern. In: Schönere Zukunft 14 (1938/39), S. 871-873, 921-923, 994-996
Haacke, Wilmont: Vom Feuilleton der romantischen Zeitschriften. In: Der Zeitschriften-Verleger 44 (1942), S. 362-366
Hancke, Kurt: Politische Romantik. In: Die Literatur 42 (1939/40), S. 133-137
Hashagen, Justus: Die Romantik und die Geschichte. In: Festschrift für Melle. Hamburg 1933, S. 189-204
Haupt, Julius: Klassik, Romantik und Nationalsozialismus. In: Völkischer Beobachter vom 5. 8. 1934
Herd, R.: Ungedruckte Romantikerbriefe. In: Bamberger Blätter für fränkische Kunst und Geschichte 10 (1933) H. 3, S. 11-12, H. 4, S. 15-16
Hippel, Ernst von: Die Naturanschauung der Romantik. In: Forschungen und Fortschritte 20 (1944), S. 273-274
Honecker, Martin: Die Wesenszüge der Romantik in philosophischer Sicht. In: Philosophisches Jahrbuch der Görresgesellschaft 49 (1936), S. 199-222
Huber, Carl: Das romantische Bildungsideal. In: Zeitschrift für Geschichte der Erziehung und des Unterrichts 25 (1935), S. 213-222

Janko, Janeff: Südosteuropa und die deutsche Romantik. In: Westermanns Monatshefte 84 (1939), S. 91-92

Kainz, Friedrich: Die Sprachpsychologie in der deutschen Romantik. In: Zeitschrift für Psychologie 143 (1938), S. 317-390

Jilek, Heinrich: K. H. Machas Philosophie und die deutsche Romantik. In: Zeitschrift für slavische Philologie 19 (1944), S. 75-107

Kainz, Friedrich: Die Sprachästhetik der deutschen Frühromantiker. In: Aurora 7 (1937), 116-127

Kainz, Friedrich: Die Sprachästhetik der jüngeren Romantik. In: DVjs 16 (1938), S. 219-257

Kainz, Friedrich: Zum Wortschatz der deutschen Romantik. In: Geistige Arbeit 4 (1937), Nr. 20, S.1-2

Kern, Hans: Geheimnis und Ahnung. Zur Wesensbestimmung der deutschen Romantik. In: Rhythmus 16 (1938), S. 209-217

Kießig, Martin: Tragik und Größe der deutschen Romantik. In: Kritische Gänge 7 (1938) S. 23-32

Kiessling, Arthur: Die Gefühlslehre der deutschen Romantik. In: Archiv für die gesamte Psychologie 98 (1937), S. 33-50

Kluckhohn, Paul: Die deutsche Romantik und die Gegenwart. In: Münchener Neueste Nachrichten vom 14. 12. 1937

Kluckhohn, Paul: Die Dramatiker der deutschen Romantik als Shakespeare-Jünger. Festvortrag vor der Hauptversammlung der Deutschen Shakespeare-Gesellschaft 1938. In: Shakespeare-Jahrbuch 74 (1938), S. 31-49

Kluckhohn, Paul: Das Volk- und Nationalbewusstsein in der deutschen Bewegung. In: Gerhard Fricke, Franz Koch, Klemens Lugowski (Hrsg.): Von deutscher Art in Sprache und Dichtung. Stuttgart, Berlin 1941. Bd. 4, S. 79-126

Kluckhohn, Paul: Der europäische Gedanke in der deutschen Romantik. In: Europäischer Wissenschafts-Dienst 3 (1943) H. 12, S. 7-9

Kluckhohn, Paul: Europa och den tyska Romantiken. In: Sverige-Tyskland 7 (1944), S. 117-119

Koch, Willi: Deutsche Romantik. In: Das deutsche Wort 11 (1935) 5, S. 7-8

Körner, Josef: Die Slaven im Urteil der deutschen Frühromantik. In: Historische Vierteljahresschrift 31 (1937/39), S. 520-528

Korff, Hermann August: Die Romantisierung des Humanitätsideals. In: Internationale Forschungen zur deutschen Literaturgeschichte. Julius Petersen zum 60. Geburtstag. Leipzig 1938, S. 23-38

Korff, Hermann August: Das Werk der romantischen Generation. In: Goethe-Jahrbuch 9 (1940), S. 1-30

Krieck, Ernst: Was ist mit der Romantik? In: Volk im Werden 7 (1939), S. 276

Krüger, Jochen: Das „Patriotische Bild" in der deutschen Romantik. In: NS Monatshefte 9 (1938), S. 776-783

Linden, Walther: Umwertung der deutschen Romantik. In: ZfDk 47 (1933), S. 65-91

Linden, Walther: Volksbewegung der deutschen Romantik. In: Geist der Zeit 17 (1939), S. 578-588

Marquardt, Heinz: Staat und Volk im Ideengehalt der deutschen Romantik. In: Moselland 1942, H. 2, S. 17-19

Martini, Fritz: Werden und Wesen der deutschen Bewegung. In: Geist der Zeit 15 (1937), S. 343-355, 460-473

Meinecke, Friedrich: Klassizismus, Romantizismus und historisches Denken im 18.

Jahrhundert. In: F. Meinecke: Vom geschichtlichen Sinn und vom Sinn der Geschichte. Leipzig 1939, S. 46-67

Meyer, Hermann: Frühromantische Ursprungsformen des deutschen Bewußtseins. In: ZfDk 50 (1936), S. 520-528

Merker, Paul: Deutsche und skandinavische Romantik. In: Von deutscher Art in Sprache und Dichtung. Bd. 4, S. 205-250

Müller, Günther: Die klassisch-romantische Humanität und der unbekannte Gott. In: Zeitschrift für deutsche Geistesgeschichte 2 (1936), S. 127-130

Nadler, Josef: Italien und die deutsche Romantik. In: Germania. Jahresbericht des italienischen Kulturinstituts in Wien 1942, S. 23-38

Obenauer, Karl-Justus: Die Naturanschauung der Goethezeit. In: Von deutscher Art in Sprache und Dichtung. Bd. 4, S. 157 - 203

Ranegger, Franz: Probleme der Wiener Romantik. In: Der Oberschlesier 15 (1933), S. 436-440, auch in: Aurora 4 (1933), S. 38-42

Reich, Hanns: Ahnung und Gegenwart. Die Romantik als Geburtsstunde des nationalen Bewußtseins. In: Literarische Welt 9 (1933), S. 1-3

Roch, Herbert: Deutsche Romantik. In: Das deutsche Wort 14 (1938), S. 88-93

Rochocz, Hans: Aufklärung und Romantik. In: ZfdB 9 (1933), S. 20-24

Rose, Ernst: Die Romantik und China. In: Geistige Arbeit 5 (1938), Nr. 1, S. 5-6

Rose, Ernst: China und die Spätromantik. In: Deutsche Kultur 15 (1940), S. 236-249

Rüdiger, Horst: Italien im klassisch-romantischen Roman. In: Bücherwurm 23 (1938), S. 262-267, auch in: Deutscher Bücherfreund 6 (1938), H. 6, S. 6-11

Schmidt, Johanna: Die ideelle Begründung des Reichs der Deutschen seit der Goethezeit. In: Zeitschrift für Deutsche Geisteswissenschaft 5 (1942), S. 161-171

Schnabel, Franz: Böhmen, das Reich und die deutsche Romantik. In: Hochland 36 (1939), S. 89-103

Schreiber, Arndt: Das Mittelalter, universalhistorisches Problem vor der Romantik. In: Archiv für Kulturgeschichte. 31 (1943), S. 93-120

Schrempf, Claus: Deutsche Romantik, ihr Ringen und Verklingen. Die Hilfe 44 (1938), S. 313

Schröder, Hans Eggert: Der heidnische Charakter der deutschen Romantik. In: Deutscher Glaube 1 (1934), S. 299-308

Schröder, Hans Eggert: Die deutsche Romantik und die Gegenwart. In: Literatur 36 (1934), S. 433-438

Schröder, Hans Eggert: Das Vergangenheitsmotiv in der deutschen Romantik. In: Rhythmus 13 (1935), 322-332

Schröder, Hans Eggert: Lebendige Charakterbilder. In: Zeitschrift für Menschenkunde 13 (1938), S. 182-193 [Graphologische Beurteilung der Handschriften von Novalis, Steffens, Görres, Kleist, Lenau, Mörike]

Schulz, Friedrich Otto Heinrich: Der „Romantiker" Karl Marx. In: NS Monatshefte 5 (1934), S. 588-590

Schultz, Franz: Romantik am Rhein. In: Süddeutsche Monatshefte 31 (1934), S. 353-359

Schultz, Franz: Das Kunst- und Kulturideal der deutschen Klassik und seine deutschen Gegenkräfte. In: Von deutscher Art in Sprache und Dichtung. Bd. 4, S. 127-155

Stapel, Wilhelm: Rettung der Mystik und Romantik. In: Deutsches Volkstum 15 (1933), S. 934-939

Steege, V.: Zur Bedeutungslehre des Wortes „romantisch" in Oberprima. In: ZfDk 47 (1933), S. 659-666

Steinbüschel, Theodor: Die Entdeckung der „organischen" Einheit des Mittelalters durch die Romantik. In: T. Steinbüschel: Christliches Mittelalter. Leipzig 1935, S. 47-58

Sternberg, Olga: Das Wesen des romantischen Menschen im Lichte der Individualpsychologie. In: Internationale Zeitschrift für Individualpsychologie 10 (1933), S. 446-452

Stresau, Hermann: Die romantische Sphinx. In: Neue Rundschau 50 (1939), S. 297-306

Uhlig, H.: Die soziale Frage in der Romantik. In: Ständisches Leben 4 (1934), S. 263-271

Unbekannte Briefe von Nazarenern und Romantikern. Mitgeteilt von Johann Georg Herzog zu Sachsen. In: Der Wächter 17 (1935), S. 49-57, 145-151

Unger, Rudolf: „*Heilige Wehmut*". Zum geistes- und seelengeschichtlichen Verständnis einer romantischen Begriffsprägung. In: Jahrbuch des Freien Deutschen Hochstift 40 (1936/40), S. 337-409, wieder in R. Unger: Zur Geistesgeschichte der Goethezeit. Gesammelte Studien. Berlin 1944, S. 181-254

Wachsmuth, Bruno: Romantische Naturwissenschaft – ihre Grundzüge und ihr Erlöschen im 19. Jahrhundert. In: Klinische Wochenschrift 18 (1939), S. 998-1004

Wais, Kurt: Volksgeist und Zeitgeist in der vergleichenden Literaturgeschichte (am Beispiel der Romantik). In: GRM 22 (1934), S. 291-307

Walzel, Oskar: Umwertung der deutschen Romantik. In: Literatur 37 (1935), S. 437-440

Walzel, Oskar: Jenaer und Heidelberger Romantik über Natur- und Kunstpoesie. In: DVjs 14 (1936), S. 325-360

Oskar Walzel: Die ganze deutsche Romantik in französischer Darstellung. In: GRM 26 (1938), S. 246-247

Weniger, Erich: Die preußischen Generäle der Befreiungskriege und die Dichtung der Goethezeit. In: Weltliteratur N.F. 15 (1940), S. 160-161

Wentzlaff-Eggebert, Friedrich-Wilhelm: Erscheinungsformen der „unio mystica" in der deutschen Literatur und Dichtung. In: DVjs 22 (1944), S. 237-277

Wiechmann, E.K.: Romantik und Judentum. In: Völkischer Beobachter vom 13. März 1943

Wilhelm, Hans H.: Die Romantik und wir. In: Der deutsche Schriftsteller 2 (1937), S. 225-226

Ziegler, Klaus: Die Wahrheit des Mythos in der romantischen Mythologie. In: ZfDk 52 (1938), S. 464-472

Beiträge zu Einzelvertretern

Johann August Apel:
Ziemke, Hermann August: Johann August Apel. Eine monographische Untersuchung. Greifswald 1933 (= Diss. Greifswald 1931)

Ernst Moritz Arndt:
Ernst Moritz Arndt. Ursprung, Wesen, Wirkung. 3 Vorträge, an den Arndttagen der Ernst-Moritz-Arndt-Universität Greifswald vom 19.-24. Juli 1943 gehalten von

Paul Hermann Ruth (Arndt und die deutsche Volkwerdung, S. 5-31), Leopold Magon (Arndt als Wegbereiter deutscher Wehrerziehung, S. 32-47), Erich Gülzow (Arndt und Pommern, S. 48-70). Greifswald 1944
Arens, Gottfried: Gestaltung des Lebens bei E. M.Arndt. o.O. 1944 (= Diss. Heidelberg)
Bollnow, Otto Friedrich: Volk, Sprache und Erziehung bei Ernst Moritz Arndt. In: ZfdB 17 (1941), S. 12-24
Braubach, Max: Ernst Moritz Arndt. Rede. Bonn 1934 (= Bonner akademische Reden H. 18)
Breitenkamp, Paul: Künder deutscher Einheit. Das Leben Ernst Moritz Arndts. Berlin 1939 [Auslieferg 1938]
Budde, Gerhard: Ernst Moritz Arndt als Erzieher. Zu seinem 75.Todestage am 29. Hartung 1935. In: Völkische Schule 13 (1935), S. 33-35
Chang, Tien-Lin: Die Auseinandersetzung Ernst Moritz Arndts mit Frankreich. Stuttgart-Botnang 1941 (= Diss. Tübingen)
Enders, Carl: Ernst Moritz Arndt, der Dichter. In: Rheinische Blätter 10 (1933), S. 1178-1186
Fahrner, Rudolf: Der gegenwärtige Arndt. Eine Rede zur Ankündigung eines Arndt-Werkes. In: Das innere Reich 3 (1936), S. 736-757
Fahrner, Rudolf: Arndt. Geistiges und politisches Verhalten. Stuttgart 1937
Fünf Arndt-Briefe aus den Jahren 1822-1858. Hrsg. von Wilhelm Braun. In: Baltische Studien N.F. 42 (1940), S. 228-235
Gause, Fritz: Ein unbekannter Briefwechsel zwischen Ernst Moritz Arndt und der Stadt Königsberg. In: Archiv für Preußische Forschungen 12 (1935), S. 277-279
Gerstenmaier, K. A. Eugen: Arndt – Ahnherr des Deutschglaubens. Prinzipien neuheidnischer Geschichtsschreibung. In: Zeitwende 12 (1936), S. 145-158
Gervais, Otto R.: Ernst Moritz Arndt und Charlotte Pistorius. Zwei unbekannte Briefe. In: Unser Pommerland 19 (1934), S. 134-140
Gülzow, Erich: Zwei unbekannte Jugendgedichte von Ernst Moritz Arndt. In ZfdPh 66 (1941), S. 54-58
Gülzow, Erich; Ruth, Paul Hermann: Neuere Arndt-Literatur. In: Baltische Studien N.F. 42 (1940), S. 380-392
Haller, Rudolf: Des Freiherrn vom Stein Idee einer Neuordnung Deutschlands bei Arndt und Görres 1814/15. In: ZfdB 12 (1936), S. 480-486
Hansen, Meinert: Ernst Moritz Arndt. Ein Beitrag zur Erforschung seiner Persönlichkeit und Gedankenwelt. Hamburg 1936 (= Diss. Hamburg 1936)
Heyck, Eduard: Ernst Moritz Arndt über die Judenfrage. Eine unbekannte Schrift des großen Volksmannes. In: Völkischer Beobachter vom 31. Januar 1935
Hildebrandt, Kurt: Ernst Moritz Arndts Rassebegriff. In: Rasse 5 (1938), S. 333-341
Heine, Gerhard: Ernst Moritz Arndt. Der Weg eines deutschen Mannes. Leipzig 1939
Höll, Hans: Die Bauernordnung E. M. Arndts. In: Völkischer Beobachter vom 5. April 1935
Huth, Otto: E. M. Arndt und unsere Zeit. Bericht über das neuere Arndt-Schrifttum. In: Weltliteratur N.F. 16 (1941), S. 49-51
Ibbeken, Karl Ibo: Ernst Moritz Arndt und die christlich germanische Bewegung seiner Zeit. Greifswald 1937 (= Pommernforschung R. 3, H. 4 = Diss. Gießen)
Illgen, Gerhart: Die Anschauungen Ernst Moritz Arndts über Volk und Staat. Dresden 1938 (= Diss. Leipzig)

Jahn, Gerta: Das Problem des geistigen Menschen bei Ernst Moritz Arndt. Dresden 1941 (= Diss. Berlin)

Jackel, Emilie: Die Idee einer altgermanischen Volksfreiheit im Staatsgedanken eines Ernst Moritz Arndt und Friedrich Ludwig Jahn. Diss. Wien 1939

Jancke, Oskar: Ernst Moritz Arndt. In: Die Zeitwende 10 (1934), S. 27-33

Kaussmann, Ernst: Ernst Moritz Arndts Propagandakampf. In: ZfdB 14 (1938), S. 278-283

Kern, Hans: Das neue Arndt-Bild. In: Völkische Kultur 2 (1934), S. 488-496

Kern, Hans: Ernst Moritz Arndt, der Seher der Deutschen. In: Deutscher Glaube 1934, S. 98-104

Kern, Hans: Ernst Moritz Arndt. In: Willy Andreas, Wilhelm von Scholz (Hrsg.): Die großen Deutschen. Berlin 1935, 2. Bd., S. 503-523.

Kern, Hans: Ernst Moritz Arndt. In: Süddeutsche Monatshefte 32 (1935), S. 537-541

Knauer, Paul: Ernst Mortz Arndt. Der grosse Erzieher der Deutschen. Stuttgart 1935 (= Gestalten und Urkunden deutschen Glaubens 2)

Koch, Georg: Die Heimkehr des Ernst Moritz Arndt. Berlin 1939 (= Der Eckart-Kreis 48)

Koch, Georg: Ernst Moritz Arndt. Geschichte einer Heimkehr. In: Eckart 13 (1937), S. 115-126

Koch, Georg: Der Dichter und der Christ. Betrachtungen zum „allgemeinen Priestertum". In: Eckart 14 (1938), S. 149-158

Kohlschmidt, Werner: Ernst Moritz Arndt. Gewissen und Führer seiner Zeit. In: ZfDk 50 (1936), S. 439-453

Kohlschmidt, Werner: Luthers Sprachgeist und Sprachform bei E. M. Arndt. In: Luther-Jahrbuch 19 (1937), S. 115-131

Kuhn, Hemenegild Josef: Arndt und Jahn als völkisch-politische Denker. Langensalza 1936 (= Manns Pädagogisches Magazin H. 1428; Pädagogische Untersuchungen 3, 2)

Kulp, Johannes A.: Arndt als christlich-völkischer Denker. Leipzig, Hamburg 1937 (= Welt des Gesangbuchs 14)

Laag, Heinrich: Der Freiheitskampf des Greifswalder Dozenten Ernst Moritz Arndt. Rede bei der Feier anläßlich der Verleihung des Namens Ernst-Moritz-Arndt-Universität am 28. Juni 1933. Greifswald 1933 (= Greifswalder Universitätsreden 37)

Leese, Kurt: Ernst Moritz Arndt als Kulturkritiker und Kulturphilosoph. In: Der Wagen 1936, S. 149-159

Luck, Rudolf: Das Vegetativ-Vitale der Rasse bei E. M. Arndt. In: Rhythmus 15 (1937), S. 157-165

Luck, Rudolf: Rassenseelenkundliches bei Ernst Moritz Arndt. In: Zeitschrift für Rassenkunde 8 (1938), S. 207-208

Luck, Rudolf: Rassenseelenkundliches bei Ernst Moritz Arndt. In: Rhythmus 18 (1940), S. 2-7

Luck, Rudolf: Die Rassenseelenkunde von Ernst Moritz Arndt. In: Zeitschrift für Menschenkunde 15 (1939), S. 1-11

Mann, Otto: Staat und Bauerntum bei Ernst Moritz Arndt. In: NS Monatshefte 6 (1935), S. 1013-1019

Mayr, Rolf: Mythos und Sprache [bei Arndt]. Versuch einer Richtigstellung. In: Die Literatur 40 (1937/38), S. 659-662

Mausbach, Thea: Das Frankreichbild Ernst Moritz Arndts nach seiner Reisedarstellung 1798/99. Hamburg 1942 (= Diss. Hamburg)

Obenauer, Karl Justus: Ernst Moritz Arndt und der Rhein. Bonn 1941 (= Kriegsvorträge der Rheinischen Friedrich-Wilhelms-Universität Bonn 35), auch in: Rheinische Blätter 18 (1941), S. 152-159 und in: ZfdB 17 (1941), S. 2-12

Obenauer, Karl Justus: Ernst Moritz Arndt und die Gegenwart. Bonn 1943 (= Kriegsvorträge der Rheinischen Friedrich-Wilhelms-Universität Bonn 78)
Rössner, Hans: Arndts Germanien und Europa. In: Weltliteratur N.F. 17 (1942), S. 59-62
Patzig, Eva: Die Bildungsidee in E. M. Arndts Fragmenten über Menschenbildung in Vergleich mit den Erziehungsgedanken in Platons Politeia. o. O. 1943 (= Diss. Leipzig)
Plath, Helmut: Ernst Moritz Arndt und sein Bild vom deutschen Menschen. Kiel 1935 (= Diss. Kiel)
Polag, Hans: E. M. Arndts Weg zum Deutschen. Studien zur Entwicklung des frühen Arndt 1769-1812. Leipzig 1936 (= Form und Geist 39 = Diss. Frankfurt)
Reich, Kurt: Ernst Moritz Arndt. Zu seinem 75.Todestage. In: Burschenschaftliche Blätter 49 (1935), S. 134-136
Ritter, Anna: Die Frage der Bewusstheit in der Erziehung des Einzelnen und des Volkes bei E.M. Arndt. Langensalza, Berlin, Leipzig 1939 (= Göttinger Studien zur Pädagogik 30 = Diss. Göttingen)
Ruth, Paul Herman: Arndts Idee der deutschen Volkwerdung und die Volkstheorie der Gegenwart. In: Deutsche Hefte für Volks- und Kulturbodenforschung 3 (1934), S. 3-19
Ruetz, Lorenz: Arndt und Börne als politische Publizisten. Heidelberg 1936 (= Diss. Heidelberg 1934)
Schinke, Odo: Ernst Moritz Arndt, des Volkes Seher und getreuer Eckart. Zum 75. Todestag. In: Der nationalsozialistische Erzieher 3 (1935), S. 34-36, auch in: Pommersche Blätter 59 (1935), S. 14-16
Schoof, Wilhelm: E. M. Arndt und das Elsaß. In: Straßburger Monatshefte 5 (1941), S. 219-221
Schoof, Wilhelm: Rußland im Urteil von Ernst Moritz Arndt. In: Der Deutsche im Osten 5 (1942), S. 367-368
Schreiner, Helmuth: Deutsche Gestalten in neuer Sicht. In: Zeitwende 11 (1935), S. 65-69
Schreiner, Helmuth: Ernst Moritz Arndt. Ein deutsches Gewissen. Berlin 1935
Schwarze, Karl: Ernst Moritz Arndt und sein Kampf gegen den Geistesidealismus. Mit einem Nachwort von E. R. Jaensch: Gegen das Weltanschauungsmonopol des Geistesidealismus – auch heute. Leipzig 1939 (= Abhandlungen und Monographien zur Philosophie des Wirklichen 9)
Seebass, Friedrich: Ernst Moritz Arndts innere Wandlungen. In: Deutsche Rundschau 263 (1940), S. 51-56
Stapelfeld, Eitel: Die Kultur- und Religionsphilosophie Ernst Moritz Arndts. Hamburg 1939 (= Diss. Hamburg)
Trommershausen: Ernst Moritz Arndt als Liederdichter. In: Wächter 44 (1934) H. 1/2, S. 9-11
Ulbrich-Hannibal, Hermann: „Es wird bald vorüber sein." Zum 75. Todestag E. M. Arndts am 29. Januar 1935. In: Ostdeutsche Monatshefte für Kunst und Geistesleben 15 (1935), S. 676-677
Weigand, Richard: Die Anthropologie von Ernst Moritz Arndt. Berlin 1940 (= Neue deutsche Forschungen 305, Abt. Charakterologie, psychologische und philosophische Anthropologie 15 = Diss. München)
Weigand, Richard: Der Gedanke der wehrgeistigen Erziehung bei Ernst-Moritz Arndt. Bonn 1943 (= Kriegsvorträge der Rheinischen Friedrich-Wilhelms-Universität Bonn 76)

Wolfram, Richard: Ernst Moritz Arndt und Schweden. Zur Geschichte der deutschen Nordsehnsucht. Weimar 1933 (= Forschungen zur neueren Literaturgeschichte LXV)
Wolfram, Richard: Ernst Moritz Arndt und Schweden. In: Volk und Reich 12 (1936), S. 703-708, 721
Wolfram, Richard: Ernst Moritz Arndt und Schweden. In: Jomsburg 6 (1942), S. 1-18, in schwedischer Sprache auch in: Sverige-Tyskland 6 (1943), S. 208-214, 240-246, 272-281
Wolfram, Richard: Ernst Moritz Arndt und das nordische Lied. In: Weltliteratur. N.F. 16 (1941), S. 105-107

Achim von Arnim:
Esser, Peter: Über die Sprache in Achim v. Arnims Roman „Die Kronenwächter". Würzburg 1937 (= Diss. Köln 1938)
Gass, Karl Eugen: Die Idee der Volksdichtung und die Geschichtsphilosophie der Romantik. <Zur Interpretation des Briefwechsels zwischen den Brüdern Grimm und Achim von Arnim.> Wien 1940 (= Kaiser Wilhelm Institut für Kunst- und Kulturwiss. im Palazzo Zuccari, Rom. Veröffentl. der Abteilung für Kulturwiss. 1, 19/20)
Heyer, Ilse: Die Novellen Achim von Arnims. Ihre Grundmotive und Aufbauformen als Ausdruck des Arnimschen Weltbildes. o.O. 1943 (Maschinenschr.) (= Diss. Würzburg)
Jahn, G.: Achim von Arnim und Clemens Brentano. In: Bücherkunde 5 (1938), S. 181-187
Lenz, Hans-Uffo: Das Volkserlebnis bei Ludwig Achim von Arnim. Berlin 1938 (= Germanische Studien 200 = Diss. Hamburg)
Meier, John: Allerhand. Die Quelle zu der Ballade „Die gefährliche Manschettenblume" im Wunderhorn. In: Jahrbuch für Volksliedforschung 5 (1936), S. 72-78
Merker, Paul: Achim von Arnims „Päpstin Johanna". In: Festschrift Theodor Siebs. Breslau 1933, S. 291-322
Rudelius, Waltraud: Achim von Arnim und die Naturwissenschaften. o.O. 1944 (Maschinenschr.) (= Diss. Frankfurt)
Ruprecht, Erich: Achim von Arnim. In: Eckart 17 (1941), S. 186-190
Schulte-Kemminghausen, K.: Aus dem Briefwechsel zwischen Achim von Arnim und August von Haxthausen. In: Jahrbuch für Volksliedforschung 4. Berlin 1934, S. 138-144
Seidel, Ina: Achim von Arnim. Stuttgart 1944 (= Die Dichter der Deutschen)
Wolff, Heinz: Die Dramen „Halle und Jerusalem" und „Die Gleichen" im Zusammenhang der religiösen Entwicklung Achim von Arnims. Göttingen 1936 (= Diss. Göttingen)
Zech, Wilhelm: Volkskundliches bei Achim von Arnim. Breslau 1940 (= Diss. Breslau)

Bettina von Arnim:
Bansa, Elfriede: Bettina von Arnims Verhältnis zur Kunst. Würzburg 1938 (=Diss. Frankfurt 1939)
Benz, Richard: Bettina – das Kind, die Frau, die Seherin - schaut, erlebt, verkündet. Weibliches Wissen, Wesen, Wirken in ihrem Werk. München 1935
Benz, Richard: Bettina. Gestalt und Werk. In: Deutsche Frauenkultur 39 (1935), S. 63-64

Benz, Richard: Die Bettina. Zu ihrem 150. Geburtstag am 4. April. In: Deutsches Wort 14 (1935), Nr. 10, S. 4-5
Bettina an Clemens Brentano. In: Corona 7 (1937), S. 36-59
Bettinas Buchhändlerepistel. Ein bisher unbekannter Brief. Mitgeteilt von Otto Mallon. In: Zeitschrift für Bücherfreunde 38 (1934), S. 2-4
Deetjen, Werner: Bettina von Arnim und Adolf Schöll. In: Archiv 166 (1934), S. 78-81
Fuhrmann, Magda: Bettina von Arnim. Zum 150. Geburtstag am 4. April 1935. In: Wächter 17 (1935), S. 129-130
Goertz, Hartmann: Bettina in München und Landshut. In: Goethe-Kalender 30 (1937), S. 135-137
Grambow, Gertrud: Bettinas Weltbild. o.O. 1941 (Maschinenschr.) (= Diss. Berlin)
Mallon, Otto: Bettina-Bibliographie. In: Imprimatur 4 (1933), S. 141-156
Mallon, Otto: Zu Bettina von Arnims Berliner politischen Schriften. In: Forschungen zur brandenburgischen und preußischen Geschichte 45 (1933), S. 150-160
Helene von Nostiz: Bettina von Arnim. In: Deutsche Frauen. Bildnisse und Lebensbeschreibungen. Eingeleitet von Ina Seidel. Berlin 1939, S. 161-165
Ostwald, Hans: Bettine, Humboldt und Jacob Grimm. Mit dem Faks. eines unbekannten Briefes von Humboldt. In: Zeitschrift des Vereins für die Geschichte Berlins 55 (1938), S.70
Marga von Rentzell: Bettina von Arnim. Ein Gedenkwort zu ihrem 150. Geburtstage am 4. April. In: Der Türmer. Deutsche Monatshefte 37 (1935), S. 81-82
Schauer, Maria: Bettina von Arnim als Mutter. Neue Züge in ihrem Bilde. In: Die Frau 45 (1938), S. 466-469
Schoof, Wilhelm: Bettina von Arnim und ihre Beziehungen zu Hessen-Kassel. In: Hessenland 45 (1934), S. 13-17
Seidel, Ina: Bettina von Arnim. Stuttgart 1944. (= Die Dichter der Deutschen)
Veil, Hildegard: Bettina von Arnim. In: Propyläen 32 (1935), S. 204-205
Werner, Rudolf: Bettina von Arnim und die Musik. In: Allgemeine Musikzeitung 62 (1935), S. 229-230
Zehn ungedruckte Briefe von Bettina und Achim von Arnim an Ludwig Emil Grimm. Hrsg. von Raimund Pissin. In: Preußische Jahrbücher 240 (1935), S. 109-127

Franz von Baader:

Imle, F.: Baaders theologische Erkenntnislehre. In: Philosophisches Jahrbuch der Görres-Gesellschaft 47 (1934), S. 65-83
Sauter, Johannes: Franz von Baader. In: Süddeutsche Monatshefte 32 (1935), S. 547-553
Spreckelmeyer, H.: Die philosophische Deutung des Sündenfalls bei Fr. Baader. Würzburg 1938
Steinbüchel, Theodor: Franz von Baaders Descartes-Kritik im Rahmen ihrer Zeit und in ihrer grundsätzlichen Bedeutung. In: Wissenschaft und Weisheit 10 (1943), S. 41-60, 103-126
Tewes, H.: Franz von Baader und seine Bedeutung für die Gegenwart. Kempten i. Allgäu 1936 (= Diss. München)

Johann Jakob Bachofen:

Bense, Max: Johann Jakob Bachofen. Die Wendung zum Symbol. In: Neue Rundschau 48 (1937), S. 507-518

Klages, Ludwig: Bachofen als Erneuerer symbolischen Denkens. Auszug aus einem Vortrag. In: Rhythmus 12 (1934), S. 82-86
Rehm, Walther: Bachofens Griechische Reise. In: Zeitschrift für deutsche Kulturphilosophie 9 (1943), S. 161-186; wieder in: W. Rehm: Götterstille und Göttertrauer. Aufsätze zur deutsch-antiken Begegnung. Bern 1951, S. 248-273

Wolf Heinrich Graf von Baudissin:
Ein Brief des Grafen Wolf von Baudissin über die Vollendung der Schlegel-Tieckschen Shakespeare-Übersetzung. Mitgeteilt von H. v. Langermann. In: Shakespeare-Jahrbuch 71 (1935), S. 107-109
Weigl, Siegbert: Wolf Heinrich von Baudissin: Sein literarisches Werk. Diss. Wien 1939

August Ferdinand Bernhardi:
Kainz, Friedrich: A. F. Bernhardis Beitrag zur deutschen Stilistik. In: ZfdPh 63 (1938), S. 1-44

Sulpiz Boisserée:
Adler, L.: Sulpiz Boisserée und der Dom zu Köln. Zu Boisserées 150. Geburtstag am 2. August 1933. (*1783). In: Atlantis 5 (1933), S. 509-512

Clemens Brentano:
Brentano, Clemens: Ungedruckte Verse. Aus dem Nachlaß. In: Bücherwurm 22 (1936), S. 90-91
Brentano, Clemens: Der arme Raimodin. Ein unbekanntes Fragment. Veröffentl. von Friedrich Fuchs. In: Neue Rundschau 55 (1944), S. 107-117
Brentano di Tremezzo, Peter Anton von: Stammreihen der Brentano mit Abriß der Familiengeschichte. Bad Reichenhall 1933
Brentano, Peter Anton von: Schattenzug der Ahnen der Dichtergeschwister Clemens und Bettina Brentano. Regensburg 1942
Böckmann, Paul: Die romantische Poesie Brentanos und ihre Grundlagen bei Friedrich Schlegel und Tieck. Ein Beitrag zur Entwicklung der Formensprache der deutschen Romantik. In: Jahrbuch des Freien Deutschen Hochstift 1934/35, S. 56-176
Böhm, Elisabeth: Die Frauengestalten in Brentanos Dichtungen. Diss. Wien 1940
Bökenkamp, Werner: Romantische Gestalt. Zu der Ausgabe unbekannter Briefe von Clemens Brentano. In: Bücherkunde 7 (1940), S. 43-47
Briefe aus dem Brentanokreis. Mitgeteilt von Ernst Beutler. In: Jahrbuch des Freien Deutschen Hochstift 1934/35, S. 367-455
Diehl, A.: Clemens Brentano. In: Mainfranken 24 (1938) H. 9, S.4-6
Doderer, Otto: Brentanos im Rheingau. Am Urquell der Rheinromantik. Rattingen 1942 (= Rheinische Bücherei 16)
Doderer, Otto: Clemens Brentano und der Rhein. In: Moselland 1942, H. 3, S. 36-42
Glöckner, Karl: Brentano als Märchenerzähler. Jena 1937 (= Deutsche Arbeiten der Universität Köln 13 =Diss. Köln)
Heiseler, Bernt von: Clemens Brentano. In: Der Bücherwurm 19 (1934), S. 186-189
Jahn, G.: Achim von Arnim und Clemens Brentano. In: Bücherkunde 5 (1938), S. 181-187
Kerstholt, Ludgera Maria: Das Bild der Welt in Brentanos „Romanzen vom Rosenkranz". Berlin 1939 (= Germanische Studien 211 = Diss. Münster)
Kosch, Wilhelm: Clemens Brentano. Sein Leben und Schaffen. Würzburg, Brünn 1943 (= Der Wächter 25, 2/3)

Lehmann, Wilhelm: Clemens Brentano. In: Die neue Rundschau 47 (1936) S. 1143-1164
Leonie, Editha: Clemens Brentano und die deutsche Barocklyrik. Frankfurt/ Main 1932 (= Diss. Frankfurt 1933)
Lohmann, Edith: Das Problem der Wirklichkeit bei Clemens Brentano. o.O. 1942 (Maschinenschr.) (= Diss. Berlin)
Migge, Walther: Studien zur Lebensgestalt Clemens Brentanos. Berlin 1940 (= Neue deutsche Forschungen, Abt. Neuere deutsche Literaturgesch. 27 = Diss. München)
Pinder, Wilhelm: Clemens Brentanos Alhambra. Eine Nachprüfung. Berlin 1935
Pradel, Johannes: Studien zum Prosatil Clemens Brentanos. Ein Beitrag zur Wesensbestimmung romantischen Formwillens. Halle 1939 (= Junge Forschung 6 = Diss. Breslau)
Pfeiffer, Inge: Die Bedeutung der Innenwelt in der Lyrik von Clemens Brentano. o.O. 1945 (Maschinenschr.) (= Diss. Heidelberg)
Plursch, Hertha: Brentanos Rheinmärchen. o.O. 1945 (= Diss. Wien)
Reichardt, Günter: Die innere Form der Romanzen vom Rosenkranz von Clemens Brentano. Erkenntnisse zum romantischen Formwillen. Freiburg i. Schl. 1934 (= Diss. Breslau)
Reinhard, Ewald: Aus dem Freundeskreise Eichendorffs. 6: Clemens Brentano. In: Der Oberschlesier 18 (1936), S. 546-552, auch in: Aurora 7 (1937), S. 88-95
Röckmann, Franz: Stilkundliche Untersuchung und geistesgeschichtliche Einordnung des „Bitteren Leidens" von Klemens Brentano. Ein Beitrag zum Problem des „alten Klemens Brentano". Münster 1934 (= Diss. Münster)
Rossmann, Kurt: Versuch einer Geschichte des Heidelberger Schlosses von Clemens Brentano. In: Neue Heidelberger Jahrbücher 1941, S. 59-75
Schellberg, Wilhelm: Clemens Brentano und Philipp Otto Runge. In: Literaturwissenschaftliches Jahrbuch der Görres-Gesellschaft 8 (1936), S. 166-215
Schoof, Wilhelm: Aus Clemens Brentanos Sturm- und Drangzeit. Ein Gedenkwort zu seinem 100. Todestag am 28. Juli. Hessenland 1942, S. 50-52
Schoof, Wilhelm: Clemens Brentano und der Rhein. In: Die neue Schau 4 (1942), S. 87-88
Schoof, Wilhelm: Clemens Brentano und Thüringen. Zu seinem 100. Todestag am 28. Juli. In: Das Thüringer Fähnlein 11 (1942), S. 89-90
Schröder, Rudolf Alexander: Clemens Brentano. Zu seinem hundertjährigem Todestag am 28. Juli. In: Neue Rundschau 53 (1942), S. 332-340
Schulz, Friedrich Otto Herrmann: Des Knaben Wunderhorn. Clemens Brentano zum 100. Todestag am 20. Juli 1942. In: Der deutsche Schriftsteller 7 (1942), S. 78-79
Seidel, Ina: Clemens Brentanos Münchener Jahre. Zum 100. Todestag des Dichters. In: Propyläen 39 (1942), S. 81-82
Seidel, Ina: Clemens Brentano. Stuttgart 1944 (= Die Dichter der Deutschen)
Siebert, Wernher: Zur Brentano-Forschung. In: GRM 25 (1937), S. 275-286
Unbekannte Gedichte und Briefe des jungen Clemens Brentano. Mitgeteilt und eingeleitet von Wilhelm Schellberg. In: Hochland 34 (1936), S. 47-56, 192
Westerkamp, Ulrich: Beitrag zur Geschichte des Philistertyps mit besonderer Berücksichtigung von Brentanos Philisterabhandlung. o.O. 1941 (Maschinenschr.) (= Diss. München)
Voigt, G.: Clemens Brentano. In: Geist der Zeit 20 (1942), S. 504-516
Zahn, Anneliese: Motiventsprechungen in Clemens Brentanos Romanzen vom Rosenkranz und in seinen Märchen. Würzburg 1938 (Diss. Frankfurt)

Brüder Carlowitz:
Schmidt, Otto Eduard: Drei Brüder Carlowitz. Leipzig 1933
Schmidt, Otto Eduard: Carl Adolf von Carlowitz und Ferdinand von Funck. In: Neues Archiv für sächsische Geschichte und Altertumskunde 55 (1934), S. 125-139

Carl Gustav Carus:
Bökenkamp, Werner: Die Bedeutung des Ewig-Weiblichen. Neuausgabe einer Faustdeutung von 1835. [Über Carus' Briefe über Goethes Faust] In: Bücherkunde 5 (1938), S. 153-156
Bülck, Elisabeth: Carl Gustav Carus, sein Leben und sein Werk im Verhältnis zu C. D. Friedrich und dessen anderen Schülern betrachtet. o.O. 1943 (Masch.) (= Diss. Greifswald)
Carus, Otto: Die Geschlechterfolge der Familie Carus und deren Sippe, ausgehend von Jakob Carus. Göttingen 1940
Frisé, Adolf: C.G. Carus. Ein Umriß. In: Die Tat 29 (1937), S. 30-38
Graber, G[ustav] H[ans]: Carl Gustav Carus als Erforscher des Unbewußten und Vorläufer unserer Seelenheilkunde. In: Ilse Döhl, G. H. Graber, F. Mohr: Leibniz, Carus und Nietzsche als Vorläufer unserer Tiefenpsychologie. Hrsg. von Rudolf Bilz. Mit einem Vorwort von M. H. Göring. Leipzig 1941 (= 3. Beiheft zum Zentralblatt für Psychotherapie), S. 34-46
Goldschmidt, Werner: Die Landschaftsbriefe des Carl Gustav Carus. Ihre Bedeutung für die Theorie der romantischen Landschaftsmalerei. Diss. Rostock 1935
Haeberlin, Carl: C. G. Carus als Meister der Lebenskunst. In: Rhythmus 17 (1939), S. 2-15
Kern, Hans: Carl Gustav Carus als Erforscher der Seele. In: Völkische Kultur 2 (1934), S. 155-164; wieder in: Zeitschrift für Menschenkunde 13 (1938) S. 170-182, sowie in: Rhythmus 17 (1939), S. 15-23
Kern, Hans: Carl Gustav Carus in unserer Zeit. In: Die medizinische Welt 10 (1936) S. 1373-75
Kern, Hans: Der Kopernikus der Seelenkunde. Zum 150. Geburtstag von Carl Gustav Carus. In: Münchener Neueste Nachrichten vom 3. Januar 1939, S. 4
Kern, Hans: Statthalter des goethischen Geistes. Zu Carl Gustav Carus' 150. Geburtstag am 3. Januar. In: Berliner Börsenzeitung vom 3. Januar 1939, Unterhaltungsbeilage
Kern, Hans: Carl Gustav Carus. Persönlichkeit und Werk. Berlin 1942
Klink, Siegfried: Das Prinzip des Unbewußten bei Carl Gustav Carus. Tübingen 1933 (= Diss.Würzburg 1932)
Kramer, Dietrich: Die Gottesvorstellungen des Carl Gustav Carus und ihre Beziehung zu Herder. o.O. 1942 (Maschinenschr.) (= Diss. Göttingen 1939)
Krewald, Arthur: Carl Gustav Carus, seine philosophischen, psychologischen und charakterologischen Grundgedanken. Berlin 1939 (= Diss. Königsberg)
Kühle, L.: Ein großer Arzt, ein ganzer Mann, einer der universalsten deutschen Romantiker! Zum 150. Geburtstag von Carl Gustav Carus. In: Völkischer Beobachter vom 3. Januar 1939
Kühne, Friedrich: Carl Gustav Carus und Ludwig Klages. In: Politische Erziehung 1 (1933), S. 110-115
Merck, Heinrich: Carl Gustav Carus. In: Neue Jahrbücher für Wissenschaft und Jugendbildung 12 (1936), S. 515-533
Müller, Johannes: Das Bild vom Menschen bei Carl Gustav Carus. Köln 1938. (= Diss. Köln)

Müller, Fritz W.: Die Anthropologie des Carl Gustav Carus. Berlin 1937 (= Neue deutsche Forschungen 150, Abt. Charakterologie 4 = Diss. Tübingen)
Nadler, Käte: Das Goethebild des Carl Gustav Carus. In: DVjs 14 (1936), S. 462-472
Nadler, Käte: Die Erkenntnislehre des Carl Gustav Carus. In: Die Tatwelt 12 (1936) S. 79-85
Nadler, Käte: Die religiösen Grundlagen der Lebensphilosophie des C. G. Carus. In: Zeitschrift für Theologie und Kirche 17 (1936), S. 157-169
Nadler, Käte: Idee und Wirklichkeit des Lebens bei C. G. Carus. Ein Beitrag zur Lebensphilosophie der Romantik und der Gegenwart. In: Zeitschrift für deutsche Kulturphilosophie 3 (1937), S. 141-165
Nadler, Käte: G. W. F. Hegel und C. G. Carus. Zum Verhältnis idealistischer und romantischer Naturphilosophie. In: Sudhoffs Archiv 31 (1938) S. 164-188
Riedel, Kurt: Das Seelenband zwischen Karl Krause und Carl Gustav Carus im Spiegele gesellschaftlicher Begegnungen und geseelschaftlicher [!] Bekenntnisse. Nebst einem Anhang: Ungedruckte Briefe des lungenkranken Carusfreundes und Krausejüngers Dr. Schneider (Blasewitz) 1794-1824. 2. und veränderte Aufl. Dresden 1941 (= Karl Krause-Schriftkreis. Sende 7)
Sauerbruch, Ferdinand: Carl Gustav Carus zu Ehren. Worte bei der Enthüllung einer Gedenktafel am Carus-Haus zu Dresden am 20. September 1936. In: Sudhoffs Archiv 30 (1938) S. 113-114
Schuster, Julius: Carl Gustav Carus 1789-1868. In: Willy Andreas, Wilhelm von Scholz (Hrsg.): Die großen Deutschen. Bd. 5: Ergänzungsband. Berlin 1937, S. 166-171
Seebass, Friedrich: Carl Gustav Carus in seinem Verhältnis zum Christentum. In: Deutsche Rundschau 251 (1937), S. 15 - 20, wieder in F. Seebass: Christentum und deutscher Geist. Zehn Aufsätze zur neueren Literaturgeschichte. München 1947, S. 68-78
Stöcklein, Paul: Carl Gustav Carus. Menschen und Völker. Hamburg 1943 (= Geistiges Europa)
Stöcklein, Paul: Carl Gustav Carus. Zeugnisse seines religiösen Bewußtseins. In: Goethe-Kalender 36 (1943), S. 175-202
Wäsche, Erwin: Carl Gustav Carus und die romantische Weltanschauung. Düsseldorf 1933 (= Diss. Köln 1932)
Wilhelmsmeyer, Hans: Carl Gustav Carus als Erbe und Deuter Goethes. Berlin 1936 (= Neue deutsche Forschungen. 82, Abt. Neuere deutsche Literaturgeschichte 8 = Diss. Kiel)
Wunsch, Erika: Der Übergang der Naturphilosophie der Romantik zur exakt forschenden Richtung in der Zoologie, erläutert an Carl Gustav Carus und Julius Viktor Carus. Berlin 1941 (= Diss. Berlin)
Zaunick, Rudolph: Carl Gustav Carus und sein Dresdener Kreis. In: Mitteilungen über die Geschichte der Medizin und Naturwissenschaften 36 (1937), S. 18-19

Adalbert von Chamisso:
Alpi, Friederike: Chamissos Peter Schlemihl. Diss. Wien 1939
Chamisso, Adalbert von: Zwei Gedichte. Zum Besten der alten Waschfrau. Faksimile des Einblattdruckes von 1838. Erl. von Felix Hasselberg. Berlin 1937 (= Sondergabe des Vereins für die Geschichte Berlins)
Hohoff, Curt: Chamisso auf der Weltreise. In: Literatur 42 (1939/40), S. 103-105
Hohoff, Curt: Adalbert von Chamisso. In: Das innere Reich 7 (1940/41), S. 448-460

Kroner, Albert Peter: Adalbert von Chamisso. Sein Verhältnis zu Romantik, Biedermeier, romantischem Erbe. Eine geisteswissenschaftliche Untersuchung. o.O. 1941 (Maschinenschr.) (= Diss. Erlangen)

Schulz, Fritz Otto Hermann: Ein Deutscher aus Herzensgrund. Zum 100. Todestage Adalbert von Chamissos. In: Propyläen 35 (1937/38), S. 369-370

Sprengel, Hans Rolf: Adalbert von Chamisso. In: Bücherkunde 5 (1938), S. 407-412

Sprengel, Hans Rolf: Adalbert von Chamisso. In: Günther Stöve (Hrsg.): Wir wollen nicht vergessen sein. Essays über wenig gelesene große deutsche Dichter. Bayreuth 1939, S. 102-112

Sündermann, Gertrud Maria: Chamissos Balladenstil. Diss. Wien 1940

Wühr, Wilhelm: Der Dichter ohne Schatten. In: Hochland 38 (1940/41), S. 246-256

Helmina von Chezy:

Meyer, Ingeborg: Helmina von Chézys Stellung in der Pseudoromantik. o.O. 1944 (Maschinenschr.) (= Diss. Berlin)

Riedel, Kurt: Karl Krauses Spuren im schöngeistigen Schrifttum von Ludwig Tieck, Fr. G. Wetzel, H.v. Kleist, Jean Paul, Goethe, Helmina von Chézy, Friedericke Lecerf, Emilie Lecerf, geb. Beck, Ad. Peters, G. Dürrefeld, E. Moller, Albert Oppermann, Karl Bahrs, Arnold Ruge, Julius Mosen. 2. bereinigte und vermehrte Aufl. Dresden 1941 (= Karl Krause-Schriftkreis. Sende 6)

Karl W. C. Contessa:

Pankella, Gerhard: Karl W.C. Contessa und E.T.A. Hoffmann: Motiv- und Form-Beziehungen im Werk zweier Romantiker. Würzburg 1938 (=Diss. Breslau)

Vier ungedruckte Briefe der Brüder Contessa. In: Der Wanderer im Riesengebirge 53 (1933), H. 3, S. 42-43

Friedrich Creuzer:

Dammann, Oswald: Briefe F. Creuzers an Johann Heinrich Christian Bang. In: Neue Heidelberger Jahrbücher 1938, S. 34-51

Dammann, Oswald: Friedrich Creuzer und die Brüder Boisserée. Unveröffentlichtes aus dem Boisserée-Nachlaß. In: Zeitschrift für die Geschichte des Oberrheins N.F. 51 (1938), S. 237-258

Pfister, Friedrich: Georg Friedrich Creuzer <1771-1858>, Professor der Philologie und Alten Historie. In: Ingeborg Schnack (Hrsg.): Lebensbilder aus Kurhessen und Waldeck 1830-1930. Marburg 1939 (= Veröffentlichungen der Historischen Kommission für Hessen und Waldeck 20). Bd. 1, S. 71-79

Joseph von Eichendorff:

Bach, Rudolf: Über Eichendorffs Gedichte. In: Die Literatur 42 (1939/40), S. 452-454

Bade, Wilfrid: Eichendorff und der deutsche romantische Geist. In: Aurora 12 (1943), S. 18-29

Benz, Richard: Eichendorff und die deutsche Romantik. Vortrag, gehalten am 30. November 1942 in Kattowitz. In: Aurora 12 (1943), S. 30-48

Bethge, Friedrich: Bekenntnis zu Eichendorff. In: Der Oberschlesier 20 (1938), S. 637

Cysarz, Herbert: Eichendorff und das große Deutschland. Ansprache vor der Erstaufführung der „Freier" auf den Reichsfestspielen in Heidelberg am 31. Juli 1938. In: Die Literatur 40 (1937/38), S. 709-712, auch in: Aurora 9 (1940), S. 6-12

Cysarz, Herbert: Eichendorff und der Mythos. In: Internationale Forschungen zur deutschen Literaturgeschichte. Julius Petersen zum 60. Geburtstag. Leipzig 1938, S. 159-174

Damhorst, Franz: Joseph von Eichendorff, „Die Dichter und ihre Gesellen". Diss. Wien 1940

Darakoff, Julius Todoroff: Eichendorffs Jugendroman „Ahnung und Gegenwart". Diss. Wien 1943

Demuth, Otto: Meine Wege zu Eichendorff. Problem und Erkenntnisse. In: Aurora 3 (1933), S. 38-44

Demuth, Otto: Eichendorffs „Freier". Ein Rückblick auf Bedeutung und Entstehen nach 100 Jahren. In: Aurora 4 (1934), S. 47-56

Deubel, Werner: Eichendorffs „Ahnung und Gegenwart". In: Straßburger Monatshefte 8 (1944), S. 266-270

Deubel, Werner: „Auf dem Strome will ich fahren". In: Berliner Börsen-Zeitung vom 14. Juli 1944

Drüner, Otto: Eichendorff, der germanische Wanderer. In: Straßburger Monatshefte 7 (1943), S. 649-657

Dustmann, Ingeborg: Eichendorffs Prosastil. Lengerich i. Westfalen 1938 (= Diss. Bonn)

Dyroff, Adolf: Eichendorff und der Westen. In: Aurora 3 (1933), S. 51-60

Dyroff, Adolf: Über Impressionismus und Aktivismus bei Eichendorf. In: Aurora 4 (1934), S. 25-37

Dyroff, Adolf: Die Main- und Maireise der Brüder Eichendorff und Graf Loebens 1808. In: Der Oberschlesier 17 (1935), S. 628-633

Dyroff, Adolf: Eichendorffs Heidelberger Beziehungen zu Görres. In: Literaturwissenschaftliches Jahrbuch der Görres-Gesellschaft 8 (1936), S. 1-36

Dyroff, Adolf: Zu Eichendorffs Roman „Ahnung und Gegenwart". In: Der Oberschlesier 18 (1936), S. 518-524, wieder in: Aurora 7 (1937), S. 30-37

Dyroff, Adolf: Richard Wagner und Eichendorff: ein kleiner Versuch. In: Der Oberschlesier 21 (1939), S. 162-167

Dyroff, Adolf: Eichendorff und der Krieg. In: Aurora 11 (1942), S. 13-23

Eichendorff, Karl von: Aus oberschlesischen Stammbüchern. In: Aurora 5 (1935), S. 75-84

Ein bisher unbeachteter Eichendorff-Aufsatz. Mitgeteilt von Ewald Reinhard. In: Aurora 4 (1934), S. 102-103

Emrich, Wilhelm: Eichendorff. Skizze einer Ästhetik der Geschichte. In: GRM 27 (1939), S. 192-207

Federau, Wolfgang: Eichendorff und die Marienburg. In: Aurora 9 (1940), S. 30-38

Förster, Wolfgang: Oberschlesien ehrt Eichendorff. Das Bekenntnis des nationalsozialistischen Deutschland zu seinem großen Dichter anläßlich der Eichendorff-Tage des Gaues Oberschlesien. In: Aurora 11 (1942), S. 6-9

Fuhrich, Hermann: Von neuen volkstümlichen Eichendorff-Liedern. In: Aurora 11 (1942), S. 55-64

Grimm, Elisabeth: Die Frauengestalten in Eichendorffs Dichtungen. Diss. Wien 1942

Gebhardt, Peter von: Ahnentafel des Dichters Joseph Freiherrn von Eichendorff. In: Ahnentafeln berühmter Deutscher. Folge 5, Lfg. 12. Leipzig: Zentralstelle für Deutsche Personen- und Familiengeschichte 1943, S. 213-216

Görlich, Ernst: Eichendorff und die deutsche Schule. In: Aurora 3 (1933), S. 108-111

Grolman, Adolf von: Zum Gedächtnis von Eichendorffs Todestag. In: Aurora 3 (1933), S. 2-6

Grolman, Adolf von: Deutsche Dichter in der Werkbücherei: Eichendorff. In: Die Werkbücherei (1942), S. 21-23
Hayduk, Alfons: Eichendorff, wie wir ihn heute sehen. In: Schlesien 1 (1938), S. 171-173
Hayduk, Alfons: Eichendorff als Mythos. Umriß einer Legendenbildung. In: Der Oberschlesier 18 (1936), S. 511-518; auch in Aurora 7 (1937), S. 3-11
Hayduk, Alfons: Im Zeichen Eichendorffs. Romantik und Judentum. Ein Vortrag Wilfrid Bades. In: Kölnische Zeitung vom 16. März 1943
Hildenbrandt, Walter: Eichendorff. Tragik und Lebenskampf in Schicksal und Werk. Danzig 1937 (= Diss. TH Danzig)
Hildenbrandt, Walter: Lebenskampf bei Eichendorff. In: Aurora 7 (1937), S. 12-18
Hildenbrandt, Walter: Das Eichendorffsche Lustspiel. In: Aurora 8 (1938), S. 43-57
Hildenbrandt, Walter: Johann Carl Schultz und Eichendorff. In: Der Deutsche im Osten 5 (1942), S. 472-475
Hütteroth: Lubowitz, die neue Eichendorff-Gedenkstätte. In: Aurora 9 (1940), S. 53-55
Jahn, Gisela: Studien zu Eichendorffs Prosastil. Leipzig 1936 (= Palaestra 206 = Diss. Berlin)
Jansen, Erika: Ahnung und Gegenwart im Werke Eichendorffs. Gießen 1937 (= Gießener Beiträge zur deutschen Philologie = Diss. Gießen)
Kaboth, Hans: Eichendorffs „Die Dichter und ihre Gesellen". Zum 100jährigen Erscheinen des Romans Weihnachten 1933. In: Aurora 4 (1934), S. 57-62
Kaboth, Hans: Eichendorff als Zeitdichter. In: Ostdeutsche Monatshefte 16 (1935/36), S. 74-80
Kainz, Friedrich: Zu Eichendorffs Sprache. In: Aurora 8 (1938), S. 79-99
Karkosch, Konrad: Wer war das ungetreue Müllerstöchterlein? Ein Beitrag zur Entstehung der Eichendorffschen Romanze vom „zerbrochenen Ringlein". In: Aurora 11 (1942), S. 24-30
Kicherer, Wilhelm: Eichendorff und die Presse. Bruchsal i. B. 1933 (= Diss. Heidelberg 1934)
Kießig, Martin: Das Wesen von Eichendorffs Lyrik. In: Das deutsche Wort 11 (1935) 7, S. 7-10
Kindermann, Heinz: Eichendorffs deutsche Sendung. Festvortrag gelegentlich der an der TH Danzig zum 75. Todestage des Dichters veranstalteten Feier. In: Ostdeutsche Monatshefte 13 (1933), S. 709-717
Kindermann, Heinz: Eichendorffs deutsche Sendung. Zum 150. Geburtstag des Dichter. In: Deutscher Almanach 1938, S. 19-33
Klein, Johannes: Das Raumerlebnis in der Lyrik Eichendorffs. In: Zeitschrift für Ästhetik 29 (1935), S. 52-61
Köhler, Oskar: Deutschtum und Christentum bei Joseph von Eichendorff. In: Schönere Zukunft 13 (1937/38), S. 1114-1116
Köhler, Oskar: Eichendorff und seine Freunde. Ideen um die deutsche Nation. Freiburg i. Br. 1937
Köhler, Willibald: Eichendorff im Dienst der Grenzlandkunde. In: Aurora 5 (1935), S. 111-113
Köhler, Willibald: Joseph von Eichendorff. Breslau 1937 (= Schlesienbändchen 6)
Köhler, Willibald; Sczodrok, Karl: Die deutsche Tagespresse bekennt sich zu Eichendorff. In: Der Oberschlesier 20 (1938), S. 177-182, auch in: Aurora 8 (1938), S. 168-174
Köhler, Willibald: Lubowitz in deutscher Wirklichkeit. In: Aurora 10 (1941), S. 12-15
Köhler, Willibald: Eichendorff im neueren und neuesten deutschen Schrifttum. In: Aurora 11 (1942), S. 55-64

Köhler, Willibald: Die wirkliche hinter Eichendorffs deutscher Seelenlandschaft. In: Die Pause 8 (1943), S. 29-31

Köhler, Willibald: Das Stammbuch der Madame Hahmann. In: Aurora 12 (1943), S. 69-71

Kossmann, Gerhard: Schlesisches und deutsches Wesen im Leben und Werk Joseph von Eichendorffs. In: Aurora 9 (1940), S. 13-28

Lange, Carl: Eichendorff und seine Beziehungen zur Ostmark. In: Aurora 3 (1933), S. 45-50

Langen, August: Eichendorffs „Taugenichts". Bemerkungen zu seiner Behandlung in der 7. Klasse. In: ZfdB 16 (1940), S. 126-134

Laslowski, Ernst: Eichendorff als Historiker. In: Aurora 7 (1937), S. 62-87

Laslowski, Ernst: Eichendorffs geschichtliches Denken. In: Aurora 8 (1938), S. 100-118

Liegniez, Rolf Krafft: Das Bild des Dichters in Eichendorffs Lyrik. o.O. 1943 (Maschinenschr.) (= Diss. Frankfurt)

Mann, Thomas: Eichendorffs „Taugenichts". In: Aurora 3 (1933), S. 77-81

Michaeli, Otto: Auf Eichendorffs Spuren in Heidelberg. In: Aurora 9 (1940), S. 48-53

Moser, Hans Joachim: Eichendorff und die Musik. In: Aurora 12 (1943), S. 49-68

Moser, Karl Willi: Luise, Eichendorffs Gattin. Zu ihrem 150. Geburtstage am 18.6.1942. In: Aurora 12 (1943), S. 42-49

Müller, Joachim: Eichendorffs Erzählung „Aus dem Leben eines Taugenichts". In: ZfDk 54 (1940), S. 66-70

Muschalek, Karl: Von der Formkraft der Landschaft. Ein Beitrag zu Eichendorff. In: Der Oberschlesier 19 (1937), S. 621-624

Paulsen, Rudolf: Eichendorff – der Romantiker des Volkes. Zur 80. Wiederkehr seines Todestages. In: Völkischer Beobachter vom 25. November 1937

Peukert, Herbert: Eichendorff, der Sänger des deutschen Ostens. In: Volk an der Arbeit 19 (1938), S. 284-285

Pfeffer, Carl Alexander: Venus und Maria. Eine Eichendorff-Studie als Beitrag zur Wesenerkenntnis des Dichters. Berlin 1936 (= Das deutsche Leben 3)

Pfeffer, Carl Alexander: Der unbekannte Eichendorff. In: Die Literatur 38 (1935/36), S. 212-214

Gertrud Pulicar: Eichendorff und Wien. Diss. Wien 1944

Reinalter, Erwin Herbert: Der Dichter des deutschen Liedes. In: Deutsche Ostmark 4 (1938), S. 71-75

Reinhard, Ewald: Joseph von Eichendorff als Breslauer Schüler. In: Aurora 8 (1938), S. 14-20

Rheinfelder, Hans: Eichendorff und Italien. In: Hochland 36 (1939) S. 429-431

Richter, Paul K.: Die Gaunersprache in Eichendorffs Novelle „Die Glücksritter". Einflüße der volkstümlichen Literatur des 17. Jahrhunderts auf Eichendorff. In: ZfdPh 64 (1939), S. 254-257

Riepe, Christian: Eichendorffs Menschengestaltung. Berlin 1941 (= Neue deutsche Forschungen 293; Abt. neuere deutsche Literaturgeschichte 29 = Diss. Münster)

Schiffler, Charlotte: Eichendorff und das Motiv der „Vorzeit". Beitrag zur Entwicklungsgeschichte Eichendorffs und zum Begriff des Mythischen in der Romantik. o.O. 1944 (Maschinenschr.) (= Diss. Frankfurt)

Schirach, Baldur von: Eichendorff – der Seele ein Frieden. Ansprache, gehalten anläßlich der Eichendorff-Woche am 26. November 1942 in Kattowitz. In: Aurora 12 (1943), S. 5-10, auch in: Wille und Macht 11 (1943), S. 1-5, sowie in: Deutsche Kultur im Leben der Völker 17 (1942), S. 370-375

Schlösser, Rainer: Das einfältige Herz: Eichendorff als Geschichtsschreiber unseres Innern. In: Aurora 5 (1935), S. 3-7
Schlösser, Rainer: Eichendorff. In: Der deutsche Schriftsteller 7 (1942), S. 2-5
Schlösser, Rainer: Von Traum und Tat: Eichendorff und die Romantik. Rede, gehalten am 25. November 1942 in Neisse. In: Aurora 12 (1943), S. 11-17, u.d.T. *Eichendorff und die Romantik* auch in: Wille und Macht 11 (1943) 3, S. 8-12
Schlösser, Rainer: Von der Einfalt des Herzens. Vortrag vor der Eichendorff-Feier der Gesellschaft der Bibliophilen vom 21. November 1942. Sonderdruck der Mergenthaler Setzmaschinenfabrik 1942
Schneider, Reinhold: Der Pilger. Eichendorffs Weltgefühl. Würzburg 1940 (= Zeugnis und Auslegung)
Scholz, Wilhelm von: Joseph von Eichendorff 1788-1857. In: Willy Andreas, Wilhelm von Scholz (Hrsg.): Die großen Deutschen. Neue deutsche Biographie. Berlin 1936. Bd. 3, S. 79-92
Schröder, Hans Eggert: Eichendorff und die deutsche Romantik. In: Rhythmus 16 (1938), S. 153-157; gekürzt und mit dem Untertitel *Zum 150. Geburtstag des Dichters* auch in: Münchner Neueste Nachrichten vom 10. März 1938
Sczodrok, Karl: Unserm Eichendorff. In: Aurora 4 (1934), S. 1-2
Sczodrok, Karl: Eichendorff und die deutsche Landschaft. In: Aurora 6 (1935), S. 8-11
Stählin, Friedrich: Eichendorff. Zu seinem 150. Geburtstag. In: ZfDk 52 (1938), S. 357-361
Stammtafel des Freiherrn von Eichendorff. In: Aurora 12 (1943), Beilage
Sucker, Wolfgang: Eichendorff – ein deutscher Tröster. In: Eckart 13 (1937), S. 465 - 472
Ungedruckte Handschriften Eichendorffs. Mitgeteilt von Karl von Eichendorff. In: Der Oberschlesier 17 (1935), S. 438-445; auch in: Aurora 5 (1935), S. 9-17
Unstern. Ein unveröff. Novellenfragment Joseph von Eichendorffs. Mitgeteilt von Hubert Pöhlein. In: Der Oberschlesier 14 (1933), S. 610-625, auch in: Aurora 3 (1933), S. 87-103
Usinger, Fritz: Eichendorff und das Glück. In: Die Frau 46 (1939); S. 580-584
Walzel, Oskar: Parodie bei Eichendorff. In: Aurora 3 (1933), S. 71-75
Walzel, Oskar: Eichendorffs Erzählen. In: Der Oberschlesier 17 (1935), S. 648-652, auch in: Aurora 6 (1936), S. 61-66
Wehe, Walter: Sendung und Geltung der deutschen Lyrik: Hölderlin, Eichendorff, Möricke. In: Geist der Zeit 15 (1937), S. 529-535
Weihe, Amalie: Der junge Eichendorff und Novalis Naturpantheismus. Berlin 1939 (= Germanische Studien 210 = Diss. Marburg)
Weiss, Hedwig: Lustspielelemente in Eichendorffs Novellen. Diss. Wien 1940
Wiese, Benno von: Rede über Eichendorff. Gehalten auf der Eichendorff-Feier der Stadt Nürnberg. In: ZfdB 9 (1933), S. 71-78
Witkop, Philipp: Eichendorff als Prophet. In: Schönere Zukunft 13 (1937/38), S. 288-289
Wolffheim, Hans: Sinn und Deutung der Sonettgestaltung im Werke Eichendorffs. Bremen 1934 (= Diss. Hamburg 1934)

Johann Gottlieb Fichte:
Baeumler, Alfred: Fichte und wir. Gedächtnisrede zur Feier seines 175. Geburtstages. Gehalten an der Universität Berlin am 27. Mai 1937. In: NS Monatshefte 8 (1937), S. 482-489

Coulmas, Peter: Fichtes Idee der Arbeit. Hamburg 1939 (= Volk und Gemeinschaft. 5 = Diss. Hamburg)
Finke, Heinz: Meister Eckehart und Johann Gottlieb Fichte verglichen in ihren religiösen Vorstellungen. Greifswald 1934 (= Diss. Greifswald).
Gehlen, Arnold: Deutschtum und Christentum bei Fichte. Berlin 1935
Heinsen, Marie: Individuum und Gesellschaft bei Fichte. Nürnberg 1933 (= Diss. Erlangen)
Hennemann, Gerhard: Johann Gottlieb Fichte, der deutsche Philosoph. In: Unsere Welt 31 (1939), S. 138-142
Huth, E.: Gedanke und Tat. Fichte, Arndt, Jahn, Stein, Bismarck, de Lagarde, Lange, Chamberlain. Eine Einführung in Leben und Werk grosser deutscher Männer. Leipzig 1934
Kern, Hans: Fichte oder Arndt? In: Politische Erziehung 5 (1937), S. 132-141
Kissling, Hartrmut: Sprache – Volk – Geschichte. In: ZfdB 43 (1937), S. 275-283
Larenz, Karl: Die Idee einer wesenhaft deutschen Philosophie bei Johann Gottlieb Fichte. Neumünster 1939 (= Schriften der wissenschaftlichen Akademie des NSD-Dozentenbundes der Christian-Albrechts-Universität Kiel 3)
Limper, Werner: Fichte und die Romantik. Berlin, Wien, Zürich 1940 (= Diss. Wien 1936)
Nebe, Otto Henning: Autonomie und Theonomie bei Fichte. Breslau 1933 (= Diss. Breslau)
Rickert, Heinrich: Die allgemeinen Grundlagen der Politik Fichtes. In: Zeitschrift für deutsche Kulturphilosophie 4 (1937), S.1-24
Rosenberg, Alfred: Fichte, ein Kämpfer für die geistige Einheit der Nation. Rede anläßlich Fichtes 175. Geburtstags, gehalten am 23. Mai in einer feierlichen Gedenkstunde in Rammenau. In A. Rosenberg: Tradition und Gegenwart. Reden und Aufsätze 1936-40. München 1941, S. 58-70
Schelsky, Helmut: Theorie der Gemeinschaft nach Fichtes „Naturrecht" von 1796. Berlin 1935 (= Neue deutsche Forschungen I, 13)
Ernst, Schenkel: Der demokratische Gedanke bei Johann Gottlieb Fichte. Zürich, Leipzig, Stuttgart 1933 (= Schriftenreihe der Soziologischen Gesellschaft Zürich 1)
Scholz, Heinrich: Der deutsche Mensch im Fichteschen Sinne. In: Neue Jahrbücher für Wissenschaft und Jugendbildung 11 (1935), S. 420-447
Stapel, Wilhelm: Johann Gottlieb Fichte. In: W. Andreas, W. von Scholz (Hrsg.): Die grossen Deutschen. Berlin 1935. Bd. 2, S. 434-449
Steinbeck, Wolfram: Das Bild des Menschen in der Philosophie Johann Gottlieb Fichtes. Untersuchungen über Persönlichkeit und Nation. München 1939 (= Habilschrift Berlin)
Stephan, Gerhard: Ahnentafel des Philosophen Johann Gottlieb Fichte. In: Archiv für Sippenforschung 10 (1933), S. 269-272
Weischedel, Wilhelm: Der Aufbruch der Freiheit zur Gemeinschaft. Leipzig 1939 (= Habil.-Schrift Tübingen)

Friedrich de la Motte-Fouqué:

Demuth, Otto: Eine kritische Betrachtung über den Eichendorffverkünder Fouqué unter besonderer Berücksichtigung des Sintram-Romans. In: Der Oberschlesier 16 (1934), S. 455-462, wieder in: Aurora 5 (1934), S. 28-36
Harder, Hermann: Fouqué und die nordische Bewegung. In: Nordische Stimmen. Zeitschrift für nordisches Wesen und Gewissen 4 (1934), S. 169-171

Harder, Hermann: Fouqué und die Ura-Linda-Chronik. In: Nordische Stimmen. Zeitschrift für nordisches Wesen und Gewissen 4 (1934), S. 171-172

Lohmeyer, K.: Friedrich Baron de la Motte-Fouqué und die beiden niederelbischen Dichter Samuel und Ludwig Pape. In: Stader Archiv N.F. 32 (1942), S. 83-91

Schwabe, Joachim: Friedrich Baron de la Motte-Fouqué als Herausgeber literarischer Zeitschriften der Romantik. Breslau 1937 (= Sprache und Kultur der germanischen und romanischen Völker. Reihe B, Band 20 = Diss. Breslau)

Schuchbauer, Margarete: Fouqués Trauerspiel Alf und Yngwi. Würzburg 1936 (= Diss. Würzburg)

Schulenburg, D. von der: Die Romantik. Max von Schenkendorf und Friedrich de la Motte-Fouqué zum Gedächtnis. In: Deutsches Adelsblatt 60 (1942), Nr. 23, S. 296-298

Karoline de la Motte-Fouqué:

Rohe, Carmen: Karoline de La Motte-Fouqué als gesellschaftliche Schriftstellerin der Frühromantik. o.O. 1943 (Maschinenschr.) (= Diss. Frankfurt 1944)

Friedrich Gentz:

Haacke, Wilmont: Friedrich Gentz. In: Walther Heide (Hrsg.): Handbuch der Zeitungswissenschaft. Leipzig 1940. Bd. 1, Sp. 1238-1245

Petersen, H. M.: Der Schriftsteller Friedrich Gentz. Zu den „Betrachtungen über die französische Revolution". In: Deutsche Rundschau 259 (1939), S. 29-34

Joseph Görres:

Braig, Friedrich: Schiller und Görres. Zur religiösen Entwicklung von Joseph von Görres. In: Der katholische Gedanke 9 (1936), S. 249-258, 332-337

Brandt, Gustav-Adolf: Herder und Görres 1798-1807. Ein Beitrag zur Frage Herder und die Romantik. Würzburg 1939 (= Stadion III = Diss. Berlin)

Braubach, Max: Ein neuer Görresfund? In: Historisches Jahrbuch 55 (1935), S. 81-89

Brüggemann, Wilhelmine: Gedanken über Staat und Wirtschaft bei Josef Görres. Limburg an der Lahn 1934 (= Diss. Köln)

Conrads, Elisabeth: Der Wandel in der Görres'schen Geschichtsauffassung. Münster 1937 (= Universitas-Archiv 77 = Diss. Bonn)

Dempf, Alois: Görres spricht zu unserer Zeit. Der Denker und sein Werk. Freiburg 1933

Dempf, Alois: Joseph Görres und das Rheinland. Süddeutsche Monatshefte 31 (1934), 367-372

Dörr, Käthe: Görres Geschichtsbild. Wandlungen und formende Kräfte. Emsdetten/Westf. 1940 (= Diss. Münster)

Ehlinger, Heinrich: Görres und Frankreich. Diss. Wien 1939

Ester, Karl d': Joseph Görres. In: Walther Heide (Hrsg.): Handbuch der Zeitungswissenschaft. Leipzig 1940. Bd. 1, Sp. 1318-1351

Ferber, Hertha von: Das Volkstumserlebnis des Joseph Görres. Würzburg 1938 (= Stadion 1 = Diss. Berlin)

Goldstein, Erna: Die Idee des Volkes beim reifen Görres. Jena 1941. (Maschinenschr.) (= Diss. Jena)

Grollmus, Maria: Josef Görres und die Demokratie. Aufstieg und Höhepunkt. Von den Anfängen bis zum Jahre 1819. o.O. (Maschinenschr.) (= Diss. Leipzig 1933)

Gumpricht, Karl: Das lebensphilosophische Denken des reifenden Görres 1799-1808. Fulda 1935 (= Diss. Jena)

Gumpricht, Karl: Das lebensphilosophische Denken des reifenden Görres 1799-1808. In: Philosophisches Jahrbuch der Görres-Gesellschaft 48 (1935), S. 462-521

Haller, Rudolf: Des Freiherrn vom Stein Idee einer Neuordnung Deutschlands bei Arndt und Görres 1814/15. In: ZfdB 12 (1936), S. 480-486

Holub, Gunther: Joseph Görres und die deutsche Volksliteratur. Diss. Wien 1937

Jappe, Hajo: Die Vorstellungen von Volk und Nation, Staat und Reich im Rheinischen Merkur. In: Forschungen zur brandenburgischen und preußischen Geschichte 46 (1934), 112-146

Kern, Hans: Joseph Görres. In: Willy Andreas, Wilhelm von Scholz (Hrsg.): Die großen Deutschen. Berlin 1935. Bd. 2, S. 503-523.

Kindt, Hermann: Görres' Rheinischer Merkur und die deutsche Presse seiner Zeit. Braunschweig 1936 (= Diss. Berlin)

Klimsch, Gertrud: Die kulturpolitischen Bestrebungen von Joseph Görres bis zum Jahre 1813. Diss. Wien 1940

Koppel, Max: Schellings Einfluß auf die Naturphilosophie Görres. In: Philosophisches Jahrbuch der Görres-Gesellschaft 47 (1934), S. 221-241, 346-369; 48 (1935), S. 41-69 (= Diss. Würzburg)

Mayer, Johann: Görres und das Junge Deutschland. Diss. Wien 1937

Pölnitz, Götz von: Joseph Görres und die Pressepolitik der deutschen Reaktion. Köln 1936

Rehr, Ilse: Görres in seinem Verhältnis zur Geschichte. Eine Analyse seiner Heidelberger Abhandlung „Wachstum der Historie". Quakenbrück 1935 (= Diss. Hamburg)

Reichardt, Karl: Görres, der Deutsche. In: Bücherkunde 4 (1937), S. 601-606

Lettau, Bernhard: Ein Beitrag zu Joseph Görres Staatsauffassung von 1800 bis 1824. Borna Leipzig 1934 (= Diss. Königsberg)

Reich, Hanns: Görres in unserer Zeit. In: Literatur 36 (1934), S. 687-691

Reich, Hanns: Görres. In: Süddeutsche Monatshefte 32 (1935), S. 542-547

Schanz, Anna: Görres' Stellung zum Kölner Kirchenstreit. Diss. Wien 1938

Schellberg, Wilhelm: Joseph Görres Sendung. In: Akademische Mitteilungsblätter 46 (1934), S. 58-63

Schorn, Auguste: Joseph Görres in der Entwicklung des deutschen Katholizismus. In: Die Schildgenossen 15 (1936), S. 98-110

Schönfelder, Ingeborg: Die Idee der Kirche bei Joseph Görres. Breslau 1938 (= Diss. Breslau)

Sistig, Peter: Die geschichtsphilsophischen Beziehungen von Görres zu Hegel. Ein Beitrag zur Geschichtsphilosophie der Romantik. o.O. 1943 (= Diss. Bonn)

Sonnenschein, Albert: Görres, Windischmann und Deutinger als christliche Philosophen. Bochum 1938 (= Diss. Bonn)

Stein, Robert: Unbekannte Briefe von Görres. In: Germania 27. 2. 1935 (Nr. 59)

Stein, Robert: Begründer der Stammes- und Volkskunde: Görres und Riehl. In: Hochland 34 (1936/37), S. 544-550

Theunissen, G. H.: Vom Wesen des rheinschen Journalisten. Ein Versuch über Görres und Heine. In: DuV 39 (1938), S. 51-60

Jakob und Wilhelm Grimm:

Böckmann, Paul: Die Welt der Sage bei den Brüdern Grimm. In: GRM 23 (1935), S. 81-104

Diewerge, Heinz: Jakob Grimm und das Fremdwort. Leipzig 1935

Förster, Oskar: Wilhelm Grimms Bedeutung für die deutsche Sagen- und Märchenforschung. In: Die völkische Schule 12 (1935)
Gass, Karl Eugen: Die Idee der Volksdichtung und die Geschichtsphilosophie der Romantik. Zur Interpretation des Briefwechsels zwischen den Brüdern Grimm und Achim von Arnim. Wien 1940 (= Kaiser Wilhelm Institut für Kunst- und Kulturwiss. im Palazzo Zuccari, Rom. Veröffentl. der Abteilung für Kulturwiss. 1, 19/20)
Heymann, Ernst: Über Jacob Grimms Heimat. Einleitender Vortrag auf der Außerordentlichen öffentlichen Sitzung zur Feier der 150. Wiederkehr des Geburtstages von Jacob Grimm am 4. Januar 1935. In: Sitzungsberichte der Preussischen Akademie der Wissenschaften. Jg. 1935. Physikalisch-Mathematische Klasse. Berlin 1935, S. XXI-XXVIII.
Hübner, Arthur: Festvortrag auf der Außerordentlichen öffentlichen Sitzung zur Feier der 150. Wiederkehr des Geburtstages von Jacob Grimm am 4. Januar 1935. In: Sitzungsberichte der Preussischen Akademie der Wissenschaften. Jg. 1935. Physikalisch-Mathematische Klasse. Berlin 1935, S. XXVIII-XXXIX.
Ipsen, Gunther: Jacob Grimms Begriff des Deutschen. In: ZfdB 14 (1938), S. 301-310
Neumann, Friedrich: Vom Ursprung des deutschen Sprechens. Eine Erinnerung an Herder und Jacob Grimm. In: ZfdB 17 (1941), S. 129-145
Peukert, Will Erich (Hrsg.): Die Brüder Grimm. Ewiges Deutschland. Ihr Werk im Grundriß. Leipzig 1935
Rumpf, Max: Jacob Grimm über Italien. In: ZfdB 15 (1939), S. 397-398
Schoof, Wilhelm: Jacob Grimm und die Deutschkunde. In: ZfdK 49 (1935), S. 32-37
Schoof, Wilhelm: Zur Geschichte des Grimmschen Wörterbuchs. Eine Jahrhunderterinnerung. In: ZfdB 14 (1938), S. 58-70

Caroline von Günderode:

Fleckenstein, Adolf: Die Günderode. Hochland 37 (1939), S. 93-104
Ludwig, Renate: „Im Glanze der Himmel blieb er unentzücket." In: Die Frau 46 (1938), S. 90-93
Ludwig, Renate: Die Günderode. In: Deutsche Frauen. Bildnisse und Lebensbeschreibungen. Eingeleitet von Ina Seidel. Berlin 1939, S. 151-153
Mattheis, Margarete: Die Günderode. Gestalt, Leben und Wirkung. Berlin 1934 (= Diss. Marburg)
Westenholz, Elisabeth Meyn von: Karoline von Günderode. Ihr Leben und ihr Denkmal. In: Die Frau 43 (1938), S. 517 - 528
Pattloch, Paul: Unbekannte Briefe der Karoline von Günderode an Friedrich Creuzer. In: Hochland 35 (1937/38) Bd. 1, S. 50-59
Preisendanz, Karl: Karoline von Günderode „Des Weltalls seh'nder Spiegel bist Du nur ..." In: Mein Heimatland. Badische Blätter für Volkskunde 23 (1936), S. 120-122
Rehm, Walther: Über die Gedichte der Karoline von Günderode. In: Goethe-Kalender 35 (1942), S. 93-121
Staehr, V. von: Karoline von Günderode. In: Die deutsche Kämpferin 2 (1934), S. 196-200
Wilhelm, Richard: Die Günderode. Dichtung und Schicksal. Mit zeitgenössischen Bildern und Briefproben. Frankfurt/Main 1938

Wilhelm Hauff:

Müller, Hans: Ahnen von Wilhelm Hauff und Justinus Kerner in Thüringen. In: Das Thüringer Fähnlein 3 (1935), S. 503-509
Neuhäuser, Erika: Wilhelm Hauff. In: Schwaben 12 (1940), S. 499-503

Payr, Bernhard: Wilhelm Hauff. In: Bücherkunde 5 (1938), S. 354-360
Paulsen, Rudolf: Wilhelm Hauff, der Klassiker der Jugend. Zur 110. Wiederkehr seines Todestages am 18. November. In: Völkischer Beobachter vom 17. November 1937
Pfeilsticker, Walther: Kritisches zu Wilhelm Hauffs Ahnentafel. In: Archiv für Sippenforschung 11 (1934), S. 214-217, 258-259, 321

E.T.A. Hoffmann:
Ament, Wilhelm: Das E.T.A.-Hoffmann-Haus in Bamberg und seine Sammlung. In: Mitteilungen der E.T.A. Hoffmann-Gesellschaft 1 (1938/39), H. 1, S. 8-24
Ament, Wilhelm: Bamberg und die deutsche Romantik im Lichte neuerer Quellen. In: Mitteilungen der E.T.A. Hoffmann-Gesellschaft 1 (1938/40), H.2/3, S. 39-64
Baumgart, Fritz: E.T.A. Hoffmanns Künstlernovellen. Gedanken um Kunst und Künstler der Romantik. In: Deutschland-Italien. Beiträge zu den Kulturbeziehungen zwischen Norden und Süden. Festschrift für Wilhelm Waetzoldt zu seinem 60. Geburtstag. Berlin 1941, S. 293-307
Bergengruen, Werner: E.T.A. Hoffmann. Stuttgart 1939 (= Die Dichter der Deutschen 3)
Böttcher, Lukas: E.T.A. Hoffmanns „Aurora". Eine noch unbekannte Oper. In: Zeitschrift für Musik 100 (1933), S. 1241-1243
Böttcher, Lukas: Das Rätsel E.T.A. Hoffmann. In: Mitteilungen der E.T.A. Hoffmann-Gesellschaft 1 (1938/40), H.2/3, S. 36-38
Cohn, Hilde: Realismus und Transzendenz in der Romantik, insbesondere bei E.T.A. Hoffmann. Heidelberg 1933 (= Diss. Heidelberg)
Feigl, Liselotte: Die transzendente Welt in der Dichtung von E.T.A. Hoffmann. Diss. Wien 1944
Gehly, Paul Heinrich: Ein romantisches Singspiel E.T.A. Hoffmanns. In: Zeitschrift für Musik 100 (1933), S. 1103-1105
Gorlin, Michael: N.V. Gogol und E.T.A. Hoffmann. Leipzig 1933 (= Veröffentlichungen des slavischen Instituts an der Friedrich-Wilhelms-Universität Berlin 9 = Diss. Berlin)
Grigoleit, Eduard: Ahnentafel des Dichters E.T.<A.> Wilhelm Hoffmann. In: Ahnentafeln berühmter Deutscher. Folge 5. Lieferung 12. Leipzig: Zentralstelle für Deutsche Personen- und Familiengeschichte 1943. S. 193-200
Heuß, Alfred: E.T.A. Hoffmanns „Undine" eine Humanitätsoper! In: Zeitschrift für Musik 100 (1933), S. 1236-1241
Hofmann, Michel: E.T.A. Hoffmanns Bamberger Hausgenossen. In: Mitteilungen der E.T.A. Hoffmann-Gesellschaft 2 (1941/43) S. 17-32
E.T.A. Hoffmann über Mozarts „Don Juan". Eine verschollene Berliner Opernkritik aus dem Jahre 1820. Aufgefunden und mitgeteilt von Felix Hasselberg. In: Berliner Blätter 1 (1934), S. 73-78
E.T.A. Hoffmann in den Protokollen der Gesellschaft der Honoratioren zu Bamberg. In Auszügen mitgeteilt von Rudolf Herd. In: Mitteilungen der E.T.A. Hoffmann-Gesellschaft 2 (1941/43) S. 33-35
Hoffmann, W. Th.: E.T.A. Hoffmanns Oper „Liebe und Eifersucht". In: Bamberger Blätter für fränkische Kunst und Geschichte 9 (1933), S. 37-39
Jünger, Friedrich Georg: E.T.A. Hoffmann. In: Widerstand 1934, S. 376-383
Klauner, Inge: Die mimische Kunst bei E.T.A. Hoffmann. o.O. 1943 (Masch.) (= Diss. Wien 1944)

Knobelsdorff, Dr. von: E.T.A. Hoffmann und die Juden. In: Der ostpreußische Erzieher. Königsberg 1934/35, S. 513-514
Knudsen, Hans: E.T.A. Hoffmann in Posen und Warschau. In: Geistige Arbeit 6 (1939), Nr. 20, S. 1-2
Koziol, Herbert: E.T.A. Hoffmanns „Die Elexiere des Teufels" und M. G. Lewis' „The Monk". In: GRM 26 (1938), S. 167-170
Kusnitzky, Hans: Eine Vorlage zu E.T.A. Hoffmanns „Kater Murr"? In: Berliner Blätter 1 (1934), S. 163-164
Kuttner, Margot: Die Gestaltung des Individualitätsproblems bei E.T.A. Hoffmann. Düsseldorf 1936 (= Diss. Hamburg)
Lesky, Albin: E.T.A. Hoffmanns Julia-Erlebnis. In: ZfdPh 66 (1941), S. 219-238
Maassen, Carl Georg von: E.T.A. Hoffmann im Urteil zeitgenössischer Dichter. In: Mitteilungen der E.T.A. Hoffmann-Gesellschaft 2 (1941/43) S. 36-40
Soenke, Theodor Möller-: Die Romantik und die zwei Welten in E.T.A. Hoffmanns Märchen. Eine Studie zur Einsicht in die Beziehung von Dichtung und Leben; zum 165. Geburtstag Hoffmanns am 24. Januar 1941. In: Die Werkbücherei (1941), S. 13-14
Mülher, Robert: Leitmotiv und dialektischer Mythos in E.T.A. Hoffmanns Märchen „Der goldene Topf". In: Mitteilungen der E.T.A. Hoffmann-Gesellschaft 1 (1938/40) H. 2/3, S. 65-96
Mülher, Robert: Liebestod und Spiegelmythe in E.T.A. Hoffmanns Märchen „Der goldene Topf". In: ZfdPh 67 (1942) S. 21-56
Ochsner, Karl: E.T.A. Hoffmann als Dichter des Unbewußten. Ein Beitrag zur Geistesgeschichte der Romantik. Frauenfeld, Leipzig 1938 (= Wege zur Dichtung 23 = Diss. Zürich)
Pfeiffer-Belli, Wolfgang: Mythos und Religion bei E.T.A. Hoffmann. In: Euphorion 34 (1933), S. 305-340
Schenck, Ernst von: E.T.A. Hoffmann. Ein Kampf um das Bild des Menschen. Berlin 1939
Schenk, Ernst von: Zur Soziologie des E.T.A. Hoffmannschen Weltbildes. Darmstadt 1938 (= Diss. Basel)
Schücking, Julius Lothar: E.T.A. Hoffmann und der deutsche Geist. In: Mitteilungen der E.T.A. Hoffmann-Gesellschaft 1 (1938/39) H.1, S. 25-31
Textor, Hermann: E.T.A. Hoffmann in Polen (1800-1807). Ein Beitrag zur deutschen Geisteskultur in Polen. In: Deutsche Monatshefte in Polen 1 (1935), S. 78-92
Willimczik, Kurt: E.T.A. Hoffmann. Die drei Reiche seiner Gestaltenwelt. Berlin 1939 (= Neue deutsche Forschungen 216, Abt. Neuere deutsche Literaturgeschichte 19 = Diss. Berlin)

Wilhelm von Humboldt:

Baeumler, Alfred: Wilhelm von Humboldt. Rede, gehalten bei der Gedächtnisfeier der Universität Berlin am 8. April 1935. In: Internationale Zeitschrift für Erziehung 4 (1935), S. 81-93
Becker, Henrik: Wilhelm von Humboldt und unsere neue Sprachkunde. In: ZfDk 56 (1942), S. 62-68
Binswanger, P.: Wilhelm von Humboldt. Leipzig 1937
Gmeyner, Käthe: W. von Humboldts Sprachphilosophie und ihre geistesgeschichtlichen Voraussetzungen. Diss. Wien 1938
Grau, Wilhelm: Wilhelm von Humboldt und das Problem des Juden. Hamburg 1935
Grützmacher, R. H.: Wilhelm von Humboldt und die geistige Situation der Gegenwart. In: Preußische Jahrbücher 240 (1935), S. 31-44

Grunsky, Hans A.: Wilhelm von Humboldt und die Juden. In: NS Monatshefte 7 (1936), S. 555-556
Herkendell, Hans-Jörg: Die Persönlichkeitsidee Wilhelm von Humboldts und das völkisch-politische Menschenbild. Würzburg 1938 (= Kulturphilosophische, philosophiegeschichtliche und erziehungswissenschaftliche Studien 6)
Leitzmann, Albert: Wilhelm von Humboldt und sein Erzieher. Mit ungedruckten Briefen Humboldts. Berlin 1940 (= Abhandlungen der preußischen Akademie der Wissenschaften, Philosophisch-historische Klasse 5)
Massenbach, Heinrich Freiherr von: Ahnentafel der Brüder Wilhelm und Alexander von Humboldt. In: Ahnentafeln berühmter Deutscher. Folge 5, Lieferung 11. Leipzig: Zentralstelle für Deutsche Personen- und Familiengeschichte 1942
Pappenheim, H. E.: Wilhelm von Humboldts „Brunnen des Calixtus". In: Die Antike 16 (1940), S. 227-242
Schultz, Franz: Wilhelm von Humboldts deutscher Weg. Zu seinem 175. Geburtstage am 22. Juni 1942. In: Deutsche Kultur 17 (1942), S. 1-17
Vossler, Otto: Humboldt und die deutsche Nation. Leipzig 1941 (= Leipziger Universitätsreden 7)

Friedrich Ludwig Jahn:

Baeumler, Alfred: Friedrich Ludwig Jahns Stellung in der deutschen Geistesgeschichte. In: NS Monatshefte 7 (1936), S. 523-537
Baeumler, Alfred: Friedrich Ludwig Jahns Stellung in der deutschen Geistesgeschichte. Leipzig 1940
Bartz, Wilhelm: Fremdwort und Sprachreinigung bei Friedrich Ludwig Jahn. Greifswald 1936 (= Diss. Greifswald)
Becker, Oskar: Die Volkstumskunde Friedrich Ludwig Jahns. Philippsburg 1940 (= Diss. Freiburg 1939)
Bollnow, Otto Friedrich: Volk, Sprache, Erziehung bei Friedrich Ludwig Jahn. In: ZfdB 16 (1940), S. 253-263
Bungardt, Karl Matthias: Friedrich Ludwig Jahn als Begründer einer völkisch-politischen Erziehung. Würzburg 1938 (= Kulturphilosophische, philosophiegeschichtliche und erziehungswissenschaftliche Studien 3 = Diss. Frankfurt)
Dürre, Konrad: Friedrich Ludwig Jahn. In: Willy Andreas, Wilhelm von Scholz (Hrsg.): Die großen Deutschen. Berlin 1935. Bd. 2, S. 524-539
Hagen, Harro: Der politische Erzieher Friedrich Ludwig Jahn. In: Politische Erziehung 1 (1933/34), S. 431-436
Hennig, Arthur: Vor 125 Jahren erschien Jahns „Deutsches Volkstum". In: Völkische Schule 13 (1935), S. 429-434
Rabenhorst: Friedrich Ludwig Jahns Gedanken über die deutsche Erziehung. In: NS Monatshefte 5 (1934), S. 420-423
Rieck, Friedrich: Die pädagogischen Grundanschauungen Friedrich Ludwig Jahns. In: ZfdB 18 (1942), S. 179-184
Schwinger, Reinhold: Volk und Volkstum im Denken Friedrich Ludwig Jahns. In: ZfdB 12 (1936), S. 295-300
Theune, Brigitte: Volk und Nation bei Jahn, Rotteck, Welcker und Dahlmann. Berlin 1937 (= Historische Studien 319 = Diss. Marburg)
Weise, Alfred: Friedrich Ludwig Jahn, Romantiker der Tat. Potsdam 1937
Wetzel, Heinz: Friedrich Ludwig Jahn, der Politiker und politische Turner. In: NS Monatshefte 5 (1934), S. 424-440

Justinus Kerner:

Ackermann, Otto: Schwabentum und Romantik. Geistesgeschichtliche Untersuchungen über Justinus Kerner und Ludwig Uhland. o.O. 1939
Grell, Burkhard: Medizingeschichtliches bei Justinus Kerner. Ein Beitrag zur Geschichte der Medizin der Romantik. Würzburg 1939 (= Med. Diss. Würzburg)
Hänig, H.: Justinus Kerner als Erforscher des Übersinnlichen. In: Zeitschrift für Parapsychologie 9 (1934), S. 225
Lepel, Felix von: Ein unbekannter Briefwechsel zwischen Justinus Kerner und J.J. Abert. In: Jahresbericht des Justinus-Kerner-Vereins 31 (1935), S. 15-16
Müller, Hans: Ahnen von Wilhelm Hauff und Justinus Kerner in Thüringen. In: Das Thüringer Fähnlein 3 (1935), S. 503-509
Vogt, A.: Erinnerung an Justinus Kerner. In: Deutsche medizinische Wochenschrift 65 (1939), S. 1093-1095

Carl Friedrich Kielmeyer:

Rauther, Max: Carl Friedrich Kielmeyer zu Ehren. Worte bei der Enthüllung einer Gedenktafel in der Württembergischen Naturaliensammlung zu Stuttgart am 18. September 1938. In: Sudhoffs Archiv 31 (1938), S. 345-350
Krieck, Ernst: Wer hat die Biologie als selbständige Wissenschaft geschaffen? In: Volk im Werden 8 (1940), S. 255-259

Theodor Körner:

Jezek, Kamilla: Theodor Körners Wiener Zeit. Diss. Wien 1938
Löffler, Fritz: Theodor Körner. Dichter und Freiheitsheld. Dresden 1938 (= Große Sachsen, Diener des Reiches 9)
Metzker, O.: Theodor Körner. In: Neue Deutsche Schule 15 (1941), S. 281-285
Pyritz, Hans: Theodor Körner. In: Bücherkunde 8 (1941), S. 276-278
Töpfl, Johann: Theodor Körner, eien Monographie. Diss. Wien 1943

Sophie Mereau:

Hang, Adelheid: Sophie Mereau in ihren Beziehungen zur Romantik. München 1934 (= Diss. Frankfurt)
Taxis-Bordogna, Olga: Sophie Mereau. In: Die Frau 48 (1940/41), S. 327-330

Gottlieb Mohnike:

Gülzow, Erich: Gottlieb Mohnike (1781-1841). In: Pommersche Lebensbilder 1. Stettin 1934, S. 53-62
Gülzow, Erich: Gottlieb Mohnike. In: Pommersche Jahrbücher 28 (1934), S. 135-174
Palm, Thede: Tegnér und der jüngere Mohnike. In: Deutsch-Schwedisches Jahrbuch 1939, S. 86-91
Wiedemann, E.: Esaias Tegnér und seine Beziehungen zu unserer Heimat. In: Das Bollwerk 7 (1936), S. 394-396
Wiehe, Erika: Gottlieb Mohnike als Vermittler und Übersetzer nordischer Literatur. Greifswald 1934 (= Nordische Studien 15 = Diss. Greifswald)

Adam Müller:

Baxa, Jakob: Adam Müllers Staatsanzeigen 1811. In: Wächter 25 (1943), S. 19-22
Baxa, Jakob: Ein unbekanntes Schreiben Adam Müllers. In: Wächter 26/27 (1944/45), S. 46-48

Bogner, Hans: Adam Müllers theologische Staatsauffassung. In: Deutsches Volkstum 15 (1933), S. 194-199
Hoffmann, Paul: Ein vergessenes Jugendwerk Adam Müllers. In: Ständisches Leben 3 (1933), S. 164-169
Huber, Ernst Rudolf: Adam Müller und der preußische Staat. In: Zeitschrift für Deutsche Geisteswissenschaft 6 (1943), S. 162-180
Körner, Josef: Adam Müller und Friedrich Schlegel. In: ZfdPh 60 (1935), S. 415
Krüger, Hans: Adam Müller in seiner Stellung zum Judentum. In: ZfdB 15 (1939), S. 122-131
Lütge, Friedrich: F. A. L. von der Marwitz und Adam Müller. In: Ständisches Leben 3 (1933), S. 661-667
Matz, Adolph: Herkunft und Gestalt der Adam Müllerschen Lehre von Staat und Kunst. Berlin 1937 (= Diss. Philadelphia)
Sano, Kazuhiko: Goethe in den „Vorlesungen über die deutsche Wissenschaft und Literatur" von Adam Müller. In: Goethe-Jahrbuch 9 (1940), S. 24-42
Stobrawa, Gerhard: Vom organischen zum völkischen Staatsdenken.Untersuchungen über Adam Müller, Fichte, Hegel und ihre Bedeutung für die Staatsphilosophie der Gegenwart. o.O. 1942 (Maschinenschr.) (= Diss. Breslau)
Theis, E.: David Ricardos Verkennung und Adam Müllers Erkenntnis der wahren Krisengründe ihrer Zeit als Folge individualistischer und ganzheitlicher Wirtschaftslehre. Düren 1938 (= Diss. Gießen)
Walzel, Oskar: Adam Müllers Ästhetik. In: Oskar Walzel: Romantisches. Bonn 1934 (= Mnemosyne 18), S. 111-250
Walzel, Oskar: Adam Müllers Aesthetik. In: Gral 29 (1935), S. 58-61
Wolff, Karl: Staat und Individuum bei Adam Müller. Ein Beitrag zur Erforschung der romantischen Staatsphilosophie. In: Historische Vierteljahresschrift 30 (1936), S. 59-107

Wilhelm Müller:
Brües, Otto: Der Griechen-Müller. In: Das Innere Reich 8 (1941/42), S. 602-607
Wahl, P.: Beiträge zur Literaturgeschichte. In: Anhaltische Geschichtsblätter 8/9 (1934), S. 46-62

Novalis (Friedrich von Hardenberg):
Barth, Emil: Dichtung eines Lebens. In: Imprimatur 6 (1935), S. 75-83
Beheim-Schwarzbach, Martin: Geheimnis der Hoffnung. In: Hamburger Fremdenblatt vom 14. 8. 1935
Beheim-Schwarzbach, Martin: Das letzte Jahr des Novalis. In: Eckart 15 (1939), S. 213-220
Beheim-Schwarzbach, Martin: Novalis. Stuttgart. 1939 (= Die Dichter der Deutschen Folge 3)
Besser, K.: Die Problematik der aphoristischen Form bei Lichtenberg, Friedrich Schlegel, Novalis und Nietzsche. Ein Beitrag zur Psychologie des geistigen Schaffens. Berlin 1935 (= Neue deutsche Forschungen, Abt. Philosophie 11)
Bluth, K. Th.: Medizingeschichtliches bei Novalis. Berlin 1934 (= Abhandlungen zur Geschichte der Medizin und der Naturwissenschaften = Diss. Berlin)
Bonsels, Waldemar: Der Hüter der Schwelle. Novalis in unserer Zeit. In: Literatur 43 (1940/41), S. 485-489
Borrass, Kurt: Hoffnung und Erinnerung als Struktur von Hardenbergs Welthaltung und deren Verhältnis zur Form. Bochum 1936 (= Diss. Münster)

Brachmann, Wilhelm: Novalis, Kleist, Hölderlin: eine religionsphilosophische Studie. In: NS Monatshefte 9 (1938), S. 757-775
Bruneder, Hans: Persönlichkeitsrhythmus – Novalis und Kleist. In: DVjs 11 (1933), S. 364-97
Coulmas, Peter: Der Monarch bei Novalis. In: DVjs 21 (1943), S. 323-341
Diepgen, Paul: Novalis und die romantische Medizin. In: P. Diepgen: Medizin und Kultur. Gesammelte Aufsätze. Zu seinem 60. Geburtstag am 24. November 1938. Stuttgart 1938, S. 243-250
Eckhard, Waldtraut: Novalis als Urheber der organischen Staatstheorie. In: Volk im Werden. 9 (1941), S. 100-107
Eisenhuth, Heinz Erich: Das Lebensverständnis bei Novalis und in der deutschen Romantik. In: Volk im Werden 11 (1943), S. 2-24
Emmersleben, August: Die politischen Ideen des Novalis. In: GRM 28 (1940), S. 100-111
Fauteck, Heinrich: Elastizität als Terminus bei Novalis. In: Junge Geisteswissenschaft 2. Göttingen 1939, S. 3-9
Fauteck, Heinrich: Die Sprachtheorie Fr. von Hardenbergs (Novalis). Berlin 1940 (= Neue Forschung 34 = Diss. Göttingen)
Guenther, Ernst: Fr. von Hardenberg und sein Verhältnis zur erzählenden Dichtung. Hamburg 1938 (= Diss. Hamburg)
Güntter, Otto: Novalis über Schiller. In: Schwäbischer Schillerverein 37 (1933), S. 88-93
Hamich, Maria: Die Wandlungen der mystischen Vereinigungsvorstellungen bei Friedrich von Hardenberg. o.O. 1944 (Maschinenschr.) (= Diss. Straßburg)
Hartmann, Otto Julius: Novalis. In: Die Tat 30 (1938), S. 335-347
Hederer, Edgar: Friedrich von Hardenbergs „Christenheit oder Europa". Zeulenroda 1936 (= Diss. München)
Höft, Albert: Novalis als Künstler des Fragments. Ein Beitrag zur Geschichte des Aphorismus. Berlin 1935 (= Diss. Göttingen)
Hecker, Jutta: Novalis. Ein Beitrag zur Behandlung der Romantik in der Schule. In: ZfDk 53 (1939), S. 233-241
Kommerell, Max: Novalis' Hymnen an die Nacht. In: Hans Otto Burger: Gedicht und Gedanke. Auslegungen deutscher Gedichte. Halle/S. 1942, S. 202-236; gekürzt und variiert in: M. Kommerell: Gedanken über Gedichte. Frankfurt/M. 1943, S. 449-456
Kluckhohn, Paul: Schillers Wirkung auf Friedrich von Hardenberg. In: DuV 35 (1934), S. 507-514
Korff, Wilhelm: Das Märchen als Urform der Poesie. Studien zum Klingsormärchen des Novalis. o.O. 1941 (Maschinenschr.) (= Diss. Erlangen)
Matz, Rose: Novalis und die jenseitige Welt. In: Die Frau 47 (1940), S. 295-298
Meyer, Rudolf: Novalis und das Sonnwendmysterium. In: Die Christengemeinschaft 15 (1938), S.116-119
Meyer, Rudolf: Novalis. Das Christus-Erlebnis und die neue Geistesoffenbarung. Stuttgart 1939
Minningerode, Irmtrud von: Die Christusanschauung des Novalis. Berlin 1941 (= Neue deutsche Forschungen 284, Abt. Religions- und Kirchengeschichte 8 = Diss. Tübingen)
Mohrhenn, Alfred: Novalis. In: Neue Rundschau 55 (1944), S. 97-107
Obenauer, Karl Justus: Schiller, Novalis und der Staat. In: Ständisches Leben 4 (1934), S. 186-192

Reble, Albert: Märchen und Wirklichkeit bei Novalis. In: DVjs 19 (1941), S. 70-110
Schmidt, Otto Eduard: Friedrich von Hardenberg und sein Bruder Karl, zwei Propheten des deutschen Aufstiegs. In: Preußische Jahrbücher 240 (1935), S. 156-162
Schwebsch, E.: Von „Tag" und „Nacht" des Novalis. In: Erziehungskunst 9 (1935), S. 111-117
Seckarev, Vsevolod: Novalis und Caadajew. In: Zeitschrift für slavische Philologie 12 (1935), S. 354-357
Sobtzyk, Erich: Novalis und Fichte. Breslau 1942. (Maschinenschr.) (= Diss. Breslau)
Steindecker, Werner: Studien zum Motiv des einsamen Menschen bei Novalis und Tieck. Breslau 1937 (= Diss. Breslau)
Trummler, E.: Das Formgeheimnis im apokalyptischen Märchen des Novalis. In: Das Goetheanum 13 (1934), S. 187-189
Unger, Rudolf: Das Wort „Herz" und seine Begriffssphäre bei Novalis. Umrisse einer Bedeutungsentwicklung. Göttingen 1937 (= Nachrichten von der Gesellschaft der Wissenschaften zu Göttingen. Phil.-hist. Klasse. Fachgr. 4, N.F. 2, 4), wieder in: R. Unger: Zur Dichtungs- und Geistesgeschichte der Goethezeit. Gesammelte Studien. Berlin 1944, S. 255-267
Weihe, Amalie: Der junge Eichendorff und Novalis' Naturpantheismus. Berlin 1939 (= Germanische Studien 210 = Diss. Marburg)
Werner, Gerhart: Die romantische Geistlehre des Novalis in ihren Beziehungen zur Klagesschen Problematik. Bleicherode a.H. 1938 (= Diss. Leipzig)

Lorenz Oken:

Strohl, Jean: Lorenz Oken und Georg Büchner. Zwei Gestalten aus der Übergangszeit von Naturphilosophie zu Naturwissenschaft. München 1936 (= Schriftenreihe der Corona 14)
Zaunick, Rudolph (Hrsg.): Lorenz Oken und die Universität Freiburg i.Br. Erster Abschnitt der für die Gesellschaft deutscher Naturforscher und Ärzte bearbeiteten Quellensammlung. Mit einem Geleitwort von Ludwig Aschoff. In: Sudhoffs Archiv 31 (1938), S. 365-403
Zaunick, Rudolph; Pfannenstiel, Max: Aus Leben und Werk von Lorenz Oken. Zweiter Abschnitt: Lorenz Oken und J. W. von Goethe. In: Sudhoffs Archiv 33 (1940/41), S. 113-173

Johann Nepomuk Ringseis:

Stützer, Herbert: Johann Nepomuk Ringseis und die religiöse Romantik. Anläßlich des 60.Todesjahres des berühmten Arztes. In: Schönere Zukunft 15 (1940), S. S. 418-419

Philipp Otto Runge:

Bergmann, Alfred: Ungedrucktes aus der Sammlung Kippenberg. II. Vier Briefe von Philipp Otto Runge und ein Brief von dessen älterem Bruder Johann Daniel an Clemens Brentano. In: Jahrbuch der Sammlung Kippenberg 10 (1935), S. 229-245
Bohner, Theodor: Philipp Otto Runge. Ein Malerleben der Romantik. Berlin o.J. [1937]
Böttcher, Otto: Runge und die literarische Romantik. In: ZfDk 48 (1934), S. 540-548
Böttcher, Otto: Philipp Otto Runge. Sein Leben, Wirken und Schaffen. Hamburg 1937
Diehl, Robert: Philipp Otto Runge und Clemens Brentano. Ein Beitrag zur Buchillustration der Romantik. In: Imprimatur 6 (1935), S. 53-74

Einem, Herbert von (Hrsg.): Gedanken und Bilder von Capar David Friedrich und Philipp Otto Runge. Beilage zu Imprimatur 6 (1935)
Einem, Herbert von: Philipp Otto Runge und C.D. Friedrich. In: Imprimatur 6 (1935), S. 106-120
Feldmann, Wilhelm: Philipp Otto Runge und die Seinen. Mit ungedruckten Briefen. Leipzig 1944
Gerlach, Hans Egon: Philipp Otto Runge. Ein Versuch, zugleich ein Bekenntnis. Berlin 1938
Isermeyer, Christian Adolf: Philipp Otto Runge. Berlin 1941 (= Die Kunstbücher des Volkes 32)
Lossow, Hubertus: Philip Otto Runge und Joseph von Eichendorff. Ein Versuch zur Wesenserkenntnis romantischen Künstlertums. In: Aurora 6 (1936), S. 100-103
Schmidt, Paul F.: Philipp Otto Runge (1777-1810). In: Pommersche Lebensbilder 1. Stettin 1934, S. 43-52
Schrade, Hubert: Philipp Otto Runge 1777-1810 und Caspar David Friedrich 1774-1840. In: Willy Andreas, Wilhelm von Scholz (Hrsg.): Die großen Deutschen. Neue deutsche Biographie. Berlin 1936. Bd. 3, S. 113-139

Johann Michael Sailer:
Düring, W.: Johann Michael Sailer, Jean Paul, Friedrich Heinrich Jakobi. Ein Beitrag zur Quellenanalyse der Sailerschen Menschenauffassung. Breslau 1941 (= Diss. Breslau)
Schlags, Willibrod: Johann Michael Sailer, „der Heilige einer Zeitenwende". Nach seinen Bekenntnissen und Schriften dargestellt. Bonn am Rh. 1934 (= Wahlband der Buchgemeinde)
Wolf, Ludwig: Johann Michael Sailers Lehre vom Menschen. Würzburg 1937 (= Diss. Gießen)

Friedrich Wilhelm Joseph Schelling:
Atz, Margit: Organische Kunstbetrachtung bei Schelling. Würzburg 1940
Hildebrandt, Kurt: Schelling und die Deutsche Bewegung. In: Schelling-Goethe. Vom deutschen Genius. Dokumente der deutschen Bewegung. Leipzig 1942 (= Reclams Universalbibliothek 7522-7523), S. 5-43
Jäckle, E.: Goethes Morphologie und Schellings Weltseele. In: DVjs 15 (1937), S. 295-330
Kein, Otto: Die Universalität des Geistes im Lebenswerk Goethes und Schellings im Zusammenhang mit der organisch-synthetischen Geistesrichtung der Goethezeit. Berlin 1934
Kein, Otto: Das Apollinische und Dionysische bei Nietzsche und Schelling. Berlin 1935 (= Neue deutsche Forschungen, Abt. Philosophie 6)
Kein, Otto: Schellings Kategorienlehre. Berlin 1939 (= Neue deutsche Forschungen, Abt. Philosophie 32)
Koppel, M.: Schellings Einfluss auf die Naturphilosophie Görres'. In: Philosophisches Jahrbuch 47 (1934), S. 221-241, 346-369; 48 (1935), S. 41-69
Ruprecht, Erich: Der Mythos bei Schelling. In: Blätter für deutsche Philosophie 12 (1939), S. 389-404
Schilling, K.: Natur und Wahrheit: Untersuchung über Entstehung und Entwicklung des Schellingschen Systems bis 1800. München 1934
Tautz, J.: Schellings philosophische Anthropologie. Würzburg 1941 (= Diss. Tübingen)

Max von Schenkendorf:

Grigoleit, Eduard: Ahnentafel des Freiheitdichters Max von Schenkendorf. In: Ahnentafeln berühmter Deutscher. Folge 5, Lfg. 12. Leipzig: Zentralstelle für Deutsche Personen- und Familiengeschichte 1943, S. 201-204

Lux, A.: Regierungsrat Schenkendorf. Aus den Koblenzer Jahren des Freiheitsdichters. In: Moselland 1943, S. 12-18

Schoof, Wilhelm (Hrsg.): Zwanzig neue Schenkendorf-Briefe. In: Jahrbuch des Kölner Geschichtsvereins 21 (1939), S. 164-194

Schoof, Wilhelm: Max von Schenkendorf und Freiherr vom Stein. In: Westfalen 24 (1939), S. 39-41

Schoof, Wilhelm: Schenkendorf und der Rhein. In: Rheinische Blätter 18 (1941); S. 122-124

Schulenburg, D. von der: Die Romantik. Max von Schenkendorf und Friedrich de la Motte Fouqué zum Gedächtnis. In: Deutsches Adelsblatt 60 (1942), Nr. 23, S. 296-298

August Wilhelm Schlegel:

Brentano, Bernhard von: August Wilhelm Schlegel. Geschichte eines romantischen Geistes. Stuttgart 1943

Buschbeck, E.: August Wilhelm Schlegel. Zum 175. Geburtstag. In: Der Augarten 7 (1942), S. 391-394

Die Bibliothek A.W. Schlegels. In: Jahrbuch der deutschen Bibliophilen 21/22 (1937), S. 122-126

Drei Briefe August Wilhelm Schlegels an Mathias De Noel. Mitgeteilt von Willi Kahl. In: Jahrbuch des Kölner Geschichtsvereins 15 (1933), S. 130-134

Ein unbekannter Brief August Wilhelm Schlegels an seinen Verleger. Mitgeteilt von Johannes Hennig. In: GRM 25 (1937), S. 464-466

Herrmann, Hans: Der Gegenwärtigkeitsgedanke in der theoretischen Behandlung des Dramatischen Kunstwerks bei Lessing, August Wilhelm Schlegel und Hegel. Breslau 1934 (= Sprache und Kultur der germanischen und romanischen Völker. Reihe B, Bd. 8= Diss. Breslau 1934)

Jagenlauf, Franz: August Wilhelm Schlegel und die Lehre vom Verstehen. Leipzig 1934 (= Diss. Leipzig)

Kainz, Friedrich: August Wilhelm Schlegel und die deutsche Sprache. In: DuV 39 (1938), S. 261-281

Kainz, Friedrich: August Wilhelm Schlegel als Sprachästhetiker. In: Geistige Arbeit 5 (1938), Nr. 9, S. 5-6

Kaufmann, Paul: Auf den Spuren A.W. Schlegels. In: Preußische Jahrbücher 234 (1933), S. 226-243

Körner, Josef: Ein unehelicher Sohn A. W. Schlegels? In: Jahrbuch des Kölner Geschichtsvereins 15 (1933), S. 120-129

Körner, Josef: Friedrich Tieck und August Wilhelm Schlegel über Gottlieb Schick. In: Württembergische Vierteljahresschrift für Landesgeschichte 41 (1936), S. 118-127

Körner, Josef: August Wilhelm Schlegel und Frau von Staël. In: Hochland 36 (1939), S. 500-505 (weitgehend identisch mit dem Beitrag gleichen Titels in: Der kleine Bund 20 (1939), S. 293-295, 300-303)

Pange, Pauline Gräfin de: August Schlegel und Frau von Staël. Eine schicksalhafte Begegnung. Nach unveröff. Briefen erzählt. Deutsche Ausgabe von Willy Grabert. Hamburg 1940

Schirmer, Walter: August Wilhelm Schlegel und England. In: Shakespeare-Jahrbuch 75 (1938), S. 77-107

Schüber, Wiltraut: August Wilhelm Schlegels Wiener Aufenthalte. Diss. Wien 1944
Taxis-Bordogna, Olga: August-Wilhelm Schlegel und Frau von Staël. In: Die Frau 49 (1941), S. 56-60

Caroline von Schlegel-Schelling:
Apt, Alice: Caroline und die frühromantische Gesellschaft. Dresden 1936 (= Diss. Königsberg)
Düring, Thekla von: Caroline. Ein Lebensbild aus der Romantik. Leipzig 1942
Joachimi-Dege, Marie: Karoline Schlegel. In: Deutsche Frauen. Bildnisse und Lebensbeschreibungen. Eingeleitet von Ina Seidel. Berlin 1939, S. 117-122
Meyer-Franck, H.: Caroline die Romantikerin. In: Die Hilfe 49 (1943), S. 269-273

Dorothea Schlegel:
Nicolay, Wilhelm: Dorothea von Schlegel, eine Kritikerin Goethes. In: W. Nicolay: Goethe und das katholische Frankfurt. Frankfurt 1933, S. 74-83

Friedrich Schlegel:
Besser, K.: Die Problematik der aphoristischen Form bei Lichtenberg, Friedrich Schlegel, Novalis und Nietzsche. Ein Beitrag zur Psychologie des geistigen Schaffens. Berlin 1935 (= Neue deutsche Forschungen, Abt. Philosophie 11)
Bosch, Karl: Über Fr. Schlegels Konversion. In: Hochland 31 (1934), S. 276-278
Braig, Friedrich: Die Philosophie Friedrich Schlegels. In: Der katholische Gedanke 9 (1936), S. 177-184
Braig, Friedrich: Friedrich von Schlegel. Seine Entwicklung und sein Weg zur Erkenntnis und Begründung des Glaubens. In: Der katholische Gedanke 10 (1937), S. 47-58
Braig, Friedrich: Religion und Poesie. Friedrich von Schlegels Aufbau einer christlich-katholischen Ästhetik. In: Stimmen der Zeit 136 (1939), S. 9-21
Busch, Paul: Friedrich Schlegel und das Judentum. Bottrop 1939 (= Diss. München 1939)
Emmersleben, August: Die Antike in der romantischen Theorie. Die Gebrüder Schlegel und die Antike. Berlin 1937 (= Germanische Studien 191)
Dippelhofer, Ludwig: Das Problem des Individuellen in der Geschichtsphilosophie F. Schlegels. Würzburg 1940 (= Diss. Gießen)
Feifel, Rosa: Die Lebensphilosophie Friedrich Schlegels und ihr verborgener Sinn. Bonn 1938 (= Grenzfragen zwischen Theologie und Philosophie 7)
Groben, Margaret: Zum Thema: Friedrich Schlegels Entwicklung als Literarhistoriker und Kritiker. Ein Beitrag zu einer künftigen Biographie. Essen 1934 (= Diss. Köln)
Kalthoff, Hildegard: Glauben und Wissen bei Friedrich Schlegel. Bonn 1939 (= Grenzfragen zwischen Theologie und Philosophie 11 = Diss. Münster)
Kalthoff, Hildegard: Glaube und Wissen bei F. Schlegel. In: Schönere Zukunft 15 (1939/40), S. 84-85
Kainz, Friedrich: Friedrich Schlegels Sprachphilosophie. In: Zeitschrift für deutsche Geisteswissenschaft 3 (1940/41), S. 263-282
Körner, Josef: Friedrich Schlegels erstes philosophisches System. In: Forschungen und Fortschritte 10 (1934), S. 382
Körner, Josef. Friedrich Schlegel und Madame de Staël. In: Preußische Jahrbücher 236 (1934), S. 221-235
Körner, Josef: Ein Brief der Frau von Staël an Friedrich Schlegel. In: ZfdPh 60 (1935), S. 146

Mann, Otto: Zur Philosophie des Friedrich Schlegel. In: Blätter für deutsche Philosophie 9 (1936), S. 427-444

Meißinger, Karl A.: Die Gestalt Friedrich Schlegels. In: Hochland 32 (1935), S. 84-87

Minssen, Bernhard: Untersuchungen zur Entwicklung des älteren Friedrich Schlegel auf Grund der Umarbeitung der „Geschichte der alten und neuen Literatur" von 1822. o.O. 1939 (= Diss. Breslau), Teildruck u.d.T.: Der ältere Friedrich Schlegel. Untersuchungen auf Grund der Umarbeitung der „Geschichte der alten und neuen Literatur" von 1822. Bleicherode a.H. 1939

Rothermel, Otto: Friedrich Schlegel und Fichte. Gießen 1934 (= Gießener Beiträge zur deutschen Philologie 36)

Rothermel, Otto: Sprachphilosophische Meinungen Friedrich Schlegels. In: Aus der Werkstatt. Alfred Götze zum 60. Geburtstag gewidmet. Gießen 1936 (= Gießener Beiträge zur deutschen Philologie 46), S. 19-61

Trabert, Magda: Friedrich Schlegels Weg von der romantischen zur christlichen Anthropologie. o.O. 1936; Teildr. Wiesbaden 1936 (= Diss. Bonn)

Veldtrup, Josef: Friedrich Schlegel und die jüdische Geistigkeit. In: ZfDk 52 (1938), S.401-414

Walzel, Oskar: Frühe Kunstschau Friedrich Schlegels. In: Oskar Walzel: Romantisches. Bonn 1934 (= Mnemosyne 18), S. 7-110

Walzel, Oskar: Methode? Ironie bei Friedrich Schlegel und bei Solger. Helicon 1 (1938), S. 33-50

Walzel, Oskar: Der deutsche Entdecker des Camões. In: Revue de littérature comparée 38 (1939), S. 478-494

Wimmershoff, Heinrich: Die Lehre vom Sündenfall in der Philosophie Schellings, Baaders und Friedrich Schlegels. Solingen 1934 (= Diss. Freiburg 1935)

Wirz, Ludwig: F. Schlegels philosophische Entwicklung. Bonn 1939 (= Grenzfragen zwischen Theologie und Philosophie 13); Teildruck u.d.T.: Die Grundlagen der Spätphilosophie Friedrich Schlegels. Bottrop i.W. 1939 (= Diss. Bonn)

Zeller, Otto: Bildung, Universalität und verwandte Begriffe in Fr. Schlegels Jugendschriften. Limburg an der Lahn 1934 (= Diss. Frankfurt)

Züllig, M.: Friedrich Schlegels Begriff der romantischen Ironie. In: Tatwelt 18 (1942), S. 205-215

Friedrich Ernst Daniel Schleiermacher:

Bommersheim, Paul: Von der religiösen Welt Schleiermachers. In: DVjs 22 (1944), S. 278-299

Brosche, Karl: Schleiermachers Ansichten über Volk, Staat und Volkserziehung. Helmstedt 1936 (= Diss. TH Braunschweig)

Dreyhaus, Hermann: Die politische Sendung Schleiermachers. In: Nationale Erziehung 15 (1934), S. 47-51

Eisenhuth, Heinz-Erich: Schleiermachers deutsche Frömmigkeit. In: Deutsche Selbstbesinnung. Sonderbeilage der Politischen Erziehung 2 (1934)

Fiege, Hartwig: Schleiermachers Begriff der Bildung. Hamburg 1935 (= Erziehungswissenschaftliche Studien 1 = Diss. Hamburg)

Fretlöh, W.: Schleiermacher und die Pädagogik der Gegenwart. In: Volksschularbeit 14 (1934), S. 209-222

Germer, H.: Das Problem der Absolutheit des Christentums bei Herder und Schleiermacher. Marburg 1938 (= Diss. Marburg)

Grüner, Viktor: Schleiermachers geistige Grösse. In: Baltische Monatshefte 3 (1934), S. 265-282

Heintze, Heinz-Adolf Freiherr von: Schleiermacher als Denker des Staates. In: Völkischer Beobachter vom 13. Februar 1934

Heinze, Rudolf: Die Kulturauffassung Schleiermachers nach der „Ethik" und der „Christlichen Sitte". Gotha 1935 (= Diss. Leipzig 1934)

Heinzelmann, Gerhard: Schleiermachers Lehre von der Kirche. Halle/S. 1934 (= Hallische Universitätsreden 61)

Hennemann, Gerhard: Zum Gedenken großer deutscher Philosophen: Friedrich Ernst Daniel Schleiermacher zum 22. November. In: Unsere Welt 30 (1938), S. 310-316

Kattenbusch, Ferdinand: Schleiermachers Grösse und Schranke. Gotha 1934 (= Theologische Studien und Kritiken 105)

Lütgert, Wilhelm: Schleiermacher. Gedächtnisrede zu seinem 100. Todestage bei der Gedenkfeier der Friedrich-Wilhelms-Universität Berlin. Berlin 1934

Meisner, Heinrich: Schleiermachers Lehrjahre. Hrsg. von Hermann Mulert. Berlin und Leipzig 1934

Moslehner, Herbert: Gemeinschaft und Kunst. Schleiermachers Weg zur Aesthetik. Breslau 1941 (Maschinenschr.) (= Diss. Breslau)

Mulert, Hermann: Schleiermacher und die Gegenwart. Frankfurt/M.: Diesterweg 1934

Nagel, Detlev: Schleiermachers Theorie der politischen Bildung. (Maschinenschr.) (= Diss. Hamburg 1941)

Neumann, Johannes: Schleiermacher. Existenz, Ganzheit, Gefühl als Grundlagen seiner Anthropologie. Berlin 1936 (= Neue deutsche Forschungen 98, Abt. Charakterol., psychologische und philos. Anthropologie 2)

Perle, Johannes: Individualität und Gemeinschaft im Denken des jungen Schleiermacher. Gütersloh 1937 (= Diss. Königsberg)

Peters, Maria: Liebe und Ehe in Schleiermachers Leben. Leipzig 1934

Piper, O.: Schleiermacher und die neue Universität. In: Zeitschrift für Theologie und Kirche 14 (1933), S. 350-369

Reble, Albert: Der Volksbegriff bei Schleiermacher. In: DVjs 14 (1936), S. 361-381

Rintelen, Friedrich Joseph von: Schleiermacher als Realist und Metaphysiker. Versuche über seine philosophische Dialektik. In: Philosophisches Jahrbuch der Görres-Gesellschaft 49 (1936), S. 223-254

Rust, Hans: Schleiermacher über Christentum und Philosophie. Eine Rechtfertigung Schleiermachers aus dem Standpunkte seiner heutigen Gegner. Gedächtnisrede zur 100. Wiederkehr seines Todestages am 12. Februar 1934. Königsberg 1934 (= Schriften der Königlich Deutschen Gesellschaft zu Königsberg 10)

Schäfer, R.: Ahnentafel Schleiermachers. Ergänzungen und Berichtigungen zum Deutschen Geschlechterbuch Band 96. In: Mitteilungen des Hessischen Familiengeschichtlichen Vereinigung 7 (1942), H. 2

Schleiermachers Briefwechsel mit Friedrich Heinrich Christian Schwarz. Zum Druck vorbereitet von Heinrich Meisner, hrsg. von Hermann Mulert. In: Zeitschrift für Kirchengeschichte 53 (1934), S. 255-294

Schütz, Roland: Schleiermacher und unsere geistige Wehrhaftmachung. In: Völkische Schule 13 (1935), S. 417-429

Schultz, Werner: Die Grundprinzipien der Religionsphilosophie Hegels und der Theologie Schleiermachers. Ein Vergleich. Berlin 1938

Seeberg, Reinhold: Zum Gedächtnis Schleiermachers. In: Forschungen und Fortschritte 10 (1934), S. 61-62

Ungern-Sternberg, Arthur von: Schleiermachers völkische Botschaft aus der Zeit der deutschen Erneuerung. Gotha 1933

Wehrung, Georg: Schleiermacher unser Zeitgenosse. In: Christliche Welt 48 (1934), Sp. 240-244.
Wentscher, Else: Die leitenden Gedanken in Schleiermachers Ethik. In: Christliche Welt 48 (1934) Sp. 111-114
Wobbermin, Georg: Methodenfragen der heutigen Schleiermacher-Forschung. Sonderdruck der Nachrichten von der Gesellschaft der Wissenschaften zu Göttingen. Phil.-hist. Klasse. Fachgr. 5, Nr. 6, S. 30-52
Zumpe, Günther: Die Gottesanschauung Schleiermachers und die Pantheismusfrage. o.O. 1942. (Maschinenschr.) (= Diss. Berlin)

Johann Friedrich Schlosser:
Dammann, Oswald: Johann Friedrich Schlosser auf Stift Neuburg und sein Kreis. In: Neue Heidelberger Jahrbücher 1934, S. 1-128

Gotthilf Heinrich Schubert:
Lothar-Reinsch, Emma: Gotthilf Heinrich Schubert, Naturforscher und Naturphilosoph. In: Anton Chroust (Hrsg.): Lebensläufe aus Franken. Erlangen 1936 (= Veröffentlichungen der Gesellschaft für Fränkische Geschichte, Reihe 7). Bd. 5, S. 349-358
Busch, Ernst: Die Stellung Gotthilf Heinrich Schuberts in der deutschen Naturmystik und in der Romantik. In: DVjs 20 (1942), S. 305-339

Theodor Schwarz:
Maskow, Erika: Theodor Schwarz. Ein pommerscher Romantiker. Greifswald 1934 (= Pommernforschung, Reihe 3, H. 1 = Diss. Greifswald)

Karl Wilhelm Ferdinand Solger:
Linden, Walter: Solger und Hegel. Bemerkungen aus Anlaß eines Vergleichs ihrer ästhetischen Schriften. Hamburg 1938 (= Diss. Hamburg)
Walzel, Oskar: Platon oder Plotin? (Zu K.W.F. Solger). In: Neophilologus 23 (1938), S. 444-449
Walzel, Oskar: „Allgemeines" und „Besonderes" in Solgers Ästhetik. In: DVjs 17 (1939), S. 153-82

Heinrich Steffens:
Achterberg, Elisabeth: Heinrich Steffens und die Idee des Volkes. Würzburg 1938 (= Stadion 2 = Diss. Berlin)
Brodersen, Arvid: Henrik Steffens und der deutsche Freiheitskampf. In: Deutsche Rundschau 235 (1933), S. 85-89
Meissner, Martin: Henrik Steffens als Religionsphilosoph. Breslau 1937
Stodte, Hermann: Heinrich Steffens. In: Der Wagen 1937, S. 153-158
Waschnitius, Viktor: Heinrich Steffens. Ein Beitrag zur nordischen und deutschen Geistesgeschichte. Neumünster 1939 (= Veröffentlichungen der Schleswig-Holsteinischen Universitätsgesellschaft 49)

Dorothea Tieck:
Scheffler, Herbert: Dorothea Tieck. Zur Erinnerung an die Shakespeare-Übersetzerin. In: Die Literatur 42 (1939/40), S. 233-234

Stricker, Käthe: Ihres Vaters Tochter! Dorothea Tieck zum Gedächtnis. In: Die Frau 43 (1935), S. 103-112
Stricker, Käthe: Dorothea Tieck und ihr Schaffen für Shakespeare. In: Shakespeare-Jahrbuch 72 (1936), S. 79-92
Winter, Johann Wilhelm: Dorothea Tiecks Macbeth-Übersetzung. Berlin 1938 (= Theater und Drama 10 = Diss. München)

Ludwig Tieck:

Amon, Clara: Die Straußenfederngeschichten unter besonderer Berücksichtigung der Beiträge L. Tiecks. o.O. 1942 (Masch.) (= Diss. München 1944)
Bodensohn, Anneliese: Ludwig Tiecks „Kaiser Octavian" als romantische Dichtung. Frankfurt/Main 1937 (= Frankfurter Quellen und Forschungen zur germanischen und romanischen Philologie H. 20. 3)
Buritsch, Emmerich: Christentum und katholische Kirche bei Ludwig Tieck. Diss. Wien 1939
Hammes, Michael Paul: „Waldeinsamkeit." Eine Motiv- und Stiluntersuchung zur deutschen Frühromantik, insbesondere zu Ludwig Tieck. Limburg an der Lahn 1933 (=Diss. Frankfurt)
Hillebrand, Friedrich: Die Entwicklung der märchenhaften Novellistik L.Tiecks. o.O. 1944 (Masch.) (= Diss. Frankfurt)
Kamphausen, A.: Sternbalds Wanderungen. Einige Bemerkungen zu einem Zeugnis romantischer Kunstanschauung. In: Zeitschrift des deutschen Vereins für Kunstwissenschaft 3 (1936), S. 404-420
Krassnig, Christl: Tieck und die Musik. Ihre Stellung in seinem Werk. o.O. 1943 (Masch.) (= Diss. Wien 1944)
Lieske, Rudolf: Tiecks Abwendung von der Romantik. Berlin 1933 (= Germanische Studien 134 = Diss. Berlin 1932)
Lindig, Horst: Der Prosastil Ludwig Tiecks. Leipzig 1937 (= Diss. Leipzig)
Magyar, Robert: Tiecks Novelle „Der Aufruhr in den Cevennen". Diss. Wien 1940
Maurer, Maria: Ludwig Tieck und Frankreich. o.O. 1943 (Masch.) (= Diss. Wien)
Ohster, Reinhold: Ludwig Tieck im Zauberspiel deutscher Dichtung. In: Die Werkbücherei (1942), S. 162-163
Pfeiffer, Emilie: Shakespeares und Tiecks Märchendramen. Bonn 1933 (= Mnemosyne 13 = Diss. Bonn 1932)
Riedel, Kurt: Karl Krauses Spuren im schöngeistigen Schrifttum von Ludwig Tieck, Fr. G. Wetzel, H.v. Kleist, Jean Paul, Goethe, Helmina von Chézy, Friedericke Lecerf, Emilie Lecerf, geb. Beck, Ad. Peters, G. Dürrefeld, E. Moller, Albert Oppermann, Karl Bahrs, Arnold Ruge, Julius Moser. 2. bereinigte und vermehrte Aufl. Dresden 1941 (= Karl Krause-Schriftkreis. Sende 6)
Rutz, Wilhelm: Tiecks Novelle „Des Lebens Überfluß". In: Pädagogische Warte 41 (1933), S. 207-217
Schneider, Ferdinand Josef: Tiecks William Lovell und Jean Pauls Titan. In: ZfdPh 61 (1936), S. 58-75.
Schulz, W.: Der Anteil des Grafen Wolf Baudissin an der Shakespeareübersetzung Schlegel-Tiecks. In: ZfdPh 59 (1934), S. 52-67
Stopp, E.C.: Wandlungen des Tieck-Bildes. Ein Literaturbericht. In: DVjs 17 (1939), S. 252-276
Taut, Irmgard: Tiecks Naturmystik. o.O. 1944 (Maschinenschr.) (= Diss. Freiburg i. Br.)
Zeydel, Edwin H.: Ludwig Tieck und das Biedermeier. In: GRM 26 (1938), S. 352-358

Sophie Tieck:
Kaulitz-Niedeck, R.: Eine Romantikerin im Baltenlande. Zum 100. Todestag von Sophie Tieck. In: Baltische Monatshefte 1933, S. 668-674

Gottfried Reinhold Treviranus:
Schunke, Ilse: Der Nachlaß von Gottfried Reinhold Treviranus in der Staatsbibliothek Bremen. In: Sudhoffs Archiv 30 (1937), S. 115-132

Ludwig Uhland:
Ackermann, Otto: Schwabentum und Romantik. Geistesgeschichtliche Untersuchungen über Justinus Kerner und Ludwig Uhland. o.O. 1939

Baum, H.: Ludwig Uhland, der Schwarzwaldwanderer. In: Der Schwarzwald 72 (1935), S. 23-24

Bökenkamp, Werner: Ludwig Uhland. Zu seinem 150. Geburtstag am 26. April 1937. In: Bücherkunde 4 (1937), S. 306-309

Hesselmeyer: Tübingen anno 1855. Der Engländer Dr. med. James Henry besucht Ludwig Uhland in Tübingen. In: Tübinger Blätter 26 (1935), S. 20-28

Kohlschmidt, Werner: Ludwig Uhland, Zeitromantiker und Zeitträger. In: ZfdB 14 (1938), S. 22-32

Moser, Hans Joachim: Das Lied vom Guten Kameraden. In: Germanien 12 (1940), S. 41-44

Ott, K.: Uhlands „Schwäbische Kunde" und das französische Rolandslied. In: ZfdB 16 (1940), S. 171-176

Pansch, Otto-Wilhelm: Ludwig Uhland. Neue Studien zur romantischen Mythologie. Düsseldorf 1934 (= Diss. Bonn)

Schneider, Hermann: Uhland, der Hundertfünfzigjährige. Zum 26. April 1937. In: DuV 38 (1937), S. 143-157

Schoof, Wilhelm: Uhland und die Brüder Grimm. In: Schwaben 12 (1940), S. 496-499

Schwarz, Georg: Ludwig Uhland: Stuttgart 1940 (= Die Dichter der Deutschen 4)

Straub, Karl Willy: Uhlands Beziehungen zum elsässischen Dichterkreis. In: Strassburger Monatshefte 5 (1941), S. 202-206

Wohlhaupter, Eugen: Recht und Rechtswissenschaft im Leben und literarischen Werk Ludwig Uhlands. In: Schmollers Jahrbuch 68 (1944), S. 49-98

Rahel Varnhagen von Ense
Susmann, Margarete:. Rahel Varnhagen von Ense. Zu ihrem 100. Todestag. In: Literarische Welt 9 (1933), Nr. 10, S. 7-8; Nr. 11/12, S. 11-12

Ernst, Fritz: Rahels Traum. In: Corona 4 (1934), S. 687-696

Varnhagen von Ense:
Römer, Friedrich: Varnhagen als Romantiker. Köln 1934 (= Diss. Berlin)

Wilhelm Heinrich Wackenroder:
Benz, Richard: Wilhelm Heinrich Wackenroder. Ein Verkündiger der Kunst. In: Bücherwurm 21 (1936), S. 178-181

Wiedemann-Lambinus, Margarete: Die romantische Kunstanschauung Wackenroders und Tiecks. In: Zeitschrift für Aesthetik 32 (1938), S. 26-45

Gladow, Gudrun: Grösse und Gefahr der Wackenroder-Tieckschen Kunstanschauung. In: ZfdB 14 (1938), S. 162-169

Wilhelm Waiblinger:
Breitmeyer, Erwin: Wilhelm Waiblinger. Aus seinem Tagebuch. In: Württemberg 6 (1935), S. 230-236

Josef Weber:
Trefzger, Hermann: Der philosophische Entwicklungsweg von Josef Weber. Ein Beitrag zur Geschichte der katholischen Romantik. Freiburg 1933 (= Diss. Freiburg)

Zacharias Werner:
Breyer, Herbert: Das Prinzip von Form und Sinn im Drama Zacharias Werners. Breslau 1933 (= Sprache und Kultur der germanischen und romanischen Völker. Reihe B, Bd. 4)
Carow, Margarete: Zacharias Werner und das Theater seiner Zeit. Clausthal-Zellerfeld 1933 (= Diss. Erlangen), auch Berlin 1933 (= Theater und Drama Bd. 3)
Ein unbekannter Jugendaufsatz Zacharias Werners. Mitgeteilt von Erich Jenisch. In: Euphorion 34 (1933), S. 413-437
Jenisch, Erich: Zacharias Werner-Stätten in Königsberg. In: Ostdeutsche Monatshefte 13 (1933), S. 123-124
Pehl, Theo: Zacharias Werner und der Pietismus. Studien zur religiösen Lebensform des frühen Zacharias Werner. Limburg a.d. Lahn 1933 (= Diss. Frankfurt)
Popper, Grete: Tod und Liebe bei Zacharias Werner. Diss. Wien 1937

Friedrich Gottlob Wetzel:
Ryssel, Fritz Heinrich: Friedrich Gottlob Wetzel innerhalb der geistigen und politischen Erneuerung Deutschlands im Zeitalter der Romantik. Darmstadt 1939 (= Diss. Frankfurt)

Wissenschafts- und zeitgeschichtliche Quellen

Abusch, Alexander: Der Irrweg einer Nation. Ein Beitrag zum Verständnis deutscher Geschichte. Neubearbeitete Ausgabe mit einem Nachwort des Autors. Berlin 1949
Alafberg, Friedrich: Der Bankrott der Literarhistorie. In: März 7 (1913), S. 152-158
Antibarbarus: Germanistennöte. In: Die Neue Rundschau 25 (1914), S. 295-298
Alewyn, Richard: Das Problem der Generationen in der Geschichte. In: ZfdB 5 (1929), S. 519-527
Alt, Johannes: Grundlagen und Voraussetzungen der wissenschaftlichen Bearbeitung der deutschsprachigen jüdischen Literatur. In: Forschungen zur Judenfrage. Bd.1. Hamburg 1937, S. 141-149
Alverdes, Friedrich: Zwiegespräch über völkisch-politische Anthropologie und biologische Ganzheitsbetrachtung. In: Der Biologie 6 (1937), H. 2, S. 49-55
Anrich, Ernst: Drei Stücke über nationalsozialistische Weltanschauung. Stuttgart 1931, 2., überarbeitete Auflage 1934 (= Kulturpolitische Schriftenreihe 2)
Anrich, Ernst: Die deutsche Geschichte seit 1789 in der neueren Forschung. In: ZfdB 13 (1937), 462-466
Bab, Julius: Der Germanistenkrach. In: Die Schaubühne 9 (1913), S. 631-635

Baeumler, Alfred: Bachofen der Mythologe der Romantik. Einleitung zu Johann Jakob Bachofen: Der Mythos von Orient und Occident. Eine Metaphysik der alten Welt. Hrsg. von Manfred Schroeter. München 1926, S. XXIII-CCXCIV; u.d.T. Von Winckelmann zu Bachofen. <Jenenser und Heidelberger Romantik> wieder in: A. Baeumler: Studien zur deutschen Geistesgeschichte. Berlin 1937, S. 99-219
Baeumler, Alfred: Männerbund und Wissenschaft. Berlin 1934
Bartels, Adolf: Geschichte der deutschen Litteratur. In zwei Bänden. Leipzig 1901/02
Bavink, Bernhard: Ergebnisse und Probleme der Naturwissenschaften. Eine Einführung in die heutige Naturphilosophie. 5. neu bearbeitete und erweiterte Aufl. Leipzig 1933
Bavink, Bernhard: Die Aufgabe der Naturwissenschaften. In: Volk im Werden 1 (1933) H. 3, S. 67-70
Bavink, Bernhard: Die Naturwissenschaften im Dritten Reich. In: Unsere Welt 25 (1933), S. 225-236
Bavink, Bernhard: Rasse und Kultur. In: Unsere Welt 26 (1934), S. 97-114, 161-190
Bavink, Bernhard: Religion als Lebensfunktion. In: Unsere Welt 28 (1936), S. 257-263
Bavink, Bernhard: Rezension Zeitschrift für die gesamte Naturwissenschaft. In: Unsere Welt 28 (1936), S. 346-348
Bavink, Bernhard: Haeckel redivivus. In: Unsere Welt 29 (1937), S. 65-73
Bavink, Bernhard: Vom Sinn und Ethos der Wissenschaft. Vortrag auf der 95. Versammlung deutscher Naturforscher und Ärzte 1938 in Stuttgart: In: Unsere Welt 40 (1938), S. 241-265
Bavink, Bernhard: Theoretische Biologie. In: Blätter für Deutsche Philosophie 17 (1943), S. 398-404
Baxa, Jacob: Einführung in die romantische Staatswissenschaft. Jena 1923
Becher, Erich: Geisteswissenschaften und Naturwissenschaften. Untersuchungen zur Theorie und Einteilung der Realwissenschaften. München, Leipzig 1921
Becher, Hubert: Die Romantik als totale Bewegung. In: Scholastik. Vierteljahresschrift für Theologie und Philosophie XX-XXIV (1949), S. 182-205
Becher, Johannes R.: Erziehung zur Freiheit. Berlin (DDR) 1950
Beck, Friedrich Alfred: Der Nationalsozialismus als universales geistiges Lebensprinzip. In: Die Neue deutsche Schule 7 (1933), S. 345-363
Benda, Oskar: Der gegenwärtige Stand der Literaturwissenschaft. Eine erste Einführung in ihre Problemlage. Wien, Leipzig 1928
Benjamin, Walter: Wider ein Meisterwerk. Zu Max Kommerell, „Der Dichter als Führer in der deutschen Klassik". In: W. Benjamin: Gesammelte Schriften. Hrsg. von Rolf Tiedemann und Hermann Schweppenhäuser. Bd. 3. Frankfurt/M. 1972, S. 252-259 (zuerst in: Die Literarische Welt 6 (1930), Nr. 33/34 vom 15.8. 1930, S. 0-11)
Benjamin, Walter: Das Kunstwerk im Zeitalter seiner technischen Reproduzierbarkeit. In: W. Benjamin: Gesammelte Schriften. Hrsg. von Rolf Tiedemann und Hermann Schweppenhäuser. Bd. 1, Teil 2. Frankfurt/M. 1974
Benz, Richard: Märchendichtung der Romantiker. Gotha 1908
Benze, Rudolf: Der Aufbau der deutschen Schule. In: Volk im Werden 1 (1933), H. 2, S. 29-40
Benze, Rudolf: Das Deutsche Zentralinstitut für Erziehung und Unterricht. In: Deutsche Schulerziehung 1940, S. 345-354
Bergengruen, Werner: Schreibtischerinnerungen. Zürich 1961
Bergengruen, Werner: Von Riga nach anderswo oder Stationen eines Lebens. Hrsg. und mit einleitenden Texten von N. Luise Hackelsberger. Zürich 1992

Beurlen, Karl: Bedeutung und Aufgabe geologischer Forschung. Zur Kritik des Aktualismus. In: Zeitschrift für die gesamte Naturwissenschaft 1 (1935/36), S. 23-36
Beurlen, Karl: Das Gestaltproblem in der organischen Natur. In: Zeitschrift für die gesamte Naturwissenschaft 1 (1935/36), S. 445-457
Bökenkamp, Werner: Beispiele sektiererischen Denkens. Bericht über den dritten Lehrgang des Amtes Schrifttumspflege. In: Völkischer Beobachter vom 7. Juni 1938
Bökenkamp, Werner: Die Bedeutung des Ewig-Weiblichen. Neuausgabe einer Faustdeutung von 1835. In: Bücherkunde 5 (1938), S. 153-156
Böckmann, Paul: Rezension Max Kommerell, Der Dichter als Führer in der deutschen Klassik. In: Anzeiger für deutsches Altertum und deutsche Literatur 48 (1929), S. 189-195.
Böckmann, Paul: Von den Aufgaben einer geisteswissenschaftlichen Literaturbetrachtung. In: DVjs 9 (1931), S. 448-471
Böckmann, Paul: Ein Jahrzehnt Romantikforschung. In: ZfdB 9 (1933), S. 47-53
Böhne, Nelly: Nationale und sozialpolitische Regungen auf den Versammlungen Deutscher Naturforscher und Ärzte bis zum Revolutionsjahr 1848. In: Sudhoffs Archiv 27 (1934), S. 87-130
Brecht, Franz Josef: Über alte und neue Wissensformen. In: Das humanistische Gymnasium 46 (1935), S. 13-26
Brentano, Bernard: Du Land der Liebe. Bericht von Abschied und Heimkehr eines Deutschen. Tübingen, Stuttgart 1952
Brüggemann, Fritz: Die Ironie als entwicklungsgeschichtliches Moment. Ein Beitrag zur Vorgeschichte der deutschen Romantik. Jena 1909
Brüggemann, Fritz: Der Kampf um die bürgerliche Welt- und Lebensanschauung in der deutschen Literatur des 18. Jahrhunderts. In: DVjs 3 (1925), S. 94-127
Brüggemann, Fritz: Psychogenetische Literaturwissenschaft. In: ZfDk 39 (1925), S. 755 - 763
Bruns, Dietrich: Erbe und Anfang des neuen Deutschunterrichts. Wege zu neuer deutscher Menschlichkeit im Deutschunterricht der Oberstufe der Höheren Schule. In: Volk im Werden 2 (1934), H. 1, S. 49-56
Buchner, Hans: Adam Müller. In: NS Monatshefte 2 (1931), S. 33-34
Büttner, Ludwig: Literaturgeschichte, Rassenkunde, Biologie. Wege und Aufgaben der rassenkundlichen Literaturbetrachtung. In: ZfdK 52 (1938), S. 337-347
Büttner, Ludwig: Gedanken zu einer biologischen Literaturbetrachtung. München 1939
Burger, Heinz Otto: Die rassischen Kräfte im deutschen Schrifttum. In: ZfdK 48 (1934), S. 462-476
Burte, Hermann: Die europäische Sendung der deutschen Dichtung. In: Böhmen und Mähren 2 (1941), S. 146-151
Buselmeier, Karin: Friedrich Gundolf und die ‚jüdische Literaturwissenschaft'. In: Norbert Giovannini (Hrsg.): Jüdisches Leben in Heidelberg. Heidelberg 1992, S. 233-247
Busse, Gisela von: Auch eine Geschichte des deutschen Volkes. Betrachtungen zu Josef Nadlers Literaturgeschichte. In: DVjs 16 (1938), S. 258-292
Carossa, Hans: Wirkungen Goethes in der Gegenwart. Leipzig 1938
Chamberlain, Houston Stewart: Die Grundlagen des 19. Jahrhunderts. München 1899
Clauss, Ludwig Ferdinand: Rasse und Seele. Eine Einführung in den Sinn der leiblichen Gestalt. 18. Aufl. München, Berlin 1943
Curtius, Ernst Robert: Europäische Literatur und lateinisches Mittelalter. Bern 1948

Cysarz, Herbert: Rezension Roman Ingarden, Das literarische Kunstwerk. In: Deutsche Literaturzeitung 52 (1931), Sp. 1595-1599

Das Germanische Seminar der Universität Berlin. Festschrift zu seinem 50jährigen Bestehen mit Beiträgen von Alfred Bergeler, Andreas Heusler, Werner Knoch, Franz Koch, Friedrich von der Leyen, Julius Petersen, Robert Petsch, Ulrich Pretzel, Hermann Schneider, Edward Schröder, Franz Schultz. Berlin und Leipzig 1937

Dehn, Fritz: Existentielle Literaturwissenschaft als Entscheidung: Einheit von Dichter und Werk. In: DuV 38 (1937), S. 29-43

Deubel, Werner: Die Religion der Rakete. In: Deutsche Rundschau 55 (1928), S. 63-70

Deubel, Werner (Hrsg.): Deutsche Kulturrevolution. Weltbild der Jugend. Berlin 1931

Deubel, Werner: Goethe als Begründer eines neuen Weltbildes. In: Jahrbuch der Goethe-Gesellschaft 17 (1931), S. 27-79

Deubel, Werner: Die deutsche Kulturrevolution und die Wiederentdeckung Ernst Moritz Arndts. In: Die Sonne 9 (1932), S. 462-468

Deubel, Werner: Irrwege der Dramenkritik. In: Völkische Kultur 2 (1934), S. 105-114

Deubel, Werner: Schiller und die deutsche Erneuerung. In: Völkische Kultur 2 (1934), S. 497-500

Deubel, Werner: Umrisse eines neuen Schillerbildes. In: Jahrbuch der Goethe-Gesellschaft 20 (1934), S. 1-64

Deubel, Werner: Der deutsche Weg zur Tragödie. Dresden 1935

Deubel, Werner: Schillers Kampf um die Tragödie. Umrisse eines neuen Schillerbildes. Berlin 1935 (= Das deutsche Leben 1)

Deubel, Werner: Im Kampf um die Seele. Wider den Geist der Zeit. Essays und Aufsätze, Aphorismen und Gedichte. Bonn 1997

Dilthey, Wilhelm: Das Erlebnis und die Dichtung. Lessing – Goethe – Novalis – Hölderlin. Leipzig 1988 (zuerst 1906)

Dittrich, Werner: Weltanschauliches Kampfgebiet Biologie. In: Politische Erziehung 6 (1938), S. 20-30

Driesch, Hans: Lebenserinnerungen. Aufzeichnungen eines Forschers und Denkers in entscheidender Zeit. München, Basel 1951

Dünninger, Josef: Der politische Sinn der Dichtung: In: Deutsches Volkstum 16 (1934), S. 579-584

Durchführunsgverordnungen des Reichsministers des Innern zu dem Gesetze zur Wiederherstellung des Berufsbeamtentums. In: Zentralblatt für die gesamte Unterrichtsverwaltung in Preußen 75 (1933), S. 168-170

Eckhard, Waldtraut: Deutsche Naturanschauung bei Jakob von Uexküll. In: Volk im Werden 8 (1940), S. 155-165

Eckhard, Waldtraut: Jakob Friedrich Fries, ein Vorkämpfer für Volk und Reich. In: Volk im Werden 9 (1941), S. 160-167

Eckhard, Waldtraut: Deutsche Naturanschauung. In: Volk im Werden 10 (1942), S. 173-178

Erlaß des Reichsministers des Innern vom 24.7. 1933. In: Zentralblatt für die gesamte Unterrichtsverwaltung in Preußen 75 (1933), S. 216

Erlaß der Landesunterrichtsbehörde Hamburg über politische Erziehung im deutschen Unterricht. In: Deutsches Philologenblatt 42 (1934), S. 30-32; als Entwurf zu einem Erlaß der Landes-Unterrichtsbehörde Hamburg über politische Erziehung im deutschen Unterricht, ausgearbeitet von Rudolf Ibel unter Beratung eines Fachausschusses auch in: ZfdB 9 (1933), S. 452-456

Erlaß des Reichsministers des Innern vom 31.1. 1934. In: Zentralblatt für die gesamte Unterrichtsverwaltung in Preußen 76 (1934), S. 53

Ermatinger, Emil (Hrsg.): Philosophie der Literaturwissenschaft. Berlin 1930
Erziehung und Unterricht in der höheren Schule. Amtliche Ausgabe des Reichs- und Preußischen Ministeriums für Wissenschaft, Erziehung und Volksbildung. Berlin 1938
Fechter, Paul: Der östliche Verschmelzungsraum. In: DuV 35 (1934), S. 309-323
Feder, Gottfried: Das Programm der N.S.D.A.P. und seine weltanschaulichen Grundgedanken. 326.-350.Tsd. München 1932
Flechtner, Hans-Joachim: Freiheit und Bindung der Wissenschaft. Berlin 1934 (= Pan Bücherei 19)
Fink, Reinhard: Deutsche Dichtungsgeschichte. In: Zeitschrift für deutsche Geisteswissenschaft 1 (1938/39), S. 177-183; 2 (1939/40), S. 184-192; 3 (1940/41), S. 143-151; 4 (1941/42), S. 222-234
Frick, Wilhelm: Kampfziel der deutschen Schule. Ansprache am 9. Mai 1933. Langensalza 1933
Fricke, Gerhard: Über die Aufgabe und die Aufgaben der Deutschwissenschaft. In: ZfdB 9 (1933), S. 494-501
Fricke, Gerhard: Vom Nutzen und Nachteil des „Lebens" für die Historie. In: ZfDk 50 (1936), S. 433-437
Fricke, Gerhard: Sonderbericht. In: ZfDk 52 (1938), S. 68
Fricke, Gerhard: Zur Interpretation des dichterischen Kunstwerks. Ein Beitrag zum Thema: Klassische Dichtung und deutscher Unterricht (1939). In: ZfDk 53 (1939), S. 337-353; wieder in G. Fricke: Vollendung und Aufbruch. Reden und Aufsätze zur deutschen Dichtung. Berlin 1943, S. 111-132
Fricke, Gerhard: Rede vor den Studierenden zu Beginn des Sommersemesters 1965 in Köln. In: Petra Boden, Rainer Rosenberg (Hrsg.): Deutsche Literaturwissenschaft 1945-1965. Fallstudien zu Institutionen, Diskursen, Personen. Berlin 1997, S. 85-95
Fried, Ferdinand: Die Soziale Revolution. Der Pakt mit der Technik – Die industrielle Revolution. In: Deutsche Technik 10 (1942), S. 410-413
Fritsche, Herbert: Novalis. Rezension des Buches von Martin Beheim-Schwarzbach. In: Das Reich vom 29. September 1940
Freudenthal, Herbert: Deutschkunde als politische Volkskunde in Schule und Lehrerbildung. In: ZfDk 49 (1935), S. 1-16
Gilman, Sander L. (Hrsg.): NS-Literaturtheorie. Eine Dokumentation. Frankfurt/M. 1971
Goethes Morphologische Schriften. Ausgew. und eingel. von Wilhelm Troll. Jena 1926 (= Gott-Natur. Schriftenreihe zur Neubegründung der Naturphilosophie 1), 2. Aufl. 1932
Groß, Walther: Nationalsozialismus und Wissenschaft. In: NS Monatshefte 14 (1943), S. 4-23
Grothe, Heinz: Die deutsche Dichtung im Spiegel neuer Literaturgeschichten: kritische Anmerkungen zu einem halben Dutzend Neuerscheinungen. In: Bücherkunde 5 (1938), S. 126-133
Grötz, Alfred: Gestaltung des Leseplans in Prima. In: ZfdB 13 (1937), S. 230-235
Gumbel, Hermann: Gemeinschaftgebundene Dichtung und freie Dichtung. In: ZfdB 10 (1934), S. 303-309
Gundolf, Friedrich: Shakespeare und der deutsche Geist. Berlin 1911
Gundolf, Friedrich: Goethe. Berlin 1916 (= Werke der Wissenschaft aus dem Kreis der Blätter für die Kunst)
Gundolf, Friedrich: Romantiker. 2 Bde. Berlin 1930
Günther, Albrecht Erich: Gibt es eine nationalsozialistische Wissenschaft? In: Deutsches Volkstum 15 (1933), S. 761-767

Günther, Albrecht Maria: Die europäische Bedeutung des Nationalsozialismus. In: Deutsches Volkstum 15 (1933), S. 715-719
Günther, Hans F.K.: Rassenkunde des deutschen Volkes. München 1939
Günther, Hans: Der Herren eigener Geist. Berlin (DDR) 1982
Günther, Joachim: Von Faust zu Empedokles. In: Das Reich (Berlin) Nr. 34 vom 24. August 1941
Habbel, Josef: Meine Begegnungen mit Eichendorff. In: Der Zwiebelturm 12 (1957), S. 245-248
Hagemeyer, Hans: Sozialismus oder Kollektivismus? In: Bücherkunde 4 (1937), S. 178-182
Hallermann, Heinz: Die neue Eichendorff-Gedenkstätte in Lubowitz. In: Aurora 10 (1941), S. 16-20
Häne, Rafael: Neue Wege in der deutschen Literaturwissenschaft. In: Schweizerische Rundschau 26 (1926), S. 526-533, 580-591
Härtle, Heinrich: Othmar Spann, der Philosoph des Christlichen Ständestaates. In: NS Monatshefte 9 (1938), S. 690-698
Hashagen, Justus: Freiheit und Gebundenheit der Kulturgebiete. In: Archiv für Kulturgeschichte 25 (1934), S. 87-97
Haupt, J.: Hochschule und Wissenschaft. In: Der deutsche Student 3 (1935), S. 4-9
Hedler, Friedrich: Führertum und Dichterschaft. In: Neue Literatur 36 (1934), S. 193-206
Heiber, Helmut (Hrsg.): Goebbels-Reden. Düsseldorf 1971, Bd. 1: 1932-1939, Bd. 2: 1940-1945
Hesselhaus, Clemens: Auslegung und Erkenntnis. Zur Methode der Interpretationskunde und der Strukturanalyse mit einer Einführung in Dantes Selbstauslegung. In: Richard Alewyn, Hans-Egon Hass, Cl. Hesselhaus (Hrsg.): Gestaltprobleme der Dichtung. Festschrift für Günther Müller. Bonn 1957, S. 259-282
Hildebrandt, Kurt: Positivismus und Natur. In: Zeitschrift für die gesamte Naturwissenschaft 1 (1935/36), S. 1-22
Hildebrandt, Kurt: Positivismus und Vitalismus. In: In: Zeitschrift für die gesamte Naturwissenschaft 1 (1935/36), S. 242-248
Hildebrandt, Kurt: Die Bedeutung von Leibniz in der deutschen Naturphilosophie. Zur Geschichte der Naturanschauung in Deutschland V. In: Zeitschrift für die gesamte Naturwissenschaft 2 (1936/37), S. 169-185
Hildebrandt, Kurt: Goethe. Seine Weltweisheit im Gesamtwerk. Leipzig 1941; 2. Aufl. 1942, 3. Aufl. 1943
Hildebrandt, Kurt: Kopernikus und Kepler in der deutschen Geistesgeschichte. Halle/S. 1944 (= Die Gestalt 14)
Hildebrandt, Kurt: Goethes Naturerkenntnis. Hamburg 1947
Hildebrandt, Kurt: Ein Weg zur Philosophie. Bonn 1962
Hildebrandt, Kurt: Erinnerungen an Stefan George und seinen Kreis. Bonn 1965
Hitler, Adolf: Mein Kampf. 2 Bde. in 1 Bd. [56] München 1933
Holler, Ernst: Vom Werden des deutschen Volkstums. Entwurf eines Lehrplans für die Obersekunda. In: ZfdB 13 (1937), S. 88-97
Horn, Hansulrich: Die Neuordnung des Schulbuchwesens und Schulbuchfragen im Kriege. In: Deutsche Schulerziehung 1943, S. 77-88
Huch, Ricarda: Die Romantik. Bd. 1: Blütezeit der Romantik. Leipzig 1899; Bd. 2: Ausbreitung und Verfall der Romantik. Leipzig 1902
Hübner, Arthur: Die Dichter und die Gelehrten. Ein Vortrag vor Studenten. In: ZfdB 9 (1933), S. 593-601
Hunger, Karl: Zur Neugestaltung des Deutschunterrichts. In: ZfdB 15 (1939), S. 89-90

Huth, Otto: Janus. Ein Beitrag zur altrömischen Religionsgeschichte. Bonn 1932
Huth, Otto: Die Fällung des Lebensbaumes. Berlin-Lichterfelde 1936 (= Das deutsche Leben 2)
Huth, Otto: Vesta: Untersuchungen zum indogermanischen Feuerkult. Leipzig 1943 (= Archiv für Religionswissenschaft, Beihefte 2 = Habil.-Schrift Tübingen 1939)
Huth, Otto: Der Lichterbaum: germanischer Mythos und deutscher Volksbrauch. Berlin-Lichterfelde 1938 (= Deutsches Ahnenerbe / B / Arbeiten zur indogermanischen Glaubensgeschichte 1), 2. Aufl. 1940
Huth, Otto: Sagen, Sinnbilder, Sitten des Volkes. Berlin 1942.
Ibel, Rudolf: Thomas Manns Deutsche Ansprache. Eine Entgegnung. In: Neue Literatur 32 (1931), S. 147
Ibel, Rudolf: Weltschau deutscher Dichter. Goethe, Schiller, Hölderlin, Kleist. Hamburg 1944
Ibel, Rudolf: Das dichterische Bild im Gedicht. In: Das Gedicht 10 (1944), 6./7. Folge
Ibel, Rudolf: Weltschau deutscher Dichter. Novalis, Eichendorff, Mörike, Droste-Hülshoff. Hamburg 1948
Jahresberichte über wissenschaftliche Neuerscheinungen auf dem Gebiet der neueren deutschen Literatur. Hrsg. im Auftrage der Preußischen Akademie der Wissenschaften von der Literaturarchiv-Gesellschaft Berlin. N.F. Bd. XIII: 1933. Berlin, Leipzig 1936; Bd. XIV: 1934. Berlin, Leipzig 1937; Bd. XV: 1935. Berlin, Leipzig 1939
Jahresberichte über wissenschaftliche Neuerscheinungen auf dem Gebiet der neueren deutschen Literatur. Hrsg. von der Deutschen Akademie der Wissenschaften zu Berlin. N.F. Bd. XVI/XIX: 1936-1939. Berlin 1956
Jahresbericht für deutsche Sprache und Literatur. Hrsg. von der Deutschen Akademie der Wissenschaften, Institut für deutsche Sprache und Literatur. Bearbeitet unter Leitung von Gerhard Marx. Bd. 1: Bibliographie 1940-1945. Berlin 1960
Kardel, Rudolf: Das deutsche Schrifttum in der Mittelschule. In: ZfdB 17 (1941), S. 90-95
Kayser, Wolfgang: Das sprachliche Kunstwerk. Eine Einführung in die Literaturwissenschaft. Zweite, erg. Aufl. Bern 1951
Kern, Hans: Die kosmische Symbolik des Carl Gustav Carus. In: Zeitschrift für Menschenkunde 1 (1925), H.4, S. 17-28
Kern, Hans: Die Philosophie des Carl Gustav Carus. Ein Beitrag zur Metaphysik des Lebens. Celle 1926
Kern, Hans: Arndt und wir. In: Die Tat 20 (1928/29), S. 114-117, auszugsweise auch in: Die Literatur 30 (1927/28), S. 549
Kern, Hans (Hrsg.): Vom unbekannten Arndt. Studienhilfe zur Philosophie der Geschichte und Menschenbildung. Stettin 1929 (= Stettiner Volkshochschul-Übungshefte 5)
Kern, Hans: Ernst Moritz Arndt, der ewige Deutsche. In: Diederichs Löwe 4 (1930), S. 141-143
Kern, Hans: Arndt und die Gegenwart. In: Rhythmus 9 (1931), S. 119-130
Kiehn, Ludwig: Deutsche Bildung – und was nun? In: ZfdB 9 (1933), S. 311-320
Kiehn, Ludwig: Nationalsozialismus als Geistesbewegung. In: ZfdB 10 (1934), S. 509-514
Kiehn, Ludwig: Nationalsozialistische Erziehung und deutscher Bildungsgedanke. In: ZfdK 49 (1935), S. 177-187

Kindermann, Heinz: Was erwarten wir Nationalsozialisten von der neuen Literaturgeschichtsschreibung? Rede auf der Tagung der *Reichsstelle zur Förderung des deutschen Schrifttums*, auszugsweise in: o.V.: Arbeit an Volk und Staat. In: Völkischer Beobachter vom 12. März 1935, S. 5

Kindermann, Heinz: Dichtung und Volkheit. Grundzüge einer neuen Literaturwissenschaft. Berlin 1937

Ludwig Klages: Mensch und Erde. In: Freideutsche Jugend. Zur Jahrhundertfeier auf dem Hohen Meißner 1913. Jena 1913, S. 89-107; als Reprint in: Winfried Mogge, Jürgen Reulecke (Hrsg.): Hoher Meißner 1913. Der Erste Freideutsche Jugendtag in Dokumenten, Deutungen und Bildern. Köln 1988 (= Archiv der Jugendbewegung 5)

Klages, Ludwig: Rhythmen und Runen. Nachlaß herausgegeben von ihm selbst. Leipzig 1944

Klemmt, Alfred: Weltanschauung statt Philosophie? In: NS Monatshefte 12 (1941), S. 1008-1012

Klemperer, Victor: LTI. Notizbuch eines Philologen. Leipzig 1975

Klemperer, Victor: Ich will Zeugnis ablegen bis zum letzten. Tagebücher 1933-1941. Hrsg. von Walter Nowojski unter Mitarbeit von Hadwig Klemperer. 2 Bde. Berlin 1995

Kluckhohn, Paul: Die Auffassung der Liebe in der Literatur des 18. Jahrhunderts und in der Romantik. Halle/S. 1922

Kluckhohn, Paul: Die deutsche Romantik. Bielefeld 1924

Kluckhohn, Paul: Persönlichkeit und Gemeinschaft. Studien zur Staatsauffassung der deutschen Romantik. Halle/S. 1925 (= DVjs-Buchreihe 5)

Kluckhohn, Paul: Deutsche Literaturwissenschaft 1933-1940. In: Forschungen und Fortschritte XVII (1941), S. 33-39, wieder in: Sander L. Gilman (Hrsg.): NS-Literaturtheorie, S. 244-264

Kluckhohn, Paul: Die Idee des Menschen in der Goethezeit. Stuttgart 1946

Koch, Franz: Stammeskundliche Literaturgeschichte. In: DVjs 7(1930), S. 143-197

Koch, Franz: Geschichte deutscher Dichtung. Hamburg 1937

Koch, Franz: Goethe und die Juden. Hamburg 1937 (= Schriften des Reichsinstituts für Geschichte des neuen Deutschlands)

Koch, Franz; Wolff, Ludwig; Lugowski, Clemens; Obenauer, Karl Justus: Handbuch des deutschen Schrifttums. Potsdam 1939ff.

Koch, Franz: Der Kriegseinsatz der Germanistik: Erkenntnis des eigenen Wesens; die Einheit der deutschen Dichtung. In: Deutscher wissenschaftlicher Dienst 1/2 (1940/41) 13, S. 4-5

Köhler, Willibald: Im Dienste Eichendorffs in Neisse. Augsburg 1966

Körner, Josef: Metahistorik des deutschen Schrifttums. In: Deutsche Rundschau 180 (1919) S. 466-468

Körner, Josef: Romantischer Antisemitismus. In: Jüdischer Almanach auf das Jahr 5681 (1930), S. 144-149

Körner, Josef: Marginalien. Kritische Beiträge zur geistesgeschichtlichen Forschung. Erste Folge. Frankfurt/M. 1950

Koischwitz, Otto: Die Revolution in der deutschen Literaturwissenschaft. Berlin, New York 1926

Kommerell, Max: Der Dichter als Führer in der deutschen Klassik. Klopstock-Herder-Goethe-Schiller-Jean Paul-Hölderlin. Berlin 1928 (= Werke der Wissenschaft aus dem Kreis der Blätter für die Kunst)

Kommerell, Max: Geist und Buchstabe der Dichtung. Goethe, Schiller, Kleist, Hölderlin. Zweite durchgesehene und vermehrte Auflage. Frankfurt/M. 1942

Kommerell, Max: Dame Dichterin und andere Essays. Hrsg. und mit einem Nachwort von Arthur Henkel. München 1967
Kommerell, Max: Briefe und Aufzeichnungen 1919-1944. Aus dem Nachlass hrsg. von Inge Jens. Olten, Freiburg i. Br. 1967
Korff, Hermann August: Rezension, Literaturgeschichte der deutschen Stämme und Landschaften. In: ZfDk 34 (1920), S. 403
Korff, Hermann August: Geist der Goethezeit. Versuch einer ideellen Entwicklung der klassisch-romantischen Literaturgeschichte. Band 1: Sturm und Drang. Leipzig 1923
Korff, Hermann August: Georg Stefansky, Das Wesen der deutschen Romantik. In: Literaturblatt für germanische und romanische Philologie 1-3 (1924), Sp. 22-26
Korff, Hermann August: Erklärung. In: Literaturblatt für germanische und romanische Philologie 10-12 (1924), Sp. 373-376
Korff, Hermann August: Humanismus und Romantik. Die Lebensauffassung der Neuzeit und ihre Entwicklung im Zeitalter Goethes. Fünf Vorträge über Literaturgeschichte. Leipzig 1924
Korff, Hermann August: Das Wesen der Romantik. In: ZfDk 43 (1929), S. 545-561
Korff, Hermann August: Die Forderung des Tages. In: ZfDk 47 (1933), S. 341-345
Korff, Hermann August: Das Dichtertum Heinrich von Kleists. In: ZfDk 47 (1933), S. 423-439
Korff, Hermann August (Hrsg.): Edel sei der Mensch. 2 Bde. Leipzig u.a. 1947/48
Kosch, Wilhelm; Sauer, August (Hrsg.): Sämtliche Werke des Freiherrn Joseph von Eichendorff. Historisch-kritische Ausgabe. Bd. 1.1: Gedichte. Regensburg 1923
Kracauer, Siegfried: Die Wissenschaftskrisis. Zu den grundsätzlichen Schriften Max Webers und Ernst Troeltschs. In: Frankfurter Zeitung vom 8. März 1923 (Hochschulblatt) und 22. März 1923 (Hochschulblatt). Wieder in: S. Kracauer: Schriften. Hrsg. von Inka Mülder-Bach. Bd. 5. 1: Aufsätze 1915-1926. Frankfurt/M. 1990, S. 212-222
Krannhals, Paul: Revolution des Denkens. Eine Einführung in die Schöpfungswelt organischen Denkens. In: Die Sonne 11 (1934), S. 146-57, 209-20, 277-87, 314-28, 471-75, 520-27, 571-82
Krieck, Ernst: Die große Stunde Deutschlands. In: Volk im Werden 1 (1933), H. 1, S. 1
Krieck, Ernst: Völkische Bildung. In: Volk im Werden 1 (1933), H. 1, S. 2-12
Krieck, Ernst: Der deutsche Idealismus zwischen den Zeitaltern. In: Volk im Werden 1 (1933), H. 3, S. 1-6
Krieck, Ernst: Zehn Grundsätze einer ganzheitlichen Wissenschaftslehre. In: Volk im Werden 1 (1933) H. 6, S. 6-9
Krieck, Ernst: Eine nötige Feststellung. In: Volk im Werden 1 (1933), H. 6, S. 74
Krieck, Ernst: Die Idee des Dritten Reiches in der Geistesgeschichte. In: Volk im Werden 2 (1934), S. 137-141
Krieck, Ernst: Ist der Nationalsozialismus „universalistisch"? In: Volk im Werden 2 (1934), S. 184-186
Krieck, Ernst: Die gegenwärtige Problemlage der Wissenschaft. Antrittsvorlesung in Heidelberg. In: Volk im Werden 2 (1934), S. 220-226
Krieck, Ernst: Germanischer Mythos und Heideggersche Philosophie. In: Volk im Werden 2 (1934), S. 247-249
Krieck, Ernst: Zur Ideengeschichte des Dritten Reiches. In: Volk im Werden 2 (1934), S. 323-324
Krieck, Ernst: Der politische und der unpolitische Deutsche. In: Volk im Werden 2 (1934), S. 377-381

Krieck, Ernst: Volkhafte Bildung. In: Die neue deutsche Schule 9 (1935), S. 2-7
Krieck, Ernst: Durchstoß aus der Fiktion zur Wirklichkeit. In: Volk im Werden 4 (1936), S. 51-53
Krieck, Ernst: Der Wandel der Wissenschaftsidee und des Wissenschaftssystems im Bereich der nationalsozialistischen Weltanschauung. Rede bei der Einweihung des Lenard-Instituts in Heidelberg. In: Volk im Werden 4 (1936), S. 378-381
Krieck, Ernst: Ernst Haeckel als Vorläufer des Nationalsozialismus. In: Volk im Werden 5 (1937), S. 164-166
Krieck, Ernst: Leben als Prinzip der Weltanschauung und Problem der Wissenschaft. Leipzig 1938 (=Weltanschauung und Wissenschaft 7)
Krieck, Ernst: Abgrenzung – aber nicht Verketzerung. In: Volk im Werden 6 (1938), S. 286
Krieck, Ernst: Philosophie. In: Deutsche Wissenschaft. Arbeit und Aufgabe. Leipzig 1939, S. 29-31
Krieck, Ernst: Deutsche Naturanschauung und Naturphilosophie. In: Volk im Werden 7 (1939), S. 49-57
Krieck, Ernst: Der holistische General. In: Volk im Werden 7 (1939), S. 132-133
Krieck, Ernst: Ganzheit. In: Volk im Werden 7 (1939), S. 133-134
Krieck, Ernst: Zur Geschichte der Naturwissenschaft. In: Volk im Werden 7 (1939), S. 184-186
Krieck, Ernst: Geburt des Rechts aus der Volksgemeinschaft. In: Volk im Werden 8 (1940), S. 50-54
Krieck, Ernst: Das manichäische Fünfblatt: Juden, Jesuiten, Illuminaten, Jakobiner und Kommunisten. In: Volk im Werden 8 (1940), S. 122-136
Krieck, Ernst: Wer hat die Biologie als selbständige Wissenschaft geschaffen? In: Volk im Werden 8 (1940), S. 255-259
Krieck, Ernst: Vergottete und verteufelte Technik. In: Volk im Werden 7 (1939), S. 468-471
Krieck, Ernst: Oersted der Däne. Der deutsche Geist und der germanische Norden. In: Volk im Werden 9 (1941), S. 56-62
Krieck, Ernst: Das Naturbild des Technikers und des Arztes. In: Volk im Werden 9 (1941), S. 134-138
Krieck, Ernst: Rasse und Staat. In: Volk im Werden 9 (1941), S. 153-159
Krieck, Ernst: Hegel und die Juden. In: Volk im Werden 9 (1941), S. 199-200
Krieck, Ernst: Hegel gegen das Reich. In: Volk im Werden 9 (1941), S. 237-249
Krieck, Ernst: Von der Philosophie zur Weltanschauung. In: Volk im Werden 9 (1941), S. 249-255
Krieck, Ernst: Das Zeitalter des Staates. In. Volk im Werden 10 (1942), S. 121-127
Krieck, Ernst: Erlebter Neuidealismus. Heidelberg 1942
Krieck, Ernst: Der Mensch in der Geschichte. Geschichtsdeutung aus Zeit und Schicksal. Leipzig 1941
Krieck, Ernst: Das Reich als Träger Europas. Leipzig 1942
Kummer, Friedrich: Deutsche Literaturgeschichte des 19. Jahrhunderts dargestellt nach Generationen. Dresden 1909
Kutzbach, Karl A.: Die Literaturgeschichtsschreibung unserer Zeit. In: Die neue Literatur 35 (1934), S. 345-355; 36 (1935), S. 73-85; 37 (1936), S. 514-526; 39 (1938), S. 67-78; 40 (1939), S. 13-22; 42 (1941), S. 9-15
Lamprecht, Karl: Ausgewählte Schriften zur Wirtschafts- und Kulturgeschichte und zur Theorie der Geschichtswissenschaft. Hrsg. von Herbert Schönebaum. Aalen 1974

Langenbucher, Hellmuth: Die Geschichte der deutschen Dichtung: Programme, Forderungen und Aufgaben der Literaturwissenschaft im neuen Reich. In: NS-Monatshefte 9 (1938), S. 293-310 und 435-445
Langenbucher, Hellmuth: Literaturwissenschaft und Gegenwartsdichtung. In: Hans Hagemeyer (Hrsg.): Zehn Vorträge der 5. Arbeitstagung des Amtes Schrifttumspflege beim Beauftragten des Führers für die gesamte geistige und weltanschauliche Erziehung der NSDAP. Stuttgart 1939
Larenz, Karl: Rechts- und Staatsphilosophie der Gegenwart. Berlin 1935
Lempicki, Sigmund von: Artikel „Literaturgeschichtsschreibung". In: Paul Merker, Wolfgang Stammler (Hrsg.): Reallexikon der deutschen Literaturgeschichte. Bd. II, S. 256-260
Lempicki, Siegmund von: Artikel „Literaturwissenschaft". In: Paul Merker, Wolfgang Stammler (Hrsg.): Reallexikon der deutschen Literaturgeschichte. Bd. II, S. 280-290
Leyen, Friedrich von der: Volkstum und Dichtung. Studien zum Ursprung und zum Leben der Dichtung. Jena 1933
Leyen, Friedrich von der: Deutsche Dichtung und deutsches Wesen. Köln 1934
Leyen, Friedrich von der: Leben und Freiheit der Hochschule. Erinnerungen. Köln 1960
Linden, Walther: Das Problem der Generationen in der Geistesgeschichte. In: Zeitwende 8 (1932), S. 434-445
Linden, Walther: Deutschkunde als politische Lebenswissenschaft – Das Kerngebiet der Bildung! In: ZfDk 47 (1933), S. 337-341
Linden, Walther: Aufgaben einer nationalen Literaturwissenschaft. München 1933
Linden, Walther: Geschichte der deutschen Literatur von den Anfängen bis zur Gegenwart. Leipzig 1937
Litt, Theodor: Vom System der Wissenschaften. In: Forschungen und Fortschritte 11 (1935), S. 225f.
Lübbe, Fritz: Die Wendung vom Individualismus zur sozialen Gemeinschaft im romantischen Roman. Berlin 1931 (= Literatur und Seele II).
Lugowski, Clemens: Deutsches Wirklichkeitsgefühl in der Dichtung. In: ZfDk 48 (1934), S. 244-252
Lukacs, Georg: Zur Kritik der faschistischen Ideologie. Berlin und Weimar 1989
Lukacs, Georg: Fortschritt und Reaktion in der deutschen Literatur. Berlin 1946
Lukacs, Georg: Die Zerstörung der Vernunft. Der Weg des Irrationalismus von Schelling zu Hitler. Berlin 1954
Lutz, Wolfgang: Gedanken zur nationalsozialistischen Literaturgeschichte. In: Nationalsozialistische Bibliographie 3 (1938) 8, Beil. 5, S. XII-XX
Mähl, Hans Joachim: Die Idee des goldenen Zeitalters im Werk des Novalis. Studien zur Wesensbestimmung der frühromantischen Utopie und zu ihren ideengeschichtlichen Voraussetzungen. Heidelberg 1965 (= Diss. Hamburg 1959), 2., unvcrändcrtc Aufl. Tübingen 1994
Mähl, Hans-Joachim; Samuel, Richard (Hrsg.): Novalis. Werke, Tagebücher und Briefe Friedrich von Hardenbergs. 3 Bde. München, Wien 1987
Mann, Thomas: Pariser Rechenschaft [1926]. In: Th. Mann: Gesammelte Werke in zwölf Bänden. Berlin (DDR) 1965. Bd. XII, S. 7-97
Mann, Thomas: Deutschland und die Deutschen [1945]. In: Th. Mann: Gesammelte Werke in zwölf Bänden. Berlin (DDR) 1965. Bd. XII, S. 554-576
Mannheim, Karl: Das konservative Denken. Soziologische Beiträge des politisch-historischen Denkens in Deutschland. In: Archiv für Sozialwissenschaft und Sozialpolitik. Tübingen 1927, Bd. 57, Heft I, II

Marholz, Werner: Literargeschichte und Literarwissenschaft. Berlin 1923 (= Lebendige Wissenschaft. Strömungen und Probleme der Gegenwart 1)

Marholz, Werner: Deutsche Literatur der Gegenwart. Probleme – Ergebnisse – Gestalten. Durchgesehen und erweitert von Max Wieser. Berlin 1930

Martin, Alfred von: Das Wesen der romantischen Religiosität In: DVjs 2 (1924), S. 367-417

Matzkat, Heinz L.: Oswald Spenglers Lehre. In: Bücherkunde 5 (1938), S. 339-353

Maync, Harry: Die Entwicklung der deutschen Literaturwissenschaft. Rektoratsrede gehalten am 13. November 1926, dem 92. Stiftungsfeste der Universität Bern. Bern 1927

Melchior, Walter: Der organische Staatsgedanke als Ausdruck einer typisch deutschen Staatsauffassung. In: ZfdB 11 (1935), S. 346-352

Meridies, Wilhelm: Zur Geschichte der deutschen Literaturwissenschaft. In: Orplid 3 (1926/27), S. 91-96

Merker, Paul: Individualistische oder soziologische Literaturgeschichtsforschung. In: ZfdB 1 (1925), S. 15-27

Merker, Paul: Neue Aufgaben der deutschen Literaturgeschichte. Leipzig, Berlin 1921 (= ZfDk-Ergänzungsheft 16)

Merker, Paul; Stammler, Wolfgang (Hrsg.): Reallexikon der deutschen Literaturgeschichte. 3 Bde. Berlin 1926-28

Metter, Alfred: Mussolini und die deutsche Staats- und Volkslehre. In: Volk im Werden 1 (1933), H. 2, S. 71-74

Meyer, Adolf: Ideen und Ideale der biologischen Erkenntnis. Leipzig 1934 (= Bios 1)

Meyer, Adolf: Krisenepochen und Wendepunkte des biologischen Denkens. Jena 1935

Meyer, Adolf: Das Leib-Seeleproblem in holistisch-biologischer Beleuchtung. In: Zeitschrift für die gesamte Naturwissenschaft 1 (1935/36), S. 106-121

Meyer, Adolf: Naturphilosophie auf neuen Wegen. Stuttgart 1948

Meyer, Adolf: Biologie der Goethezeit. Klassische Abhandlungen über die Grundlagen und Hauptprobleme der Biologie von Goethe und den großen Naturforschern seiner Zeit: Georg Forster, Alexander von Humboldt, Lorenz Oken, Carl Gustav Carus, Karl Ernst von Baer und Johannes Müller. Hrsg., geistesgeschichtlich eingeleitet und erläutert, sowie mit einer Schlußbetrachtung über Goethes Kompensationsprinzip und seiner Bedeutung für die kommende Biologie versehen von Adolf Meyer. Stuttgart 1949

Meyer, Theodor A.: Form und Formlosigkeit. Betrachtungen aus Anlaß von Fr. Strichs ‚Deutsche Klassik und Romantik oder Vollendung und Unendlichkeit'. In: DVjs 3 (1925), S. 193-272

Moser, Karl Willi: Das „Deutsche Eichendorff-Museum" zur Reisezeit. In: Aurora 8 (1938), S. 157-159

Moser, Karl Willi: Das Jahr 1939 im Deutschen Eichendorff-Museum. In: Aurora 9 (1940), S. 55-57

Moser, Karl Willi: Jahresbericht des Deutschen Eichendorff-Museums 1940. In: Aurora 10 (1941), S. 57-59

Moser, Karl Willi: Jahresbericht der Deutschen Eichendorff-Stiftung und des Deutschen Eichendorff-Museums 1941. In: Aurora 11 (1942), S. 70-78

Moser, Karl Willi: Kurzbericht des Deutschen Eichendorff-Museums 1942. In: Aurora 12 (1943), S. 89f.

Moser, Karl Willi: 40 Jahre Eichendorff-Museum. Zur Geschichte des Deutschen Eichendorff-Museums Neisse O/S und Wangen im Allgäu. In: Neisser Heimatblatt Nr. 135, Weihnachten 1975, S. 15-17

Müller, Günther: Literaturwissenschaft als Kulturwissenschaft. In: Universitas. Katholischer Pressedienst für Kultur, Dichtung und Leben. 38. Folge 15.11. 1934, S. 2

Müller, Günther: Literaturwissenschaft als Geistesgeschichte. In: Universitas. Katholischer Pressedienst für Kultur, Dichtung und Leben. 40. Folge 29.11. 1934, S. 2

Müller, Günther: Geschichte der deutschen Seele. Vom Faustbuch zu Goethes Faust. Freiburg 1939

Müller, Günther: Über die Seinsweise von Dichtung. In: DVjs 17 (1939), S. 137-153

Müller, Günther: Morphologische Poetik. Gesammelte Aufsätze. In Verbindung mit Helga Egner hrsg. von Elena Müller. Tübingen 1968

Müller, Joachim: Schrifttumsbericht Allgemeines und Grundsätzliches. In: ZfDk 51 (1937), S. 272

Müller, Joachim: Schrifttumsbericht Allgemeines und Grundsätzliches. In: ZfDk 52 (1938), S. 372

Müller, Joachim: Sonderbericht zu Josef Nadler „Literaturgeschichte des deutschen Volkes". In: ZfDk 53 (1939), S. 208

Müller, Joachim: Die völkerverbindende Kraft der Weltliteratur. Die klassische Humanitätsidee. 2 Vorträge. Leipzig 1948

Mulot, Arno: Nationalsozialistische Literaturgeschichte im Deutschunterricht. In: ZfdB 10 (1934), S. 474-485

Nadler, Josef: Die Wissenschaftslehre der Literaturgeschichte. In: Euphorion 21 (1914), S. 3-63

Nadler, Josef: Erich Schmidt. Ein Rückblick und Ausblick. In: Hochland 11.1 (1913/14), S. 313-322

Nadler, Josef: Literaturgeschichte der deutschen Stämme und Landschaften. 4 Bde. Regensburg 1912-1918, ² 1923-1924; ³ 1929-1932

Nadler, Josef: Die Berliner Romantik 1800-1814. Ein Beitrag zur gemeinvölkischen Frage: Renaissance, Romantik, Restauration. Berlin 1920

Nadler, Josef: Görres und Heidelberg. In: Preußische Jahrbücher 198 (1924), S. 279-291

Nadler, Josef: Die Hamann-Ausgabe. Vermächtnis-Bemühungen-Vollzug. Halle/S. 1930 (= Schriften der Königsberger Gelehrten Gesellschaft, Geisteswissenschaftliche Klasse 7. Jahr, Heft 6)

Nadler, Josef: Die literarhistorischen Erkenntnismittel des Stammesproblems. In: Verhandlungen des Siebenten deutschen Soziologentages. Tübingen 1931 (= Schriften der Deutschen Gessellschaft für Soziologie VII), S. 242-257

Nadler, Josef: Wo steht die deutsche Literaturwissenschaft. In: Völkische Kultur 1 (1933), S. 307-312

Nadler, Josef: Rassenkunde, Volkskunde, Stammeskunde. In: DuV 35 (1934), S. 1-17

Nadler, Josef: Das stammhafte Gefüge des deutschen Volkes. München 1934

Nadler, Josef: Nation, Staat und Dichtung. In: Corona 4 (1934), S. 359-374

Nadler, Josef: Stamm und Landschaft in der deutschen Dichtung. In: Neophilologus (1936), Nr. 9, S. 8

Nadler, Josef: Literaturgeschichte des deutschen Volkes. Dichtung und Schrifttum der deutschen Stämme und Landschaften. 4., völlig neubearb. Aufl. Berlin 1938-1941. Bd. 1: Volk (800-1740). 1939, Bd. 2: Geist (1740-1813). 1938, Bd. 3: Staat (1814-1914). 1938, Bd. 4: Reich (1914-1940). 1941

Nadler, Josef: Geschichte der deutschen Literatur. Wien 1951

Nadler, Josef: Kleines Nachspiel. Wien 1954

Neumann, F. W.: Wege neuzeitlicher deutscher Literaturwissenschaft. In: Hefte für Büchereiwesen 12 (1928), S. 269-273

Neuordnung des höheren Schulwesens. Erlaß vom 29.1. 1938. In: Amtsblatt des REM 4 (1938), S. 46-56
Nidden, Ezard: Krisis in der Literaturwissenschaft. In: Der Kunstwart 26 (1912/13), S. 169-172
Nidden, Ezard: Krisis, Krach, Bankrott der Literaturgeschichte. In: Der Kunstwart 26 (1912/13), S. 184-191
Nohl, Herman: Die deutsche Bewegung und die idealistischen Systeme. In: Logos IV (1911), S. 356-364, wieder in: H. Nohl: Die Deutsche Bewegung. Vorlesungen und Aufsätze zur Geistesgeschichte 1770-1830. Hrsg. von Otto Friedrich Bollnow und Frithjof Rodi. Göttingen 1970, S. 78-86
Obenauer, Karl Justus: Volkhafte und politische Dichtung: Probleme deutscher Poetik. Leipzig 1936 (= Weltanschauung und Wissenschaft 5)
Obenauer, Karl Justus: Josef Nadler, Literaturgeschichte des deutschen Volkes. In: ZfdB 15 (1939), S. 278-281
Obenauer, Karl Justus: Neue Literaturgeschichten. In: ZfdB 16 (1940), S. 84-86
Oppel, Horst: Studien zur Auffassung des Nordischen in der Goethezeit. Halle/S. 1944 (= DVjs-Buchreihe 28)
Ostwald, Walter: NS-Technik. Was die nationalsozialistische Revolution aus der deutschen Technik gemacht hat. In: Deutsche Technik 11 (1943), S. 48-50
Payr, Bernhard: Théophile Gautier und E.T.A. Hoffmann. Ein Beitrag zur Geistesgeschichte der europäischen Romantik. Berlin 1932 (= Diss. Leipzig 1927)
Payr, Bernhard: Dichtung als Brücke zwischen den Völkern Europas. In: Hans Hagemeyer (Hrsg.): Einsamkeit und Freiheit. Zehn Vorträge der 5. Arbeitstagung des Amtes Schrifttumspflege beim Beauftragten des Führers für die gesamte geistige und weltanschauliche Erziehung der NSDAP. Stuttgart 1939, S. 85-101
Pechtel, Rudolf: Deutscher Widerstand. Erlenbach-Zürich 1947
Peters, Ulrich: Zum Geleit. In: ZfdB 1 (1925), S. 3-4
Peters, Ulrich: Deutsche Bildung gestern und heute. In: ZfdB 9 (1933), S. 337-341
Petersen, Julius: Literaturwissenschaft und Deutschkunde. Ansprache bei der Festsitzung der Gesellschaft für deutsche Bildung in der alten Aula der Universität Berlin am 30. September 1924. In: ZfDk. 38 (1924), S. 403-415
Petersen, Julius: Die Wesensbestimmung der deutschen Romantik. Eine Einführung in die moderne Literaturwissenschaft. Leipzig 1926
Petersen, Julius: Das goldene Zeitalter bei den deutschen Romantikern. In: Fritz Strich, Hans Heinrich Borcherdt (Hrsg.): Die Ernte. Abhandlungen zur Literaturwissenschaft. Franz Muncker zu seinem 70. Geburtstag. Halle/S. 1926, S. 117-175
Petersen, Julius: Die literarischen Generationen. In: Emil Ermatinger (Hrsg.): Philosophie der Literaturwissenschaft. Berlin 1930, S. 130-187, separat Berlin 1930
Petersen, Julius; Pongs, Hermann: An unsere Leser! In: DuV 35 (1934), o.S.
Petersen, Julius: Die Sehnsucht nach dem Dritten Reich in deutscher Sage und Dichtung. In: DuV 35 (1934), S. 18-40, 145-182; separat Stuttgart 1934
Petersen, Julius: Die Wissenschaft von der Dichtung: System und Methodenlehre der Literaturwissenschaft. Bd. 1: Werk und Dichter. Berlin 1939; 2. Aufl., mit Beiträgen aus dem Nachlaß hrsg. von Erich Trunz, Berlin 1944
Philologus: Vom Geist und Ungeist der Philologenschaft. In: Die Tat 14 (1922/23), S. 225-228
Picker, Henry: Hitlers Tischgespräche im Führerhauptquartier. Vollst. überarb., erw. Neuausgabe. Stuttgart 1977
Pinder, Wilhelm: Pflicht und Anspruch der Wissenschaft. In: ZfdB 11 (1935), S. 593-597

Pfennig, Andreas: Revolution, Staatslehre und Rechtsdogmatik. In: Volk im Werden 4 (1936), S. 57-67
Pfennig, Andreas: Zur Soziologie der Volksidee. In: Volk im Werden 8 (1940), S. 22-31
Poethen, Wilhelm: Deutschunterricht und Nationalsozialismus. In: ZfdB 9 (1933), S. 349-352
Poliakov, Léon; Wulf, Joseph: Das dritte Reich und seine Denker. Frankfurt/M., Berlin, Wien 1983
Pongs, Hermann: Anmerkung zu Heinrich Zillich: Schicksal und Sendung des Auslandsdeutschtums. In: DuV 35 (1934), S. 289
Pongs, Hermann: Neue Aufgaben der Literaturwissenschaft. In: DuV 38 (1937), S. 1-17, 273-324
Prinzhorn, Hans: Leib-Seele-Einheit. Potsdam, Zürich 1927
Prinzhorn, Hans: Über den Nationalsozialismus. In: Der Ring 3 (1930), S. 884-885
Prinzhorn, Hans: Charakterkunde der Gegenwart. Berlin 1931
Pyritz, Hans: Besprechung Jahrbuch der Goethe-Gesellschaft 19 und 20 (1933) bzw. (1934). In: Deutsche Literaturzeitung 1935, Sp. 1031-1038
Pyritz, Hans: Schriften zur deutschen Literaturgeschichte. Hrsg. von Ilse Pyritz. Köln, Graz 1962
Ramsauer, Rembert: Die Atomistik des Daniel Sennert als Ansatz zu einer deutschartig-schauenden Naturforschung und Theorie der Materie im 17. Jahrhundert. Kiel 1935
Ramsauer, Rembert; Wolf, Karl Lothar: Zur Geschichte der Naturanschauung in Deutschland I. In: Zeitschrift für die gesamte Naturwissenschaft 1 (1935/36), S. 131-149
Ramsauer, Rembert; Wolf, Karl Lothar: Daniel Sennert und seine Atomlehre. Zur Geschichte der Naturanschauung in Deutschland II. In: Zeitschrift für die gesamte Naturwissenschaft 1 (1935/36), S. 357-380
Ramsauer, Rembert; Wolf, Karl Lothar: Johann Joachim Becher, Leben und Gestalt. Zur Geschichte der Naturanschauung in Deutschland III. In: Zeitschrift für die gesamte Naturwissenschaft 1 (1935/36) S. 494-511
Ramsauer, Rembert: Johann Joachim Becher, Werk und Wirkung. Zur Geschichte der Naturanschauung in Deutschland IV. In: Zeitschrift für die gesamte Naturwissenschaft 2 (1936/37), S. 132-152
Ramsauer, Rembert: Joachim Jungius und Robert Boyle. Das Schicksal der deutschen Atomlehre. Zur Geschichte der Naturanschauung in Deutschland VI. In: Zeitschrift für die gesamte Naturwissenschaft 2 (1936/37), S. 373-388
Rehm, Walther: Der Todesgedanke in der deutschen Dichtung vom Mittelalter bis zur Romantik. Halle/S. 1928 (= DVjs-Buchreihe 14)
Rehm, Walther: Griechentum und Goethezeit. Geschichte eines Glaubens. Leipzig 1936 (= Das Erbe der Alten. Reihe 2, 26)
Renessen, Herwart von: Zur biologischen Ausrichtung der Technik. In: NS Monatshefte 10 (1939), S. 442-444
Reuth, Ralf Georg (Hrsg.): Joseph Goebbels Tagebücher. 5 Bde., durchpaginiert. München, Zürich 1992
Ritter, Joachim: Dichter über Dichter. E.T.A. Hoffmann von W. Bergengruen, Stifter von Emil Merker, Kleist von Bernt von Heiseler. In: Das Reich vom 21. Juli 1940
Ritterbusch, Paul: Wissenschaft im Kampf um Reich und Lebensraum. Vortrag gehalten an der Technischen Hochschule Berlin am 7. Dezember 1941. Stuttgart 1942

Rößle, Wilhelm: Nationalsozialistische Ständeordnung. In: NS Monatshefte 6 (1935), S. 73-80
Rößner, Hans: Neue Literaturgeschichtsschreibung. In: ZfdB 14 (1938), S. 142-143
Rößner, Hans: Zur Neuordnung der Literaturwissenschaft. In: Volk im Werden 6 (1938), S. 166-174
Roethe, Gustav: Gedächtnisrede auf Erich Schmidt. In: Sitzungsberichte der Königlich Preußischen Akademie der Wissenschaften 1913, S. 617-624
Roethe, Gustav: Wege der deutschen Philologie. Rede zum Antritt des Rektorats der Friedrich-Wilhelms-Universität zu Berlin am 15. Oktober 1923. In: G. Roethe: Deutsche Reden. Hrsg. von Julius Petersen. Leipzig 1927, S. 439-455
Rosenberg, Alfred: Vom Wesensgefüge des Nationalsozialismus. Rede auf dem Parteikongreß am 21. August 1929 zu Nürnberg. In: NS Monatshefte 1 (1930), S. 12-29
Rosenberg, Alfred: Der Mythus des 20. Jahrhunderts. Eine Wertung der seelisch-geistigen Gestaltenkämpfe unserer Zeit. [67-70] München 1935
Rosenberg, Alfred: Freiheit der Wissenschaft. In: Volk im Werden 3 (1935), S. 69-80
Rosenberg, Alfred: Weltanschauung und Wissenschaft. Rede auf der 3. Reichstagung der Reichsstelle zur Förderung des deutschen Schrifttums. In: NS Monatshefte 7 (1936), S. 1067-1076
Rosenberg, Alfred: Gestalt und Leben. Rede des Reichsleiters in der Universität Halle am 27. April 1938. In: NS Monatshefte 9 (1938), S. 386-402
Rosenberg, Alfred: Kampf um die Macht. Aufsätze 1921-1932. München 1937
Rosenberg, Alfred: Tradition und Gegenwart. Reden und Aufsätze 1936-1940. München 1941
Rothacker, Erich: Heitere Erinnerungen. Frankfurt/Main, Bonn 1963
Rudolph, Werner: J.G. Hamann und die deutsche Gegenwart. In: Volk im Werden 2 (1934), S. 324-326
Rumpf, Walter: Besprechung Franz Schultz: Klassik und Romantik der Deutschen. In: ZfdPh 66 (1941), S. 86
Rust, Bernhard: Erziehung zur Tat. Rede vom 22.4. 1942. In: Deutsche Schulerziehung. Jahrbuch des Deutschen Zentralinstituts für Erziehung und Unterricht 1943, S. 3-12
Ruth, Paul Hermann: Die Idee der deutschen Volkwerdung und die Volkstheorie der Gegenwart. In: Deutsche Hefte für Volksforschung 4 (1934), S. 3-19
Rüttgers, Severin: Nordisches Schrifttum in der nationalpolitischen Erziehung. In: Deutsche Volkserziehung 3 (1936), S. 9-14
Samuel, Richard: Die poetische Staats- und Geschichtsauffassung des Friedrich von Hardenberg. Frankfurt/Main 1925
Sauer, August: Literaturgeschichte und Volkskunde. Rektoratsrede gehalten in der Aula der K.K. Deutschen Karl-Ferdinands-Universität in Prag am 18. November 1907. Prag 1907
Sauer, August: Verwahrung. In: Euphorion 25 (1924), S. 302-303
Sauer, August: Feststellung. In: Euphorion 25 (1924), S. 713
Sauer, August: Romantiker und Klassiker. Die Brüder Schlegel in ihren Beziehungen zu Schiller und Goethe, von Josef Körner, Berlin 1924. In: Euphorion 26 (1925), S. 142-151
Schäfer, Wilhelm: Wider die Humanisten. München 1943
Schellberg, Wilhelm: Zum Plan einer Gesamtausgabe der Schriften von Joseph Görres. Vereinsschrift Köln 1912
Schemann, Ludwig: Die Rasse in den Geisteswissenschaften. 3 Bde. Bd. I: Studien zur Geschichte des Rassengedankens. München 1928; Bd. II: Hauptepochen und

Hauptvölker der Geschichte in ihrer Stellung zur Rasse. München 1930; Bd. III: Die Rasse in Deutschland. München 1931
Schmitt, Carl: Politische Romantik. München 1919
Sczodrok, Karl: Vergeßt nicht Eichendorffs Heimat! In: Aurora 1 (1929), S. 146
Sczodrok, Karl: Die Deutsche Eichendorff-Stiftung. Schlesisches Jahrbuch 7 (1935), S. 157-159
Schodrok, Karl: Zur Weihe der Eichendorff-Gedenkstätte in Lubowitz. In: Aurora 10 (1941), S. 59-61
Schodrok, Karl: Zur Geschichte der Deutschen Eichendorff-Stiftung. In: Aurora 11 (1942), S. 79-81
Schodrok, Karl: Nachruf auf Adolf Dyroff. In: Aurora 12 (1943), S. 92-93
Schodrok, Karl: Das Erbe Eichendorffs. In: Rudolf Jokiel (Hrsg.): Schlesien – unverlierbare Heimat. Was sie uns gab und was sie von uns fordert. München o.J. [1947], S. 21-24
Schreiber, Friedrich: Der Geschichtsunterricht als Gliedganzes der völkischen Erziehung. In: Neue Bahnen 45 (1935), S. 305-312
Schücking, Levin L.: Literaturgeschichte und Geschmacksgeschichte. In: GRM 5 (1913), S. 561-577
Schücking, Levin L.: Die Soziologie der literarischen Geschmacksbildung. München 1923
Schuler, Alfred: Fragmente und Vorträge aus dem Nachlaß. Mit einer Einführung von Ludwig Klages. Berlin 1940
Schultz, Franz: Erich Schmidt. In: Archiv für das Studium der neueren Sprachen und Literaturen 131 (1913), S. 272-284
Schultz, Franz: Das Schicksal der deutschen Literaturgeschichte. Ein Gespräch. Frankfurt/Main 1929
Schwarz, Bernhard: Versuch der Aufstellung eines Mindestplanes für den Deutschunterricht an den höheren Schulen aus der Praxis für die Praxis. In: ZfDk 51 (1937), S. 240-253
Seckel, Dietrich: Alte und neue Geisteswissenschaft. In: Deutsche Rundschau 244 (1935), 25-32
Seckel, Dietrich: Literaturwissenschaft als Kunstwissenschaft. In: Deutsche Rundschau 242 (1934), S. 177-182
Seidel, Ina: Drei Dichter der Romantik. Clemens Brentano. Bettina. Achim von Arnim. Stuttgart o.J. [1956]
Seraphim, Hans-Günther (Hrsg.): Das politische Tagebuch Alfred Rosenbergs aus den Jahren 1934/35 und 1939/49. München 1964
Spann, Othmar: Der wahre Staat. Vorlesungen über Abbruch und Neubau der Gesellschaft. 2., durchges. Aufl. Leipzig 1923
Spann, Othmar: Gesellschaftslehre. Leipzig 1923
Spann, Othmar: Gesellschaftsphilosophie. München 1934 (= Handbuch der Philosophie IV)
Speer, Albert: Erinnerungen. Frankfurt/M., Berlin, Wien 1969
Spiegel, Gustav: Geschichte der Seele (Eine Würdigung der Psychologie der Goetheanisten Karl Gustav Carus und Gotthilf H. Schubert). In: Die Drei. Monatsschrift für Anthroposophie, Dreigliederung und Goetheanismus VII (1927/28), S. 737-752
Spiegel, Gustav: Goetheanismus. Die Psychologie des Karl Gustav Carus. In: Die Drei VIII (1928/29), 217-238
Spoerri, Theophil: Vom Wesen des Romantischen. In: Wissen und Leben XII (1918), S. 762-786

Spranger, Eduard: Gibt es eine „liberale" Wissenschaft? Vortrag auf der 924. Sitzung der Berliner Mittwochsgesellschaft am 17.4. 1935. In: Uwe Henning, Achim Leschinsky: Enttäuschung und Widerspruch. Die konservative Position Eduar Sprangers im Nationalsozialismus. Analysen – Texte – Dokumente. Weinheim 1991, S. 174-176

Sprengel, Johann Georg: Vorschläge für die Neugestaltung des deutschen Unterrichts an höheren Schulen im nationalen Staat. In: ZfdB 9 (1933), S. 575-583

Staiger, Emil: Die Zeit als Einbildungskraft des Dichters. Untersuchungen zu Gedichten von Brentano, Goethe und Keller. Zürich und Leipzig 1939

Staiger, Emil: Morphologische Literaturwissenschaft. In: Trivium 2 (1944), S. 223-227

Stapel, Wilhelm: Die Wahrheit als processus vitae. In: Deutsches Volkstum 15 (1933), S. 753-761

Stefansky, Georg: Das Wesen der deutschen Romantik. Kritische Studien zu ihrer Geschichte. Stuttgart 1923

Strich, Fritz: Die Mythologie in der deutschen Literatur von Klopstock bis Wagner. 2 Bde. Halle/S. 1910

Strich, Fritz: Der lyrische Stil des 17. Jahrhunderts. In: Abhandlungen zur deutschen Literaturgeschichte. Festschrift für Muncker. München 1916, S. 21-53

Strich, Fritz: Deutsche Klassik und Romantik oder Vollendung und Unendlichkeit. Ein Vergleich. München 1922; 2., verm. Aufl. München 1924; 3. Aufl. 1928; 4. Aufl. Bern 1949; 5. Aufl. Bern, München 1962

Strich, Fritz: Zu Heinrich Wölfflins Gedächtnis. Rede an der Basler Feier seines zehnten Todestages. Bern 1956

Thiess, Frank: Der ewige Taugenichts. Romantisches Spiel in drei Akten (nach Eichendorff). Berlin, Wien, Leipzig 1935

Thormaehlen, Ludwig: Erinnerungen an Stefan George. Hamburg 1962

Thrum, Gerhard: Der Typ des Zerrissenen. Ein Vergleich mit dem romantischen Problematiker. Leipzig 1931 (= Von deutscher Poeterey 10)

Todt, Wilhelm: Plan für den deutschen Lesestoff in den Oberklassen. In: ZfDk 51 (1937), S. 63-66

Troeltsch, Ernst: Die Revolution in der Wissenschaft. Eine Besprechung von Erich von Kahlers Schrift gegen Max Weber: ‚Der Beruf der Wissenschaft' und die Gegenschrift von Arthur Salz: ‚Für die Wissenschaft gegen die Gebildeten unter ihren Verächtern'. In: E. Troeltsch: Gesammelte Schriften. Bd. 4: Aufsätze zur Geistesgeschichte und Religionssoziologie. Tübingen 1925, S. 653-677. Erstmals in: Jahrbuch für Gesetzgebung, Verwaltung und Volkswirtschaft im Deutschen Reich (Schmollers Jahrbuch) 45 (1921), S. 65-94

Troll, Wilhelm: Gestalt und Gesetz. Versuch einer geistesgeschichtlichen Grundlegung der morphologischen und physiologischen Forschung. In: Flora N.F. 18/19 (1925), S. 536-565

Troll, Wilhelm: Organisation und Gestalt im Bereich der Blüte. Berlin 1928 (= Monographien aus dem Gesamtgebiet der wissenschaftlichen Botanik 1)

Troll, Wilhelm: Die Wiedergeburt der Morphologie aus dem Geiste deutscher Wissenschaft. In: Zeitschrift für die gesamte Naturwissenschaft 1 (1935/36), S. 349-356

Troll, Wilhelm, Karl Lothar Wolf: Goethes morphologischer Auftrag. Zum 150. Jahr des Erscheinens von Goethes Versuch über die Metamorphose der Pflanzen. In: Botanisches Archiv 41 (1940), S. 1-71; u.d.T. Goethes morphologischer Auftrag: Versuch einer naturwissenschaftlichen Morphologie. Leipzig 1940; 2., durchges. Aufl. Halle/S. 1942; 3., durchges. Aufl.Tübingen 1950 (= Die Gestalt 1)

Troll, Wilhelm: Gestalt und Urbild: Aufsätze zu den Grundfragen der organischen Morphologie. Halle/S. 1941 (= Die Gestalt 2)
Tschierschke, Bruno G.: Wie sieht das Deutsche Eichendorff-Museum aus? In: Aurora 6 (1936), S. 139-144
Tschierschke, Bruno G.: Das Deutsche Eichendorff-Museum. Der 1. Jahresbericht. In: Aurora 7 (1937), S. 131-133
Übergangsbestimmungen zur Vereinheitlichung des höheren Schulwesens. Erlaß vom 20.3. 1937. In: Amtsblatt des REM 3 (1937), S. 155-156
Unger, Rudolf: Philosophische Probleme in der neueren Literaturwissenschaft. München 1908, wieder in R. Unger: Aufsätze zur Prinzipienlehre der Literaturgeschichte. Gesammelte Studien. Bd. 1, S. 1-32
Unger, Rudolf: Hamann und die Aufklärung. Studien zur Vorgeschichte des romantischen Geistes im 18. Jahrhundert. 2 Bde. Jena 1911
Unger, Rudolf: Herder, Novalis und Kleist. Studien über die Entwicklung des Todesproblems in Denken und Dichten vom Sturm und Drang zur Romantik. Frankfurt/M. 1922 (= Deutsche Forschungen 9)
Unger, Rudolf: Moderne Strömungen in der deutschen Literaturwissenschaft. In: Die Literatur 26 (1923/24), S. 65-73
Unger, Rudolf: Literaturgeschichte als Problemgeschichte. Zur Frage geisteshistorischer Synthese, mit besonderer Beziehung auf Wilhelm Dilthey. Berlin 1924 (= Schriften der Königsberger Gelehrten Gesellschaft. Geisteswissenschaftliche Klasse I), wieder in R. Unger: Aufsätze zur Prinzipienlehre der Literaturgeschichte. Gesammelte Studien. Bd. 1, S. 137-170
Unger, Rudolf: Von Sturm und Drang zur Romantik. Eine Problem- und Literaturschau. In: DVjs 2 (1924), S. 616-645
Unger, Rudolf: Hamann und die Romantik. In: Festschrift August Sauer. Stuttgart 1925, S. 202-222; wieder in R. Unger: Aufsätze zur Prinzipienlehre der Literaturgeschichte. Gesammelte Studien. Bd. 1, S. 196-211
Unger, Rudolf: Die Vorbereitung der Romantik in der ostpreußischen Literatur im 18. Jahrhundert. In: Mitteilungen der Schlesischen Gesellschaft für Volkskunde 26 (1925), S. 60-88, wieder in R. Unger: Aufsätze zur Prinzipienlehre der Literaturgeschichte. Gesammelte Studien. Bd. 1, S. 171-195
Unger, Rudolf: Literaturgeschichte und Geistesgeschichte. Ein Vortrag. In: DVjs 4 (1926); S. 177-192, wieder in: R. Unger: Aufsätze zur Prinzipienlehre der Literaturgeschichte. Gesammelte Studien. Bd. 1, S. 212-225
Rudolf Unger: Aufsätze zur Prinzipienlehre der Literaturgeschichte. Gesammelte Studien. Bd. 1. Berlin 1929
Unger, Rudolf: Zur seelengeschichtlichen Genesis der Romantik. Karl Philipp Moritz als Vorläufer von Jean Paul und Hölderlin. Berlin 1930 (= Nachrichten von der Gesellschaft der Wissenschaften zu Göttingen, Philologisch-Historische Klasse, Fachgruppe IV: Neuere Philologie und Literaturgeschichte, Nr. 4), wieder in R. Unger: Zur Dichtungs- und Geistesgeschichte der Goethezeit, S. 144-180
Rudolf Unger: Zur Dichtungs- und Geistesgeschichte der Goethezeit. Gesammmelte Studien. Bd. 3. Berlin 1944
Vanselow, Max: Die höhere Schule im neuen Staat. In: M. Vanselow: Das Dritte Reich. Kleine Schriften zum neuen Staat und Volk. Leipzig 1934
Vanselow, Max: Grundfragen des neuen Deutschunterrichts. In: ZfDk 51 (1937), S. 81-97
Viëtor, Karl: Georg Stefansky, Das Wesen der deutschen Romantik. In: Deutsche Literaturzeitung 46 (1925), Sp. 807-816

Viëtor, Karl: Die Wissenschaft vom deutschen Menschen in dieser Zeit. In: ZfdB 9 (1933), S. 342-348
Viëtor, Karl: Programm einer Literatursoziologie. in: Volk im Werden 2 (1934), S. 35-44
Viëtor, Karl: Literaturgeschichte als Geistesgeschichte. Ein Rückblick. In: PMLA 60.1 (1945), S. 899-916; wieder in: Thomas Cramer, Horst Wenzel (Hrsg.): Literaturwissenschaft und Literaturgeschichte. Ein Lesebuch zur Fachgeschichte der Germanistik. München 1975, S. 285-315
Von deutscher Art in Sprache und Dichtung. Hrsg. im Namen der germanistischen Fachgruppe von Gerhard Fricke, Franz Koch und Klemens Lugowski. 5 Bde. Stuttgart, Berlin 1941
Waaser, Friedrich: Goethes Typus-Idee und die Idee der organischen Form. In: Zeitschrift für die gesamte Naturwissenschaft 6 (1940), S. 6-16
Walzel, Oskar: Deutsche Romantik. Ein Umriß. Leipzig 1908
Walzel, Oskar: Wechselseitige Erhellung der Künste. Ein Beitrag zur Würdigung kunstgeschichtlicher Begriffe. Berlin 1917 (= Philosophische Vorträge, veröffentlicht von der Kantgesellschaft XV)
Walzel, Oskar: Das Wortkunstwerk. Mittel seiner Erforschung. Leipzig 1926
Walzel, Oskar: Shakespeares dramatische Baukunst. In: Jahrbuch der Shakespearegesellschaft 52 (1916), S. 3-35
Walzel, Oskar: Die Formkunst von Hardenbergs Heinrich von Ofterdingen. In: GRM 7 (1915-1919), S. 403-444, 465-479
Walzel, Oskar: Die künstlerische Form der deutschen Romantik. In: Neophilologus 4 (1919), S.115-139
Wagner, Kurt: Neuausrichtung der Technik in Europa. In: NS Monatshefte 12 (1941), S. 229-237
Weber, Hermann: Lage und Aufgabe der Biologie in der deutschen Gegenwart. In: Zeitschrift für die gesamte Naturwissenschaft 1 (1935/36), S. 95-106
Weber, Hermann: Theoretische Biologie und Scholastik. In: Zeitschrift für die gesamte Naturwissenschaft 3 (1937/38), S. 85-88
Weinhandl, Ferdinand: Organisches Denken. In: Bücherkunde 4 (1937), S. 193-199
Weinhandl, Ferdinand: Ludwig Klages. In: NS-Monatshefte 9 (1938), S. 33-40
Weinhandl, Ferdinand: Der Gestaltgedanke in der Philosophie des neuen Deutschland [1938]. In: F. Weinhandl: Philosophie – Werkzeug und Waffe. Neumünster in Holstein 1940
Weinstock, Heinrich: Die Höhere Schule im deutschen Volksstaat. Versuch einer Artbestimmung und Sinngebung. Berlin 1936
Weizsäcker, Carl Friedrich von: Die Atomlehre der modernen Physik. Eine kritische Betrachtung ihrer Grundlagen. In: Volk im Werden 10 (1942), S. 95-105
Wentzlaff-Eggebert, Friedrich-Wilhelm: Deutsche Mystik zwischen Mittelalter und Neuzeit. Einheit und Wandlung ihrer Erscheinungsformen. Berlin 1944
Weydt, Günther: Die germanistische Wissenschaft in der neuen Ordnung. In: ZfdB 9 (1933), S. 638-641
Wiese, Benno von: Friedrich Schlegel, ein Beitrag zur Geschichte der romantischen Konversionen. Berlin 1927 (= Philosophische Forschungen 6)
Wiese, Benno von: Novalis und die romantischen Konvertiten. In: Romantikforschungen. Halle/S. 1929 (= DVjs-Buchreihe 16), S. 205-242
Wiese, Benno von: Dichtung und Volkstum. Frankfurt/M. 1933 (= Deutsche Schriften zur Wissenschaft 2)
Wiese, Benno von; Scheid, F.K.: 49 Thesen zur Neugestaltung deutscher Hochschulen. In: Volk im Werden 1 (1933) H. 2, S. 13-21

Wiese, Benno von: Geistesgeschichte oder Interpretation? In: Siegfried Gutenbrunner u.a (Hrsg.): Die Wissenschaft von der deutschen Dichtung und Sprache. Methoden – Probleme – Aufgaben. Festschrift für Friedrich Maurer. Stuttgart 1963, S. 239-261; wieder in B. v. Wiese: Perspektiven I. Studien zur deutschen Literatur und Literaturwissenschaft. Berlin 1978, S. 24-41
Wiese, Benno von: Ich erzähle mein Leben. Erinnerungen. Frankfurt 1982
Wölfflin, Heinrich: Renaissance und Barock. München 1888
Wolf, Karl Lothar: Theoretische Chemie. Eine Einführung vom Standpunkt einer gestalthaften Atomlehre. Teil 1: Das Atom. Leipzig 1941
Wolters, Friedrich: Gestalt. In: Jahrbuch für die geistige Bewegung 2 (1911), S. 137-158
Wolters, Friedrich: Vier Reden über das Vaterland. Breslau 1927 (= Werke der Schau und Forschung aus dem Kreise der Blätter für die Kunst)
Worringer, Wilhelm: Abstraktion und Einfühlung. München 1907
Wulf, Joseph: Literatur und Dichtung im Dritten Reich. Gütersloh 1963
Zaunick, Rudolph: Carl Gustav Carus, eine historisch-kritische Literaturschau mit 2 Bibliographien. Dresden 1932
Zilian, Erich: Zur Lebensphilosophie der Gegenwart, insbesondere Auseinandersetzung mit Klages. In: Rasse 5 (1938), S. 298-299
25.-30.November 1942. Deutsche Eichendorff-Woche. Veranstaltet von der Stiftung Oberschlesien e.V. und der Deutschen Eichendorff-Stiftung e.V. Kattowitz: Stiftung Oberschlesien 1942

Wissenschaftsgeschichtliche Darstellungen, Sekundärliteratur

Adam, Wolfgang: Einhundert Jahre EUPHORION. In: Euphorion 88 (1994), S. 1-72
Adam, Wolfgang: *Dichtung und Volkstum* und erneuerter *Euphorion*. Überlegungen zur Namensänderung und Programmatik einer germanistischen Fachzeitschrift. In: W. Barner, C. König (Hrsg.): Zeitenwechsel, S. 60-75
Ahlbrecht, Wolfgang H.: Von ‚Mass und Milde' zu ‚völkischen Zielen'. Ansätze zu einem wissenschaftsgeschichtlichen Verständnis der Biedermeierdiskussion der frühen dreißiger Jahre. In: Wirkendes Wort. 28 (1978), S. 117-133
Albert, Claudia (Hrsg.): Deutsche Klassiker im Nationalsozialismus. Schiller, Kleist, Hölderlin. Stuttgart 1994
Albert, Claudia: Goethes Torquato Tasso zwischen 1933 und 1945. In: Achim Aurnhammer (Hrsg.): Torquato Tasso in Deutschland. Seine Wirkung in Literatur, Kunst und Musik seit der Mitte des 18. Jahrhunderts. Berlin, New York 1995, S. 145-159
Almgren, Birgitta: Germanistik und Nationalsozialismus: Affirmation, Konflikt und Protest. Traditionsfelder und zeitgebundene Wertung in Sprach- und Literaturwissenschaft am Beispiel der Germanisch-Romanischen Monatsschrift 1929-1943. Uppsala 1997 (= Acta Universitatis Upsaliensis; Studia Germanistica Upsaliensa 36)
Arnold, Robert F.: Allgemeine Bücherkunde. Berlin 1966
Baasner, Rainer: Günther Müllers morphologische Poetik und ihre Rezeption. In: W. Barner; C. König (Hrsg.): Zeitenwechsel, S. 256-267

Barbian, Jan-Pieter: Literaturpolitik im „Dritten Reich". Institutionen, Kompetenzen, Betätigungsfelder. In: Archiv für Geschichte des Buchwesens 40 (1993), S. 1-394; aktualisierte und überarbeitete Ausgabe München 1995

Barbian, Jan Pieter: Institutionen der Literaturpolitik im „Dritten Reich". In: Günther Rüther (Hrsg.): Literatur in der Diktatur. Schreiben im Nationalsozialismus und DDR-Sozialismus, S. 95-129

Barner, Wilfried: Zwischen Gravitation und Opposition. Philologie in der Epoche der Geistesgeschichte. In: C. König, E. Lämmert (Hrsg.): Literaturwissenschaft und Geistesgeschichte, S. 201-231

Barner, Wilfried: „Literaturwissenschaft". In: Robert Harsch-Niemeyer (Hrsg.): Beiträge zur Methodengeschichte der neueren Philologien, S. 91-110

Barner, Wilfried; König, Christoph (Hrsg.): Zeitenwechsel. Germanistische Literaturwissenschaft vor und nach 1945. Frankfurt/M. 1996

Barner, Wilfried: Literaturgeschichtsschreibung vor und nach 1945: alt, neu, alt/neu. In: W. Barner; C. König (Hrsg.): Zeitenwechsel, S. 119-149

Baeumler, Marianne; Brunträger, Hubert; Kurzke, Hermann (Hrsg.): Thomas Mann und Alfred Baeumler. Eine Dokumentation. Würzburg 1989

Behling, Lottlisa: Der geisteswissenschaftliche Aspekt der Naturwissenschaften. Zum Gedenken an den Botaniker Wilhelm Julius Georg Hubertus Troll. In: Berichte der Bayerischen Botanischen Gesellschaft 50 (1979), S. 119-126

Beiküfner, Uta: Naturauffassung und Geschichtlichkeit im Kontext der Zeitschrift *Das Gedicht. Blätter für die Dichtung* (1934 bis 1944). In: Walter Delabar, Horst Denkler, Erhard Schütz (Hrsg.): Banalität mit Stil. Zur Widersprüchlichkeit der Literaturproduktion im Nationalsozialismus. Bern, Berlin, Frankfurt/ Main, New York, Paris, Wien 1999 (= Zeitschrift für Germanistik, Beiheft 1), S. 199-216

Berghahn, Klaus L.: Wortkunst ohne Geschichte. Zur werkimmanenten Methode der Germanistik nach 1945. In: Monatshefte 71 (1979), S. 387-398;

Bey, Gesine (Hrsg.): Berliner Universität und deutsche Literaturgeschichte. Studien im Dreiländereck von Wissenschaft, Literatur und Publizistik. Frankfurt/M., Berlin, Bern, New York, Paris, Wien 1998 (= Berliner Beiträge zur Wissenschaftgeschichte 1)

Birus, Hendrik; Fuchs, Anna: Ein terminologisches Grundinventar für die Analyse von Metaphern. In: Christian Wagenknecht (Hrsg.): Zur Terminologie der Literaturwissenschaft. Akten des IX. Germanistischen Symposiums der DFG. Stuttgart 1986, S. 157-174

Boberach, Heinz (Hrsg.): Meldungen aus dem Reich 1938-1945. Die geheimen Lageberichte des Sicherheitsdienstes der SS. 2. Bde. Hersching 1984

Bode, Dietrich (Hrsg.): 150 Jahre Reclam. Daten, Bilder und Dokumente zur Verlagsgeschichte 1828-1978. Stuttgart 1978

Boden, Petra: Julius Petersen. Ein Beitrag zur Geschichte der Berliner Germanistik. Diss. Berlin (DDR) 1983

Boden, Petra: Anmerkungen zu Julius Petersens „Die Wissenschaft von der Dichtung". In: 100 Jahre Germanisches Seminar in Berlin. Berlin 1987, S. 146-154

Boden, Petra: Zur Entwicklung der literaturwissenschaftlichen Konzeption Julius Petersens. In: ZfG 9 (1988), S. 572-586

Boden, Petra: Über Julius Petersens Konzept einer Philologie als Geistesgeschichte. In: C. König, E. Lämmert (Hrsg.): Literaturwissenschaft und Geistesgeschichte, S. 381-384

Boden, Petra: Julius Petersen: Ein Wissenschaftsmanager auf dem Philologenthron. In: Euphorion 88 (1994), S. 82-102

Boden, Petra; Fischer, Bernhard: Der Germanist Julius Petersen (1878-1941). Bibliographie, systematisches Nachlaßverzeichnis und Dokumentation. Marbach 1994 (= Verzeichnisse – Berichte – Informationen 16)
Boden, Petra: Im Käfig des Paradigmas. Die Biedermeier-Diskussion 1928-1935. In: Euphorion 90 (1996), S. 432-444
Boden, Petra; Dainat, Holger (Hrsg.): Atta Troll tanzt noch. Selbstbesichtigungen der literaturwissenschaftlichen Germanistik im 20. Jahrhundert. Berlin 1997
Boden, Petra; Rosenberg, Rainer (Hrsg.): Deutsche Literaturwissenschaft 1945-1965. Fallstudien zu Institutionen, Diskursen, Personen. Berlin 1997
Bohrer, Karl Heinz: Die Kritik der Romantik. Der Verdacht der Philosophie gegen die literarische Moderne. Frankfurt/M. 1989
Bollenbeck, Georg: Bildung und Kultur. Glanz und Elend eines deutschen Deutungsmusters. Frankfurt/M. 1996
Bollmus, Reinhard: Das Amt Rosenberg und seine Gegner. Studien zum Machtkampf im nationalsozialistischen Herrschaftssystem. Stuttgart 1970
Bonk, Magdalena: Deutsche Philologie in München. Zur Geschichte des Faches und seiner Vertreter an der Ludwigs-Maximilians-Universität vom Anfang des 19. Jahrhunderts bis zum Ende des Zweiten Weltkriegs. Berlin 1995
Bothe, Henning: ‚Ein Zeichen sind wir, deutungslos'. Die Rezeption Hölderlins von ihren Anfängen bis zu Stefan George. Stuttgart 1992
Bourdieu, Pierre: Die politische Ontologie Martin Heideggers. Frankfurt/M. 1988
Bourdieu, Pierre: Homo academicus. Frankfurt/M. 1988
Brackmann, Karl-Heinz; Birkenhauer, Renate: NS-Deutsch. „Selbstverständliche" Begriffe und Schlagwörter aus der Zeit des Nationalsozialismus. Straehlen/Niederrhein 1988
Stefan Breuer: Ästhetischer Fundamentalismus. Stefan George und der deutsche Antimodernismus. Darmstadt 1995
Stefan Breuer: Anatomie der Konservativen Revolution. Darmstadt 1993
Bruch, Rüdiger vom; Graf, Friedrich Wilhelm; Hübinger, Gangolf (Hrsg.): Kultur und Kulturwissenschaft um 1900. Krise der Moderne und Glaube an die Wissenschaft. München 1989
Brude-Firnan, Gisela: Völkisch-rassische Literaturbetrachtung. In: Walter Falk, Victor Zmegač, Gisela Brude-Firnan: Literaturwissenschaftliche Betrachtungsweisen II. Bern, Frankfurt/M., New York, Paris 1989 (= Germanistische Lehrbuchsammlung 65/II), S. 151-205
Brunträger, Hubert: Der Ironiker und der Ideologe. Die Beziehungen zwischen Thomas Mann und Alfred Baeumler. Würzburg 1993 (= Studien zur Literatur- und Kulturgeschichte 4)
Busse, Dietrich; Teubert, Wolfgang: Ist Diskurs ein sprachwissenschaftliches Objekt? Zur Methodenfrage der historischen Semantik. In: D. Busse, F. Hermanns, W. Teubert (Hrsg.): Begriffsgeschichte und Diskursgeschichte. Methodenfragen und Forschungsergebnisse der historischen Semantik. Opladen 1994, S. 10-28
Chu, Tea-Wha: Nationalsozialismus und Verantwortung der christlichen Literatur: Zur Poetologie des Zwischen-den-Zeilen-Schreibens der christlichen Dichter in der Inneren Emigration 1933-1945. Augsburg 1993
Conrady, Karl Otto: Völkisch-nationale Germanistik in Köln. Eine unfestliche Erinnerung. Schernfeld 1990
Dahle, Wendula: Der Einsatz einer Wissenschaft. Eine sprachinhaltliche Analyse militärischer Terminologie in der Germanistik 1933-1945. Bonn 1969 (= Abhandlungen zur Kunst-, Musik- und Literaturwissenschaft 71)

Dahnke, Hans Dietrich: Zur faschistischen Goetherezeption im Jahre 1932. In: Günther Hartung, Hubert Orlowski (Hrsg.): Traditionen und Traditionssuche des deutschen Faschismus. Halle/Saale 1983, S. 28-51

Dainat, Holger: Deutsche Literaturwissenschaft zwischen den Weltkriegen. In: ZfG N.F. 1 (1991), S. 600-608

Dainat, Holger: Von der Neueren deutschen Literaturgeschichte zur Literaturwissenschaft. Die Fachentwicklung von 1890 bis 1913/14. In: Jürgen Fohrman, Wilhelm Voßkamp (Hrsg.): Wissenschaftsgeschichte der Germanistik im 19. Jahrhundert. Stuttgart, Weimar 1994, S. 494-537

Dainat, Holger: „wir müssen ja trotzdem weiterarbeiten". Die ‚Deutsche Vierteljahrsschrift' vor und nach 1945. In: DVjs 68 (1994), S. 562-582

Dainat, Holger: Voraussetzungsreiche Wissenschaft. Anatomie eines Konfliktes zweier NS-Literaturwissenschaftler im Jahre 1934. In: Euphorion 88 (1994), S. 103-122

Dainat, Holger; Kolk, Rainer: Das Forum der Geistesgeschichte. Die ‚Deutsche Vierteljahrsschrift für Literaturwissenschaft und Geistesgeschichte' (1933-1944). In: Robert Harsch-Niemeyer (Hrsg.): Beiträge zur Methodengeschichte der neueren Philologien, S. 111-134

Dainat, Holger: „wir müssen ja trotzdem weiterarbeiten". Die *Deutsche Vierteljahrsschrift für Literaturwissenschaft und Geistesgeschichte* vor und nach 1945. In: Wilfried Barner, Christoph König (Hrsg.): Zeitenwechsel, S. 76-100

Dainat, Holger: Die wichtigste aller Epochen! Geistesgeschichtliche Aufklärungsforschung. In: Anthony Strugnell (General editor): Transactions of the Ninth International Congress on the Enlightenment. Oxford 1996, pp. 1530-1534

Dainat, Holger: Anpassungsprobleme einer nationalen Wissenschaft. Die Neuere deutsche Literaturwissenschaft in der NS-Zeit. In: Petra Boden, Holger Dainat (Hrsg.): Atta Troll tanzt noch, S. 103-126

Dainat, Holger: Artikel „Biographie 2". In: Klaus Weimar (Hrsg.): Reallexikon der deutschen Literaturwissenschaft. Berlin, New York 1997. Bd. 1, S. 236-238

Dainat, Holger: Günther Müller. In: Neue Deutsche Biographie. Bd. 18. Berlin 1997, S. 395-396

Dainat, Holger: „Dieser ästhetische Kosmopolitismus ist für uns aus". Weimarer Klassik in der Weimarer Republik. In: Lothar Ehrlich, Jürgen John (Hrsg.): Weimar 1930. Politik und Kultur im Vorfeld der NS-Diktatur. Köln, Weimar, Wien 1998, S. 99-121

Dainat, Holger: Zur Berufungspolitik in der Neueren deutschen Literaturwissenschaft während der NS-Zeit. Erscheint in: Holger Dainat, Lutz Danneberg, Friedrich Vollhardt (Hrsg.): Literaturwissenschaft und Nationalsozialismus. Tübingen 1999

Dainat, Holger; Danneberg, Lutz: Geschichte der Wissenschaften in der NS-Zeit. Auswahlbibliographie. (Typoskript)

Danneberg, Lutz: Logischer Empirismus in Deutschland. In: Rudolf Haller, Friedrich Stadler (Hrsg.): Wien – Berlin – Prag. Der Aufstieg der wissenschaftlichen Philosophie. Wien 1993, S. 320-361

Danneberg, Lutz; Kamlah, Andreas; Schäfer, Lothar (Hrsg.): Hans Reichenbach und die Berliner Gruppe. Braunschweig, Wiesbaden 1994

Danneberg, Lutz: Zur Theorie der werkimmanenten Interpretation. In: W. Barner, C. König (Hrsg.): Zeitenwechsel, S. 313-342

Danneberg, Lutz; Schönert, Jörg: Zur Transnationalität und Internationalisierung von Wissenschaft. In: Lutz Danneberg, Friedrich Vollhardt (Hrsg.): Wie international ist die Literaturwissenschaft? Methoden- und Theoriediskussion in den Literaturwissenschaften: Kulturelle Besonderheiten und interkultureller Austausch am Beispiel des Interpretationsproblems (1950-1990). Stuttgart, Weimar 1996, S. 7-85

Danneberg, Lutz; Schönert, Jörg: Belehrt und verführt durch Wissenschaftsgeschichte. In: Petra Boden, Holger Dainat (Hrsg.): Atta Troll tanzt noch, S. 13-57

Danneberg, Lutz; Schernus, Wilhelm; Schönert, Jörg: Die Rezeption der Rezeptionsästhetik in der DDR. Internationalität von Wissenschaft unter den Bedingungen des sozialistischen Systems. In: Amsterdamer Beiträge zur neueren Germanistik 38/39 (1995), 643-702

Danneberg, Lutz; Schernus, Wilhelm: Der Streit um den Wissenschaftsbegriff während des Nationalsozialismus. In: Erscheint in: Holger Dainat, Lutz Danneberg, Friedrich Vollhardt (Hrsg.): Literaturwissenschaft und Nationalsozialismus. Tübingen 1999

Denkler, Horst; Prümm, Karl (Hrsg.): Die deutsche Literatur im Dritten Reich. Themen – Traditionen – Wirkungen. Stuttgart 1976

Denkler, Horst: Janusköpfig. Zur ideologischen Physiognomie der Zeitschrift ‚Das Innere Reich'. In: Horst Denkler, Karl Prümm (Hrsg.): Die deutsche Literatur im Dritten Reich, S. 382-405

Dilly, Heinrich: Heinrich Wölfflin und Fritz Strich. In: C. König, E. Lämmert (Hrsg.): Literaturwissenschaft und Geistesgeschichte, S. 256-286

Drewniak, Boguslaw: Das Theater im NS-Staat. Szenarium deutscher Zeitgeschichte 1933-1945. Düsseldorf 1983

Dünninger, Josef: Geschichte der deutschen Philologie. In: Wolfgang Stammler (Hrsg.): Deutsche Philologie im Aufriß. Berlin 1952, Bd.1, Sp. 79-214; [2] 1957, Sp. 83-222

Eagleton, Terry: Ideologie. Eine Einführung. Stuttgart 1993

Eggert, Hartmut; Schütz, Erhard; Sprengel, Peter (Hrsg.): Faszination des Organischen. Konjunkturen einer Kategorie der Moderne. München 1995

Eilers, Rolf: Die nationalsozialistische Schulpolitik. Eine Studie zur Funktion der Erziehung im nationalsozialistischen Staat. Köln, Opladen 1963

Emmerich, Wolfgang: Germanistische Volkstumsideologie. Genese und Kritik der Volksforschung im Dritten Reich. Tübingen 1968

Espagne, Michel: Kunstgeschichte als europäische Wahrnehmungsgeschichte. Zum Beitrag von Heinrich Dilly. In: C. König, E. Lämmert (Hrsg.): Literaturwissenschaft und Geistesgeschichte, S. 286-290

Faulenbach, Bernd: Ideologie des deutschen Weges in der Historiographie zwischen Kaiserreich und Nationalsozialismus. München 1980

Ferber, Christian von: Die Entwicklung des Lehrkörpers der deutschen Universitäten und Hochschulen 1864-1954. Göttingen 1956 (= Untersuchungen zur Lage der deutschen Hochschullehrer 3)

Ferber, Christian: Die Seidels. Geschichte einer bürgerlichen Familie 1811-1977. Stuttgart 1979

Fest, Joachim C.: Hitler. Eine Biographie. Frankfurt/M., Berlin 1993

Fohrmann, Jürgen: Über das Schreiben von Literaturgeschichte. In: Peter Brenner (Hrsg.): Geist, Geld und Wissenschaft. Arbeits- und Darstellungsformen von Literaturwissenschaft. Frankfurt/M. 1993, S. 175-202

Fohrmann, Jürgen; Voßkamp, Wilhelm (Hrsg.): Wissenschaftsgeschichte der Germanistik im 19. Jahrhundert. Stuttgart, Weimar 1994

Gadamer, Hans-Georg: Stefan George (1868-1933). In: Hans-Joachim Zimmermann (Hrsg.): Die Wirkung Stefan Georges auf die Wissenschaft. Heidelberg 1985 (= Supplemente zu den Sitzungsberichten der Heidelberger Akademie der Wissenschaften, Philosophisch-historische Klasse 4), S. 39-50

Gärtner, Markus; Werner, Mareike: Bibliographie zur Fachgeschichtsschreibung 1990-1994. Berlin 1995

Gärtner, Marcus: Kontinuität und Wandel in der neueren deutschen Literaturwissenschaft nach 1945. Bielefeld 1997

Ferenschild, Hartmut Gaul-: National-völkisch-konservative Germanistik. Kritische Wissenschaftgeschichte in personengeschichtlicher Darstellung. Bonn 1993

Gerstengarbe, Sybille; Hallmann, Heidrun; Berg, Wieland: Die Leopoldina im Dritten Reich. In: Christoph J. Scriba (Hrsg.): Das Verhältnis von Akademien und ihrem wissenschaftlichen Umfeld zum Nationalsozialismus. Leipzig, Berlin, Heidelberg 1995 (= Acta Historica Leopoldina 22), S. 167-212

Getschmann, Dirk: Aus 70 Jahren. Studien zu Leben und Werk von Martin Beheim-Schwarzbach. Magisterarbeit München 1986

Goldhagen, Daniel Jonah: Hitlers willige Vollstrecker. Ganz gewöhnliche Deutsche und der Holocaust. Berlin 1996

Grau, Conrad; Schlicker, Wolfgang; Zeil, Liane: Die Berliner Akademie der Wissenschaften in der Zeit des Imperialismus. Teil III: Die Jahre der faschistischen Diktatur 1933-1945. Berlin 1979

Grebing, Helga: Der „deutsche Sonderweg" in Europa 1806-1945. Eine Kritik. Stuttgart 1986

Greß, Franz: Germanistik und Politik. Kritische Beiträge zur Geschichte einer nationalen Wissenschaft. Stuttgart-Bad Cannstatt 1971

Grimm, Reinhold: Innere Emigration als Lebensform. In: Reinhold Grimm, Jost Hermand (Hrsg.): Exil und Innere Emigration. Frankfurt/M. 1972, S. 31-87

Gründer, Karlfried: Geschichte der Deutungen. In: Fritz Blanke, Lothar Schreiner: Johann Georg Hamanns Hauptschriften erklärt. Bd. 1: Die Hamannforschung. Gütersloh 1956, S. 9-140

Habermas, Jürgen: Strukturwandel der Öffentlichkeit. Untersuchungen zu einer Kategorie der bürgerlichen Gesellschaft. Mit einem Vorwort zur Neuauflage 1990. Frankfurt 1990

Hammer, Steffi (Hrsg.): Widersacher oder Wegbereiter? Ludwig Klages und die Moderne. Materialien der gleichnamigen Tagung, die vom 21. bis 23. Mai 1992 in der Martin-Luther-Universitat zu Halle/S. stattfand. Heidelberg 1992

Hammerstein, Notker: Die Johann-Wolfgang-Goethe-Universität Frankfurt am Main. Von der Stiftungsuniversität zur staatlichen Hochschule. Bd. I: 1914 bis 1950. Neuwied, Frankfurt/M. 1989

Harsch-Niemeyer, Robert (Hrsg.): Beiträge zur Methodengeschichte der neueren Philologien. Zum 125jährigen Bestehen des Max Niemeyer Verlages. Tübingen 1995

Hartung, Günther; Orlowski, Hubert (Hrsg.): Traditionen und Traditionssuche des deutschen Faschismus. Halle/Saale 1983 (= Wissenschaftliche Beiträge der Martin-Luther-Universität Halle-Wittenberg 30)

Hassler, Marianne; Wertheimer, Jürgen (Hrsg.): Der Exodus aus Nazideutschland und die Folgen. Jüdische Wissenschaftler im Exil. Tübingen 1997

Hausmann, Frank-Rutger: Aus dem Reich der seelischen Hungersnot. Briefe und Dokumente zur Fachgeschichte der Romanistik im Dritten Reich. Würzburg 1993

Hausmann, Frank-Rutger: „Deutsche Geisteswissenschaft" im Zweiten Weltkrieg. Die „Aktion Ritterbusch" 1940-1945. Dresden, München 1998 (= Schriften zur Wissenschafts- und Universitätsgeschichte 1)

Heiduk, Franz: Zur Geschichte der Eichendorff-Gesellschaft. In: Joseph Freiherr von Eichendorff 1788-1857. Leben. Werk. Wirkung. Eine Ausstellung des Hauses Oberschlesien und des Landschaftsverbandes Rheinland in Zusammenarbeit mit der Eichendorff-Gesellschaft. Köln, Dülmen 1983, S. 207-219

Heiber, Helmut: Walter Frank und das Reichsinstitut für Geschichte des neuen Deutschland. Stuttgart 1966

Heiber, Helmut: Universität unterm Hakenkreuz. Teil 1: Der Professor im Dritten Reich: Bilder aus der akademischen Provinz. München, London, New York, Paris 1991; Teil 2: Die Kapitulation der Hohen Schulen. Das Jahr 1933 und seine Themen. Bd. 1. München, London, New York, Paris 1992, Bd. 2. München, London, New York, Paris 1994

Heinßen, Jürgen: Das Lesebuch als politisches Führunsgmittel. Ein Beitrag zur Publizistik im Dritten Reich. München 1964

Hentschel, Klaus: Bernhard Bavink (1879-1947): Der Weg eines Naturphilosophen vom deutschnationalen Sympathisanten der NS-Bewegung bis zum unbequemen Non-Konformisten. In: Sudhoffs Archiv 77 (1993), S. 1-32

Hempel-Küter, Christa; Müller, Hans-Harald: Zur Neukonstituierung der Neueren deutschen Literaturwissenschaft an der Universität Hamburg 1945. In: W. Barner, C. König (Hrsg.): Zeitenwechsel, S. 19-34

Herden, Werner: Zwischen „Gleichschaltung" und Kriegseinsatz. Positionen in der Germanistik in der Zeit des Faschismus. In: Weimarer Beiträge 33 (1987) S. 1865-1881

Herden, Werner: Richard Samuel – Germanistik jenseits der Gleichschaltung. In: 100 Jahre Germanisches Seminar in Berlin. Berlin 1987, S. 163-175, auch in: ZfG 9 (1988), S. 587-594

Hermand, Jost: Kunstwissenschaft und Literaturwissenschaft. Methodische Wechselbeziehungen seit 1900. Stuttgart 1962

Hermand, Jost: Der alte Traum vom neuen Reich. Völkische Utopien und Nationalsozialismus. Frankfurt/M. 1988

Hermand, Jost: Neuere Entwicklungen zwischen 1945 und 1980. In: Helmut Brackert und Jörn Stückrath (Hrsg.): Literaturwissenschaft. Ein Grundkurs. Reinbek bei Hamburg 1992, S. 564-578

Hermand, Jost: Geschichte der Germanistik. Reinbek 1994

Hermand, Jost: Germanistik. In: Claus-Dieter Crohn, Patrik von zur Mühlen, Gerhard Paul, Lutz Winckler (Hrsg.): Handbuch der deutschsprachigen Emigration 1933-1945. Darmstadt 1998, Sp. 736-746

Hermann, Hans Peter: Das Bild der Germanistik zwischen 1945 und 1965 in autobiographischen Selbstreflexionen von Literaturwissenschaftlern. In: W. Bahrner, C. König (Hrsg.): Zeitenwechsel, S. 345-360

Herrmann, Ulrich: Die Herausgeber müssen sich äußern. Die ‚Staatsumwälzung' im Frühjahr 1933 und die Stellungnahme von Eduard Spranger, Wilhelm Flitner und Hans Freyer in der Zeitschrift ‚Die Erziehung'. Mit einer Dokumentation. In: Ulrich Herrmann, Jürgen Oelkers: Pädagogik und Nationalsozialismus. Weinheim und Basel 1988, S. 281-325

Hermann, Ulrich: Materialien und Bemerkungen über die Konzeption und die Kategorien der „Geistesgeschichte" bei Wilhelm Dilthey. In: C. König, E. Lämmert (Hrsg.): Literaturwissenschaft und Geistesgeschichte. Frankfurt/M. 1993, S. 46-57

Herf, Jeffrey: Reactionary Modernism. Technology, Culture and Politics in Weimar and the Third Reich. New York 1984

Herf, Jeffrey: Der nationalsozialistische Technikdiskurs. Die deutschen Eigenheiten des reaktionären Modernismus. In: Wolfgang Emmerich, Carl Wege (Hrsg.): Der Technikdiskurs in der Hitler-Stalin-Ära. Stuttgart, Weimar 1995, S. 72-93

Hessler, Ulrike: Bernard von Brentano – Ein deutscher Schriftsteller ohne Deutschland. Tendenzen des Romans zwischen Weimarer Republik und Exil. Frankfurt/M. 1984

Hilberg, Raul: Die Vernichtung der europäischen Juden. Die Gesamtgeschichte des Holocaust. Berlin 1982

Höppner, Wolfgang: Wilhelm Scherer und Erich Schmidt und die Gründung des Germanischen Seminars. In: ZfG 5 (1988), S. 545-557

Höppner, Wolfgang: Das „Ererbte, Erlernte und Erlebte" im Werk Wilhelm Scherers: Ein Beitrag zur Geschichte der Germanistik. Köln 1993 (= Europäische Kulturstudien 5)

Höppner, Wolfgang: Eine Institution wehrt sich. Das Berliner Germanische Seminar und die deutsche Geistesgeschichte. In: C. König, E. Lämmert (Hrsg.): Literaturwissenschaft und Geistesgeschichte, S. 362-380

Höppner, Wolfgang: Mehrfachperspektivierung versus Ideologiekritik. Ein Diskussionsbeitrag zur Methodik der Wissenschaftsgeschichtsschreibung. In: ZfG 5 (1995); S. 624-633

Höppner, Wolfgang: Der Berliner Germanist Franz Koch in Warschau. Aspekte der Wissenschaftspolitik des ‚Dritten Reiches' im okkupierten Polen. In: Convivum. Germanistisches Jahrbuch Polen 1997. Bonn 1997, S. 61-82

Höppner, Wolfgang: Germanisten auf Reisen. Die Vorträge und Reiseberichte von Franz Koch als Beitrag zur auswärtigen Kultur- und Wissenschaftspolitik der deutschen NS-Diktatur in Europa. In: Trans. Internet-Zeitschrift für Kulturwissenschaften 2 (November 1997), http://www.adis.at/arlt/institut/trans/2Nr/hoeppner.htm (zuletzt überprüft am 21. Mai 1999)

Höppner, Wolfgang: Ein „verantwortungsbewußter Mittler": Der Germanist Franz Koch und die Literatur in Österreich. In: Uwe Baur, Karin Gradwohl-Schlacher, Sabine Fuchs (Hrsg.): Macht Literatur Krieg. Österreichische Literatur im Nationalsozialismus. Wien, Köln, Weimar 1998 (= Fazit. Ergebnisse aus germanistischer und komparatistischer Literaturwissenschaft 2), S. 163-181

Höppner, Wolfgang: Der Berliner Germanist Franz Koch als „Literaturvermittler", Hochschullehrer und Erzieher. In: Gesine Bey (Hrsg.): Berliner Universität und deutsche Literaturgeschichte, S. 105-128

Hörnigk, Frank: Die „Kriegseinsatztagung deutscher Hochschulgermanisten". In: 100 Jahre Germanisches Seminar in Berlin, S. 175-180

Hollender, Martin: Die politische und ideologische Vereinnahmung Joseph von Eichendorffs. Einhundert Jahre Rezeptionsgeschichte in der Publizistik (1888-1988). Frankfurt/M., Berlin, Bern, New York, Paris, Wien 1997

Holzhausen, Hans-Dieter: Chronologie der E.T.A. Hoffmann-Gesellschaft. Ms. Berlin 1990

Honold, Alexander: Julius Petersens Berliner Barock-Seminar 1927/28 zwischen den Schulen und Zeiten. In: Gesine Bey (Hrsg.): Berliner Universität und deutsche Literaturgeschichte, S. 89-104

Hopster, Norbert; Nassen, Ulrich: Literatur und Erziehung im Nationalsozialismus. Deutschunterricht als Körperkultur. Paderborn u.a. 1983 (= Informationen zur Sprach- und Literaturdidaktik 39)

Hopster, Norbert: Ausbildung und politische Funktion der Deutschlehrer im Nationalsozialismus. In Peter Lundgreen (Hrsg.): Wissenschaft im Dritten Reich, S. 113-139

Hübinger, Gangolf (Hrsg.): Versammlungsort moderner Geister. Der Eugen Diederichs Verlag – Aufbruch ins Jahrhundert der Extreme. München 1996

Ingensiep, Hans Werner: Metamorphosen der Metamorphosenlehre. Zur Goethe-Rezeption in der Biologie von der Romantik bis in die Gegenwart. In: Peter Matussek (Hrsg.): Goethe und die Verzeitlichung der Natur. München 1998, S. 259-275

Jäger, Ludwig: Seitenwechsel. Der Fall Schneider/Schwerte und die Diskretion der Germanistik. München 1998

Jansen, Christian: Im Kampf um die geistig-ideologische Führungsrolle in Universität und Gesellschaft. Die zwischen 1910 und 1925 in Deutschland lehrenden germanistischen Hochschullehrer im politisch-wissenschaftlichen Spektrum. In: C. König, E. Lämmert (Hrsg.): Literaturwissenschaft und Geistesgeschichte, S. 385-399

John, Eckardt u.a. (Hrsg.): Die Freiburger Universität in der Zeit des Nationalsozialismus. Freiburg, Würzburg 1991

Kasdorff, Hans: Ludwig Klages im Widerstreit der Meinungen. Eine Wirkungsgeschichte von 1895-1975. Bonn 1978

Kater, Michael H.: Das „Ahnenerbe" der SS 1935-1945. Ein Beitrag zur Kulturpolitik des Dritten Reiches. 2., um ein ausführliches Nachwort ergänzte Auflage. München 1997 (= Studien zur Zeitgeschichte 6)

Kelling, Dieter: Josef Nadler und der deutsche Faschismus. In: Brücken. Germanistisches Jahrbuch DDR – CSSR 1986/87. Prag 1987, S. 132-147

Kelling, Dieter: Die faschistische Literaturwissenschaft und die Auseinandersetzung mit ihr in der germanistischen Literaturwissenschaft der Bundesrepublik Deutschland und Berlin (West) der 60er Jahre. Diss. Leipzig 1988

Kelly, Reece C.: Die gescheiterte nationalsozialistische Personalpolitik und die mißlungene Entwicklung der nationalsozialistischen Hochschulen. In: Manfred Heinemann (Hrsg.): Erziehung und Schulung im Dritten Reich. Teil 2: Hochschule, Erwachsenenbildung. Stuttgart 1980, S. 61-76

Ketelsen, Uwe-K.: Literatur und Drittes Reich. 2., durchges. Aufl. Vierow 1994

Kiesewetter, Hubert: Von Hegel zu Hitler. Eine Analyse der Hegelschen Machtstaatsideologie und der politischen Wirkungsgeschichte des Rechtshegelianismus. Hamburg 1974

Kirchhoff, Jochen: Nietzsche, Hitler und die Deutschen. Die Perversion des neuen Zeitalters. Vom unerlösten Schatten des Dritten Reiches. Berlin 1990

Klassiker in finsteren Zeiten 1933-1945. Eine Ausstellung des Deutschen Literaturarchivs im Schiller-Nationalmuseum Marbach am Neckar. 2 Bde. Marbach 1983 (= Marbacher Kataloge 38)

Kleßmann, Eckart: Die deutsche Romantik und ihre Folgen. In: Dieter Struss (Hrsg.): Deutsche Romantik. Geschichte einer Epoche. München und Gütersloh 1986, S. 219-233

Kluckhohn, Paul: Artikel „Geistesgeschichte". In: Werner Kohlschmidt, Wolfgang Mohr (Hrsg.): Reallexikon der deutschen Literaturgeschichte. Bd. 1. Berlin 1958, S. 537-540

Knickmann, Hanne: Der Jean-Paul-Forscher Eduard Behrend (1883-1973). Ein Beitrag zur Geschichte der Germanistik in der ersten Hälfte des 20. Jahrhunderts. Teil 1 in: Jahrbuch der Jean-Paul-Gesellschaft 29 (1994), S. 7-92; Teil 2 in: Jahrbuch der Jean-Paul-Gesellschaft 30 (1995), S. 7-104.

Knoche, Michael: Wissenschaftliche Zeitschriften im nationalsozialistischen Deutschland. In: Monika Estermann, Michael Knoche (Hrsg.): Von Göschen bis Rowohlt. Beiträge zur Geschichte des deutschen Verlagswesens. Festschrift für Helmut Sarkowski zum 65. Geburtstag. Wiesbaden 1990, S. 260-281

König, Christoph: Fachgeschichte im deutschen Literaturarchiv. Programm und erste Ergebnisse. In: Jahrbuch der deutschen Schiller-Gesellschaft 32 (1988), S. 377-405

König, Christoph; Lämmert, Eberhard (Hrsg.): Literaturwissenschaft und Geistesgeschichte 1915-1925. Frankfurt/M. 1993

König, Christoph; Lämmert, Eberhard (Hrsg.): Konkurrenten in der Fakultät. Kultur, Wissen und Universität um 1900. Frankfurt/M. 1999

Köpke, Wulf: Volk und Dichtung. In: Jörg Thunecke (Hrsg.): Leid der Worte. Panorama des literarischen Nationalsozialismus. Bonn 1987

Kolk, Rainer: Liebhaber, Gelehrte, Experten. Das Sozialsystem der Germanistik bis zum Beginn des 20. Jahrhunderts. In: J. Fohrman, W. Voßkamp (Hrsg.): Wissenschaftsgeschichte der Germanistik im 19. Jahrhundert, S. 48-114

Kolk, Rainer: Reflexionsformel und Ethikangebot. Zum Beitrag von Max Wehrli. In: C. König, E. Lämmert (Hrsg.): Literaturwissenschaft und Geistesgeschichte, S. 38-45

Kolk, Rainer: Literarische Gruppenbildung. Am Beispiel des George-Kreises 1890-1945. Tübingen 1998 (= Communicatio 17)

Kozljanic, Robert: Werner Deubel – Dichter der Magna Mater. Zur Wiederentdeckung eines spätgeborenen Romantikers. In: Novalis 51 (1997) H. 10, S. 46-50

Krenzlin, Norbert: Das Werk „rein für sich". Zur Geschichte des Verhältnisses von Phänomenologie, Ästhetik und Literaturwissenschaft. Berlin 1979

Krohn, Rüdiger: Erwachsenenbildung und Geistesgeschichte im Spannungsfeld von Wissenschaft und Öffentlichkeit. Anmerkungen zu einem Nicht-Verhältnis am Beispiel Richard Benz. In: C. König, E. Lämmert (Hrsg.): Literaturwissenschaft und Geistesgeschichte S. 424-443

Kruckis, Hans-Martin: Biographie als wissenschaftliche Darstellungsform im 19. Jahrhundert. In: Jürgen Fohrmann, Wilhelm Voßkamp (Hrsg.): Wissenschaftsgeschichte der Germanistik im 19. Jahrhundert, S. 550-575

Küpper, Peter: Gundolf und die Romantik. In: Euphorion 75 (1981), S. 194-203

Lämmert, Eberhard: Germanistik – eine deutsche Wissenschaft. In: E. Lämmert, Walther Killy, Karl Otto Conrady, Peter von Polenz: Germanistik – eine deutsche Wissenschaft. Frankfurt/M. 1967, S. 7-41

Lämmert, Eberhard: Zur Wirkungsgeschichte Eichendorffs in Deutschland. In: Herbert Singer, Benno von Wiese (Hrsg.): Festschrift für Richard Alewyn. Köln, Graz 1967, S. 346-378; u.d.T. Eichendorffs Wandel unter den Deutschen. Überlegungen zur Wirkungsgeschichte seiner Dichtung wieder in: Hans Steffen (Hrsg.): Die deutsche Romantik. Poetik, Formen und Motive. Göttingen 1967, S. 219-252

Lämmert, Eberhard: Brief an einen Literarhistoriker. In: Siegfried Unseld (Hrsg.): Wie, warum und zu welchem Ende wurde ich Literaturhistoriker? Frankfurt/M. 1972, S. 152-163; wieder in E. Lämmert: Das überdachte Labyrinth. Ortsbestimmungen der Literaturwissenschaft 1960-1990. Stuttgart 1991, S. 209-217

Laitenberger, Volkhard: Theorie und Praxis der „Kulturellen Begegnung zwischen Nationen" in der deutschen auswärtigen Kulturpolitik der 30er Jahre. In: Zeitschrift für Kulturaustausch 31 (1981), S.196-206

Lauer, Bernhard: Die Brüder Grimm-Gesellschaft Kassel e.V. und das Brüder Grimm-Museum Kassel. Anmerkungen zu Geschichte, Leistungen und Aufgaben. Typoskript 1994

Lauer, Gerhard: Rückblick auf die Revolution. Dokumente zu Erich Kahlers Ausrufung der „neuen" Wissenschaft von 1920. In: Mitteilungen des Marbacher Arbeitskreises für die Geschichte der Germanistik 6/7 (1994), S. 50-54

Lauer, Gerhard: Die verspätete Revolution. Erich von Kahler. Wissenschaftsgeschichte zwischen konservativer Revolution und Exil. Berlin, New York 1995 (= Philosophie und Wissenschaft. Transdisziplinäre Studien 6)

Lauf-Immesberger, Karin: Literatur, Schule und Nationalsozialismus. Zum Lektürekanon der höheren Schulen im Dritten Reich. St. Ingbert 1987 (= Saarbrücker Beiträge zur Literaturwissenschaft 16).

Lenk, Kurt: Volk und Staat. Strukturwandel politischer Ideologien im 19. und 20. Jahrhundert. Stuttgart 1971

Lichtblau, Klaus: Kulturkrise und Soziologie um die Jahrhundertwende. Zur Genealogie der Kultursoziologie in Deutschland. Frankfurt/M. 1996

Lindner, Martin: Leben in der Krise. Zeitromane der Neuen Sachlichkeit und die intellektuelle Mentalität der klassischen Moderne. Mit einer exemplarischen Analyse des Romanwerks von Arnolt Bronnen, Ernst Glaeser, Ernst von Salomon und Ernst Erich Noth. Stuttgart, Weimar 1994

Lingelbach, Karl Christoph: Erziehung und Erziehungstheorien im nationalsozialistischen Deutschland. Ursprünge und Wandlungen der 1933 - 1945 in Deutschland vorherrschenden erziehungstheoretischen Strömungen; ihre politischen Funktionen und ihr Verhältnis zur außerschulischen Erziehungspraxis des „Dritten Reiches". Weinheim 1970

Loewy, Ernst: Literatur unterm Hakenkreuz. Das Dritte Reich und seine Dichtung. Eine Dokumentation. Frankfurt/M. 1990 (= athenäums taschenbuch 160)

Lohmann, Hans-Martin (Hrsg.): Psychoanalyse und Nationalsozialismus. Beiträge zur Bearbeitung eines unbewältigten Traumas. Frankfurt/M. 1994

Lohse, Gerhard: Held und Heldentum. Ein Beitrag zur Persönlichkeit und Wirkungsgeschichte des Berliner Germanisten Gustav Roethe. In: Hans-Peter Bayerdörfer, Carl Otto Conrady, Helmut Schanze (Hrsg.): Literatur und Theater im wilhelminischen Zeitalter. Tübingen 1978

Lokatis, Siegfried: Die Hanseatische Verlagsanstalt. Politisches Buchmarketing im Dritten Reich. Frankfurt/M. 1995 (= Archiv für Geschichte des Buchwesens)

Losemann, Volker: Reformprojekte nationalsozialistischer Hochschulpolitik. In: Karl Strobel (Hrsg.): Die deutsche Universität im 20. Jahrhundert. Die Entwicklung einer Institution zwischen Tradition, Autonomie, historischen und sozialen Randbedingungen. Vierow 1994, S. 97-115

Luhmann, Niklas: Die Wissenschaft der Gesellschaft. Frankfurt/M. 1990

Luhmann, Niklas: Selbststeuerung der Wissenschaft. In: N. Luhmann: Soziologische Aufklärung. 1: Aufsätze zur Theorie sozialer Systeme. 6. Aufl. Opladen 1991, S. 232-252

Lundgreen, Peter (Hrsg.): Wissenschaft im Dritten Reich. Frankfurt/M. 1985

Lüth, Erich: Hamburger Theater 1933-1945. Ein theatergeschichtlicher Versuch. Hamburg 1962

Lüthi, Hans Jürg: Artikel „Romantik". In: Werner Kohlschmidt, Wolfgang Mohr (Hrsg.): Reallexikon der deutschen Literaturgeschichte. 3. Bd. 2. Aufl. Berlin 1977, S. 578-594

Mannheim, Karl: Ideologie und Utopie. 7. Auflage. Frankfurt/Main 1985

Marcuse, Herbert: Der Kampf gegen den Liberalismus in der totalitären Staatsauffassung [1934]. In: H. Marcuse: Schriften. Bd. 3: Aufsätze aus der Zeitschrift für Sozialforschung. Frankfurt/M. 1979, S. 7-44

Marquardt, Hans (Hrsg.): 100 Jahre Reclams Universalbibliothek 1867-1967. Beiträge zur Verlagsgeschichte. Leipzig 1967

Mathieu, Thomas: Kunstauffassungen und Kulturpolitik im Nationalsozialismus. Studien zu Adolf Hitler-Joseph Goebbels-Alfred Rosenberg-Baldur von Schirach-Heinrich Himmler-Albert Speer-Wilhelm Frick. Saarbrücken 1997

Meiner, Annemarie: Reclam. Eine Geschichte der Universal-Bibliothek zu ihrem 75jährigen Bestehen. Leipzig 1942

Meiner, Annemarie: Reclam. Geschichte eines Verlages. Stuttgart 1958; 2., überarb. und erg. Auflage 1961

Meissl, Sebastian: Zur Wiener Neugermanistik der dreißiger Jahre: Stamm, Volk, Rasse, Reich. Über Josef Nadlers literaturwissenschaftliche Position. In: Klaus Amann, Albert Berger (Hrsg.): Österreichische Literatur der dreissiger Jahre. Ideologische Verhältnisse. Institutionelle Voraussetzungen. Fallstudien. Wien Kön 1985, S. 130-146

Meissl, Sebastian: Der „Fall Nadler" 1945 - 1950. In: S. Meissl, K.-D. Mulley, O. Rathkolb (Hrsg.): Verdrängte Schuld, verfehlte Sühne. Entnazifizierung in Österreich. o.O. 1986, S. 281-301

Meves, Uwe: Zum Institutionalisierungsprozeß der Deutschen Philologie: Die Periode der Lehrstuhlerrichtung. In: Jürgen Fohrman, Wilhelm Voßkamp (Hrsg.): Wissenschaftsgeschichte der Germanistik im 19. Jahrhundert, S. 115-203

Meyenn, Karl von (Hrsg.): Quantenmechanik und Weimarer Republik. Braunschweig, Wiesbaden 1994

Michels, Eckard: Das Deutsche Institut in Paris 1940-1944. Ein Beitrag zu den deutsch-französischen Kulturbeziehungen und zur auswärtigen Kulturpolitik des Dritten Reiches. Stuttgart 1993 (= Studien zur modernen Geschichte 46)

Minder, Robert: Hölderlin und die Deutschen. In: Hölderlin-Jahrbuch 14 (1965/66), S. 1-19

Mosse, George L.: Die völkische Revolution. Über die geistigen Wurzeln des Nationalsozialismus. Frankfurt/M. 1991

Müller, Gerhard: Ernst Krieck und die nationalsozialistische Wissenschaftsreform. Motive und Tendenzen einer Wissenschaftslehre und Hochschulreform im Dritten Reich. Weinheim, Basel 1978 (= Studien und Dokumentationen zur deutschen Bildungsgeschichte 5)

Müller, Harro: Einige Verwendungsweisen des Gemeinschaftsbegriffs in der Moderne. In: H. Müller: Giftpfeile. Zur Theorie und Literatur der Moderne. Bielefeld 1994, S. 130-142

Müller-Seidel, Walther: Probleme der Novalis-Forschung. In: GRM 34 (1953), S. 274-292

Müller-Seidel, Walter: Freiräume im nationalsozialistischen Staat. Erinnerungen an Leipzig und seine Universität. In: P. Boden, H. Dainat (Hrsg.): Atta Troll tanzt noch, S. 155-174

Müller-Seidel, Walther: Wissenschaft im 20. Jahrhundert. Vorläufiger Bericht über den Fall des Germanisten Hans Schwerte. In: Mitteilungen des Marbacher Arbeitskreises für Geschichte der Germanistik 11/12 (1997), S. 1-15

Müllerott, Martin: Wilhelm Troll (1897-1978). In: Hoppea, Denkschrift der Regensburgischen Botanischen Gesellschaft 50 (1991), S. 571-600

Nickel, Gisela: Wilhelm Troll (1897-1978). Eine Biographie. Halle/Saale 1996 (= Acta historica Leopoldina 25)

Nolte, Ernst: Der Faschismus in seiner Epoche: Action francaise. Der italienische Faschismus. Der Nationalsozialismus. 4. Auflage. München 1971

Oellers, Norbert: Interpretierte Geschichte, Geschichtlichkeit der Interpretation. Probleme wissenschaftlicher Editionen. In: Peter J. Brenner (Hrsg.): Geist, Geld und Wissenschaft. Arbeits- und Darstellungsformen von Literaturwissenschaft. Frankfurt/M. 1993, S. 231-252

Oellers, Norbert: Editionswissenschaft um 1945. In: W. Barner, C. König (Hrsg.): Zeitenwechsel, S. 103-118

Osterkamp, Ernst: Klassik-Konzepte. Kontinuität und Diskontinuität bei Walther Rehm und Hans Pyritz. In: W. Bahrner, C. König (Hrsg.): Zeitenwechsel, S. 150-170

Ott, Günther: Ernst Moritz Arndt. Religion, Christentum und Kirche in der Entwicklung eines deutschen Publizisten und Patrioten. Düsseldorf 1966 (= Schriftenreihe des Vereins für Rheinische Kirchengeschichte 22)
Pätzold, Kurt (Hrsg.): Verfolgung Vertreibung Vernichtung. Dokumente des faschistischen Antisemitismus 1933 bis 1942. Leipzig 1984
Parsons, Talcott: Soziologische Theorie. Darmstadt/Neuwied 1973
Pauen, Michael: Dithyrambiker des Untergangs. Gnostizismus in Ästhetik und Philosophie der Moderne. Berlin 1994
Pauen, Michael: Pessimismus. Geschichtsphilosophie, Metaphysik und Moderne von Nietzsche bis Spengler. Berlin 1997
Pauen, Michael: Einheit und Ausgrenzung. Antisemitischer Neopaganismus bei Ludwig Klages und Alfred Schuler. In: Renate Heuer, Ralph-Rainer Wuthenow (Hrsg.): Konfrontation und Koexistenz. Zur Geschichte des deutschen Judentums. Frankfurt/M., New York 1996, S. 242-269
Pilger, Andreas: Nationalsozialistische Steuerung und die ‚Irritationen' der Literaturwissenschaft. Günther Müller und Heinz Kindermann als Kontrahenten am Münsteraner Germanistischen Seminar. Erscheint in: Holger Dainat, Lutz Danneberg, Friedrich Vollhardt (Hrsg.): Literaturwissenschaft und Nationalsozialismus. Tübingen 1999
Piper, Ernst: Nationalsozialistische Kunstpolitik. Ernst Barlach und die Aktion „Entartete Kunst". Eine Dokumentation. München 1987
Plessner, Helmuth: Die verspätete Nation. Über die politische Verführbarkeit bürgerlichen Geistes. Frankfurt/M. 1974
Popper, Karl R.: Die offene Gesellschaft und ihre Feinde. Bd. 2: Hegel, Marx und die Folgen. 6. Auflage. Bern 1980
Pulzer, P. G. L.: The rise of political Anti-Semitism in Germany and Austria. New York 1964
Rabinbach, Anson: Nationalsozialismus und Moderne. Zur Technikinterpretation im Dritten Reich. In: Wolfgang Emmerich, Carl Wege (Hrsg.): Der Technikdiskurs in der Hitler-Stalin-Ära. Stuttgart, Weimar 1995, S. 94-113
Rech, Magda Lauwers: Nazi Germany and the American Germanists. A Study of Periodicals, 1930-1946. New York, Washington D.C., Baltimore, Bern, Frankfurt/M., Berlin, Vienna, Paris 1995.
Reichel, Peter: Der schöne Schein des Dritten Reichs. Faszination und Gewalt des Faschismus. Frankfurt/M. 1993
Reuth, Ralf Georg: Goebbels. München, Zürich 1991
Richards, Pamela Spence: Der Einfluß des Nationalsozialismus auf Deutschlands wissenschaftliche Beziehungen zum Ausland. In: M. Estermann, M. Knoche (Hrsg.): Von Göschen bis Rowohlt, S. 233-259
Richter, Werner: Berliner Germanistik vor und nach dem 100jährigen Jubiläum der Friedrich-Wilhelms-Universität. In: Hans Lenssink (Hrsg.): Studium Berolinense. Aufsätze und Beiträge zu Problemen der Wissenschaft und zur Geschichte der Friedrich Wilhelms-Universität. Berlin 1960, S. 490-506
Ringer, Fritz K.: Die Gelehrten. Der Niedergang der deutschen Mandarine 1890-1933. München 1987
Roelcke, V.; Hohendorf, G.; Rotzoll, M.: Erbpsychologische Forschung im Kontext der „Euthanasie": Neue Dokumente und Aspekte zu Carl Schneider, Julius Deussen und Ernst Rüdin. In: Fortschritte der Neurologie und Psychiatrie 66 (1998), S. 331-336
Röske, Thomas: Der Arzt als Künstler. Ästhetik und Psychotherapie bei Hans Prinzhorn (1886-1933). Bielefeld 1995

Rosenberg, Rainer: Zehn Kapitel zur Geschichte der Germanistik. Literaturgeschichtsschreibung. Berlin (DDR) 1981
Rosenberg, Rainer: Das Selbstverständnis der Literaturwissenschaft. Zur Geschichte der deutschen Germanistik 1900-1933. In: Weimarer Beiträge 32 (1986), S. 357-385
Rosenberg, Rainer: Literaturwissenschaftliche Germanistik. Zur Geschichte ihrer Probleme und Begriffe. Berlin (DDR) 1989
Rühle, Günther: Zeit und Theater 1933-1945. Bd. V: Diktatur und Exil. Frankfurt/M., Berlin 1980
Günther Rüther (Hrsg.): Literatur in der Diktatur. Schreiben im Nationalsozialismus und DDR-Sozialismus. Paderborn, München, Wien, Zürich 1997
Ruppelt, Georg: Schiller im nationalsozialistischen Deutschland. Versuch einer Gleichschaltung. Stuttgart 1979
Sauerland, Karol: Paradigmenwechsel unter dem Zeichen der Philosophie. In: C. König, E. Lämmert (Hrsg.): Literaturwissenschaft und Geistesgeschichte, S. 255-264
Schäfer, Hans Dieter: Das gespaltene Bewußtsein. Über deutsche Kultur und Lebenswirklichkeit 1933-1945. München, Wien 1981
Scharfschwerdt, Jürgen: Friedrich Hölderlin: Der Dichter des „deutschen Sonderweges". Stuttgart, Berlin, Köln 1994
Scherpe, Klaus R.: Die Renovierung eines alten Gebäudes. Westdeutsche Literaturwissenschaft 1945-1950. In: Walter H. Pehle, Peter Sillem (Hrsg.): Wissenschaft im geteilten Deutschland. Restauration oder Neubeginn nach 1945? Frankfurt/M. 1992, S. 149-163; weitgehend identisch mit: Die Moderne sollte vermieden werden. Westdeutsche Literaturwissenschaft 1945-1950. In: K. Scherpe: Die rekonstruierte Moderne. Studien zur Literaturwissenschaft nach 1945. Köln, Weimar, Wien 1992, S. 1-23
Schlott, Michael: Wertkontinuität im Werkkontinuum. Die Funktion der „Klassik" bei Walther Rehm. In: W. Barner, C. König (Hrsg.): Zeitenwechsel, S. 171-181
Schmitz-Berning, Cornelia: Vokabular des Nationalsozialismus. Berlin, New York 1998
Schnell, Ralf (Hrsg.): Kunst und Kultur im deutschen Faschismus. Stuttgart 1978
Schneider, Rolf: Eine verdrängte Wahrheit. In: Berliner Zeitung vom 24. März 1995
Schorn-Schütte, Luise: Karl Lamprecht, Kulturgeschichtsschreibung zwischen Wissenschaft und Politik. Göttingen 1984
Schrimpf, Hans Joachim: Hölderlin, Heidegger und die Literaturwissenschaft. In: Euphorion 51 (1957), S. 308-323
Schröder, Hans Eggert: Ludwig Klages. Die Geschichte seines Lebens. Erster Teil: Die Jugend. Bonn 1966; Zweiter Teil: Das Werk. Erster Halbband (1905-1920) Bonn 1972; Zweiter Halbband (1920-1956), bearbeitet und hrsg. von Franz Tenigl. Bonn 1992 [Durchpag.]
Schröder, Hans Eggert (Hrsg.): Das Bild, das in die Sinne fällt: Erinnerungen an Ludwig Klages. Bonn 1984
Schütt, Julian: Germanistik und Politik. Schweizer Literaturwissenschaft in der Zeit des Nationalsozialismus. Zürich 1996
Schütz, Erhard: Lebensführer zum Gott-Tier. Frank Thiess – Skizze eines nationalrevolutionären Erfolgsautors. In: ZfG N. F. 8 (1998), S. 65-82
Schwarz, Falk: Die gelenkte Literatur. Die „Neue Rundschau" im Konflikt mit den Kontrollstellen des NS-Staates und der nationalsozialistischen ‚Bewegung'. In: Horst Denkler, Karl Prümm (Hrsg.): Die deutsche Literatur im Dritten Reich, S. 66-82

Seeba, Hinrich C.: Zum Geist- und Struktur-Begriff in der Literaturwissenschaft der zwanziger Jahre. Ein Beitrag zur Dilthey-Rezeption. In: In: C. König, E. Lämmert (Hrsg.): Literaturwissenschaft und Geistesgeschichte, S. 240-254
Segebrecht, Wulf (Hrsg.): Der Bamberger Dichterkreis 1936-1943. Frankfurt/M. u.a. 1987 (= Helicon. Beiträge zur deutschen Literatur 6)
Sieferle, Karl-Heinz: Gesichter der Konservativen Revolution. Fünf biographische Skizzen. Frankfurt/M. 1994
Siegmund-Schultze, Reinhard: Faschistische Pläne zur „Neuordnung" der europäischen Wissenschaft. Das Beispiel Mathematik. In: NTM-Schriftenreihe für Geschichte der Naturwissenschaften, Technik und Medizin 23/2 (1986), S. 1-17
Simon, Gerd (Hrsg.): Germanistik in den Planspielen des Sicherheitsdienstes der SS. Ein Dokument aus der Frühgeschichte der SD-Forschung. Teil 1: Einleitung und Text. Tübingen 1998 (= Die philologisch-historischen Wissenschaften in den Planspielen des SD, Band 1, Teil 1)
Simon, Helmut: Glücklich, wer einen Herrn gefunden hat. Zur englischen Polemik gegen die „deutschen" Wurzeln des Faschismus. In: Frankfurter Allgemeine Zeitung vom 4. April 1995
Simon, Ralf: Die Reflexion der Weltliteratur in der Nationalliteratur. Überlegungen zu Max Kommerell. In: Hendrik Birus (Hrsg.): Germanistik und Komparatistik. DFG-Symposion 1993. Stuttgart, Weimar 1995, S. 72-91
Simonis, Annette: Literarischer Ästhetizismus: Theorie der arabesken und hermetischen Kommunikation der Moderne. Habilitationsschrift Köln 1998
Sontheimer, Kurt: Antidemokratisches Denken in der Weimarer Republik. Die politischen Ideen des deutschen Nationalismus zwischen 1918 und 1933. München 1978
Sternsdorf, Jürgen: Wissenschaftskonstitution und Reichsgründung. Die Entwicklung der Germanistik bei Wilhelm Scherer. Eine Biographie nach unveröffentlichten Quellen. Frankfurt/M.u.a. 1979 (= Europäische Hochschulschriften, Reihe 1, Bd. 329)
Storck, Joachim W.: Hermeneutischer Disput. Max Kommerells Auseinandersetzung mit Martin Heideggers Hölderlin-Interpretation. In: Hartmut Laufhütte (Hrsg.): Literaturgeschichte als Profession. Festschrift für Dietrich Jöns. Tübingen 1993, S. 319-343
Strallhofer-Mitterbauer, Helga: NS-Literaturpreise für österreichische Autoren. Eine Dokumentation. Wien, Köln, Weimar 1994
Sturm, Peter: Literaturwissenschaft im Dritten Reich. Germanistische Wissenschaftsformation und politisches System. Wien 1995
Teetz, Katrin: Das Germanische Seminar der Berliner Universität von 1933 bis 1945. Eine institutionengeschichtliche Untersuchung. Diplomarbeit Humboldt-Universität zu Berlin 1992
Tenigl, Franz (Hrsg.): Klages, Prinzhorn und die Persönlichkeitspsychologie: Zur Weltsicht von Ludwig Klages. Vorträge und Aufsätze. Bonn 1987
Thamer, Hans-Ulrich: Verführung und Gewalt. Deutschland 1933-1945. Berlin 1986
Tietze, Hartmut: Das Hochschulstudium in Preußen und Deutschland 1820-1944. Göttingen 1987
Tietze, Hartmut: Hochschulen. In: Dieter Langewiesche, Heinz-Elmar Tenorth (Hrsg.): Handbuch der deutschen Bildungsgeschichte. Bd. V: 1918-1945. Die Weimarer Republik und die nationalsozialistische Diktatur. München 1989, S. 209-240
Tommissen, Piet: Der antiromantische Kreuzzug des Barons Seillière. In: Günther Mascke, Heinz Theo Homann (Hrsg.): Vierzehnte Etappe. Bonn 1999, S. 59-77

Viehöfer, Erich: Hoffnung auf die ‚eine' Jugend. Eugen Diederichs und die deutsche Jugendbewegung. In: Jahrbuch des Archivs der deutschen Jugendbewegung 15 (1984), S. 261-286

Viehöfer, Erich: Der Verleger als Organisator. Eugen Diederichs und die bürgerlichen Reformbewegungen der Jahrhundertwende. Frankfurt/M. 1995 (= Archiv für Geschichte des Buchwesens)

Vieregg, Axel: Der eigenen Fehlbarkeit begegnen? Günter Eichs Verstrickung ins „Dritte Reich". In: Günther Rüther (Hrsg.): Literatur in der Diktatur. Schreiben im Nationalsozialismus und DDR-Sozialismus, S. 173-194

Vitali, Christoph (Hrsg.): Ernste Spiele. Der Geist der Romantik in der deutschen Kunst 1790-1990. Katalog der Ausstellung im Haus der Kunst. München 1995

Voegelin, Erich: Wissenschaft, Politik und Gnosis. München 1965

Voegelin, Erich: Die politischen Religionen. Hrsg. und mit einem Nachwort versehen von Peter J. Opitz. München 1993 (= Periagoge)

Vötterle, Karl: Haus unterm Stern. Kassel 1963

Vonderau, Markus: ‚Deutsche Chemie'. Der Versuch einer deutschartigen, ganzheitlich-gestalthaft schauenden Naturwissenschaft in der Zeit des Nationalsozialismus. Marburg 1994

Voßkamp, Wilhelm: Kontinuität und Diskontinuität. Zur deutschen Literaturwissenschaft im Dritten Rreich. In: Peter Lundgreen (Hrsg.): Wissenschaft im Dritten Reich. Frankfurt/M. 1985, S. 140-162

Voßkamp, Wilhelm: Deutsche Literaturwissenschaft im Dritten Reich. Überlegungen zu ihrer systematischen Erforschung. In: Arwed Spreu (Hrsg.): Sprache, Mensch und Gesellschaft – Werk und Wirkungen von Humboldt und Jacob und Wilhelm Grimm in Vergangenheit und Gegenwart. Berlin 1986. Teil II, S. 288-300

Voßkamp, Wilhelm: Für eine systematische Erforschung der Geschichte der deutschen Literaturwissenschaft. In: Jürgen Fohrmann, Wilhelm Voßkamp (Hrsg.): Von der gelehrten zur disziplinären Gesellschaft. In: DVjs 61 (1987) Sonderheft, S. 1-6

Voßkamp, Wilhelm: Literaturwissenschaft als Geisteswissenschaft. Thesen zur Geschichte der deutschen Literaturwissenschaft nach dem Zweiten Weltkrieg. In: Wolfgang Prinz, Peter Weingart: Die sog. Geisteswissenschaften. Innenansichten. Frankfurt/M. 1990, S. 240-247

Voßkamp, Wilhelm: Deutsche Barockforschung in den zwanziger und dreißiger Jahren. In: Klaus Garber u.a. (Hrsg.): Europäische Barockrezeption. Wiesbaden 1991, S. 683-703

Voßkamp, Wihelm: Literatursoziologie: eine Alternative zur Geistesgeschichte? „Sozialliterarische Methoden" in den ersten Jahrzehnten des 20.Jahrhunderts. In: C. König, E. Lämmert (Hrsg.): Literaturwissenschaft und Geistesgeschichte, S. 291-303

Weber, Thomas: Arbeit am Imaginären des Deutschen. Erich Rothackers Ideen für eine NS-Kulturpolitik. In: Wolfgang Fritz Haug (Hrsg.): Deutsche Philosophen 1933. Hamburg 1989, S. 125-158

Wegener, Franz: Das Atlantidische Weltbild. Über Genese und Funktion des Atlantidischen Weltbildes. Internet-Edition Gladbeck 1997, http://www.home.ins.de/home/franz.wegener/atlantis.html (zuletzt überprüft am 22. April 1999)

Weimar, Klaus: Zur Geschichte der Literaturwissenschaft. Forschungsbericht. In: DVjs 50 (1976), S. 298-364

Weimar, Klaus: Die Geschichte der deutschen Literaturwissenschaft bis zum Ende des 19. Jahrhunderts. München 1989

Weimar, Klaus: Das Muster geistesgeschichtlicher Darstellung. Rudolf Ungers Einleitung zu „Hamann und die Aufklärung". In: C. König, E. Lämmert (Hrsg.): Literaturwissenschaft und Geistesgeschichte, S. 92-105

Weimar, Klaus: Deutsche Deutsche. In: P. Boden, H. Dainat (Hrsg.): Atta Troll tanzt noch, S. 127-137
Weimar, Klaus: Artikel „Geistesgeschichte". In: Klaus Weimar (Hrsg.): Reallexikon der deutschen Literaturwissenschaft. Berlin, New York 1997. Bd. 1, S. 678-681
Weingart, Peter: Eugenik – Eine angewandte Wissenschaft. Utopien der Menschenzüchtung zwischen Wissenschaftsentwicklung und Politik. in: Peter Lundgreen (Hrsg.): Wissenschaft im Dritten Reich, S. 314 – 349
White, Hayden: Metahistory. Die historische Einbildungskraft im 19. Jahrhundert in Europa. Frankfurt/Main 1994
Wilkening, Rüdiger: Josef Körner. In: Neue Deutsche Biographie. Bd. 12. Berlin 1980, S. 386-387
Wise, M. Norton: Pascual Jordan: quantum mechanics, psychology, and National Socialism. In: Monika Rennberg, Mark Walkers (Eds.): Science, Technology and National Socialism. Cambridge 1994, pp. 224-254
Zentner, Christian; Bedürftig, Friedemann (Hrsg.): Das grosse Lexikon des Dritten Reiches. München 1985
Zima, Peter V.: Ideologie und Theorie. Eine Diskurskritik. Tübingen 1989
Zimmermann, Jan: Ein Niederdeutscher und Österreich: zum kulturpolitischen Programm des Hamburger Kaufmanns Alfred Toepfer und seiner Stiftung F.V.S. vor 1945. In: Uwe Baur, Karin Gradwohl-Schlacher, Sabine Fuchs (Hrsg.): Macht Literatur Krieg. Österreichische Literatur im Nationalsozialismus. Wien, Köln, Weimar 1998 (= Fazit. Ergebnisse aus germanistischer und komparatistischer Literaturwissenschaft 2), S. 145-162
Zitelmann, Rainer: Hitler. Selbstverständnis eines Revolutionärs. Suttgart 1989
Zitelmann, Rainer; Prinz, Michael (Hrsg.): Nationalsozialismus und Modernisierung. Darmstadt 1991
100 Jahre Germanisches Seminar in Berlin. Internationales Kolloquium. Berlin, 25. und 26.November 1987. HUB Sektion Germanistik

Unveröffentlichte Quellen

Archiv der Berlin-Brandenburgischen Akademie der Wissenschaften:

Akten der Preußischen Akademie der Wissenschaften (1812-1945): Öffentliche Sitzungen 1933-1935, Sign.: II-V, Bd. 193
Akten der Preußischen Akademie der Wissenschaften (1812-1945). Deutsche Kommission 1928-1938, Sign.: II-VIII, Bd. 29; Bd. 37

Bundesarchiv Berlin-Lichterfelde:

BA/BDC:
Personalakte Waldtraut Eckhard
Personalakte Willibald Köhler
Personalakte Frank Thiess
Personalakte Friedrich-Wilhelm Wentzlaff-Eggebert
Personalakte Benno von Wiese
Dienststelle Rosenberg:
Heinrich Härtle an Fritz Wächtler. Brief vom 6. Mai 1939. BA NS 15/216

Gutachten des Amtes Wissenschaftsbeobachtung und -wertung der Dienststelle zur Überwachung der gesamten politischen und weltanschaulichen Erziehung der NSDAP zu Ernst Krieck: Völkisch-politische Anthropologie und anderen Schriften. BA NS 15/216, Bl. 98-114

Gutachten des Amts Wissenschaftsbeobachtung und -wertung in der Dienststelle zur Überwachung der gesamten politischen und weltanschaulichen Erziehung der NSDAP zu Ernst Krieck: Leben als Prinzip der Weltanschauung und Problem der Wissenschaft. BA NS 15/216, Bl. 115-118

Reichs- und Preußisches Ministerium (ab 1939: Reichsministerium) für Wissenschaft, Erziehung und Volksbildung (REM):

REM an Auswärtiges Amt. Brief vom 14. Dezember 1937. BA 4901/2835, Bl. 4.

Franz Koch an REM. Brief vom 6. Januar 1939. BA 4901/2835, B. 141-143

Friedrich Naumann an REM. Brief vom 18. November 1938. BA 4901/2835, Bl. 125

REM an Auswärtiges Amt, RMfVP u.a. Rundschreiben vom 20. Juli 1939. BA 4901/2835, B. 150-154

Zur Neuordnung der Wissenschaft in Europa. Vermerk über die Sitzung im REM vom 17. Januar 1941. BA 4901/2835, B. 158f.

Internationale Organisationen auf dem Gebiete der Germanistik. Vermerk vom 2. Oktober 1942. BA 4901/3087

Deutsches Literaturarchiv Marbach am Neckar:

Richard Benz an Philipp Reclam jun. Verlag.
DLA A: Benz, Korrespondenzen Reclam-Verlag 1935-45, o. Signatur

Gisela von Busse an Paul Kluckhohn.
DLA, A: DVjS 7848/3-8

Hans Kern an Ludwig Klages.
DLA, A: Klages, 61.10290, 61.10291, 61.10292

Heinz Kindermann an Paul Kluckhohn.
DLA A: Kluckhohn, 68.800

Paul Kluckhohn an Gisela von Busse.
DLA Marbach, A: DVjS 78.7611/2-4

Paul Kluckhohn an Heinz Kindermann.
DLA Marbach. A: Kluckhohn, 68.654

Paul Kluckhohn an Philipp Reclam jun.
DLA A: Kluckhohn, 68.677

Paul Kluckhohn an Oskar Walzel.
DLA A: DVjs, 78.8177

Paul Kuckhohn: Die Ideen Staat und Volk in der Deutschen Bewegung um 1800. Vortrag vor der Württembergischen Verwaltungsakademie am 27.11. 1937. DLA A: Kluckhohn, Zugang 68.7065

Josef Körner an Käte Hamburger.
DLA A: Hamburger, 77.151/2

Unveröffentliche Quellen					707

Materialien des Arbeitskreises für Biozentrische Forschungen (AKBF)
  DLA A: Klages-Deussen/ AKBF, Konvolut Materialien zur Auflösung des AKBF

Julius Petersen: Die deutsche Romantik. Vorlesung WS 1930/31. Vorlesungsmitschrift von Annemarie Schmidt. DLA A: Schmidt/Petersen, 87.1666

Hans Pyritz: Die deutsche Frühromantik. Vorlesung SS 1941. Handschriftliches Ms.
  DLA A: Pyritz, o. Signatur

Hans Pyritz: Themen für Seminare und Seminararbeiten
  DLA A: Pyritz, o. Signatur

Hans Eggert Schröder an Ludwig Klages.
  DLA A: Klages, 61.12259

Wilhelm Troll an Günther Müller.
  DLA A: Müller, 68.7804

Landesarchiv Berlin:

Verlag Wolfgang Keiper. Landesarchiv Berlin. Rep. 120, Magistrat von Berlin, Volksbildung, 992

Universitätsarchiv der Humboldt-Universität zu Berlin:

Personalakte Franz Koch, UA der HUB. UK, K 203
Personalakte Julius Petersen, UA der HUB, UK 78
Personalakte Hans Pyritz, UA der HUB, UK 201

Promotionsakte Elisabeth Achterberg. UA der HUB. Promotionsakten der Phil. Fak., Vol. 872
Promotionsakte Gustav-Adolf Brandt. UA der HUB, Promotionsakten der Phil. Fak., Vol. 895
Promotionsakte Hertha von Ferber. UA der HUB, Promotionsakten der Phil. Fak, Vol. 873
Promotionsakte Gertrud Grambow. UA der HUB. Promotionsakten der Phil. Fak., Vol. 927
Promotionsakte Gerta Jahn. UA der HUB. Promotionsakten der Phil. Fak., Vol. 929
Promotionsakte Gisela Jahn. UA der HUB, Promotionsakten der Phil. Fak., Vol. 834
Promotionsakte Lilli Jung. UA der HUB, Promotionsakten der Phil. Fak., Vol. 766
Promotionsakte Doris Köhler. UA der HUB, Promotionsakten der Phil. Fak., Vol. 924
Promotionsakte Edith Lohmann. UA der HUB. Promotionsakten der Phil. Fak., Vol. 929
Promotionsakte Ingeborg Meyer, geb. Lüdtke. UA der HUB. Promotionsakten der Phil. Fak., Vol. 937
Promotionsakte Kurt Willimczik. UA der HUB. Promotionsakten der Phil. Fak., Vol. 879

Universitäts- und Landesbibliothek Bonn:

Gisela von Busse an Erich Rothacker
  ULB Bonn, Nachlaß Erich Rothacker I

Paul Kluckhohn an Erich Rothacker.
  ULB Bonn, Nachlaß Rothacker I

Josef Körner: Bibliographie zu Geschichte und Problematik der Literaturwissenschaft.
ULB Bonn, Nachlaß Josef Körner S 2913/1 b

Josef Körner an Walther Küchler.
ULB Bonn, Nachlaß Josef Körner S 2913/4b

Erich Rothacker an Paul Kluckhohn.
ULB Bonn, Nachlaß Rothacker I

Karl Sczodrok an Adolf Dyroff.
ULB Bonn, Nachlaß Dyroff. S 2834

Karl Viëtor an Erich Rothacker.
ULB Bonn, Nachlaß Rothacker I

Universitätsarchiv Wien

Josef Nadler: Beurteilung der Dissertation de cand. phil Herglotz Herta vom 16. April 1940. UA Wien, Philosophischer Rigorosenakt PN 15.444

Verzeichnis der verwendeten Siglen und Abkürzungen

( )	Einfügung im Original
[ ]	Einfügung von mir, Ralf Klausnitzer
DLA	Deutsches Literaturarchiv
DLE	Deutsche Literatur. Sammlung literarischer Kunst- und Kulturdenkmäler in Entwicklungsreihen
DuV	Dichtung und Volkstum
DVjs	Deutsche Vierteljahrsschrift für Literaturwissenschaft und Geistesgeschichte
GRM	Germanisch-Romanische Monatsschrift
HUB	Humboldt-Universität zu Berlin
MLN	Modern Language Notes
N.F.	Neue Folge
NS-Bibliographie	Nationalsozialistische Bibliographie. Monatshefte der Parteiamtlichen Prüfungskommission zum Schutze des NS-Schrifttums
NS Monatshefte	Nationalsozialistische Monatshefte
Phil. Fak.	Philosophische Fakultät
REM	Reichsministerium für Wissenschaft, Erziehung und Volksbildung
RMfVP	Reichsministerium für Volksaufklärung und Propaganda
RSK	Reichsschrifttumskammer
UA	Universitätsarchiv
UK	Universitätskurator
ZfDk	Zeitschrift für Deutschkunde
ZfdB	Zeitschrift für deutsche Bildung
ZfG	Zeitschrift für Germanistik
ZfdPh	Zeitschrift für deutsche Philologie